GÉNÉRATION INTELLECTUELLE

Du même auteur

Les Intellectuels en France, de l'Affaire Dreyfus à nos jours, en collaboration avec Pascal Ory, Armand Colin, 1986.

Collaboration à :

Histoire de la civilisation française, de Georges Duby et Robert Mandrou, tome II, nouvelle édition, Armand Colin, 1984.
Notre siècle (1918-1988), de René Rémond, Fayard, 1988.
Pour l'histoire politique, Le Seuil, 1988.

JEAN-FRANÇOIS SIRINELLI

GÉNÉRATION INTELLECTUELLE

Khâgneux et normaliens dans l'entre-deux-guerres

Ouvrage publié
avec le concours du
Centre National des Lettres

FAYARD

A ma femme.

A la mémoire de mes quatre grands-parents, instituteurs.

PRINCIPALES ABRÉVIATIONS

A.E.S.C.	*Annales. Économies. Sociétés. Civilisations.*
Annuaire	*Annuaire* de l'Association amicale des anciens élèves de l'École normale supérieure.
Arch. Condorcet	Archives du lycée Condorcet.
Arch. Henri-IV	Archives du lycée Henri-IV.
Arch. Louis-le-Grand	Archives du lycée Louis-le-Grand.
Arch. Nat.	Archives Nationales.
BAMIP	*Bulletin administratif du ministère de l'Instruction publique.*
BSAENS	*Bulletin de la Société des amis de l'École normale supérieure.*
Dossier ENS	Dossier individuel (archives de l'École normale supérieure, conservées aux Archives Nationales).
RFSP	*Revue française de science politique.*
Rev. int. de l'ens.	*Revue internationale de l'enseignement.*
RHMC	*Revue d'histoire moderne et contemporaine.*
RU	Revue Universitaire.

N.B. : Sauf indication contraire, les ouvrages signalés en note sont publiés à Paris.

INTRODUCTION

Une douzaine de classes étudiées sur une seule décennie, quelques centaines de jeunes gens de vingt ans dont l'itinéraire politique est analysé de l'entrée en politique — si entrée il y a — jusqu'au seuil de la quarantaine : apparemment, de petits îlots statistiquement peu représentatifs ! Notre démarche — étudier cet archipel khâgneux et son île centrale, l'École normale supérieure — doit donc être, d'emblée, éclaircie et cette recherche mise en perspective. Cette plongée dans les eaux profondes d'une investigation décennale — onze années plus précisément, après qu'au mois de février 1974 René Rémond eut encouragé l'ouverture de ce champ de fouilles — est nourrie par un projet, lui-même sous-tendu par une conviction.

Le projet est celui de contribuer à l'étude des milieux intellectuels français. Nous ne trancherons pas ici entre les deux définitions classiques que l'on peut proposer du mot intellectuel. L'une, large et d'approche sociologique, englobe les créateurs et les « médiateurs » culturels, le journaliste, donc, autant que l'écrivain, le professeur de l'enseignement secondaire autant que le savant. Aux marches de ce premier ensemble se tiennent naturellement les étudiants, créateurs ou « médiateurs » en puissance, et déjà consommateurs de culture. Mais cette approche extensive, articulée autour des trois cercles concentriques de la production, de la diffusion et de la réception de la culture, ne constitue qu'une facette de l'étude des clercs. Ces derniers peuvent aussi être rassemblés autour d'une seconde définition, plus étroite, fondée sur la notion d'engagement, direct ou indirect, dans la vie de la cité. Direct, avec la fonction d'acteur, aux côtés d'autres agents du jeu politique, ou de témoin, qui réfracte et clarifie — en les décantant ou en les amplifiant — les tensions et les enjeux de son temps. Indirect, en tant que conscience de son époque : dans ce deuxième cas, il n'est pas seulement un acteur des microclimats intellectuels, ou un baromètre de l'air du temps politique; il devient, dans un rôle qui peut d'ailleurs rester passif, un agent de la circulation des masses d'air culturelles qui détermine l'installation des grandes zones idéologiques d'une époque. Claude Lévi-Strauss, par exemple, n'est plus, depuis la Libération, *stricto sensu* un intellectuel engagé, mais il a probablement davantage marqué la classe intellectuelle de sa vision du monde, et donc indirectement de son intervention politique, que bien des clercs qui se portèrent pourtant en première ligne des affrontements civiques.

A l'orée de cette recherche, sciemment, aucune des deux pistes, sociologique et politique — et dont on perçoit bien, du reste, qu'elles sont complémentaires, puisque ce sont sa notoriété ou son statut d'expert, données sociales, que le clerc met au service de la cause qu'il défend —, ne sera privilégiée car une éventuelle définition de l'intellectuel ne peut être forgée qu'après une démarche empirique, fondée sur l'analyse patiente et minutieuse du terrain.

Cette analyse suppose des instruments d'investigation. Et nous touchons là à l'autre élément de départ de cette recherche. Dans cette contribution à l'étude des intellectuels français, notre conviction est que trois outils, de nature différente, sont, aux côtés d'autres, particulièrement précieux : l'étude d'itinéraires, la mise en lumière de générations et l'observation de structures de sociabilité.

Dans un article publié en 1957, René Rémond assignait, entre autres tâches, aux historiens qui étudieraient les années 1930 — une période alors délaissée parce que relevant du temps présent — une mission de géodésie :

> « Une autre façon consisterait à reconstituer l'itinéraire intellectuel, philosophique aussi bien que politique, d'un assez grand nombre de personnalités marquantes ou tenues pour représentatives, hommes politiques, publicistes, essayistes, syndicalistes. La superposition des tracés multiples de ces évolutions individuelles dessinerait des directions privilégiées : elle révélerait dans les doctrines des points de fragilité ou de communication, analogues à ces couloirs montagneux qu'empruntent de préférence les avalanches... Des études de cette sorte, en même temps qu'elles éclaireraient l'histoire intellectuelle de notre temps, apporteraient une contribution d'importance à l'intelligence de son histoire politique générale [1]. »

La mission dépassait le cas des seuls intellectuels. Mais, pour ces derniers, une telle démarche semble particulièrement opératoire, et pas seulement, naturellement, pour la décennie qui précède la Seconde Guerre mondiale. L'engagement politique des intellectuels n'a souvent été étudié jusqu'ici que par la méthode de la photographie aérienne qui ne mettait en lumière que les anciennes routes les plus fréquentées par les clercs — leurs grands « combats » —, les sites denses en engagements — ces « combats » sont livrés le plus souvent dans les moments de fièvre de la communauté nationale — et les édifices en ruines laissés par certaines générations intellectuelles. De traversées du siècle scientifiquement établies, point, ou presque !

Autre carence, ces traversées du siècle, pour celles qui ont été ébauchées, sont présentées comme étant mues par le hasard — les clercs devenant des Lacombe Lucien de la plume et leurs trajectoires, véritables mouvements browniens, échappant à toute explication rationelle — ou, au contraire, par la nécessité, certains intellectuels porteurs d'une sorte de bagage génétique ne pouvant, par exemple, qu'aborder un jour aux rivages du collaborationnisme. Ce travers est d'autant plus grave qu'il risque d'appauvrir à terme l'histoire

---

1. René Rémond, « Plaidoyer pour une histoire délaissée. La fin de la IIIe République », *RFSP*, vol. VII, n° 2, avril-juin 1957, pp. 253-270, citation p. 269.

intellectuelle. Des débats historiographiques récents nous contraignent en effet à rappeler cette vérité d'évidence, soulignée à juste titre par Jacques Julliard : « Les idées ne se promènent pas toutes nues dans la rue.[2] » Le renouveau de l'histoire des idées, après des décennies durant lesquelles l'histoire économique et sociale occupa une large part du champ de la recherche, ne pourra se révéler fécond qu'au prix d'une réinsertion de ces idées dans leur terreau social et dans leur contexte historique. En d'autres termes, pour éviter de se cantonner dans une « pure histoire des idées[3] », il convient de dépasser la seule histoire généalogique de la vie de l'esprit — dont la mise au point, à l'initiative, notamment, de Jean-Jacques Chevallier puis de Jean Touchard, reste un jalon important de notre discipline — pour étudier comment cet esprit vient aux clercs.

Pour l'étude historique de ces clercs, tout, en réalité, reste à faire, ou presque. Et la tâche, malgré certains apports fructueux de politologues ou de sociologues, demeure considérable, tant les intellectuels ont par essence la langue longue et la plume alerte. La photographie aérienne suggérait des pistes. Et c'est moins son usage qui était nuisible à une approche réellement scientifique des milieux intellectuels que les conclusions hâtives que certaines recherches en ont tirées. Il faut, assurément, repartir de l'étude attentive des sites, de leur situation et de leur soubassement. C'est par la multiplication des champs de fouilles que l'on pourra progressivement, en recoupant les itinéraires observés, dessiner des cartes plus précises des grands engagements des intellectuels français au XXe siècle et mettre en lumière des lignes de plus grande pente — la ou les idéologies dominantes à une date donnée —, les crues — durant lesquelles les intellectuels quittent leurs chevalets, pupitres, laboratoires et chaires —, les étiages — avec le mouvement inverse —, les anastomoses — quand un rameau intellectuel jusque-là bien soudé se divise sur un problème donné — et les résurgences — ainsi, l' « esprit des années 1930 » venant irriguer, plusieurs années après son apparente disparition, à la fois Vichy et la France libre.

La reconstitution de ces trajectoires peut être obtenue de deux façons : par la biographie ou par l'étude du devenir d'un groupe initialement homogène. La première approche a souffert du discrédit qui frappa, plusieurs décennies durant, le genre biographique. Pour l'étude de l'histoire des clercs, le retard accumulé a été préjudiciable, mais le mouvement inverse enclenché depuis quelques années permettra peu à peu de combler ce retard. Notre recherche s'intègre, elle, dans la seconde démarche et s'assigne, entre autres objectifs, de reconstituer les itinéraires politiques d'une génération normalienne. Elle recoupe, en même temps, l'approche biographique : nous aurons l'occasion, en effet, d'évoquer les années étudiantes puis la trajectoire, au cours des années 1930 et de la Seconde Guerre mondiale, de jeunes intellectuels promis à un rôle de premier plan. Étude du devenir d'un groupe de clercs issus d une matrice commune, contribution à la mise au point de traversées individuelles du siècle, ce travail s'intègre donc, d'une certaine manière, dans la prosopographie des élites actuellement en chantier.

Si une meilleure connaissance des intellectuels français et de leur rôle passe par la cartographie de leurs itinéraires, il va de soi que l'historien ne peut s'en

2. Jacques Julliard, « Le fascisme en France », *A.E.S.C.*, n° 4, juillet-août 1984, pp. 849-861, citation p. 855.
3. Michel Winock, « Fascisme à la française ou fascisme introuvable ? », *Le Débat*, n° 25, mai 1983, pp. 35-44, citation p. 41.

tenir à cette démarche descriptive. Doivent donc être utilisés d'autres instruments, notamment ceux de structures de sociabilité et de génération.

Structures de sociabilité ? Entendons par là, d'abord, un « groupe(ment) permanent ou temporaire, quel que soit son degré d'institutionnalisation, auquel on choisit de participer[4] ». Dans le milieu intellectuel, ce sont, par exemple, la rédaction d'une revue ou le comité de lecture d'une maison d'édition. Le langage courant a entériné le terme de « réseaux » pour définir de telles structures. Mais ces « réseaux » sont eux-mêmes souvent fondés sur des éléments aux contours plus difficiles à cerner. La sympathie et l'amitié, par exemple, et, *a contrario*, la rivalité et l'hostilité, la rancune et la jalousie, la rupture et l'exclusion, jouent, comme dans toute microsociété, un rôle parfois décisif. Comment se forment les comités et les rédactions, les associations de soutien et les listes de pétitionnaires ? Telles sont, entre autres, les questions que l'historien des milieux intellectuels peut difficilement éluder.

Dans la structuration de ces milieux peuvent jouer aussi les solidarités d'origine, d'âge ou d'étude. Dès lors, une archéologie des « réseaux » s'impose. Il est nécessaire, par exemple, nous semble-t-il, dans le cas d'intellectuels, de remonter à leurs jeunes années universitaires, à un âge où les amitiés se nouent aisément et où les influences s'exercent sur un terrain meuble. D'autant que cette démarche rétrospective, cette remontée vers les sources de l'éveil intellectuel et politique, permettent aussi, parfois, de baliser, sur une carte de l'esprit, les carrefours où se tenaient les maîtres à penser, et aussi les « éveilleurs », à l'influence moins connue mais tout aussi vivace.

La sociabilité peut toutefois s'entendre aussi d'une autre façon. Ces « réseaux » sécrètent, en effet, des microclimats, et l'activité et le comportement des intellectuels qui écrivent et, éventuellement, s'engagent sous ces cieux différents présentent souvent des traits propres qui confèrent à ces milieux une certaine spécificité. Dans cette perspective, le mot sociabilité revêt donc une double acception, à la fois « réseaux » qui structurent et « microclimat » qui caractérise un microcosme intellectuel particulier.

Le milieu des jeunes gens d'Action française de l'entre-deux-guerres illustre bien ce double aspect. La pensée de Maurras et de Daudet lui confère un ciment idéologique, la page culturelle de *l'Action française* façonne puis reflète — quand ils y collaboreront — une sensibilité, et la Ligue et son organisation étudiante lui fournissent une structure d'accueil. Mais ce milieu se définit aussi, apparemment, par une sociabilité particulière. Le thème de l'amitié, notamment, revient très souvent dans les souvenirs des acteurs de l'époque. Le « nous » employé par Robert Brasillach dans *Notre avant-guerre* est, à cet égard, révélateur. De même, Philippe Ariès, dans ses souvenirs, après avoir évoqué ses amis politiques des années 1930 — entre autres, le philosophe Pierre Boutang, l'historien Raoul Girardet et le géographe Jean-François Gravier —, écrit que cette époque fut avant tout pour lui le « temps de l'amitié[5] ». Quant à Jacques Laurent, son séjour à l'Action française lui donna « l'illusion de l'amitié et même de l'amitié réelle[6] ».

---

4. « Point de départ » proposé par les organisateurs du colloque qui s'est tenu à l'Université de Haute-Normandie en novembre 1983 et qui a été consacré aux « structures de sociabilité », autour du thème « sociabilité, pouvoirs et société » (J.-P. Chaline, N. Gauthier, F. Thélamon, A. Vauchez et M. Vénard).

5. Philippe Ariès, *Un historien du dimanche*, Le Seuil, 1980, p. 71. Fort de ses propres recherches historiques, Philippe Ariès suggère d'ailleurs d'appliquer le terme « sociabilité » aux liens qui unissaient le petit groupe de maurrassiens auquel il appartenait (*ibid.*, p. 52).

6. Jacques Laurent, *Histoire égoïste*, La Table Ronde, 1976, p. 124.

Là encore, la description de ces microcosmes exige plus que des vues prises d'altitude, et l'analyse du mécanisme d'un « réseau » intellectuel demande que soient minutieusement démontées les pièces et mis à nu leur agencement.

Notre projet a pris corps autour de ces directions de recherche. Étude d'itinéraires à partir d'un terreau commun? La khâgne fournissait assurément un site important, puisque est passée, dans ce milieu relativement homogène que constituaient alors les quatre ou cinq khâgnes qui seules comptaient réellement, une part non négligeable des intellectuels qui ont par la suite occupé le devant de la scène intellectuelle. Il n'est que de consulter la liste des premiers membres de l'équipe des *Temps Modernes* (Sartre, Merleau-Ponty, Aron, entre autres) ou celle, un peu plus tard, des collaborateurs de *La Liberté de l'Esprit* (par exemple Aron, Soustelle et Monnerot) pour mesurer la place de ces anciens khâgneux. Ce sont, du reste, deux d'entre eux qui, après la mort d'un troisième, Jean-Paul Sartre, seront consacrés en 1981 « premiers intellectuels français » : par ordre de mérite, Claude Lévi-Strauss et Raymond Aron[7] et bien plus, une telle démarche permettait non seulement l'étude d'un groupe, mais aussi, en raison même du nombre et de l'importance de ces anciens khâgneux, donnait, nous l'avons dit, l'occasion d'éclairer les jeunesses respectives de futurs clercs de premier plan : ainsi, et parmi d'autres, Jean-Paul Sartre, Maurice Merleau-Ponty, Raymond Aron ou Claude Lévi-Strauss, qui furent alors, on le verra, pour les deux premiers totalement apolitiques, pour le troisième socialiste, et pour le quatrième non seulement socialiste mais secrétaire général de la Fédération nationale des étudiants socialistes...

Mise en lumière de réseaux de sociabilité ? Le microcosme des élèves d'Alain fournira peut-être une étude de cas riche d'enseignements; il nous paraît en effet, sous bénéfice d'inventaire, constituer un groupement soudé par l'admiration pour un homme, animé par la foi dans un combat, le combat pacifiste, et relayé par une revue au tirage presque confidentiel, *Les Libres Propos*. Dans la même perspective, l'étude des socialistes du « Bloc des gauches » de la khâgne de Louis-le-Grand en 1923-1924 permettra-t-elle de discerner une généalogie qui, de ce petit groupe initial, en passant par la création du Groupe d'études socialistes des Écoles normales supérieures et la renaissance de la Fédération nationale des étudiants socialistes, conduirait, quelques années plus tard, à Révolution Constructive, un courant de la SFIO ?

Découverte d' « éveilleurs » qui imprimèrent sur leurs élèves une influence profonde et durable? Il faudra soigneusement étudier le cas du philosophe Alain au lycée Henri-IV et, sur un autre registre, celui du littéraire André Bellessort à Louis-le-Grand.

Insister d'emblée sur l'intérêt présumé du site allierait l'indélicatesse à la maladresse, en plaidant un dossier avant de le soumettre au lecteur. En revanche, doit être justifié dès maintenant le choix de la période choisie. Et c'est ici qu'intervient le troisième instrument d'investigation que nous entendons privilégier : plus encore que la notion de sociabilité, et autant que celle d'itinéraire, la notion de *génération* est au cœur de notre recherche.

7. « Référendum » organisé au printemps 1981 par le mensuel *Lire* (n° 68, avril 1981, pp. 38 sqq.). Claude Lévi-Strauss et Raymond Aron sont nés respectivement en 1908 et 1905. Le troisième de la liste, Michel Foucault, était lui aussi un ancien khâgneux, mais il appartenait à une classe d'âge nettement plus jeune (1926).

L'observation comparée de trajectoires n'a, en effet, de vertu opératoire que si les intéressés proviennent d'une matrice homogène — c'est le cas pour les khâgnes, on le verra — et appartiennent à la même classe d'âge. Une telle classe d'âge ne constitue pas forcément pour autant une génération.

C'est d'ailleurs pour cette raison que la période choisie est, à nos yeux, essentielle. Nous observerons, en effet, que les années 1920 voient l'apprentissage politique d'une nouvelle génération, que nous baptiserons « génération de 1905[8] ». Là encore, on ne peut, d'emblée, plaider un dossier qui demande à être préalablement étayé. Non pas seulement pour des raisons de procédure, mais parce qu'une génération intellectuelle ne peut être reconnue comme telle par l'historien qu'après inventaire de ses éléments constitutifs, et notamment des conditions non pas tant de sa naissance — la génération de 1905 n'est initialement qu'une classe d'âge née quand le siècle avait cinq ans ou, au mieux, qu'une gerbe de classes d'âge nées de part et d'autre de 1905 — que de son apparition en tant que strate démographique autonome et spécifique, et donc datable.

C'est des membres de cette « génération de 1905 » que nous nous proposons de suivre l'éveil à la politique dans les années 1920 puis les itinéraires tout au long de la décennie et demie de montée des périls et de guerre mondiale. Et l'observation de ces trajectoires ainsi mises en perspective prend, d'emblée, un relief historique particulier si l'on fait comparaître à la barre trois khâgneux des Années folles devenus après la Seconde Guerre mondiale des intellectuels de premier plan. Jean-Paul Sartre, tout d'abord. Évoquant en 1961 dans *Les Temps Modernes* « Merleau-Ponty vivant », il formule dès la première page, dans une note, un remords qui, apparemment, le taraude :

> « Je ne sais s'il a regretté, en 39, au contact de ceux que leurs chefs appellent curieusement des hommes, la condition de simple soldat. Mais, quand je vis mes officiers, ces incapables, je regrettai, moi, mon anarchisme d'avant-guerre : puisqu'il fallait se battre, nous avions eu le tort de laisser le commandement aux mains de ces imbéciles vaniteux[9]. »

René Maheu, directeur général de l'UNESCO, recevant en 1973 le prix Montaigne, haute distinction d'une fondation allemande, rappelait dans l'allocution qu'il prononça alors, que, lecteur d'octobre 1931 à juin 1933 à l'Université de Cologne, il avait été, « terrifié par la misère et les violences du présent [mais aussi par] celles dont [il] devinai[t] le fatal déchaînement à venir, aux derniers soubresauts et suprêmes abdications de la République de Weimar ». Il était venu parce qu'à l'École normale de la rue d'Ulm, il était, « comme la plupart de ses camarades, un internationaliste fervent [...] persuadé que la paix exigeait avant tout la réconciliation franco-allemande » :

> « Je voulais travailler à cette réconciliation et c'est ainsi que je m'appliquai à expliquer à mes étudiants *Mars ou la guerre jugée* d'Alain mais, bien sûr, ce n'était pas le moment. Je partis le jour où brûla le Reichstag[10]. »

8. Le point de référence étant, dans cet étalonnage du siècle en générations, la date de naissance. Il s'agit, on le voit, d'une convention, et la « génération de 1905 » pourrait s'appeler « génération de 1925 » si nous avions pris pour repère la date de l'apprentissage politique. Le choix de la première solution n'implique naturellement pas — bien au contraire — que soient sous-estimées dans l'étude qui suit les circonstances et la chronologie de l'entrée d'une génération en politique, et, comme toute convention, ce choix pourra être jugé arbitraire.

9. Jean-Paul Sartre, « Merleau-Ponty vivant », *Les Temps Modernes*, octobre 1961, pp. 304-376, citation p. 304, note 1 (texte repris dans *Situations IV*, Gallimard, 1964).

10. Cité par Émile Delavenay, dans la notice nécrologique de René Maheu, *Annuaire* de l'École normale supérieure, 1978, pp. 89-90.

Claude Lévi-Strauss, enfin, déclarait en 1980 :

> « Quant aux engagements politiques, j'ai été pacifiste dans ma jeunesse et puis j'ai vécu la débâcle de l'armée française, depuis la frontière belgo-luxembourgeoise jusqu'à Montpellier, en passant par la Sarthe, Tulle, Rodez et Béziers. De m'être si lourdement trompé m'a inspiré une défiance définitive envers mes jugements politiques [11]. »

Il y a là assurément, dans ce faisceau d'autocritiques, présomption pour l'historien d'un drame qui toucha une génération pacifiste. C'est précisément en tentant de reconstituer les itinéraires de ses membres qu'il sera peut-être possible de cerner la destinée politique de cette classe d'âge.

Notre projet, on le voit, se rattache en premier lieu à l'histoire politique. Les intellectuels sont étudiés ici comme acteurs du débat civique, et nous importent avant tout leur place et leur rôle dans ce débat. Et il s'agit, plus précisément, de mieux éclairer l'histoire politique du rameau khâgneux et normalien d'une génération intellectuelle, celle née vers 1905.

Projet de géodésie politique, par la mise au point d'une carte des itinéraires et le repérage des lignes de plus grande pente de l'engagement des clercs, cette recherche se voudrait également d'archéologie, de géographie et de généalogie : archéologie, dans la mise à nu des solidarités d'origine et des phénomènes de stratification générationnelle, éclairant la géographie du milieu intellectuel à une date donnée ; généalogie, avec la recherche des influences et donc des phénomènes de filiation. L'histoire politique des intellectuels ne consiste donc pas seulement à nos yeux à décrire leur rôle dans la vie de la cité en tant que groupes de pression — formant, du reste, un ensemble composite —, mais à étudier la constitution de ces groupes et leurs mécanismes internes.

Ce projet, cependant, entend dépasser la seule histoire politique et, dans une perspective plus globale, se situer à la frontière de plusieurs champs. Il aurait été, par exemple, impensable de retracer l'histoire de cette génération khâgneuse et normalienne sans tenter d'en faire aussi une étude sociale et intellectuelle : en d'autres termes, avant d'analyser l'engagement de cette gerbe de classes d'âge, il était nécessaire de reconstituer, autant que faire se peut, le milieu d'origine et la formation de ses membres.

Ce qui revenait à adopter, dans un premier temps, une démarche d'histoire institutionnelle, sociale et culturelle (et à la confluence de cette triple démarche, ne trouve-t-on pas l'histoire de l'éducation, dans l'acception qu'elle a commencé à prendre depuis une vingtaine d'années dans les recherches, par exemple, d'Antoine Prost ou de Françoise Mayeur ?) en tentant, pour la khâgne, « l'indispensable ethnologie d'une institution aussi capitale dans ses

11. « Ce que je suis », entretien de Claude Lévi-Strauss avec Jean-Paul Enthoven et André Burguière, *Le Nouvel Observateur*, n° 817, 5 juillet 1980, pp. 15-18, citation p. 18. Cette analyse est apparemment essentielle aux yeux de Claude Lévi-Strauss. Il l'a, en effet, reproduite presque dans les mêmes termes dans plusieurs autres entretiens. Ainsi, l'année précédente, il disait à Jean-Marie Benoist : « Vers les années 1930-1935, j'étais pacifiste, et puis j'ai vécu la drôle de guerre, la débâcle, et j'ai compris que c'était un grand tort d'enfermer les réalités politiques dans le cadre d'idées formelles. » (*Le Monde*, 21-22 janvier 1979, p. 14). Surtout, en mai 1984, il déclarait au *Nouvel Observateur :* « J'ai été pacifiste dans les années qui ont précédé la guerre. Puis j'ai vécu la drôle de guerre et la débâcle, et j'ai perdu toute confiance dans mes jugements politiques. » (« Claude Lévi-Strauss, êtes-vous surréaliste ? », *Le Nouvel Observateur*, n° 1017, 4 mai 1984, pp. 94-97, citation p. 96). Et le même jour, évoquant à l'émission de télévision *Apostrophes* son pacifisme de l'avant-guerre, il parlait de « grosses erreurs » de jeunesse (*Antenne 2*, 4 mai 1984).

effets que mal connue dans son histoire[12] ». Quelle est à cette date l'implantation des classes préparatoires au concours littéraire de l'École normale supérieure et quels enseignants y professent ? Pour quelles raisons un jeune lycéen se trouvait-il aiguillé vers l'une de ces classes, raisons qui procèdent du fonctionnement des rouages scolaires et universitaires mais tiennent aussi à l'image de la khâgne et de l'École normale supérieure dans les années 1920, c'est-à-dire à la représentation de cette institution ? Enfin, y a-t-il un profil type — social et géographique — du khâgneux des Années folles ? Autant de questions auxquelles il était, dans une première partie, nécessaire de répondre, avant de continuer plus avant.

On objectera, peut-être, que de telles interrogations nous éloignent de l'histoire politique d'une génération khâgneuse et normalienne. Mais l'étude globale d'une génération est-elle concevable sans celle de la matrice qui l'a vue naître ? Nous sommes assurément conscient que le parti pris d'une telle approche globale nous expose au reproche d'hétérogénéité de la démarche, en raison des faciès bien distincts des parties de cet ouvrage : une première partie avant tout consacrée à l'histoire d'une institution, la khâgne — et son débouché, l'École normale supérieure —, qui a joué un rôle essentiel dans la formation d'un certain nombre d'intellectuels importants, et les deuxième et troisième parties, attentives à l'éveil et aux trajectoires politiques de ces intellectuels. Il nous a pourtant semblé que la complémentarité des approches l'emportait sur leur hétérogénéité[13].

---

12. « Khâgne 1950 », par XXX (en fait, Pierre Nora), *Le Débat*, n° 3, juillet-août 1980, pp 88-101, citation p. 88. Depuis la fin de l'année 1973 où nous avons commencé à élaborer nos axes d'investigation, l'intérêt d'une étude de la khâgne — ou, en aval, de l'École normale supérieure — a été mentionné dans plusieurs recherches. Plus précisément, à l'automne 1981, une gerbe de travaux, non concertés, a prêté attention au site des khâgnes. Pierre Bourdieu s'est penché sur leur rôle au cours des décennies proches (« Épreuve scolaire et consécration sociale. Les classes préparatoires aux Grandes Écoles », *Actes de la recherche en sciences sociales*, n° 39, septembre 1981, pp. 3-70); Hervé Hamon et Patrick Rotman, lors de leur « expédition en Haute Intelligentsia », ont cru discerner dans la khâgne la « matrice initiale » dont « procède majoritairement » la plus grande partie de « l'intelligentsia de plume » (*Les Intellocrates*, Ramsay, 1981, p. 216); et, pour des décennies un peu plus lointaines, Herbert R. Lottman mettait l'École normale supérieure en bonne place (chapitre 2) du « décor » de sa *Rive gauche* étudiée du début des années 1930 à celui des années 1950 (Le Seuil, 1981, pp. 31-36).

13. Une autre orientation de ce travail, de nature différente, peut également prêter à discussion. Fallait-il, dans cette thèse, consacrer un chapitre spécifique à la mouvance « tala » (ceux qui vont-*à-la* messe) ? A une telle question, nous avons répondu par la négative. D'abord, Régis Ladous, dans sa thèse de doctorat d'État (*Monsieur Portal et les siens. Mission chrétienne et Union des Églises du pontificat de Léon XIII à celui de Pie XI*, Lyon, 1982, dact.), et plus précisément dans la IIIe partie de cette thèse (tome III, 266 pages), en ses chapitres IV à VII (regroupés sous le titre « rue d'Ulm »), a longuement étudié l'influence du père Portal rue d'Ulm, éclairant du même coup cette mouvance tala jusqu'à la mort de Fernand Portal en 1926 (sur la période 1919-1926, cf. pp. 123-181). Pour la plus grande partie de la décennie, les catholiques de l'École ont donc déjà été étudiés avec soin (cf. également, sur ces talas et sur leurs rapports avec les ulmiens protestants, les éléments donnés par Étienne Fouilloux, dans sa thèse, *Les Catholiques et l'unité chrétienne du XIXe au XXe siècle. Itinéraires européens d'expression française*, Le Centurion, 1982, pp. 132-143, 172, et 364-365 sur la fin de la décennie). Cette mouvance est, ensuite, pour la période que nous étudions, très étendue (selon Régis Ladous, sur les 53 nouveaux élèves littéraires et scientifiques entrés en 1922 rue d'Ulm, 17, soit 32 %, s'agrègent au groupe tala, qui atteint alors le nombre de 45 membres, soit à peu près le quart des effectifs de l'École : cf. *op. cit.*, t. III, pp. 119-120). Mais une deuxième raison fait que nous ne traiterons pas ce groupe en tant que tel. Notre démarche, on l'a dit, sera, aux livres II et III, d'histoire politique. Or, sur ce plan, la communauté catholique de l'École n'offre pas d'unité et ne forme pas, de ce fait, un groupe homogène. Elle se distribue au contraire dans tout l'espace politique de la rue d'Ulm et, en amont, des khâgnes. C'est donc, dans ce domaine, une démarche éclatée que nous avons sciemment adoptée, et le normalien tala apparaîtra en plusieurs chapitres différents de cette thèse Nous retrouverons aussi cette catégorie à travers l'étude de quelques cas, ceux, par exemple, d'Étienne Borne, Gabriel Germain, Henri Guillemin, Henri Marrou, Maurice Patronnier de Gandillac et Pierre-Henri Simon. L'hétérogénéité du groupe tala est d'ailleurs bien illustrée, soulignons-le d'emblée, par la diversité que nous constaterons entre les trajectoires politiques des susnommés.

Notre recherche, en réalité, se voudrait une triple contribution à l'histoire des intellectuels, par l'étude d'une institution, la khâgne, par la reconstitution d'un milieu à la fois culturel et politique, celui de l'éveil des khâgneux, et par l'histoire d'une génération pacifiste confrontée aux turbulences de la montée des périls puis aux orages du second conflit mondial. Dès lors, il est possible de plaider pour une démarche en trois temps, qui plante un décor, présente les acteurs et leur éveil à la politique, et ébauche, une fois décrit cet éveil et définis les pôles autour desquels se sont alors regroupés ces jeunes gens, une typologie des itinéraires ultérieurs des membres de cette « génération de 1905 ». Et, dans cette perspective, l'étude de l'institution de la khâgne ne consiste pas seulement à brosser un décor mais aussi à analyser un terreau sans la connaissance duquel les deux étapes suivantes de notre démarche perdraient, en fait, une large part de leur intérêt et de leur signification.

A travers le témoignage du germaniste Pierre Bertaux publié en hommage à Raymond Aron, et alors que cette recherche était achevée, nous avons trouvé, sans trop solliciter le texte de ce normalien de 1926, sinon la justification de notre démarche, du moins sa cohérence.

> « A travers tous les lycées de France et de Navarre, chaque année on sélectionnait durement une trentaine de jeunes gens, on leur affectait un vieux bâtiment derrière le Panthéon, on les y mettait à fermenter ensemble en octobre, à la saison des vendanges, quand le vigneron met le moût à bouillonner dans les cuves du cellier. On leur confiait une bibliothèque de quatre cent mille volumes, on y guidait un peu leurs premiers pas. Pour le reste, on les abandonnait à eux-mêmes. Le " frottement des cervelles " faisait son œuvre.
> Le résultat ? Le voici, sur quelques années. Pour la seule promotion 1924, j'ai nommé Aron, Sartre, Nizan. Pour les accueillir rue d'Ulm, ils avaient trouvé Pierre Brossolette, Jean Cavaillès. Dans les promotions immédiatement suivantes, on rencontrait Maurice Merleau-Ponty, André Kaan, Albert Lautman ; un peu plus tard Robert Brasillach, Simone Weil, Roger Caillois, Georges Pompidou... Une génération de machines intellectuelles turbo-compressées, qui tournaient très vite.
> Des " maîtres ", nous n'en avions pas, et nous n'en éprouvions pas le besoin : le milieu, le climat, la température intellectuelle, cela suffisait. J'ai fini par penser que l'éducation " latérale ", celle que se donne à elle-même une classe d'âge, combinée avec la formation que chacun acquiert de lui-même par la lecture et l'écriture, est la seule qui compte [14]. »

Tout est dit, ou presque : pour retracer l'histoire de cette « génération de machines intellectuelles turbo-compressées », il convenait d'étudier « le climat » et la « température intellectuelle » qui furent propices à son « éducation latérale » mais aussi « le milieu » qui servit de terreau, en d'autres termes les khâgnes.

Ajoutons, du reste, que ce socle de notre recherche, qui s'assigne pour tâche de faire l'histoire institutionnelle, sociale et culturelle d'un « milieu », s'intègre dans la même trame chronologique — les années 1920 — non par artifice de présentation, mais parce que la décennie étudiée est déterminante dans l'histoire de la khâgne.

Les dix ans qui suivent la Première Guerre mondiale constituent, en effet,

---

14. Pierre Bertaux, « Amitiés normaliennes », *Commentaire*, numéro 28-29, hiver 1985, « Raymond Aron 1905-1983. Textes, études, témoignages », pp. 13-15, citation p. 14.

pour cette institution, une période charnière. Les khâgnes, en tant que classes autonomes, sont apparues, on le verra, au tournant du siècle et leur nombre, un quart de siècle plus tard, n'a guère varié. A partir de 1925, au contraire, ces classes vont se multiplier : cette année-là apparaissent, par exemple, la khâgne de Lille et celle de Nancy, et, en 1939, les classes conduisant au concours de la rue d'Ulm sont au nombre de dix-sept, contre onze quinze ans plus tôt. A ces dix-sept khâgnes s'ajoutent les classes d'hypokhâgne : en 1925, seule existe l'hypokhâgne de Louis-le-Grand; au cours des quinze années suivantes, ce type de classe va se multiplier et se généraliser. Sans compter que d'autres Écoles ont acquis, entre-temps, le statut d'École normale supérieure et que leurs classes préparatoires deviennent autant de nouvelles khâgnes.

Les années 1920 constituent donc une phase de transition durant laquelle l'implantation des classes préparatoires va changer d'échelle, leurs élèves et leurs enseignants de nombre. Et cette nouvelle génération de professeurs plus nombreux verra son influence changer de nature. Sur ce plan également, les années 1920 constituent une période charnière, qui permettra de comparer deux générations de professeurs de khâgne.

Les retombées méthodologiques du choix d'une telle approche multiforme sont évidentes. Cette recherche devra, presque par essence, s'appuyer sur des sources très diverses, et traitées pour cette raison à travers des lectures différentes. Les instruments et le matériau traité de cette méthode, en fait, à géométrie variable apparaîtront successivement et en situation [15].

La diversité des sources et de leur mise en œuvre ne constitue d'ailleurs pas le seul obstacle rencontré. Si Robert Brasillach observait dès 1941 : « Sans doute peut-on décrire ce qu'était une classe préparatoire aux Grandes Écoles en 1925 : c'est déjà de l'histoire [16] », la description ne s'annonce pas aussi aisée que le suggérait l'auteur de *Notre avant-guerre.* Elle est encore chargée aujourd'hui de nostalgie — fondée ou pas, ce n'est pas le lieu ici d'en débattre — et, parfois, d'arrière-pensées. La khâgne resta longtemps, en effet, la clé de voûte de l'enseignement secondaire littéraire et tout bulletin de santé de celui-ci passait par la prise du pouls des classes préparatoires, « exemple accompli » de « l'armature de l'esprit » et des « jalons du cœur [17] » que devraient fournir les Humanités, « laboratoire de la France, [l']usine où se fabriquent ses élites, [la] cuve bouillante d'où sort son esprit [18] », « l'honneur de l'enseignement secondaire [19] », en somme « l'académie, la vraie, celle de Platon, celle du début de la vie et non celle de la fin [20] ».

Certes, la khâgne, parfois sous les mêmes plumes, est — ou était ? — aussi une « forcerie [21] », et « l'ergastule [22] » n'est pas loin de « l'académie ». Il reste que son rôle éminent est unanimement reconnu, même si certains insistent davantage sur les servitudes que sur les grandeurs de cette « chaufferie intellectuelle [23] ». Et ce rôle n'est pas seulement d'apprentissage intellectuel,

15. Sur cette diversité des sources, on se reportera à l'inventaire qui leur est consacré à la fin de cet ouvrage.
16. Robert Brasillach, *Notre avant-guerre,* Plon, 1941, p. 7.
17. Jacqueline de Romilly, *L'Enseignement en détresse,* Julliard, 1984, p. 118.
18. Jean Guitton, *Écrire comme on se souvient,* Fayard, 1974, p. 118.
19. Pierre Gaxotte, *Les Autres et moi,* Flammarion, 1975, p. 17.
20. Jean Giraudoux, *Le Figaro,* 19 décembre 1934.
21. Maurice Le Lannou, *Un bleu de Bretagne. Souvenirs d'un fils d'instituteur de la Troisième République,* Hachette, 1979, p. 176.
22. J. Guitton, *op. cit.*, p. 101.
23. Pierre-Henri Simon, *Ce que je crois,* Grasset, 1966, p. 13.

c'est une fonction de plaque tournante politique et même spirituelle redistribuant les jeunes étudiants dans différentes directions qui lui est aussi attribuée. Un texte, parmi d'autres, est, à cet égard, révélateur. En 1946, le futur cardinal de Lubac notait dans *Paradoxes :*

> « Tout le monde peut constater que l'incroyance et l'indifférence, malgré quelques vents contraires, se répandent un peu partout. Parmi les causes d'un tel fait, songe-t-on souvent que chaque année, par une série de drames obscurs, au fond des khâgnes de province ou de Paris, ou dans tels milieux analogues, une part importante de l'élite de notre jeunesse perd la foi en découvrant un univers où le christianisme semble n'avoir point de place? Demain, ce seront les éducateurs de la jeunesse, les maîtres de l'opinion, les écrivains favoris du public. Alors, on tentera contre eux, tardivement, maladroitement, timidement, quelques essais de réfutation; on sollicitera quelques interventions du Saint-Office; on improvisera contre eux une apologétique à visées de vulgarisation, comme il le faudra bien, puisque c'est la masse qui subira leur action corrosive. Cependant qu'au fond de khâgnes semblables la même histoire recommencera...[24]. »

Comme les lignes de Pierre Bertaux citées plus haut, ce texte nous confirmerait, s'il en était besoin, que « le fond » des khâgnes constitue un objet d'histoire. « La même histoire » y recommence-t-elle pour autant de génération en génération? C'est une autre affaire[25] *.

---

24. Henri de Lubac, *Paradoxes,* Le Caillou blanc, Éditions du livre français, 1946, repris dans *Paradoxes suivi de Nouveaux Paradoxes,* nouvelle édition augmentée, Le Seuil, 1959, p. 29.

25. Nous avons ébauché une réflexion sur ce point — et sur quelques autres — dans notre contribution, consacrée à la khâgne, au tome II des *Lieux de mémoire* (*La Nation II****, sous la direction de Pierre Nora, Gallimard, 1986, pp. 589-624).

* Cet ouvrage est issu d'une thèse de doctorat d'État achevée pour l'essentiel en 1985 et soutenue en 1986 à l'Université Paris X-Nanterre. Les chercheurs et les spécialistes peuvent aussi consulter la version intégrale et dactylographiée de cette thèse à la Bibliothèque universitaire de Paris X et dans les Bibliothèques de l'École normale supérieure de la rue d'Ulm, de l'Institut d'histoire du temps présent, de l'Institut d'études politiques de Paris et du Centre de recherche d'histoire des mouvements sociaux et du syndicalisme de Paris I. Une thèse est toujours une entreprise longue, assurément, ingrate par moments, mais qui seule permet de tenter d'explorer un large champ; aventure intellectuelle, d'une certaine façon, aventure individuelle aussi, mais au cours de laquelle on contracte des dettes, qu'il nous est agréable d'honorer ici. Que Pierre Petitmengin, bibliothécaire de l'École normale supérieure, soit remercié pour nous avoir ouvert, onze années durant, l'accès de sa bibliothèque : ce fut assurément pour nous un gain de temps, en raison des ressources de l'endroit, mais plus encore une stimulante confrontation, au fil des ans, avec un lieu chargé de mémoire. Il est un autre lieu qui fut également propice à la lente décantation doctorale : l'UER d'histoire de l'Université de Paris X-Nanterre, qui nous a accueilli en 1978. La petite salle des assistants et maîtres-assistants fut un lieu d'amitié et d'échanges. Et pour ce qui concerne plus précisément l'histoire contemporaine, la constante bienveillance de Philippe Vigier nous a été précieuse tout au long des dernières années de rédaction. Nous n'oublions pas non plus le rôle joué par Serge Berstein qui, avec René Rémond, favorisa notre venue à Nanterre et nous témoigna toujours, depuis, attention et appui. De même, Jean-Jacques Becker, qui ne cessa jamais tout à fait d'être nanterrois tout au long de ses activités clermontoises, nous manifesta toujours une sympathie réconfortante, qui nous encouragea à conclure. René Rémond montra un intérêt immédiat pour un sujet qui, pourtant, ne présentait pas d'emblée toutes les garanties requises de clarté et de longévité. Cette confiance témoignée dès le premier jour et sans cesse reconduite — même au long des premières années où la mise en place du socle de cette recherche semblait nous avoir réduit au silence historiographique — a seule permis d'achever cette course en solitaire. Tenter d'honorer cette patience et cette confiance et de ne pas décevoir une lecture attentive fut pour nous le plus stimulant des aiguillons. Sans ce maître, à la fois amical et intellectuellement exigeant, la strate-génération des khâgneux et normaliens des années 1920 serait restée enfouie. L'exhumation de cette strate n'aurait pas eu lieu non plus sans le constant soutien de mon épouse. Qu'elle soit ici remerciée pour sa patience infinie. Grâce à elle, qui toléra les khâgneux en la demeure plus d'une décennie durant, ces années de travail ont été, dans le même temps, avant tout, des années de bonheur.

PREMIÈRE PARTIE

LES KHÂGNES ET L'ÉCOLE NORMALE SUPÉRIEURE DES ANNÉES 1920 : UNE « PETITE RÉPUBLIQUE [1] » ?

« Le lycée Condorcet, par exemple, ne produit pas le même type que le lycée Louis-le-Grand »

(Gustave Lanson,
Les tendances de la jeunesse actuelle, 1928, p. 25.)

« Sans doute peut-on décrire ce qu'était une classe préparatoire aux Grandes Écoles en 1925 : c'est déjà de l'histoire. »

(Robert Brasillach,
Notre avant-guerre, 1941, p. 7)

---

1. René Billères, ancien khâgneux à Toulouse puis Lakanal de 1928 à 1931, ministre de l'Éducation nationale, de la Jeunesse et des Sports, dans son discours prononcé le 27 juin 1957, pour la distribution des prix du Concours général, parla longuement de la khâgne : « Elle constituait et constitue toujours, je l'espère bien, une sorte de cité, une manière de petite république... » (*RU*, 1957, 4, juillet-octobre 1957, pp. 201-206, citation p. 202).

CHAPITRE PREMIER

Aux origines de la khâgne

L'École normale de Paris fut créée le 9 brumaire an III (30 octobre 1794) par la Convention, à l'initiative du Comité de salut public, mais l'expérience ne dura que quelques mois. Le décret impérial du 17 mars 1808 reprit le projet sous la forme d'un « pensionnat normal » destiné à recevoir « jusqu'à trois cents jeunes gens » qui y seraient « formés à l'art d'enseigner les lettres et les sciences ». Cet établissement fut d'abord installé au lycée Louis-le-Grand, en décembre 1810, puis transféré en novembre 1847 dans des locaux spécialement construits rue d'Ulm. Il avait pris entre-temps le nom d'École normale supérieure, par l'ordonnance du 6 décembre 1845.

Préhistoire de la khâgne[1].

Jusqu'en 1818, l'entrée dans cette École se fit sans concours. Pour l'École de l'an III, en effet, l'article premier du décret de fondation précisait qu'y seraient accueillis des « citoyens déjà instruits dans les sciences utiles » ; les autorités des districts étaient chargées de désigner ces derniers, âgés de vingt et un ans au moins. Sous l'Empire, ce sont les inspecteurs d'académie qui recrutent les normaliens parmi les élèves ayant passé au moins deux ans dans les hautes classes d'un lycée. L'âge minimal est alors fixé à dix-sept ans et le choix des autorités académiques se fonde sur les résultats obtenus au lycée.

En 1818, apparaît un recrutement par concours qui a lieu, pour l'écrit comme pour l'oral, au plan académique. Cette procédure fut précisée par une ordonnance du 21 février 1821 qui instituait dans chaque académie des écoles normales partielles dont les élèves, recrutés au niveau de la seconde, préparaient le concours de l'École normale de Paris. Après une suppression temporaire de l'École normale supérieure en 1822, il est décidé en mars 1826

1. La source la plus commode pour l'étude du premier siècle d'histoire de l'École normale supérieure est *Le Centenaire de l'École normale 1795-1895* (Hachette, 1895), publié par l'administration à l'occasion de la célébration du centenaire de l'École. L'étude de P. Jeannin : *École normale supérieure* (Paris, Office français de diffusion artistique et littéraire, 1963) est également très précieuse.

que les bourses affectées aux écoles partielles seraient accordées à des élèves placés dans des « écoles préparatoires » établies auprès de certains collèges. Seule celle de Paris fut, en définitive, instituée, avec deux sections, littéraire et scientifique, et ses candidats, désormais, devaient être bacheliers.

C'est en 1829 qu'apparaît un embryon de concours national : les candidats âgés de dix-sept ans au moins et de vingt-trois ans au plus, une fois reçus aux épreuves écrites passées au chef-lieu de l'académie, devront subir un oral de vérification devant les maîtres de conférences de l'École. Ces dispositions seront précisées et renforcées en 1830. A partir de cette date, les épreuves écrites d'admissibilité se tiendront chaque année au début du mois d'août, à la même heure dans toutes les académies, et porteront sur les mêmes sujets. Elles comporteront une dissertation philosophique en français, un discours latin, un discours français, une version latine, un thème grec et une pièce de vers latins. Les épreuves orales d'admission auront lieu à l'École normale supérieure.

Cette nouvelle organisation du concours entraîna rapidement une amélioration du recrutement et cette hausse du niveau est, sans aucun doute, à l'origine des khâgnes. Les dispositions de 1830 n'ajoutaient pas d'exigence nouvelle par rapport à celles de 1826 qui, on l'a vu, imposaient seulement aux candidats d'être bacheliers. Mais, devant la nature des épreuves écrites — qui, à part la philosophie, étaient proches du programme et de la formation de la classe de rhétorique —, la difficulté de ces épreuves et la concurrence rencontrée par les candidats, la tradition s'instaura rapidement de se préparer au concours en revenant, après le baccalauréat de philosophie, passer une ou deux années en rhétorique. Au retour dans cette classe s'ajoutait le plus souvent, pour que la préparation soit complète, la présence aux cours de philosophie de la classe du même nom. Et, pendant près d'un demi-siècle, le système fonctionna ainsi, de manière totalement empirique et sans que l'on songeât à créer des classes préparatoires entièrement autonomes.

C'est Numa Denis Fustel de Coulanges, directeur de l'École normale supérieure de 1880 à 1883, qui, le premier, préconisa la création de telles classes, qu'il souhaitait semblables aux classes préparatoires scientifiques déjà existantes[2]. Il conseillait de leur donner le nom de classes de « philosophie supérieure ». On préféra, en fait, le terme de rhétorique supérieure, les épreuves du concours étant proches des exercices de rhétorique qui étaient à la base de l'enseignement dispensé dans les classes ainsi nommées.

Numa Denis Fustel de Coulanges, hostile à la prédominance de ces exercices de rhétorique, fut à l'origine de la suppression de l'épreuve de vers latins, devenue effective au concours de 1886. Comme depuis plusieurs décennies existait au concours une épreuve d'histoire, ce concours est donc constitué après cette date d'histoire, de philosophie, d'un discours français, d'un thème grec, d'une version latine et d'un discours latin. Il faut donc noter, d'emblée, le décalage avec les programmes de l'enseignement secondaire où, depuis la réforme de 1880, les vers latins sont devenus facultatifs, le discours latin a disparu au Concours général et la composition latine a disparu au baccalauréat. Malgré les modifications apportées par Fustel de Coulanges, le concours est désormais devenu, pour certaines épreuves, un conservatoire, en retrait

2. Cf. le brouillon de la lettre de N. D. Fustel de Coulanges au ministre de l'Instruction publique le 24 novembre 1880 (Arch. Nat. 61 AJ 169).

par rapport aux réformes de l'enseignement secondaire, et ce décalage, on le verra, posera des problèmes complexes et alimentera certaines campagnes

Les rhétoriques supérieures.

La constitution de ces rhétoriques supérieures entièrement autonomes va se révéler lente et le délai atteindra, pour certains lycées, plusieurs décennies. En effet, faute sans doute de moyens matériels et devant le petit nombre de candidats à la rue d'Ulm, les établissements de province continuèrent à intégrer leurs élèves de rhétorique supérieure dans des classes de rhétorique normales : dans ce dernier cas, les classes de rhétorique supérieure n'existaient guère que sur le papier. Cela explique qu'en 1899, les villes possédant une classe de rhétorique supérieure soient plus nombreuses que vingt ans plus tard, aux alentours de 1920 : à cette date, Caen, Clermont-Ferrand, Douai et Nancy, par exemple, n'auront plus de classes préparatoires littéraires. De même, dans le département de la Seine, les lycées préparant au concours de la rue d'Ulm sont plus nombreux en 1899 qu'au début des années 1920 : Louis-le-Grand, Henri-IV, Charlemagne, Condorcet, Michelet, Lakanal, les collèges Stanislas et Rollin. Bien plus, près de vingt ans après les recommandations de Fustel de Coulanges, un guide pour étudiants pouvait encore écrire :

> « Il n'existe pas de classe spéciale pour la préparation à l'École normale (Lettres) Les élèves y arrivent soit après avoir terminé leur philosophie, soit, et c'est le cas le plus général, après avoir redoublé ou leur rhétorique ou leur philosophie, ou à la fois leur rhétorique et leur philosophie. Les candidats suivent, indépendamment des cours réguliers de ces classes, certaines conférences organisées spécialement en vue de leur préparation à l'École. Le plus souvent, les élèves admis sont des élèves des lycées de Paris ou des étudiants auprès de la faculté des lettres, déjà licenciés, rarement des élèves provenant des lycées de province. La plupart des candidats de province viennent compléter leur formation à Paris[3]. »

A cette date, cependant, certains lycées parisiens ont créé des classes spécialisées. Ainsi, en 1897 existe déjà depuis plusieurs années à Henri-IV une rhétorique supérieure, qui comporte deux sections : les candidats étaient d'abord placés dans une section B, et, après une année d'études, dans une section A. On pouvait se présenter au concours dès la fin de l'année passée en section B, mais le succès en pareil cas était rare. A la même époque, à Louis-le-Grand, existe également une rhétorique supérieure réservée aux seuls candidats à l'École normale supérieure : la « Cagne Grand ». Cette innovation, qui date du début des années 1890, avait, semble-t-il, soulevé des « objections sérieuses[4] ». Peu après, devant l'afflux des candidats en rhétorique supérieure le lycée Louis-le-Grand créa une classe de « rhétorique-vétérans » ou hypocagne.

Les autres lycées parisiens possédant des rhétoriques supérieures au début du siècle les laissèrent soit s'éteindre avant la Première Guerre mondiale au profit des lycées Louis-le-Grand et Henri-IV —, c'est le cas des lycées Michelet et Charlemagne et des collèges Rollin et Stanislas —, soit devenir, elles aussi, des classes autonomes sans lien avec les rhétoriques traditionnelles : ainsi les

3. H. Vuibert, *Annuaire de la Jeunesse*, 1899, p. 235.
4. C'est tout au moins ce qui ressort de la lecture de la notice nécrologique du premier professeur de lettres qui y enseigna, Félix Hamon (*Annuaire* 1917, pp. 39 sqq.).

lycées Condorcet et Lakanal. On assiste, en province, au même phénomène de création de khâgnes véritables et de diminution du nombre des lycées possédant ou prétendant posséder une rhétorique supérieure. Cette classe va, par ailleurs, changer progressivement de dénomination dans la première décennie du xxe siècle. A partir de la rentrée de 1903, en effet, le nom de première remplaça dans l'enseignement secondaire celui de rhétorique et, tout naturellement, les rhétoriques supérieures devinrent les premières supérieures. A Henri-IV, c'est en 1905 que ce terme — avec deux sections A et B — apparaît dans les textes administratifs. A Louis-le-Grand, c'est un peu plus tard, en 1908, que cette appellation finit par être consacrée. Comme toujours en pareil cas, il faut compter avec le poids des habitudes multidécennales : en 1909 encore, un haut fonctionnaire du ministère de l'Instruction publique, l'inspecteur général Ernest Dupuy, après avoir inspecté le professeur de khâgne André Bellessort, note sur un rapport, à la rubrique fonctions : « Professeur de rhétorique supérieure[5] ».

A la veille du premier conflit mondial, une quinzaine de lycées seulement possèdent une khâgne, mais, contrairement à ce que l'on a observé en 1899, ce sont maintenant, dans la plupart des cas, des classes autonomes, bien dégagées du second cycle, organisées même pour deux d'entre elles — Louis-le-Grand et Henri-IV — sur deux niveaux. Le premier niveau, « rhétorique-vétérans » à l'origine, est devenu, après 1903, « première-vétérans », ou encore, dans l'argot lycéen, hypokhâgne (ou plutôt, à cette date, hypocagne), en raison de sa situation en amont de la khâgne. La première décennie du xxe siècle est donc, à cet égard, une période fondamentale, durant laquelle, à l'instar des lycées parisiens, se créent dans certains établissements de province des classes indépendantes : les khâgnes sont nées.

Période de naissance suivie, au cours de la même décennie, d'une croissance rapide. A peu près au même moment, en effet, la réorganisation de l'École normale supérieure, avec en particulier la diversification des options et la fusion en un concours unique du concours d'entrée à la rue d'Ulm et de celui des bourses de licence, va entraîner une augmentation du nombre des khâgneux.

La réorganisation de l'École normale supérieure.

L'année universitaire 1903-1904 est une année de bouleversements profonds dans l'organisation de l'École normale supérieure. Après le décret du 10 novembre 1903, réorganisant le statut de l'École, le Conseil supérieur de l'Instruction publique fixa son nouveau mode de recrutement, et le décret du 10 mai 1904 précisa les conditions requises pour être admis rue d'Ulm[6]. Le concours, dorénavant commun aux candidats à l'École et aux bourses de licence — les élèves de la rue d'Ulm devenant, en fait, les boursiers de licence de l'Université de Paris —, était réaménagé en fonction des nouveaux programmes de l'enseignement secondaire issus de la réforme de 1902 et offrait désormais le choix entre trois sections : une version grecque (section A), une composition de langue vivante (section B) ou une composition de sciences (section C) venait se greffer sur un tronc commun formé par des compositions de français, de philosophie et d'histoire, auxquelles s'ajoutaient une version et

5. Arch. Nat. F17 23814.
6. Arch. Nat. 61 AJ 81.

un thème latins. Jusqu'à cette date, les candidats avaient le droit de se présenter au concours autant de fois qu'ils le souhaitaient, à condition d'avoir entre dix-huit et vingt-quatre ans, le seuil fixé à vingt-trois ans en 1829 ayant été relevé par la suite. Désormais, le nombre des tentatives était limité à trois.

C'est en 1905 que le concours prit, pour la première fois, sa nouvelle forme. Le nombre des candidats atteignit deux centaines — 197 précisément — en 1912, 209 en 1913 et 212 en 1914. Mais cette croissance allait être stoppée par la guerre.

Le choc de la guerre.

La guerre de 1914-1918 allait doublement désorganiser les khâgnes. D'une part, les khâgneux entraient, en général au bout d'une année d'études, dans les classes d'âge mobilisables. Le résultat fut donc une diminution brutale des effectifs des classes, que l'on retrouve au niveau du nombre de candidats à la rue d'Ulm : il y eut 62 inscrits au concours (Lettres) de 1916[7], contre 212, on l'a vu, en 1914. Une telle chute des effectifs toucha naturellement tous les établissements d'enseignement supérieur et parfois dans des proportions plus grandes encore qu'en khâgne, quand les étudiants y étaient plus âgés ou les cycles d'études plus longs. Ainsi, l'École libre des sciences politiques comptait, en 1914, 800 élèves. Au début de l'année 1915, ce nombre tomba à 72, dont un tiers d'étrangers. D'une manière générale, le nombre des étudiants parisiens a diminué de 60 % de 1914 à 1918[8].

D'autre part, et du fait même de cette diminution du nombre de candidats, le concours de l'École normale supérieure offrit peu de places pendant tout le conflit : supprimé en 1915, il réapparut en 1916 avec une promotion littéraire de 13 élèves cette année-là, comme d'ailleurs en 1917 et en 1918. Une lettre du vice-recteur de l'Académie de Paris aux proviseurs, datée du 18 février 1915, insistait sur la faiblesse du nombre de candidats et justifiait en ces termes la suppression temporaire du concours de la rue d'Ulm :

> « ... Les renseignements que j'ai recueillis font ressortir que, dans les circonstances actuelles, le nombre de candidats véritablement aptes à subir l'examen serait très faible, que le régime de l'École serait profondément troublé par la nécessité où l'on se trouverait de réserver un grand nombre de place pour les jeunes gens actuellement sous les drapeaux...[9]. »

En réalité, les autorités académiques durent se résoudre à partir de 1916 à rouvrir le concours pour les candidats que leur âge ou leurs aptitudes physiques ne rendaient pas — ou pas encore — mobilisables, mais avec des promotions beaucoup moins étoffées que celles d'avant-guerre, quitte à rattraper ce déficit des effectifs de l'École par un concours spécial réservé aux combattants, après la victoire.

Les instructions ministérielles des 22 avril et 6 juillet 1919 prévoyaient, en

---

7. Arch. Nat. 61 AJ 166. Sur ces 62 candidats, 50 provenaient de l'Académie de Paris : 4 de la Sorbonne, 24 de Louis-le-Grand, 11 d'Henri-IV, 5 de Condorcet et 6 de Lakanal (Archives de l'Académie de Paris, Arch. Nat. AJ 16 2877).

8. D'après P. Rain, *L'École libre des sciences politiques,* Fondation nationale des sciences politiques, 1963, p. 65. Pour les effectifs des étudiants parisiens entre 1914 et 1918, on se reportera à la *Revue Universitaire,* 1922, 2, p. 69, qui fournit des renseignements précieux sur les inscriptions d'étudiants à l'Université de Paris.

9. Arch. Nat. AJ 16 2877.

effet, l'ouverture d'un « concours spécial pour l'admission à l'École normale supérieure et l'obtention des bourses de licence ». Ce concours était réservé à trois types de candidats : les candidats encore mobilisés; les candidats démobilisés après le 11 novembre 1918, mais qui n'avaient pu se présenter au concours normal de 1919; les candidats réformés avant le 11 novembre 1918, mais qui n'avaient pu, du fait de leurs blessures ou de leur maladie, se présenter au concours de 1919. Ce concours spécial avait donc pour but de permettre aux khâgneux des années de guerre, dont la préparation avait été interrompue par la mobilisation, de concourir pour entrer rue d'Ulm sans refaire de longues années de khâgne et sans être en compétition avec des candidats ayant pu mener une scolarité normale. Il avait également pour but de combler, aussi rapidement que possible, les coupes claires faites par la guerre parmi les élèves de l'École normale supérieure : le monument aux morts de la rue d'Ulm, inauguré le 9 décembre 1923, porte 239 noms.

On prend la mesure du tribut payé si l'on considère que ces 239 tués représentent plus du quart des élèves et anciens élèves mobilisés dans les services armés lors du premier conflit mondial. Bien plus, parmi ces mobilisés, 211 appartiennent, en août 1914, à des promotions en cours d'études à l'École. Pour eux, le prix à payer aura été plus lourd encore : 107 tués, soit plus de 50 % du total. Et sur les 104 survivants de ces promotions, six seulement, selon le directeur Gustave Lanson, « ont traversé toute la guerre en restant absolument indemnes ». Au mois de janvier 1922, Gustave Lanson rédigera, en effet, un rapport sur « les anciens élèves et élèves mobilisés dans les services armés en 1914-1918 [10] ». Pour les tués, le bilan est terrible :

Promotions	Mobilisés dans les services armés	Morts	%
1868	1	1	100
1886-1903	287	40	12,93
1904-1909	233	62	26,60
1910-1913	211	107	50,71
1914	74	22	29,72
1916-1917	27	4	14,81
	833	236	28,33

La différence avec le nombre officiel de 239 tués provient naturellement du décalage des dates entre un rapport rédigé en janvier 1922 et un monument aux morts inauguré en décembre 1923. Entre-temps, la liste des morts s'était encore allongée du fait du décès de quelques grands blessés.

Ce tableau appelle plusieurs remarques. Les promotions de 1910-1913 sont, nous l'avons déjà signalé, celles qui sont encore en cours d'études au début d'août 1914 (service militaire inclus). La saignée y a été encore plus forte que dans la promotion 1914 qui, faute d'une formation militaire préalable, ne

10. Rapport de Gustave Lanson, daté du 27 janvier 1922, Archives de l'Académie de Paris (Arch. Nat. AJ 16 2895).

participa pas aux combats meurtriers de l'été et de l'automne 1914. Cette promotion fut cependant, par la suite, profondément touchée par la guerre : reçue à la fin du mois de juillet 1914, elle fut mobilisée quelques jours plus tard et envoyée au combat au bout de quelques mois. Beaucoup de ses membres, tués à la guerre, ne sont donc entrés qu'à une seule occasion rue d'Ulm : pour y passer les épreuves orales. Afin de combler les places laissées vides, un arrêté du 30 mai 1916 décida de rallonger rétroactivement la liste des admis de 1914, en y intégrant une partie des boursiers de licence de ce concours : en Lettres, 43 candidats sont ainsi déclarés reçus.

Par ailleurs, dans ce tableau, Gustave Lanson a dû rajouter, avant les promotions 1886-1903, une première rubrique contenant une seule promotion : celle de 1868. Il s'est trouvé, en effet, un normalien de cette promotion, engagé de 1870, pour s'engager de nouveau en 1914 et pour mourir « des suites de sa campagne ». Né en 1849, Charles Bayet[11], bien que de famille belge, avait été volontaire en 1870 et avait gagné au combat ses galons de sous-lieutenant. Agrégé d'histoire en 1872, membre de l'École française de Rome fondée l'année suivante, il devient professeur à la faculté des lettres de Lyon puis, en 1891, recteur de l'Académie de Lille. En 1896, il est appelé à la direction de l'enseignement primaire puis devient, en 1902, directeur de l'enseignement supérieur. En 1914, à soixante-cinq ans, et après quarante-six ans de service, il s'engage et monte au front avec le grade de sous-lieutenant, gagné quarante-quatre ans plus tôt. Il participe aux combats sur le front de l'Est puis se trouve versé dans l'armée d'Orient. Tombé malade, il meurt en 1918. Auparavant, il avait perdu son fils cadet; coïncidence poignante : alors qu'il avait obtenu l'autorisation de venir rendre visite à ce fils sur la position que son unité occupait, on lui apprit qu'une attaque française étant en préparation, il ne pourrait le voir qu'au retour de cette attaque; le jeune homme mourut pendant l'assaut, et son corps demeura plusieurs jours entre les lignes. Quant à son fils aîné, Albert Bayet, il fut blessé en combattant dans l'armée d'Orient.

Certes, d'autres normaliens se sont engagés dans le service armé sans y être astreints par l'âge : ainsi, le philosophe Alain part au front à quarante-six ans. Mais une génération, ou presque, le sépare de Charles Bayet : il naît en 1868, quand ce dernier entre à l'École normale supérieure ! Et déjà, chez les hommes de la génération d'Alain, même engagés dans le service armé, rares sont ceux qui sont morts au combat : ainsi, dans sa promotion de 1889, il n'en figure pas. Et, dans la promotion précédente, il y a un « mort au service », en 1917, Émile Bertaux, professeur à la Sorbonne. La rubrique 1886-1903 adoptée dans le tableau est donc trompeuse : mis à part quelques rares cas d'engagés volontaires, les anciens élèves de l'École normale supérieure n'entrèrent dans les classes d'âge mobilisables qu'à partir des promotions 1893 et 1894 environ : Charles Péguy appartient à cette dernière promotion.

Cette hémorragie qu'a connue l'École normale supérieure a sans doute été ressentie par les autorités universitaires comme une ponction catastrophique dont il convenait, à tout prix, de colmater les effets. Et la communauté normalienne, de son côté, à plusieurs reprises, a insisté sur l'ampleur du sacrifice. Ainsi, en 1923, Julien Luchaire, chargé par la Commission de coopération intellectuelle de la SDN de faire un rapport sur « quelques

11. Cf. *Annuaire* 1919, pp. 33-37.

problèmes de l'organisation intellectuelle internationale », y évoque notamment les « ravages de la guerre » et le grand nombre des intellectuels européens fauchés par le conflit et prend, pour illustrer son propos, l'exemple de l'École normale supérieure dont il détaille les pertes par promotion, de 1906 à 1913[12]. Et quand, en juillet 1925, la croix de guerre est décernée à l'École normale supérieure, la citation à l'ordre de l'armée qui accompagne cette distinction évoque le tribut payé par l'établissement :

> « L'École normale supérieure. A fourni dans les réserves une brillante phalange de cadres, spécialement instruits pour l'infanterie, qui se sont sacrifiés sans compter et dont la haute valeur intellectuelle et morale, l'esprit d'initiative et de devoir ont collaboré glorieusement au triomphe de nos armes[13]. »

Les Centres d'Études de Nancy et de Strasbourg.

Le concours spécial de 1919 devait donc permettre aux khâgneux mobilisés de rattraper les années perdues et à l'École normale supérieure de retrouver ses effectifs normaux. Encore fallait-il que ces candidats d'un genre particulier fussent en mesure, alors que beaucoup d'entre eux étaient encore sous les drapeaux, de se préparer aux épreuves du concours. Aussi les instructions ministérielles évoquaient-elles des centres de préparation mis en place par les autorités militaires. Ces « Centres d'Études » s'ouvrirent, pour les littéraires, à Strasbourg et à Nancy. Celui de Nancy, réservé aux candidats choisissant l'option version grecque, fut installé dans les locaux du séminaire et fonctionna avec des moyens de fortune : la bibliothèque universitaire, touchée par une bombe, avait en partie brûlé et la plupart des livres avaient été détruits L'enseignement était dispensé par un amalgame de vieux professeurs de la faculté des lettres de Nancy pour le latin, le français et le grec, et de jeunes normaliens agrégés pour la philosophie et pour l'histoire : respectivement, pour ces deux disciplines, René Hubert, de la promotion 1905, et Émile Mireaux, de la promotion 1907. Strasbourg, qui accueillait des candidats composant dans toutes les options du concours, y compris la version grecque, regroupait un nombre de mobilisés et de démobilisés de fraîche date plus important : 221, contre 96 pour le Centre de Nancy[14]. Se préparèrent, par exemple, à Strasbourg Maurice Crouzet, Édouard Depreux et Brice Parain

Les épreuves écrites du concours spécial se déroulèrent du 25 au 27 septembre 1919 et les épreuves orales commencèrent le 27 octobre. L'ensemble des épreuves était allégé par rapport aux concours normaux. Ainsi, à l'écrit, ne subsistaient que trois épreuves : une composition française et une version latine formaient le tronc commun sur lequel venaient se greffer, au choix, une version grecque, une version de langue vivante, une composition de mathématiques, de physique ou de sciences naturelles. L'histoire et la philosophie ne réapparaissaient qu'à l'oral, qui comprenait cinq épreuves : explication française, explication latine, interrogation sur la philosophie, interrogation sur l'histoire et une cinquième épreuve à option, « soit une explication

---

12. J. Luchaire, *Observations sur quelques problèmes de l'organisation intellectuelle internationale,* SDN, Commission de coopération intellectuelle, 1923, p. 10 (Repris dans : J. Luchaire, *Principes de coopération intellectuelle internationale,* Hachette, 1926, p. 26).
13. *Journal Officiel,* 21 juillet 1925, p. 6859.
14. Calculs effectués d'après l'arrêté du 19 août 1919, « fixant la liste des candidats autorisés à prendre part au concours spécial de 1919 pour l'admission à l'École normale supérieure et l'obtention des bourses de licence » (*BAMIP,* n° 2389, 30 août 1919, pp. 536-538).

grecque, soit une explication d'allemand, ou d'anglais, ou d'italien, ou d'espagnol, soit une seconde interrogation sur l'histoire ou la philosophie ». On avait donc tenté, semble-t-il, d'éliminer de l'écrit la plupart des épreuves qui demandaient un travail de révision trop intense, incompatible avec les quelques mois de préparation passés dans les centres de préparation militaires. Ces épreuves, reléguées à l'oral, voyaient d'ailleurs leur programme considérablement limité par rapport à celui des concours ordinaires. Ainsi, en histoire, les connaissances exigées portaient sur la France de 1789 à la fin du Directoire et sur « l'Empire allemand, l'Autriche-Hongrie, l'Angleterre et l'Amérique dans la seconde moitié du XIXe siècle ».

L'organisation de ce concours spécial avait naturellement pour but, on l'a vu, de sauvegarder les droits des khâgneux dont la mobilisation et les années au front avaient interrompu les études. De son côté, la IIIe République entendait ainsi reconstituer le plus rapidement possible cette « élite » que son système scolaire était chargé de promouvoir et que la guerre venait de décimer. Et, de fait, la session spéciale de 1919 déboucha sur une promotion plus importante que les promotions habituelles, mais aussi, en termes relatifs, sur un pourcentage de réussites plus élevé qu'à l'habitude. Sur 233 candidats littéraires inscrits, 70 furent reçus normaliens et 75 boursiers de licence[15]. A titre de comparaison, avant et après le conflit mondial, pour un nombre à peu près égal de candidats, les promotions littéraires comptaient un peu moins d'une trentaine de membres, et une vingtaine de bourses de licence étaient allouées.

D'une manière générale, et toujours dans le double dessein de préserver les droits des mobilisés et de reconstituer des cadres vidés par la guerre, beaucoup d'examens et de concours universitaires de l'année 1919 et des années suivantes furent largement ouverts aux démobilisés : par exemple, l'agrégation d'histoire et de géographie de 1920 compta, pour sa session normale, sept reçus — dont le premier fut Pierre Gaxotte —, et, pour sa « session spéciale », vingt-six reçus.

L'École normale supérieure en 1919.

Du fait de la guerre, se côtoyèrent donc à l'École normale supérieure, en 1919 et dans les années suivantes, des élèves d'âges et d'expériences très différents. La promotion spéciale de 1919 comprenait des mobilisés de l'été 1914 et des soldats appelés sous les drapeaux au cours des années suivantes. Des élèves reçus au concours de 1914 et mobilisés aussitôt après, tel Marcel Déat, commençaient, en réalité, eux aussi leur scolarité rue d'Ulm en 1919. Les survivants des promotions 1912 et 1913 reprenaient leurs années de scolarité à l'École, interrompues par la guerre avant l'agrégation. Les élèves des promotions 1916, 1917 ou 1918 continuaient leurs études ou les reprenaient, certains ayant été mobilisés après leur réussite au concours. Enfin, les élèves du concours normal de 1919 entamaient, eux aussi, leurs années d'études. Un texte de Paul Dupuy, qui fut pendant plusieurs décennies « surveillant

15. Les résultats des épreuves du concours spécial de 1919 (listes de classement et notation des candidats) se trouvent aux Archives Nationales (61 AJ 170). Les résultats peuvent être également — et plus facilement — consultés dans le *BAMIP* n° 2400 du 15 novembre 1919, pp. 1348-1350. Dans cette promotion figuraient notamment André Guérin, Jean Mistler, Brice Parain et Pierre Pucheu. On trouve une bonne description du Centre de Nancy dans *Le Bout du monde* de Jean Mistler (Grasset, 1964). Du même auteur, on pourra consulter, outre cette chronique, le roman *Gare de l'Est* (Grasset, 1975), et plus précisément sa troisième partie, « Le Grand Théâtre ».

général » de l'École normale supérieure et, à ce titre, en fait le deuxième personnage de l'établissement après le directeur, évoque, près de trente ans plus tard, les difficultés matérielles et les problèmes d'ordre psychologique que posa cet afflux soudain de normaliens (Paul Dupuy évoque en 1947 la mémoire de Jean Prévost, entré rue d'Ulm en 1919, mort dans le Vercors en 1944) :

> « Il entra à l'École, non seulement avec ses camarades du concours régulier, mais avec les survivants des promotions 1912 et 1913, avec ceux de la promotion 1914, où les morts de la guerre avaient été remplacés par ceux qui les suivaient dans la liste de classement, avec les petites promotions de 1916, 1917 et 1918, enfin avec l'énorme promotion spéciale des démobilisés de 1919 qui, depuis l'armistice, s'étaient préparés au concours dans les centres militaires que l'on avait organisés à Nancy et à Strasbourg. C'était une véritable cohue : des tout jeunes comme Prévost, frais émoulus des lycées où leurs études avaient été bousculées par la guerre, se trouvaient confondus avec des hommes qui l'avaient faite, mûris et durcis par ses épreuves, plusieurs marqués de ses blessures, redevenus élèves après avoir commandé à d'autres hommes et bravé la mort avec eux. Plus d'externes que d'internes modifiaient incroyablement la substance intime de l'École; jamais elle ne s'était trouvée aux prises avec de pareilles difficultés matérielles et morales. Je serais bien embarrassé maintenant de dire comment nous nous en tirâmes [16]. »

Les difficultés « matérielles » sont faciles à imaginer : l'établissement de la rue d'Ulm se débattait déjà dans des problèmes inextricables avec un effectif ordinaire de cent cinquante élèves environ, promotions littéraires et scientifiques confondues. Or, à la fin de l'année 1919, le nombre de ces élèves est de deux cent vingt-huit. Mais les problèmes « moraux » furent vraisemblablement plus complexes encore. Sur ces deux cent vingt-huit normaliens, cent quarante-six, soit près des deux tiers, étaient des démobilisés. Alors que parfois quelques mois à peine séparaient certains démobilisés de leurs camarades que l'armistice avait empêchés d'être à leur tour appelés sous les drapeaux, la césure psychologique était, semble-t-il, profonde entre les uns et les autres. Ainsi, Marcel Déat déclare, lors d'une enquête menée par *La Revue Française* sur le sujet, « Où va la nouvelle génération ? » :

> « Je ferai cependant une distinction entre ceux qui firent la guerre et ceux qui, ne l'ayant point faite, émergent aujourd'hui. Je crains même qu'il n'y ait une coupure irréparable entre ces deux générations. »

La même enquête cite également un jeune normalien d'une promotion ordinaire d'après-guerre, et la différence de ton est frappante. A l'assurance et aux certitudes de l'ancien combattant proche de la trentaine s'opposent la prudence et les hésitations du jeune normalien de vingt ans :

> « Mes aspirations politiques, ma conception de l'avenir de la France ? J'avoue que là-dessus je ne suis pas moi-même très fixé. Peut-être mes études et mes examens ne m'ont-ils pas laissé jusqu'ici assez de temps pour m'éclairer suffisamment et adopter, après examen, des opinions définitives [17]. »

16. Extrait d'un article de Paul Dupuy sur Jean Prévost, *BSAENS*, n° 54, mai 1947, pp. 38-42, citation p. 38.
17. « Où va la nouvelle génération ? », *La Revue Française*, 26 mars 1922.

Malgré la différence d'âge, les deux normaliens sont pourtant en même temps à l'École. Marcel Déat, reçu en 1914, est revenu en 1919 rue d'Ulm préparer l'agrégation. En 1922, il n'en est plus, à proprement parler, élève. Agrégé de philosophie, il travaille au Centre de documentation sociale fondé à l'École par Célestin Bouglé. Mais il était encore élève dans cet établissement quelques mois plus tôt.

Cette césure causée par la guerre est fondamentale. Certes, les deux textes ci-dessus émanent de jeunes gens que sept ans d'âge séparent. Mais la coupure s'est faite parfois au milieu même d'une classe d'âge. A quelques mois près, certains sont restés en khâgne préparer leur concours et ont été reçus aux sessions normales de 1917, 1918 ou 1919, tandis que d'autres, mobilisés, connaissaient le baptême du feu et revenaient rue d'Ulm par le biais du concours spécial de 1919. Et, par-delà les quelques mois de différence aux yeux de l'état civil, on retrouve en fait des dispositions psychologiques aussi éloignées que dans les deux textes cités plus haut, et, nous y reviendrons, un élément de différenciation intergénérationnelle.

Il existe de nombreux témoignages sur les difficultés qu'éprouvèrent ces normaliens revenus du feu à reprendre leurs études. Brice Parain, par exemple, souligne dans *L'Embarras du choix* que « la reprise des études au retour de la guerre a été pour beaucoup de nous une rude épreuve[18] ». Quarante-cinq ans après sa démobilisation, en 1964, Jean Mistler se rappelle encore parfaitement cet état d'esprit particulier qui était celui des anciens combattants entrant à la rue d'Ulm :

> « Qu'on n'attende pas ici de grands détails sur l'existence à l'École. Si j'y étais entré en 1915, j'y aurais sans doute apporté le même enthousiasme que mes aînés à l'époque des *Cahiers de la Quinzaine*, mais après la coupure de quatre années qui s'était faite dans ma vie, je ne pouvais plus considérer Normale que comme une étape et je me mis à préparer mon agrégation pour en finir au plus tôt. Mes camarades ne raisonnaient pas autrement : sur les 80 élèves de notre promotion, la moitié à peine devait rester dans l'Université[19]. »

Cette dernière observation est assurément excessive. *L'Annuaire* de l'Association amicale des anciens élèves de l'École normale supérieure permet, en effet, d'établir la profession de soixante et un des soixante-dix — et non quatre-vingts, comme l'écrit Jean Mistler — membres de la promotion spéciale de 1919 : treize, soit 21,3 %, ont, semble-t-il, quitté l'Université. Ce chiffre est toutefois supérieur de quelques points à la ventilation moyenne des normaliens entre carrières universitaires et professions hors de l'*Alma Mater :* ainsi, les aînés des promotions littéraires 1905 à 1914 sont, en 1926, pour 18 % d'entre eux hors de l'Université.

De plus, il est vrai que dans cette promotion spéciale de 1919 comme dans les promotions ordinaires de l'avant-guerre, et donc parmi les jeunes normaliens qui ont été au front, un certain nombre ont rapidement obliqué, dans les années 1920, vers des secteurs parfois proches des milieux d'affaires.

La trajectoire de leur aîné Émile Mireaux est à cet égard révélatrice. Fils d'un officier de carrière, il est né en 1885 et, après des études secondaires au Prytanée militaire de La Flèche, entre en khâgne à Lakanal. Il est reçu au

18. B. Parain, *L'Embarras du choix*, Gallimard, 1946, p. 71.
19. J. Mistler, *Le Bout du monde*, réf. cit., p. 264.

concours en 1906 et appartient donc — du fait des dispositions militaires qui, avant le premier conflit mondial, contraignaient les normaliens à faire leur première année de service militaire avant d'entrer rue d'Ulm — à la promotion de 1907, celle d'Yvon Delbos, André François-Poncet, René Massigli et Georges Wormser. Agrégé d'histoire et de géographie en 1910, il commence, dans l'Université, une carrière qui, après le lycée d'Alençon, le conduit à la Casa Velasquez de Madrid. Il semblait donc s'orienter vers les études hispaniques quand la guerre éclata et que le jeune professeur partit rejoindre le 331e régiment, en qualité de sous-lieutenant. Blessé deux fois, décoré de la croix de guerre, il reste sur le terrain une troisième fois et, fait prisonnier, termine la guerre dans un Oflag. Libéré à la fin de la guerre, chevalier de la Légion d'honneur à titre militaire, Émile Mireaux, encore mobilisé, est délégué comme instructeur au Centre de préparation aux Grandes Écoles de Nancy. Puis, de 1920 à 1922, il semble reprendre sa carrière universitaire interrompue par la guerre : il est en effet, durant cette période, agrégé-répétiteur à l'École normale supérieure. Brusquement, en 1922, il oblique vers le secteur privé et entre à la Société d'études et d'informations économiques. Celle-ci éditait, en particulier, le *Bulletin Quotidien* qui, tiré à cinq cents puis à un millier d'exemplaires, était porté aux abonnés à domicile, vers midi, par des escouades de cyclistes. Le travail de documentation et de commentaire nécessaire à l'élaboration de ce bulletin était confié à une dizaine de personnes, souvent issues des Grandes Écoles et notamment de l'École normale supérieure. Le délégué général de la Société André François-Poncet, proposa à son ancien camarade de promotion d'en partager la direction. Or « une circonstance particulière acheva de le décider. Il pensait que son passé militaire, ses blessures, sa captivité lui vaudraient les faveurs de l'administration de l'Instruction publique, dans la recherche d'une chaire d'enseignement à sa convenance. Les bureaux lui avaient, au contraire, conseillé de modérer ses prétentions car, disaient-ils, pendant qu'il était mobilisé, il n'avait pas rendu de services à l'Université. Cet accueil l'avait rempli de colère et d'amertume et fortifié dans son désir de ne pas, à nouveau, devenir fonctionnaire[20] ». Ce témoignage porté près d'un demi-siècle plus tard par André François-Poncet sur les dispositions psychologiques d'Émile Mireaux et la façon dont elles interférèrent dans son choix de bifurquer vers le secteur privé[21] n'est pas, on le voit, sans rappeler celui de Jean Mistler sur ses camarades de la promotion spéciale de 1919.

La vie de l'École normale supérieure et de ses élèves a donc été profondément touchée par la guerre. Il en va de même pour les khâgneux, dont les effectifs ont fondu brutalement en 1914-1915. Dans ce domaine également, il fallait reconstruire.

---

20. Citation extraite de la notice nécrologique d'Émile Mireaux, rédigée par André François-Poncet pour l'*Annuaire*, 1971, pp. 32-41.

21. C'est alors, pour Émile Mireaux, l'installation au 282, boulevard Saint-Germain, siège de la Société d'études et d'informations économiques. Après l'élection d'André François-Poncet aux législatives de 1924, il resta le seul directeur de cette société. En 1932, il fut chargé d'assurer, en commun avec Jacques Chastenet, la direction du *Temps*, dont il tenait, depuis 1929, la rubrique économique. Son influence dans certains milieux journalistiques, ses ouvrages d'histoire et d'économie politique le conduisent, en mai 1940, à l'Académie des sciences morales et politiques. Entre-temps, il avait été élu, en 1935, sénateur des Hautes-Pyrénées. Après l'installation du régime de Vichy, il fut chargé, pendant quelques semaines, du ministère de l'Instruction publique.

Les khâgnes de l'immédiat après-guerre : la reconstruction.

A la veille du premier conflit mondial, la khâgne de Louis-le-Grand comprenait plus de quatre-vingts élèves et celle du lycée Henri-IV un peu moins d'une quarantaine. Par suite des mobilisations successives, ces effectifs s'effondrèrent rapidement : au concours de 1916, il y eut, pour ces deux lycées respectivement vingt-quatre et onze candidats. Les établissements de province connurent une hémorragie semblable : ainsi, au même concours de 1916, douze khâgneux seulement originaires de ces établissements furent candidats. La première supérieure de Lyon, par exemple, ne comprenait, en 1916-1917, qu'une douzaine d'élèves environ — khâgneux et hypokhâgneux confondus en une seule division — et son organisation venait d'être bouleversée par la guerre : jusque-là abritée au lycée Ampère, elle est à cette date transférée au lycée du Parc, où elle demeurera désormais tout au long de l'entre-deux-guerres. Le lycée du Parc avait été transformé en hôpital militaire, mais les salles de classe donnant sur la rue Tronchet avaient été laissées à l'enseignement.

Beaucoup des khâgneux mobilisés ne revinrent jamais du front. Et des professeurs aussi différents qu'André Bellessort et le philosophe Alain, appartenant de surcroît à des univers politiques bien distincts, restèrent marqués pour le reste de leur vie par ce sacrifice de plusieurs promotions de khâgneux. Deux textes sont, à cet égard, révélateurs. Le premier est un témoignage de Prosper Jardin, camarade de Robert Brasillach en hypokhâgne à Louis-le-Grand en 1925-1926, qui évoque le dernier cours d'André Bellessort en juillet 1926. Les élèves ont organisé une souscription pour acheter un livre à leur professeur qui part à la retraite. Cet ouvrage est offert par Robert Brasillach, au nom de la classe. Après un moment d'émotion, le maître parle et évoque les khâgneux morts lors du premier conflit mondial :

> « Je les revois, vos camarades tombés en pleine jeunesse, vos camarades qui m'étaient brusquement arrachés. Ils reviennent sur ces bancs et leurs visages se greffent sur vos corps. Leurs yeux vides m'interrogent : " Pourquoi ? " — Oui pourquoi [22] ? »

La même scène se produisit à Henri-IV, dans la classe d'Alain

> « Un de mes meilleurs élèves m'a rappelé un discours sur la guerre, où j'avais fait en quelque sorte l'appel des morts ; c'était terrifiant. En ces moments-là, on n'aurait point douté que je ne fusse sérieux jusqu'au fanatisme [23]. »

Cette ponction, qui a profondément ébranlé André Bellessort et Alain, fut si lourde qu'il fallut plusieurs années pour retrouver les chiffres de l'avant-guerre. Ainsi, pour Louis-le-Grand, il faut attendre le milieu des années 1920

1913-1914	83 élèves	1921-1922	58 élèves
1918-1919	40 —	1922-1923	70 —
1919-1920	55 —	1923-1924	75 —
1920-1921	65 —	1924-1925	82 —

22. Prosper Jardin, « André Bellessort », *Revue des deux mondes*, 15 septembre 1966, pp. 185-189, citation p. 189.
23. Cette citation est extraite d'une dédicace d'Alain, de plusieurs pages, à Mme Monique Morre-Lambelin sur un exemplaire d'*Alain Professeur*, « par XX, élève de rhétorique supérieure à Henri-IV », Paul Hartmann, 1929. Il s'agit d'un ouvrage anonyme écrit par un élève d'Alain.

A Henri-IV, l'effondrement des effectifs avait entraîné, en 1916, la suppression de l'hypokhâgne et la fusion de tous les élèves en une seule classe. On ne revint à une organisation en deux niveaux qu'à la rentrée de 1928, les effectifs de 1913-1914 n'ayant été rattrapés qu'au cours des années précédentes :

1913-1914 *		1922-1923	33 élèves
1917-1918	18 élèves	1923-1924	40 —
1918-1919	25 —	1924-1925	40 —
1919-1920	40 —	1925-1926	44 —
1920-1921	36 —	1926-1927	54 —
1921-1922	50 —		

* Un peu moins d'une soixantaine d'élèves, hypokhâgne incluse.

On retrouve tout naturellement ce phénomène de tassement en ce qui concerne le nombre total de candidats qui se présentent au concours[24] :

	Nombre de candidats ayant composé	Nombre de reçus		Nombre de candidats ayant composé	Nombre de reçus
1912	197	35	1923	163	29
1913	209	35	1924	161	28
1914	212	35	1925	171	28
1916	62	13	1926	181	28
1920	158	30	1927	195	31
1921	142	30	1928	204	29
1922	156	30	1929	228	29

Il faut donc attendre 1929 pour retrouver et dépasser le nombre de candidats de 1914. Entre ces deux dates, ces candidats, de cagneux s'étaient progressivement transformés en khâgneux.

De la « cagne » à la « khâgne » : origine et évolution d'un mot.

Comme l'institution, le mot khâgne a une histoire, dont les racines plongent dans les rites étudiants du XIXe siècle.

L'édition de 1960 du *Grand Larousse Encyclopédique* donne du mot cagne la définition suivante : « Arg. scol. Classe de première supérieure, groupant les élèves dits cagneux, qui préparent l'École normale supérieure, section " lettres " (on écrit souvent khâgne)[25]. » C'est, de fait, la même définition que l'on retrouve au mot khâgne, tandis que, pour cagneux et khâgneux, il est indiqué qu'en argot scolaire un tel terme désigne un élève préparant l'École normale supérieure, section lettres.

L'étymologie du mot cagneux est traditionnellement attribuée à la guerre d'épithètes qui opposait les candidats à la section littéraire de l'École normale supérieure à leurs camarades des classes préparatoires scientifiques, ou

24. Source : recoupement des renseignements fournis par Arch. Nat. 61 AJ 166 et 61 AJ 171. Le *BSAENS* n° 24 de juin 1930 donne, p. 28, pour les concours de la décennie écoulée, des chiffres similaires pour la plupart des années.

25. On retrouve une définition similaire dans le *Grand Robert* (tome I, 1958, p. 600) : « Classe des lycées qui prépare à l'École normale supérieure (section lettres). On écrit aussi par plaisant. Khâgne. »

« taupins » : les seconds, aspirant tous, dans l'imaginaire étudiant, à devenir ingénieur des mines, avaient donc pour vocation d'exécuter des travaux souterrains, d'où le sobriquet ; et les premiers ne pouvaient être aux yeux des seconds que des êtres mal proportionnés et disgraciés, d'où le nom dont ils furent affublés[26]. Le « taupin » préparant Polytechnique ou le « cornichon » préparant Saint-Cyr, l'un et l'autre soucieux de cette prestance sans laquelle il n'est pas de carrière militaire, contemplaient en effet avec commisération ces littéraires apparemment peu exercés aux activités corporelles et inaptes, à leurs yeux, au métier d'officier. Cette étymologie est celle, par exemple, du *Lexique de la langue normalienne* qui mentionne que « cette épithète désobligeante fut imaginée par les taupins...[27] ». De son côté, André François-Poncet note, dans le numéro du *Bulletin de la Société des amis de l'École normale supérieure* de janvier 1952 :

> « J'imagine que ce sont les taupins qui ont baptisé " cagneux " les cagneux et que ce sont les cagneux qui ont appelé les taupins " taupins ". Les taupins ont voulu témoigner en quel mépris ils avaient ces garçons qu'ils estimaient disgraciés et mal foutus, puisqu'ils n'étaient pas taupins et qu'ils ignoraient les mathématiques... »

Il est évident que de telles interprétations fleurent bon le « canular » — mystification ou farce en langage normalien —, mais elles recèlent sans aucun doute une part de vérité[28]. Assurément, il est toujours malaisé d'entreprendre une étude étymologique sur un matériau dont les racines plongent dans les rites scolaires du siècle précédent[29] et dont la seule tradition orale est dépositaire, mais l'explication par la guerre des épithètes nous semble avérée. D'autant que ces invectives plus ou moins amicales entre élèves des classes préparatoires s'inscrivent elles-mêmes dans une tradition littéraire qui fait du normalien, et par extension de l'apprenti normalien, un être chétif et ridicule. On pourrait sur ce thème multiplier les citations. D'un tel florilège, nous retiendrons ici deux textes aux accents révélateurs. Ainsi, en 1867, ce sonnet de Louis Veuillot, intitulé *Nos Païens*[30] :

Ces païens enragés que l'on voit par essaims
S'envoler tous les ans de l'École normale,
Ces grands adorateurs de Vénus animale
Qui parlent de reins forts et de robustes seins,

Regardez-les un peu : la plupart sont malsains.
Cuirassés de flanelle anti-rhumatismale,
Ils vont en Grèce avec des onguents dans leur malle
Et ne peuvent s'asseoir que sur certains coussins.

---

26. Selon le *Grand Robert* (*loc. cit.*), cagneux, mot du XVIIe siècle, signifie « qui a les genoux tournés en dedans ». Le *Grand Larousse de la langue française* en 6 volumes précise (vol. 1, 1971, p. 561) : « De cagne, chienne (d'après la forme de ses pattes antérieures); début du XVIIe siècle. Se dit d'une personne qui a les genoux rapprochés et les pieds écartés. Spécial. se dit du cheval dont les pieds sont tournés en dedans. Adj. : jambes cagneuses, jambes tordues à la hauteur des genoux. »

27. Alain Peyrefitte, *Rue d'Ulm*, 2e éd., Flammarion, 1963, p. 392.

28. Les khâgneux reprendront d'ailleurs à leur compte cette étymologie en baptisant la chouette, qui est à la fois leur emblème et leur déesse tutélaire, Vara, du latin *varus* qui signifie cagneux (au sens défini à la note 26).

29. Le mot cagneux, dans son acception scolaire, serait, en effet, antérieur à 1888 (selon G. Esnault, *Dictionnaire historique des argots français*, Larousse, 1965, p. 104).

30. Louis Veuillot : *Les Odeurs de Paris*, 1867, Palmé éd., Livre VIII, « Sur les quais », Sonnet XI.

Tel jure par Hercule et par les Grâces nues,
Qui porte un dos voûté sur des jambes menues
Et n'a ni cœur ni voix, ni poignet ni jarret.

Pied-plat ! Que n'es-tu né dans ta Sparte si chère !
Bâti comme tu l'es, plein de honte, ton père
T'aurait fait disparaître au fond du lieu secret.

Émile Zola, en 1881, développa de son côté un thème assez proche, quoique sur un autre registre :

> « Quiconque a trempé dans l'air de l'École normale en est imprégné pour la vie. Le cerveau en garde une odeur fade et moisie de professorat ; et ce sont, quand même et toujours, des attitudes rêches, des besoins de férule, de sourdes envies impuissantes de vieux garçons qui ont raté la femme... [31] »

Par extension, un rassemblement de cagneux fut appelé une cagne. Là encore, l'étymologie n'est guère flatteuse. La même édition du *Grand Larousse Encyclopédique* en donne, en effet, avant de signaler l'acception scolaire, la définition suivante : « N.f. (anc. provenç. *canha*, chienne, du latin *canis*) : femme, personne fainéante et méprisable [32]. » C'était déjà la définition qu'en donnait en 1866 Alfred Delvau dans son *Dictionnaire de la langue verte*, tandis qu'en 1881 Louis Rigaud, dans son *Dictionnaire de l'argot moderne*, mentionnait l'expression « avoir la cagne » comme synonyme d'être paresseux [33]. Aucun de ces deux auteurs ne signalait à ces dates le sens scolaire du mot cagne. Non plus que Pierre Larousse qui notait en 1867, dans le tome III de son *Grand Dictionnaire Universel du XIXe siècle :* « Pop. se dit d'un homme, d'un enfant fainéant, paresseux ; mais s'applique le plus généralement à une femme fainéante, méprisable à un point de vue quelconque. » Selon Gaston Esnault, ce n'est qu'en 1888, en effet, que ce terme apparaît, et jusqu'au premier conflit mondial le mot cagne servira à désigner, en argot scolaire, les classes de rhétorique supérieure puis de première supérieure. Ainsi, Charles Péguy, évoquant en 1911 dans *Les Cahiers de la Quinzaine* ses années de préparation au concours de la rue d'Ulm au début des années 1890, écrivait : « ... Nous sommes deux vieux Louis-le-Grand, toi et moi, et deux vieux Barbistes, d'incorrigibles vieux Louis-le-Grand et Barbistes. Nous sommes de cette petite Compagnie de Barbistes qui, pendant quelques années, préparant l'École normale supérieure, suivirent les cours de rhétorique supérieure de Louis-le-Grand. Allons, nous allions en *cagne*, disons le mot de l'argot de notre jeunesse et que nos jeunes héritiers n'aient point peur du vieux mot : nous étions deux *cagneux* [34]... »

---

31. E. Zola, *Une Campagne 1880-1881*, éd. G. Charpentier, 1882, p. 243. Cet ouvrage est composé d'articles donnés en 1880-1881 au *Figaro*, dont « Notre École normale » (*op. cit.*, pp. 241-250).
32. Le *Grand Robert* en donne la même définition (*loc. cit.*).
33. Cf. *Trésor de la langue française*, Éditions du CNRS, tome 5, 1977, page 2. On pourrait, du reste, pousser encore plus loin l'étude de l'usage argotique du mot cagne : Ainsi, P. Guiraud (dans le *Bulletin de la société de linguistique de Paris*, tome 52, 1956, p. 274, « Une série synonymique : le champ de cogne, cagne ») signale que « l'argot connaît pour désigner le policier et le gendarme une forme " cagne " que l'on date de 1847 tandis que " cogne ", gendarme, est daté de 1800 » ; par ailleurs, cagne désigne le cheval chez Vidocq et le mot, toujours selon P. Guiraud, remonte à cagne, « chienne » ou « prostituée » (*Ibid.*).
34. « Un nouveau théologien : M. Fernand Laudet » ; *Cahiers de la Quinzaine*, XIII, 2, 24 septembre 1911 ; repris dans *Œuvres en prose de Charles Péguy* (*1909-1914*), Bibl. de la Pléiade, Éd. Gallimard, 1961, pp. 895-1098, citation p. 1044 ; les mots en italiques le sont dans le texte.

Cependant, dans les années qui précèdent immédiatement 1914, l'orthographe de cagne s'était, en fait, modifiée. Le terme comportera désormais un kh suivi d'un a chapeauté d'un accent circonflexe et parfois, quoique plus rarement à cette date, accompagné d'un iota souscrit : le mot khâgne était né. Cette orthographe « sçavante » s'explique sans doute par la volonté de rendre le vocabulaire des rites normaliens et khâgneux plus solennel. Il faut sans doute y voir également, à l'origine, l'influence de Leconte de Lisle et des *Poèmes barbares*[35].

Au lendemain de la Première Guerre mondiale et tout au long des années 1920, le mot khâgne s'impose définitivement[36]. Les progrès de cette nouvelle orthographe sont attestés à la fois par les souvenirs des khâgneux et par quelques documents.

Dans l'enquête par correspondance entreprise en 1976, à la question sur l'orthographe du mot khâgne[37], 93 anciens khâgneux ont répondu. Ces réponses se répartissent suivant le tableau ci-dessous :

Orthographe cagne	Orthographe khâgne	Les deux orthographes sont utilisées indifféremment
18	68	7

Ces réponses sont d'autant plus crédibles qu'elles sont, en fait, groupées. La grande majorité de ceux qui ont répondu « cagne » sont des Lyonnais (12 sur 18). Il semble, en effet, que la classe préparatoire du lycée du Parc ait conservé, tout au long des années 1920, l'orthographe originelle, et c'est semble-t-il, pour la khâgne provinciale la plus importante et la plus réputée, une manière d'affirmer son originalité face aux classes parisiennes. Une fois défalquées les réponses lyonnaises, il apparaît, en fait, que les autres premières supérieures avaient définitivement opté, dès les lendemains de la Première Guerre mondiale, pour l'orthographe « sçavante ».

Cette évolution est également confirmée par les tampons utilisés par l' « administration » khâgnale pour marquer les livres de la bibliothèque de khâgne ou parapher le « Livre d'or » de la classe. Ainsi les sceaux de la classe de khâgne de Lakanal portent-ils, pour les plus anciens, le mot cagne, tandis que ceux qui sont postérieurs au premier conflit mondial portent la mention khâgne, au-dessus de la chouette, emblème de la khâgne. Il en est de même pour le tampon de l'hypokhâgne de Louis-le-Grand en 1925-1926, et pour celui de la khâgne de Montpellier à la même date, sur lequel la chouette est remplacée par la devise : *De omni re scibili.* L'orthographe du mot khâgne va d'ailleurs connaître des nuances régionales, riches de nouvelles évolutions sémantiques. C'est ainsi que, dès le début des années 1920, les khâgneux de Poitiers rajoutent un *iota* souscrit et cette pratique sera progressivement adoptée par d'autres classes. A moins que cette innovation ne vienne de Lakanal, dont les élèves, à la même époque, alourdissent systématiquement tous les mots du vocabulaire khâgneux— « les Juges de la Haülte Khoür Khâgnale », par exemple —, et certains aspects de cette orthographe systéma-

35. R. Brasillach, *Notre avant-guerre*, Plon, 1941, p. 7.
36. C'est la raison pour laquelle, en fonction des limites chronologiques qui sont celles de cette étude, nous avons adopté cette orthographe.
37. Question n° 1 de cette enquête : « Le mot khâgne était-il employé dans son orthographe actuelle ? Ou bien l'orthographe cagne lui était-elle préférée ? »

tiquement boursouflée ont sans doute gagné ensuite Louis-le-Grand par l'influence de lakanaliens transfuges. Louis-le-Grand, qui accueille souvent, comme redoublants, des élèves d'autres khâgnes de Paris et de province, est donc devenu, dans une certaine mesure, le réceptacle et le conservatoire de traditions et de rites d'origines géographiques diverses, dont il se fait l'unificateur et qu'il répercute ensuite, par son poids et sa renommée qui en font une véritable caisse de résonance, vers les autres khâgnes.

A l'exception de Lyon, le mot khâgne l'a donc emporté aux lendemains du premier conflit mondial et les élèves des classes préparatoires l'emploient le plus souvent, tandis que leurs professeurs restent souvent fidèles à l'orthographe originelle. Cette différence de générations est d'ailleurs sensible dans les bulletins édités par des normaliens. L'*Annuaire* de la vénérable Association de secours des anciens élèves de l'École normale supérieure, née en 1846, emploie le plus souvent, tout au long des années 1920, les mots cagne et cagneux ; quant aux termes khâgne et khâgneux, quand ils sont utilisés, c'est le plus souvent entre guillemets. Au contraire, dans le *Bulletin* de la Société des amis de l'École normale supérieure, fondée aux lendemains de la guerre par des normaliens de promotions plus récentes, l'emploi du mot khâgne est beaucoup plus fréquent. Ce qui, d'ailleurs, n'est pas toujours du goût des lecteurs du *Bulletin*. Ainsi, dans le numéro 31 de janvier 1934, une plume anonyme a rédigé cet entrefilet vengeur :

> « La cagne. A propos de ces lettres abusives ajoutées, comme on disait jadis, " pour la belle écriture ", signalons que le mot cagne est souvent horrifié lui aussi et écrit : Khâgne. Ce K, cet h, cet accent font merveille et donnent au mot l'aspect d'un horrible oiseau noir ou d'une furie antique : les mots cagne et cagneux sont très clairs et l'on voit bien pourquoi ils ont été appliqués à la race chétive et voûtée de ceux qui peinent sur les livres pour entrer à l'École ; et pourtant on a éprouvé le besoin de les déformer, par souci peut-être d'écarter la fâcheuse étymologie. »

Leur histoire a donc conféré aux khâgnes du début des années 1920 un certain nombre de traits. Tout d'abord, on l'a vu, les khâgnes dépendent d'établissements d'enseignement secondaire. Ce serait, en effet, un grave contresens que d'assimiler les khâgneux aux autres étudiants de l'entre-deux-guerres : ils demeurent avant tout des lycéens aussi bien pour leur mode de vie ou leurs préoccupations que pour l'encadrement professoral et disciplinaire. Même s'ils jouissent, nous le verrons, d'un statut particulier et se considèrent à juste titre comme marginaux par rapport au reste de la communauté lycéenne, ils en sont partie intégrante. Aristocratie du peuple lycéen ? Par certains aspects, sans aucun doute. Mais avant tout, membres de ce peuple des établissements scolaires de la IIIe République.

D'autre part, il faut également le rappeler, aucun texte n'oblige un jeune homme désireux de passer le concours de l'École normale supérieure à s'inscrire dans une khâgne. En 1920, le concours reste régi par le décret du 10 novembre 1903 : « Les candidats doivent justifier du baccalauréat et être âgés de dix-huit ans au moins et vingt-quatre au plus au premier janvier de l'année du concours. Nul n'est admis à concourir plus de trois fois. » Cependant, les candidats, dans leur grande majorité, proviennent des premières supérieures. Ainsi, de 1921 à 1930, sur les deux cent vingt-trois candidats reçus ayant préparé leur concours dans l'Académie de Paris, dix seulement venaient de la Sorbonne.

CHAPITRE II

Au commencement était le concours de l'École normale supérieure

L'histoire des khâgnes jusqu'en 1914 le démontre aisément : ces dernières ne sont nées et n'existent que par la présence, en aval, d'un concours de l'École normale supérieure, dont elles sont devenues les pourvoyeuses à peu près exclusives. La nature et les modalités de ce concours déterminent donc directement l'organisation des classes préparatoires littéraires et l'enseignement qui y est dispensé.

Deux traits essentiels ressortent de l'analyse du programme des épreuves où s'affrontent les meilleurs élèves des lycées de Paris et de province : d'une part, ce concours est un reflet fidèle de l'enseignement secondaire français, de son contenu, de ses orientations et de ses tensions. D'autre part, c'est un concours redoutable qui vient puiser, dans le vivier des prix d'excellence et des lauréats du Concours général, trois dizaines d'élus chaque année.

Un reflet fidèle de l'enseignement secondaire.

Ces épreuves ont varié, on l'a vu, tout au long du XIXe siècle. Après le décret du 10 novembre 1903 réorganisant le statut de l'École normale supérieure, le Conseil supérieur de l'Instruction publique fixa son nouveau mode de recrutement : le concours était réaménagé en fonction des nouveaux programmes de l'enseignement secondaire issus de la réforme de 1902. Cette réforme, née des conclusions de la commission Ribot, distinguait, à partir de la classe de seconde, trois sections : une section latin-grec (A), une section latin-langues (B) et une section latin-sciences (C). Dans le prolongement de cette réforme, le concours d'entrée à l'École normale supérieure offrait désormais, nous l'avons vu, le choix entre trois sections : une version grecque (section A), une composition de langue vivante (section B) ou une composition de science (section C) venait se greffer sur un tronc commun formé par des compositions de français, de philosophie et d'histoire, auxquelles s'ajoutaient une version et un thème latins [1]. Les compositions de français, philosophie et

1. Sur ces épreuves écrites, et sur les épreuves orales d'admission, cf. les tableaux publiés en annexe n° II.

histoire, ainsi que la version latine, existaient déjà avant 1903. En revanche, le discours latin disparaissait au profit du thème latin.

Cette réorganisation du concours de l'École normale supérieure fut ressentie comme un coup porté aux humanités classiques, auxquelles elle laissait pourtant la part belle, et fut souvent critiquée par les adversaires de la réforme de l'enseignement secondaire : en touchant à ce concours, on avait, en effet, touché à la clé de voûte du système.

Le concours de l'École normale supérieure restait cependant à forte armature classique. L'organisation des épreuves écrites est, à cet égard, révélatrice : sur les cinq épreuves écrites obligatoires du tronc commun, il y a deux épreuves de latin. Mais là n'est pas, en fait, l'essentiel : les zélateurs des disciplines classiques auraient sans doute répondu, dans les années 1920, que trois épreuves sur cinq n'étaient ni du latin, ni du grec. L'important réside ailleurs, dans le fait que ce concours recueille des élèves de l'enseignement secondaire dont la sélection s'est faite uniquement sur les lettres classiques : l'image du « fort en thème », à condition d'ôter à l'expression sa charge péjorative, est une réalité. Le concours de la rue d'Ulm, chargé de sélectionner et de promouvoir les « élites » de la République, est l'aboutissement d'un système où français, latin et grec règnent en maîtres. Et la khâgne n'est, à cet égard, que le prolongement des sections classiques de l'enseignement secondaire.

L'étude de la scolarité secondaire de quelques khâgneux illustre parfaitement cette prédominance des « Humanités ».

Première remarque : les khâgnes sont, avant tout, des pépinières où sont regroupés les excellents élèves du secondaire. Qu'on en juge par les prix et accessits remportés par l'élève Jean-Paul Sartre[2]. En 1915-1916, en sixième A au lycée Henri-IV, il obtient le premier accessit d'allemand et de thème latin, le troisième accessit de français, le sixième accessit de version latine et de sciences naturelles, le septième accessit de récitation classique et le prix d'inscription permanente au Tableau d'Honneur. L'année suivante, élève de cinquième A, il obtient un premier accessit en français et en allemand et un quatrième accessit de version latine et de thème latin. En 1920-1921, il revient au lycée Henri-IV, en première AB, comme interne[3], et obtient le prix d'excellence, les premiers prix de français et de version latine, un premier accessit en thème latin et en version grecque, un cinquième accessit d'histoire moderne et un sixième accessit d'histoire ancienne. Enfin, l'année suivante, dans la classe de philosophie, division B, il glane le premier prix de dissertation philosophique, une mention de prix en allemand, un premier accessit en sciences naturelles et en histoire et géographie.

Dans le premier cycle du secondaire, donc, Jean-Paul Sartre est un élève sérieux aux résultats réguliers. Mais c'est surtout dans le second cycle qu'il acquiert un profil de « tête de classe » : prix d'excellence en première, dans la section traditionnellement reconnue à l'époque comme la meilleure, premier prix de philosophie dans la classe du même nom.

Les résultats d'un Paul Nizan sont encore plus éloquents et plus précoces : élève d'origine provinciale — il vient du lycée de Tours —, il entre comme

2. D'après les *Palmarès* du lycée Henri-IV (Arch. Henri-IV).

3. En 1917, la mère de Jean-Paul Sartre, veuve d'un officier de marine, remariée à un polytechnicien, s'installe à La Rochelle, où son mari est devenu directeur des constructions navales. C'est donc au lycée de la ville que le futur philosophe fera sa quatrième, sa troisième et sa seconde, avant de revenir à Henri-IV comme interne.

interne au lycée Henri-IV, en octobre 1916, dans la classe de cinquième A — où il fera la connaissance de Jean-Paul Sartre — et enlève, cette année-là, le deuxième prix de français, version latine et sciences naturelles, le premier accessit de thème latin et de récitation latine, le cinquième accessit de calcul. A partir de la seconde, installé définitivement à la tête de classe, il recueille la plupart des prix des disciplines littéraires. Son palmarès en seconde AB est révélateur : premiers prix de français, histoire ancienne, histoire moderne et géographie, deuxième prix de version latine, thème latin, version grecque, thème grec, premier accessit de mathématiques, deuxième accessit de récitation classique et dessin d'imitation. En classe de première AB, Jean-Paul Sartre, revenu de La Rochelle, lui ravit le prix d'excellence, et ils se répartissent nombre de prix. Paul Nizan obtient, en effet, les premiers prix d'histoire ancienne et d'histoire moderne et les deuxièmes prix de thème grec et géographie. En classe de philosophie, enfin, il remporte les deuxièmes prix de philosophie — derrière son ami —, de sciences naturelles et d'anglais ainsi que les premiers prix d'histoire et de version latine.

Une deuxième remarque s'impose : Sartre et Nizan, têtes de classe l'un et l'autre et considérés comme d'excellents élèves, ne brillent guère en mathématiques. En première, Jean-Paul Sartre obtient le prix d'excellence sans être cité en mathématiques ou en science physique. Dès la classe de sixième, donc bien avant une spécialisation excluant en partie les disciplines scientifiques, il avait obtenu un prix d'inscription permanente au Tableau d'Honneur sans être cité en mathématiques. Paul Nizan, dont les résultats sont plus équilibrés, n'est cité que deux fois dans cette discipline : cinquième accessit de calcul en classe de cinquième, premier accessit de mathématiques en seconde.

Jean-Paul Sartre et Paul Nizan sont-ils représentatifs, par leurs résultats scolaires, du khâgneux type ? La réponse est malaisée. Une étude plus détaillée des profils scolaires des élèves des classes préparatoires littéraires des années 1920 nous donne à penser que l'un et l'autre se placent plutôt parmi les très bons khâgneux, c'est-à-dire les dix ou quinze meilleurs de Louis-le-Grand, les quatre ou cinq premiers d'Henri-IV, Lyon, Lakanal ou Condorcet, les deux ou trois têtes de classe des autres khâgnes provinciales. Ils seront, du reste, reçus rue d'Ulm en 1924 dès leur premier concours, après être passés par l'hypokhâgne et la khâgne de Louis-le-Grand, Sartre à la septième place et Nizan à la vingt-deuxième.

Mais dans cette frange supérieure, certains khâgneux ont un palmarès encore plus brillant. Ainsi, cet autre élève du lycée Henri-IV, Pierre Uri, qui a effectué toute sa scolarité dans le même lycée, de la sixième à l'hypokhâgne[4], et dont les résultats scolaires sont impressionnants. En 1921-1922 par exemple, dans la classe de sixième A1, il obtient le prix d'excellence, le prix d'inscription permanente au Tableau d'Honneur, les premiers prix de français, version latine, thème latin, récitation classique, histoire et géographie, sciences naturelles, et un troisième accessit de calcul. En cinquième A1, un premier prix d'anglais vient s'ajouter à un palmarès pour le reste à peu près identique à celui de l'année précédente. En quatrième A1, il s'adjuge tous les premiers prix — y compris celui de mathématiques —, à l'exception du dessin où il n'obtient que le deuxième accessit. En troisième A1, c'est à nouveau le prix d'excellence, qu'il obtiendra, en fait, chaque année de la sixième à l'hypo-

4. C'est, en effet, au terme de son hypokhâgne — dans laquelle il a obtenu le prix d'excellence —, et donc après une seule année de préparation, que P. Uri se présente au concours et est reçu douzième.

khâgne incluse, tandis que le palmarès restera résolument au zénith, avec toujours, au moins, les trois quarts des premiers prix et, de la seconde à la terminale, des citations qui, quelle que soit la discipline, ne vont jamais au-delà d'un deuxième accessit.

Les khâgnes accueillent, en fait, une grande partie de ceux des lycéens français qui se distinguent dans les disciplines littéraires de l'enseignement secondaire. La lecture des résultats du Concours général, dans ces disciplines, est à cet égard révélatrice.

Un concours pour « forts en thème », tel apparaît le concours littéraire de l'École normale supérieure. Un regroupement de prix d'excellence, telles sont, dans une certaine mesure, les khâgnes. Pour que la fiche signalétique soit complète, il faudrait en effet ajouter que s'y concentrent la plupart des lauréats au Concours général[5]. Une partie de chaque promotion de l'École de la rue d'Ulm est composée de ces lauréats. Ainsi, en 1924, la plupart des prix reviennent à de futurs normaliens. Le premier prix de philosophie est obtenu par Dominique Leca, élève du lycée Pasteur. En classe de première, le deuxième prix d'histoire est enlevé par Jacques Talagrand, le futur Thierry Maulnier, du lycée de Nice, et le troisième par Lucien Paye, élève au lycée d'Angers, les deuxième et troisième prix de version latine par Fernand Missonnier et Marcel Maysounave, élèves des lycées du Puy et de Tarbes. Marcel Maysounave reçoit, en outre, le premier prix de thème latin et le quatrième accessit de version grecque et Fernand Missonnier s'adjuge le deuxième prix de version grecque. L'étude des résultats en version grecque est d'ailleurs particulièrement révélatrice : sur les dix lycéens cités dans cette discipline, la plupart iront en khâgne et quatre d'entre eux deviendront normaliens. Le Concours général de 1925 voit la même proportion de futurs khâgneux et normaliens, ainsi que ceux de 1926 et 1927. En 1926, quelques futurs normaliens réalisent un palmarès impressionnant : ainsi Pierre Petitbon, élève au lycée d'Auch, obtient-il le deuxième prix de version latine, le troisième prix de français et le deuxième prix de version grecque, auxquels s'ajoutera, en 1927, un deuxième prix de dissertation philosophique; khâgneux à Louis-le-Grand, fils d'un inspecteur primaire, il sera reçu huitième à la rue d'Ulm, dès son premier concours en 1929. Auguste Haury, fils de professeur, élève au lycée Gérome de Vesoul, obtient le troisième prix de version latine et le deuxième prix de thème latin; khâgneux lui aussi à Louis-le-Grand, il sera reçu en 1930. Claude Jamet, du lycée Charlemagne, reçoit de son côté le premier prix de version latine et un quatrième accessit d'histoire, puis en 1927 un troisième accessit de dissertation philosophique. Il sera reçu rue d'Ulm dès 1928, après une seule année de préparation à Henri-IV. René Brouillet, du lycée de Saint-Étienne, fils d'instituteur, est également plusieurs fois cité : premier prix de thème latin, premier prix d'histoire, septième accessit de version grecque, il entrera rue d'Ulm en 1930, après avoir fait sa khâgne à Louis-le-Grand.

Au Concours général de 1927, Louis Poirier, le futur Julien Gracq, élève de première au lycée de Nantes, fils de commerçant, glane le deuxième prix de français, le premier prix de thème latin et le troisième accessit de version

5. Le Concours général, interrompu pendant les années de guerre, est rétabli en 1922. Cette année-là, comme avant la guerre, il y a deux palmarès, l'un des lycées de province et l'autre des lycées parisiens. A partir de 1924, à l'initiative de Léon Bérard, il n'y aura plus qu'un seul palmarès pour l'ensemble des établissements (arrêté du 27 février 1924). On peut consulter les résultats annuels dans la *Revue Universitaire*.

latine, auxquels s'ajouteront en 1928 le troisième accessit de philosophie et le troisième prix d'histoire. Il sera reçu sixième à la rue d'Ulm en 1930, venant de la khâgne d'Henri-IV. En histoire, c'est Antoine Bonifacio, du lycée de Nice, fils de professeur, qui enlève le premier prix, qu'il obtient à nouveau en classe terminale (en même temps que le sixième accessit de philosophie). Khâgneux à Lyon, il est le « cacique » de la promotion de 1930. Les résultats en version grecque sont également éloquents : le premier prix, Georges Pompidou, fils d'enseignants, est élève du lycée d'Albi. Après une année de khâgne à Toulouse en 1928-1929, il est à Louis-le-Grand entre 1929 et 1931, date à laquelle, après un premier échec, il est reçu huitième à l'École normale supérieure. Le deuxième prix est attribué à René Billères, du lycée de Tarbes, fils d'une institutrice et d'un greffier, qui sera le condisciple de Georges Pompidou en khâgne à Toulouse puis « montera » lui aussi dans une khâgne parisienne — Lakanal — avant d'entrer en 1931 à Normale. Le troisième prix est obtenu par Pierre Uri, du lycée Henri-IV, fils du secrétaire de la faculté des lettres de Paris, déjà évoqué, reçu à la rue d'Ulm dès 1929. Parmi les lauréats de 1927, on rencontre également Maurice Schumann, du lycée Janson-de-Sailly, fils de négociant, dixième accessit de version latine, qui sera khâgneux à Henri-IV et, plusieurs fois, candidat malheureux à la rue d'Ulm, avec en particulier, en 1931, un rang de 35e pour 31 reçus[6].

La longue énumération qui précède est éclairante à plus d'un titre. Tout d'abord, elle établit nettement les liens étroits qui existent entre les résultats au Concours général et l'orientation vers les khâgnes et l'École normale supérieure, et ces liens sont une preuve supplémentaire du drainage vers cet établissement des meilleurs élèves littéraires des lycées de la IIIe République, drainage lui-même précédé d'une première orientation de ces lauréats vers les khâgnes parisiennes. D'autre part, les brèves indications sur l'origine sociale de ces candidats suggèrent d'ores et déjà une surreprésentation des fils d'enseignants et, notamment, d'instituteurs. Enfin, cette énumération permet, indirectement, de prendre la mesure de la difficulté du concours de la rue d'Ulm : même les brillants lauréats du Concours général échouent parfois à leurs première tentative et sont alors reçus la deuxième fois, quatre ans après la classe de première.

Ces éléments — liens entre le Concours général et la rue d'Ulm, surreprésentation des fils d'enseignants, et, plus largement, rôle du Concours général dans la promotion de lycéens généralement plus modestes que la clientèle des lycées de l'entre-deux-guerres, tentatives parfois infructueuses de ces lauréats lors de leur premier concours d'entrée — apparaissent nettement dans le tableau qui suit. Nous y avons étudié, en effet, les résultats obtenus au Concours général par les quatorze premiers reçus à la rue d'Ulm en 1929, soit la première moitié de cette promotion.

Près des deux tiers de cette tête de promotion sont composés de lauréats du Concours général. Et pour la deuxième moitié des normaliens de 1929, si la proportion est moins impressionnante, elle n'en comporte pas moins trois autres lauréats.

---

6. D'autres lauréats du Concours général ont connu semblable déception : ainsi, en 1925, Robert Merle, élève de première au lycée Michelet, s'était-il adjugé le neuvième accessit de composition française ; khâgneux à Condorcet entre 1926 et 1928, puis à Louis-le-Grand en 1928-1929, il est classé 42e au concours de la rue d'Ulm de 1929. Ajoutons que le palmarès de Maurice Schumann ne s'était pas cantonné au seul dixième accessit de version latine. L'année suivante, en 1928, il avait obtenu le troisième prix de philosophie au Concours général, derrière Max Robin et Jacques Soustelle.

Par ordre de mérite	Année de naissance	Profession des parents	Citation(s) au Concours général	Établissement fréquenté en fin d'études secondaires	Khâgne
J. Soustelle	1912	Mère : employée	2e prix de philosophie (1928)	Lyon	Lyon
J. Berard	1908	Ancien élève E.N.S., Sénateur du Jura	—	Henri-IV	Louis-le-Grand
V. H. Debidour (Pupille de la Nation)	1911	Ancien élève E.N.S. Mort au combat		Nice	Marseille
R. Dumaine	1908	Sabotier		Angoulême	Louis-le-Grand et Henri-IV
P. Escoube (Pupille de la Nation)	1907	Médecin († 1925)	9e accessit version grecque (1925)	Henri-IV	Henri-IV
P. Houillon	1908	Tailleur	1er prix version grecque (1925)	Épinal	Nancy puis Louis-le-Grand
J. Aymard	1909	Lieutenant-Colonel en retraite	—	Metz	Louis-le-Grand
P. Petitbon	1910	Inspecteur Primaire	2e prix version latine 3e prix français 2e prix version grecque (1926) 2e prix philo (1927)	Auch	Louis-le-Grand
J. Pillard (Pupille de la Nation)	1911	Veuve de guerre, remariée à un employé	2e prix version latine 2e accessit thème latin (1927) 5e accessit philo (1928)	Lyon	Lyon
R. Etiemble	1909	Mère veuve modiste à Mayenne	5e accessit thème latin (1926)	Laval	Louis-le-Grand
L. Chauvet (Pupille de la Nation)	1908	Ouvrier, mort au combat	4e accessit géographie (1925)	Saint-Omer	Lille puis Henri-IV
P. Uri	1911	Secrétaire Faculté des Lettres de Paris	3e prix version grecque et 4e accessit composition française (1927)	Henri-IV	Henri-IV
H. Queffelec (Pupille de la Nation)	1910	Commandant artillerie, mort au combat	1er accessit thème latin (1925)	Brest	Louis-le-Grand
P. Thiery	1909	Ingénieur principal du Service vicinal	—	Vesoul	Lyon

Ainsi, le poids des Humanités reste fondamental pour entrer rue d'Ulm. Et, de fait, les sections B et C qui, depuis le concours de 1905, laissaient la porte entrouverte à des élèves de formation moins exclusivement littéraire, accueillent des candidats en nombre beaucoup plus faible et qui, du reste, souvent moins compétitifs, sont reçus dans des proportions plus faibles que ceux de la section A. Bien plus, l'existence de ces filières reste menacée et la section C finira d'ailleurs par disparaître après le concours de 1933.

Les sections B et C.

C'est en 1905 que le concours prit sa nouvelle forme, avec l'apparition des sections B et C. Rapidement, les effectifs des candidats à ces deux sections se stabilisèrent au tiers de l'ensemble. Ainsi, en 1912, sur 197 candidats ayant composé, 44 sont inscrits au concours au titre de la section B et 18 au titre de la section C, soit respectivement 22 % et 9 %; en 1914 les proportions sont sensiblement les mêmes : sur 212 candidats, la section B en compte 55 (26 %) et la section C, 13 (6 %). Tout au long des années 1920, c'est toujours autour de 30 % que tournera le total des candidats des sections B et C :

		A	B	C	Total	Proportion de candidats des sections B et C (en %)	Reçus B et C (en %)
1920	Présentés .. Reçus	113 27	26 1	19 2	158 30	29	10
1921	Présentés .. Reçus	104 26	21 2	17 2	142 30	27	13
1922	Présentés .. Reçus	112 22	20 5	24 3	156 30	26	26
1923	Présentés .. Reçus	109 20	26 2	28 7	163 29	33	31
1924	Présentés .. Reçus	110 26	23 1	28 1	161 28	31	7
1925	Présentés .. Reçus	106 19	38 2	27 7	171 28	38	32
1926	Présentés .. Reçus	122 24	36 2	23 2	181 28	32	14
1927	Présentés .. Reçus	135 25	34 3	26 3	195 31	30	19
1928	Présentés .. Reçus	148 21	34 3	22 5	204 29	27	27
1929	Présentés .. Reçus	158 25	52 2	18 2	228 29	30	13

En revanche, ainsi que le montre le tableau de la page précédente, la proportion des reçus des sections B et C est, la plupart du temps, très nettement inférieure à celle des candidats de ces sections :

Peut-on en déduire que les candidats des sections B et C étaient, dans leur ensemble, de qualité moindre ? La réponse, en fait, ne peut être formulée qu'en deux temps.

Les pourcentages cités plus haut suggèrent, en effet, que les sections B et C comportaient des candidats qui, statistiquement, étaient moins compétitifs que leurs camarades de la section A. Et il est vrai que si l'on prend l'épreuve écrite de français, qui est sans doute celle où interfère le moins la spécialisation, les chiffres sont accablants pour les B et les C : en 1924, par exemple, 12,07 de moyenne pour les A, 9,25 pour les B et 8,90 pour les C. Les résultats en latin, matière obligatoire pour tous les candidats, sont tout aussi révélateurs, pour cette même année 1924 :

	A	B	C
Écrit (thème)	8,85	6,85	6,22
Écrit (version) ...	8,43	6,70	7,65
Oral............	9,14	4,60	8,83

Les raisons d'une telle disparité sont sans doute à chercher en amont, au niveau des premier et second cycles de l'enseignement secondaire. Dans la réforme de l'enseignement secondaire de 1902, le grec, on l'a vu, n'était plus introduit qu'à titre facultatif, en classe de quatrième. L'ensemble du corps enseignant littéraire, cependant, très attaché aux humanités classiques, orientait vers le grec les bons élèves et, à la fin de la troisième, ces derniers étaient dirigés vers la section A (latin-grec). Les professeurs de lettres des sections B (latin-langues) et C (latin-sciences) n'étaient sans doute pas les derniers à favoriser une telle situation, étant eux-mêmes formés au latin et au grec [7]. En outre, dans les spécialités des candidats B et C, l'enseignement des khâgnes était moins bien organisé que dans les disciplines classiques, en raison de la faiblesse des effectifs. Mais ce dernier facteur n'explique en rien les disparités constatées sur les notes de français.

Les sections B et C fournissaient donc des candidats globalement moins brillants et quelquefois moins bien préparés. Il reste que ces candidats ont, dans certaines disciplines comme la philosophie, obtenu des résultats très honorables et se sont parfois classés brillamment au concours :

7. L'idée d'une agrégation de lettres modernes — ou, plus précisément, de « langues modernes » —, évoquée dès la fin du XIXe siècle (cf. la *Revue internationale de l'enseignement*, 1896, 2, pp. 132-137, « création d'une agrégation de langues modernes »), n'avait pas abouti. Il s'agissait, dans ce projet, de substituer aux agrégations de langues vivantes une double agrégation français-allemand et français-anglais, dont les titulaires auraient enseigné à la fois le français et une langue vivante.

	B		C	
	Reçus	Rang	Reçus	Rang
1920	1	?	2	18e, 20e
1921	2	?	2	12e, 25e
1922	5 (3 en All., 1 en Angl., 1 en Ital.)	4e, 8e, 18e, 26e, 29e	3	2e, 13e, 22e
1923	2 (1 en All., 1 en Russe)	17e, 27e	7	1er, 3e, 4e, 5e, 9e, 15e, 22e
1924	1	19e	1	17e
1925	2 (1 en All., 1 en Angl.)	15e, 19e	7	1er, 2e, 13e, 17e, 25e, 26e, 27e
1926	2	?	2	5e, 8e
1927	3	9e, 17e, 24e	3	4e, 14e, 15e
1928	3 (1 en Angl., 1 en Ital., 1 en All.)	20e, 24e, 29e	5	7e, 16e, 21e, 22e, 23e
1929	2 (2 en Angl.)	16e, 26e	2	14e, 15e

De plus, la section C a fourni à l'École une partie de ses philosophes : Jean Cavaillès, « cacique » en 1923, Paul Vignaux, Georges Friedmann, Georges Canguilhem, Jean Hyppolite, Étienne Borne, et certains de ses historiens : Henri Marrou, « cacique » en 1925, Alphonse Dupront, et de ses géographes, tel Aimé Perpillou, tandis que la section B fournissait une pincée d'éminents linguistes chaque année. Ces mêmes élèves des sections B et C glanent la deuxième place à l'agrégation d'histoire et géographie en 1926 (Dennery), la première en 1927 (Perpillou) et les deux premières en 1929 (Dupront et Marrou). En philosophie, ce sont également les deux premières places qui sont acquises en 1927 (Vignaux et Canguilhem). Sur les quatre historiens et géographes cités, deux partent pour l'École de Rome, tandis qu'un troisième reçoit une bourse de Tour du monde. L'un des deux philosophes entre immédiatement à la Fondation Thiers.

Cette section C, qui a donc fourni pendant trente ans des éléments de valeur à l'École, fut cependant supprimée après le concours de 1933, en application d'un décret du 12 octobre 1930. Deux sections seulement subsistèrent, rebaptisées I (latin-grec) et II (latin-langues), et la seconde fut rapidement réduite à la portion congrue. Après 1933, on observe donc un retour à la prédominance de la section classique, qui marque un recul incontestable, pour ce qui concerne la diversification des candidats, par rapport à la réforme de 1903. Mais cette modification du concours en 1933 ne faisait qu'entériner un déclin de fait de la section C, la réduction du nombre des candidats de cette section étant elle-même liée à la réorganisation de l'enseignement secondaire en 1925, dont les effets se font sentir à retardement à partir du début des années 1930[8]. Le décret du 12 octobre 1930 invoquait d'ailleurs la disparition, après 1925, de la section « latin-sciences » dans les lycées.

Le programme du concours : un enjeu et un symbole.

Les polémiques autour de l'existence d'une section C s'inscrivent, en réalité, dans un contexte plus large, celui des luttes d'influence qui s'exercent autour du contenu du concours d'entrée à l'École normale supérieure. Ces luttes d'influence découlent du fait que ce concours reste, on l'a vu, en grande partie calqué sur les programmes de l'enseignement secondaire, dont il apparaît, aux yeux du plus grand nombre, comme la forme la plus achevée et la plus prestigieuse, devenant du même coup un enjeu et un symbole : à travers le programme du concours, c'est du contenu même de cet enseignement secondaire qu'il s'agit le plus souvent. Pour cette raison, les luttes d'influence se déroulent à deux niveaux. Les disciplines figurant dans le programme du concours entendent s'y maintenir, voire s'y renforcer : en filigrane se profile le problème de la place des études classiques, et les associations concernées mènent un combat vigilant contre tout projet de réforme risquant d'empiéter sur ce qu'elle considèrent, dans une certaine mesure, comme leur domaine réservé. Au contraire, d'autres disciplines, non présentes dans les épeuves d'entrée à la rue d'Ulm, tentent d'y figurer à la faveur d'une réforme, une telle décision ne pouvant que rejaillir sur leur statut et leur place dans l'enseignement secondaire. Les exemples du grec, pour le premier cas, et de la géographie, pour l'autre cas, illustrent bien le rôle des groupes de pression et la vigilance sourcilleuse dont ils font preuve à l'égard de l'École normale supérieure et de son concours d'entrée.

Le décret du 13 mai 1925 réorganisant les sections du second cycle des lycées avait posé le problème du maintien ou de la modification des options permettant d'entrer rue d'Ulm. Au début de l'année 1930, le Conseil supérieur de l'Instruction publique est chargé d'étudier les modalités d'une modification éventuelle de la structure du concours et, au cours de ses séances, est évoqué le problème de la place du grec au concours de l'École normale supérieure. Certains des membres du Conseil proposent de ne plus faire compter la version grecque pour l'admissibilité[9].

Cette proposition provoqua une levée de boucliers des hellénistes présents qui tentèrent d'obtenir l'obligation du grec pour tous les candidats. Bien plus, c'est la corporation tout entière qui allait réagir. Le 29 juin 1930, la vénérable Association Guillaume Budé tient son assemblée générale au Collège de France sous la présidence de Maurice Croiset, alors âgé de quatre-vingt-quatre ans. Ce dernier reste, à cette date, l'un des gardiens vigilants de la place des études grecques. Fils d'un profeseur de lettres au lycée Saint-Louis, entré « cacique » à l'École normale supérieure en 1865, reçu quelques années plus tard « major » à l'agrégation des lettres, longtemps professeur dans l'enseignement secondaire, auteur d'une thèse sur *Les Idées morales dans l'Éloquence de Démosthène,* il a été, après avoir exercé à la faculté de Montpellier,

8. 1927 : 26 candidats, 1928 : 22 candidats, 1929 : 18 candidats, 1930 : 25 candidats, 1932 : 12 candidats, 1933 : 9 candidats.

9. Cette discussion est évoquée dans les attendus du décret du 12 octobre 1930 (*RU*, 1930, 2, pp. 451-452) qui supprime la section C.

professeur à l'École normale supérieure avant la réforme de 1903, puis professeur au Collège de France dont il devint l'administrateur. Pour des générations d'hellénistes, il demeure avant tout l'auteur, avec son frère[10], de la monumentale *Histoire de la littérature grecque* en cinq volumes et près de quatre mille pages. Lors de cette assemblée générale, le secrétaire général de l'Association, Paul Mazon, titulaire de la chaire de langue et littérature grecque à la Sorbonne, consacre une partie de son rapport moral au problème du grec au concours de la rue d'Ulm et proteste contre la proposition faite au détriment de la version grecque lors d'une séance du Conseil supérieur. L'épisode est, pour l'orateur, révélateur « d'une conception avouée chez les uns, inconsciente chez les autres, mais très répandue et dont nous ne saurions dénoncer trop haut le danger : c'est que l'humanisme a fait son temps et qu'il faut donner à l'enseignement secondaire une base exclusivement scientifique ». Et Paul Mazon de reprendre, pour battre en brèche une telle tentative, l'argumentation maintes fois mise en avant par les « classiques » depuis le début du siècle : « Réduire la part du grec dans les programmes, c'est en fait se priver volontairement de quelques-uns des moyens les plus efficaces d'affiner l'intelligence de l'enfant en même temps que d'affermir sa raison...[11] »

En fait, à cette date, la bataille était déjà en partie gagnée et le « lobby » des hellénistes avait eu gain de cause : le Conseil supérieur avait refusé de suivre la proposition enlevant la version grecque des épreuves d'admissibilité. Bien plus, le décret du 12 octobre 1930 supprimait la section C, en invoquant, on l'a vu, la disparition de la section « latin-sciences » dans l'enseignement secondaire et le fait que, théoriquement, la même culture scientifique était demandée à tous les lycéens.

Mais les hellénistes n'étaient pas les seuls à être vigilants. A la fin des années 1920, les autres disciplines sont également parties prenantes dans la réorganisation éventuelle du concours de la rue d'Ulm. L'application des nouveaux programmes issus de la réforme de l'enseignement secondaire de 1925 va bientôt atteindre la classe du baccalauréat et il est évident qu'il en résultera un remaniement des programmes de l'École normale. C'est ainsi que certains professeurs d'histoire et de géographie sont partisans de l'apparition de la géographie au concours, comme matière à option. A l'assemblée générale de la Société des professeurs d'histoire et de géographie du 27 décembre 1927, une proposition en ce sens est faite par un groupe d'enseignants et deux arguments sont avancés : d'une part, la géographie figure déjà au programme de l'École de jeunes filles de Sèvres ; d'autre part, l'absence de toute géographie pendant plusieurs années consécutives, en khâgne, est l'une des raisons qui éloignent les normaliens et les boursiers de licence de l'agrégation d'histoire et géographie[12]. Ces arguments sont de poids et, l'année suivante, l'assemblée générale de la Société débat à nouveau du problème ; il est remarqué, en particulier, que seule, parmi les matières d'agrégation, la géographie ne

10. Alfred Croiset (1845-1923), d'un an son aîné, reçu lui aussi « cacique » à l'École normale supérieure dans la promotion précédente et « major » à l'agrégation des lettres, enseigna dans divers lycées de 1867 à 1877 (Chambéry, Nevers, Montauban, collège Stanislas, lycées Charlemagne et Louis-le-Grand). Docteur ès lettres en 1875, il entre à la Sorbonne en 1877 et devient membre de l'Académie des inscriptions et belles-lettres en 1886.

11. *RU*, 1930, 2, pp. 366-367.

12. Cf. *Bulletin de la Société des professeurs d'histoire et de géographie de l'enseignement public*, n° 54, janvier 1928, p. 82, et n° 55, avril 1928, pp. 150-151.

trouve pas place dans le concours de l'École. L'unanimité est loin de se faire, cependant, et les professeurs de khâgne — Alba, Cahen, Roubaud — ne semblent guère favorables à un tel projet, faisant valoir « combien son introduction soulevait de difficultés pratiques et risquait d'affaiblir la culture historique, sans grand profit pour la culture géographique ». L'assemblée générale émet cependant « le vœu qu'au cas où toutes les épreuves ne seraient pas communes à tous les candidats, la géographie soit inscrite au nombre des matières à option [13] ».

C'est donc sur cette plate-forme que le délégué des historiens et géographes, Henri Busson [14], va représenter ses collègues au Conseil supérieur. Il s'y heurte immédiatement aux représentants des autres disciplines. Lors d'une des premières séances, par exemple, l'histoire est dénoncée par Georges Beaulavon, professeur de philosophie en khâgne à Louis-le-Grand, comme un « péril mortel [15] ». L'historien devra donc renoncer à faire admettre la géographie comme matière à option. La proposition, faite alors, de coupler la géographie à l'histoire ancienne et d'en faire une quatrième option est, à son tour, retirée.

Les problèmes de la géographie, les débats à ce sujet au sein de la Société des professeurs d'histoire et de géographie et, plus largement, les luttes d'influence entre tenants des différentes disciplines du concours renaîtront à la session de juillet 1934 du Conseil de l'Instruction publique, lors de l'analyse du projet d'assimilation des concours de Sèvres et d'Ulm. Dans ce projet, en effet, la géographie disparaissait, alors qu'elle figurait jusque-là au programme de Sèvres. Le représentant des historiens et géographes protesta et proposa la géographie comme matière à option à l'écrit. Devant l'échec de son amendement, il proposa successivement, et sans plus de succès, une épreuve orale de géographie qui remplacerait l'épreuve orale d'histoire moderne, puis une option possible, à l'oral, entre l'histoire ancienne et la géographie. A nouveau, sur ces propositions, la Société des historiens et géographes se divisa : ainsi, lors de sa réunion du 17 octobre 1934, la Régionale de Rennes prend position « contre l'institution d'une épreuve de géographie, sous quelque forme que ce soit, au concours d'entrée à l'École normale supérieure » et note que « de l'avis général, une telle épreuve ne pourrait présenter qu'un caractère superficiel et médiocrement probant, sa préparation ajouterait encore au travail déjà lourd des élèves de première supérieure, et elle aurait pour effet moins d'éveiller que de rebuter la vocation géographique [16] ». Dans sa réunion du 13 décembre 1934, la Régionale de Montpellier « s'asssocie à la protestation de la Régionale de Rennes contre l'institution d'une épreuve de géographie, sous quelque forme que ce soit, au concours d'entrée à l'École normale supérieure, et regrette que nos représentants au Conseil supérieur aient soutenu cette revendication et envisagé de sacrifier l'épreuve d'histoire ancienne ». Il ne reste plus à Albert Troux, qui a succédé à Henri Busson au Conseil supérieur, qu'à tenter de se justifier : fallait-il sacrifier délibérément la géographie en assimilant les deux concours ? Ou bien, au contraire, tenter de la sauver en l'introduisant parmi les matières à option ? La tradition de la Société et l'exemple de son prédécesseur au Conseil supérieur lui dictaient son

13. *Ibid.*, n° 58, janvier 1929, pp. 100 sqq.
14. Henri Busson, professeur agrégé d'histoire et géographie au lycée Carnot et président de la Société des professeurs d'histoire et de géographie, avait été élu au Conseil supérieur de l'Instruction publique en novembre 1923 et régulièrement réélu depuis cette date.
15. *Bulletin...*, n° 64, juin 1930, p. 271.
16. *Ibid.*, n° 81, novembre 1934, pp. 15 et 16-18.

attitude. Et, de toute façon, la proposition avait été immédiatement combattue par littéraires et linguistes [17].

Un concours redoutable.

Ces luttes d'influence et ces projets de réorganisation ne doivent pas dissimuler l'essentiel : dans les années 1920 — et cette situation est en fait, on l'a vu, un héritage des décennies précédentes et se prolongera au-delà de 1930 —, le concours d'entrée à l'École normale supérieure constitue, en quelque sorte, la quintessence de l'enseignement du second degré. Il est fondé sur les disciplines qui demeurent, par-delà les déclarations d'intention et les tentatives de réforme, les plus nobles et sélectionne les éléments les plus brillants de cet enseignement. Et, pour ces raisons mêmes, c'est un concours redoutable où le quart de point fatal peut fermer les portes de la réussite et où la difficulté et la concurrence imposent plusieurs années de travail acharné aux candidats.

Un jury éminent veille, véritable Minos de la « voie royale », à la porte de la rue d'Ulm, et, chaque année, aux mois de juin et juillet, distille, à partir des khâgnes, quelques dizaines d'élus. Ce jury, présidé par le directeur ou le directeur adjoint de l'École [18], est constitué d'universitaires de renom, et sa composition, dont rend compte le tableau ci-dessous, appelle un certain nombre de remarques :

A part l'angliciste Douady, inspecteur général de l'enseignement secondaire, et qui, du reste, était auparavant professeur à la faculté des lettres de Lyon, ce jury est composé uniquement de membres de l'enseignement supérieur. Contrairement aux coutumes de la plupart des grandes écoles, tous ces membres ne sont pas normaliens. Mais ceux qui, en restant au jury trois années ou plus, en constituent l'ossature et en détiennent en quelque sorte la jurisprudence, sont tous normaliens pour les matières principales — lettres classiques, philosophie, histoire —, à l'exception de l'helléniste Navarre et du philosophe Delvolvé.

En français, le membre du jury qui assure cette permanence est incontestablement Daniel Mornet, pendant six ans, du concours de 1922 à celui de 1927. A cette époque maître de conférences d'histoire littéraire du XVIIIe siècle à la Sorbonne, avant d'y devenir professeur, ce normalien de la promotion 1899 préside sans doute au choix des sujets de français.

Ainsi sont soumis à la méditation des apprentis normaliens une page de Sainte-Beuve sur le « Grand Siècle » en 1926, puis l'année suivante, un jugement de Stendhal sur Molière « immoral ». Après 1927, la tonalité des sujets reste identique puisque Robert Brasillach, Simone Weil et le futur Thierry Maulnier dissertèrent, en 1928, sur le lyrisme romantique à partir d'une page de Sainte-Beuve ; en 1929, Etiemble, Jacques Soustelle et Maurice Schumann s'attachèrent à « expliquer et discuter la théorie qui ressort » de deux passages de Flaubert sur la beauté formelle d'un livre, tandis que, l'année suivante, le futur Julien Gracq et Georges Pompidou se penchaient sur

17. *Ibid.*, n° 82, janvier 1935, p. 176, et n° 83, mars 1935, p. 267.

18. A l'École normale supérieure, les fonctions de direction sont alors assurées par un directeur et un directeur adjoint, alternativement scientifique et littéraire. Ainsi, pour la période qui nous intéresse, c'est le littéraire Lanson qui est directeur et le scientifique Vessiot qui l'assiste, jusqu'en 1927. A cette date, Vessiot devient directeur et le littéraire Bouglé directeur adjoint (avant de devenir à son tour directeur en 1935). Dans les années 1920, ce sont donc successivement Lanson puis Bouglé qui président le concours d'entrée à la section littéraire de l'École.

	1922	1923	1924	1925	1926	1927	1928	1929	1930
Président	Lanson	Lanson	Lanson	Lanson	Lanson	Lanson	Bouglé	Bouglé	Bouglé
Vice-Président	Goelzer	Goelzer	Goelzer	Goelzer	Goelzer	Goelzer	Goelzer	Goelzer	Michaut
Français	Mornet Estève	Mornet Marsan	Mornet Marsan	Mornet Marsan	Mornet Ascoli	Mornet Ascoli	Gaiffe Ascoli	Michaut Plattard	Michaut Plattard
Latin	Durand Chabert	Durand Goelzer	Durand Goelzer	Galletier Goelzer	Galletier Goelzer	Galletier Goelzer	Ernout Goelzer	Vallette Goelzer	Boulanger Vallette
Grec	Navarre	Navarre	Navarre	Navarre	Navarre	Bodin	Bodin	Bodin	Bodin
Histoire moderne	Weill Bloch	Pagès Bloch	Pagès Weill	Weill Febvre	Renaudet Febvre	Renaudet Febvre	Renaudet Febvre	Weill Febvre	Pagès Weill
Histoire ancienne	Lécrivain	Besnier	Besnier	Besnier	Besnier	Besnier	Besnier	Besnier	Besnier
Philosophie	Brunschvicg Delvolvé	Bréhier Delvolvé	Pradines Delvolvé	Pradines Tisserand	Pradines Tisserand	Pradines Baruzi	Bréhier Halbwachs	Leroux Halbwachs	Gilson Guéroult
Allemand	Dresch	Dresch	Loiseau	Loiseau	Loiseau	Tonnelat	Tonnelat	Tonnelat	Tonnelat
Anglais	Douady	Douady	Douady	Dottin	Dottin	Dottin	Castelain	Castelain	Delattre
Espagnol	Le Gentil	Martinenche	Martinenche	Martinenche	Le Gentil	Le Gentil	Le Gentil	Le Gentil	Le Gentil
Italien	Hauvette	Hauvette	Hauvette	Hauvette	Hauvette	Hauvette	Hauvette	Hauvette	Hauvette
Arabe	—	Gaudefroy-Demonbynes	—	Gaudefroy-Demonbynes	Gaudefroy-Demonbynes	Gaudefroy-Demonbynes	Gaudefroy-Demonbynes	Gaudefroy-Demonbynes	Gaudefroy-Demonbynes
Russe	Boyer	—	Boyer	Boyer	Boyer	Boyer	Boyer	Boyer	Boyer
Physique	Ribaud	Ribaud	Bloch	Bruhat	Bruhat	Darmois	Darmois	Darmois	Darmois
Mathématiques	Thiry	Thiry	Gevrey	Perez	Gevrey	Gevrey	Gevrey	Gevrey	Gevrey
Sciences naturelles	Lévy	Lévy	Blaringhem	Blaringhem	Gignoux	Lévy	Lévy	Prenant	Lévy

un jugement de Montaigne sur la poésie. Tonalité identique des sujets, puisqu'il s'agit toujours d'un texte d'un grand auteur français sur un autre auteur ou sur un genre littéraire, « qui laisse le choix entre un développement d'histoire littéraire — très générale d'ailleurs — et une discussion esthétique[19] ».

Ces sujets, dont la postérité, au concours de l'École normale supérieure comme au baccalauréat, s'étend très largement au-delà du second conflit mondial, étaient en général fondés sur la mise en œuvre de textes assez longs et marquaient un réel progrès par rapport aux sujets proposés avant la réforme de 1903-1904, qui consistaient, souvent, à rédiger, sous la forme d'une épître, la lettre envoyée par un écrivain à un autre écrivain et traitant, parfois, du jugement d'un troisième auteur sur un quatrième. La disparition de tels sujets au profit d'analyses littéraires avait été interprétée par les professeurs de rhétorique supérieure comme un recul des humanités traditionnelles et avait entraîné de leur part une vague de protestations. Si, progressivement, les sujets de ce type n'ont plus figuré, après 1903, au concours de la rue d'Ulm, ils apparaissaient encore parfois, dans les années 1920, au baccalauréat.

La lecture des rapports du concours[20] rend compte de l'attente du jury et de son opinion sur les candidats. Il s'agit, avant tout, d'être un « esprit distingué » : c'est le terme qui revient le plus souvent sous la plume des correcteurs, et pas seulement en français. Rares sont, en fait, les candidats qui peuvent se parer d'un tel titre : en 1928, par exemple, seules six copies, notées de 15 à 17, sont jugées « remarquables », et vingt-quatre, de 12 à 14,5, « renferment d'excellentes parties dans un ensemble toujours estimable ». En revanche, les quatre-vingt-neuf copies de 10 à 7 brillent surtout par la « médiocrité ». Enfin, après quarante-trois copies notées de 5 à 6,5, quarante-deux copies, qui s'échelonnent de 1,5 à 4,5 ne sont que « vide, incohérence, sottise et incorrection[21] ».

Ces copies, jugées médiocres ou nulles, suscitent l'exaspération des correcteurs :

> « On se demande comment certains candidats ont pu réussir à passer leur baccalauréat assez décemment pour être poussés en première supérieure, comment ils ont pu, après plusieurs années de contact intime avec les plus grands génies classiques, conserver cette débilité de pensée[22], cette absence de logique, cette vulgarité de sentiment et d'expression. Certains paragraphes, s'ils avaient été écrits par des primaires, seraient cités triomphalement par les défenseurs exclusifs de la culture classique; il est attristant de penser qu'ils sont l'œuvre de jeunes gens qui ont largement bénéficié de cette culture et qui aspirent à la noble tâche de la transmettre. »

Et ces candidats représentent une bonne part de l'ensemble, s'il faut en croire la conclusion du rapport sur l'épreuve de français :

---

19. Extrait du rapport du jury du concours de 1924 (Arch. Nat. 61 AJ 171).
20. Par exemple, ceux de 1922 et 1924 (Arch. Nat. 61 AJ 171) ou celui de 1928 publié par la *Revue Universitaire* (1929, I, pp. 194 sqq).
21. Et les correcteurs de signaler les formules qui leur paraissent être le comble de l'incorrection : « Sainte-Beuve a donné libre cours à sa langue de vipère », « un venin pénétrant et méchant », « il était secoué par le démon de la jalousie » *(loc. cit.)*.
22. MM. Gaiffe et Ascoli, auteurs de ce rapport, s'interrogeaient dès le début de leur compte rendu : « ... et la défaite des esprits débiles n'est-elle pas un excellent élément de sélection ? »

« En somme, une élite remarquable suivie d'un groupe très satisfaisant, le tout sensiblement égal au nombre des candidats admis à l'École ; un imposant peloton d'élèves moyens, dont plusieurs ont pu réussir, grâce à d'autres parties plus brillantes de leurs épreuves; enfin, une arrière-garde, numériquement presque égale, c'est-à-dire beaucoup trop nombreuse, dont la moitié, sinon les deux tiers, est indiscutablement fourvoyée. »

A l'oral, « les candidats ont simplement à prouver qu'ils comprennent le sens d'un texte, et qu'ils sont capables d'en dégager l'intérêt littéraire, de discerner les problèmes particuliers, ou les aspects des problèmes généraux posés par le texte ». En raison de l'écrémage réalisé par les épreuves d'admissibilité, ces oraux sont jugés beaucoup plus satisfaisants par le jury, avec cependant de fortes variations d'un concours à l'autre : ainsi, en 1924, quarante-neuf des cinquante-neuf candidats admissibles obtiennent la moyenne à l'oral de français, tandis qu'en 1928, sur soixante-six explications entendues « et qui ont porté sur des écrivains de tout ordre du XVIe au XIXe siècle », quatre sont jugées « mauvaises », dix-huit « insuffisantes » et dix-sept « médiocres », atteignant parfois au « passable ». Seuls vingt-sept admissibles dépassent donc le « passable », quatorze ayant été jugés « acceptables » et treize « bons » ou « très bons ».

Les latinistes jouent, au concours d'entrée, un rôle encore plus important que les examinateurs de français, monopolisant deux des cinq épreuves du tronc commun de l'écrit et, en tout, un quart des coefficients de cet écrit. Le latin reste donc, il faut le souligner, la matière la plus importante pour l'admissibilité, quelle que soit l'option choisie. C'est d'ailleurs un latiniste, Henri Goelzer, qui est, pendant presque toute la décennie, vice-président du jury. Surnommé « Gueule-Cerf » par les khâgneux, ce professeur de poésie latine à la Sorbonne, membre de l'Académie des inscriptions et belles-lettres, reste, en effet, vice-président du jury, par-delà le cap des soixante-dix ans — il est normalien de la promotion 1874 — et de la retraite universitaire, jusqu'en 1929, année de sa mort.

A travers les résultats obtenus en latin par les candidats, on retrouve à la fois ce poids du latin dans les épreuves écrites, et, plus largement, l'importance, déjà signalée, des Humanités dans l'enseignement secondaire français. Ces résultats permettent en effet d'affiner le portrait, déjà ébauché, du khâgneux type, et de vérifier le bien-fondé de l'expression « fort en thème ». Au concours de 1924, soixante et un candidats sur cent soixante-quatre, soit 37 %, obtiennent la moyenne en thème latin, et cent un sur cent soixante-quatre, soit 61 %, ont obtenu au moins 8 sur 20. Mais les chiffres ne deviennent, en fait, significatifs que si l'on analyse les résultats des admissibles et des admis. Alors que la moyenne générale de l'épreuve était légèrement supérieure à 8, elle est de 9,97 pour les cinquante-neuf admissibles et quarante-cinq d'entre eux, soit 76 %, ont obtenu au moins 9 sur 20; seuls quatre admissibles ont été notés au-dessous de 7 sur 20. Quant aux admis, leur moyenne en thème latin est de 10,8 sur 20, et vingt et un sur vingt-sept, soit 77,7 %, ont obtenu la moyenne; vingt-cinq sur vingt-sept, soit 92,5 %, ont été notés au moins 9 sur 20!

En histoire, tout comme en lettres classiques, on peut observer une certaine permanence du jury, puisque, dans les années 1920, pour l'histoire moderne, qui requiert pourtant deux examinateurs chaque année, cinq noms seulement apparaissent : Georges Weill, de l'Université de Caen, Georges Pagès, professeur à la Sorbonne, Auguste Renaudet, alors en poste à la faculté des lettres de Bordeaux, Marc Bloch et Lucien Febvre, l'un et l'autre de Strasbourg. Il faut d'ailleurs noter le rôle fondamental joué par ces deux derniers historiens, qui ont assuré une continuité tout au long de la décennie — à l'exception de l'année 1924 —, Marc Bloch étant au jury de 1920 à 1923, et Lucien Febvre de 1925 à 1929. La future « École des Annales » est donc largement représentée au concours de la rue d'Ulm. Si les sujets proposés restent, le plus souvent, de facture classique[23], il semble cependant que la présence de ces deux historiens, et surtout de Lucien Febvre, ait introduit quelque changement dans les habitudes du concours : en 1926, le sujet — « Monsieur Thiers » — a surpris beaucoup de candidats, et, à côté d'un Étienne Borne noté 19,5 sur 20[24], l'étude de l'homme politique aixois a visiblement peu inspiré de nombreux khâgneux, par ailleurs imbattables sur la question d'Orient ou les origines intellectuelles de la Révolution française.

L'épreuve d'histoire, par l'étendue des connaissances qu'elle réclamait, à l'écrit comme à l'oral, était — les témoignages convergent — l'épreuve la plus redoutée par la plupart des candidats. Encore le programme avait-il été limité après la réforme de 1903-1904 : il portait jusque-là sur « l'histoire universelle »!

L'organisation du concours, et en particulier les rapports entre les différentes matières de l'écrit et de l'oral, ont fait l'objet de critiques fréquentes. Ainsi, dans la *Revue des Lycées*, on trouve les remarques suivantes sur le concours de 1927[25] :

> « A propos du concours de 1927, on nous prie de remarquer combien le mécanisme du concours fausse les résultats : d'abord, et sauf exception, les vingt premiers admissibles entrent presque toujours, et il n'y a d'interversion que du vingtième au trente-cinquième; ensuite, et surtout, les correcteurs " spécialistes " font assez souvent entrer des candidats à peine passables et ferment la porte à des gens de valeur. Les notes très élevées ou très basses sont chères aux historiens, aux philosophes, aux linguistes et aux physiciens; les latinistes descendent très bas mais ne montent jamais au-dessus de 14 ou 15 sur 20, pas plus que les hellénistes ou les correcteurs de français. Dans ces conditions, toute la préparation se résume ainsi : en français, au petit bonheur; en latin, prendre une contre-assurance, pour ne pas descendre trop bas; s'assurer une grosse supériorité (ce qui est facile) dans une spécialité quelconque, surtout là où la mémoire joue le plus grand rôle. Mais il est évident que la valeur d'un concours aussi faussé devient très douteuse et que l'agrégation doit opérer souvent une révision complète des classements. C'est, en effet, ce qui arrive : on ne voyait pas, avant 1914, et surtout avant 1902, des promotions entières de normaliens " étendues " à l'écrit de l'agrégation, notamment en lettres. Le spectacle est devenu banal depuis lors. »

23. En 1927, par exemple, « le rôle des Balkans dans la politique européenne de 1856 à 1913 »; en 1928, « le mouvement des idées politiques et sociales entre 1815 et 1848 en France »; en 1929, « le malaise de l'Ancien Régime à la veille de la Révolution française. Formes diverses de l'opposition que rencontre le pouvoir royal. Dans quelle mesure cette opposition se rattache-t-elle aux grands mouvements d'idées du siècle, aux théories de ses penseurs? De quelles réalités politiques, économiques et sociales est-elle la traduction? »

24. Cette note est restée célèbre, et nous l'avons trouvée évoquée, à plusieurs reprises, cinquante ans après, dans les réponses à notre enquête. L'état lacunaire des archives de l'École normale supérieure ne nous a pas permis d'en trouver la confirmation écrite (si l'on peut consulter aisément les résultats détaillés des concours littéraires de la rue d'Ulm de 1880 à 1914 — Arch. Nat. 61 AJ 15 à 61 AJ 18 —, une telle étude reste impossible pour les années 1920). Étienne Borne, premier prix d'histoire en khâgne (Arch. Henri-IV), avait fait porter une grande partie de son étude sur le « Monsieur » de « Monsieur Thiers » (entretien avec l'auteur, février 1976).

25. *Revue des Lycées*, juin-juillet 1927, p. 7.

Nous reviendrons un peu plus loin sur le premier grief, à savoir le rôle minime aux yeux de l'auteur des lignes qui précèdent, joué par l'oral dans le classement final. Qu'en est-il du second reproche, sur les manières de noter des différents examinateurs ?

Il apparaît bien, en effet, à la lecture des rapports du jury, qu'historiens et philosophes[26] notent plus facilement, à l'écrit et à l'oral, au-dessus de 14 ou 15 que latinistes ou hellénistes. Il faut y voir, peut-être, le désir, pour ces examinateurs, de favoriser des étudiants s'étant spécialisés dans leurs disciplines et la volonté d'étoffer le nombre de ces spécialistes dans chaque promotion. Le problème est aussi vieux que la réforme de 1903-1904, créant des sections différentes au sein d'une même promotion, et dépasse le cadre de l'entre-deux-guerres. Et il faut bien admettre que ces différences de notation ont pu avoir des conséquences sur les résultats d'un concours où des variations de notes, même faibles, ont une incidence très forte. L'article cité plus haut appelle cependant un certain nombre de remarques.

Tout d'abord, contrairement à ce qu'affirme son auteur, les correcteurs de français notent plus volontiers au-dessus de 15 que latinistes et hellénistes. Par ailleurs, les « notes très élevées » ne sont pas « chères aux physiciens » : à l'écrit, dans cette discipline, si 15 candidats sur 27 obtiennent la moyenne seuls deux d'entre eux arrivent à 13,5 et un seul à 14.

Plus largement, c'est, en fait, le principe d'une certaine « spécialisation » tel qu'il découle de la réforme de 1903-1904 qui est ici mis en cause, et c'est, dans une certaine mesure, à une défense et illustration des humanités classiques que se livre l'auteur de l'article. Là encore, le problème du programme et de l'organisation du concours dépasse très largement le cadre des années 1920 et a des ramifications jusqu'à nos jours.

Par-delà les outrances de la démonstration, le constat qui se profile en filigrane reste exact : en 1927, et cela depuis le premier concours rénové de 1905, la formation des candidats n'est pas totalement homogène. A côté d'une grosse majorité de candidats dont la préparation porte avant tout sur la triade latin-français-grec, se sont dégagés progressivement deux autres groupes de candidats. Cette diversification était d'ailleurs souhaitée par le législateur en 1903-1904. Que ces « spécialités » entraînent des résultats différents suivant les matières et suivant les sections, il n'y a là, en fin de compte, rien que de très logique. Cela doit cependant, à nouveau, attirer notre attention sur le fait que les khâgneux des années 1920, pour certains d'entre eux tout au moins, ont une formation plus diversifiée qu'on ne le pense généralement. Le point est important, car il détermine souvent, rue d'Ulm, le choix des disciplines d'agrégation, et donc, par la suite, la ventilation des anciens khâgneux à travers les différentes « spécialités » universitaires.

Beaucoup d'appelés, peu d'élus.

Les remarques des examinateurs des différentes disciplines et l'étude de la répartition des notes des écrits et des oraux suggéraient déjà un concours extrêmement fermé. Cette impression est corroborée par trois observations

26. Nous n'avons pas étudié, dans le paragraphe précédent consacré aux examinateurs des différentes disciplines, le cas de la philosophie. Nous y reviendrons, en effet, dans le chapitre consacré à l'affaire de la préparation militaire supérieure à l'École normale supérieure. Nous verrons qu'à l'occasion de cette agitation parmi quelques promotions de la rue d'Ulm, certains journalistes accuseront les examinateurs de philosophie d'être les fourriers du « bolchévisme » à l'École.

qui permettent de mieux rendre compte de la difficulté du concours. Tout d'abord, nul n'est, en fait, assuré du succès et l'histoire de la rue d'Ulm est jalonnée d'échecs apparemment inattendus et injustes. De plus, ces échecs se jouent parfois à quelques décimales : un demi-point peut fermer les portes de la rue d'Ulm. Enfin, l'importance même de ces faibles écarts donne un rôle fondamental à l'écrit, dont les résultats sont souvent décisifs, l'oral venant rarement remettre en cause le classement ébauché à la suite de ces épreuves écrites.

Aucun des détracteurs du concours n'a jamais songé sérieusement à imputer à la chance un succès à l'École normale supérieure. En revanche, et sans que cela soit contradictoire, certains échecs ont été ressentis par l'ensemble d'une khâgne comme injustes et difficilement explicables. Et il est vrai qu'il n'y a pas toujours concordance entre les résultats au concours et les hiérarchies introduites en classe préparatoire par les compositions trimestrielles et les distinctions de fin d'année. Si l'on prend, par exemple, les prix d'excellence de la khâgne d'Henri-IV entre les années scolaires 1922-1923 et 1927-1928, soit sur six ans, trois prix d'excellence sur huit[27] ne furent jamais admis à la rue d'Ulm. L'argument n'est peut-être pas décisif : pendant la même période, tous les prix d'excellence de Louis-le-Grand sont reçus dès leur premier concours; il permet cependant de prendre la mesure de l'extrême difficulté du concours et il n'en demeure pas moins que, sauf à Louis-le-Grand, aucun khâgneux, fût-il prix d'excellence, n'est assuré du succès. Entrent en ligne de compte, naturellement, comme pour tous les concours, les injustices de la santé physique et nerveuse, pendant la préparation[28] et au moment des épreuves écrites et orales[29]. Mais, c'est surtout le haut niveau d'une grande partie des candidats et, de ce fait, la faible marge entre reçus et premiers recalés, qui rendent ce concours aléatoire. Un demi-point suffit, en effet, à refermer les portes de la rue d'Ulm, entrouvertes par l'admissibilité.

L'étude des résultats du concours de 1922[30], par exemple, est, à cet égard, instructive. Cette année-là, sur cent soixante-neuf candidats, cent cinquante-six ont composé. Le total de l'écrit est de 320 points. Soixante-douze candidats sont admissibles; le premier admissible a 218,5 points et le soixante-douzième a 153 points. La moyenne des admissibles s'échelonne donc entre 13,6 et 9,5/20. Mais vingt-huit candidats sont immédiatement derrière, entre 153 et 135 points, c'est-à-dire entre 9,5 et 8,5/20. Une trentaine de candidats sont donc très proches de la « barre ».

Mais c'est surtout à l'oral que, tout logiquement, la marge entre reçus et recalés est très étroite. Si les premiers reçus caracolent loin devant, le couperet de l'admission tombe au demi-point près. L'oral portant sur un total de 240 points, l'ensemble des épreuves écrites et orales atteint 560 points. Le « cacique » totalise 388 points, soit 13,85/20. Le huitième atteint 355 points (12,67/20), le treizième 336 points (12/20), le vingt-sixième 313,5 points (11,20/20), le vingt-septième 309,5 points, le vingt-huitième 309 points et le vingt-

27. 8 et non 6 car, en 1926-1927 et en 1927-1928, il y eut deux prix d'excellence attribués.

28. Ainsi, selon ses biographes, Roger Vailland, que la maladie — une « scarlatine grave avec complications » — empêchera de se présenter au concours de la rue d'Ulm (cf. p. 18 de l'Introduction aux *Écrits intimes* de R. Vailland, Gallimard, 1968).

29. Ainsi, André Déléage, prix d'excellence en hypokhâgne à Louis-le-Grand en 1921-1922, qui dut abandonner avant la fin des épreuves, au concours de 1924, frappé par la tuberculose, et fut contraint à un repos forcé en sanatorium.

30. Cf. Arch. Nat. 61 AJ 171.

neuvième et dernier reçu 308,5 points soit 11,017/20. Le trentième — et premier recalé — se trouve à un demi-point (sur 560 !) : 308 points (11,00/20), et le trente et unième obtient 307,5 points.

Les cinq premiers « collés » sont tous à moins de quatre points (soit 1/140e du total) du vingt-neuvième. Les vingt-deux boursiers de licence sont tous à moins de 30 points du vingt-neuvième, soit entre 11/20 et 9,95/20. Le soixante-douzième, c'est-à-dire le dernier des admissibles à l'issue des épreuves orales, totalise 244 points, soit 8,7/20. Ces deux dernières observations viennent donc confirmer l'impression d'ensemble déjà dégagée par l'étude des résultats de l'écrit, c'est-à-dire une grande homogénéité de la plupart des candidats.

Derrière la sécheresse de telles statistiques, il y a, bien sûr, des candidats pour qui le fatidique demi-point sonne le glas, au moins momentanément, de deux années, et parfois plus, d'efforts acharnés. Les échecs répétés, à quelques demi-points, jalonnent la légende de Normale supérieure. Parfois, l'aventure se termine bien l'année suivante ou deux ans plus tard : ainsi, Charles Péguy, recalé pour un demi-point au concours de 1892, au terme d'une année de khâgne à Lakanal, se présentant à nouveau en 1893, tout en faisant son service militaire, ratant l'admissibilité à un quart de point, et étant finalement reçu en 1894, après une nouvelle année de khâgne à Louis-le-Grand[31]. Dix ans plus tôt, Lucien Herr, qui marqua profondément par la suite la vie de la rue d'Ulm, avait été recalé à son premier concours, avait échoué pour quelques points à l'oral la deuxième année, et était enfin admis 18e à son troisième concours.

Dans les années 1920, une semblable mésaventure arriva à Gaston Charon, le futur Jean Nocher : khâgneux au lycée de Poitiers puis à Henri-IV, il fut 30e pour 29 admis en 1928, 34e sur 29 au concours de 1929, reçu enfin 30e sur 32 en 1930. A ce même concours de 1930, le candidat Georges Pompidou était classé 36e pour 32 admis, puis reçu 8e l'année suivante.

Mais, dans la moitié des cas au moins, l'échec dû au demi-point ou au point d'écart n'est pas suivi d'un succès l'année suivante : ainsi, parmi les cinq premiers recalés du concours de 1922, tous à moins de 4 points du 29e, le 30e, le 31e et le 34e ne furent jamais admis à l'École normale supérieure. Le 32e et le 33e le furent l'année suivante. Et cet échec peut influer sur le cours d'une vie et faire renoncer, par exemple, à une carrière dans l'enseignement. Pour un Raymond Las Vergnas, premier recalé en 1923 mais reçu — premier — à l'agrégation d'anglais en 1926 et devenu, par la suite, professeur à la Sorbonne, un José Lupin, classé 33e sur 29 en 1928 et reçu trois ans plus tard à l'agrégation des lettres, ou, enfin, un Étienne Wolff, classé 33e sur 29 en 1923 puis 48e sur 28 en 1924, et qui s'oriente alors vers l'agrégation de sciences

---

31. On trouvera quelques détails sur ces trois années de la vie de Charles Péguy dans Jérôme et Jean Tharaud, *Notre cher Péguy*, Plon, 1926, pp. 9-11. Mais les renseignements les plus précis sont fournis par Jules Isaac, *Expériences de ma vie*, I, *Péguy*, Calmann-Lévy, 1959, pp. 295-303. On y trouve notamment les résultats de Charles Péguy aux concours de 1892, 1893 et 1894 (d'après les archives de l'École normale supérieure explorées, pour J. Isaac, par A. Alba). En 1892, Ch. Péguy est admissible 18e sur 50. A l'oral, il passe de la 18e à la 26e place, avec un total général de 62,5 points. Il n'y a que 24 reçus et le 24e a 63 points. La plus mauvaise des notes d'oral de Péguy a été... le français. La deuxième année (1893), ayant devancé l'appel, il fait son service militaire à Orléans et prépare seul le concours de la rue d'Ulm. A l'issue des épreuves écrites, il totalise 35 points. Les cinq derniers admissibles ex-aequo avaient 35,25 points. Il rate donc l'admissibilité d'un quart de point. En 1894, après une année de préparation à Louis-le-Grand (tout en étant pensionnaire à Sainte-Barbe), il est 10e à l'écrit, avec un total de 40 points. A l'issue de l'oral, avec 74,25 points, il se classe 6e de sa promotion.

naturelles et devient, par la suite, professeur au Collège de France et membre de deux Académies, on pourrait citer le cas d'un Claude Jeantet, classé 31e sur 29 au concours de 1922[32], ou d'un Maurice Schumann, classé 52e au concours de 1929 puis 35e sur 31 en 1931[33].

On retrouve cette étroitesse de marge entre les meilleurs candidats, et notamment entre les admissibles, à travers une autre constatation : les résultats de l'écrit restent déterminants pour le résultat final et l'oral ne vient que rarement infirmer la hiérarchie établie par cet écrit. L'article de la *Revue des Lycées* formulait, on l'a vu, sur le concours de l'École normale supérieure, le jugement suivant : « A propos du concours de 1927, on nous prie de remarquer combien le mécanisme du concours fausse les résultats : d'abord, et sauf exception, les vingt premiers admissibles entrent presque toujours, et il n'y a d'interversion que du vingtième au trente-cinquième... » De fait, l'affirmation est fondée. Si l'on examine, par exemple, les résultats du concours de 1928[34], on constate que jusqu'au dix-neuvième admissible, il n'y a pas d'interversion, et, sur les dix premiers admis, huit figuraient parmi les dix premiers admissibles. D'autre part, il est également avéré que, si l'on fait exception pour le vingt-huitième, qui, au terme d'un oral particulièrement brillant, a remonté trente places, il n'y a d'interversions qu'entre la dix-neuvième et la trente-septième place; et qui restent limitées : vingt-trois admis sur vingt-neuf figuraient parmi les vingt-neuf premiers admissibles.

Plusieurs années de travail acharné.

Le haut niveau du concours d'entrée à l'École normale supérieure entraîne naturellement en amont, dans les khâgnes, un certain nombre de conséquences sur le cursus et le profil des candidats : les redoublements y sont très fréquents et la moyenne d'âge des normaliens est, de ce fait, relativement élevée.

La seule disposition réglementaire imposée aux candidats à la rue d'Ulm est la limite d'âge : à moins d'une dispense, nul ne peut se présenter au concours s'il n'est âgé de dix-huit ans au moins au 1er janvier de l'année de son inscription au concours. Comme les khâgneux ont, en général, passé la deuxième partie de leur baccalauréat à dix-sept ans et demi[35], rien ne les

32. A ces 29 reçus, s'ajoutait un reçu du concours spécial, d'où une promotion de 30 membres. Né le 12 juillet 1902, khâgneux à Louis-le-Grand entre 1919 et 1922, Claude Jeantet est secrétaire général, à la même époque, des étudiants d'Action française. Par la suite, il sera journaliste à *L'Action française*, à *Candide*, puis à *Je Suis Partout*. Pendant la guerre, il assura la direction politique du *Petit Parisien* et devint, à partir de 1941, le principal actionnaire de *Je Suis Partout*. Condamné aux travaux forcés à perpétuité en 1946 puis libéré, il reprit ses activités journalistiques.

33. On trouvera un témoignage littéraire sur de tels échecs répétés pour quelques points dans les ouvrages d'André Sernin (pseudonyme de Jean Nersessian). Dans *L'Apprenti philosophe. Roman d'un khâgneux* (Nouvelles Éditions latines, 1954), l'auteur relate son année d'hypokhâgne à Henri-IV en 1938-1939 et son année de khâgne à Royan (où l'une des deux khâgnes d'Henri-IV avait été repliée) en 1939-1940. A la fin du livre (*op. cit.*, p. 248), André Sernin raconte qu'il fut classé 30e au concours de 1940. En année normale, cela représentait — de justesse — la réussite. Mais la promotion de 1940 ne compta que vingt-trois noms. Dans un autre ouvrage, *Eva. Fragments du journal d'un jeune homme, 1942-1943* (1950, Éd. Jean Vigneau), le même auteur relate, dans les premières pages, qu'il fut à nouveau admissible en 1941 et échoua de quelques points. Plus avant dans le livre, il mentionne son nouvel échec en 1942, dès l'écrit.

34. Arch. Nat. 61 AJ 171. Les documents sur le concours de 1927 ne permettent pas une étude détaillée. Mais les concours de 1927 et de 1928 ont à peu près le même profil.

35. Dix-sept ans et six mois en moyenne, puisque, nous le verrons, ils entrent en khâgne (ou en hypokhâgne) à dix-sept ans et neuf mois.

empêche donc, en théorie, de se présenter au concours un an après cet examen. Mais, dans ce domaine, la coutume a joué un rôle très important et le résultat, dès les dernières décennies du XIXe siècle, en a été un allongement du temps passé en classe préparatoire. Le lycée Louis-le-Grand impose, en effet, un passage d'un an en hypokhâgne, au terme duquel il est interdit aux khâgneux de se présenter à la rue d'Ulm. A part Henri-IV, les autres lycées de Paris et de province ne possèdent pas à cette date d'hypokhâgne, mais l'habitude y a été prise de passer — sauf pour quelques candidats particulièrement brillants — deux années en khâgne avant d'affronter le concours. Dans les deux cas, il est donc devenu obligatoire de consacrer au moins deux ans à la préparation de ce concours. Cette situation procède naturellement de la difficulté des épreuves. Mais cette difficulté a eu, en fait, des conséquences bien plus lourdes pour les candidats. Si le seuil minimal est passé — sauf exception — à deux ans, l'entrée à la rue d'Ulm requiert, dans la majorité des cas, un délai plus long. Ainsi, au début des années 1920, l'inspecteur de l'Académie de Paris, Georges Gendarme de Bévotte, ancien professeur de khâgne à Louis-le-Grand, présentant, devant la Société des amis de l'École normale supérieure, un rapport sur « la situation des premières supérieures », déplore que « certains élèves s'attardent trop longtemps, quatre ans, cinq ans même, en cagne » et déclare qu'il souhaite « voir fixer une limite au séjour dans cette classe [36] ». Ce tableau alarmiste recouvre une réalité incontestable : la khâgne est devenue, à cette époque, un endroit où viennent sédimenter plusieurs strates de khâgneux.

La classe où ce phénomène est le plus sensible est, en raison de ses effectifs, la khâgne de Louis-le-Grand. Robert Brasillach en a brossé un tableau resté célèbre, au début de *Notre avant-guerre :*

> « On peut en principe se présenter au concours après un an de préparation : la classe de première supérieure se nommant la khâgne..., c'est ce qui s'appelait être reçu K1. Cela est assez rare, et n'était pas pratiqué à Louis-le-Grand, où la classe de première supérieure était précédée d'une classe de " première-vétérans " nommée hypokhâgne (HK). On se présentait au concours la seconde année seulement comme K2, mais il était admis que l'École se préparait en trois ans, et que la plupart des élèves étaient reçus K3. L'enseignement était, en fait, fondé sur ce principe, et la classe de khâgne était ainsi composée d'anciens et de nouveaux, les nouveaux, dans le fond de la salle, et assez régulièrement classés, au moins au début, les derniers aux compositions. Les promotions étaient bien tranchées et, bien que nous vivions en fort bons termes les uns avec les autres, nous formions en réalité des cercles fermés d'hypokhâgneux, de K2 ou de K3. Il y avait même, ancêtres respectables entre tous, quelques K4 soit malheureux, soit scrupuleux à l'excès, qui n'avaient pas voulu se présenter parce qu'ils n'étaient pas sûrs d'eux et parce qu'on n'a le droit d'affronter que trois fois le concours. »

On trouve confirmation de la description de Robert Brasillach dans l'étude de la scolarité post-baccalauréat des reçus aux concours de l'École normale supérieure de 1928 à 1933 [37] :

36. Assemblée générale de la Société des amis de l'École normale supérieure, 11 avril 1920 (Compte rendu dans le *BSAENS*, juin 1920, n° 3, p. 5).
37. D'après Arch. Nat. 61 AJ 166. Les statistiques contenues dans ce dossier des Archives Nationales ont servi à l'élaboration d'un tableau analogue à celui que nous reproduisons et publié dans l'*École normale supérieure. D'où elle vient? Où elle va?* Hachette, 1934, p. 108.

Nombre d'années de préparation au concours depuis le baccalauréat	Reçus de 1928 (Lettres)	1929	1930	1931	1932	1933
1 an	3	4	—	—	1	1
2 ans	9	6	15	14	7	8
3 ans	15	15	16	11	14	13
4 ans	2	4	1	2	6	7
5 ans	—	—	—	1	—	—
	29	29	32	28	28	29

On remarquera tout d'abord que seuls 9 normaliens sur 175, soit 5,1 %, sont reçus après une seule année d'études. Encore faut-il noter que, pour la séquence 1928-1929, la population s'élève à 12 % tandis qu'elle s'abaisse à 1,7 % pour la période 1930-1933. Le phénomène s'explique aisément : à la fin des années 1920, on l'a vu, des hypokhâgnes apparaissent à Lyon et à Henri-IV. Jusque-là, les khâgneux les plus brillants de ces lycées pouvaient encore se présenter au terme d'une seule année de préparation ; à partir de cette date, ils seront astreints eux aussi à deux ans de préparation au minimum. La généralisation progressive des hypokhâgnes tout au long des années 1930, dans les autres lycées de Paris et de province, fera peu à peu disparaître les quelques élèves encore reçus un an après le baccalauréat.

A part ces quelques K1, les khâgneux reçus en K2 sont donc les heureux élus, admis dès leur premier concours. Ils représentent au maximum 50 % de l'effectif total de la promotion (1931), au minimum 20,6 % (1929), et, en général, entre 25 % et 35 % (1928, 1932 et 1933), la moyenne pour la période 1928-1933 étant de 33,6 % (59 sur 175). En ajoutant les 5,1 % de K1, on peut donc dire que moins de quatre normaliens sur dix sont reçus à leur premier concours[38].

Ainsi, comme le note Robert Brasillach, beaucoup de khâgneux sont reçus K3. En 1928, 1929, 1930 et 1932, soit quatre années sur six, ces derniers représentent au moins 50 % des promotions, et, pour l'ensemble de la période 1928-1933, la moyenne s'établit à 48 % (84 sur 175). Cinq normaliens sur dix sont donc reçus à leur deuxième concours.

Au-delà, les chiffres s'effondrent rapidement : les K4 reçus à leur troisième concours représentent encore 12,5 % pour l'ensemble 1928-1933, avec des taux de 21,4 % en 1932 et 24,1 % en 1933. Ces deux derniers nombres sont d'ailleurs, semble-t-il, le reflet de l'amorce d'un nouvel allongement du temps moyen passé en khâgne avant la rue d'Ulm. En effet, si la période 1928-1933 voit 39 % de reçus à leur premier concours, 48 % à leur deuxième et 12,5 % à leur troisième[39], pour la période 1958-1970 ces trois chiffres deviennent respectivement 25,7 %, 44,7 % et 29,5 %. La proportion d'élèves reçus à leur troisième concours a donc été plus que multipliée par deux.

38. 38,7 % précisément, si l'on ajoute 33,6 % et 5,1 %. Ce chiffre est, en fait, sans doute légèrement moins élevé, car, parmi les 33,6 % de K 2, quelques-uns s'étaient peut-être déjà présentés en K 1 et en sont à leur deuxième concours. Mais, comme cette procédure d'inscription au concours dès la fin de la première année de préparation était très rare, le nombre à soustraire est vraisemblablement très faible. On doit donc, en fin de compe, obtenir un taux de normaliens reçus à leur premier concours d'environ 35 % à 36 %.

39. Certains de ces chiffres ayant été arrondis, on ne trouve pas le total exact de 100 % qu'on serait en droit d'attendre, puisqu'on ne peut se présenter au concours que trois fois au maximum.

Ces chiffres, toutefois, nous renseignent sur la durée des études des seuls reçus. Mais, pour l'ensemble des khâgneux, quel est le temps moyen passé en khâgne, que ce passage soit sanctionné ou non par le succès final ? Un sondage réalisé sur près de trois cents élèves passés, dans les années 1920, par l'hypokhâgne ou la khâgne — ou les deux — de Louis-le-Grand donne les résultats suivants[40] :

Un an de préparation[41]	Deux ans de préparation	Trois ans de préparation	Quatre ans de préparation
52	98	112	32

On retrouve donc la même stratigraphie : admis ou recalé, un élève de classe préparatoire littéraire sur deux passe, en moyenne, au moins trois années en khâgne, hypokhâgne éventuellement incluse.

Et ces redoublements ont pour conséquence un âge moyen d'entrée à la rue d'Ulm relativement élevé. Si les candidats commencent leurs années de khâgne (ou d'hypokhâgne dans le cas de Louis-le-Grand) à dix-sept ans et neuf mois[42], ils ne sont reçus à l'École normale supérieure qu'à vingt ans en moyenne, plus précisément dix-neuf ans et dix mois. L'examen, pour les promotions 1922 et 1923, des dossiers individuels des élèves de la rue d'Ulm permet de préciser la répartition par âge des candidats reçus à ce concours. Quarante-deux candidats sur soixante sont âgés de dix-neuf ou vingt ans au mois de juillet de l'année de leur réussite au concours. Neuf, soit 15 %, ont moins de dix-neuf ans — dont un qui est reçu à moins de dix-huit ans, avec dispense d'âge. On notera enfin que vingt-sept reçus, soit 45 %, ont vingt ans ou plus et que, parmi ces derniers, six, soit 10 %, ont vingt et un ans, et trois, soit 5 %, vingt-deux ans ou plus.

Une « partie notable de ce qu'il y a de mieux dans chaque génération » ?

Le concours de l'École normale supérieure attirant une part importante des meilleurs élèves des sections classiques des lycées français et servant, de ce fait, nous le verrons, à dégager une « élite » dont le rôle, dans les années 1920, reste fondamental, il n'était pas inutile d'étudier de plus près les programmes et les mécanismes de ce concours. Alors qu'après 1945, de plus en plus, des disciplines comme les mathématiques ou l'économie deviendront fondamentales dans les filières — nouvelles (ENA) ou anciennes (grandes écoles scientifiques) — assurant l'intégration ou le maintien, selon les cas, au sein des classes dirigeantes françaises, jusqu'à la Seconde Guerre mondiale l'une des

40. Nous avons dépouillé le fichier de Louis-le-Grand et utilisé pour ce tableau les fiches des élèves passés en hypokhâgne ou en khâgne entre 1923 et 1928. Ces fiches indiquent la scolarité des élèves, d'où l'on peut donc déduire le nombre d'années passées en khâgne.

41. Dans ce cas, il s'agit, le plus souvent, d'un an passé en hypokhâgne. Mais il s'agit parfois d'un an en khâgne, l'élève ayant effectué une première année dans un autre établissement. Parmi les 52 élèves de cette première rubrique, il en est donc quelques-uns qui, en fait, devraient figurer dans la deuxième colonne ; mais cette remarque étant valable pour les rubriques suivantes, on peut estimer que les quatre chiffres du tableau conservent une valeur statistique.

42. Calcul effectué sur 294 cas. Cet âge a plus de signification qu'une simple moyenne : la répartition des âges réels d'entrée en hypokhâgne à Louis-le-Grand, établie sur le même échantillon que celui qui est mentionné à la note 40, indique que 75 % des élèves entrant en hypokhâgne ont, en octobre, 17 ou 18 ans. Un peu plus de 10 % ont moins de 17 ans et un peu moins de 15 % ont plus de 18 ans.

voies les plus efficaces — et, qui plus est, reconnue, on le verra, comme telle par l'opinion publique éclairée — reste encore fondée en grande partie, pour son recrutement, sur les lettres classiques. Certes, le rôle de ces disciplines était encore plus important avant 1904, en un temps où Jaurès, Blum, Herriot et Tardieu connurent l'épreuve — déterminante au concours — du discours latin et même, pour le premier, en vers latins; mais après la réforme du programme d'entrée, ce poids des antiquités classiques reste grand. Deux épreuves sur cinq du tronc commun de l'écrit, nous l'avons vu, portent sur le latin. Pour les candidats de la section A — les plus nombreux —, ce sont quatre écrits sur six qui portent sur les lettres classiques. Quand, trois décennies après son admission rue d'Ulm, Georges Pompidou, devenu Premier ministre, émaillera ses discours et ses reparties à l'Assemblée nationale de vers latins et de citations françaises, c'est un peu le reflet et la résurgence du khâgneux et du normalien entré en politique, par-delà un retour à une pratique d'éloquence parlementaire que ne dédaignaient pas les orateurs de la IIIe République, formés eux aussi, dans les classes secondaires des lycées, aux vers et aux discours latins.

Au terme de cette étude, il nous faut, d'autre part, conclure — et nous l'avons déjà signalé — à l'extrême difficulté et à l'homogénéité certaine du concours de l'École normale supérieure, que les chiffres et tableaux de ce chapitre ont montrées. Certes, devant le rapport des correcteurs de français de 1928 qui stigmatise « le vide, l'incohérence, la sottise et l'incorrection de certains devoirs » et qui se demande « comment certains candidats ont pu réussir à passer leur baccalauréat assez décemment pour être poussés à entrer en première supérieure », quelques « archicubes » s'inquiéteront et porteront un diagnostic alarmiste sur le recrutement des khâgnes. Ainsi René Cotard, secrétaire de la Société des amis de l'École normale supérieure, écrit-il dans le *Bulletin* de cette Société en juin 1929 :

> « On peut, en effet, s'étonner qu'une quarantaine de copies présentent un tel degré de faiblesse : jadis nous avons connu des cagnes composées pour près des trois quarts de prix d'honneur de leurs lycées : il fallait être un bon élève pour entrer en première supérieure... Les temps semblent changés. Il faut descendre beaucoup plus bas pour trouver des candidats à la cagne... »

Ces inquiétudes, rappelons-le, sont dictées par le jugement sévère que les correcteurs de français ont porté sur les quarante-deux dernières copies, c'est-à-dire sur un cinquième des candidats. L'impression qui prime, à cette date tout au moins, nous semble être, au contraire, le haut niveau d'une partie non négligeable des khâgneux — ce qui n'est pas contradictoire avec les critiques émises ci-dessus, mais en modifie la perspective — qui ne fait que renforcer la difficulté du concours, et le degré de connaissances des heureux élus qui entrent rue d'Ulm. En 1934, au traditionnel « Pot de janvier » à l'École, André Cresson, professeur de khâgne à Condorcet puis à Louis-le-Grand, déclare d'ailleurs, devant un parterre de normaliens :

> « Voilà vingt-deux ans que j'ai l'honneur de préparer les candidats au concours de l'École normale supérieure. Voilà vingt-deux ans que je contribue ainsi à me fabriquer des collègues et des amis. Voilà vingt-deux ans que je vois défiler devant moi une partie notable de ce qu'il y a de mieux dans chaque génération. Or, non seulement l'élite que je vois là n'a pas dégénéré, mais je l'estime plus mûre et plus prête que ne l'était celle de notre temps. Elle sait peut-être moins de

latin et de grec que nous n'en savions. Mais elle sait une infinité de choses que nous ne savions pas. Et elle ne manque ni de cet esprit d'observation, ni de cet art de mettre les idées en ordre, ni de cette habitude de les exprimer clairement, ni de cette probité intellectuelle que nous avons voulu faire naître chez elle et qui sont les fruits les plus savoureux et les plus recommandables de notre enseignement[43]. »

43. *BSAENS*, n° 31, janvier 1934, p. 23.

CHAPITRE III

Paris, Lyon et le désert français

A l'orée des années 1920, sur la douzaine de khâgnes qui existent alors, seules cinq ou six comptent réellement, en effectifs et en nombre de reçus au concours. Les autres servent souvent d'antichambres aux grandes khâgnes parisiennes et ont tendance à stagner tout au long de la période. Mise à part la khâgne de Lyon, on a bien, pour la préparation au concours de la rue d'Ulm, Paris et le désert français.

Le poids, les résultats et, en fin de compte, le prestige d'une khâgne sont le plus souvent, nous le verrons, la résultante de divers facteurs dont les effets sont parfois cumulatifs. L'un des facteurs est incontestablement le rôle et la réputation des professeurs qui y enseignent. La personnalité d'une classe préparatoire résulte parfois de la présence d'un ou de plusieurs maîtres qui la modèlent à leur image. Une telle observation, pour évidente qu'elle soit, doit rester présente à l'esprit du chercheur qui tente, par-delà les archives, de restituer, aussi fidèlement que possible, l'atmosphère d'une khâgne, et elle justifie la place faite aux professeurs dans les pages qui suivent. Ne pas y inclure l'étude des enseignants et ne pas brosser dès l'abord quelques silhouettes de maîtres aurait équivalu à bâtir un théâtre d'ombres, à planter un décor en quête de personnages.

Le poids de Paris.

Au lendemain du premier conflit mondial, les classes préparatoires au concours de l'École normale supérieure, dont le total est plus faible qu'au début du siècle, sont au nombre de treize. L'Académie de Paris compte, en effet, quatre khâgnes : Louis-le-Grand, Henri-IV, Condorcet et Lakanal, tandis qu'en province neuf villes assurent une préparation à la rue d'Ulm : Lyon, Bordeaux, Marseille, Poitiers, Toulouse, Strasbourg, Montpellier, Rennes et Nantes. Ces deux dernières classes s'éteignent rapidement, faute d'élèves, tandis qu'au milieu des années 1920 sont créées les khâgnes de Lille et de Nancy.

L'importance de ces différents centres de préparation est, pour les effectifs, très inégale. Le nombre des candidats au concours de 1922 fournit une indication précieuse sur les populations scolaires de ces classes au début de la décennie étudiée :

Khâgnes	Candidats effectifs
Louis-le-Grand	56
Henri-IV	27
Lakanal	19
Lyon	9
Condorcet	8
Poitiers	7
Bordeaux	4
Marseille	4
Toulouse	4
Rennes	4
Montpellier	2
Nantes	0
Universités (dont Sorbonne)	12 [1]

Certes, il ne s'agit que du nombre des candidats, et non de celui de l'ensemble des élèves de chaque khâgne : ceux qui sont en première année ou qui ne se sont pas, en définitive, inscrits au concours ne sont pas comptés. Mais l'ordre de grandeur est respecté et à travers ce tableau apparaissent les deux traits dominants de la répartition des khâgneux dans les années 1920 : d'une part, le poids écrasant des khâgnes parisiennes (Lakanal inclus), qui regroupent plus des deux tiers des candidats, Louis-le-Grand s'adjugeant une place fondamentale avec plus du tiers des candidats et autant d'élèves que les autres khâgnes parisiennes réunies. D'autre part, le fait qu'en province une khâgne est plus peuplée que les autres : celle de Lyon.

Cependant, si l'on s'en tient aux seuls chiffres de 1922, la place de cette khâgne lyonnaise sera nettement sous-évaluée. De même, il n'est guère possible, sur cette seule base, d'évaluer le poids respectif des petites khâgnes provinciales. Un autre indicateur permet de mettre en perspective l'ensemble de la décennie et de mieux rendre compte de l'importance réelle de chacune de ces classes préparatoires : il s'agit du nombre des reçus au concours de l'École normale supérieure entre 1921 et 1930. La répartition de ces dix promotions s'établit comme au tableau de la page suivante.

On y retrouve la suprématie de Paris sur la province. Parmi les classes préparatoires parisiennes, Louis-le-Grand s'adjuge près de 45 % des reçus. Cette place prépondérante ne lui sera contestée, par Henri-IV, que dans les années 1930, et de manière d'ailleurs assez irrégulière. Les khâgnes parisiennes figurent en tête du palmarès et seul le lycée du Parc à Lyon parvient à s'intercaler entre elles. En province, mis à part cette khâgne lyonnaise capable de rivaliser avec Henri-IV et dépassant assez nettement Condorcet et Lakanal, on observe l'existence de quatre petites khâgnes dont la moyenne des résultats varie entre un reçu par an et un reçu tous les deux ans, Marseille, Poitiers, Bordeaux, Strasbourg, et celle de quatre autres khâgnes dont le résultat décennal ne dépasse pas l'unité mais qui sont quelquefois l'antichambre des

1. D'après *BSAENS*, n° 7, décembre 1922, p. 4. A cette date, la khâgne de Nantes a disparu. En revanche, celle de Strasbourg existe déjà, mais les Alsaciens, jusqu'en 1923, passent un concours organisé dans la ville même.

khâgnes parisiennes, tandis que les khâgneux de Marseille, Poitiers, Bordeaux et Strasbourg redoublent, en général, dans leur khâgne d'origine : ces quatre dernières khâgnes sont celles de Montpellier, Toulouse, Nancy et Lille.

Louis-le-Grand...	134	Strasbourg.	5
Henri-IV........	42	Montpellier	1
Lyon...........	35	Toulouse..	1
Condorcet......	25	Rennes..	0
Lakanal.........	13	Nantes.	0
Marseille........	10	Nancy..	0
Poitiers.........	8	Lille....	0
Bordeaux.......	6		

Total : 280 sur 294 reçus entre 1921 et 1930[2]

Si la comparaison entre les deux tableaux permet de conclure, entre 1921 et 1930, à des changements dans l'importance respective des khâgnes, avec, en particulier, la « percée » de Lyon, le passage de Condorcet devant Lakanal et l'affaiblissement du poids de ces deux dernières khâgnes face à Louis-le-Grand et Henri-IV, seule une étude annuelle permet d'en rendre compte avec précision[3] :

Établissements	Nombre des élèves reçus										Total
	1921	1922	1923	1924	1925	1926	1927	1928	1929	1930	
Condorcet....	3	3	4	2	4	6	1	—	1	1	25
Henri-IV.....	2	2	—	4	3	3	7	7	7	7	42
Louis-le-Grand	14	13	16	14	11	14	14	11	15	12	134
Lakanal......	4	2	1	2	2	—	—	1	—	1	13
Sorbonne.....	1	1	2	3	2	—	—	—	—	1	10
Aix..........	—	1*	—	—	—	—	—	—	—	—	1*
Bordeaux.....	—	2	1	—	1	—	1	1	—	—	6
Lyon.........	2	2	2	2	1	3	6	5	4	8	35
Marseille.....	2	2	—	—	1	—	2	1	2	—	10
Metz.........	—	—	1*	—	—	—	—	—	—	—	1*
Montpellier...	—	—	—	—	1*	—	—	1	—	—	2**
Poitiers......	2	1	1	—	2	1	—	1	—	—	8
Strasbourg...	—	—	1	1	—	—	—	1	—	2	5
Toulouse.....	—	1	—	—	—	1*	—	—	—	—	2**
Nombre de reçus par promotion....	30	30	29	28	28	28	31	29	29	32	294

* (F).
** (dont 1 F).

2. Tableau établi d'après les listes des promotions (ainsi que l'indication de l'origine géographique des reçus), publiées chaque année dans le *BSAENS* (traditionnellement, dans le numéro de janvier). Le reliquat de 14 normaliens s'explique par la présence parmi les reçus de candidats isolés et d'étudiants ayant préparé à la Sorbonne.

3. Tableau établi à partir des mêmes sources que pour le tableau précédent. Certains candidats préparent le concours de la rue d'Ulm en suivant des cours à la Sorbonne. Il s'agit, dans la plupart des cas, d'anciens khâgneux ayant renoncé à s'inscrire à nouveau en classe préparatoire ou dont la

Ce tableau appelle un certain nombre de remarques : on est frappé, tout d'abord, par la grande stabilité du poids des lycées parisiens, qui regroupent les trois quarts des reçus : 80 % en 1921, 73 % en 1922 , 78 % en 1925, 79 % en 1929, 69 % en 1930 et 76,1 % pour l'ensemble de la période étudiée. Cette importance de Paris restera stable pendant la décennie suivante. Entre 1921 et 1940, les 575 reçus à l'École normale supérieure se répartissent ainsi :

Khâgnes	Nombre de reçus (sur un total de 575)
Louis-le-Grand	235
Henri-IV	131
Condorcet	28
Lakanal	27
Sorbonne	17
Fénelon	1
Aix	1
Bordeaux	16
Caen	2
Clermont	6
Lille	2
Lyon	57
Marseille	13
Metz	1
Montpellier	5
Nancy	3
Poitiers	12
Rennes	7
Strasbourg	8
Toulouse	3

Malgré l'apparition ou la réapparition de plusieurs khâgnes provinciales, notamment Clermont, Grenoble et Rennes, pour une seule khâgne parisienne (Fénelon), et bien que le repli des khâgnes parisiennes en province durant l'année scolaire 1939-1940 fausse les résultats du concours de 1940 au détriment de Paris [4], la moyenne des reçus des lycées parisiens pour les vingt concours de 1921 à 1940 inclus est de 442 reçus sur 575, soit 73,3 %, contre 76,1 % pour 1921-1930.

En ce qui concerne cette décennie 1921-1930, une deuxième remarque est suggérée par le tableau de la page précédente : la stabilité du poids de Louis-le-Grand, 45,5 % , avec des minima de 37 à 39 % (1925, 1928, 1930) et des maxima de 50 à 55 % (1923, 1924, 1926, 1929). De son côté le lycée Henri-IV, après un début de décennie sans panache — 6,6 % en 1921 et 1922, 0 % en 1923 —, obtient régulièrement près du quart des reçus à la fin de cette même décennie et son importance, on l'a vu, deviendra plus grande encore dans les années 1930. Quant à la khâgne de Lyon, elle parvient sans conteste, à la même époque, au statut de troisième classe préparatoire de France, avec à peu

situation financière les contraint à postuler un poste de répétiteur dans un lycée ou un collège, dont l'horaire est incompatible avec celui, très lourd, de la khâgne. Dans certaines villes d'université où n'existe pas de khâgne, quelques rares candidats (F dans le tableau) se sont préparés en suivant les cours de la faculté des lettres.

4. La promotion de 1940 compta 22 élèves, répartis de la manière suivante : Rennes et Clermont : 6 reçus chacune, Poitiers : 4, Montpellier, Bordeaux et Caen : 2 chacune, Paris : 0 (*RU*, mars-avril 1941, p. 131).

près le même point de départ qu'Henri-IV mais un « décollage » plus lent : si cette khâgne n'obtient, en 1929, que quatre reçus — dont le « cacique », Jacques Soustelle —, c'est en 1930 l'heure de gloire, avec huit reçus sur trente-deux, dont les trois premiers.

Cette stabilité de Louis-le-Grand et ces progrès d'Henri-IV ont une contrepartie évidente : le déclin marqué des autres khâgnes. Le fait est frappant à Paris, en ce qui concerne Lakanal — qui, à partir de 1926, n'aura plus que deux reçus en cinq ans — et Condorcet — trois reçus en quatre ans à partir de 1927 —, et en province où, à la fin de la décennie, les petites khâgnes ne parviennent guère, dans le meilleur des cas, qu'à faire entrer un de leurs élèves à la rue d'Ulm. Les concours de 1929 et de 1930 sont, à cet égard, révélateurs : en 1929, hormis les Lyonnais, seuls deux khâgneux de province sont reçus ; en 1930, il n'y a plus que des Lyonnais.

De ce poids croissant des trois khâgnes de Louis-le-Grand, Henri-IV et Lyon et de l'anémie consécutive des autres classes préparatoires littéraires, trois chiffres rendent bien compte : si ces trois lycées obtiennent ensemble 72,2 % des reçus pour l'ensemble des concours de 1921 à 1930, cette proportion est de 56,6 % (1922) à 60 % (1921) au début de la décennie, 71,4 % au milieu (1926) et 84,3 % (1930) à 89,4 % (1929) à la fin. En d'autres termes, nous avons, à la fin des années 1920, pour la préparation au concours de la rue d'Ulm, Paris, Lyon et le désert français.

La khâgne de Louis-le-Grand.

La prépondérance parisienne est d'ailleurs symbolisée par la place éminente occupée par le lycée Louis-le-Grand. L'établissement de la rue Saint-Jacques a rassemblé, entre 1921 et 1930, un tiers environ des candidats à la rue d'Ulm et s'est adjugé 45 % des reçus.

Dans les années 1920, le « Baze Grand[5] » fournit, en effet, un candidat à l'École normale supérieure sur trois — 35,8 %, par exemple, en 1922 — et près d'un reçu sur deux s'est préparé dans ce lycée. L'écart entre les deux chiffres n'est qu'en apparence paradoxal : Louis-le-Grand attirant, on le verra, les meilleurs élèves des lycées de province, cela explique la concentration dans ses murs d'un tiers des candidats ; et cette situation a naturellement des effets cumulatifs : ce regroupement de prix d'excellence et de lauréats au Concours général enlève, fort logiquement, une proportion encore plus élevée de places d'entrée à la rue d'Ulm.

Cette classe accueillit, entre autres, tout au long des années 1920, Maurice Bardèche, Robert Brasillach, Pierre Brossolette, René Brouillet, Jean Cavaillès, François Ceyrac, André Déléage, René Étiemble, Henri Fréville, Georges Friedmann, Paul Gadenne, Jean Guitton, Paul Guth, Georges Izard, Claude Jeantet, Jean Le Bail, Roger Lefèvre, Georges Lefranc, Étienne Manac'h, Robert Merle, Maurice Merleau-Ponty, Jules Monnerot, Paul Nizan, Lucien Paye, Georges Pompidou, Henri Queffélec, Jean-Paul Sartre, Léopold Sedar Senghor, Pierre-Henri Simon, Jacques Talagrand alias Thierry Maulnier, Roger Vailland et Robert Verdier.

Elle s'est progressivement distinguée de la simple classe de rhétorique où

5. Ainsi est appelé, à cette époque, dans l'argot des classes préparatoires et parmi les normaliens, le lycée Louis-le-Grand (cf. Étiemble, *Peaux de couleuvre*, Gallimard, 1948, p. 65). Trente ans plus tôt, en 1895-1897, les khâgneux parlaient du « Bazar Grand » (cf. Raoul Blanchard, *Ma jeunesse sous l'aile de Péguy*, Fayard, 1961, p. 143).

les bacheliers retournaient préparer l'École normale supérieure, et, au milieu des années 1890, elle est désormais réservée aux seuls candidats à la rue d'Ulm. Peu après, devant l'augmentation des effectifs de cette classe, est créée une « rhétorique-vétérans » ou hypokhâgne. Dans les années qui suivent, elle occupe la deuxième place pour le nombre des reçus à l'École normale supérieure derrière Henri-IV, et les khâgnes de ces deux établissements sont incontestablement devenues, à cette date, les plus prestigieuses de France, supplantant dans ce rôle le lycée Charlemagne[6]. La valeur du corps enseignant n'est sans doute pas étrangère à cette situation. En 1895-1897, par exemple, Raoul Blanchard, en khâgne à Louis-le-Grand, a eu comme professeurs, entre autres, Gustave Lanson en lettres, Lucien Lévy-Bruhl puis Victor Delbos en philosophie et Eugène Darsy en histoire[7].

A partir de 1905, Louis-le-Grand va supplanter progressivement le lycée Henri-IV pour la préparation au concours de la rue d'Ulm, et, là encore, le rôle du corps enseignant contribue sans aucun doute à cette situation. Vers 1908-1910[8], en effet, la khâgne et l'hypokhâgne ludoviciennes comptent, parmi leurs professeurs des maîtres remarquables : en hypokhâgne, Eugène Darsy en histoire, André Bellessort en français, successeur d'Émile Mâle qu'il devait retrouver à l'Académie française, et Léon Morand en latin. En khâgne, Henri Durand en français, Charles Lafont en latin et en grec, Eugène Darsy en histoire, Lucien Beaujeu en anglais et Adrien Godart en allemand[9].

Dès lors, l'hypokhâgne et la khâgne sont devenues et restent, tout au long des années 1920, deux classes dont Louis-le-Grand s'enorgueillit et qui attirent, on l'a vu, nombre de lycéens provinciaux. Or il faut attendre la rentrée d'octobre 1929 pour que la khâgne soit dédoublée. De ce fait, et malgré la désorganisation et la diminution des effectifs entraînées par la guerre, cette classe atteint, avant même le milieu de la décennie, quatre-vingts élèves et l'hypokhâgne n'est guère moins nombreuse (tableau page suivante[10]).

On imagine, et nous y reviendrons, les problèmes que pouvaient poser à l'administration, aux enseignants et surtout aux élèves, des classes aussi pléthoriques. Retenons, pour l'instant, cette différence fondamentale en ce qui concerne les effectifs entre Louis-le-Grand et les autres khâgnes françaises, y compris les autres khâgnes parisiennes. Il n'est pas étonnant qu'une telle

6. En 1848, le lycée Charlemagne était « la grande pépinière de l'École normale » (extrait du discours prononcé en hommage à Edmond About par M. Vessiot, directeur de l'École normale supérieure, le 25 février 1928, *BSAENS*, n° 19, juillet 1928, p. 15). La situation est restée la même vers 1860, avec « Boissier comme professeur de rhétorique et des élèves comme Bailly ou Lavisse » (R. Joxe, *Louis-le-Grand 1563-1963 ; Études, Souvenirs, Documents*, 1963, p. 188), et dix ans plus tard, en 1871, quand le philosophe Jules Lagneau s'y prépare au concours de la rue d'Ulm (cf. *Annuaire* 1895, p. 110).

7. Sur Gustave Lanson, Lucien Lévy-Bruhl et Victor Delbos, devenus ensuite professeurs à la Sorbonne, on se reportera, par exemple, aux notices établies par Christophe Charle, *Dictionnaire biographique des universitaires aux XIXe et XXe siècles*, volume 1, *La faculté des lettres de Paris (1809-1908)*, INRP-Éditions du CNRS, 1985, pp. 109-110, 124-125 et 58-59. Eugène Darsy (1849-1934), « cacique » de la promotion 1869, reçu premier à l'agrégation d'histoire et géographie en 1873, professeur aux lycées d'Évreux, Amiens, Douai et Versailles, est nommé en 1881 au lycée Louis-le-Grand. Enseignant bientôt en khâgne, il y demeurera jusqu'à sa retraite en 1913 (*Annuaire* 1936, pp. 26-29, et G. Dupont-Ferrier, *op. cit.*, t. III, p. 138).

8. D'après Maurice Baumont, *Louis-le-Grand...*, pp. 241-244. Voir aussi *BSAENS*, n° 63, janvier 1952, p. 7 sqq.

9. Parmi ces professeurs d'hypokhâgne et de khâgne, seul Émile Mâle passa dans l'enseignement supérieur, à partir de 1906. Il sera directeur de l'École française de Rome de 1923 à 1937.

10. Sources : consultation des « livres de classe » (Arch. Louis-le-Grand) pour les deux premières colonnes. Pour le nombre des candidats ludoviciens, cf. également les archives du lycée (pour les deux premières colonnes, les chiffres ont été arrondis ; ils varient, en effet, suivant le moment de l'année où la liste est établie.)

	Effectifs de l'hypokhâgne	Effectifs de la khâgne	Nombre de khâgneux de Louis-le-Grand inscrits au concours	Nombre de reçus de Louis-le-Grand au concours
1922-1923	65	70	64	16
1923-1924	60	75	66	14
1924-1925	70	82	?	11
1925-1926	60	85	84	14
1926-1927	50	80	72	14
1927-1928	50	75	72	11
1928-1929	60	80	78	15
1929-1930	70	75 khâgne dédoublée	63	12

classe ait compté, parmi ses enseignants, des maîtres qui ont marqué profondément leurs élèves.

De fait, la khâgne de Louis-le-Grand est, le plus souvent, un poste de fin de carrière qui constitue une manière de consécration pour un enseignant du second degré. Seule l'inspection générale peut être considérée comme plus honorifique, et les classes préparatoires ludoviciennes en sont d'ailleurs parfois l'antichambre. Le fait qu'un poste à Louis-le-Grand ne soit pas un lieu de passage mais une fonction où — mis à part une promotion vers l'inspection générale ou une chaire dans l'enseignement supérieur — l'on s'ancre jusqu'à la retraite est attesté par la stabilité du corps enseignant.

Années et classes	Français et version latine	Thème latin et grec	Histoire	Philosophie
1920-1921 HK	A. Bellessort	L. Lemain	A. Roubaud	M. Bernès
1920-1921 K	R. Canat	H. Mayer	A. Roubaud	F. Colonna d'Istria
1921-1922 HK	A. Bellessort	L. Lemain	A. Roubaud	M. Bernès
1921-1922 K	R. Canat	H. Mayer	A. Roubaud	F. Colonna d'Istria
1922-1923 HK	A. Bellessort	L. Lemain	A. Roubaud	M. Bernès
1922-1923 K	R. Canat	H. Mayer	A. Roubaud	F. Colonna d'Istria
1923-1924 HK	A. Bellessort	L. Lemain	A. Roubaud	M. Bernès
1923-1924 K	R. Canat	H. Mayer	A. Roubaud	F. Colonna d'Istria
1924-1925 HK	A. Bellessort	L. Lemain	A. Roubaud	M. Bernès
1924-1925 K	R. Canat	H. Mayer	A. Roubaud	F. Colonna d'Istria
1925-1926 HK	A. Bellessort	L. Lemain	A. Roubaud	M. Bernès
1925-1926 K	R. Canat	H. Mayer	A. Roubaud	F. Colonna d'Istria puis G. Beaulavon
1926-1927 HK	A. Bayet	L. Lemain	A. Roubaud	M. Bernès
1926-1927 K	R. Canat	H. Mayer	A. Roubaud	G. Beaulavon
1927-1928 HK	A. Bayet	L. François	A. Roubaud	M. Bernès
1927-1928 K	R. Canat	G. Cayrou	A. Roubaud	G. Beaulavon
1928-1929 HK	A. Bayet	L. François	A. Roubaud	M. Bernès
1928-1929 K	R. Canat	G. Cayrou	A. Roubaud	G. Beaulavon
1929-1930 HK	A. Bayet	L. François	A. Roubaud	R. Le Senne
1929-1930 1re Sup 1	R. Canat	G. Cayrou	A. Roubaud	G. Beaulavon
1929-1930 1re Sup 2	P. Tuffrau	M. Ponchont	A. Huby	A. Cresson

Tous ces membres éminents de l'Alma Mater ont-ils été pour les khâgneux des maîtres à penser ? La réponse, assurément, ne peut être que négative. Néanmoins, certains d'entre eux ont joué un rôle de premier plan dans la formation des khâgneux et ont été pour ces derniers des « éveilleurs ». Avant de définir plus précisément ce terme, il convient d'évoquer l'un de ceux qui pouvait, à coup sûr, aspirer à une telle épithète.

André Bellessort[11].

Comme le philosophe Alain au lycée Henri-IV, à Louis-le-Grand c'est André Bellessort, professeur de français et de version latine en hypokhâgne jusqu'en juin 1926, qui a, semble-t-il, le plus profondément marqué certains de ses élèves. Mais si le philosophe de la place du Panthéon jouissait d'un respect et d'une admiration très larges, le professeur de lettres de la rue Saint-Jacques était beaucoup plus contesté et les témoignages le concernant, bien loin de converger, en font au contraire un personnage aux multiples facettes, dont le célèbre portrait esquissé par Robert Brasillach dans *Notre avant-guerre* ne rend qu'un aspect. Les témoignages recueillis un demi-siècle plus tard s'articulent, d'ailleurs, autour de trois grands portraits[12].

Maître remarquable pour de bons élèves provinciaux encore mal dégrossis, ainsi apparaît-il à certains :

> « — Le professeur dont nous n'oublierons jamais le nom est André Bellessort ; par ses cours de français, une fois de temps en temps, il nous subjuguait...
> — Homme extraordinaire... qui m'a vraiment fait connaître la littérature classique.
> — J'ai coutume de dire qu'il m'a déniaisé et c'est assez marquer la profonde influence qu'il a eue sur moi.
> — C'est lui qui, je crois bien me rappeler, définit notre professeur de français et de version latine, André Bellessort, par la formule : " le nettoyage par le vide " ; ce maître, en effet, avait l'art de démontrer aux lycéens issus de " philo " et fiers de leur " peau d'âne " qu'ils ne savaient rien et qu'en eux tout était à reprendre. »

Ces témoignages — choisis parmi d'autres de la même teneur — brossent un premier portrait qui recoupe assurément celui de Robert Brasillach[13]. C'est en effet sur le même registre que l'auteur de *Notre avant-guerre* tressait, en 1941, des lauriers à son vieux maître :

> « Nous arrivions, pour la plupart, persuadés qu'Edmond Rostand était un grand poète et Henry Bataille un grand dramaturge. Nous étions des provinciaux attardés. On se tromperait beaucoup en croyant que 1925 était exclusivement

11. Afin de ne pas trop alourdir cette étude sur le lycée Louis-le-Grand, nous ne traiterons ci-après que de quelques professeurs, ceux précisément dont l'influence a éventuellement dépassé les limites de la seule préparation au concours de l'École normale supérieure. Pour les autres enseignants, on se reportera aux notices biographiques dans la thèse dactylographiée.

12. Les citations qui suivent sont, sauf indication contraire mentionnée en note, extraites des réponses à notre enquête entreprise dans les premiers mois de 1976 auprès des anciens khâgneux des années 1920. Nous avons déjà évoqué André Bellessort dans « Biographie et histoire des intellectuels : le cas des " éveilleurs " et l'exemple d'André Bellessort », *Sources. Histoire au présent*, n° 3-4, 1985.

13. Certains de ces témoignages portent d'ailleurs la trace incontestable de l'influence de *Notre avant-guerre*. Nous nous trouvons là devant un problème méthodologique auquel s'expose tout chercheur recourant au témoignage oral. Une sociologue a ainsi baptisé « effet Nadaud » l'influence des souvenirs de Martin Nadaud sur les réponses faites par des émigrés creusois à une enquête. Nous constatons ici les traces d'un « effet Brasillach » (cf. *infra*, note 62 du chapitre IX).

adonné au culte des grands hommes de la NRF, et il est sûr en tout cas que la province les ignorait. D'un geste, André Bellessort balayait ces poussières... Sans jamais en avoir l'air, il nous a appris beaucoup de choses [14]. »

D'autres témoignages introduisent un jugement plus nuancé qui reconnaît encore à André Bellessort une influence profonde mais laisse aussi pointer des réserves sur la conscience professionnelle du maître :

« — Brillant et peu consciencieux.
— Brillant, paresseux et faible en latin.
— Il était du plus discutable pour le dévouement professionnel. Mais, écrivain, il montrait par quoi une phrase française se distinguait du jargon scolaire, dans lequel nous croyions nous exprimer.
— Bellessort n'était peut-être pas un professeur au sens pédagogique du terme; mais sa passion des lettres lui conférait une certaine autorité.
— Éblouissant fumiste! Quel lecteur!
— Il nous lisait en classe les conférences littéraires qu'il préparait sur Voltaire et sur Balzac. »

Si l'admiration reste à peu près entière, surgit cependant un reproche : sous le professeur percent le mondain et le futur académicien. Le troisième jugement est, quant à lui, franchement désapprobateur :

« — Il s'endormait, bien appuyé sur ses coudes.
— Paresseux comme un loir, son exploit était de nous lire en déclamant (admirablement) du Hugo... ou de traduire Virgile avec de poétiques contresens.
— Il multipliait les tirades réactionnaires.
— Bellessort affichait un antisémitisme odieux. »

Affichant fréquemment ses choix politiques, André Bellessort cristallise, ce faisant, les différences qui sont celles des khâgneux en matière politique. De toute façon, le personnage à coup sûr ne laissait pas indifférent et mérite que l'on s'y arrête. En outre, un professeur de khâgne finissant à l'Académie française, le fait est suffisamment rare pour classer André Bellessort à part. C'est peut-être par touches successives que l'on pourra mieux le cerner, sans en déformer l'image et sans en ternir l'aspect multiforme.

Né en 1866, khâgneux à Henri-IV et deux fois admissible à l'École normale supérieure en 1885 et 1886, c'est à vingt-trois ans que, jeune professeur agrégé, il débute au lycée de Nice [15]. Le passage par la province sera bref — dix ans — au regard de celui de beaucoup de ses collègues, et les étapes qui mènent à la capitale sont, dans l'ensemble, flatteuses pour un jeune professeur : lycée de Nice (1889), lycée de Bordeaux (1892), lycée de Poitiers (1893), lycée du Mans (1895) puis en 1896 lycée du Parc à Lyon [16]. Ce début de carrière brillant va le

14. R. Brasillach, *Notre avant-guerre*, Plon, 1941, p. 12, 2ᵉ éd., Le Livre de Poche, 1973, p. 21.

15. En 1889, André Bellessort est reçu 12ᵉ à l'agrégation des lettres, à laquelle il se présentait comme boursier d'agrégation de Paris. Pour la carrière d'André Bellessort, cf. son dossier personnel (Arch. Nat. F 17 23814).

16. A Lyon, il assure une partie de son service en rhétorique, avec, comme collègue, Édouard Herriot. Un rapport d'inspection générale du 24 mars 1897 établit d'ailleurs un parallèle entre les deux hommes : « Expression de figure singulièrement énergique; professeur d'un savoir étendu et d'un incontestable talent, dont la manière est plus vive et plus forte, mais moins fine et moins légère, que celle de son collègue M. Herriot et qui, tout en exerçant, comme lui, une grande autorité sur les élèves ne s'en fait pas, me dit-on, tout à fait autant aimer. » (Arch. Nat. F 17 23814). Édouard Herriot a d'ailleurs évoqué son ancien collègue de Lyon dans *Jadis :* « J'étais nommé à Lyon en même temps

conduire à trente-trois ans au lycée Janson-de-Sailly. En 1906, il est au lycée Louis-le-Grand, où il succède à Émile Mâle en hypokhâgne, classe dans laquelle il allait rester vingt ans, jusqu'en juillet 1926.

Un enseignant soucieux de se rapprocher de Paris, donc, mais ce souci ne s'explique pas uniquement par des ambitions universitaires ni par le désir d'être intégré au cadre parisien plus prestigieux et mieux payé : déjà pointent, sous le jeune professeur provincial, le poète et le journaliste. Avant 1895, il fait paraître des poèmes dont l'un, *L'Hôtellerie*, est couronné par l'Académie française. En 1896, il publie un roman, *Reine Cœur*. Mais ses productions suivantes ne sont ni romanesques ni poétiques. L'objectivité oblige à dire que la poésie française n'a, semble-t-il, pas perdu au change. Qu'on en juge par les dernières strophes de trois de ses poèmes. Ainsi, la fin de la *Nuit du Golgotha :*

« Déjà le jour naissait, et les soldats romains
Passaient sur leurs yeux lourds le revers de leurs mains.
Et comme ils se parlaient accoudés dans les ronces,
Leurs vaines questions restèrent sans réponses,
Car ils se demandaient quels spectres merveilleux
Tout là-bas, tout là-bas fuyaient au ras des cieux. »

Ou bien les derniers vers de *L'Urne cinéraire :*

« Cercueil de bois, linceul de toile !..
Elle aussi, loin de ma prison,
Elle a passé comme une voile
A l'horizon. »

Enfin, la dernière strophe de *Loin d'Elle :*

« Depuis que, l'emportant palpitante et ravie,
Mes bras ont retrouvé l'emploi de leur vigueur,
Son étreinte a fermé le roman de ma vie,
Et ses lèvres ont clos l'histoire de mon cœur[17] »

En 1896, il publie *La Jeune Amérique*, en 1902 *De Ceylan aux Philippines* et *La Société japonaise*, en 1905 *La Roumanie contemporaine*. Il consacre en effet une grande partie de ses loisirs aux voyages ; il fut d'ailleurs, à plusieurs reprises, envoyé spécial du *Temps* à l'étranger. Rare pour l'époque, cette passion ne correspond guère aux goûts du corps enseignant, et, de ses voyages, André Bellessort a peut-être tiré cette ouverture sur le monde que lui reconnaissent

---

qu'André Bellessort. Nos deux divisions de rhétorique étaient voisines... Je me liai avec lui d'une franche amitié » (*op. cit.*, Flammarion, 1948, pp. 122-123).

17. Tous ces vers sont extraits de *Mythes et Poèmes*, Collection « Poètes contemporains », A. Lemerre, 1894, pp. 19, 42 et 84. Au début du siècle, André Bellessort était pourtant considéré comme l'un des poètes contemporains importants par Édouard Herriot. Ce dernier, en effet, écrit, en 1904, un *Précis de l'histoire des lettres françaises* (Éd. Cornély, 1904) dans lequel il note, page 867, en évoquant « les lettres contemporaines » : « Il y a des vers exquis de Fernand Gregh, d'André Rivoire, de François Fabié, de Charles Guérin, de Maurice Magre, d'Henri Barbusse, d'Anatole Le Braz, d'Henri Chantavoine, de Charles Le Goffic, d'André Bellessort, de la comtesse de Noailles ; chacun de ces artistes — et nous en oublions beaucoup — mériterait mieux qu'une sèche mention. » Ce jugement a beaucoup fait, semble-t-il, pour le prestige d'André Bellessort auprès des khâgneux, car l'ouvrage d'Édouard Herriot est resté, pendant plusieurs décennies, un ouvrage de base pour la préparation au concours de l'École normale supérieure.

même ses détracteurs et qui semble inhabituelle dans l'atmosphère un peu confinée qui est celle des khâgnes des années 1920[18]. Le personnage est donc déconcertant sur le plan professionnel et l'on retrouve, dès ses premières années d'enseignement, cette ambivalence qui fascinera certains de ses khâgneux, en rebutera d'autres, mais en fera, de toute manière, un personnage nettement à part dans la galerie des professeurs de khâgne.

Sur le plan politique également, André Bellessort échappe aux schémas classiques. Pourtant, là encore, les débuts sont traditionnels, presque trop conformes à un type : petit-fils d'instituteur, fils d'un professeur de collège devenu principal, il incarne parfaitement ces professeurs issus du terroir en deux ou trois générations, dont les lauriers universitaires sont l'accomplissement d'une récente mais fervente tradition familiale. Cette génération, qui aura entre vingt et trente ans au moment de l'affaire Dreyfus et sera quinquagénaire au moment de la « République des Professeurs », est profondément républicaine. André Bellessort, dans sa jeunesse, n'échappe pas à la règle : « Nous étions, comme nos professeurs, républicains, et dans la cour de Henri-IV, un royaliste nous eût fait l'étrange effet d'un petit fossile[19]. »

Pourtant, quand nous le retrouvons, vingt ans après, vers 1908, professeur à Louis-le-Grand, il ne perd « aucune occasion d'affirmer ses convictions d'Action française[20] ». Et deux décennies plus tard, au milieu des années 1920, ce sont toujours les mêmes opinions qu'il laisse percer devant son auditoire d'hypokhâgneux. Il est en effet, entre-temps, devenu l'une des figures marquantes de l'intelligentsia maurrassienne et participe, à ce titre, à certaines activités de l'Action française : ainsi, il donne fréquemment des conférences à son Institut et figure, aux côtés de Léon Bérard, du général Weygand et d'Abel Bonnard, aux banquets du Cercle Fustel de Coulanges[21].

Cet engagement politique est, en fait, étroitement lié à des activités littéraires[22] et journalistiques, qu'André Bellessort mène de conserve avec sa carrière d'enseignant et qui prendront plus d'ampleur encore quand la retraite, à partir de 1926, lui rendra une liberté totale. C'est d'ailleurs à cette date qu'il est appelé aux fonctions de secrétaire général de la *Revue des deux mondes* et qu'il va également tenir une chronique littéraire puis dramatique au *Journal des Débats*. A partir de 1932 et jusqu'à sa mort en 1942, il collabore à l'hebdomadaire *Je Suis Partout* où il assure la critique littéraire. Sa qualité d'ancien professeur d'une partie de l'équipe rédactionnelle du journal lui

---

18. Il conviendrait sans doute, pour compléter le portrait, d'y ajouter une dernière touche : au voyageur, au poète, au journaliste, s'ajoute le mondain. A la fin de l'année 1893, à 27 ans, alors qu'il enseigne la rhétorique au lycée de Poitiers, il épouse une artiste parisienne, Henriette de Téhéran (*sic*), « fille du médecin du shah de Perse ». L'événement, mentionné dans la presse, faillit d'ailleurs entraîner un scandale dans la capitale poitevine. Une jeune femme, à l'annonce de ce mariage, intenta un procès à André Bellessort pour l'avoir, disait-elle, séduite puis abandonnée. L'affaire se régla à l'amiable, mais, à la demande du même professeur, le rectorat le mit en congé sans traitement à partir de février 1894.

19. A. Bellessort, *Le Collège et le monde*, Gallimard, 1941, p. 77.

20. Maurice Baumont, *Louis-le-Grand 1563-1963...*, *op. cit.*, p. 242.

21. E. Weber, *L'Action française*, Stock, 1964, rééd. Fayard, 1985, p. 297. Ce mouvement regroupait surtout des universitaires (cf. P. Gerbod, *Les Enseignants et la politique*, PUF, 1976, pp. 40-41 et p. 56 ; également mentionné par J. Mièvre : « L'évolution politique d'Abel Bonnard », *Rev. Hist. Deuxième Guerre mond.*, oct. 1977, n° 108, pp. 1-26, plus particulièrement p. 6).

22. Le Catalogue générale de la Bibliothèque Nationale, datant, pour la lettre B, de 1902, indique 6 titres de cet auteur. Le fichier complémentaire comprend, de 1902 à la mort d'André Bellessort, 114 fiches. Leur analyse est riche d'enseignements : on y trouve, en effet, 3 introductions, 28 préfaces, 2 avant-propos, 25 traductions, et de nombreuses conférences prononcées devant la Société des conférences ou à l'Institut. L'essentiel de la production d'André Bellessort reste donc, avant tout, celle d'un conférencier, d'un traducteur et d'un critique.

confère une sorte de magistère moral auquel Robert Brasillach rendra hommage[23].

En 1935, André Bellessort est élu à l'Académie française où il succède à l'abbé Brémond. Il y retrouve Émile Mâle, qu'il avait remplacé en hypokhâgne à Louis-le-Grand en 1906, son professeur d'histoire au lycée de Laval, monseigneur Baudrillart, et son ancien camarade de khâgne André Chaumeix. C'est d'ailleurs ce dernier qui prononce la traditionnelle réponse au discours de réception[24], le jeudi 26 mars 1936, et l'étude de cette réponse est doublement éclairante sur les circonstances de l'élection d'André Bellessort. Dès les premiers mots de son discours, en effet, André Chaumeix rend hommage à Paul Bourget disparu depuis peu et suggère qu'il n'a pas été étranger à cette élection : « Il vous paraîtra naturel que ma pensée aille tout d'abord à l'illustre écrivain qui avait souhaité de vous voir dans notre Compagnie... ». Ce patronage de Paul Bourget est déjà, en soi, une indication sur la tonalité politique du clan qui a fait entrer André Bellessort Quai Conti. Mais certains passages du discours d'André Chaumeix permettent de mieux en préciser les contours. Il y est dit, en effet, que Paul Bourget « avait reconnu les deux qualités qu'il chérissait le plus. Il savait que vous êtes un humaniste et un serviteur de l'ordre ». Nous sommes le 26 mars 1936, un mois avant le premier tour des élections législatives où le Rassemblement populaire menace de l'emporter sur les « serviteurs d'ordre ». L'allusion n'est sans doute pas fortuite puisque Chaumeix y revient de manière plus explicite dans la dernière phrase de son discours : « Vous êtes une des voix du souvenir, qui nous rappelle, aux heures troubles, l'éminente dignité des lettres françaises et la vitalité de l'esprit national. »

Dans les années 1930, André Bellessort s'est donc agrégé à cette fraction prépondérante d'académiciens français bien campés sur la droite de l'échiquier politique, souvent dans la mouvance de l'Action française, et dont le confort intellectuel sera bientôt troublé par la montée des périls extérieurs et les révisions douloureuses qu'ils entraîneront parfois chez ces « nationalistes ». Pour l'heure, en ce milieu de décennie, André Bellessort est, plus que jamais, maurrassien[25]. S'il reste germanophobe[26], il signe, comme nombre d'académiciens français, le manifeste en faveur de l'Italie que publie *Le Temps* le 4 octobre 1935, au moment de la guerre d'Éthiopie[27].

Déjà, avant la retraite, André Bellessort multipliait conférences[28] et collabo-

---

23. « Au moment de mettre sous presse, nous apprenons avec tristesse la mort subite de notre bon maître André Bellessort... » (« André Bellessort », *Je Suis Partout*, 24 janvier 1942.)

24. Cf. *Discours de réception de M. André Bellessort. Réponse de M. André Chaumeix*, Librairie Académique Perrin, 1936.

25. En 1936, c'est l' « année jubilaire » de Charles Maurras, dont la carrière littéraire s'est amorcée en 1886. *La Revue Universelle* réunit, dans un hommage au dirigeant de l'Action française, les signatures de 45 personnalités : André Bellessort y côtoie Abel Bonnard, Henry Bordeaux, André Chaumeix, Henri Massis et les frères Tharaud (cf. P. M. Dioudonnat, *Je Suis Partout (1930-1944)*, La Table Ronde, 1973, pp. 216 et 260).

26. Il insiste sur la menace allemande dont la gravité n'a pas, à ses yeux, décru, dans *Je Suis Partout* du 15 septembre 1934 (A. Bellessort, « Choses d'Allemagne »).

27. Cf. *Le Temps*, vendredi 4 octobre 1935, p. 2.

28. Conférences auxquelles la classe de Louis-le-Grand servait souvent de banc d'essai. C'est du moins ce qu'affirment d'anciens hypokhâgneux (témoignages recoupés) et ce que semble craindre un rapport d'inspection de 1918 : « Ce n'est pas à une classe que j'ai assisté, c'est à une conférence comme on pouvait en entendre une aux " Annales ", ou dans un cours public de faculté, du moins lorsque c'est un homme de talent qui parle. Car M. Bellessort a un réel talent de conférencier... Je crains en particulier que ce genre de conférence, substitué à une leçon plus simple et plus directe, ne suscite chez les élèves une impression fâcheuse d' " amateurisme ", de dilettantisme et, qui sait ?, le soupçon, presque naturel, que le travail a une autre origine ou une autre destination que la classe... » (Rapport de G. Belot, 21 janvier 1918, Arch. Nat. F 17 23814.)

rations à des journaux littéraires ou politiques. Ces activités diverses le classent à part dans le petit monde des professeurs de khâgne et ne sont pas sans retentir sur son métier d'enseignant. Sous la plume de plusieurs témoins revient spontanément l'expression « paresseux comme un loir ». Beaucoup lui reprochent notamment une connaissance du latin assez particulière, débouchant fréquemment sur de charmants contresens qui honorent le poète qu'André Bellessort se piqua toujours d'être mais jettent une ombre sur le professeur. C'est pendant ses classes de latin qu'il prépara la traduction de certains chants de *L'Énéide* pour la collection Guillaume Budé. La méthode était pittoresque : il étalait sur son bureau trois ou quatre volumes de traductions qu'un khâgneux était chargé d'apporter à chaque cours, et en faisait en classe la synthèse, en y intégrant les remarques des meilleurs latinistes de l'hypokhâgne et en recherchant les effets les plus harmonieux. Quelques élèves étaient chargés de noter sur un cahier la version définitive qui ressortait de ce savant travail collectif[29].

La correction des copies lui posait également quelques problèmes qu'il avait résolus de la façon la plus radicale : du paquet qui lui était remis, il extrayait, au hasard, une ou deux copies qu'il lisait en se livrant à une critique acérée qui ne laissait pas grand-chose intact ; la correction était brillante et, mis à part le malheureux intéressé, la classe en tirait assurément grand profit, et le professeur également qui échappait ainsi à la lecture d'une pile de copies[30]. Dans *Le Collège et le monde*, en 1941, André Bellessort évoque d'ailleurs, avec une honnêteté désarmante, l'ennui et la fatigue que lui procurait la correction de copies, et il justifie son système de correction en ces termes : « Mais, objectera-t-on, si l'élève n'est pas sûr que le maître lira son devoir, il ne s'y appliquera pas. Erreur ! L'élève, pour s'y appliquer, a seulement besoin de savoir qu'il a une chance d'être lu. Ce régime a été le nôtre ». Lui-même, d'ailleurs, tenait cette méthode du professeur qu'il avait eu en khâgne à Henri-IV, Henri Chantavoine, lequel eut une influence incontestable sur lui, à en juger par les ressemblances très fortes qui, nous le verrons, existent entre les deux hommes.

Un autre trait du caractère d'André Bellessort semble avoir mis, à plusieurs reprises, ses élèves en joie : c'est, apparemment, avec quelque rudesse qu'il traitait l'administration du lycée et, à l'occasion, l'inspection générale. Robert Brasillach rapporte dans *Notre avant-guerre* comment un inspecteur général arriva un jour, au moment où l'on expliquait *L'Illusion comique*. Le professeur « le foudroya du regard, l'autre se fit le plus petit possible, on continua l'explication de texte. Reprenant de l'audace, le pauvre inspecteur tenta d'élever la voix, de donner son opinion sur quelque phrase particulièrement

29. En 1925-1926, il fit travailler la classe, durant toute l'année, sur le chant XII de *L'Énéide*. Ce fut à Prosper Jardin, Roger Lefèvre et Robert Brasillach que fut dévolue la tâche de scribes (cf. Prosper Jardin, n° 19 des *Cahiers Robert Brasillach*, p. 45). En 1923-1924, le chant IV avait été à l'honneur. En 1925, Les Belles Lettres publient *Virgile. Énéide. Livres I-IV* (texte établi par H. Goelzer et traduit par A. Bellessort, les Belles Lettres, 1925. Collection des Universités de France, publiée sous le patronage de l'Association Guillaume Budé). La retraite interrompit cette fructueuse collaboration entre les khâgneux et leur professeur, et les livres VII à XII (texte établi par René Durand et traduit par A. Bellessort, les Belles Lettres, 257 p.) ne furent publiés qu'en 1936.

30. L'aventure arriva, par exemple, à Jean-Paul Sartre qui, après être passé sur le gril, s'entendit finalement dire : « Au fond, Monsieur Sartre, il y a quelque chose là-dedans » (témoignage G. Lefranc). En janvier 1920, l'inspecteur de l'Académie de Paris, Paul Crouzet, survenant à l'improviste, assiste à ce type de correction, dont il décrit, dans son rapport, longuement les faiblesses ; il conclut que l'enseignement d'André Bellessort, « très littéraire, n'aurait vraiment tout son rendement que s'il était plus méthodique et consciencieux » (Arch. Nat. F 17 23814).

embrouillée : Qu'en pensez-vous ? demanda-t-il aimablement à notre professeur. Je crois surtout que Corneille bafouille, répliqua André Bellessort de sa voix de basse. Veuillez continuer[31] ». Là encore, semble-t-il, on retrouve l'influence et l'exemple d'Henri Chantavoine, qui manifesta toujours une certaine mauvaise humeur envers les représentants de l'administration. Il existe d'ailleurs une description de Chantavoine par Pierre Gaxotte qui semble reproduire trait pour trait le portrait que les hypokhâgneux de Bellessort ont brossé de leur professeur :

> « Chantavoine était collaborateur des *Débats*, critique littéraire, poète, conférencier, candidat intermittent à l'Académie française, et fort répandu dans le monde... Il nous appelait " Mes chers petits ", nous apportait chaque jour cinq ou six journaux et, hors les compositions, ne corrigeait jamais les devoirs. Pour tout dire, il nous donnait, la première semaine, un sujet de dissertation. Nous lui remettions les copies la semaine suivante. Huit jours plus tard, il les rapportait, les posait ostensiblement sur le rebord de sa chaire et : " Mes chers petits, j'ai lu vos devoirs. J'ai bien des choses à vous dire. Ce sera pour tout à l'heure. " La fin de la classe arrivait. Il remettait les copies dans sa poche : " Je ne vous ai pas parlé de votre dissertation. Le temps a passé trop vite. Il en est ainsi de tous les bons moments dans la vie. Ce sera pour la prochaine fois. " La farce durait de semaine en semaine et conduisait aux grandes vacances... Dans ses bons jours, il était éblouissant. Il lisait avec un art exquis, aimait la poésie, nous donnait le sens de la phrase bien faite, du mot propre, de la tournure elliptique, de la composition ingénieuse... Certain jour, il donna à la classe une comédie excellente (je n'en ai pas été témoin, mais le souvenir s'en est conservé). M. l'Inspecteur général venait de faire son entrée, accompagné de M. le Proviseur. Il avait nom Félix Hémon et il avait été camarade de Chantavoine à l'École normale. Le bon maître se précipite sur le visiteur, le serre tendrement dans ses bras et lui débite un couplet à sa façon : " Quelle bonne surprise, Félix. Je suis content de te revoir. Comment cela va-t-il chez toi ? Et ta chère femme ? Bien ? Tant mieux. Et toi-même ? C'est que nous ne sommes plus jeunes... Assieds-toi et tiens-toi tranquille. Tu écouteras bien. Mes chers petits sont intelligents. Ils t'intéresseront. " Il se lance dans une de ses meilleures improvisations. Félix, qui n'ose interrompre, avance la main vers les devoirs posés comme d'habitude au bord du bureau. Chantavoine voit le geste, gagne Hémon de vitesse, prend lestement les copies, les met dans sa poche et froidement : " Ça, Félix, ça ne te regarde pas. "[32] »

Si nous avons cité ce long passage de la description de Pierre Gaxotte, c'est qu'il met en lumière, plus que ne le feraient de longs développements, les ressemblances entre Chantavoine et Bellessort. Certes, un tel portrait emprunte à une tradition orale prompte à amplifier les qualités et les défauts d'un maître qui a profondément marqué ses élèves ; il reste pourtant frappant

31. Un autre khâgneux donne de l'incident une version légèrement différente mais tout aussi significative. Alors que la classe était en train d'étudier *L'Illusion comique*, l'inspecteur général Parodi arriva à l'improviste. Au cours de la séance, comme Bellessort demandait à un élève : « Quelle pièce de Corneille ce vers préfigure-t-il ? », l'inspecteur vint au secours de l'élève : « Voyons, mon ami, *Le Cid* ! », et Bellessort de hausser les épaules et de tonner : « Mais non, *Horace* ! ». Un peu plus tard, au moment du départ de l'inspecteur, eut lieu le dialogue suivant : « Alors, Monsieur l'inspecteur, ça vous a intéressé ? — Beaucoup, Monsieur le professeur — Eh bien, il faudra revenir ! » (cf. « André Bellessort » par Prosper Jardin, *Revue des deux mondes*, 15 septembre 1966, pp. 185-189).

32. P. Gaxotte, *Les Autres et moi*, Flammarion, 1975, pp. 12 et 14. L'inspecteur général Félix Hémon (1848-1916) appartenait, en effet, à la même promotion (1869) de la rue d'Ulm que Chantavoine. Reçu 4e à l'agrégation des lettres en 1873 — le premier étant Henri Chantavoine —, il a été, par la suite, professeur de khâgne à Louis-le-Grand, avant de devenir inspecteur de l'Académie de Paris en 1895 puis inspecteur général en 1903.

de constater que, par-delà les déformations de cette tradition orale, la convergence entre les récits sur André Bellessort signalés plus haut et le texte de Pierre Gaxotte sur Henri Chantavoine, loin de s'estomper, s'accuse au contraire[33]. A travers ces deux professeurs de khâgne, on voit donc se profiler, par-delà les générations, une « généalogie des influences » : influence de Chantavoine[34] sur Bellessort, influence également, on le verra, de Jules Lagneau sur le philosophe Alain.

Les accès de paresse et les faiblesses en latin d'André Bellessort auraient sans doute conduit une khâgne au désastre, au concours de l'École normale supérieure. Mais en hypokhâgne, dans une classe où venaient s'entasser de jeunes provinciaux, frais émoulus du baccalauréat, certains de ses défauts devenaient presque des atouts et cet enseignement délibérément dégagé des contraintes du programme a exercé incontestablement une influence bénéfique sur beaucoup de ses élèves. Ce Breton massif et barbu, dont le lorgnon cerclé d'écaille dissimulait mal l'intensité du regard, toujours élégant avec son col cassé et ses guêtres grises, était avant tout un lecteur hors pair qui, lorsqu'il s'en donnait la peine, emplissait la classe de ses éclats sonores et subjuguait son auditoire. Virgile était traduit approximativement, mais lu avec ferveur; un frisson parcourait la classe entière quand étaient évoquées les transes d'Hermione, d'autant que le lecteur se doublait d'un acteur plein de verdeur qui, soudain, s'ébrouait, la barbe en bataille et les yeux étincelants. Bien plus, son enseignement se nourrissait directement à la source d'une carrière parallèle de conférencier et de critique, habitué des cénacles littéraires, et ces deux activités se vivifiaient l'une l'autre. L'écart entre un auditoire composé de jeunes provinciaux républicains et orientés plutôt vers la gauche de l'échiquier politique et un maître d'inspiration nettement maurrassienne qui dissimulait mal, par exemple, son hostilité au rousseauisme, loin de desservir les uns et les autres, semble avoir joué, au contraire, un rôle prépondérant dans l'attrait exercé par André Bellessort sur ses élèves. Sauf pour quelques khâgneux d'Action française, tel Robert Brasillach, on ne peut certes pas parler de communion intellectuelle. Mais cette passion pour la littérature, cette situation de vieux fauve des Lettres, cette apparence de faune égaré dans les buissons de l'Instruction publique, conféraient au professeur de français une réelle autorité, et son enseignement non conformiste a contribué à jeter quelques ferments de doute parmi son auditoire et, par là même, à aiguiser l'esprit critique de ses élèves et à leur ouvrir des horizons nouveaux, en les débarrassant des alluvions d'une culture jusque-là essentiellement scolaire.

---

33. On peut d'ailleurs se demander si l'« effet Brasillach » déjà signalé plus haut n'aurait pas joué là encore; la description de *Notre avant-guerre* a pu, en effet, influer sur certains portraits d'Henri Chantavoine dont il était notoire qu'il avait été, une génération plus tôt, le maître de Bellessort, en particulier sur le portrait brossé par Pierre Gaxotte. On peut également imaginer les évocations qu'ont pu faire, au début des années 1930, Brasillach et Gaxotte de leurs maîtres respectifs, dans les bureaux de *Je Suis Partout*, et les ressemblances qu'ils ont pu ainsi établir entre les deux hommes.

34. C'est d'ailleurs, semble-t-il, l'avis de l'inspecteur général Gastinel qui, dans un rapport de 1921, écrit que Bellessort est resté « le disciple le plus brillant de Chantavoine » (Arch. Nat. F 17 23814). A. Bellessort a été l'élève de Chantavoine à Henri-IV entre 1884 et 1886, alors qu'il préparait le concours de l'École normale supérieure. Henri Chantavoine était alors âgé de 35 ans. Né en 1850, normalien en 1869, premier à l'agrégation des lettres en 1873, il fut pendant plus de trente ans le titulaire de la chaire de rhétorique (puis rhétorique supérieure) au lycée Henri-IV. Moins de dix ans après sa sortie de la rue d'Ulm, et après être passé par les lycées de Chaumont, Saint-Quentin et Nantes, par le lycée Charlemagne et le collège Rollin, il est, en effet, nommé dans cette classe qu'il ne quittera plus jusqu'à la retraite. Il est mort en 1918.

« Éveilleurs » et « maîtres ».

Dans *L'Action française*, Robert Brasillach a qualifié un jour son ancien professeur d'hypokhâgne d' « excellent éveilleur[35] ». Ce terme paraît bien convenir pour définir une catégorie d'hommes et de femmes qui, sans être eux-mêmes forcément très connus ou sans avoir toujours acquis de leur vivant une réputation en rapport avec leur rôle réel, ont joué, dans différents secteurs de la vie intellectuelle française, un rôle de levain pour les générations suivantes. L'exemple le plus célèbre reste Lucien Herr, dont seuls les historiens du socialisme et ceux de l'histoire culturelle avaient pressenti l'influence, mais dont la réputation n'avait guère dépassé ces cercles d'initiés. Dans les milieux de l'édition, l'élection, sur le tard, de Jean Paulhan à l'Académie française venait couronner plus d'un demi-siècle d'activité dans l'ombre de Gaston Gallimard. Presque inconnu reste, au contraire, un Bernard Groethuysen, dont l'influence fut cependant déterminante sur certains des auteurs de la NRF[36].

L'étude des itinéraires intellectuels et politiques passe donc par la localisation des carrefours importants mais le plus souvent occultes où se tenaient ces « éveilleurs » et par l'évaluation au plus près de l'étendue de leur champ d'exercice et de l'ampleur de leur rôle. Seul ce balisage pourrait permettre de dresser un arbre généalogique des influences dont les branches et les rameaux rendraient compte des aventures de l'esprit et des engagements politiques à travers le XXe siècle français.

Dans cet orchestre encore clandestin aux yeux de l'historien, des enseignants ont tenu leur partition et, parmi eux, quelques professeurs de khâgne : André Bellessort est de ceux-là, tout comme le philosophe Alain. Une généalogie des influences les relie d'ailleurs, on l'a vu, à des « éveilleurs » du XIXe siècle. Mais il existe aussi une autre catégorie de professeurs de khâgne qui mérite une place à part. A défaut d'être des « éveilleurs » au sens précis donné ici à ce terme — à savoir des professeurs[37] qui ont eu une influence intellectuelle et parfois politique profonde dépassant le cadre de la discipline qu'ils enseignaient —, ils ont profondément marqué, en tant que professeurs et dans la discipline qui était la leur, leurs élèves, et ces derniers leur attribuaient volontiers leurs succès éventuels, la formation qu'ils ont pu acquérir dans cette discipline et le prestige dont cette dernière a joui désormais à leurs yeux. Ces « maîtres », entièrement dévoués à leur classe, n'ont souvent laissé aucune œuvre personnelle et leur empreinte ne se perpétue que dans le souvenir reconnaissant de leurs anciens élèves. Leur étude est cependant précieuse. D'abord, ils sont fréquemment à l'origine de la réputation d'une khâgne et de ses résultats au concours de la rue d'Ulm. D'autre part, ils ont été, par leur exemple et la formation qu'ils ont dispensée,

35. *L'Action française*, 4 juin 1931.

36. Et non des moindres ! André Gide et André Malraux, par exemple (pour l'influence de Bernard Groethuysen sur ce dernier, cf. le livre de Jean Lacouture, *André Malraux, une vie dans le siècle*, Le Seuil, 1973, notamment pp. 161-163).

37. Il s'agit, dans le cas qui nous intéresse ici, de professeurs. Mais nous avons vu plus haut que si l'enseignement est l'un des lieux où pouvait s'exercer ce rôle, d'autres zones d'influence et, de ce fait, d'autres catégories socioprofessionnelles peuvent et doivent figurer à la rubrique « éveilleurs ». Sur cette distinction « éveilleurs »-« maîtres » (auxquels s'ajoute une troisième catégorie, les « entraîneurs »), cf. notre étude, « Aux lisières de l'enseignement supérieur : les professeurs de khâgne vers 1925 » *in* : Christophe Charle et Régine Ferré, *Le Personnel de l'enseignement supérieur en France aux XIXe et XXe siècles*, Éditions du CNRS, 1985.

à l'origine de certaines vocations et ont donc joué un rôle important dans le choix des carrières des khâgneux. Alphonse Roubaud en fournit l'un des meilleurs exemples.

On entre à l'École normale supérieure grâce aux cours d'histoire de ce dernier : telle était l'opinion la plus répandue, à l'époque, à Louis-le-Grand, et les khâgneux des autres lycées enviaient la préparation en histoire des élèves de la rue Saint-Jacques. Parmi ces derniers, nombreux sont ceux qui ont conservé les cours de « Roubal », dictés et notés littéralement. Cet homme, apparemment distant et secret [38], à la tenue sévère et à la parole froide, sans effets oratoires, était un bourreau de travail, qui assurait l'enseignement de l'histoire ancienne et de l' « histoire moderne » en hypokhâgne et en khâgne et livrait à ses auditeurs un cours précis et documenté aussi bien sur les institutions de la monarchie absolue que sur la Révolution et l'Empire ou les fouilles de Schliemann sur la colline d'Hissarlik, le siècle de Périclès ou le haut empire. Chaque quinzaine, Alphonse Roubaud annotait avec un soin minutieux plus de cent cinquante copies de khâgneux et d'hypokhâgneux [39].

Alphonse Roubaud compte donc parmi ce petit nombre de professeurs de khâgne dont l'influence fut considérable. En effet, s'il n'a pas laissé d'œuvre scientifique — il n'a guère rédigé qu'un manuel pour la collection Armand Colin, *La Paix armée et les relations internationales de 1871 à 1914* —, son empreinte fut profonde sur les khâgneux de l'entre-deux-guerres, dont certains sont devenus historiens. Sa classe accueillit, en effet, dans les années 1920, entre autres, Jean Bérard, Jacques Droz, Henri Fréville, Jean Sainte-Fare Garnot, Louis Girard, Louis Harmand, Marcel Launey, Georges Lefranc, Fernand L'Huillier, Jean Meuvret, Édouard Perroy, Roger Portal, Marcel Simon et Pierre Vilar. Dès 1937, l'inspecteur général Legaret écrivait :

> « Il m'eût été agréable de saluer dans sa classe le maître éminent à qui toute une génération de jeunes professeurs est redevable de sa formation historique et de ses succès et de joindre mon hommage personnel à la reconnaissance de tous ceux que je trouve dans mes tournées de province et même à Paris et qui savent qu'ils doivent à son enseignement et à ses exemples le meilleur de leurs qualités [40]. »

L'empreinte d'Alphonse Roubaud s'est exercée également sur des khâgneux qui n'ont pas obliqué ensuite vers l'histoire. Là encore, le témoignage de Robert Brasillach dans *Notre avant-guerre* est précieux, d'autant plus qu'il précède l'hommage célèbre, mentionné plus haut, à André Bellessort :

> « La seule classe que l'on suivait avec régularité, qui jouait toujours à bureau fermé, avec salle pleine de ses quatre-vingt-dix élèves, était la classe d'histoire. Notre professeur ne tolérait pas les absences. De tous les maîtres qui ont tenté de m'apprendre quelque chose, je dois dire que M. Roubaud est celui auquel j'ai conscience de devoir le plus. Non seulement cet homme admirable m'a enseigné

---

38. Quand il rédige la notice nécrologique de Roubaud dans le *Bulletin de la Société des professeurs d'histoire et de géographie de l'enseignement public* (n° 126, mars 1951, pp. 215-216), l'un de ses anciens élèves, Michel Fourniol, lui rend un hommage vibrant mais se trompe sur le prénom du maître (Arthur au lieu d'Alphonse).

39. Né à Toulon en 1877, Alphonse Roubaud est reçu à l'agrégation d'histoire et de géographie en 1901. Après les lycées de Brest (1901-1904), Rennes (1904-1905) et Lyon (1905-1914), il est nommé professeur de khâgne à Louis-le-Grand le 31 juillet 1914. Mobilisé le 2 août 1914, et jusqu'au 31 janvier 1919, il est, à cette date, installé dans son poste. Il y restera jusqu'en 1938, date à laquelle Marcel Reinhard le remplace.

40. Arch. Louis-le-Grand (18 janvier 1937). A cette date, A. Roubaud n'est pas encore à la retraite mais simplement absent le jour du passage de l'inspecteur général.

un peu d'histoire, mais il nous forçait à composer, à être clair, à diviser nos raisonnements. Nous lui devons tous cette mystérieuse faveur, dont on parlait avec un respect à demi ironique et que l'on nommait la Méthode. Presque tous, nous connaissions son cours par cœur. »

A la fin des années 1930, à ses anciens élèves qui voulaient l'honorer d'un cadeau, en témoignage de leur reconnaissance, Alphonse Roubaud demanda *Les Documents diplomatiques sur la guerre de 1914.* Les dons affluèrent de France mais aussi de l'étranger, ultime hommage à un maître qui marqua des générations de khâgneux.

Au terme de la décennie précédente, Albert Bayet avait remplacé André Bellessort en hypokhâgne. Le gendre d'Alphonse Aulard succédant au vieux professeur d'Action française, c'était, dans une certaine mesure, le symbole de la « République des Professeurs » à son apogée. Mais il y a plus significatif dans cette succession. Mis à part André Bellessort, la génération des professeurs nés entre 1865 et 1875 et encore en activité en 1925 avait non seulement introduit un écran entre le métier d'enseignant et la vie civique, mais encore se mêlait modérément aux débats politiques. Avec Albert Bayet et quelques autres, c'est une nouvelle génération de professeurs qui arrive en khâgne : tout aussi attachée que la précédente à la neutralité de l'enseignement dans sa classe, elle se mêle beaucoup, en revanche, à la vie politique en dehors du lycée, et, à partir de cette date, les exemples de professeurs de khâgne menant une carrière parallèle d'intellectuels engagés seront de plus en plus fréquents[41]. L'activité d'Albert Bayet est, à cet égard, révélatrice. Né en 1880 à Lyon, normalien en 1898, reçu premier à l'agrégation des lettres en 1901, professeur à Sainte-Barbe en 1902 puis à l'École alsacienne en 1905, mobilisé de 1914 à 1918 et chevalier de la Légion d'honneur à titre militaire, il est nommé à Henri-IV en 1918, puis à Louis-le-Grand l'année suivante. Docteur ès lettres en 1922, directeur d'études à l'École des hautes études en 1924 (Histoire des idées morales), il est chargé de l'hypokhâgne en 1926, à quarante-six ans. Pendant plus de dix ans, il va s'acquitter de cette charge avec une maîtrise à laquelle l'Inspection générale rendra hommage à plusieurs reprises. En janvier 1934, par exemple, Dominique Parodi termine ainsi son rapport d'inspection : « ... l'étude telle que M. Bayet l'a conçue a été très libre, aisée, riche d'aperçus et telle qu'on pouvait l'attendre d'un esprit aussi distingué et aussi universellement intelligent. » Deux ans plus tard, Georges Gendarme de Bévotte insiste sur le fait que « monsieur Bayet est un maître dont l'autorité s'impose[42] ».

Mais, à côté de son activité d'enseignant, Albert Bayet est, dès cette époque, engagé dans le combat politique aux côtés du parti radical-socialiste. En 1926, notamment, il fonde avec Georges Boris l'hebdomadaire *La Lumière* et écrit dans *L'Œuvre.* En 1932, il publie chez Georges Valois, dans la collection « Crises et Plans », *Le Radicalisme,* ouvrage dans lequel il fait une place aux thèses des « Jeunes Radicaux ». En 1934, tout comme Jean Guéhenno, il fait partie du Comité de vigilance des intellectuels antifascistes[43].

---

41. C'est à peu près à la même date, par exemple, que Jean Guéhenno est nommé dans la khâgne de Lille puis, à partir de 1929, en khâgne à Lakanal.
42. Arch. Louis-le-Grand.
43. Ce combattant du premier conflit mondial appartint à la Résistance pendant la Deuxième Guerre mondiale. Il fut, par la suite, président de la Fédération de la presse française, vice-président

Tels sont les traits principaux de la khâgne ludovicienne au temps des Années folles. Le « Baze Grand » est incontestablement devenu, à cette date, la fabrique de normaliens la plus prospère et la plus régulière du pays. Parmi les jeunes gens qui s'y côtoient, nombreux sont ceux qui, nantis ou pas du précieux parchemin de la rue d'Ulm, inscriront leur nom dans l'histoire de l'aventure intellectuelle du XXe siècle français et joueront leur partition dans la représentation, parfois cacophonique, que l'intelligentsia donnera à l'occasion des grands débats qui ébranleront la conscience nationale. Si Louis-le-Grand a été le creuset où sont venues ainsi se fondre et se former plusieurs générations de futurs enseignants, écrivains et journalistes ayant eu un rôle politique, il convient cependant, avant de pousser plus avant dans l'étude de leurs engagements d'alors, de compléter le tableau de la ligne de départ en décrivant, tour à tour, les autres khâgnes parisiennes et celles qui sont implantées en province.

Dès que l'on quitte la rue Saint-Jacques, le nombre des reçus à l'École normale supérieure baisse sensiblement. Les trois autres khâgnes de la région parisienne, Henri-IV, Condorcet et Lakanal, n'obtiennent, en effet, à elles trois, que quatre-vingts reçus entre 1921 et 1930, contre cent trente-quatre à Louis-le-Grand. Mais ce résultat reste largement supérieur à celui qui est obtenu pendant la même période par l'ensemble des khâgnes provinciales : soixante-six reçus. Les trois établissements parisiens fournissent donc plus qu'un mince filet de normaliens. Dotées — tout au moins pour deux d'entre elles, Condorcet occupant dans ce domaine une place à part — d'un internat, ces khâgnes participent, elles aussi, au drainage des meilleurs élèves des lycées provinciaux et certains de leurs enseignants rivalisent de réputation avec ceux de la grande khâgne rivale.

Unies par leur commune situation à l'ombre de la gloire ludovicienne, ces trois classes n'en ont pas moins gardé chacune sa personnalité propre et ses attraits particuliers. Henri-IV apparaît, avant tout, comme le « brillant second », le dauphin prêt à marcher sur les traces de Louis-le-Grand, à rivaliser avec lui et à recouvrer une gloire ravie. D'autant que le prestige de l'un de ses enseignants, le philosophe Alain, est alors au zénith et qu'il rejaillit sur le lycée tout entier. Condorcet campe fièrement sur la rive droite de la Seine et s'est acquis une réputation de khâgne huppée, qui formerait chaque année quelques pincées de normaliens des beaux quartiers. A la périphérie, perdue dans les frondaisons du parc de Trévise, la khâgne de Lakanal jette les derniers feux d'un passé révolu.

Le lycée Henri-IV : la khâgne d'Alain.

De la khâgne d'Henri-IV sortiront, par exemple, dans les années 1920, Étienne Borne, Pierre Bost, Georges Canguilhem, Julien Gracq, Gaston Charon alias Jean Nocher, Maurice Schumann, Pierre Uri et Simone Weil. Cette observation justifie déjà, dans le cadre d'une contribution à l'analyse des engagements politiques des intellectuels dans le deuxième quart du XXe siècle, une étude particulière de cette classe et de l'enseignement qui y était dispensé.

---

de la Ligue des droits de l'homme. Secrétaire général de l'Union rationaliste, il fut aussi président de la Ligue de l'enseignement.

Ce professeur progressiste sera, dans les dernières années de sa vie, favorable à l'Algérie française. Une telle évolution n'est pas rare chez les enseignants de sa génération ni même, parfois, nous le verrons, chez les khâgneux des années 1920.

Mais une telle énumération n'épuise pas l'intérêt de cette recherche. Dans la khâgne de la place du Panthéon exerce en effet, à cette date, un professeur de philosophie dont l'influence a pesé lourd sur certains de ces engagements politiques et dont l'empreinte reste profonde, un demi-siècle après : Émile Chartier, dit Alain. Et sa présence, à elle seule, donne un relief particulier à cette khâgne et incite à lui accorder une place à part dans la galerie des classes préparatoires littéraires des années 1920.

La khâgne du lycée Henri-IV, en tant que classe autonome et spécialisée, apparaît, on l'a vu, dans la dernière décennie du XIXe siècle. Cette rhétorique supérieure — baptisée également Division Supérieure Lettres[44] — comportait deux sections, B et A, dans lesquelles on s'inscrivait tour à tour. Rien n'interdisait de se présenter au concours de la rue d'Ulm dès la fin de la première année, mais le cursus normal était d'au moins deux ans. Héritage de la situation antérieure à l'apparition d'une khâgne autonome, des élèves non encore bacheliers, dits « nouveaux », y préparaient leur examen aux côtés des candidats à l'École normale supérieure. C'est en 1905 que la rhétorique supérieure — avec ses deux sections — devient, dans les textes administratifs du lycée Henri-IV, la première supérieure.

Dans les dernières années du XIXe siècle, cette khâgne est également devenue la plus importante pourvoyeuse de normaliens : pour la période 1890-1904, en effet, Henri-IV a cent deux reçus au concours et Louis-le-Grand soixante-seize. Elle jouit d'un prestige que seule la khâgne de ce dernier lycée pouvait envisager de lui ravir. Et si, effectivement, on l'a vu, Louis-le-Grand passe au premier rang au cours de la décennie qui précède 1914, le rôle d'Henri-IV, entre 1885 et la Première Guerre mondiale n'en aura pas moins été considérable : entre 1883 et 1918, plus précisément, sa khâgne accueillera, entre autres, André Bellessort, Léon Blum, Jules Isaac, Jérôme Carcopino, André François-Poncet, Marcel Déat, Max Bonnafous, Jean Mistler, Pierre Gaxotte et Jean Prévost.

Et, pour ces décennies antérieures à 1918, nous disposons d'ailleurs de plusieurs témoignages littéraires qui attestent l'importance de cette classe. Pour les années 1880, on peut lire, par exemple, le témoignage d'André Bellessort qui y prépara le concours de l'École normale supérieure en 1884-1886 et y côtoya Louis Bertrand. Ce dernier brossera, un demi-siècle plus tard, un tableau désenchanté de cette khâgne dans *Hippolyte porte-couronnes*. Pour le début des années 1890, on trouve des éléments disparates dans l'ouvrage d'André Chaumeix, *Le Lycée Henri-IV*. Pour la fin de la même décennie, on consultera avec profit *La Rue d'Ulm à la Belle Époque 1899-1903. Mémoires d'un normalien supérieur*, où Paul Dimoff évoque, dans un premier chapitre, la khâgne d'Henri-IV entre 1897 et 1899. André François-Poncet a décrit les professeurs de la khâgne de 1905 et Jean Mistler, pour sa part, donne un bon récit de la période octobre 1913 — janvier 1916 dans sa chronique *Le Bout du monde*, tandis que Pierre Gaxotte évoque cette même classe de 1914 à 1917. Pour les dernières années de la guerre, Jean Prévost, dans « Dix-huitième année », fournit des renseignements précieux[45].

44. Arch. Henri-IV.

45. A. Bellessort, *Le Collège et le monde*, *op. cit.*, pp. 64-81 ; L. Bertrand, *Hippolyte porte-couronnes*, Fayard, 1932, pp. 47-125 (sur les années 1880, outre ce témoignage et celui d'André Bellessort, on pourra également consulter George Gendarme de Bévotte, *Souvenirs d'un universitaire*, Librairie Académique Perrin, 1938, pp. 63-97 ; André Chaumeix, *Le Lycée Henri-IV*, Coll. « Collèges et Lycées »,

Comme la khâgne ludovicienne, celle du lycée Henri-IV connut, entre sa création et la Première Guerre mondiale, des professeurs de renom qui contribuèrent aux résultats et au prestige de cette classe. Pour la chaire de philosophie, par exemple, la liste des enseignants qui s'y succédèrent est éloquente : Henri Bergson, Victor Delbos, Léon Brunschvicg, puis, à partir de 1909, Alain. En lettres classiques, Paul Monceaux, Lucien Brunel et, surtout, Georges Edet et Henri Chantavoine enseignèrent au lycée Henri-IV avant le conflit mondial[46].

Ce conflit allait entraîner, on l'a vu[47], un effondrement des effectifs, lui-même responsable de la suppression de l'hypokhâgne en 1916. Ce n'est que douze ans plus tard, en 1928, que cette classe réapparut, après une lente récupération des effectifs de l'avant-guerre. Et pour ce qui est des résultats au concours de l'École normale supérieure également, le redémarrage fut difficile. Certes, quarante-deux khâgneux d'Henri-IV entrèrent à la rue d'Ulm entre 1921 et 1930, mais près des trois quarts (vingt-huit) sont groupés sur les quatre dernières années de la décennie.

Dix ans après le premier conflit mondial, Henri-IV est redevenu, sans conteste, le lycée abritant la deuxième khâgne de France et les années 1930 seront brillantes, le lycée de la place du Panthéon talonnant et parfois même dépassant Louis-le-Grand. En ce qui concerne l'encadrement également, cet établissement n'est pas en reste et certains de ses enseignants rivalisent avec ceux de la rue Saint-Jacques.

Dans les disciplines classiques, ainsi qu'en histoire et en philosophie, les professeurs de la khâgne d'Henri-IV ont été, au cours de la décennie, assez stables dans ce poste (tableau page suivante).

Normalien de la promotion 1885, agrégé des lettres en 1889, auteur d'une thèse sur Madame de Staël, Paul Gautier enseigne déjà depuis de longues années à Henri-IV la version grecque et le français, mais, semble-t-il, son enseignement n'est plus guère prisé par les khâgneux. A la rentrée de 1927, il est nommé à Condorcet, où il exercera jusqu'à la retraite en 1930. C'est un autre normalien, Justin-René Chevaillier, qui le remplace à Henri-IV. Passé par la rue d'Ulm entre 1906 et 1909, premier à l'agrégation des lettres en 1909,

---

Gallimard, 1936, plus particulièrement pp. 94-101 et 121-123 ; Paul Dimoff, *La Rue d'Ulm à la Belle Époque 1899-1903. Mémoires d'un normalien supérieur*, plaquette hors commerce, Imprimerie Georges Thomas, Nancy, 1970, *passim* ; André François-Poncet, *BSAENS*, n° 63, janvier 1952, pp. 4 sqq. ; Jean Mistler, *Le Bout du monde*, Grasset, 1964, pp. 135-192 ; Pierre Gaxotte, *Les Autres et moi*, Flammarion, 1975, pp. 7-22 ; Jean Prévost, « Dix-huitième année », *Nouvelle Revue française*, 1er octobre, 1er novembre, 1er décembre 1928, 1er janvier 1929.

46. Paul Monceaux (1859-1941), spécialiste de l'histoire littéraire de l'Afrique chrétienne, a occupé pendant plus de quinze ans l'une des chaires de khâgne à Henri-IV. Normalien de 1878, agrégé des lettres en 1881, il deviendra ensuite professeur de littérature latine au Collège de France, où il succéda à Gaston Boissier. Lucien Brunel (1853-1923), normalien en 1872 et agrégé des lettre en 1875, docteur ès lettres en 1884, enseigna, à partir de 1894, pendant plus de vingt ans au lycée Henri-IV. Georges Edet (1854-1903), normalien de la promotion 1873, deuxième à l'agrégation des lettres en 1876, après un classique périple provincial — Chambéry, Pau, où il eut pour élève Louis Barthou, Montpellier —, est nommé au lycée Lakanal en 1885 puis, en 1890, à Henri-IV, où il demeurera jusqu'à sa mort. Il fut, en outre, chargé, à partir de 1896, d'une conférence à la Sorbonne. Les témoignages (ceux de Paul Dimoff et d'André Chaumeix notamment) s'accordent pour conférer à Georges Edet une place particulière parmi les professeurs de khâgne de la fin du XIXe siècle : sa conscience professionnelle en fait l'un de « ces vieux maîtres de l'Université » chers à Péguy, qui fut son élève au lycée Lakanal et qui l'évoque en termes chaleureux : « C'était un homme admirable, tout de cœur et de probité... honneur à ces vieux maîtres de l'Université ; ils étaient tout honneur et toute droiture, ils étaient tout cœur et toute probité » (Charles Péguy, préface au deuxième *Cahier de la Quinzaine*, 6e série, 11 octobre 1904, pp. 20-21). Sur Henri Chantavoine, cf. *supra*.

47. Cf. *supra*, chapitre I.

blessé lors du premier conflit mondial[48], il y exercera pendant dix ans avant d'être nommé, en 1937, inspecteur général. Quand, à la rentrée de 1928, la khâgne d'Henri-IV se trouve dédoublée, il assure, dans un premier temps, son enseignement dans les deux classes. Puis, à la rentrée suivante, comme ses collègues des autres disciplines, il ne garde plus en charge qu'une seule khâgne, l'autre étant confiée à Louis Calvet. Ce dernier restera seize ans en première supérieure à Henri-IV, de 1929 à 1945.

	Français et version grecque	Latin et thème grec	Philosophie	Histoire
1920-1921	Gautier	Pichon	E. Chartier (dit Alain)	Dufayard
1921-1922	Gautier	Pichon	Chartier	Dufayard
1922-1923	Gautier	Pichon, puis Préchac	Chartier	Salomon
1923-1924	Gautier	Fedel	Chartier	Salomon
1924-1925	Gautier	Fedel	Chartier	Salomon
1925-1926	Gautier	Fedel	Chartier	Salomon
1926-1927	Gautier	Fedel	Chartier	Salomon
1927-1928	Chevaillier	Fedel	Chartier	Alba
1928-1929 I	Chevaillier	Fedel	Chartier	Alba
1928-1929 II	Chevaillier	Fedel	Chartier	Alba
1929-1930 I	Calvet (et Géorgin : v. grecque)	Géorgin-Calvet	Nabert	Alba
1929-1930 II	Chevaillier	Fedel	Chartier	Alba

En latin et en thème grec, c'est René Pichon qui assure la formation des khâgneux, jusqu'à sa mort en février 1923. Normalien en 1888, premier à l'agrégation des lettres en 1891, il enseigna aux lycées d'Angers, Poitiers et Bordeaux avant d'être nommé en 1896 à Versailles et en 1898 au lycée Condorcet. En 1903, à trente-trois ans, on lui confie la khâgne d'Henri-IV où il demeurera pendant vingt ans. Auteur d'une *Histoire de la littérature latine*, d'une thèse, soutenue en 1902, sur *Lactance, Étude sur le mouvement philosophique et religieux sous le règne de Constantin* et de nombreux articles et éditions de textes latins, longtemps membre du jury de l'agrégation des lettres, René Pichon est doublement représentatif d'une génération de professeurs de khâgne qui ont dépassé la cinquantaine au début des années 1920 et enseignent dans les grands lycées parisiens. D'une part, ses travaux scientifiques auraient pu le conduire vers une chaire d'enseignement supérieur, et sa carrière en khâgne procède, semble-t-il, d'un choix délibéré. D'autre part, trop âgé pour être mobilisé en 1914, il fait partie de cette génération d'enseignants

48. Cf. le supplément de l'*Annuaire* 1918, p. 310. Ce supplément, rédigé, semble-t-il, par Paul Dupuy, fit, en quelque sorte, office d'organe de liaison entre normaliens mobilisés. Sous le titre « les normaliens mobilisés », on y trouvait, en effet, les affectations militaires des élèves et anciens élèves de l'École normale supérieure et la mention d'éventuelles blessures de guerre (*Annuaires* 1915, pp. 209-216 ; 1916, pp. 297-309 ; 1917 pp. 351-365 et 1918, pp. 306-320).

profondément marqués de n'être que membres du « chœur des vieillards[49] » et qui s'attachèrent, par leurs écrits, à apporter leur contribution à l'effort de guerre. C'est ainsi qu'il publia alors, dans la *Revue des deux mondes*, quatre articles aux titres révélateurs : « Humanitarisme et patriotisme dans l'ancienne Rome », « Mommsen et la mentalité allemande », « les Tchèques contre l'Allemagne » et « Une nouvelle Anabase, la campagne des Tchéco-Slovaques en Sibérie ». En février 1923, il meurt soudainement et c'est Léon Préchac qui assure l'intérim jusqu'à la fin de l'année scolaire. A la rentrée d'octobre 1923, Albert Fedel, laissant sa khâgne de Lakanal, prend la succession de Pichon à Henri-IV.

En histoire, ce sont Henry Salomon et André Alba qui enseigneront tour à tour aux khâgneux d'Henri-IV. Henry Salomon (1861-1936), élève de la rue d'Ulm de 1880 à 1883, agrégé d'histoire en 1885, enseigna successivement à Orléans, Rennes, Sens et Reims, puis à partir de 1892 à Michelet, Montaigne et Janson-de-Sailly. En 1897, il est nommé à Henri-IV où il restera trente ans. Gendre du juriste Lyon-Caen, il professait également au collège Sévigné et à l'École rabbinique. Quand il prend sa retraite en 1927, c'est André Alba qui s'installe, pour trente-deux ans, en khâgne à Henri-IV. Si certains de ses ouvrages, dans la collection Malet-Isaac, n'avaient fait connaître le nom d'Alba à des générations de lycéens, il faudrait le classer, lui aussi, dans la catégorie des « maîtres » à l'influence profonde, parfois déterminante, mais invisible en surface.

Après avoir fait sa khâgne au lycée Louis-le-Grand, il avait été reçu à l'École normale supérieure en 1913. Trépané dans son enfance, André Alba avait été réformé et, de ce fait, ne fut pas mobilisé l'année suivante. « Ne voulant pas acquérir de diplômes pendant que les autres se faisaient tuer[50] », il assura, de 1915 à 1918, des suppléances au lycée Montaigne. Reçu second à l'agrégation de 1919, il prit son premier poste à Grenoble. De 1920 à 1926, il est détaché, tout comme le latiniste Jean Bayet, au collège Sainte-Barbe. En 1926, le directeur de cet établissement ayant été contraint, en raison de difficultés financières, de rendre à l'Instruction publique Bayet et Alba, ce dernier fut nommé professeur à Rouen puis, l'année suivante, en khâgne à Henri-IV[51]. Dès lors, à part une préparation à l'agrégation qu'il dispensait aux jeunes filles de l'École normale supérieure de Sèvres et des cours qu'il fit au collège Sévigné — et, un moment, à l'École normale supérieure de la rue d'Ulm —, il se consacrera pendant un tiers de siècle, jusqu'à la retraite en 1959, à sa classe préparatoire, tout en étant l'artisan de la refonte d'une partie des manuels Malet-Isaac que lui avait confiée son ami Jules Isaac. Il avait refusé, à plusieurs reprises semble-t-il, de devenir inspecteur général.

André Alba donna le goût de l'histoire à nombre de ses khâgneux et se trouve ainsi à l'origine de beaucoup de vocations. Son influence est plus difficile à cerner sur le plan politique : n'étant pas homme de système, il n'eut jamais de message à transmettre[52]. Humanisme, tolérance et libéralisme semblent avoir

49. L'expression est de Paul Desjardins, dans la notice nécrologique de son collègue de Condorcet Charles Salomon, qu'il a rédigée pour l'*Annuaire* 1927, pp. 39-46 : (« Nous étions le chœur des vieillards, dont l'office est de compatir et, à l'occasion, de diagnostiquer, d'arbitrer »).

50. Entretien avec l'auteur, juillet 1976.

51. Mais il n'y sera nommé officiellement qu'à la rentrée de 1929. Entre-temps, il avait été nommé en khâgne à Lakanal et il assura donc, en 1928-1929, un double service.

52. Et, par ailleurs, un professeur, même engagé, « ne doit pas montrer ses opinions » (entretien avec l'auteur).

été les maîtres mots d'un homme dont le rôle s'exerça plus vraisemblablement sur le plan intellectuel et moral. Et, dans ces domaines, sa modestie et sa probité, loin de le desservir, ajoutèrent encore à son prestige.

Étant né en 1894, un quart de siècle le sépare du philosophe Alain. Bien plus, il arriva à Henri-IV quelques années à peine avant le départ de ce dernier à la retraite et, après cette date, il y enseigna encore pendant vingt-six ans. C'est pourtant, semble-t-il, à cette génération d'enseignants à laquelle appartenait Alain que paraît, au bout du compte, se rattacher André Alba.

Émile Chartier, dit Alain.

Aux lendemains de la Première Guerre mondiale, le philosophe Alain, né en 1868, vient d'atteindre la cinquantaine. Les années de formation universitaire de ce fils de vétérinaire ont été solides et brillantes : khâgne — ou ce qui en tient lieu à cette époque — au lycée de Vanves de 1886 à 1889, École normale supérieure en 1889, agrégation de philosophie en 1892, où il est classé troisième derrière les normaliens Théodore Ruyssen et Élie Halévy.

Pendant ces années d'apprentissage, et plus particulièrement en khâgne, un homme, Jules Lagneau, a eu sur Alain une influence considérable. Là encore apparaît, par-delà le clivage des générations, l'une de ces « généalogies des influences » dont la mise en lumière peut contribuer à mieux cerner le paysage intellectuel français depuis un siècle. Cette influence de Lagneau apparaît dans de nombreux témoignages. Ainsi, André Bridoux, élève d'Alain juste avant le premier conflit mondial et futur inspecteur général de philosophie, note : « Je puis témoigner que quand j'étais au lycée Henri-IV, dans la classe de Chartier, Lagneau demeurait le dieu tutélaire. » De même, l'auteur anonyme d'*Alain Professeur*, élève de la khâgne d'Henri-IV à la fin des années 1920, signale : « L'influence de Lagneau sur lui est connue et évidente. Fort souvent, il cite Lagneau et il en parle toujours comme d'un être qui avait des vues supérieures. » Alain, le premier, se réclame d'ailleurs de Jules Lagneau : en 1936, par exemple, rédigeant *Histoire de mes pensées*, il écrit : « Me voilà au lycée Michelet, où je suivis les leçons de Jules Lagneau. Je connus un penseur, je l'admirai, je résolus de l'imiter[53]. » Dix ans plus tôt, il avait déjà publié un petit ouvrage sur son maître et participé à l'édition d'un recueil de ses discours et de ses notes de cours[54]. De son vivant, Jules Lagneau (1851-1894) n'a, en effet, publié que trois articles et un compte rendu bibliographique, et, sans le travail d'exégèse de ses disciples, ce professeur mort à quarante-trois ans ne serait pas passé à la postérité. Pourtant son rôle a été fondamental. Il fut lui aussi un « éveilleur » : son influence fut grande sur Paul Desjardins et il rédigea la charte de l'Union pour l'action morale.

Normalien de la promotion 1872, agrégé de philosophie en 1875, il enseigna d'abord à Sens et à Saint-Quentin, avant d'être nommé au lycée de Nancy le 7 février 1880[55] en remplacement d'Auguste Burdeau devenu professeur à

53. A. Bridoux, *Alain, sa vie, son œuvre, avec un exposé de sa philosophie*, PUF, 1964, p. 6 ; Alain, *Histoire de mes pensées*, Gallimard, 1936, p. 24 ; pour *Alain Professeur*, cf. *infra*, note 60.

54. Alain, *Souvenirs concernant Jules Lagneau*, Éditions de la Nouvelle Revue française, 1925 ; *Célèbres leçons*, publiées par Alain, Nîmes, Imprimerie coopérative La Laborieuse, 1926. A la même époque, à l'initiative de Michel Alexandre, sont également publiés : *Écrits de Jules Lagneau*, réunis par les soins de ses disciples, Union pour la Vérité, 1924, et *De l'existence de Dieu*, Alcan, 1925.

55. Cf. Jules Lagneau : *Célèbres leçons et fragments*, 2e édition, PUF, 1964, p. 2 (les notes de cette édition sont dues à André Canivez, à qui l'on doit, par ailleurs, la seule étude complète sur Jules Lagneau : *Jules Lagneau, professeur et philosophe. Essai sur la condition du professeur de philosophie jusqu'à la fin du XIXe siècle*, Association des publications de la faculté des lettres de Strasbourg, 1965.

Paris. Dans la classe de philosophie qu'il prend alors en charge se trouve le jeune Maurice Barrès[56]. A ce titre, Lagneau inspira-t-il le personnage de Bouteiller, le professeur de philosophie du lycée de Nancy des *Déracinés ?* Il semble que du contact, au cours de la même année scolaire, avec deux maîtres successifs, Maurice Barrès tira, en fait, une silhouette aux multiples facettes où l'on s'est plu, par la suite, à reconnaître les traits de Lagneau et d'autres de Burdeau mais où prédomine sans aucun doute le futur député du Rhône[57]. En 1884, Jules Lagneau est nommé au lycée de Vanves — devenu lycée Michelet en 1888. Il y restera jusqu'à sa mort en 1894 et marquera de son empreinte les élèves qui y préparent le concours de l'École normale supérieure, tel Émile Chartier — qui n'était pas encore devenu Alain — de 1886 à 1889.

Alain aura d'ailleurs l'occasion de revenir au lycée Michelet dix-sept ans plus tard : en effet, après un périple provincial d'une dizaine d'années à Pontivy, Lorient et Rouen, il est nommé à Condorcet en 1903, puis il devient à la rentrée de 1906, à trente-huit ans, professeur de khâgne à Michelet, reprenant ainsi, treize ans après la mort de Jules Lagneau, le poste de celui-ci. A partir de 1909, enfin, il enseignera la philosophie aux khâgneux d'Henri-IV, dans cette chaire prestigieuse où il succède à Henri Bergson, Victor Delbos et Léon Brunschvicg. Il y restera vingt-quatre ans, jusqu'à la retraite en 1933, avec cependant un long intermède : quand la guerre éclate, Alain, qui a quarante-six ans et n'est pas mobilisable, va pourtant s'engager comme simple soldat. Versé dans l'artillerie, il sera successivement brigadier, puis maréchal des logis, mais refusera toujours le grade d'officier. En mai 1916, il est blessé à la cheville par un véhicule; il restera cependant encore plus d'un an sous les drapeaux avant d'être démobilisé en octobre 1917[58], date à laquelle il retrouve sa khâgne et reprend sa tâche de professeur.

De ce professeur, que certains de ses élèves surnommaient le plus sérieusement du monde l'Homme, il est difficile de tracer un portrait qui ne soit pas trop altéré ou déformant. Pour le mieux saisir sans verser dans l'hagiographie, la démarche la moins malaisée est peut-être de tenter de le décrire au milieu de sa classe. Les témoignages sur ce thème sont nombreux. Entre autres, trois anciens khâgneux donnent une description précieuse de cette classe d'Alain à trois moments de ces deux décennies d'enseignement à Henri-IV. L'ouvrage de Jean Mistler et le récit de Jean Prévost, déjà évoqués, nous le montrent en 1913-1914 et en 1917-1918. Avec le livre de Simone Pétrement, consacré à sa camarade de khâgne et de la rue d'Ulm, Simone Weil, nous le retrouvons longuement entre 1925 et 1928[59]. A ces trois témoignages, il convient d'ajouter

56. Barrès, dans ses *Cahiers*, écrira : « Burdeau nous avait émerveillés. Lagneau nous parut bien inférieur. C'est que Burdeau savait et voulait nous émouvoir par le pathétique de la voix et du geste, en même temps qu'il nous exposait d'une manière oratoire l'histoire de la philosophie. Lagneau se mit à rechercher la vérité devant nous : il ne la trouvait pas aisément. Et nous ne savions même pas ce qu'il cherchait » (M. Barrès, *Mes Cahiers*, Plon, t. IX, p. 197).

57. Auguste Burdeau (1851-1894), normalien, agrégé de philosophie, député du Rhône en 1885, a été plusieurs fois ministre et président de la Chambre des députés : cf. notre article, « Littérature et politique : le cas Burdeau-Bouteiller », *Revue historique*, t. CCLXII, 1985, pp. 91-111.

58. Sa « notice individuelle », remplie de sa main, porte la mention suivante : « Trois ans et deux mois dans les unités combattantes (engagé volontaire) » (dossier personnel d'Alain, Arch. Nat. F 17 24293).

59. S. Pétrement, *La Vie de Simone Weil*, t. I, Fayard, 1973, pp. 64-97.

celui de l'auteur anonyme d'*Alain Professeur* qui décrit la khâgne d'Alain à la fin des années 1920[60].

Le décor d'abord : une grande salle de classe à gradins, située au rez-de-chaussée du lycée et que quelques dizaines d'élèves de la khâgne d'Henri-IV ne suffisent pas à remplir. Une salle vétuste dont le plafond est soutenu par un grand arc de maçonnerie qu'il fallut renforcer à la rentrée de 1925 avec un échafaudage de grosses poutres. Dans ce décor un peu triste, enseigne un professeur que précède sa réputation et dont les khâgneux, dans les premiers jours d'octobre, attendent avec impatience et curiosité le premier cours :

> « Nous l'attendions, le premier matin de son cours... Après quoi *(après avoir pris connaissance des anciens et des nouveaux)*, il tira de sa serviette un gros livre... Ce qu'il lisait, traduisait, commentait, c'était une ode d'Horace : celle où Ulysse parle à ses compagnons... Quand l'heure sonna, et qu'il partit, sa serviette sous le coude, en roulant les épaules, je l'aimais déjà[61]. »

Alain dispensait à ses khâgneux six heures de cours hebdomadaires, réparties en trois tranches de deux heures : par exemple, en 1927-1928, le lundi de 14 h 30 à 16 h 30, le mercredi de 8 h 30 à 10 h 30 et le samedi de 14 h 30 à 16 h 30. Deux fois sur trois, il consacrait la première heure à l'étude d'une œuvre philosophique ou littéraire. En début d'année, il choisissait, en effet, deux grands auteurs, l'un philosophe et l'autre poète, romancier ou essayiste, et il étudiait ensuite ces deux auteurs à raison d'une heure par semaine chacun, pendant toute l'année. Ainsi, les deux auteurs étudiés en 1925-1926 furent Platon[62] et Balzac, en 1926-1927 Kant et Homère et en 1927-1928 Hegel et Homère :

> « Pendant l'heure où l'on étudiait une œuvre, un élève faisait un bref exposé sur ce qu'on avait à en lire pour ce jour-là et il lisait les passages qu'il avait choisis ou qu'Alain lui indiquait. Mais ensuite Alain parlait et parlait seul. On ne le questionnait pas et on ne discutait pas avec lui... Alain parlait donc sans être interrompu, donnant l'impression de réfléchir pour lui-même et sans songer à nous, son regard bleu comme retiré au loin[63]. »

C'est sans doute dans cette réflexion à haute voix que réside une grande partie de l'attrait exercé par Alain sur ses élèves. Certes, le procédé à cette date n'est pas nouveau[64], mais il devait être rarement utilisé dans les lycées

60. *Alain Professeur,* « par XX, élève de rhétorique supérieure à Henri-IV », 1932, Paul Hartmann. Sur un exemplaire conservé à la Réserve de la Bibliothèque Nationale, Alain a écrit une longue dédicace, où l'on peut lire notamment : « J'ai renoncé une fois pour toutes à deviner quel en est l'auteur ; et peu importe. La classe est ici décrite telle qu'elle fut. »

61. J. Prévost, « Dix-huitième année », *Nouvelle Revue française,* t. XXXI, 1928, p. 655. J. Mistler (*op. cit.*, p. 154) écrit, pour sa part : « Le premier cours nous laissa, les nouveaux, dans la stupeur... Puis, tout se tassa. »

62. Simone Weil qui entreprenait, à cette date, sa première année de khâgne, fut influencée, semble-t-il, par ce cours lorsqu'elle rédigea son *Platon* (cf. *La Source grecque,* Gallimard, 1953, pp. 77-148).

63. S. Pétrement, *op. cit.*, p. 79.

64. On peut y déceler, en particulier, pour Alain, l'influence de Jules Lagneau. J. Pacaut, dans la notice nécrologique consacrée à ce dernier, décrit son enseignement en ces termes : « C'est dans ce sens du redressement de l'âme vers les choses morales que Lagneau enseignait la philosophie ; il se servait peu de notes pour ses leçons : il y voyait une sorte de servitude pour la pensée. Il suivait seulement dans son exposition un plan nettement tracé, mais flexible, qui laissait une place libre aux découvertes de la réflexion. C'était une méditation à laquelle il conviait sa classe. Cette méthode était aussi éloignée de la simple causerie philosophique que de l'affirmation dogmatique » (*Annuaire* 1895, p. 113). Comme dans le cas de Chantavoine et Bellessort, l'influence de Lagneau sur Alain s'est donc exercée non seulement sur le plan intellectuel mais aussi dans les méthodes d'enseignement.

français, tant sont unanimes l'étonnement et l'enthousiasme des élèves d'Alain devant une telle démarche.

Maïeutique est, assurément, l'un des mots qui conviennent le mieux pour caractériser l'enseignement d'Alain : penser tout haut est sans doute l'une des meilleures méthodes didactiques, à condition de bien la maîtriser. A Louis-le-Grand, Marcel Bernès mène devant ses élèves une réflexion à voix haute mais son cours se perd dans l'indifférence presque générale. André Bellessort, devant le même auditoire, peut bien séduire à certains cours par des improvisations brillantes, il ne jouira jamais, semble-t-il, de l'attention soutenue qui est celle des khâgneux d'Alain. Ce dernier fait partie de ces enseignants dont la pensée, toujours limpide, semble inviter l'auditoire à une découverte en commun : l'enseigné, convié ainsi à une réflexion en apparence collective, se sent partie prenante dans l'élaboration du cours. Certains des disciples d'Alain restent d'ailleurs encore persuadés un demi-siècle après qu'Alain improvisait tous ses cours. C'est bien là la preuve que l'illusion était complète, car la plupart de ces cours étaient, en fait, soigneusement préparés et les autres étaient tout au moins minutieusement balisés : le point de départ, les principaux jalons de la démarche et le point d'arrivée ayant été reconnus et fléchés, le maître pouvait se permettre de musarder en chemin pour affiner tel ou tel aspect de l'analyse ou, au contraire, accélérait parfois le pas pour en venir plus rapidement à l'essentiel. Alain a d'ailleurs évoqué cette longue préparation de certains cours en des termes éloquents :

> « La classe est ici décrite telle qu'elle fut ; seulement comme il est naturel, il y a bien des choses que l'auteur ne pouvait pas deviner. Par exemple que les notes qui soutenaient ce qu'il appelle les cours du matin étaient le résultat d'un travail très pénible, après lequel je m'endormais dans le désespoir en me disant : " Si c'est trop mauvais, demain matin, je pourrai toujours envoyer ma démission au ministère... " Dans le fait, et quand je retrouvais ceux que j'appelais " les éléphants de Pyrrhus ", il n'était plus question de désespérer, mais au contraire les pensées abondaient joyeusement ; et moi qui n'étais jamais content de mes notes, je puis dire que je l'étais de mes cours ; tels sont les bienfaits de ce beau métier[65]. »

Il n'en reste pas moins, ajoute-t-il, qu'effectivement, « il y avait aussi des passages d'éloquence toujours improvisés et passionnément suivis par tous... ». Et c'est apparemment sur cet aspect de l'enseignement d'Alain que se sont, en fait, constitués les jugements sur ce professeur. De telles improvisations ont marqué pour la vie les uns, qui y voyaient la forme la plus parfaite d'une maïeutique adaptée à la khâgne. Pour les autres, par exemple l'inspecteur Désiré Roustan, « les élèves perdent leur temps dans cette classe, ils ne peuvent rien y apprendre de précis... M. Chartier ne fait aucun cours. Son enseignement n'est même pas une causerie surveillée. C'est une sorte de monologue improvisé et décousu, qui ne se rapporte à aucun sujet défini...[66] ».

---

65. Dédicace d'Alain à un exemplaire d'*Alain Professeur*, *op. cit.*, p. 1.

66. Rapport de l'inspecteur D. Roustan (année scolaire 1922-1923, sans précision de date ; Arch. Nat. F 17 24293). On pourra lire, dans notre thèse dactylographiée, le texte intégral de ce rapport qui est d'une extrême sévérité pour Alain. Cela n'est pas sans rappeler les remarques que pouvait faire l'inspecteur d'académie Brunel, agrégé d'histoire, inspectant Jules Lagneau en 1878 à Saint-Quentin : « Il semble parler pour lui et non pour ses élèves. Il fait un cours plutôt qu'une classe. Ses élèves ne semblent pas bien surveillés sous le rapport du travail. Les interrogations de cette classe ne m'ont jamais satisfait. M. Lagneau peut être un savant ; c'est assurément un médiocre professeur » (cité par A. Canivez, *op. cit.*, p. 358). La similitude des méthodes d'Alain et de Lagneau se retrouve donc jusqu'à travers des rapports d'inspection défavorables !

Un autre aspect original du cours d'Alain, qui revient dans de nombreux témoignages, réside dans la coutume qui consistait à remettre à ce professeur, en guise de dissertations, des petits textes de quelques dizaines de lignes sur des sujets divers : Alain rendait ces pastiches de *Propos* la semaine suivante « magnanimement annotés *excellent, très bien,* ou *bien*[67] ». Là encore, la méthode ne paraît pas convaincante à l'inspection générale de philosophie, dont l'un des membres, Gustave Belot, assistant le 28 juin 1924 au compte rendu de quelques-unes de ces « copies », note, dans un rapport par ailleurs assez favorable à Alain :

> « Il semble y avoir dans tout ce travail bien de la fantaisie et du décousu, et il donne plutôt l'impression d'un dilettantisme intellectuel que d'une préparation méthodique à un examen comme celui de l'École normale... »

Alain employait également une autre méthode assez proche de la précédente, qui est parfois évoquée dans le témoignage de ses anciens élèves, et que lui-même signale dans la dédicace à *Alain Professeur :*

> « Une chose encore à remarquer, c'est que les images photographiques ne correspondent pas à l'époque que décrit le texte. Je reconnais dans les images le temps où je proposais, pour commencer, quelque définition à faire brièvement, très vite et sans réfléchir. Je choisissais les mots au hasard (par ex. démocratie, salut, génie) et sans y avoir particulièrement réfléchi. Je tournais autour de la classe, en lisant au passage ce que les plus prompts avaient trouvé. La définition était écrite au tableau à la classe suivante. Cet exercice est le meilleur que j'aie jamais inventé, mais l'auteur de ces pages ne l'a pas connu. »

Comme pour André Bellessort, l'enseignant Alain se double d'un publiciste. A partir de 1921, les éditions Gallimard publient les *Libres Propos (Journal d'Alain),* hebdomadaire de vingt pages paraissant le samedi et contenant sept Propos. Le tirage moyen est faible : cinq cents exemplaires. En 1922, d'ailleurs, le journal deviendra bimensuel, puis sa publication sera arrêtée en octobre 1924. Elle ne reprendra — sous une forme mensuelle — qu'à partir de mars 1927[68]. On peut ainsi mesurer en quoi le statut de l'intellectuel et ses canaux d'expression dans les années 1920 diffèrent profondément de ceux de la France contemporaine. Alain ne vend ses ouvrages qu'à quelques milliers d'exemplaires[69] et s'exprime dans une revue au tirage confidentiel. Ce n'est pas non plus en tant que théoricien du radicalisme qu'il accroît sa notoriété dans les années 1920 : quand en 1925 paraissent les *Éléments d'une doctrine radicale,* leur portée est insignifiante, en particulier sur les militants de province. Il n'en devient pas moins, au cours de la décennie, un membre important du Paris intellectuel. Sans d'ailleurs que sa notoriété dépasse à cette époque les premiers cercles de l'intelligentsia, et, là encore, il est

---

67. Cf. témoignage de Louis Poirier-Julien Gracq (notice nécrologique de Pierre Gioan, *Annuaire,* 1978, p. 105).

68. L'artisan des *Libres Propos* fut Michel Alexandre (1888-1952), disciple d'Alain, futur animateur du Comité de vigilance des intellectuels antifascistes. Sur Michel Alexandre et sur les *Libres Propos,* cf. *infra,* chapitre XIII.

69. Ainsi, pour l'un de ses ouvrages les plus célèbres, qui traite d'un sujet qui deviendra l'un des domaines privilégiés de l'influence d'Alain, *Mars ou la guerre jugée* (1921), le tirage initial sera de 3300 exemplaires et la vente, de 1921 à 1926 inclus, de 1769 volumes. Ce livre fera l'objet d'une réimpression en 1936, avec un tirage de 2200 exemplaires. A supposer qu'ils aient tous été vendus au cours des années suivantes, il apparaît donc que l'ouvrage d'Alain où s'expriment le plus explicitement ses sentiments pacifistes s'est diffusé à légèrement plus de 5000 exemplaires dans l'entre-deux-guerres (Source : Éditions Gallimard).

frappant de constater à quel point les Années folles diffèrent sur ce point de la deuxième moitié de notre siècle : les intellectuels restent confinés dans une sphère bien délimitée. La façon dont *L'Intransigeant* du 2 décembre 1928 évoque Alain à l'occasion de l' « affaire » de la préparation militaire supérieure et le désigne comme le principal coupable à ses lecteurs est, à cet égard, révélatrice :

> « La scandaleuse pétition a été rédigée par cinq ou six meneurs bolchévisants qui appartiennent à la deuxième année littéraire et sont les disciples passionnés de M. Chartier, auteur des *Propos d'Alain*, professeur de philosophie dans un lycée de Paris et dont la classe est connue comme une pépinière d'antipatriotisme exceptionnellement féconde. »

Cet article a une tonalité qui ne trompe pas : en 1928, Alain demeure inconnu du plus grand nombre et ne figure pas parmi ces quelques intellectuels dont le nom a franchi les limites du Landerneau littéraire et universitaire pour être connu du grand public. En revanche, on l'a vu, sa notoriété d'enseignant est alors au zénith et, dans le petit monde des khâgneux, le nom d'Alain est auréolé de prestige, au point que certains élèves s'inscrivent à Henri-IV plutôt qu'à Louis-le-Grand afin de pouvoir suivre ses cours. Et, le 1er juillet 1933, le ministre de l'Éducation nationale, Anatole de Monzie, vient, sur les conseils de son directeur de cabinet Gustave Monod, professeur de khâgne au lycée de Marseille dans les années 1920 et admirateur d'Alain, assister à la « dernière classe » avant la retraite du philosophe de la place du Panthéon.

Parallèlement à cet enseignement philosophique, qui a imprimé sa marque sur certains des khâgneux du lycée Henri-IV et suscité des disciples fervents, dépositaires de la pensée du maître, Alain a exercé sur ses élèves une influence éthique d'autant plus profonde qu'elle semblait étroitement liée à cet enseignement philosophique et que ses auditeurs la recevaient comme un tout. Il nous faudra donc tenter, plus loin, d'évaluer l'influence d'Alain sur quelques-uns de ses élèves dans le domaine de la morale civique et le poids que le philosophe a pu avoir dans leurs engagements ultérieurs.

Condorcet ou la khâgne « rive droite » ?

Dans les années 1920, le lycée Condorcet abrite la seule khâgne de la rive droite. Par ailleurs, cette khâgne est également la seule de la région parisienne qui soit, à cette date, dépourvue d'internat. Ces deux observations semblent, d'emblée, placer ce lycée un peu à part et il faudra tenter plus loin de préciser si son recrutement social était réellement élitiste, ainsi que le rapporte une tradition solidement établie.

Il est, en tous les cas, un plan sur lequel Condorcet tranche avec la plupart des autres khâgnes : étudier la classe préparatoire littéraire de ce lycée dans les années 1920, c'est en effet retracer l'histoire d'un déclin, qui ira d'ailleurs en s'accentuant. Certes, tout au long de cette décennie, étudieront sur les bancs de cette classe Raymond Aron, Anne Desclos devenue Dominique Aury, Dominique Leca, Claude Lévi-Strauss, Robert Merle et le comte Jean de Montesquiou-Fezensac[70]. Avant 1920, la khâgne de Condorcet avait compté

---

70. Source : archives Condorcet, fichier des élèves. Le fichier des professeurs nous a été également utile pour reconstituer les carrières des enseignants de la khâgne (nous ne signalons donc, dans les notes qui suivent, que les sources complémentaires sur ces professeurs). Les « livres de classe », enfin, permettent de connaître précisément l'effectif de la classe : 25 élèves en 1922-1923, 24 en 1930-1931, avec un sommet à 32 élèves en 1928-1929.

dans ses rangs, entre autres, Louis Farigoule, alias Jules Romains, Robert Aron, Arnaud Dandieu et Robert Garric. Mais les chiffres sont éloquents : après un début particulièrement brillant, la décennie se terminera dans la grisaille. De 1921 à 1925, en effet, le lycée obtient seize reçus en cinq ans au concours de l'École normale supérieure contre onze pour Henri-IV et Lakanal et neuf pour Lyon ; seul Louis-le-Grand avec soixante-huit reçus caracole loin devant. Condorcet est alors, pour les résultats à la rue d'Ulm (Lettres), la deuxième khâgne de France. Et le concours de 1926 constitue en quelque sorte le point d'orgue avec six reçus dont trois dans le premier quart — les sept premiers —, y compris le « cacique ». Dès l'année suivante, la chute est brutale — un reçu[71] — et, de ce concours à celui de 1930, en quatre ans, le lycée Condorcet n'aura que trois reçus. Bien plus, dans les années 1930, de 1931 à 1941, le lycée Condorcet n'obtiendra que ce même nombre de trois reçus. Le résultat de ce déclin est que de deuxième khâgne française pour les résultats entre 1921 et 1925, cette classe passe au quatrième rang pour l'ensemble des années 1920 derrière Louis-le-Grand, Henri-IV et Lyon, et garde ce quatrième rang pour les deux décennies de l'entre-deux-guerres.

La khâgne de Condorcet a eu, au début du XXe siècle, des professeurs illustres dont certains sont encore en poste au seuil des années 1920. D'autres prennent leur retraite à peu près à cette date, tel Paul Desjardins. Ce dernier est sans doute l'un des professeurs de khâgne de la génération précédente dont l'empreinte fut la plus profonde, non seulement sur ses élèves — tel Albert Thomas —, mais aussi en dehors du cercle de l'Université. En lui cohabitent, en effet, comme un peu plus tard en Alain, le professeur, le journaliste, le critique et le moraliste.

La carrière du professeur de khâgne est classique : né en 1859, issu du sérail — son père, maître de conférences à l'École normale supérieure, deviendra membre de l'Institut —, il entre à la rue d'Ulm en 1878, est reçu à l'agrégation des lettres en 1881 et, après un bref passage en province au lycée du Mans, il est nommé au collège Stanislas puis au lycée Michelet. A trente-cinq ans, en octobre 1894, il est nommé professeur de première supérieure dans ce lycée et, pendant près de trente ans, formera des générations de khâgneux, à Michelet d'abord (1894-1905), à Louis-le-Grand ensuite (1905-1906), à Condorcet enfin où il enseignera le grec de 1906 à 1921.

Parallèlement, dès les débuts de sa carrière universitaire, Paul Desjardins se tourne vers le journalisme et la critique littéraire et collabore, entre 1882 et 1890, à la *Revue Bleue* et aux *Débats*. Le recueil d'articles — *Esquisses et Impressions* — qu'il publie en 1889 chez Lecène et Oudin rend compte de cette activité. Mais, très vite, le journaliste allait céder la place au moraliste : l'influence de Jules Lagneau, professeur de philosophie au lycée Michelet, est à cet égard déterminante[72]. En janvier 1892, Paul Desjardins fonde l'Union pour l'action morale qui deviendra en 1905 l'Union pour la Vérité, puis en 1910 la Société de l'abbaye de Pontigny : dans l'ancien domaine cistercien dont il

71. Ou, plus précisément, une reçue, l'une des deux premières jeunes filles entrées rue d'Ulm. En 1927, en effet, pour la première fois, deux jeunes filles sont reçues au concours littéraire de la rue d'Ulm. Nous reviendrons plus longuement sur cette innovation à la fin du chapitre VII.

72. Du vivant de Jules Lagneau n'ont paru de lui, on l'a vu, que trois articles et un compte rendu bibliographique. L'un de ces articles, publié dans *La Revue Bleue* du 13 août 1892 et intitulé *Simples notes pour un programme d'union et d'action*, fut la charte de l'Union pour l'action morale.

avait acquis une partie, il animera, de 1910 à 1913 puis de 1922 jusqu'à sa mort en 1940, les fameuses Décades[73].

Paul Desjardins parti, les deux figures marquantes de la khâgne de Condorcet sont, dans la première moitié de la décennie, Hippolyte Parigot[74] pour le français et Charles Salomon pour le latin. Ces deux enseignants, dont le premier prendra sa retraite en 1927 et le second en 1925, ont constitué, depuis le début du siècle et pendant près de trente ans, l'armature en français-latin de la khâgne de Condorcet, Desjardins, on l'a vu, se joignant à eux, pour le grec, à partir de 1906. Déjà, en 1904, Jules Romains a été leur élève. Né en 1859, Charles Salomon avait appartenu à la même promotion de la rue d'Ulm (1878) que Paul Desjardins[75] et Jean Jaurès, dont il restera l'ami. Après être passé à l'École française de Rome, il fut pendant quarante-trois ans professeur de lycée : deux ans à Reims, deux ans au collège Rollin, deux ans à Lakanal, un an à Louis-le-Grand, trente-six ans à Condorcet. Il a longtemps assuré, par ailleurs, la préparation à l'agrégation féminine au collège Sévigné et, pendant trente ans, deux leçons par semaine au Séminaire israélite.

En grec, succédèrent à Paul Desjardins, Dalmeyda de 1921 à 1923, Arbelet (1923-1924), Pêcher (1924-1925), puis Moulinier à partir de 1925. C'est Jean Pêcher qui s'occupera du latin quand Charles Salomon prendra sa retraite en 1925, tandis que Paul Gautier, en 1927, occupera la chaire de français après le départ d'Hippolyte Parigot. En octobre 1930, c'est Paul Arbelet qui succédera à Paul Gautier.

Pour la philosophie, c'est André Cresson (1869-1950) qui professe en khâgne pendant la plus grande partie des années 1920. Fils d'un avocat nommé par le gouvernement de Défense nationale, préfet de police de Paris pendant le siège — expérience qu'il rapporta dans son livre *Cent jours de siège* —, André Cresson avait été lui-même khâgneux à Condorcet avant d'entrer rue d'Ulm en 1888. Agrégé de philosophie en 1891, il enseigna à Rodez, Alençon, Laval, Nantes et Lyon où bientôt il fut chargé de la rhétorique supérieure et eut pour collègue Édouard Herriot. Docteur ès lettres en 1903, avec une thèse sur *La Morale de Kant*, il est nommé en 1909 à Paris, d'abord à Saint-Louis, puis à Janson, Lakanal et Buffon, enfin à Condorcet où il enseigna aux khâgneux pendant plus de quinze ans. En octobre 1928, il assure, en outre, l'enseignement de la philosophie en khâgne à Lakanal puis, en octobre 1929, passe dans celle de Louis-le-Grand où il finira sa carrière. Plusieurs fois membre du jury de l'agrégation de philosophie, enseignant à la Maison de la Légion d'honneur, il écrivit une quarantaine de livres, la plupart durant sa retraite[76].

En histoire, c'est le normalien Louis Benaerts qui assure la formation des khâgneux jusqu'à la fin de l'année scolaire 1921-1922, moment où il est nommé inspecteur de l'Académie de Paris et où Léon Cahen le remplace. Quant aux professeurs de langues vivantes, pour des raisons d'emploi du temps, ils enseignent dans plusieurs khâgnes à la fois. Pour l'allemand, par

73. Cf. la notice nécrologique de Paul Desjardins dans la *Revue Universitaire*, 1941, 2, pp. 81-89, et, pour les Décades, l'ouvrage d'Anne Heurgon-Desjardins, *Paul Desjardins et les décades de Pontigny*, PUF, 1964, *passim*.

74. Né en 1861, normalien de la promotion 1881, premier à l'agrégation des lettres de 1884 (Arch. Nat. 61 AJ49), Hippolyte Parigot a enseigné à Troyes (1884-1885), Besançon (1885-1888), Versailles (1888-1889), Louis-le-Grand (1889-1890), Janson-de-Sailly, puis en rhétorique supérieure à Condorcet. Il a, lui aussi, dans une certaine mesure, exercé une activité parallèle de journaliste, ayant été longtemps chroniqueur au *Temps*.

75. Paul Desjardins rédigea sa notice nécrologique pour l'*Annuaire* (1927, pp. 39-46).

76. Cf. *Annuaire* 1951, pp. 24-26.

exemple, il n'existait qu'une seule chaire parisienne consacrée uniquement à la khâgne, celle de Condorcet-Louis-le-Grand (dont le titulaire enseignait d'ailleurs également en khâgne à Henri-IV) : elle fut occupée jusqu'en 1929 par Adrien Godart puis, quand ce dernier devint inspecteur général, par Gaston Raphaël, jusque-là professeur au lycée Lakanal. C'est René Travers qui, pour sa part, enseigne, à partir de 1922, l'anglais en khâgne à Condorcet, Louis-le-Grand et Henri-IV. Une telle dispersion n'était pas sans inconvénients : dans une lettre à un de ses anciens khâgneux, en 1927, René Travers constate d'ailleurs « le nombre invraisemblable d'heures qu'il lui faut perdre en déplacements ». A la retraite en 1933, ce professeur sera remplacé par Léon Lemonnier.

Lakanal : « notre-khâgne-des-champs ».

Avant la Première Guerre mondiale, cette petite khâgne périphérique avait réussi à faire entrer nombre de ses élèves à l'École normale supérieure : Charles Péguy, Albert Mathiez, Paul Hazard, Jean Giraudoux, Maurice Genevoix, entre autres. Elle compta, par ailleurs, parmi ses khâgneux refusés au concours de la rue d'Ulm, Jacques Rivière et Henri Alain-Fournier. S'y formèrent également des hommes politiques : Roger Salengro[77] par exemple, et, dans les cadres chronologiques qui sont les nôtres, Louis Joxe, Maurice Deixonne et René Billères.

Malgré ces titres de noblesse dont s'enorgueillit le Livre d'or, retracer l'histoire de la khâgne de Lakanal dans les années 1920, c'est, comme pour Condorcet, décrire un brusque déclin. Alors qu'en 1897, par exemple, le lycée Lakanal obtenait au concours six admis dont le premier, entre 1926 et 1930 cet établissement ne fait entrer que deux de ses élèves rue d'Ulm. Le début de la décennie avait pourtant été relativement faste : onze reçus en cinq ans de 1921 à 1925, le résultat était plus qu'honorable pour une khâgne aux effectifs plus faibles[78] que ceux des classes préparatoires du Quartier latin. Bien plus, en 1921, Lakanal avait semblé renouer avec certains de ses scores des décennies passées en obtenant le « cacique » et trois des quatre premières places du concours. Mais la fin des années 1920 voit un brusque tarissement du nombre des reçus dont rend compte le tableau qui suit :

Années	Nombre de reçus	Rang
1921	4	1, 2, 4, 23
1922	2	19, 28
1923	1	28
1924	2	4, 8
1925	2	13, 20
1926	—	—
1927	—	—
1928	1	19
1929	—	—
1930	1	13

77. Cf. Armand Coquart, *Roger Salengro ou l'exercice du pouvoir*, Arras, Société d'édition du Pas-de-Calais, 1956, p. 2, et *Dictionnaire des parlementaires français*, t. VIII, p. 2950. Mais Roger Salengro ne s'est jamais inscrit au concours de la rue d'Ulm. Son nom, en effet, n'apparaît pas sur les registres de ce concours (Arch. Nat. 61AJ18).

78. Une trentaine d'élèves en 1920-1921 et 1921-1922, et 19 candidats pour chacune de ces deux années ; 25 khâgneux et 12 candidats en 1922-1923 (d'après des extraits du Livre d'or, communiqués par Roger Joxe).

Derniers feux d'une grande khâgne du passé ? Si l'on s'en tient aux seules années 1920, c'est incontestablement le cas. D'autant que, jusqu'en 1925, les résultats sont, en fait, bien meilleurs que ceux qui apparaissent sur les listes. S'il n'y a, en effet, que onze reçus officiels entre 1921 et 1925, ce qui est déjà, on l'a souligné, un résultat très honorable, il faudrait de surcroît, pour mesurer l'influence réelle de Lakanal, tenir compte de ceux de ses khâgneux qui sont passés dans d'autres établissements après une ou deux années à Lakanal et qui sont donc, en cas de succès, recensés comme élèves du dernier lycée fréquenté. D'autre part, Lakanal, possédant un internat, a toujours accueilli une proportion importante de provinciaux boursiers qui, après un ou deux échecs, quittaient la khâgne, demandaient un poste de répétiteur et préparaient seuls le concours ; ils n'étaient donc pas non plus recensés comme anciens khâgneux de Lakanal. Si l'on compare les listes de la khâgne de Lakanal entre 1920 et 1924 et les listes officielles des résultats au concours de l'École normale supérieure de 1921 à 1925, il apparaît qu'aux onze khâgneux de Lakanal recensés, il convient, en fait, d'ajouter au moins sept « transfuges » admis rue d'Ulm, dont cinq pour le seul concours de 1925. Dix-huit khâgneux ou anciens khâgneux de Lakanal entre 1921 et 1925, dont sept pour 1925, ces deux chiffres rendent compte d'un poids très important du lycée de Sceaux jusqu'à cette dernière date. Les faibles résultats à partir de 1926 n'en sont donc que plus spectaculaires.

Mais si l'on met cette étude en perspective sur l'ensemble de l'entre-deux-guerres, la réponse à la question posée plus haut devient beaucoup plus malaisée. En effet, si le déclin déjà signalé de Condorcet a été moins brutal entre 1921 et 1930, il a été cependant en définitive plus durable. Entre 1931 et 1940, seuls trois khâgneux de Condorcet entrent à la rue d'Ulm, alors qu'on assiste, au contraire, à un redressement de Lakanal qui peut aligner quatorze reçus pendant la même période [79].

Cette influence à éclipses n'est pas le seul trait original de la khâgne de Lakanal. Sa position excentrique la place également à part et, au mois de juin, c'est par le train de Sceaux que ses élèves viennent composer au quartier Latin. Aux marches de la grande ville, cette classe de banlieue accueille quelques externes des communes du sud de la capitale et, surtout, des internes venus des lycées de province. Les uns et les autres mènent une vie à moitié champêtre qui confère à l'établissement un aspect quelque peu irréel : construit à la fin du XIXe siècle sur un terrain détaché du domaine de Sceaux, ce lycée s'élève en effet à l'orée du Parc très boisé dont les frondaisons jouxtaient le lycée et dont les animaux paissaient en liberté à quelques mètres des khâgneux. Une khâgne pour le Grand Meaulnes [80], bien éloignée des usines à normaliens du centre de la capitale ! Et nombre de khâgneux ludoviciens, plus encore que la verdure et le calme, enviaient sans doute les chambres individuelles des internes de Lakanal.

Même si, pour certains enseignants et aux yeux de l'Inspection générale, une nomination à Lakanal était l'antichambre des grands lycée parisiens, certains ont préféré y finir leur carrière. Le tableau de ces enseignants révèle en effet une grande stabilité du corps professoral tout au long de la décennie :

79. Lakanal fournit, à nouveau, le « cacique » en 1936, François Cuzin, martyr de la Résistance.
80. C'est en 1670 que Colbert fit édifier une demeure et chargea Le Nôtre de dessiner les jardins du domaine de Sceaux. Ce dernier échut au département de la Seine en 1930, dans un état de grand abandon. La tradition prétend qu'Henri Alain-Fournier s'en est inspiré pour *Le Grand Meaulnes*.

	Français et version grecque	Latin	Philosophie	Histoire	Anglais	Allemand
1918-1919	Bernès	Fedel	Segond	Conard	Dispan de Floran	Raphaël
1919-1920	Bernès	Fedel	Maréchal	Conard	Dispan de Floran	Raphaël
1920-1921	Bernès	Fedel	Maréchal	Conard	Dispan de Floran	Raphaël
1921-1922	Bernès	Fedel	Maréchal	Conard	Dispan puis Hovelacque	Raphaël
1922-1923	Bernès	Fedel	Maréchal	Conard	Colens	Raphaël
1923-1924	Bernès	Préchac	Maréchal	Conard	Colens	Raphaël
1924-1925	Bernès	Préchac	Maréchal	Thomas	Colens	Raphaël
1925-1926	Bernès	Préchac	Maréchal	Thomas	Colens	Raphaël
1926-1927	Bernès	Préchac	Maréchal	Thomas	Colens	Raphaël
1927-1928	Van Tieghem	Préchac	Maréchal	Thomas	Colens	Raphaël
1928-1929	Van Tieghem	Ponchont	Cresson	Alba	Colens	Raphaël
1929-1930	Guéhenno	Bizard	Nabert	Cahen	Colens	Fouret

Le symbole de cette stabilité reste Henri Bernès, dit « le petit B ». Fils de normalien, frère du normalien et professeur de khâgne à Louis-le-Grand Marcel Bernès, normalien lui-même de 1880 à 1883, Henri Bernès est au lycée Lakanal depuis 1897. Agrégé des lettres en 1883, il a enseigné successivement à Saint-Quentin (1883-1884), Douai (1884-1891), Lille (1891-1893), au lycée Michelet de Vanves (1893-1895) et à Louis-le-Grand de 1895 à 1897[81]. A Lakanal, bientôt nommé en classe préparatoire, il enseignera les lettres classiques pendant plus de deux décennies aux khâgneux jusqu'à son admission à la retraite en 1927. Chanté de son vivant même par ses élèves[82], Henri Bernès occupe, par ailleurs, une place non négligeable dans ce « lobby » des professeurs de lettres classiques et cette place rend compte du rôle joué par certains professeurs de khâgne parisiens dans les années 1920 : vice-président de l'Association amicale de secours des anciens élèves de l'École normale supérieure de 1922 à 1930, vice-président de la Société des études latines en 1926, membre pendant plusieurs décennies du Conseil supérieur de l'Instruction publique, président du bureau de la Fédération nationale des professeurs de lycée pour 1926, il prendra notamment parti contre l'école unique dans la *Revue des deux mondes* du 1er octobre 1925.

En octobre 1927, c'est Paul Van Tieghem qui lui succède, puis, en 1929, Jean Guéhenno. Avec ce dernier et quelques autres, c'est une nouvelle génération de professeurs, nous l'avons déjà signalé, qui investit les khâgnes à la fin des années 1920. Nous retrouverons le personnage de Jean Guéhenno (1890-1978), dont l'action politique dépasse très largement les cadres chronologiques de cette étude, dans le passage consacré (chapitre XVII) aux vicissitudes de la carrière de certains professeurs de khâgne pendant l'Occupation. Jean Guéhenno, à cette date professeur de khâgne à Louis-le-Grand, sera en effet

81. Source : lycée Lakanal.
82. Cette permanence de fonction en fait la vivante incarnation de la khâgne de Lakanal : à cette époque, et alors qu'il est encore en activité, les chansons du rite lakanalien louent « le petit B ».

nommé en 1943 professeur de première au lycée Buffon. D'autres professeurs de classes préparatoires connaîtront le même sort et feront partie des « charrettes » organisées par le cabinet d'Abel Bonnard : ainsi, entre autres, Maurice Crouzet, professeur d'histoire en khâgne à Condorcet, est-il rétrogradé dans les classes secondaires de Louis-le-Grand. De même, Marcel Reinhard quitte la chaire d'histoire de la khâgne de Louis-le-Grand pour le second degré de Condorcet.

La khâgne de Lakanal comptait deux chaires de lettres classiques. Chaque année, Henri Bernès assurait l'enseignement du français-grec et du latin en alternance avec un autre professeur. Jusqu'en 1923, le titulaire de cette deuxième chaire est Albert Fedel. Fils d'un ferblantier, normalien en 1891, deuxième à l'agrégation des lettres en 1894 derrière Édouard Herriot, dix ans professeur en province (Moulins, Bordeaux, Avignon, Nîmes et Lyon), passé au collège Rollin en 1904, à Henri-IV en 1906, suppléant d'André Bellessort en hypokhâgne à Louis-le-Grand en 1913-1914, il est nommé en khâgne à Lakanal en 1914 puis sera appelé dans la même classe à Henri-IV de 1923 jusqu'à sa retraite en 1934. Dans ces deux postes successifs il exercera une influence profonde sur ses élèves[83].

Tout comme Henri Bernès, parallèlement à son enseignement, Albert Fedel jouera, sa vie durant, un rôle important dans les fédérations d'enseignants et au Conseil supérieur de l'Instruction publique : en 1905, quand se constitue, contre les répétiteurs, la Fédération nationale des professeurs de lycée, Albert Fedel fait partie de son premier bureau, qu'il présidera pendant quinze ans. Après la retraite d'Henri Bernès, il devient le représentant des agrégés des lettres au Conseil supérieur de l'Instruction publique et y mène, comme ce dernier, une lutte en faveur des prérogatives de l'enseignement classique. De tendance socialiste à l'École normale supérieure, Albert Fedel n'appartint jamais à aucun parti. A soixante-dix ans passés, il participa, pendant le second conflit mondial, à la Résistance. Il continuera par la suite à enseigner le latin au collège Sévigné, jusqu'à l'âge de... quatre-vingt-dix ans.

En octobre 1923, c'est Léon Préchac (1881-1977) qui succède en khâgne à Albert Fedel. Pour ce normalien de la promotion 1903, premier à l'agrégation des lettres en 1906, docteur ès lettres en 1921, la khâgne de Lakanal ne sera qu'une position d'attente pour un poste dans l'enseignement supérieur. En octobre 1928, il est en effet nommé à la faculté des lettres de Lille. Directeur de l'Enseignement supérieur sous le gouvernement de Vichy, il est relevé de ses fonctions à la Libération[84].

A Léon Préchac succéderont, en 1928, Maximilien Ponchont et, en 1929, Léon Bizard.

Quatre professeurs successifs ont enseigné l'histoire aux khâgneux de Lakanal, dans les années 1920. Pierre Conard (1878-1950), normalien (1897), agrégé d'histoire (1900), pensionnaire de la Fondation Thiers de 1902 à 1905, docteur ès lettres en 1910, reste en khâgne jusqu'en 1924. Lui succèdent André

83. C'est ainsi qu'en 1961, quelques mois avant la mort d'Albert Fedel, l'un de ses anciens élèves, Louis Joxe, à l'époque ministre de l'Éducation nationale, s'était rendu en personne chez lui et lui avait passé autour du cou la cravate de commandeur de la Légion d'honneur (cf. *Annuaire*, 1962, p. 18).

84. *RU*, juillet-octobre 1945, p. 166. Ce numéro de la *Revue Universitaire* est le premier à paraître après la Libération et la lecture de la rubrique « Échos et nouvelles » apporte des renseignements précieux sur les mouvements au sein de l'administration de l'Éducation nationale en 1944-1945 : pp. 166-171, on trouve, en effet, des indications sur l'administration centrale, l'Inspection générale et les mouvements rectoraux.

Thomas, de 1924 à 1928, André Alba en 1928-1929, puis Léon Cahen de 1929 à 1937. En philosophie, au contraire, on observe une permanence de l'enseignement en la personne de Christian Maréchal, auquel succèdent à la fin des années 1920 André Cresson puis Jean Nabert[85]. En langues vivantes également, on doit noter la stabilité du corps enseignant. Après Louis Dispan de Floran (1863-1922), décédé en exercice le 11 janvier 1922 et remplacé jusqu'au mois de juin par Henri Hovelacque, c'est Fernand Colens qui demeurera plus de vingt ans en khâgne : né en 1881, agrégé d'anglais en 1914, nommé à Lakanal en 1920 et en khâgne dans ce même lycée en 1922, il sera en effet admis à la retraite en octobre 1945. En allemand, la stabilité est plus grande encore : né en 1877, khâgneux à Lakanal en 1895 aux côtés de Jules Isaac, agrégé d'allemand en 1901, ami de Charles Péguy et collaborateur des *Cahiers de la Quinzaine*, nommé au lycée Lakanal en 1907, docteur ès lettres en 1920, Gaston Raphaël enseignera à Lakanal jusqu'à la rentrée de 1929, date à laquelle il remplace Adrien Godart, nommé inspecteur général d'allemand, à Louis-le-Grand, Condorcet et Henri-IV. C'est Louis Fouret qui lui succède à Lakanal.

Le prestige et les résultats impressionnants du lycée Louis-le-Grand ne doivent donc pas faire oublier les autres khâgnes parisiennes. Tout d'abord, on l'a vu, quatre-vingts futurs normaliens sont passés par Henri-IV, Condorcet ou Lakanal dans les années 1920. Ensuite, parmi ces derniers, nombreux sont les anciens khâgneux d'Henri-IV et, en leur sein, les disciples d'Alain ne sont pas rares. Leur poids sera sensible dans certains milieux intellectuels et leurs itinéraires, parfois divergents, sont riches d'enseignements pour l'historien soucieux de rendre compte de la diversité des engagements politiques au cours des deux décennies qui suivent les Années folles. Enfin, ces trois classes préparatoires, bien plus à l'échelle humaine que leur concurrente ludovicienne, ont vu se nouer des relations et des amitiés, souvent plus solides qu'à Louis-le-Grand, éléments dont la connaissance peut également être utile dans le cadre de cette contribution à l'étude de l'intelligentsia française et des réseaux — solidarités professionnelles, intellectuelles, ou simplement fondées sur l'estime ou l'amitié — qui se sont tissés en son sein.

85. Né en 1881, Jean Nabert passe l'agrégation de philosophie en 1910, alors qu'il est chargé de cours au lycée de Saint-Lô (*RU*, 1910, 2, p. 251). Docteur ès lettres en 1924 avec deux thèses sur « l'expérience interne chez Kant » et « l'expérience intérieure de la liberté » (cf. *Revue Philosophique*, 1969, t. 159, p. 61), il est nommé à Lakanal en 1929, tout en assurant parallèlement, à partir de la même date, l'enseignement de la philosophie en hypokhâgne à Henri-IV. En octobre 1932, il est nommé en khâgne à Henri-IV. Il deviendra, à la Libération, inspecteur général (*RU*, juillet-octobre 1945, p. 166).

CHAPITRE IV

Les khâgnes provinciales

La khâgne de Lyon.

Avec trente-cinq reçus à l'École normale supérieure entre 1921 et 1930, dont, entre autres, Georges Cogniot, Henri Guillemin, Jean Bruhat et Jacques Soustelle, la khâgne de Lyon se place au troisième rang, loin derrière Louis-le-Grand, mais talonnant le lycée Henri-IV. Le résultat est d'autant plus notable que sur la période 1921-1925, cette khâgne n'arrivait qu'au cinquième rang, derrière toutes les khâgnes parisiennes. Alors que pour la plupart des classes préparatoires littéraires provinciales, les années 1920 sont, on l'a vu, marquées par une stagnation ou un déclin, ces années sont, pour la khâgne lyonnaise, une période de fort accroissement avec, en particulier, à la fin de la décennie, de brillants résultats.

Durant l'année scolaire 1916-1917, la classe de première supérieure de Lyon avait été transférée du lycée Ampère au lycée du Parc où elle restera par la suite. Ce dernier lycée avait été transformé en hôpital militaire, mais certaines salles avaient été laissées à l'enseignement. La plupart des élèves — ainsi que beaucoup de professeurs — ayant été mobilisés, la khâgne lyonnaise connut le même effondrement des effectifs que les autres khâgnes françaises : pendant cette période, elle n'hébergera guère plus d'une douzaine d'élèves par an [1].

Après la guerre, les effectifs allaient quadrupler en moins d'une décennie : une vingtaine d'élèves en 1920-1921, soixante-dix environ en 1928-1929, plus de quatre-vingts en 1929-1930, cette augmentation s'effectuant surtout dans la deuxième partie des années 1920 [2]. A la fin de cette période, les effectifs sont du

---

1. Renseignements fournis par les services administratifs du lycée du Parc.

2. Le nombre des inscrits au concours suivit naturellement la même courbe : 10 inscrits en 1921, 13 en 1923, 20 en 1926, 33 en 1929, 46 en 1930 (*Journal Officiel*, 1923, p. 4844, 1926, p. 5938, 1929, p. 6012 et 1930, p. 5780. Pour 1921, cf. *BAMIP*, n° 5471, 15 juin 1921, pp. 524-526). Chaque année, la liste des candidats autorisés à prendre part au concours de l'École normale supérieure et des bourses de licence était publiée au *Journal Officiel :* 1920, p. 7639 ; 1922, p. 5536 ; 1923, p. 4844 ; 1924, p. 5052 ; 1925, p. 5057 ; 1926, p. 5938 ;1927, p. 5634 ; 1928, p. 5915 ; 1929, p. 6012 ; 1930, p. 5780 et 1931, p. 5341. L'arrêté du 26 mai 1921 fixant la liste des candidats pour le concours de 1921 n'a pas été publié, semble-t-il, au *Journal Officiel.* On peut le consulter au *Bulletin administratif du ministère de l'Instruction publique,* n° 2471, 15 juin 1921, pp. 524-526. Ces listes nominales sont une source fondamentale puisqu'elles nous donnent les noms de tous les khâgneux des années 1920 s'étant inscrits au concours de la rue d'Ulm, c'est-à-dire l'immense majorité des jeunes gens étant passés par les khâgnes. Pour les candidats parisiens, ces arrêtés ne précisent pas le lycée d'origine. Mais dans les archives de l'Académie de Paris, on trouve également des copies de ces arrêtés et pour certaines années, ces copies sont annotées en marge, avec la mention du lycée fréquenté en khâgne (Arch. Nat. AJ 16 2878).

même ordre que ceux du lycée Henri-IV et seuls ces deux lycées, et naturellement Louis-le-Grand, ont en 1930 deux divisions de khâgneux. A la rentrée de 1928, en effet, devant l'afflux des candidats, la khâgne de Lyon est dédoublée, avec l'apparition d'une hypokhâgne.

On retrouve la même évolution au niveau des résultats au concours de l'École normale supérieure : durant les cinq premières années, une certaine stagnation (douze reçus entre 1921 et 1926), puis une fin de décennie très brillante : six reçus en 1927, cinq en 1928, quatre en 1929, dont le premier, l'année 1930 constituant le point d'orgue avec huit reçus dont les quatre premiers. Pendant deux années consécutives, Lyon s'enorgueillit donc d'obtenir le « cacique » de la promotion. En 1929, c'est Jacques Soustelle qui est en tête de la liste des admis et son succès est resté, à un double titre, célèbre dans les annales de l'École normale supérieure. Deuxième prix de philosophie au Concours général de 1928, mention Très Bien au baccalauréat la même année, ce fils d'une employée — le père, décédé, était comptable — gagnant 6400 francs par an entre premier, après une seule année de préparation, à la rue d'Ulm avec une dispense d'âge, à dix-sept ans et demi. De surcroît, ainsi que le signale à l'époque le *Bulletin* de la Société des amis de l'École normale supérieure, son total de points est « exceptionnel ». Jacques Soustelle sera reçu premier à l'agrégation de philosophie, en 1932, à vingt ans et six mois.

Le « cacique » lyonnais de 1930 a un palmarès tout aussi impressionnant : né à Bastia en 1911, Antoine Bonifacio obtient en 1927 le premier prix d'histoire au Concours général, alors qu'il est élève de première au lycée de Nice. L'année suivante, en classe de philosophie, il obtient à nouveau le premier prix d'histoire et le sixième accessit de philosophie. En 1930, il est reçu « cacique » à l'École normale supérieure et en 1934 « major » à l'agrégation d'histoire et géographie.

Outre les qualités personnelles des élèves de la khâgne de Lyon et le fait que la zone d'influence de cette classe était particulièrement étendue, l'un des atouts du lycée du Parc était sans doute la compétence et la stabilité de son corps enseignant.

Le tableau ci-dessous rend compte de cette exceptionnelle stabilité :

	Français et langues classiques[3]	Histoire	Philosophie
1919-1920	Delafarge	Heinrich	Lachièze-Rey
1920-1921	Delafarge	Heinrich	Lachièze-Rey
1921-1922	Delafarge	Heinrich	Lachièze-Rey
1922-1923	Delafarge	Heinrich	Lachièze-Rey
1923-1924	Delafarge	Heinrich	Lachièze-Rey
1924-1925	Delafarge	Heinrich	Lachièze-Rey
1925-1926	Delafarge	Heinrich	Lachièze-Rey
1926-1927	Delafarge	Heinrich	Lachièze-Rey
1927-1928	Canet	Heinrich	Lachièze-Rey
1928-1929 H K	Cart	Heinrich	Lachièze-Rey
1928-1929 K	Canet	Heinrich	Lachièze-Rey
1929-1930 H K	Cart	Heinrich	Lachièze-Rey
1929-1930 K	Canet	Heinrich	Lachièze-Rey

3. A l'exclusion du thème latin, enseigné jusqu'en 1927 par Joseph Buche, puis, à partir de cette date, par Eugène de Saint-Denis.

Trois professeurs forment, en effet, l'armature de la khâgne : Daniel Delafarge, Pierre Heinrich et Pierre Lachièze-Rey.

Jusqu'en 1927, le français et les langues classiques sont enseignés par Daniel Delafarge (1877-1949). Normalien de la promotion de 1897, reçu deuxième à l'agrégation des lettres de 1901 derrière Albert Bayet, le futur professeur de lettres de la khâgne lyonnaise a été très proche de Charles Péguy au moment de l'affaire Dreyfus [4] puis aux *Cahiers de la Quinzaine* et en est resté toute sa vie un disciple fidèle. Georges Cogniot, qui fut son élève après la Première Guerre mondiale, a raconté ce cours où Daniel Delafarge fit la lecture de la première *Jeanne d'Arc*. En lisant la dédicace célèbre (« ... A tous ceux et à toutes celles qui sont morts de leur mort humaine pour l'établissement de la République socialiste universelle »), le « professeur avait les larmes aux yeux, tous les élèves étaient touchés, et nous, les sympathisants socialistes, nous étions bouleversés [5] ».

D'abord enseignant à Saint-Étienne puis au lycée Ampère à Lyon, il était passé ensuite en première supérieure au lycée du Parc où il restera jusqu'en 1927. Docteur ès lettres avec une thèse sur l'écrivain Palissot de Montenoy (1730-1814), il est nommé à cette date à la faculté des lettres de Lyon où il restera plus de vingt ans. C'est Rémy Canet qui lui succède alors jusqu'en 1930.

En histoire, la stabilité du corps enseignant est encore plus frappante. C'est, en effet, le même professeur qui est chargé de cette discipline en khâgne — ainsi qu'en hypokhâgne, à partir de 1928 — tout au long de la décennie. De la même génération qu'Alphonse Roubaud [6], Pierre Heinrich, qui laisse parfois percer dans ses cours une sensibilité royaliste, a laissé dans le souvenir des khâgneux l'image d'un homme « compétent et intelligent [7] ». Là encore, il y a relève de génération dans les années 1930 : de 1936 à 1961, en effet, c'est Joseph Hours (1896-1963) qui préside en histoire aux destinées de la khâgne. Agrégé au concours spécial de 1920, cet ancien maurrassien écrivit dans les années 1930, entre autres, dans *L'Aube* et à *Sept*, fit partie des groupes clandestins lyonnais pendant l'Occupation et appartint par la suite au MRP. Sur le tard, sa trajectoire politique s'infléchit à nouveau vers la droite de l'échiquier politique : il écrivit dans la revue mensuelle *Itinéraires* et prit des positions favorables à l'Algérie française [8].

En philosophie, c'est Pierre Lachièze-Rey, normalien en 1906, agrégé de philosophie en 1909, professeur aux lycées de Rodez et de Châteauroux, qui est nommé en khâgne à Lyon en octobre 1919; il demeurera à ce poste jusqu'en

---

4. Charles Péguy évoque d'ailleurs son ami à deux reprises dans ses écrits : cf. *Œuvres en prose*, Bibliothèque de la Pléiade, t. I, Gallimard, 1959, pp. 1444 et 1457.

5. Georges Cogniot, *Parti Pris*, tome I, Éditions Sociales, 1976, p. 58.

6. Ni l'un ni l'autre ne sont passés par la rue d'Ulm. Ils appartiennent tous deux à la « promotion » d'agrégation de 1901 (cf. *RU*, 1901, 2, p. 289 et Arch. Nat. 61 AJ 48). Pierre Heinrich, khâgneux à Louis-le-Grand, avait été admissible à l'École normale supérieure en 1895 (Arch. Nat. 61 AJ 16).

7. G. Cogniot, *op. cit.*, p. 59. Pierre Heinrich était « un admirateur passionné de Pierre Gaxotte; tellement passionné qu'il avait appris par cœur *La Révolution française* qui venait de paraître et nous en débitait le texte. » (Jacques Soustelle, réception à l'Académie française, *Le Monde*, 25 mai 1984).

8. Sur ce dernier point, cf. par exemple la notice nécrologique de J. Hours dans le numéro 182 de juillet 1963 d'*Historiens et Géographes*. Cette prise de position d'anciens professeurs de khâgne des années 1920 et 1930, orientés à cette époque à gauche ou au centre, en faveur de l'Algérie française — ainsi, Albert Bayet — est d'autant plus intéressante qu'on la retrouve au sein de la génération suivante, chez des khâgneux des années 1920, marqués à cette date à gauche, voire, chez un Jacques Soustelle, à l'extrême gauche. Sur Joseph Hours et *L'aube*, cf. Françoise Mayeur, *L'aube. Étude d'un journal d'opinion 1932-1940*, Cahiers de la Fondation nationale des sciences politiques, Armand Colin, 1966, p. 197 et note 59 p. 205.

1932. A cette date, il devient maître de conférences puis professeur d'histoire de la philosophie et des sciences à la faculté des lettres de Lyon. Ses thèses ont porté sur *L'Idéalisme kantien* et sur les origines cartésiennes du Dieu de Spinoza. Très croyant, Pierre Lachièze-Rey jouissait auprès de ses élèves, en particulier parmi les khâgneux catholiques, d'un grand prestige et d'une forte influence. Nombreux sont les « talas[9] » de l'École normale supérieure qui sont, à cette date, on le verra, originaires de Lyon et marqués par Lachièze-Rey[10].

Dans les années 1930, en philosophie, ce sont les khâgneux des années 1920 qui deviennent, à leur tour, professeurs de khâgne : durant cette décennie, en effet, enseigneront dans cette classe lyonnaise Vladimir Jankélévitch, Jean Guitton puis Jean Lacroix[11].

Quand la khâgne est dédoublée, à la rentrée d'octobre 1928, c'est Adrien Cart (1895-1970) qui se voit chargé de l'enseignement des lettres classiques en hypokhâgne. Là encore, c'est un représentant de la nouvelle génération qui accède à cette date au professorat de khâgne. Reçu à l'École normale supérieure en 1914 — la liste est affichée le 25 juillet... —, prisonnier en Allemagne au mois de novembre de la même année, agrégé des lettres en 1920, professeur en hypokhâgne à Lyon de 1928 à 1930, il sera, à la fin des années 1930, professeur de khâgne à Henri-IV. Mobilisé en 1939, prisonnier à nouveau en 1940, il reprend sa khâgne en 1941, jusqu'à ce que le cabinet d'Abel Bonnard le rétrograde en 1943 dans les classes secondaires du lycée Louis-le-Grand. A la Libération, il accédera à l'Inspection générale.

Une khâgne phocéenne.

Pour les années 1921-1930, la khâgne du lycée Thiers à Marseille obtient les meilleurs résultats provinciaux après Lyon. Dix reçus en dix ans — dont le « cacique » de 1925, Henri Marrou : nous sommes loin, bien sûr, des lourdes cohortes parisiennes ou lyonnaises, mais le résultat est très honorable pour une classe qui ne compta jamais guère plus d'une quinzaine d'élèves et dont les effectifs furent stagnants — et parfois inférieurs à la dizaine — tout au long de la première moitié de la décennie. Malgré ces faibles effectifs, c'est une classe haute en couleur où Marseillais, Toulonnais, Niçois et Corses se reconnaissent à leurs accents et à leurs patois.

Ces khâgneux méridionaux montent parfois à Paris après une ou deux années passées à Marseille : ainsi Paul Bontoux, reçu en 1923 après un an passé à Louis-le-Grand, Barthélemy Taladoire, normalien de la promotion 1929, pensionnaire au même lycée en 1928-1929, ou l'historien Henri Michel qui entre en première supérieure II à Henri-IV le 1er octobre 1928 après avoir

---

9. Dans l'argot normalien, ceux des élèves de la rue d'Ulm qui sont des catholiques pratiquants sont désignés sous le terme de talas. L'étymologie du terme est très discutée et se perd dans les rites et coutumes du XIXe siècle normalien. Pour les uns, il s'agirait de la forme abrégée de *talopoin*, nom dont Voltaire désigne les prêtres bouddhistes. Pour les autres, il s'agirait plus prosaïquement — comme nous l'avons dit — du fait que le tala *va-t-à-la* messe. Sur ces débats savants, on consultera, par exemple, le *BSAENS*, n° 112, juillet 1968, pp. 11-12.

10. Sur Pierre Lachièze-Rey, cf. également *infra*, chapitre IX.

11. Vladimir Jankélévitch appartient à la promotion de la rue d'Ulm de 1922 et Jean Guitton à celle de 1920. Né en 1900, Jean Lacroix, qui, pour sa part, n'a pas été khâgneux, enseignera pendant trente ans en khâgne à Lyon (de 1937 à sa retraite en 1968, à l'exception de l'année 1939-1940, durant laquelle il était mobilisé). Il conviendrait d'étudier de plus près l'influence de ce dernier et de voir, en particulier, si, par son action et celle de Joseph Hours, la khâgne de Lyon, à la fin des années 1930 et dans les années 1940 et 1950, reste la grande pourvoyeuse des talas de la rue d'Ulm.

été khâgneux à Marseille, tout comme Pierre Guiral l'année suivante. Cette khâgne a souvent constitué, également pour ses enseignants, un tremplin vers une carrière parisienne. Parfois, cependant, elle a plutôt été une classe où l'on parvenait vers la cinquantaine, en récompense de bons et loyaux services, et où l'on s'acheminait à petits pas vers la retraite. Mais, dans les deux cas, et par-delà la diversité des situations et des carrières, beaucoup de ces maîtres ont fortement marqué leurs élèves.

Ainsi, en lettres, après Maurice Gautreau qui est nommé à Paris à la rentrée 1923, c'est Louis Roche qui enseignera aux khâgneux tout au long des années 1920. Ce normalien de la promotion 1888, agrégé des lettres en 1892, figure parmi ces maîtres méconnus, dont l'œuvre scientifique fut mince au regard de celle de beaucoup de leurs camarades de promotion — une étude sur les chansons de geste en 1905 et une *Vie de Jean de La Fontaine* en 1913 —, mais dont l'influence fut profonde sur des générations de khâgneux. Sa carrière elle-même suivit une trajectoire inverse de celle de la plupart de ses collègues : nommé à Paris au lycée Louis-le-Grand en 1906, à trente-huit ans, après un périple provincial classique (Roanne, Le Puy, Saint-Étienne, Pau, Montpellier, Rouen et Versailles), professeur de seconde pendant treize ans à Condorcet (1907-1920), puis professeur de première à Louis-le-Grand de 1920 à 1923, c'est sur sa demande qu'il est nommé à la rentrée 1923 au lycée Thiers à Marseille, où il occupera la chaire de lettres en première supérieure jusqu'à sa retraite.

En philosophie, la khâgne du lycée Thiers eut, dans les années 1920, quatre professeurs successifs : Le Senne, Beaudroit, Serrus et, à la fin de la décennie, Monod. Assurément, sur la voie qui mène à la chaire de morale de la Sorbonne et à l'Institut (Académie des sciences morales et politiques), la khâgne de Marseille n'aura été, pour René Le Senne, qu'une étape. Mais avant d'entrer, la cinquantaine passée, dans l'enseignement supérieur, il suivit la carrière classique d'un professeur de khâgne[12]. Ce passage d'une khâgne à une chaire de faculté mérite d'être d'emblée signalé car il est extrêmement rare.

La khâgne de Marseille sera également un tremplin pour le philosophe Gustave Monod, dont la carrière est une synthèse de deux des fins de carrière possibles pour un certain nombre de professeurs de khâgne : l'Inspection générale ou l'administration centrale, les deux filières étant d'ailleurs, comme dans le cas de Gustave Monod, étroitement liées et parfois précédées d'un passage par les cabinets ministériels. Né en 1885 à Mazamet, issu de la grande « multiplication » protestante des Monod[13], Gustave Monod est reçu à l'agrégation de philosophie en 1912. Engagé volontaire en 1914, blessé grièvement et deux fois amputé, cinq fois cité à l'ordre de l'armée, il est nommé, après être passé par les lycées de Toulon, Avignon, Reims et Tours, au lycée Saint-Charles à Marseille en 1923 puis, à la rentrée de 1928, dans la

---

12. Jusqu'à la fin des années 1920, cette carrière est la suivante : École normale supérieure en 1903 (René Le Senne est né en 1882), agrégation de philosophie en 1906, Fondation Thiers de 1907 à 1910 (15e promotion), lycée de Chambéry de 1910 à 1914 ; nommé à Marseille à la rentrée d'octobre 1914, il est mobilisé en janvier 1915. Après la guerre, il demeure à Marseille jusqu'en octobre 1923, date à laquelle il est nommé au lycée Victor Duruy (1923-1925) — où il sera, en terminale, le professeur de philosophie de Simone Weil — puis à Louis-le-Grand. A la rentrée de 1929, enfin, à 47 ans, il devient professeur en hypokhâgne dans ce même lycée et, l'année suivante, il passe en khâgne (sources : « notice individuelle » dans Arch. Louis-le-Grand et *Annuaire de la Fondation Thiers*, 1940-1941, p. 46).

13. L'expression est d'Édouard Drumont dont *La France juive* contient un chapitre antiprotestant (*op. cit.*, t. II, Marpon et Flammarion, 4e éd., s.d., p. 352). Gustave Monod était fils de pasteur.

khâgne du lycée Thiers. Il crée dans cette ville la section locale du *Groupement universitaire pour la SDN* (dont l'assise, universitaire par définition, était largement protestante), et « l'École de la paix » reçoit des conférenciers aussi divers que Marcel Déat, André Siegfried, Maurice Genevoix, Jules Romains, Wladimir d'Ormesson et Anatole de Monzie. C'est d'ailleurs à cette occasion qu'il fit connaissance de ce dernier; il devint, par la suite, son directeur de cabinet. Son influence sur Monzie fut grande : c'est ainsi qu'il lui communiqua son admiration pour le philosophe Alain et qu'il parvint à le persuader d'assister à la « dernière classe » d'Alain à Henri-IV. C'est Gustave Monod, d'autre part, qui suggéra, semble-t-il, à Monzie de choisir Lucien Febvre comme maître d'œuvre de l'*Encyclopédie française*, à l'origine de laquelle il fut peut-être lui-même. C'est lui enfin qui, dans la lignée de son action marseillaise en faveur du pacifisme, proposa à la Commission du désarmement moral de la SDN d'établir un manuel d'histoire franco-allemand. Le 1er octobre 1936, il est nommé inspecteur de l'Académie de Paris et il restera en fonction jusqu'au 30 mars 1941 ; après la législation antijuive, il refusera de servir Vichy. A la Libération, il deviendra directeur de l'Enseignement du second degré pendant plus de sept ans, d'août 1944 au 1er octobre 1951 [14].

L'histoire fut également représentée, dans les années 1920, par deux enseignants de valeur : Paul Girbal, normalien de la promotion 1883, puis, à la rentrée de 1925, Félix Tavernier, l'un et l'autre restés fidèles pendant la plus grande partie de leur carrière au lycée Thiers.

Les petites khâgnes du Sud-Ouest.

La khâgne du lycée Montaigne, à Bordeaux, a obtenu six reçus — dont Paul Vignaux — au concours de l'École normale supérieure entre 1921 et 1930, en dépit de ses faibles effectifs : une dizaine au début de la décennie, une douzaine ensuite jusqu'en 1927, une vingtaine à partir de cette date [15]. Le nombre des candidats et celui des reçus ont tout naturellement connu la même stabilité, comme en témoigne le tableau qui suit [16] :

	Inscrits	Admissibles	Reçus
1920-1921	5	?	0
1921-1922	4	?	2 (8e et 27e)
1922-1923	6	3	1 (3e)
1923-1924	4	?	0
1924-1925	7	?	1 (6e)
1925-1926	4	1	0
1926-1927	2	1	1 (11e)
1927-1928	5	1	1 (1er)
1928-1929	3	0	0
1929-1930	6	3	0
1930-1931	7	4	2 (1er et 4e)
1931-1932	8	5	2 (15e et 16e)

14. Nous reviendrons plus loin sur Gustave Monod (cf. *infra*, chapitre XIII).
15. 10 élèves en 1920-1921, 8 élèves en 1921-1922, 12 en 1923-1924 et 1924-1925, 23 en 1927-1928 (source : dossiers scolaires de trois Bordelais reçus aux concours de 1922, 1925 et 1928, Arch. Nat. 61 AJ 250, 252 et 255).
16. Sources : les mêmes que celles qui ont été signalées à la note 2.
En outre, à partir de l'année 1925-1926, utilisation des archives du lycée Montaigne, conservées, pour les khâgnes, à partir de cette date (communication par l'administration du lycée d'un registre « concours et examens » portant mention de la liste des candidats et des résultats obtenus).

Cette khâgne compta, parmi ses enseignants, Jean Giraud en lettres et Henri Daudin en philosophie.

Avec des effectifs supérieurs — jusqu'à dix candidats certaines années —, la khâgne de Toulouse n'obtint qu'un seul reçu au concours de l'École normale supérieure entre 1921 et 1930, sans compter les transfuges qui, tel Georges Pompidou, « montèrent » à Paris. Dans les années 1920, cette classe eut, entre autres, pour professeurs, Henri Jacoubet et Frédéric Ségu en lettres classiques. En philosophie, ce sont François Lary puis Gabriel Cazals de Fabal qui présidèrent, durant cette décennie, aux destinées de la khâgne. En histoire, enfin, se succéderont tour à tour Léon Duthil et François Gadrat (1891-1971). Ce dernier appartient à cette génération — que nous avons déjà évoquée — d'enseignants nés aux alentours de 1890, qui arrivent dans les khâgnes de province au milieu des années 1920 et qui remplaceront, quelques années plus tard, les enseignants de la génération précédente dans les grandes khâgnes parisiennes avant de finir — souvent — leur carrière, une ou deux décennies plus tard, comme inspecteurs généraux. Ces professeurs, qui ont passé l'agrégation entre 1910 et 1914, appartiennent aux classes d'âge fauchées par le premier conflit mondial, dont les survivants ont parfois gardé les traces dans leur chair. La vie et la carrière de François Gadrat sont, à cet égard, révélatrices. Né à Foix dans un milieu intellectuel — le père était libraire-imprimeur — profondément pétri d'esprit républicain et de socialisme, il préparera le concours de l'École normale supérieure au lycée Lakanal, après avoir fait ses études secondaires au lycée de sa ville natale. Nommé boursier de licence à Lyon, il y prépare l'agrégation à laquelle il est reçu deuxième en 1913. A l'automne de la même année, il commence son service militaire à Perpignan, puis c'est, en août 1914, le départ pour le front, et, en novembre, une blessure très grave au visage, par l'explosion d'une grenade, dans le secteur d'Ypres. Sa voix parut menacée mais, grâce à des greffes et à un appareil, il put conserver l'usage de la parole. A la rentrée de 1916, après avoir été réformé et démobilisé, il est nommé au lycée de Toulouse. Il y sera chargé de l'enseignement en khâgne à partir de 1924. Après un court passage au lycée Voltaire (1935-1936), il remplace Arthur Huby, nommé inspecteur général, dans l'une des deux chaires de khâgne de Louis-le-Grand. Sous l'Occupation, « il s'employait à faire partager à ses collègues sa force morale et sa confiance : à leur intention, il établissait des cartes des opérations militaires dont il leur donnait un commentaire dans une des salles du lycée[17] ». A la Libération, il est nommé inspecteur général de l'Instruction publique, et demeure à ce poste jusqu'à sa retraite en 1961.

La khâgne de Montpellier nous fournit l'exemple d'une classe préparatoire en gestation dans les années 1920 : un reçu entre 1921 et 1930 — contre cinq au cours de la décennie suivante —, quelques rares candidats chaque année et des structures encore embryonnaires. Il ne s'agit pas, en effet, au début de la décennie tout au moins, d'une classe autonome. Une décision ministérielle du 26 février 1920[18] prévoyait, dans le cas où « le nombre de ces jeunes gens n'est pas assez élevé pour qu'une classe puisse être constituée », que les khâgneux

17. D'après H. Gaussen, J. Sermet et P. Renouvin : « François Gadrat, professeur et historien (1891-1971) », *RHMC*, t. 20, 1973, pp. 178-183.

18. Cf. L. Dion, *Recueil complet de la législation de l'enseignement secondaire*, Papeterie générale des Écoles, 1923, p. 68.

seraient rattachés, en qualité de vétérans, aux classes de première et de philosophie et qu'à ces enseignements s'ajouteraient « cinq ou six heures de conférences par semaine ». On retrouve donc, quand les effectifs sont trop faibles, le système des rhétoriques supérieures, antérieur au premier conflit mondial. Dans le courant de la décennie, une khâgne autonome est créée, dont les professeurs sont, en fait, des enseignants des classes secondaires professant en khâgne en heures supplémentaires, ou en complément de service. Ainsi, la préparation en français et en grec était assurée par Henri Chabrol, normalien de la promotion spéciale de 1919, agrégé des lettres en 1920, dont l'*Annuaire* de la rue d'Ulm porte la mention, pour les années où il enseigne déjà en khâgne : « Professeur de troisième au lycée de Montpellier ». Ainsi en est-il également du normalien Edmond Houlès, de la promotion 1902, qui enseignait le latin en khâgne, tout en étant à cette date « professeur de première ». En philosophie et en histoire, ce sont respectivement Edmond Cramaussel et Jean-Rémy Palanque qui sont chargés de la préparation du concours. Après avoir soutenu ses thèses en janvier 1934, Jean-Rémy Palanque passera à la faculté des lettres de Montpellier puis, à partir de 1940, à celle d'Aix-en-Provence.

Comme dans beaucoup de classes préparatoires de province, les khâgneux de Montpellier, après une ou deux années d'études passées dans cette ville, finissaient parfois leur préparation à Paris. Ainsi Pierre Vilar, reçu à l'École normale en 1925, avait-il, avant d'être pensionnaire à Louis-le-Grand en 1924-1925, commencé sa préparation au lycée de Montpellier. De même Étienne Borne passe-t-il à Henri-IV en 1925-1926, venant de la khâgne languedocienne.

A l'ouest, rien que Poitiers.

Dans les années 1920, les candidats au concours de la rue d'Ulm originaires de Basse-Normandie ou de Bretagne doivent s'inscrire à Poitiers ou à Paris. La khâgne de Caen est, en effet, morte depuis longtemps à cette date, pour ne renaître qu'en 1953. Un registre du lycée Malherbe portant mention des résultats aux différents concours fait état de candidats littéraires à l'École normale supérieure à partir du concours de 1889 : la rhétorique supérieure — ou, tout au moins, la possibilité pour des vétérans de retourner en rhétorique — y a donc été sans doute organisée à la rentrée d'octobre 1888 [19]. Cette classe a dû s'éteindre en 1904, dernière année où sont mentionnés des candidats. Pendant l'année scolaire 1939-1940, une khâgne parisienne sera repliée à Caen. Ce n'est qu'en 1953 qu'une khâgne sera à nouveau créée au lycée Malherbe.

Quant aux classes préparatoires littéraires de Nantes et de Rennes, elles vont, entre 1920 et 1925, s'éteindre très rapidement. Dès 1921, il n'y a plus, sur les listes de candidats inscrits au concours de la rue d'Ulm, d'élèves venus du lycée de Nantes, tandis que, sur ces mêmes listes, le nombre des khâgneux rennais décline rapidement : un candidat en 1921, quatre en 1922, un en 1923, aucun en 1924, 1925, 1926. A ce moment, en effet, la première supérieure du lycée Chateaubriand de Rennes a été fermée, ses effectifs étant trop faibles, et

19. Renseignements fournis par l'administration du lycée Malherbe de Caen. Pour sa part, Lucien Musset, dans *Le Lycée Malherbe 1804-1954* (Caen, 1956, p. 67), date de 1889 la création d'une rhétorique supérieure, « avec des moyens réduits » et « des résultats médiocres » (un seul reçu rue d'Ulm, pour cette période).

ses élèves ont été orientés vers Poitiers. Cette classe, qui avait été créée en 1916[20], sera rouverte en octobre 1930. Le professeur principal chargé des lettres classiques est, de 1930 à 1934, Laurent Brégeon (1896-1977), normalien de la promotion spéciale de 1919, nommé ensuite, à partir de 1937, après un bref passage au collège Rollin puis au lycée Saint-Louis, dans l'hypokhâgne d'Henri-IV qu'il ne quitta plus. Puis, jusqu'en 1938, c'est Max Hugueny, normalien de la promotion 1928, devenu ultérieurement inspecteur général après avoir lui aussi enseigné à Henri-IV, qui assure la formation des khâgneux dans ces mêmes matières. Parmi les élèves de cette khâgne rennaise des années 1930 figurèrent, entre autres, le philosophe Paul Ricœur et le médiéviste Philippe Wolff.

Avec six reçus entre 1921 et 1925, Poitiers se classe sixième pour les résultats à l'École normale supérieure, derrière les quatre khâgnes parisiennes et le lycée du Parc. Pour l'ensemble de la décennie, elle occupe la septième place, Marseille la devançant dans le peloton de tête. Un tel palmarès, sans rapport avec le seul poids démographique de la région poitevine, s'explique par le rôle d'unique pourvoyeur de khâgneux de l'ouest de la France dévolu au lycée de Poitiers.

Comme la plupart des khâgnes provinciales, celle de Poitiers est un lieu de passage où la plupart des enseignants ne restent que quelques années. Quand le philosophe Duprat est nommé en 1922 en khâgne à Bordeaux, c'est Louis Vialle qui le remplace, puis Albert Spaier, Aimé Forest et Georges Bénézé. A la fin des années 1920, ce sont les khâgneux du début de la décennie qui commencent à accéder à leur tour aux chaires de khâgne. Ainsi en est-il, à Poitiers, de Jean Laubier, normalien de 1921, premier à l'agrégation de philosophie en 1925, professeur par la suite dans les khâgnes de Condorcet et de Louis-le-Grand. En lettres, pendant la plus grande partie de la décennie, c'est Roger Petit qui enseigne le français et une partie du latin-grec. Normalien en 1911, agrégé des lettres en 1914, il sera nommé en 1927 au collège Rollin puis terminera sa carrière au lycée Charlemagne. André Simon lui succède de 1927 à 1930, puis Jean Cousin à partir de 1930. Pour le reste du latin-grec, ce sont, entre autres, deux futurs inspecteurs généraux qui enseignent dans la khâgne de Poitiers au cours des années 1920. De 1923 à 1927, le normalien Pierre Clarac occupe ce poste. Né en 1894, il appartient à cette promotion de Normale, reçue fin juillet 1914, qui n'entra rue d'Ulm qu'en 1919. Mobilisé du 3 septembre 1914 au 3 septembre 1919 dans l'infanterie comme soldat, caporal, aspirant, sous-lieutenant et lieutenant, ayant passé trois années au front, blessé deux fois, décoré de la Légion d'honneur et de la croix de guerre, il passe sa licence en 1919 et l'agrégation des lettres dès l'année suivante. Après le lycée d'Auch (1920-1921), puis le lycée de Rochefort (1921-1923), il enseigne donc en khâgne à Poitiers jusqu'en 1927. Nommé à Paris, à Condorcet puis Charlemagne, il devient, en octobre 1934,

20. Source : lycée Émile Zola de Rennes. Les classes préparatoires rennaises ont été transférées, en septembre 1968, du vieux lycée Chateaubriand — qui s'appelle maintenant Émile Zola — dans un lycée neuf de la périphérie. Ce dernier établissement a repris le patronyme Chateaubriand. Avant même 1916, où est donc créée une khâgne autonome, une classe de première accueillait sans doute déjà des khâgneux. C'est ainsi, en effet, que, quelques années plus tôt, le jeune Jean Guéhenno, remarqué par le jury du baccalauréat, se voit offrir une bourse par le proviseur du lycée de Rennes et rejoint la « demi-douzaine de khâgneux, environnés dans ce lycée provincial d'un grand prestige » (J. Guéhenno, *Changer la vie*, Grasset, 1961, rééd., p. 228).

professeur de première supérieure à Louis-le-Grand. En 1942, il est nommé inspecteur général et demeurera à ce poste jusqu'en 1966. Il est par ailleurs, depuis 1964, membre de l'Institut (Académie des sciences morales et politiques). C'est Henri Berguin, normalien de la promotion 1912, qui lui succède à Poitiers en 1927. Lui aussi finira sa carrière comme inspecteur général de l'Instruction publique.

En histoire également, la khâgne de Poitiers aura été un premier jalon vers l'Inspection générale. A partir de 1923, en effet, c'est Gaston Dez qui est chargé de l'enseignement de l'histoire moderne. Fils d'un normalien appartenant à la grande promotion de 1878 — celle de Jaurès, Bergson et Baudrillart —, entré lui-même rue d'Ulm en 1911, il finira sa carrière au sein de l'Inspection générale. L'histoire ancienne est confiée jusqu'en 1927 à Jacques Menesplier-Lagrange puis, à partir de cette date, à Jacques Madaule. Né en 1898, premier à l'agrégation d'histoire et géographie en 1922 [21], membre de l'École française de Rome, Jacques Madaule a enseigné au lycée de Tunis avant d'être nommé à Poitiers. Il n'y fera qu'un court passage, avant le collège Rollin, puis, de 1934 à 1958, le lycée Michelet. L'enseignant se double d'un homme politique, maire d'Issy-les-Moulineaux de 1949 à 1952, et surtout d'un intellectuel engagé dans les grands débats nationaux. Collaborateur de *Temps Présent* à la fin des années 1930, directeur, au côté de François Perroux, de *La Communauté Française* en 1941, il fut après la guerre proche du MRP durant quelques années avant de se rapprocher d'organisations dc gauche.

Au nord de la Loire : l'écrasante suprématie de Paris.

En 1924, alors que la khâgne de Rennes s'est éteinte, il n'y a plus au nord de la Loire, outre les khâgnes parisiennes, qu'une khâgne : celle de Strasbourg. Le processus de désertification déjà évoqué prend donc toute son ampleur dans cette partie de la France où s'exerce plus directement l'influence parisienne.

En 1930, la situation se trouve légèrement modifiée : deux autres khâgnes ont vu entre-temps le jour, à Lille et à Nancy. Le poids de Paris demeure cependant écrasant.

Pour le concours d'entrée à l'École normale supérieure, les candidats des provinces recouvrées connurent, jusqu'en 1922, un régime transitoire. En 1919, en effet, deux Alsaciens furent admis sur titres dans la section scientifique de la rue d'Ulm, tandis qu'à la même date était institué, en lettres, un concours spécial qui se déroulait à Strasbourg devant un jury formé de normaliens nommés dans la nouvelle université de la ville : cette année-là, deux littéraires furent ainsi admis à l'École. En 1920, ce régime fut étendu aux sciences. Deux littéraires et deux scientifiques en bénéficièrent en 1920, tandis qu'en 1921 chacun des deux concours vit la réussite d'un Alsacien et qu'en 1922 deux littéraires furent reçus [22].

La préparation de ce concours spécial a été, dans un premier temps, très

21. *RU*, 1923, 1, p. 70. Le second était Henry Petiot, devenu plus plus tard Daniel-Rops.

22. Cf. le témoignage de R. Minder, reçu en 1921, dans l'*Annuaire* de 1977, p. 96. Les bénéficiaires de ce régime ont été en 1919 (lettres) Ch. Will et A. Lucius (tandis qu'A. Kirrmann et E. Hubschwerlin, en sciences, étaient admis sur titres); en 1920, P. Heyler et R. Montigny en lettres et Th. Aron et A. Senckeisen en sciences; en 1921, R. Minder (lettres) et A. Kastler (sciences); en 1922, F. Neurohr et F. Haeusser en lettres.

disparate : ainsi, le littéraire reçu en 1921, Robert Minder, entre rue d'Ulm après avoir préparé le concours pendant un an à la faculté des lettres de Strasbourg, tandis que l'un des deux reçus de 1922, Frédéric Neurohr, avait préparé le concours entre 1920 et 1922 dans la khâgne de Lakanal[23]. La khâgne du lycée Fustel-de-Coulanges ne fut fondée, en effet, qu'en 1921 et le premier Alsacien à entrer rue d'Ulm par le concours normal est Fernand Metz en 1923. Entre 1923 et 1930, cinq normaliens seront ainsi issus de la khâgne strasbourgeoise. Cette classe préparatoire, sans internat tout au long des années 1920, ne compta guère au début que quelques élèves, puis ses effectifs, après une légère augmentation, stagnèrent jusqu'à la fin de la décennie. Ses enseignants furent, en lettres classiques, Étard pour le grec et le français et Pitou pour le latin, puis Pitou pour les trois matières quand Étard fut nommé en 1926 bibliothécaire de l'École normale supérieure après la mort de Lucien Herr, Lavelle[24] puis Santoni pour la philosophie et Simon pour l'histoire.

Il y aurait sans doute une étude intéressante à mener sur les étudiants alsaciens dans les deux ou trois années qui suivent la fin du premier conflit mondial. En ce qui concerne ceux d'entre eux qui sont entrés, à cette époque, rue d'Ulm — et sans pouvoir affirmer qu'ils sont représentatifs de leurs condisciples de la nouvelle université de Strasbourg créée à cette date —, un certain nombre d'observations peuvent être faites. Nous avons étudié, en effet, le cas de cinq des huit Alsaciens entrés rue d'Ulm en 1919 et 1920, en lettres ou en sciences, à travers les notices nécrologiques de l'*Annuaire.* Une première constatation s'impose : il s'agit de jeunes gens nettement plus âgés que leurs compatriotes d'outre-Vosges ; à leur entrée rue d'Ulm, ces cinq normaliens ont en effet respectivement vingt-huit, vingt-sept, vingt-trois, vingt-deux et dix-neuf ans. Cet âge tient d'une part à la guerre, d'autre part aux difficiles reconversions de l'après-guerre.

Quatre d'entre eux, au moins, ont été appelés de force sous les drapeaux allemands. Une blessure empêchera l'un d'eux d'aller au front et l'armistice de 1918 jouera le même rôle pour un second. Le troisième, envoyé sur le front russe, en reviendra avec les pieds gelés, tandis que le dernier parviendra à passer en France et, après avoir surmonté de nombreuses difficultés, à s'engager dans l'armée française. La guerre seule n'explique pourtant pas cette différence d'âge avec les normaliens d'autres régions qui ont été, eux aussi, mobilisés pendant de longues années.

L'explication est ailleurs : le changement de statut de l'Alsace impose à ces étudiants des reconversions délicates. Leurs diplômes, en effet, sont allemands : après avoir obtenu l'*Abitur,* l'équivalent de notre baccalauréat, la plupart avaient entrepris des études à l'Université de Strasbourg en vue d'obtenir le *Staatsexamen* qui conférait le droit d'enseigner. Après l'armistice, des mesures transitoires avaient été prévues pour valider les diplômes allemands mais la plupart des futurs normaliens de 1919 et 1920 avaient

23. Correspondance de R. Minder avec l'auteur, février 1976 ; cf. également les archives de la khâgne du lycée Lakanal, transmises par R. Joxe, et le dossier ENS de F. Neurohr (Arch. Nat. 61 AJ 250) où se trouve sa lettre de demande pour figurer dans le concours spécial, envoyée à un professeur de Strasbourg, A. Pitou, qui la transmettra au directeur de l'École normale supérieure G. Lanson.

24. Agrégé de philosophie en 1909, dans la même promotion que Jules Romains (cf. *RU,* 1909, p. 340), Louis Lavelle (1883-1951) sera nommé en hypokhâgne à Louis-le-Grand en octobre 1930. En 1933, il prendra la succession d'Alain en khâgne à Henri-IV (*RU,* 1933, 2, p. 258). Chroniqueur de philosophie au *Temps,* auteur de *De l'Être, De l'Acte* et *Du Temps et de l'Éternité,* il devient, en 1941, professeur au Collège de France et, en 1947, membre de l'Académie des sciences morales et politiques (*Revue Philosophique,* 1952, p. 160).

préféré reprendre leurs études en français et donc, la plupart du temps, à un niveau moindre que celui où la guerre les avait interrompues.

Les étudiants alsaciens qui, à partir de 1921, passeront par la khâgne de Strasbourg ne connaîtront plus ces problèmes de péréquation de diplômes allemands et français[25]. Surtout, passés à partir de 1919 par l'enseignement secondaire français, ils n'auront pas non plus à se heurter au problème de la langue que rencontrèrent quelques années plus tôt leurs aînés des promotions 1919 et 1920, qui n'avaient connu jusqu'à cette date que le système scolaire allemand. Charles Will, Alsacien de la promotion littéraire de 1919, évoquant la mémoire de son compatriote et camarade de promotion André Lucius, fait allusion à ce problème linguistique dans l'*Annuaire* de 1939 :

> « Nous nous souvenons notamment d'un exposé qu'il fit à la faculté de Strasbourg, au cours du premier trimestre d'après-guerre, et qui lui valut de la bouche de Christian Pfister cet éloge : " Monsieur Lucius, vous êtes déjà très maître de la langue française. " Nous autres qui nous enveloppions encore dans un prudent mutisme, n'eûmes qu'à ratifier loyalement, sans jalousie, l'éloge entièrement mérité. »

Établir avec précision la date de création de la khâgne lilloise pose un problème apparemment insoluble. Les archives du lycée Faidherbe, en effet, ont été détruites durant le second conflit mondial. D'autre part, les témoins directs — professeurs, élèves, administrateurs — sont, de ce fait, difficiles à identifier et donc à rechercher. Un témoignage aurait pu se révéler utile : celui de Jean Guéhenno, qui fut le premier professeur de lettres de cette khâgne, créée, selon lui, « vers le milieu des années 1920[26] ». Mais ce dernier, reçu à l'agrégation des lettres en 1920, a été professeur à Lille de 1920 à 1927, date à laquelle il est nommé professeur de seconde à Louis-le-Grand, puis, deux ans plus tard, en octobre 1929, professeur de khâgne au lycée Lakanal de Sceaux. Ce témoignage direct ne permet donc pas de préciser la date de création de la khâgne de Lille.

Il est cependant possible, à partir d'éléments fragmentaires, de resserrer l'éventail des dates. Nous disposons, en effet, d'indications sur l'origine par khâgne des candidats à l'École normale supérieure pour 1924 et 1925[27]. Aucun candidat ne provient pour ces deux concours d'une khâgne lilloise. Cette classe n'a donc pas été créée avant la rentrée d'octobre 1925[28]. En 1926, on note la présence de trois Lillois inscrits au concours. Cela autorise-t-il à établir la création en 1925, ou bien s'agit-il de trois candidats isolés, non khâgneux ? D'autres éléments permettent de répondre : d'une part, si les archives du lycée

---

25. La transition fut, en réalité, moins tranchée. Les deux normaliens reçus en lettres en 1922 illustrent cette diversité des situations. F. Haeusser, après sept ans au collège de Sarrebourg, entre au collège de Bouxwiller en janvier 1920 et en sort avec... l'*Abitur*. A partir de novembre 1921, il suit les cours de la section philologie classique à la faculté des lettres de Strasbourg. F. Neurohr, après avoir fait ses études au lycée de Haguenau, de 1914 à 1919, sous régime allemand, entre, en mai 1919, dans la section alsacienne du lycée Fustel-de-Coulanges à Strasbourg et obtient, dès octobre 1919, la première partie du baccalauréat français. En juillet 1920, il est reçu à son baccalauréat de philosophie et prépare ensuite le concours de la rue d'Ulm au lycée Lakanal de Sceaux (Arch. Nat. 61 AJ 250).

26. Entretien avec l'auteur, mars 1976.

27. *Journal Officiel*, 1924, p. 5052, et 1925, p. 5057.

28. Octobre 1924 resterait, dans cette perspective, une autre date possible. Mais cela aurait dû entraîner, dans ce cas, des inscrits lillois au concours dès 1925. Si les grands lycées parisiens dissuadaient leurs élèves de se présenter après une seule année de préparation, une étude attentive des khâgnes provinciales semble démontrer, en effet, qu'une part non négligeable de leurs élèves s'inscrivaient dès la première année. Or, rappelons-le, il n'y a pas un seul candidat lillois au concours de 1925.

Faidherbe ont disparu, le « Livre d'or » de la khâgne, tenu par les élèves, a été conservé et ses renseignements sont précieux[29]. Il ne commence, en fait, qu'avec l'année scolaire 1931-1932 mais le contenu d'une note liminaire datée de 1928 permet de conclure, par déduction, à l'existence — mais pas forcément à la fondation — de cette classe en octobre 1926. Elle a donc été fondée au plus tôt en octobre 1925 et au plus tard en octobre 1926. D'autre part, le fichier alphabétique de Louis-le-Grand indique la présence, dans la khâgne ludovicienne, en 1926-1927, d'un élève venu du nord de la France, G. Imbert, et dont le dernier lycée fréquenté avant Louis-le-Grand est celui de Lille. Or le lycée Louis-le-Grand, qui est le seul lycée de France à posséder une hypokhâgne à cette date, n'admet directement en khâgne, en ce qui concerne les provinciaux, que ceux qui sont déjà passés par une autre khâgne. G. Imbert a donc, vraisemblablement, été en première supérieure à Lille en 1925-1926 et il ne reste plus, de ce fait, pour la date de création de cette classe, qu'une seule date possible : octobre 1925.

Elle n'obtient, tout d'abord, aucun reçu au concours, mais, en tant qu'unique classe préparatoire du nord de la France, elle connaît rapidement des effectifs importants. A tel point qu'à la rentrée de 1931, une hypokhâgne est créée par dédoublement de la khâgne et quarante-deux élèves sont ainsi répartis entre les deux classes. Dès lors, les effectifs resteront à peu près stables tout au long de la décennie[30] :

	Khâgne	Hypokhâgne
1931-1932	22	20
1932-1933	20	26
1933-1934	manque au Livre d'or	
1934-1935	16	22
1935-1936	12	22
1936-1937	20	30
1937-1938	21	20
1938-1939	20	41

La liste des professeurs ne figure sur le Livre d'or qu'à partir de l'année 1938-1939. Mais on peut, là encore, à partir d'éléments fragmentaires, identifier les premiers enseignants de cette classe. Les professeurs de lettres furent tout d'abord Jean Guéhenno, d'octobre 1925, donc, à juin 1927, puis Jean Duval, nommé à Paris au lycée Buffon en octobre 1928. Au début des années 1930, le professeur principal de la khâgne est Pierre Gastinel qui deviendra par la suite, après avoir soutenu ses thèses sur Musset, maître de conférences puis professeur à la faculté des lettres de la ville. De 1933 à 1935, c'est Roger Pons, normalien de la promotion 1924, agrégé des lettres en 1928, professeur dans l'hypokhâgne lilloise de 1931 à 1933, qui assurera l'enseignement en khâgne[31]. Pierre Houillon lui succède en 1935. Mort en 1971, il était

---

29. M. Fernand Deparis, professeur dans les classes préparatoires littéraires du lycée Faidherbe (hypokhâgne puis khâgne) depuis 1938, nous a transmis ces renseignements extraits du « Livre d'or » de la khâgne.

30. Tableau établi à partir des chiffres donnés par le « Livre d'or ».

31. Roger Pons (1905-1961) sera nommé ensuite à Janson-de-Sailly, puis à Henri-IV ; il remplacera Albert Bayet en hypokhâgne à Louis-le-Grand à partir de 1939 puis passera en khâgne en 1943. Il finira sa carrière inspecteur général (sources : notice individuelle dans les archives Louis-le-Grand et *Annuaire* 1962, pp. 50 sqq).

lui aussi devenu membre de l'Inspection générale des lettres qui en fit son doyen.

Avec celle de Lille, la khâgne de Nancy est l'une des deux khâgnes créées dans les années 1920. Ouverte à la rentrée de 1925 au lycée Henri Poincaré, elle accueillera désormais les candidats lorrains contraints jusque-là de s'inscrire à Strasbourg ou à Paris.

Ses premiers professeurs seront René Morisset pour les lettres et Louis-André Fouret pour l'allemand. Né en janvier 1899, fils d'un principal de collège, René Morisset est l'auteur des célèbres *Lettres latines*. Nommé à Versailles en 1929, à Henri-IV sept ans plus tard et à Louis-le-Grand en 1941, il deviendra inspecteur général en 1952. A Nancy, en 1929, il est remplacé par Joseph Griveaud.

Petite khâgne à ses débuts, cette classe n'eut, tout d'abord, aucun reçu au concours de la rue d'Ulm entre 1926 et 1930 et n'en compta guère que trois au cours de la décennie suivante. A la fin des années 1920, cependant, elle avait presque atteint les effectifs de la khâgne de Marseille et devançait largement celle de Strasbourg[32].

Tel est le décor dans lequel vont évoluer les khâgneux des années 1920. Apparemment, rien de bien prestigieux : quelques salles sombres, poussiéreuses, tapies au fond d'une quinzaine d'établissements ; des effectifs pléthoriques et une classe proche de l'asphyxie ; ou bien, au contraire, de petites classes aux effectifs et aux résultats incertains, et, de ce fait, toujours à la limite de l'extinction.

C'est pourtant dans ce décor qu'a lieu la gestation d'une part non négligeable de l'intelligentsia française des décennies suivantes, à un âge où les influences sont vivaces et les amitiés aisément nouées. Fondamentale nous semble donc l'étude de ce théâtre d'ombres où s'éveillent à la vie intellectuelle des jeunes gens appelés, pour certains d'entre eux, à jouer par la suite un rôle de premier plan. Après avoir planté le décor, il nous faut maintenant laisser la place aux acteurs : les candidats à l'École normale supérieure. Ce qui revient, tout d'abord, à s'interroger sur les raisons qui peuvent pousser des jeunes gens des années 1920 à s'inscrire dans une khâgne.

Il est difficile, en réalité, de démêler l'écheveau des motivations des khâgneux. Leurs raisons de se présenter au concours de l'École normale supérieure sont, bien entendu, diverses ; elles varient avec les situations sociales, les traditions familiales et la représentation qu'ils ont de l'École de la rue d'Ulm.

Pour tenter d'aller plus avant, il faut partir de l'étude de cette représentation car c'est en fonction d'elle que s'élaborent les motivations profondes des uns et des autres, et, inversement, ses variations sont le révélateur des différences sociales et culturelles.

---

32. 5 candidats inscrits en 1929, 9 en 1930 et 7 en 1931 pour Nancy contre 6, 8 et 9 pour Marseille (Arch. Nat. 61 AJ 166 et *Journal Officiel*, 1929, p. 6012, 1930, p. 5780 et 1931, p. 5341). La khâgne de Strasbourg compte respectivement 3, 4 et 4 candidats inscrits pour les mêmes dates (*Ibid.*).

CHAPITRE V

L'École normale supérieure : une institution peu à peu sacralisée

L'image que donne d'elle-même, au lendemain du premier conflit mondial, l'École normale supérieure est assurément multiforme. Mais avant de tenter d'en distinguer les différents aspects, il est possible de dégager une vision globale, qui s'est progressivement diffusée dans la société française des années 1920 : il apparaît en effet qu'à cette date la rue d'Ulm est devenue une véritable institution, et ce phénomène d'acculturation est le résultat d'une lente évolution. Trente ans plus tôt, en 1887, le père du jeune Édouard Herriot devait aller consulter le dictionnaire Larousse au cercle des officiers pour apprendre ce qu'était l'École normale supérieure, où un inspecteur général bien intentionné souhaitait envoyer son fils[1]. A cette date, un officier de carrière cultivé[2] ignorait donc, le plus souvent, à peu près complètement l'existence de l'École de la rue d'Ulm. Cette situation allait progressivement se transformer à partir à la dernière décennie du XIXe siècle.

La rue d'Ulm au miroir de l'imprimé.

L'étude de l'écho, dans la presse, de la vie de la rue d'Ulm peut être, à cet égard, un bon indicateur. Rares sont les articles sur l'École normale supérieure dans les années 1880. Quelques attaques peuvent, cependant, être mentionnées. Dans *Le Figaro* du 4 avril 1881, Émile Zola estime que les normaliens sont « tous des pions, rien que des pions » et développe le thème, classique, de la « franc-maçonnerie » normalienne : « ... et, à la vérité, les anciens élèves de l'École normale constituent aujourd'hui un État dans notre État littéraire. Ils se tiennent, ils ont une franc-maçonnerie. » Mais il n'y a là rien de très nouveau par rapport aux campagnes qui, de Balzac[3] à Renan, s'en

1. Éd. Herriot, *Jadis*, I, Flammarion, 1948, p. 39.
2. Le père d'Éd. Herriot, sorti du rang, était, d'après le portrait qu'en fait son fils, un homme cultivé : ancien enfant de troupe, il avait appris seul le latin (cf. P. O. Lapie : *Herriot*, Fayard, 1967, p. 30) et avait une « passion pour les lettres anciennes » (*Jadis*, I, p. 10).
3. Par exemple dans *Le Curé de village*, au tome VIII de la *Comédie humaine*, Gallimard, la Pléiade, 1937, pp. 690-703 : « Les Écoles spéciales seraient-elles donc de grandes fabriques d'incapacités ? » (*op. cit.*, p. 695 ; tout le passage signalé porte plus spécialement sur l'École polytechnique).

prennent aux « Écoles spéciales ». Au début des années 1890, l'École normale supérieure alimente quelques jours les gazettes; mais ce ne sont encore qu'escarmouches entre normaliens et journalistes parisiens, sans écho réel dans le grand public.

Le 17 juillet 1892, par exemple, un éditorial dans le *Dix-neuvième siècle* traite de « la crise de l'École normale supérieure » et s'attire immédiatement une réplique du normalien Gaston Deschamps (promotion 1882) dans *Le Figaro* du surlendemain. Paraît, en effet, en première page, un article intitulé « Les Universitaires » et qui est une justification du fait que les normaliens peuvent faire autre chose qu'enseigner. Le début et la fin sont révélateurs des polémiques entre journalistes et défenseurs de la rue d'Ulm :

> « Il fallait s'y attendre. Lorsqu'on apprit que M. Burdeau, député du Rhône.. venait d'être nommé ministre de la Marine, on rappela qu'il avait été universitaire, même normalien... [on prodigua] au nouveau ministre diverses appellations, d'ailleurs prévues, et dont les plus spirituelles étaient celles-ci : cuistre, pion, pédant, pédagogue...
> Continuez, politiciens barbarisants, écrivassiers solécisants, gentillâtres balbutiants, continuez à bégayer, aux oreilles des universitaires, ces mots de cuistre, pédant et pion, que vous méritez si bien. Les professeurs... se contenteront de rire en pensant que sans doute vous n'êtes pas au bout de vos surprises. »

Dix jours plus tard, c'est *L'Événement* qui part à l'assaut avec, le 1er août, un article de P. L. de Pierrefitte qui conclut : « Tout bien pesé, il n'y a rien qui milite en faveur du maintien de l'École. Ses seuls partisans sont les routiniers qui invoquent l'enseignement élevé qu'on y donne et le souvenir des hommes illustres qui en sont sortis »; et, le 4 août, est publiée une attaque de Bernard Lazare, selon lequel les normaliens sont conservateurs, n'ont jamais produit de poètes et de romanciers et, « de pédants qu'ils étaient, sont devenus snobs ».

En fait, il faut attendre 1893 pour que l'École de la rue d'Ulm occupe véritablement la une des journaux, lors de l'affaire La Coulonche. A cette date, Alfred de La Coulonche (1826-1914) était maître de conférences à l'École normale supérieure. Si les témoignages sur l'homme et sur le professeur sont contradictoires, la carrière, en revanche, est classique et bien jalonnée. Après de brillantes études au collège Bourbon, devenu lycée Condorcet, il entre à l'École normale en 1847 et passe l'agrégation des lettres en 1850. Après trois années d'enseignement au lycée d'Amiens, il est élève de l'École française d'Athènes que l'on vient de créer. A son retour en France, il est envoyé comme professeur de rhétorique au lycée de Metz et il épouse la fille de M. Daveluy, directeur de l'École d'Athènes. En 1858, il est nommé au lycée de Montpellier puis à Louis-le-Grand (1859), à Saint-Louis (1862), à Charlemagne enfin à partir de 1864. Trois ans plus tard, il devient maître de conférences à l'École normale supérieure, tout en conservant sa chaire au lycée Charlemagne. Alfred de La Coulonche ne semble pas avoir laissé un souvenir impérissable chez ses anciens élèves. Ainsi, pour Léon Blum qui a été son élève à Charlemagne, c'était un professeur qui proclamait : « Pour entrer à l'École normale, il faut du talent, pour aller à l'École d'Athènes, il faut du génie », et ajoutait aussitôt : « Quand j'étais à l'École d'Athènes...[4] » De son côté, Julien

4. Propos rapportés par le frère aîné de Léon Blum dans un court mémoire écrit au lendemain de la mort du dirigeant socialiste (et cités par Jean Lacouture, *Léon Blum*, Le Seuil, 1977, p. 19). Au

Benda notera en 1936 dans *La Jeunesse d'un clerc :* « En rhétorique et en philosophie, où l'enseignement a si fort l'occasion de marquer sa griffe, je n'eus pour pétrisseurs, dans la personne de La Coulonche, Félix Hémon, Élie Rabier, que de beaux parleurs dont je sentais durement le néant. » Édouard Herriot, enfin, qui suivit ses cours à l'École normale supérieure, semble avoir conçu de son professeur une bien piètre opinion[5]. En revanche, Émile Faguet écrira dans l'*Annuaire* de l'École en 1915 que La Coulonche était « un professeur infiniment attachant et captivant » et insistera longuement sur ce point. Le premier, il est vrai, était le collègue du second.

A la fin de l'année universitaire 1892-1893, la direction de l'École normale supérieure, appliquant la décision de Raymond Poincaré, ministre de l'Instruction publique, annonce le renvoi pour quinze jours de toute la promotion littéraire de première année. Ne seront admis à rentrer à l'expiration de ce terme que ceux des élèves qui, dans l'intervalle, auront envoyé au directeur de l'École, Georges Perrot, une lettre d'excuses et de regrets. Ces élèves, reprochant à Alfred de La Coulonche un enseignement suranné et peu renouvelé depuis de longues années, avaient perturbé puis déserté son cours. Une circulaire portant mention de l'exclusion temporaire et des conditions posées pour la réintégration des élèves est envoyée aux familles le 1er juin[6]. Pour les rédacteurs parisiens, l'affaire semble mériter attention puisque, dès le 4 juin, plusieurs journaux de la capitale publient l'information : *Le Temps, Le Figaro, Le Journal des Débats, Le Petit Journal, République Française.* Les trois premiers cités placent même cette nouvelle en première page. Mais — et le phénomène devient dès lors plus significatif car il ne concerne plus seulement quelques secteurs bien délimités de l'opinion publique — le jour même, certains journaux de province annoncent également l'incident de la rue d'Ulm ; bien plus, souvent il s'agit de petits journaux, dont la zone de diffusion ne dépasse guère la ville d'édition : *L'Espérance du Peuple* de Nantes ou *La Mayenne* de Laval par exemple. Le 4 juin 1893 est un dimanche et c'est, en fait, le lundi 5 juin que le phénomène s'amplifie : *Le Petit Centre* (Limoges), *La Gironde* (Bordeaux), *Le Journal du Loiret* (Orléans) et *Le Journal de l'Aisne* (Laon) reprennent à leur tour l'information, ainsi que la plupart des journaux parisiens. Dans les jours qui suivent, d'autres quotidiens commentent à leur tour l'épisode qui s'est déroulé à l'École normale supérieure[7].

La diffusion rapide et en bonne place d'un événement somme toute mineur[8] atteste l'importance croissante de l'École normale supérieure aux yeux de

---

moment de l' « affaire » La Coulonche en juin 1893, un article du *Parisien* du 8 juin, apparemment écrit par un ancien élève, décrit le cours fait, une vingaine d'années auparavant, par La Coulonche au lycée Charlemagne et prête à ce dernier la même phrase que celle que lui attribuait Léon Blum.

5. Éd. Herriot, *Jadis*, I, pp. 73-74. Tout aussi défavorable est l'avis que porte sur La Coulonche le futur inspecteur général G. Gendarme de Bévotte, qui fut son élève rue d'Ulm en 1886-1887 (*Souvenirs d'un universitaire*, Librairie Académique Perrin, 1938, p. 114).

6. Arch. Nat. 61 AJ 194.

7. Outre les journaux déjà cités (qui souvent reprennent et développent l'information les jours suivants), une vingtaine de quotidiens publient la nouvelle dans la première quinzaine de juin : *L'Événement* (5/6), *L'Estafette* (5/6), *Le Rapide* (5/6), *Le Gaulois* (5/6), *L'Univers* (5/6), *L'Éclair* (5/6), *La France* (5/6), *Siècle* (5/6), *Gil Blas* (5 et 6/6), *Le Jour* (5 et 8/6), *La Patrie* (6/6), *L'Étendard* (6/6), *Le Télégraphe* (6/6), *Le Parisien* (8/6), *L'Écho de Paris* (8 et 10/6), *La Justice* (8/6), *La Presse* (10/6).

8. Comme le soulignent, d'ailleurs, certains journaux : ainsi, *L'Événement* du 5 juin parle d' « une affaire de mince importance ». *Le Temps* de la veille concluait déjà à « un incident assez peu grave, en somme ». Et le 21 juin, quand tout sera rentré dans l'ordre, *Le Rappel* évoquera « une tempête dans le verre d'eau ». L'incident s'était réglé rapidement : au bout de quinze jours, les normaliens exclus, ayant accepté d'envoyer des lettres de regrets, revinrent rue d'Ulm.

l'opinion publique. La lecture de ces articles confirme une telle analyse : ils commencent souvent, en effet, par le simple titre *A l'École normale*[9], les rédacteurs paraissant considérer cet établissement comme suffisamment connu de leurs lecteurs pour ne pas avoir à mettre des titres plus complets ou plus précis. Bien plus, les articles eux-mêmes ne sont guère plus explicites. Les journalistes semblent estimer — peut-être à tort — qu'il n'est guère nécessaire d'expliquer à leur public ce qu'est l'École normale supérieure.

En revanche, apparaissent en filigrane dans ces articles des jugements divers sur l'institution de la rue d'Ulm, dont l'analyse permet de composer un portrait de cette École tel qu'il est proposé aux lecteurs de la presse française quelques années avant le tournant du siècle.

Première observation : ce portrait est composite et même ambigu, l'une des raisons majeures de cette ambiguïté étant naturellement que certains journalistes sont favorables à l'École normale supérieure et que d'autres lui sont hostiles. Dans le cas qui nous intéresse ici, l'un des critères utilisables pour mesurer le degré de sympathie ou d'hostilité à l'École est d'analyser le jugement porté sur l'attitude de la première année littéraire envers Alfred de La Coulonche. Dans ce jugement interfère, en effet, consciemment ou non, l'image que se font ces journalistes des normaliens et de leur école. Sur vingt-neuf articles analysés, onze restent neutres dans leur relation des incidents. Les dix-huit autres sont, en majorité, favorables aux normaliens. Sept articles se montrent cependant hostiles au geste des élèves de première année. Le critère est recevable, on l'a dit. Mais il est difficile de pousser plus loin l'analyse et d'établir, en particulier, si un clivage politique apparaît dans le compte rendu de l'incident. Signalons toutefois qu'un journal comme *La Libre Parole* se montre très hostile à l'attitude des normaliens de première année, sans absoudre, tout au contraire, le normalien La Coulonche, et que *L'Écho de Paris* reprend à l'occasion de ces incidents, dans son édition du 8 juin, certains thèmes classiques contre la rue d'Ulm et ses élèves : « ... Le voisinage du Panthéon influe désagréablement sur l'esprit de nos jeunes normaliens : ils sont tellement convaincus qu'ils entreront un jour dans la catégorie des grands hommes, qu'ils ne voient autour d'eux que de petites gens. Ces nourrissons choisis de l'Université ont vraiment de la chance : les ancêtres glorieux, qu'ils montrent avec impertinence, les protègent et leur donnent toutes sortes d'audaces... »

Deuxième observation : dans ce portrait composite et parfois polémique, il est toutefois possible de distinguer quelques traits dominants. D'une part, qu'ils le déplorent ou qu'ils s'en félicitent, la plupart des journalistes s'accordent pour évoquer l'importance de la rue d'Ulm dans le système universitaire français : « Sanctuaire des Lettres et des Sciences », « grand laboratoire intellectuel qu'on appelle l'École normale », « établissement où doit se former l'élite enseignante des lycées et des facultés ». D'autre part, les normaliens ont beau avoir un esprit « un peu trop généralement poseur », ils n'en sont pas moins « des jeunes gens laborieux et distingués », « déjà des savants », et constituent « l'espoir intellectuel de demain ». Si l'on tient pour relativement représentative l'anecdote rapportée par Édouard Herriot, selon

9. Sur 29 articles étudiés, 23 ont un titre. Dans 16 cas, ce titre est : « À l'École Normale ». Deux autres fois, on trouve : « Les Normaliens ». Dans deux cas, l'incident prend, de par le titre choisi, une gravité démesurée : « Une émeute à l'École normale » pour *L'Événement* du 5 juin et « Troubles à l'École normale » pour *Le Journal du Loiret* du 6 juin.

laquelle son père, en 1887, consulta le dictionnaire Larousse pour y apprendre ce qu'était l'École normale supérieure, on peut donc considérer que c'est dans les années qui suivent que des campagnes de presse comme celle que nous venons d'évoquer contribuent à faire connaître l'École normale supérieure et à en modeler progressivement l'image auprès de l'opinion publique [10].

Des normaliens en quête d'auteurs.

Deux ans après l'affaire La Coulonche, au moment du centenaire de l'École de l'an III, la presse braque d'ailleurs à nouveau les projecteurs de l'actualité sur la rue d'Ulm : pour s'en tenir à la presse parisienne, quarante journaux au moins publient un reportage sur les cérémonies. Cette presse est, dans l'ensemble, favorable à l'École normale supérieure, notamment *Le Journal des Débats*, *Le Temps* et *Le Figaro*, qui comptent des normaliens dans leurs rédactions. En revanche, *La Vérité*, *L'Autorité* et *La Croix* se montrent hostiles dans leurs relations de l'événement [11].

L'Illustration, pour sa part, consacre son numéro du 20 avril 1895 à l'établissement de la rue d'Ulm. Dans ce numéro figurait en particulier une photographie montrant cinq normaliens, dont Édouard Herriot, sur les toits de l'École. Cette photographie a sans doute contribué à la naissance du thème du normalien promenant ses états d'âme sur les gouttières de la rue d'Ulm et deviendra plus tard un cliché littéraire lorsque Jules Romains s'en sera emparé.

C'est justement la littérature qui, en cette fin de siècle, prend le relais de la presse et, en faisant du normalien un personnage de roman, contribue à son tour à en fixer une représentation pour l'opinion publique. Dans *L'Étape*, que Paul Bourget publie en 1902, le personnage central, le professeur Monneron, est un ancien élève de la rue d'Ulm. Et, de fait, cette œuvre est l'une des premières à symboliser l'irruption du normalien dans la galerie des portraits romanesques. Bien plus, elle crée un archétype que des générations de romanciers reproduiront, avec des incidentes politiques parfois diamétralement opposées. Pour Paul Bourget, le normalien Monneron a brûlé l'étape : devenu professeur de rhéthorique au lycée Louis-le-Grand, ce fils de paysan ardéchois se retrouve dans un milieu social auquel ne le préparaient ni la tradition ni l'hérédité. Et ce déracinement se paie à la génération suivante : sa fille est séduite, son fils aîné devient faux-monnayeur, tandis que le cadet, devenu normalien, traverse une grave crise spirituelle après la faillite d'une Université populaire qu'il avait fondée avec des camarades.

Dans les dix-sept fascicules de *Jean-Christophe* publiés de 1904 à 1912 dans *Les Cahiers de la Quinzaine*, le normalien Romain Rolland s'est mis en scène à travers le grand ami de Jean-Christophe, Olivier Jeannin, élève de la rue d'Ulm; et ce personnage, par sa grandeur d'âme et son sacrifice, est en quelque sorte une réponse à Paul Bourget et une réhabilitation littéraire du normalien. D'une part, la famille d'Olivier Jeannin, quoique d'extraction très modeste, est une vieille famille, profondément enracinée dans la province

10. Signalons une dernière appréciation portée sur l'École normale supérieure au moment de l'affaire La Coulonche : pour *Le Parisien* du 8 juin 1893, l'École de la rue d'Ulm est « une maison illustre qui mène à tout, comme le journalisme, à condition d'en sortir, pour entrer précisément dans ce même journalisme ». Une telle expression existe donc plusieurs décennies avant que la tradition l'attribue, sous une forme voisine, à Édouard Herriot.

11. D'après R. J. Smith, « L'atmosphère politique à l'École normale supérieure à la fin du XIXe siècle », *RHMC*, t. 20, 1973, p. 249.

française. D'autre part, ce dernier connaîtra une mort exemplaire : lors d'une manifestation populaire, un jour de Premier Mai, il se jettera dans la mêlée pour protéger un enfant et sera tué par le coup de sabre d'un cavalier.

Avant même Paul Bourget, Maurice Barrès avait brossé, dans *Le Roman de l'énergie nationale,* trilogie publiée entre 1897 et 1902, un portrait sévère du normalien Paul Bouteiller. Dans *Les Déracinés,* premier volet de la trilogie, Maurice Barrès campe sept lycéens de Nancy sur lesquels s'exerce l'influence de leur jeune professeur de philosophie. Ce dernier, fils de parents pauvres, boursier, est passé par l'École normale supérieure. Quand il est nommé à Paris, les sept jeunes gens le rejoindront. Deux d'entre eux, Racadot et Mouchefrin, tueront une riche Arménienne; Racadot sera guillotiné. Le message est clair : de même que le Monneron de *L'Étape* fait son malheur et celui de sa famille en changeant trop rapidement de statut social, de même Paul Bouteiller, qui lui aussi a sauté l'étape, « déracine » ses élèves et ce déracinement est fatal à ceux d'entre eux dont les attaches sociales ou géographiques sont les moins profondes. Paul Bouteiller demeure un personnage central des deux autres volumes du *Roman de l'énergie nationale, L'Appel au soldat* et *Leurs figures,* et le portrait qu'en fait Maurice Barrès devient plus incisif encore : l'ancien professeur de Nancy se lance dans la politique; député, puis ministre, il sera compromis dans les scandales du début des années 1890. Il devient donc, de ce fait, le type même du démagogue dont le « déracinement », après avoir fait le malheur de certains de ses élèves, porte préjudice à l'intérêt national [12].

La place du normalien comme personnage romanesque s'amplifia, semble-t-il, au cours des décennies suivantes. Ainsi en est-il, par exemple, dans l'entre-deux-guerres, de *Juliette au pays des hommes* de Jean Giraudoux (1924), d'*Augustin ou le Maître est là* de Joseph Malègue (1932-1933) ou d'*Hippolyte porte-couronnes* de Louis Bertrand (1932). Dans ce dernier roman, l'auteur, normalien et académicien, fait la chronique de la vie d'un khâgneux du lycée Henri-IV devenu ensuite normalien, vers 1885. Ce livre, en réalité, est très largement autobiographique : le héros Jean Perbal n'est autre que Louis Bertrand, khâgneux à Henri-IV puis normalien. L'impression qui domine de bout en bout, dans cet ouvrage, est celle d'une accablante tristesse. Bien qu'en désaccord avec ce morne jugement, André Bellessort, camarade de khâgne de Louis Bertrand, écrira en 1941 dans *Le Collège et le monde :* « C'est l'histoire intellectuelle de la jeunesse des grandes écoles dans les années quatre-vingt. Je n'en connais pas d'autres témoignages et celui-ci nous est admirablement présenté. » L'explication du titre de ce roman, inspiré du nom d'une tragédie d'Euripide, réside dans l'une des scènes du livre où le héros, chargé en juin 1885 de porter aux funérailles de Victor Hugo la couronne du lycée Henri-IV, fatigué et choqué par l'attitude peu respectueuse de la foule, rumine ces sombres pensées : « Je serai toute ma vie Hippolyte porte-couronnes : des couronnes en papier — en papier vert ou en papier doré —, le stéphanophore universitaire... ».

Dans l'entre-deux-guerres, outre les trois romans que l'on vient d'évoquer, paraissent les deux œuvres dont l'influence sera, semble-t-il, la plus importante pour la connaissance de l'École normale supérieure et la représentation qu'en aura désormais l'opinion publique cultivée : *Les Hommes de bonne*

12. Cf. Jean-François Sirinelli, « Littérature et politique : le cas Burdeau-Bouteiller », *Revue historique,* t. CCLXXII, 1985, pp. 91-111.

volonté et *Les Thibault.* Deux des personnages principaux des *Hommes de bonne volonté,* la vaste fresque en vingt-sept volumes peinte, de 1932 à 1947, par Jules Romains, sont normaliens. Jallez est reçu deuxième au concours de la rue d'Ulm comme Louis Farigoule dit Jules Romains, et Jerphanion est fils d'instituteur comme Jules Romains. Si Jallez et Jerphanion sont donc, en partie, un dédoublement de l'auteur, ce dernier a emprunté d'autres traits à certains de ses camarades d'École. Ainsi, au tome XXV (*Le Tapis magique*), Jerphanion, tout comme Yvon Delbos, sera ministre des Affaires étrangères : l'un entre, au premier tome de l'œuvre, à l'École normale supérieure en 1908, l'autre appartenait à la promotion 1907. Au tome XXI (*Journées dans la montagne*), Jerphanion, candidat aux élections législatives de 1924 dans sa Haute-Loire natale, va être élu député radical-socialiste. Plus que toute œuvre antérieure ou postérieure, ces deux personnages et le cycle romanesque dont ils sont issus ont conféré quelque notoriété à l'École normale supérieure et à ses élèves[13].

A l'opposé du thème littéraire du normalien carriériste et éventuellement homme politique, une autre œuvre nous propose le normalien révolté : Jacques Thibault. La parution des *Thibault* s'échelonna de 1922 à 1940, en huit tomes et onze volumes. Dans le troisième tome paru en octobre 1923, *La Belle Saison,* Jacques Thibault est reçu à l'École normale supérieure. Il est âgé d'une vingtaine d'années — nous sommes vers 1910 —, ses rébellions d'adolescent semblent apaisées et un avenir à la route tracée semble se profiler devant lui. Or, à l'automne, au moment de la rentrée, Jacques n'entre pas rue d'Ulm et disparaît. Trois ans plus tard, après une vie d'errance en Tunisie, en Italie et en Allemagne, il milite, à Genève, dans les milieux de l'Internationale ouvrière. Dans une nouvelle — *La Sorellina* — publiée dans une revue suisse, il évoque les problèmes sentimentaux qui ont déterminé son départ, mais aussi sa crainte de perdre ses qualités et sa personnalité dans le grand moule de la rue d'Ulm, et cette crainte a également joué un rôle dans sa fuite. Le 10 août 1914, il survole le front et lance des tracts pacifistes rédigés en français et en allemand. L'avion s'écrase, le pilote Meynestrel est tué; Jacques, grièvement blessé, est abattu d'une balle de revolver par un gendarme. Certes, l'École normale supérieure ne jouait apparemment dans ce cycle romanesque qu'un rôle peu important. Ne sont évcqués en fait, sur ce sujet, que les affres de l'attente des résultats et les hésitations de Jacques Thibault, au cours de l'été qui suit son succès, quant à son entrée éventuelle rue d'Ulm au mois de novembre. Bien plus, ce dernier renonce finalement, on l'a vu, à devenir normalien. Cependant la place que cet établissement occupe dans *Les Thibault* n'est pas négligeable pour autant. Il y revêt, en effet, une signification symbolique fondamentale : dès l'enfance, Jacques a montré un caractère difficile; à tel point que l'incompréhension et l'aveuglement d'un père le conduisent dans un pénitencier pour enfants. Lorsque le lecteur le retrouve au début de *La Belle Saison,* quelques années se sont écoulées et l'insurgé semble avoir laissé la place à un jeune homme parfaitement réintégré dans ses études et son milieu social. De ce fait, la réussite à Normale prend l'apparence d'une rédemption. Mais ce n'est que pour rendre plus saisissante encore la rupture qui survient bientôt. Les feux de la révolte étaient des feux mal éteints et sous le jeune normalien plein d'avenir couve déjà le révolutionnaire genevois.

13. Cf. notre étude, « L'image du normalien dans *Les Hommes de bonne volonté* : mythe ou réalité ? », à paraître *Cahier Jules Romains,* n° 8, 1988.

L'École normale supérieure joue donc, à sa manière, sa partition dans l'œuvre de Roger Martin du Gard [14].

De la rue d'Ulm au Quai Conti : les normaliens et l'Académie française.

Le normalien est donc devenu, progressivement, un personnage de littérature. L'une des raisons les plus simples en est peut-être, après tout, que certains élèves de la rue d'Ulm ont investi non seulement, on l'a vu, une partie de la critique, mais également la production littéraire elle-même. A cet égard, une étude des rapports entre l'École normale supérieure et l'Académie française peut se révéler précieuse : pour peu que l'on considère, en effet, que l'entrée dans cette vénérable institution, à défaut de sanctionner toujours un talent littéraire exceptionnel, est, tout de même, le résultat d'une certaine influence et d'un réseau d'amitiés et d'alliances longuement tissé, cette étude fournit un indicateur non négligeable du poids des normaliens dans certains secteurs de la vie littéraire. Et ce poids, on l'a déjà dit, pourrait expliquer, tout au moins en partie, l'intérêt croissant pour l'École normale manifesté par journalistes et romanciers. Mais étudier les rapports entre l'Académie française et l'École normale supérieure, c'est en même temps mettre en lumière une autre facette de l'image que cette École offrait à l'opinion publique — ou tout au moins à certaines de ses franges « éclairées » — des années 1920 : puisqu'elle est devenue, on va le voir, la plus importante pourvoyeuse de l'Académie française, la rue d'Ulm accède, elle aussi, par ricochet, au statut d'institution, qui est déjà celui du Quai Conti, aux yeux d'une partie des Français.

Après le faux départ de l'an III, c'est le décret impérial du 17 mars 1808 qui constitue l'acte de naissance de l'École normale supérieure, et sa première promotion date de 1810. En 1930, elle a donc douze décennies d'existence et, durant cette période, trente et un de ses anciens élèves sont entrés à l'Académie française.

Le tableau ci-contre permet de mettre en perspective l'importance croissante des normaliens parmi les titulaires des quarante fauteuils. Le décalage de près de deux siècles entre la naissance de l'Académie française (1635) et la constitution de la première promotion de l'École normale supérieure (1810, si l'on ne tient pas compte des élèves de l'an III) explique que cette implantation normalienne au Quai Conti ait d'abord été lente. En 1830, Victor Cousin entre, à trente-huit ans, à l'Académie française, mais, pendant plusieurs décennies, cette institution reste peu perméable aux apports de la rue d'Ulm : en 1840, elle compte un normalien sur quarante membres, deux en 1850, ainsi qu'en 1860 et 1870. Mais le décalage chronologique des naissances des deux établissements n'explique pas tout : alors que seuls trois normaliens deviennent académiciens entre 1830 et 1870, quatorze le sont entre 1874 et 1895. La coïncidence de ces dates avec les grandes phases de l'histoire politique du XIXe siècle français est frappante et une étude de l'orientation politique des normaliens académiciens et des modalités précises de leur élection serait, à

14. Nous n'avons sondé, dans le paragraphe qui précède, que la littérature romanesque. Pour cette raison, nous avons exclu de cette brève étude, entre autres, les célèbres attaques de Charles Péguy contre l'École normale supérieure issue de la réforme de 1903, notamment, en 1913, dans *L'Argent (suite)*, où il brosse un sombre tableau d'une École qui « achève de s'écrouler », qui « vit dans le plus grand désordre s'il est permis de nommer cela vivre », et dont Ernest Lavisse est « l'organisateur du désastre » (Charles Péguy, *Œuvres en prose 1909-1914*, Gallimard, 1961, p. 1150).

cet égard, très précieuse. Une analyse superficielle interdit, naturellement, toute généralisation. Par ailleurs, l'hostilité de la plupart des élèves et anciens élèves de la rue d'Ulm au régime du second Empire n'est probablement pas un facteur d'explication, l'Académie française étant à cette époque, selon la formule imagée de René Rémond, un « salon orléaniste ».

	Académie française	École normale supérieure	Date du décès
Victor Cousin	1830	1810	1867
Henri Patin	1842	1811	1876
L. A. Prévost-Paradol	1865	1849	1870
Émile Caro	1874	1845	1887
Alfred Mezières	1874	1845	1915
Jules Simon	1875	1833	1896
Gaston Boissier	1876	1843	1908
Hippolyte Taine	1878	1848	1893
Louis Pasteur	1882	1843 (S)	1895
Adolphe Perraud	1882	1847	1906
Edmond About	1884	1848	1885
Victor Duruy	1884	1830	1894
Édouard Hervé	1886	1854	1899
Octave Gréard	1886	1849	1904
Ernest Lavisse	1892	1862	1922
P. A. Challemel-Lacour	1893	1846	1896
Jules Lemaître	1895	1872	1914
Émile Faguet	1900	1867	1916
René Doumic	1909	1879	1937
Jean Richepin	1909	1868	1926
Henri Bergson	1914	1878	1941
Émile Boutroux	1914	1865	1921
Alfred Baudrillart	1918	1878	1942
Joseph Bédier	1920	1883	1938
Georges Goyau	1922	1888	1933
Camille Jullian	1924	1877	1939
Émile Picard	1924	1874 (S)	1941
Louis Bertrand	1925	1885	1941
Émile Mâle	1927	1883	1954
Abel Hermant	1927	1880	1950
André Chaumeix	1930	1895	1955

Avançons tout de même l'hypothèse que la consolidation progressive de la République pendant les deux décennies qui suivent 1870 n'est sans doute pas étrangère à l'afflux soudain de normaliens. En 1890, neuf d'entre eux sont titulaires de fauteuils à l'Académie française et si, par la suite, les chiffres fléchissent légèrement — sept en 1900 et le même nombre en 1915 —, on a atteint, dès cette date, la proportion de normaliens académiciens qui sera celle qui se généralise à partir de 1920 : un quart environ de l'effectif.

La deuxième période qui voit, en effet, une entrée en force des « archicubes » à l'Académie française est celle des années 1920 : entre 1920 et 1930, sont reçus vingt-trois nouveaux académiciens, dont huit normaliens, soit 34,8 % du total. Le fait est déjà, en lui-même, révélateur du poids pris par l'École normale supérieure dans certains secteurs de la vie intellectuelle française. Mais il nous intéresse ici moins par ce qu'il révèle que par la manière dont il a dû être ressenti. On peut penser, en effet, que, parvenu à ce stade, le phénomène devenait perceptible pour une partie de l'opinion publique : le notable de province, par exemple, dont l'attention était sans doute déjà attirée par la place des normaliens dans la vie politique, a dû sans doute acquérir à cette époque une conscience, sinon nette du moins approximative, du rôle joué par « Normale » dans un certain nombre de domaines de la vie du pays. Conscience approximative et donc en partie fausse. Mais l'historien des faits d'opinion ne s'assigne-t-il pas comme tâche primordiale de débusquer les mythes — entendus au sens de déformations collectives d'une réalité — pour en étudier la genèse, en dégager la signification et pour tenter d'en observer la propagation dans une opinion publique ?

Quoi qu'il en soit, un fait reste acquis : à la fin de l'année 1925, les titulaires des quarante fauteuils comptent donc dans leurs rangs neuf normaliens : Émile Picard, Jean Richepin, Louis Bertrand, Henri Bergson, monseigneur Baudrillart, Camille Jullian, Georges Goyau, René Doumic et Joseph Bédier. Près d'un académicien sur quatre est donc, à cette date, issu de la rue d'Ulm [15]. En 1930, la proportion s'est même légèrement élevée puisque, si Jean Richepin est mort en 1926, sont entrés en 1927 Émile Mâle (promotion 1883) et Abel Hermant (1880, démissionnaire l'année suivante) et, en 1930, André Chaumeix (1895) : onze sur quarante donc, soit 27,5 % [16].

L'étude des milieux professionnels dont proviennent ces onze académiciens est également instructive. Certes, près de la moitié d'entre eux — cinq sur onze — sont avant tout des universitaires. Un seul est scientifique : Émile Picard (1856-1941), reçu premier à l'École normale supérieure en 1874 et premier à l'agrégation de mathématiques en 1877, grand mathématicien français, élu en 1924 au fauteuil qu'occupera après lui Louis de Broglie. Les quatre autres sont issus de la section littéraire de la rue d'Ulm. Émile Mâle (1862-1954) est, au moment de son élection, en 1927, directeur de l'École française de Rome. Joseph Bédier (1864-1938), entré comme Émile Mâle à l'École normale supérieure en 1883, est, depuis 1903, professeur au Collège de France, institution dont il deviendra l'administrateur en 1929. C'est un autre normalien professeur au Collège de France qui devient académicien en 1924 : Camille Jullian (1859-1933) y est, en effet, à cette date, professeur d'Antiquités nationales. Henri Bergson (1859-1941) enseigne aussi au Collège de France : normalien en 1878, agrégé de philosophie en 1881, docteur en 1889, professeur

---

15. Sans compter ceux qui auraient souhaité l'être. La lecture de certaines notices d'*Isographie de l'Académie française 1906-1963* (par Robert Didier, Éd. de Broccard, 1964) est édifiante. Ainsi, pour Pierre de La Gorce (1846-1934), élu à l'Académie française en 1917 : « À dix-sept ans, devant choisir une carrière, il désirait préparer l'École normale, mais, n'osant l'avouer, il s'inclina devant le désir de son père et se tourna vers la magistrature » (*op. cit.*, p. 124). Ainsi, également, Henri Mondor (1885-1962), reçu Quai Conti en 1947 : « Ayant toujours eu l'amour des lettres, dans sa jeunesse, il voulait entrer à l'École normale supérieure ; mais, poussé par sa mère à faire sa médecine... » (*op. cit.*, p. 145). La monumentale *Histoire du second Empire* du magistrat et les ouvrages d'histoire littéraire du grand médecin auraient donc un relent d'amertume, celle de ne pas avoir connu l'École normale ! Ces anecdotes sont d'autant plus révélatrices que les notices dont elles sont extraites ont été manifestement inspirées par les académiciens eux-mêmes.

16. On retrouve sensiblement la même proprotion trente-cinq ans plus tard : En 1966, en effet, 10 académiciens sont normaliens (tous issus de la section littéraire) : Jules Romains, Maurice Genevoix, André François-Poncet, Pierre Gaxotte, Jérôme Carcopino, Jean Guitton, Jean Guéhenno, Thierry Maulnier, Jean Mistler et Pierre-Henri Simon. Dix ans plus tard, en 1976, les normaliens représentent toujours approximativement un quart des académiciens français : Jérôme Carcopino est mort en 1970, Pierre-Henri Simon et Jules Romains en 1972, mais Roger Caillois a été reçu en 1971 et Jean d'Ormesson en 1973. Notons que, si l'on ajoute Robert Aron, Claude Lévi-Strauss, Maurice Schumann et Étienne Wolff, les anciens khâgneux représentent, en 1976, au moins 13 titulaires de fauteuil sur 40 (dont 7 pour les khâgneux de la période que nous étudions), encore que Robert Aron n'ait, en fait, jamais siégé Quai Conti, étant mort brutalement quelques jours avant sa réception. Début 1983, les académiciens anciens normaliens étaient au nombre de neuf (Bourbon-Busset, Dumézil, Gouhier, Guitton, Maulnier, Mistler, d'Ormesson, Peyrefitte, Soustelle).

de lycée pendant seize ans de 1881 à 1897, maître de conférences à l'École normale supérieure de 1897 à 1900, professeur au Collège de France depuis cette date, élu à l'Académie des sciences morales et politiques en 1901 et à l'Académie française en 1914, Henri Bergson est d'abord un universitaire.

Apparemment donc, l'importance des normaliens académiciens dans les salons et les cénacles où se font et se défont les gloires littéraires, que nous posions plus haut en postulat, semble usurpée : cinq normaliens sur onze[17] entrent, en effet, à l'Académie française au titre de l'Université. En fait, cette importance est pourtant bien réelle. D'une part, il n'y a rien d'étonnant à ce que la moitié des normaliens titulaires d'un fauteuil le soient en tant qu'universitaires. Cela s'explique par leur formation, la carrière choisie et le poids des normaliens dans l'Université. Or l'Académie française, tout comme certains clubs de notables parisiens et provinciaux, a toujours pratiqué un savant dosage dans son recrutement. Une tacite loi des quotas permet d'y accueillir avocats célèbres, grands médecins cultivés, ecclésiastiques distingués, hobereaux que de savantes recherches généalogiques ont conduits aux marches de l'histoire, journalistes titulaires de rubriques de critique influentes, officiers supérieurs que les sentiers de la gloire militaire ont menés jusqu'au Quai Conti, hommes politiques en retraite, et quelques universitaires de renom.

D'autre part, parmi les universitaires que nous venons de citer, certains ont acquis une réputation et une influence qui dépassent largement les limites du triangle Sorbonne-Rue d'Ulm-Collège de France. Avec Henri Bergson, en particulier, nous sommes déjà aux confins de l'Université et de la littérature, et le prix Nobel de littérature qui vient le couronner en 1928 en porte témoignage : seuls trois Français ont été honorés par ce Prix dans l'entre-deux-guerres, Anatole France en 1921, Henri Bergson en 1928 et Roger Martin du Gard en 1937. Enfin, cinq des normaliens académiciens en 1930 appartiennent à part entière, quant à eux, aux milieux littéraires et journalistiques. Louis Bertrand (1866-1941), de la promotion 1885, agrégé et docteur ès lettres, abandonne le professorat en 1900 pour se consacrer entièrement à la littérature. Si ses sources d'inspiration essentielles demeurent l'Afrique maghrébine, où il a été professeur, il consacre un roman à l'École normale supérieure : *Hippolyte porte-couronnes* est, on l'a vu, le récit de la vie d'un jeune homme, vers 1885, depuis son départ pour la khâgne d'Henri-IV jusqu'à sa sortie de l'École normale supérieure.

Un deuxième normalien romancier est représenté à l'Académie française en 1930 en la personne d'Abel Hermant (1862-1950). Avec ce littérateur un peu mièvre, reçu premier à l'École normale supérieure mais qui en avait démissionné au bout d'un an pour se consacrer à la littérature, nous touchons, par ailleurs, au domaine des normaliens journalistes et critiques : Abel Hermant a été, entre autres, chroniqueur au *Temps* et au *Figaro*. Deux de ces normaliens ont ainsi fait carrière à la vénérable *Revue des deux mondes* et cela les conduira tous deux à la fonction de secrétaire perpétuel de l'Académie française. Premier à l'entrée rue d'Ulm en 1879, premier à l'agrégation des lettres de 1882, René Doumic deviendra, en effet, le « premier » des académi-

17. Et même 6 sur 11. Dans une certaine mesure, on peut considérer, en effet, Alfred Baudrillart (1859-1942) comme un universitaire. Normalien de la même promotion que Jean Jaurès et Henri Bergson — 1878 —, agrégé d'histoire et de géographie en 1881, professeur aux lycées de Laval et de Caen, entré dans les ordres en 1890, il enseignera à l'Institut catholique avant d'en devenir recteur en 1907.

ciens en février 1923. Après un début de carrière consacré à l'enseignement secondaire — un an au lycée de Moulins puis quatorze ans en rhétorique au collège Stanislas —, il partagera son temps entre l'Alliance française et la *Revue des deux mondes*, dont il prendra d'ailleurs la direction à partir de 1916. A sa mort, c'est Georges Goyau (1869-1939) qui est élu, le 13 janvier 1938, secrétaire perpétuel. Là encore, le palmarès universitaire et une fonction de premier plan à la *Revue des deux mondes* jouent un rôle essentiel : entré premier à l'École normale supérieure en 1888, premier à l'agrégation d'histoire et de géographie en 1891, membre de l'École française de Rome, Georges Goyau entre dès 1894 à la *Revue des deux mondes*; cette tribune lui conférera un rôle de premier plan parmi les écrivains catholiques.

Mais l'archétype du normalien dont le rôle de journaliste influent est couronné par un fauteuil académique reste, pour la période considérée ici, André Chaumeix (1874-1955). A nouveau, les débuts sont classiques : khâgne à Henri-IV, École normale supérieure en 1895, agrégation des lettres en 1898, École française de Rome. Mais, dès son retour à Paris en 1900, il bifurque vers le journalisme politique et entre au *Journal des Débats* dont il devient, dès 1905, à trente et un ans, rédacteur en chef. Dès lors, sa place dans la presse politique et la chronique littéraire ira en s'amplifiant : rédacteur à la *Gazette des Beaux-Arts*, directeur de la *Revue de Paris*, chargé en 1927 de la critique littéraire à la *Revue des deux mondes* et du bulletin politique du *Figaro*, son nom reste surtout attaché à l'article de tête qu'il écrivit, pendant plus de trente ans, chaque matin dans les *Débats* et dans lequel il couvrait à la fois la politique intérieure et extérieure. Élu à l'Académie française le 22 mai 1930 au fauteuil de Georges Clemenceau, il écrira en 1932 un ouvrage sur le lycée Henri-IV qui constitue une défense et illustration de la culture classique telle qu'elle était enseignée, à la fin du XIXe siècle, dans les classes préparatoires à l'École normale supérieure et y tressera des lauriers à ses anciens professeurs de rhétorique et rhétorique supérieure[18].

De la rue d'Ulm au Palais-Bourbon : une république des normaliens ?

27,5 % de l'effectif de l'Académie française en 1930, près de 35 % des élus entre 1920 et 1930. Ces deux chiffres rendent compte d'une réalité qui était sans doute étrangère à la plus grande partie de l'opinion publique des années 1920 mais qui, pour une fraction non négligeable de cette opinion, contribuait, parallèlement à la place dévolue à Normale dans les journaux et la littérature, à faire de l'établissement de la rue d'Ulm une véritable institution, au même titre que le musée du Louvre, le château de Versailles, la tour Eiffel, l'École polytechnique ou... l'Académie française.

Cette notoriété et ce prestige de l'École normale supérieure sont à ce point réels, au milieu des années 1920, qu'un homme politique n'hésitera pas à usurper le titre de normalien. Au cours de la session de printemps du Conseil général de la Gironde, en effet, le 2 mai 1923, Georges Mandel affirme qu'il a « usé ses fonds de culotte sur les bancs de l'École normale ». Ayant traité le ministre des Pensions, André Maginot, mutilé de guerre, de « mutilé complet » — « Je ne songe pas à discuter la personne du mutilé complet qui est égaré à la tête du ministère des Pensions » —, il avait choqué l'auditoire et,

18. André Chaumeix, *Le Lycée Henri-IV*, Gallimard, 1936 ; cf. en particulier, le portrait qu'il brosse de son maître Henri Chantavoine (*op. cit.*, p. 94-101).

pour se justifier, avait cité Littré, Vaugelas et Silvestre de Sacy et tenté de démontrer que le terme « mutilé » pouvait également s'appliquer aux fonctions intellectuelles et que c'est dans ce sens qu'il s'était exprimé ; et que, de toute façon, étant passé par l'École normale supérieure, il était bien placé pour connaître les différentes acceptions de ce terme. Un pieux mensonge[19] pour dissiper la mauvaise impression causée par un piètre jeu de mots : le propos, pour significatif qu'il soit, aurait été en fin de compte sans grande importance et ne serait pas passé à la postérité[20] si les adversaires de Georges Mandel au sein du Conseil général n'avaient taxé ce dernier d'affabulation ; de ce fait, la session de printemps de ce Conseil tourna en partie autour du problème du passage éventuel du pourfendeur d'André Maginot par la rue d'Ulm. M. Chaigne, conseiller général, s'étant renseigné, demanda la parole à la fin de la séance du 3 mai et accusa Georges Mandel de mensonge. Celui-ci monta alors à la tribune et la lecture de la sténographie de cette partie des débats est savoureuse et instructive à bien des égards[21] :

> « *M. Mandel :* Il semble que M. Chaigne n'ait pas oublié ce qui lui est arrivé le 16 novembre 1919 : il a été battu... M. Chaigne ne paraît pas avoir oublié cette mésaventure et, après vingt-quatre heures de préparation, il lui arrive, comme cela, de temps en temps, de nous faire des citations latines que lui suggère sa culture naturelle. Eh bien ! M. Chaigne, puisque votre culture est si grande et ma puissance d'affirmation, selon vous, sans égale, je vais vous répondre point par point. J'ai eu l'occasion de dire que j'avais été reçu à l'École normale supérieure. C'est faux ! avez-vous dit. Vous voudrez bien vous donner la peine, M. Chaigne, de vous reporter à l'*Annuaire* de la promotion de l'École normale de l'année 1903 ; vous y verrez qu'avec une dispense d'âge, j'ai été reçu. Je n'y suis resté que quelques semaines et j'ai démissionné. Voilà une précision. A une séance prochaine, vous pourrez éventuellement rectifier. »

M. Chaigne, ayant pu se procurer le jour même un *Annuaire* de l'École, vérifia aisément que Georges Mandel n'y figurait dans aucune promotion ; il déposa l'*Annuaire* sur le bureau du Conseil général, en invitant ses collègues à constater le mensonge flagrant de M. Mandel. Mais celui-ci remonta aussitôt à la tribune pour y prononcer le discours que voici :

> « *M. Mandel :* Je n'ai pas supposé une seconde, malgré la fatuité dont m'accuse M. Chaigne, que le pays se préoccupera de cette question. Il faut l'indigence intellectuelle...
> — *M. Chaigne :* Assez !
> — *M. Mandel :* ... de celui qui m'a interpellé, en se livrant à une agression caractérisée, pour que le débat ait pris cette tournure... M. Chaigne est venu, très gentiment, en mauvais petit élève, nous réciter une médiocre composition qu'il avait laborieusement préparée ; c'est sans doute ce qui l'avait empêché d'écouter les explications que j'ai fournies... Qu'est-ce que j'ai dit ? non pas aujourd'hui,

19. En fait, Georges Mandel n'a pas poursuivi ses études au-delà du baccalauréat de philosophie. Élève au lycée Condorcet, il échoue à cet examen en 1902. Reçu en 1903, il se dirige alors vers le journalisme.

20. Il y est fait allusion, par exemple, dans le *Dictionnaire des parlementaires français :* « ... Il ne poussa pas au-delà du baccalauréat, obtenu à dix-sept ans. On ignore pourquoi : c'est une des énigmes de cette vie qui n'en est pas avare. Mandel, par la suite, aura l'imprudence de faire état de diplômes imaginaires : licence de lettres, École normale supérieure. Ses adversaires n'eurent pas de peine à le convaincre de mensonge » (*op. cit.*, t. VII, p. 2354).

21. Cette sténographie a été publiée dans *L'Œuvre* du jeudi 21 juin 1923, en première page, sur deux colonnes, sous le titre « La dernière imposture de M. Mandel ».

mais au cours de séances précédentes. Que j'avais usé — on me l'a assez reproché au cours de mes réunions ! — que j'avais usé mes fonds de culotte sur les bancs de la Sorbonne, de l'École normale et — cela vous permettra, M. Chaigne, de faire des recherches supplémentaires — à la faculté de droit et à l'École des sciences politiques...

— *M. Chaigne :* Comme auditeur !

— *M. Mandel :* Je ne vous ai pas interrompu... Laissez-moi parler. Vous venez vous livrer ici à une besogne mesquine... Je vous réponds que je suis entré à l'École normale en 1903. Avec le concours d'un représentant de l'Administration préfectorale, M. Chaigne s'est livré à de laborieuses recherches ; il aurait mieux fait de venir me consulter. Je le considère comme incapable et je lui aurais donné des précisions. Il s'est livré, dis-je, à des recherches pour savoir dans quelle section de l'École j'étais entré. Je vais vous rassurer, pauvre M. Chaigne, j'ai été reçu, et je n'en tire aucune vanité, cela ne présente aucun intérêt, j'ai été reçu dans la promotion supplémentaire de l'École normale de décembre 1903. J'ai eu comme professeur à l'École normale — et je pourrais publier un paquet de lettres de lui — un homme dont je tire honneur de saluer la mémoire : ce fut un grand orateur qui, dans tous les domaines, aurait joué un rôle considérable — il aurait pu être votre maître comme il a été le mien —, ce fut Ferdinand Brunetière. Et lorsque, à certaines heures, j'entendais des hommes crier : " La clôture ! A l'ordre du jour ! " je me rappelais cette parole profonde de lui : " La mort est une défaillance suprême ; on n'est perdu que lorsqu'on s'abandonne. " Je me souviens des cours que Brunetière nous faisait ; c'était la seule joie de cet homme de lettres, avec ses livres qu'il avait fait relier en bleu, en rouge, en violet, selon la qualité des auteurs. Je puis dire que je suis resté fidèle, à travers les vicissitudes de la fortune, à la politique que j'ai tracée au corps électoral ; mais lorsque Brunetière, qui aurait pu mourir dix ans avant, dans un acte de déchéance suprême s'est abandonné — ses lettres, je les tiens à votre disposition, jeune Chaigne —, il m'a fait appeler. Il m'a dit : " Voyez-vous, j'ai peur... je ne puis plus parler (depuis longtemps il ne pouvait plus parler et il avait été un maître d'éloquence) mais ne vous abandonnez jamais ; soyez surtout heureux, lorsque des imbéciles s'en prendront à vous ! " C'est, Monsieur Chaigne, la satisfaction que vous m'avez fournie ; et cette dernière parole sera de vous remercier. »

Si nous avons reproduit cette trop longue citation, ce n'est pas seulement parce qu'elle fournit l'exemple piquant d'un homme politique rompu à l'art d'occuper la tribune tout en éludant les questions posées. Elle nous montre également le prestige de l'École de la rue d'Ulm qui n'apparaît pas tant dans le mensonge de Georges Mandel — après tout, à partir du moment où ce dernier affichait des prétentions philologiques, la rue d'Ulm devenait, en effet, la meilleure référence possible —, que dans l'acharnement de son interlocuteur à mettre en évidence ces affabulations : pour le « jeune Chaigne », il s'agit, avant tout, de prendre son adversaire en flagrant délit, mais s'il donne suite à l'incident, en relançant l'affaire, c'est que cette affirmation d'appartenance à l'École normale supérieure est plus, à ses yeux, qu'un péché véniel. S'il convient assurément de ne pas exagérer la signification d'un tel épisode, il nous semble pourtant qu'il est révélateur, et ce d'autant plus qu'on ne s'arrêta pas là. A la fin du mois de juin, le bureau du Conseil général envoya à Georges Mandel la sténographie de ses interventions, pour lui permettre, comme il est d'usage, d'en rectifier la forme avant impression ; Georges Mandel remplaça les propos qu'il avait tenus par d'autres, beaucoup plus vagues : « Moi qui ai suivi des cours de préparation à l'École normale... Moi qui me suis spécialisé dans des études littéraires et même historiques... Moi qui ai suivi, pendant la période dont je viens de parler, des conférences de M. Brunetière... » Le bureau du Conseil général décida, à l'unanimité, de refuser ces retouches et de publier telle quelle la sténographie, et Georges Mandel ayant protesté lors de la session suivante du Conseil général, ce dernier adopta, dans sa séance du 3 septembre 1923, cet ordre du jour, voté par 26 voix contre 1 :

> « Le Conseil général de la Gironde,
> ... approuve pleinement son bureau d'avoir, pour la loyauté des délibérations de l'assemblée, refusé les corrections proposées et fait publier le texte des paroles réellement prononcées. Ne peut que constater, d'autre part, que M. Mandel, conseiller général, a, dans les séances des 2 et 3 mai, apporté devant l'assemblée départementale des affirmations qui ont été reconnues inexactes, et, d'autre part, qu'il a tenté de faire disparaître ces affirmations du compte rendu officiel. Se voit dans l'obligation, pour la dignité et la moralité des débats du Conseil général, de prendre acte de ces incidents[22]...

L'épisode Georges Mandel — que certains, en Gironde, surnommèrent dès lors « l'Anormalien » — est en fait plus particulièrement révélateur d'un phénomène qui concourt à rendre plus grands encore la célébrité et le prestige de l'École normale supérieure : il s'agit de la place importante tenue par les normaliens dans la vie politique des années 1920.

Célestin Bouglé affirme[23] que l'éditeur Bernard Grasset avait songé à parer la couverture de *La République des professeurs* d'Albert Thibaudet, publiée en 1927, d'une bande de lancement proclamant : « C'est Normale et Cie qui mène la France. » Dans cet ouvrage, l'auteur rapportait notamment la phrase que lui lança le Comte de Saint-Aulaire, ambassadeur à Londres, en apprenant la victoire électorale du Cartel des gauches : « Eh bien, monsieur, voilà l'École de droit et l'École des sciences politiques qui cèdent la place à l'École normale... »

Il est vrai qu'à cette date la place des normaliens dans la vie politique est grande. Il convient cependant de ne pas en exagérer l'importance et de mesurer le décalage entre une réalité qu'il faut nuancer et la perception qu'en avait une partie de l'opinion publique. Ainsi, en 1924, neuf normaliens sont élus ou réélus :

Paul Painlevé, Promotion Sciences 1883, député de Paris.
Émile Borel, Promotion Sciences 1889, Aveyron.
Léon Blum, Promotion Lettres 1890, Paris.
Édouard Herriot, Promotion Lettres 1891, Rhône.
Adolphe Landry, Promotion Lettres 1893, Corse.
Aimé Berthod, Promotion Lettres 1900, Jura.
Yvon Delbos, Promotion Lettres 1907, Dordogne.
André François-Poncet, Promotion Lettres 1907, Paris.
Paul Bastid, Promotion Lettres 1910, Cantal.

Aux élections de 1928, la liste des députés normaliens s'allonge et passe de neuf à treize : sur les élus de 1924, huit sont réélus et seul Léon Blum, battu à Paris par Jacques Duclos — mais qui retouvera un siège lors d'une élection partielle à Narbonne l'année suivante —, ne figure pas dans ce peloton. L'École normale compte, en outre, cinq nouveaux élus :

Alexandre Bracke-Desrousseaux, Promotion Lettres 1881, député du Nord.
Jules Cels, Promotion Sciences 1886, Lot-et-Garonne.

---

22. D'après *BSAENS*, n° 9, janvier 1924, p. 27.
23. *BSAENS*, n° 19, juillet 1928, p. 21.

Henri Lorin, Promotion Lettres 1886, Gironde.
François Albert, dit François-Albert, Promotion Lettres 1898, Deux-Sèvres.
Jean Mistler, Promotion Spéciale Lettres 1919, Aude.

On notera, d'emblée, pour ces deux élections législatives, la surreprésentation des littéraires et l'apparition de jeunes députés de moins de quarante ans : en 1924, Paul Bastid a trente-deux ans, André François-Poncet trente-sept et Yvon Delbos trente-neuf. En 1928, Jean Mistler a trente et un ans. D'autre part, ces parlementaires, dans leur majorité, se situent à gauche : en 1924, sept sur neuf sont favorables au Cartel des gauches, dont six radicaux ou apparentés qui seront neuf sur treize en 1928. Cette donnée contribuait à conforter davantage encore dans l'opinion publique « éclairée » cette vision, déjà présente, on l'a vu, dans la littérature, d'une École normale supérieure politiquement orientée à gauche.

Mais ce nombre des députés normaliens était-il, en fait, suffisant pour frapper les esprits ? Non, assurément. Son importance statistique est en effet trop faible pour être à coup sûr ressentie au niveau de l'opinion publique. Tout au plus devait-il s'intégrer dans un phénomène qui, lui, était vraisemblablement perceptible par le plus grand nombre : le rôle, au Parlement, des enseignants de tous les degrés, qui, certes, n'est pas neuf, mais qui s'amplifie à cette époque. Paul Gerbod a étudié, dans cette optique, les élections législatives de 1924 à 1936 et ses chiffres sont éloquents : en 1924, 128 enseignants sont candidats, dont 36 instituteurs, 60 professeurs de l'enseignement secondaire et 32 membres du supérieur; 46 sont élus[24]. En 1928, 207 se présentent et 53 sont élus[25]. Pour 1932 et 1936, le nombre des enseignants élus est respectivement de 49 et 59. Dans les années 1920 comme dans les années 1930, ces candidats et ces élus sont généralement membres des partis de gauche — en 1936, par exemple, seuls neuf enseignants sur 59 appartiennent aux partis « modérés » —, plus souvent radicaux avant le Front populaire, en majorité socialistes en 1936 — 32 socialistes sur 59, dont 10 professeurs de l'école primaire supérieure ou d'écoles normales et 14 instituteurs[26].

Si le nombre des députés normaliens n'est, en définitive, que peu significatif sur le plan statistique[27], il en va différemment de l'arrivée au pouvoir, et donc sur le devant de la scène, de ministres normaliens.

Le 15 juin 1924, c'est le normalien Édouard Herriot qui forme le nouveau gouvernement. Cette victoire du Cartel n'a pu se faire que grâce à l'apport des voix de la SFIO, sur laquelle règne en fait sinon en droit le normalien Léon Blum. Pendant l'année 1925, après la chute d'Herriot, le 10 avril, c'est le normalien Paul Painlevé qui dirige à deux reprises, du 17 avril au 27 octobre et

24. Cf. Paul Gerbod, *Les Enseignants et la politique*, PUF, 1976, pp. 57 et 72; Mattei Dogan, dans « Les filières de la carrière politique en France » (*Revue Française de Sociologie*, octobre-décembre 1967, pp. 468-492), parle pour sa part de 43 professeurs et 14 instituteurs, soit un total de 57 enseignants élus.

25. La *Revue Universitaire* (1928, 2, p. 71) donne des nombres à peu près similaires : « Les journaux ont signalé que, des 207 universitaires candidats aux dernières élections législatives, 48 étaient élus. »

26. Est mentionné un total de 36 enseignants devenus députés socialistes en 1936 dans l'article d'Alfred Wahl, « Les députés SFIO de 1924 à 1940 : essai de sociologie », *Le Mouvement Social*, janvier-mars 1979, 106, pp. 25-44, avec, de ce fait, une répartition légèrement différente — 17 instituteurs et non 14 — et, de surcroît, un nombre total d'enseignants siégeant à la Chambre supérieur à celui donné par Paul Gerbod (77 au lieu de 59).

27. Ces députés normaliens sont, toutefois, beaucoup plus nombreux que ceux qui sont issus de la grande école concurrente, Polytechnique. En 1935, en effet, l'*Annuaire* de la Société amicale de secours de l'École polytechnique signale 4 députés (auxquels s'ajoutent, il est vrai, 9 sénateurs).

du 29 octobre au 22 novembre, le gouvernement. Le premier cabinet Painlevé comprenait trois normaliens : Paul Painlevé lui-même, ministre de la Guerre et Président du Conseil, Émile Borel, ministre de la Marine, et Yvon Delbos, sous-secrétaire d'État à l'Enseignement technique et aux Beaux-Arts. Quant au deuxième gouvernement Painlevé, il compte un normalien de plus : outre le Président du Conseil (qui, cette fois, s'est adjugé les Finances), Émile Borel (qui demeure à la Marine) et Yvon Delbos (Instruction publique et Beaux-Arts), Aimé Berthod devient en effet sous-secrétaire d'État à la Présidence du Conseil.

Ainsi, alors qu'avant 1914 Jean Jaurès était le seul homme politique de dimension nationale qui fût normalien, dans les années 1920, la victoire du Cartel place sur le devant de la scène d'anciens élèves de la rue d'Ulm[28]. Et, à partir de cette date, en tout cas, le thème d'une École normale supérieure devenue une sorte d'école de cadres des grands partis de la gauche de l'échiquier politique affleurera à plusieurs reprises dans la presse et les écrits de la droite[29]. Et la publication, en 1938, de l'ouvrage d'Hubert Bourgin, *De Jaurès à Léon Blum. L'École normale et la politique*, atteste la persistance de ce thème juqu'à la fin des années 1930. L'auteur, professeur de troisième au lycée Louis-le-Grand, normalien de la promotion de 1895 et agrégé des lettres, venu au socialisme sous l'influence de Lucien Herr, s'est définitivement éloigné de ce courant politique pendant le premier conflit mondial, au point de devenir, dans les années 1920, membre du Faisceau[30]. Après la guerre, il publie plusieurs attaques contre l'Université, gangrenée à ses yeux par la politique, et devenue de ce fait facteur de dissolution nationale. *De Jaurès à Léon Blum* constitue, en quelque sorte, le point d'orgue de ces attaques : dans cet ouvrage, il concentre son réquisitoire contre l'École normale supérieure, responsable, selon lui, du fait qu'aux « Professeurs de la République » se soit substituée « la République des Professeurs » et que « la continuité des splendeurs intellectuelles et morales de la Patrie » soit mise en péril par les « ferments et pourritures démocratiques ».

Plus d'un demi-siècle après, il est frappant de retrouver dans certains témoignages le souvenir de cette image d'une École normale supérieure pourvoyeuse des grands dirigeants politiques. Ainsi, ce normalien de la promotion 1929, dont le père était chef de service à la librairie Delagrave et la mère institutrice de la Ville de Paris :

---

28. La droite française des années 1920 compte aussi, parmi ses étoiles montantes, un élève de la rue d'Ulm. La tradition normalienne colporte, en effet, l'histoire d'un jeune homme reçu « cacique » en 1895 après une seule année de préparation, et qui démissionna : André Tardieu. À la différence de Léon Blum, qui passa un an rue d'Ulm et dut démissionner après avoir échoué à ses examens de licence (cf. Arch. Nat. 61 AJ 12, p. 354 où l'on relève la mention suivante : « Non licencié. Quitte l'Ecole. »), il ne figure pas sur les listes officielles des promotions de l'École normale supérieure. Et pourtant, de fait, il avait été « cacique » à l'École normale supérieure au concours de 1895 : khâgneux à Condorcet, il est premier à l'écrit avec 47,75 points et premier au classement final, après l'oral, avec 84,5 points et un écart de 4,75 points avec le second (cf. Arch. Nat. 61 AJ 16). Mais en 1896, il est « démissionnaire après son année de service militaire, avant d'entrer à l'École » (Arch. Nat. 61 AJ 13).

29. Sans que, d'ailleurs, cette présence de normaliens dans les gouvernements de la IIIe République se soit notablement amplifiée dans les années 1930 : ainsi, en 1932, après les élections législatives, le cabinet Herriot compte 4 normaliens (Herriot, Painlevé, Berthod, Mistler); et, en 1936, le premier gouvernement Blum en compte le même nombre (Blum, Delbos, Bastid et le scientifique Perrin, auxquels il faut ajouter l'épouse du normalien Léon Brunschvicg, qui est chargée d'un sous-secrétariat d'État à l'Éducation nationale).

30. Sur Hubert Bourgin, cf. *infra*, chapitre XII.

« On imaginait, en effet, volontiers que le normalien bénéficiait dans l'Université des camaraderies d'une sorte de franc-maçonnerie. Mon père, qui avait alors des relations au Conseil municipal de Paris, à la Préfecture de la Seine et dans le journalisme, était aussi persuadé qu'il suffisait d'être entré à l'École normale supérieure pour en sortir journaliste, homme politique, député, sans toutefois se griser de l'ambition que le normalien se retrouve maire de Lyon, Président de la Chambre, Président du Conseil comme cet Édouard Herriot que nous avions vu chahuté à la distibution des prix du lycée Louis-le-Grand en 1925[31]. »

Pour certains parents, cette représentation de l'École normale supérieure a même, parfois, joué un rôle déterminant dans le choix d'une carrière pour leur enfant. Le témoignage précédent le suggérait. Les lignes qui suivent, dues à un normalien de 1925, dont le père était instituteur socialiste, sont encore plus explicites :

« Mon père me voyait inspecteur des contributions, métier laissant beaucoup de loisirs à l'époque. Mes jeunes professeurs d'allemand et d'anglais, un couple de Parisiens venu à mon collège vers 1917, ont persuadé mes parents qu'il fallait que je prépare la rue d'Ulm et que j'aille à Louis-le-Grand. Ma sœur qui préparait Fontenay a abondé dans ce sens et mes parents ont accepté le sacrifice financier que représentait mon entrée à Louis-le-Grand sans bourse. Mon père a été fortement motivé par l'image que lui-même se faisait de la rue d'Ulm : Jaurès et Herriot n'en étaient-ils pas sortis ? Militant syndicaliste et socialiste, il voyait pour moi une carrière politique. Je n'y voyais quant à moi pas d'objection, sans être passionné de politique ; l'ENS était une des rares possibilités d'étudier sans soucis financiers graves, pendant quatre ans... »

Les khâgneux eux-mêmes se rappellent avoir eu, souvent, la même représentation de l'École normale supérieure que leurs parents :

« Quant à l'ENS, ce n'était pas mon but capital. Cependant, à l'époque, c'était, avec l'X, et de loin, la " grande école " où, pour l'essentiel, la culture était, de loin aussi, la plus largement répandue, et dont les " produits " avec ceux de l'agrégation (même sans l'ENS) gouvernaient le pays. De surcroît, c'était là que soufflait l'esprit. »

Cette image restait, d'ailleurs, le plus souvent, très floue :

« Image très vague de l'ENS. Les journaux disaient qu'Édouard Herriot, politicien alors en vue, en sortait, ce qui lui faisait une sorte de publicité (à l'ENS autant qu'à Herriot). »

Le 21 avril 1895, pour les fêtes du centenaire de l'École normale supérieure, c'est Raymond Poincaré, ministre de l'Instruction publique, des Beaux-Arts et des Cultes, qui prononce le discours officiel. Vingt-quatre années plus tard, en 1919, c'est le même homme qui prononce un discours lors de la séance solennelle de rentrée de la rue d'Ulm, le 23 mars. Mais c'est, cette fois, en tant que Président de la République. Certes, il convient de ne pas accorder plus de signification qu'il ne le faut à un tel parallèle. Bien plus, en 1919, c'est sans doute le sacrifice consenti par les normaliens lors du conflit qui vient de s'achever qu'entend honorer le Président de la République. L'anecdote garde

31. Ce témoignage et ceux qui suivent ont été recueillis en 1976.

cependant une valeur symbolique : entre 1895 et 1919, l'École normale supérieure est passée progressivement au premier plan, dans la hiérarchie républicaine comme dans la représentation populaire.

Nous en avons perçu quelques symptômes dans les pages qui précèdent. Dans la littérature, dans la politique, des « archicubes » se sont taillé des fiefs et leur renommée rejaillit sur l'établissement de la rue d'Ulm. Et, de plus en plus fréquemment, dans la presse, cette École est mentionnée. La maison Peugeot décide-t-elle, en 1926, d'offrir à la jeunesse estudiantine bicyclettes et motocyclettes, pour le plus jeune docteur de France, comme pour quelques élèves des Grandes Écoles le cadeau sera plus fastueux : une automobile ! Et, naturellement, l'École normale supérieure sera au premier rang des heureux élus[32]. Des incidents mettent-ils aux prises la jeunesse des écoles et les autorités militaires, c'est rue d'Ulm qu'ils ont lieu au sujet de la préparation militaire supérieure. Inaugure-t-on, au milieu des années 1920, la Cité universitaire de Paris, c'est à nouveau pour les députés normaliens l'occasion de monter en ligne au Parlement pour dénoncer la grande misère de Normale[33].

Et, dans la presse de l'entre-deux-guerres, écrivains et journalistes disserteront doctement, à plusieurs reprises, sur l'existence et les traits caractéristiques d'un « esprit normalien[34] ». A défaut de toujours parvenir à le définir, on invoque fréquemment cet esprit, que ce soit pour l'exalter ou, parfois, pour l'attaquer. Bien plus, il arrive que cet esprit hante la conscience nationale puisqu'on vient le consulter, à l'occasion. En mars-avril 1933, *Le Petit Journal* organise une enquête sur le thème : « La France veut-elle un dictateur ? » Tous les jours, pendant plus d'un mois, l'avis des « plus éminentes personnalités françaises » sera sollicité. Quand, après une vingtaine de personnes des milieux politiques et économiques, tels Painlevé, Caillaux, Flandin, Bergery, Reynaud, Blum, Herriot, Jouhaux, Mercier, c'est au tour des « forces spirituelles » d'être interrogées à partir du 1er avril. Paul Valéry et André Malraux donnent leur point de vue, puis, le 3 avril, le journal s'interroge sur « Ce que pense l'Université », et c'est Léon Brunschvicg qui évoque les « lendemains de dictature » qui, « après Waterloo et Sedan, sont lamentables ». Mais l'essentiel de cet article du 3 avril est consacré à un entretien avec Célestin Bouglé, qui tente de répondre à cette question apparemment essentielle : « Une dictature serait-elle acceptée à l'École normale supérieure ? »

---

32. C'est Henri Marrou, « cacique » de la promotion 1925, qui obtint la voiture décernée à l'École normale supérieure (cf. *BSAENS*, n° 14, juin 1926, p. 17).

33. En novembre 1926, par exemple, les députés normaliens se mobilisent pour défendre leur établissement, et les clivages politiques, un instant, s'estompent (cf. les interventions de Marcel Déat, élu la même année à une élection partielle dans la Marne, et d'André François-Poncet publiées au *Journal Officiel* du mercredi 24 novembre 1926).

34. L'expression ne date pas des années 1920. Dans *Le Centenaire de l'École normale*, Jules Lemaître donnait déjà ce titre à sa contribution (*op. cit.*, Hachette, 1895, pp. 565-571). En 1926, Gustave Lanson tentera de mieux cerner cet esprit (*La Revue des deux mondes*, février 1926, pp. 512-541, notamment pp. 528, 531 et 532). Dans *Normale*, en 1932, Édouard Herriot évoquera à plusieurs reprises « l'esprit normalien » (La Nouvelle Société d'Édition, 1932), qu'un jeune normalien de la promotion de 1931 disséquera avec élégance en 1935 (Jean Trichet, sous le pseudonyme de J. Reignup, *L'Esprit de Normale*, Spes, 1935).

CHAPITRE VI

L'École normale supérieure et les carrières universitaires

L'image que l'opinion publique a de l'École normale supérieure devient, assurément, beaucoup plus floue dès que l'on entre dans le détail des filières offertes par l'établissement de la rue d'Ulm, et particulièrement en ce qui concerne son débouché normal : l'enseignement. Or, dans le recrutement des maîtres du secondaire et du supérieur et dans le déroulement des carrières, le passage par Normale constitue, on le verra, un atout incontestable.

Mais s'il est peu ou mal perçu par les familles, cet aspect mérite cependant d'être étudié plus longuement car il est, au contraire, bien connu de ceux qui orientent les meilleurs élèves des lycées vers le concours de la rue d'Ulm : professeurs, proviseurs et inspecteurs généraux.

Des enseignants et des administrateurs en quête de futurs normaliens.

A tous les niveaux du système éducatif, ce sont, en effet, le plus souvent les enseignants et les administrateurs qui guident les meilleurs élèves vers les concours des bourses puis vers des filières telles que l'école normale supérieure.

On a souvent évoqué, à juste titre, le rôle des instituteurs de la IIIe République, poussant les bons élèves de leurs classes vers l'école primaire supérieure ou les concours des bourses d'enseignement secondaire. Ce rôle était, en réalité, double : il consistait, avant tout, à orienter certains élèves vers ces filières, tout en persuadant leurs parents de les laisser s'engager dans des études longues. Par ailleurs, l'instituteur aidait à se préparer à ces concours et venait souvent assister aux épreuves orales : des succès appréciables signifiaient pour lui une réussite sur le plan professionnel et, surtout, ils étaient ressentis comme la récompense et la justification de sa fonction.

Souvent, dans les années qui suivent le passage de certains de ses élèves en sixième, le maître du primaire continue d'être un conseiller écouté, qui encourage la poursuite des études secondaires. Le témoignage, un demi-siècle après, d'un normalien de la promotion 1926 sur son itinéraire vers la rue d'Ulm constitue, en fait, un hommage à son instituteur et à son rôle au moment des bifurcations décisives :

« J'avais abandonné les sciences, où je réussissais assez bien mais qui ne m'intéressaient pas. J'ignorais jusqu'en Philo l'existence de l'ENS. Un prof que j'avais eu en troisième m'a conseillé. J'y voyais l'occasion de continuer des études de lettres qui me plaisaient. Mon ancien instituteur de la communale, qui avait persuadé mes parents de me faire entrer au lycée (externe, c'était peu coûteux), alors qu'ils pensaient me faire entrer à l'école primaire supérieure, comme ils y avaient fait entrer ma sœur aînée, avait promis qu'il me ferait obtenir des bourses quand je devrais être interne. C'était un excellent maître, très respecté. Il a tenu parole. Il était Vénérable du Grand Orient d'Orléans, ce qui facilitait certainement les choses. Je précise cependant que mon père, non pratiquant et vaguement incroyant, n'était pas franc-maçon, pas plus que je ne l'ai été moi-même. »

Parfois, c'est l'inspecteur primaire ou l'inspecteur d'académie qui, au vu des résultats au certificat d'études, joue ce rôle de guide auprès des parents :

« J'ai fait mes études primaires dans une école de campagne où l'instituteur devait faire toutes les classes à la fois, depuis le cours préparatoire jusqu'au certificat d'études, que l'on passait alors à onze ans. Je suis entré au lycée de Nevers et j'y ai fait toutes mes études secondaires... Je suis entré en khâgne sur le conseil de mes professeurs et du proviseur du lycée. Mes parents n'avaient aucune idée de ce que pouvait être une telle classe et je n'étais guère mieux renseigné qu'eux. Sans avoir vraiment une impérieuse vocation, l'idée de devenir professeur me séduisait assez et, pour mes parents, cela paraissait une promotion inespérée [1]. Ils auraient aimé que je devienne instituteur mais, comme j'avais été reçu le premier du canton au certificat d'études, l'inspecteur d'académie avait insisté auprès d'eux pour qu'ils me présentent au concours des bourses départementales, qui avait lieu une quinzaine de jours après le certificat d'études. Ils avaient beaucoup hésité, craignant que les études secondaires ne fussent trop coûteuses, et, finalement, sur le conseil de l'instituteur, ils avaient accepté [2]. »

Les conseils et les pressions de l'instituteur ou de l'inspecteur n'ont pour but que de favoriser le passage de certains de leurs élèves dans l'enseignement secondaire, sans préjuger le plus souvent des études futures de leurs protégés [3]. La décision de certains lycéens de préparer l'École normale supérieure est prise, en général, plus tard, en première ou en terminale, et découle, le plus souvent, de la pression familiale, ou de l'influence du corps enseignant et de l'administration. Les réponses à notre enquête de 1976 sont, à cet égard, très révélatrices : quarante de nos correspondants, soit 43 % de ceux qui ont répondu à la question sur les raisons de l'aiguillage vers la khâgne, estiment que ce sont les conseils reçus au lycée ou au collège qui les ont poussés à s'inscrire dans cette classe. A ce niveau, trois personnages ont pu exercer une influence : le professeur, l'inspecteur général et le proviseur.

Les témoignages insistent sur le rôle des professeurs, le plus souvent dans le

1. Les parents de l'auteur de ces lignes étaient cultivateurs.
2. Témoigagnes recueillis en 1976.
3. Encore que, souvent, les maîtres du primaire avaient une conscience très précise de ce qu'était l'École normale supérieure : nous verrons au chapitre suivant que, fréquemment, ils dirigeront leurs propres enfants vers les khâgnes, avec un désir très vif de les voir entrer rue d'Ulm. On peut donc imaginer qu'ils aient parfois conçu le même projet pour leur « premier » et qu'ils aient suivi la scolarité secondaire de ces protégés, tout en conseillant les parents.

second cycle. Au fur et à mesure, en effet, que se rapprochent le baccalauréat et donc le choix éventuel de futures études supérieures, certains enseignants conseillent à leurs élèves les plus brillants de tenter d'entrer rue d'Ulm. Ces conseils se fondent, en réalité, sur plusieurs éléments : d'une part, comme pour les instituteurs, jouent sans doute, et nous y reviendrons, la notion de mérite et le désir de promouvoir les bons élèves issus de milieux modestes[4]. D'autre part, ceux qui prodiguent ces conseils sont souvent d'anciens normaliens qui sont naturellement enclins à lancer les têtes de classe sur leurs traces. Il s'agit souvent, par ailleurs, des professeurs principaux des sections classiques enseignant le français et les langues mortes, et les plus aptes, de ce fait, à distinguer, parmi leurs élèves, ceux dont le profil scolaire correspond le mieux à la tonalité générale du concours littéraire de la rue d'Ulm.

Un second aiguilleur se tient à la diffluence de la fin des études secondaires : il s'agit de l'inspecteur général, qui met souvent à profit ses passages dans les lycées et collèges de province pour y distinguer ou s'y faire indiquer les élèves méritant d'être aidés. L'un des exemples resté le plus célèbre est celui de Jean Jaurès, remarqué, puis aidé, par l'inspecteur général Nicolas-Félix Deltour. De passage dans la classe de rhétorique du collège de Castres, ce dernier tombe, en feuilletant une édition d'*Athalie*, sur le brouillon d'une composition latine rédigé par Jean Jaurès :

> « Quand on écrit ainsi dans la langue de Cicéron, mon ami, on a des projets d'avenir tout indiqués : quels sont les vôtres ?
> — Dès que je serai bachelier, balbutia Jean Jaurès, je passerai l'examen des postes. Mon rêve serait de faire ma carrière dans le Tarn, pour ne pas m'éloigner de ma mère. »

Après s'être entretenu avec le professeur de rhétorique, l'inspecteur général proposa à Jean Jaurès de préparer le concours de l'École normale supérieure :

> « — Tout vous désigne pour notre carrière : dans deux ans vous viendrez à Paris. Vous serez reçu à Normale...
> — Mes parents n'ont pas d'argent.
> — Je vous ferai obtenir une bourse[5]... »

Jean Jaurès fut donc inscrit en khâgne à Louis-le-Grand, tout en étant interne au collège Sainte-Barbe.

Onze ans plus tard, c'est au tour d'Édouard Herriot d'être remarqué par un

4. Cf. *infra*, chapitre VII.

5. D'après le témoignage de Pierre-Barthélemy Gheusi : *Cinquante ans de Paris. Mémoires d'un témoin 1889-1938*, Plon, t. I, 1939, pp. 3-4. Ce récit a été repris dans plusieurs biographies de Jean Jaurès, notamment dans Marcelle Auclair : *La Vie de Jean Jaurès*, Paris, Le Seuil, 1954, pp. 32-34, et Harvey Goldberg : *The life of Jean Jaurès*, The University of Wisconsin Press, 1968, pp. 12-13 (trad. française : *Jean Jaurès*, Fayard, 1970). Il convient d'ajouter que le récit de P.-B. Gheusi est un témoignage reconstruit, puisque ce dernier était en sixième au collège de Castres au moment où Jean Jaurès était en rhétorique. Il a cependant été, par la suite, l'un des proches de Jean Jaurès, puisqu'il fut son secrétaire, quand celui-ci se présenta à la députation dans le Tarn, et s'occupa de son petit journal local. La tonalité du récit, à défaut de son contenu, est donc à prendre en considération.

Sur la « découverte » de Jean Jaurès par Nicolas-Félix Deltour, cf. également les livres de Lucien Lévy-Bruhl (*Quelques pages sur Jean Jaurès*, Librairie de l'Humanité, 1916 ; notice dans l'*Annuaire*, 1916, pp. 78-103 ; *Jean Jaurès, essai biographique, nouvelle édition suivie de lettre inédites*, Rieder, 1924, p. 24. Il s'agit de trois rééditions d'un même texte) et de Gustave Téry (*Jaurès*, l'Œuvre, 1915).

L'inspecteur général Deltour (1822-1906) appartient à la promotion normalienne de 1842 et, après un court passage au lycée d'Angoulême, exerça pendant toute sa carrière enseignante à Louis-le-Grand.

inspecteur général et d'être aiguillé vers l'École normale supérieure. En 1887, en effet, le futur dirigeant radical est en classe de rhétorique au lycée de La Roche-sur-Yon. Son père, officier de carrière, souhaite lui faire préparer Saint-Cyr. Lors du passage de l'inspecteur général Glachant dans la classe, Édouard Herriot est désigné par son professeur pour expliquer un passage du *Pro Milone.* A partir de là, tout s'enchaîne :

> « L'explication terminée, M. Glachant m'offrit une bourse au collège Sainte-Barbe pour me préparer à l'École normale supérieure... Mon père me conduisait au Cercle des officiers, consultait avec moi le dictionnaire Larousse [pour se renseigner sur l'École normale supérieure]... [il] renonçait à ses projets militaires, songeait que la carrière du professorat permettrait mieux à son fils aîné d'aider la famille au cas où ses blessures de guerre abrégeraient sa vie[6]... »

Et, quelques mois plus tard, Édouard Herriot « monte » à Paris, au collège Sainte-Barbe.

Le rôle joué par les humanités classiques dans le tri, opéré par le régime de la IIIe République, de plusieurs générations de boursiers qui constitueront en notre siècle une part non négligeable du personnel politique et du milieu intellectuel est ici à nouveau évident. La concordance des deux récits (brouillon d'une composition latine, explication orale d'un auteur latin), loin d'être une simple coïncidence, est au contraire révélatrice : en analysant dans le détail les résultats scolaires des lycéens Jean-Paul Sartre et Paul Nizan, nous avons déjà noté le rôle négligeable qu'y tiennent les mathématiques.

Cette concordance des récits est également frappante à un autre titre. Dans les deux cas, en effet, s'y lisent en filigrane une apologie et une justification du système scolaire de la IIIe République : extraits d'un *Fils du Peuple* avant la lettre, dans ses versions socialiste ou radical-socialiste, ces passages se veulent une défense et illustration de la promotion de l' « élite » par l'École[7].

Par-delà leur caractère exemplaire, les récits de Jean Jaurès et d'Édouard Herriot illustrent également, plus simplement, le rôle qui fut celui des inspecteurs généraux de la IIIe République : la découverte et la promotion des meilleurs élèves des lycées et collèges provinciaux et, souvent, leur drainage vers les centres de préparation aux Grandes Écoles. Ainsi, vers 1910, Jean Mistler, fils de musiciens, est-il remarqué, au lycée de Carcassonne, par l'inspecteur général Bompard :

> « M. Auzeral enseignait les lettres... Sa joie faisait plaisir à voir lorsqu'un inspecteur général passait dans sa classe et que les élèves interrogés répondaient d'une manière satisfaisante. C'est ce qui m'arriva un jour avec M. Bompard : enchanté d'une explication de Sénèque, il me demanda si je songeais à préparer Normale et promit au proviseur et à M. Auzeral que j'aurais, sitôt bachelier, une bourse d'honneur à Paris[8]. »

---

6. Éd. Herriot, *Jadis*, I, Flammarion, 1948, pp. 38-39. Charles Glachant (1826-1889), cacique à l'École normale supérieure en 1845, agrégé des lettres en 1848, professeur aux lycées de Chaumont (1848) et de Laval (1849) puis au collège Stanislas (1852) et à Louis-le-Grand (1854), devient, en 1864, directeur du personnel au ministère de l'Instruction publique (1864-1866). Il sera ensuite, pendant vingt-trois ans, inspecteur général (d'après G. Dupont-Ferrier, *op. cit.*, t. III, p. 148).

7. A tel point, d'ailleurs, que le récit d'Edouard Herriot, souvent cité mais toujours à partir de la référence de *Jadis*, est repris presque textuellement d'un autre ouvrage du maire de Lyon, de vingt ans antérieur à ses Souvenirs, intitulé *Pourquoi je suis radical-socialiste* (Les Éditions de France, 1928), et dont le chapitre II (*op. cit.*, pp. 24-39) a pour titre « Études » (pour l'épisode de l'inspecteur général Glachant et du *Pro Milone*, cf. pp. 21-22).

8. Jean Mistler, *Le Bout du monde*, Grasset, 1964, p. 110.

En 1921, le cacique de la promotion littéraire est un khâgneux de Lakanal, Raymond Ruyer. Ce dernier, orphelin de père, fils d'une couturière de Plainfaing, dans les Vosges, avait fait ses études comme boursier au collège d'Épinal, et « c'est M. Darlu, inspecteur général de philosophie, qui [lui] a conseillé, lors d'une inspection, de faire khâgne et l'ENS ». Dans la même promotion de la rue d'Ulm figure le futur dirigeant communiste Georges Cogniot, fils de paysan, qui « a suivi cette filière parce que le proviseur du lycée de Vesoul et un inspecteur général [l']y avaient engagé[9]. »

Georges Cogniot évoque donc un troisième personnage pouvant également jouer un rôle décisif dans l'orientation des meilleurs élèves de l'enseignement secondaire : le proviseur ou le principal du collège. Ce sont eux, en effet, plus encore que les enseignants, qui peuvent persuader les familles des avantages de la préparation du concours de la rue d'Ulm, obtenir un transfert ou un complément de bourse et faciliter une inscription dans un lycée parisien et l'attribution d'une place d'interne. Pour eux également joue le sentiment de la nécessité de dégager une « élite » au sein de l'enseignement secondaire et de l'aiguiller vers les Grandes Écoles littéraires et scientifiques.

A nouveau, le cas Jaurès peut fournir un exemple révélateur. Si Lucien Lévy-Bruhl, Gustave Téry et Pierre-Barthélemy Gheusi ont répandu, on l'a vu, le thème d'un Jaurès « découvert » — l'expression est du premier — par l'inspecteur général Deltour, la réalité semble plus complexe. D'après le témoignage du sous-principal du collège de Castres, M. Delpech, ce sont les autorités de l'établissement qui attirèrent l'attention de Nicolas-Félix Deltour sur Jean Jaurès :

> « ... Pour que cette nature si richement douée pût produire tout son fruit, il fallait que Jaurès allât compléter ses études dans l'un des grands lycées de Paris. Je m'en entretenais fréquemment avec le principal, M. Seignotte, un homme excellent. L'occasion se présenta en 1875. On m'annonce l'arrivée de l'inspecteur général Deltour, me dit M. Seignotte, c'est le moment de mettre Jean Jaurès en évidence et de lui ouvrir l'accès d'un lycée de Paris en qualité de boursier. Jaurès fut signalé à l'attention de M. Deltour. Ce dernier s'empara de Jaurès dès son entrée dans la classe de rhétorique et le fouilla pendant deux heures, lui faisant commenter ou expliquer successivement un texte français, un texte latin et un texte grec. A la sortie de la classe, M. Deltour disait : Au cours de ma carrière, je n'ai rencontré nulle part un élève offrant un pareil ensemble de hautes qualités intellectuelles. C'est une magnifique organisation. Je vais m'occuper de lui[10]... »

On retrouve la trace du rôle joué par ces proviseurs et principaux de collège dans les témoignages que portent, un demi-siècle après, les khâgneux des années 1920 sur les raisons qui les ont poussés dans cette voie : sur la quarantaine de réponses déjà évoquées plus haut, qui estimaient que c'étaient les conseils reçus au lycée ou au collège qui étaient à l'origine de leur orientation, la plus grande partie insistent sur le rôle d'un ou de plusieurs

9. Correspondance de Raymond Ruyer et Georges Cogniot avec l'auteur, janvier 1976. Georges Cogniot évoque également ce rôle du proviseur et de l'inspecteur général dans *Parti Pris* (tome I, Éd. Sociales, 1976, p. 55).

10. Témoignage du sous-principal de l'époque, M. Delpech, recueilli à la source par Louis Soulé (*La Vie de Jaurès*, l'Émancipatrice, 1921, p. 15). Si l'inspecteur général Deltour n'a donc pas, semble-t-il, « découvert » Jean Jaurès, il en demeure, sans aucun doute, le bienfaiteur : c'est lui, en effet, qui obtint pour le jeune collégien une bourse au collège Sainte-Barbe, ainsi que l'atteste une lettre qu'il envoya à M. Dubief, directeur de Sainte-Barbe (cette lettre, datée du 5 octobre 1876 et qui se trouve aux Archives de la Seine, est notamment citée par Henriette Psichari-Renan dans « Jaurès lycéen », *L'Éducation Nationale*, 1er février 1951, et par Marcelle Auclair, *op. cit.*, pp. 37-38).

professeurs ; mais un tiers de ces réponses placent en premier lieu l'influence du chef d'établissement. Ainsi ce normalien de 1923, fils d'un contrôleur des PTT et devenu, par la suite, professeur à la Sorbonne : « Mon entrée en khâgne a été décidée en dehors de moi par M. Robineau, proviseur de Montaigne, le jour de la distribution des prix. Il m'a fait remettre mes prix par M. Ferté, proviseur de Louis-le-Grand, en lui disant : " Je vous le confie, vous en ferez un normalien. " Quand j'ai rapporté ce propos à mon père, il m'a expliqué ce qu'était l'École normale. Il était furieux : il rêvait pour moi de Polytechnique... Inutile de souligner la reconnaissance que je garde aux deux proviseurs. »

Les normaliens et le concours de l'agrégation.

Dans ce milieu des professeurs de lycée, des proviseurs et des inspecteurs généraux est largement répandu, en particulier, le jugement selon lequel le moyen le plus sûr et le plus rapide pour être reçu à l'agrégation, considérée comme la clé de voûte du système universitaire, à la fois « voie royale » de l'enseignement secondaire et porte d'entrée éventuelle du supérieur, est de passer par la rue d'Ulm. Et cette opinion influe sur la représentation qu'ils ont de l'École normale supérieure. Il était donc important d'en vérifier la réalité.

Une première constatation s'impose d'emblée : l'idée selon laquelle la rue d'Ulm est une étape importante sur la voie qui mène à l'agrégation est confirmée par l'analyse des résultats obtenus par les normaliens aux différentes agrégations littéraires de l'enseignement secondaire, résumés dans le tableau suivant :

Date des concours	1865-1873	1874-1883	1884-1893	1894-1903
Pourcentage des normaliens parmi les agrégés littéraires	35	33,5	28,8	33,1
Pourcentage des normaliens parmi les agrégés littéraires, hors agrégation de grammaire[11]	47,5	47,2	38	40,5

11. Comme, au cours de la période étudiée dans ce tableau, les normaliens ne se présentent guère aux agrégations de langues vivantes, il nous a paru justifié de ne pas les inclure dans les calculs dont ce tableau rend compte. Nous avons donc entendu par « agrégations littéraires » les concours d'histoire et géographie, lettres, philosophie et grammaire. Les normaliens se présentent peu à l'agrégation de grammaire, qui offre pourtant les promotions les plus nombreuses. Leur formation les pousse beaucoup plus vers l'enseignement des lettres classiques dans les grandes classes des lycées et collèges — et donc vers l'agrégation des lettres — que vers les petites classes et l'agrégation de grammaire. Les chansons normaliennes se gaussent, d'ailleurs, de cette agrégation, considérée comme inférieure à celles des lettres, d'histoire et géographie et de philosophie. Les travaux de sociologie universitaire de Victor Karady sur la composition du corps universitaire littéraire sous la IIIe République fournissent une courbe d'évolution de même nature :

Date des concours	1863-1873	1874-1884	1884-1893	1894-1903	1904-1913
Proportion de normaliens parmi les promotions d'agrégés	43,2	30,5	24,7	29,1	25,7

Ce tableau est extrait de « Recherches sur la morphologie du corps universitaire littéraire sous la Troisième République », *Le Mouvement Social*, 96, juillet-septembre 1976, pp. 47-79, et notamment

Les normaliens enlèvent donc chaque année entre un tiers et un quart des postes d'agrégés. La baisse du pourcentage entre 1884 et 1893 est, en réalité, une baisse relative, correspondant à une période où le nombre des postes à l'agrégation augmente alors que les promotions de la rue d'Ulm — et donc le nombre des agrégés normaliens — restent stables. Il est à noter également que les chiffres des deux premières décennies correspondent à une période où les candidats à l'agrégation se répartissent en deux groupes : les normaliens et les enseignants et répétiteurs. La création des bourses de licence en 1877 et des bourses d'agrégation en 1880 entraînera progressivement, on va le voir, l'apparition et la multiplication d'un nouveau type de candidat : l'étudiant non normalien. Ce qui n'empêche pas les élèves de la rue d'Ulm de maintenir globalement leurs positions, comme l'atteste le tableau ci-contre.

La prédominance des normaliens prend encore plus d'ampleur si l'on considère un autre élément qui n'apparaît pas dans le tableau : les élèves de la rue d'Ulm se classent très souvent dans les cinq premiers de chaque agrégation; pour la période 1894-1903, par exemple, le pourcentage de normaliens dans les cinq premiers rangs des agrégations de philosophie, lettres, histoire et géographie et grammaire est, selon nos calculs, de 36,5 %. Certaines années, la proportion est plus importante encore et la mainmise de l'École normale supérieure sur les premières places est presque totale : en 1894, par exemple, les quatre normaliens reçus en histoire glanent les quatre premières places, tout comme en grammaire; en lettres, ce sont trois des quatre premières places qui sont enlevées par des candidats de la même origine. En 1897, le résultat est encore plus saisissant : aux places de choix, trois normaliens en lettres, deux en philosophie (le premier, Félicien Challaye, et le deuxième), cinq en histoire (Mantoux et Weulersse, Dureng, Homo, Mathiez) et quatre en grammaire. En 1902, quatre en lettres et le même nombre en histoire (Albert Thomas, Jules Sion, Marcel Bulard et Lucien Febvre aux quatre premières places). En 1903, comme en 1897, Normale obtient la première place dans les quatre agrégations. Cette suprématie — qui, parfois, confine au monopole — est importante : elle concourt sans doute à renforcer indirectement les positions des normaliens dans l'Université et donc à façonner davantage encore l'image qu'ont de la rue d'Ulm les « conseilleurs » évoqués plus haut. Un troisième facteur doit être mentionné pour définir les rapports entre l'École normale supérieure et l'agrégation : il s'agit du nombre peu élevé des échecs de ses élèves dans ce concours de recrutement. Non seulement ces élèves glanent une part non négligeable des postes et souvent les meilleures places, mais encore leurs taux de réussite sont de loin les plus élevés.

La valeur des agrégatifs normaliens joue sans doute un rôle fondamental dans ces succès aux concours d'agrégation : les élèves de la rue d'Ulm ont passé plusieurs années dans une classe préparatoire, à l'issue de laquelle ils ont affronté un concours très sélectif. Ils constituent donc, le plus souvent, des

pp. 56-62 : « Les normaliens dans l'Université » (le tableau figure à la page 58). Par rapport aux chiffres que nous proposons, on notera que, à l'exception de la première colonne, l'écart se limite à 4 points et la courbe générale est sensiblement similaire : c'est ce dernier trait qu'il convient de retenir, car les deux tableaux n'ont pas été établis à partir des mêmes matériaux (toutes les agrégations dans un cas, agrégations littéraires dans l'autre). Signalons également que nous avons choisi à dessein, dans l'établissement de notre tableau, un découpage chronologique à peu près identique à celui de l'article du *Mouvement Social* afin de permettre d'utiles comparaisons et des recoupements éventuels.

Années	Lettres		Histoire et Géographie[12]		Philosophie		Grammaire	
	Total des reçus	dont normaliens	Total des reçus	dont normaliens	Total des reçus	dont normaliens	Total des reçus	dont normaliens
1865	7	3	4	4	5	1	10	2
1866	7	4	4	1	5	4	10	3
1867	6	1	5	4	2	1	14	4
1868	8	3	4	1	6	4	14	4
1869	8	2	6	4	2	2	12	2
1870	—	—	—	—	—	—	—	—
1871	11	5	5	2	2	0	18	1
1872	11	5	8	5	6	4	15	1
1873	11	5	7	2	5	2	19	4
1874	10	5	8	5	4	4	20	3
1875	12	6	9	3	5	3	17	2
1876	12	4	10	3	5	2	20	4
1877	11	5	10	5	8	4	22	4
1878	14	4	11	4	10	7	23	3
1879	17	8	11	3	7	5	25	3
1880	17	10	13	7	10	6	25	3
1881	20	9	11	5	8	4	32	6
1882	18	9	10	5	8	3	32	3
1883	21	8	10	5	6	3	30	3
1884	18	9	17	6	4	1	33	4
1885	21	4	12	7	12	7	33	3
1886	18	9	10	3	7	2	26	4
1887	19	9	13	4	12	2	28	5
1888	21	8	16	7	16	4	28	3
1889	17	9	14	3	7	3	26	1
1890	20	11	19	7	9	3	29	4
1891	17	7	15	3	9	4	20	5
1892	16	8	15	3	9	3	21	4
1893	23	9	14	4	8	4	22	4
1894	21	8	14	4	8	2	25	4
1895	17	6	14	4	8	2	28	3
1896	18	9	13	4	8	0	26	4
1897	15	7	10	5	7	2	16	5
1898	15	8	10	3	7	4	16	4
1899	15	8	11	4	7	6	15	1
1900	16	7	10	6	8	2	15	4
1901	16	7	10	1	7	3	14	1
1902	16	5	9	5	6	5	15	3
1903	12	6	13	6	7	3	12	3

candidats à l'agrégation brillants et compétitifs. Mais une telle explication ne saurait suffire : il est nécessaire, en particulier, d'étudier, à titre de comparaison, les types de préparation des autres catégories d'agrégatifs.

Au XIXe siècle, les concours d'agrégation voyaient se présenter essentiellement deux catégories de candidats : les élèves de l'École normale supérieure et des professeurs délégués pour qui l'agrégation représentait un concours de

12. Pour cette agrégation d'histoire et géographie, quelques « majors » marquèrent par la suite l'une ou l'autre discipline : Gabriel Monod en 1865, avec Ernest Lavisse au deuxième rang, Paul Vidal de la Blache en 1866 ou encore Charles Seignobos en 1877.

promotion interne. La création de trois cents bourses de licence, par l'arrêté du 3 novembre 1877, et de deux cents bourses d'agrégation, par la circulaire du 1er octobre 1880 va faire apparaître progressivement la figure nouvelle de l'étudiant en lettres — entre autres — et, pour l'agrégation, une troisième catégorie de candidats : ceux que les statistiques de ce concours baptiseront parfois, au fil des décennies, du vocable d' « étudiants libres » et dont la préparation est différente de celle des normaliens.

Un ouvrage constitue, pour l'étude de cette préparation, une source précieuse. En octobre 1914, moins de trois mois après le début du conflit, Paul Fischer, jeune agrégé d'histoire et géographie de vingt-quatre ans, trouve la mort au combat. Trois ans plus tard, un livre paraissait, édité à compte d'auteur : *Paul Fischer, agrégé de l'Université, tué à l'ennemi le 29 octobre 1914*[13]. Ce livre, rédigé par le père du combattant disparu, retrace la vie du jeune homme qui n'a guère connu comme cadre de vie et comme horizon que des bâtiments scolaires puis universitaires : lycéen, puis étudiant, il prépare en 1910-1911, 1911-1912 et 1912-1913 le concours de l'agrégation d'histoire et géographie. Reçu en 1913, il accomplit son service militaire à partir de l'automne de la même année, puis participe aux premiers combats de la guerre, avant d'y être mortellement blessé. L'ouvrage écrit par son père est donc avant tout l'histoire d'un lycéen puis d'un étudiant de la Sorbonne à la veille du premier conflit mondial. L'auteur ne consacre pas moins de trois chapitres à la préparation de l'agrégation par son fils. Nous disposons ainsi d'un tableau documenté de la vie d'un agrégatif d'histoire et géographie au début de la deuxième décennie du siècle, de la formation qu'il reçoit à la Sorbonne et du déroulement du concours, qui ne diffèrent guère de la situation dans les années 1920. L'auteur du livre suivait, semble-t-il, avec attention les études de son fils. A la mort de ce dernier, il a conservé ses notes de lectures ou de cours, interrogé ses camarades et rendu visite à ses professeurs. En complément de cet ouvrage, le rapport du président du jury de l'agrégation d'histoire et géographie de 1913[14] fournit des renseignements utiles sur le nombre des candidats et leur origine.

En 1913, 107 candidats effectifs, dont 38 enseignants, se présentent à l'agrégation d'histoire et géographie. Ils doivent être détenteurs du diplôme d'études supérieures d'histoire et de géographie, de celui d'archiviste paléographe ou encore de celui de l'École des hautes études (section d'histoire et de philologie ou section des sciences religieuses) et avoir en outre accompli, pour ceux qui ne sont pas encore enseignants, un stage pédagogique de trois

13. Imprimerie Lahure, 1917.

14. *RU*, 1914, 1, pp. 93 sqq. Pour le concours de 1911, cf. *RU*, 1912, 1, pp. 1-18. Albert Malet, rapporteur d'histoire contemporaine dans le jury d'agrégation de 1911, commente le sujet sur « la Prusse de 1807 à 1815 » en ces termes : « ... Par contre, il permettait de juger l'aptitude des candidats à traiter les diverses sortes de questions historiques puisqu'il comportait l'étude de questions de politique intérieure, d'institutions et de réformes, des exposés d'épisodes diplomatiques et militaires, une analyse d'éléments moraux, et qu'enfin il était indispensable de tracer un certain nombre de portraits... » Peut-on en déduire une conception de l'histoire du jury ? Ce serait assurément excessif. Une telle conception — si elle existe — serait pourtant intéressante à reconstituer. Songeons que les candidats auxquels les concours des années immédiatement antérieures au premier conflit mondial conférèrent le titre d'agrégé animèrent, pour certains d'entre eux, la recherche historique entre 1925 et 1975 et, par-delà leur contribution personnelle aux progrès de la connaissance historique, marquent encore profondément, par leurs disciples, l'Université française. C'est ainsi qu'en 1911 furent reçus, respectivement premier et deuxième, Charles-Edmond Perrin — élève de l'École normale supérieure — et Charles Pouthas — délégué au lycée de Bordeaux. Dans la même promotion figurait Marcel Dunan, futur maître des études napoléoniennes. Quant à la promotion suivante, elle compta dans ses rangs Pierre Renouvin.

semaines consécutives. Le programme, connu en général à la fin de l'année universitaire précédente, comprend trois questions d'histoire ancienne, trois questions d'histoire médiévale et, suivant les années, trois ou quatre questions d' « histoire moderne », « de 1559 à nos jours ». En géographie, quatre ou cinq questions doivent être étudiées. La plupart des questions sont renouvelées d'une année sur l'autre. En 1913, le programme était le suivant : l'Égypte des origines à la conquête romaine ; la Grèce, de la fin des guerres médiques à la fin de la guerre du Péloponnèse; histoire intérieure et extérieure de l'Empire romain, de l'avènement d'Auguste à la mort de Commode ; la France, l'Italie, l'Allemagne de 751 à 987 ; les croisades, les établissements latins en Orient jusqu'à la fin du XIVe siècle (États latins de Syrie, Empire latin de Constantinople, principauté d'Achaïe, royaume de Chypre) ; l'Italie du commencement du XVe siècle à 1559 ; histoire intérieure et extérieure de l'Espagne de 1598 à 1700 ; histoire intérieure et extérieure de la France au XVIIIe siècle, de 1715 à 1800 ; histoire intérieure et extérieure de l'Autriche de 1789 à 1878 ; histoire intérieure de l'Angleterre sous le règne de Victoria ; géographie physique générale ; répartition de la population, sites et conditions naturelles des villes ; la France ; L'Europe septentrionale et orientale : îles Britanniques, Danemark, Suède, Norvège, Finlande, Russie ; l'Asie russe, l'Asie centrale, l'Asie antérieure.

A Paris, la préparation est assurée par les cours et les conférences de la Sorbonne. Ainsi, pour le concours de 1913, une douzaine de cours d'histoire et de géographie avaient lieu dans les salles et les amphithéâtres de la faculté des lettres (Diehl : Les croisades et les établissements latins d'Orient ; Grébaut : Histoire des dynasties égyptiennes ; Holleaux : Les institutions d'Athènes sous la démocratie. Sources de l'histoire ptolémaïque ; Glotz : Les institutions d'Athènes au Ve siècle ; Diehl : Venise et l'Orient ; Bertaux : L'Art italien aux XVe et XVIe siècles, l'art espagnol au XVIIe siècle ; Pfister : Charlemagne ; Demangeon : Questions de géographie générale, physique et humaine. Jordan : L'Italie au XVe siècle ; de Martonne : Asie Mineure, Arménie, Syrie, Mésopotamie, Iran, Turkestan, Asie centrale, Sibérie ; Demangeon : Géographie physique et humaine de la Russie, de la Scandinavie et de l'Angleterre [15].)

Ces cours avaient, semble-t-il, une audience faible. D'une part, le nombre des étudiants de l'Université de Paris inscrits à l'agrégation d'histoire et de géographie était de trente-deux, auxquels s'ajoutaient neuf candidats de la rue d'Ulm. Si l'on ajoute, pour les questions communes aux agrégations masculine et féminine, quelques étudiantes, et, dans les créneaux de leur emploi du temps, quelques enseignants candidats à l'agrégation exerçant dans la région parisienne, on devait parvenir à une soixantaine d'auditeurs potentiels au maximum. D'autre part, les progrès de la polycopie diminuaient l'assiduité aux cours. Jusqu'en 1912, les tirages des cours étaient, pour des raisons techniques, peu nombreux et souvent illisibles. A partir de cette date, les épreuves obtenues furent beaucoup plus satisfaisantes. Ce service de reproduction des cours organisé par l'Association des étudiants de Sorbonne se heurtait à la réprobation de la plupart des professeurs [16]. Grâce à cette reproduction, les cours, malgré leur faible audience, jouaient donc dans la préparation du concours un rôle très important. Trop important, d'ailleurs,

15. *Paul Fischer..., op. cit.*, p. 165.
16. *Ibid.*, p. 121.

aux yeux du jury qui se plaint à plusieurs reprises, dans le compte rendu des compositions écrites, de l'utilisation systématique et exclusive qui lui semblait faite de ces cours.

Un autre aspect de la préparation en Sorbonne semble, au contraire, avoir connu une audience très importante : les « conférences ». Travaux dirigés avant la lettre, ces séances entraînaient les candidats aux épreuves orales. Le cérémonial ne variait guère d'un enseignant à l'autre : un étudiant traitait un sujet, puis le professeur entreprenait une correction de l'exposé. Ces exercices pratiques étaient très suivis et la répartition entre les différentes conférences posait d'épineux problèmes : certains professeurs semblaient attirer les candidats, tandis que d'autres ne suscitaient guère d'affluence. Afin que tous les enseignants aient le même nombre d'étudiants, pour des raisons d'efficacité mais aussi d'amour-propre, une assemblée générale des agrégatifs parisiens avait lieu au début du mois de novembre et donnait lieu à d'âpres marchandages. Un vétéran arbitrait la séance et, à l'aide de savants barèmes — les anciens avaient le pas sur les nouveaux, les normaliens avaient droit à une légère bonification et le fait d'avoir préparé un diplôme d'études supérieures avec un professeur conférait une priorité pour suivre sa conférence —, accomplissait la répartition. En 1912-1913, ces conférences étaient assurées, entre autres, par MM. Aulard, Demangeon, Diehl, Glotz, Holleaux, Langlois et Seignobos.

Les salles de cours de la Sorbonne ne sont qu'une des étapes de l'itinéraire quotidien d'un agrégatif parisien, et, dans ce périple, les bibliothèques jouent un rôle fondamental : la Bibliothèque nationale semble ainsi très fréquentée, mais c'est la Bibliothèque de la Sorbonne qui paraît être le lieu de rencontre privilégié des candidats[17]. Cette bibliothèque compte, en fait, plusieurs locaux, dont la bibliothèque Albert Dumont qui comprend deux salles : l'une est réservée aux étudiants en philosophie, lettres, grammaire et langues vivantes; située au deuxième étage, elle comprend quatre-vingt-sept places. L'autre, au troisième étage, « réservée aux boursiers de licence et aux étudiants d'agrégation d'histoire[18] », offre soixante-dix places. Outre la bibliothèque Albert Dumont et celles des instituts d'archéologie, d'histoire de l'art, de géographie et de géographie coloniale, la Bibliothèque de la faculté des lettres comporte sept petites salles de travail, utilisées notamment par les agrégatifs d'histoire et de géographie. L'ampleur du programme, le nombre et la diversité des ouvrages utilisés imposent en effet aux candidats un regroupement en équipes qui utilisent ces salles et au sein desquelles a lieu une répartition du travail qui permet l'usage « d'une feuille intercalaire recou-

17. Pour l'agrégation des lettres, le périple est à peu près similaire. Paul Gadenne, khâgneux à Louis-le-Grand dans les années 1920, prépare ce concours au début de la décennie suivante. Il a consacré les premières pages de son roman *Siloé* (Gallimard, 1941, pp. 13-71) à la description de cette préparation, dont les lieux essentiels sont les cours de grec à la Sorbonne et la Bibliothèque nationale.) On pourrait ainsi établir des cartes de la géographie universitaire parisienne à la veille — ou au lendemain, le seul changement notable étant la construction, dans les années 1920, de la Cité universitaire — du premier conflit mondial, et les pôles en seraient, à coup sûr, pour l'agrégation, la Bibliothèque nationale, la Sorbonne et l'École normale supérieure. André Siegfried s'était ainsi amusé à commenter une carte des « trajets pendant un an d'une jeune fille du XVIe arrondissement » : apparaissait ainsi « un triangle dont les sommets sont son domicile (aux environs du Trocadéro), la rue Saint-Guillaume... et ses leçons de piano » (A. Siegfried, *Géographie humoristique de Paris*, La Passerelle, 1951, p. 44).

18. Cf. *Le livret de l'Étudiant*, Université de Paris, 1904, p. 47. Cette bibliothèque, fondée en 1895, a porté jusqu'en 1925 le nom de bibliothèque Albert Dumont. Depuis cette date, elle est devenue la bibliothèque Lavisse.

verte de l'enduit transmissible de couleur violacée[19] » : polycopie et « carbone » font donc déjà partie de l'outillage de l'étudiant français en 1913.

L'inscription à l'agrégation avait lieu au début d'avril et les candidats s'engageaient « à se tenir, pendant un an, à la disposition du ministre de l'Instruction publique pour occuper, pendant cinq ans au moins, une chaire de lycée ». A la mi-juin, ils recevaient une convocation pour les épreuves écrites, traditionnellement fixées à la première semaine de juillet, qui les invitait à se munir « de plumes et d'encre ». En 1911, l'écrit du concours, pour les candidats à l'Académie de Paris, avait eu lieu à la Sorbonne. A partir de l'année suivante, les épreuves se déroulèrent au lycée Louis-le-Grand. Les compositions, au nombre de quatre, débutaient à sept heures et se terminaient à quatorze heures. Tout d'abord avait lieu l'épreuve d'histoire ancienne, puis une dissertation sur « l'histoire de la période comprise entre 476 et 1559 » et une autre sur la période « s'étendant de 1559 à nos jours ». Ces trois compositions portaient sur les questions du programme. Enfin, les candidats exposaient leurs connaissances « soit sur une question de géographie générale, soit sur une application de la géographie générale à une grande région[20] ».

En 1913, cent onze candidats, sur les cent vingt-quatre inscrits, participent à la première épreuve, dans les centres académiques. Quatre s'étant retirés avant la fin des épreuves, ce sont finalement, on l'a vu, cent sept candidats qui restent en lice, se répartissant de la manière suivante :

Élèves de l'École normale supérieure	9
Étudiants de l'Université de Paris	32
Étudiants de l'Université de Lyon	20
Étudiants de l'Université de Bordeaux	4
Étudiants de l'Université de Lille	2
Étudiants de l'Université de Toulouse	2
Professeurs de collège	18
Chargés de cours et délégués dans les lycées	16
Professeurs de l'enseignement primaire supérieur	3
Professeurs de l'enseignement libre	1
	107

Nous retrouvons donc les trois grands groupes de candidats déjà signalés :

Élèves de l'École normale supérieure	9
Étudiants des Universités	60
Enseignants	38

Sur ces cent sept candidats, le jury décida d'entendre quarante-six sous-admissibles, soit 43 % du total. Le dernier sous-admissible totalisait 20,75 sur 40. Rien n'indique, dans le compte rendu des différents correcteurs, que les copies aient été corrigées avec indulgence. Pourtant, seuls deux candidats atteignirent un total inférieur à 10 points sur 40[21]. Si l'on songe, de surcroît, que seuls quatre candidats ont quitté les épreuves écrites avant la fin, c'est donc, comme pour le concours de l'École normale supérieure déjà évoqué, une impression de relative homogénéité et d'âpre concurrence qui l'emporte.

Les épreuves orales, qui avaient lieu à la Sorbonne, dans l'amphithéâtre Turgot, débutaient dans les premiers jours d'août et duraient près d'un mois

19. *Paul Fischer..., op. cit.*, p. 120.
20. *RU*, 1906, p. 435.
21. A titre de comparaison, on notera qu'à l'agrégation masculine d'histoire de 1975 (la dernière avant la mixité du concours), par exemple, 66 % des candidats ont obtenu un total inférieur à 12 sur 40 (*Historiens et Géographes*, décembre 1975, p. 149).

sans aucune interruption. Depuis 1909, les sous-admissibles passaient deux oraux : tout d'abord, la leçon dite « leçon pédagogique » ou « leçon-plan », prise dans le programme d'histoire de l'écrit, d'une durée d'une demi-heure. Puis venait la leçon « hors programme » d'histoire ou de géographie, en quarante-cinq minutes. Enfin, les « grands admissibles », seuls restés en lice, faisaient « une leçon d'histoire pour les candidats ayant opté pour la géographie aux épreuves de second degré, ou une leçon de géographie pour les candidats ayant opté pour l'histoire, sur un sujet choisi dans le programme de l'écrit », là encore en quarante-cinq minutes. Pour la première de ces trois épreuves étaient prévues trois heures de préparation, tandis que pour les deux autres les candidats avaient droit à six heures.

Au terme des épreuves orales, dix-huit candidats sont « proposés pour le titre d'agrégés ». Ils se répartissent de la manière suivante :

Catégorie	Reçus	Pourcentage par rapport aux candidats effectifs de la catégorie
Élèves de l'École normale supérieure	5	55,5
Étudiants de l'Université de Paris	3	9,3
Étudiants de l'Université de Lyon	6	30
Étudiants de l'Université de Bordeaux	0	0
Étudiants de l'Université de Lille	0	0
Étudiants de l'Université de Toulouse	1	50
Professeurs de collège	0	0
Chargés de cours et délégués dans les lycées	2	12,5
Professeurs de l'enseignement primaire supérieur	1	33,3
Professeurs de l'enseignement libre	0	0

Les élèves de l'École normale supérieure ont donc — et de loin, si on laisse de côté le cas de Toulouse, sans signification statistique — le taux le plus important de réussite : plus de la moitié d'entre eux figurent parmi les reçus, aux 4e, 10e, 12e, 17e et 18e places. Ils représentent 8,4 % des candidats effectifs et enlèvent 27,7 % des places mises au concours. Au contraire, seuls dix étudiants sont admis : ils ne recueillent donc que 55,5 % des postes, alors qu'ils représentent pour leur part 71 % des candidats effectifs. Pour les agrégatifs déjà enseignants, avec trois reçus, les nombres sont respectivement de 16,6 % et 35,5 %.

Par comparaison avec la préparation des étudiants de la Sorbonne, il est possible d'énumérer un certain nombre d'avantages dont jouissent les agrégatifs de la rue d'Ulm face à leurs concurrents. Mais il convient, tout d'abord, de noter que certains de ces avantages ont disparu avec la réforme de 1903. Jusque-là, en effet, était assuré, à l'École normale supérieure, un enseignement autonome réservé aux seuls normaliens, avec un encadrement de rang professoral directement rattaché à l'établissement. Raoul Blanchard, par exemple, consacre une quinzaine de pages de *Ma jeunesse sous l'aile de Péguy* (1961) à la description de la préparation à l'agrégation d'histoire et de géographie qu'il a suivie rue d'Ulm en 1898-1899 et insiste sur le fait que les normaliens étaient très bien préparés au concours. A cette date, ces derniers étaient en outre avantagés par l'existence de la « leçon de vingt-quatre heures » — épreuve orale précédée d'une préparation de vingt-quatre heures

— qu'ils étaient autorisés à préparer à la Bibliothèque de la rue d'Ulm et dont la durée permettait une fructueuse collaboration au sein des équipes de travail normaliennes. En 1899, pour dix postes mis au concours à l'agrégation d'histoire et géographie, il y avait sept normaliens candidats. Six furent reçus et s'adjugèrent, notamment, les trois premières places.

Après la réforme de 1903, l'École normale supérieure, rattachée à l'Université de Paris, n'eut plus de maîtres de conférences et de professeurs titulaires, transférés pour la plupart à la Sorbonne. Ces derniers continuèrent bien à faire certains de leurs cours rue d'Ulm, mais ces cours étaient désormais ouverts à tous les étudiants de l'Université de Paris. Les normaliens conservaient cependant certains enseignements spécifiques, ainsi qu'en témoigne Charles-Edmond Perrin, de la promotion 1908, qui prépare l'agrégation d'histoire et géographie en 1910-1911 :

> « S'il ne subsistait aucun enseignement propre à l'École, cependant les candidats à l'agrégation d'histoire et géographie bénéficiaient d'un avantage qui n'était pas à dédaigner. Au cours de leur troisième année d'École, ils s'entraînaient à l'oral de l'agrégation en faisant des leçons de géographie devant le caïman F. Maurette, qui appartenait à la promotion 1900[22]... »

Bien plus, au lendemain du premier conflit mondial et tout au long des années 1920, la direction de l'École commença à multiplier, à l'instar des charges d'agrégés-préparateurs qui existaient déjà de longue date dans la section des Sciences, des postes d'agrégés-répétiteurs — les fameux « caïmans » de l'argot normalien — chargés d'encadrer les normaliens agrégatifs et de les préparer efficacement aux épreuves orales et écrites du concours. Et ces conférences étaient réservées aux seuls élèves de la rue d'Ulm. C'est ainsi que le tableau des enseignements affiché devant la loge intérieure de l'École annonçait, pour 1928-1929 :

Enseignements donnés à l'École normale supérieure (Lettres) en 1928-1929 par MM. les Professeurs délégués, lecteurs et agrégés-répétiteurs :

1. *Conférences d'agrégation* (ouvertes aux normaliens et aux candidats à l'agrégation inscrits à la Sorbonne) :

Lettres : MM. Gaiffe, Auteurs français du programme d'agrégation (Mérimée)
Vallette, Étude du livre VIII de *L'Énéide*, exercices pratiques
Méridier, Auteurs grecs du programme d'agrégation et version grecque

Philosophie : MM. Brunschvicg, Robin, Auteurs anciens du programme d'agrégation

Histoire : M. Pagès, Histoire moderne (programme d'agrégation)

Allemand : M. Tonnelat dirige les travaux des élèves à la Sorbonne

Anglais : M. Delattre dirige les élèves de l'École à la Sorbonne.

2. *Conférences d'initiation* (ouvertes aux normaliens et aux étudiants agréés par le professeur) :

Lettres et grammaire : MM. Baldensperger, Littérature comparée,
Picard, Initiation grecque,
Vendryès, Éléments de linguistique générale,
Durand, Introduction à la philologie latine,
Roques, Philologie romane.

22. Ch.-E. Perrin, « Souvenirs sur la promotion 1908 », *BSAENS*, n° 85, juin 1959, p. 21.

Philosophie : M. Brunschvicg, Recherche sur la notion d'irrationnel.
Histoire : MM. Glotz, Épigraphie grecque,
Carcopino, Sources et méthodes de l'histoire romaine,
Hauser, Initiation à la recherche historique, étude sur l'histoire des banques.
Géographie : M. Demangeon, Géographie économique et humaine.
3. *Exercices pratiques* (réservés aux normaliens) :
Littérature française : MM. Simon et Thomas, agrégés-répétiteurs,
Philosophie : M. Cavaillès, agrégé-répétiteur,
Allemand : M. Schulz, lecteur,
Latin : M. Alliot, agrégé-répétiteur,
Grec : M. Lacroix, agrégé-répétiteur,
Histoire : MM. Alba et Meuvret, agrégés-répétiteurs,.
Anglais : MM. Beckett et Mac Greevy, lecteurs.

Seront organisées ultérieurement :

a. Une série de conférences sur l'orientation des sciences contemporaines par MM. Langevin, Perrin, Urbain, Pérès, Lapicque, Plantefol.

b. Une série de conférences sur l'art au XVIe et au XVIIIe siècle, par M. Schneider.

Ainsi, les « conférences d'agrégation » demeurent encore ouvertes non seulement aux normaliens mais également aux agrégatifs de la Sorbonne : par exemple, l'année précédente, en 1927-1928, Emmanuel Mounier, venu de Grenoble à Paris pour préparer l'agrégation de philosophie, suit des cours aussi bien à l'École normale qu'à la Sorbonne :

> « ... Aujourd'hui, premier contact avec mes maîtres. Premier cours à neuf heures à l'École normale... Robin, professeur de philo grecque, la coupe classique du Sorbonnard avec calvitie et barbiche en pointe, avec quelque chose à la fois de finaud et de bon enfant... A quatorze heures en Sorbonne, Bréhier, deuxième professeur de philo grecque, très sympathique, celui-là ; quelque chose de jeune, de sincère, de paternel. A seize heures trente, à l'École normale de nouveau, Brunschvicg. Nous retournons au type carotte ; avec lui, quelque chose de très bourgeois, de très assis[23].

Mais, en marge de cet enseignement commun, s'est constituée une formation spécifique aux normaliens. L'article trois du nouveau règlement de l'École normale supérieure arrêté en novembre 1920 par le ministre de l'Instruction publique Honnorat précisait, en effet, que « outre l'enseignement des Facultés et Instituts de l'Université de Paris, les élèves reçoivent un enseignement donné à l'intérieur par des professeurs, des chargés de cours et des maîtres de conférences[24]. » Le tableau qui précède montrait les deux aspects essentiels de cet enseignement : alors que les conférences d'agrégation sont ouvertes à tous les étudiants parisiens, les « conférences d'initiation » ne le sont qu'aux normaliens et à quelques étudiants choisis par le professeur. Notons cependant qu'il ne s'agit pas là de séances destinées à des agrégatifs, mais plutôt d'une initiation à la recherche pour les normaliens de première et deuxième années, destinée à susciter des spécialisations après

---

23. Lettre d'Emmanuel Mounier à Madeleine Mounier, 30 octobre 1927 (*Mounier et sa génération*, Le Seuil, 1956, p. 26). E. Mounier fut reçu, en 1928, deuxième à l'agrégation de philosophie, derrière Raymond Aron.
24. Reproduit dans *Normale* d'Édouard Herriot, La Nouvelle Société d'Édition, 1932, p. 187.

les années de formation générale de la khâgne. Tout à fait différents sont les « exercices pratiques », dont l'accès est réservé aux seuls normaliens et qui sont rapidement devenus une préparation à l'agrégation parallèle à celle qui était officiellement dispensée par l'Université de Paris — tout au moins, comme leur nom l'indique, pour ce qui concerne les exercices oraux et écrits. Les khâgneux des années 1920, devenus normaliens vers 1925 et agrégatifs en 1928-1929, bénéficient donc, par rapport à leurs camarades de la Sorbonne, de l'encadrement de jeunes agrégés-répétiteurs. Il convient cependant d'ajouter que l'École normale supérieure ne dispose pas, loin de là, à cette date, d'agrégés-répétiteurs à plein temps dans toutes les disciplines où des normaliens se présentent à l'agrégation et que certains de ces enseignants professent, en fait, ailleurs — André Alba, par exemple, est alors professeur de khâgne à Henri-IV — ou exercent, rue d'Ulm, d'autres fonctions : Jean Meuvret est bibliothécaire adjoint et Jean Thomas « surveillant ».

Il est parfaitement légitime qu'une école destinée à former de futurs enseignants les prépare, dans les meilleures conditions possibles, aux concours d'agrégation. Il n'en demeure pas moins, pour la question qui nous intéresse ici, que cette préparation sérieuse est justement l'un des avantages des normaliens par rapport aux autres agrégatifs. Un autre avantage réside dans le fait de pouvoir poursuivre cette préparation à Paris. La plupart des candidats déjà enseignants et vingt-huit des « étudiants libres » du concours de 1913 habitent la province, et, dans le meilleur des cas — c'est-à-dire quand ils sont étudiants ou quand, étant professeurs ou répétiteurs, ils ne sont pas en poste trop loin —, ne peuvent suivre que l'enseignement professé dans l'Université du chef-lieu académique. Rappelons qu'il n'existe pas à cette date de boursiers de licence de l'Université de Paris : ce sont, en effet, les normaliens qui en tiennent lieu. La vingtaine de boursiers de licence — c'est-à-dire, on l'a vu, les vingt premiers recalés au concours de la rue d'Ulm — ne peuvent profiter de cette bourse qu'à condition d'accepter d'être inscrits dans une université de province. Une partie des khâgneux parmi les plus solides se trouvent donc forcés de préparer l'agrégation dans des facultés des lettres autres que la Sorbonne.

La préparation à l'agrégation dispensée par ces établissements est, à coup sûr, beaucoup plus aléatoire. D'une part, les enseignants, beaucoup moins nombreux qu'à Paris, ne peuvent assurer des cours sur toutes les questions du programme. D'autre part, les agrégatifs y sont peu nombreux : de ce fait, l'émulation y est moins vive et la constitution d'équipes de travail homogènes plus difficile. Ainsi, à part Paris et Lyon, seules trois universités comptent des candidats effectifs à l'agrégation d'histoire et géographie de 1913 : Bordeaux, avec quatre agrégatifs, Lille et Toulouse, avec chacune deux agrégatifs. Le nombre restreint des étudiants français à cette date — 41 109 au 15 janvier 1913, contre 10 965 en 1868 et 26 109 en 1896[25] — accuse, d'ailleurs, dans une certaine mesure, les différences entre Paris et les universités provinciales. Ainsi, l'Université de Toulouse compte 379 étudiants en lettres en 1912-1913 et délivre 26 licences tandis que la Sorbonne, forte de ses 3 107 étudiants, en délivre 231 et prépare 301 candidats à l'agrégation. Les résultats aux agrégations se ressentent forcément de tels écarts d'effectifs : toujours à la même date, 56 des 301 agrégatifs de la Sorbonne deviennent agrégés : quatre

25. *Rev. Int. de l'Ens.*, 1913, 2, p. 66.

en philosophie, huit en histoire, vingt et un en lettres, cinq en grammaire, neuf en anglais, huit en allemand et un en espagnol[26]. L'Université de Bordeaux a six reçus, soit neuf fois moins que Paris : trois en grammaire, deux en allemand et un en anglais[27].

Une seule université paraît, en fait, capable de soutenir, dans certaines disciplines et particulièrement en histoire, la concurrence de l'Université de Paris : il s'agit de Lyon qui compte un reçu en lettres, quatre en grammaire, six en histoire, dont les deux premiers, et trois en allemand[28]. Ces résultats supportent parfaitement la comparaison avec la Sorbonne, surtout si l'on tient compte du poids des normaliens dans les statistiques de l'Université de Paris. A la fois cause et conséquence de cette situation, les boursiers de licence contraints de s'inscrire en province et désireux de préparer certaines agrégations — celles d'allemand et d'histoire et géographie notamment — avec autant de chances qu'à Paris s'inscrivent à l'Université de Lyon[29].

Il existe une troisième catégorie de candidats nettement défavorisée par rapport à celles des normaliens et des étudiants des facultés : les agrégatifs déjà enseignants. Longtemps, l'agrégation était restée avant tout, et à l'exception des élèves de la rue d'Ulm, une sorte de concours de promotion interne. Dans les premières décennies du xxe siècle, la situation a bien changé : en 1913, par exemple, trente-huit enseignants se présentent à l'agrégation d'histoire et géographie, soit 35,5 % des candidats effectifs. Seuls trois d'entre eux sont reçus, c'est-à-dire 16,6 % du contingent des admis, ainsi que le montre le tableau suivant :

	Candidats	Reçus
Professeurs de collège	18	0
Chargés de cours et délégués dans les lycées	16	2
Professeurs de l'enseignement primaire supérieur	3	1
Professeurs de l'enseignement libre	1	0

Dans un concours qui offre moins d'une vingtaine de places et devant la concurrence des normaliens et celle des autres étudiants — boursiers ou à la charge de leurs parents — de plus en plus nombreux, ces enseignants se

26. *Ibid.*, 1914, 1, p. 371, et 2, p. 213.
27. *Ibid.*, 1914, 2, p. 47. L'Université de Bordeaux compte à cette date 271 étudiants en lettres.
28. *Ibid.*,1914, 2, pp. 125 sqq.
29. La faculté des lettres de Lyon n'est pas la seule à attirer ainsi les boursiers de licence. Sur les registres du centre parisien du concours de l'École normale supérieure (qui se trouvent dans les archives de l'Académie de Paris, Arch. Nat. AJ 16 2896) sont, en effet, mentionnés les souhaits des candidats parisiens en cas d'obtention d'une bourse de licence en province. Ces derniers proposent chacun trois universités, et leur choix permet de dresser une manière de palmarès (en particulier en ce qui concerne l'efficacité supposée pour la préparation de l'agrégation, puisque ces boursiers de licence, dans leur grande majorité, entendent plus tard se présenter à ce concours). En 1924, par exemple, ces candidats parisiens citent 18 fois en tête de leurs souhaits l'université de Strasbourg (qui n'est naturellement pas concernée dans l'étude que nous menons sur l'agrégation en 1912-1913) puis Lyon et Lille, 13 fois mentionnées en tête. Bordeaux recueille 8 citations, puis Montpellier et Toulouse, avec 6. Si des éléments familiaux interviennent parfois dans le choix des candidats, le renom de chaque université reste vraisemblablement l'élément décisif.

heurtent à de lourds obstacles dont l'action cumulée rend leur réussite très aléatoire : services d'enseignement qui ne laissent guère de temps disponible pour la préparation du programme du concours, isolement loin des bibliothèques et des facultés des lettres, en particulier pour les professeurs de collège. Ces difficultés expliquent sans doute le nombre relativement limité de cette catégorie de candidats. Et ce sont elles qui, en entraînant une préparation souvent incomplète et limitée aux épreuves écrites, expliquent que l'oral demeure paradoxalement, pour ces enseignants théoriquement rompus aux techniques oratoires, encore plus redoutable que l'écrit : au même concours de 1913, quatorze enseignants sur trente-huit (cinq professeurs de collège sur dix-huit, sept chargés de cours et délégués dans les lycées sur seize, deux professeurs de l'enseignement primaire supérieur sur trois) figurent parmi les quarante-six admissibles. Jusque-là, donc, leur proportion demeure proche de celle du contingent de leurs candidats (35,5 % des candidats effectifs, 30,4 % des sous-admissibles). Au terme des épreuves orales, on l'a dit, ils ne sont plus que trois admis, soit 16,6 % du total.

Pour les professeurs de l'enseignement primaire et primaire supérieur, en particulier, la tâche était redoutable : ils devaient, par exemple, apprendre suffisamment de latin pour pouvoir passer le certificat d'histoire ancienne, obligatoire pour être licencié. Certains itinéraires exemplaires rendent compte de la difficulté du parcours. En histoire et géographie, plusieurs maîtres de l'enseignement secondaire ou supérieur proviennent ainsi du primaire : tel Pierre de Saint-Jacob (1906-1960), né dans un village de Bresse et que des études avaient conduit, à quinze ans, à l'École normale de Mâcon. Instituteur, il entreprend, en dehors de ses trente heures de classe hebdomadaires, de préparer le baccalauréat, puis, en apprenant seul le latin, la licence, qu'il obtient à vingt-cinq ans. Grâce à Gaston Roupnel, il devient, durant l'année universitaire 1931-1932, boursier de diplôme d'études supérieures à Dijon, puis l'année suivante, boursier d'agrégation à Lyon. Ayant échoué à ce concours, il redevient instituteur puis professeur délégué au lycée de Tournon, puis à Vesoul. En 1938, à trente-deux ans, il est reçu à l'agrégation. Dès lors, il sera durant dix-sept ans — interrompus par un séjour au CNRS de 1946 à 1948 — professeur au lycée de Dijon, puis, en 1956, chargé d'enseignement à la faculté des lettres de cette même ville. En 1959, il soutient sa thèse sur *Les paysans de la Bourgogne du Nord au dernier siècle de l'Ancien Régime*. Pourrait être également cité le cas d'Henri Calvet (1897-1961), entré à l'École normale de Rodez en 1913 et qui, après le premier conflit mondial au cours duquel il est décoré de la croix de guerre, est instituteur dans l'Aveyron puis dans la région parisienne. Licencié en 1924, il est reçu à l'agrégation d'histoire et géographie en 1926. Professeur au lycée Janson-de-Sailly de 1931 à 1958, il publie en 1941 une thèse sur le Comité de salut public. Inspecteur de l'Académie de Paris en 1958, il est nommé inspecteur général en 1961 et meurt peu après. Henri Calvet avait, de surcroît, suppléé Henri Hauser en Sorbonne et y avait été chargé d'un enseignement d'histoire moderne.

Au temps où l'École normale supérieure de Saint-Cloud conduisait généralement au professorat dans les écoles normales, obliquer vers l'agrégation d'histoire et géographie supposait aussi un long travail solitaire : ainsi William Diville, né en 1904, élève de l'École primaire supérieure de Louviers, entre-t-il en 1921 à l'École normale d'Évreux, puis en 1925 à l'École normale supérieure de Saint-Cloud, d'où il sort en 1928 professeur dans son ancienne École primaire supérieure. Il y restera jusqu'en 1936 : après avoir appris seul le latin, il passe, en effet, le certificat d'histoire ancienne puis se présente à l'agrégation à laquelle il est reçu en 1935 ; dès lors, il exercera, après une dernière année passée à Louviers, dans l'enseignement secondaire[30].

Il s'est même trouvé un ancien instituteur, devenu agrégé, docteur ès sciences et professeur à la faculté des sciences de Téhéran, pour prodiguer, à partir de son expérience personnelle, conseils et recettes à ses lecteurs et souhaiter « leur apporter... une aide efficace dans leurs études et surtout dans la vie et pouvoir contribuer à développer leurs facultés et leur personnalité en vue du *struggle for life*[31] ». Certains passages de l'ouvrage sont, à cet égard, très révélateurs :

> « Un ancien instituteur, à force de labeur et d'énergie morale, a conquis de nombreux grades et soutient une thèse de doctorat... Cette résistance de la nature qui se manifeste dans la vie courante sous la forme de difficultés multiples, peut être considérée comme une force antagoniste permanente. Pour la vaincre, il ne suffit pas d'avoir des accès d'énergie ; il est indispensable de faire preuve d'une volonté constante, d'une ténacité irréductible... Dans le courant de l'année 1921, j'avais consacré à la préparation d'un concours d'agrégation des efforts extrêmement énergiques et fourni un labeur considérable : résultat insuffisant aux épreuves écrites. L'année suivante, je persiste dans ma résolution, mais en travaillant beaucoup moins, quoique avec méthode et régularité : le succès arrive sans peine à la fin de l'année... Nous n'avons jamais eu connaissance de beaucoup d'instituteurs ayant réussi à obtenir à la fois l'agrégation et le doctorat. Les rares sujets d'élite qui, d'après mes renseignements, ont tenté la réalisation complète de ce vertigineux programme, ont trop souvent payé de leur vie leur témérité. »

Derrière l'emphase du propos et l'autosatisfaction manifeste de son auteur, on distingue clairement le fossé qui sépare les conditions de préparation de l'agrégation d'un instituteur et, plus largement, des candidats déjà enseignants, de celles d'un élève de l'École normale supérieure.

Ainsi, il apparaît, au bout du compte et après inventaire rapide des servitudes des différentes catégories d'agrégatifs, que ce qui fait la force des normaliens face aux concours d'agrégation, c'est incontestablement, outre leur valeur propre, un cumul d'avantages : étudiants parisiens, ils jouissent des cours de la Sorbonne, mais aussi d'un encadrement propre à la rue d'Ulm et d'une bibliothèque très richement pourvue. Boursiers[32], ils disposent en outre d'une cité universitaire avant la lettre[33], même si l'organisation de l'internat y reste précaire. Libres de toute obligation professionnelle, ils peuvent se consacrer entièrement à la préparation de l'agrégation. Aucun des candidats des autres catégories ne jouit de tous ces avantages à la fois.

---

30. Cf. la notice nécrologique de Pierre de Saint-Jacob (rédigée par Pierre Goubert pour la *Revue historique*, t. CCXXVI, 1961, 2, pp. 559-561), celle d'Henri Calvet (par Paul Leuilliot, *Revue historique*, 1963, 1, t. CCXXIX, pp. 277-279) et celle de William Diville, (*Historiens et Géographes*, n° 248, avril-juin 1974, p. 713).

31. Préface de Louis Antériou, ministre des Pensions, à Louis Long, *Le Destin enchaîné par la science. Face à la vie. Pour vaincre le Sphinx de la vie.* PUF, 1934, p. X.

32. Dans les années 1920, chaque interne a droit à une pension gratuite complète comprenant le logement, la nourriture, le blanchissage et les soins d'infirmerie. Il reçoit en outre, sous le nom de « pécule », une gratification de 2000 francs sur dix mois. Ce pécule représente le reversement aux élèves de la pension des mois de vacances. Chaque externe reçoit une bourse de 7000 francs par an (portée à 8000 francs s'il est marié). Dans les années 1920, pour des promotions moyennes de 29 élèves, le nombre moyen des internes était de 22 et celui des externes de 7 (Arch. Nat. 61 AJ 166).

33. La Cité universitaire de Paris sera inaugurée le 20 juillet 1925.

Parmi les reçus, les normaliens de la rue d'Ulm occupent donc une place de choix. Dans son rapport au ministre de l'Instruction publique, en 1928, après l'affaire de la préparation militaire supérieure, le directeur de la rue d'Ulm Ernest Vessiot ne manquait pas, du reste, de signaler que ses élèves avaient occupé aux concours d'agrégation [34] de l'année précédente toutes les places de premier, sauf en sciences naturelles [35]. De fait, à cette date, les normaliens continuent à se classer aux meilleurs rangs dans les différents concours d'agrégation. En 1924, par exemple, ils occupent cinq postes sur vingt, dont les deux premiers, en grammaire, douze postes sur dix-neuf, dont les cinq premiers, en lettres, et six postes sur sept, dont les cinq premiers, à l'agrégation de philosophie. Dans deux disciplines au moins, les lettres et la philosophie, existe donc, à cette date, un monopole de fait, et en grammaire, à défaut de la majorité des postes, l'École normale supérieure s'adjuge au moins les meilleures places. L'apparition, à partir de 1905, d'options au concours d'entrée à la rue d'Ulm aurait dû théoriquement entraîner une autre spécialisation que les lettres mais la majeure partie des candidats choisirent l'option A et ne bifurquèrent que rarement ensuite, en cours de scolarité à l'École. Les gros bataillons de normaliens se dirigent toujours vers la même agrégation et seule la philosophie, vers laquelle une tradition solidement ancrée envoyait déjà une proportion non négligeable d'élèves de la rue d'Ulm, a véritablement profité de l'apparition de l'option C.

Le résultat est le monopole exercé par les normaliens sur les premières places de l'agrégation de philosophie. En 1927, les normaliens Vignaux, Canguilhem et Cavaillès s'adjugent les première, deuxième et quatrième places. Seul Jean Lacroix parvient à s'intégrer à ce peloton de tête, à la troisième place. En 1928, l'étudiant en Sorbonne monté de Grenoble Emmanuel Mounier, reçu deuxième, s'intercale entre un « major » normalien, Raymond Aron, et deux autres normaliens, Daniel Lagache et Olivier Lacombe. L'année suivante, Sartre, Boivin, Hyppolite et Nizan monopolisent quatre des cinq premières places. Seule Simone de Beauvoir, reçue deuxième, introduit dans ce peloton de tête une note non normalienne. Quatre des dix normaliens cités (Vignaux, Canguilhem, Cavaillès et Hyppolite) sont passés par l'option C du concours de la rue d'Ulm.

Les candidats normaliens à l'agrégation d'histoire et géographie y sont, en revanche, moins nombreux et, pour cette discipline, on peut noter une continuité de part et d'autre de la Première Guerre mondiale : en général, les candidats normaliens y obtiennent entre un tiers et un cinquième des postes, et pas toujours les meilleures places. En 1913, on l'a vu, cinq d'entre eux sont reçus — sur une liste de dix-huit —, aux 4e, 10e, 12e, 17e et 18e rangs. En 1924, trois normaliens figurent parmi les quinze admis, en 4e, 7e et 12e position [36]. Et pour cette agrégation, le poids des normaliens ne devait pas sensiblement varier dans les années suivantes. En 1934, cinq normaliens figurent parmi les vingt-deux reçus, classés 1er, 5e, 11e, 13e et 16e. Et les candidats admis

34. Pour le cadre statistique général des résultats à ces concours d'agrégation dans les années 1920, cf. notre thèse dactylographiée, p. 1362.
35. Arch. Nat. 61 AJ 194.
36. En 1925, la rue d'Ulm place deux agrégés d'histoire et géographie sur quinze reçus, aux deuxième (Pierre Brossolette, derrière Georges Bidault) et quatrième rangs (*RU*, 1926, 2, p. 166).

continuent à se répartir en trois grandes catégories, ainsi que le montrent la liste de ces reçus de 1934 et l'indication de leur origine :

1. BONIFACIO, élève ENS.
2. GUILLIEN, délégué au lycée de Rochefort.
3. BONNOURE, étudiant à Lyon.
4. PLANTIER, étudiant à Toulouse.
5. POIRIER, élève ENS (le futur Julien GRACQ).
6. FRÉVILLE, délégué au lycée de Rennes.
7. DELARUELLE, délégué au collège de Saint-Claude.
8. JOSSERAND, professeur à l'EPS de Limoux.
9. RAISON Paul, étudiant à Paris.
10. REY, étudiant à Lyon.
11. MAILLARD, élève ENS.
12. GOURDOL, étudiant à Lyon.
13. DEFOURNEAUX, élève ENS.
14. DORNE, maître d'internat au collège de Melun.
15. D'HOOP, professeur au collège d'Avesnes.
16. LE ROY, élève ENS.
17. SEJOURNANT, étudiant à Nancy.
18. Mlle CHAUFFARDET, professeur au collège de J. F. de Mirecourt.
19. MARTHELOT, étudiant à Strasbourg.
20. NICOLAS, délégué au lycée de Quimper.
21. RAISON Pierre, étudiant à Paris.
22. DELACROIX, professeur au collège de Toul.

Il faut cependant noter que si l'on retrouve les trois catégories de candidats, la proportion des enseignants reçus est sensiblement plus importante qu'avant le premier conflit mondial, et cela tout au long des années 1930[37].

Agrégations	Rappel 1913 (sur 18 reçus)	1933 (sur 23)	1934 (sur 22)	1935 (sur 24)	1936 (sur 25)	1937 (sur 27)
Normaliens	5	2	5	5	2	4
Autres étudiants	10	12	8	7	10	11
Enseignants et maîtres d'internat	3	9	9	12	13	12

La plupart de ces enseignants sont d'anciens khâgneux. Ainsi, au concours de 1935, l'un des deux premiers ex aequo — avec un normalien, Robert — est un professeur délégué au lycée de Mont-de-Marsan, Joubert, ancien élève de la khâgne de Poitiers à la fin des années 1920, et qui deviendra par la suite inspecteur général. Parmi les reçus se trouve également un professeur délégué au lycée de Colmar, Portal, futur professeur à la Sorbonne et khâgneux à Louis-le-Grand entre 1923 et 1925. A l'agrégation de 1934, on l'a vu, le « major » est un élève de l'École normale supérieure de la promotion 1930, tandis que le deuxième, Guillien, délégué au lycée de Rochefort, avait été classé 38e — pour 29 reçus — au concours de la rue d'Ulm de 1924 et nommé boursier de licence. L'agrégé reçu sixième est un délégué au lycée de Rennes, Fréville, ancien khâgneux ludovicien de 1923 à 1926, et futur professeur de faculté et maire de Rennes. Dans la liste des reçus de 1933, on retrouve un autre boursier de licence de 1924, Berland, qui est, en 1932-1933, professeur délégué au lycée de Limoges. Le premier ex aequo de cette agrégation est un délégué au lycée de Rochefort, Méthivier, khâgneux à Henri-IV en 1921-1922

37. Tableau établi à partir des listes des reçus à l'agrégation d'histoire et géographie publiées par le *Bulletin de la Société des professeurs d'histoire et géographie de l'enseignement public*, n° 77, novembre 1933, pp. 15-16, n° 81, novembre 1934, pp. 32-33, n° 85, novembre 1935, p. 35, n° 89, novembre 1936, p. 17, n° 93, novembre 1937, p. 33.

et futur inspecteur général. Le candidat reçu troisième au même concours, Varon, professeur au lycée de Compiègne, ancien khâgneux à Lyon au début des années 1920, terminera également sa carrière comme inspecteur général. Dans cette même promotion figure aussi un délégué au lycée de Rouen, Brelingard, khâgneux à Henri-IV dix ans plus tôt en 1923-1924.

Ces multiples sondages et une étude comparée plus détaillée des listes de khâgneux et des listes d'admission à l'agrégation permettent de conclure que de nombreux agrégés des années 1930 sont d'anciens khâgneux de la décennie précédente. Quand ils n'ont pas obtenu de bourse de licence, leur situation financière les a contraints le plus souvent à solliciter un poste de professeur délégué dans un lycée ou un collège de province. Ou bien, nommés boursiers de licence puis d'agrégation, ils ont été conduits, en cas d'échec, à devenir eux aussi professeurs délégués. Au bout de quelques années d'enseignement, ils se présentent à nouveau à l'agrégation, le plus souvent à plusieurs reprises. Tout cela explique, dans les deux cas, le décalage, souvent presque décennal, avec leurs camarades de khâgne entrés rue d'Ulm.

Ce sont également souvent d'anciens khâgneux qui figurent parmi les étudiants des facultés reçus à ces concours d'agrégation. On retrouve en effet, sur les listes des admis, des étudiants provinciaux qui, ayant été parmi les vingt premiers refusés à la rue d'Ulm, ont été nommés boursiers dans une université de province. On peut observer aussi parmi ces admis des khâgneux qui, sans avoir été nommés boursiers de licence, ont pu continuer leurs études supérieures jusqu'à l'agrégation. Dans ces deux derniers cas, il n'y a, en cas de réussite à l'agrégation, que peu de décalage avec les khâgneux devenus normaliens. Ainsi, au concours de 1934, à côté de professeurs délégués plus âgés et dont le séjour en khâgne remonte parfois à une dizaine d'années ou davantage, figurent, parmi les admis, des normaliens de la promotion de 1930 mais aussi des étudiants candidats malheureux rue d'Ulm la même année. De même, à l'agrégation de 1930 est admis un normalien de 1926, Jean Dresch, mais les deux premiers sont d'anciens khâgneux qui n'ont guère perdu de temps par rapport à leurs camarades de la rue d'Ulm. Le « major », Pierre George, a été en hypokhâgne à Louis-le-Grand en 1926-1927, tandis que le deuxième, André Cler, a été hypokhâgneux puis khâgneux dans le même lycée de 1924 à 1927, puis boursier de licence et d'agrégation à Lyon de 1927 à 1930. Et l'on observe des situations identiques pour les agrégations des années 1920 : celle, par exemple, d'Édouard Perroy, boursier de licence en 1922 et reçu à l'agrégation dès 1924, tandis que les normaliens entrés à l'École en 1922 — par exemple le cacique, Pierre Brossolette, ou Jean Meuvret — ne seront reçus à l'agrégation qu'en 1925.

Dans les trois catégories d'agrégatifs et de reçus aux agrégations littéraires — normaliens, étudiants des facultés et enseignants —, figure donc incontestablement une proportion très importante d'anciens khâgneux : ainsi, pour l'agrégation d'histoire et de géographie de 1934, il est possible d'identifier, en définitive, cinq des six premiers reçus comme d'anciens khâgneux, normaliens ou non, et cinq des sept premiers l'année suivante. C'est là un point fondamental : cette proportion explique la place prépondérante tenue par les anciens khâgneux dans l'enseignement secondaire comme dans l'enseignement supérieur; la khâgne constituait sans doute, à cette date, la meilleure forme d'apprentissage d'études littéraires supérieures et fournissait, dans ce domaine, la meilleure formation. Enfin, et ce dernier trait est lié à l'observation précédente, quand un professeur, un proviseur ou un inspecteur général aiguillait un lycéen vers la khâgne, il savait qu'une telle filière, même avec un échec au concours de la rue d'Ulm, demeurait en fin de compte la plus sûre — et la moins coûteuse — pour un brillant élève issu de milieux modestes.

Mais c'est tout de même le succès au concours de l'École normale supérieure que souhaitaient, en premier lieu, ces conseillers pour leurs protégés. A leurs yeux, en effet, non seulement la rue d'Ulm restait la « voie royale » vers l'agrégation mais elle constituait aussi le point de départ vers les plus brillantes carrières universitaires. Ce sentiment était sans doute partagé, bien que de manière beaucoup plus floue, par le reste de l'opinion publique éclairée ; il concourait à affermir davantage l'image de l'École normale dans la société française des années 1920. Le passage par la rue d'Ulm ouvrait-t-il pour autant toutes grandes les portes les plus prestigieuses de l'Université ?

Les normaliens et l'Université.

Pour évaluer le poids des anciens élèves de l'École normale dans l'enseignement supérieur, les travaux de sociologie universitaire de Victor Karady fournissent un point de départ précieux. Ils permettent, en premier lieu, de mieux cerner la place occupée par ces normaliens au sein de la recherche scientifique de cette époque. L'étude des doctorats soutenus devant l'Université de Paris est, à cet égard, éclairante[38] :

	Date de la soutenance			
	1860-1879	1880-1899	1900-1919	1920-1934
Proportion de normaliens parmi les docteurs ès lettres admis au grade à Paris	59,5 %	38,8 %	26,6 %	19,8 %

Si la proportion des élèves de la rue d'Ulm parmi les docteurs ès lettres de l'Université de Paris diminue de façon considérable entre 1860 et 1934, en raison de l'apparition progressive dans les facultés à partir de 1880 du personnage de l'étudiant en lettres non normalien, les positions universitaires des normaliens restent toutefois prédominantes au début des années 1930 :

	Dates				
	1870	1890	1910	1930	1946
PROPORTION DES NORMALIENS :					
• Dans le corps professoral secondaire et l'administration	31,8 %	22,3 %	20,7 %	Non calculé	
• Dans les facultés des lettres provinciales	56,6 %	63,1 %	50,7 %	40,8 %	34 %
• A la Sorbonne (faculté des lettres)	60 %	76 %	80 %	58 %	44 %

38. Ce tableau et celui qui suit ont été établis par Victor Karady « Recherches sur la morphologie du corps universitaire littéraire sous la IIIe République », *Le Mouvement Social*, art. cit., pp. 47-79, 58.

Ainsi, en 1930, quatre enseignants des facultés des lettres provinciales sur dix sont normaliens et cette proportion s'élève à près de six sur dix à la Sorbonne[39]. Cette position de force des anciens élèves de l'École normale supérieure dans l'Université appelle un certain nombre de remarques.

Tout d'abord, il est nécessaire de faire justice d'une opinion trop couramment répandue selon laquelle les normaliens quitteraient l'enseignement en grand nombre au bout de quelques années. Ce thème, complaisamment entretenu par quelques archicubes reconvertis dans la littérature, le journalisme ou la politique, perdure tout au long de la IIIe République. Normale mènerait à l'enseignement, qui mènerait à tout... à condition d'en sortir. La formule, attribuée à tort à Edouard Herriot, est fréquemment reprise, sous des formes diverses. Ainsi, en 1902, Charles-Victor Langlois note que l'enseignement « a souvent été le pied à l'étrier pour d'autres destinées » et que « tant d'hommes, plus tard distingués ou célèbres comme écrivains ou comme savants, ont débuté par l'École normale, les Facultés et l'enseignement secondaire[40] ». En 1934, le *Dictionnaire Encyclopédique Quillet*, dans son « Tableau récapitulatif des examens, concours et diplômes des divers ordres d'enseignement », indique encore, pour le concours d'admission à l'École normale supérieure et aux bourses de licence, dans la colonne « principales carrières auxquelles donne accès l'examen ou le concours, avantages acquis, etc. » : « Le titre d'ancien élève de l'École normale supérieure est très apprécié dans les carrières libérales. » Et, de fait, le spectacle de quelques normaliens anciens enseignants devenus ténors et dirigeants de grands partis politiques accrédite sans doute, dans l'opinion publique, l'idée que l'enseignement ne serait souvent, pour les anciens élèves de la rue d'Ulm, qu'un tremplin vers des carrières plus prestigieuses ou plus lucratives.

Or toutes les indications dont nous disposons pour l'entre-deux-guerres infirment une telle vision. Ainsi, en 1934 précisément, l'*Annuaire* de la Société de Secours des anciens normaliens comprend les noms de 1 680 membres, qui se répartissent, en ce qui concerne les carrières, de la manière suivante[41] ·

1. *Fonctionnaires de l'enseignement :*

Recteurs : 9.
Professeurs de l'ens. sup. (Collège de France et Muséum) : 24.
Professeurs de l'ens. sup. (facultés des lettres ou des sciences, Écoles des hautes études et des Langues orientales) : 335.
Inspecteurs généraux : 23.
Inspecteurs d'académie : 23.
Proviseurs de lycée : 23.
Professeurs de lycée : 737.
Professeurs de collège : 13.
Professeurs d'autres établissements de l'État : 18.
Assistants, préparateurs de faculté : 32.
Fonctionnaires des observatoires : 7.
Fonctionnaires de l'enseignement aux colonies : 9.

---

39. Nous avons, pour notre part, étudié la liste des professeurs titulaires à la Sorbonne (faculté des lettres) au 1er janvier 1935. La proportion de normaliens obtenue (53,6 %) est légèrement inférieure à celle calculée par Victor Karady pour 1930.
40. Ch.-V. Langlois, *Questions d'histoire et d'enseignement*, nouvelle série, Hachette, 1906, p. 281.
41. *BSAENS*, n° 34, mars 1935, pp. 16-18. Ce tableau porte sur l'ensemble des normaliens mentionnés dans l'*Annuaire de 1934*, scientifiques inclus.

Autres fonctionnaires du ministère de l'Éducation nationale : 24.
Professeurs dans les universités étrangères : 62.
Professeurs dans des instituts ou lycées français à l'étranger : 40.
Total des fonctionnaires d'enseignement (actifs ou retraités) : 1379.

2. *Autres fonctionnaires :*
Fonctionnaires du ministère des Affaires étrangères : 12.
Fonctionnaires du ministère des Finances : 8.
Fonctionnaires du ministère de la Marine : 4.
Fonctionnaires du ministère de l'Air : 2.
Fonctionnaires du ministère de la Santé publique : 2.
Fonctionnaires de la Chambre des députés : 2.
Fonctionnaires de la Préfecture de la Seine et du Conseil municipal de Paris : 2.
Fonctionnaires de la SDN : 13.

3. *Autres professions :*
Professeurs de l'ens. supérieur libre : 4.
Professeurs de l'ens. secondaire libre : 6.
Membres du Parlement : 9.
Journalistes et hommes de lettres : 39.
Industriels, banquiers, ingénieurs, actuaires : 42.
Membres du clergé catholique : 12.
Membres du clergé protestant : 2.
Professions diverses : 13.
Aucune profession indiquée : 124.
Total des catégories 2 et 3 : 301.

Les fonctionnaires de l'enseignement d'État, en activité ou à la retraite, représentent ainsi 82 % du total[42], dont 43,8 % de professeurs de lycée. Seuls 18 % des normaliens occupent donc à cette époque des situations hors de l'Université. Et si l'on en retire ceux qui dépendent d'autres administrations, il ne demeure, en fait, qu'une faible part d'anciens élèves de la rue d'Ulm ayant bifurqué vers des secteurs hors de la fonction publique[43].

L'enseignement supérieur occupe, en 1934, 359 des 1 680 normaliens mentionnés dans l'*Annuaire*, soit 21,3 %[44]. Ce chiffre prend un relief particulier si l'on songe que les enseignants de faculté ne sont guère plus d'un millier

42. Cette proportion s'abaissera légèrement au cours des deux décennies suivantes : 76,3 % en 1947 et 75,3 % en 1957 (Cf. *BSAENS*, n° 80, novembre 1957, pp. 17-19).

43. D'autant plus que dans les 18 % figurent également les 124 normaliens dont l'*Annuaire* n'indique aucune profession, c'est-à-dire 7,3 % du total général. Une consultation fréquente de ces *Annuaires* nous donne à penser qu'effectivement la plupart de ces anciens élèves de la rue d'Ulm qui ne signalent pas leur profession ont quitté l'Université, mais il doit se trouver parmi ces 124 cas quelques professeurs ou hauts fonctionnaires. En 1926, le directeur de l'École, Gustave Lanson, estimait, après avoir fait un sondage portant sur les dix premières pages de l'*Annuaire* de cette année-là, qu' « environ un dixième des membres (ou un peu plus) avaient pris d'autres carrières que celle de l'enseignement (secondaire et supérieur, en France ou à l'étranger), avec ses issues régulières vers la science pure et l'administration » (*Revue des deux mondes*, 1er février 1926, p. 524).

44. A ces 359 membres de l'enseignement supérieur, il faudrait, en fait, ajouter les 9 recteurs — qui sont obligatoirement docteurs d'État —, une partie des 24 fonctionnaires du ministère de l'Éducation nationale, certains des 62 professeurs dans les universités étrangères et quelques-uns des 13 fonctionnaires de la SDN. Même compte non tenu des 32 assistants et préparateurs de faculté, qui ne sont pas titulaires de l'enseignement supérieur, la proportion s'élève donc probablement aux environs de 25 %.

— 1 145 précisément — au début des années 1930. Quelles sont donc, à cette date, les filières suivies par les « archicubes » pour investir près du tiers des postes de cet ordre d'enseignement[45] ? L'analyse des situations occupées à cette date par les anciens élèves des promotions 1923 à 1928 fournit quelques éléments de réponse[46] :

Situation en 1934	Promotions littéraires					
	1923	1924	1925	1926	1927	1928
Service militaire	—	—	—	—	—	—
Candidats à l'agrégation	—	—	—	—	2	1
Agrégés-répétiteurs	1	1	—	—	—	—
École d'Athènes	—	—	—	—	3	1
École de Rome	—	—	—	—	1	1
Fondation Thiers	—	—	1	1	1	2
Boursiers d'études supérieures ou candidats au doctorat	5	3	2	1	1	2
Professeurs dans les lycées et collèges	18	14	18	19	14	18
Chefs de travaux ou assistants d'enseignement supérieur	—	—	—	—	—	—
Professeurs ou m. de conf. des facultés	3	2	—	1	1	—
Professeurs, lecteurs ou assistants dans des universités ou des établissements étrangers	—	4	4	2	1	—
Situations hors de l'Université	2	1	2	3	2	3
Enseignement libre	1	1	—	1	—	—
Décédés	—	2	1	—	3	1

Ce tableau indique un accès relativement précoce des normaliens aux carrières de l'enseignement supérieur. En effet, les élèves des promotions 1923 à 1928 ont, en 1934, entre vingt-six et trente et un ans en moyenne ; 101 sur 172 sont professeurs de lycées et collèges, soit un pourcentage de 58,7 %, fort logiquement supérieur aux 43,8 % signalés plus haut, qui rendaient compte d'un échantillonnage à la carrière en moyenne beaucoup plus avancée. Mais, parmi les normaliens d'une trentaine d'années des promotions 1923 à 1924, 5 sur 58 sont déjà professeurs ou maîtres de conférences des facultés, 2 sont agrégés-répétiteurs, 8 sont boursiers d'études supérieures, 4 enfin enseignent dans des établissements étrangers. Dix ans après l'entrée rue d'Ulm, six ou

45. Cette porportion est inférieure à 359 pour 1 145, car sur les 359 normaliens recensés dans l'enseignement supérieur, une partie est à la retraite. Mais la retraite pour cet ordre d'enseignement étant alors à soixante-dix ans, le nombre de retraités sur les 359 est nettement minoritaire.

46. Tableau établi par Roger Dion et reproduit dans *L'École normale supérieure. D'où elle vient ? Où elle va ?* Hachette, 1934, p. 109. Nous n'avons conservé dans ce tableau que les indications concernant les promotions littéraires. Plus largement, on pourra consulter aux Archives Nationales (61 AJ 203) une étude sur les situations occupées par les normaliens des promotions 1920 à 1928 en 1930, 1931 et 1934.

sept ans après l'agrégation, 19 normaliens sur 58, soit le tiers, sont membres de l'enseignement supérieur ou bien placés pour le devenir. La proportion — en fait encore plus élevée, puisqu'elle ne prend pas en compte, faute d'élements statistiques précis, ceux qui, parmi les normaliens professeurs de lycée ou de collège, ont bien avancé leurs travaux de recherches et sont en passe de devenir docteur ès lettres — est très importante pour un enseignement supérieur où n'existe pratiquement pas, à cette date, une gamme de statuts intermédiaires en dessous du rang magistral — qui, lui-même, on l'a vu, n'offre guère qu'un millier de postes —, et où l'on passe donc directement, mais rarement, une fois docteur ès lettres, à partir d'une chaire de lycée.

L'analyse des deux promotions les plus jeunes, 1927 et 1928, permet quelques observations pour expliquer cette position de force. En 1934, les 58 anciens élèves de ces promotions ont, en moyenne, vingt-six ou vingt-sept ans. Sur ces 58 normaliens agrégés depuis deux à quatre ans, 4 sont membres de l'École d'Athènes et 2 sont élèves de l'École de Rome[47], 3 sont pensionnaires de la Fondation Thiers[48] et 3 sont boursiers d'études ; en outre, un normalien de 1927 enseigne dans une université étrangère. Ainsi, 13 d'entre ces 58 normaliens, soit près du quart, occupent déjà des postes dans des institutions qui, dans une université française qui ignore, en lettres, l'assistanat[49], sont les mieux placées pour permettre de jeter les premiers fondements d'une thèse[50], voire, dans certaines disciplines, de la mener à bien. Du reste, sur ces 58 jeunes normaliens, l'un est déjà maître de conférences[51].

L'étude, au chapitre précédent, de la perception qu'avait de l'École normale supérieure l'opinion publique des années 1920 nous avait conduit à conclure

47. Les élèves de la rue d'Ulm occupent une position déterminante aux Écoles de Rome et d'Athènes. En 1925-1926, par exemple, sur les trois étudiants nommés membres de l'École française de Rome, deux sont normaliens, J. Gagé et R. Lugand, appartenant l'un et l'autre à la promotion 1921 et agrégés en 1924. C'est une archiviste paléographe, ancienne élève de l'École des Chartes, qui est nommée avec eux à Rome (cf. *RU*, 1926, 1, p. 70). L'année suivante, à Athènes, sur quatre élèves choisis, il y a, à côté d'un archiviste paléographe, trois normaliens : Demargne, Wuilleumier et Seston (*RU*, 1926, 1, p. 453). Du reste, en 1926, dans un article sur l'École, Gustave Lanson reconnaît ce monopole de fait : « Jusque vers 1900, l'École d'Athènes s'est recrutée à peu près exclusivement rue d'Ulm ; et les choses n'ont pas beaucoup changé depuis. Pour l'École de Rome (celle du Palais Farnèse), l'École normale l'a alimentée avec l'École des Chartes et l'École des hautes études. Pour celle-ci, d'ailleurs, les élèves qu'elle a envoyés à Rome ont été parfois des normaliens » (*Revue des deux mondes*, 1er février 1926, p. 520). Dans le cas de l'École d'Athènes, le terme « à peu près exclusivement » est un euphémisme : entre 1846 et 1895, en effet, sur les 90 élèves de l'École d'Athènes, seuls 4 n'étaient pas normaliens (cf. « Liste des membres de l'École d'Athènes » dans *Le Centenaire de l'École normale (1795-1895)*, Hachette, 1895, p. 691). Le résultat en est incontestablement une suprématie des normaliens en ce qui concerne les chaires de latin, de grec et d'histoire ancienne.

48. Le poids des normaliens à la Fondation Thiers est également très important (cf. notre thèse, p. 263-264).

49. Les assistants des facultés des lettres n'apparaîtront qu'en 1942. Un décret du 13 mai 1942 en fixe le statut. Les articles 3 et 4 précisent la durée et la nature de leurs fonctions : « Nommés pour un an, sur proposition de l'Assemblée de la faculté ; leur nomination peut être renouvelée annuellement pendant une période de trois ans. A titre exceptionnel, les assistants des facultés des lettres, arrivés au terme de leur troisième année d'exercice, pourront être maintenus en fonctions pour une quatrième et dernière année. [Ils] sont chargés de la direction des travaux pratiques et de la correction des copies. Ils peuvent exceptionnellement être appelés à diriger les explications de textes. Les assistants des facultés des lettres peuvent être astreints à cinq heures de service par semaine au maximum » (*RU*, janvier-février 1943, p. 18).

50. La thèse a toujours tenu une place importante dans les chansons du folklore normalien. Pour quelques exemples, on se reportera à notre thèse, pp. 264-267.

51. En 1940, sur les 58 normaliens des promotions 1927 et 1928, 6 d'entre eux sont devenus maîtres de conférences ou professeurs. Et, pour les promotions 1924 à 1928, alors qu'en 1934 4 de leurs membres seulement occupaient un poste de rang magistral, ils sont exactement cinq fois plus nombreux en 1940. Nous nous fondons sur une étude des « situations occupées en 1940 par les élèves des promotions de 1924 à 1928 (Lettres) », publiée en 1943 par le Bureau universitaire de statistique

au grand prestige dont jouissait cet établissement, peu à peu élevé au rang d'une institution. Or nous venons de voir que, dans son propre milieu — le monde universitaire —, la rue d'Ulm dispose également d'un vaste capital d'admiration et d'une réputation de solidité, dus au degré de sélection de son concours et aux carrières, réelles ou supposées, que cette école est censée ouvrir. Bonne représentation dans l'opinion publique, haut prestige dans son propre milieu[52], qui est justement celui des enseignants chargés de conseiller les jeunes lycéens, les conditions sont donc réunies pour que soit drainée vers les centres de préparation à ce concours une part non négligeable des meilleurs élèves des lycées et collèges.

Et les attaques dont Normale est l'objet constituent rarement une remise en cause de son existence mais plutôt, au contraire, une reconnaissance implicite de son rôle éminent : fabrique de « chiens de garde » de la bourgeoisie pour les uns[53], facteur de désintégration nationale et de perversion sociale pour les autres[54], elle reste, au milieu des critiques, l'une des clés de voûte de l'édifice universitaire.

Ainsi, quand les Compagnons de l'Université nouvelle, au début des années 1920, proposent une série de mesures radicales pour réformer le système

---

(*École normale supérieure (section des lettres)*, Ministère de l'Éducation nationale, Bureau universitaire de statistique, fiche 10, mise à jour le 1er juillet 1943, p. 7).

	1924	1925	1926	1927	1928
Candidats à l'agrégation	2	2	2	2	2
Agrégés-répétiteurs	—	—	—	—	—
École d'Athènes	—	—	—	—	—
École de Rome	—	—	—	—	—
Fondation Thiers	—	—	—	—	—
Boursiers d'études supérieures ou candidats au doctorat	—	—	—	—	—
Professeurs dans les lycées et collèges	9	16	16	15	12
Professeurs ou maîtres de conférences des facultés	7	4	3	5	1
Professeurs, lecteurs ou assistants dans les établissements ou universités étrangers	3	3	3	2	1

52. L'une des manifestations de ce prestige réside, par exemple, dans le fait que nombre de normaliens ont, à cette époque, aiguillé certains de leurs enfants vers le concours de l'École normale supérieure. Dans quelques cas, il s'est même constitué de véritables dynasties d'« archicubes », que nous évoquerons dans l'annexe n° III.

53. Telle est, par exemple, la teneur de certains textes du normalien Paul Nizan : cf. ses attaques, en 1931, contre l'École normale supérieure dans *Aden Arabie* (Rieder, 1931, rééd. 1960, Maspero, pp. 66-70) ; l'année suivante, P. Nizan publie *Les Chiens de garde* (Rieder, 1932) : la rue d'Ulm n'y est pas directement mentionnée, mais tous les grands maîtres de la philosophie universitaire, cibles de ce pamphlet, Bergson, Boutroux, Brunschvicg, Lalande, Parodi, sont des normaliens. A ce jeu de massacre, même le normalien Alain, que ses élèves avaient pourtant coutume d'opposer aux précédents, ne trouve pas grâce aux yeux de l'auteur (*op. cit.*, p. 186).

54. Nous avons vu que tel était le sens de l'ouvrage *De Jaurès à Léon Blum* d'Hubert Bourgin. C'est là un thème cher à certains secteurs de la droite française, et parfois utilisé de percutante manière. Ainsi, un article de *La Gerbe* du jeudi 7 août 1941 attaque J. Carcopino, secrétaire d'État à l'Éducation nationale. Après avoir évoqué l'ancien recteur de Paris, « Roussy le métèque, ce ploutocrate démagogue » à qui Nestlé « assure un million par an », l'auteur de l'article reproche à J. Carcopino d'avoir été infidèle au Maréchal Pétain en interdisant à la jeunesse étudiante « toute échappée, tout élan, toute tentative de compréhension et de collaboration ». A cela rien d'étonnant, puisque l'accusé appartient à la « basse maffia sectairement antireligieuse, démagogue, bolchévisante et profiteuse dont le choréphore fut le derviche tourneur Durkheim et dont l'aboyeur très amplement patenté fut le butor intellectuel Bouglé » (*art. cit.*, p. 5). L'École normale supérieure, dont J. Carcopino est justement, depuis les débuts de la guerre, le directeur — fonction occupée dans les années 1930 par C. Bouglé —, est bien évidemment au cœur de cette nébuleuse maffieuse.

scolaire et universitaire français, ils se hâtent de faire savoir aux normaliens que non seulement l'existence de leur École ne serait pas remise en cause mais que, tout au contraire, elle deviendrait une sorte de « séminaire de préparation à l'enseignement supérieur[55] ». Bien plus, deux décennies plus tard, à la Libération, les Grandes Écoles sont critiquées et l'on envisage leur suppression. Mais, en raison de leur prestige, elles seront maintenues. En août 1944, en effet, la Commission pour la réforme de l'enseignement, créée quelques mois plus tôt à Alger par René Capitant, commissaire à l'Éducation nationale et à la Jeunesse, publie son rapport, présenté par Marcel Durry; l'une des rubriques de ce rapport est consacrée aux Grandes Écoles et conclut à la nécessité de supprimer ces dernières, parce qu'elles font double emploi avec les facultés, et à cause de « l'esprit de caste qui anime les élèves de certaines de ces maisons, et qui naît dès les classes préparatoires incorporées aux lycées (Spéciales, premières supérieures, etc.) ». Mais le rapport ajoute : « Ces Écoles ont un passé si glorieux qu'il sera malaisé de faire admettre à l'opinion leur suppression : on hésite à proposer la disparition de l'École polytechnique ou même de l'École normale supérieure. Alors il faut que ces Écoles s'en tiennent à leur caractère d'écoles professionnelles[56]. »

55. Cf., dans le *BSAENS* de février 1921 (n° 4, pp. 24-25), le compte rendu de la conférence faite devant des élèves et anciens élèves de l'École par les représentants des Compagnons de l'Université nouvelle. Pour ces derniers, la rue d'Ulm n'accueillerait que les candidats à l'enseignement supérieur et on n'y entrerait plus par concours mais sur présentation d'un mémoire. Les études qui y seraient effectuées consisteraient en une initiation à la recherche scientifique.

56. « Rapport général sur les travaux de la Commission pour la réforme de l'enseignement », présenté par Marcel Durry, Alger, août 1944, *Bulletin Officiel du ministère de l'Éducation nationale*, numéro hors série, 16 novembre 1944, rubrique n° 20 : « Les Grandes Écoles ».

CHAPITRE VII

Des boursiers conquérants ?

L'un des aspects principaux de l'image que l'opinion publique des années 1920 se fait des élèves de l'École normale supérieure — et donc des khâgneux — est celui de jeunes gens souvent issus de milieux modestes, et généralement boursiers. Pour rendre compte de la réalité éventuelle d'une telle vision, il est nécessaire de s'entourer de quelques précautions méthodologiques sans lesquelles le débat serait faussé et la réalité historique altérée.

Le sens des mots

Étudier une population scolaire, fût-elle limitée à quelques centaines d'élèves comme c'est le cas pour ces khâgneux des années 1920, sans tenter de rendre compte des origines sociales de ses membres reviendrait à éluder le problème fondamental du rôle du système scolaire et universitaire sous la IIIe République. Ce serait aussi se priver d'une source précieuse pour l'analyse de la composition sociale des cadres supérieurs de l'administration française et de l'Université, deux domaines dans lesquels les anciens khâgneux sont légion. Il n'en reste pas moins — et c'est ici que surgit une première difficulté — que cette étude sociale est malaisée, car elle tourne forcément, dans le cas qui nous occupe, autour du problème de l'existence ou de l'absence du clivage héritiers-boursiers. Or l'appartenance à l'une ou l'autre de ces deux catégories ne peut, dans certains cas, qu'imparfaitement se ramener aux indicateurs dont dispose l'historien : profession des parents, déclaration fiscale, et même, paradoxalement, possession d'une bourse. Il est, en effet, difficile et parfois arbitraire de rendre compte d'un statut social, et donc de le placer sur une échelle stratigraphique, à partir de ces seuls éléments.

Le cas de Jean Jaurès est, à cet égard, éloquent. En apparence, le futur dirigeant de la SFIO est issu d'un milieu très modeste, et il est parfois présenté comme l'exemple rare d'un fils de paysan devenu normalien puis agrégé de philosophie. Au moment de ses succès, de fait, son père est un exploitant agricole qui possède une terre de six hectares. Et, dans cette perspective, Jean Jaurès correspond, sans aucun doute, à l'archétype du boursier conquérant :

c'est l'inspecteur général Deltour, on l'a vu, qui, de passage au collège de Castres et frappé par les dons du jeune élève, intervint pour qu'il puisse être inscrit en khâgne à Louis-le-Grand, tout en profitant de l'internat du collège Sainte-Barbe. Cela permit à Jean Jaurès d'entrer à l'École normale supérieure. Mais l'image du fils de paysan doué ne rend qu'imparfaitement compte du statut social de la famille Jaurès, qui apparaît beaucoup plus, à l'analyse, comme une famille bourgeoise déclinante. Le grand-père maternel de Jean Jaurès était fabricant de draps et seuls l'instabilité du père du futur normalien et l'échec de ses projets commerciaux successifs entraîneront la gêne financière et l'amoindrissement de la situation sociale du foyer. Ce n'est qu'après plusieurs entreprises avortées qu'il finira par cultiver la terre.

Il est donc parfois difficile pour le chercheur de restituer fidèlement un milieu familial et de situer précisément un statut social. Certains souvenirs de khâgneux des années 1920 en portent témoignage. Par exemple, celui d'un khâgneux poitevin des lendemains de la Première Guerre mondiale qui analyse avec finesse et nuances ses origines sociales et, surtout, la vision que lui-même et ses parents avaient de ces origines :

> « Mon père était alors employé de bureau à la mairie de Poitiers. Antérieurement, il avait été pendant dix-sept ans comptable dans une maison de commerce dirigée par un de ses cousins. Atteint d'une sorte de cataracte précoce et n'y voyant presque plus, il avait été réduit au chômage pendant plusieurs années. Après plusieurs opérations, l'état de sa vue ne s'étant guère amélioré, mais s'étant stabilisé, il avait pu obtenir ce petit emploi grâce à l'appui d'un autre de ses cousins qui était adjoint au maire. Pendant qu'il était sans travail, ma mère avait repris son ancien métier de giletière avec l'aide de deux petites ouvrières. Quelquefois, l'argent manquait car ce métier ne rapportait pas beaucoup et nous étions trois enfants. Mon grand-père paternel, que je n'ai pas connu, était maître tailleur dans un régiment de cuirassiers. Son père était préposé des douanes à Aoste (Isère). Mon grand-père maternel était scieur de long. Ma mère, orpheline à quatre ans, avait été élevée à Nantes par une de ses tantes qui l'avait retirée de l'école à dix ans pour lui faire apprendre le métier de giletière. Elle était intelligente et elle avait acquis dans la fréquentation de commerçants nantais un certain vernis. Elle aimait jouer à la bourgeoise. C'est pourquoi, bien que ma condition ait été assez semblable à celle de Jean Guéhenno enfant, je n'ai jamais eu, comme lui, le sentiment qu'en m'élevant au-dessus de ma condition première, je trahissais mes origines, mon milieu. Cette espèce de tourment et de vague remords qu'il analyse si bien ne m'ont même pas effleuré. Mes parents se considéraient comme des bourgeois accablés par la malchance et, ne pouvant redresser une situation irrémédiablement compromise, ils mettaient dans leurs enfants tout leur espoir. Nous étions assurément les plus mal lotis de toute la famille. Le grand-père maternel de mon père avait dirigé à Poitiers une entreprise de charpente qui avait finalement enrichi deux de ses cousines (les filles du fils aîné). Mon père avait un beau-frère agrégé de mathématiques, un cousin vétérinaire, un autre cousin professeur de collège, un neveu ancien élève de Centrale et industriel. Oui, ma situation de famille était très différente de celle de Jean Guéhenno, car nous tenions d'un côté au petit peuple, mais d'un autre côté à la bourgeoisie moyenne [1]. »

1. Correspondance avec l'auteur (mai 1976). L'auteur de ces lignes, né en 1902, a suivi les cours de la khâgne de Poitiers de 1920 à 1922, avec une bourse d'externat surveillé. Boursier de licence en 1922 (il a été classé 35e au concours de la rue d'Ulm), il poursuit ses études à la faculté des lettres de Bordeaux. Reçu deuxième à l'agrégation des lettres de 1927, il finira sa carrière comme proviseur d'un grand lycée parisien.

Ces dernières lignes illustrent bien l'ambivalence de certains statuts sociaux et la difficulté de les situer sur une échelle stratigraphique. Et cette observation est d'autant plus importante que, dans l'étude qui est la nôtre, les classes moyennes, on le verra, jouent un rôle statistiquement fondamental.

Mais il y a plus. Si le caractère incertain de quelques situations sociales, dans la petite bourgeoisie, rend déjà toute codification socioprofessionnelle hasardeuse, il est, en outre, des cas où même une information précise sur la profession exercée par les parents, loin de permettre d'affiner l'analyse, risque au contraire, faute de renseignements complémentaires, de fausser encore davantage la perspective. Ainsi, pour ce khâgneux de Lakanal, la réponse à nos questions en juillet 1976 ne laissait, semble-t-il, aucune ambiguïté : avec un grand-père simple ouvrier devenu directeur d'usine et un père notaire, cet aspirant à la rue d'Ulm enrichissait notre étude statistique d'une unité pour la rubrique « notaires », elle-même placée dans les catégories supérieures de notre tableau. Mais ce correspondant remettait en cause ce cas apparemment sans problèmes :

> « Je suis pourtant un cas typique, démontrant que, sous notre IIIe République tant critiquée, un garçon pauvre pouvait faire ses études, pourvu qu'il ait les qualités nécessaires et une énergie indomptable.
> Voici l'histoire : en août 1914, mon père remit 500 francs à ma mère, qui prit le train avec quatre enfants. Nous débarquâmes en Normandie. Mon père était obligé de rester dans l'Aisne. (Il pensait que la guerre serait terminée en décembre) Ma mère touchait 1,25 F par enfant, comme secours aux réfugiés. Je me débrouillais donc pour passer (brillamment) l'examen des bourses, et j'entrais comme boursier au collège. Puis, ayant retrouvé mes grands-parents dans le Loiret, j'obtins d'être transféré comme boursier à Montargis. Ce fut l'époque héroïque de ma vie : des vêtements par la charité publique et pas un sou pour acheter des livres... Les professeurs du collège de Montargis, connaissant ma situation, posèrent ma candidature pour une bourse de première supérieure et je pus ainsi entrer à Lakanal... »

Sans aucun doute, le cas est extrême et la situtiion exceptionnelle. L'épisode doit cependant attirer l'attention sur les lacunes que comportent inévitablement les archives administratives et sur la nécessité de les enrichir et de les recouper, quand cela est possible, avec d'autres sources qui permettent de donner quelque épaisseur à la sécheresse des dossiers consultés dans les dépôts d'archives et de débusquer ainsi d'éventuelles erreurs d'appréciation.

Il est donc difficile d'étudier le clivage boursiers-héritiers en se fondant sur les seuls éléments classiques de l'analyse statistique. Depuis plus d'une vingtaine d'années, le terme « héritier » est devenu un concept opératoire dans certaines recherches sociologiques. Dans deux ouvrages parus en 1964 et 1970[2], Pierre Bourdieu et Jean-Claude Passeron ont développé la thèse selon laquelle l'enseignement supérieur français restait avant tout un instrument de reproduction sociale. Ils y opposaient, en effet, la culture « héritée » à l'« acculturation » des élèves des classes sociales défavorisées et estimaient que les jurys d'examens et de concours avaient tendance à privilégier l'« héritier », dont le « savoir-faire » et le « savoir-dire » ont plus de brillant que ceux des enfants de la petite bourgeoisie et du monde ouvrier ou paysan.

2. P. Bourdieu et J.-C. Passeron, *Les Héritiers : les étudiants et la culture*, Éd. de Minuit, 1964 ; on consultera également, des mêmes auteurs, *La Reproduction*, Éd. de Minuit, 1970.

Si nombre d'observations de ces deux auteurs sont sans aucun doute fondées[3], il n'en demeure pas moins que leur ouvrage s'appuie sur une enquête et un appareil statistique portant sur la première moitié des années 1960 et que ses conclusions ne touchent que très indirectement notre sujet. En ce qui concerne le recrutement de l'École normale supérieure, par exemple, l'étude porte sur la période 1961-1962, et les résultats indiquent incontestablement une surreprésentation des catégories sociales les plus favorisées inconnue dans les années 1920. Pour l'étude du concours de la rue d'Ulm, *Les Héritiers* est donc un ouvrage nettement situé dans le temps et dont les conclusions ne peuvent être appliquées sans précautions à d'autres périodes, puisque les données statistiques qui les déterminent ont changé de signification. Et si, pour toute une école sociologique, l'institution scolaire et universitaire est un instrument de reproduction qui pérennise l'organisation sociale au profit des seules classes dominantes, il convient, pour les années 1920, et quelle que soit l'hypothèse retenue, d'éviter soigneusement tout anachronisme. La tentation peut être grande de projeter dans un contexte historique et sociologique différent des conclusions tirées de l'observation de données postérieures de près d'un demi-siècle à la période étudiée.

Il faut notamment replacer unc telle recherche en perspective, sur plusieurs générations. L'optique s'en trouve singulièrement modifiée, tout au moins pour la décennie qui retient notre attention. Enfin, au plan du vocabulaire, lorsque Albert Thibaudet, dans *La République des Professeurs*, évoque en 1927 les « héritiers », chers à Maurice Barrès, c'est naturellement pour les opposer aux « boursiers » et pour rappeler, par comparaison à ces derniers, combien leurs atouts pèsent plus lourd dans la course aux diplômes, mais sans en tirer de théorie sur la « reproduction sociale », et en insistant, au contraire, pour les besoins de sa démonstration, sur le rôle des « boursiers ».

L'étude de l'origine sociale des khâgneux nous confronte aussi au concept de « société bloquée », utilisé par Stanley Hoffmann pour définir la société française des années 1878-1934, « ni vraiment dynamique ni statique », et dont le système scolaire « offrait le meilleur exemple des structures de l'ascension individuelle et des valeurs de la société bloquée[5] ». Nous verrons que le problème de la mobilité sociale sous la IIIe République, replacé dans une perspective englobant plusieurs générations, peut s'interpréter différemment. Pour s'en tenir ici aux seuls khâgneux, leur promotion reste, certes, une suite d' « ascensions individuelles », mais elle s'intègre dans une vaste noria des générations qui, pour être souvent plus modeste que le passage par l'École normale supérieure, n'en est pas moins réelle.

Khâgneux et normaliens : fiche signalétique.

Nous disposons, pour la période 1927-1933, d'une étude réalisée par le Centre de Documentation sociale de l'École normale supérieure sur les

---

3. Un an plus tôt, par exemple, la « commission Boulloche » sur le système des concours portait un jugement identique : cf. *Les Conditions de développement, de recrutement, de fonctionnement et de localisation des Grandes Écoles en France*, rapport du groupe d'études au Premier ministre, 26 septembre 1963, La Documentation française, 1964, Recueils et monographies n° 45, notamment p. 42.

4. S. Hoffmann, « Paradoxes de la communauté politique française » *in* S. Hoffmann, Ch. P. Kindleberger, L. Wylie, J. R. Pitts, J.-B. Duroselle et F. Goguel, *A la recherche de la France*, Le Seuil, 1963. Essai repris dans le recueil de S. Hoffmann : *Sur la France*, Le Seuil, 1976, pp. 33-165.

5. *Op. cit.*, pp. 37, 38 et 41 (éd. de 1976).

professions des parents des élèves de la rue d'Ulm[6]. Elle peut se résumer dans le tableau suivant :

Professions exercées par les parents des élèves	Reçus							Total 1927-1933	(%)
	1927	1928	1929	1930	1931	1932	1933		
Professeurs	3	2	1	7	6	5	6	30	14
Instituteurs	5	6	—	5	8	4	—	28	13
Autres universitaires (administration)	3	2	7	—	—	1	—	13	6
Autres fonctionnaires	6	1	—	3	3	—	1	14	6,5
Officiers	1	2	3	2	1	1	1	11	5,1
Ingénieurs, architectes	—	2	2	—	—	1	1	6	2,8
Industriels	3	—	—	2	1	1	2	9	4,2
Médecins, pharmaciens	—	2	1	—	3	—	1	7	3,2
Notaires	2	—	—	1	1	—	—	4	1,8
Avocats, avoués	—	1	—	—	—	—	—	1	0,5
Banquiers, assureurs	—	1	1	—	1	—	1	4	1,8
Agriculteurs	—	1	—	—	—	2	1	4	1,8
Commerçants	5	4	4	6	2	5	4	30	14
Employés PTT, chemins de fer	1	—	1	3	—	5	4	14	6,5
Autres employés	1	2	3	2	1	3	6	18	8,4
Artistes	—	—	1	—	—	—	—	1	0,5
Pasteurs protestants	1	1	—	—	1	—	1	4	1,8
Ouvriers, contremaîtres	—	1	3	—	—	—	1	5	2,3
Professions indéterminées	—	—	2	1	3	4	1	11	5,1
TOTAL	31	28	29	32	31	32	31	214	

Ce tableau suggère quelques observations immédiates. D'une part, sur les 214 élèves des 7 promotions étudiées, 71, soit 33,1 %, sont fils de professeurs, d'instituteurs ou « d'autres universitaires ». Or, à cette même époque, les enseignants représentent moins de 200 000 personnes[7], soit moins de 1 % de la population active française. D'autre part, la rubrique instituteurs comprend 28 des 214 parents, soit 13 %. Il convient d'y ajouter la plus grande partie du poste « autres universitaires (administration) ». Une étude plus détaillée et portant sur un échantillonnage plus vaste — celui des khâgneux de Louis-le-

6. Cette étude avait été réalisée par Roger Dion, à l'époque surveillant général et agrégé-répétiteur de géographie, et Mme Poré, secrétaire du Centre de Documentation sociale. On la trouve reproduite dans *L'École normale supérieure. D'où elle vient ? Où elle va ?* Hachette, 1934, p. 107. On peut consulter la même étude à Arch. Nat. 61 AJ 166 (il s'agit de tout le travail préparatoire qui a précédé la publication de la partie statistique de l'ouvrage signalé ci-dessus). Nous avons naturellement contrôlé la valeur de ce tableau, en nous appuyant sur les mêmes sources que ses auteurs : c'est-à-dire les dossiers d'inscription au concours de l'École normale supérieure, et plus spécialement les demandes de bourses (cf., pour 1927 à 1933, Arch. Nat. 61 AJ 254 à 61 AJ 260). On y trouve, en effet, pour chaque élève une fiche sur les « revenus et charges », qui signale non seulement les traitements ou les revenus d'une profession non salariée, mais aussi les pensions, rentes, etc.

7. 120 000 maîtres et maîtresses primaires entre 1920 et 1930 (cf. A. Prost, *Histoire de l'enseignement en France 1800-1967*, A. Colin, 1968, p. 378), 9 269 membres du secondaire masculin en 1926 (*Ibid.*, p. 371) et 1 145 professeurs de l'enseignement supérieur en 1930 (*Ibid.*, p. 234). Il convient, en outre, d'ajouter le personnel des établissements secondaires de jeunes filles.

Grand, sur lequel nous reviendrons – montre, en effet, que les deux tiers au moins des membres de cette catégorie sont des administrateurs des enseignements primaire et primaire supérieur : directeurs et directrices d'école et d'école normale, inspecteurs primaires. Aux 28 instituteurs déjà signalés, il convient donc d'ajouter 9 des 13 personnes regroupées dans cette rubrique, c'est-à-dire un total de 37 membres du primaire et du primaire supérieur, soit 17,2 % de l'ensemble. Un fils d'enseignant sur deux est donc fils d'instituteur (17 % sur 33,1 %) et un normalien de la rue d'Ulm sur six est, à cette date, issu du monde des maîtres d'école.

Il faut enfin souligner que les fonctionnaires représentent la moitié de l'effectif. En effet, si l'on ajoute aux 71 enseignants les 14 « autres fonctionnaires », les 11 officiers et 10 employés des PTT, on obtient 106 parents de normaliens employés par l'État, soit 49,5 %.

Les normaliens de la rue d'Ulm ont-ils un recrutement social différent de celui de l'ensemble des khâgneux, ou bien ne forment-ils qu'un microcosme socialement représentatif de la masse des élèves des classes préparatoires dont ils sont issus ? En d'autres termes, les jeunes gens admis au concours de l'École normale supérieure dans les années 1920 présentent-ils les mêmes caractéristiques sociales que l'ensemble des candidats de ce concours ? L'étude du fichier du lycée Louis-le-Grand et plus particulièrement de l'échantillon constitué par les 294 élèves passés par l'hypokhâgne ou par la khâgne — ou par les deux classes — de cet établissement entre 1923 et 1928 permet d'établir le tableau suivant[8] :

Professions exercées par les parents	Khâgneux de Louis-le-Grand 1923-1928	(%)	Rappel normaliens 1927-1933 (%)
Professeurs	39	13,2	14
Instituteurs	40	13,6	13
Autres universitaires (administration)	29	9,8	6
Autres fonctionnaires	24	8,1	6,5
Officiers	13	4,4	5,1
Ingénieurs, architectes	9	3	2,8
Industriels	6	2	4,2
Médecins, pharmaciens	8	2,7	3,2
Notaires	1	0,3	1,8
Avocats, avoués	3	1	0,5
Banquiers, assureurs	5	1,7	1,8
Agriculteurs	3	1	1,8
Commerçants	35	11,9	14
Employés PTT, chemins de fer	11	3,7	6,5
Autres employés	11	3,7	8,4
Artistes	3	1	0,5
Pasteurs protestants	1	0,3	1,8
Ouvriers, contremaîtres	2	0,6	2,3
Divers	6	2	—
Professions indéterminées	45	15,3	5,1
TOTAL	294[9]		

8. Dans un souci comparatif, nous avons conservé la même codification socioprofessionnelle que celle utilisée par Roger Dion et Mme Poré pour l'élaboration du tableau précédent. Cette codification a le mérite de la simplicité, tout en permettant de distinguer les principaux postes. Nous n'en

On retrouve ci-dessus les trois traits principaux qui ressortaient de l'étude des normaliens : 108 parents de khâgneux ludoviciens sont enseignants, soit 36,7 %. Parmi ces enseignants, 60 appartiennent au primaire et au primaire supérieur[10], soit 20,4 %. Les fonctionnaires sont au nombre de 152, c'est-à-dire 51,7 % de l'ensemble. Pour les élèves reçus à la rue d'Ulm entre 1927 et 1933, ces trois chiffres étaient respectivement de 33,1 %, 17,2 % et 49,5 %. On retrouve donc une répartition à peu près comparable. Si les enseignants, les maîtres et administrateurs du primaire et les fonctionnaires y semblent cependant légèrement plus nombreux, cela nous semble dû au décalage entre les périodes étudiées : 1923-1928 pour les khâgneux de Louis-le-Grand et 1927-1933 pour les élèves de la rue d'Ulm. Si l'on s'en tient aux seuls normaliens de 1927 à 1930, c'est-à-dire à une séquence chronologique qui peut grossièrement se superposer avec celle de 1923 à 1928 pour les khâgneux — en tenant compte des redoublements fréquents de deux ou trois années —, on obtient, en effet, des chiffres très proches :

Professions des parents	Normaliens 1927-1930	Khâgneux de Louis-le-Grand 1923-1928
Total enseignants.......	34,1 %	36,7 %
Enseignants du primaire et primaire supérieur....	20 %	20,4 %
Fonctionnaires.........	51,6 %	51,7 %

Si la khâgne de Louis-le-Grand et l'École de la rue d'Ulm ont ainsi des pourcentages très proches, en est-il de même pour les autres khâgnes ? La réponse est apparemment malaisée. Nous ne disposons pas, en effet, de sources aussi précises — un fichier accessible et complet — pour la plupart des autres établissements. Il faut donc recourir à nouveau aux archives provoquées et comparer les résultats obtenus avec ceux d'un sondage rétrospectif portant sur des khâgneux originaires de tous les lycées possédant à cette date

sommes pas moins conscient des lacunes d'une telle présentation. Ainsi la rubrique « cultivateurs » brille-t-elle par son caractère général. Mais cette simple mention trouvée sur les fiches de Louis-le-Grand ne permet guère d'introduire des catégories intermédiaires : « propriétaires exploitants », « fermiers, métayers, régisseurs » et « ouvriers agricoles », par exemple. Du reste, le faible nombre de cultivateurs du tableau ne pousse pas, dans ce cas précis, à multiplier les catégories. Bien plus grave nous semble le regroupement d'activités très diverses dans le seul poste « commerçants ». Le précédent tableau indique, par exemple, pour 1929, quatre de ces commerçants. Or l'étude des déclarations fiscales des familles des candidats (cf. Arch. Nat. 61 AJ 256) montre la grande hétérogénéité des statuts sociaux de ces quatre parents. Les deux premiers sont l'un sabotier et l'autre modiste, avec respectivement 13400 francs et 17500 francs de revenus annuels. A cette date, un commis principal des PTT du même âge gagne 16000 francs par an. Le troisième est tailleur, et son activité lui rapporte 5200 francs, l'un des deux revenus les plus bas des parents d'élèves de la promotion 1929 (une veuve de guerre, dont le mari était ouvrier, vivant, pour sa part, avec 2460 francs). Au contraire, le quatrième commerçant, un négociant, déclare une somme annuelle de 51000 francs. En 1929, un inspecteur primaire touche un salaire moyen de 30000 francs et le directeur de l'Institut français de Varsovie reçoit un traitement de 40000 francs. Le caractère lapidaire des indications du fichier de Louis-le-Grand interdit, de toute façon, de multiplier les rubriques et d'affiner davantage l'analyse.

9. Parmi les 39 professeurs figurent 6 professeurs de l'enseignement supérieur. Et les 29 « autres universitaires (administration) » comprennent notamment 8 inspecteurs primaires, 10 directeurs d'école primaire et 2 directeurs d'école normale.

10. Aux 40 instituteurs s'ajoutent les 20 administrateurs signalés à la note précédente.

une classe préparatoire au concours de la rue d'Ulm. L'analyse des 98 réponses à la question 7 de notre questionnaire conduit, en effet, à établir un troisième tableau, plus représentatif de l'ensemble des khâgnes[11] :

Professions exercées par les parents	98 khâgneux 1920-1930	(%)	Rappel khâgneux LlG 1923-1928	Rappel normaliens 1927-1933
Professeurs	13	13,2	13,2	14
Instituteurs	16	16,3	13,6	13
Autres universitaires (administration)	6	6,1	9,8	6
Autres fonctionnaires	7	7,1	8,1	6,5
Officiers	4	4	4,4	5,1
Ingénieurs, architectes	6	6,1	3	2,8
Industriels	1	1	2	4,2
Médecins, pharmaciens	3	3	2,7	3,2
Notaires	1	1	0,3	1,8
Avocats, avoués	—	—	1	0,5
Banquiers, assureurs	—	—	1,7	1,8
Agriculteurs	3	3	1	1,8
Commerçants	10	10,2	11,9	14
Employés PTT, chemins de fer	4	4	3,7	6,5
Autres employés	8	8,1	3,7	8,4
Artistes	2	2	1	0,5
Pasteurs protestants	1	1	0,3	1,8
Ouvriers, contremaîtres	1	1	0,6	2,3
Divers	2	2	2	—
Professions indéterminées	10	10,2	15,3	5,1
TOTAL	98[12]			

Première constatation, on retrouve les trois mêmes traits principaux que chez les khâgneux de Louis-le-Grand : 35 enseignants sur 98, soit 35,7 % (contre 36,7 % à Louis-le-Grand); 20 enseignants et administrateurs du primaire, soit 20,4 % (Louis-le-Grand : 20,4 %); 49 fonctionnaires sur 98, soit 50 % (Louis-le-Grand : 51,7 %). La khâgne ludovicienne présente donc les mêmes caractéristiques essentielles que les autres classes préparatoires au concours de la rue d'Ulm.

Deuxième observation, qui est aussi une confirmation : les résultats de ce concours ne révèlent pas une nouvelle répartition sociale, différente de celle des candidats. Au contraire, véritables tranchées dans le massif des postulants, les promotions de l'École normale supérieure font apparaître, à cette époque, les mêmes couches sociologiques que chez les khâgneux et constituent, de ce fait, une sorte d'échelle stratigraphique résumant les principaux caractères sociaux des khâgnes françaises. Le point mérite d'être souligné. Les modalités d'un éventuel écrémage entre les différentes catégories socioprofessionnelles ne sont pas à rechercher, en ce qui concerne la rue d'Ulm des années

11. Parmi nos correspondants, 98 ont répondu à cette question (Profession des parents? des grands-parents? Étiez-vous boursier?). Ces 98 réponses se répartissent ainsi : 72 % proviennent de khâgneux parisiens, dont 40 % pour Louis-le-Grand. A titre de comparaison, en 1922, sur les 144 candidats au concours littéraire de la rue d'Ulm inscrits dans une khâgne, 76 % le sont à Paris, dont 39 % à Louis-le-Grand.

12. Parmi les 13 professeurs figurent 4 professeurs de l'enseignement supérieur. Et les 6 « autres universitaires (administration) » comprennent 2 directeurs d'école et 2 inspecteurs primaires.

1920, dans les rouages mêmes du concours, qui se borne à reproduire globalement les grands traits de la clientèle des classes préparatoires littéraires.

Ces grands traits, on l'a vu, sont au nombre de trois : *prépondérance des fils de fonctionnaires* — une bonne moitié de l'ensemble —, *importance des enfants d'enseignants* — plus du tiers du total — et place non négligeable des *candidats issus de milieu des maîtres d'école* — entre un cinquième et un sixième des khâgneux et des normaliens.

En dehors des enseignants, la seule catégorie socioprofessionnelle dont la proportion dépasse 10 % est celle des « commerçants ». Cette catégorie, nous l'avons déjà souligné, est très diverse. Elle accueille, en effet, à la fois les fils des négociants et ceux des petits boutiquiers, le monde des courtiers et celui des artisans, celui des bureaux des beaux quartiers et celui des échoppes des arrondissements populaires. En réalité, en dehors des trois terreaux signalés plus haut, c'est en son sein, beaucoup plus que dans la classe ouvrière ou même parmi les agriculteurs, que l'on trouve les cas les plus nombreux de promotion sociale, et, parfois, à partir des points de départ les plus mal assurés. L'histoire de la rue d'Ulm est jalonnée d'exemples de ce type : ainsi, au XIXe siècle, Victor Duruy, fils d'un artisan employé aux Gobelins, Pasteur, fils d'un tanneur, Charles Péguy, fils d'une rempailleuse de chaises, ou Albert Thomas, dont le père était un petit boulanger issu de la classe ouvrière. Au cours de la décennie qui suit la Première Guerre mondiale, on observe des cas similaires, qui se multiplient d'autant plus que nombre de veuves ont dû trouver une activité dans certains secteurs de l'artisanat. Ainsi, le cacique de 1921, Raymond Ruyer, est-il le fils d'une veuve, couturière à Plainfaing dans les Vosges. René Étiemble était lui aussi fils d'une veuve, ouvrière modiste devenue modiste à son compte à Mayenne [13]. Au reste, nous l'avons vu, dans sa promotion de 1929, quatre parents d'élèves sont « commerçants ». Deux d'entre eux ont des situations matérielles plus que précaires : l'un, tailleur dans un village des Vosges, déclare 5 200 francs de revenus annuels ; l'autre, sabotier, exerce un métier qui lui rapporte chaque année 6 000 francs, auxquels s'ajoutent, il est vrai, 5 000 francs de revenus fonciers et 2 400 francs de rentes d'État, soit un total de 13 400 francs.

Les normaliens issus des milieux ouvriers sont plus rares : entre 1927 et 1933, la section littéraire de la rue d'Ulm accueille en sept promotions cinq élèves dont les pères ou les tuteurs sont ouvriers. Là encore, il faut tenter d'affiner l'analyse, car la diversité est plus grande qu'on ne pourrait le penser en première approche. En 1929, par exemple, trois élèves de la nouvelle promotion littéraire sont à classer dans la rubrique « ouvriers, contremaîtres ». Le premier cas est celui d'une veuve d'ouvrier dont le mari est mort au combat quinze ans plus tôt et qui élève ses cinq enfants avec 2 460 francs de pension annuelle. L'aîné est contremaître, tandis que les autres garçons et la fille poursuivent leurs études. L'un sera normalien, l'autre entrera à l'École des mines de Saint-Étienne, la fille deviendra institutrice, tandis qu'un autre garçon, étudiant doué, mourra de la tuberculose à vingt ans. Ce premier exemple est incontestablement à classer parmi les quelques trajectoires

13. R. Étiemble décrit, dans un roman apparemment largement autobiographique, *L'Enfant de chœur* (Gallimard, 1937), ce milieu social, dans lequel il fait évoluer son héros André Steindel (qui deviendra khâgneux dans *Peaux de couleuvre*, Gallimard, 1948). Dans ce cas, cependant, la situation familiale, sans être florissante, ne se trouve plus aux confins de la pauvreté.

sociales exceptionnelles qui font partie de l'histoire de Normale : y figurent les normaliens, déjà évoqués, issus de certains milieux artisanaux ou petits commerçants, auxquels s'ajoutent des éléments provenant du milieu rural, ainsi que des élèves sortis de quelques secteurs de la classe ouvrière, et dont le destin, dans le cas d'un Jean Guéhenno, est devenu exemplaire. Dans *Changer la vie*, ce dernier a évoqué ses débuts difficiles. Né en 1890 à Fougères, fils de cordonnier, il doit abandonner ses études, interrompues par la maladie de son père, et débute à quatorze ans comme commis dans une fabrique de chaussures. Il poursuit seul ses études et prépare, la nuit, son baccalauréat. C'est le jury de cet examen qui attira l'attention des autorités universitaires sur le cas de ce candidat peu ordinaire, à qui le proviseur du lycée de Rennes offrit alors une bourse en khâgne. Passé ensuite à Louis-le-Grand, il est reçu à l'École normale supérieure en 1911 [14].

Le deuxième normalien de 1929 issu d'un milieu ouvrier est Jacques Soustelle, dont la mère, devenue veuve, s'est remariée avec un mécanicien dont le revenu annuel est de 12000 francs. S'ajoutent à cette somme les 8400 francs qu'elle-même touche comme employée. Le total des deux salaires place ce couple financièrement — sinon culturellement — dans une zone où évoluent nombre de familles de petits fonctionnaires, de commerçants et d'artisans, dans les franges inférieures des classes moyennes [15].

C'est le dernier des trois cas de 1929 qui est peut-être le plus représentatif des fils d'ouvriers reçus rue d'Ulm au cours de la décennie. Ce khâgneux lyonnais a, en effet, un père ouvrier typographe, dont les revenus annuels — 28546 francs — le rapprochent davantage, sur le plan des rémunérations, des strates plus élevées des classes moyennes. Mais d'autres points communs, tout aussi déterminants, invitent à une telle comparaison. Ainsi, Henri Marrou, cacique du concours de 1925, fils d'un ouvrier typographe, suivait-il, adolescent, des leçons de piano. Même s'il n'en était pas de même pour la plupart des enfants issus du milieu des ouvriers typographes, un tel fait n'en est pas moins caractéristique d'une corporation qui passe traditionnellement pour différente du reste de la classe ouvrière sur le plan culturel. Ajoutons à cela que certains de ces ouvriers typographes, dont les fils pousseront leurs études au-delà de celles de la plupart des camarades de leur âge, appartiennent souvent aux milieux syndicaux, secteur qui, là encore, était considéré comme différent du reste du monde de l'usine, en particulier en ce qui concernait son attitude à l'égard du système scolaire et le rôle que pouvait jouer ce dernier dans la promotion de ses enfants. Ainsi Louis Marrou, père du khâgneux marseillais, représenta-t-il divers syndicats du Livre à des congrès corporatifs ou à des conférences des Bourses du travail, en 1904 et en 1908 [16].

En 1899, le directeur de l'École normale supérieure, Georges Perrot, déclarait devant la commission d'enquête parlementaire sur l'enseignement secondaire :

---

14. Jean Guéhenno, *Changer la vie*, Grasset, 1961, *passim*, et entretien avec l'auteur, mars 1976. Jean Guéhenno évoque également Fougères dans son *Journal d'un homme de quarante ans*, Grasset, 1934, pp. 55-78 et 103-118.

15. Un commis principal des PTT touche, à cette date, on l'a vu, 16000 francs par an, tout comme un instituteur d'une quarantaine d'années.

16. Cf. *Dictionnaire biographique du mouvement ouvrier français*, sous la direction de J. Maitron, t. XIV, les Éditions Ouvrières, 1976, p. 17. En fait, en 1925, le père d'H. Marrou n'est plus typographe. Il est devenu représentant en matériel d'imprimerie (cf. *Annuaire*, 1978, p. 98). Les revenus de la famille sont restés cependant très modestes : 14000 francs par an (dossier d'inscription au concours de 1925, Arch. Nat. 61 AJ 252). Sur les leçons de piano, correspondance avec l'auteur, novembre 1976.

« Aujourd'hui, nous recrutons encore nos candidats dans ces couches profondes de la démocratie ouvrière ou rurale, où se sont amassés tant de trésors d'énergie, où germent tant de forces qui ne demandent qu'à se développer ; c'est à ce milieu que nous avons dû notre cher et grand Pasteur. Nous recevons des fils d'ouvriers, de paysans, surtout des fils d'instituteurs, qui nous arrivent après avoir pu faire, grâce aux secours des municipalités et de l'État, leurs études dans les collèges, puis dans le lycée du département, pour les terminer dans les lycées de Paris. Mais, depuis 1870 surtout, nous voyons aussi arriver, après avoir subi ces épreuves si pénibles du concours, nombre de jeunes gens non seulement aisés, mais riches. Maintenant on dit quelquefois en riant qu'il n'y a pas de section de l'École qui n'ait son millionnaire [17]. »

Appliquée à 1925, une telle description du recrutement social de la rue d'Ulm est assurément excessive : le vivier où l'École normale supérieure puise ses élèves n'est pas, à cette date [18], la « démocratie ouvrière ou rurale ». Nous avons déjà évoqué le cas des normaliens fils d'ouvriers. Quant aux fils d'agriculteurs, rappelons que seuls quatre d'entre eux entrent rue d'Ulm de 1927 à 1933. Ce milieu paysan d'origine est, le plus souvent, modeste. Ainsi Georges Zink, reçu en 1928, était-il issu d'une famille alsacienne de sept enfants vivant sur une exploitation de quatorze hectares. La déclaration de revenus, dans le dossier d'inscription au concours de l'École normale supérieure, suggère un milieu très modeste (8 000 à 10 000 francs par an), où une partie de la famille reste paysanne (deux fils sur quatre sont, à cette date, cultivateurs) tandis qu'une autre partie s'est engagée dans des études (un autre fils est rédacteur au ministère des Finances, tandis que le quatrième deviendra normalien).

Mais ce milieu paysan, modeste dans son ensemble, est cependant divers. L'année 1932 nous en fournit un exemple. Fait peu ordinaire, cette année-là deux candidats fils d' « agriculteurs » (c'est la mention qui figure, dans les deux cas, au dossier d'inscription) sont admis au concours littéraire. Une analyse plus précise laisse apparaître deux milieux familiaux pour le moins contrastés. Le premier « agriculteur », Jacques de Bourbon, comte de Busset, habite le septième arrondissement de Paris ! L'autre futur normalien est élevé par son grand-père, cultivateur dans la Drôme, dont les revenus sont plus que modestes : il paie 106 francs d'impôts par an [19]. Ce grand-père avait lui-même sept enfants : cinq fils — dont trois sont morts sous les drapeaux, tandis que les deux survivants sont, en 1932, l'un cantonnier et l'autre ouvrier fondeur — et deux filles. L'aînée, sans profession, réside dans la famille, tandis que la cadette, mère du candidat à la rue d'Ulm, est morte en 1917, laissant deux enfants. Leur père, signale le dossier ulmien, « rentré en Italie depuis 1920, est complètement séparé de sa famille ». C'est donc le grand-père qui a recueilli ses deux petits-fils : l'un sera ouvrier agricole, l'autre normalien. Après avoir

17. Chambre des députés, 7e législature, session de 1899, *Enquête sur l'enseignement secondaire. Procès-verbaux des dépositions*, présentés par M. Ribot, président de la Commission de l'enseignement, imprimerie de la Chambre des députés, 1899, tome I, pp. 139-140 (l'ensemble de la déposition de G. Perrot occupe les pages 133 à 144).

18. Ni, d'ailleurs, en 1899 (cf. R. J. Smith, « L'atmosphère politique à l'École normale supérieure à la fin du XIXe siècle », *Revue d'histoire moderne et contemporaine*, t. 20, 1973, pp. 248-268).

19. Le dossier d'inscription n'indique pas les revenus de la famille. Pour donner un ordre de grandeur, à la même date, un fonctionnaire dont le traitement annuel est de 40 000 francs paie un impôt environ quinze fois plus élevé que ce paysan. Pour le premier « agriculteur », il n'y avait aucune déclaration de revenus ni d'impôt, mais la procédure était normale, car le père déclarait, dans la demande d'inscription, renoncer à toute bourse pour son fils en cas de succès à la rue d'Ulm.

fréquenté l'école primaire du village, ce dernier, grâce à une bourse, avait pu, en effet, aller au lycée de Valence puis en khâgne à Lyon. Reçu douzième à l'École normale supérieure en 1932, agrégé des lettres en 1938, professeur au Maroc, il tombera au combat en 1944. Les normaliens fils de paysans ne sont donc apparemment pas mieux représentés que les fils d'ouvriers (et même légèrement moins bien : 1,8 % contre 2,3 %). Mais nous verrons qu'à l'exception de quelques « sauteurs d'étapes », la route vers la rue d'Ulm s'effectue souvent, en réalité, en deux générations. Et, dans cette perspective, les normaliens issus de grands-parents paysans seront beaucoup plus nombreux que ceux dont les grands-parents appartenaient au milieu ouvrier. Et nous trouverons donc confirmation, dans le cas de la rue d'Ulm et sur deux générations, du fait, constaté en maints autres secteurs de la société française, que la mobilité sociale sous la IIIe République, quand elle existe, a plus profité à la paysannerie qu'au monde ouvrier.

A l'autre bout de l'éventail, rares sont les « millionnaires », dans les promotions des années 1920. Mais l'analyse détaillée des dossiers d'inscription au concours de la rue d'Ulm ainsi que l'étude du fichier de Louis-le-Grand montrent qu'effectivement quelques normaliens appartiennent à certaines catégories socioprofessionnelles plus favorisées. Les classes préparatoires littéraires de cette décennie accueillent, en effet, des fils de notaires (P. Gaxotte, P.-H. Simon, F. Ceyrac, par exemple), de médecins (S. Weil, V. Jankélévitch, A. Lautman)[20], de négociants ou de banquiers (G. Friedmann).

Mais tous ces cas restent relativement peu nombreux. Et il en va de même pour les milieux industriels : certes, en 1924-1926, on trouve bien à Louis-le-Grand le fils de Robert Pinot, vice-président du Comité des Forges, mais les fils de patrons choisissent plutôt, nous le verrons, la préparation des grandes écoles scientifiques ou l'École libre des sciences politiques. Ce n'est donc pas dans la haute bourgeoisie française qu'il faut rechercher le vivier principal de l'École normale supérieure. Il est cependant certains milieux israélites de cette haute bourgeoisie qui sont plus sensibles à l'attrait de la rue d'Ulm.

Dans un entretien avec *Le Figaro,* Jean Jaurès notait en 1895, à propos des normaliens juifs :

> « Il y en avait beaucoup de notre temps : c'étaient d'excellents camarades en même temps que des esprits très distingués; ils étaient presque toujours, d'ailleurs, dans les premiers rangs. Les deux promotions qui ont précédé la mienne avaient des juifs pour caciques, c'est-à-dire pour chefs de section[21]... »

Et, de fait, dans les décennies qui précèdent la Première Guerre mondiale, pour une partie de la bourgeoisie israélite, le passage par l'École normale supérieure est assidûment recherché. Dans ses entretiens avec Patrick Modiano, Emmanuel Berl rappelle « l'immense respect pour les valeurs universitaires » qu'avait sa famille et il précise : « Le culte de l'Université et

---

20. Dans le cas de certains notaires de province tout au moins, les revenus de cette catégorie professionnelle sont parfois relativement peu élevés. De même, chez les médecins, les déclarations de revenus des demandes d'inscription au concours révèlent de grandes disparités des situations familiales.

21. *Le Figaro*, 20 avril 1895, p. 1.

des diplômes était courant dans une certaine bourgeoisie juive » et « les diplômes universitaires avaient été au XIXe siècle un moyen de s'assimiler à la société française ». Il est difficile, naturellement, de vérifier le fondement d'affirmations aussi générales. Il n'en demeure pas moins qu'effectivement, à une époque où les fils de familles bourgeoises semblent peu attirés par Normale, certains milieux fortunés israélites paraissent, au contraire, se tourner vers les sections littéraires de la rue d'Ulm. Ainsi, la famille d'Emmanuel Berl, dont la mère, mariée à un industriel, voulait faire de son fils un normalien, car « pour elle, l'École normale supérieure signifiait l'entrée dans un monde quasi religieux ». Ce qui fait que « de dix-sept à vingt-cinq ans une des principales préoccupations [d'Emmanuel Berl] fut d'échapper à l'agrégation et de fuir coûte que coûte l'Université[22] ». Une solide tradition familiale avait déjà conduit un de ses oncles et un de ses cousins à la rue d'Ulm : Emmanuel Lange (1863-1887), un brillant normalien de la promotion 1883, emporté par la tuberculose alors qu'il préparait l'agrégation de philosophie, et le poète Henri Franck (1888-1912), entré à l'École normale supérieure en 1906 et emporté lui aussi par la tuberculose. La famille, par ailleurs, était apparentée à Henri Bergson.

Certains jeunes gens issus de la bourgeoisie juive sont donc ainsi passés par la rue d'Ulm dans les premières décennies de la IIIe République. Et ce passage n'est peut-être pas tout à fait étranger à une certaine fusion politique entre des tribuns aux origines plébéiennes, ou supposées telles — ainsi Jaurès —, et des leaders israélites venus de la bourgeoisie, tel Léon Blum (qui en demeure l'archétype, même s'il quitta vite la carrière universitaire qu'aurait pu lui ouvrir son admission à Normale pour le Conseil d'État).

Ce passage par la rue d'Ulm pose un autre problème. Pourquoi, en effet, ce mouvement vers un établissement qui n'attire guère, à la même époque, le reste de la bourgeoisie française ? Emmanuel Berl suggérait, au travers des lignes reproduites plus haut, qu'il s'agissait là d'une des manifestations du souci d'intégration de certains milieux israélites commerçants. Et, de fait, cette intégration s'est parfois faite par le système scolaire et par l'admission dans ses établissements les plus prestigieux. Une autre forme parallèle et complémentaire étant la participation à la vie intellectuelle et mondaine par le biais des salons et des revues littéraires : ainsi le normalien et poète Henri Franck publiant *La Danse devant l'Arche*, un des premiers ouvrages édités par l'équipe de la NRF, ou bien son cousin le khâgneux Emmanuel Berl courtisant Anna de Noailles, ou encore Léon Blum, né en 1872, normalien puis jeune auditeur au Conseil d'État fréquentant les salons et collaborant à la *Revue Blanche*. Le parallèle entre ce dernier et Julien Benda, né en 1867, est frappant. Issus l'un et l'autre de familles de commerçants, passés tous deux par le lycée Charlemagne, ils se présenteront aux concours des Grandes Écoles. Julien Benda, à Henri-IV puis à Saint-Louis, prépare le concours de Polytechnique, auquel il échoue, et celui de l'École centrale, où il est reçu 8e. Léon Blum, de son côté, fait sa philosophie puis sa rhétorique supérieure à Henri-IV, avant d'être admis à l'École normale supérieure. Il quittera cet établissement au bout d'un an, tandis que Julien Benda démissionnera de

22. Emmanuel Berl, *Interrogatoire*, suivi de *Il fait beau, allons au cimetière*, Gallimard, 1976, pp. 14 et 16. Pour satisfaire sa mère, E. Berl s'inscrivit en rhétorique supérieure à Condorcet mais, très vite, il se « dissipe un peu » (*ibid.*, pp. 18-19). Il avait déjà évoqué cette pression maternelle et cette attirance d'une partie de sa famille vers l'Université en 1952 dans un roman autobiographique, *Sylvia*, Gallimard, rééd., 1972, notamment p. 27 et pp. 43-44.

l'École centrale en troisième année. Si ces démissions ne révèlent pas une vocation irrésistible pour les carrières un instant embrassées, il n'en demeure pas moins que ces succès à des concours difficiles et ces passages dans des écoles réputées seront, pour l'un et l'autre, un tremplin important. L'étape suivante sera *La Revue Blanche,* où ils feront connaissance et où Julien Benda trouvera Léon Blum « antipathique[23] ». Grandes Écoles et petites revues ont donc été, dans une certaine mesure, des facteurs d'intégration.

Après la Première Guerre mondiale — et sans doute, d'ailleurs, à cause de cette guerre, qui a été l'occasion pour les Français de confession israélite d'affirmer avec force leur intégration, face à certains secteurs de l'opinion publique qui la niaient ou la déploraient —, le problème ne se pose sans doute plus dans les mêmes termes que ceux évoqués par Emmanuel Berl. Il reste cependant que, dans les années 1920 encore, les khâgneux, peu nombreux, issus de la grande bourgeoisie sont souvent israélites, et qu'il en est de même pour nombre de normaliens des promotions 1920 à 1930 originaires du lycée Condorcet.

Classes moyennes ?

L'analyse des origines sociales des khâgneux et normaliens permet de conclure que les khâgnes, en réalité, recrutent essentiellement dans les classes moyennes. Ce point mérite que l'on s'y attarde. Que des instituteurs ou des postiers, par exemple, puissent espérer envoyer leurs enfants dans une des Grandes Écoles les plus prestigieuses concourt sans doute à les souder davantage à ces classes moyennes et à leur donner l'image d'une société française fluide, où l'ascension sociale demeure chose possible. Stabilité du statut et possibilité de promotion sociale pour la descendance sont donc deux des traits principaux qui caractérisent les fonctionnaires de la IIIe République. Et le fait que la moitié des khâgneux soient précisément des fils de fonctionnaires a peut-être été, à une modeste échelle, l'une des forces de ce régime, ou, tout au moins, l'un des symboles du consensus qui a fait sa force. Et la « synthèse républicaine » chère à Stanley Hoffmann passe donc — même si c'est en dérivation — par les khâgnes.

Reste un autre problème. Les « couches profondes de la démocratie ouvrière ou rurale » ont-elles pu également emprunter cette passerelle de promotion sociale ? L'analyse des tableaux statistiques et l'étude de quelques exemples, effectuées plus haut, conduisent tout naturellement à donner une réponse négative. Hormis quelques trajectoires exceptionnelles, rares, on l'a vu, sont les fils d'ouvriers et d'agriculteurs qui viennent en khâgne. Si l'on raisonne en termes de « chance d'accès » ou de « probabilité objective d'accès à l'enseignement supérieur[24] », il est évident que ces indices seront quasiment nuls.

---

23. J. Benda, *La Jeunesse d'un clerc,* Paris, Gallimard, 1936, p. 123 (*La Jeunesse d'un clerc* a été également publiée dans *La Nouvelle Revue française* d'août à novembre 1936, n° 275, 276, 277 et 278, pp. 261-290, 447-487, 618-654 et 840-875).

24. Pour l'usage de la notion de « chance d'accès », cf., par exemple, la démarche adoptée par Victor Karady pour étudier l'origine sociale des enseignants du début du siècle : cf. « Normaliens et autres enseignants à la Belle Époque : note sur l'origine sociale et la réussite dans une profession intellectuelle », *Revue française de sociologie,* XIII, 1972, pp. 35-38. Cette notion module deux chiffres : l'origine sociale d'un échantillon donné et la population masculine française à la date moyenne de naissance des membres de cet échantillon. On peut affiner l'analyse en tenant compte des taux de fécondité et de mortalité des différentes catégories sociales. Quant à la « probabilité objective d'accès à l'enseignement supérieur », elle est fournie par le « rapport entre les étudiants inscrits pour la première fois, originaires d'une catégorie socioprofessionnelle donnée, et la cohorte

Trois chiffres le montrent. Au recensement de mars 1926, les « services publics » représentent 1 059 000 actifs, armée incluse, soit 4,9 % des 21 394 088 hommes et femmes que compte la population active française. Or les fonctionnaires représentent 50 % des parents de khâgneux. A la même date, la rubrique « agriculture, forêt, pêche » regroupe 8 200 000 actifs, soit 38 % du total. Les khâgneux fils d'agriculteurs ne représentaient, pour leur part, dans les années 1920, que 3 % de l'ensemble des élèves des classes préparatoires littéraires. Enfin, les ouvriers d'industrie sont, en 1926, au nombre de 4 173 988, soit 19 % du total[25]. En khâgne, leurs enfants ne représentent que 1 % des effectifs.

Mais s'en tenir à une telle comparaison n'est guère satisfaisant. Les khâgnes se trouvent, en effet, en aval de l'enseignement secondaire et le seul rapprochement dont l'analyse puisse être réellement fructueuse est celui que l'on peut faire avec la clientèle des lycées et collèges des années 1920. A la fin de cette décennie, par exemple, le lycée Louis-le-Grand accueille des élèves dont l'origine sociale peut se résumer dans le tableau suivant :

Profession du chef de famille	Nombre d'élèves	Profession du chef de famille	Nombre d'élèves
Fonctionnaires	269	Artisans	14
Industrie	201	Artistes	11
Commerce	122	Agriculteurs	11
Professions libérales	113	Professeurs libres	5
Officiers ministériels	21	Parlementaires	5
Chefs de service (non fonctionnaires)	58	Diplomates	2
Employés	58	Divers	2
Militaires	39	Sans profession	73
Gens de lettres	15	Veuves sans profession	115[26]

Rares sont donc à Louis-le-Grand les fils d'agriculteurs : 0,9 % ! Le contraire, en fait, dans ce cas précis, aurait été surprenant. Et une analyse plus fine du fichier de Louis-le-Grand montre que ces quelques fils de paysans sont des provinciaux pensionnaires, élèves des classes préparatoires du lycée. Pour tenter d'évaluer la place des jeunes ruraux dans l'enseignement secondaire français, il conviendra, plus loin, d'étudier la clientèle d'un lycée de province.

Plus significative serait, au contraire, la connaissance du nombre de fils d'ouvriers à Louis-le-Grand. Mais la rubrique « industrie » de l'enquête du proviseur ne brille guère par sa précision. Il faut donc mener une contre-enquête plus détaillée[27]. Et ses résultats sont éloquents : sur les 375 cas étudiés, la mention d'une origine ouvrière n'apparaît pas une seule fois.

---

d'enfants issus de cette catégorie » (cf. Pierre Bourdieu et Jean-Claude Passeron, *Les Héritiers*, réf. cit., p. 145).

25. Statistique générale de la France, *Résultats statistiques du recensement général de la population effectué le 7 mars 1926, tome I, troisième partie : population active, établissements,* Imprimerie nationale, 1931, pp. 7, 8 et 88.

26. D'après une enquête réalisée par le proviseur de Louis-le-Grand au premier trimestre de l'année scolaire 1929-1930 (Arch. Louis-le-Grand). Les 113 « professions libérales » se répartissent ainsi : 64 médecins, 26 avocats et 23 architectes; et les « officiers ministériels » : 15 notaires, 5 avoués et 1 huissier.

27. Nous avons pratiqué un sondage parmi les 1 468 élèves de Louis-le-Grand en 1925-1926. Les 375 noms commençant par les lettres A, B ou C ainsi étudiés représentent plus du quart de l'ensemble, ce qui leur confère une certaine valeur représentative.

Il est visible que la khâgne, comme l'ensemble du lycée, n'accueille guère de jeunes gens issus de milieux paysans ou ouvriers. Tout au plus peut-on noter que ces derniers sont légèrement moins mal représentés en khâgne. Les classes préparatoires littéraires, en aval, ne viennent donc pas accuser encore davantage le caractère défavorable de la place des enfants des familles modestes dans l'enseignement secondaire. Elles auraient même plutôt tendance à en corriger, cette correction fût-elle minime, les excès. Une telle correction est beaucoup plus notable — et nous touchons là à la différence essentielle entre le recrutement du lycée Louis-le-Grand et celui de sa seule khâgne — en ce qui concerne les classes moyennes. La comparaison poste à poste rend évidente une telle observation. Et la distorsion provient, en particulier, de la place des fonctionnaires dans les deux cas. Dans l'enquête du proviseur de Louis-le-Grand, ces derniers représentent à peine plus du quart du total — 27 % précisément —, contre la moitié en ce qui concerne les parents des khâgneux ludoviciens.

Dans le cas des seuls enseignants, la différence est encore plus manifeste. Sur les 375 cas étudiés en 1925-1926, 30 sont fils de fonctionnaires de l'Instruction publique, soit 8 % du total. Nous sommes loin des 33 % de fils d'enseignants que nous avions dénombrés en khâgne. Bien plus, ce chiffre s'abaisse encore si, précisément, on soustrait des 375 cas les 39 khâgneux et hypokhâgneux. Sur les 336 élèves restants, il ne reste plus alors que 14 fils d'enseignants, soit 4 %, dans un lycée que sa position géographique doit pourtant sans doute favoriser sur ce plan par rapport à d'autres établissements.

Cependant, si la khâgne recrute bien plus largement dans l'ensemble des classes moyennes que le reste du lycée, cet établissement accueille tout de même, plus qu'on ne l'a souvent dit, des élèves provenant de ces catégories, en particulier de leurs franges supérieures. Le fait doit être souligné : avant même que soient appliquées les mesures de gratuité — mesures qui entreront progressivement en vigueur à partir de la fin des années 1920, avec un léger décalage à Louis-le-Grand où les classes ne commencent qu'en troisième —, un grand lycée parisien que sa position et sa renommée ne prédisposent pourtant pas à avoir un recrutement particulièrement diversifié reçoit une part non négligeable de fils de fonctionnaires, de commerçants ou d'employés[28]

Bien plus, l'étude des lycées de province vient encore infléchir l'image d'un enseignement secondaire entre les mains de la seule bourgeoisie. Le fait de drainer une clientèle départementale — il n'y a, en effet, le plus souvent, compte non tenu des établissements féminins, qu'un lycée et quelques collèges par département à cette date — leur assure un recrutement social beaucoup plus hétérogène, où les classes moyennes sont apparemment mieux représentées encore. Ainsi, en 1925-1926, les 2072 élèves du lycée de Bordeaux se répartissent de la manière suivante[29] :

28. Pour une peinture de l'itinéraire scolaire d'un fils de commerçant modeste, on pourra se reporter au roman de Roger Ikor, *Le Tourniquet des Innocents* (Albin Michel, 1972), dont le héros fait des études secondaires dans un lycée parisien, avant de s'inscrire en hypokhâgne puis en khâgne à Louis-le-Grand dans la première partie des années 1930.

29. D'après *RU*, 1926, 1, p. 274, qui se fonde sur un rapport présenté par un inspecteur d'académie lors d'une réunion du Conseil académique de Bordeaux.

Profession des parents	Nombre d'élèves
Commerçants	470
Fonctionnaires	387
Professions libérales	387
Employés	368
Industriels	254
Sans profession (veuves, retraités)	206

Il convient donc, en conclusion, de noter que les élèves des khâgnes sont, à cette date, statistiquement peu représentatifs de l'ensemble de la population active française, et que de surcroît leur origine sociale est plus modeste que celle des jeunes gens fréquentant les lycées et collèges : si dans ces établissements, la part des classes moyennes est devenue non négligeable, surtout en province[30], elle reste cependant moindre que dans les classes préparatoires littéraires au concours de la rue d'Ulm.

La chaîne des générations.

Au début du tome III des *Hommes de bonne volonté*, Jerphanion médite sur les toits de l'École normale supérieure[31] :

> « Fils d'instituteur de village. Petit-fils et neveu de paysans. Une race forte et pure. Ce qu'il peut y avoir de plus sain dans le peuple. Ni les vices fatigués des grandes villes. Ni l'envie plébéienne. Pas ce qu'évoque d'amer, d'usé, de souillé, hélas ! le mot de prolétariat (ce cher prolétariat, pourtant. Pauvre vieux frère...). Aucun besoin de revanche. Un regard calme qui va se poser sur l'injustice. La colère ne vient qu'après le jugement, loin de le dicter... »

Jules Romains, dans la vaste fresque à laquelle il s'attelle à partir de 1932, campe, entre autres personnages, un Jerphanion tel que le normalien Louis Farigoule a dû en croiser plusieurs rue d'Ulm, et dont il évoque, dans les lignes qui précèdent, les origines familiales sur deux générations[32]. Et, de fait, il

30. Outre l'exemple du lycée de Bordeaux, cette différence apparaît dans l'étude de l'origine sociale des candidats au baccalauréat de 1932 (session de juin-juillet) :

Profession des parents des candidats	Paris (%)	Province (%)
Fonctionnaires	21,80	37,25
Industriels	7,67	4,35
Petits industriels et artisans	1,95	1,98
Commerçants	11,45	8,65
Petits commerçants	1,65	2,85
Agriculteurs	0,70	3,26
Professions libérales	15,40	10,63
Propriétaires et rentiers	1,70	2,86
Employés supérieurs	11,75	7,55
Employés subalternes	14,73	9,46
Ouvriers industriels	2,22	2,45
Gens de maison	0,21	0,68
Sans profession et divers	8,77	8,03

(D'après Arch. Nat. 61 AJ 166.)

31. Jules Romains, *Les Hommes de bonne volonté*, tome III, Flammarion, 932, p. 22.
32. Cf. notre étude, « L'image du normalien dans *Les Hommes de bonne volonté* : mythe ou réalité ? », à paraître dans les *Cahiers Jules Romains*, n° 8, 1988.

nous semble fondamental, pour rendre compte le plus fidèlement possible de l'origine sociale des khâgneux et, plus largement, pour étudier les rapports entre l'institution scolaire et universitaire et l'organisation sociale, de replacer cette analyse dans la chaîne des générations. La perspective, pour les khâgnes tout au moins, en est profondément modifiée et l'analyse enrichie. Il apparaît, en effet, que la dynamique sociale sous la IIIe République ne peut être correctement appréhendée qu'à travers une lente évolution multidécennale dont l'école primaire serait l'instrument essentiel.

Pour tenter d'étayer cette affirmation, nous nous sommes heurté au problème classique du défricheur d'archives administratives, dont l'exploitation permet rarement de dépasser le stade de la deuxième génération. Dans ce contexte, la création d'archives de substitution prend une importance particulière : ce n'est qu'en recourant au témoignage direct que l'on peut, en effet, prendre la mesure des situations familiales sur plusieurs générations.

Le nombre de personnes ainsi interrogées et qui ont répondu à la question posée sur ce point précis est cependant insuffisamment important pour que nous puissions en tirer des conclusions statistiques valables. Nous nous bornerons donc à décrire l'une de ces filières enjambant les générations, après avoir étudié quelques itinéraires familiaux caractéristiques.

Les khâgneux des années 1920 étaient, dans une proportion de 50 %, on l'a vu, des fils de fonctionnaires, dont 35,7 % d'enseignants. Les fils d'agriculteurs, au contraire, ne représentaient que 3 % de l'ensemble. Si l'on étudie, cette fois, les grands-parents paternels de ces mêmes khâgneux, à partir de la réponse de ces derniers à l'une de nos enquêtes, on peut établir le tableau suivant :

	Fonctionnaires (%)	Enseignants (%)	Agriculteurs (%)
Profession du père	50	35,7	3
Profession du grand-père paternel	50	23,3	30

La proportion de fonctionnaires est apparemment inchangée. Mais une analyse plus précise révèle que les petits fonctionnaires sont beaucoup plus nombreux parmi les grands-parents de khâgneux que parmi les parents. C'est une première présomption de promotion sociale entre les deux générations. La proportion d'enseignants, beaucoup plus contrastée que celle des fonctionnaires, conduit aux mêmes conclusions, pour peu que l'on admette, comme nous le montrerons plus loin, que l'enseignement est, à cette date, l'une des filières de promotion sociale. Et la proportion d'agriculteurs confirme, en les amplifiant, les observations précédentes. Globalement, donc, les grands-parents de khâgneux sont cultivateurs ou petits fonctionnaires. Leurs enfants — les parents des khâgneux — n'ont plus guère d'attaches professionnelles avec le terroir et ont rejoint, en nombre, les classes moyennes.

Dans cette évolution en trois générations qui se dégage en filigrane du tableau précédent, les instituteurs occupent une place particulière. Pour neuf fils d'instituteurs qui nous ont fourni une réponse sur les activités professionnelles de leur grand-père paternel, on obtient, en effet, les résultats suivants : six paysans, un « manuel » (sans plus de précisions) et deux instituteurs. Ces chiffres, pour lacunaires qu'ils soient, font apparaître un itinéraire en trois générations : la deuxième, d'ascendance paysanne, se hisse, par l'école primaire puis l'école primaire supérieure, jusqu'aux écoles normales d'instituteurs. A la génération suivante, les fils d'instituteurs parviennent souvent jusqu'au baccalauréat. Cette évolution prend un relief particulier en khâgne, où 20,4 % des élèves sont fils d'instituteurs, de directeurs d'école ou d'inspecteurs primaires. Il convient toutefois d'éviter toute généralisation et de rendre compte de la variété des situations familiales qui peuvent s'articuler autour de ce schéma général.

Les Mémoires de Georges Cogniot[33] fournissent ainsi l'exemple d'un milieu social où paysans et instituteurs sont encore, au sein d'une même famille, étroitement liés. Le futur dirigeant communiste est en effet issu d'une longue lignée de paysans francs-comtois. Son père, Amédée Cogniot, né en 1862, est un agriculteur pauvre marié à une fille d'instituteur née en 1878 et elle-même institutrice intérimaire pendant le premier conflit mondial. Inscrit au lycée Gérome de Vesoul, Georges Cogniot habite, durant les sept années de sa scolarité secondaire, chez son grand-père maternel et il est en partie élevé par ses tantes, dont l'une est institutrice. Le grand-père fut instituteur à Vesoul jusqu'à ce qu'une affection de la gorge l'oblige à renoncer à son métier et à entrer comme rédacteur à la préfecture de la Haute-Saône. Radical-socialiste, il sera adjoint au maire de Vesoul. Par-delà la complexité apparente de la situation familiale, due au déracinement du jeune lycéen, nous retrouvons l'évolution générale déjà décrite : ascendants paysans, milieu familial (le grand-père, la mère et la tante) formé d'enseignants du primaire.

Le milieu familial dont est issu Pierre Brossolette, cacique en 1922, est un exemple encore plus révélateur d'ascension sociale en trois générations sous la IIIe République[34]. Le grand-père paternel, François-Policarpe Brossolette, était paysan propriétaire dans l'Aube. Son fils Léon, né en 1868 dans la ferme paternelle, fréquente l'école communale de Chessy-les-Prés puis, « poussé aux études », selon l'expression de l'époque, par son instituteur, il se rend à pied, tous les jours, à l'école du chef-lieu de canton, Ervy-le-Châtel. Après être passé par l'École normale de Troyes, il débute en 1888 comme maître-adjoint au collège de Bar-sur-Aube puis gravit un à un les échelons de la hiérarchie de l'enseignement primaire pour accéder, en fin de carrière, au poste le plus élevé de ce degré d'enseignement : professeur d'école normale successivement à Saint-Cloud, Beauvais et Lyon, inspecteur primaire à Louhans, en Saône-et-Loire, il est nommé en 1897 professeur à l'École normale d'instituteurs de Paris puis devient en 1912, à quarante-quatre ans, inspecteur de l'enseignement primaire pour la région parisienne, poste qu'il occupera jusqu'à la retraite. Jeune professeur à l'École normale de Lyon, Léon Brossolette avait épousé Jeanne Vial, fille d'un instituteur dauphinois devenu inspecteur primaire et sœur cadette de Francisque Vial, normalien de la promotion de 1890 qui sera directeur de l'enseignement secondaire en 1926.

Si l'enseignement en école primaire supérieure et en école normale ou la direction d'une école primaire étaient deux des promotions possibles pour un

33. Georges Cogniot, *Parti Pris*, t. I : *D'une guerre mondiale à l'autre*, Éditions Sociales, 1976, chap. I : L'Éveil, *passim*.

34. Généalogie reconstituée à partir de l'ouvrage de Gilberte Brossolette : *Il s'appelait Pierre Brossolette*, Albin Michel, 1976, pp. 18 sqq.

instituteur, il s'en trouvait une troisième : le professorat des classes élémentaires — ou « petites classes » — des lycées. Certains khâgneux sont issus de ce secteur du monde enseignant, original par son enracinement à mi-chemin entre le primaire et le secondaire. Et le fait d'y trouver nombre de khâgneux est révélateur : il dénote peut-être le report sur la descendance d'un désir de promotion sociale et professionnelle qu'illustrait déjà le passage du concours du professorat des classes élémentaires. Deux exemples, choisis parmi d'autres, illustrent ce milieu professionnel. Et leur diversité géographique ne fait que confirmer le caractère statistiquement non négligeable — parmi les khâgneux — de ce terreau social, de ce tuf du primaire et demi, où maints postulants à la rue d'Ulm plongent leurs racines.

Ainsi Paul Arrighi (1895-1975), l'un des maîtres des études italiennes en France, normalien de 1917 après avoir été khâgneux ludovicien, est-il originaire du village de Renno, commune tapie dans la montagne corse à plus de 900 mètres d'altitude. Son père, Antoine Arrighi, fils de petits propriétaires paysans, y avait été nommé instituteur au sortir de l'École normale d'Ajaccio. Puis c'est, quelques années plus tard, la descente vers la côte et le passage en milieu urbain, avec le professorat des classes élémentaires à Ajaccio ; ce qui permet au jeune Paul Arrighi de mener à bien ses études secondaires au collège Fesch de la ville. L'étape suivante est constituée, pour Antoine Arrighi, par une nomination dans les classes élémentaires d'un lycée parisien. Son fils ira donc en khâgne à Louis-le-Grand[35].

Le cas du père de Georges Pompidou est à peu près similaire, à une variante près : la promotion de l'instituteur se fait ici par le professorat de langues vivantes des lycées et collèges. Le grand-père paternel du futur Président de la République, Jantou Pompidou, était maître-valet dans la ferme familiale, dans le canton de Maurs, au sud du Cantal. Deux de ses trois fils devinrent à leur tour paysans. Le troisième enfant, Léon Pompidou, fut remarqué par l'instituteur de Maurs, M. Joie, qui le pousse à se présenter au concours des bourses. Reçu à ce concours, il peut continuer ses études, passer deux ans à l'école primaire supérieure de Murat et entrer premier à l'École normale d'Aurillac. Nommé instituteur à Murat, il y rencontre la fille d'un marchand de toile de Montboudif, qui venait d'être nommée institutrice. Le mariage est célébré en 1910 et lorsque Georges Pompidou naît en juillet 1911, les parents viennent d'être affectés à Albi : ils enseigneront, pour l'une les mathématiques à l'école primaire supérieure de jeunes filles et pour l'autre les lettres et l'espagnol à l'école primaire supérieure de garçons. Léon Pompidou avait été, en effet, reçu au professorat d'espagnol dans les EPS en 1910 et au professorat des lettres en 1911. En 1913, il est reçu au concours du professorat d'espagnol dans les lycées et collèges et devient dès lors professeur d'espagnol à Albi. A ses moments libres, il milite à la fédération SFIO du Tarn. En 1926, il sera nommé à Paris, au collège devenu bientôt lycée Lavoisier[36].

35. Cf. *Académie de Marseille, séance publique du 29 avril 1967, Discours de réception de M. Paul Arrighi et réponse de M. Pierre Guiral*, Marseille, l'Académie, 1967, p. 18. Cf. également *Académie de Marseille, séance publique du 22 octobre 1977, Discours de réception d'Antoine Olivesi*, Marseille, l'Académie, 1977, p. 3 (A. Olivesi a été élu au fauteuil de P. Arrighi). On peut aussi consulter l'*Annuaire*, 1976, pp. 70-76.

36. Cf. Merry Bromberger : *Le Destin secret de Georges Pompidou*, Fayard, 1965, pp. 14-36, et Pierre Rouanet : *Pompidou*, Grasset, 1969, pp. 30-35. Nous n'avons pas pu consulter le dossier de G. Pompidou dans les archives de l'École. Ce dossier manquait, en effet, dans le carton contenant les autres dossiers des élèves de la promotion 1931 (Arch. Nat. 61 AJ 258).

Nous, les fils de maîtres d'école.

A travers les témoignages de khâgneux des années 1920 fils d'instituteurs, c'est souvent un profond désir de promotion sociale qui transparaît. Et l'ascension semble d'autant plus ardue que nos correspondants[37] gardent, pour la plupart, le souvenir d'une situation familiale qui n'encourageait guère aux longues études et contraignait à de grands sacrifices financiers. Ainsi ce fils d'instituteur, petit-fils d'un journalier devenu employé municipal :

> « Mes parents ont décidé de payer pour moi au lycée Louis-le-Grand, malgré leurs faibles ressources (les traitements des instituteurs à l'automne 1919 étaient absolument dérisoires), des frais d'internat qui étaient alors à peu près trois fois plus élevés qu'au collège de Sancerre. Je n'ai jamais oublié leur geste. En dépit de leur offre et de mes efforts, il n'y a eu succès complet pour moi ni à la rue d'Ulm, ni plus tard à l'agrégation. En 1922 la khâgne de Louis-le-Grand avait fourni à peu près la moitié des admissibles dont j'étais. Quand, en 1949, j'ai soutenu à Rennes mes thèses pour le doctorat ès lettres, j'ai cru ce faisant acquitter ma dette de reconnaissance envers mes parents, morts mon père depuis vingt ans, ma mère depuis cinq ans. J'ai parlé trop longuement de moi ici et je m'en excuse. Mais j'ai voulu témoigner de la mentalité d'un jeune homme de dix-huit ans d'origine modeste, arrivant à Paris en octobre 1919 dans un lycée prestigieux pour y entreprendre, à la charge de ses parents, des études qu'il savait longues, difficiles et aléatoires. »

La nécessité d'aller dans une khâgne parisienne afin de se mieux préparer rend le problème encore plus complexe :

> « Mon père, fils d'un cultivateur de haute montagne, était devenu instituteur à force de travail acharné... Il avait réussi à " franchir le pas ", à s'arracher au travail de la terre sous sa forme la plus dure : il était normal que ses enfants continuassent, en un peu mieux si possible. Mes deux sœurs ont fait une carrière d'enseignantes. Pour ma part, comme je réussissais carrément bien au lycée de Grenoble, le proviseur conseilla de bonne heure de me faire viser l'École normale, " grande porte " d'entrée à l'enseignement. Cela devait, en outre, me permettre de faire mes études supérieures à Paris, et gratuitement, élément essentiel dans notre cas. A cette époque, la faculté des lettres de Grenoble ne menait pas au-delà de la licence, alors qu'on envisageait pour moi l'agrégation. Mon père n'aurait pas pu m'entretenir comme étudiant ailleurs qu'à la maison (à Lyon par exemple)... J'étais à Louis-le-Grand grâce à une bourse d'internat qui laissait assez peu à payer (condition *sine qua non* !). Mon père mourut le 10 octobre 1919 : le proviseur obtint pour moi un complément de bourse, qui me permit de rester. Je fus reçu à Normale au concours suivant. »

De fait, au début des années 1920, une famille vivant sur un seul traitement d'instituteur n'était pas dans une situation florissante : ainsi, en 1921, un enseignant du primaire d'une quarantaine d'années est payé environ 7 000 francs par an. Cela étant, quand on étudie les revenus d'un instituteur et les possibilités d'études de ses enfants, deux autres éléments doivent être pris en considération. D'une part, fréquemment, l'épouse est institutrice et, dans ce cas, le niveau de vie s'apparente presque à celui d'un professeur de l'enseignement secondaire, et la perspective, pour le chercheur, s'en trouve

37. Les témoignages qui suivent datent de 1976.

profondément modifiée. Nombre de nos correspondants issus de ce type de famille signalent qu'après avoir été reçus au concours des bourses, une allocation leur a été, en définitive, parfois refusée, en raison du montant des revenus familiaux — tout au moins lorsque le nombre des enfants était limité à un ou deux. D'autre part, les enfants d'instituteurs bénéficiaient, durant leurs études secondaires, d'une « remise universitaire primaire » (RUP), qui les dispensait des frais d'externat. C'était là un élément fondamental dans un monde scolaire où, jusqu'à la fin de la décennie, les lycées étaient payants.

Outre le souvenir d'une situation financière précaire, perce également dans le témoignage qui précède une aspiration du père instituteur à continuer, à travers ses enfants, l'évolution familiale entamée à sa génération. Une telle aspiration se retrouve, en fait, dans de nombreuses réponses. Ainsi ce normalien de 1924 :

> « Mes parents, fils de paysans assez aisés mais sans fortune personnelle, étaient instituteurs... Ils menaient une vie très simple à la campagne, cultivant leur jardin, et passant leurs vacances chez mes grands-parents. Même si je n'avais pas eu de bourse (j'avais passé le concours des bourses au début de l'année 1915 ; peut-être parce que mon père était au front, j'avais obtenu une bourse partielle, qui venait en déduction de mes frais de scolarité et de pension), ils auraient fait leur possible pour me faire faire des études, même coûteuses. J'avais une sœur plus jeune que moi, elle est allée au lycée de jeunes filles de Limoges jusqu'au baccalauréat et aurait pu continuer des études si elle avait voulu. »

Dans leurs Mémoires, également, les fils d'instituteurs évoquent la place tenue par Normale dans les préoccupations de leurs parents. Ainsi Brice Parain :

> « Il [mon père] était instituteur, il pensait naturellement que ses fils devaient s'élever au-dessus de lui. Tout de suite après son mariage, donc n'ayant pas encore d'enfants, il se trouvait en visite chez un oncle de sa femme, qui habitait rue Gay-Lussac. De là, par-derrière, on voyait l'École normale. Il a montré l'École à maman, et lui a dit : — Je veux que nos fils aillent là[38]. »

Souvent, de fait, cette ambition reportée sur la génération suivante se manifeste dès la jeunesse des enfants, dont les orientations successives tendent vers un but ultime : l'École normale de la rue d'Ulm. Brice Parain et ses deux frères, par exemple, s'engagèrent sur la voie qui mène à la rue d'Ulm. L'aîné, Charles Parain, y fut reçu en 1913. René Parain fit une hypokhâgne à Henri-IV en 1913-1914. Mobilisé, il fut tué au combat en septembre 1915. Quant à Brice Parain, il fut admis à l'École normale supérieure dans la promotion spéciale de 1919.

L'ambition paternelle est souvent transmise aux enfants dès leur prime jeunesse. Ainsi, Georges Pompidou se souvenait à la fin des années 1960 : « C'était de naissance. J'ai été élevé dans ce milieu. Il paraît qu'à l'âge de sept ou huit ans, quand on me demandait ce que je ferais, je disais : Normale supérieure. Je ne savais pas ce que c'était ; cela m'avait été inculqué. Le résultat d'ailleurs a été atteint[39]. »

Ce résultat est parfois atteint dans de biens curieuses circonstances. Ainsi ce

---

38. Brice Parain, *De fil en aiguille*, Gallimard, 1960, p. 67.
39. Propos rapportés par P. Rouanet, *op. cit.*, p. 36.

khâgneux poitevin, reçu au concours de 1928 : certes, il était entré en khâgne « sur le conseil, très insistant, de [ses] deux professeurs de lettres de première, qui étaient en même temps les deux professeurs de lettres de khâgne », mais les dés, en réalité, avaient été jetés bien plus tôt. Durant la Première Guerre mondiale, le père, instituteur prisonnier en Allemagne, s'était entretenu avec un universitaire également prisonnier qui lui avait décrit sur une feuille de papier la marche à suivre pour devenir professeur : entrer au lycée, après le baccalauréat s'inscrire en khâgne, enfin être reçu à l'École normale supérieure. Le père prisonnier fit parvenir à son épouse le papier décrivant cette marche à suivre, qui fut scrupuleusement suivie : en octobre 1918, le jeune écolier entrait au lycée de Poitiers, qu'il ne devait quitter qu'en 1928, son parchemin de normalien en poche[40].

Dans ce désir de promotion sociale par la khâgne des instituteurs pour leurs fils entrent en jeu deux facteurs essentiels : d'une part, on l'a vu, le report des ambitions des pères sur leur descendance, d'autre part le souhait de la voir embrasser à son tour la carrière de l'enseignement, considérée souvent par cette génération d'instituteurs comme un véritable apostolat. On retrouve, par exemple, ces deux facteurs dans la réponse de ce khâgneux bordelais :

> « Mon père était professeur des classes élémentaires (8e et 7e) ; j'avais donc de droit la bourse d'externat et la fourniture des livres scolaires. Ma mère n'exerçait pas de profession ; elle avait le brevet supérieur... Je suis entré en khâgne parce que, dès la classe de seconde, je désirais devenir professeur et, si possible, de philosophie. Mon père, lui-même reçu jadis 3e au concours des classes élémentaires, considérait presque ma future carrière (j'étais fils unique, après le décès d'une sœur plus jeune) comme la continuation et le couronnement, social et spirituel, de la sienne propre. »

Ainsi, le couronnement de sa carrière, que constitue pour un instituteur le succès de l'un de ses fils à Normale, revêt également un aspect « spirituel » : devenir normalien de la rue d'Ulm, c'est passer du bas-clergé au haut-clergé, mais c'est surtout rester fidèle à ce sacerdoce qu'est l'enseignement. L'un des témoignages les plus révélateurs — et les plus touchants — sur cet état d'esprit est celui recueilli par Jacques Ozouf, il y a une vingtaine d'années. Son auteur est un instituteur ardéchois né en 1889 (l'âge des parents des khâgneux des années 1930) :

> « J'ai laissé mes trois enfants libres dans le choix d'une carrière. J'aurais cependant aimé qu'ils choisissent l'enseignement. Aucun n'en a voulu. L'aîné, très habile de ses mains, a choisi d'être chirurgien-dentiste. Il a entraîné ses deux frères dans la même voie.
> Tous trois ont donc une profession très lucrative. Ils gagnent très (trop, à mon gré) largement leur vie. Je n'en suis pas plus fier pour autant. Un trop grand bien-être les pousse — comme l'énorme majorité des Français d'aujourd'hui — vers des préoccupations d'ordre purement matériel ; je suis convaincu qu'ils me jugent " atteint " d'une sorte d'idéalisme naïf — et bien périmé. De plus, leur mariage les a transplantés dans un milieu " bourgeois " que je juge rétrograde, étriqué, sans vie intérieure véritable, et dont tout me sépare. Dans ce domaine, réussite matérielle certaine (peut-être excessive), mais *échec moral* qui assombrit mes vieux jours.

40. Entretien avec l'auteur, mars 1976.

Dernièrement, mon aîné me disait, non sans fierté : " Beaucoup de situations libérales, ou de fonctions publiques moyennes ou élevées sont occupées par des fils d'instituteurs de ta génération. " J'ai répondu : " Hélas ! " Car j'ai la douloureuse pensée que l'échec moral dont je parle est aussi celui de beaucoup de mes vieux collègues[41]. »

Au regard des résultats statistiques établis plus haut et des exemples familiaux étudiés à leur suite, il est donc possible de formuler l'hypothèse selon laquelle *le corps enseignant du primaire a constitué, dans les dernières décennies du* XIXe *siècle, un vecteur non négligeable de la mobilité sociale* et joué le rôle d'un sas vers des degrés plus élevés de l'échelle sociale. S'il convient naturellement de relativiser l'importante d'une telle filière au niveau national — entre 1920 et 1930, on compte environ 120000 maîtres primaires —, nous avons vu que, pour le cas précis des khâgnes, l'importance de cette catégorie socioprofessionnelle est fondamentale : 20,4 %, alors que ces 120000 maîtres et maîtresses représentent, à cette date, un deux-centième de la population active.

Ces fils de maîtres d'école deviennent souvent professeurs dans l'enseignement secondaire, voire supérieur, et le passage par les khâgnes, même s'il n'entraîne pas le succès au concours de la rue d'Ulm, est souvent, nous l'avons vu au chapitre précédent, l'antichambre d'une telle carrière. Et cet accès aux chaires des lycées et collèges ou des universités constitue donc le maillon suivant dans la filière ouverte aux khâgneux. Étudiant le corps des professeurs de l'enseignement secondaire au début du XXe siècle, Gérard Vincent avait émis l'hypothèse selon laquelle ce corps constituerait un élément important de la mobilité sociale; il l'a vérifiée numériquement en dépouillant les dossiers de liquidation de retraite de près de 1200 professeurs enseignant dans les lycées et collèges entre 1900 et 1914[42]. Il convient, bien sûr, et plus encore que pour les instituteurs, de ne pas exagérer l'importance statistique d'une telle filière de promotion sociale : en 1926, les fonctionnaires de l'enseignement secondaire masculin sont au nombre de 9269[43], soit 0,04 % de la population active. Il n'en demeure pas moins que cette filière existe et que les khâgnes en sont un élément fondamental. Et cela, en grande partie grâce aux bourses d'enseignement secondaire.

Au bonheur des bourses.

Pour évaluer le poids des boursiers dans les khâgnes des années 1920, les « Cahiers des classes » du lycée Louis-le-Grand se sont révélés une source précieuse. Y sont, en effet, soulignés en rouge les noms des élèves qui

41. J. Ozouf, *Nous les maîtres d'école*, Julliard, 1967, p. 268.

42. G. Vincent, « Les professeurs de l'enseignement secondaire dans la société de la Belle Époque », *Revue d'histoire moderne et contemporaine*, t. XIII, 1966, pp. 49-86, notamment pp. 76 et 85, et « Les professeurs du second degré au début du XXe siècle : essai sur la mobilité sociale et la mobilité géographique », *Le Mouvement Social*, n° 55, avril-juin 1966, pp. 47-73, citation p. 51. Au XIXe siècle déjà, avec des modalités naturellement différentes, nous retrouvons le même phénomène : Paul Gerbod a montré que, passé 1850, plus de la moitié des universitaires (entendus ici au sens de membres de l'enseignement secondaire public) sont issus de foyers modestes (55 % par exemple, dès 1842), tandis que la haute bourgeoisie est, pour sa part, de moins en moins représentée dans ce corps (cf. P. Gerbod, *La Condition universitaire en France au* XIXe *siècle*, Publications de la faculté des lettres et sciences humaines de Paris, série « Recherches », n° XXVI, 722 p., PUF, 1965, pp. 110-112, et *La Vie quotidienne dans les lycées et collèges au* XIXe *siècle*, Hachette, 1968, p. 40).

43. Rapport à la Chambre des députés rédigé par Hippolyte Ducos, *Journal Officiel*, documents parlementaires de la Chambre des députés, 1927, rapport n° 3395, pp. 1500 sqq.

bénéficient d'une bourse, quelle qu'en soit la nature : il était donc possible d'établir des pourcentages précis. Nous l'avons fait, en choisissant trois années scolaires régulièrement réparties au fil de la décennie étudiée : 1923-1924, 1925-1926 et 1927-1928.

L'interprétation de ces listes ne posait guère de problèmes méthodologiques. Un seul obstacle existait, aisément contournable : parmi les noms soulignés figuraient les « remisiers universitaires ». Nous avons vu, en effet, que les fils d'instituteurs — et il en va de même pour les enfants de professeurs — étaient dispensés des frais d'externat de l'enseignement secondaire. Nous avons jugé que cet avantage ne pouvait être totalement assimilé à une bourse — les deux avantages étant, du reste, cumulables — et que son intégration dans nos calculs aurait faussé la perspective. Les détenteurs de « remises universitaires primaires », « secondaires » ou « supérieures » (RUP, RUS ou RUSup) non boursiers n'ont donc pas été intégrés dans les résultats[44].

Par ailleurs, à titre comparatif et pour les mêmes années scolaires, nous avons inséré dans cette étude une classe de mathématiques spéciales (deuxième année de préparation à Polytechnique). Le résultat de ces trois sondages annuels peut être résumé dans le tableau qui suit :

Boursiers à Louis-le-Grand dans les années 1920
(khâgne, hypokhâgne et une classe de Spéciales)

	1923-1924		1925-1926		1927-1928		Total des effectifs	Total des boursiers
	T	B	T	B	T	B		
Pensionnaires	44	29	46	36	46	26	136	91 (66,9 %)
Demi-pensionnaires	13	7	9	4	3	2	25	13 (52 %)
Externes surveillés	2	0	2	1	5	1	9	2 (22,2 %)
Externes libres	15	4	26	5	20	4	61	13 (21,3 %)
TOTAL KHÂGNE	74	40	83	46	74	33	231	119 (51,5 %)
Pensionnaires	38	22	35	18	35	16	108	56 (51,8 %)
Demi-pensionnaires	4	0	10	5	6	5	20	10 (50 %)
Externes surveillés	2	2	—	—	—	—	2	2 (100 %)
Externes libres	12	4	14	2	9	4	35	10 (28,5 %)
TOTAL HYPOKHÂGNE	56	28	59	25	50	25	165	78 (47,2 %)
Pensionnaires	28	10	25	6	15	1	68	17 (25 %)
Demi-pensionnaires	13	3	7	3	4	0	24	6 (25 %)
Externes surveillés	1	0	—	—	2	0	3	0 (0 %)
Externes libres	24	2	25	0	16	0	65	2 (3 %)
TOTAL SPÉCIALES A	66	15	57	9	37	1	160	25 (15,6 %)

T = Nombre total d'élèves d'une catégorie dans la classe étudiée ; B = Nombre de boursiers dans cette catégorie[45].

44. Le décompte était aisé, chaque nom souligné étant suivi de l'indication de la bourse (BH, par exemple, pour bourse d'honneur) et du cumul éventuel avec une RUP, une RUS ou une RUSup.

45. Nous n'avons pas fait la distinction, au sein de cette rubrique, entre les différentes catégories de bourses, car chacune de ces catégories ne correspond pas à un type social bien défini. Un exemple fréquent : un khâgneux provincial obtient aisément la prolongation de sa bourse nationale, qui lui a été allouée durant ses études secondaires, mais pour une khâgne de province. Pour monter à Paris, il doit parfois renoncer à cette bourse nationale et tâchera d'obtenir une bourse d'honneur.

A la lecture de ce tableau, une première remarque s'impose : l'importance des pensionnaires. 244 des 396 hypokhâgneux et khâgneux des trois années scolaires étudiées, soit 61,6 %, sont, en effet, dans ce cas.

Peut-on appliquer ce pourcentage, et celui des boursiers que nous évoquerons plus loin, à l'ensemble des khâgnes des années 1920 ? Une observation, tout d'abord, doit être rappelée, afin d'éviter des extrapolations trop hasardeuses : le lycée Louis-le-Grand attire, après le baccalauréat, des élèves de la France entière, d'où le nombre important de pensionnaires dans ses classes préparatoires. Par ailleurs, la plupart de ces pensionnaires sont des boursiers, ainsi que nous le soulignerons plus loin. Le nombre des boursiers de l'hypokhâgne et de la khâgne ludoviciennes est donc sans doute plus important que dans certaines autres khâgnes, Condorcet et Henri-IV en particulier. Condorcet est un lycée sociologiquement typé, qui draine ses élèves dans certains quartiers aisés de la rive droite. Par ailleurs, son absence d'internat n'introduit pas un facteur de diversité au niveau des classes préparatoires. La khâgne n'y présente donc pas les mêmes traits qu'à Louis-le-Grand[46]. A Henri-IV, un internat existe, mais ses capacités d'accueil restent limitées. A cette date, en effet, les dortoirs sont encore installés dans la bibliothèque de l'ancienne abbaye Sainte-Geneviève. Le local est imposant — entouré des boiseries qui abritaient les livres des Génovéfains — mais relativement exigu, sans comparaison possible en tout cas avec le lycée de la rue Saint-Jacques.

Il conviendra donc de ne point généraliser à partir des chiffres de ce seul lycée. Nous inclinons à lui accorder pourtant une valeur représentative. D'une part, la khâgne de Louis-le-Grand regroupe à cette date plus du tiers des candidats et autant d'élèves que les autres khâgnes parisiennes réunies. Cette importance est plus grande encore si l'on y ajoute l'hypokhâgne, la seule de France jusqu'aux dernières années de la décennie. D'autre part, une fois laissées de côté les khâgnes de Condorcet et d'Henri-IV, il apparaît, d'après les témoignages recueillis et les sondages effectués, que Lakanal, le lycée du Parc à Lyon et les autres khâgnes provinciales ont alors des proportions de pensionnaires et de boursiers proches de celles de Louis-le-Grand.

La deuxième constatation que suggère le tableau est l'incontestable importance, en hypokhâgne et en khâgne, du nombre des boursiers : 47,2 % en hypokhâgne, 51,5 % en khâgne. Ces proportions sont plus importantes encore si l'on analyse la répartition des seuls pensionnaires : 51,8 % de boursiers en hypokhâgne, 66,9 % en khâgne. Et il convient de noter que la proportion de boursiers en khâgne, loin de s'effriter par rapport à l'hypokhâgne, se renforce au contraire. Ce sont donc, semble-t-il, les boursiers qui sont les plus enclins, statistiquement, à persister dans leur intention de se présenter au concours de la rue d'Ulm.

Plusieurs raisons peuvent expliquer une telle situation. Ces boursiers sont souvent habitués aux conditions de l'internat, qu'ils ont connues, pour certains d'entre eux, pendant toute leur scolarité secondaire. Certains enfants

46. La proximité de la gare Saint-Lazare en fait toutefois également un lycée de banlieusards, ce qui diversifie quelque peu son recrutement social. Ce brassage est cependant loin d'être intense : en 1923-1924, par exemple, la moitié des khâgneux viennent des VIIe, VIIIe, XVIe et XVIIe arrondissements (Arch. Condorcet) ! Il est possible que, dans le cas des classes préparatoires, cette proximité d'une gare ait joué un rôle plus important que pour les autres classes, où les lycées de banlieue exercent une rétention jusqu'aux terminales. Ce facteur n'est toutefois pas à surestimer : en 1923-1924, par exemple, seuls six khâgneux viennent de banlieue !

de la bourgeoisie provinciale, souvent originaires du chef-lieu du département, ne découvrent, au contraire, les conditions de l'internat qu'en arrivant à Louis-le-Grand, dans ce climat psychologique peu propice qu'est la découverte concomitante d'une hypokhâgne pléthorique, et ils ne donnent pas suite à leur intention d'entrer à l'École normale supérieure. Cette hypothèse est étayée par le fait que, bien que les pensionnaires soient, en proportion, légèrement moins nombreux en khâgne qu'en hypokhâgne (58,8 % contre 65,4 %), 66,9 % d'entre eux, on l'a vu, sont des boursiers, contre 51,8 % en hypokhâgne. Il semble donc qu'il y ait une déperdition de pensionnaires non boursiers — en d'autres termes de provinciaux issus de milieux moins modestes — entre l'hypokhâgne et la khâgne.

En outre, et c'est une deuxième raison, dès cette époque l'hypokhâgne — ou une année de khâgne dans les lycées où n'existent pas deux niveaux — peut servir, dans l'esprit de certains parents, d'initiation aux études supérieures en même temps que de consolidation de l'acquis des études secondaires. Enfin, pour les khâgneux issus de milieux plus modestes, au contraire, une bourse et l'internat d'un lycée constituent souvent le seul moyen de mener à bien des études supérieures : en cas de succès au concours de la rue d'Ulm, ils sont assurés de pouvoir parvenir jusqu'à la préparation de l'agrégation. Et même sans entrer à l'École normale supérieure, ils peuvent, pendant leurs années de khâgne, parvenir au moins jusqu'à la licence.

Cette importance des pensionnaires et des boursiers est-elle spécifique de l'hypokhâgne et de la khâgne par rapport aux autres classes secondaires et préparatoires du lycée Louis-le-Grand ? En 1929-1930, par exemple, cet établissement compte, outre ses cinq niveaux secondaires de la quatrième à la terminale, 208 élèves qui se préparent aux Grandes Écoles en sciences (mathématiques spéciales préparatoires, mathématiques spéciales, classes de préparation à Centrale), 160 en lettres et 100 à l'École coloniale.

Pour les classes secondaires, un calcul simple montre que la part des pensionnaires est bien moindre : durant cette même année scolaire 1929-1930, un rapport du proviseur indique que sur un effectif total de 1 415 élèves, 307 seulement, y compris ceux des classes préparatoires littéraires, sont pensionnaires, soit 21,6 % de l'ensemble. Et l'année précédente, la proportion était de 22 %. Un autre rapport du proviseur permet, du reste, de préciser et de compléter la répartition. Pour les deux années évoquées, les effectifs du lycée se répartissent ainsi [47] :

	Pensionnaires		Demi-pensionnaires		Externes	
	Total	dont boursiers	Total	dont boursiers	Total	dont boursiers
Année 1928-1929......	304	94	214	110	868	62
Année 1929-1930......	307	96	227	110	881	57

Ces chiffres sont suffisamment explicites : pour l'ensemble du lycée, pensionnaires et boursiers sont en proportion bien moindre que dans l'hypo-

47. Tableau composé à partir d'un rapport du proviseur, « Effectif des élèves au 31 mai 1930. Comparaison avec 1929 » (rapport du 31 mai 1930, Arch. Louis-le-Grand).

khâgne et la khâgne. Inversement, il convient de noter que ces deux classes, qui représentent moins de 10 % des effectifs du lycée, rassemblent à peu près le quart des pensionnaires et le cinquième des boursiers.

Quant aux classes préparatoires autres que littéraires, la troisième section du tableau des boursiers ludoviciens dans les années 1920 permet de répondre au moins pour la préparation à Polytechnique. Nous y avons, en effet, inclus l'étude, pour les mêmes années, de la composition d'une classe de mathématiques spéciales, ou taupe, qui est la classe correspondant à la khâgne pour la préparation des concours d'entrée aux grandes écoles scientifiques et, plus particulièrement, pour la Spéciales A étudiée, à Polytechnique. Première constatation, les pensionnaires y sont moins nombreux : 68 sur 160, soit 42,5 %. Apparemment, donc, les taupins ont une origine géographique moins provinciale que les khâgneux. Par ailleurs, seuls 25 élèves de Spéciales A sont, sur les trois années étudiées, titulaires d'une bourse, soit 15,6 % du total : alors que cinq khâgneux sur dix sont boursiers, moins de deux taupins sur dix le sont également.

Peut-on en inférer un recrutement social moins large qu'en khâgne ? Ces chiffres le suggèrent. Il convenait toutefois de le vérifier, en étudiant plus précisément le recrutement de cette Spéciales A. Pour l'année scolaire 1926-1927, les quarante-sept taupins de cette classe se répartissent de la manière suivante :

Professions exercées par les parents	Taupins (Spéciales A) Louis-le-Grand Année scolaire 1926-1927	(%)	Rappel khâgneux Louis-le-Grand Années 1923-1928
Professeurs	2	4,2	13,2
Instituteurs	2	4,2	13,6
Autres universitaires (administration)	3	6,3	9,8
Autres fonctionnaires	3	6,3	8,1
Officiers	6	12,7	4,4
Ingénieurs, architectes	3	6,3	3
Industriels	6	12,7	2
Médecins, pharmaciens	1	2,1	2,7
Notaires	—	—	0,3
Avocats, avoués	—	—	1
Banquiers, assureurs	—	—	1,7
Agriculteurs	—	—	1
Commerçants	6	12,7	11,9
Employés PTT, chemins de fer	—	—	3,7
Autres employés	1	2,1	3,7
Artistes	—	—	1
Pasteurs protestants	—	—	0,3
Ouvriers, contremaîtres	—	—	0,6
Divers	—	—	2
Professions indéterminées	14	29,7	15,3

La proportion des universitaires ne représente donc que 40 % de celle qui prévaut à la même date en khâgne (14,7 % contre 36,6 %). Les ingénieurs, les négociants — quatre des six « commerçants » — et surtout les industriels et les officiers y sont, au contraire, beaucoup plus largement représentés. Et ces officiers sont tous des officiers supérieurs, le grade le plus bas étant celui de commandant. D'une manière générale, il semble donc que les classes moyennes soient, en Spéciales A, moins largement représentées qu'en khâgne, au profit de catégories plus élevées dans une échelle de stratigraphie sociale.

Il existe alors un clivage social incontestable, en khâgne, entre les pensionnaires et les externes. Dans cette classe, en effet, 66,9 % des pensionnaires sont des boursiers, contre 52 % des demi-pensionnaires et 21,4 % des externes surveillés et libres. Les deux tiers des pensionnaires et un cinquième seulement des externes sont donc détenteurs de bourses. Si on laisse de côté les demi-pensionnaires, en général beaucoup moins nombreux que les pensionnaires et les externes (9, par exemple, en 1925-1926, contre 46 pensionnaires et 28 externes ; 3, en 1927-1928, contre 46 pensionnaires et 25 externes), il faut admettre la coexistence en khâgne de deux groupes sociologiquement différents. Si l'on ajoute le « déracinement » des premiers et des styles de vie totalement différents dus au régime de l'internat, nous obtenons, en fait, deux communautés culturellement et socialement très tranchées. Le clivage, du reste, ne s'estompera pas immédiatement rue d'Ulm : Jerphanion, le provincial un peu rustique, y cohabite avec Jallez, le Parisien apparemment plus fin. Ce qui n'empêchera pas Jerphanion de devenir ministre.

Cette ligne de faille au sein de la khâgne ludovicienne est, notamment, sensible tout au long des années 1920. Ainsi, au début de la décennie, Pierre Brossolette est perçu par ses camarades internes de la façon suivante :

> « Comme Pierre était demi-pensionnaire, comme il rentrait chez lui chaque soir et qu'il venait de Janson, la " boîte du 16e ", raconte Schiltz, l'un d'entre eux, il représentait pour nous — pour moi l'alsacien et pour d'autres — l'extérieur, l'expérience, l'air du dehors, le goût et le parfum de la grande ville, le " parisianisme ", en quelque sorte, et cela lui conférait un prestige supplémentaire[48]. »

Et, dix ans plus tard, la situation est inchangée. En 1965, le Premier ministre Georges Pompidou l'évoquera en ces termes :

> « Dans la khâgne de Louis-le-Grand telle que je l'ai connue en 1931, les externes représentaient une espèce à part. Au milieu d'une masse lancée par la province à la conquête de l'École normale supérieure, ils constituaient une aristocratie légèrement méprisante, initiée aux mystères de Paris et pour qui Henri-IV ou Louis-le-Grand représentait le lycée banal de leur jeunesse et non pas l'établissement illustre où le provincial n'avait pu entrer qu'après avoir montré patte blanche. Le cours terminé, ils nous quittaient pour se perdre dans les méandres de la cité, à l'heure où nous nous dirigions vers l'étude qui précédait le réfectoire, qui précédait le dortoir. Nous avions pour eux un peu d'admiration, un peu de jalousie, et, plus que tout, nous enviions leur liberté. Mais ils étaient aussi pour nous des guides qui nous initiaient à la vie parisienne, nous révélaient le théâtre, nous évitaient d'emprunter le mauvais trottoir du boulevard Saint-Germain ou d'entrer dans des cafés ignorés des intellectuels de gauche[49]. »

Même si, pour illustrer plus fermement son propos, Albert Thibaudet en venait, dans *La République des Professeurs,* à surestimer le phénomène des

48. Gilberte Brossolette, *op. cit.*, p. 31.
49. Extrait de la notice nécrologique de Jean Le Roy (promotion 1931), rédigée par Georges Pompidou (*Annuaire,* 1965, p. 72).

boursiers en écrivant que « huit ou neuf sur dix des élèves de l'École normale supérieure ont fait leurs études avec des bourses de l'État », il est donc vrai que les boursiers occupent une place déterminante en khâgne et à la rue d'Ulm[50].

Cette place déterminante est à replacer dans un contexte précis. Tout au long de la décennie que nous étudions, se prolonge et s'amplifie le débat sur la gratuité de l'enseignement secondaire et, plus largement, sur le problème de l'École unique. A la fin des années 1920, en cinq ans, de 1928 à 1933, on passe d'un enseignement secondaire payant à la gratuité générale de cet ordre d'enseignement. Mais cette mutation ne concerne pas directement notre étude. Les lycéens que nous retrouvons en khâgne sont, en effet, entrés en sixième dans les années 1920 et restent donc largement étrangers, les uns et les autres, au nouveau cadre qui se met progressivement en place à la charnière des années 1920 et 1930. Ils ont effectué leurs études à une époque où l'enseignement secondaire est payant et où, pour les enfants issus de catégories sociales modestes, le recours aux bourses est le seul moyen d'entreprendre des études dans les lycées et collèges. Depuis janvier 1917 le taux de la pension complète à Louis-le-Grand, pour la classe de quatrième par exemple, est de 1 512 francs. Pour l'hypokhâgne, il est de 1 611 francs et pour la khâgne de 1 818 francs. A la même époque, une bourse d'internat s'élève à 1 206 francs. Quelques années plus tard, en 1927, un « boursier national d'externat complet » touche 972 francs et un « boursier national d'internat » 4 200 francs[51].

Outre les remises de frais aux fils d'enseignants, les khâgneux bénéficient surtout de deux grands types de bourses. D'une part, les bourses nationales, obtenues au début des études secondaires par concours et éventuellement prolongées en classe préparatoire. Ces bourses peuvent être complètes ou partielles (demi-bourse ou quart de bourse). D'autre part, les bourses d'honneur, allouées par les lycées, pouvaient servir notamment à certains lycées parisiens pour dédommager de bons élèves désireux de s'inscrire en khâgne à Paris mais n'ayant pu obtenir le transfert de leur bourse nationale. Moyen utile, pour ces lycées, d'attirer les meilleurs élèves de province.

Ces bourses étaient d'autant plus nécessaires que la moitié des futurs normaliens avaient commencé leurs études dans l'enseignement primaire et non dans les « petites classes » payantes des lycées. Nous disposons, à cet égard, d'une étude sur les antécédents scolaires des normaliens qui, pour les promotions littéraires de 1928 à 1932, donne les résultats suivants[52] :

50. Nous avons vu plus haut que la khâgne de Louis-le-Grand compte 51,5 % de boursiers. Dans la mesure où, nous l'avons établi, cette classe présente les mêmes caractéristiques sociales que les autres khâgnes françaises, on peut estimer que les classes préparatoires littéraires comptent, dans les années 1920, environ 50 % de boursiers.

Nous retrouvons — pour une période légèrement décalée, il est vrai — le même pourcentage rue d'Ulm. Alain Baudant a établi, en effet, que sur les 463 normaliens reçus entre 1930 et 1938, 234, soit 50,5 %, ont, durant leurs études secondaires, bénéficié de bourses (A. Baudant, *L'École normale supérieure. Données sur la participation politique de l'Université de Paris à la vie politique française*, mémoire de maîtrise, Paris I, 1972, p. 32). Nous trouvons là confirmation de l'observation déjà faite plus haut selon laquelle le concours de la rue d'Ulm, dans les années 1920, se borne à reproduire globalement les grands traits de la clientèle des khâgnes, sans les modifier. Cette absence d'incidence sociale d'un concours est suffisamment rare pour être à nouveau rappelée ici.

51. Sources : G. Dupont-Ferrier, *Du collège de Clermont au lycée Louis-le-Grand, 1563-1920*, tome II, de Boccard, 1922, p. 89 ; Arch. Louis-le-Grand, volume de correspondance administrative de 1920 à 1926, correspondance du 26 novembre 1921 entre le rectorat et le proviseur, et procès-verbaux du conseil de discipline, pp. 322-323.

52. *L'École normale supérieure. D'où elle vient ? Où elle va ?*, Hachette, 1934, p. 108. On trouve la même étude à Arch. Nat. 61 AJ 166.

	1928	1929	1930	1931	1932
Ont été jusqu'à 10 ou 12 ans élèves de l'école primaire...............	17	9	16	16	16
Ont été à l'école primaire supérieure........................	—	—	—	1	—
Effectifs des promotions (section littéraire)......................	29	29	32	31	28

49,6 % des normaliens littéraires des promotions 1928 à 1932 — et qui étaient, de ce fait, en khâgne dans la deuxième moitié des années 1920 — proviennent donc de l'enseignement primaire et sont entrés au lycée après avoir passé, pour la plupart, le concours des bourses. Au-delà de ces concours des bourses (1re et 2e séries) qui permettent d'entrer dans les lycées en sixième ou, au plus tard, en cinquième, les cloisons sont étanches entre l'enseignement primaire supérieur et l'enseignement secondaire : ainsi, sur les 149 normaliens étudiés ci-dessus, un seul est passé par l'école primaire supérieure.

Dans l'étude sur l'utilisation des bourses, un autre aspect important doit être mentionné. Le recoupement des listes des boursiers ludoviciens et des fiches individuelles indiquant leurs origines sociales montre, en effet, que beaucoup de ces jeunes boursiers sont des fils de fonctionnaires. Les khâgneux, sur ce plan, sont d'ailleurs à l'image de l'ensemble du système scolaire. Antoine Prost, s'appuyant sur Ludovic Zoretti, estime qu'en 1911, 51 % des bourses distribuées le sont à des fils de fonctionnaires[53] et il y voit « un moyen pour l'État d'administrer son personnel, de récompenser, à défaut d'une promotion ou d'une mutation flatteuse, un fonctionnaire dont on est satisfait ». Faute de documents précis, il est difficile, pour ce qui concerne les seuls khâgneux, de vérifier cette interprétation, qui fait des bourses ainsi réparties l'instrument d'une sorte de promotion interne au sein de la fonction publique, par remplacement de génération interposé. Il reste que la surreprésentation des fils de fonctionnaires en khâgne comme rue d'Ulm (la moitié environ du total) relève sans doute au moins pour partie de cette explication générale. Un point toutefois confère, sur ce plan, une certaine originalité aux khâgnes. Alors que, pour l'ensemble du système scolaire, les bourses allouées aux fils de fonctionnaires se ventilaient, semble-t-il, entre les différentes branches de la fonction publique — enseignants, officiers, gendarmes, facteurs, etc. —, nous avons vu que dans le cas des khâgnes les deux tiers des fils de fonctionnaires étaient fils d'enseignants.

Ainsi, si les cas de fils de gendarmes ayant eu la possibilité d'effectuer des études grâce à des bourses sont relativement fréquents dans l'histoire de la IIIe République (par exemple Marcel Cachin préparant une licence de philosophie à la faculté des lettres de Bordeaux, ou le jeune André Breton s'inscrivant à la faculté de médecine de Paris en octobre 1913, ou, dans un passé plus proche, Pierre Daix, élève de l'hypokhâgne du lycée Henri-IV repliée à Rennes en 1939-1940), rares sont les normaliens ayant cette origine sociale. Pour la décennie qui nous intéresse plus directement, seul peut être cité le nom d'Aimé Perpillou, fils d'un gendarme en retraite.

53. Contre 20 % seulement aux fils de cultivateurs, artisans et ouvriers (*op. cit.*, p. 328).

Les enfants des employés des PTT sont un peu plus nombreux rue d'Ulm. Ainsi, dans la promotion de 1925, Jean Bruhat, et, dans celle de 1926, Dominique Leca, qui deviendra inspecteur des finances. Une autre catégorie de fonctionnaires a fourni à l'École normale supérieure un filet d'élèves non négligeable : les agents voyers, qui dirigeaient les cantonniers et prirent le nom, au cours de la décennie, d'ingénieurs des Travaux publics de l'État. Cinq ou six normaliens, en dix ans, sont sortis de ce milieu professionnel, dont Henri Guillemin, Jean Le Bail et Lucien Paye.

Restent les fils d'officiers. Ils sont, en fait, peu nombreux à Normale (5,1 % par exemple, entre 1927 et 1933, dans la section littéraire), sans doute parce que, lorsqu'ils sont boursiers, ils préparent Saint-Cyr ou Polytechnique. Il en est tout de même quelques-uns, dans les années 1920 : Pierre Boyancé, Jean Cavaillès ou Henri Queffélec, par exemple. Mais le cas le plus célèbre est extérieur à la décennie étudiée : c'est celui d'Édouard Herriot. Arrière-petit-fils de manœuvre, petit-fils d'un caporal et d'une lingère, le futur leader radical est le fils d'un officier sorti du rang, ancien enfant de troupe[54]. Nous avons déjà vu comment le passage d'un inspecteur général au lycée de La Roche-sur-Yon l'aiguilla vers la rue d'Ulm, alors qu'initialement son père souhaitait lui faire préparer Saint-Cyr. Il commence par redoubler volontairement une seconde et une rhétorique à Louis-le-Grand (où il recueille, chaque fois, six prix) puis, après sa philosophie, prépare Normale. Au Concours général de 1889, il glane le quatrième accessit de composition française et le septième accessit de chimie et, en 1890, le premier accessit d'histoire. En 1891, il est reçu dixième rue d'Ulm.

Dès lors, son itinéraire offre un exemple concret de professeur entré en politique. Reçu premier à l'agrégation des lettres en 1894, il est nommé, après une année de service militaire, professeur de troisième au lycée de Nantes. Il inaugure ainsi une carrière universitaire d'une douzaine d'années, courte mais rapide et brillante. En 1896, on lui confie la rhétorique du lycée Ampère à Lyon. Et, quand une khâgne autonome est créée dans cette ville en 1901, elle lui revient tout naturellement. Il y croise pour la première fois un jeune khâgneux nommé Édouard Daladier : « Dans ma classe de rhétorique supérieure, pendant l'année scolaire 1902-1903, j'eus pour élève Édouard Daladier, fils d'un boulanger de la rue de Clapiès à Carpentras[55]... ».

En février 1905, il soutient une thèse sur *Madame Récamier et ses amis* en Sorbonne et, le 28 décembre 1907, il est nommé maître de conférences à la faculté des lettres de Lyon. Mais, entre-temps, la politique l'avait saisi. En novembre 1905, il était devenu maire de Lyon, à trente-trois ans. C'est le début d'une carrière politique qui prendra toute son ampleur après la Première Guerre mondiale et qui incarnera, d'une certaine façon, la République des boursiers.

Dans les palmarès de l'Instruction publique, ces boursiers s'illustrent tout au long de la IIIe République. Au Concours général des départements, par

---

54. Éd. Herriot, *Jadis*, I, Flammarion 1948, 269 p., p. 5 sqq.; cf. également S. Berstein, *Édouard Herriot ou la République en personne*, Presses de la Fondation nationale des sciences politiques, 1985, pp. 16-19, M. Soulié, *La Vie politique d'Édouard Herriot*, A. Colin, 1962, p. 1, et P.O. Lapie, *Herriot*, Fayard, 1967, p. 30. Les archives que nous avons consultées (dossier d'inscription d'Herriot à l'ENS, Arch. Nat. 61 AJ 219) fournissent un renseignement complémentaire : en 1891, quand le jeune khâgneux se présente au concours de la rue d'Ulm, son père est décédé et la mère est « propriétaire » à Oran (le dossier consulté n'apporte pas de précisions fiscales).

55. *Jadis*, I, p. 140. De fait, Éd. Daladier fut khâgneux à Lyon et candidat malheureux à l'École normale supérieure en 1903 et 1904 (Arch. Nat. 61 AJ 17).

exemple, en 1890, les détenteurs de bourses obtiennent 2 prix d'honneur sur 3 et, en tout, 47 nominations sur 96[56]. Sur la période 1890-1896, ils s'adjugent 64 % des prix d'honneur. De 1892 à 1895, 902 boursiers nationaux sont reçus aux concours des Grandes Écoles, dont 94 à l'École normale supérieure, 248 à Polytechnique, 412 à Saint-Cyr, 66 à l'École centrale, 44 à l'École navale, 8 à l'École des mines et 30 à l'Institut agronomique, ce qui représente, par exemple, 35 % des reçus de Polytechnique et 29 % de ceux de Saint-Cyr[57].

Ces chiffres prennent plus de relief encore si l'on rappelle que les boursiers nationaux sont au nombre de 5 000 environ à cette date et ne forment que 6 % de la population des établissements universitaires.

Quarante ans plus tard, ces boursiers continuent, on l'a vu, à collectionner les nominations au Concours général ou à représenter la moitié des promotions littéraires de la rue d'Ulm. Et, au baccalauréat, les boursiers obtiennent de meilleurs résultats que les autres candidats. Les résultats de juin-juillet 1932 de cet examen, dans l'Académie de Paris, le démontrent aisément[58] :

Sections	Boursiers et boursières (% des reçus)	Ensemble des candidats (% des reçus)
A.	74,30	61
Philosophie	67,29	62,67
Mathématiques . . .	58,65	51,67
A'	53,61	45,86
B	50	48,89
Pourcentage moyen	60,23	53

La République des boursiers est donc, en même temps, la République des bons élèves. Ce double phénomène est sous-tendu tout au long de la IIIe République, aux différents niveaux de l'enseignement et de l'administration universitaire, par une idéologie dont la connaissance permet de mieux rendre compte de l'origine sociale des khâgneux.

Mérite et élite.

Nous avions inclus, dans notre première enquête, une question à dessein quelque peu provocatrice : « Ressentiez-vous le recrutement de la khâgne comme démocratique ? » Et c'est la seule, de fait, qui ait entraîné quelques réactions ostensiblement agacées. Certes, la plupart de nos correspondants s'en sont tenus, dans leurs réponses, à constater que ce recrutement leur

56. Ces chiffres et ceux qui suivent sont extraits d'un « rapport sur les bourses d'enseignement secondaire » présenté par A. Chalamet, professeur au lycée Lakanal, membre du Conseil supérieur de l'Instruction publique (dans *L'Enquête sur l'enseignement secondaire. Rapports adressés à la Commission parlementaire de l'enseignement*, Belin, 1899, pp. 131-151, plus spécialement pp. 138-139).

57. Le rapport ne donne pas le pourcentage pour l'École normale supérieure mais nous l'avons établi : 54, 6 %. Ce chiffre apporte deux confirmations. D'une part, on retrouve, légèrement à la hausse, la proportion de boursiers rue d'Ulm déjà établie pour l'entre-deux-guerres : la moitié environ. Il y a donc apparemment permanence sur ce plan. D'autre part, nous retrouvons ce décalage déjà évoqué entre le poids des boursiers rue d'Ulm et dans les autres Grandes Écoles.

58. Arch. Nat. 61 AJ 166. Ces résultats de la session de juin-juillet 1932 ont servi de matériaux aux *Enquêtes sur le baccalauréat*, Hachette, 1935.

semblait effectivement démocratique. Mais un groupe non négligeable nous a fait savoir que « la question ne se posait pas ». Façon élégante de suggérer que la question était mal posée. Le nombre de ces réponses et la formulation excessive de certaines d'entre elles[59] permettent de prendre la mesure de l'empreinte laissée sur les khâgneux, après plus d'un demi-siècle, par l'idéologie méritocratique de la IIIe République.

L'une des réponses a, du reste, bien résumé le problème. Et de façon plus sereine :

> « Nous trouvions " démocratique " (puisque c'est le terme que vous employez, et que j'approuve d'ailleurs) qu'à force de travailler, et si on était un peu plus intelligent que la moyenne, on " se distingue " par son mérite. Nous ne connaissions pas encore le mot de méritocratie... »

De fait, dans les années 1920, l'accès à l'enseignement secondaire puis supérieur reste essentiellement fondé sur les notions de mérite et de promotion d'une élite, et, dans un tel système, les khâgnes et les Grandes Écoles jouent un rôle déterminant.

En 1933, par exemple, sont publiées les conclusions d'une étude menée par la Commission française pour l'enquête Carnegie sur les examens et concours en France[60]. Cette commission avait regroupé un certain nombre d'enseignants et d'administrateurs de l'Instruction publique, dont le directeur adjoint de l'École normale supérieure, Célestin Bouglé[61]. Commandée par une institution étrangère, dans une optique comparative entre plusieurs pays, l'enquête s'efforçait de présenter à grands traits les différents examens et concours qui régissent, au début des années 1930, le système scolaire et universitaire français et de justifier, dans une brève conclusion, la finalité d'une telle organisation.

La lecture des dernières lignes de cette conclusion est éclairante. En effet, après avoir évoqué le problème de l'école unique qui a été au centre des débats des années 1920 et qui a inspiré les réformes entreprises à la fin de cette même décennie, les auteurs du rapport concluent en ces termes :

> « Quoi qu'il en soit, les examens tendent dans la société moderne — en France tout au moins — à devenir le pivot de l'organisation sociale. Ils sont à la base de la sélection scolaire, comme du recrutement des cadres administratifs et des élites dirigeantes.
> Une substitution sociale s'opère lentement au bénéfice des diplômés de tous ordres. Le prestige du sang et de la famille est déjà à peu près annulé ; celui de la richesse, fortement compromis, cède du terrain devant le triomphal essor du parchemin.
> C'est ici qu'on voit poindre un danger nouveau : la constitution d'un " mandarinat " intellectuel, dans des conditions imparfaites de choix et de sélection. Puisqu'il semble avéré que la société moderne s'oriente vers une classification nouvelle des valeurs, plus que jamais il est nécessaire de procéder à une révision minutieuse et rationnelle de ces instruments d'architecture sociale que sont les examens et les concours. »

59. Rares, il est vrai. Un khâgneux strasbourgeois, futur normalien et inspecteur général, a jugé, par exemple, la question « niaise ».

60. Ces conclusions ont été publiées sous la forme d'un *Atlas de l'enseignement français*, International Examination Inquiry, 1933.

61. On peut ainsi consulter aux Archives Nationales, dans les « papiers Bouglé », un « rapport sur les activités de la Commission française pour l'enquête Carnegie sur les examens et concours » (Arch. Nat. 61 AJ 94). Cette brochure de 30 pages expose les travaux de la commission de février à octobre 1932.

Ainsi, encore au début des années 1930, « diplômes » et « parchemins » doivent avant tout contribuer, aux yeux des responsables de l'Instruction publique, à remodeler « l'architecture sociale » selon d'autres critères que la naissance ou la fortune et à sélectionner « cadres administratifs » et « élites dirigeantes ».

Il est significatif, à cet égard, que les grands débats sur l'école unique dans les années 1920 n'aient jamais vraiment posé, par exemple, le problème de la gratuité en termes de démocratisation (entendue dans son sens contemporain de phénomène de masse) mais dans ceux de promotion des plus doués des enfants du peuple. Telle est, par exemple, la conception des Compagnons de l'Université nouvelle. Ce mouvement, né en 1918, irrigua largement le débat d'idées sur l'école au cours de la décennie suivante. Ainsi, au congrès de 1919 de la Ligue de l'enseignement, A. Girard, vice-président de l'Association des Compagnons, résuma les idées de base de son mouvement[62]. Elles étaient, sur le problème de la sélection scolaire, dépourvues d'ambiguïté. Certes, « il faut que tous soient mieux instruits », mais « il faut tirer de la foule les meilleurs. Nous concevons donc l'Université comme un instrument de sélection qui, en dépit des classes sociales, groupera et répartira les individus, autant que cela sera possible, suivant leurs aptitudes... ». « En résumé », l'école unique aurait pour résultat qu' « à douze ans révolus, les meilleurs élèves des classes primaires seraient tirés de la masse et admis dans l'enseignement secondaire. Les autres continueraient leurs études à l'école primaire jusqu'à quatorze ans révolus ». L'objectif est donc clair : « L'école unique, ainsi comprise, apparaît comme un moyen de sélectionner l'élite », et, « par une utilisation nouvelle du baccalauréat, nous espérons faire de l'Université l'organe de sélection dont la démocratie a besoin pour recruter son élite ».

Telle semble être également la conception de la SFIO dont le programme pour les élections de 1924 revendique « la fusion de tous les enseignements, intellectuels et physiques, classiques, techniques et agricoles, en un enseignement unique d'éducation nationale, gratuit et obligatoire à tous les degrés, permettant, par suite de sélections et de spécialisations, d'utiliser au mieux des intérêts sociaux la vérité des aptitudes individuelles[63] ». La notion d'école unique et le rôle que doivent y jouer les « aptitudes » sont présents à la même époque dans le programme du Parti radical. En 1923, ce parti énonce, en effet, l'objectif suivant : « Unifier pour tous les enfants le droit à l'éducation intégrale, selon les aptitudes, en leur facilitant l'accès sans privilège à l'enseignement secondaire et supérieur[64] ». Plus d'un demi-siècle plut tôt, le « programme de Belleville » prévoyait « l'instruction primaire, laïque, gratuite et obligatoire, avec concours entre les intelligences d'élite pour l'admission aux cours supérieurs, également gratuits ».

Seuls les rares enseignants d'obédience communiste se déclarent à cette

62. Le premier article des Compagnons parut dans L'*Opinion* du 9 février 1918. Il était signé E. Vermeil, J.-M. Carré, H. Luc, J. Duval, H. Dontenwille, P. Doyen et R. Vieux (cf. *Les Compagnons de l'Université nouvelle*, Librairie Fischbacher, 1920, p. 9). Le rapport d'A. Girard est reproduit dans *Les Compagnons de l'Université nouvelle*, *réf. cit.*, pp. 16-35 (« La Doctrine des Compagnons »). Il résume les idées contenues dans les deux volumes que les Compagnons avaient publiés quelques mois auparavant à la Librairie Fischbacher (*L'Université nouvelle*, tome I, *Les principes*, 1918 ; tome II, *Les applications de la doctrine*, 1919).

63. Cette citation est faite par Georges Cogniot, qui la présente de façon critique (*Parti Pris*, tome I, *op. cit.*, p. 112).

64. Cité par Jean-Noël Jeanneney, *Leçon d'histoire pour une gauche au pouvoir. La faillite du Cartel (1924-1926)*, Le Seuil, 1977, p. 18.

date partisans d'une « transformation radicale » des différents niveaux d'enseignement qui ouvrirait l'école aux « masses laborieuses ». L'article six des statuts de l'Internationale des travailleurs de l'enseignement, fondée en août 1924 à Bruxelles, préconisait :

> « ... la lutte des éducateurs devra être liée à la lutte en faveur d'une transformation radicale de l'enseignement qui rendra toutes les institutions d'enseignement accessibles aux masses laborieuses[65]. »

Et l'organe de cette Internationale, *L'Internationale de l'enseignement*, publie en novembre 1924 un article hostile à la politique du Cartel des gauches dans ce domaine.

Dans ce système fondé sur le mérite, les Grandes Écoles littéraires et scientifiques et, en amont, les classes préparatoires jouent un rôle fondamental. Dans l'esprit des directeurs successifs de l'École normale supérieure, par exemple, il s'agit d'encourager et de faciliter la promotion des jeunes gens issus des catégories les plus modestes.

Jeunes gens qui constitueront l'élite de la nation : le thème de l' « élite » est, en effet, constamment présent dans les réflexions de ces administrateurs sur le rôle de leur École. Ainsi, en septembre 1880, Numa Denis Fustel de Coulanges écrit au ministre de l'Instruction publique :

> « Elle [l'École normale supérieure] n'est faite que pour une élite. Les travaux auxquels on s'y livre ne peuvent convenir qu'à des intelligences qui présentent des qualités rares et délicates... L'admission d'un trop grand nombre d'esprits d'ordre inférieur transformerait la nature de l'École. »

Son successeur, Georges Perrot, à l'occasion du centenaire de la rue d'Ulm, en 1895, observait quant à lui :

> « La démocratie a besoin d'une élite, qui y représente la seule supériorité qu'elle reconnaisse, celle de l'esprit. C'est à nous de recruter cette élite, ou, pour parler plus modestement, de travailler à lui fournir quelques-uns des éléments qui serviront à la constituer. »

Et, quatre ans plus tard, devant la Commission d'enquête parlementaire sur l'enseignement secondaire, il précisait :

> « Aujourd'hui, nous recrutons encore nos candidats dans ces couches profondes de la démocratie ouvrière ou rurale, où se sont amassés tant de trésors d'énergie, où germent tant de forces qui ne demandent qu'à se développer. »

Un quart de siècle plus tard, le directeur Gustave Lanson expliquait aux lecteurs de *La Revue des deux mondes :*

> « On comprendrait mal ce qu'est l'École normale supérieure, le rôle qu'elle a joué dans la vie nationale et celui qu'elle est encore appelée à jouer, si on ne la situait d'abord dans un ensemble d'institutions destinées à assurer le recrutement et la formation de l'élite. Toutes les sociétés qui ont atteint un certain degré de civilisation se trouvent, à un moment donné, en face du problème de la formation

65. G. Cogniot, *op. cit.*, p. 105.

du personnel à qui est remise la charge de diriger et d'administrer. Le problème se complique lorsque cette élite n'est point donnée par la naissance, ni désignée par le choix arbitraire d'une autorité despotique, et qu'il faut la recruter par une sélection méthodique en même temps que la former. C'est le cas des sociétés modernes, toutes plus ou moins évoluées vers la démocratie, et qui ont inscrit dans leurs constitutions le principe du mérite personnel. Il s'agit donc de découvrir dans chaque génération, et pour chaque catégorie de fonctions, les individus aptes à devenir des chefs... C'est ainsi que l'École a contribué, non seulement à faire dans la bourgeoisie la sélection des plus aptes à toutes les activités d'ordre intellectuel, mais encore à accroître les forces vives de la classe dirigeante par l'adjonction des meilleurs éléments que l'instruction pouvait tirer des classes populaires[66]. »

Nous avons vu que certaines de ces descriptions étaient, assurément, trop optimistes. Ainsi, à la fin du XIXe siècle, l'École normale supérieure ne recrute pas la plus grande partie de ses membres dans « la démocratie ouvrière ou rurale » chère au directeur Perrot. Mais, en même temps, la place prédominante dévolue aux boursiers et aux classes moyennes dans le recrutement de l'École normale supérieure permet d'avancer qu'il n'y a pas de distorsion, sous la IIIe République, en ce qui concerne cet établissement, entre l'idéologie qui sous-tend la politique scolaire du régime et la mise en pratique de cette politique. Le cas mérite d'autant plus d'être signalé qu'une telle distorsion existe alors dans l'enseignement secondaire où les boursiers restent minoritaires dans des lycées et collèges encore peuplés pour partie d'élèves issus des catégories les plus favorisées, même si les classes moyennes y sont déjà davantage représentées qu'on ne l'a souvent dit. L'École normale supérieure des années 1920 reste donc alors, sans doute, l'une des filières de promotion les plus spectaculaires.

Cela explique que le modèle le plus achevé de boursier soit souvent, en littérature, un normalien. Nous avons déjà rencontré certains de ces exemples littéraires. Ainsi le Joseph Monneron de *L'Étape*, fils d'un cultivateur ardéchois, boursier aux lycées de Tournon et de Lyon, qui devient normalien et professeur de rhétorique à Louis-le-Grand. Et, dans *Jean-Christophe*, que publient *Les Cahiers de la Quinzaine* de 1904 à 1912, le normalien Olivier Jeannin est également d'extraction modeste. Les points communs entre les deux personnages s'arrêtent là. Pour Romain Rolland, en effet, Olivier Jeannin est une haute figure morale, dont la mort même est exemplaire : lors d'une manifestation, il sera tué d'un coup de sabre en protégeant un enfant. Pour Paul Bourget, au contraire, Joseph Monneron, en sautant l' « étape », fait son malheur et celui de sa famille.

C'est que l'idéologie « méritocratique » n'a jamais, sous la IIIe République, entraîné un réel consensus[67]. Et, à défaut d'étudier la genèse et le cheminement de cette idéologie, on pourrait sans peine établir un florilège des écrits,

66. Respectivement, lettre du 18 septembre 1880 au ministre de l'Instruction publique (Arch. Nat. 61 AJ 169); *Le Centenaire de l'École normale, 1795-1895*, Hachette, 1895, p. XLV; Chambre des députés, 7e législature, session de 1899, *Enquête sur l'enseignement secondaire. Procès-verbaux des dépositions*, présentés par M. Ribot, président de la Commission de l'enseignement, Imprimerie de la Chambre des députés, 1899, tome I, p. 139; « L'École normale supérieure », *La Revue des deux mondes*, 1er février 1926, pp. 512-541, citation pp. 512 et 517.

67. Cf., par exemple, l'image contrastée du député et ministre Auguste Burdeau, étudiée dans notre article « Littérature et politique : le cas Burdeau-Bouteiller », *Revue Historique*, t. CCLXII, 1985, pp. 91-111.

maximes et expressions courantes qui témoignent de son apogée dans la France du premier quart du XXe siècle : ainsi, à l'ouvrage d'Alexandre Ribot, *La Réforme de l'enseignement secondaire* — où l'auteur signale que l'opinion la plus courante, chez les universitaires qu'il a consultés lors de l'enquête parlementaire de 1899, est que « former une élite dirigeante, tel est le rôle de l'enseignement secondaire[68] » —, répondent les sommaires du *Bulletin administratif du ministère de l'Instruction publique*, dont la lecture des titres de rubriques fournirait sans aucun doute le matériau d'une précieuse analyse de contenu : en 1924 encore, par exemple, le *Bulletin administratif* du 15 mars publie la circulaire du 28 février 1924 « relative au recrutement de l'élite démocratique par les bourses d'enseignement supérieur ».

Un « abrégé de la France » ?

Pour l'établissement d'une fiche signalétique des khâgneux des années 1920, et en complément du profil sociologique, il faut également évoquer un autre point fondamental, celui de l'origine géographique de ces candidats au concours de l'École normale supérieure[69]. Assurément, ce point a été évoqué à deux reprises, dans l'étude des résultats du concours de la rue d'Ulm comme dans celle de la proportion des pensionnaires dans les khâgnes. Mais l'approche était alors indirecte : dans le premier cas, on ébauchait une géographie des khâgneux, bien différente de celle de leurs communes d'origine. En effet — et cela apparaissait dans le deuxième cas —, l'importance du nombre des pensionnaires entraînait une grande inadéquation entre le lieu des études préparatoires à Ulm et le lieu de résidence des parents. C'est sur ce dernier point que nous voudrions revenir brièvement.

Dans son *Introduction à l'histoire universelle*, Jules Michelet notait, en 1830 :

> « J'ai toujours trouvé un spectacle attachant dans ces générations incessamment renouvelées, que l'enseignement fait comparaître chaque année devant mes yeux, qui bientôt m'échappent et s'écoulent, et pourtant me laissent chacune quelque intéressant souvenir. A l'École normale surtout ce spectacle me frappait vivement. Les élèves qui nous venaient de toutes les provinces, et qui en représentaient si naïvement les types, offraient dans leur réunion un abrégé de la France. C'est alors que j'ai commencé à mieux comprendre les nationalités diverses dont

68. *Op. cit.*, Armand Colin, 1900, p. 60.

69. Pour compléter cette fiche signalétique, signalons aussi que le khâgneux moyen est plus grand, à cette date, que le jeune français moyen du même âge. Les « cahiers des notes trimestrielles » du lycée Louis-le-Grand fournissent en effet sur les caractéristiques physiques des khâgneux des renseignements précis, la taille et le poids des élèves étant relevés chaque trimestre. Cette source permet, d'une part, de suivre l'évolution personnelle des élèves : ainsi, le khâgneux Georges Pompidou, en Ire Sup. II en 1929-1930, gagne 1200 grammes entre le premier et le deuxième trimestre (cahier des notes trimestrielles, année 1929-1930, Arch. Louis-le-Grand. Ajoutons toutefois que ces chiffres sont à manier avec la plus grande prudence : ainsi, pour reprendre le même exemple, Georges Pompidou aurait perdu quatre centimètres entre le premier et le deuxième trimestre de l'année scolaire 1929-1930, en passant de 1, 76 m à 1,72 m !). On peut, d'autre part, déterminer la taille et le poids du khâgneux ludovicien type : au deuxième trimestre de 1929-1930, par exemple, ce dernier mesure 1,71 m et pèse 64,200 kg (calculs effectués à partir des tailles et poids de la Ire Sup. II). Si l'on compare aux jeunes gens effectuant leur service militaire, et donc sensiblement du même âge (l'élève moyen entre en hypokhâgne à 17 ans et 9 mois), les khâgneux apparaissent, on l'a dit, comme statistiquement plus grands : en 1939, la taille moyenne des soldats était de 1,66 m. L'observation trimestrielle permet même d'affiner l'analyse : on constate, par exemple, qu'en hypokhâgne, les élèves sont encore dans une phase de croissance : ils grandissent — très légèrement — et prennent du poids (les chiffres moyens en hypokhâgne sont donc moins élevés que ceux de la khâgne : 61,200 kg et 1,69 m). En khâgne, ce phénomène est beaucoup moins net. Croissance terminée ? Rôle du surmenage sur le poids ?

se compose celle de mon pays. Pendant que je contais à mes jeunes auditeurs les histoires du temps passé, leurs traits, leurs gestes, les formes de leur langage me représentaient à leur insu une autre histoire bien autrement vraie et profonde. Dans les uns je reconnaissais les races ingénieuses du Midi, ce sang romain ou ibérien de la Provence et du Languedoc, par lequel la France se lie à l'Italie et à l'Espagne, et qui doit un jour réunir sous son influence tous les peuples de langue latine. D'autres me représentaient cette dure race celtique, l'élément résistant de l'ancien monde, ces têtes de fer avec leur poésie vivace et leur nationalité insulaire sur le continent. Ailleurs je retrouvais ce peuple conquérant et disputeur de la Normandie, le plus héroïque des temps héroïques, le plus industrieux de l'époque industrielle. Quelques-uns, dans leur instinct historique, caractérisaient la bonne et forte Flandre, pays de beaux faits et de beaux récits, qui donnait tour à tour à Constantinople des historiens et des empereurs. D'autre part, les yeux bleus et les têtes blondes me faisaient songer avec espoir à cette Allemagne française, jetée comme un pont entre deux civilisations et deux races. Enfin, l'absence de caractère indigène, les traits indécis, la prompte aptitude, la capacité universelle, me signalaient Paris, la tête et la pensée de la France[70].

Que l'origine géographique des lauréats d'un concours national soit diverse est, à vrai dire, une constatation peu surprenante. L'intérêt de ce texte — outre, naturellement, sa puissance d'évocation — est ailleurs. Il réside dans le fait qu'il pourrait aussi bien s'appliquer, en amont du concours national, aux grandes khâgnes parisiennes. Et cela au XIXe comme au XXe siècle. Du reste, près de treize décennies plus tard, Jean Guéhenno fera, à propos de ses khâgneux parisiens, la même remarque : « Ils arrivent du fond de leurs provinces avec tous leurs accents, le picard, le breton, le poitevin, le languedocien, le provençal, patoisant encore un peu quelquefois[71]. » Et, de fait, les khâgnes parisiennes, attirant plus des deux tiers des candidats, ne sont naturellement pas composées des seuls khâgneux originaires de la région parisienne.

Ceux-ci ne représentent, en effet, en comptant la Seine-et-Oise, que 23,9 % des khâgneux. Ce résultat est fondé sur le dépouillement des réponses à l'une des questions de notre première enquête : « Département et commune où résidaient vos parents au moment où vous étiez en khâgne ? » Ces réponses permettent d'établir le tableau suivant :

	Seine et Seine-et-Oise	Province
Khâgneux reçus à l'ENS	25,4 %	74,6 %
Khâgneux non normaliens.....	21,6 %	78,4 %
Total des khâgneux...........	23,9 %	76,1 %

Trois khâgneux sur quatre sont donc d'origine provinciale, et ce chiffre permet de parler d'un brassage national des candidats à l'École normale supérieure. La concentration géographique des khâgnes dans quelques villes universitaires n'empêche pas la diversité des origines géographiques des

70. Jules Michelet, *Introduction à l'histoire universelle*, dans *Œuvres complètes*, II, 1828-1831, éditées par Paul Viallaneix, Flammarion, 1972, pp. 290-291. L'*Introduction à l'histoire universelle*, publiée en 1831, a été écrite en 1830 (*Ibid*, pp. 10-11).
71. Jean Guéhenno, *La Foi difficile*, Grasset, 1957, p. 74.

khâgneux. Et cette première impression se précise si l'on détaille chacune des réponses : à travers les cas étudiés, 49 départements différents sont cités.

Mais les khâgnes de province ne sont pas l'instrument de ce brassage. Entre le baccalauréat et le concours de la rue d'Ulm, une concentration s'opère au profit des khâgnes parisiennes qui non seulement accueillent deux candidats sur trois, mais remportent plus des trois quarts des reçus. Les khâgnes n'assurent donc pas le relais entre le tissu régional et l'École parisienne.

Il n'en demeure pas moins que le concours de l'École normale supérieure reste un concours national qui donne statistiquement leur chance, sur le plan géographique, à tous les candidats. Et, il faut le souligner, ce concours, comme sur le plan de l'origine sociale, se borne à reproduire les caractéristiques géographiques des élèves des classes préparatoires sans les modifier : 76,1 % des khâgneux sont d'origine provinciale, 74,6 % des normaliens le sont également. Tout au plus peut-on noter que les khâgneux de la région parisienne ont une chance légèrement supérieure d'être reçus que leurs camarades de province. Mais, en raison de l'étroitesse numérique de l'échantillon étudié, cet écart de quelques points n'est pas réellement significatif.

L'étude d'une centaine de cas n'autorise pas, en effet, de trop amples extrapolations. Notons toutefois que si l'on se réfère à la fameuse ligne Saint-Malo-Genève, qui aurait séparé, au XVIIIe siècle, une France du Nord alphabétisée d'une France du Sud aux indices moins flatteurs[72], on constate que 56,25 % des khâgneux proviennent au contraire des régions au sud de cette ligne. Peut-on, pour autant, parler, pour ce qui est du microcosme des khâgnes et de l'École normale supérieure, d'une revanche du Midi, que les élèves de la France méridionale, souvent boursiers, assureraient grâce à leurs succès scolaires ? Il est difficile d'aller plus avant dans cette hypothèse, la trentaine de normaliens reçus chaque année ne constituant pas une base statistique suffisante. Restent quelques indices. En khâgne, à Louis-le-Grand, les académies dont sont originaires les élèves sont, dans l'ordre, pour les trois premières, Paris naturellement, Montpellier et Toulouse. Certes, Montpellier ne possédant qu'une khâgne embryonnaire et Toulouse une petite khâgne, les élèves de ces académies sont plus facilement enclins à s'inscrire dans une khâgne parisienne que leurs camarades d'autres centres universitaires. Le fait méritait cependant d'être noté. D'autant que si l'on applique la grille Nord-Sud aux seuls normaliens, on obtient également un chiffre favorable aux régions méridionales : 53,3 %. Ce dernier pourcentage appelle deux remarques. Il faut noter, d'une part, qu'il est globalement le même que pour l'ensemble des khâgneux[73] : à nouveau, le concours se borne à reproduire l'une des caractéristiques des khâgnes en amont. Il convient d'observer, d'autre part, que le Sud produit, à cette date, davantage de normaliens que le Nord[74].

72. Cf. François Furet et Jacques Ozouf, *Lire et Écrire. L'alphabétisation des Français de Calvin à Jules Ferry*, tome I, 1977, Les Éditions de Minuit, pp. 37 et 56.

73. Il est, en fait, légèrement inférieur (53,3 % contre 56,25 %). Ce décalage de trois points — en fait peu significatif pour des raisons statistiques évidentes — est parallèle et lié au décalage de 1,6 point de la première colonne du tableau précédent (23,9 % de khâgneux originaires de la région parisienne et 25,4 % de normaliens de la même région).

74. En valeur absolue comme en valeur relative. La zone au nord de la ligne Saint-Malo-Genève rassemble, en effet, 47,9 % de la population française en 1926 (pourcentage calculé à partir des résultats par département du recensement de 1926. Source : *Statistique générale de la France. Résultat statistiques du recensement général de la population effectué le 7 mars 1926*, tome 1, première partie, Imprimerie nationale, 1928, pp. 68-69 ; au total de la population des départements situés au nord de la ligne considérée a été ajoutée la moitié de celle de la Sarthe, du Loir-et-Cher, de la Nièvre et de la Saône-et-Loire, qui sont parcourus en leur partie médiane par cette ligne). Le Sud compte donc 52,1 % de la population totale française en 1926 et 53,3 % des normaliens des années 1920.

Aussi n'est-il pas surprenant, en définitive, que le personnel politique de l'entre-deux-guerres soit composé pour partie d'anciens khâgneux méridionaux passés par la khâgne. Ainsi, au Parti radical, les « deux Édouard » offrent ce même profil : Édouard Herriot, remarqué par un inspecteur général à La Roche-sur-Yon et aiguillé vers le lycée Louis-le-Grand, ou Édouard Daladier, originaire de Carpentras et khâgneux à Lyon. Sans oublier Yvon Delbos, fils d'instituteurs de la Dordogne et normalien de la promotion 1907. « La République a-t-elle été gouvernée par le Midi entre 1871 et 1914 ? » demandait, en 1971, Jean Estèbe, en fournissant des chiffres éloquents : entre ces deux dates, par exemple, les Présidents du Conseil du Midi ont représenté 34 % du total des Présidents du Conseil et ont été au pouvoir pendant environ 38 % de la période, c'est-à-dire bien plus que la proportion de la population méridionale[75]. Le phénomène est sans doute à peu près identique de 1918 à 1939, et, dans cette promotion du Midi, les Grandes Écoles, et notamment la rue d'Ulm, sont peut-être un maillon non négligeable. Hypothèse qu'il conviendrait naturellement d'étayer par une étude dépassant le seul cadre des khâgnes et de l'École normale supérieure.

Le problème de la répartition spatiale des khâgneux et normaliens peut également se poser en termes Est-Ouest. Dans *Lire et Écrire,* François Furet et Jacques Ozouf montraient, du reste, que la ligne Saint-Malo-Genève, apparente au XVIIIe siècle, laisse la place, au siècle suivant, à une ligne brisée, qui isole la Bretagne, l'ouest du Massif central et le Sud-Ouest. Et il nous faut constater que, plus encore que la ligne Nord-Sud, qui, dans le cas des khâgnes et de la rue d'Ulm, jouait un rôle apparemment inverse par rapport à celui généralement observé[76], cette démarcation verticale apparaît très nettement dans la géographie des khâgneux : pour l'échantillon déjà utilisé, 14,5 % des postulants à la rue d'Ulm sont originaires de Bretagne, d'Aquitaine, du Limousin, du Poitou ou des Charentes.

Répartition Paris-province avec 76,1 % de provinciaux, répartition Nord-Sud avec 56,25 % de khâgneux au sud de la ligne Saint-Malo-Genève, répartition Est-Ouest avec seulement 14,5 % des khâgneux à l'ouest d'une ligne Saint-Malo-Guéret-Perpignan, autant de traits qui permettent de mieux cerner le khâgneux et le normalien des années 1920. Reste un dernier paramètre à établir : la répartition entre ruraux et citadins.

Les critères retenus sont, d'une part, la commune de domiciliation des parents et, d'autre part, la barre statistique habituelle des deux mille habitants[77]. Nous avons établi plus haut que la khâgne de Louis-le-Grand, en

---

75. J. Estèbe, « La République a-t-elle été gouvernée par le Midi entre 1871 et 1914 ? », *Actes du 98e congrès national des Sociétés savantes (Toulouse, 1971), section d'histoire moderne et contemporaine,* t. 1, 1976, pp. 189-196. Le Midi étudié par Jean Estèbe est naturellement moins étendu que l'ensemble de la zone qui s'étend au sud de la ligne Saint-Malo-Genève (« on appellera départements du Midi ceux où la langue d'oc est parlée dans les campagnes, soit 30 départements ») et rassemblait, en 1911, 24,6 % de la population nationale (*Ibid.*, p. 191).

76. Encore que ce qui a été écrit sur le « rattrapage méridional » du XIXe siècle, qui « libère de la malédiction séculaire le couloir rhodanien et le Midi méditerranéen » (F. Furet et J. Ozouf, *op. cit.* t. 1, p. 39), montre qu'il s'agissait moins, concernant les normaliens et la ligne Nord-Sud, d'un rôle inverse que de l'accompagnement d'une tendance générale. Notre propos était, en forçant le trait, de montrer que dans le cas des khâgnes et des normaliens il y avait plus qu'un « rattrapage ». Les chiffres concernant khâgneux et normaliens montrent, en effet, on l'a vu, une surreprésentativité du Midi.

77. Nous ne reviendrons pas ici sur le caractère arbitraire de cette barre, utilisée par la statistique officielle française : le khâgneux originaire d'un bourg de 2500 habitants est, à coup sûr, un rural plus qu'un citadin. Une consolation, tout de même : les résultats obtenus si cette barre avait été placée à 10000 habitants n'auraient pas été sensiblement différents de ceux obtenus avec 2000 habitants, la proportion de khâgneux domiciliés dans des communes de 2000 à 10000 habitants

raison du grand nombre de ses élèves, était socialement représentative de l'ensemble des classes préparatoires littéraires. Sur le plan géographique, cette représentativité est sans doute moindre, dans la mesure où 36 % des jeunes gens de la classe sont issus du département de la Seine. L'étude de l'origine des hypokhâgneux et khâgneux ludoviciens de 1923 à 1928 n'est pourtant pas dénuée d'intérêt. On obtient les proportions de 85,2 % de citadins et 14,8 % de ruraux. Cette étude permet, en outre, de croiser l'origine géographique et l'origine sociale : 10,5 % seulement des ruraux recensés sont des fils de paysans, les deux tiers de ces khâgneux ruraux étant, en fait, des fils d'instituteurs de campagne (67 %).

Louis-le-Grand, on l'a dit, ne reflète sans doute pas, sur ce plan, la réalité khâgnale à l'échelon national. Force est pourtant de constater que si les citadins y sont légèrement surévalués, ces derniers sont très largement dominants dans l'ensemble des khâgnes. Si l'on reprend, en effet, l'échantillon des 96 khâgneux déjà utilisé, la proportion des fils de ruraux se place à 19,1 % du total. Quatre khâgneux sur cinq sont donc — tout au moins au sens où l'entend la statistique — des citadins. On est loin, par exemple, du recrutement de l'École normale supérieure de Saint-Cloud qui, à la même date, accueille 59,93 % de ruraux et au sujet de laquelle Alain Barbé a pu parler de l' « École des campagnes »[78]. Mais ces attaches citadines n'empêchent pas beaucoup de ces khâgneux de se sentir géographiquement déracinés en arrivant dans une khâgne parisienne.

Déracinement.

Parallèlement aux migrations qui, depuis le XIXe siècle, drainent vers Paris bougnats auvergnats, maçons limousins et bonnes bretonnes, il existe, en effet, un mince filet de quelques dizaines de jeunes provinciaux triés sur le volet et qui rejoignent les khâgnes de la capitale chaque année aux alentours du 30 septembre.

Et, de ce fait, le thème du train affleure fréquemment dans les souvenirs de ces khâgneux, pour qui le premier contact avec Paris eut lieu le dernier dimanche de septembre, dans une gare mouillée, dans leur mémoire, par les averses de l'automne commençant[79]. La plupart du temps, on l'a vu, cet apprenti normalien qui débarque sur le quai vient d'une ville de province et non de la campagne. Mais, en ce qui concerne les khâgneux des Années folles, la différence essentielle n'est sans doute pas entre le jeune homme d'origine villageoise et celui ayant toujours vécu dans une ville de province : le villageois est venu au collège ou au lycée de la ville voisine, et ce premier déracinement, de sept années au moins, en a fait un citadin beaucoup plus

s'étant révélée faible (5 % environ). Ajoutons que nous avons choisi comme source statistique un instrument d'accès commode et chronologiquement adéquat : le *Larousse du XXe siècle en six volumes*, publié sous la direction de Paul Augé de 1928 (tome I, 1044 p.) à 1933 (tome VI, 1155 p.).

78. Alain Barbé, *Les élèves-professeurs de l'École normale supérieure de Saint-Cloud durant l'entre-deux-guerres, 1919-1939*, mémoire de maîtrise dirigé par Maurice Agulhon, Paris I, 1976, dact., p. 38, et *Bulletin de Saint-Cloud*, avril 1977, pp. 27-42.

79. Pour s'en tenir aux seuls khâgneux des années 1920, cf., par exemple, le long développement sur ce thème dans les *Mémoires d'un naïf* de Paul Guth (P. Horay, 1953, pp. 190-191); ou Henri Queffélec (*Un Breton bien tranquille*, Stock, 1978, p. 101) et Robert Brasillach (*Notre avant-guerre*, Plon, 1941, p. 6, avec une légère variante : R. Brasillach ne débarqua à Louis-le-Grand, par la gare de Lyon, qu'au mois de novembre). Quant au khâgneux L. S. Senghor, « c'est sous la pluie froide et le ciel de novembre [qu'il a] débarqué, un matin, à Paris » (extrait de l'allocution qu'il a prononcée, plus de trente ans plus tard, le 20 avril 1961, lors de sa réception par le Conseil municipal de Paris; allocution reproduite dans *Liberté 1. Négritude et humanisme*, Le Seuil, 1964, pp. 312-314).

qu'un rural. La coupure géographique la plus ferme est donc, en réalité, pour ces khâgneux, entre un univers provincial et Paris. En reprenant l'image naguère forgée par Jean Touchard d'une France de l'entre-deux-guerres morcelée en quatre : la France de Paris, la France des banlieues, la France des chefs-lieux provinciaux et la France de la campagne, ou, en d'autres termes, celles de Paris, de Saint-Denis, de Châteauroux et de Plounévez-Lochrist[80], on peut, en forçant le trait, écrire que le futur khâgneux ludovicien est parisien ou castelroussin.

Pour ce dernier, le contact avec la grande ville constitue donc un premier choc. Par la suite, selon les tempéraments, le temps consacré aux loisirs et surtout l'argent dont ils disposent — ou, le plus souvent, dont ils ne disposent pas —, les khâgneux provinciaux entretiendront avec la capitale des rapports qui auront tendance à se diversifier : certains, durant leurs années de khâgne, lui resteront tout à fait étrangers, d'autres en arpenteront les rues et en découvriront les richesses, avec toute une gamme d'attitudes intermédiaires. Mais, pour l'instant, au moment où ils débarquent, ils ne sont que des provinciaux gardant l'accent de leur terroir[81] et qui, pour la plupart, n'ont jamais vu Paris — ou Lyon. Leur première vision de la grande ville n'est d'ailleurs, souvent, qu'une image fugitive : un parcours entre une gare et l'internat d'un grand lycée parisien.

Mais c'est moins le régime de l'internat — que souvent ils ont connu en province — qui constitue pour eux un second choc que le changement de dimension des classes : « A Alençon, nous étions cinq en philo, cinq en première A. Je suis tombé dans une hypokhâgne de soixante élèves, pour en 1923 accéder à une khâgne qui a dépassé cent élèves[82] ! »
Beaucoup de collèges et de petits lycées provinciaux connaissaient alors, en effet, des effectifs réduits dans certaines de leurs classes. Si tous les khâgneux ludoviciens ne provenaient pas de telles classes, tous, en tout cas, ont gardé le souvenir de cette arrivée dans une classe pléthorique. Et il est possible d'imaginer le désarroi qui pouvait étreindre ces excellents élèves des établissements de province, pour la plupart prix d'excellence, parfois primés au Concours général, soudainement confrontés à leurs pairs, dans des conditions psychologiques que le déracinement et le poids des espérances familiales rendaient pour le moins défavorables. Cette atmosphère de serre intellectuelle est ainsi immédiatement ressentie par le jeune Maurice Le Lannou que son père, instituteur en Bretagne, accompagne à Louis-le-Grand « le dernier jour de septembre 1924 » :

> « ... Il tenait à me confier expressément à quelque autorité confirmée capable d'apprécier comme il convenait la venue d'une recrue exceptionnelle. Nous croisâmes devant l'étude qui nous était réservée un personnage blanchissant et digne, qui nous parut de haut grade :
> — Monsieur, voici mon fils, excellencier de sept années du lycée de Saint-Brieuc, en Bretagne.
> — Cher Monsieur, répond en souriant cet homme expérimenté, je suis le

80. Jean Touchard, *La Gauche en France depuis 1900*, Le Seuil, 1977, p. 95-96.
81. Plusieurs années de khâgne ne feront pas toujours disparaître cet accent, ainsi que le suggère un extrait du rapport des examinateurs de français du concours de la rue d'Ulm (MM. Gaiffe et Ascoli) : « La prononciation est défectueuse chez un trop grand nombre de candidats : les uns ne se sont pas assez dégagés de l'accent particulier aux régions dont ils sont originaires ; d'autres parlent du nez, chuintent ou zézayent » (*RU*, 1929, 1, p. 197).
82. Témoignage de Georges Lefranc, réponse à la première enquête, février 1976.

surveillant général de nos khâgneux, et je suis heureux d'accueillir celui-ci. Croyez bien que je n'ai rien contre les Bretons ! Mais je dois dire que vous m'apportez de votre Saint-Brieuc ma quatre-vingt-sixième excellence de la journée.

Il faut croire que le brave M. Chaton devait recevoir encore, sur le soir, quelques retardataires, car, la première composition — le thème latin — étant survenue dans les dix jours qui suivirent cette rentrée, je me classai quatre-vingt-treizième sur quatre-vingt-quinze concurrents[83]. »

Des khâgneuses ?

En ce même automne 1924, pour la première fois, quelques jeunes filles entrent en khâgne, à Henri-IV, Marseille, Condorcet et Poitiers. Et, trois ans plus tard, en 1927, trois d'entre elles sont reçues au concours littéraire de l'École normale supérieure : Clémence Ramnoux (Condorcet), classée 9e, Simone Pétrement (Henri-IV), 12e, et Suzanne Molino (Marseille puis Lyon), 17e.

L'autorisation pour les jeunes filles, à la rentrée de 1924, de venir en khâgne s'inscrit dans un processus plus large dont l'évolution, dans le long terme, a été étudiée par Françoise Mayeur dans sa thèse sur *L'Enseignement secondaire des jeunes filles (1867-1924)*, depuis la circulaire de Victor Duruy du 30 octobre 1867 invitant à la fondation des cours secondaires de jeunes filles jusqu'au décret de Léon Bérard du 25 mars 1924 sur l'uniformisation des enseignements secondaires masculin et féminin.

Dans le court terme, quelques mesures précises ont précédé cette arrivée féminine en khâgne. Ainsi, une circulaire du 23 octobre 1922 « relative à l'admission des jeunes filles dans les classes de philosophie et de mathématiques des lycées et collèges de garçons » autorise les candidates à la deuxième partie du baccalauréat, dans les villes où elles sont trop peu nombreuses pour justifier la création des classes correspondantes dans les établissements féminins qu'elles fréquentent, à suivre les cours de l'établissement de garçons, « sans créer de précédent pour les autres classes ». L'année suivante, une nouvelle circulaire ministérielle du 21 juin 1923 autorise les jeunes filles à suivre, dans les établissements secondaires de garçons, les cours préparatoires aux Grandes Écoles dans lesquelles les femmes sont admises : « J'ai l'honneur de porter à votre connaissance que, par extension des dispositions de ma circulaire du 23 octobre 1922, j'ai décidé que les jeunes filles pourront être admises à suivre, dans les établissements d'enseignement secondaire de garçons, les cours préparatoires aux Grandes Écoles où les femmes peuvent entrer[84]. »

L'École normale supérieure n'étant pas ouverte alors, en ce qui concerne ses sections littéraires, aux jeunes filles, cette circulaire n'eut aucun effet sur le recrutement des khâgnes à la rentrée d'octobre 1923.

C'est apparemment le décret de Léon Bérard du 25 mars 1924 assimilant enseignements secondaires masculin et féminin qui permit l'entrée des jeunes filles en khâgne. Certes, aucun texte n'est publié en ce sens entre mars et octobre 1924, mais, dès la rentrée suivante, certains proviseurs autorisent les

83. Telles sont les dernières lignes de l'ouvrage de M. Le Lannou, *Un bleu de Bretagne. Souvenir d'un fils d'instituteur de la Troisième République*, Hachette Littérature, 1979, p. 176. Le souvenir d'une classe pléthorique conduit Maurice Le Lannou à surévaluer le nombre des élèves de l'hypokhâgne ludovicienne, qui s'élevait à 70.

84. *BAMIP*, n° 2500, 15 novembre 1922, p. 481, et n° 2517, 1er août 1923, p. 60.

postulantes à s'inscrire en khâgne. Mais, si ces jeunes filles apparaissent alors en classe préparatoire littéraire, elles n'ont toujours pas le droit, à cette date, d'entrer à l'École en tant qu'élèves mais peuvent seulement concourir pour des bourses de licence. Le contentieux sur ce point est vieux, en fait, de près de quinze ans.

Au concours scientifique de 1910, en effet, Mlle Rouvière avait été nommée élève de l'École au même titre que les jeunes gens de sa promotion. C'est « une expérience dont M. Lavisse paraît n'avoir pas été très satisfait[85] ». Le 2 mars 1912, en tout cas, une circulaire ministérielle cantonne les éventuelles lauréates aux seules bourses de licence :

> « Dans sa séance du 7 juillet 1911, le Conseil supérieur de l'Instruction publique a examiné la question de l'admission des jeunes filles à prendre part au concours de l'École normale supérieure et des bourses de licence. Il a été d'avis qu'il n'y avait pas lieu d'interdire aux jeunes filles de se présenter à ce concours, mais qu'en cas de succès elles ne devraient pas être nommées, quel que fût leur rang, élèves de l'École normale supérieure et qu'elles pourraient seulement obtenir une bourse. J'ai adopté cet avis[86]. »

Les choses en étaient donc là en 1924. Une tradition s'était instaurée, qui voyait quelques jeunes filles fréquenter, dès avant la Première Guerre mondiale, les classes préparatoires scientifiques et se présenter au concours de l'École normale supérieure. Le fait restait cependant très rare et le cas Rouvière est une exception. La campagne orchestrée par un journal féminin autour de la famille Rouvière le démontre indirectement. Après son succès à l'École normale supérieure, en effet, Magali Rouvière entendit se présenter à l'agrégation masculine, tandis que sa sœur Jeanne s'inscrivait en taupe au lycée Buffon pour se présenter à son tour au concours de la rue d'Ulm. Le 1er mars 1911, *Fémina* invita ses lectrices à répondre, sur le thème « normalienne, taupine, bachelière ? », à deux questions : « Le rôle des jeunes filles est-il de rechercher les mêmes grades universitaires que les hommes ? » et « une jeune fille — ou une jeune femme — peut-elle enseigner les garçons ? ». Les réponses à cette enquête furent publiées dans le numéro du 15 juin : à la première question, 912 réponses sur 1 204 furent négatives, tandis que, pour la seconde, il y eut une quasi-unanimité des réponses négatives. De leur côté, les taupins de Buffon avaient écrit à *Fémina*. Leur lettre, publiée dans le même numéro, et signée Jules Moch, affirmait que la présence d'une taupine dans leur classe n'avait posé aucun problème particulier[87].

Pour les classes préparatoires littéraires, c'est le décret de mars 1924 qui va permettre cette pratique. Mais, à cette date, le titre d'élève de l'École normale supérieure restait toujours interdit au sexe féminin. C'est en 1927 seulement que les choses allaient évoluer. Au concours scientifique de 1926, en effet, Mlle Jacotin est reçue deuxième mais se voit rétrogradée à la 21e place. La section des sciences ne comptant que vingt places, il s'agit, en fait, d'un artifice pour n'allouer à la candidate qu'une bourse de licence, conformément à la circulaire ministérielle du 2 mars 1912. Mlle Jacotin ayant formulé une

85. C'est, du moins, ce qu'écrit en 1927, dans un rapport, le directeur de l'École normale supérieure (Arch. Nat. 61 AJ 82).
86. Arch. Nat. 61 AJ 82 et 61 AJ 166.
87. Sur cette enquête de *Fémina*, cf. G. Vincent, « Les professeurs de l'enseignement secondaire, dans la société de la Belle Époque », *op. cit*, p. 69.

demande en vue d'obtenir le titre d'élève de l'École normale supérieure, le Conseil supérieur de l'Instruction publique est saisi de l'affaire et, le 21 janvier 1927, exprime un avis favorable. Le 7 février 1927, un arrêté ministériel nomme Mlle Jacotin élève de l'École normale supérieure. En avril de la même année, Mlle Jeanne Rouvière, Mme Flamant (née Parize) et Mlle Madeleine Chaumont, boursières de licence respectivement en 1912, 1917 et 1919, demandent à être autorisées à porter le titre d'ancienne élève de l'École normale supérieure. Le ministre de l'Instruction publique, Édouard Herriot, consulte le directeur de l'École et lui fait savoir que, pour sa part, il ne voit pas d'objection à une telle mesure, qu'il trouve « tout à fait équitable [88] ». Le 27 avril 1927, le directeur répond lui aussi de manière favorable et un arrêté ministériel du 24 juin 1927 nomme les trois jeunes femmes membres des promotions scientifiques de 1912, 1917 et 1919. Les arrêtés des 7 février et 24 juin 1927 entraînent donc le remaniement des instructions relatives à l'admission des femmes à l'École normale supérieure. Celles-ci sont désormais nommées élèves lorsqu'elles ont subi avec succès les épreuves du concours d'entrée. Elles sont obligatoirement externes mais elles ont, comme les élèves de sexe masculin, le droit de suivre tous les cours et toutes les conférences de l'École.

Ce droit alignait la rue d'Ulm sur d'autres Grandes Écoles qui admettaient déjà des jeunes filles dans leurs promotions. Ainsi, dès 1918, l'École centrale avait reçu des élèves féminines : sept la première année, neuf en 1919. Et, en 1926, sur 250 élèves obtenant le diplôme d'ingénieur des Arts et Manufactures, on comptait trois jeunes filles, classées 25e, 43e et 239e. L'année suivante, une élève de l'École nationale des Chartes devient la première femme membre de l'École des hautes études hispaniques, à la Casa Velasquez. Née en 1894, cette chartiste, Jeanne Vielliard, avait été trois ans plus tôt, en 1924, la première femme membre de l'École française de Rome [89]. A l'École des Chartes, à la même époque, près de la moitié des reçus sont de sexe féminin : 8 sur 19 en 1926. Et l'admission d'étudiantes y remontait à 1907.

L'autorisation pour les jeunes filles, à partir de 1924, de s'inscrire en khâgne et leur assimilation complète aux autres reçus de la rue d'Ulm, à partir de 1927, vont désormais attirer, jusqu'à la fin des années 1930 [90], des étudiantes en khâgne, et le nombre des candidates au concours littéraire de la rue d'Ulm ira croissant. En 1928, elles ne sont que 3 à se présenter sur 218 inscrits. Deux ans plus tard, elles sont 9, 9 également en 1931 et 23 en 1932. Elles seront 32 à concourir en 1933 (sur 338), 28 en 1935, 42 (sur 369) en 1937, 26 en 1938. Le nombre des reçues, en revanche, n'augmentera pas dans les mêmes proportions : 3 en 1927, 1 en 1928, 2 en 1930, 2 en 1931, 1 en 1932, 2 en 1933, 1 en 1934, 4 en 1935, 3 en 1936, 2 en 1937, 3 en 1938 et 1 en 1939.

On peut donc relever, dans ce domaine, une mutation importante : au début des années 1920, les khâgnes sont exclusivement masculines. A partir de 1924, et jusqu'à la fin des années 1930, les classes préparatoires au concours littéraire de la rue d'Ulm accueilleront des khâgneuses de plus en plus nombreuses : en 1936-1937, par exemple, à Lille, la khâgne compte sept jeunes filles sur un effectif de vingt élèves. Apparemment, toutefois, la plupart des

88. Arch. Nat. 61 AJ 82.
89. *Le Monde*, 7 novembre 1979.
90. Le décret du 26 août 1936 et celui du 8 octobre 1937, réorganisant l'École de Sèvres, fermèrent aux jeunes filles l'entrée de la rue d'Ulm. Une mesure transitoire leur permit toutefois de s'y présenter encore aux concours de 1938 et 1939.

jeunes filles qui s'inscriront en classe préparatoire n'y passeront qu'une année en moyenne et ne se présenteront pas au concours de la rue d'Ulm. Et les hypokhâgnes — quand elles se généraliseront dans les années 1930 — abriteront toujours une proportion beaucoup plus importante d'étudiantes que les khâgnes : ainsi, pour reprendre l'exemple lillois, en 1932-1933, l'hypokhâgne compte 14 élèves féminines sur 26, 12 sur 22 en 1934-1935 et 9 sur 20 en 1937-1938.

Comment cette entrée de quelques jeunes filles dans les khâgnes puis rue d'Ulm, au sein de collectivités jusque-là exclusivement masculines, a-t-elle été accueillie par khâgneux et normaliens ?

En aval, rue d'Ulm, l'administration était apparemment inquiète. Ainsi, en octobre 1926, le surveillant général rend compte au directeur de sa première rencontre avec la nouvelle élève de la promotion scientifique. Malgré une impression favorable, la crainte demeure :

> « Je lui ai reconnu une discrétion d'attitude, un éloignement de toute prétention et une dignité naturelle qui forcent le respect de ceux qui l'approcheront... Mais le tumulte de chansons et de clameurs qui règne en ce lieu n'est souvent pas fait pour des oreilles féminines. »

Le « tumulte de chansons et de clameurs » n'est pas la seule source de préoccupation. Le directeur Vessiot a un autre sujet d'inquiétude qu'il expose au directeur de l'enseignement supérieur, au moment où doit se décider l'admission éventuelle d'étudiantes littéraires à l'École. Il s'agit du « problème délicat » des salles de travail :

> « Les turnes ne sont pas surveillées et la présence permanente de jeunes filles à l'École nous exposerait à des inconvénients d'autant plus graves que les turnes ne contiennent qu'un petit nombre d'élèves, et, en troisième année, que deux[91]. »

En fait, malgré ces alarmes, l'entrée des jeunes filles rue d'Ulm ne posa pas de gros problèmes. Aux trois reçues littéraires de 1927, la direction assigna une « turne », où elles furent rejointes l'année suivante par Simone Weil. Nous verrons que cette dernière ne s'attira pas, apparemment, la sympathie de tous ses condisciples masculins et qu'elle fut brocardée, par exemple dans la revue de l'École de 1929. Mais ces railleries tenaient plus à son militantisme politique jugé trop envahissant qu'à son appartenance au petit groupe des jeunes normaliennes.

L'assimilation, dans quelques cas, conduisit même jusqu'au mariage entre camarades de promotion, introduisant ainsi une nouvelle forme de sociabilité normalienne. Jusque-là, en effet, deux formules matrimoniales avaient, semble-t-il, la faveur des élèves de la rue d'Ulm. D'une part, le mariage avec les jeunes filles de Sèvres et de Fontenay, mais les contacts sont, à cette époque, encore rares avec ces écoles. Au cours de la décennie, toutefois, une petite passerelle sera établie par le biais du Groupe d'études socialistes des Écoles normales supérieures, matrice de plusieurs unions. D'autre part, le mariage avec la sœur d'un camarade de promotion n'est pas, semble-t-il, chose inhabituelle. Il vient souvent compléter une amitié intellectuelle, voire politique, nouée avec le futur beau-frère dès la khâgne. Ainsi les anciens

91. Arch. Nat. 61 AJ 166.

khâgneux ludoviciens Jean Le Bail et Sylvain Broussaudier, membres l'un et l'autre du groupe socialiste de l'École, et dont le premier épousa, après l'agrégation, la sœur du second. Ou encore Maurice Bardèche devenant, dans les années 1930, le beau-frère de son ami Robert Brasillach.

L'apparition de normaliennes rue d'Ulm introduit donc un nouveau cas de figure : le mariage intra-ulmien, certes statistiquement peu important, en raison de la faiblesse numérique du groupe concerné, mais à l'existence indéniable. Cette forme d'acclimatation, toutefois, se fit progressivement. Si l'on s'en tient aux neuf normaliennes des promotions littéraires de 1927 à 1932, sept, soit 77 % du total, resteront célibataires, une huitième épousera un « archicube » de dix promotions son aîné, tandis qu'une neuvième prendra pour mari un camarade de promotion. Si l'on se place, au contraire, sur l'ensemble de la période de 1927 à 1939, dernière année où des jeunes filles entrèrent rue d'Ulm, sur vingt-cinq admises, dix resteront célibataires, soit 40 % du total, cinq épouseront des non-normaliens et dix prendront pour mari un normalien : dans huit de ces dix cas, il s'agira d'élèves de la rue d'Ulm entrés la même année ou avec, au maximum, une année d'écart, donc de jeunes gens camarades d'École ; les deux derniers cas correspondent à des « archicubes » entre cinq et dix ans plus âgés.

Dans l'atmosphère beaucoup plus confinée des khâgnes, l'arrivée des jeunes filles — que les professeurs plaçaient en général d'autorité au premier rang — ne fut pas toujours aussi sereine.

Un demi-siècle plus tard, les témoignages, la plupart du temps, affectent le détachement, voire l'indifférence. Mais dans certaines réponses perce le trouble qu'éprouvèrent sans doute beaucoup des jeunes pensionnaires face aux quelques khâgneuses de leur classe. Trouble qu'un khâgneux lyonnais de la fin des années 1920 évoque dans sa réponse à notre première enquête :

> « ... Oui, il y avait deux jeunes filles dans notre classe. L'usage régnant était de les traiter en camarades, c'est-à-dire de n'user avec elle d'aucune galanterie, d'aucun ton badin ou galant. Comme la camaraderie pour des garçons si jeunes et violemment émus par la présence d'une femme n'est pas facile non plus en présence de tant de témoins, je crois que nous les ignorions la plupart du temps ou que nous les traitions avec froideur, une froideur qui devait confiner à la rudesse... La règle à peu près respectée était de ne jamais leur adresser la parole en classe, et presque jamais à l'extérieur. Pourtant l'une d'entre elles était très avenante. Il est vrai qu'elles dissimulaient constamment leurs vêtements et leur silhouette sous une grosse blouse de coton beige... Ces jeunes filles ne faisaient aucune avance à personne d'entre nous. Je conserve le souvenir de personnes extrêmement sérieuses, sans poudre, ni fard, ni coiffure savante, uniquement préoccupées de travailler et visiblement (dans mon souvenir) absolument ignorantes de l'art de plaire, du reste absolument et résolument étrangères à toute ambition de cette nature. La moindre élève de 4e fait plus maintenant pour attirer les regards que ces jeunes filles de 1929-1930, qui avaient dix-neuf à vingt ans et touchaient à l'apogée de leurs charmes. »

Malgré leur discrétion, certaines de ces jeunes filles ont suscité des passions violentes. Plusieurs de nos correspondants suggèrent que nombre de vocations poétiques — la plupart du temps sans lendemain — naissaient du contact avec ces khâgneuses, à qui l'on concédait un simple « mademoiselle » distant, mais pour qui l'on composait de longs et confidentiels dithyrambes enflammés.

Cette exaltation, du reste, n'alla pas sans drames. Témoin cette anecdote que rapporte le même khâgneux lyonnais :

> « Une histoire : un d'entre nous alla faire sa deuxième année de cagne à Paris. Là, il tomba amoureux d'une fille de sa classe... Elle l'éconduisit, comment je n'en sais rien. Deux jours durant, il ne lut plus que l'Ecclésiaste. Le troisième, il disparut. Il fut retrouvé noyé en Seine. Cette histoire nous a beaucoup émus. Ce garçon était loin d'être fou et déséquilibré. Il avait toutes chances d'entrer à l'École... »

Les internats des classes préparatoires ont toujours connu ces sentiments mêlés et quelques drames semblables à celui-là s'y sont sans doute déroulés. Mais il est probable que la nouveauté de l'intrusion de ces jeunes filles en khâgne créa une situation particulière et suscita durant quelques années un émoi — secret — qui s'estompa ensuite, au cours de la décennie suivante. Émoi dont il convient cependant de ne pas exagérer l'ampleur. Maints khâgneux ne se laissèrent guère distraire de leurs études par ces camarades de classe féminines. Quitte à alimenter à tort une légende noire, terminons pourtant par deux témoignages grinçants. Deux témoignages qui ne sont sans doute pas statistiquement représentatifs, mais qui rendent tout de même compte d'un certain état d'esprit, celui au moins de leurs auteurs.

Il s'agit, tout d'abord, au plan de la reconstitution romanesque, des lignes de l'ancien khâgneux Étiemble. Nous sommes à la fin des années 1920. Le héros de *Peaux de couleuvre*, André Steindel, est khâgneux à Henri-IV et prépare l'École des Chartes. Il vient soutenir ses camarades qui passent le concours de l'École normale supérieure :

> « Quelques jeunes filles, mêlées aux candidats dépenaillés, attendaient aussi l'appel. L'une, maigrichonne et terreuse de teint, toussotait dans l'air crispé. Débordante d'anémie graisseuse, une autre exhibait sa jupe de velours vert, ses bas de coton clair et, sur son buste flottant, un chandail blanc cerclé de bleu, soutaché d'or et d'argent. La peau morte de son visage ne bougeait pas quand palabrait mademoiselle Poulas. Derrière les hublots de ses lunettes à monture d'acier, les yeux semblaient vitreux et minuscules. Une cour l'entourait cependant, qu'elle traitait avec coquetterie, gourmandant celui-ci, tapotant la joue d'un impertinent avec un buvard vierge plié en éventail : mademoiselle Poulas ne comprenait pas que tous se moquaient d'elle[92]. »

Plus représentatif, sans doute, car directement contemporain, est le souvenir que garde de sa khâgne, peu de temps après en être sorti, un jeune étudiant des années 1930. Ce souvenir ne prêche pas non plus en faveur d'une vision idyllique de la place des jeunes filles dans les khâgnes de cette époque :

> « Vous n'avez pas effleuré, mon cher camarade, et je le regrette, un des problèmes capitaux qui se posent en khâgne : celui de l'étudiante. Dans le lycée très illustre où j'étais khâgneux, il y avait quelques khâgneuses. De certaines, nous ne parlerons pas par courtoisie. D'autres, gracieuses, ou même jolies, créaient une agitation passionnelle extraordinaire, sans parfois même le prévoir. Dans ce

92. Étiemble, *Peaux de couleuvre*, Gallimard, 1948, p. 193. Toutes les reconstitutions romanesques ne sont pas, à cet égard, aussi acerbes : ainsi, Roger Ikor, dans *Le Tourniquet des Innocents* (Albin Michel, 1972), évoque l'amour qui naît, au début des années 1930, entre un khâgneux et une khâgneuse de Louis-le-Grand (*passim*, notamment p. 58).

milieu artificiel d'intellectuels fanatiques, elles provoquaient des amours délirantes, cachées souvent sous les apparences d'un hautain mépris ; elles allumaient des haines farouches qui ne reculaient pas devant la lettre anonyme. Si, par hasard, un candidat, plus hardi que les autres, était agréé, les indifférents eux-mêmes se prenaient à le haïr. Et l'hostilité qu'on lui vouait s'étendait du même coup à la jeune fille et aux amis du vainqueur. Si, pour son malheur, celui-ci occupait quelque rang officiel dans le " bural ", on tâchait à l'abattre par tous les moyens ; et, préface d'une charmante humanité que nous ne faisions alors que deviner, se dressait contre lui la coalition de toutes les haines imbéciles, de toutes les sales jalousies auxquelles se joignaient les adversaires politiques et les virtuoses de l'intrigue[93]. »

Plus prosaïquement, on peut aussi s'interroger sur une autre conséquence de l'entrée des jeunes filles en khâgne puis, pour certaines d'entre elles, à Normale : dans une classe puis une École jusque-là réservées aux seuls jeunes gens, ces jeunes filles réussissent-elles aussi bien, que ce soit dans leur scolarité en classe préparatoire, au concours de la rue d'Ulm ou, au sortir de l'École, à l'agrégation ?

En khâgne, il est difficile de comparer sans précautions les résultats des jeunes gens et des jeunes filles. Beaucoup de ces dernières, on l'a vu, n'entendent pas, en fait, se présenter au concours d'entrée à l'École normale supérieure, et leur assiduité et surtout leurs résultats aux compositions trimestrielles s'en ressentent forcément. Mais, si l'on s'en tient à celles qui, apparemment, souhaitaient devenir normaliennes, leurs résultats sont souvent remarquables et certaines d'entre elles tiennent la dragée haute aux plus redoutables forts en thème. Ainsi, au terme de l'année scolaire 1926-1927, dans la khâgne d'Henri-IV, c'est une jeune fille, Simone Pétrement, qui obtient le prix d'excellence. Le premier prix de version grecque et le premier accessit de philosophie sont également décrochés par cette brillante élève. Et c'est aussi une khâgneuse, Simone Weil, qui remporte le premier prix de philosophie.

Rien d'étonnant, donc, à ce que les jeunes filles, en cas de succès, aient été le plus souvent classées dans la première moitié des promotions. En 1927, on l'a dit, les khâgneuses reçues rue d'Ulm le sont aux 9e, 12e (Simone Pétrement) et 17e rangs. L'année suivante, Simone Weil, seule admise, est 6e. En 1930, ce sont les 8e et 22e places qu'occupent les normaliennes de cette promotion.

Reste une troisième échéance : la sortie de l'École normale supérieure, où se pose, comme pour les jeunes gens, le problème de l'agrégation. Et force est de constater que là encore, les jeunes normaliennes réussissent brillamment. Un exemple est éloquent, celui de l'agrégation de philosophie. En 1921, un projet de création d'une agrégation féminine de philosophie ayant échoué, des mesures transitoires mais régulièrement reconduites[94] autorisèrent les jeunes filles à se présenter à l'agrégation masculine de philosophie. En 1921, deux femmes y sont reçues, dont la deuxième, sur une promotion de onze agrégés. Et si on se place dix ans plus tard, au moment où nos normaliennes de 1927 et 1928 affrontent l'agrégation, il faut noter que trois de ces quatre normaliennes

---

93. « A propos de la triste khâgne », article signé J. R. dans *L'Étudiant français* du 25 janvier 1936, p. 3 (réponse à un article de *L'Étudiant français* du 10 janvier 1936 intitulé « La triste khâgne »).
94. Mesures transitoires rendues inutiles par un arrêté du 17 mars 1924 qui autorise les jeunes femmes à se présenter à toutes les agrégations réservées jusque-là aux hommes, avec un classement unique (F. Mayeur, *L'Enseignement secondaire des jeunes filles sous la Troisième République*, Presses de la Fondation nationale des sciences politiques, 1977, p. 412).

ont choisi l'agrégation de philosophie : elles y sont reçues, en 1931, 4e (S. Pétrement), 7e (S. Weil) et 10e (Cl. Ramnoux). Si l'on ajoute une agrégative non normalienne reçue 7e ex aequo, il y a donc quatre reçues sur onze, soit 36,3 %. Proportion d'autant plus frappante que les jeunes filles ne représentaient cette année-là que 21 % des candidats effectifs de ce concours.

Ajoutons que ces agrégées de la rue d'Ulm semblent avoir fait une carrière plus brillante que leurs camarades sévriennes, cantonnées à l'époque dans les agrégations féminines. Certes, toutes n'ont pas connu la carrière prestigieuse de Mme de Romilly, née Jacqueline David, de la promotion 1933, carrière qu'avaient précédée de très brillants états de service scolaires et universitaires : premier prix de version latine et deuxième prix de version grecque au Concours général de 1930, neuvième accessit de philosophie l'année suivante, deuxième place au concours de la rue d'Ulm deux ans plus tard. Mais, en même temps, l'itinéraire de cette dernière est symbolique : c'est dans la petite poignée de normaliennes entrées rue d'Ulm entre 1927 et 1939 que s'est trouvée, en effet, la première femme élue professeur au Collège de France, en 1973, et admise à l'Académie des inscriptions et belles-lettres, en 1975. Jacqueline de Romilly devenait du même coup la deuxième femme admise à l'Institut, après Suzanne Bastid, agrégée de droit public, admise en 1971 à l'Académie des sciences morales et politiques. Quant à la première femme reçue à l'Académie des sciences en mai 1979, Yvonne Choquet-Bruhat, elle sera elle aussi normalienne, mais, née en 1923, ne passera pas par la rue d'Ulm, rue empruntée toutefois par son père, son frère et son mari.

Une noria politico-sociale ?

A l'École normale supérieure, dans les années 1920, les boursiers représentent beaucoup plus qu'une simple irrigation périphérique et constituent, de ce fait, tout autre chose qu'un « alibi » pour un système scolaire qui ne serait qu'un instrument de reproduction sociale entre les mains de la seule bourgeoisie. L'École de la rue d'Ulm puise, en effet, largement au sein des classes moyennes, et, si les jeunes gens issus des secteurs ouvriers et ruraux y sont rares, l'assise rurale, en revanche, en remontant d'une génération, constitue un socle de départ fréquent. Il existe donc, apparemment, mise en perspective sur plusieurs générations, une réelle capillarité sociale.

Cette capillarité sociale débouche-t-elle sur une promotion politique ? La réponse est malaisée. En première analyse, en effet, il convient, à coup sûr, de ne pas exagérer l'importance de la « République des Professeurs ». Si le système scolaire de la IIIe République a formé des générations d'hommes politiques, les cadres universitaires de ce système n'ont jamais dominé statistiquement le Parlement. Certes, remarquait en 1927 Albert Thibaudet dans *la République des Professeurs*, l'affaire Dreyfus « a posé le professeur en rival, ou en concurrent, de l'avocat », mais le régime conservera jusqu'à la fin « une armature d'avocats » : 32 % des députés élus entre 1919 et 1939 sont sortis de la faculté de droit[95]. Pourtant, en même temps, les professeurs, et parmi eux les normaliens, jouent un rôle important dans les hautes sphères

95. Contre 40 %, il est vrai, entre 1889 et 1893 et 38 % de 1898 à 1914 (Mattei Dogan, « Les filières et la carrière politique en France », *Revue française de sociologie*, VIII, 1967, pp. 468-492, chiffres cités p. 480).

des partis et donc sur le devant de la scène politique. A tel point que le « boursier conquérant » cité en exemple ou voué aux gémonies reste, en littérature, beaucoup plus souvent un professeur qu'un avocat.

La faiblesse numérique des effectifs de chaque promotion normalienne limite forcément l'ampleur de cette noria politico-sociale. Bien plus, le plus grand nombre des élèves de la rue d'Ulm reste cantonné dans l'Université. Mais si l'on élargit l'étude à l'ensemble des élites, non plus seulement politiques mais également universitaires et intellectuelles, il faut convenir que, malgré ces réserves, la rue d'Ulm joue un rôle de premier plan. Rôle d'autant plus notable qu'au début du XXe siècle, on peut noter un « faible changement de recrutement social des élites entre l'ère des notables et la Belle Époque ». Si l'on étudie, à cette date, le recrutement social des « grands corps », des directeurs de ministère, des préfets, des généraux de division et des inspecteurs généraux des Mines et des Ponts et Chaussées, seuls 10,7 % sont issus de « la petite bourgeoisie ou des classes populaires ». Dans une haute administration qui offre alors « une sorte d'image en réduction de la classe dominante[96] », il s'est donc trouvé des recteurs, des inspecteurs généraux, des hauts fonctionnaires du ministère de l'Instruction publique, voire de celui des Affaires étrangères, issus de milieux beaucoup plus modestes. Ajoutés aux normaliens qui ont peuplé les chaires de l'enseignement supérieur ou les milieux du journalisme et de l'édition, ils constituent un secteur non négligeable de l'élite du premier tiers du XXe siècle français, secteur qui échappe ainsi aux simples mécanismes de la reproduction sociale.

96. C. Charle, « Le recrutement des hauts fonctionnaires en 1901 », *Annales. Économies. Sociétés. Civilisations*, 35e année, n° 2, mars-avril 1980, pp. 380-409, p. 382 et 405.

DEUXIÈME PARTIE

KHÂGNEUX ET NORMALIENS DES ANNÉES 1920 : UNE GÉNÉRATION PACIFISTE ?

« Il y a un dieu des amis qui les oriente les uns vers les autres et forme, dans le tissu d'une même génération, des nœuds de tendresse et de force. »

(J. Guéhenno, *La Foi difficile*, Grasset, 1957, p. 108).

CHAPITRE VIII

Le Quartier latin des années 1920

Les khâgneux et normaliens des années 1920 sont nés avec le siècle pour les plus âgés d'entre eux et quelques années avant le premier conflit mondial pour les plus jeunes, 1905 traçant une bissectrice entre ces deux limites. Ils ont en commun de ne pas avoir eu l'âge de combattre mais de parvenir à celui de l'engagement politique dans la décennie qui suit le conflit. Fils de Péguy et frères de Radiguet, constituent-ils pour autant une génération, la *génération de 1905 ?* La question ne peut être tranchée d'emblée et ce n'est qu'au terme d'un inventaire de leurs points communs qu'une réponse pourra être formulée. Donnons pour l'instant au mot génération un sens purement démographique : une dizaine de cohortes annuelles, soit une décennie de khâgneux et de normaliens, ceux de l'après-guerre, des Années folles et de l' « esprit de Genève ».

Dans la troisième partie, nous étudierons les itinéraires politiques de certains d'entre eux jusqu'en 1945. Mais il faut auparavant, et pour prendre justement la mesure de ces itinéraires, faire un long plan fixe sur le point de départ : les khâgneux et normaliens au milieu des années 1920, à l'âge des premières certitudes, avant la décennie des tempêtes et l'incendie de la Seconde Guerre mondiale. Que pensent, alors, dans leur majorité, ces jeunes gens ? Ont-ils une vision commune de la vie de la Cité et des relations internationales ? Et cela suffit-il à en faire une génération autonome ?

Cette étude de la génération de 1905 à travers ses membres khâgneux et normaliens devrait également permettre de voir comment se forment, souvent dès la fin de l'adolescence, au plan des engagements politiques, ces « nœuds de tendresse et de force » qu'évoque Jean Guéhenno ; car notre propos n'est pas de nous cantonner à étudier les intellectuels dans leurs rapports avec la politique en termes de groupes de pression, mais de décrire aussi leur *sociabilité*. Comme pour la notion de génération, il faudra revenir sur cette notion. Disons, d'emblée, que cette sociabilité se tisse de liens et de réseaux — d'amitié, d'affinité intellectuelle, d'origine scolaire... —, dans un cadre général : le Quartier latin.

Une grande partie des khâgneux, et notamment la majorité de ceux qui entreront rue d'Ulm, sont à cette date, on l'a vu, élèves de Louis-le-Grand ou d'Henri-IV. Décrire le Quartier latin — sur le plan politique —, c'est donc décrire le cadre dans lequel vont se mouvoir pendant deux ou trois années bien des postulants à l'École normale supérieure et au sein duquel évolueront ensuite tous les heureux élus. L'engagement de ces khâgneux et des normaliens devra être mesuré à l'aune de l'engagement et de la tonalité générale du milieu étudiant parisien.

Ce tableau du Quartier latin est donc un cadre, mais aussi un point de référence, et, par là même, un instrument d'investigation. Avant d'inventorier les tendances politiques des khâgneux et normaliens, cette plongée dans les archives de l'Académie de Paris, des ministères de l'Instruction publique et de l'Intérieur et dans la presse[1] permet, en quelque sorte, de pratiquer une première coupe stratigraphique et d'établir ainsi les couches de l'engagement politique dans lesquelles apparaissent — ou n'apparaissent pas — khâgneux et normaliens.

Un précédent : les affaires Thalamas.

Les affaires Thalamas sont, à cet égard, significatives. L'homme, de surcroît, mérite qu'on s'y attarde : il devint la cible, à deux reprises, de l'Action française et apparut, pour les troupes de ce mouvement, comme le symbole de « La Gueuse ».

Bouc émissaire lors d'incidents demeurés vivaces dans la mémoire collective, Amédée Thalamas est, et ce n'est naturellement pas fortuit, un boursier conquérant. Né le 23 septembre 1867 à Paris, il est le fils d'un employé des Chemins de fer de l'Ouest. La situation de la famille, installée à Versailles en 1868, va brutalement se dégrader, en mai 1874, après la mort du père. Sans pension, la mère, « ouvrière en lingerie », doit élever plusieurs enfants. Amédée effectuera les études les plus brillantes. Boursier externe au lycée de Versailles, il glane, au cours de sa scolarité, soixante-seize prix et dix-sept accessits, auxquels viennent s'ajouter deux prix et deux accessits au Concours général. Prix d'excellence dans toutes ses classes secondaires, reçu aux deux baccalauréats avec, successivement, les mentions Bien et Très Bien, il entre en octobre 1886 comme boursier interne au lycée Henri-IV pour préparer le concours de l'École normale supérieure. S'il recueille, dans cette classe, quatre prix et plusieurs accessits, il échoue néanmoins aux épreuves d'entrée à la rue d'Ulm en 1887 et 1888[2]. Il devient alors boursier de licence puis d'agrégation à la Sorbonne et est reçu premier à l'agrégation d'histoire en 1892.

---

1. Nous avons, en effet, utilisé pour ce chapitre, trois fonds d'archives : la sous-série F7, tout d'abord, qui fournit, d'une part, rapports quotidiens et synthèses mensuelles sur certaines manifestations politiques, et, d'autre part, rassemble une documentation précieuse sur les ligues des années 1920 et leurs organisations étudiantes. Ensuite, dans la sous-série F17, les dossiers personnels des enseignants mêlés à quelques « affaires » retentissantes (Thalamas, Scelle et Jèze notamment) nous ont fourni des éléments inédits sur certains aspects de ces houles qui ont agité le Quartier latin. Il nous a semblé, enfin, que ces crises devaient affleurer dans les archives de l'Académie de Paris (sous-série AJ 16) et plus spécialement dans celles des facultés des lettres et de droit qui forment une partie du fonds. Nous avons en outre pratiqué de larges sondages dans la presse aux dates des différentes « affaires » qui ont retenu notre attention.

2. Nous extrayons les renseignements qui précèdent d'un curriculum vitae écrit de la main de Thalamas pour une demande de bourse d'agrégation et retrouvé dans son dossier personnel (Arch. Nat. F 17 24420).

Il exerce d'abord à Saint-Quentin (1892-1894), puis à Amiens jusqu'en 1902. Ces dix premières années d'enseignement furent, pour le jeune homme, une rude période. Dans *Le Progrès de la Somme*, en janvier 1902, il les a évoquées en ces termes :

> « J'avais sept ans quand mon père est mort ; mes deux aînés sont l'un mort, laissant un fils, il y a neuf ans, l'autre fou depuis 1894. J'ai, sur mon traitement et sur le produit de mes travaux personnels, entretenu ma grand-mère morte le mois dernier, ma mère, mon frère devenu fou, en partie mon neveu ; j'ai, de plus, élevé et équipé mon jeune frère, aujourd'hui officier... En réalité, mes amis et moi, nous obéissons, selon la règle de la franc-maçonnerie, à laquelle j'ai l'honneur d'appartenir, à un besoin non d'ostentation et d'oppression, mais d'humanité désintéressée[3]. »

Thalamas, professeur de province sans ressources, s'est lancé en politique. Le 13 mai 1900, au deuxième tour des élections municipales, il est élu à Amiens sur une « liste de concentration républicaine[4] ». Ces activités politiques, du reste, ne sont pas sans déplaire à certains parents d'élèves et à l'administration universitaire, d'autant que le professeur d'histoire montre une certaine propension au scandale ou, pour le moins, à la provocation.

Ainsi, le 2 mai 1900, il aurait déclaré, dans une conversation avec quelques élèves, à la fin d'un cours, que jusqu'à son mariage — qui doit avoir lieu dans les jours suivants — il « disposait librement de son organe[5] ». On imagine aisément l'usage que pouvaient faire ses adversaires, en pleine campagne pour les élections municipales, de tels propos. Un rapport de l'inspecteur d'académie de la Somme, quelques jours plus tard, ramène l'incident à une conversation un peu leste avec quelques élèves mais signale, au passage, chez Thalamas, un « amour du paradoxe, [une] absence de préjugés, [un] désir d'étonner son interlocuteur... [une] tendance étrange et maladive à grossir systématiquement ses défauts ». Sept mois plus tard, le même inspecteur signale que l'encombrant enseignant s'est attiré l'hostilité de certains parents d'élèves et qu'il se fait remarquer par sa « vantardise », sa « hâblerie », son « inconscience » et son « intempérance de langage[6] ».

Un an plus tard, nouveau scandale : le 6 juin 1901, Thalamas gifle, en plein conseil municipal, un adjoint au maire. La presse locale ayant signalé l'incident le lendemain, l'inspecteur d'académie demande des explications au trop bouillant professeur, qui, dans une réponse écrite, ne nie pas les faits[7]. Et l'inspecteur de conclure, dans une lettre au recteur du 22 août 1901, que « le maintien de ce professeur... serait la ruine du lycée ». L'année scolaire 1901-1902 se déroule pourtant plus calmement. Le 9 avril 1902, un inspecteur général en tournée note : « ... Il a eu des intempérances de langage ; il a fait de la politique locale. Tout cela, c'est de l'histoire ancienne. Il s'est assagi et paraît désormais plus maître de lui... Premier agrégé brillant de 1892, M. Thalamas est mûr pour Paris. »

En décembre 1902, après un bref passage au lycée Michelet de Vanves, il est nommé au lycée Condorcet, d'où il devra repartir vingt-trois mois plus tard,

3. *Le Progrès de la Somme*, 26 janvier 1902.
4. Il obtient le meilleur score de sa liste, avec 6319 voix (*Journal d'Amiens*, 14 mai 1900, p. 1).
5. D'après un rapport du 8 mai 1900 de l'inspecteur d'académie de la Somme (F17 24420).
6. Rapport de l'inspecteur d'académie de la Somme, novembre 1900 (F17 24420).
7. F17 24420.

fin novembre 1904. L'habile exploitation par l'Action française de quelques phrases maladroites prononcées dans l'un de ses cours, au sujet de Jeanne d'Arc, avait entraîné son transfert au lycée Charlemagne.

Le 14 novembre 1904[8], le député Georges Berry envoie en effet au ministre de l'Instruction publique une courte lettre dans laquelle il signale qu'un professeur d'histoire de Condorcet « aurait outragé en termes inqualifiables devant ses élèves la mémoire de Jeanne d'Arc ». Le professeur dont il s'agit n'est autre qu'Amédée Thalamas. Dans une lettre au proviseur, qui lui demande quelque explication sur la protestation dont il est l'objet, il signale qu'il a noté 15 sur 20 l'exposé fait par un élève de seconde B sur Jeanne d'Arc. Comme cet élève avait insisté sur le fait que l'on ne pouvait « ni expliquer ni comprendre Jeanne d'Arc si l'on n'y voyait pas un miracle », le professeur avait expliqué que « le miracle n'avait rien à faire avec l'histoire ». Ensuite, ajoute-t-il, « j'ai résumé le rôle réel de Jeanne d'Arc en m'inspirant en particulier du récit de Seignobos dans *Les Scènes d'histoire de France* ». En réalité, explique Thalamas, « sujette dès son enfance à des hallucinations auditives, elle avait cru entendre des voix célestes lui ordonner d'aller faire sacrer le roi à Reims ».

Le 18 novembre, vingt-cinq des quarante-cinq élèves de seconde B signent une déclaration reprenant les accusations contre Thalamas et, le 20 novembre, Georges Berry envoie au recteur deux lettres de parents d'élèves condamnant le professeur. Parallèlement, à partir du 15, s'est enclenchée une campagne de presse. L'affaire dépasse donc bientôt le cadre de Condorcet. Le 28 novembre, par exemple, 200 manifestants sortent de la faculté de droit et descendent le boulevard Saint-Michel en criant « Conspuez Thalamas ! ». En fin de matinée, deux groupes de manifestants s'invectivent rue de Rivoli, devant la statue de Jeanne d'Arc, les uns clamant : « Vive Jeanne d'Arc ! conspuez Thalamas ! », les autres répondant par un « Vive Thalamas ! à bas la calotte ! »[9]. Le 30 novembre, le ministre de l'Instruction publique envoie au vice-recteur de Paris la lettre suivante :

> « ... il résulte que, s'il n'est pas établi que les propos reprochés aient été exactement tenus par le maître dans la forme alléguée et avec l'intention reprochée, celui-ci, dans la discussion à laquelle il s'est livré avec ses élèves, n'en a pas moins gravement manqué du tact et de la mesure qui s'imposent à un professeur et a froissé les sentiments de ses élèves, ou tout au moins d'une grande partie d'entre eux. J'ai donc décidé d'infliger un blâme à M. Thalamas et de le placer dans un autre lycée de Paris. Je le nomme au lycée Charlemagne. Je vous prie de lui faire connaître ma décision[10]. »

Dès la veille, le ministre Chaumié avait signé un arrêté nommant Thalamas au lycée Charlemagne. C'est donc dans cet établissement que l'encombrant professeur d'histoire va désormais enseigner. Et pendant quatre ans, mis à

8. Le dossier personnel d'Amédée Thalamas aux Archives Nationales *(réf. cit.)* comporte deux éléments : d'une part, son dossier administratif ; d'autre part, un gros dossier « affaire Thalamas » qui porte sur les événements de 1904. Nous résumerons rapidement la teneur de ce dossier, qui ne concerne pas directement notre étude. Les événements de 1908-1909, en revanche, qui ont pour cadre le Quartier latin et nous intéressent donc davantage, ne sont pas évoqués dans ce dossier. Nous en avons donc cherché la trace dans la sous-série F7.

9. Rapport de police du 28 novembre 1904 (retrouvé dans Arch. Nat. F17 24420).

10. Arch. Nat. F17 24420. Le 21 novembre, le proviseur de Condorcet avait interrogé tour à tour les 45 élèves de 2ᵉ B. On trouvera le compte rendu de l'intégralité de ces auditions dans le dossier Thalamas.

part une tentative infructueuse aux élections législatives à Versailles en 1906, il n'est plus question du protagoniste principal de l' « affaire Jeanne d'Arc ».

Cette affaire va rebondir en 1908. Et nous abordons là aux rives du Quartier latin : les incidents auront en effet pour cadre la Sorbonne. Dans sa séance du 25 juillet 1908, l'Assemblée de cette faculté examine la demande de cours libre de M. Thalamas sur « la pédagogie pratique de l'enseignement de l'histoire ». Cette demande, appuyée par Lavisse, Dubois, Durkheim et Bloch, est acceptée. Lors de la même séance, Ernest Lavisse, à la suite des incidents qui se sont produits quelques semaines plus tôt au cours de Charles Andler, propose de prendre des mesures pour protéger les cours publics[11]. Une commission est désignée à cet effet qui, le 28 novembre 1908, propose les précautions suivantes : le gardien de la Sorbonne doit être assermenté; les appariteurs doivent être plus nombreux; les portes des amphithéâtres doivent être fermées dix minutes après le début du cours et ces locaux reliés au secrétariat par une sonnerie électrique.

Toutes ces dispositions n'eurent pas le temps d'être prises. En effet, quelques jours plus tard, début décembre, un cours public, celui de Thalamas, fut interrompu dès sa première séance, et tout au long du mois de décembre l'agitation s'amplifia autour de la Sorbonne. Ainsi, le rapport mensuel de la préfecture de police de décembre 1908 décrit la situation en ces termes[12] :

> « Le Quartier latin a été le théâtre de nombreuses manifestations organisées... par certains étudiants de la faculté des lettres... Les manifestations qui se sont produites à la Sorbonne du 2 au 18 décembre ont eu lieu à l'instigation des groupes antigouvernementaux et notamment de la Ligue d'Action française. Elles avaient pour but de protester contre l'attribution à M. Thalamas d'une chaire en Sorbonne pour professer un cours libre pédagogique de l'histoire. Les premiers cours de Thalamas n'ont pu avoir lieu, interrompus, en dépit des efforts des étudiants sérieux, par les manifestations bruyantes qui se sont prolongées sur la voie publique, tant au Quartier latin que dans les arrondissements du centre, le but assigné aux manifestants étant la statue de Jeanne d'Arc située place de Rivoli. Dans la suite, les cours de M. Thalamas n'ont été ouverts qu'aux étudiants munis d'une carte spéciale et ont pu se poursuivre sans incident, mais les manifestations ont continué dans la rue. Le 23 décembre, les étudiants nationalistes et royalistes ont envahi l'amphithéâtre Guizot où M. Puech devait faire son cours sur Euripide, et M. Maurice Pujo, qui paraissait diriger les manifestants, s'est installé à la place du professeur et a commencé à faire un « cours libre » sur Jeanne d'Arc[13]. Au cours de ces manifestations, le service d'ordre a dû intervenir à plusieurs reprises pour disperser les manifestants et protéger l'accès des locaux de la Sorbonne. Dans la seule journée du 9 décembre, 36 arrestations ont été opérées... »

L'Action française n'avait donc pas oublié l'ancien professeur de Condorcet. A travers une cible qui avait déjà défrayé la chronique quatre ans plus tôt, elle

---

11. Arch. Nat. AJ 16 4750 (Registre de la faculté des lettres de Paris, 1907-1909), p. 127. Le socialiste Charles Andler était accusé par les étudiants nationalistes d'avoir conduit ses élèves en Allemagne pendant les vacances de Pâques.

12. Rapport mensuel de la Préfecture de police (décembre 1908), daté du 9 janvier 1909 (extrait d'Arch. Nat. F7 12557 : manifestations janvier 1908-décembre 1908). Maurice Pujo a longuement évoqué cette campagne antithalamiste dans *Les Camelots du Roi* (Flammarion, 1933, pp. 23-210).

13. Pour plus de détails sur ces incidents du 23 décembre et sur l'interruption du cours de M. Puech, cf. le rapport quotidien de la préfecture de police du 24 décembre 1908 (Arch. Nat. F7 12557). On en trouve également trace dans le carton F7 12862 (Action française, 1899-1911).

pensait tenir, en outre, l'occasion de faire parler d'elle et d'élargir son audience [14]. Et le fait est qu'elle atteint rapidement le double but qu'elle s'était assigné : dès le deuxième « mercredi de Thalamas », il y a deux mille personnes présentes aux abords de la Sorbonne [15]. Par ailleurs, l'Action française empoche effectivement les gains de l'opération puisqu'un rapport de police du 9 janvier 1909 note que la Ligue d'action française attire de plus en plus les membres de la Ligue de la patrie française et de la Ligue des Patriotes, en perte de vitesse [16]. Et, à la rentrée des vacances de Noël, le mercredi 6 janvier, les incidents reprennent de plus belle. Une douzaine de personnes seulement assistent au cours, sur carton d'invitation, et dans une Sorbonne en état de siège, tandis que des heurts ont lieu alentour entre les royalistes et les étudiants républicains portant, comme signe distinctif, une cravate bleue [17]. Il en sera de même jusqu'au 17 février, date à laquelle les troupes de Maurice Pujo, déjouant la surveillance policière, au terme d'une équipée à travers les laboratoires et les combles de la Sorbonne, parviennent à s'introduire au cours, frappent et expulsent Thalamas. Il n'y aura pas de cours suivant [18].

Pourquoi évoquer longuement ces incidents, largement antérieurs à la décennie que nous étudions ? Leur récit, en fait, est précieux à plus d'un titre. Il permet tout d'abord d'observer la naissance d'une tactique qui sera rapidement bien rodée et qui donnera l'occasion à l'Action française, à plusieurs reprises au cours des décennies suivantes, de porter à incandescence le Quartier latin. Pendant plus de trois mois, en effet, grâce à une cible bien choisie, un prétexte mûrement élaboré et une agitation savamment entretenue, un groupe peu nombreux est parvenu à paralyser la Sorbonne. Le scénario servira en d'autres occasions : tout commence par des attaques verbales — et parfois physiques — contre un professeur accusé de menées antinationales et par la perturbation de son cours jusqu'à ce que le doyen soit obligé de faire appel à la police, ou qu'au moins cette dernière stationne en nombre dans les rues autour de la faculté. Si elle pénètre dans l'établissement, l'opération est encore plus rentable : une telle mesure, considérée comme une atteinte aux coutumes universitaires [19], ne peut que relancer l'effervescence et

14. C'est ainsi, du reste, qu'un rapport de police de décembre 1908 interprète les incidents, dont il attribue l'entière paternité à l'Action française (Arch. Nat. F7 12862).

15. *Ibid.* La provocation est d'autant plus réussie que le nombre des étudiants qui appartiennent réellement à l'Action française à cette date est très faible. Un rapport de police du 21 décembre 1908 l'estime alors à 60 (Arch. Nat. F7 12862) et un rapport du 18 janvier 1909 avance le chiffre de 50 *(Ibid.).* Du reste, le 8 février, quand une réunion a lieu au 33 rue Saint-André-des-Arts entre Camelots du Roi et étudiants d'Action française, l'ensemble des deux groupes ne dépasse pas deux cents personnes (Arch. Nat. F7 12558).

16. Arch. Nat. F7 12557. La note précédente permet de penser que, dans un premier temps, ces gains ont été beaucoup plus en prestige qu'en nombre d'adhérents.

17. M. Pujo, *op. cit.*, p. 87. Les sillonnistes qui combattaient aux côtés des étudiants républicains portaient, quant à eux, une lavallière noire (*ibid.*).

18. Amédée Thalamas, éphémère député radical de Versailles de 1910 à 1914, fut ensuite inspecteur d'académie, recteur et directeur général de l'Instruction publique en Indochine. A la retraite en 1934, il meurt en 1953 (cf. Jean-François Sirinelli, « Un boursier conquérant : Amédée Thalamas » *Bulletin du Centre d'histoire de la France contemporaine*, Paris X-Nanterre, n° 7, 1986, pp. 197-206).

19. A tort, semble-t-il, selon certains textes, comme, par exemple, peu avant les incidents Thalamas, cette règle de conduite adoptée à l'unanimité par le Conseil de l'Université de Paris, dans sa séance du 25 mai 1908, après un rapport d'Ernest Lavisse : « En cas de désordres graves, les doyens *peuvent* recourir à la force publique pour rétablir et maintenir l'ordre dans les services extérieurs des facultés : cours, vestibules, galeries, etc. Ils *doivent* la requérir dans le cas où des actes délictueux seraient commis soit dans les services extérieurs, soit dans les services intérieurs » (document cité dans un rapport sur ce thème rédigé par Gaston Jèze en 1936, et retrouvé dans son dossier personnel, Arch. Nat. F17 24604).

diviser, en outre, les professeurs. Nous retrouverons ce cycle provocation-répression-paralysie au moment de l'affaire Scelle.

Le deuxième enseignement de l'affaire Thalamas est qu'à cette date le rapport de forces est en train de se modifier au Quartier latin. Une décennie plus tôt, les professeurs dreyfusards de la Sorbonne, en butte aux attaques des ligues, étaient facilement dégagés par les normaliens descendus en quelques minutes de la rue d'Ulm et dirigés par Charles Péguy[20]. Certes, dans l'hiver 1908-1909, la Sorbonne reste encore républicaine, mais s'amorce déjà sur ses franges, semble-t-il, une présence de l'Action française qui va prendre rapidement de l'ampleur.

Au reste, le récit de l'affaire Thalamas permet de formuler une troisième observation tenant justement à cette montée de l'Action française en milieu étudiant et au fait que dans le triangle rue d'Ulm-Luxembourg-boulevard Saint-Germain, une sorte de géographie politique, que l'on retrouvera dans les années 1920, se met alors en place. Et, dans cette répartition qui s'ébauche, la rue d'Ulm est à gauche. De même que nous la verrons aux côtés de Georges Scelle puis de Gaston Jèze dans l'entre-deux-guerres, elle se range parmi les défenseurs de Thalamas. En effet, en janvier 1909, « un certain nombre d'étudiants républicains se sont formés en fédération dans le but de résister aux troubles apportés à la Sorbonne par les étudiants royalistes ». Le 13 janvier notamment ont lieu des heurts entre antithalamistes et étudiants républicains. Le 3 février, nouvelles bagarres, au cours desquelles Edmond Bloch, président de la Fédération des étudiants républicains, est « malmené » par des royalistes dirigés par Maurice Pujo[21].

Nombre de normaliens prennent fait et cause pour le professeur contesté, en s'enrôlant dans les troupes d'Edmond Bloch. Ainsi les jeunes normaliens de la promotion 1908, entrés depuis deux mois à l'École et encore peu tournés vers la politique, participent-ils pourtant aux affrontements contre l'Action française :

> « De mon temps, il y avait des talas et des antitalas, des adeptes du Sillon voisinaient avec des socialistes. A la vérité, nous ne nous passionnions pas pour la politique. Dans l'hiver 1908-1909, nous nous sommes bagarrés avec les Camelots du Roi, qui prétendaient faire de l'obstruction au cours libre que le professeur Thalamas avait été autorisé à faire en Sorbonne[22]. »

Et parmi les meneurs de la Fédération des étudiants républicains, leur adversaire Maurice Pujo, en 1933, se souvient surtout de Franck, « de l'École normale supérieure ». Il s'agit d'Henri Franck, de la promotion littéraire de 1906. Poète et philosophe, il mourra quatre ans plus tard de la turberculose[23].

20. Ainsi, dans *L'Argent (Suite)*, Charles Péguy a rappelé que lui et ses camarades normaliens avaient un jour protégé Charles Seignobos des « matraques antisémites » (Charles Péguy, *Œuvres en prose (1909-1914)*, Gallimard, 1961, pp. 1227-1228). Son jugement sur Thalamas, un an après les incidents de la Sorbonne, n'en prend que plus de relief : en 1910, dans *Notre Jeunesse*, il évoque « nos grandes hontes, nos hontes nationales, Jaurès, Hervé, Thalamas... » (*Ibid.*, p. 634).

21. Rapport quotidien du 4 février (Arch. Nat. F7 12558). Edmond Bloch fut, après la guerre, le secrétaire général de l'Association générale des mutilés de la guerre (M. Pujo, *op. cit.*, p. 87, et thèse d'A. Prost, *Les Anciens Combattants et la société française 1914-1939*, vol. 1, *Histoire*, 1977, Presses de la Fondation nationale des sciences politiques, par exemple p. 215).

22. Charles-Edmond Perrin, *BSAENS*, n° 85, juin 1959, « Souvenirs sur la promotion 1908 (suite) », pp. 21-26, citation p. 26.

23. Cf. sa notice nécrologique rédigée pour l'*Annuaire* 1918, pp. 133-136. Un autre normalien, le sillonniste Dominique Anziani, était vice-président de la Fédération des étudiants républicains. Il tombera au combat dès le 19 août 1914 (cf. *Annuaire*, 1928, pp. 59-63 ; Jeanne Caron, *Le Sillon et la démocratie chrétienne 1894-1910*, Plon, 1967, pp. 436-437 et 470-472 ; Paul Cohen, « Les élèves catholiques de l'École normale supérieure, 1906-1914 », *Cahiers d'histoire*, t. XXIX, 1984, n° 1, pp. 33-46).

Henri Massis évoque lui aussi, dans ses *Souvenirs*, le rôle joué par Henri Franck et les normaliens :

« Quand les ligueurs de Pujo envahirent la Sorbonne pour en chasser Thalamas, c'est Franck qui organisa la résistance... l'École normale, mobilisée par ses soins, armée de gourdins et enrubannée d'étoffes bleues, descendit de la rue d'Ulm pour se battre dans les rues du Quartier latin, à la suite de son jeune chef, ivre de joie guerrière[24]. »

En ce début de siècle, l'attitude des normaliens lors de l'affaire Thalamas place donc la rue d'Ulm plutôt à gauche sur une carte politique du Quartier latin. Le fait est d'autant plus notable qu'émergent à cette date au Quartier latin, on l'a vu, les étudiants d'Action française qui, plusieurs décennies durant, y tiendront le haut du pavé. Et, dans le climat de nationalisme qui va dès lors gagner le périmètre des Écoles dans les années qui précèdent la guerre, ces normaliens, dans leur majorité, constitueront une contre-génération d'Agathon.

Une contre-génération d'Agathon ?

L'enquête d'Agathon est bien connue[25]. Les 13 et 20 avril, 11 mai, 1er, 15 et 29 juin 1912, dans *L'Opinion*, sous le pseudonyme d'Agathon, deux jeunes intellectuels nationalistes, Henri Massis et Alfred de Tarde, publient une étude sur « les jeunes gens d'aujourd'hui », éditée avec des annexes par Plon l'année suivante sous le même titre[26]. Le propos des auteurs est clairement annoncé : « Nous avons vu et interrogé un grand nombre de jeunes gens des écoles, des facultés, des lycées, choisis parmi les plus représentatifs de leur groupe. » Et le but recherché est tout aussi clair : « L'influence d'une telle enquête importe autant que son exactitude historique. Elle est elle-même un acte... Puisse-t-elle encourager cette jeunesse, par-delà les disputes individuelles, à réaliser, dans l'union joyeuse de ses forces, notre idéal commun, qui n'est rien de moins que le vœu d'un Français nouveau, d'une France nouvelle. »

Parmi les traits dégagés par cette enquête[27], retenons ici un regain de ferveur patriotique. Ainsi, « à la faculté de droit, à l'École des sciences politiques, le sentiment national est extrêmement vif, presque irritable. Les mots d'Alsace-Lorraine y suscitent de longues ovations, et tel professeur ne parle qu'avec prudence des méthodes allemandes, par crainte des murmures ou des sifflets ». Bien plus, précisaient Henri Massis et Alfred de Tarde, « on ne trouve plus, en effet, dans les facultés, dans les Grandes Écoles, d'élèves qui professent l'antipatriotisme. A Polytechnique, à Normale, où les antimilitaristes et les disciples de Jaurès étaient si nombreux naguère, à la Sorbonne même, qui compte tant d'éléments cosmopolites, les doctrines humanitaires ne font plus de disciples ».

---

24. H. Massis, *Évocations. Souvenirs (1905-1911)*, Plon, 1931, p. 187.
25. Claude Digeon et Jean-Jacques Becker, notamment, l'ont évoquée dans leurs thèses de doctorat (cf. *La Crise allemande de la pensée française* (1870-1914), PUF, 1959, pp. 496-497, et *1914 : Comment les Français sont entrés dans la guerre*, Presses de la Fondation nationale des sciences politiques, 1977, pp. 30-34). Philippe Bénéton l'a abordée dans « La génération de 1912-1914 », *Revue française de science politique*, vol. XXI, n° 5, octobre 1971, pp. 981-1009 et 1165.
26. Agathon, *Les Jeunes Gens d'aujourd'hui*, Plon, 1913.
27. Dont les titres de quatre des cinq chapitres rendent bien compte : « Le goût de l'action », « La foi patriotique », « Une renaissance catholique », « Le réalisme politique ». Cette génération, « qui naquit vers 1890 » (*ibid.*, p. 11), montre un « ardent patriotisme » (p. 113) et apparaît « sportive, réaliste, peu idéologique, chaste et apte aux luttes économiques... » (p. 119).

Cette image des Grandes Écoles, et notamment de Normale, est-elle recevable ? L'enquête d'Agathon est-elle elle-même une source globalement sûre ? Dans une approche davantage littéraire qu'historique, Claude Digeon est enclin à lui accorder un grand crédit :

> « Était-ce chez les enquêteurs désir de la voir [la jeunesse] telle ? Il serait trop aisé de le penser. Outre que l'on trouve dans *Les Jeunes Gens d'aujourd'hui* de très nombreux témoignages et divers, d'autres enquêtes, comme celle de la *Revue Hebdomadaire*, corroborent les conclusions d'Agathon[28]. »

En revanche, après ceux de René Rémond — pour qui le crédit à accorder à cette enquête « n'est sans doute pas illimité » — et de Raoul Girardet — qui juge que le travail d'Agathon n'est qu'un témoignage « relativement partiel » —, les jugements de Jean-Jacques Becker et de Philippe Béneton sont beaucoup plus nuancés que celui de Claude Digeon. Pour le premier, « le champ de l'enquête a été fort restreint ». Pour le second, « cette image apparaît déformée par rapport à la réalité en raison de la partialité des auteurs[29] ». Cette partialité s'est exercée surtout, semble-t-il, dans le choix des témoignages retenus. Les constatations d'Emmanuel Berl sont, à cet égard, significatives. A deux reprises, au moins, il a en effet fait état de l'escamotage de son témoignage par Henri Massis et Alfred de Tarde. En 1969, il notait : « Aujourd'hui encore, je vois des livres d'histoire prendre pour argent comptant l'enquête d'Agathon. Mais je suis bien placé pour savoir quelles réserves elle appelle. Ses auteurs m'ont interrogé moi aussi. Ma réponse ne leur convenait pas, ils n'en ont donc fait aucun état. » Et, en 1976, dans ses entretiens avec Patrick Modiano, il précisait : « Ils n'ont pas publié ma réponse parce que je disais qu'il n'était pas vrai que tous les jeunes gens français voulaient la guerre avec l'Allemagne[30]. »

Au reste, on l'a vu plus haut, les auteurs avaient implicitement accepté par avance un tel reproche de partialité et convenaient qu'à leurs yeux « l'influence d'une telle enquête importait autant que son exactitude historique. » Il s'agissait avant tout, postulat plus que conclusion, de « décrire le type nouveau de la jeune élite intellectuelle ». L'enquête d'Agathon est donc partielle et partiale. Elle n'en conserve pas moins, selon tous ses exégètes, une certaine valeur. Peut-on, cependant, comme ses auteurs le font, l'étendre à la rue d'Ulm ?

Certains indices sont troublants et pourraient suggérer une réponse posi-

---

28. Cl. Digeon, *op. cit.*, p. 497. Parmi ces « très nombreux témoignages et divers », Cl. Digeon cite « le personnage du jeune médecin Roy, exactement conforme aux analyses d'Agathon... » dans *Les Thibault*, et plus précisément dans *L'Été 14*. Un tel témoignage, en fait, n'est guère crédible : le personnage de Roy est très manifestement inspiré par l'enquête d'Agathon. Sa ressemblance avec l'original n'a donc rien de surprenant. Robert Brasillach, rendant compte de *L'Été 14* dans *L'Action française* du 4 février 1937, ne s'y était, du reste, pas trompé : « ... Les révolutionnaires genevois n'étaient pas toute la jeunesse ; et l'auteur le sait si bien qu'il a placé dans son œuvre un jeune homme, le petit Roy, nationaliste et belliciste, assez livresque à mon avis, composé d'après l'enquête d'Agathon, afin qu'on ne l'accuse pas de partialité... » *(loc. cit.)*.

29. R. Rémond, *La Droite en France de 1815 à nos jours*, 1re éd., Aubier, 1954, p. 184 ; R. Girardet, *Le Nationalisme français 1871-1914*, A. Colin, 1966, p. 227, n. 1 ; J.-J. Becker, *op. cit.*, p. 33 ; Ph. Béneton, *art. cit.*, p. 1165.

30. E. Berl, *A contretemps*, Gallimard, 1969, p. 155, et *Interrogatoire*, Gallimard, 1976, p. 32. La « réponse » qu'évoque E. Berl est moins, sans doute, une réponse à l'enquête de *L'Opinion* elle-même, en 1912, qu'un commentaire demandé pour l'édition de Plon, en 1913. Cette édition comporte, en effet, une deuxième partie constituée de commentaires — signés — sur l'enquête d'Agathon.

tive. Ainsi, par exemple, ce témoignage d'un normalien, Francis Rolland, de la promotion 1910, rendant visite à son homonyme Romain Rolland. Ce jeune homme, en cours d'études à l'École, déplore « un esprit militaire [qui] s'est répandu » rue d'Ulm et le fait que « la réaction [y] a naturellement gagné du terrain ». Ainsi, « Lucien Herr, qui régnait autrefois sur l'École est maintenant isolé. Aucun élève ne lui adresse la parole que pour des questions de bibliographie. Il est un mort-vivant[31] ».

Il y a plus. Parmi les témoignages reçus, après leur enquête dans *L'Opinion*, par Henri Massis et Alfred de Tarde, et que ces derniers publièrent, en annexes, dans l'édition de Plon en 1913, se trouve celui d'André François-Poncet, agrégé d'allemand, et à l'époque pensionnaire de la Fondation Thiers :

> « ... A l'École normale, il n'y a pas très longtemps, on pouvait entendre résonner dans les couloirs les accents de *L'Internationale*. Je veux bien que ce chant fût lancé un peu par amour du scandale et un peu pour plaisanter. Mais, à ce moment nous laissions faire. Aujourd'hui *La Marseillaise* étouffe aussitôt les quelques voix qui reprennent encore, chez nos cadets, l'hymne révolutionnaire[32]. »

André François-Poncet a peut-être tendance à projeter, dans le tableau qu'il brosse d'un établissement dont il n'est plus l'élève, l'École qu'il appelle de ses vœux. D'autre part, le jeune interlocuteur de Romain Rolland — qui sera tué à l'ennemi en 1915 —, pour illustrer cette progression supposée de « la réaction » à l'École, estime que, sur cent vingt élèves, « quarante environ sont ardemment catholiques ». Certes, l'argument est intéressant, mais il n'est ni politiquement recevable — et les normaliens sillonnistes ? — ni statistiquement décisif. Bien plus, Francis Rolland signale qu'il demeure « un fort noyau socialiste ».

Du reste, d'autres indices viennent infirmer l'image d'une École profondément nationaliste à la veille de la guerre. Dans la pétition contre la loi des trois ans publiée par *L'Humanité* du 13 mars 1913, par exemple, nombreuses sont les signatures d' « archicubes » : Paul Langevin, Charles Andler, Alain, Charles Seignobos, Léon Brunschvicg, Émile Durkheim, Célestin Bouglé, Hubert Bourgin, Félicien Challaye, Paul Dupuy, Lucien Herr et Fernand Maurette[33].

On objectera qu'il s'agit là d'une liste d'anciens élèves — encore que les trois derniers cités soient alors en poste rue d'Ulm — qui ne préjuge pas de l'atmosphère politique rue d'Ulm en 1913. Mais une autre pièce peut être portée au dossier. Le 7 mars, en effet, le philosophe Michel Alexandre écrit à son ami Gustave Monod : « Nous avons rédigé une pétition à la Commission de l'Armée... En quarante huit heures, nous avons récolté près de 200 signatures : Normale marche, l'École des Beaux-Arts marche, la Médecine s'ébranle[34]... » Et, de fait, ce même numéro de *L'Humanité* du 13 mars 1913 signale une autre pétition diffusée par les étudiants républicains et socialistes

31. R. Rolland, *De Jean-Christophe à Colas Breugnon. Pages de Journal*, éd. du Salon Carré, 1946, pp. 85-86.
32. Agathon, *op. cit.*, p. 172.
33. Le jeudi 13 mars 1913, *L'Humanité* a, en effet, publié en première page une « pétition des universitaires » (auxquels s'ajoutent des membres des « milieux littéraires »). Le dimanche suivant, 16 mars, une deuxième liste de professeurs ayant signé cette pétition est publiée. Y figurent notamment les noms des normaliens Lucien Lévy-Bruhl, Jean Perrin, François Simiand et Mario Roques.
34. Extrait d'une lettre adressée le 7 mars 1913 par Michel Alexandre à Gustave Monod et publiée par Jeanne Alexandre dans le n° 25 du *Bulletin de l'Association des amis d'Alain*, décembre 1967, p. 6.

listes et qui a recueilli plus de trois cents signatures d'étudiants, dont plus de soixante appartenant à l'École normale supérieure[35].

Au témoignage d'André François-Poncet, on pourrait d'ailleurs opposer celui d'un autre futur académicien, Jean Guéhenno. Appartenant à la promotion littéraire de 1911, ce dernier est élève de l'École dans les années qui précèdent le premier conflit mondial. Vingt ans plus tard, dans son *Journal d'un homme de quarante ans,* il parlera de l'enquête d'Agathon dans les termes suivants :

> « Cette partie de la jeunesse héritière, ce millier de jeunes messieurs de bonne famille..., on a tenté de nous faire croire qu'ils étaient toute la jeunesse. On a attribué à tous les jeunes Français les goûts, les désirs, les passions de ce millier de désœuvrés. La hantise de la " revanche ", je ne sais quelle mystique du godillot aurait commandé notre vie... Dans mes propres souvenirs, je n'entends sonner aucun clairon. Non, si je repense à ces années d'avant-guerre, je ne trouve pas en moi le sentiment d'un désastre qui vient. Encore moins avons-nous appelé, espéré ce " destin réparateur " dont a parlé M. Henri Massis[36]. »

Les souvenirs de Jean Guéhenno, tout compte fait, nous semblent les plus proches de la réalité, au moins pour les normaliens. Il est, en effet, un autre indice de cette relative imperméabilité des normaliens à la ferveur patriotique décrite par Agathon : il réside dans le fait que l'une des cibles favorites des jeunes nationalistes est justement l'École de la rue d'Ulm, apparemment à leurs yeux bastion d'internationalisme pernicieux et d'antimilitarisme dissolvant. Au moment de la discussion sur la loi des trois ans, certains étudiants nationalistes du Quartier latin tentèrent en effet d'envahir l'École normale. Les normaliens, juchés sur les toits, repoussèrent l'attaque en braquant le « serpent » — la lance à incendie dans le langage normalien — contre les assaillants, jusqu'à ce que le surveillant général, Paul Dupuy, coupe l'eau. Maurice Genevoix, un autre futur académicien, tenait le tuyau ainsi brandi vers les attaquants[37].

Les jeunes gens décrits par Agathon utilisent donc une partie de leur « foi patriotique » contre Normale. Leur fougue aurait-elle été aussi soutenue s'ils n'avaient considéré l'École comme le repaire d'une contre-génération d'Agathon? Déjà à cette date, incontestablement, l'établissement de la rue d'Ulm reste à l'écart des grandes houles d'inspiration droitière qui secouent le Quartier latin. Et, après le premier conflit mondial, quand surgira l'affaire Scelle qui constituera la plus forte tempête estudiantine des années 1920, il retrouvera à nouveau ce rôle de môle de résistance aux agissements des ligues.

L'affaire Scelle.

Cette « affaire » Scelle est, pour nous, intéressante à plus d'un titre. Survenant au milieu de la décennie que nous étudions, elle nous fournit, en

---

35. Le clivage entre la Sorbonne (lettres et sciences) et les autres facultés est ici très net : 210 des 300 signatures y ont été, en effet, recueillies, contre 16 seulement à la faculté de médecine (le nombre des signatures de la faculté de droit n'est pas indiqué : serait-il nul ?). Quelques jeunes professeurs ont signé cette pétition, la « pétition des universitaires » étant, semble-t-il, réservée aux enseignants au faîte de leur carrière. On y relève les noms de Michel Alexandre (mais pas celui de Gustave Monod), de Julien Cain et, le 13 avril, d'Albert Mathiez, professeur à Besançon. *L'Humanité* du 13 avril signale aussi qu'à l'École de Saint-Cloud, 41 élèves sur 58 présents ont signé la pétition.

36. J. Guéhenno, *Journal d'un homme de quarante ans,* Grasset, 1934, p. 124.

37. M. Genevoix, *Trente mille jours,* Le Seuil, 1980, p. 101. Marcel Prenant, de la promotion scientifique de 1911, rapporte à quelques détails près les mêmes incidents (M. Prenant, *Toute une vie à gauche,* Encre, 1980, pp. 41 sqq).

effet, un éclairage précieux sur le rapport des forces au Quartier latin à cette date. Elle confirme, tout d'abord, la prééminence, en 1925, de l'Action française autour du boulevard Saint-Michel. Elle révèle, par ailleurs, la réutilisation d'une technique bien rodée lors de l'affaire Thalamas : la manipulation du milieu étudiant, savamment orchestrée et répercutée par les journaux et les parlementaires hostiles au Cartel des gauches. Si l'Action française règne à cette date sur beaucoup de facultés, l'affaire Scelle nous permet aussi d'observer la naissance du Groupe universitaire des Jeunesses patriotes, dont l'influence grandira vers la fin de la décennie, au détriment de l'organisation de Charles Maurras.

Au moment des incidents à la faculté de droit, en mars 1925, Georges Scelle va avoir quarante-sept ans. Il est né à Avranches le 19 mars 1878. Reçu premier à l'agrégation de droit public en 1912, il est nommé à cette date à la faculté de Dijon, chargé de cours agrégé (1912-1918) puis professeur adjoint (1918-1919). Entre-temps, sa conduite pendant la guerre lui a valu la croix de guerre. Mais ces brillants états de service ne l'empêchent pas de mener, au début des années 1920, une vigoureuse action pacifiste. En septembre 1923, par exemple, le Congrès pacifiste de Bâle adopte son rapport qui préconise l'admission de l'Allemagne à la SDN. Et l'on trouve, à ce sujet, dans le dossier de Georges Scelle, une lettre de Raymond Poincaré, Président du Conseil et ministre des Affaires étrangères, adressée au ministre de l'Instruction publique. Cette lettre attire l'attention du ministre de tutelle sur « les dangers des initiatives » de Georges Scelle et demande qu'il mette « plus de discrétion dans la divulgation de ses opinions personnelles[38] ». Deux mois plus tôt, le 8 juillet, lors d'une réunion publique à Beaune, Georges Scelle avait critiqué l'occupation de la Ruhr en termes vifs — selon certains auditeurs, il aurait, en effet, déclaré : « La France, dans la Ruhr, se conduit en Boche » — et s'était déjà attiré de « sévères observations » de la part du ministre de l'Instruction publique.

Dans le milieu des professeurs de droit, plutôt favorable à Raymond Poincaré, Georges Scelle, l'année suivante, soutient donc le Cartel des gauches. Et, à ce titre, il participe à la rédaction de l'ouvrage *La Politique républicaine* qui réunit plusieurs grandes signatures de l'Université française, dont Célestin Bouglé, Albert Demangeon, Lucien Lévy-Bruhl, Charles Rist, Charles Seignobos et le juriste Gaston Jèze. Dans cet ouvrage, Georges Scelle publie une étude sur « le problème ouvrier[39] », où il analyse la législation sociale de la IIIe République et signale « nombre de perfectionnements à lui apporter ou de lacunes à combler », notamment le problème des assurances sociales. Il s'interroge, en conclusion, sur « la participation des ouvriers à la direction de l'entreprise ou, comme on l'appelle quelquefois, [sur] le problème du contrôle ouvrier sur la gestion », dont il juge que « c'est au fond toute la question de la démocratie industrielle ».

Un arrêté du 25 février 1925 lui confie, pour le second semestre 1924-1925, un cours de droit international public (licence) à la faculté de droit de Paris.

38. Cf. Arch. Nat. F17 25293 (dossier personnel de Georges Scelle). La lettre de Poincaré, en date du 24 octobre 1923, signale que la proposition de Georges Scelle est en « contradiction absolue avec la politique maintes fois affichée par le gouvernement français, en plein accord avec la Représentation nationale ». Cette lettre est transmise par le ministre de l'Instruction publique au recteur de Dijon, avec ordre de la « résumer verbalement » à Georges Scelle et de lui demander des explications.

39. G. Scelle, « Le problème ouvrier », *La Politique républicaine*, Félix Alcan, 1924, pp. 333-388.

C'est cette charge de cours qui va mettre le feu aux poudres. Les étudiants d'Action française et les troupes qu'ils parviendront à mobiliser vont proclamer aussitôt que ce sont ses appuis politiques qui ont valu au professeur dijonnais cette charge et que cette République des professeurs n'est, en somme, qu'une République des camarades : cette nomination se serait faite, en effet, au détriment d'un candidat que le Conseil de faculté avait classé en meilleure position, Georges Scelle n'ayant été placé qu'au deuxième rang.

Qu'en a-t-il été réellement ? Derrière les proclamations enflammées des dirigeants étudiants et les articles partiaux — dans un sens ou dans l'autre — de la presse, le plus logique était de remonter à la source, en analysant les archives de la faculté de droit, et plus spécialement le registre des délibérations du Conseil et de l'Assemblée de cette faculté[40].

Ces deux instances ont chacune un rôle précis. Le décret du 28 décembre 1885 signale, dans son article 19, que l'Assemblée des professeurs « délibère sur toutes les questions qui se rapportent à l'enseignement de la faculté, notamment sur les programmes des cours et des conférences, la distribution des enseignements et des cours libres et sur toutes les questions qui lui sont renvoyées par le ministre et par le Conseil de l'Université ». L'article 16 précise les attributions du Conseil de la faculté, qui « délibère sur l'acceptation des legs..., sur l'emploi des revenus, sur les comptes..., donne son avis sur les décrets de vacances de chaires et présente une liste de candidats pour chaque chaire vacante..., fait les règlements destinés à assurer l'assiduité des étudiants, règle les conditions et les époques des concours entre les étudiants de la faculté[41] ».

Ce Conseil se réunit notamment le 6 novembre 1924 pour désigner un chargé de cours. Le choix ne porte sans doute pas seulement, en fait, sur une simple charge de cours. Une telle charge est souvent l'antichambre d'une nomination dans la même faculté et une façon de signifier à un collègue provincial qu'il est temps de prendre rang. Au cours de cette réunion du 6 novembre doit être désigné le chargé de cours qui enseignera l'histoire des traités et le droit international public (licence). A l'unanimité, le Conseil désigne en première ligne Louis Le Fur, professeur à la faculté de droit de Rennes[42]. Il propose ensuite en seconde ligne, par dix-huit voix et onze abstentions, Georges Scelle[43].

Or, on l'a vu, un arrêté du 25 février confiera, en définitive, le cours à Georges Scelle. En théorie, le ministre de l'Instruction publique, François-Albert, n'a enfreint aucun texte. D'après l'article 16, déjà évoqué, du décret du

40. Registre des délibérations du 15 janvier 1920 au 6 novembre 1925, Arch. Nat. AJ 16 1800.

41. Articles 16 et 19 du décret du 28 décembre 1885, cités dans *Archives de l'Académie de Paris (AJ 16 1603 à 5731)*, Arch. Nat., dact., p. VII.

42. Au moment des incidents, les journaux favorables à Georges Scelle et même certaines voix du Cartel laisseront entendre que Louis Le Fur est membre — ou proche — de l'Action française, ce qui expliquerait l'acharnement des étudiants royalistes à le défendre. En fait, Louis Le Fur, intellectuel catholique, avait établi dès la fin de la guerre la théorie de la « juste paix » (*Guerre juste et juste paix*, Pedone, 1920) et attaqué le nationalisme. Son engagement s'était notamment exercé en faveur du rapprochement franco-allemand (cf. Jean-Claude Delbreil, *les Catholiques français et les tentatives de rapprochement franco-allemand (1920-1933)*, Metz, SMEI, 1972, pp. 11 et 43).

43. Registre des délibérations (Arch. Nat. AJ 16 1800), pp. 420-421. Lors de cette même séance, il est indiqué que Georges Scelle aurait déclaré par lettre personnelle au doyen de la faculté de droit qu'il n'était pas candidat contre M. Le Fur (*ibid.*). Ce fait alimentera les accusations de déloyauté dont Georges Scelle sera l'objet de la part de ses adversaires. Indépendamment des problèmes politiques qui sous-tendent l'affaire, ajoutons que Georges Scelle a contre lui une ancienneté bien moindre que celle de Louis Le Fur. Alors qu'il est agrégé de droit public depuis 1912, son concurrent l'est depuis 1897 (d'après le juriste Joseph Barthélemy, lors du débat parlementaire du 31 mars, *Journal Officiel, Chambre des députés, débats parlementaires*, 1er avril 1925, p. 2001).

28 décembre 1885, le Conseil de faculté se borne à « présenter une liste de candidats pour chaque chaire vacante », sans que la décision finale lui appartienne. Bien plus, ce décret ne prévoit pas une telle procédure pour les charges de cours et « la présentation, par la faculté, de candidats pour les charges de cours » est, en 1925, une pratique récente[44]. Il n'en demeure pas moins qu'à cette date Georges Scelle est le chef de cabinet du ministre du Travail Justin Godard et que sa nomination apparaît comme une nomination politique. Dès lors, dans la mesure où un prétexte leur est ainsi fourni, les étudiants hostiles au Cartel des gauches vont orchestrer une campagne d'agitation au Quartier latin. Et l'on va assister à la répétition du scénario établi lors de l'affaire Thalamas. Le thème mobilisateur a le mérite de la clarté : comme Georges Scelle a été élu à la suite d'un passe-droit, il s'agit tout simplement de l'empêcher de faire cours. Et les étudiants d'Action française sont naturellement à la pointe du combat.

Ce combat est facilité par l'attitude de la plupart des enseignants de la faculté de droit. D'une part, la nomination de Georges Scelle à la place de Louis Le Fur a été interprétée comme une atteinte aux franchises universitaires et a, de ce fait, irrité bon nombre de professeurs. A cette irritation vient s'ajouter, d'autre part, un clivage politique que le compte rendu des délibérations du Conseil et de l'Assemblée laisse apparaître en filigrane. Seul Gaston Jèze[45] soutient réellement son collègue Georges Scelle. Or ce sont justement ces deux juristes, on l'a vu, qui ont participé à *La Politique républicaine :* Gaston Jèze y attaquait « l'empirisme financier suivi pendant et depuis la guerre » et affirmait qu'il fallait absolument éviter la déflation, solution, « pratiquement inexécutable, inique, absurde et immorale [et qui] entraînerait des troubles sociaux[46] ». Collaborateurs, par ailleurs, l'un et l'autre du *Progrès Civique,* ils apparaissent donc comme des partisans du Cartel des gauches, en un milieu qui est, semble-t-il, beaucoup moins favorable au gouvernement d'Édouard Herriot. Circonstance aggravante, Georges Scelle, avant même la victoire du Cartel, s'était attiré les foudres des poincaristes et de Poincaré lui-même. De son côté, Gaston Jèze, dès 1916, avait été en butte à l'hostilité de certains milieux de droite. En janvier 1916, en effet, *Le Figaro, L'Écho de Paris* et *Le Gaulois* avaient publié une protestation d'étudiants en droit qui reprochaient à leur professeur d'avoir eu, dans son cours de législation financière de troisième année, des « paroles malveillantes » à l'encontre de Napoléon. Il aurait, le 7 janvier, traité Napoléon de « bandit couronné » et l'aurait comparé au Kaiser[47].

Nul doute, donc, que ces deux enseignants ne soient guère, en ce milieu des années 1920, prisés de leurs collègues[48]. Le ministre de l'Instruction publique,

44. D'après l'intervention de Gaston Jèze à l'Assemblée de la faculté, le 11 mars 1925 (Arch. Nat. AJ 16 1800).

45. Né le 2 mars 1869 à Toulouse, agrégé de droit public en 1901, Gaston Jèze enseignera tout d'abord le droit administratif à Lille. Nommé à la faculté de droit de Paris en 1909 (après y avoir été chargé de cours à partir de 1907), il y occupe en 1918 la chaire de droit administratif. Cette chaire est transformée en 1923 en chaire de finances publiques et de droit public (cf. dossier personnel de Gaston Jèze, Arch. Nat. F 17 24604).

46. G. Jèze, « Les finances », *in* : *La Politique républicaine, op. cit.*, pp. 217-269, citations pp. 224 et 238.

47. Arch. Nat. F 17 24604.

48. Dans le cas de Gaston Jèze, l'hostilité de ses collègues porte peut-être également sur les appointements demandés lors de ses consultations privées. Ainsi, peu de temps après l'affaire Scelle, en novembre 1925, il lui sera reproché, pour dix leçons données au général Hsu-Chou-Tcheng, de passage à Paris, d'avoir demandé 30 000 francs pour « véritable consultation d'État ». Il avait déjà

François-Albert, trouvera, d'ailleurs, dans le doyen Henri Berthélémy, membre de l'Institut et grand spécialiste de droit administratif, un interlocuteur réticent, à qui il finira par demander sa démission.

Tout au long de ce mois de mars 1925 — où éclata un chahut bien monté [49] —, le slogan des meneurs sera simple : « Georges Scelle ne fera pas son cours [50]. » Et, de fait, le lundi 2 mars, jour du premier cours du juriste contesté, des troubles ont lieu, et, la semaine suivante, pour le deuxième cours, la police doit pénétrer dans l'enceinte universitaire afin de déloger les étudiants d'Action française qui s'y étaient barricadés pour empêcher que le cours n'ait lieu.

Deux jours plus tard, l'Assemblée de faculté se réunit et le compte rendu des débats est éclairant à plus d'un titre. Tout en condamnant les troubles et les journaux qui s'en font les complices — *L'Action française* et *L'Écho de Paris* —, nombre d'enseignants déplorent que la police ait pénétré dans les locaux de la faculté le 9 mars. Puis, très vite, il apparaît que la majorité de l'Assemblée est surtout hostile à Georges Scelle et « éprouve un sentiment de regret qu'[il] ait cru devoir accepter une nomination faite contre les propositions de la faculté et sans tenir compte de l'engagement pris par lui vis-à-vis de M. Le Fur ». Gaston Jèze demande alors la parole et proteste contre le fait qu' « une nomination légale et régulière » soit contestée par certains professeurs et demande l'inscription de son intervention au procès-verbal. Une unanimité de façade se refera pour approuver une déclaration du doyen Berthélémy selon laquelle « l'introduction de la police est une mesure d'une exceptionnelle gravité qu'il n'y a lieu de prendre que dans le cas de délit ou de dégât dûment constaté. Il n'y sera pas fait appel pour de simples manifestations d'étudiants ». Reste à définir ce qu'est une « simple manifestation d'étudiants », et, sur ce point, apparemment, le doyen et la majorité des professeurs n'ont pas la même conception que le ministre de l'Instruction publique.

Le problème va, en effet, se poser concrètement à la fin du mois de mars. Le cours de Georges Scelle, suspendu après les incidents du 9 mars, doit rouvrir le 28 mars. Deux jours avant cette réouverture, François-Albert écrit une longue lettre au doyen Berthélémy qui a refusé, semble-t-il, que le cours du 28 se passe sous la protection de la police. La fin de la lettre contient des menaces à peine voilées :

> « ... Je me suis efforcé de vous mettre en garde contre la gravité des troubles qui semblent possibles. Vous vous êtes engagé à rouvrir le cours avec les moyens dont vous disposez et avec le concours de quelques agents de l'Université. J'ai cru, pour cette première leçon, devoir vous faire confiance et tenir compte des traditions anciennes et sans doute peu compatibles avec la situation présente, que vous invoquez avec force. J'ai tout lieu de craindre que les traditions et

---

reçu 50 000 francs du gouvernement roumain dans des circonstances analogues (Arch. Nat. F 17 24604). Une telle hostilité de la part de certains de ses collègues apparaîtra à nouveau au moment où son rôle auprès du Négus enclenchera l'« affaire Jèze » (voir, par exemple, le compte rendu de l'Assemblée de faculté du 4 février 1936, *Registre des délibérations 1934-1940*, Arch. Nat. AJ 16 1802, pp. 159 sqq).

49. On trouve, notamment, des éléments précieux sur ces incidents dans les prises de parole du Président du Conseil et des ministres de l'Instruction publique et de l'Intérieur et dans les discours des orateurs de l'opposition, à la Chambre des députés, le mardi 31 mars 1925 (*Journal Officiel, Chambre des députés, débats parlementaires*, 1er avril 1925, pp. 1376-1984 et 1990-2010, 2e séance du mardi 31 mars 1925, interpellations de MM. Jean Ybarnégaray, Louis Rollin et Joseph Barthélemy sur l'affaire Scelle).

50. Autre slogan, comme il se doit, après la première intervention de la police : « Au violon, Scelle ! ».

l'espoir que vous fondez sur votre autorité personnelle ne soient insuffisants. Je vous prie de considérer encore une fois en toute conscience la responsabilité que vous avez assumée. Au cas où les événements, faute d'une protection suffisante assurée par la police, sous quelque forme que ce soit, pourraient prendre une gravité contraire à vos précisions, je vous prie de bien envisager les conséquences qui pourraient en résulter nécessairement à tous égards. Il serait sans doute contraire aux véritables intérêts de la faculté de droit de Paris, comme à ceux des Universités, de courir de tels risques. Car vous pouvez bien penser que je ne saurais admettre en aucune façon que l'autorité du gouvernement cède devant les violences de quelques étudiants factieux, et que la faculté de droit, au mépris des lois et règlements, donne l'exemple d'une anarchie qui pourrait compromettre les principes mêmes qui régissent les Universités[51]. »

Le samedi matin 28 mars, pourtant, l' « anarchie » régnera pendant quelques heures à la faculté de droit. Des jeunes gens, conduits par le chef des étudiants d'Action française Georges Calzant, se barricadent dans la faculté et, fait inquiétant pour la police, ils se sont munis de vivres, décidés apparemment à soutenir un siège[52]. Philippe Lamour, qui n'est pas encore alors au Faisceau, évoque, cinquante-cinq ans après, l'affaire « Serre » (*sic*) :

« Ce fut l'occasion d'une révolte du Quartier latin, soigneusement fomentée et organisée au cri de " M. Georges Serre ne fera pas son cours ". J'en pris la tête avec quelques camarades. Il y eut des défilés sur les boulevards, une assemblée considérable dans les locaux du Bal Bullier. Puis nous nous retranchâmes dans les locaux de la faculté, place du Panthéon, avec vivres et munitions, pour en interdire l'entrée à toute personne étrangère. Nous y résistâmes plusieurs jours à l'assaut des brigades spéciales et aux jets des lances des pompiers. Nous fîmes des sorties héroïques et prîmes d'assaut le commissariat de police du Ve arrondissement, pour y enfumer les agents comme des taupes avant de nous replier dans notre forteresse comme au bon vieux temps[53]. »

Si ce texte décrit bien l'effervescence qui gagna alors tout le Quartier latin — et qui ne se réduisit pas aux deux seules journées du 9 et du 28 mars —, l'évocation d'une sorte de Commune étudiante installée à l'École de droit plusieurs jours durant après le 28 mars est, sans nul doute, exagérée. Force resta, en effet, à la loi, et, au prix de 78 agents blessés, la police parisienne se rendit maîtresse des lieux. Plusieurs dizaines d'étudiants furent arrêtés et dans leurs rangs également on compta de nombreux blessés. François-Albert ferma la faculté pour une durée indéterminée et suspendit son doyen, à qui il reprochait de ne pas avoir empêché le désordre avec assez d'énergie.

Il faut ajouter, à la décharge du doyen Berthélémy, que, chez les étudiants en droit, les agitateurs de l'Action française ne trouvèrent guère d'opposition, tout au long de ces journées. Seul un petit noyau groupé autour de Pierre Mendès France tenta de tenir tête aux maurrassiens. Ces jeunes gens, appartenant à la LAURS toute récente, durent alors essayer de « tenir la rue et [de] répondre à la canne par la canne », raconta, quatre ans plus tard, le fondateur de la Ligue d'action universitaire républicaine et socialiste, Paul Ostaya, qui ajoutait, faisant apparemment allusion à la journée du 28 mars :

51. Lettre du ministre de l'Instruction publique François-Albert au doyen de la faculté de droit de Paris, en date du 26 mars 1925 (Arch. Nat. F17 25293).
52. Cf. *Journal Officiel*, réf. cit., p. 1996.
53. P. Lamour, *Le Cadran solaire*, R. Laffont, 1980, p. 98. Curieusement, Philippe Lamour place son adhésion au Faisceau avant l'affaire Scelle. Nous verrons plus loin que les deux événements sont forcément chronologiquement inversés, le Faisceau n'existant pas au moment de l'affaire Scelle.

> Les camelots s'étant emparés de l'École de droit, groupés derrière notre secrétaire général coiffé d'un magnifique bonnet phrygien, nous avons manifesté pendant plusieurs heures à travers tout le quartier, attaqués à chaque coin de rue par les camelots exaspérés[54]. »

Nous reviendrons sur la LAURS plus avant dans ce chapitre. Mais soulignons déjà que rares sont les membres de cette organisation qui sont alors réellement étudiants à la faculté de droit : outre Pierre Mendès France, on remarque, par exemple, Yves Bayet, fils du professeur Albert Bayet, ou encore Maurice Papon[55]. Les autres viennent plutôt de la Sorbonne, lettres ou sciences.

On retrouve, du reste, le même clivage début avril, au moment de la grève suscitée par l'Action française. Mais, auparavant, a lieu le mardi 31 mars un débat à la Chambre des députés, à la suite des interpellations de Jean Ybarnégaray, Louis Rollin et Joseph Barthélemy. Ce dernier est particulièrement bien informé de la situation car il était, avant son élection, professeur à la faculté de droit. Né le 9 juillet 1874 à Toulouse, il avait en effet commencé une brillante carrière d'avocat avant d'être reçu à l'agrégation de droit public en 1906 et d'être nommé à cette date à la faculté de droit de Montpellier puis, en 1913, à Paris[56]. Élu en 1919 député du Gers, il siégera, dès lors, à la Chambre dans le groupe Action républicaine et sociale[57]. Mais c'est surtout le député des Basses-Pyrénées Ybarnégaray qui conduit l'offensive. Ce qui vaut à l'auditoire quelques beaux passages d'éloquence. Ainsi cet hommage aux étudiants de la faculté de droit :

> « Les étudiants n'ont ici que des amis *(Très bien ! Très bien ! au centre et à droite)*. Nous sommes en quelque sorte leurs grands frères indulgents envers leur jeunesse et leurs manifestations *(Applaudissements à droite et au centre)*. »

Et, à François-Albert :

> « On nous a dit aussi que vous aviez été un étudiant quelque peu turbulent... une de vos distractions préférées était de troubler les rêves de gloire de Brunetière en tirant sa sonnette de nuit *(Sourires)*. »

Sur les bancs du gouvernement, les ministres du Cartel sont moins gênés par les efforts oratoires de Jean Ybarnégaray que par la nouvelle que l'Association générale des étudiants appellent à une grève générale pour les jours suivants. Et, de fait, cette organisation, théoriquement corporative mais en réalité largement contrôlée par les étudiants royalistes, prend position

---

54. Extrait de l'entretien accordé par Paul Ostaya à Marc Jacquier pour *L'Université républicaine*, nouvelle série, n° 7, 15 avril 1928, p. 2. La phrase sur le bonnet phrygien est ambiguë. S'agit-il, en effet, du secrétaire général de 1924 ou de celui de 1928 ? Le résultat est que Jean Lacouture (*Pierre Mendès France*, Le Seuil, 1981, p. 52) en coiffe Pierre Mendès France tandis qu'André Coutin (*Huit siècles de violence au Quartier latin*, Stock, 1969, p. 332) fait de même pour Paul Ostaya.

55. D'après André Coutin (*op. cit.*, p. 331), qui a évoqué ces événements avec Pierre Mendès France à l'automne 1968.

56. Dossier personnel de Joseph Barthélemy (Arch. Nat. F17 27261).

57. *Dictionnaire des parlementaires français (1889-1940)*, t. 2, PUF, 1962, p. 477. Battu aux élections de 1928, Joseph Barthélemy, devenu l'année précédente membre de l'Académie des sciences morales et politiques, reprendra ses recherches et son enseignement à la faculté de droit. En janvier 1941, il devient garde des Sceaux et conservera ce poste jusqu'en mars 1943. Suspendu de ses fonctions le 20 août 1944 (Arch. Nat. F17 27261) et arrêté, il meurt avant d'avoir comparu devant la Haute Cour de justice.

clairement en engageant une action contre les mesures prises par le gouvernement après la journée du 28 mars. A l'occasion de cette grève, le clivage déjà constaté entre les différentes facultés va apparaître à nouveau. A Paris et en province ce sont les étudiants en droit qui sont en pointe[58], tandis que la Médecine et la Pharmacie semblent également approuver et suivre les mots d'ordre de l'Association générale.

Comme pour l'affaire Thalamas, l'École normale supérieure devient l'épicentre de la résistance aux menées des étudiants juristes de l'Action française. A nouveau, la place du Panthéon et la rue d'Ulm balisent et symbolisent les deux camps opposés. *L'Œuvre* du 2 avril 1925 annonce, en première page, qu' « à l'École normale supérieure, 102 élèves, dont les signatures ont été recueillies en quelques heures, invitent les étudiants et les étudiantes à signifier leur liberté en assistant comme d'habitude aux cours ». Les normaliens socialistes, par exemple, vont, durant ces journées de grève, de cours en cours pour faire nombre. Il est assurément difficile de bousculer les piquets à la faculté de droit même et les efforts des normaliens portent avant tout sur la Sorbonne, dont il s'agit de démontrer qu'elle ne subit pas les contrecoups de la grève. Ainsi, se souvient Georges Lefranc, la tactique était simple : « Nous avons suivi chacun les cours qui relevaient de notre spécialité, et, dans l'intervalle, n'importe quel cours pour faire nombre[59]. »

Et ces normaliens, apparemment, vont en nombre aux manifestations de soutien à François-Albert et Georges Scelle :

> « Un autre groupe de jeunes réactionnaires s'était dirigé vers l'École normale supérieure, pour s'essayer au débauchage. Ils voulurent bien d'ailleurs se convaincre assez tôt de la vanité de leur démarche. Par contre, un groupe de 150 adversaires de la grève est venu rue d'Ulm proclamer sa sympathie. A cinq heures, un monôme d'étudiants antifascistes, parmi lesquels bon nombre de normaliens, se forma sur le boulevard Saint-Michel. En peu de temps, il réunit un millier de manifestants qui allèrent sous les fenêtres du ministère de l'Instruction publique et du ministère du Travail, acclamer MM. François-Albert et Georges Scelle. Le cortège revint ensuite par le boulevard Saint-Germain et se disloqua devant Saint-Germain-des-Prés[60]. »

Le jeune normalien Raymond Aron participa peut-être à ce cortège de soutien. Il se souvient, en tout cas, d'avoir, à cette époque, « manifesté » en faveur de G. Scelle[61].

Les élèves en cours d'études à l'École normale supérieure ne sont pas les seuls normaliens à prendre ainsi publiquement position. Les « archicubes » interviennent également, dans la presse favorable au Cartel. Célestin Bouglé, qui appartient à la même promotion (1890) que Léon Blum et fut aussi élève en même temps qu'Édouard Herriot (1891), et qui, professeur à la Sorbonne, préside alors la Société des amis de l'École normale supérieure — École dont il deviendra directeur-adjoint en 1927 et directeur en 1935 — et dirige le Centre de Documentation sociale installé rue d'Ulm, publie dans *L'Œuvre* du 5 avril

58. Déjà, à l'occasion du débat du 31 mars, le normalien François-Albert n'avait pas toujours pu cacher le peu de sympathie qu'il éprouvait pour les étudiants en droit. Les comparant aux étudiants en lettres, il disait, par exemple de ces derniers : « Ce ne sont pas des étudiants amateurs aussi distingués. Il y a des boursiers, en Sorbonne ! » (*Journal Officiel*, réf. cit., p. 1996). Incontestablement, le Cartel préfère la Sorbonne, où étudient littéraires et aussi, à l'époque, scientifiques.
59. Correspondance avec l'auteur (juillet 1980).
60. *L'Œuvre*, samedi 4 avril 1925, p. 2.
61. Entretien avec l'auteur (23 janvier 1981).

1925 un article intitulé « Lettre à un étudiant sur l'affaire Georges Scelle ». Dans cet article, il se dit « inquiet, incertain, troublé ». Certes, la nomination de Georges Scelle a été une maladresse puisqu'il était dans un cabinet ministériel, mais la cooptation par les facultés « elle aussi a ses tares ». Et surtout, la protestation est une manœuvre politique « d'un parti politique, qui a ses raisons particulières de préférer la candidature opposée à celle de M. Scelle..., contre un ministère que détestent tous les défenseurs des privilèges ». La manœuvre est bien montée, en effet, « mais en réalité bien aveugle qui n'aperçoit pas aujourd'hui, derrière la bannière déployée du corporatisme, le gourdin haut levé du fascisme » et « bien imprudent qui ne se souvient pas que lorsqu'on laisse le fascisme prendre un pied dans la maison, il vous répète bientôt la phrase fameuse : la maison est à moi, c'est à vous d'en sortir ». Il faut donc, conclut Célestin Bouglé, « contre les apologistes du pouvoir personnel..., défendre non seulement les libertés corporatives, mais la liberté tout court ».

Ces réactions normaliennes, intéressantes dans l'optique qui est la nôtre, ne doivent pourtant pas dissimuler l'essentiel. L'affaire Scelle, en réalité, est un échec pour le gouvernement. La fermeture de la faculté pour une durée indéterminée et la suspension du doyen Berthélémy se voulaient des signes de fermeté. Elles sont interprétées, au contraire, comme un aveu d'impuissance par les étudiants royalistes, qui en font un prétexte à la grève générale. Et les normaliens ont beau courir d'un amphithéâtre à l'autre, la place du Panthéon, une fois encore, l'emporte sur la rue d'Ulm[62]. L'épilogue ne tardera pas : une semaine plus tard, un arrêté du 11 avril 1925, signé François-Albert, rapportait celui du 25 février précédent, qui avait chargé Georges Scelle d'un cours semestriel à la faculté de droit de Paris.

L'Action française avait donc gagné. Il ne restait plus désormais au corps enseignant de l'établissement qu'à résorber à sa manière les tensions nées de l'affaire. A la fin du mois d'avril, devant l'Assemblée de la faculté, Henri Berthélémy peut se féliciter, sans être démenti, de « l'aide et la sympathie que lui ont apportées tous ses collègues sans exception » et conclure que « la faculté a donné un exemple admirable de solidarité qui sera certainement fécond en conséquences heureuses pour elle ». Le 10 juillet 1925, le Conseil de faculté élit Louis Le Fur professeur à la faculté de droit de Paris, à l'unanimité des vingt-trois votants. L'enseignant rennais est installé dans ses nouvelles fonctions le 6 novembre suivant et, le même jour, l'Assemblée de faculté réélit Henri Berthélémy doyen par quarante voix sur quarante-deux.

L'Action française au Quartier latin au milieu des années 1920.

Cette victoire des étudiants d'Action française lors de l'affaire Scelle est symbolique. En ce milieu de décennie, en effet, le mouvement de Charles

62. Et onze ans plus tard, à peu près dans les mêmes circonstances, une pétition des normaliens restera lettre morte. Au moment de l'affaire Jèze, en effet, les élèves de l'École normale supérieure envoient une lettre au ministre de tutelle, dans laquelle ils jugent « inadmissibles » les menées contre le professeur de droit (cf. une copie de cette lettre à Arch. Nat. 61 AJ 194). Ce qui n'empêchera pas les incidents de continuer à la faculté de droit jusqu'à ce que, de guerre lasse, Gaston Jèze se replie sur le Musée pédagogique (sur cette affaire Jèze, qui sort des cadres de ce chapitre, on trouve des éléments précieux d'une part dans le dossier personnel du professeur — Arch. Nat. F17 24604, qui contient des pièces sur l'« affaire » provenant de la préfecture de police —, d'autre part dans les archives de la faculté de droit de Paris, Arch. Nat. AJ 16 1802. La similitude entre les deux affaires, tant pour ce qui concerne la tactique étudiante que pour l'attitude du corps enseignant de la faculté, est frappante).

Maurras règne en maître au Quartier latin. Certes, à partir de 1926-1928, un déclin s'amorce, qui profite surtout aux Phalanges universitaires des Jeunesses patriotes. Mais, pour l'heure, les royalistes connaissent une manière d'apogée, et cela dans deux domaines complémentaires qui leur assurent une suprématie indéniable en milieu estudiantin. D'une part, l'Action française conserve un attrait intellectuel qui lui confère une auréole particulière dans le quartier des Écoles. Et même dans un milieu aussi rétif que la khâgne ludovicienne, nous verrons que les idées maurrassiennes parviennent à s'insinuer. Mais c'est surtout dans le domaine de la présence physique au Quartier latin que cette suprématie des jeunes gens de l'Action française, au moment du Cartel des gauches, apparaît évidente. Et la chronique du triangle Panthéon-Luxembourg-Odéon au cours des deux années universitaires 1924-1925 et 1925-1926 est, à cet égard, éclairante.

En 1924-1925, c'est l'Action française, on l'a vu, qui mène la campagne contre Scelle, comme elle l'avait menée contre Thalamas. A la lecture des différentes sources, il apparaît bien que les autres mouvements nationalistes sont à la remorque, sans grande autonomie. Le Groupe universitaire des Jeunesses patriotes, par exemple, en est seulement à tenter d'exploiter les événements pour prendre son envol. Pendant l'hiver 1935-1936, au contraire, c'est un « comité d'entente » qui animera l'opération contre Gaston Jèze et les jeunes maurrassiens y côtoieront, dès le début, d'autres organisations, notamment les Phalanges universitaires — ex-Groupe universitaire des Jeunesses patriotes — et la Légion universitaire de Solidarité française. Ce comité, dont les réunions auront lieu au café « Le Tout Paris », 56, boulevard Saint-Michel, sera présidé par Robert Thielland, des Phalanges universitaires, secondé par Robert Castille, secrétaire général de la Fédération nationale des étudiants, lycéens et collégiens d'Action française. Et l'étude de la liste des 105 personnes arrêtées le 11 février 1936 lors d'une tentative d'occupation de la faculté de droit est significative[63] : ce sont les Volontaires nationaux qui y sont les plus nombreux, et les militants d'Action française y croisent également « phalangeards » et membres de Solidarité française[64].

Durant l'année universitaire 1925-1926, cette omniprésence de l'Action française au Quartier latin reste intacte, et ses commandos entendent garder le monopole de l'expression. Trois incidents choisis au deuxième trimestre de cette année universitaire en témoignent.

En janvier 1926, les étudiants royalistes tentent de perturber le cours de Paul Langevin au Collège de France. Les affaires Thalamas et Scelle n'ont pas été les seules, en effet, au cours desquelles l'organisation de Charles Maurras a essayé de faire taire des voix professorales non conformes à ses vues. A plusieurs reprises, la matraque s'en est prise à la toge. Déjà, on l'a vu, avant

---

63. Sur ce « comité d'entente », cf. le rapport du préfet de police de Paris, du 11 février 1936 (retrouvé dans le dossier personnel de G. Jèze, Arch. Nat. F17 24604). Et sur cette liste de 105 personnes, cf. le rapport confidentiel de la préfecture de police sur les jeunes gens arrêtés à la faculté de droit le 11 février 1936 (*ibid.*).

64. Les Volontaires nationaux, organisation dans la mouvance des Croix de feu, sont bien connus. Nous reviendrons plus loin sur les Jeunesses patriotes. Quant à Solidarité française, elle contrôle une Union corporative des étudiants français ou Légion universitaire, dont le siège se trouve 7, rue Royer-Collard et que préside Jean-Pierre Maxence. Ce mouvement est « peu important » et « ne compte qu'une centaine de membres environ à Paris et très peu en province » (Rapport du préfet de police de Paris du 11 février 1936, signalé à la note précédente). Ajoutons qu'il existe aussi un Groupe des étudiants francistes, qui compte une « trentaine d'adhérents à Paris » et un Groupe des étudiants bonapartistes, dont le siège ne pouvait être que rue Bonaparte (au 82) et qui ne comptait à Paris qu'un « nombre infime d'adhérents » (*ibid.*).

même Thalamas, le socialiste Charles Andler avait été inquiété au printemps 1908. De même, et toujours à la Sorbonne, le 19 mars 1921, le cours public d'esthétique de Victor Basch avait été interrompu, au cri d' « A la porte le métèque ! » et des agents de police avaient dû expulser les perturbateurs dirigés par Georges Calzant[65].

En janvier 1926, l'Action française reproche à Paul Langevin d'avoir présidé la conférence pacifiste d'une institutrice allemande, Mme Rotten[66]. En réalité, c'est le membre de la Ligue des droits de l'homme et l'intellectuel proche du Parti communiste qui est visé. Le vendredi 15 janvier, son cours au Collège de France est interrompu par le jet de boules puantes et de bombes fumigènes. Lors du cours suivant, le mardi 19 janvier, un contrôle policier est mis en place à l'entrée et, ayant constaté la présence de ce barrage, des étudiants munis d'une canne rebroussent chemin. A dix-sept heures, Paul Langevin commence son cours après avoir déclaré à ses auditeurs « qu'il ne comprenait pas l'attitude de certains jeunes imbéciles qui entendent empêcher un professeur de manifester, en dehors de ses cours, ses opinions et de prendre position dans la discussion engagée pour la solution des graves problèmes qui se posent actuellement ». Le lendemain, *L'Œuvre* et *L'Humanité* se réjouissent de cet échec de l'Action française, et, le vendredi 22 janvier, le contrôle policier à l'entrée s'étant montré aussi dissuasif que le 19, le cours, à nouveau, se déroule sans incident, devant 29 personnes[67]. Ce chiffre n'est pas indifférent : on est loin des effectifs de la faculté de droit et, pour une fois, la méthode traditionnellement employée par les étudiants d'Action française a fait long feu, dans un établissement facile à contrôler ; l'intervention de la police ne semble pas y avoir été ressentie comme une atteinte aux franchises universitaires, et les rares et sages auditeurs du Collège de France ne se prêtaient guère, apparemment, aux opérations de provocation si bien réussies ailleurs. Il n'empêche que l'incident est révélateur : pour l'Action française, il n'est pas question de laisser parler certains professeurs trop marqués à gauche ni de laisser s'exprimer les organisations étudiantes de gauche. A peine un mois plus tard, d'ailleurs, c'est une de ces organisations et un de ces professeurs qui sont les cibles d'une nouvelle opération des troupes de Georges Calzant. Le 23 février 1926, en effet, une réunion de la LAURS, au premier étage du Restaurant Procope, est brutalement interrompue, au moment où le conférencier, Georges Scelle, commençait son exposé sur le thème « l'entrée de l'Allemagne dans la Société des Nations ». Les perturbateurs, nous y reviendrons, étaient à nouveau, sans nul doute, des étudiants royalistes conduits par Georges Calzant et la bagarre générale qu'entraîna leur apparition fut brève mais violente. L'organisateur de la réunion, Pierre Mendès France, fut blessé au front.

Mais le troisième incident de ce trimestre décidément bien agité est le plus révélateur. Il permit, en effet, de mettre à nu les techniques de combat — le mot n'est sans doute pas trop fort — de l'Action française. Quinze jours après l'affaire du Procope, un rassemblement du Parti communiste est prévu pour la soirée du 9 mars 1926 à la salle des Sociétés savantes, 8, rue Danton, au cours duquel devaient prendre la parole, entre autres, Jacques Sadoul et Paul

65. Rapport du recteur de l'Académie de Paris au ministre de l'Instruction publique, en date du 20 mars 1921 (Arch. Nat. F17 24604).
66. D'après *L'Humanité* du 20 janvier 1926.
67. Arch. Nat. F7 13198.

Vaillant-Couturier, sur le thème : « les travailleurs intellectuels et la Révolution russe ». Le rassemblement a été annoncé par *L'Humanité* et par des affiches placardées dans le Ve arrondissement. Par ailleurs, dans la crainte d'une intervention des Camelots du Roi, le Parti communiste a mis en place un important service d'ordre. Les communistes, du reste, ne sont pas les seuls à être inquiets. La police, en effet, a appris dans la journée que les étudiants d'Action française avaient tenté de louer la salle des Sociétés savantes pour l'après-midi. De là à conclure qu'il s'agissait de rééditer le sabotage de la salle, afin d'empêcher la réunion du soir, comme l'Action française l'avait fait un mois plus tôt, le 26 janvier, pour une réunion du Faisceau universitaire[68]... La ruse ayant été éventée à temps, l'autorisation de louer la salle fut naturellement refusée mais, en fin de journée, la police connaît une nouvelle alerte. Elle apprend, en effet, que des Camelots du Roi ont été convoqués, par lettre individuelle, dans un gymnase de la rue du Bac, siège de la section d'Action française du VIIe arrondissement.

Après coup, les jours suivants, la police obtiendra d'un « correspondant » des détails précis sur ce qu'ont tramé ces étranges gymnastes[69]. Cinquante camelots environ sont réunis, vers 19 h 30, sous la présidence d'un nommé Lecœur[70]. Ce dernier leur explique rapidement le but de leur mission, qui est simple : saboter la réunion de la salle des Sociétés savantes. Et de préciser :

> « On va vous donner un franc à chacun pour payer votre entrée. Vous vous grouperez par 2, 3 ou 5 au plus. Vous vous éparpillerez ensuite dans la salle en restant toujours au moins deux ensemble. Toutefois, près de la tribune, vous serez une quarantaine. Le signal de l'attaque vous sera donné du centre de la salle. Vous monterez aussitôt à l'assaut de la tribune pour en expulser les orateurs. Quant à ceux d'entre vous qui resteront dans la salle, ils feront vivement évacuer les auditeurs à coups de canne. Pendant la bagarre qui ne manquera pas d'éclater entre vous et les communistes, vous briserez tout ce qui peut être cassé, glaces, chaises, bancs, lampes électriques... »

Et, après l'effort, la détente :

> « Après l'opération, rendez-vous à la Brasserie d'Harcourt où vous trouverez nos amis et où l'Action française vous offrira des consommations. »

Assurément, le 9 mars vers 20 heures, la police ne possède pas ces précisions. Mais une surveillance du gymnase permet de conclure que les jeunes gens qui en sortent se rendent à la salle des Sociétés savantes. Le pire est donc à craindre. Certes, les membres des jeunesses communistes, à l'entrée, tentent de repérer les têtes connues et font systématiquement déposer au vestiaire cannes et parapluies. Cela n'empêche pas une quarantaine de camelots de parvenir à s'introduire individuellement dans la salle. Bien plus, des matraques en caoutchouc distribuées au gymnase ont sans doute pu être dissimulées dans les manches. Et à peine Jacques Sadoul s'est-il dressé pour prendre la

---

68. Rapport de police sur le Faisceau du 30 janvier 1926 (Arch. Nat. F7 13208).

69. Rapports de « correspondants » des 10, 11 et 13 mars 1926 (Arch. Nat. F7 13198). De toute évidence, l'un au moins de ces correspondants a assisté à la réunion du gymnase.

70. Le rappel des camelots avait été rapide. Par exemple, dans le XIIe arrondissement, un délégué « présentait au domicile de chacun d'eux une feuille où figuraient l'heure et le lieu du rendez-vous, en l'espèce la rue du Bac. Il était indiqué de ne pas porter d'armes mais d'avoir une canne solide. Aussitôt communiquée, cette feuille était brûlée en présence du délégué de quartier » (*ibid.*).

parole qu'une voix s'élève : « Silence au traître, en avant les camelots ! » Immédiatement, une quinzaine d'auditeurs placés à gauche de l'estrade se précipitent sur celle-ci et en expulsent les orateurs à coups de matraque, tandis que dans la salle éclatent des « bombes fumigènes ». Très vite, la bagarre devient générale, les glaces sont brisées, les chaises et les bancs volent, des spectateurs effrayés se précipitent vers la sortie.

La police intervient alors, fait évacuer la salle et procède à six arrestations. Dans la salle dévastée, « des matraques et des casse-tête, cannes plombées ou nerfs de bœuf[71] » sont ramassés, ainsi que « deux revolvers, dont toutes les balles avaient été percutées, mais trois douilles seulement étaient vides[72] ». De leur côté, les étudiants d'Action française et les Camelots du Roi[73] se retrouvent au Café d'Harcourt, où les attend Georges Calzant, trop connu pour avoir espéré entrer dans la salle des Sociétés savantes. Et le lendemain, au siège de l'Action française, dans les locaux de la rue de Rome, « on manifeste une vive satisfaction. Tout a marché à souhait, se plaît-on à dire... », note un « correspondant » de la police.

Seule ombre au tableau : le 9 mars au soir, ce sont six membres de l'Action française qui ont été arrêtés au moment de l'intervention de la police. Parmi eux, Jean-Louis Tixier, né le 12 octobre 1907 à Paris, camelot du VIe arrondissement, qui prétend n'avoir assisté au rassemblement qu'à titre personnel[74]. La date de naissance est une indication précieuse. Il s'agit, en fait, du futur Jean-Louis Tixier-Vignancour. Fils de médecin, élève du lycée Louis-le-Grand et bachelier en philosophie en 1924, il est à cette époque en deuxième année à la faculté de droit. Une semaine plus tard, *L'Action française* du 16 mars déplore que trois d'entre eux, dont Tixier, soient encore en prison et qu'on leur refuse la mise en liberté provisoire.

Pierre-Henri Simon et les Jeunesses patriotes.

Si les normaliens ont, pour la plupart, soutenu, tout au moins verbalement, Georges Scelle, il en est un qui joua un rôle marquant dans l'autre camp : Pierre-Henri Simon. Né le 16 janvier 1903 en Saintonge, à Saint-Fort-sur-Gironde, fils d'un notaire installé dans ce bourg, Pierre-Henri Simon, après avoir préparé le baccalauréat à l'École Fénelon de La Rochelle, prépare le concours de l'École normale supérieure à Louis-le-Grand, en hypokhâgne en 1921-1922 puis en khâgne l'année suivante. Il y liera amitié avec Georges

71. D'après *Le Matin* du 10 mars 1926, qui avance le chiffre de cinquante matraques.

72. *Ibid.* ; *Paris-Soir* du 10 mars 1926 signalera qu'un auditeur a eu la main gauche trouée par une balle. Ce journal parle, lui aussi, de deux revolvers, mais le nombre des matraques est passé à 100. Le rapport de police (Arch. Nat. F7 13198) indiquera, en fait, qu'on a ramassé sur les lieux « 26 matraques de modèles divers ».

73. Dans la fin du rapport de police du 9 mars, son rédacteur évoque ces deux organisations. Dans le reste du rapport, au contraire, le mot Camelot est employé comme un terme générique, sans distinction quant aux organisations auxquelles appartiennent les attaquants. Nous avons donc été contraint de procéder de même et d'employer souvent dans les lignes qui précèdent le mot camelot. Mais la présence de Georges Calzant au Café d'Harcourt montre assez que beaucoup de ces « camelots » étaient des « étudiants d'Action française » et qu'il s'agissait là d'une opération montée par les meneurs de la rue Saint-André-des-Arts (le siège des Étudiants d'Action française était au deuxième étage d'un ancien hôtel du XVIIIe siècle, au 33 de la rue Saint-André-des-Arts ; cf., par exemple, les mémoires d'Henry Charbonneau qui fut, au début de la décennie suivante, un des leaders des étudiants maurrassiens : H. Charbonneau, *Les Mémoires de Porthos*, les éditions du Clan, 1967, p. 53). Les Camelots du Roi sont nés en 1908 et les Étudiants d'Action française en 1905 (M. Pujo, *Les Camelots du Roi*, *op. cit.*, p. 25). Comme l'Action française, ces deux mouvements furent dissous en février 1936 (cf. E. Weber, *L'Action française*, *op. cit.*, pp. 401-402).

74. Arch. Nat. F7 13198. Le nom de Jean (ou Jean-Louis) Tixier apparaît également dans *Paris-Soir* et *Le Matin* du 10 mars 1926, ainsi que dans *L'Action française* du 16 mars.

Izard[75]. André Déléage se trouvant dans la même classe, c'est une partie de l'équipe d'*Esprit* qui est donc en gestation dans cette khâgne ludovicienne du début des années 1920.

Mais, pour l'heure, Pierre-Henri Simon est bien loin de la mouvance intellectuelle du futur *Esprit.* Certes, une fois entré rue d'Ulm en 1923, il participe aux activités du groupe « tala » et appartient aux Équipes sociales de Robert Garric[76]. Mais son engagement principal, en ses années normaliennes, est aux Jeunesses patriotes. Cet engagement est connu. Il figure même dans la notice nécrologique consacrée par l'*Annuaire* de l'École normale supérieure à Pierre-Henri Simon. Et ce dernier l'a, du reste, évoqué dans *Ce que je crois.* L'itinéraire est intéressant ; il passe d'abord par un rejet de la tentation maurrassienne :

> « ... Surtout par fidélité familiale mais aussi par réaction contre le conformisme de gauche de l'École qui prenait des accents irritants, je penchais à droite. Le brio intellectuel de *L'Action française* m'attira d'abord, mais mon tempérament libéral et ma sensibilité chrétienne n'étaient pas à l'aise dans le dogmatisme sectaire et le syncrétisme pagano-catholique que Maurras recouvrait de l'étiquette d'une romanité ambiguë. »

Finalement, son nationalisme le conduira dans les rangs des Jeunesses patriotes :

> « ... Je fus donc promu à des postes importants et, trois années durant, je participai, à Paris et en province, à des meetings où Ybarnégaray fouaillait, non sans talent, le personnel parlementaire, où Taittinger... enveloppait " les lys de la Monarchie, les bleuets de l'Empire et les œillets rouges de la République dans un large ruban tricolore "... »

D'où ce portrait incisif, où le presque académicien français Pierre-Henri Simon — il sera élu Quai Conti le 10 novembre 1966 — décrit sans complaisance le meneur étudiant qu'il était quatre décennies plus tôt :

> « En somme, en 1925, j'étais quelque chose comme fasciste et j'aimais en avoir l'air jusqu'au ridicule : sportif, martial, portant volontiers des bottes de cavalier ou des guêtres blanches et défilant au pas cadencé dans les manifestations du Quartier latin[77]. »

L'appartenance de Pierre-Henri Simon aux Jeunesses patriotes est donc bien connue, par le récit même qu'en a fait le principal intéressé. Reste que ce récit est demeuré bien flou en ce qui concerne le rôle joué. Tout au plus est-il question de « postes importants », sans plus de précision. Qu'en a-t-il été exactement ?

Le 25 mars 1924, *Le Drapeau,* journal de la Ligue des patriotes, annonçait qu' « une section de jeunesse qui comprendra un groupe d'études et un groupe sportif est en voie de constitution à la Ligue des patriotes » et qu' « une prochaine réunion publique aura lieu au Quartier latin, sous la présidence de notre vice-président Taittinger ». Et, de fait, cette réunion se tint dans une

---

75. *Annuaire,* 1974, p. 103 (témoignage de Bernard Guyon).
76. P.-H. Simon, *Ce que je crois,* B. Grasset, 1966, p. 35.
77. *Ibid.,* pp. 33-35.

salle de la Société de Géographie. Y prirent la parole trois orateurs, dont Pierre-Henri Simon, représentant des jeunes monarchistes, qui déclara :

> « La charpente usée de l'édifice démocratique et parlementaire craque un peu partout. La démocratie repose sur des postulats qui sont des non-sens. On me parle d'un peuple qui exprime sa vérité ! Comme si d'une collectivité pouvait émaner une volonté une, suivie, forte, comme elle émane d'une conscience individuelle, et comme si, en définitive, ce n'étaient pas des volontés individuelles qui s'imposaient... Le jour où il se sera avéré que la démocratie est incapable de conserver l'héritage, le jour où son autorité se sera émoussée au point de ne plus faire face aux dangers du dehors et du dedans, ce jour-là, pour l'existence même du pays, nous dirons : faisons un chef. Nous avons en commun un même idéal et nous ne différons que dans le choix des moyens de le défendre. Nous avons le droit et le devoir de nous unir[78]. »

Il y a là, en réalité, un engagement monarchiste indéniable — puisque c'est en tant que représentant de cette composante que Pierre-Henri Simon participe à cette réunion d'avril 1924 — et une réflexion alors à la fois nationaliste et antidémocratique.

Trois mois plus tard, en juillet 1924, Pierre-Henri Simon est l'un des quatre vice-présidents qui entourent Pierre Taittinger[79]. Et, au printemps suivant, un rapport de police de mai 1925 sur les Jeunesses patriotes cite parmi les dirigeants Pierre-Henri Simon. C'est lui qui, entre-temps, a créé le Groupe universitaire des Jeunesses patriotes, et le même rapport de mai 1925 établit un lien étroit entre cette création et l'affaire Scelle :

> « A l'occasion des manifestations d'étudiants, une permanence installée Brasserie Steinbach, boulevard Saint-Michel, avait recueilli un certain nombre d'adhésions et un groupe universitaire avait été fondé sur l'initiative d'Henri Simon[80]. »

Ce Groupe universitaire fournira la matrice des Phalanges universitaires de France, créées en décembre 1926. Mais, à cette date, on va le voir, ce sont d'autres étudiants, notamment Stéphane Pighetti de Rivasso, Roger de Saivre et Jean Cappiello, qui vont passer au premier plan des étudiants des Jeunesses patriotes.

Pierre-Henri Simon a donc dirigé le Groupe universitaire des Jeunesses patriotes pendant deux ans. Or, jusqu'en juillet 1926, il est élève de la rue d'Ulm. Est-ce à dire que l'École normale supérieure, malgré son orientation très marquée à gauche, a fourni certains cadres aux mouvements d'extrême droite, au moment du Cartel ? Pierre-Henri Simon nous fournit lui-même la réponse :

> « [Cet engagement] n'était pas trop bien vu à l'École. Lucien Herr, en me fournissant des fiches pour un diplôme sur le socialiste Pierre Leroux, me grondait paternellement derrière son célèbre bureau de la bibliothèque ; mes camarades me chahutaient au « pot »... mais l'esprit merveilleusement libéral et l'humour de la maison couvraient ces fantaisies... L'exception n'était pas, en effet, que je fisse, étant élève à l'École, figure de militant politique, mais que je fusse à

---

78. *Le Drapeau*, 20 avril 1924.
79. Jean Philippet, *Les Jeunesses patriotes de Pierre Taittinger (1924-1940)*, mémoire dirigé par Raoul Girardet, 1967, dact., p. 15.
80. Arch. Nat. F7 13232.

droite. Je n'eus, je crois bien, qu'un complice, mais pour peu de semaines, quand Nizan arbora un beau matin la chemise bleue des fascistes de Georges Valois ; mais il ne devait pas tarder à changer de couleur[81]. »

Et même quand, au cours des années suivantes, les Jeunesses patriotes se seront solidement implantées au Quartier latin, leurs Phalanges universitaires ne seront guère prisées rue d'Ulm. Ainsi, le 5 mars 1928, dans l'après-midi, des phalangeards se rendirent devant l'École normale supérieure et se mirent à y proposer à la criée leur journal *Le National.* Le bruit ayant attiré les normaliens, certains d'entre eux, juchés sur les toits, projetèrent un liquide lacrymogène sur les Jeunes patriotes, à l'aide d'une lance, tandis que d'autres, massés dans la cour, jetaient dans la rue des seaux d'eau. Les normaliens entonnèrent *L'Internationale,* à laquelle on répondit, dans l'autre camp, par *La Marseillaise* et *La Phalangearde.* L'arrivée de la police municipale mit fin à la manifestation[82].

Les Phalanges universitaires.

On est bien loin, au moment de ces incidents, du petit Groupe universitaire initial. En décembre 1926, en effet, ont été créées les Phalanges universitaires de France, qui concurrenceront puis dépasseront, en quelques années, la branche étudiante de l'Action française. D'autant que l'organisation maurrassienne connaît, à partir de la condamnation pontificale de la fin de 1926, une crise de recrutement, notamment dans sa clientèle catholique.

Les relations, au début, ont été bonnes entre étudiants royalistes et phalangeards. Déjà, en 1925, des Camelots du Roi s'étaient inscrits aux Jeunesses patriotes mais, très vite, ils avaient reçu, note un rapport de police, « l'avis impérieux d'avoir à démissionner sous peine de radiation. Ils se bornent aujourd'hui à assister à titre personnel aux réunions organisées par les Jeunesses patriotes ». Les dirigeants de l'Action française avaient ensuite changé d'attitude et encouragé l'adhésion de certains de leurs membres aux Phalanges universitaires, branche des Jeunesses patriotes jugée sans doute plus facile à manœuvrer. Et cette politique d' « entrisme » avait porté ses fruits puisque, indiquait un rapport de synthèse du ministère de l'Intérieur en date du 2 mars 1929, jusqu'en novembre 1928 « le comité directeur des Phalanges avait un secrétaire général et deux commandants de phalange à tendances royalistes ». Le secrétaire général évoqué — président des Phalanges dans d'autres documents — est Stéphane Pighetti de Rivasso. Né le 11 juillet 1904, licencié en droit, cet ancien Camelot du Roi avait quitté l'Action française en 1925 pour adhérer aux Jeunesses patriotes. Pighetti de Rivasso est, jusqu'à la fin de 1928, l'un des trois dirigeants des Phalanges universitaires, les deux autres membres du triumvirat étant Jean Cappiello, fils du célèbre dessinateur, chef des Phalanges de Paris, et Roger de Saivre, commissaire général des Phalanges, dont le rôle ira croissant[83].

---

81. *Ce que je crois,* p. 35. L'engagement éphémère de Paul Nizan au Faisceau est avéré. Nous y reviendrons au chapitre XII.

82. Rapport du 18 janvier 1929 sur l'activité des Phalanges universitaires (Arch. Nat. F7 13232). Ce récit est confirmé par une autre source : le rapport du surveillant général de l'École normale supérieure Roger Dion (Arch. Nat. 61 AJ 194), qui indique la date du 5 mars, alors que le rapport de police parle du 6 mars. Un entrefilet de *L'Étudiant Socialiste* (3e année, n° 6, mars 1928, p. 12) évoque lui aussi l'incident et permet de trancher en faveur du 5 mars.

83. Arch. Nat. F7 13232. Né le 25 mai 1907, Jean Cappiello est alors élève à l'École supérieure d'électricité. Étudiant en droit, Roger de Saivre est né le 14 mars 1908 à Paris.

Avant qu'elle débouche sur une crise interne des Phalanges, cette solide implantation de maurrassiens, tel Pighetti de Rivasso, avait permis de bons rapports entre les étudiants d'Action française et les Phalanges, qui ne pouvaient qu'avantager les premiers. Leur lent déclin et la montée parallèle des phalangeards s'en trouvaient, en effet, masqués, ces derniers apparaissant, aux yeux de la plupart des étudiants, comme étant aux ordres et à la remorque du mouvement de Charles Maurras. Tous les rapports de police sont, sur ce point, convergents. L'un d'eux note, par exemple, en janvier 1929 :

> « [Jusqu'ici, les étudiants des Phalanges universitaires ont] toujours marché à la remorque des étudiants d'Action française, bataillant souvent pour eux contre les étudiants de gauche et n'en retirant que peu d'avantages. Cette tactique semble avoir déçu les membres du conseil des Phalanges se disant, comme on l'a déjà vu, " républicains " et l'on croit pouvoir assurer qu'ils vont désormais essayer de se dégager de la tutelle de l'Action française. D'ailleurs, si ses dirigeants le veulent bien, le groupement des Phalanges universitaires est appelé à prendre la place des étudiants d'Action française et à reléguer ceux-ci au second plan[84]. »

A cette date, la tutelle est rapidement secouée. Tout d'abord, en décembre 1928, le conseil des Phalanges universitaires décide une « neutralité bienveillante » envers l'Action française. Euphémisme utile pour sauvegarder les apparences, mais en même temps révélateur de la dégradation des rapports entre les deux organisations. L'étape suivante est, tout logiquement, la démission, sans doute forcée, de Pighetti de Rivasso en février 1929, suspecté par les siens d'appartenir encore à l'Action française. Cette éviction de l'un des fondateurs des Phalanges, qui laissait place libre aux dirigeants « républicains », s'inscrivait dans un contexte plus large, qui était celui d'une dégradation des rapports entre Charles Maurras et Pierre Taittinger. Selon la même source policière, ce dernier aurait déclaré en novembre 1928 :

> « Les Jeunesses patriotes saluent et aiment les patriotes où qu'ils se trouvent. Mais je suis bien obligé de dire que si quelques-uns des jeunes qui emploient leur grand talent et leur grand prestige à essayer vainement depuis de longues années de démolir le régime s'étaient au contraire essayés à l'améliorer, si ces hommes étaient avec nous et nous aidaient de toutes leurs forces dans notre tâche de reconstruction nationale, la France ne serait pas où elle en est[85]. »

Cette attaque à peine voilée provoque une réaction immédiate de Charles Maurras dans *L'Action française*. C'en était fait, dès lors, de la bonne harmonie qui avait prévalu jusque-là entre Jeunesses patriotes et Action française, notamment entre leurs branches étudiantes respectives.

Le rapport du 18 janvier 1929 prévoyait, on l'a vu, que cette crise permettrait aux Phalanges de reléguer les étudiants d'Action française « au second plan ». Et, de fait, la prédiction allait bientôt se réaliser. Dès décem-

---

84. Rapport du 18 janvier 1929 (*ibid.*). Dans le camp adverse, le journal de la Ligue d'action universitaire républicaine et socialiste, *L'Université Républicaine*, évoque également cette connivence pendant plusieurs années entre les Jeunesses patriotes et l'Action française : « La rupture était imminente : elle est aujourd'hui consommée. Les Jeunesses patriotes et l'Action française se sont mutuellement déclaré la guerre. L'événement est d'importance. Depuis deux ans, les disciples de Maurras et les amis de M. Taittinger s'entendaient comme larrons en foire et s'unissaient au chant de *La Royale* dans leurs attaques contre les étudiants de gauche » (*L'Université Républicaine*, 2e année, n° 13, jeudi 10 janvier 1929, p. 1).

85. Arch. Nat. F7 13232.

bre 1928, les Phalanges décident d'occuper le terrain. Le même conseil qui avait décidé une « neutralité bienveillante » envers l'Action française donne « des ordres fermes... pour que tous les vendeurs de journaux de gauche soient expulsés des portes des facultés et Écoles » et prépare « un grand coup de force contre les socialistes et les communistes [86] ». Cela revenait, en fait, à ne plus abandonner la rue aux seuls Camelots du Roi et Étudiants d'Action française. Le déclin de ces derniers, longtemps masqué par un contrôle indirect exercé sur les Phalanges, apparaît vite. D'autant que les dirigeants phalangeards peuvent bientôt annoncer des effectifs importants. Déjà, avant même la rupture, en juillet 1928, Pierre Taittinger estimait à 2500 le nombre des membres des Phalanges universitaires [87]. En mars 1931, au troisième Congrès des Phalanges universitaires, 150 délégués sont censés représenter 10000 étudiants [88].

Ces chiffres sont difficiles à vérifier. Ils rendent compte, en tout cas, d'une croissance incontestable entre 1928 et 1931. Bien plus, si le chiffre de 1928 a quelque valeur, il est alors possible de dater le « décollage » des Phalanges. Huit mois plus tard, en effet, en mars 1929, un rapport du ministère de l'Intérieur donne les effectifs suivants pour dix Phalanges régionales :

Marseille-Aix	300 adhérents	Toulouse	100 adhérents
Nantes...........	250	Angers...........	100
Lille.............	150	Nancy	100
Lyon	150	Algérie Tunisie	150
Poitiers	125	Paris	2200

On arrive donc à 3625 membres, pour les dix Phalanges inventoriées. Comme le nombre total de ces Phalanges est de dix-sept, on peut estimer les effectifs des Phalanges, en mars 1929, à 4000 à 4500 membres au minimum [89]. Le décollage a donc lieu à la charnière de 1928 et 1929, au moment de la rupture de fait avec l'Action française.

Bien plus, c'est, semble-t-il, dans les mêmes établissements que l'organisation maurrassienne et les phalangeards se recrutent. Ainsi, avant même leur forte croissance, ils sont en mai 1928, selon un rapport de police, 250 à la faculté de droit, dont « 50 membres très actifs ». De même, les Phalanges universitaires s'implantent dans les classes préparatoires à Saint-Cyr. Et cela déjà en 1926, à l'époque du Groupe universitaire. Les obsèques de Maurice Ridard, à cette date, en portent témoignage. En mars 1926, ce dernier, âgé de vingt-deux ans, est candidat à Saint-Cyr, au lycée Saint-Louis, et membre des Jeunesses patriotes du Ve arrondissement. Le 28, au soir d'élections partielles, alors qu'il s'est joint à un cortège des Jeunesses patriotes parti de l'Opéra et se dirigeant vers le ministère de l'Intérieur, il est frappé violemment et succombe rapidement à ses blessures. Les auteurs de cette agression, rue Boissy-d'Anglas, étaient-ils des policiers ou des contre-manifestants ? Le problème

86. *Ibid.*
87. *Le National*, 8 juillet 1928.
88. D'après J. Philippet, *op. cit.*, p. 80. La date précise de ce troisième Congrès, salle de la Mutualité, est le 8 mars 1931 (Arch. Nat. F7 13232).
89. D'autant que les sept Phalanges régionales non citées sont celles de villes universitaires parfois importantes (Bordeaux, Strasbourg, Montpellier...).

n'a jamais été officiellement tranché[90]. Les obsèques de Maurice Ridard ont lieu trois jours plus tard, à la Madeleine, et les calots bleu et rouge des candidats à Saint-Cyr y sont particulièrement nombreux. D'après un rapport de police, y étaient notamment présents cinquante membres de l'Association des candidats à Saint-Cyr, ainsi que les « corniches » de Buffon et de Charlemagne avec leurs fanions. Certes, les Jeunesses patriotes n'étaient pas les seules à appeler à assister aux obsèques. *L'Action française* du 31 mars avait elle aussi publié un entrefilet de l'Association des étudiants candidats à Saint-Cyr invitant tous ses adhérents à se rassembler à 11 h 30 à la sortie du métro Concorde, pour se rendre ensuite aux obsèques de Maurice Ridard. Bien plus, les étudiants de l'Institut catholique appelaient eux aussi à se rendre à la Madeleine. Il reste que l'ampleur de la manifestation montre que les Jeunesses patriotes ont commencé à concurrencer l'Action française chez les « cornichons ».

Plus largement, ce rassemblement de la Madeleine montre bien, en filigrane, le clivage politique qui existe au sein du monde étudiant. Tandis que Jeunesses patriotes, Camelots du Roi et étudiants de l'Institut catholique pleurent le jeune lycéen de Saint-Louis, la LAURS publie le même jour dans *L'Œuvre* un communiqué à la tonalité bien différente :

> « La Ligue d'action universitaire républicaine et socialiste, douloureusement émue par la mort de l'étudiant Maurice Ridard, soutient que les principaux responsables de ce drame sont les chefs fascistes qui ne cessent par des appels de violence inouïe, chaque jour répétés, d'exciter et de révolter une partie de la jeunesse afin de l'embrigader dans les rangs de la guerre civile. Puisse ce tragique accident montrer aux étudiants que la meilleure propagande politique est dans la libre discussion des idées et non dans l'usage dangereux de la matraque. »

Il est vrai que le Groupe universitaire des Jeunesses patriotes puis les Phalanges universitaires ont pratiqué très vite, au Quartier latin, dans la foulée de l'Action française, un activisme pour le moins agressif. Cet activisme s'amplifiera, du reste, à partir de la fin de 1928, après la rupture avec les royalistes. Trois directions, désormais, à l'action des phalangeards. Tout d'abord, face à l'organisation rivale, il faut tenter d'occuper une place de premier plan au sein de l'Association générale des étudiants de Paris, sise 13, rue de la Bûcherie et dont les étudiants maurrassiens entendent conserver le contrôle. Ces derniers y parviendront, du reste, tout au moins au cours des années suivantes : en mars 1930, par exemple, le bureau sortant, au moment de l'élection de l' « AG », est composé de militants d'Action française. La suprématie au Quartier latin passe également par la publication d'un journal, et, dans ce domaine, les Phalanges universitaires réussissent mieux leur percée. Jusque-là, elles se bornaient, en effet, à vendre *Le National*, l'hebdomadaire des Jeunesses patriotes, dont le premier numéro avait paru le 10 janvier 1926. Fin mars 1929 est fondé le mensuel *Les Étudiants de France*, qui va dès lors s'opposer à *L'Université Républicaine* de la LAURS, aux *Étudiants Nouveaux* de l'UFE (Union fédérale des étudiants, de tendance communiste), à

90. On trouve des éléments précieux sur cette mort et sur les obsèques de Maurice Ridard dans le carton F7 13232 des Archives Nationales. Le problème de la responsabilité de l'incident n'y est pas résolu, mais il y est établi que la mort a eu lieu, semble-t-il, au moment d'affrontements avec la police.

L'Étudiant Socialiste, mais surtout concurrencer *L'Étudiant Français* de l'Action française.

Enfin, les Phalanges vont aussi se développer dans une troisième direction, sans doute la plus importante, celle de la domination de la rue au Quartier latin. Et, très vite, face à des étudiants d'Action française à la suprématie déclinante, force est de constater qu'elles vont contrôler le terrain. Ainsi, au cours de l'année 1930, se livrent-elles à quelques actions spectaculaires. En janvier, les phalangeards interdisent la rue aux étudiants communistes et aux membres de la LAURS, qui doivent se battre pour vendre *Les Étudiants Nouveaux* et *L'Université Républicaine*. En juin, ils manifestent, au lycée Condorcet contre le professeur Félicien Challaye. Pour ce qui est de la technique utilisée comme de la cible choisie — ce professeur de philosophie est alors l'une des figures pacifistes les plus en vue —, il y a dans cette action volonté évidente de surenchère sur l'Action française. Volonté que l'on retrouve dans une intervention dirigée, le 11 novembre, contre une réunion animée par Marc Sangnier et jugée « une ignominie pour la France ». Et le sabotage, en décembre, d'un rassemblement aux Sociétés savantes durant lequel Victor Basch devait évoquer le rapprochement franco-allemand s'inscrit lui aussi dans le droit fil des menées des étudiants royalistes au cours de la décennie qui vient de s'achever[91].

A l'aube d'une nouvelle décennie, les Jeunesses patriotes exercent donc une influence prédominante au Quartier latin, où le grand homme n'est plus le maurrassien Georges Calzant mais l'un des dirigeants des Phalanges universitaires, Roger de Saivre[92]. Le texte dont sont reproduits ci-dessous de larges extraits rend bien compte de cette prédominance. Il s'agit, en effet, d'un rapport sur les Unités franches ou Groupes francs des Phalanges universitaires, au troisième congrès national de ces Phalanges, en mars 1931 :

> « Les Unités franches ont été fondées pour lutter contre les éléments universitaires antinationaux qui, il y a quelques années, exerçaient une véritable dictature sur les Universités. Les Phalanges ont voulu que cet état de choses soit changé et il l'a été grâce aux Unités franches qui n'ont plus permis aux éléments internationalistes de se croire les maîtres et même d'infester les Universités de leurs doctrines révolutionnaires. Les Unités franches doivent donc empêcher la propagande que seraient tentés de faire les internationalistes dans les milieux universitaires. Mais, de là, il ne faudrait pas conclure que les Unités franches ne sont que les troupes de choc des Phalanges ; non, elles sont et doivent être avant tout l'élite des propagandistes de nos idées. Certes, je n'ignore pas que nos camarades des Unités franches savent aussi, quand il le faut, payer de leur personne et employer la méthode forte vis-à-vis des excités de la LAURS, des Étudiants socialistes ou de l'UFE, et je les en félicite. L'activité des Groupes francs de Paris a été grande depuis le deuxième congrès national. Que de réunions de Victor Basch, de Langevin, ont été vidées grâce aux Groupes francs de Paris.

---

91. Ces quatre opérations montées par les Jeunesses patriotes en 1930 sont évoquées à Arch. Nat. F7 13232.

92. Roger de Saivre a été grièvement blessé, le 9 janvier 1929, d'un coup de stylet dans la région du cœur, lors d'une réunion organisée au Café Turquetti par les Phalanges universitaires sur le thème « l'Indochine dans le cadre national ». Des étudiants indochinois vinrent porter la contradiction à l'un des leurs qui devait faire une conférence devant les Jeunes patriotes, et la réunion dégénéra en bagarre générale (cf. Arch. Nat. F7 13232, et aussi, par exemple, *Le Matin*, *L'Humanité* et *La Volonté* du 10 janvier 1929). Une autre figure marquante du Quartier latin dans les premières années de la décennie suivante sera Robert Thielland, président des Phalanges universitaires et représentant des étudiants de la faculté de droit au conseil de discipline de l'Université de Paris.

> Toutes les ligues d'étudiants internationalistes et marxistes connaissent l'entrain des Groupes francs et, à l'heure actuelle, ni la LAURS, ni les Étudiants socialistes, ni l'UFE n'osent même distribuer de tracts au Quartier latin, car ils savent trop bien ce qui les attend si jamais nos camarades des Groupes francs l'apprennent. Le Quartier latin est très calme cette année, je dirais presque trop calme. Pour ma part, depuis que j'ai l'honneur de commander les Groupes francs de Paris, il n'y a pas eu une seule bagarre importante au Quartier latin. Nous sommes les maîtres du Quartier latin et aucune ligue universitaire n'oserait s'opposer à nos volontés. Nous faisons ce que nous voulons, c'est d'ailleurs la cause de la terreur de la LAURS et de l'UFE...[93]. »

Certes, il faut faire la part, dans ces déclarations, du triomphalisme propre à tout rapport de congrès. Mais, par-delà la prudence élémentaire que suscitent de tels communiqués de victoire, il reste que cette description du Quartier latin aurait pu être rédigée, à peu près dans les mêmes termes, en 1926, par un délégué des Étudiants d'Action française. En cinq ans, dans le quartier des Écoles, on a vu la main passer, semble-t-il, des maurrassiens aux Phalanges universitaires.

Le Faisceau universitaire.

Un autre groupement étudiant d'extrême droite, le Faisceau universitaire, aurait souhaité lui aussi bénéficier d'un tel transfert d'influence. Mais son existence fut éphémère et, en 1930, au moment où certains empochent les dividendes du déclin de la mouvance étudiante de l'Action française, il n'existe plus depuis longtemps.

Le 11 novembre 1925, lors d'une grande réunion salle Wagram, le Faisceau de Georges Valois est constitué[94]. Un mois plus tard, ce mouvement crée une branche étudiante, le Faisceau universitaire. Pour cette création, une « grande réunion privée » est organisée à la Salle d'Horticulture, 84, rue de Grenelle. Mais la réunion ne resta pas longtemps « privée », et les étudiants royalistes — pour qui le Faisceau universitaire, fondé par un dissident de l'Action française, pouvait devenir un concurrent dangereux au Quartier latin —, conduits par Georges Calzant, prirent d'assaut la tribune et allumèrent des feux de Bengale dans la salle, interdisant ainsi aux orateurs de s'exprimer. Auraient dû parler Georges Valois, Jacques Arthuys, Hubert Bourgin, et le « délégué universitaire du Faisceau », Philippe Lamour. Ce dernier a fait le récit, plus d'un demi-siècle plus tard, de cette réunion avortée dans *Le Cadran solaire :*

> « Un soir, comme une réunion du Faisceau commençait au Quartier latin dans la salle des Sociétés savantes, une équipe de jeunes gens s'élança vers la tribune, la canne haute, et en chassa les assistants en criant : " M. Gressent, dit Valois, est-il un honnête homme ? " En même temps, ils jetaient dans la salle des bombes

93. Arch. Nat. F7 13232.

94. Pour cette réunion du 11 novembre 1925, voir, par exemple, le rapport de police la concernant à Arch. Nat. F7 13209. Pour le paragraphe qui suit, notre source principale a été, en effet, constituée par les archives du ministère de l'Intérieur (Arch. Nat. F7 13208 à 13212). Dans son étude sur Georges Valois et les mouvements qu'il anima (*Georges Valois. L'Action française. Le Faisceau. La République Syndicale*, éd. Albatros, 1975), Yves Guchet, apparemment, n'a pas utilisé cette source, se fondant surtout sur l'œuvre écrite de Georges Valois et sur le dépouillement du *Nouveau Siècle*. Le Faisceau universitaire, qui n'apparaissait guère dans ces sources, n'y est donc pas étudié. En revanche, il est mentionné, brièvement, dans l'article de Z. Sternhell consacré au Faisceau, *RFSP*, XXVI, février 1976, pp. 22 et 25.

fumigènes et des boules puantes et le public n'eut plus qu'à se précipiter à l'extérieur, étouffant, pleurant et crachant dans les mouchoirs. C'était une attaque des Camelots du Roi[95]... »

Le lieu indiqué pour la réunion interrompue est erroné. La salle des Sociétés savantes ne servit pour un rassemblement qu'en janvier 1926 et celui-ci, quoique saboté lui aussi par les royalistes, put toutefois se tenir et les orateurs purent y prendre la parole.

Ce n'est qu'un mois et demi plus tard, en effet, que Philippe Lamour put organiser une réunion du Faisceau universitaire. Le 29 janvier 1926, à la salle des Sociétés savantes, est prévu, à 19 heures 30, un rassemblement de ce mouvement. Le même local avait été loué pour l'après-midi par une Union des Syndicats et Associations des employés de Bourse. Il s'agissait là, en fait, d'un prétexte et les véritables organisateurs de la réunion de l'après-midi étaient des étudiants d'Action française. Au terme de leur toute théorique réunion, ils purent, étant sur place, commencer à saccager la salle et à y vaporiser des « gaz fumigènes et lacrymogènes », dans le but évident de rendre impossible la réunion du Faisceau universitaire à 19 heures 30. Mais, une heure avant, la police intervint et quatorze étudiants royalistes furent arrêtés. Cette intervention enraya à temps le sabotage de la salle et la réunion put se tenir. Philippe Lamour s'y révéla un « orateur agréable, parfois puissant ». Les Camelots du Roi, massés devant la salle, durent s'en tenir à traiter de « fascistes » les jeunes gens qui sortaient de la réunion, avant que la police fasse circuler[96].

Cette réunion réussie permit au Faisceau universitaire de se développer et, à la mi-mars, le mouvement comptait cinq cents membres. Par ailleurs, Georges Valois contre-attaqua sur deux fronts. Le front juridique, d'abord : il assigne *L'Action française* en justice et l'avocat Philippe Lamour plaide et gagne les procès. Autre moyen, moins pacifique :

> « On tenta de réagir en force et, une nuit, à la tête d'une " centurie ", nous donnâmes l'assaut aux bureaux de *L'Action française*, rue de Rome. Nous fûmes accueillis à coups de revolver et remportâmes quatre blessés[97]. »

Le 14 novembre 1926, en effet, des membres du Faisceau saccagent les locaux de *L'Action française* et, au cours de la bagarre, l'un des leurs est grièvement blessé par balle[98].

Ces inquiétudes de l'Action française après la naissance du Faisceau étaient en partie vaines. Le mouvement de Georges Valois connut, en effet, un déclin rapide de 1926 à 1928. Le contexte, tout d'abord, avait changé : le retour de la droite au pouvoir, en 1926, avec Poincaré, enleva en grande partie leur raison d'être aux ligues. Par ailleurs, et de façon plus spécifique, le Faisceau fut miné par ses divisions internes, génératrices d'exclusions en chaîne. Ainsi, Philippe Lamour est exclu en mars 1928 pour, note un rapport de police, « indiscipline », à l'instigation, semble-t-il, de Georges Valois et Jacques Arthuys. Comme Georges Valois, bientôt partant à son tour, il allait désormais évoluer vers la gauche. Tout autant que les exclusions, les départs volontaires

95. Ph. Lamour, *op. cit.*, p. 96.
96. Rapports du 30 janvier et du 1er février 1926 (Arch. Nat. F7 13208).
97. Ph. Lamour, *op. cit.*, p. 98.
98. L'affaire fit grand bruit dans la presse : cf. par exemple *Le Petit Journal*, lundi 15 novembre 1926, pp. 1 et 3.

affaiblirent également le Faisceau. Un autre rapport, par exemple, signalait au deuxième semestre de 1926 que Jacques Debu-Bridel était retourné à l'Action française. Ce rapport précisait qu'à la rédaction du *Nouveau Siècle*, ce dernier était considéré comme un... « parfait crétin [99] ».

La Ligue d'action universitaire républicaine et socialiste (LAURS).

Les « excités de la LAURS », telle est l'une des cibles des Phalanges universitaires, qui se proposent d'utiliser contre eux, on l'a vu dans leur rapport de 1931, « la méthode forte ». Et déjà, six ans plus tôt, au moment de l'affaire Scelle, cette organisation apparaissait sur le devant de la scène et, du même coup, dans la ligne de mire des mouvements nationalistes.

La Ligue d'action universitaire républicaine et socialiste est née en 1924, à l'initiative d'un étudiant en sciences, Paul Ostaya [100]. Ce dernier avait d'abord pris la tête, au début de cette année-là, d'un Comité d'action universitaire ayant pour objectif de réagir face aux menées de l'Action française au Quartier latin. Ce Comité, après les élections législatives, devint la LAURS, « groupant tous les éléments universitaires républicains », et, le 26 novembre, un grand meeting eut lieu aux Sociétés savantes, présidé par Victor Basch. A une époque où les Étudiants socialistes n'existent plus, cette Ligue entend devenir le point de rassemblement des étudiants favorables au Cartel, et, de fait, si nombre de ses membres sont proches du Parti radical, il se trouvera pendant plusieurs années bien des étudiants socialistes pour y adhérer [101], la Ligue n'étant théoriquement liée à aucun parti.

L'Appel aux étudiants de France adopté au congrès de la LAURS de février 1927, à Grenoble, est à cet égard significatif :

> « Contre ceux qui prétendent asservir et diriger les destinées des jeunes générations intellectuelles, la Ligue d'action universitaire républicaine et socialiste dresse le bloc uni et résolu de tous les étudiants de gauche. Elle défendra l'Université, ce foyer traditionnel de lumière et de libre examen, ce refuge des idées de progrès et des hommes libres, contre le flot montant du cléricalisme et du fascisme. Dans l'âpre lutte qu'elle mène, tous les appuis, tous les concours lui sont nécessaires. Elle professe que républicains et socialistes sont trop faibles dans l'Université pour ne pas réaliser l'union de tous les étudiants de gauche dans son œuvre de résistance et de propagande contre l'emprise réactionnaire. En dehors et au-dessus de tous les partis, elle affirme sa volonté d'appliquer jusqu'au bout son programme : l'action par l'union dans l'indépendance [102]. »

---

99. Arch. Nat. F7 13210. Jacques Debu-Bridel n'est peut-être pas le seul futur gaulliste de gauche que le Faisceau ait compté dans ses rangs. Dans *Le Nouveau Siècle* du 2 janvier 1927, page 5, est mentionné, en effet, comme membre du Faisceau un R. Capitant, sans plus de précisions.

100. Cf. le témoignage de ce dernier, quatre ans plus tard, dans l'organe de la LAURS, *L'Université Républicaine* (n^lle^ série, n° 7, 15 avril 1928, p. 2).

101. En novembre 1927, nous le verrons, la SFIO interdit momentanément la double appartenance. Les communistes avaient, pour leur part, rompu dès 1925 avec la LAURS (cf. témoignage de Paul Ostaya, *loc. cit.*). En 1926, est fondée l'UFE (Union fédérale des étudiants) qui se veut une « organisation présyndicale universitaire » et qui se maintient dans un premier temps dans une neutralité apparente entre la CGT et la CGTU. Mais, à partir de son congrès de 1928, l'UFE est l'objet d'un « noyautage unitaire » (d'après un article — hostile — de *L'Université Républicaine*, 2e année, n° 18, samedi 1er juin 1929, p. 1). Et même si les Étudiants socialistes continuent encore en 1929 à y mener une politique de présence (cf. *L'Étudiant Socialiste* de mars-avril 1929), en fait, à la fin des années 1920, l'UFE est considérée au Quartier latin comme l'organisation étudiante du Parti communiste.

102. Cf. G. Bourgin, J. Carrère et A. Guérin, *Manuel des partis politiques en France*, 2e éd. refondue, Rieder, 1928, pp. 215-216.

Profondément imprégné de l'héritage des Lumières et de la Révolution française, cet appel met en avant un certain nombre de notions, « lumière », « libre examen », « idées de progrès », « liberté », qui sont autant d'éléments constitutifs d'une sensibilité supposée commune à tous les « étudiants de gauche ». En même temps, il ne se prononce pas sur des questions précises comme l'organisation sociale ou les institutions politiques, susceptibles d'être des ferments de division entre ces étudiants. Soucieux « d'action dans l'union », il montre bien l'orientation cartelliste de la LAURS, à un moment où les hiérarques du Parti radical se sont rapprochés de Poincaré. Des raisons tactiques entrent sans doute en ligne de compte : perce, en effet, dans ces lignes le souci de la LAURS de faire pression sur la SFIO à un moment où celle-ci s'apprête à interdire la double affiliation à la LAURS et dans une organisation socialiste. Mais ces considérations tactiques n'expliquent pas tout. Il y a incontestablement chez les dirigeants de la LAURS une aspiration à plus de justice sociale, qui les conduit, du reste, à gauchir de plus en plus leur discours. Ainsi, au congrès de Nantes, en janvier 1929, le secrétaire général de la LAURS, René Georges-Étienne, déclare, dans un nouvel appel aux étudiants de France :

> « ... C'est également au nom de l'idée de justice que la Ligue demande à la jeunesse intellectuelle de France de s'associer aux légitimes revendications de la classe ouvrière. La Ligue constate que le malaise croissant de notre pays a pour cause essentielle le fait que dans notre société moderne, le régime capitaliste a mis la puissance tout entière aux mains des détenteurs de l'argent, qui s'en servent pour dominer le monde des travailleurs manuels grâce à l'appui des travailleurs intellectuels. C'est parce que le travail est divisé et que le capital peut lui imposer sa volonté : d'une part, les travailleurs manuels constituent une masse asservie, de l'autre, les travailleurs intellectuels, mal éclairés, sont trop souvent à la disposition du capital et commandent en son nom. Contre ce régime immoral et contraire à la dignité humaine, la Ligue demande aux étudiants de France, qui fourniront demain les intellectuels de la production, de se ranger aux côtés des travailleurs manuels pour empêcher le capital d'abuser de sa puissance. Elle demande que la masse des travailleurs, intellectuellement émancipée par l'école unique, dont la Ligue réclame à nouveau la réalisation, soit pratiquement organisée en associations syndicales auxquelles la jeunesse universitaire apportera demain le concours de sa technique [103]... »

Et l'on retrouve les mêmes thèmes, quarante ans plus tard, dans les souvenirs qu'égrène, sur son passage à la LAURS, Pierre Mendès France à l'automne 1968 :

> « Nous n'étions pas seulement prêts à défendre la démocratie politique. Au nom de l'idée de justice, nous voulions l'établissement d'une démocratie économique et sociale [104]. »

Pierre Mendès France rejoignit la LAURS dès le début : sa carte d'adhérent porte le n° 10 [105]. A cette époque, le futur Président du Conseil est étudiant.

---

103. *L'Université Républicaine*, 2e année, vendredi 8 février 1929, n° 14, numéro spécial, « Le IIIe Congrès National de la LAURS », p. 1.
104. Souvenirs recueillis par A. Coutin à la rentrée universitaire de 1968 (*op. cit.*, p. 340).
105. Entretien de Pierre Mendès France avec René Georges-Étienne (*L'Université Républicaine*, nlle série, n° 8, 1er mai 1928, p. 2).

Après sa classe de philosophie faite au lycée Louis-le-Grand, il s'est en effet inscrit, en octobre 1923, à la faculté de droit et à l'École libre des sciences politiques. En janvier 1926, il devient secrétaire de la section parisienne de la LAURS, organisation dont il sera, treize mois plus tard, le président, jusqu'en janvier 1928 [106].

A cette date, l'assise géographique de la LAURS s'est élargie. Au début de l'année 1926 encore, il n'y avait qu'une seule section, la section parisienne, à laquelle étaient affiliés deux groupes de province, ceux de Grenoble et Poitiers. La LAURS comptait alors 400 adhérents. C'est à ce moment qu'un effort de développement est décidé. Les deux groupes provinciaux prennent leur autonomie et deviennent les deux premières sections provinciales, formant avec Paris une Fédération nationale. Cette Fédération peut tenir son premier congrès à Grenoble en février 1927. C'est lors de ce congrès que Pierre Mendès France, qui dirigeait depuis un peu plus d'un an la section parisienne et donc, en fait, le noyau central, prend la direction de la Fédération nationale, qu'il gardera jusqu'au congrès de Clermont-Ferrand fin janvier 1928 : à cette date, la LAURS compte onze sections. Cet effort de développement à partir du début de 1926 s'était doublé d'un effort de propagande. A cette époque, 7 000 « circulaires d'actualité » avaient été distribuées au Quartier latin et une réunion d'études mensuelle avait été organisée. Les deux premiers orateurs furent Hyacinthe Dubreuil, de la CGT, qui traita de l'éducation ouvrière, et Georges Scelle, qui évoqua le problème de l'entrée de l'Allemagne à la SDN. Cette dernière réunion, nous l'avons vu et nous y reviendrons, donna lieu à des affrontements avec l'Action française. Le « point central de [cette] propagande » fut, selon le témoignage de Pierre Mendès France dans *L'Université Républicaine*, l'organisation d'un banquet présidé par Édouard Herriot et auquel prirent part 700 personnes.

Si les khâgneux semblent s'être inscrits nombreux à la LAURS, des responsabilités directes à la tête de la Ligue étaient peu compatibles avec le travail et l'emploi du temps des classes préparatoires. Et lorsque ces khâgneux apparaissent dans l'organigramme de la LAURS, ils sont, le plus souvent, passés à la faculté des lettres et y trouvent plus de loisir pour l'action militante.

Ainsi, en 1928 et 1929, la première page de *L'Université Républicaine* donne comme directeur le nom de Pierre Favreau. Il s'agit vraisemblablement de l'ancien khâgneux du même nom, à l'époque agrégatif d'histoire à la Sorbonne et qui avait été inscrit en hypokhâgne et en khâgne à Louis-le-Grand de 1924 à 1926. Tout au plus, à la même époque, certains élèves des khâgnes trouvent-ils le temps d'écrire quelques lignes dans *L'Université Républicaine*. Ainsi découvre-t-on, dans le numéro du 1er avril 1930, un article du khâgneux ludovicien Georges Pompidou, très hostile à l'Action française [107].

L'hypokhâgne de Louis-le-Grand de 1929-1930 accueillit deux élèves qui, une fois passés à la Sorbonne, jouèrent un rôle important au sein de la LAURS. Tout d'abord, André Albert, fils du ministre radical François-Albert, qui devient en 1929, alors qu'il est en hypokhâgne, délégué de la LAURS pour le lycée. Mais c'est surtout à partir de 1930, quand il passe de Louis-le-Grand à la

106. *Ibid.*; cf. également sur ce point Pierre Mendès France, *Œuvres complètes*, tome 1, *S'engager, 1922-1943*, Gallimard, 1984, p. 41.

107. Georges Pompidou, « Procédés », *L'Université Républicaine*, n° 26, mardi 1er avril 1930, pp. 2 et 4.

Sorbonne et à la faculté de droit, qu'il milite dans ces deux établissements pour la Ligue. Et le début de sa vie politique semble reproduire, à quatre ans de distance, celui de Pierre Mendès France. Comme ce dernier, d'animateur de la LAURS il se transforme en jeune parlementaire. A vingt-cinq ans, en effet, en 1936, il est élu député des Deux-Sèvres, sous l'étiquette du parti Camille Pelletan. Il reprenait là le flambeau familial, dans la circonscription de Melle que son père avait représentée jusqu'à sa mort en 1933. Après avoir voté les pleins pouvoirs au maréchal Pétain, il ne tenta pas de renouer avec une carrière politique sous la IVe République et reprit sa carrière de journaliste, amorcée avant 1936. Chef du service politique de *Paris-Presse* de 1947 à 1950, il entra à cette date à *L'Aurore*.

Marcel Jans, issu de la même hypokhâgne ludovicienne de 1929-1930, occupa des fonctions plus importantes à la LAURS. Né le 27 août 1910 à Paris, fils du régisseur de la Comédie-Française, il fait ses études au lycée Montaigne puis à Louis-le-Grand. En 1929-1930, il entre en hypokhâgne et, l'année suivante, il est l'élève de la même « première supérieure 2 » que Georges Pompidou. Étudiant en allemand à la Sorbonne, il y est l'un des principaux dirigeants de la LAURS et participe aux batailles rangées contre les monarchistes et les Jeunesses patriotes[108]. En 1936, il est président de la LAURS.

Après sa création, la LAURS sera fréquemment en butte à des expéditions montées par les étudiants nationalistes. Le 26 novembre 1924, on l'a vu, elle brise l'exclusive que faisait régner l'Action française au Quartier latin en organisant un grand meeting dans la salle des Sociétés savantes. Dès lors — et plus encore un an plus tard, quand la LAURS entreprendra un effort de propagande au Quartier latin —, les réunions des étudiants républicains seront la cible des hommes de Georges Calzant. Les raids de ces derniers jalonnent ainsi l'histoire de la LAURS. Le 23 février 1926, par exemple, dans la soirée, une réunion de la LAURS réunissant quatre-vingts personnes dans une salle du premier étage du Restaurant Procope, rue de l'Ancienne-Comédie, est brutalement interrompue[109]. A cette réunion, présidée par Pierre Mendès France, devait prendre la parole Georges Scelle, sur le thème : « l'entrée de l'Allemagne dans la Société des Nations ». Au moment où le professeur de droit commençait son exposé, une dizaine d'étudiants d'Action française conduits par Georges Calzant firent irruption dans la salle et jetèrent des chaises dans la direction de l'orateur. Une bagarre générale s'ensuivit jusqu'à ce que la police municipale, appelée par le patron de l'établissement, intervienne et expulse les perturbateurs, qui se dispersèrent en entonnant *La Royale* et en criant : « A bas la République, vive le Roi ! » Les étudiants de la LAURS comptaient plusieurs blessés, dont Pierre Mendès France qui « portait une blessure saignante au front côté gauche ». Après les incidents, le

---

108. Cf. le témoignage de l'un de ses adversaires de l'époque, Henry Charbonneau, qui était, à cette date, l'un des dirigeants des Étudiants d'Action française (Henry Charbonneau, *Les Mémoires de Porthos*, *op. cit.*, p. 62). Né en 1913, fils de général, Henry Charbonneau est, au début des années 1930, étudiant en histoire et en littérature à la Sorbonne (*ibid.*, p. 48 ; en réalité, un rapport de police parle à son sujet, lors d'incidents à la faculté de droit en janvier 1933, d'un « étudiant immatriculé à la faculté des lettres, qui ne suit plus les cours d'aucune faculté, mais qu'on retrouve dans toutes les manifestations... » : rapport de police retrouvé dans le dossier Jèze, Arch. Nat. F17 24604). Proche de Darnand et de Deloncle à l'époque du Front populaire, engagé dans les corps francs en 1939, prisonnier deux ans comme valet de ferme en Silésie, il milite à son retour en France au MSR puis devient l'un des principaux animateurs de la Milice, dont il dirigea l'hebdomadaire *Combats*. Emprisonné après la guerre, il devint ensuite rédacteur à *L'Aurore*, à *Carrefour* et à *Valeurs Actuelles*, en général sous le pseudonyme d'Henry Charneau. Il est mort en janvier 1982.

109. Arch. Nat. F7 13198.

propriétaire du Procope recensa deux carreaux cassés, ainsi que quatre chaises et une banquette brisées. Un pistolet automatique, chargé de six balles, et un coup-de-poing américain furent trouvés dans les lavabos du restaurant et remis au commissariat. L'affaire n'eut guère de suites judiciaires : « Sur la réquisition de M. Pierre Mendès France », Georges Calzant, avocat à la cour, secrétaire général de la Fédération nationale des étudiants d'Action française, « domicilié 6, rue du Vieux-Colombier, a été arrêté et conduit au commissariat de police du quartier de la Monnaie. Il a été relaxé après vérification de domicile ».

La Fédération nationale des étudiants socialistes.

Se voulant une organisation de gauche au-dessus des partis, la LAURS put, on l'a vu, recruter au début parmi les étudiants socialistes, dont l'organisation n'avait pas survécu à la scission de Tours. Mais la renaissance, à partir de l'hiver 1925-1926, d'un groupe parisien des étudiants socialistes puis, l'année suivante, d'une Fédération nationale des étudiants socialistes va limiter dès lors son aire de rayonnement.

Ce sont des élèves de l'École normale supérieure qui sont à l'origine de cette renaissance[110]. Marcel Déat, à l'époque bibliothécaire adjoint rue d'Ulm, conseilla en effet à Georges Lefranc et à Jean Le Bail de reconstituer les Étudiants socialistes et c'est Le Bail, futur député socialiste de la Haute-Vienne, qui, le premier, dirigea le groupe parisien, premier maillon de la reconstruction.

En 1927, la Fédération nationale des étudiants socialistes est, à son tour, reconstituée par le même groupe de normaliens. C'est l'un d'entre eux, Maurice Deixonne, futur président du groupe parlementaire à l'Assemblée nationale, qui va tout d'abord en assurer la direction; puis, quand la tuberculose l'aura contraint à quitter Paris, un étudiant en droit, Claude Lewy, futur maire d'Orléans, lui succédera. En 1928, c'est Claude Lévi-Strauss, ancien khâgneux de Condorcet et étudiant en philosophie et en droit, qui prend la relève, puis, en 1929, c'est au tour d'Émilie Lefranc de prendre en charge la FNES.

Avec la LAURS, la concurrence était inévitable. Le 16 novembre 1927, la SFIO interdit à ses membres, et donc, entre autres, aux étudiants de la FNES, d'adhérer à la Fédération des jeunesses laïques et républicaines. Cette Fédération, qui comptait alors près de 75000 adhérents, se proclamait « en dehors et au-dessus des groupements politiques », mais beaucoup de ses membres étaient radicaux[111].

La LAURS étant membre de la Fédération des jeunesses laïques et républicaines, l'inscription à cette Ligue était donc désormais interdite aux jeunes socialistes. Cela était particulièrement grave pour une organisation qui, semble-t-il, après un essor en 1926, constatait une baisse du nombre de ses adhérents et souhaitait, de ce fait, que la FNES conseillât à ses membres la double affiliation. Ce que les socialistes refusèrent dès le début. Georges Lefranc, un des dirigeants des Étudiants socialistes, a gardé le souvenir des

110. C'est la raison pour laquelle nous reviendrons beaucoup plus longuement sur ces Étudiants socialistes et sur leur renaissance dans le chapitre XI, auquel on se reportera pour les sources utilisées dans le présent paragraphe.

111. G. Bourgin, J. Carrère et A. Guérin, *Manuel des partis politiques en France*, *op. cit.*, pp. 211 et 216.

visites de Pierre Mendès France au siège des ES, dans l'arrière-salle de la Brasserie Modèle, boulevard Saint-Marcel :

> « Il venait seul, plaidait son dossier avec obstination et intelligence. J'entends encore Le Bail lui dire : Mendès, pourquoi viens-tu seul ? Es-tu donc seul à la LAURS ? Pourquoi veux-tu que les ES aillent te donner des adhérents que tu n'as pas[112] ? »

La LAURS obtint pourtant, semble-t-il, gain de cause. Le 9 mars 1928, les Étudiants socialistes votent une motion autorisant la double appartenance, la LAURS s'étant engagée à « une parfaite indépendance à l'égard de tout parti politique[113] ». Et, de fait, les relations semblent alors s'améliorer entre les deux organisations, qui se prêtèrent notamment main forte, à plusieurs reprises, pour le maintien de l'ordre dans des réunions projetées par l'une ou par l'autre. Et, au début de la décennie suivante, la double appartenance LAURS-FNES semble courante. C'est ce qui ressort, par exemple, du témoignage de Fred Zeller. Reçu en 1930 à l'École nationale supérieure des arts décoratifs de la rue d'Ulm, il s'inscrit aux Étudiants socialistes, où il croise Louis Longequeue, étudiant en pharmacie, futur maire de Limoges, Roger Ikor, Léopold Sédar Senghor, Georges Pompidou, Maurice Schumann et Robert Marjolin[114]. A cette date, les contacts sont devenus « aisés » avec la LAURS, à laquelle Fred Zeller adhère également.

Si, en définitive, la LAURS conserva des effectifs plus importants que la FNES, cette dernière a cependant connu entre 1927 et 1935 une grande vitalité, en recrutant « peu en droit et en médecine, davantage aux sciences et aux lettres, dans les écoles d'arts et métiers, de plus en plus dans les écoles normales d'instituteurs et, à un moindre degré, d'institutrices[115] ». Et son journal, *L'Étudiant Socialiste*, fut à l'image de cette vitalité, en devenant une publication souvent turbulente et ouverte sur les grands problèmes de l'heure.

Le Quartier latin penche donc incontestablement à droite : ce sont tour à tour les étudiants de l'Action française puis des Phalanges universitaires des Jeunesses patriotes qui tiennent le haut du pavé, orchestrant les grandes fièvres qui secouent le quartier et veillant à contrôler la rue. Dans ce contexte, les organisations de gauche restent sur la défensive.

A l'exception de Pierre-Henri Simon, aucune figure de premier plan des organisations de droite et d'extrême droite ne provient, apparemment, de la rue d'Ulm. A la LAURS ou aux Étudiants socialistes, au contraire, les normaliens ne semblent pas rares. Il y a donc forte présomption que les élèves de l'École normale supérieure penchent à gauche. Mais qu'en est-il dans la réalité ? Cette École est-elle effectivement une « citadelle républicaine[116] » ?

---

112. *Cahiers de l'Ours*, n° 116, janvier 1981, p. 47. Georges Lefranc rapporte également ces visites de Pierre Mendès France dans *Les Gauches en France (1789-1972)*, Payot, 1973, p. 180, et termine cette évocation par ces mots : « Nous sommes demeurés sceptiques devant cette vocation de chef qui ne parvenait pas à trouver des troupes pour donner un support à son action. »

113. Cf. *L'Étudiant Socialiste*, 3e année, n° 7, avril 1928, en dernière page. Et *L'Université Républicaine* du 15 mai suivant félicite « de son attitude de loyale camaraderie le groupe des Étudiants socialistes » (n° 9, p. 2).

114. Fred Zeller, *Trois points c'est tout*, Laffont, 1976, pp. 35-41. Ces souvenirs, tout au moins dans la partie qui décrit le climat politique au Quartier latin vers 1930, sont à utiliser avec prudence.)

115. Georges Lefranc, *Cahiers de l'Ours*, *op. cit.*

116. Expression empruntée à un article du normalien Pierre Vilar dans *L'Université Républicaine*, nouvelle série, 2e année, n° 9, 15 mai 1928, p. 2) : « ... elle [l'ENS] est au Quartier latin la " Citadelle républicaine "... ».

CHAPITRE IX

Les khâgneux et la politique

> « Il faut de tout — de toutes les familles d'esprit — pour faire une khâgne. »
>
> (Jules Isaac, *Expériences de ma vie*, p. 51)

Ainsi parlait Jules Isaac, khâgneux à Lakanal puis à Henri-IV, deux fois candidat malchanceux à l'École normale supérieure en 1896 et 1897, soixante ans après. Large, en effet, est l'éventail des « familles d'esprit » auxquelles se rattachent les postulants au concours de la rue d'Ulm. Mais, en même temps, et sans que cela soit contradictoire, apparaissent, par-delà cette diversité, quelques grandes tendances autour desquelles se regroupent la plupart des khâgneux intéressés par les débats civiques.

Notre démarche va s'appuyer désormais, notamment, sur la notion d'*itinéraire;* et c'est justement dans les pages qui suivent puis dans l'analyse des engagements à l'École normale supérieure que vont apparaître tour à tour les personnages de ce qui n'était resté jusque-là — étude institutionnelle, géographique et sociologique de la khâgne oblige ! — qu'un théâtre d'ombres.

Mais pour tenter d'éclairer cette scène que constituent les khâgnes des années 1920 et pour saisir les khâgneux dans leurs premiers engagements politiques, il faut d'abord surmonter un certain nombre d'obstacles et forger des moyens d'investigation appropriés.

Quelle politisation des khâgneux ?

La politique jouait-elle un rôle important en khâgne? La réponse est malaisée, car les sources traditionnelles sont, pour la plupart, muettes sur ce sujet. Les témoignages littéraires sur la khâgne de Louis-le-Grand, par exemple, n'accordent guère de place à cet aspect de la vie khâgnale. C'est ainsi que Robert Brasillach, pourtant davantage attiré par la politique à cette date que beaucoup de ses camarades, se contente, dans le long chapitre de *Notre avant-guerre* consacré à la khâgne ludovicienne, de mentionner la « tolérance » et l' « indulgence » des discussions politiques. Certes, il y décrit en quelques pages sa sympathie pour l'Action française et son hostilité au briandisme, mais il signale surtout qu'il n'a alors « jamais trop participé aux luttes politiques de ce temps » et il conclut : « Nous restions assez loin, dans l'ensemble, de la politique active : si je me souviens bien, les grands événements avaient lieu précisément en notre absence[1]. »

Par ailleurs, les comptes rendus du conseil de discipline du lycée Louis-le-Grand[2], pour l'ensemble de la décennie, ne mentionnent aucun incident politique sérieux auquel auraient été mêlés des khâgneux. La notion d'incident politique est pourtant largement extensible en un temps où l'introduction d'un journal ou d'un tract dans l'enceinte d'un établissement scolaire était passible du passage en conseil de discipline et de l'exclusion définitive. Et cela d'autant plus que de nombreuses circulaires ministérielles rappellent les proviseurs à leur devoir de vigilance sur ce plan et que le domaine d'application de l'autorité universitaire dépasse le cadre du lycée. Ainsi, dans le Quartier latin troublé de l'époque du Cartel des gauches, le ministre François-Albert fait donner lecture dans les classes des lycées parisiens d'une circulaire du 12 janvier 1925, rappelant l'interdiction pour un lycéen de participer, sous peine d'exclusion, à une manifestation publique :

> « Le Ministre de l'Instruction publique et des Beaux-Arts à Monsieur le Recteur de l'Académie de Paris.
> Je suis informé que des ligues et associations politiques font distribuer à la porte des lycées des tracts et appels invitant les élèves à s'affilier à elles et à participer à des manifestations politiques.
> Je vous prie d'inviter les proviseurs à rappeler à leurs élèves que la doctrine constante de l'Université est l'observation d'une neutralité stricte. Nul n'est tenu de venir au lycée ; mais ceux qui ont l'honneur d'y être admis n'y doivent venir que pour faire des études, et non de la politique, et aucun de leurs actes, ni dans le lycée ni au-dehors, ne peut être toléré, qui serait étranger au souci des bonnes études et contraire à l'esprit de neutralité, règle de nos établissements. Ainsi que le prescrivait le recteur Liard, dans les circulaires du 19 mai 1908, du 17 avril 1913, du 26 février 1917, il est interdit aux élèves des lycées, sous peine d'exclusion, de prendre part à des manifestations publiques. S'il s'en trouvait qui, contrevenant à cette interdiction, fussent saisis en flagrant délit au cours d'une manifestation sur la voie publique, je n'hésiterais pas à leur appliquer la peine prévue de l'exclusion et je serais d'autant plus ferme dans l'application de cette peine qu'ils auront été au préalable dûment avertis[3]. »

Trois mois plus tard, une autre circulaire, signée par le nouveau ministre de l'Instruction publique, Anatole de Monzie, appelle le recteur de Paris à « ne tolérer parmi [vos] effectifs scolaires ni création de section, ni désignation de subdélégués mandatés par aucune organisation, ni remise de buvards communistes ou de programmes électoraux » et à n' « admettre, dans les établisse-

---

1. R. Brasillach, *Notre avant-guerre*, Plon, 1941, pp. 15 et 27-31.
2. *Procès-verbaux du conseil de discipline (1908-1930)*, Arch. Louis-le-Grand (il s'agit d'un registre de 394 pages).
3. Arch. Louis-le-Grand. Cette circulaire a une histoire : en décembre 1924, à la Sorbonne, Édouard Herriot avait été pris à partie par deux jeunes gens. Ces derniers étaient des élèves du lycée Saint-Louis et c'est pour prévenir des incidents du même type que François-Albert envoya quelques jours plus tard une circulaire au recteur de Paris (cf. les explications, sur ce point, de François-Albert à la tribune de la Chambre des députés, *Journal Officiel du 1er avril 1925, Chambre des députés, débats parlementaires, 2e séance du mardi 31 mars 1925*, p. 2009).

ments d'enseignement public aucune caricature de nos querelles civiques auxquelles les adultes suffisent ». Les infractions, prévient le ministre, seront sévèrement punies :

> « Vous voudrez bien noter les mesures de grande bienveillance dont a usé mon prédécesseur, M. François-Albert, à l'égard de plusieurs élèves arrêtés en flagrant délit au cours de diverses manifestations sur la voie publique et avertir les lycéens, collégiens et écoliers placés sous votre autorité qu'ils ne doivent pas escompter une nouvelle mesure de pardon au cas où ils se mêleraient aux troubles de la rue. Vous voudrez bien m'avertir que ces instructions ont été transmises, comprises et exécutées[4]. »

Malgré cette extrême sensibilité de l'administration du lycée aux infractions de nature politique, il n'est pas mentionné, dans les comptes rendus du conseil de discipline, d'incidents notables auxquels auraient été mêlés des khâgneux. Les délits sont plus prosaïques : en 1924, un élève d'hypokhâgne est exclu définitivement pour vol, tout comme un khâgneux pensionnaire en 1928 ; en mai de la même année, un chahut au dortoir — « lits mis en batterie », « huées et cris » — entraîne une réaction du proviseur contre cette « manifestation de désordre concertée sur l'instigation de quelques mécontents » et un élève de première supérieure est exclu, tandis que deux autres élèves de cette classe sont consignés pendant les congés de la Pentecôte. En 1930, c'est un hypokhâgneux qui est exclu pour « réponses injurieuses à l'adresse du répétiteur ».

En réalité, le seul véritable problème qui contraignit apparemment le conseil de discipline à sévir à plusieurs reprises dans ces classes en aval du baccalauréat est celui lié aux rites des classes préparatoires aux Grandes Écoles : brimades, sanctionnées par exemple en 1924 et 1927, « effervescence » entre taupins et khâgneux en 1920. Les élèves de première supérieure ont également manifesté plusieurs fois au réfectoire contre la qualité des repas jugée très insuffisante. A la fin des années 1920, ces protestations — qui ne débouchèrent pas sur des incidents passibles du conseil de discipline — se multiplièrent et le proviseur de Louis-le-Grand y fait écho dans son rapport trimestriel de mars 1930 :

> « La nourriture est l'objet d'un soin très méticuleux et elle a une régularité et une tenue des plus honorables tant à cause de la qualité des matières premières que de leur préparation. Les élèves venus d'autres établissements s'en déclarent satisfaits. Néanmoins des réclamations assez fréquentes sont présentées, notamment par les élèves de première supérieure dont les goûts s'accordent mal avec ceux de la majorité de leurs camarades et qui, surtout par tradition, affectent une délicatesse parfaitement injustifiée. D'ailleurs, la bascule, en constatant à la fin du trimestre, chez la très grande majorité d'entre eux, un accroissement de poids, a bien démontré qu'ils n'étaient point trop mal traités[5]. »

Parallèlement aux problèmes classiques de maintien de la discipline, l'administration se montre également soucieuse de la tenue des élèves et de la « correction de leurs manières ». Tel est le sens, en effet, d'une circulaire du

---

4. Circulaire ministérielle du 28 avril 1925 signée A. de Monzie (Arch. Louis-le-Grand).

5. En ce qui concerne les résultats de « la bascule » pour khâgneux et hypokhâgneux, cf. *supra*, note 69 du chapitre VII.

17 mars 1920 du ministre de l'Instruction publique André Honnorat adressée aux recteurs d'académie. On y relève notamment les recommandations suivantes :

> « ... C'est pourquoi j'estime qu'on ne saurait attacher trop d'importance à la tenue des élèves, à la correction de leurs manières et de leur langage, en un mot, à toutes ces qualités qui, pour être extérieures, n'en constituent pas moins une part importante et comme le signe certain d'une bonne et complète éducation... Le décret récent que j'ai soumis à la signature de M. le Président de la République a pour objet de préciser sur ce point le rôle de l'Inspection générale. Mais concurremment avec elle et d'une façon plus suivie vous pouvez tendre au même but. Dans vos inspections, que je souhaite fréquentes, il vous appartient de rendre compte de l'atmosphère morale de chacun des établissements de votre ressort, de rechercher si les élèves, pendant le temps qu'ils échappent à la surveillance de leurs familles et à plus forte raison s'ils sont soumis au régime de l'internat, reçoivent bien toute l'éducation qui leur est due. Aucun détail, en pareille matière, n'est indifférent et je vous saurai gré, ainsi qu'à MM. les inspecteurs d'académie, de me signaler tout effort accompli par les administrateurs, les professeurs et les répétiteurs pour inculquer à leurs élèves les habitudes de politesse et de bonne tenue qui distinguent l'homme bien élevé, lui assurent une réelle supériorité dans la vie et lui permettent de représenter, avec tout le prestige désirable, notre démocratie vis-à-vis de l'étranger[6]. »

Ce souci de « l'atmosphère morale » s'exerce notamment dans le domaine des lectures « licencieuses » susceptibles de susciter chez ces jeunes gens des bouffées de « sensualité »[7], que la présence d'un pensionnat important rend encore plus délicates à contrôler. Et, de fait, le conseil de discipline est saisi plusieurs fois pour des problèmes de cette nature. Ainsi, en octobre 1919, un interne de seconde A est exclu définitivement pour « avoir pris connaissance, au moins sommairement, du contenu d'une brochure licencieuse sur le caractère de laquelle il déclare d'ailleurs ne pas s'être mépris » (il s'agissait d'un opuscule intitulé *Le Guide secret pour étrangers et viveurs à Paris*). L'attendu précise qu'il s'est ainsi rendu coupable « d'avoir conservé puis transmis une brochure qu'il savait malsaine et dangereuse, les conséquences de cette divulgation étant d'autant plus graves que l'élève appartient à un quartier fréquenté par de jeunes internes ». En janvier 1923, c'est à nouveau un pensionnaire de seconde qui est exclu pour huit jours parce qu'il a été surpris en train de lire *L'Humour*, « journal particulièrement licencieux ».

Pour l'ensemble de la décennie, aucun khâgneux n'est mentionné dans les procès-verbaux du conseil de discipline pour une affaire de cette nature. Il est probable que l'âge plus avancé de la plupart des élèves des classes préparatoires créait entre eux et l'administration une sorte de *modus vivendi*. A

---

6. Lettre, en date du 17 mars 1920, du ministre de l'Instruction publique André Honnorat aux recteurs d'académie (Arch. Louis-le-Grand).

7. D'autant que les autorités scolaires se montrent très préoccupées, en cette décennie, de la santé et de l'hygiène des populations scolaires. Plusieurs enquêtes sont ainsi entreprises sur le surmenage. Or la « sensualité » se trouve indirectement au cœur des débats. Cela apparaît bien, par exemple, dans *Face à la vie* où l'universitaire Louis Long écrit : « Un danger terrible qui guette l'adolescence et la jeunesse est la sensualité... il maigrit notablement, devient d'une pâleur de cire, ses yeux s'entourent d'un cercle bleuâtre... il se fane, se flétrit, ses facultés intellectuelles s'émoussent avec une rapidité foudroyante... la masse du sang diminue d'une façon effrayante et le système nerveux est frappé dans ses racines les plus profondes... Pour lutter contre les suggestions amollissantes... se lever de bonne heure, exécuter une promenade un peu fatigante avant le coucher, et ne faire qu'un usage très modéré des viandes... » (Louis Long, *Face à la vie*, PUF, 1929, pp. 127, 128 et 130).

condition, toutefois, de ne pas dépasser certaines limites : ainsi, en 1921, *La Jeune Europe*, un bulletin pacifiste animé par quelques khâgneux, dont Pierre Brossolette, dut arrêter sa publication dès le troisième numéro parce qu'un élève y avait publié un article sur l'homosexualité dans les internats[8].

On est loin, on le voit, des soulèvements lycéens de *Zéro de conduite*, film que Jean Vigo tournera au début de la décennie suivante. La direction du lycée considère d'ailleurs les élèves des classes préparatoires comme travailleurs et paisibles. Travailleurs puisque, selon une enquête du proviseur, au cours de l'année scolaire 1929-1930, ces élèves, qui représentent 32 % des effectifs du lycée[9], obtiennent, au premier trimestre, 280 tableaux d'honneur sur 609, 79 encouragements sur 168 et 18 félicitations sur 55, et, au deuxième trimestre, 267 tableaux d'honneur sur 465, 83 encouragements sur 152 et 32 félicitations sur 73 : un tiers (32 %) des élèves obtient donc, sur les deux premiers trimestres de 1929-1930, la moitié (exactement 49,8 %) des distinctions. Et si l'on s'en tient au seul deuxième trimestre, la proportion des distinctions glanées s'élève même à 55 %.

Ce sont aussi des élèves paisibles qui ne récoltent que 6,9 % des « punitions » — dans son rapport, le proviseur emploie ce terme pour désigner toutes les sanctions qui ne relèvent pas du conseil de discipline, c'est-à-dire essentiellement les consignes : 37 sur 584 au premier trimestre, et 53 sur 713 au deuxième. Par ailleurs, le conseil de discipline a prononcé, au cours des deux premiers trimestres de 1929-1930, quinze blâmes, deux exclusions définitives, un avertissement et une exclusion temporaire. Sur ces dix-neuf sanctions, deux seulement touchent des élèves des classes préparatoires (un khâgneux exclu définitivement pour mauvaise tenue en étude et un hypokhâgneux blâmé pour mauvaise conduite à l'internat). Certes, cette disproportion s'explique sans doute en partie par le fait que ces lycéens, plus âgés et déjà bacheliers, triés sur le volet et astreints par ailleurs à la préparation de concours difficiles, jouissent vraisemblablement, de la part de l'administration, d'une tolérance plus grande qui les met relativement à l'abri des « punitions » qui frappent plus lourdement les bacheliers en herbe qui peuplent les autres classes du lycée[10]. Elle n'en atteste pas moins une très grande tranquillité de ces classes qui ne semblent poser aucun problème de discipline sérieux ni connaître une quelconque effervescence politique. Les sources traditionnelles, par leur silence — discrétion des souvenirs littéraires, archives administratives muettes —, semblent donc suggérer, tout au moins pour Louis-le-Grand, un rôle faible tenu par la politique en khâgne.

Mais une telle approche est assurément insuffisante. Les archives administratives ne peuvent, en effet, conserver que la trace d'incidents passibles d'une sanction. Et la notion d'incident politique, pour extensible qu'elle soit dans les règlements scolaires de l'époque, ne peut s'appliquer aux discussions et aux opinions, dont la connaissance est pourtant fondamentale pour l'historien. Il y a donc, à la lecture de ces archives, présomption de faible militantisme

8. Gilberte Brossolette, *Il s'appelait Pierre Brossolette*, *op. cit.*, p. 37.

9. Le lycée Louis-le-Grand comprend, outre ses classes préparatoires, cinq niveaux, de la quatrième à la terminale. Les élèves qui se préparent aux Grandes Écoles sont, à cette date, au nombre de 208 en sciences, 160 en lettres et 100 en préparation à l'École coloniale (cf. les « Cahiers des classes », Arch. Louis-le-Grand), soit 32 % des 1 435 lycéens ludoviciens (effectif indiqué dans le registre du conseil de discipline, p. 378).

10. Si l'on retire les « punitions » ayant frappé des élèves des classes préparatoires, on obtient 1 207 punitions, d'octobre 1929 à avril 1930, pour 976 lycéens non bacheliers.

politique dans la khâgne ludovicienne mais ignorance du degré d'intérêt pour la politique et des courants qui captaient cet éventuel intérêt. Il faut, de ce fait, tenter de chercher ailleurs. Comme les sources littéraires sont également, on l'a vu, pratiquement silencieuses sur ce point, on doit là encore avoir recours aux « archives provoquées ».

Certains points de notre premier questionnaire (1976) portaient, en effet, sur la politique en khâgne. Sept dizaines d'anciens élèves des classes préparatoires littéraires ont répondu à ces questions et leurs réponses peuvent fournir des renseignements précieux. A condition toutefois de rappeler les limites de tels apports. Ces limites sont évidentes : un demi-siècle d'existence sépare nos correspondants de 1976 de leurs années de khâgne. La crise des années 1930, le second conflit mondial, la guerre froide sont autant d'écrans, ou plutôt de tamis, à travers lesquels la mémoire a fait un tri. Et cette décantation peut enrayer les efforts les plus sincères de reconstitution d'une époque et d'une atmosphère.

Nos khâgneux se sont pourtant essayés à cette reconstitution et, universitaires pour la plupart, ils ont tenté de traquer l'anachronisme, tapi dans les plis de chaque témoignage. L'alchimie de la mémoire a-t-elle réussi pour autant à nous livrer des souvenirs utilisables ? A première vue, la réponse serait plutôt négative. Les témoignages les plus discordants que nous ayons enregistrés portent, en effet, sur les questions « La politique jouait-elle un rôle en khâgne ? » et « Pourriez-vous donner un pourcentage de khâgneux " faisant de la politique " (comme militants) ? s'intéressant à la politique ? » : des élèves ayant fréquenté la même classe à la même époque apportent des réponses souvent totalement contradictoires.

Une étude plus attentive rend cependant plus optimiste. Ce n'est pas la trahison de la mémoire qu'il faut rendre responsable de ces visions rétrospectives dissemblables mais bien, on le verra, le fait que la khâgne fut pour les uns une oasis où les tensions politiques des Années folles ne parvenaient qu'assourdies, pour les autres, au contraire, un caravansérail plein de tumulte et de bruit sur la piste qui mène à l'engagement politique. Bien plus, on peut affirmer que la plupart de ces témoignages ont réussi, à leur manière, à reconstituer assez fidèlement une atmosphère, par-delà plusieurs décennies écoulées. Ainsi, ce khâgneux, élève à Louis-le-Grand entre 1918 et 1920, expose, en février 1976, ses scrupules à répondre à notre questionnaire :

> « ... Il vous est sans doute difficile de concevoir quelle peine on a à évoquer des choses qui se sont passées il y a beaucoup plus de cinquante ans ; moins pour les faits, les événements précis (je revois très bien le 11 novembre 1918 à Paris) que pour les sentiments, les impressions, les dispositions, les théories, les idéaux d'un moment donné. Tant d'éléments font " travailler " tout cela dans notre tête, au fil des années, à notre insu ! C'est un peu comme de retrouver et relire une lettre vieille d'un demi-siècle : elle vous cause bien des surprises. Seulement la lettre, elle, n'a pas changé. J'ai donc fait un réel effort pour reconstituer l'atmosphère, l'état d'esprit de mes années de khâgne, pour être aussi objectif que possible... »

Cette précaution prise, ce correspondant donne des réponses précises aux différents points du questionnaire. A la question sur l'influence politique des professeurs, par exemple, il objecte : « On n'était pas là pour ça, et ce pour quoi on y était donnait déjà assez d'occupation. » Sur la politique en khâgne, il fournit les éléments suivants :

« Nous avions, naturellement, conscience de l'importance de la politique et en discutions volontiers, mais sans acharnement trop passionné. Nous avions conscience de n'être pas là pour ça, et aussi (à juste titre) de n'être pas compétents pour trancher sur des problèmes aussi importants et difficiles... Comme le comportait notre origine sociale, nous avions tous des aspirations vers plus de justice, d'égalité, de bienveillance humanitaire, mais c'était tout... »

Jusque-là, rien d'original par rapport à d'autres correspondants, si ce n'est l'extrême probité dans la formulation des réponses. Ces dernières s'articulent autour de deux idées : les études en khâgne ne laissent guère de loisirs pour que se forge une opinion politique tranchée ; de ce fait, ce khâgneux avait à l'époque des « aspirations » assez floues.

L'intérêt de ce témoignage réside, en réalité, dans la possibilité pour l'historien de le confronter avec un texte de l'époque. Le 26 mars 1922, en effet, *La Revue Française* publie une enquête de M. Gosset sur le thème : « Où va la nouvelle génération ? ». Y figure notamment, nous l'avons vu au chapitre I, la réponse du même normalien [11], dont le passage suivant doit être signalé :

« ... Mes aspirations politiques, ma conception de l'avenir de la France ? J'avoue que là-dessus je ne suis pas moi-même très fixé. Peut-être mes études et mes examens ne m'ont-ils pas laissé jusqu'ici assez de temps pour m'éclairer suffisamment et adopter, après examen, des opinions définitives... »

A un demi-siècle de distance, ces deux textes ont donc une teneur et une tonalité très proches, sans qu'apparemment le rédacteur septuagénaire de la réponse de 1976 ait relu pour autant l'entretien donné en 1922 par le jeune normalien de vingt ans. Preuve, s'il en était besoin, que les témoignages rétrospectifs ne sont pas à rejeter sans examen et qu'à condition de leur appliquer une lecture encore plus vigilante qu'à d'autres documents, ils demeurent utilisables, notamment pour une approche statistique.

Ces témoignages nous permettent, en effet, d'ébaucher une réponse quantitative à deux interrogations fondamentales que les sources traditionnelles n'aident guère à résoudre : quel était le degré d'intérêt — voire de participation — des khâgneux des années 1920 pour la vie politique ? Ceux qui prêtaient quelque attention aux débats de la cité épousaient-ils les grands courants de leur temps et s'y répartissaient-ils dans les mêmes proportions que l'ensemble des citoyens français ?

A la première interrogation, sur le degré de politisation des khâgneux, notre questionnaire de 1976 permet d'ébaucher deux types de réponses. Et le recoupement de ces deux approches fournit un élément supplémentaire. D'une part, l'analyse des réponses à une partie de la question « La politique jouait-elle un rôle en khâgne ? » permet, en effet, de brosser une première estimation sur le point suivant : quel est, globalement, le souvenir le plus courant qui se dégage, cinquante ans après, au sujet de l'intensité des joutes politiques en khâgne ? D'autre part, la question « Vous-même, vous intéressiez-vous à la politique ?... " Faisiez "-vous de la politique ? » permet de pratiquer une manière de sondage rétrospectif [12].

11. Dans la collection de *La Revue Française* à la Bibliothèque nationale manque notamment le numéro du 26 mars 1922 ; citation extraite de *BSAENS* n° 6, juin 1922, pp. 23-24.

12. Les pourcentages obtenus dans les pages qui suivent n'ont, bien entendu, qu'une valeur indicative. La faible population traitée et les remarques que l'on vient de formuler sur les méandres de la mémoire interdisent, en effet, de leur conférer une trop grande signification statistique. Il ne nous a pourtant pas paru inopportun de les mentionner, sans prétendre pour autant aborder aux rivages heureux des certitudes quantitatives.

La politique jouait-elle un rôle en khâgne ?	
Types de réponse	(%)
Rôle nul	32,3
Rôle faible ou moyen	42,6
Rôle important ou très important	25[13]

L'impression qui domine est celle d'une politisation moyenne : seul un khâgneux sur quatre estime que la politique tenait une place de premier plan, près de la moitié évoquant un rôle faible ou moyen. Enfin, dans un tiers seulement des réponses ce rôle de la politique est jugé nul.

C'est la même impression qui ressort du sondage rétrospectif que constitue la question sur l'engagement personnel : à la partie de cette question demandant « Vous-même vous intéressiez-vous à la politique ? », les réponses[14] sont en effet les suivantes, regroupées là encore en trois rubriques :

Vous-même vous intéressiez-vous à la politique ?	
Oui	52,8 %
Un peu	5,7 %
Non	41,4 %

L'intérêt pour la politique l'emporte donc, semble-t-il, sur la désaffection à son égard. Mais plus de quatre khâgneux sur dix se rappellent avoir eu alors cette dernière attitude. Les « apolitiques » représentaient donc, apparemment, une « petite » moitié de l'effectif des classes préparatoires littéraires.

Par ailleurs, l'intérêt, quand intérêt il y a, peut varier beaucoup d'un khâgneux à l'autre sans que cette différence d'intensité apparaisse dans le tableau précédent. D'où une interrogation complémentaire adjointe à la question précédente : « " Faisiez "-vous de la politique ? ». Seuls 16,1 % des khâgneux y ont répondu, sous une forme ou sous une autre, affirmativement. Selon ce sondage, il apparaît bien qu'un khâgneux sur six seulement « faisait » de la politique, au sens militant — en donnant au mot militant l'acception la plus large — du terme.

Au reste, une autre question, « Pourriez-vous donner un pourcentage de khâgneux s'intéressant à la politique ? », a donné lieu à des réponses trop variées pour être ordonnées à travers un tableau ; on y retrouve toutefois,

13. La proportion de réponses est sensiblement la même dans les deux populations étudiées. Ceux qui évoquent un rôle important ou très important de la politique en khâgne sont, en effet, 24,4 % parmi les khâgneux futurs normaliens et 26 % parmi les non-normaliens. Il en va de même pour le tableau suivant. Ces pourcentages, répétons-le, n'ont d'autre but que d'indiquer des tendances.

14. Le nombre total des réponses exploitables à ces questions politiques est moins élevé que pour la plupart des autres parties du questionnaire : 68 et 70. On ne peut théoriser sur cette relative réticence qui relève de causes très diverses, depuis le scrupule de l'universitaire septuagénaire, méfiant vis-à-vis de l'alchimie de la mémoire, jusqu'à l'occultation consciente ou inconsciente de choix politiques de jeunesse qui s'infléchirent ensuite vers d'autres directions.

globalement, la même « petite » moitié d'apolitiques. En revanche, la première partie de cette question, « Pourriez-vous donner un pourcentage de khâgneux " faisant " de la politique (comme militant)? », débouche sur une réponse parfaitement chiffrable : 76 % de nos correspondants fournissent des pourcentages inférieurs à 20 %. Le chiffre d'un khâgneux sur six apparaît donc comme parfaitement plausible. Il est en tout cas recoupé par deux approches différentes.

Une fois établie la proportion de khâgneux intéressés par la politique ou en « faisant », ces archives provoquées fournissent aussi des renseignements précieux sur les principaux courants représentés parmi ces khâgneux. Là encore, les généralisations hâtives doivent être bannies. Nous restons, en effet, pour la plupart des réponses, dans le domaine du flou, et les quelques pourcentages qui se dégagent sont de toute manière, on l'a dit, à considérer avec précaution. Certaines données apparaissent pourtant.

Des khâgnes orientées « à gauche », telle est l'impression que l'on retire d'une analyse statistique des réponses à la question « Quels sont les courants qui semblent avoir été les plus importants chez les khâgneux de cette époque? » : 36 % répondent, en substance, « de gauche » sans plus de clarté. 22,7 % donnent une réponse plus précise : « socialiste » ou « SFIO », tout comme 13,6 % qui répondent « radicaux » ou « centre » et 6,8 % qui indiquent « Jeune République », chrétiens « sociaux », « démocrates » ou « de gauche ». Aucune réponse ne place un parti du centre droit ou de droite parmi les courants importants. Les 20,9 % restants sont constitués, en fait, de réponses n'isolant aucune tendance prédominante ou insistant seulement sur la présence de « quelques khâgneux d'Action française », peu nombreux mais actifs.

La photographie politique qui se dégage de plusieurs dizaines de réponses a beau être jaunie par l'âge et permettre seulement, de ce fait, de distinguer les grandes masses qui se trouvent en son centre, elle n'en conserve pas moins un grand pouvoir d'évocation : les khâgnes penchent indiscutablement à gauche dans les années 1920. Cette impression est d'ailleurs confirmée par un autre point du questionnaire. Elle se fondait, en effet, sur la vision que chacun de nos correspondants gardait de l'ensemble de la khâgne qui fut la sienne. Or une autre approche peut à nouveau se révéler féconde : il s'agit de l'analyse des réponses à la question : « Aviez-vous une opinion politique? ». Sur ce point, les réponses précises ont été beaucoup plus faibles : une trentaine (trente-trois précisément). Une telle faiblesse leur enlève toute valeur statistique réelle. Elle n'interdit pas pour autant d'en dresser l'inventaire.

Sur ces trente-trois réponses, deux évoquent, pour les années 1920, des idées ou des sympathies proches des partis « modérés », une se réclame de l'Action française, une autre du « centre », huit se veulent « chrétiens de gauche » (trois) ou Jeune République (cinq), six disent avoir été « radicaux », neuf « socialistes » ou « SFIO », un « d'extrême gauche » et un « communiste », quatre réponses, enfin, se définissent « de gauche » sans plus de précision.

Le poids de la Jeune République est assurément surévalué par une gerbe de réponses qui ne correspondent sans doute pas, on le verra, à la réalité statistique. Mais cette présence importante de jeunes républicains n'est pas non plus une coïncidence et elle revêt une signification qu'il faudra tenter d'expliquer. Les socialistes sont peut-être également surreprésentés. Cela est dû au fait qu'une partie des jeunes normaliens socialistes du milieu de la décennie nous ont répondu. A l'opposé, certains « modérés » sont vraisemblablement présents parmi les nombreuses réponses qui signalaient n'avoir guère porté d'attention à la politique, ou avoir été irrités par les discussions sur ce sujet de certains de leurs camarades. Or ces « apolitiques » représentent, on l'a vu, plus de 40 % du total. Malgré ces réserves, un fait demeure : à travers cette trentaine de réponses, on perçoit à nouveau l'image d'une khâgne qui, pour la partie qui s'intéresse à la politique, est plutôt radicalisante ou, surtout, socialisante [15].

Mais, par-delà cet attachement à tel ou tel parti ou tendance, existait-il une sensibilité commune au plus grand nombre, qui déterminait leur choix politique et cristallisait leur engagement ?

La question « Quels sont les événements nationaux ou mondiaux (politiques, économiques, sociaux, culturels) qui vous ont marqué — ou vous ont paru importants — alors que vous étiez en khâgne ? » avait pour but de tenter de cerner les grands traits de cette sensibilité. Les réponses sont éloquentes : 30 réponses sur 78 évoquent, sous une forme ou sous une autre, la politique briandiste et l'attachement à la SDN. Certes, la plupart des réponses mentionnent plusieurs événements « marquants ». Il n'en demeure pas moins que ce souvenir d'une imprégnation briandiste figure la plupart du temps en tête des réponses et devance largement tous les autres souvenirs [16].

Khâgneux apolitiques.

Ce serait commettre une grave erreur de perspective que de penser que tous les khâgneux étaient profondément politisés. Tel était le premier enseignement de ce sondage. Nombre de ces élèves montraient, en effet, le plus grand désintérêt pour les débats civiques.

C'est le cas, notamment, de Jean-Paul Sartre. Curieusement, cette période de la vie du futur directeur des *Temps Modernes* est très mal connue. *Les Mots* évoquent sa prime jeunesse, jusqu'au seuil de l'adolescence — ce que Sartre appelle son « commencement » —, tandis que les *Mémoires d'une jeune fille rangée* de Simone de Beauvoir ne le saisissent qu'à partir de vingt-quatre ans. Il est possible cependant de tenter de percer cette relative obscurité.

Prix d'excellence en première AB au lycée Henri-IV, premier prix de dissertation philosophique en classe de philosophie, Jean-Paul Sartre est, avec son ami Paul Nizan, qui obtient la même année le deuxième prix de dissertation philosophique dans la même classe de philosophie division B, une

15. Image confirmée par une autre source : en 1922-1923, en effet, le « Livre d'or » de Lakanal (extraits communiqués par Roger Joxe) analyse « les groupements politiques en cagne ». Sur les 21 khâgneux indiquant leur appartenance politique — nous reviendrons plus loin sur la défiance à conserver en face d'une telle source —, seuls 3 d'entre eux se disent royalistes et 2 partisans du Bloc national. Toutes les autres réponses s'échelonnent entre « la gauche républicaine » et les « communistes ». L'année précédente, les khâgneux se situant à la droite de « la gauche républicaine » étaient au nombre de 6 (sur 27 réponses).

16. Le seul autre souvenir qui réunisse un nombre de réponses significatif est le Cartel des gauches, mentionné dans 17 réponses sur 78. Comme nos correspondants s'étirent, en ce qui concerne leur passage en khâgne, sur l'ensemble des années 1920 (une quarantaine d'entre eux étaient en classe préparatoire au cours des années scolaires 1923-1924, 1924-1925 et 1925-1926), ce résultat (près de la moitié des réponses des khâgneux chronologiquement concernés, en fait) prend un relief essentiel. Il confirme d'une part la prédominance radicale et socialiste en khâgne. Il montre d'autre part que le sillon laissé par le Cartel dans le souvenir des contemporains a été profond, même si 1924 a ensuite été comme effacé par 1936 dans la mémoire collective. Le fait a déjà été signalé par Jean Touchard (*La Gauche en France depuis 1900*, Le Seuil, 1977, p. 90) et Jean-Noël Jeanneney (*Leçon d'histoire pour une gauche au pouvoir*, Le Seuil, 2e éd., 1981, pp. 7-8).

recrue potentielle de choix pour la khâgne de ce même lycée. Or Sartre et Nizan iront, une fois leur baccalauréat passé, dans la khâgne rivale de Louis-le-Grand. Les sartrologues et les spécialistes de Paul Nizan se sont interrogés sur les raisons d'une telle défection. Une tradition tenace y verra la trace d'une hostilité au philosophe Alain qui officie alors en khâgne à Henri-IV. D'aucuns rapportent aussi un incident avec le proviseur de ce lycée, M. Daux, aux pieds duquel ils auraient vomi après avoir trop abondamment arrosé un succès scolaire[17]. L'une et l'autre explications laissent, en fait, perplexe. D'une part parce que, on le verra au chapitre suivant, Sartre ne sera pas, à l'École normale supérieure, un adversaire d'Alain et de ses disciples, tout au contraire ; d'autre part parce que l'incident avec le proviseur Daux est, à notre connaissance, apocryphe. Au reste, Jean-Paul Sartre n'a pas gardé souvenir de raisons aussi impérieuses :

> « ... j'avais passé le second bachot à Henri-IV, il y avait là une très belle khâgne, avec Alain comme professeur de philo, et je ne sais pourquoi on m'a retiré d'Henri-IV ; on m'a collé à Louis-le-Grand qui avait une khâgne sérieuse, ennuyeuse, où je suis resté, et de là je suis rentré à l'École[18]. »

Plus prosaïquement, il est vraisemblable — et le texte qui précède peut, d'ailleurs, s'interpréter ainsi — que les deux brillants lycéens ont choisi — eux ou leurs familles —, à l'automne 1922, Louis-le-Grand pour des raisons d'efficacité : au concours littéraire de 1922, sur trente reçus, deux seulement venaient d'Henri-IV, contre treize de Louis-le-Grand. Et l'année précédente, l'écart avait été encore plus large : deux contre quatorze. Le mauvais effet produit par d'aussi piètres résultats toucha probablement d'autres postulants à la rue d'Ulm que Sartre et Nizan : dans la khâgne d'Henri-IV, les effectifs, en hausse à partir de 1918-1919, marquent un tassement très net de 34 % en 1922-1923, au moment où l'hypokhâgne ludovicienne augmente de 8,3 % et la khâgne de 16,6 %.

A Louis-le-Grand, Jean-Paul Sartre est demi-pensionnaire. Cette situation ne le prédispose certes pas à s'agréger à l'actif Bloc des gauches composé essentiellement d'internes. Mais son ami Paul Nizan, interne et membre actif du Bloc des gauches en hypokhâgne, aurait pu servir de liaison et faciliter un contact entre Sartre et ses camarades radicaux ou socialisants. D'autant qu'il l'emmène, à l'occasion, à des réunions d'internes, s'il faut en croire les souvenirs de Georges Lefranc :

> « ... A la fin d'un trimestre d'hypokhâgne, nous décidâmes d'organiser une petite réunion entre les huit de la table [*i.e.* du réfectoire], pour dépenser la cagnotte que nous avions constituée en faisant payer par le bénéficiaire une petite somme chaque fois qu'une part de " rabiot " était attribuée à l'un de nous par tirage au sort. On prévit donc un " goûter " dans un petit hôtel du côté de Saint-Germain-des-Prés. Michel Fourniol nous prévint qu'il ne viendrait pas, trop pris par le

17. Version rapportée par Pascal Ory, *Nizan. Destin d'un révolté*, Ramsay, 1980, p. 31. Jacqueline Leiner, dans *Le Destin littéraire de Paul Nizan et ses étapes successives. Contribution à l'étude du mouvement littéraire en France de 1920 à 1940*, parle d'une « altercation » avec le proviseur, sans plus de précision (*op. cit.*, Paris, Klincksieck, 1970, p. 25). Pour sa part Annie Cohen-Solal (*Sartre 1905-1980*, Gallimard, 1985) prête plus d'attention au Sartre normalien qu'au Sartre khâgneux.
18. Entretien entre Jean-Paul Sartre et Simone de Beauvoir, août-septembre 1974, publié en 1981 (S. de Beauvoir, *La Cérémonie des adieux* suivi de *Entretiens avec Jean-Paul Sartre*, Gallimard, 1981, p. 375).

concours. Mais Nizan nous dit : " J'amènerai Sartre, si vous le voulez bien. " Personne ne fit d'objection. Vin, pâtisserie, disques. A la fin de la séance Nizan proposa : " Eh bien, maintenant nous allons vous offrir le clou du spectacle. " Il monta sur une table, Sartre se mettant sous la table. Nizan faisait les gestes qui correspondaient en principe aux chansons que Sartre débitait d'une voix nasillarde, comme si elles émanaient d'un vieux phonographe mal au point. Telles étaient les distractions de nos dix-neuf ans ! »

Mais ce lien établi par Nizan entre Sartre et les pensionnaires de l'hypokhâgne ne déboucha apparemment pas sur un début d'intérêt du futur chantre du « devoir d'engagement » pour le Bloc des gauches :

« Sartre n'était pas interne, mais demi-pensionnaire. Il habitait chez sa mère, vers le square de Clignancourt. Je l'ai donc relativement peu connu dans ces années de Louis-le-Grand. Je puis cependant attester que, à une époque qui vit la montée du Cartel des gauches, puis sa victoire aux élections du 11 mai 1924, je n'ai jamais eu avec lui la moindre conversation d'ordre politique. Pour lui, à l'époque, à la différence de son ami Nizan, le monde politique semblait ne pas exister[19]. »

Ce constat n'est pas unique. D'autres camarades de Jean-Paul Sartre nous ont confirmé son apparente absence d'intérêt pour les débats politiques. A cette date, ses activités extra-universitaires sont, du reste, plutôt placées sous le signe de l'éveil à la création littéraire.

Sur l'épisode de *La Revue sans titre,* nous disposons du témoignage précieux d'un camarade de classe de Jean-Paul Sartre, Jean Gaulmier. Né en mars 1905, ce dernier, entré comme Sartre en hypokhâgne à Louis-le-Grand en octobre 1922, a évoqué cette éphémère petite revue, trente-cinq ans plus tard, dans *Le Figaro littéraire*[20].

La Revue sans titre était dirigée par le journaliste Charles Fraval, qui était à l'*Ère nouvelle* le secrétaire de Louis Laloy. Le premier numéro parut le 15 janvier 1923, tiré à trois cents exemplaires. Mais la vie de cette revue fut éphémère : deux mois à peine, et quatre numéros (15 janvier, 10 et 25 février, 10 mars). Après une nouvelle tentative — le premier numéro d'une « nouvelle série » fut publié le 15 octobre 1923 —, elle s'éteignit définitivement. *La Revue sans titre* n'était pas une revue politique. Elle portait en sous-titre « organe de défense des jeunes, Revue de l'Association générale des jeunes écrivains et artistes », et proclamait dans son manifeste : « Les intellectuels parvenus nous étouffent, les pouvoirs publics nous ignorent. Toutes les portes nous sont fermées, nous n'avons pas de relations et pas d'argent[21]. » Et sur la couverture

19. G. Lefranc, *Cahier de l'Ours* n° 116, janvier 1981, pp. 29-30. Jean-Paul Sartre habitait effectivement, à cette date, au 2, square Clignancourt (dossier ENS, Arch. Nat. 61 AJ 251).

20. J. Gaulmier, « Quand Sartre avait dix-huit ans », *Le Figaro littéraire,* n° 637, 5 juillet 1958, p. 5. Également, correspondance avec l'auteur, mai 1980 et décembre 1981.

21. Cité par J. Gaulmier, *art. cit.* Sur les quatre numéros de la première série de *La Revue sans titre,* la Bibliothèque nationale ne possède que les numéros 3 et 4 (Annexe de Versailles, Jo 72736). Pour les textes extraits de ces deux numéros, nous faisons donc référence aux originaux, que nous avons pu consulter (mais cette référence se fera sans indication de page, puisque ces numéros ne sont pas paginés). Pour les textes des numéros 1 et 2, nous citons, au contraire, de deuxième main, soit à partir de l'article de Jean Gaulmier, qui possède la collection complète de *la Revue sans titre,* soit à partir de Michel Contat et Michel Rybalka, qui ont pu publier, grâce à la collection de Jean Gaulmier, les deux textes de Sartre, *L'Ange du morbide* et *Jésus la Chouette, professeur de province* dans *Les Écrits de Sartre* (Gallimard, 1970, pp. 501-505 et 506-516). C'est Marc Beigbeder qui dans *L'Homme Sartre* (Bordas, 1947) a évoqué le premier *La Revue sans titre* et a reproduit presque intégralement *L'Ange du morbide* (*op. cit.*, pp. 149-154).

du numéro 2, on trouvait la définition suivante : « La République des Lettres ne doit pas être une République des camarades. *La Revue sans titre* est ouverte à tous. » Quant à la couverture du numéro suivant, elle proclamait : « Il est pompier d'être " classique ". Il est pompier d'être " moderne ". Mais il n'est pas pompier d'être classique et moderne. *La Revue sans titre* ouverte à tous les jeunes est classique et moderne. » Tout au plus peut-on déceler un penchant vers la gauche. Dans le numéro 4, par exemple, Charles Fraval signait un éditorial intitulé « Temps nouveaux » qui commençait par ces mots : « Il est heureux de constater les tendances vers la gauche de la jeunesse actuelle » et dans lequel étaient évoqués le « besoin d'un ordre social nouveau » face « à l'ordre injuste de la société », le « désir de renouveau qui hante l'esprit de notre génération », ainsi que « les pitoyables élections de 1919 ». « L'Europe, écrivait Charles Fraval, voit se lever avec espoir notre jeune génération sur les cendres non éteintes de celle que personnifie M. Barrès. »

La Revue sans titre n'était pas non plus, directement, une revue de khâgne, même si elle s'adressait avant tout à des étudiants. Mais si l'on examine le sommaire des numéros, on relève un fort contingent d'hypokhâgneux ludoviciens : Robert Caby, Roger Delbiausse, Henri-René Jonte, Charles Adenis, et, surtout, René Maheu, Paul Nizan et Jean-Paul Sartre.

Le futur directeur général de l'Unesco, René Maheu, publie ainsi, dans le numéro 2, six quatrains d'alexandrins réguliers sous le titre *Pour celle qui est partie*. Le premier vers, de facture très classique, est à l'image du poème : « Partout autour de moi c'est le vent des automnes. » Et, dans le premier numéro, on trouvait déjà, sous la même plume, un compte rendu consciencieux et sans grande originalité de *Siegfried et le Limousin* de Jean Giraudoux. Quant à Paul Nizan, il écrivit lui aussi deux textes pour *La Revue sans titre*. Dans le numéro 2 est en effet publié *Hécate ou la méprise sentimentale*, récit de l'amour d'un jeune adolescent pour une femme plus âgée que lui, tandis que le numéro 4 narre, sur cinq pages, la *Complainte du carabin qui disséqua sa petite amie en fumant deux paquets de Maryland*. L'une des dernières phrases de ce texte de Paul Nizan rend bien compte de la tonalité de l'ensemble : « Il oubliait définitivement la morte ; de l'avoir vue ainsi, tout le coin de sa pensée qui était lié à elle s'en allait ; c'était comme une histoire lue dans un roman. Néanmoins, il rêva de périnées béants et de ventres scindés. Son ami acheva la dissection. Il lui dit : " Gardez-moi la tête. Ça me fera un souvenir. " Il l'eut. » Par ailleurs, dans l'unique numéro de la nouvelle série de *La Revue sans titre*, Paul Nizan écrivit un article contre Clément Vautel.

C'est, en réalité, l'hypokhâgneux Jean-Paul Sartre qui a fourni les textes les plus longs à la revue. Ces textes ont déjà été réédités par Michel Contat et Michel Rybalka dans *Les Écrits de Sartre*. Nous n'en ferons donc pas de longues citations. Certains points méritent toutefois d'être relevés. *L'Ange du morbide* met en scène Louis Gaillard, professeur de sixième A au lycée de Mulhouse. Il s'agit d'un « médiocre » qui « avait tourné tout l'élan de sa jeunesse vers le morbide, par snobisme, et aussi parce que son esprit n'était plus qu'une pauvre chose faussée, un rouage de montre détérioré, qui tourne à l'envers ». En villégiature dans un village du Haut-Rhin, il conçoit le projet de séduire une pensionnaire du sanatorium voisin ; il s'agit donc, par jeu, de nouer « une idylle avec une de ces pauvres créatures et, dans sa rêverie, bizarre mélange de morbidesse et de naïveté, il se voyait enlaçant la taille d'une phtisique efflanquée. » Au contact de l'élue poitrinaire, « il exultait surtout de se sentir sain et mâle. Il avait déjà écrit une douzaine de lettres à ses camarades les esprits forts pour les informer de son aventure ». Hélas, au moment où ce Don Juan de sanatorium va passer à l'acte, la jeune fille est saisie d'une spectaculaire quinte de toux qui entraîne la fuite du soupirant :

> « Le soir, il quittait l'hôtel... Il se fit ausculter peu après par un spécialiste qui lui démontra qu'il n'était point atteint ; rompit avec tous ses anciens amis et se maria avec une Alsacienne rose, blonde, bête et saine. Il n'écrivit jamais plus et fut décoré, à cinquante-cinq ans, de la Légion d'honneur, brevet incontesté de " Bourgeoisie "... »

Les exégètes de l'œuvre de Sartre se sont naturellement penchés sur ce texte de jeunesse. Et il est vrai que sans conférer à ce dernier une anachronique importance rétrospective, il recèle un certain nombre de thèmes qui réapparaîtront en maints endroits du théâtre, des nouvelles et des romans de Jean-Paul Sarthe. Tout d'abord, l'atmosphère glauque de ce conte préfigure, dans une certaine mesure, *La Nausée.* Et Louis Gaillard annonce, en quelque sorte, le « salaud » sartrien. Mais plus encore que le « salaud », ce personnage est l'esquisse des intellectuels aigris ou nauséeux qui peupleront de vastes pans de l'œuvre de l'ancien khâgneux ludovicien. Et, dans cette optique, Louis Gaillard est le frère aîné du Roquentin de *La Nausée* ou du Mathieu Delarue des *Chemins de la liberté.* Enfin, il n'est pas indifférent de noter que ce « médiocre » que met en scène le lycéen Sartre est un professeur.

Tout comme est un universitaire le héros de *Jésus la Chouette, professeur de province,* publié dans les numéros 2, 3 et 4 de *La Revue sans titre.* Ce texte inachevé — il s'agit, en fait, des seuls chapitres qui subsistent d'un roman dont le manuscrit a été perdu — comprend sans doute une part autobiographique. L'usage d'un pseudonyme, Jacques Guillemin, alors que *L'Ange du morbide* était signé Jean-Paul Sartre, est déjà une indication. En 1958, son ancien condisciple de khâgne, Jean Gaulmier, posait du reste la question dans *Le Figaro littéraire :* « Je me demande si ce n'est pas pour dissimuler le caractère autobiographique de ces pages qu'il les a publiées sous le pseudonyme de Jacques Guillemin. » A cette question, Michel Contat et Michel Rybalka ont indirectement répondu, en 1970 : « Sartre nous a précisé que ce roman s'inspirait du cas réel d'un de ses professeurs du lycée de La Rochelle, pauvre médiocre chahuté par ses élèves et qui finit par se suicider. C'est ce qui explique l'emploi, unique dans sa carrière, d'un pseudonyme, pour lequel il a choisi le nom de jeune fille de sa grand-mère. » Jean-Paul Sartre, d'ailleurs, bien avant ces aveux, en avait laissé une trace littéraire indirecte. Le plus ancien de ses manuscrits inédits est en effet un texte daté de 1923, rédigé dans un cahier d'écolier et intitulé *La Semence et le Scaphandre.* La trentaine de pages conservées constituent les vestiges d'un roman largement autobiographique, où l'auteur décrit son amitié avec Paul Nizan (Tailleur-Sartre et Lucelles-Nizan ont une amitié « plus orageuse qu'une passion ») et sa collaboration à *La Revue sans titre.* Un extrait de ce manuscrit a été publié par *Le Magazine littéraire.* Or le narrateur, Tailleur-Sartre, y écrit : « Je fis un petit roman d'une aventure qui m'était arrivée quelque temps auparavant. » La date — 1923 — et le contexte du passage — Sartre évoque de façon ironique les débuts de *La Revue sans titre* — sont dépourvus d'équivoque : il s'agit d'une allusion à *Jésus la Chouette*[22].

Les chapitres conservés de ce texte décrivent l'arrivée d'un jeune garçon, dont les parents habitent loin de La Rochelle, comme pensionnaire dans la famille d'un professeur de la ville, M. Laubré. Jean-Paul Sartre décrit la demeure et la famille de M. Laubré sous des traits ridicules : mauvais goût, besoin — non satisfait — d'honorabilité. Les deux passages qui suivent sont, à cet égard, révélateurs. Et, tout d'abord, celui qui décrit la maison des Laubré :

> « Elle avait à la fois la lourdeur d'une casbah juive et l'inconsistance de pacotille d'un chalet suisse. Les plants exotiques et serrés, lourds cactus, yuccas disgracieux, donnaient au jardinet d'entrée l'aspect d'une serre chaude surpeuplée ; deux placides lionceaux moussus, chef-d'œuvre de mauvais goût, encadraient de leur symétrie les trois marches de pierre grise accédant à l'entrée... tout était enfin massif, disgracieux et criard comme un faux bijou. »

Quant à la salle à manger, l'auteur n'en fait pas non plus un modèle de bon goût :

> « La salle à manger, dont il me dit être fier, me sembla être le cabinet de débarras d'un antiquaire : tous les styles y étaient représentés par quelque franche horreur. »

Le jeune hypokhâgneux ludovicien Jean-Paul Sartre, peu intéressé à cette date par les problèmes de la Cité, montre donc, au contraire, un penchant incontestable pour la littérature et emprunte déjà les voies parallèles de l'écriture, se faisant tour à tour apprenti nouvelliste et romancier en herbe. Et tout cela va de pair avec une formation philosophique classique. Sans donner là encore une importance anachronique à cet éclectisme, force est donc de constater qu'il annonce la dichotomie future de l'œuvre sartrienne, le versant littéraire de cette œuvre enrichissant et vulgarisant tout à la fois le pan philosophique. « Quand je vous ai connu, rappellera Simone de Beauvoir à son compagnon en 1974 dans ses *Entretiens avec Jean-Paul Sartre*, vous m'avez dit que vous vouliez à la fois être Spinoza et Stendhal. » En un siècle où Albert Camus laissera, par son œuvre théâtrale et ses romans beaucoup plus que par ses essais philosophiques, un sillon profond dans la vie culturelle alors que l'œuvre de son maître algérois, le professeur de philosophie Jean Grenier, restera, au-delà d'un petit cercle d'initiés, totalement inconnue, Sartre parviendra, à sa manière, à être à la fois Camus et Grenier.

Mais, pour en revenir à la problématique générale de ce chapitre, notons qu'à cette date Jean-Paul Sartre appartient à cette fraction importante des khâgneux des années 1920 qui reste indifférente aux problèmes politiques. Bien plus, comme nous le verrons au chapitre suivant, le Sartre normalien de la deuxième partie de la décennie gardera les mêmes traits : apolitisme à peu

---

22. Cf. Michel Rybalka, « Les écrits de jeunesse de Sartre », *Le Magazine littéraire* n° 55-56, septembre 1971, pp. 14-15, et n° 59, décembre 1971, pp. 29 et 59-64 (la citation est extraite du numéro 55-56, p. 14). Au sujet de Nizan, Sartre écrit, dans le même manuscrit : « Ce fut l'époque où [dans ses écrits littéraires) Lucelles rêvait d'une maîtresse un peu maternelle et beaucoup plus âgée que lui » (*Le Magazine littéraire*, décembre 1971, p. 63). L'allusion est transparente : de même que le « petit roman » de Tailleur-Sartre est *Jésus la Chouette*, de même les fantasmes de Lucelles-Nizan s'expriment dans *Hécate ou la méprise sentimentale*, déjà évoqué.

près total, d'une part, réflexion philosophique, d'autre part, qui se double de la rédaction d'un roman l'année même de la préparation de l'agrégation.

Si nombre de khâgneux, comme Sartre, ne prisent guère les débats politiques, ils ne participent pas, pour la plupart, à la vie de petites revues éphémères, le travail scolaire suffisant largement à meubler leurs loisirs. Jean-Paul Sartre est donc caractéristique de cette fraction importante de khâgneux apolitiques, mais, en même temps, il tranche par ses activités parallèles. Beaucoup plus représentatif, en définitive, de cette catégorie est un autre futur fondateur des *Temps Modernes,* Maurice Merleau-Ponty, qui, en khâgne, n'arpentera ni les sentiers de l'engagement politique ni ceux de la création littéraire.

Le jeune homme est né le 14 mars 1908 à Rochefort-sur-Mer. Son père était officier d'artillerie coloniale. Jusqu'à la classe de seconde, il est élève au lycée du Havre puis passe au lycée Janson-de-Sailly, où il obtient le prix d'excellence en classe de philosophie. Sa mère, devenue veuve entre-temps, est infirmière et les revenus de la famille sont modestes : 9900 francs par an au milieu de la décennie[23]. En octobre 1924, il entre en hypokhâgne à Louis-le-Grand, comme externe. Il passera deux années rue Saint-Jacques, jusqu'à son succès au concours de l'École normale supérieure en 1926.

A Louis-le-Grand comme rue d'Ulm, Maurice Merleau-Ponty était, de son propre aveu, « hors de toute lutte, notamment de la politique[24] ». Le futur écrivain d'*Humanisme et Terreur* et des *Aventures de la dialectique* appartient alors à la frange non politisée de la mouvance « tala ». Son enfance, en effet, a été catholique. Et, à l'École normale, il participe, avec d'autres camarades, à une retraite à Solesmes[25]. Entre un Sartre[26] porté aux « canulars » féroces et le jeune tala, les rapports ne furent, d'ailleurs, guère cordiaux :

> « — Simone de Beauvoir : ... Merleau-Ponty, vous aviez de très mauvais rapports avec lui ?
> — Jean-Paul Sartre : Oui, mais tout de même une fois je l'ai protégé contre des gars qui voulaient lui casser la gueule.
> — S. de B. : Vous chantiez des chansons obscènes et il avait voulu s'interposer parce qu'il était tala.
> — J.-P. S. : Il est sorti, des gens ont couru après lui, ils étaient deux, ils allaient lui casser la figure parce qu'ils étaient furieux. Alors, je suis sorti aussi ; j'avais une vague amitié pour Merleau-Ponty ; il y avait quelqu'un d'autre avec moi ; nous sommes arrivés et nous avons dit : allez, ne lui cassez pas la gueule, foutez-lui la paix et laissez-le partir. Alors, ils n'ont rien fait et ils sont partis[27]. »

Entre les trois philosophes futurs fondateurs des *Temps Modernes,* Jean-Paul Sartre, Maurice Merleau-Ponty et Raymond Aron, les relations, rue d'Ulm,

---

23. 5500 francs de revenus professionnels, 2400 francs de pension et 2000 francs de revenus fonciers (Arch. Nat. 61 AJ 253). C'est le revenu familial le plus bas de la promotion, à l'exception d'un fils de propriétaire viticole déclarant 3500 francs de revenus annuels (*Ibid.*).

24. M. Merleau-Ponty, *Signes*, Gallimard, 1960, p. 34.

25. Cf. S. de Beauvoir, *Mémoires d'une jeune fille rangée*, Gallimard, 1958, pp. 264 et 273. Dans ces *Mémoires,* Simone de Beauvoir utilise des pseudonymes, mais le personnage de Jean Pradelle, normalien, philosophe, « tala » et orphelin de père (*op. cit.*, p. 244) est transparent : il s'agit, selon toute vraisemblance, de Maurice Merleau-Ponty. C'est, du reste, ce que nous a confirmé Simone de Beauvoir (correspondance avec l'auteur, décembre 1981).

26. Un Sartre qui, du reste, nous présente lui aussi Maurice Merleau-Ponty comme « chrétien à vingt ans » (J.-P. Sartre, « Merleau-Ponty vivant », *Les Temps Modernes*, n° 184, 1961, pp. 304-376, citation p. 315).

27. S. de Beauvoir, *Entretiens avec Jean-Paul Sartre,* p. 329.

furent donc complexes : bonnes entre Sartre et Aron, les « petits camarades », apparemment mauvaises entre Sartre et Merleau-Ponty, elles furent inexistantes entre ce dernier et Aron, qui se souviendra cinquante ans plus tard : « A l'École normale, je connaissais très peu Merleau-Ponty[28]. » Mais retenons surtout, dans l'optique qui est ici la nôtre, qu'en khâgne deux de ces trois futurs grands intellectuels engagés étaient totalement apolitiques.

Des khâgneux maurrassiens ?

Cette fraction importante de khâgneux demeurés sourds aux grands débats qui agitent la décennie d'après-guerre ne doit toutefois pas masquer les nombreux jeunes gens qui portaient, au contraire, une attention soutenue à ces débats. La démarche quantitative utilisée plus haut a permis d'ébaucher, à gros traits, le décor politique de la khâgne. Reste, en utilisant d'autres sources, à en préciser les contours et à en étudier les différents aspects. En commençant par les extrêmes, peu fréquentés : l'Action française et l'engagement communiste.

« C'est dans la cour de Louis-le-Grand qu'a commencé mon amitié pour l'Action française », écrira, quinze ans après son passage en khâgne, Robert Brasillach dans *Notre avant-guerre*. A côté des bataillons de sympathisants des partis de gauche, l'Action française séduit, en effet, chaque année quelques khâgneux. La plupart des témoignages avancent le chiffre d'une demi-douzaine de maurrassiens dans chaque promotion de la khâgne ludovicienne. Les pages de Robert Brasillach, mal interprétées, ne doivent donc pas faire conclure à une position dominante de l'Action française au lycée Louis-le-Grand. Tout au contraire, souligne l'un de nos correspondants, à l'époque proche de Robert Brasillach, être maurrassien en khâgne, « c'était un bel anticonformisme ».

Anticonformisme également, on l'a vu, de leur professeur, André Bellessort, qui a souvent joué un rôle important dans cet attrait de l'Action française auprès de quelques élèves. Le cas de Robert Brasillach est à cet égard éclairant. Vraisemblablement, c'est au lycée de Sens qu'il entend pour la première fois évoquer l'Action française, par l'un de ses professeurs, Charles Constant[29]. Mais c'est en hypokhâgne qu'a lieu la rencontre avec José Lupin et Thierry Maulnier et c'est le moment où, note-t-il dans *Notre avant-guerre*, ses « premières réflexions politiques ont rencontré l'Action française et Maurras... et ne les ont plus beaucoup quittés depuis lors ». Robert Brasillach n'attribue pas explicitement son engagement politique à l'influence d'André Bellessort. Mais le portrait chaleureux qu'il brosse de son professeur dans le premier chapitre de son livre parle de lui-même ; et ce n'est vraisemblablement pas une coïncidence si le portrait se termine par ces mots : « ... par ailleurs il ne faisait point mystère de ses opinions réactionnaires. Sans jamais en avoir l'air, il nous a appris beaucoup de choses[30]. »

---

28. R. Aron, *Le Nouvel Observateur*, 15 mars 1976, n° 592, p. 86. Raymond Aron est reçu à l'agrégation de philosophie en 1928 et quitte la rue d'Ulm. Maurice Merleau-Ponty, entré à l'École deux ans après lui, soutient en 1929, sous la direction du professeur Bréhier, un mémoire sur « le multiple intelligible chez Plotin » (dossier ENS, Arch. Nat. 61 AJ 253). En 1930, il est reçu — 2e — à l'agrégation de philosophie (*RU*, 1930, 2, p. 457). Pour l'étude du khâgneux puis normalien Raymond Aron, on se reportera au chapitre XIII.
29. Cf. l'introduction de Maurice Bardèche à *Écrit à Fresnes* de Robert Brasillach, Plon, 1967, pp. 12-13.
30. R. Brasillach, *Notre avant-guerre*, p. 13.

Certes, pour certains élèves, les années de khâgne ont été, au contraire, le moment où s'est opéré le rejet d'idées royalistes inculquées dès la prime jeunesse par le milieu social ou la tradition familiale. Ainsi, raconte Henri Queffélec, devenu normalien en 1929 après trois années passées à Louis-le-Grand, « vers quatorze ans, à Brest, j'avais sympathisé avec l'Action française. Conséquence d'une agitation anticléricale entretenue par le Cartel des gauches. En khâgne, approfondissant l'histoire de France, je m'aperçus que le patriotisme sous sa forme vibrante avait été lancé par la Révolution de 89, et je renonçai aux idées monarchistes. Mais je ne me sentais d'aucun parti...[31] ». Il n'empêche que, pour certains intellectuels maurrassiens, c'est en khâgne qu'a eu lieu la rencontre avec l'Action française.

C'est le cas, au début de la décennie, de Claude Jeantet. Né le 12 juillet 1902 à Pomponne, dans la Seine-et-Marne, fils du directeur de la *Revue hebdomadaire,* ancien élève du collège Saint-Louis-de-Gonzague, il entre en hypokhâgne en octobre 1919 et demeurera à Louis-le-Grand jusqu'en 1922. A cette date, il échouera de peu au concours de l'École normale supérieure : il est classé 31ᵉ pour 29 reçus[32]. Dès cette époque, semble-t-il, il milite à l'Action française, engagement qu'il poursuivra une fois passé à la Sorbonne comme boursier de licence[33]. Secrétaire général des Étudiants d'Action française, il jouera aussi un rôle à l'Association générale des étudiants de Paris. Tout au long des années 1920, et jusqu'à sa rupture avec l'Action française en 1930, il tiendra une place importante avec son frère Gabriel — qui fut à son tour secrétaire général des étudiants maurrassiens à la fin de la décennie — au Quartier latin.

Puis, de 1925 à 1928, en hypokhâgne et en khâgne, c'est au tour des jeunes gens évoqués par Robert Brasillach dans *Notre avant-guerre* d'être séduits par l'Action française : lui-même, José Lupin et Jacques Talagrand, le futur Thierry Maulnier, constituent le noyau d'un petit groupe pour qui l'attrait du mouvement de Charles Maurras fut sans doute, dans un premier temps tout au moins, plus esthétique que politique. Certains de ces jeunes gens joueront ensuite un rôle important dans les milieux maurrassiens. Ainsi, la matrice ludovicienne a fourni à l'Action française des leaders étudiants, tel Claude Jeantet, ou de jeunes intellectuels comme Robert Brasillach ou Thierry Maulnier.

La première partie des années 1920 est indiscutablement une période où l'Action française est en position dominante au Quartier latin. Nous avons surtout évoqué jusqu'ici une forme particulière de cette domination : la présence physique dans les établissements universitaires et les rues adjacentes. Cet activisme était naturellement à placer au premier plan dans le chapitre consacré à la vie politique en milieu étudiant. Mais il existe une autre composante de cette position dominante qu'il faut se garder de trop minimiser : il s'agit de l'impact intellectuel de l'Action française dans ce même milieu étudiant. Certes, les cannes ont souvent été brandies, les réunions troublées et les facultés paralysées, et les maurrassiens ne se sont pas cantonnés dans les

31. H. Queffélec, *Un Breton bien tranquille,* Stock, 1978, p. 139.
32. *RU*, 1922, 2, p. 234. A ces 29 reçus s'ajoutait un reçu du concours spécial, donnant ainsi une promotion de 30 membres.
33. A la Sorbonne, il soutiendra un diplôme d'études supérieures sur *l'Idée dans le système kantien* (d'après Henry Coston, *Dictionnaire de la politique française,* tome I, Henry Coston éd., 1967, p. 565). Sur l'itinéraire politique de Claude Jeantet après 1930, cf. *supra*, note 32 du chapitre II.

discussions théoriques sous les frondaisons du Luxembourg ou dans les brasseries alentour. Mais l'Action française a, par ailleurs, exercé à cette date une incontestable influence intellectuelle sur nombre de jeunes gens qui ont ensuite voyagé dans toutes les directions du paysage politique français. Et, pour cette raison, le mouvement de Charles Maurras a été le levain idéologique d'une part non négligeable des classes d'âge intellectuelles qui se sont succédé en France durant les premières décennies du siècle, et notamment durant les années 1920[34].

Et, de fait, ce mouvement était alors largement introduit dans les enceintes scolaires et universitaires. Chez les lycéens, tout d'abord, cette influence était forte : au jeune Edgar Faure, par exemple, l'Action française apparaît alors comme offrant « l'avantage de présenter aux jeunes gens une construction rigoureuse, d'une grande cohérence apparente, en tout cas un effort de construction et de rigueur que l'on trouvait difficilement ailleurs, une pensée politique architecturée » et se présentant, de ce fait, comme le « seul groupement qui s'intéressait aux très jeunes gens et qui poussait sa propagande dans les lycées[35] »; de son côté, quelques années plus tard, Philippe Ariès militera aux Lycéens et collégiens d'Action française, « une organisation très vivante, avec une carte d'adhérent, des représentations dans chaque classe, des réunions périodiques[36] ». Et cette mise en place de structures d'accueil en même temps que d'une idéologie — au sens d'un système d'analyse globale de l'organisation sociale et de la vie de la cité — se retrouve en milieu étudiant et explique sans doute, au moins pour partie, le succès de l'Action française. Il est d'ailleurs possible, sans trop solliciter les faits et les hommes, de hasarder un rapprochement, sur ce point, avec l'attrait exercé en milieu intellectuel au cours des décennies suivantes par le Parti communiste français.

Mais ce succès rencontré par l'Action française parmi les étudiants et les lycéens s'arrête aux portes de la khâgne. A de rares et illustres exceptions près, nous avons vu, en effet, la faible pénétration des idées maurrassiennes dans les classes préparatoires littéraires. Il y a donc là incontestablement une caractéristique importante de ces classes : une réticence quasi généralisée à l'égard de Charles Maurras. Cette caractéristique est-elle spécifique, ou bien n'est-elle qu'un aspect de la faible pénétration de cette tendance droitière dans les facultés des lettres, constatée au chapitre précédent ? Il est difficile de répondre, faute d'éléments chiffrés. Mais même s'il n'est pas spécifique de la seule khâgne, ce trait demeure fondamental pour notre étude : l'Action

34. Ce qui rend particulièrement juste la remarque formulée par Thierry Maulnier en 1935 : « ... à côté de ses forces réelles visibles, mesurables, l'Action française dispose d'une autre force composée de tous ceux qui l'ont quittée » (« L'Action française », *Le Document*, 1935, p. 15, cité par Eugen Weber, *L'Action française, op. cit.* p. 568, et repris par Victor Nguyen, « Situation des études maurrassiennes : contribution à l'étude de la presse et des mentalités », *R.H.M.C.*, oct.-déc. 1971, p. 506). A tel point que l'on peut, à nos yeux, appliquer avec profit la notion de génération à l'étude de l'histoire de l'Action française et souscrire à la proposition de Victor Nguyen : « l'Action française est peut-être l'histoire de ces dissidences, comme le pense Beau de Loménie, mais elle est aussi l'histoire de ces classes d'âge qui la traversèrent » (V. Nguyen, *art. cit.*, p. 507).

35. E. Faure, *L'Âme du combat*, Fayard, 1970, p. 19. Ce fils de médecin-major ne « fait point mystère » (*ibid.*) de l'attrait exercé sur lui par l'Action française. Il fut séduit à quatorze ans, alors qu'il était lycéen, mais dès qu'il devint étudiant au Quartier latin, les procédés des camelots le « rebutèrent sans délai et sans retour ». A l'époque du Cartel, il dirigera la section universitaire de la Ligue républicaine nationale de Millerand et manifestera contre Georges Scelle (E. Faure, *Mémoires. I. Avoir toujours raison... c'est un grand tort*, Plon, 1982, pp. 31-33).

36. P. Ariès, *Un historien du dimanche*, Le Seuil, 1980, p. 41.

française ne fait qu'effleurer les classes préparatoires littéraires, et un engagement dans cette direction ne concerna que quelques individualités.

Reste une dernière question. Avant la condamnation pontificale de décembre 1926 qui mit incontestablement fin à la « période d'ascension »[37] de l'Action française, ces individualités étaient-elles pour la plupart issues du terreau catholique ou le facteur religieux est-il, dans ce domaine, inopérant ? Nous étudierons, plus avant dans ce chapitre, la place des talas en khâgne, mais le problème particulier de l'attrait de l'Action française sur certains d'entre eux trouve ici sa place.

Pour nombre des khâgneux maurrassiens cités plus haut, la composante religieuse est apparemment sans importance. Il est évident, par exemple, que la rupture d'un Claude Jeantet avec l'Action française, intervenant en 1930, ne doit rien à la condamnation pontificale et à ses retombées. Son itinéraire ultérieur dans les années 1930 (entre autres, collaboration à *Je Suis Partout*, adhésion au PPF de Jacques Doriot, participation possible à la Cagoule) en fournit, du reste, une autre preuve. Il est donc vraisemblable que les jeunes gens ralliés à l'Action française avant tout par goût de l'action — comme le montre, dans le cas de Claude Jeantet, son rôle de premier plan parmi les Étudiants d'Action française — n'aient guère été troublés par la secousse de 1926.

De même, semble-t-il, les étudiants venus à l'Action française par une démarche essentiellement intellectuelle — recherche d'une vision globale de l'histoire et du devenir français ou, plus simplement, attirance, dans l'ordre esthétique, pour certaines valeurs véhiculées par l'Action française — ne furent guère ébranlés non plus par la décision pontificale. C'est tout au moins le cas de Robert Brasillach, auquel la doctrine maurrassienne venait offrir, en ces années du milieu de la décennie, un monde nouveau, « celui de la raison, celui de la précision, celui de la clarté » :

> « Aux vacances de 1926, la condamnation de L'Action française par l'archevêque de Bordeaux, puis par le Saint-Siège devait nous apporter de plus graves sujets de discussion. Était-il vrai que Maurras cherchait à s'emparer de l'âme de la jeunesse ? Un catholique devait-il se soumettre à l'interdiction qui lui était faite de lire le journal, d'adhérer à la Ligue ? Ou devait-il penser qu'il s'agissait là d'un domaine réservé, non religieux, mais politique ?... Nous nous posions ces questions diverses et contradictoires. Il y avait parmi nous des catholiques qui souffrirent de l'événement. Il y avait des incroyants, ou des tièdes qui s'en étonnèrent... Mais je ne crois pas, pour être sincère, que la condamnation de Rome ait beaucoup nui, chez nous, au crédit de l'*A.F.* Si quelques-uns cessèrent de lire le journal, au moins avec régularité, l'influence de la doctrine ne fut pas ébranlée[38]. »

Ces réactions des khâgneux maurrassiens, telles en tout cas que nous les restitue Robert Brasillach, montrent donc que le facteur religieux a été, sans doute, relativement inopérant dans l'attrait exercé avant 1926 par l'Action française sur certains khâgneux. Il reste que ce même texte évoque des « catholiques qui souffrirent de l'événement ». Il est, en effet, de jeunes talas qui, en khâgne, subirent à cette époque, malgré tout, la tentation maurrassienne.

---

37. P. Nora, « Les deux apogées de l'Action française », *Annales. Économies. Sociétés. Civilisations*, janvier-février 1964, p. 133.
38. R. Brasillach, *Notre avant-guerre*, p. 28.

Certains, tel Étienne Borne, ne furent qu'effleurés par une telle tentation. Ainsi, ce futur collaborateur, dans les années 1930, d'*Esprit* et surtout de *La Vie intellectuelle, Sept* et *Temps présent*, décrit, un demi-siècle après, ses rapports avec l'Action française dans les termes suivants :

> J'étais très impressionné par la personne et l'enseignement d'Alain à Henri-IV et aussi moins par l'A.F. que par le prestige intellectuel. de Maurras... l'Action française était, au moins pour moi et quelques autres, un problème très pressant. La condamnation pontificale avait été un événement, une invitation à la réflexion. Introduit par Olivier Lacombe, je commençai à fréquenter Maritain et les dimanches de Meudon. Et c'est le Maritain de *Primauté du spirituel* écrit à l'occasion de l'affaire de l'A.F. qui m'a le plus influencé et a joué un grand rôle dans mes orientations futures. J'avais découvert la démocratie-chrétienne à travers les polémiques virulentes de l'Action française, et c'est alors que j'ai compris que de ce côté était pour moi une sorte de patrie prédestinée. Au chapitre des influences, ajoutez le père Teilhard de Chardin dont les écrits polycopiés circulaient dans le groupe tala... Je devais découvrir Maurice Blondel un peu plus tard[39]. »

Si, au début, Étienne Borne n'a pas été totalement insensible à certains aspects de la doctrine maurrassienne, il s'ancrera rapidement, pendant son séjour rue d'Ulm, dans un secteur du catholicisme français qui se trouve incontestablement aux antipodes de l'Action française. Maurice Patronnier de Gandillac, appelé à rejoindre les mêmes rivages, a-t-il connu en khâgne une évolution similaire ?

Ce dernier est né à Koléa, en Algérie, le 14 février 1906. En 1922, lorsqu'il entre en hypokhâgne à Louis-le-Grand, son père est rédacteur principal au ministère de l'Intérieur. Ancien élève du lycée Pasteur, il passera trois ans à Louis-le-Grand comme demi-pensionnaire jusqu'en 1925, date à laquelle il est reçu à l'École normale supérieure. Le passage de ce catholique, futur collaborateur d'*Esprit*[40], par l'Action française a souvent été évoqué[41], mais sans que ses jalons chronologiques aient été le plus souvent précisés. Or il se trouve que ce passage par l'Action française a vraisemblablement commencé en khâgne. Il est difficile, à première vue, d'étayer une telle assertion. Les souvenirs des anciens camarades d'hypokhâgne et de khâgne de Maurice Patronnier de Gandillac restent, en effet, flous : « Catholique conservateur », « d'extrême droite », « d'Action française ». Ils constituent cependant un premier faisceau de présomptions : apparemment, le jeune étudiant se situait, de par ses options politiques, aux antipodes de ce Bloc des gauches de la khâgne de Louis-le-Grand dont nous verrons plus loin l'active présence à cette date. Reste à préciser la nature de ces options. Là encore, la recherche des petites revues dans lesquelles ont écrit certains khâgneux peut se révéler

39. Entretien (février 1976) et correspondance (août 1980) avec l'auteur. Né le 22 janvier 1907 à Manduel, dans le Gard, fils d'un professeur adjoint du collège de Béziers, Étienne Borne a fait ses études secondaires dans ce dernier établissement, avant d'entrer en khâgne à Montpellier (1924-1925) puis au lycée Henri-IV (1925-1926). Il est reçu à l'École normale supérieure en 1926 et à l'agrégation de philosophie en 1930 (Arch. Nat. 61 AJ 253). A cette même date, il entre à la Fondation Thiers.

40. Collaborateur régulier puisqu'il publie plus d'une dizaine d'articles dans la revue au cours des années 1930 (Cf. Michel Winock, *Histoire politique de la revue Esprit (1930-1950)*, Le Seuil, 1975, p. 410).

41. Michel Winock, par exemple, note que Maurice Patronnier de Gandillac est passé « un moment par l'Action française » (*Ibid.*, p. 40). Cf. également Pierre de Senarclens, *Le Mouvement Esprit 1932-1941. Essai critique*, Lausanne, L'Âge d'homme, 1974, pp. 25 et 353.

précieuse. Le nom de Maurice Patronnier de Gandillac apparaît, en effet, au sommaire de deux d'entre elles.

La première, *Fruits verts*, provient, pour partie, de l'initiative du groupe qui avait publié quelques mois plus tôt *Faisceaux*. Publié en avril 1924, sous la direction de Gérard de Catalogne, *Faisceaux* n'eut qu'un numéro[42]. Lui succède en mai 1924 *Fruits verts*, qui aura deux numéros : l'un en mai 1924, l'autre, numéroté 2-3, en juin-juillet 1924. Seul ce deuxième numéro est disponible à la Bibliothèque nationale et sa page de garde cite, outre les directeurs Gérard de Catalogne et Paul Zanesso, les membres du « comité de rédaction » et les « principaux collaborateurs ». Dans la première rubrique, on trouve les noms des khâgneux ludoviciens René Fredet, Maurice de Gandillac et Paul Nizan, et, dans la deuxième rubrique, Jean Gaulmier, de Louis-le-Grand, et Dominique Leca, de Condorcet. Même s'il ne figure pas au sommaire du numéro deux de *Fruits verts*, Maurice de Gandillac appartient donc à son équipe.

Cette revue — dont le sous-titre est *Essais de littérature et de critique* — n'était-elle qu'une publication apolitique, réunissant quelques jeunes gens uniquement soucieux d'esthétique ? Rien n'est moins sûr. Ainsi, le premier numéro évoque « la valeur, la beauté propre de la doctrine barrésienne ». La phrase, assurément, dénote une sensibilité différente de celle de *La Revue sans titre*, où écrivaient d'autres khâgneux et dans laquelle Charles Fraval se félicitait, dans le quatrième numéro, de voir apparaître une nouvelle génération « sur les cendres non éteintes de celle que personnifie M. Barrès ». Et déjà *Faisceaux*, qui fut, on l'a vu, la matrice de *Fruits verts*, invoquait les « vieilles leçons de notre vieille tradition » et louait Barrès et Maurras qui ont fourni « une nourriture à des intelligences d'élites », les rendant ainsi « propriétaires d'une richesse si enviable ». *Faisceaux*, pour cette raison, n'est pas une revue « qui bafoue le passé » et, ceux qui y écrivent « admirent » ceux qui les « ont précédés dans la route aride des lettres et qui sont arrivés [maintenant] au sommet de la montagne ».

Fruits verts n'est pas la seule revue à laquelle collaborait alors le khâgneux Maurice de Gandillac. On trouve également son nom au sommaire de *La Relève*. Cette revue, née au début de l'année 1924, compta apparemment neuf numéros, mais la Bibliothèque nationale n'en a conservé que trois : le numéro 7, daté de juillet-août 1924 (« première année », selon le fichier de la Bibliothèque nationale), le numéro 8 de novembre 1924 et un exemplaire dépourvu de numérotation, daté de janvier 1925, qui annonce une « suspension momentanée » de la publication. La périodicité, d'abord mensuelle semble-t-il, s'étire donc à partir de l'été 1924 jusqu'à la suspension — définitive, en fait — du début 1925. Là encore, cette revue est théoriquement un « périodique littéraire ». Tel est, en effet, son sous-titre. Et, du reste, dans les trois numéros accessibles, les articles de Maurice de Gandillac sont dénués de caractère politique : dans le numéro 7, « Impressions et expressions » propose une série de maximes et aphorismes du type « Se dire snob est aussi rare que de ne l'être pas » ; de même, dans le numéro de janvier 1925, en première page, « Breveté S.G.D.G. » n'est, ni de près ni de loin, un texte

42. J. Leiner, *Le Destin littéraire de Paul Nizan et ses étapes successives. Contribution à l'étude du mouvement littéraire en France de 1920 à 1940*, *op. cit.*, p. 30. Dans *Les Nouvelles littéraires*, n° 319 du samedi 24 novembre 1928, Gérard de Catalogne parle, lui, de « deux numéros » (*art. cit.*, p. 8). Nous n'avons pu retrouver *Faisceaux* à la Bibliothèque nationale.

politique. Il n'en demeure pas moins que *La Relève*, dirigée par Antonio Gustiniani, est incontestablement une revue de tonalité droitière. Une analyse de contenu même superficielle suffit pour s'en persuader et la part accordée à certains académiciens constitue un indice supplémentaire.

Que conclure ? Le catholique Maurice de Gandillac, durant ses années de khâgne, a collaboré à des revues qui subissaient apparemment, entre autres, l'attrait du maurrassisme. Certes, cette participation à *Fruits verts* et à *La Relève* n'induit qu'une présomption d'attirance pour l'Action française de la part du jeune homme. Mais il existe d'autres indices qui viennent confirmer une telle attirance, durant le séjour à l'École, à laquelle Maurice Patronnier de Gandillac avait été reçu cinquième en 1925. Licencié ès lettres en 1927, il prépare l'année suivante un diplôme avec M. Gilson sur « la critique du principe de causalité chez Pierre d'Ailly » et devient agrégé de philosophie en 1929. On peut, en recoupant plusieurs sources, essayer de cerner les options politiques du jeune normalien pendant ces quatre années. Premier élément : en 1942, il évoquera un banquet d'Action française auquel il avait participé, avec Pierre-Henri Simon et Étienne Borne, « il y a une quinzaine d'années »[43]. Le flou de l'indication chronologique nous renvoie apparemment aux alentours de 1926-1927, deux années après la khâgne, au moment où l'ancien khâgneux devient licencié.

Deux ans plus tard, l'agrégatif est encore, semble-t-il, dans les mêmes dispositions d'esprit. C'est tout au moins ce qui ressort des *Mémoires d'une jeune fille rangée*. Dans ces Mémoires, on l'a vu, Simone de Beauvoir utilise des pseudonymes; mais tout comme le personnage de Jean Pradelle-Maurice Merleau-Ponty, celui de Pierre Clairaut est transparent : normalien, tala, agrégatif de philosophie la même année que Simone de Beauvoir. Or cette dernière nous le présente comme un sympathisant de l'Action française[44]. Par rapport à la source précédente, ce témoignage a le mérite d'être chronologiquement plus précis que le texte de Maurice Patronnier de Gandillac de 1942 : le Clairaut maurrassien fréquente la Bibliothèque nationale pendant l'année universitaire 1928-1929.

Mais, pour précis qu'ils soient, ces souvenirs, rédigés trente ans plus tard, ne constituent pas en eux-mêmes une preuve suffisante. Reste une troisième source, beaucoup plus édifiante, l' « enquête auprès des étudiants d'aujourd'hui » publiée par *Les Nouvelles littéraires* du 17 novembre 1928 au 2 février 1929. Dans le numéro 319 du samedi 24 novembre est publié un entretien accordé par Maurice Patronnier de Gandillac à Gérard de Catalogne. Ce dernier rappelle d'abord qu'ils se sont connus à Louis-le-Grand et qu'ils avaient alors fondé *Faisceaux* puis *Fruits verts*. Son interlocuteur y tient ensuite les propos suivants :

> « ... Ayant lu Bergson et même le gros livre de Durkheim sur les origines de la religion, je crus pour quelques mois au sentiment constructeur, à la discipline sociale des représentations collectives. *L'Enquête sur la monarchie*, parcourue trop tôt, mais dont le souvenir se ravivait et prenait maintenant plus d'importance et d'efficacité, me poussait aussi au culte catholique comme méthode de vie. Le surnaturel pourtant, préparé par de précieuses amitiés, il faut bien le dire,

43. Cf. *Foyers de notre culture*, Éd. du Cerf, 1942, p. 81. Cf. également *Le Personnalisme d'Emmanuel Mounier*, Le Seuil, 1985, p. 31.
44. S. de Beauvoir, *Mémoires d'une jeune fille rangée*, *op. cit.*, pp. 272 et 288.

c'est du dedans de moi-même que je l'ai plus tard senti sourdre peu à peu. Mais c'est là une autre affaire, la plus essentielle de toutes et qui m'intéresse seul. La cité, la famille, je les conçus d'abord comme des moyens de me retremper dans le *mana* des grandes exaltations. Par là même, j'éliminais toutes les rêveries purement anarchiques. Il restait un autre danger : les doctrinaires qui, sans nier la nécessité d'un ordre, le transfèrent du réel à l'idéal et construisent des Républiques universelles. Je parle ici, autant que des socialistes, de certains catholiques qui ne pensent plus qu'à démolir l'idole française sous prétexte que leur foi dépasse les frontières. A ceux-là comme à M. Benda, la réponse la plus solide est celle de l'Église. Je sais bien que la Patrie ou la Propriété ne font pas toujours figure de martyres. Dans le cultre de la *déesse France,* on dénoncerait facilement la trace de quelque idolâtrie. L'adoration béate du capital confinerait à la stupidité : Mussolini l'a bien compris, avec ses admirables corporations. Le service de l'État, si beau que je le conçoive, ne revêt à mes yeux aucun prestige mystique. Il représente seulement, comme saint Thomas l'a dit mieux que personne, notre sacrifice au bien commun, condition normalement nécessaire du progrès moral du plus grand nombre des âmes — de la seule chose, par conséquent, qui, de soi, importe... »

Ce texte, on le voit, est difficile à interpréter. Certes, il y est fait allusion à *L'Enquête sur la monarchie,* mais la phrase qui évoque cet ouvrage peut s'entendre de plusieurs manières : Maurice Patronnier de Gandillac en parle-t-il au passé, ou lui reconnaît-il encore en 1929 actualité et influence ? Par ailleurs, l'allusion aux « admirables corporations » n'autorise pas de fécondes extrapolations, qui ne seraient qu'anachronismes. La relative obscurité de ces lignes vient, en réalité, du fait qu'il s'agit d'un texte tronqué, dont il est possible de retrouver les passages éliminés en étudiant la polémique qui suivit la publication de l'enquête de Gérard de Catalogne et Roland Alix.

C'est entre ces deux auteurs, du reste, qu'a surgi d'abord cette polémique. Le premier est maurrassien : quelques mois après l' « enquête auprès des étudiants d'aujourd'hui », il publie *Une génération,* dont la page de garde s'orne d'un « A Léon Daudet, professeur d'énergie, en témoignage de fidélité constante » et dont le dernier chapitre consacré à Henri Massis signale « l'infinie séduction » du talent de « ce défenseur de la latinité » et constate « les mesquineries d'une époque interlope, fantasque et non croyante ». Roland Alix, au contraire, est l'ancien président du club du Carrefour, organisation dans la mouvance des Démocrates populaires. Apparemment, donc, deux sensibilités politiques aux antipodes l'une de l'autre, ainsi que le prouve, par exemple, leur appréciation respective sur l'enquête d'Agathon. Dans *Une génération,* Gérard de Catalogne s'interroge sur « l'état d'esprit » des jeunes gens de 1930 : à la question : « Notre état d'esprit est-il si différent de celui d'Aghaton (*sic*)[45] ? », tout le chapitre sur Henri Massis répond en filigrane par la négative. Roland Alix écrit, au contraire : « Je relisais il y a quelques jours l'enquête d'Agathon, et je ne comprenais pas, tant la différence est profonde entre le jeune homme de 1913 et celui de 1929. Elle tient moins dans certaine légèreté de l'allure que dans de nouvelles façons de sentir et d'agir[46]. »

Entre deux visions si radicalement opposées, le désaccord était inévitable et, tout naturellement, il éclata au sujet de l'Action française, dont l' « enquête

45. Gérard de Catalogne, *Une génération,* Le Rouge et le Noir, 1930, p. 220.
46. *Les Nouvelles littéraires,* n° 329, 2 février 1929, p. 10.

auprès des jeunes gens d'aujourd'hui » des *Nouvelles littéraires* notait la perte d'influence. Les pensionnaires de la Fondation Thiers y observaient notamment au sujet de Charles Maurras : « Il va sans dire que comme penseur politique, nous le plaçons au second plan : son importance n'est plus qu'historique. Nous ne lui demandons plus de solutions. Il date de l'avant-guerre. *L'Enquête sur la monarchie* est vraiment pénible... » Ces lignes sont publiées le 1er décembre et ce n'est pas une coïncidence si *L'Étudiant français* du 10 décembre attaque l'enquête des *Nouvelles littéraires.* Le journal des Étudiants d'Action française s'en prenait, du reste, à Roland Alix, sans citer Gérard de Catalogne. Ce dernier, peu après, se désolidarisa d'ailleurs des articles de l'enquête et retira sa signature en cours de publication[47]. Et, dans les mois qui suivirent, *L'Étudiant français* et *L'Action française* revinrent à plusieurs reprises sur l' « enquête auprès des étudiants d'aujourd'hui[48] ». Maurice Patronnier de Gandillac se trouva mêlé à cette polémique et, des lettres qu'il rédigea alors, on peut tirer quelques indications sur ses positions politiques en 1929.

Dans son numéro du 10 mars 1929, *L'Étudiant français* entend démontrer « Comment on " truque " une enquête. Les faussaires des *Nouvelles littéraires.* » Et de publier une lettre de Maurice Patronnier de Gandillac, que nous reproduisons *in extenso.* Elle est, en effet, plus éclairante que l'entretien publié dans *Les Nouvelles littéraires* du 24 novembre 1928 :

> « Mon cher ami,
> Vous êtes revenu plusieurs fois sur la fameuse enquête des *Nouvelles littéraires.* Vous avez eu raison. Il est tout à fait scandaleux de voir les pauvres réponses que nous apporte chaque semaine, au nom de la jeunesse française, la feuille de M. Martin du Gard. Je dois avouer pourtant que la faute n'incombe pas entièrement aux enquêteurs. Plusieurs de mes amis, qui auraient pu dire des choses fortes et bien pensées, ont cru bon de s'abstenir, par horreur de la publicité et parce qu'ils n'avaient aucune sympathie pour le genre faux où l'ineffable Lefèvre s'est illustré tant de fois. Au contraire, dans le camp adverse, on s'est rué en foule pour avoir le plaisir et l' " honneur " d'étaler sa prose.
> Mais il faut bien ajouter que ceux qui, comme moi, ont cru qu'ils devaient répondre et pratiquer une politique de présence, ont été, dans cette circonstance, *indignement trompés.* On leur a dit : " Il ne faut pas que vos *papiers* soient trop ouvertement réactionnaires. La démonstration aura plus de poids si vous ne paraissez pas répondre à un mot d'ordre, venu de la rue de Rome ou de la rue Saint-André[49]. D'ailleurs, l'enquête doit être très générale et porter sur des tendances intellectuelles et morales, plutôt que sur des questions de politique pure. " Je ne pense pas qu'on ait fait une pareille recommandation aux communistes et aux anarchistes. Du moins, il n'y paraît guère. Mais il y a pis. Ma réponse, que j'avais envoyée toute rédigée, selon l'usage des *interviews,* on a cru bon de la taillader pour la rendre plus inoffensive.

---

47. Roland Alix a donné sa version de ses démêlés avec Gérard de Catalogne dans *La Nouvelle Jeunesse. Enquête auprès des jeunes gens d'aujourd'hui,* Librairie Valois, 1930, pp. 160 sqq. Dans ces pages, il évoque aussi sa polémique avec *L'Action française* et *L'Étudiant français.*

48. Le 25 février 1929, par exemple, *L'Action française* publia « Faussaires et gredins. L'enquête des *Nouvelles littéraires* ». L'auteur de l'article, René de Planhol, y écrivait notamment : « Sous le masque de la littérature [*Les Nouvelles littéraires* sont] une agence de trafics louches et une officine de l'anti-France » dont le directeur, Maurice Martin du Gard, « a truqué toute l'enquête, choisi et accommodé les réponses à sa guise, falsifié les textes ». On y a naturellement privilégié « les élucubrations du communiste Nizan ». Et René de Planhol de conclure : « Et c'est à juste titre que Gérard de Catalogne, qui maintenant les connaît bien, a pu les qualifier ainsi : une bande de faussaires et de gredins. »

49. C'est-à-dire venu de l'Action française ou de son organisation étudiante.

Ainsi, de ce qui concernait la patrie, on n'a gardé que la définition thomiste. Ce que je disais des raisons historiques de mon ralliement au service de la nation (la Ruhr et ses suites), on l'a coupé, froidement. Même remarque en ce qui concerne la démonstration *en raison naturelle* du nationalisme français. Croyez-vous que j'avais eu l'audace de mettre sur la sellette les idées de M. Blum ? C'était trop pour M. Martin du Gard. Mais ce qui l'a sans doute scandalisé le plus, c'est ma profession de foi royaliste. Désirant qu'elle fût à la fois ferme et discrète, j'avais écrit : " Nous ne voulons pas faire de politique en soi, mais nous souhaitons d'être débarrassée au plus tôt d'un régime qui nous guinde tous au rang de citoyens actifs. " Tout cela a sauté d'un coup de crayon rouge.

Quant à la fameuse réponse de la Fondation Thiers, ce n'était à l'origine qu'un *canular*, dont je connais le principal responsable, *archicube* et philosophe, et qui était destiné, dans l'esprit de ses auteurs, à mesurer la naïveté de M. Alix. Le « Maurras pessimiste » était là simplement par plaisanterie, comme on aurait dit : « Souday impartial » ou « Goyau grand écrivain ». Alix a tout avalé, le régionalisme du *Cimetière marin*, comme le caractère démodé de l'*Enquête*, comme l'urbanisme thomiste et le thomisme sans Saint-Thomas. Les pensionnaires du rond-point Bugeaud ont beaucoup ri de la mystification. Ils auraient sans doute préféré qu'elle trompât moins de gens et qu'on n'en tirât point prétexte chez les républicains.

Excusez-moi, mon cher ami, de cette longue lettre. Mais je tenais à m'expliquer aussi bien sur l'équivoque initiale de toute l'affaire, que sur certaines lacunes apparentes de ma réponse.

Croyez, je vous prie, à ma fidèle sympathie.

Maurice de Gandillac »

Une partie de cette lettre fut reprise cinq jours plus tard dans *L'Action française*, qui présentait Maurice de Gandillac, élève de l'École normale supérieure, comme « un des très rares étudiants nationalistes interrogés[50] ».

Ce texte est donc précieux pour nous : l'allusion à la rue de Rome et à la rue Saint-André, la profession de foi royaliste, le fait d'envoyer une lettre de félicitations à un organe de l'Action française pour ses attaques contre l'enquête des *Nouvelles littéraires*, autant d'indices qui autorisent à situer encore en 1929 Maurice Patronnier de Gandillac dans la mouvance maurrassienne. Le séjour dans ce secteur du paysage politique a donc été relativement prolongé et le rôle de plaque tournante joué par l'Action française l'a été plus tardivement que pour d'autres khâgneux talas du milieu de la décennie.

Ajoutons que Maurice Patronnier de Gandillac n'était en rien responsable de la publication de sa lettre dans la « Revue de Presse » de *L'Action française* et que, très élégamment, il envoya une lettre d'explications et d'excuses à Roland Alix[51]. En fait, il existe bien une frange de khâgneux talas, difficiles, avec le recul, à identifier — car leur passage à l'Action française fut rapide — et donc à dénombrer, qui s'engagèrent au sein de la ligue ou, pour le moins, la côtoyèrent en cette première partie des années 1920. C'est précisément cette frange qui, contrairement aux autres khâgneux maurrassiens peu sensibles, on l'a vu, aux retombées de 1926, fut profondément ébranlée par la condamna-

50. *In* « Revue de Presse », *L'Action française*, vendredi 15 mars 1929, p. 3. L'extrait publié est constitué par la deuxième partie de la lettre, à partir de « Ma réponse, que j'avais envoyée toute rédigée... ». Les pensionnaires de la Fondation Thiers envoyèrent à *L'Action française* une lettre de protestation : « S'ils avaient voulu donner des explications sur leur interview, ils l'auraient fait eux-mêmes et n'ont besoin pour cela d'aucun interprète. » (Cette lettre, en date du 22 mars 1929, ne fut pas publiée par *L'Action française*. Roland Alix la reproduit dans *La Nouvelle Jeunesse*, pp. 170-171).

51. Lettre reproduite dans *La Nouvelle Jeunesse*, *op. cit.*, pp. 171-173.

tion pontificale. Cet ébranlement entraîna, dans nombre de cas, un déplacement sensible du centre de gravité politique de ces khâgneux qui, au terme de leur dérive, vinrent souvent s'ancrer vers la gauche du catholicisme français.

Si Maurice Patronnier de Gandillac est le seul khâgneux, avec Jean Gaulmier, à collaborer aux numéros de *La Relève* — à ceux, tout au moins, conservés à la Bibliothèque nationale —, nous avons vu que plus nombreux étaient les candidats de l'École normale supérieure qu'accueillait *Fruits verts.* Outre les deux susnommés, que l'on retrouve aussi dans la revue de Gérard de Catalogne, il faut en effet mentionner René Fredet, Dominique Leca et Paul Nizan. De ce dernier, il sera question plus loin. Quant aux deux premiers, ils présentent entre eux des similitudes qu'il faut relever. Appartenant l'un à la promotion de la rue d'Ulm de 1925 (Fredet), l'autre à celle de 1926 (Leca), ils deviendront tous deux inspecteurs des finances : sur trois centaines environ de normaliens littéraires des années 1920, trois seulement suivront un tel chemin, et il se trouve que deux d'entre eux, bien qu'originaires de khâgnes différentes, figurent dans l' « organigramme » de *Fruits verts*! Autre trait commun : Fredet et Leca ont connu un périple scolaire très brillant. Ancien élève de l'école primaire communale, Leca entre en sixième au lycée Pasteur en 1917. Six ans plus tard, il obtient le premier prix de composition française et le cinquième accessit de mathématiques au Concours général de 1923. L'année suivante, il reçoit le premier prix de dissertation philosophique. A l'automne 1924, il entre en khâgne à Condorcet et sera reçu cinquième rue d'Ulm en 1926. A l'École normale supérieure, il entreprend des études de philosophie. Après avoir obtenu ses certificats de licence, il soutient, en 1928, un mémoire sur « Mesurabilité, tension et rythme dans l'esprit ». Certes, il est refusé à l'écrit de l'agrégation en 1931. Mais déjà, semble-t-il, il était attiré dans une autre direction :

> « ... j'étais solitairement parvenu, vers vingt-trois ans — normalien affrontant l'agrégation de philosophie —, à la conviction nietzschéenne que tout ce qu'il y avait au monde à comprendre je l'avais compris et que, si je devais vivre, il me faudrait faire un choix entre deux vocations pour lesquelles je me sentais une disponibilité totale : ou bien une aventure philosophique et littéraire, du genre de celle que couvait alors mon archicube Sartre, ou bien une carrière administrative et politique, à laquelle je n'assignais pas de limites; on n'a guère d'humour à cet âge.
>
> Entre ces deux voies, la décision fut prise, en 1929, peu après la mort de mon père, choc brutal qui survint au sein d'une étroite cellule familiale dont ma sœur institutrice subvenait seule aux besoins.
>
> J'optai alors, farouchement, contre la vie contemplative, tournai le dos, d'un seul coup, à la métaphysique qui m'avait captivé; j'en pris horreur comme d'une drogue aux insupportables vertiges. Je voulus plonger dans l'univers des hommes d'action, comme on signe un pacte avec le Seigneur. Transférant alors dans une sorte d'arrivisme désintéressé mon goût de l'absolu, je me lançai, corps et âme perdus, sur une trajectoire qui vit l'agrégatif de la rue d'Ulm devenir, par une conversion rapide, inspecteur des finances[52]... »

Et, de fait, dès 1932 Dominique Leca est reçu à l'inspection des Finances.

René Fredet a fait lui aussi de solides études. Élève du lycée Condorcet, il est admis en hypokhâgne à Louis-le-Grand en 1922 et, trois ans plus tard, il entre

52. D. Leca, *Il y a quarante ans, l'an 40. La rupture*, 1978, rééd., Le Livre de Poche, pp. 422-423.

rue d'Ulm. En 1927, il obtient son diplôme d'études supérieures avec un mémoire sur « le rôle de l'argent dans la société depuis *La Comédie humaine* ». Ce titre est-il prémonitoire ? Toujours est-il qu'après avoir passé l'agrégation des lettres en 1928 puis effectué son service militaire, il obliquera lui aussi vers l'inspection des Finances.

Est-il possible d'expliquer ce choix de carrière identique — et, en amont, cette commune participation à la revue *Fruits verts* — par une origine sociale analogue ? Il serait bien commode, en effet, de pouvoir opposer aux fils d'instituteurs du Bloc des gauches, futurs professeurs de lycées et collèges de province, les esthètes barrésiens de *Fruits verts*, issus de catégories plus élevées de l'échelle sociale et promis aux grands corps de l'État. Mais par-delà les traits communs évoqués plus haut, il se trouve que René Fredet et Dominique Leca sont issus de milieux sociaux très contrastés. Le premier, né le 26 juin 1904 à Paris, est le fils d'un chirurgien des Hôpitaux. Une fois reçu à l'École normale supérieure, il ne demande pas de bourse ; son dossier d'inscription ne porte pas d'indication de revenus. René Fredet est le seul dans ce cas dans la promotion littéraire de 1925. Né le 25 juillet 1906 dans le petit village corse d'Ota, Dominique Leca est le fils d'un « vérificateur des PTT », dont les revenus s'élèvent à 11 100 francs par an : c'est, avec Maurice Merleau-Ponty, dont la mère, veuve et infirmière, a, on l'a vu, un revenu de 9 900 francs par an, et un autre camarade dont le père, huissier, gagne 10 500 francs, le revenu familial le plus bas de la promotion[53] ! Le traitement du père est, du reste, encore moins élevé, puisque la feuille de déclaration fiscale incluse dans le dossier d'inscription donne le détail de ce revenu : 8 400 francs de traitement, 2 200 francs de pension — le père avait été auparavant militaire — et 500 francs de rentes ; et l'avis du maire qui doit être joint à cette déclaration est explicite : « M. Leca est un modeste fonctionnaire qui a fait de gros sacrifices pour élever convenablement ses enfants. » Grâce à une bourse Dominique Leca avait pu entreprendre des études secondaires.

Cette participation à *Fruits verts* correspondait-elle au moins à une commune orientation droitière des deux jeunes gens, à la fin du printemps 1924 ? La réponse est malaisée à donner pour Dominique Leca, qui est à cette époque en classe de philosophie au lycée Pasteur. En l'absence de témoignages précis sur cette période de sa vie, ainsi que sur les deux années suivantes passées en khâgne à Condorcet, il est en effet impossible de se prononcer. Seul indice, mais légèrement postérieur : en 1927, à l'École normale supérieure, il réagira vivement, nous le verrons, aux passages antimilitaristes de la revue. Plusieurs témoignages d'anciens khâgneux ludoviciens s'accordent au contraire pour évoquer l'engagement politique maurrassien de René Fredet. A l'École normale supérieure, en tout cas, cet engagement est indéniable. *L'Action française* du 30 novembre 1928 évoquait le jeune normalien en ces termes : « Notre ami René Fredet, aujourd'hui brillant agrégé, qui était l'an dernier secrétaire adjoint des Étudiants d'Action française, a su faire régner dans notre groupe parisien si nombreux la plus saine et la plus vive activité intellectuelle. »

Si les khâgnes des années 1920 semblent avoir constitué un milieu plutôt hostile au maurrassisme, quelques-uns de leurs élèves sont donc tout de même

53. Si on laisse de côté un fils de « propriétaire viticulteur » qui déclare 3 500 francs par an (étude des dossiers des élèves de la promotion littéraire de 1926 réalisée à partir d'Arch. Nat. 61 AJ 253).

passés à cette époque par l'Action française. Les cas évoqués montrent, en outre, que ce passage a été, le plus souvent, relativement bref et que la redistribution de ces jeunes gens après l'apprentissage maurrassien s'est opérée dans des directions très diverses et, apparemment, sans orientation privilégiée. Mais on peut estimer qu'ils resteront profondément marqués par ce passage, « dans leurs activités littéraire, technique et politique[54] ». L'Action française fut pour eux une matrice intellectuelle, avant de devenir une plaque tournante.

Mais cette première décennie d'après-guerre est aussi, pour l'Action française. une décennie de déclin. En 1930, par exemple, au moment où Roland Alix brosse un tableau de *La Nouvelle Jeunesse*, l'influence intellectuelle du mouvement de Charles Maurras a, semble-t-il, très largement décru au Quartier latin. Et l'auteur de conclure : « C'est le déclin d'un rayonnement qui eut jadis sa grandeur[55]. » Dans la première moitié des années 1930, Henry Charbonneau, un des dirigeants des Étudiants d'Action française, constatera, pour son mouvement, une « tendance à diminuer au Quartier latin ». Certes, ajoute-t-il, l'influence reste importante, mais les arguments invoqués n'emportent guère l'adhésion, tout au contraire : deux inscrits « de grande classe » rue d'Ulm, Robert Brasillach et Thierry Maulnier, et des « groupes actifs » en khâgne, dont il ne peut citer que deux membres : François Léger et François Gravier[56]. Les khâgneux d'Action française, déjà peu nombreux dans les années 1920, le sont devenus encore moins à l'orée de la nouvelle décennie. Ce nombre réduit est, d'ailleurs, le seul point qu'ils aient en commun avec la poignée de khâgneux communistes.

Une poignée de communistes.

Tous les témoignages s'accordent, en effet, sur ce point : les élèves communistes ont toujours été fort peu nombreux dans les classes préparatoires littéraires des années 1920. Deux de ces classes doivent cependant être mentionnées car elles ont été un lieu de passage — et parfois d'apprentissage politique — pour plusieurs futurs intellectuels communistes.

A la khâgne lyonnaise ont appartenu, à quelques années de distance, Georges Cogniot et Jean Bruhat. Nous avons déjà évoqué, au chapitre VII, le milieu d'origine du premier. Milieu paysan très modeste[57] mais, sur le plan culturel, déjà aux confins du monde des instituteurs : le grand-père maternel, la mère et la tante du futur normalien sont — ou ont été — instituteurs[58]. C'est

---

54. Réponse écrite de Thierry Maulnier à l'enquête de Simon Arbellot sur l'Action française (« L'Action française », *Le Document*, 1935, p. 15, cité par E. Weber, *op. cit.*, p. 568).

55. R. Alix, *La Nouvelle Jeunesse. Enquête auprès des jeunes gens d'aujourd'hui, op. cit.*, p. 121.

56. H. Charbonneau, *Les Mémoires de Porthos, op. cit.*, p. 75. François Léger fut hypokhâgneux puis khâgneux à Louis-le-Grand de 1931 à 1934 (Arch. Louis-le-Grand). A propos de François Gravier, Henry Charbonneau ajoute : « Le géographe-sociologue bien connu » (*op. cit.*, p. 75). S'agit-il de Jean-François Gravier, l'auteur de *Paris et le Désert français ?* La réponse est positive, s'il faut en croire, notamment, Philippe Ariès qui fréquenta en cette décennie les mêmes milieux étudiants (cf. *Un historien du dimanche, op. cit.*, p. 63).

57. Les revenus de la famille Cogniot sont, en 1921, de 3200 francs par an. La mère, Marthe Cogniot, institutrice, touche 1200 francs par an (une institutrice du même âge touche alors 6000 francs environ ; il s'agit donc vraisemblablement de leçons particulières ou d'une pension. En fait, Marthe Cogniot avait été institutrice intérimaire pendant la guerre : cf. G. Cogniot, *Parti Pris*, tome I : *D'une guerre mondiale à l'autre*, Éd. Sociales, 1976, p. 22). Les revenus fonciers d'Amédée Cogniot, agriculteur, s'élèvent à 2000 francs (Arch. Nat. 61 AJ 249). Un agrégé du cadre des départements, à âge sensiblement égal, gagne à cette époque 14000 francs par an.

58. Nous touchons à nouveau, à travers le cas de Georges Cogniot, au problème, déjà évoqué au chapitre VII, de la difficulté d'évaluer avec précision un statut social. Georges Cogniot, dans ses

dans le petit village de Montigny-lès-Cherlieu, en Haute-Saône, que Georges Cogniot naît le 15 décembre 1901. Remarqué par son instituteur, il va suivre l'itinéraire classique des meilleurs boursiers de la IIIe République : de l'école primaire de son village il pourra passer au lycée Gérome de Vesoul — où il obtient chaque année le prix d'excellence — puis, en 1919, dans la khâgne lyonnaise, après avoir obtenu la mention Bien à la première partie du baccalauréat et la mention Assez Bien en philosophie. Cette orientation vers le concours de la rue d'Ulm s'est faite sur les conseils du proviseur du lycée de Vesoul et d'un inspecteur général.

C'est en khâgne que Georges Cogniot va manifester pour la première fois son engagement à l'extrême gauche. La tradition familiale est donc, sur ce plan, largement débordée sur la gauche : le père, en effet, lisait le journal radical du chef-lieu, *L'Union démocratique,* tandis que le grand-père maternel, chez qui, on l'a dit, le jeune Georges vivra tout au long de sa scolarité secondaire, a été adjoint radical au maire de Vesoul. Cette tradition familiale, à vrai dire, n'est guère différente de celle de beaucoup de khâgneux de cette époque, notamment les fils d'instituteurs ou de professeurs. Mais, alors qu'une telle tradition débouchait souvent, chez ces khâgneux, sur une sorte d'engagement de continuité, simple gauchissement vers la SFIO du radicalisme de la famille à la génération précédente, Georges Cogniot va s'ancrer dès cette époque à l'une des extrémités du paysage politique. Certes, nous le verrons, l'engagement à la SFIC n'interviendra qu'à l'automne 1921, au moment de son entrée à l'École normale supérieure, mais, dès la khâgne, c'est, à dix-huit ans, l'adhésion aux Étudiants socialistes révolutionnaires. Georges Cogniot a longuement évoqué ce ralliement dans ses Mémoires. Répondant à l'un de nos questionnaires en 1976, il signalait également « le petit groupe d'élèves socialistes, affilié à l'Association des étudiants socialistes révolutionnaires ». Lecteur de *La Vague* de Pierre Brizon et « d'autres publications socialistes », il s'intéressait « passionnément à la politique » et avec plusieurs autres camarades « se réclamant comme [lui] de l'extrême gauche », il se sentait « profondément plébéien ». La Révolution de 1917 était « au cœur des préoccupations » de ce petit groupe qui en quelques occasions, semble-t-il, a pu avoir une influence sur la khâgne :

> « La classe a été sensibilisée aux problèmes d'actualité quand, pendant les grèves de 1920, le maire Édouard Herriot a demandé aux étudiants de jouer le rôle de briseurs de grève sous prétexte d'assurer le ravitaillement en lait des petits enfants. Il y a eu une assemblée générale des élèves ; j'y ai pris la parole, soutenu par un camarade démobilisé de l'armée, et la classe a refusé la proposition du maire[59]. »

Ce rôle de Georges Cogniot en khâgne allait de pair avec un engagement politique croissant. Le jeune étudiant qui se contentait, dans un premier

---

Mémoires, évoque à plusieurs reprises ses origines « plébéiennes » (le titre du premier paragraphe du tome I, par exemple, est « Plébéien et pauvre », et la première phrase des Mémoires commence par : « Je ne suis pas né prolétaire, mais du moins suis-je né plébéien... » : *op. cit.*, p. 13). Certes, l'extrême précarité des revenus paternels évoqués à la note précédente confirme apparemment cette assertion. Il n'en demeure pas moins que ce qui vient d'être dit des autres membres de la famille — chez qui Georges Cogniot passera, du reste, une grande partie de sa jeunesse — insère, au moins en partie, le futur dirigeant communiste au sein des classes moyennes.

59. Correspondance avec l'auteur, janvier 1976. Dans cette même réponse, Georges Cogniot précise : « Les élèves qui partageaient mes sentiments étaient quatre ou cinq sur trente-cinq. » Et, dans ses Mémoires, quand il évoque « les sympathisants socialistes », il s'agit d'un « petit groupe » (*op. cit.*, p. 58). L'épisode des grèves de 1920 est également dans *Parti Pris*, pp. 60-61.

temps, d'inscrire, le 28 mai, « au tableau noir un gigantesque : Vive la Commune ! » et de suivre « avidement la vie sociale », donne son adhésion aux Étudiants socialistes révolutionnaires :

« Les réunions se tenaient le jeudi après-midi dans une cour de café ombragée de platanes, rue Sébastien-Gryphe. C'est là que j'ai fait mes écoles socialistes élémentaires. J'avais tout à apprendre. J'ignorais même le sens des sigles : Ire, IIe et IIIe Internationales, jusqu'au jour où il me fut révélé par une causerie que donnait au groupe un professeur adjoint du lycée Ampère nommé Calzan. Calzan nous fit le compte rendu du congrès de Strasbourg du Parti socialiste, et ce qu'il nous dit de l'atmosphère passionnée du congrès, des grandes grèves de cheminots qui en formaient pour ainsi dire l'arrière-plan, du premier succès remporté dans ces assises par le courant révolutionnaire, tout cela nous enthousiasma. C'est à Calzan que je dois ma première formation... Le 30 octobre 1920, le congrès national de la Jeunesse socialiste se prononça pour l'Internationale communiste par 5443 voix contre 1958. C'était un grand événement qui me transporta de joie. »

Au cours de sa première année de khâgne, en 1919-1920, Georges Cogniot achève de devenir un « socialiste de cœur » :

« La Bourse du Travail n'était pas loin du lycée, et j'y fus bientôt assidu. C'était une époque de manifestations ouvrières imposantes ; les cuirassiers défilaient dans les rues pour intimider les grévistes... Le fils du colonel des cuirassiers était taupin au lycée, et un soir, nous échangeâmes quelques coups de poing[60]. »

Il est difficile, en réalité, pour l'historien de tenter de recouper, par d'autres sources, les deux récits parallèles de *Parti Pris* et de la réponse au questionnaire de 1976. Chez un homme demeuré, une vie durant, fidèle au même parti, la tentation peut être grande d'abaisser au maximum le seuil chronologique de l'entrée en politique. Ainsi se dégage l'harmonie d'une vie militante dès l'adolescence et la large perspective d'un parcours rectiligne. En d'autres termes, peut se profiler derrière de tels souvenirs l'écueil, pour l'historien, d'un passé recomposé, et notamment d'une adolescence politiquement édifiante. Se placer d'emblée à l'aile gauche de la SFIO avant Tours ne peut qu'être idéologiquement orthodoxe. Et le problème est d'autant plus délicat que les Mémoires de Georges Cogniot comportent, selon certains exégètes — Philippe Robrieux, par exemple —, des faiblesses indéniables.

Nous disposons, sur la khâgne lyonnaise de 1919 à 1921, période de la scolarité de Georges Cogniot, de quatre témoignages d'anciens élèves. Deux khâgneux de 1918 à 1920, Jean-Jacques Anstett et Edmond Rivet, nous ont répondu, ainsi que Max Rouché, élève de cette classe préparatoire de 1920 à 1922, et Henri Guillemin, qui la fréquenta de 1920 à 1923. Ce dernier excepté, ces correspondants décrivent la khâgne du lycée du Parc du début de la décennie comme faiblement politisée. Deux des réponses, dans le paragraphe sur la vie politique en khâgne, évoquent spontanément le nom de Georges Cogniot. La première, dans les termes suivants :

« Georges Cogniot avait excusé un nouveau particulièrement mal vêtu en nous disant : " C'est un fils d'ouvrier ! " C'est le seul épisode de vie politico-sociale que j'ai retenu. J'ignore si Cogniot militait déjà (il n'en aurait guère eu le temps). »

60. Georges Cogniot, *Parti Pris*, *op. cit.*, pp. 58-61.

Le second témoignage répond indirectement à cette dernière question :

> « Georges Cogniot était communiste et nous ne l'ignorions pas. Nous nous entendions très bien, mais son influence était limitée. »

Influence « limitée », sans aucun doute, puisque les deux autres réponses, sans évoquer directement le rôle de Georges Cogniot, tentent d'évaluer la présence « communiste » ou « marxiste » — entendons par là l'extrême gauche — et avancent, l'une le nombre de « deux ou trois marxistes », l'autre celui de « deux communistes[61] ».

Si l'extrême gauche n'atteignait apparemment pas alors le seuil de cinq khâgneux évoqué par Georges Cogniot, ses camarades confirment cependant indirectement ses propres souvenirs[62] : dès avant son entrée au Parti communiste en 1921, il se situe, en khâgne, à l'extrême gauche; et son militantisme rue d'Ulm s'ancre sur un engagement politique vieux déjà de près de deux années. Georges Cogniot n'est d'ailleurs pas le seul à avoir connu semblable itinéraire : dans le cas de Jean Bruhat également, l'adhésion au Parti communiste, postérieure à la réussite au concours de la rue d'Ulm, a été précédée d'une maturation dont la khâgne a été un moment décisif.

Chez le futur historien communiste, nous retrouvons à nouveau, comme chez beaucoup de khâgneux de cette génération, une mobilité sociale étalée sur plusieurs générations. Ses quatre grands-parents, en effet, étaient illettrés[63]. Le grand-père paternel, ouvrier meunier à Paulhaguet, dans la Haute-Loire, et marié à une couturière, est mort très jeune en 1870. Le grand-père maternel, d'abord charretier sur les routes entre Le Puy et le Rhône, ouvrit ensuite « L'Auberge d'Auvergne » au Puy. Le père de Jean Bruhat, né en 1864, orphelin à six ans, entra dans l'administration des postes, à Paris, comme surnuméraire en 1882. Il passa ensuite une vingtaine d'années au Puy avant d'être nommé receveur des postes à Pont-Saint-Esprit en 1903. Après plusieurs affectations en Haute-Loire et dans le Puy-de-Dôme, il fut nommé à Saint-Étienne en 1919 et prit sa retraite en 1927. L'enfance et l'adolescence du futur normalien suivent étroitement les étapes de la carrière paternelle. Né le 24 août 1905 à Pont-Saint-Esprit, il fréquente les collèges de Brioude et d'Issoire puis le lycée de Saint-Étienne. Huitième accessit de composition française, en première, au Concours général de 1922, deuxième prix de géographie en 1923, il est tout naturellement aiguillé vers l'École normale supérieure par un professeur et il entre, en octobre 1923, en khâgne au lycée du Parc. Il y demeurera jusqu'à son succès au concours de la rue d'Ulm en 1925.

61. Respectivement, témoignages de Max Rouché (mars 1976), Edmond Rivet (avril 1976), Jean-Jacques Anstett (avril 1976) et Henri Guillemin (février 1976).

62. Nous avons déjà soulevé à la note 13 du chapitre III, au sujet du degré d'exactitude de *Notre avant-guerre*, le problème de l'« effet Brasillach » (expression décalquée de celle d'Isabelle Bertaux-Wiame, « L'effet Nadaud », *Les Nouvelles littéraires*, n° 2620, 26 janvier-2 février 1978, p. 20). Tout comme les souvenirs de Martin Nadaud sur les réponses de maçons creusois ou les Mémoires de Robert Brasillach sur les réponses de khâgneux ludoviciens, le récit de la vie de Georges Cogniot a-t-il influencé nos témoins lyonnais ? Certes, ceux-ci nous ont répondu au début de l'année 1976 alors que *Parti Pris* n'a été publié qu'à l'automne de la même année. Mais le sénateur communiste avait peut-être déjà évoqué son passage au lycée du Parc dans des articles ou des entretiens. Le danger méthodologique est évident : tout notre travail de recoupement sur Georges Cogniot khâgneux risquerait alors de s'en trouver faussé.

63. Entretiens avec Jean Bruhat (décembre 1980 et janvier 1981). Jean Bruhat a évoqué son enfance et ses racines familiales dans le chapitre 2, pp. 22-34, d'*Il n'est jamais trop tard* (Albin Michel, 1983). Il évoque ses années de khâgne dans le même livre, pp. 17-21 et 33-34.

L'un des camarades lyonnais de Jean Bruhat — René Bady — a gardé, à son sujet, le souvenir d'un khâgneux « ardemment communiste ». La réalité fut, semble-t-il, plus complexe. Ce n'est qu'en octobre 1925, en effet, qu'il entre à la fois à l'École normale supérieure et au Parti communiste français. Jusqu'à cette date, en khâgne, il adhère au groupe *Clarté* et appartient au groupe des Étudiants collectivistes. Et cet engagement remonte aux années passées au lycée de Saint-Étienne, plus précisément à la quinzième année : en classe de troisième, en effet, il avait rédigé des vers sur les mutins de la mer Noire. Après la rupture de Tours, le jeune lycéen stéphanois puis le khâgneux lyonnais s'était orienté vers des organisations dans la mouvance de la SFIC.

On peut trouver, apparemment, au moins deux racines à cette option communiste. Racine familiale, tout d'abord, à travers l'influene de son beau-frère Delhermet. Un certain romantisme révolutionnaire, ensuite, qui irrigue cet engagement précoce :

> « Ce qui comptait pour moi, c'est ce qui se passait à l'Est. Depuis le 1789-1794 que nous apprenions dans le Malet-Isaac, rien de comparable. Par-dessus les carmagnoles des sans-culottes apparaissaient en surimpression les blousons de cuir des combattants du Palais d'Hiver. J'écrivais de fort mauvais vers en faveur de Marty et de Badina, les héros de la révolte de la mer Noire[64]. »

La khâgne de Louis-le-Grand, en raison de ses effectifs, a accueilli, vraisemblablement, le plus important contingent de communistes. Le mot contingent est, du reste, impropre. Le nombre de ces communistes resta, en effet, limité tout au long de la décennie et un engagement de ce type demeura le fait de quelques individualités.

Entre 1922 et 1924, par exemple, le groupe des communistes ne dépasse pas deux ou trois membres en hypokhâgne et khâgne[65]. Et, au cours des années suivantes, ce chiffre n'a guère varié. René Nelli, khâgneux ludovicien entre 1924 et 1926, avait fondé alors « la première cellule communiste de Louis-le-Grand » : « Nous étions trois, précisait-il en 1976, dont un répétiteur, Pastor, je crois, et André, khâgneux. » Le seul khâgneux du nom d'André qui apparaisse, pour cette période, dans les archives de Louis-le-Grand est E. André, né en novembre 1906, ancien élève du lycée de Nancy, hypokhâgneux en 1924-1925, khâgneux de 1925 à 1927, dont nous n'avons pu retrouver la trace ni, donc, recouper l'indication fournie sur son compte par René Nelli. Quant à Jacques Pastor, on reconnaît effectivement sa signature dans les publications de la Fédération de l'enseignement unitaire[66].

René Nelli, le fondateur de cette minuscule cellule ludovicienne, est né le 20 février 1906 à Carcassonne. Fils et petit-fils d'architectes, ancien élève du

64. J. Bruhat, *L'Histoire*, n° 8, janvier 1979, « L'URSS et nous », p. 63. Cf. aussi *Il n'est jamais trop tard*, pp. 19-21.

65. Témoignage Georges Lefranc (entretien avec l'auteur, novembre 1980). Ce souvenir est confirmé par un document de l'époque, les « archives » du « Bloc des gauches » de l'hypokhâgne 1922-1923. Ce « Bloc des gauches » — qui, nous le verrons plus loin dans ce même chapitre, rassemblait les hypokhâgneux de sensibilité de gauche — ne comptait alors que deux communistes.

66. Cf., par exemple, le *Bulletin des Membres de l'Enseignement du second et du troisième degrés (Fédération des Syndicats de l'Enseignement)*, première année, n° 2, supplément à l'*École Émancipée* n° 40 du 4 juillet 1926, 4 p. (numérotées 5 à 8), pp. 5-6, « Les revendications des maîtres et des surveillants d'internat », par Jacques Pastor.

lycée de Carcassonne, il sera, à Louis-le-Grand, lui aussi « ardemment communiste » et en contact avec le groupe *Clarté*[67].

Pour Jean Maitron également, la classe préparatoire littéraire de Louis-le-Grand fut, quelques années plus tard, l'antichambre d'un engagement communiste, qu'il rompit en 1939[68]. Né le 17 décembre 1910 à Sardy-les-Epiry, commune de la Nièvre où son père était instituteur[69], il entre en hypokhâgne à Louis-le-Grand comme pensionnaire en octobre 1929, après avoir fait ses études secondaires comme interne au lycée de Nevers. C'est au cours de cette année d'hypokhâgne qu'il adhère à l'Union fédérale des étudiants. L'UFE, fondée en 1926 et qui se voulait une « organisation présyndicale universitaire », était, on l'a vu, considérée au Quartier latin comme l'organisation étudiante du Parti communiste.

Au cours de l'année 1930, le jeune hypokhâgneux adhérera au Parti communiste, qu'il quittera en 1931, pour la Ligue trotskyste. Quand cette dernière sera absorbée par la SFIO, il retournera au Parti communiste jusqu'en 1939. A cette date interviendra sa « rupture silencieuse à la signature du Pacte[70] ». Parallèlement, en octobre 1930, Jean Maitron avait abandonné Louis-le-Grand et effectué dès lors des études d'histoire tout en étant surveillant. Après son service militaire dans la météorologie en 1935-1936, il enseignera pendant vingt ans dans les classes primaires et les cours complémentaires, puis, de 1956 à 1958, dans l'enseignement secondaire à Courbevoie[71].

En une décennie où le taux de militantisme communiste est faible en milieu étudiant, il n'est pas surprenant que ce soit dans les khâgnes les plus peuplées que se retrouvent les quelques noyaux d'extrême gauche. *A contrario*, cette faiblesse de la présence communiste est très sensible dans les petites classes préparatoires littéraires, où les sympathisants communistes, quand ils existaient, faisaient figure d'exceptions.

Nous avons vu plus haut que le Livre d'or de Lakanal permettait de connaître — tout au moins approximativement — la sensibilité politique des élèves de l'une de ces petites khâgnes. En 1920-1921, cinq élèves sur trente et un se disent « bolcheviks » contre six socialistes. En 1921-1922, trois élèves sur vingt-sept se disent « communistes » ou « SFIC » contre douze socialistes. En 1922-1923, la classe compte, selon la même source, cinq communistes contre sept socialistes. Cette source fournit un ordre de grandeur entre les

67. Correspondance avec l'auteur, avril 1976 et juin 1980. Bientôt détaché de la politique militante, René Nelli participa à la Résistance dans l'Aude. Secrétaire du Comité des intellectuels de l'Aude à la Libération, il collabore durant quelques mois au journal communiste *Le Patriote*. En 1961, il sera candidat du PSU aux élections cantonales, tout en étant, à cette même date, conseiller municipal de Carcassonne. Par la suite, il « s'est rapproché à nouveau du communisme en ce qui concerne les problèmes des libertés régionales » *(ibid.)*. Professeur de philosophie, pendant toute sa carrière, au lycée de Carcassonne, il fut, parallèlement, conservateur du Musée des beaux-arts de Carcassonne (1946-1963) et chargé de cours d'ethnographie française à la faculté des lettres de Toulouse. René Nelli est surtout connu pour ses études sur les troubadours, l'amour courtois, le catharisme et, plus largement, la culture occitane.

68. Jean Maitron donne, par exemple, cette date de 1939 dans *L'Histoire* de février 1980, n° 20, p. 87, ainsi que dans une correspondance avec l'auteur (août 1980).

69. Arch. Louis-le-Grand.

70. Correspondance avec l'auteur, août 1980. Par la suite, Jean Maitron adhérera quelque temps au PSU, au moment de la guerre d'Algérie, et sera une fois candidat suppléant aux élections législatives.

71. Docteur d'État en 1950 avec l'*Histoire du mouvement anarchiste*, fondateur du *Mouvement Social* et du Centre d'histoire du syndicalisme, Jean Maitron est le maître d'œuvre du *Dictionnaire biographique du mouvement ouvrier*. Après un passage au CNRS (1958-1963), il sera maître-assistant à la Sorbonne (puis à Paris I) de 1963 à 1976. Il est décédé en 1987.

tenants khâgneux des deux partis ouvriers : si on laisse de côté l'année 1920-1921, où le schisme de Tours coupe à peu près en deux ces khâgneux, il faut remarquer que la période 1921-1923 voit au contraire s'établir la proportion 30 %-70 % en faveur des socialistes. Mais, si le Livre d'or est précieux pour établir des rapports de forces, il devient bien moins fiable pour les chiffres absolus. Il faut, en effet, dans ce type de questionnaire dont rend compte ce Livre d'or, faire la part des réponses improvisées : chacun était tenu de répondre, alors que, on l'a vu, une large fraction des khâgneux sont, en ces années 1920, apolitiques. Bien plus, la propension khâgneuse au « canular » et à la provocation conduisait vraisemblablement ce type d'enquête à surestimer les extrêmes. On peut, en réalité, diviser au moins de moitié les chiffres des communistes. En 1922-1923, par exemple, il n'y a pas cinq communistes dans la khâgne de Lakanal. Seuls Max Grignon et René Joly y sont, à cette date, proches de la SFIC[72]. Du second, il sera question au chapitre XII, car il animera quelque temps le groupe communiste de l'École normale supérieure.

Quant à Max Grignon, il sera au début des années 1930 l'un des onze fondateurs de Révolution constructive, au sein de la SFIO. Né le 17 novembre 1902 à Mamers, dans la Sarthe, fils d'un herboriste de la ville, petit-fils de paysan, il fera la connaissance de Georges Lefranc, quand le père de ce dernier y sera nommé inspecteur primaire. Dans cette ville dont Joseph Caillaux est, au début du siècle, l'élu, l'imprégnation radicale est forte. Et c'est dans un milieu familial de cette tendance politique que Max Grignon passera son enfance. Élève du lycée du Mans à partir de 1914, ses bons résultats scolaires le font aiguiller en 1921 vers la khâgne de Lakanal. Dès 1919, alors lycéen de première, il avait adhéré à la SFIO, mais après Tours il va opter pour le courant communiste, sans toutefois s'affilier à la SFIC. En 1921-1922, le Livre d'or de Lakanal indique « socialiste ni SFIO ni SFIC » et en 1922-1923 « communiste indépendant ». A cette époque, il lie connaissance en khâgne avec Maurice Deixonne. D'autre part, il retrouve à Paris Georges Lefranc, inscrit en hypokhâgne à partir de 1922. On a donc là trois des futurs fondateurs de Révolution constructive. Pendant l'hiver 1923, quand Georges Lefranc et Jean Le Bail organisent, auprès des khâgneux ludoviciens, une collecte pour *Le Populaire,* Max Grignon y ajoute le résultat d'une quête à Lakanal et il se joint aux deux organisateurs pour porter ces fonds rue Feydeau, au secrétariat de la SFIO, où ils seront brièvement reçus par Paul Faure[73]. Son engagement communiste était donc réellement, en cette année scolaire 1922-1923, « indépendant ». On imagine mal, en effet, un militant communiste portant à cette date le résultat d'une souscription au *Populaire* !

En octobre 1923, Max Grignon passe en khâgne à Condorcet, où il sera le condisciple de Raymond Aron. Après un nouvel échec au concours de l'École, il demande, à la rentrée de 1924, un poste dans l'enseignement. A la même époque, choqué par la campagne électorale menée par le Parti communiste aux élections législatives, il s'éloigne de ce parti. Nommé à Saint-Nazaire — puis, l'année suivante, à Riom —, il s'y inscrit à la SFIO puis joue un rôle aux Étudiants socialistes de Riom, au moment où, à Paris, Georges Lefranc, Jean le Bail et Maurice Deixonne, avec lesquels il est resté en contact étroit, rebâtissent la Fédération nationale des étudiants socialistes.

72. Témoignages recoupés, dont celui de Max Grignon (entretien avec l'auteur, novembre 1980).
73. G. Lefranc, *Cahier de l'Ours,* n° 116, janvier 1981, p. 32.

Les khâgneux socialistes.

La tradition socialiste en khâgne ne naît naturellement pas avec le premier conflit mondial. Ainsi, à Henri-IV, il existe, dans les années qui précèdent la guerre, un petit noyau socialiste. Le point mérite d'autant plus d'être souligné que les khâgneux y sont, à cette date, en grande partie « indifférents en politique » et se consacrent plutôt à une société de bienfaisance, présidée par le khâgneux Tissier — qui trouvera la mort peu de temps après au front — et s'occupant essentiellement de la distribution, le dimanche matin, de bons de pain et de viande aux indigents des taudis de la montagne Sainte-Geneviève[74].

Chronologiquement, le premier texte qui fournisse quelques éléments précis sur le petit groupe des khâgneux socialistes d'Henri-IV est un entretien, publié en mars 1931, entre Marcel Déat et le journaliste socialiste Louis Lévy. Ce dernier avait en effet mené une enquête pour *Le Populaire* sur le thème : « Comment ils sont devenus socialistes ». Y étaient interrogés Paul Faure, Léon Blum, Pierre Renaudel, Bracke, Compère-Morel, Jean-Baptiste Lebas, Raoul Evrard, Arthur Groussier, Vincent Auriol, Jean-Baptiste Séverac, Jean Longuet, Joseph Paul-Boncour, Jean Zyromski, Marcel Déat et Bedouce. Dans la réponse de Marcel Déat, on trouve notamment les passages suivants :

> « A Paris, au lycée Henri-IV, en rhétorique supérieure, j'étais déjà un militant socialiste. Je lisais *L'Humanité* en cachette. J'allais dans les meetings. J'ai entendu Jaurès au Pré-Saint-Gervais. J'ai pris ma carte en 1914. J'ai assisté aux obsèques de Francis de Pressensé...
> J'assistais aux réunions du groupe des Étudiants collectivistes. A Henri-IV, nous avons fondé entre " types de cagne ", un cercle socialiste de libre discussion. Héroïquement, le jeudi, nous tirions, sur un petit appareil, un bulletin à cent exemplaires. On " se faisait des conférences ". Ça " bardait ". Tout cela se passait dans un bistrot, au fond du XIVe. Parmi mes camarades d'Henri-IV, il y avait Paul Rives...
> Je dois te dire aussi que nous nous étions mis en liaison avec la Maison des Syndicats du Ve, rue Mouffetard. Nous allions garder les gosses, nous les " baladions " au Jardin des plantes en leur faisant des " jus " (jus signifiant ici exposé et non café. N.D.L.R.)[75]. »

Ces lignes peuvent être confrontées avec deux textes plus récents et plus longs, l'un extrait des Mémoires de Marcel Déat, rédigés en Italie après la Seconde Guerre mondiale, l'autre provenant des souvenirs de Marcel Prenant. Du premier, il ressort que le petit groupe des khâgneux socialistes d'Henri-IV était effectivement dirigé, à cette date, par Paul Rives, futur assistant, dans les années 1920, de Mario Roques à la direction du Bureau parisien du BIT, puis député de l'Allier en 1932, et surtout par Marcel Déat. Celui-ci, dans la première partie de ses Mémoires[76], évoque en outre, à nouveau, un « cercle

74. J. Mistler, *Le Bout du monde*, Grasset, 1964, pp. 145-146 et 168.

75. Cette enquête est publiée par *Le Populaire*, en première page, entre le samedi 7 mars 1931 et le vendredi 20 mars. Le texte intégral de cette série d'articles a été rassemblé par les Éditions du Populaire, avec une préface de Léon Blum (Louis Lévy, *Comment ils sont devenus socialistes*, 1932). Pour Marcel Déat, cf. *Le Populaire*, jeudi 19 mars 1931, pp. 1-2, et *Comment ils sont devenus socialistes*, p. 116.

76. Cette première partie des Mémoires de Marcel Déat, *Le Massacre des possibles*, comprend trois volumes dactylographiés déposés à la Bibliothèque nationale au département des manuscrits (251, 216 et 220 p.).

socialiste de libre discussion », fondé pendant l'année scolaire 1912-1913 et dont il était le secrétaire. Ce cercle s'intéressait aux problèmes sociaux et, dans un but d'information et de discussion, tenait des réunions régulières. Il aurait compté une cinquantaine de khâgneux parisiens. Eu égard aux effectifs de Louis-le-Grand, Henri-IV, Condorcet et Lakanal, un khâgneux parisien sur cinq y aurait donc été inscrit. Cette proportion est impossible à vérifier et le nombre avancé par Marcel Déat est peut-être excessif. Il n'en fournit pas moins un ordre de grandeur et rend ainsi compte de l'existence d'un courant socialiste important dans les khâgnes de l'immédiat avant-guerre, fait d'autant plus notable qu'une grande partie de la jeunesse des Écoles, on l'a vu, passe à cette époque pour pencher vers le nationalisme.

Ce cercle socialiste de libre discussion était indirectement contrôlé par la SFIO. Marcel Prenant, à l'époque élève scientifique de la rue d'Ulm et secrétaire des Étudiants socialistes révolutionnaires affiliés à la SFIO[77], a en effet des contacts avec Marcel Déat qui vient de fonder les « lycéens socialistes », organisation réservée aux classes préparatoires et clandestine à cause de l'interdiction de la politique dans les lycées. Sous des vocables différents, dus sans doute aux décennies écoulées, les « lycéens socialistes » et le « cercle socialiste de libre discussion » ne sont vraisemblablement qu'une seule et même organisation, dans la mouvance des Étudiants socialistes révolutionnaires. Ajoutons que la sympathie ne régna apparemment pas entre les deux hommes. Tout au moins, soixante-six ans plus tard, Marcel Prenant écrira de Déat dans *Toute une vie à gauche :* « Dès ces premières entrevues il m'avait inquiété. Si je l'avais trouvé intelligent et actif, il me semblait hâbleur, très infatué de lui-même et trop ambitieux pour rester longtemps honnête. »

Ceux de ces étudiants socialistes qui étaient en khâgne à Henri-IV s'entendirent-ils avec leur professeur de philosophie, le radical Alain ? Le témoignage de Jean Mistler suggère une réponse négative :

> « Naturellement, nos socialistes, Déat, Maupin, Rives, jugeaient rétrograde ce radicalisme. Un jour d'hiver, Alain arriva avec une pelisse, il l'accrocha au portemanteau, mais la fourrure restait visible. Déat se mit alors à la contempler fixement, deux ou trois niais l'imitèrent, Chartier remarqua bientôt la direction de leur regard, parut gêné, hésita, se leva, alla jusqu'au portemanteau et déplaça la pelisse de manière à cacher la doublure fourrée. A la récréation qui suivit, Déat commenta l'incident pour ses disciples et j'entends encore la voix douce et ironique du pauvre Arthaud, résumant la situation :
> — Si j'ai bien compris, c'est une journée décisive pour le marxisme[78]. »

Les souvenirs de Marcel Déat sont d'une tout autre tonalité, sans qu'il y ait cependant contradiction entre les deux textes :

> « Un seul [professeur] jouissait d'un vrai prestige et exerça sur nous une authentique et durable influence : c'était Alain, notre professeur de philosophie, l'ennemi des " marchands de sommeil ", et en qui des générations d'élèves ont trouvé leur " éveilleur "... l'influence de ce normand athlétique et subtil, dialecticien émérite et incomparable remueur d'idées, soucieux de la forme

77. Ce groupe des Étudiants socialistes révolutionnaires comprend à cette date une centaine de membres (cf. M. Prenant, *Toute une vie à gauche*, éd. Encre, 1980, p. 39).
78. J. Mistler, *Le Bout du monde*, p. 158.

autant que du fond, ne nous ébranla point dans nos convictions politiques, bien qu'Alain fût radical-socialiste, avec un style bien à lui il est vrai ; mais son enseignement nous garantit à jamais contre tout dogmatisme aveugle, nous dressa aux nécessaires débats scolastiques, et nous confirma dans la quête intrépide de la vérité. Mieux, Alain nous prépara, pour des temps fort durs, et sans que nous y pensions, à tendre en avant de nous, comme une épée toujours en garde, un jugement implacable, incorruptible, où nous enfermions sans doute de l'orgueil, mais où nous concentrions notre force. Au surplus, ayant appris la méthode et le maniement de l'outil, nous ne nous crûmes pas obligés d'être des disciples ni des pasticheurs, comme il advint plus tard à certains de nos successeurs[79]. »

Ce texte est difficile à séparer du contexte de sa rédaction. Entre Marcel Déat, qui écrit ces lignes après la Seconde Guerre mondiale, et Alain, il y eut une fugace convergence durant la « drôle de guerre ». L'auteur de *Mourir pour Dantzig* signa comme Alain le tract *Paix immédiate*[80]. « La quête intrépide de la vérité » et « le jugement implacable », en des « temps fort durs », justifications des prises de position de Marcel Déat, sont donc, selon lui, de lointaines et logiques résurgences de l'enseignement du philosophe. Il reste que, par-delà ce rapprochement proclamé, Marcel Déat ne se présente en aucun cas comme un disciple d'Alain et qu'il n'inscrit pas son itinéraire dans la lignée du chartiérisme.

L'effondrement des effectifs des khâgnes pendant la guerre n'empêcha pas la persistance de quelques noyaux socialistes ou socialisants dans les classes parisiennes. Ainsi, en 1918-1919, à Henri-IV, dans une khâgne qui ne compte plus que vingt-cinq élèves, le jeune Jean Prévost milite aux Étudiants socialistes révolutionnaires. Après l'acquittement du meurtrier de Jean Jaurès fin mars 1919, il participe, le premier dimanche d'avril, aux manifestations qui suivirent, est arrêté et passe devant les « tribunaux correctionnels[81] ».

Au début des années 1920, il existe donc en khâgne une tradition socialiste solidement établie et que le premier conflit mondial n'a guère ébranlée. Et, tout au long de la décennie, cette tradition va rester très active et va irriguer largement, en aval, l'École normale supérieure. L'objectif, dès lors, doit être momentanément resserré sur la khâgne de Louis-le-Grand. D'une part parce que les sources concernant ce lycée sont les plus nombreuses, mais surtout, d'autre part, parce qu'on peut y déceler le lieu de naissance d'un courant important, quoique mal connu, du socialisme français de l'entre-deux-guerres.

Si l'on veut remonter à l'origine de l'engagement socialiste d'un certain nombre de futurs normaliens, il faut s'arrêter, en effet, à l'histoire du Bloc des gauches constitué en 1922 à Louis-le-Grand. Ce groupe quelque peu informel fut la source d'un courant qui, par le Groupe d'études socialistes des Écoles normales supérieures à partir de 1924, le groupe parisien des Étudiants socialistes en 1925-1926, la Fédération nationale des étudiants socialistes en

79. M. Déat, *Le Massacre des possibles*, I, p. 16.

80. Le tract « Paix immédiate », dont l'initiative revint en septembre 1939 à Louis Lecoin, fut signé, entre autres, par Giono, Alain, Victor Margueritte et Marcel Déat. Les conditions dans lesquelles les signatures furent réunies n'ont jamais été réellement éclaircies. Il semble que nombre de signataires aient été mis devant le fait accompli. Marcel Déat, par exemple, racontera plus tard qu'il avait approuvé le contenu d'un texte qu'on lui avait fait lire, sans s'engager davantage. Or, quelques jours plus tard, ce texte parut sous forme de tract avec une trentaine de signatures, dont la sienne. L'affaire, selon lui, « avait été manigancée par l'entourage de Daladier » (M. Déat, *Le Massacre des possibles*, III, p. 191).

81. J. Prévost, « Dix-huitième année », *Nouvelle Revue française*, 1928, t. XXXI, pp. 809 sqq.

1927, Révolution constructive dans les années 1930, prend en écharpe tout l'entre-deux-guerres et retiendra à plusieurs reprises notre attention.

Sur ce Bloc des gauches, nous disposons d'un document mi-« canularesque », mi-emphatique, la « Très captivante et très véridique histoire du Bloc des gauches d'hypokhâgne[82] ». Ce Bloc a été formé en novembre 1922, dans l'hypokhâgne ludovicienne, à l'initiative de Georges Lefranc. Son objet initial était simple : dans une classe composée surtout d'internes, il s'agissait, malgré les interdictions officielles, d'introduire des journaux que ces derniers pourraient lire en étude ou au dortoir. A l'origine, étaient seulement prévus *Le Populaire* et *L'Ère nouvelle.* Rapidement, *L'Humanité, L'Œuvre, Le Progrès civique* et, après son lancement, *le Quotidien* s'ajoutèrent à la liste. En février 1923, une « constitution » fut promulguée. Elle prévoyait la division des membres du Bloc des gauches entre les « convaincus » qui ont des « opinions précises et nettes » et les « sympathiques » qui ne « connaissent pas encore bien les doctrines ». Les « convaincus », était-il précisé, sont les communistes, les socialistes et les radicaux-socialistes. Les socialistes, toutefois, dominaient puisqu'une « commission d'orthodoxie » comprenait, certes, un représentant de chacun des trois partis mais que c'était le socialiste qui en était le « président d'office ». Parmi les treize « convaincus » ne figuraient, du reste, les archives du Bloc en font foi, que deux communistes.

Apparemment, de telles pratiques ne sont que des variantes légèrement politisées des rites qui cimentent toute classe préparatoire composée en majorité d'internes. Elles n'en sont pas moins révélatrices. D'une part, la tonalité de cette imprégnation politique est intéressante. L'initiative est à gauche, dans un Quartier latin où la plupart des organisations ayant pignon sur rue penchent à droite. D'autre part, justement, le lien essentiel entre les membres du Bloc des gauches réside dans une commune hostilité à ces organisations de droite, et notamment à l'Action française. L'article 7 de la constitution est sans doute le plus explicite et dépasse assurément la simple plaisanterie de potache : « Le groupe étant un compromis de doctrines, la ligne de conduite du groupe actif est assez vague : avant tout anti-Action française. »

Cette constitution a été rédigée, on l'a vu, en février 1923. Un mois plus tard, le 8 mars 1923, huit hypokhâgneux — dont le président du Bloc des gauches, Pierre Chambon, et le vice-président, Sylvain Broussaudier[83], ainsi que Jean Le Bail et René Maheu — se rendent à la permanence des Étudiants d'Action française et assistent à une conférence sur « les États généraux » dont ils réfutent les arguments historiques avant de « quitter la salle en beauté » puis de prêter serment, au coin des boulevards Saint-Michel et Saint-Germain, « de ne pas se séparer et de persévérer dans une politique d'hostilité active contre l'Action française ». Cinq jours plus tard, le 13 mars, une douzaine de

82. Extrait des « archives » du Bloc des gauches, conservées par Pierre Chambon, normalien de la promotion 1926. Ce document date apparemment de mars 1923 et comprend notamment la « Constitution du Bloc des gauches ». Nous avons aussi utilisé les témoignages recoupés de Georges Lefranc (entretien avec l'auteur, novembre 1980), Pierre Chambon (entretien, octobre 1980) et Sylvain Broussaudier (correspondance avec l'auteur, janvier 1976).

83. La « constitution » prévoyait la formation d'un « Bural » avec un président, un vice-président, un secrétaire, un épiscope et un polémarque (qui « dirigeait les opérations extérieures ou violentes »). Dans le premier « Bural », figurait, outre Sylvain Broussaudier et Pierre Chambon — qui avait joué un rôle important dans la naissance du Bloc des gauches —, Georges Lefranc, secrétaire, dont l'influence était déterminante puisque la « constitution » prévoyait que le secrétaire était le « chef théorique ».

membres du Bloc des gauches se rendent à la grande manifestation du Trocadéro célébrant le centenaire de la naissance de Renan et placée sous la présidence d'Anatole France. Le discours de ce dernier et ses attaques contre le gouvernement Poincaré les impressionnèrent, semble-t-il, profondément.

Une semaine après le premier débat avec l'Action française, le jeudi 15 mars, neuf hypokhâgneux viennent à nouveau porter la contradiction dans une réunion maurrassienne. Dans le local, ils attendent la conférence de Maxime Réal del Sarte en lisant ostensiblement *Le Populaire, L'Humanité* ou *L'Ère nouvelle.* Cette conférence une fois terminée, la parole est donnée aux participants et ce sont Jean Le Bail, Georges Lefranc et Paul Nizan — « polémarque » en cette année scolaire 1922-1923 — qui mènent l'assaut. Le compte rendu de cette joute oratoire établi par les perturbateurs à l'usage de leurs camarades de l'hypokhâgne permet d'avoir une idée — partiale, sans doute — des arguments échangés :

> « ...Le Bail : " Vous ne pouvez oublier, vous ne pouvez ignorer que parmi les ancêtres de votre Prince, il y a Philippe Égalité, un régicide. " Froid dans la salle. Un moment de silence. Le président de séance ne répond que ceci : " Mon père est radical-socialiste. " Mais, poussé par Le Bail, il en vient à renier Philippe Égalité. Lefranc : " Vous avez dit que la République était *made in Germany.* Mais c'est la Restauration qui a bénéficié de l'appui des baïonnettes allemandes. " Pas de réponse. Le Bail : " La République a développé l'instruction (loi de Jules Ferry). La Royauté n'a rien fait. " Le président : " Pardon, il y a une ordonnance de Louis XIV décidant la création de l'instruction obligatoire.
> — Montrez-la-moi.
> — Montrez-moi la loi de Jules Ferry.
> — Admettons, c'est discutable, qu'elle ait existé, elle n'a pas été exécutée.
> — La loi de Jules Ferry non plus.
> — Alors, vous soutenez que la proportion d'illettrés est aussi grande maintenant que sous l'ancienne monarchie.
> — Oui. "
> Nizan : " M. Réal del Sarte a dit que la Révolution était née de Kant. Or Kant est contemporain de la Révolution : je comprends assez mal qu'il ait pu la causer. Pourriez-vous m'expliquer ! D'autre part elle ne peut venir de Fichte et Hegel qui sont partisans d'une dictature. " Les royalistes perdent pied devant ces questions de philosophie. Nizan et Le Bail : " En quoi la République a-t-elle servi l'Allemagne ?
> — C'est elle qui a créé l'Allemagne.
> — Volontairement ou non ?
> — Involontairement.
> — Quand ?
> — Sous l'Empire !
> — L'Empire n'est pas la République. " Et pendant dix minutes, nous piétinons sur cette question, les royalistes voulant à toute force que l'Empire soit la République. En mauvaise posture, le conférencier lève précipitamment la séance en renvoyant la suite à la prochaine fois. »

Le compte rendu a beau évoquer, quelques lignes plus loin, l' « auditoire hostile » auquel se heurtent les hypokhâgneux, on reste frappé par le fait qu'une telle joute ait pu avoir lieu. C'est là une pièce à verser au dossier de l'étude de l'atmosphère politique du Quartier latin dans les années 1920. Une telle réunion, à coup sûr, n'aurait pu avoir lieu un an plus tard, au moment de la campagne du Cartel des gauches, ni deux ans plus tard, lors de l'affaire Scelle.

Si le Bloc des gauches de Louis-le-Grand, de par ses statuts, était placé sous le signe de la diversité, ses principaux animateurs n'en étaient pas moins des sympathisants socialistes. Deux d'entre eux apparaissent dès ce moment au premier plan, unis par une amitié qui se noue alors : Jean Le Bail et Georges Lefranc. De ce dernier il sera longuement question au chapitre XI. Quant à Jean Le Bail, son rôle au sein du Bloc des gauches fut indirect mais essentiel. Indirect car, externe, il n'en faisait pas officiellement partie. Essentiel car, en tant qu'externe précisément, c'est lui qui était chargé d'introduire chaque matin les journaux au lycée.

Fils d'un ingénieur des Travaux publics de l'État, né le 26 février 1904[84], Jean Le Bail, futur député puis sénateur de la Haute-Vienne, est, dès son hypokhâgne et sa khâgne, un ardent socialiste, même s'il n'est pas encore membre de la 5e section parisienne de la SFIO. Sa qualité d'externe lui permet de suivre de plus près la vie politique et de faire parfois le coup de poing avec les Étudiants d'Action française au Quartier latin. Comme Georges Lefranc, et reçu troisième juste derrière celui-ci, il entrera dès son premier concours à l'École normale supérieure en 1924. Mais, déjà en hypokhâgne, le futur parlementaire limousin déployait une éloquence qui suscitait l'admiration. Ainsi, dans les « archives » du Bloc des gauches, le compte rendu de la réunion contradictoire d'Action française du 15 mars 1923 évoquée plus haut se termine par ces lignes :

> « Il convient de féliciter Le Bail qui de plus en plus se révèle comme le leader du parti : pendant une heure, sans perdre la tête, devant un auditoire hostile, il a tenu tête au conférencier sans céder du terrain, exploitant inlassablement avec méthode et sang-froid tous ses arguments et ne laissant même pas Nizan et Lefranc développer les leurs. Ils reconnaissent d'ailleurs volontiers qu'ils n'auraient pu le faire avec cette persévérance. »

Même si Jean Le Bail et Georges Lefranc ne sont pas encore inscrits, à cette date, à la SFIO, leur engagement socialiste est, dès cette époque, très marqué. Ainsi, on l'a vu, « un jeudi soir de l'hiver 1923 », accompagnés de Max Grignon, ils vinrent au secrétariat du Parti socialiste, rue Feydeau, apporter les fruits d'une collecte organisée auprès des khâgneux de Lakanal et de Louis-le-Grand. Ils furent reçus par Paul Faure qui les remercia en leur promettant de leur consacrer son billet dans *Le Populaire* du lendemain. De fait, raconte Georges Lefranc, l'article promis parut sous le titre « Salut aux jeunes intellectuels[85] ! ».

L'année suivante, les fondateurs du Bloc des gauches passèrent d'hypokhâgne en khâgne et le groupe s'agrandit de jeunes hypokhâgneux entrés à Louis-le-Grand à la même date : Émile Delavenay, François Quilici, François

---

84. Cf. dossier ENS (Arch. Nat. 61 AJ 251) et Arch. Louis-le-Grand. La notice nécrologique de l'*Annuaire* 1966 contient également des renseignements biographiques précieux (*loc. cit.*, pp. 55-58). Jean Le Bail est mort prématurément le 25 octobre 1965.

85. Entrevue déjà signalée plus haut et rapportée par Georges Lefranc (entretien avec l'auteur, novembre 1980, et *Cahier de l'Ours*, n° 116, janvier 1981, p. 32). La seule trace que l'on retrouve de l'épisode, dans *Le Populaire* de l'hiver 1923, est un petit entrefilet en première page intitulé « Merci » et daté du jeudi 15 février 1923 : « Nous avons reçu d'un groupe d'étudiants ès lettres à la Sorbonne, pour protester contre les actes de violence commis par les monarchistes, la somme de 70 francs. Nous les en remercions sincèrement et ils peuvent être assurés que nous saurons l'utiliser dans le sens qu'ils nous indiquent. » Les khâgneux, élèves assujettis à la discipline en vigueur dans les établissements secondaires, ne pouvaient être mentionnés en tant que tels dans un article de ce type. Ce « Merci » leur était donc probablement destiné.

Coulet, André Kaan, Henri Fréville et Pierre Boivin. Des deux derniers il sera question plus loin[86]. Les deux premiers participeront aux émissions de la BBC à Londres dix-sept ans plus tard, tandis que le troisième sera commissaire de la République à la Libération et que le quatrième survivra à la déportation à Buchenwald. Deux d'entre eux sont devenus entre-temps normaliens, tandis que les deux autres sont passés par l'École libre des sciences politiques.

Quand il entre à Louis-le-Grand en octobre 1923, François Quilici va avoir dix-huit ans. Né à Ajaccio le 17 novembre 1905, fils d'un commis principal des postes et d'une institutrice, c'est un ancien élève du lycée d'Oran, ville dont il sera le député de 1946 à 1955. Après la khâgne, il s'était orienté vers l'École libre des sciences politiques. Tout comme François Coulet, né le 16 janvier 1906, fils du recteur de l'Académie de Montpellier. Quelques jours avant que Coulet devienne commissaire de la République de la « tête de pont » de Bayeux en juin 1944, son ancien camarade de khâgne de Louis-le-Grand, André Kaan, est capturé par la Gestapo le 8 juin 1944 et déporté en Allemagne par le dernier train qui atteindra Buchenwald. Le frère d'André, Pierre Kaan, khâgneux ludovicien quatre ans avant André, sera lui aussi résistant et déporté et mourra du typhus en Tchécoslovaquie peu après sa libération[87]. Ses parents, Renée et Paul, ne reviendront pas non plus de déportation. Le père, Paul Kaan, fils de juifs lorrains, militant socialiste, combattant de la Première Guerre mondiale, était éditeur. Né le 31 mars 1906, André Kaan entrera à l'École normale en 1926. L'année précédente, y était entré Émile Delavenay, né le 24 octobre 1905, fils d'un couple d'instituteurs de Haute-Savoie, ancien élève du collège de Bonneville.

Pour ces jeunes hypokhâgneux de 1923 comme pour la strate précédente composée de Georges Lefranc, Jean Le Bail, René Maheu, Pierre Chambon et plusieurs autres, et passée en khâgne à cette date, le grand événement fut, en cette année scolaire 1923-1924, la victoire du Cartel des gauches. La couleur politique des journaux achetés par le Bloc des gauches était, du reste, sans équivoque : entre Poincaré et Herriot, le cœur de la plupart des internes de l'hypokhâgne et de la khâgne penchait en faveur du second. Et quand *Le Quotidien* fut lancé, il fut immédiatement ajouté à la liste des journaux achetés par l'externe de service. Tous ces journaux permirent aux internes de suivre au fil des semaines la campagne électorale. Le « grand homme » des jeunes socialistes de Louis-le-Grand était l'helléniste Bracke-Desrousseaux, ancien élève de l'École normale supérieure de la promotion 1881, qui présentait une liste socialiste homogène dans la troisième circonscription de la Seine. Des élections fictives au sein du Bloc des gauches avaient naturellement fait passer la majeure partie de la liste, quelques élèves ayant toutefois voté pour la Jeune République. Et la déception fut grande le 11 mai 1924 au soir lorsqu'aucun des membres de cette liste ne fut réélu. Cette déception était heureusement compensée par l'annonce de la victoire du Cartel des gauches :

> « Je me suis privé de repas du soir pour connaître les premiers résultats. Ils étaient favorables au Cartel. Mais sur la rive gauche, la liste socialiste SFIO était

---

86. Dans ce même chapitre pour Henri Fréville. Au chapitre XI pour Pierre Boivin.
87. Témoignage de Léo Hamon (*Le Monde*, 14 janvier 1972). Cf. aussi l'article de G. Ferrières dans *Voix et Visages* (Association nationale des anciennes déportées et internées de la Résistance), n° 136, janvier-février 1973, pp. 1-3 : « Une famille dans la Résistance ». Cet article, rédigé par la sœur de Jean Cavaillès, évoque le destin — tragique — des membres de la famille Kaan pendant le second conflit mondial.

écrasée par une liste communiste. Aucun des députés socialistes sortants ne retrouverait de siège. Je suis allé à la permanence centrale de la rive gauche où l'atmosphère était funèbre... Le matin du 12 mai, celui de nos camarades qui nous approvisionnait en journaux fut rapidement dévalisé. Le succès était confirmé[88]. »

L'hostilité à Poincaré ne date pas de la campagne électorale, et elle n'est pas fondée seulement sur la sensibilité socialiste de la plupart des membres du Bloc des gauches. Un an et demi avant les élections législatives de mai 1924, cette hostilité s'était déjà manifestée à l'occasion de l'occupation de la Ruhr. L'un des souvenirs les plus marquants que Georges Lefranc conserve de ses années d'hypokhâgne et de khâgne est en effet celui de la fameuse séance parlementaire du 11 janvier 1923, à laquelle il assista en compagnie de Jean Le Bail.

C'était un jeudi après-midi. Léon Blum prend la parole après Raymond Poincaré qui vient d'expliquer et de justifier son initiative. Face à celle-ci, le dirigeant socialiste proclame son « refus total » et sa « protestation catégorique ». Léon Daudet l'interrompt en évoquant « la finance juive », « l'internationale juive » et en criant : « A Jérusalem ! », tandis qu'Ybarnégaray se livre à de basses plaisanteries :

« — M. Blum : je déclare que nous protestons de toute notre force...
— M. Ybarnégaray : le juif protestant ! *(Rires à droite.)*
— M. Blum : ... contre l'occupation militaire de la Ruhr *(Interruptions à droite)*... J'entends, sur ces bancs, parler de juifs. *(Exclamations à l'extrême gauche.)* Est-ce, dans votre pensée, une intimidation ou une insulte ? *(Vifs applaudissements à l'extrême gauche et sur divers bancs à gauche. Bruit.)*
— Le Président : Ces interruptions perpétuelles sont intolérables, messieurs. Mais je n'ai entendu aucune parole injurieuse à l'adresse de l'orateur[89]. »

L'agitation est alors à son comble. Un député de droite conseille à l'extrême gauche d'aller « manger de la choucroute » tandis que, semble-t-il, un « sale juif » fuse, destiné à Léon Blum. Une suspension est décidée, qui durera dix minutes. A la reprise, devant un auditoire redevenu plus calme, Léon Blum pourra développer ses arguments contre l'occupation de la Ruhr, qui est à ses yeux une « impasse ».

De cette séance Georges Lefranc a gardé un souvenir précis. Sans doute est-ce en partie à cause du tumulte auquel il assista et des insultes qu'il entendit proférer[90]. Mais la raison essentielle est ailleurs. Le réquisitoire de Léon Blum

88. Georges Lefranc, *Cahier de l'Ours*, n° 116, janvier 1981, p. 33. « L'événement politique le plus important pour nous a été sans doute la victoire électorale du Cartel des gauches en 1924 » (Sylvain Broussaudier, correspondance avec l'auteur, janvier 1976). Cette impression est confirmée notamment par celle de Jean Cathala (cf. *Sans fleur ni fusil*, Albin Michel, 1981, p. 16). Né le 19 mars 1905, fils de commandant, Jean Cathala était en khâgne, comme pensionnaire, de 1922 à 1924.

89. *Journal Officiel du 12 janvier 1923 (Débats parlementaires)*, pp. 20-23. Le Président est alors Raoul Péret, député de la Gauche républicaine et démocratique de la Vienne. Après la suspension, Raoul Péret formulera tout de même une « protestation » contre les agressions verbales dont vient d'être victime Léon Blum et rappellera : « Les questions confessionnelles n'ont rien à voir dans un pareil débat et, quelle que soit la confession religieuse de tel ou tel orateur, il a droit à notre attention et à notre respect. »

90. L'épithète « sale juif » ne figure pas au procès-verbal, mais, après la suspension, le député radical Archimbaud protestera contre les attaques dont Léon Blum a été l'objet et commencera son intervention par ces mots : « Monsieur Blum, j'ai entendu tout à l'heure un de vos collègues vous traiter de " sale juif "... ». Cinquante-cinq ans plus tard, Georges Lefranc se souvenait de cette épithète « dont on ne découvrira pas l'auteur » (cf. son témoignage dans *L'Information Historique*, 40e année, n° 3, mai-juin 1978, p. 135). Cette séance orageuse est restée, il est vrai, célèbre et les

le frappa surtout parce qu'il se situait à la confluence du socialisme et du pacifisme, deux sources qui vont profondément marquer sa génération :

> « Nous étions de tendance socialiste auparavant. Mais si nous ne l'avions pas été, je pense que nous le serions devenus. Cette journée est demeurée à jamais dans nos mémoires. Elle a aussi marqué notre socialisme d'un pacifisme indélébile[91]. »

Le pacifisme est, en effet, la composante essentielle de l'attitude de beaucoup de jeunes khâgneux des années 1920. Ce sentiment transcende largement les clivages politiques — tout au moins au sein des sensibilités de gauche — et compose un fonds commun qui donne à une partie de cette génération son unité. Et que l'on retrouve, par exemple, chez les khâgneux Jeunes Républicains.

La Jeune République.

Une part non négligeable de réponses à l'un de nos questionnaires étaient, on l'a vu, le fait d'anciens khâgneux se définissant comme ayant été, à l'époque de leurs études, « chrétiens de gauche » ou Jeune République. Certes, la faiblesse de l'échantillon étudié interdit de lui accorder, sur ce point notamment, une quelconque valeur statistique. Mais, en même temps, à coup sûr, ces chiffres ne peuvent qu'intriguer et pousser à mener les recherches plus avant dans cette direction.

Le phénomène Jeune République s'intègre dans un contexte plus large, qui est celui de la place importante tenue alors, à travers les talas, par la religion en khâgne[92]. Les convictions et les pratiques religieuses y jouent, en effet, un rôle certain dans la vie quotidienne. Les catholiques pratiquants y sont nombreux et les discussions religieuses fréquentes. Des conversions y ont même lieu. Ainsi, un jeudi après-midi, en 1922-1923, quatre khâgneux sont réunis. Il y a là André Déléage et Georges Izard[93]. A l'issue d'une longue prière commune, Georges Izard, protestant, se convertit au catholicisme.

Ainsi était constituée, avec une décennie d'avance, une partie de l'équipe fondatrice d'*Esprit*. Né le 17 juin 1903 dans l'Hérault, où son père était directeur d'école, Georges Izard entre en hypokhâgne à Louis-le-Grand en octobre 1921, après des études secondaires au collège Henri-IV de Béziers. C'est à Louis-le-Grand qu'il fait la connaissance d'André Déléage :

> « Nous nous étions liés en 1922, en khâgne, à Louis-le-Grand. Nous arrivions, lui de Bourgogne, moi du Languedoc. Notre professeur, André Bellessort, qui n'était pas encore de l'Académie française, nous avait mis premiers ex aequo à notre première composition de rédaction. Déléage était immédiatement venu me

---

biographes de Léon Blum l'invoquent quand ils rappellent les attaques de cette nature qu'eut à subir Léon Blum dans sa carrière parlementaire (cf. notamment Jean Lacouture, *Léon Blum*, *op. cit.*, pp. 186-187, et Joël Colton, *Léon Blum*, Fayard, 1966, p. 77).

91. *Cahier de l'Ours*, réf. cit., p. 31.

92. Pour une période antérieure à l'objet de notre étude, on pourra, par exemple, trouver une description du groupe tala de la khâgne d'Henri-IV dans le roman de Joseph Malègue, *Augustin ou le maître est là*, Spes, 1932-1933, pp. 156-184.

93. Ainsi que Pierre-Henri Simon. L'épisode nous a été rapporté par le quatrième protagoniste.

trouver avec une grande solennité : " Nous sommes les deux meilleurs en français : nous devons devenir amis "[94]. »

André Déléage exercera sur Georges Izard une forte influence, notamment sur le plan religieux. On peut citer, à cet égard, le témoignage de Louis-Émile Galey :

« Izard, qui avait la vocation des présidences, se découvre un jour chrétien, brusquement ; il devient incontinent président des étudiants protestants. Là-dessus, Déléage l'entraîne à l'église Saint-Étienne-du-Mont, je crois, et fait tant et si bien qu'Izard en sort catholique. A la rentrée scolaire, Izard est devenu Président des étudiants catholiques[95]. »

Les deux anecdotes — la prière des quatre khâgneux et la visite à Saint-Étienne-du-Mont — ne sont pas contradictoires. En fait, l'une et l'autre décrivent une conversion et le rôle joué par André Déléage[96].

Dans un chapitre consacré à la vie politique, ces talas posent au chercheur un délicat problème. Ils constituent, en effet, à cet égard, beaucoup plus une nébuleuse d'individualités et de clans divers qu'un groupe homogène et politiquement typé. Mais, s'il fallait à tout prix les situer par rapport aux grandes tendances des khâgnes des années 1920, il apparaît qu'indéniablement l'immense majorité d'entre eux seraient à localiser à droite de l'échiquier politique. Bien plus, l'opposition talas-laïcs semble demeurer alors une ligne de clivage essentielle au sein de la khâgne. Les témoignages sont, sur ce point, nombreux et concordants.

Une anecdote, entre autres, est révélatrice. En 1923-1924, le groupe des talas de la khâgne du lycée Lakanal mena campagne pour obtenir que soit enlevé de

---

94. Témoignage de Georges Izard, *Esprit*, n° 340, juillet-août 1965, p. 194. André Déléage est sans doute l'une des personnalités les plus marquantes et les plus attachantes de « l'esprit des années 1930 ». Né à Mâcon le 9 décembre 1903, fils d'un directeur départemental de l'enseignement primaire, prix d'excellence en hypokhâgne à Louis-le-Grand en 1921-1922, classé 39e pour 29 reçus en 1923, admissible en 1924 mais abandonnant pour raisons de santé et, après un repos forcé de plus d'un an, tentant une dernière fois sa chance en 1926 et classé 29e pour 28 reçus, il devient alors boursier de licence à la faculté des lettres de Strasbourg. Grâce à l'appui de Marc Bloch, il est pensionnaire de la Fondation Thiers de 1928 à 1931. A cette date, il est reçu premier au concours des bibliothèques universitaires. Après trois ans passés à Toulouse, il est nommé bibliothécaire à la Sorbonne en 1934 et demeurera à ce poste jusqu'en 1941, tout en menant parallèlement des recherches sur *La Vie économique et sociale de la Bourgogne dans le haut Moyen Âge*. Docteur ès lettres en juillet 1941, il est nommé maître de conférences d'histoire à Nancy à l'automne de la même année, sans être chartiste ni agrégé d'histoire. Le fait est suffisamment rare pour être souligné. Par ailleurs, l'ampleur des comptes rendus consacrés à sa thèse atteste l'importance de sa recherche : Marc Bloch (sous le pseudonyme de Fougères), *Annales d'histoire sociale*, 1942, pp. 45-55 ; abbé Chaume, *Annales de Bourgogne*, t. XIV (1942), pp. 25-49 ; J. Laurent, *Bibliothèque de l'École des chartes*, t. CIV (1943), pp. 299-304 ; P. de Saint-Jacob, *Revue historique*, t. CXCV (1945), pp. 227-234 ; R. Boutruche, *Revue historique de droit français et étranger*, 1946-1947, pp. 305-315. Officier FFI, André Déléage est tombé au combat en décembre 1944.

95. Témoignage recueilli en octobre 1973 par Michel Winock, *Histoire politique de la revue Esprit (1930-1950), op. cit.*, p. 43.

96. L'authenticité de la première version nous paraît plus grande. Son auteur était, en effet, l'un des quatre khâgneux présents et s'en souvient comme de « la scène qui a peut-être le plus marqué [son] séjour en khâgne » (correspondance avec l'auteur, février 1976). Louis-Émile Galey, élève des Beaux-Arts, était un ami d'enfance d'André Déléage et avait été son condisciple au lycée de Bourges (témoignage de Louis-Émile Galey, *Esprit*, n° 340, juillet-août 1965, p. 191). Il tient forcément l'anecdote qu'il rapporte de deuxième main. D'autant qu'il ne retrouvera André Déléage que quelques années après le passage de ce dernier dans la khâgne ludovicienne (témoignage de Louis-Émile Galey dans *Arts*, 28 mars-3 avril 1956). Il reste que la tonalité du récit de Galey — mises à part les allusions sur les arrière-pensées de G. Izard — est la même que celle de la première version et les deux scènes ont pu, à vrai dire, se succéder.

la bibliothèque de classe le livre de Victor Margueritte *La Garçonne.* L'affaire divisa les khâgneux entre bien-pensants qui jugeaient la présence de cet ouvrage scandaleuse et les laïcs qui, sans forcément défendre l'ouvrage, voulaient en empêcher l' « autodafé ». Le « Z » de la khâgne, Maurice Deixonne, futur député du Tarn et président du groupe parlementaire socialiste de la Chambre à la fin de la IVe République, conduisait cette seconde faction et obtint finalement gain de cause [97]. Or l'incident avait eu lieu dans une khâgne faiblement marquée politiquement, où l'Action française ne comptait que deux ou trois sympathisants et où les khâgneux prêtant attention aux problèmes politiques étaient, on l'a vu, plutôt à gauche. La ligne de clivage était ailleurs. Un tala de Lakanal se souvient :

> « Nous avions formé à six ou sept " bizuths ", dès notre entrée à Lakanal, un groupe de catholiques qui se réunissait tous les dimanches après-midi. Un fanatique de l'anticléricalisme et qui, par la suite, devait tenir, comme député, toutes les promesses de sa jeunesse, nous le reprochait amèrement... [Le problème s'est posé] de savoir si notre bibliothèque conserverait ou expulserait le roman de Victor Margueritte, *La Garçonne.* Le futur député fit de ce débat une affaire Dreyfus en miniature [98]. »

Dans un milieu tala encore apparemment très marqué à droite, les khâgneux militants de la Jeune République forment une catégorie à part. Trop peu nombreux pour former un groupe spécifique dans la plupart des petites et moyennes khâgnes, ils deviennent davantage perceptibles dans deux cas au moins.

A Louis-le-Grand, tout d'abord. En 1922-1923 est fondé un groupe catholique de khâgneux, à l'initiative de Jean Lassus, Louis Robert, Pierre-Henri Simon, André Déléage et d'autres. Mais ce groupe, sur lequel s'exerce l'influence de Robert Garric, n'était guère marqué politiquement [99]. C'est au cours des années suivantes seulement que, progressivement, la Jeune République sera représentée à Louis-le-Grand. L'itinéraire spirituel et politique d'Henri Fréville est, de ce point de vue, significatif. Né le 4 décembre 1905 dans le Pas-de-Calais, à Norrent-Fontes, après des études au collège de Boulogne-sur-Mer, jusqu'en première, puis au lycée Faidherbe de Lille, il entre comme pensionnaire en hypokhâgne à Louis-le-Grand, en octobre 1923. Comme Georges Izard, il est fils de directeur d'école. Sa famille illustre de façon parfaite l'ascension, déjà décrite, en trois générations. Le grand-père paternel était en effet un petit cultivateur de l'Artois, tué par un coup de grisou lors d'un court séjour dans une mine de houille du Pas-de-Calais dans l'attente d'une nouvelle exploitation. Son année d'hypokhâgne puis ses deux années de khâgne (1924-1926) constituent pour Henri Fréville un moment décisif. Un dimanche de la fin de l'année 1923, un incident de rue le met en contact avec Henri Guillemin et Gabriel Germain, au secours desquels il se porte. Par ces derniers, normaliens depuis quelques mois et déjà bien engagés dans le mouvement Jeune République, il fait la connaissance de Marc Sangnier. Dès lors, raconte Henri Fréville, « j'eus l'occasion de voir celui-ci souvent, chez lui,

97. Témoignage Maurice Deixonne, correspondance avec l'auteur, février 1976 et octobre 1980.
98. Extrait de la réponse au questionnaire n° 1 d'un khâgneux élève à Lakanal de 1922 à 1924 (avril 1976).
99. Témoignage Jean Lassus, correspondance avec l'auteur, février 1976.

de participer même à certains repas avec un certain nombre de camarades et de personnalités du monde littéraire, philosophique et politique. Peu à peu, je pris l'habitude de fréquenter la permanence de la Jeune République, 34, boulevard Raspail, aux côtés d'un certain nombre de normaliens, de polytechniciens, de jeunes ouvriers, si bien que cela m'orienta vers des études plus spécifiques. Je devins un disciple de Blondel et sa thèse sur " l'action " n'eut bientôt plus pour moi de secret [100]. »

D'autres jeunes talas ludoviciens sont, en ce milieu de décennie, séduits par la Jeune République. Il y a là, par exemple, le futur aumônier des Chantiers de la Jeunesse, Robert Jacquard. Né le 14 novembre 1907, fils d'un colonel commandant à l'époque le 90e régiment d'infanterie cantonné à Châteauroux, ce dernier entre en hypokhâgne à Louis-le-Grand en octobre 1924. L'année scolaire sera pour lui doublement décisive. D'une part, il est en contact avec Henri Fréville, à l'époque déjà en khâgne, et avec le groupe Jeune République. Surtout, de cette année-là date sa décision d'entrer au Grand Séminaire [101].

Par-delà l'évocation de quelques figures du groupe Jeune République de Louis-le-Grand en 1925, est-il possible d'évaluer l'importance exacte de celui-ci ? Les archives du Bloc des gauches permettent, sur ce point, d'être plus précis. Durant l'année scolaire 1924-1925, en effet, ce Bloc existe toujours et la question du choix des journaux à acheter va se trouver posée. Depuis 1922-1923, l'éventail de ces journaux s'était élargi : si *Le Populaire, L'Humanité* et *Le Progrès civique* n'étaient plus achetés, *L'Action française* et *Le Temps* s'ajoutaient désormais, dans un souci d'éclectisme, à *L'Œuvre,* au *Quotidien* et à *L'Ère nouvelle.* En janvier 1925, un khâgneux ayant demandé que l'on achète à nouveau *L'Humanité,* un « référendum » est organisé, autour de deux questions : doit-on acquérir *L'Humanité* en plus des autres ? L'un des journaux actuels doit-il être sacrifié, et au profit de quel périodique ? A la première question, quatre khâgneux seulement répondent favorablement. La deuxième question donne lieu à des réponses diverses. Un khâgneux d'Action française écrit, par exemple :

> « Il est tout à fait inutile de lire *L'Humanité;* il fut peut-être un temps où ce journal présentait quelque intérêt ; mais maintenant tous les rédacteurs intéressants en sont exclus par ordre de Moscou, il est mal écrit, il n'y a jamais un article de doctrine. Ce n'est qu'un pauvre bulletin communiste à l'usage des cerveaux vides ou trop bien bourrés. »

Le khâgneux René Maheu, futur directeur général de l'Unesco, plaide, pour sa part, en faveur de *L'Opinion :*

> « Moi je m'étonne de l'absence de *L'Opinion* dont l'élégance et la correction littéraires contrastent magnifiquement avec la médiocrité universelle des journaux actuels. »

Et c'est parmi ces réponses que l'on peut trouver des précisions sur les effectifs du groupe Jeune République. Henri Fréville, en effet, demande l'achat de *La Jeune République* et conclut en ces termes :

---

100. Correspondance avec l'auteur, juillet 1976. Le grand-père maternel d'Henri Fréville était mécanicien de locomotive des chemins de fer du Nord.
101. Correspondance avec l'auteur, juin 1976.

« Nous sommes six Jeunes Républicains dans cette étude, il me semble qu'il serait juste que nous puissions comme les autres lire notre journal chaque semaine[102]. »

Dans une étude qui compte alors un peu moins d'une soixantaine de pensionnaires et demi-pensionnaires, dont beaucoup d'apolitiques, le poids des Jeunes Républicains est donc loin d'être négligeable.

Mais, plus encore que la khâgne ludovicienne, celle du lycée du Parc à Lyon a abrité quelques élèves qui joueront un rôle notable à la Jeune République. Et, tout d'abord, celui qui, au sortir de cette khâgne, allait devenir pendant deux ans le secrétaire particulier de Marc Sangnier : Henri Guillemin.

Ce dernier a évoqué brièvement sa jeunesse dans ses entretiens avec Patrick Berthier. D'autres sources permettent de compléter et de préciser les renseignements fournis dans ce livre par Henri Guillemin sur ses années d'études[103]. Né le 29 mars 1903 à Mâcon, où son père était agent voyer principal, il effectue sa scolarité primaire et secondaire au lycée de la ville. Bachelier en 1920, il entre alors en khâgne, boursier et interne, au lycée du Parc. Il se présente une première fois au concours de l'École normale supérieure en 1922, et il est admissible. C'est durant cet été 1922 qu'il va faire la connaissance de Marc Sangnier. Cette rencontre était le point d'aboutissement d'une recherche de synthèse entre catholicisme et idées républicaines, entre un père ancien dreyfusard et une mère catholique. Et ce mûrissement avait été facilité, en khâgne, par un camarade d'études nommé Bonjour. Mais Henri Guillemin ne deviendra un proche de Marc Sangnier qu'un an plus tard.

Pour l'instant, en cet été 1922, classé 49e, il obtient une bourse de licence, qu'il refuse pour tenter à nouveau sa chance au concours. Il retrouve donc pour l'année scolaire 1922-1923, la khâgne de Lyon. Et il y devient un propagandiste très actif de la Jeune République, parvenant à constituer un groupe de Jeunes républicains[104], tout en continuant une préparation qui se termine cette fois par le succès au concours. Les trois années passées en khâgne lui ayant permis de passer la licence — à une époque où celle-ci pouvait s'obtenir en un an — et le diplôme, Henri Guillemin, de 1923 à 1925, à l'École, s'occupera, se souvient-il, « à peu près uniquement de politique », en assurant pendant cette période les fonctions de secrétaire particulier de Marc Sangnier. La lente maturation de la khâgne débouchait donc sur un engagement profond : « J'étais passionné par la Jeune République de Marc Sangnier... j'étais fou d'enthousiasme. » Dès lors, Henri Guillemin allait progressivement devenir un personnage de premier plan de la Jeune République[105]

102. « Archives » du Bloc des gauches (Arch. P. Chambon). Devant la diversité des réponses des khâgneux au « référendum », une seconde consultation fut organisée. On ne gardait que *Le Quotidien* — qui apparaît, en cette période de Cartel des gauches, comme le journal le plus lu dans ce Bloc des gauches — et *L'Œuvre*, et on votait à nouveau sur le choix des autres titres. Parmi ces derniers, *L'Humanité* et *L'Action française* seront cités le plus souvent, avec, juste derrière, *L'Opinion*. A partir du 19 janvier, ce sont donc ces cinq journaux qui seront achetés.

103. Patrick Berthier, *Le Cas Guillemin. Dialogues*, Gallimard, 1979. Sources complémentaires : correspondance avec l'auteur, février 1976, et dossier ENS (Arch. Nat. 61 AJ 250).

104. Témoignage de Gabriel Germain (correspondance avec l'auteur, janvier 1976, et *Le Regard intérieur*, Le Seuil, 1968, p. 33).

105. Cf., par exemple, *Le Cas Guillemin*, *passim*, et Françoise Gaspard, *La Jeune République*, mémoire de maîtrise, Université de Paris X-Nanterre, 1969, dir. R. Rémond, notamment pp. 35 et 44. Cette grande activité eut des conséquences néfastes sur les études d'Henri Guillemin, puisqu'elle le fit échouer à l'agrégation des lettres en 1926. Reçu l'année suivante, il dut passer plusieurs mois en sanatorium. Réformé pour cette raison, il devient, en 1928, professeur au lycée de Tours puis, l'année

La même promotion normalienne de 1923 comprenait un autre khâgneux lyonnais, qui lui aussi était Jeune Républicain, Gabriel Germain. Né le 28 août 1903, fils d'un peintre paysagiste et historien de l'art devenu conservateur du musée de Bourg-en-Bresse, entré en khâgne au lycée du Parc en 1921, ce dernier va y subir l'influence d'Henri Guillemin, en 1922-1923. Quand il est reçu rue d'Ulm, il milite donc déjà dans les rangs de la Jeune République et, à l'École, sa collaboration avec le mouvement de Marc Sangnier se fera encore plus étroite. Comme Henri Guillemin, le jeune normalien Germain participera notamment, en août 1926, au Congrès international pour la paix, à Bierville. Et c'est dans les *Cahiers de la Démocratie* fondés par Marc Sangnier qu'il publiera en 1934 son étude sur *Colonisation et civilisation.*

Mais la khâgne de Lyon n'a pas été un vivier pour la seule Jeune République. D'une manière plus générale, il apparaît, en effet, que dans la géographie des milieux intellectuels catholiques du XXe siècle français, cette classe préparatoire du lycée du Parc est un carrefour important. L'influence d'un Joseph Hours — qui y enseigna de 1936 à 1961 — ou d'un Jean Lacroix — professeur dans cette khâgne de 1937 à 1968 — sur plusieurs dizaines de promotions de khâgneux du deuxième tiers du siècle méritera quelque jour une étude approfondie. Mais, pour s'en tenir ici aux seules années 1920, il faut évoquer un autre professeur qui eut, dans ce même domaine, une influence importante : Pierre Lachièze-Rey. Normalien en 1906, agrégé de philosophie en 1909, professeur aux lycées de Rodez et Châteauroux avant la guerre, il enseignera en khâgne au lycée du Parc tout au long des années 1920 et jusqu'en 1932. A cette date, il soutient ses thèses sur l'Idéalisme kantien et sur les origines cartésiennes du Dieu de Spinoza, ce qui lui permet d'accéder à la chaire d'histoire de la philosophie et des sciences de la faculté des lettres de Lyon, où il était déjà chargé de cours à l'époque où il enseignait en khâgne.

La personnalité de Pierre Lachièze-Rey lui a conféré un grand prestige auprès de la plupart des khâgneux lyonnais, et notamment auprès des philosophes. Mais son prestige dépassait le seul cadre intellectuel et débordait au-delà du cercle des philosophes. Très croyant, il a profondément marqué les jeunes talas lyonnais. Et il a, semble-t-il, irrité certains autres khâgneux. D'où, par exemple, ce rude réquisitoire de Georges Cogniot :

> « ... le spiritualiste Lachièze-Rey, pour qui toute question se ramenait invariablement au problème des valeurs et à la source suprême des valeurs, Dieu. Les jours de composition, les élèves se faisaient un jeu de donner dans sa manie, ou, au contraire, de la contredire brutalement : l'ordre de classement changeait du tout au tout selon le parti que l'un ou l'autre avait choisi. Ô neutralité ! Nous n'avions pas un professeur de philosophie, mais un maître de théologie. M. Lachièze-Rey, qui était capable de nous tenir une année durant sur la preuve de l'existence de Dieu selon saint Anselme, flairait en moi le rebelle, il me prédisait souvent l'échec au concours de l'École normale et, sans doute pour rabaisser mon orgueil, me donnait, sans aide préalable et sans initiation, à commenter devant la classe ébahie les textes les plus abstrus et les plus hermétiques de Léon Brunschvicg ou de quelque autre. C'était la saine revanche de l'idéalisme sur mon matérialisme naissant[106]. »

---

suivante, à Bayonne. Après deux années de congé « pour convenances personnelles », il est nommé en 1932 à Clermont-Ferrand puis, en 1933, en hypokhâgne à Lille, et en khâgne à Lyon de 1934 à 1936. A cette date, il soutient sa thèse et entre dans l'enseignement supérieur (1936-1938 : Le Caire ; 1938-1942 : Bordeaux).

106. G. Cogniot, *Parti Pris, op. cit.*, p. 59.

De telles affirmations ont soulevé l'indignation d'Henri Guillemin, qui, dans ses entretiens avec Patrick Berthier, propose un portrait totalement opposé et en profite pour préciser la nature de sa dette envers son ancien professeur de khâgne :

> « Je vous ai parlé de Lachièze-Rey. Eh bien, c'était un type dont on ne pouvait pas deviner l'orientation métaphysique. Quand il nous faisait des cours, il était neutre — passionné d'histoire de la philosophie, mais ne prenant aucune option. C'est pourquoi j'ai été scandalisé d'une phrase que j'ai lue dans le livre de Cogniot, *Parti Pris*, où il raconte sa jeunesse... Il écrit : " Je ne pouvais pas supporter Lachièze parce qu'il nous emmerdait avec Dieu. " Ce n'est pas vrai. Et justement, à une époque où ma foi était vraiment très menacée, j'ai été commotionné un jour parce que j'ai vu, dans une église, Lachièze qui communiait. Ça a été vraiment un choc. Je me suis dit que si un type aussi intelligent que Lachièze communiait, eh bien ça prouvait quand même que le catholicisme n'était pas pour les imbéciles; or, je glissais à ce moment-là vers l'idée que le christianisme n'était qu'un ensemble de légendes qui ne reposaient sur rien. Eh bien, de voir qu'un homme comme Lachièze y croyait, c'est enfantin, mais ça m'a beaucoup marqué [107]. »

Malgré le départ de la khâgne lyonnaise, en 1923, de Gabriel Germain — qui, lui aussi, avait été marqué par l'enseignement de Pierre Lachièze-Rey [108] — et d'Henri Guillemin, le groupe Jeune République resta actif tout au long de la décennie. Mais, comme au début des années 1920, le groupe tala ne se ramenait pas aux seuls Jeunes Républicains. La plupart des témoignages, de khâgneux catholiques ou non, insistent sur l'existence à cette époque d'un groupe tala important, animé par un aumônier actif, disposant d'une chapelle dans le lycée et organisant conférences et sorties. Les réunions et les retraites à la Trappe des Dombes, notamment à Pâques, étaient des moments majeurs de la vie de cette frange de la khâgne lyonnaise. C'est de cette classe qu'est issue, du reste, la plus grande partie du noyau fondateur de la JEC.

Parmi ces lyonnais, on compte notamment plusieurs élèves du lycée de Besançon, sur lesquels s'était exercée l'influence d'un ecclésiastique, l'abbé Flory. Une fois à Lyon, ces Bisontins et d'autres khâgneux venus d'ailleurs se regroupent autour d'un jésuite, le père Valensin [109]. Au cours de l'été 1928, l'un de ces khâgneux, Louis Chaudron, qui vient d'être reçu au concours de la rue d'Ulm, rencontre Paul Vignaux. Ce dernier, à cette date, n'est plus élève de l'École. Né le 18 décembre 1904, fils d'un rédacteur principal des contributions indirectes, ancien khâgneux bordelais, il appartient à la promotion littéraire de 1923 [110], passe l'agrégation de philosophie en 1927 et y est reçu

107. *Le Cas Guillemin*, p. 135 (Patrick Berthier, naturellement, se reporte, en note, au texte de G. Cogniot et convient que la citation d'Henri Guillemin est « non textuelle »).

108. *Le Regard intérieur*, p. 103. Cet enseignement, par ailleurs, semblait porter ses fruits au concours de l'École normale supérieure. Gabriel Germain évoque ainsi sa bonne note de philosophie au concours de 1923 (*Ibid.*) tandis qu'Henri Guillemin attribue à Lachièze-Rey son 16 sur 20 obtenu la même année en répondant à la question : « Peut-on parler en un sens précis d'une logique de l'action ? » (*Le Cas Guillemin*, p. 21).

109. Cf. Christophe Roucou, « Comment la JEC est-elle née ? », *Recherches JEC* n° 28, avril 1979, pp. 15-28, plus particulièrement p. 19. En 1973, C. Roucou a étudié, dans un mémoire de maîtrise dirigé par H. Marrou, à l'Université de Paris IV, *Les origines de la Jeunesse Étudiante Chrétienne en France (1929-1936)*, en posant notamment, par entretien ou correspondance, des questions aux fondateurs survivants (*op. cit.*, dact., 1973, notamment pp. 36-42).

110. Candidat dans la section C, il est reçu à son premier concours (dossier ENS, Arch. Nat. 61 AJ 250), troisième derrière Jean Cavaillès et Pierre-Henri Simon, et devant Georges Friedmann et Aimé Perpillou.

premier, devant Georges Canguilhem, Jean Lacroix et Jean Cavaillès. Dès ses années de préparation au lycée de Bordeaux, il avait appartenu à un groupe de jeunes élèves catholiques dont l'aumônier était le père Dieuzayde, fondateur et animateur du camp de Barèges. Une fois reçu à la rue d'Ulm, il était entré à l'Association catholique de la jeunesse française et avait fait partie de son comité général de 1923 à 1928 [111].

En juillet 1928, ce militant de l'ACJF rencontre donc Louis Chaudron qui, durant l'été, l'emmène dans les Alpes rencontrer le groupe des khâgneux lyonnais. Il est beaucoup question, dans les discussions, de la JOC, pour laquelle milite alors Paul Vignaux, et de l'idée de rassembler de la même façon les étudiants. A l'automne, alors que son aîné Vignaux est admis à la Fondation Thiers, Louis Chaudron fait son entrée rue d'Ulm. Au cours des mois suivants, le projet de la JEC prend progressivement corps. Ce projet se trouve donc à la rencontre de deux strates de talas : d'une part, les jeunes khâgneux lyonnais ; d'autre part, un groupe un peu plus âgé de militants ou d'anciens de l'ACJF, qui viennent d'embrasser une carrière d'enseignant : Vignaux, Marrou et Bidault. Le rôle de Paul Vignaux a été apparemment fondamental. Cacique de la promotion littéraire de 1925, Henri Marrou est, en 1928-1929, agrégatif d'histoire et géographie. Lui aussi, semble-t-il, a exercé une influence sur les jeunes fondateurs de la JEC et, à travers lui, c'est un peu de l'héritage du « groupe tala » de l'École du milieu des années 1920 et de l'influence posthume du père Portal — mort durant l'été 1926 — qui est transmis à la JEC. Et quand, trois ans plus tard, élève de l'École de Rome, il écrira les *Fondements d'une culture chrétienne*, la « dédicace aux compagnons » qui ouvre le livre s'adressera avant tout au premier groupe de la JEC [112]. Quant à Georges Bidault, il milita comme Paul Vignaux à l'ACJF, dont il fut quelque temps le vice-président. Né en 1899, bachelier en 1916, il obtient sa licence à la Sorbonne, en mars 1918, avant d'être mobilisé le mois suivant [113]. Diplômé d'études supérieures en 1923, il est reçu premier, devant le normalien Pierre Brossolette, à l'agrégation d'histoire et géographie de 1925. Professeur au lycée de Valenciennes en 1925-1926, il est, au moment de la fondation de la JEC, professeur au lycée de Reims, avant d'être nommé à Louis-le-Grand en octobre 1931.

Ces jeunes enseignants restèrent naturellement dans l'ombre et ce sont les étudiants qui occupèrent le devant de la scène. Parmi eux, on l'a dit, la khâgne de Lyon joua un rôle de premier plan. Dans les deux actes constitutifs de la branche étudiante de l'ACJF, en juillet et novembre 1929, figurent, en effet, des jeunes gens issus de cette classe. En juillet, tout d'abord, fut publiée une brochure bleue de quarante-deux pages intitulée *La JEC, esquisse d'un programme général*. Son auteur était Louis Chaudron, à qui le président de l'ACJF de Paris, Noël Souriac, avait confié le soin de préciser le programme de

111. Témoignage de Paul Vignaux dans *Esprit*, avril-mai 1977, p. 148, et dans Henri Marrou, *Crise de notre temps et réflexion chrétienne (de 1930 à 1975)*, Beauchesne, 1978, pp. 105-113 : « Témoignage sur une jeunesse étudiante (1925-1932) ».

112. C'est tout au moins le sentiment de Paul Vignaux (cf. *Crise de notre temps et réflexion chrétienne, op. cit.*, p. 105 et *Annuaire* 1978, pp. 99 et 100). *Les Fondements d'une culture chrétienne*, publiés dans « Les Cahiers de la Nouvelle Journée » (Bloud et Gay) n° 27 en 1934, ont été rédigés en 1932 : La « dédicace aux compagnons » (*op. cit.*, pp. 7-9) est, en effet, datée de novembre 1932.

113. Source : notice individuelle du professeur d'histoire Georges Bidault, Arch. Louis-le-Grand.

la future organisation[114]. Avec Louis Chaudron, nous retrouvons la filière lyonnaise. Né le 12 mai 1908, fils unique d'un modeste représentant de commerce de Chambéry et brillant élève du lycée de cette ville — il obtient en 1924 un accessit de version grecque au Concours général —, il entre, en effet, en khâgne au lycée du Parc en octobre 1925 et sera reçu quatrième rue d'Ulm en 1928. Ses études y seront un peu cahotiques : déjà licencié en lettres au moment où il est admis à l'École, il s'inscrit en section de philosophie, obtient sa licence en 1930 mais mettra deux années pour être reçu à son diplôme d'études supérieures consacré à la théorie de la Mimesis chez Platon. Par la suite, admissible à l'agrégation, il est refusé à l'oral.

Peut-être les activités de Louis Chaudron à la JEC sont-elles responsables de ses échecs universitaires. Toujours est-il qu'en novembre 1929, quand se constitue à Paris le secrétariat général de la JEC, il en prend la tête. Autour de lui, on trouve, entre autres, des khâgneux lyonnais, tels Marc Schérer ou Bernard Vacheret. Ce dernier, né le 7 mars 1911, est en classe préparatoire au lycée du Parc de 1927 jusqu'à son succès au concours de l'École en 1930. Quant à Marc Schérer, il succédera à Louis Chaudron au poste de secrétaire général de la JEC. Né à Quingey, dans le Doubs, en 1908, il était entré en khâgne à Lyon en 1926 et, après le départ de Louis Chaudron pour la rue d'Ulm, c'est lui qui y avait animé le groupe tala[115]. Si on laisse de côté Jacques Barbier, venu de l'enseignement libre et qui assure le secrétariat général de la fin 1931 à la rentrée de 1932, il faudra attendre, en fait, le quatrième secrétaire général de la JEC pour que ce mouvement échappe à l'orbite lyonnaise, tout en restant dans la mouvance normalienne. Né le 20 mai 1912, pupille de la nation, Pierre Moisy appartient, en effet, à la promotion littéraire de 1931. Ancien khâgneux du lycée de Poitiers, il dirigera la branche étudiante de l'ACJF pendant son séjour à l'École.

Cette place des talas dans certaines khâgnes, et notamment dans la khâgne lyonnaise, et, en aval, l'importance du groupe tala rue d'Ulm expliquent que beaucoup de leaders de la JEC seront, dès lors, des normaliens et des khâgneux et, par un effet inverse et cumulatif, l'un des axes de pénétration de la JEC en milieu étudiant passera par les khâgnes. Et, à Normale, dans les années 1930, le groupe tala est progressivement pris en main par la JEC. Rares seront, dès lors, pour de longues années, les « princes talas » qui ne seront pas jécistes.

Une sensibilité pacifiste ?

Si le phénomène tala en khâgne, tout au long de la décennie qui suit le premier conflit mondial, dépasse donc largement le mouvement Jeune République, il reste que ce dernier est le seul, on l'a vu, qui soit solidement constitué politiquement. Un petit noyau à Louis-le-Grand et un groupe non négligeable à Lyon fourniront ainsi, chaque année, à la rue d'Ulm quelques étudiants Jeunes Républicains. Cette place du mouvement de Marc Sangnier dans certaines khâgnes françaises a, par ailleurs, une autre conséquence fondamentale. Au sein d'un catholicisme fortement influencé par l'Action

114. D'après l'aumônier de la JEC à partir d'octobre 1933, le père Drujon, dans *JEC, quinze ans d'histoire*, JEC, 1943, p. 5. Christophe Roucou (art. cit., p. 21) précise que cette brochure fut rédigée avec l'aide de Paul Vignaux.

115. Devenu professeur, Marc Schérer sera élu en juin 1946 membre de l'Assemblée nationale constituante puis, aux élections législatives, député MRP de la Haute-Marne. Il sera battu aux élections de 1951. Marc Schérer est mort le 31 mars 1980.

française — tout au moins jusqu'à la condamnation pontificale — ou par la droite modérée, conservatrice et patriote, il adopte d'emblée, dans le domaine des relations internationales, une attitude radicalement différente, profondément pacifiste et attachée à la SDN et au rapprochement franco-allemand [116]. On trouve déjà là l'amorce des fissures qui s'élargiront au sein du catholicisme français tout au long de l'entre-deux-guerres. Et surtout, dans l'optique qui est ici la nôtre, notons que l'appartenance de nombreux khâgneux talas à la Jeune République va les placer en dérivation par rapport à l'intransigeance vis-à-vis de l'Allemagne de la plupart des catholiques français des années 1920. Ce faisant, ces Jeunes Républicains vont baigner dans la sensibilité dominante qui prévaut au sein des khâgnes de cette décennie, la sensibilité pacifiste.

Un symbole et deux images peuvent servir à illustrer cette sensibilité pacifiste. Le symbole, tout d'abord : le 21 décembre 1918, à la Sorbonne, le président Wilson reçoit le diplôme de docteur *honoris causa* de l'Université de Paris et, à cette occasion, un cortège d'écoliers, de lycéens et d'étudiants défile devant lui rue des Écoles, brandissant des drapeaux américains et français ; au milieu, des khâgneux ont apporté le drapeau bleu de la future Société des nations [117]. Avec le recul, cet épisode prend une valeur allégorique d'événement fondateur : il place les khâgnes de la décennie suivante sous le signe de l' « esprit de Genève ».

Cette décennie, on peut du reste la jalonner par deux images, choisies parmi beaucoup d'autres, qui rendent bien compte de l'atmosphère pacifiste des classes préparatoires littéraires des années 1920. En 1922, tout d'abord, les rares photographies conservées de la khâgne de Lakanal montrent le tableau noir de la salle de cours barré d'un « à bas la guerre » tracé à la craie. Même les plaisanteries de récréation, comme l'utilisation du tableau avant que le professeur arrive, s'enracinent donc alors dans un terreau particulier. Et dix ans plus tard, ce terreau conserve, semble-t-il, la même composition. Ainsi, quand l'article III de la loi militaire du 16 février 1932 prévoit : « Tout candidat au sursis d'incorporation devra justifier de son inscription dans un centre ou dans une société de préparation militaire », une pétition circulera dans les khâgnes de Paris et de province et recueillera 217 signatures dont, par exemple, 31 sur les 46 élèves de la khâgne de Lille, 10 sur 14 à Nancy et 33 sur 36 à Toulouse [118]. Entre ces deux images, les khâgneux avaient baigné dans une atmosphère profondément imprégnée de pacifisme.

En 1923, le baromètre de cette imprégnation pacifiste est l'occupation de la Ruhr et la désapprobation qu'elle suscite. En janvier, on l'a vu, Georges Lefranc assiste à un discours de Léon Blum sur cette affaire et en restera

116. On pourra consulter, sur ce point, le mémoire déjà cité de Françoise Gaspard, pp. 22-26, et surtout la thèse de troisième cycle de Jean-Claude Delbreil, *Les Catholiques français et les tentatives de rapprochement franco-allemand (1920-1933)*, SMEI, Metz, 1972, *passim*. Cf. également Jean-François Kesler, « La Jeune République de sa naissance au Tripartisme (1912-1947) », *Revue d'histoire moderne et contemporaine*, 1978, tome XXV, pp. 61-85, plus particulièrement pp. 73, 75 et 76. Et, plus largement, l'ouvrage de Madeleine Barthélemy-Madaule, *Marc Sangnier 1873-1950*, Le Seuil, 1973, pp. 238-260.

117. *RU*, 1919, 1, pp. 21-25.

118. Photographies de la khâgne de Lakanal conservées par Roger Joxe et, pour la pétition de 1932, *Libres Propos (Journal d'Alain)*, 6e année (nouvelle série), n° 6, juin 1932, pp. 312-313. Les effectifs de la khâgne (et hypokhâgne) de Lille mentionnés par le « Livre d'or » de la classe pour l'année universitaire 1931-1932 sont légèrement inférieurs à ceux qu'indiquent *Les Libres Propos :* 42 élèves et non 46.

marqué pour la vie. Au mois de décembre, c'est Henri Guillemin qui assiste à « l'épisode inoubliable » d'un discours d'Aristide Briand sur le même sujet :

> « Une seule fois je l'ai vu, Briand, mais l'épisode m'est demeuré inoubliable. C'était pendant l'hiver 1923-1924. Marc Sangnier m'avait emmené avec lui à la Chambre parce que, cet après-midi-là, Briand devait " interpeller " Poincaré sur la Ruhr. J'étais dans une tribune, à gauche, tout au bord. Poincaré, rose et raide, avait devant lui de grands feuillets qu'il tournait l'un après l'autre, sans s'y reporter jamais, tant il possédait par cœur son discours. Puis Briand, jaune et bossu, était monté à la tribune.
> Aucun papier. Improvisation permanente du langage, mais des thèmes sérieux et longuement médités. Le contraste avait été extrême et immédiat entre les deux harangues. Tout à l'heure, une voix sèche et monocorde, tandis que la " basse " de Briand vous atteignait au creux de l'être ; un effet d'envoûtement. Pour Poincaré, à droite et au centre, selon la formule, " vifs applaudissements ". Pour Briand, à gauche, l'ovation. Cent députés debout. Et lui, qui descendait de la tribune, entouré, serrant les mains[119]. »

On cherchera en vain ce discours. Il semble bien qu'il s'agisse en réalité moins d'un discours que d'une intervention de séance. Le dépouillement du *Journal Officiel* durant « l'hiver — entendu au sens large — 1923-1924 » révèle, en effet, trois prises de parole importantes contre l'occupation de la Ruhr. Le vendredi 16 novembre, c'est Marc Sangnier qui attaque la politique extérieure de Raymond Poincaré, tout comme le fera six semaines plus tard Édouard Herriot, le 28 décembre. Mais c'est à une autre date que Briand, quant à lui, interviendra. Et le déroulement de cette séance tel qu'on peut le reconstituer à partir du *Journal Officiel* ne recoupe qu'en partie le récit d'Henri Guillemin. Le vendredi 23 novembre, la séance est ouverte à quinze heures. Quatre-vingt-quinze minutes plus tard, quand intervient une suspension, Raymond Poincaré n'a pas encore terminé sa déclaration et il parlera encore une demi-heure environ après la reprise. La fin de l'allocution sera ponctuée de « vifs applaudissements à gauche, au centre et à droite ». Et, en réalité, il n'y eut pas de discours de Briand après celui de Poincaré mais plutôt une longue interruption du second par le premier, qui s'expliqua sur son attitude à la conférence de Cannes en janvier 1922 et notamment sur une discussion qu'il eut alors avec Lloyd George sur un projet de « traité à trois » entre la France, l'Angleterre et la Belgique. Cette intervention fut ponctuée d' « applaudissements à gauche ».

Malgré les différences notables entre les deux récits, il s'agit probablement, dans les deux versions, du même épisode. Cette séance du 23 novembre 1923 est, en tout cas, la seule où il y eut une confrontation Poincaré-Briand au cours de la période indiquée par Henri Guillemin. L'essentiel, en fait, est ailleurs · bien qu'elle n'ait pas été un grand moment d'éloquence, l'intervention d'Aristide Briand interrompant un discours de Raymond Poincaré sur la Ruhr est restée un « épisode inoubliable » pour l'ancien Jeune Républicain qui l'a élevée au rang d'un intense duel oratoire. Certes, cette réaction à l'occupation de la Ruhr et ce briandisme profondément ancré s'expliquent en partie par l'appartenance au mouvement de Marc Sangnier, dont nous avons déjà noté le pacifisme qui culminera au congrès de Bierville en août 1926 et déboucherait

119. Premières lignes de l'article d'Henri Guillemin consacré à la fausse autobiographie d'Aristide Briand rédigée par Vercors, *Le Monde*, 18 septembre 1981, p. 15.

sur la fondation des Volontaires de la paix, qu'Henri Guillemin rejoindra parmi les premiers[120]. Mais ces sentiments dépassent le seul cadre de la Jeune République et se nourrissent aussi de cette sensibilité pacifiste qui imprègne alors les khâgnes.

Si le clivage entre les politiques extérieures de Raymond Poincaré, d'une part, et d'Édouard Herriot et Aristide Briand, d'autre part, n'a pas été en réalité aussi profond qu'on l'a longtemps dit et écrit[121], il reste que tout aussi importante est pour l'historien la perception qu'en ont eue les contemporains. Et, à cet égard, il faut bien noter que le phénomène briandiste a profondément touché les khâgnes. Nous tenterons, en d'autres pages, d'en discerner les causes. Retenons pour l'instant que les témoignages sont convergents sur ce point[122]. Bien rares étaient alors les khâgneux qui faisaient l'analyse inverse :

> « Je sentais l'instabilité de la situation internationale qui résultait de la guerre. Je considérais comme très dangereuses les illusions pacifistes, les thèses de Ruyssen (La paix par le Droit) ; je pensais que la sécurité de notre patrie exigeait le maintien et l'accroissement de sa puissance militaire, et l'exécution stricte des clauses du traité de Versailles, malgré les réticences des États-Unis et de l'Angleterre[123]. »

Les positions de la plupart des apprentis normaliens en matière de relations internationales étaient, en effet, exactement à l'opposé de celle de ce khâgneux : le pacifisme, la croyance dans le droit international et l'arbitrage comme instruments de règlement des tensions et conflits, l'antimilitarisme, la recherche d'un rapprochement avec l'Allemagne, autant de thèmes qui constituent une sensibilité dominante.

Que conclure ? Les problèmes de la cité ne passionnent pas tous les élèves des classes préparatoires littéraires de cette décennie. Mais déjà s'y ébauchent des engagements durables. Tout autant qu'occasion d'apprentissage politique, le passage en khâgne est le moment où se tissent des amitiés et se nouent des solidarités dont la connaissance nous semble fondamentale pour une étude en profondeur de la sociabilité des milieux intellectuels français.

Les résultats du sondage rétrospectif ont révélé que l'on se méprendrait à imaginer des classes où l'engagement politique primerait et estomperait tout autre aspect. Toutefois, dans un Quartier latin plutôt orienté à droite, les khâgnes apparaissent comme des îlots de gauche. Cette gauche est, du reste,

---

120. Cf. Jean-Claude Delbreil, *op. cit.*, p. 94.

121. En avril 1921, par exemple, Aristide Briand avait menacé d'occuper la Ruhr (cf. Jacques Bariéty, *Les Relations franco-allemandes après la Première Guerre mondiale (10 novembre 1918-10 janvier 1925, de l'exécution à la Négociation)*, Pedone, 1977, p. 69). De même, au début de 1924, il y a relance de la négociation bien avant la victoire du Cartel des gauches (*op. cit.*, pp. 289 sqq.).

122. A supposer, naturellement, que ces témoignages ne soient pas une simple reconstitution un demi-siècle plus tard : le clivage Briand-Poincaré dont ils rendent compte ne serait alors que le reflet de la déformation collective dénoncée par Jacques Bariéty ; et leur utilisation serait ainsi faussée à la base. Mais nous avons vu en d'autres pages qu'il y avait eu de la part de nos correspondants un réel souci d'éviter l'anachronisme et que leurs témoignages rétrospectifs sonnaient de ce fait, la plupart du temps, juste.

123. Témoignage d'un khâgneux bordelais du début de la décennie (janvier 1976). Entré à l'École normale supérieure en 1922, il y préparera l'agrégation de philosophie. Il appartenait rue d'Ulm à la fraction apolitique des élèves et son hostilité à la sécurité collective ne puise pas aux mêmes sources qu'un Robert Brasillach, par exemple, qui consacre plusieurs pages de *Notre avant-guerre* à attaquer la politique briandiste (*op. cit.*, Plon, 1941, pp. 27-31).

elle-même multiforme. Nous avons affaire, d'une part, à des jeunes gens profondément pétris de radicalisme et surtout de socialisme et souvent issus d'un milieu de petits et moyens fonctionnaires, enseignants pour une large fraction. Leur engagement est fréquemment un engagement d'imprégnation et de continuité : imprégnation par le milieu familial et continuité par rapport à lui. Tout au plus doit-on noter un gauchissement politique dans l'arbre généalogique : le milieu familial d'origine était souvent radical et, à la génération suivante, le khâgneux des années 1920 est souvent socialisant. Il existe, d'autre part, le cas de talas que leur origine sociale — un Vignaux ou un Marrou appartenant à la petite bourgeoisie, voire aux franges du monde ouvrier — ou leurs réflexions personnelles déportent vers la gauche, où ils seront rejoints, du reste, par d'autres chrétiens dont l'itinéraire a commencé à droite.

Si cette gauche khâgneuse est donc incontestablement composite, elle présente pourtant des traits communs. Tout d'abord, peu attirée par le communisme, elle ne se place guère aux extrêmes [124]. Du reste, le nom le plus souvent cité par nos correspondants dans la rubrique des influences littéraires et, plus largement, des « éveilleurs » est celui d'Anatole France. On a vu à quel point, par exemple, des membres du Bloc des gauches de la khâgne ludovicienne avaient été impressionnés par un discours de ce dernier lors de la célébration, au Trocadéro, du centenaire de la naissance de Renan en 1923.

Cette gauche puise à une source commune : le pacifisme. Si ce sentiment largement partagé par les khâgneux s'ancre, pour une part, dans le terreau socialiste qui constitue une strate épaisse du socle politique de la khâgne, il n'y a pas forcément superposition entre les deux phénomènes. L'imprégnation pacifiste déborde largement la seule mouvance socialiste et touche une fraction encore plus importante de khâgneux. A tel point qu'il nous a semblé qu'il était possible de parler de sensibilité pacifiste. Au reste, cette sensibilité a parfois bien d'autres racines que l'influence socialiste : la Jeune République, déjà évoquée, par exemple, ou encore — et surtout — le rôle d'Alain et des chartiéristes.

Quant aux amitiés et aux solidarités qui se nouent à cette époque, elles permettent de mieux comprendre la formation de certains courants idéologiques et organisations politiques. C'est le cas notamment du Bloc des gauches ludovicien dont certains membres relanceront quelques années plus tard la Fédération nationale des étudiants socialistes et, au début de la décennie suivante, le mouvement Révolution constructive. De même, la constitution de certains des rameaux des « non-conformistes » des années 1930 mis en lumière par Jean Touchard et étudiés par Jean-Louis Loubet del Bayle [125] s'explique, dans une certaine mesure, par des rencontres en khâgne dix ou quinze ans plus tôt : deux des fondateurs d'*Esprit*, André Déléage et Georges Izard, se sont ainsi connus à Louis-le-Grand au début des années 1920. Quant aux animateurs d'*Ordre nouveau*, Robert Aron et Arnaud Dandieu, leur

---

124. De même, en littérature, l'impact du surréalisme sur les khâgneux fut apparemment très faible. Rares sont ceux qui, tels Roger Vailland ou Roger Caillois, en connurent réellement l'attrait. Bien plus, si le premier numéro du *Grand Jeu*, la revue de René Daumal, Roger Gilbert-Lecomte et Roger Vailland, parut en 1928, avec Roger Caillois nous touchons déjà à la décennie suivante, puisque ce dernier entre en khâgne à Louis-le-Grand en octobre 1930 (Arch. Louis-le-Grand).

125. Jean Touchard, *L'Esprit des années 1930 : une tentative de renouvellement de la pensée politique française* dans *Tendances politiques dans la vie française depuis 1789*, Hachette, 1960, pp. 90-120. Jean-Louis Loubet del Bayle, *Les Non-Conformistes des années 30*, Le Seuil, 1969.

rencontre remonte à 1915, au lycée Condorcet : « Ma rencontre avec Dandieu, écrira le premier, a certainement été l'événement déterminant de ma vie intellectuelle. Nous nous étions connus, à la fin de 1915, sur les bancs de la classe de première supérieure au lycée Condorcet [126]. »

L'objet de ce chapitre était de mettre en lumière, dès l'amont de la khâgne, les grandes directions d'engagement susceptibles d'irriguer l'Ecole normale supérieure. Les chapitres qui suivent se placeront en aval, rue d'Ulm, puis rendront compte d'*itinéraires politiques* jusqu'en 1945.

A travers cet entrelacs de destinées, dont le dessin se veut une contribution à l'histoire de l'engagement des intellectuels français, nous retrouverons d'une certaine façon le « simultanéisme », utilisé par John Dos Passos dans *Manhattan Transfert* dès 1925, employé par Jean-Paul Sartre dans *Les Chemins de la liberté* et déjà, auparavant, dans une certaine mesure, présent dans l'unanimisme de Jules Romains.

Dans ces chapitres vont se croiser, en une fresque simultanéiste, des jeunes gens tout juste sortis de l'enfance quand retentissent les derniers coups de feu de la Grande Guerre et devenus quadragénaires à l'orée d'une autre après-guerre.

126. Robert Aron, *Fragments d'une vie*, Plon, 1981, p. 95.

CHAPITRE X

Le pacifisme à l'École normale supérieure

Quels sont les incidents qui ont secoué, dans les années 1920, la communauté normalienne ? A l'instar de tout groupe humain, cette communauté a connu, en une décennie, des tensions et des soubresauts. A interroger les témoins, à inventorier les archives, à sonder la presse, on s'aperçoit vite qu'il y a bien plus, dans ce domaine, que des traits communs : il existe, en effet, une réelle unité et une continuité entre les différents épisodes recensés, qui naissent tous d'un pacifisme ambiant, voire d'un antimilitarisme largement répandu. Comme en amont, dans les khâgnes, ce pacifisme ambiant apparaît comme un élément déterminant chez des jeunes gens qui s'ébrouent intellectuellement et entrent parfois en politique.

Premières escarmouches avec l'autorité militaire.

Dans les années qui précèdent la Première Guerre mondiale, les socialistes et socialisants forment rue d'Ulm un groupe actif, et, dans un Quartier latin où monte apparemment la houle nationaliste, l'École normale supérieure demeure solidement ancrée à gauche. Assurément, Henri Massis et Alfred de Tarde ont écrit qu'alors, « à Polytechnique, à Normale où les antimilitaristes et les disciples de Jaurès étaient si nombreux naguère... les doctrines humanitaires ne [faisaient] plus de disciples [1] ». Mais nous avons déjà observé que l'enquête d'Agathon était sujette à caution et constaté que, en tout état de cause, elle ne s'appliquait guère à l'atmosphère politique de Normale.

La loi de 1889 alignait les normaliens, à cette époque dispensés des obligations militaires, sur les autres étudiants : ils devaient eux aussi désormais effectuer leur service militaire, limité à un an. L'incorporation se faisait en général aussitôt après la réussite au concours. La loi de 1905 portait cette incorporation à deux ans, mais les normaliens, en apparence soumis par cette loi à la règle commune, conservaient des privilèges quant aux modalités

1. Agathon, *Les Jeunes Gens d'aujourd'hui*, Plon, 1913, p. 28.

d'application. La première année de service militaire s'effectuait avant l'entrée à l'École, comme simple soldat, tandis que la seconde année se faisait à la sortie, et dans des conditions sensiblement différentes : les élèves devaient suivre, durant leur séjour rue d'Ulm, une instruction militaire qui les conduisait à faire leur seconde année de service comme sous-lieutenants. La loi de 1913 renforça, entre autres, les obligations de l'instruction militaire en cours de scolarité : à la fin de chaque année universitaire, les normaliens étaient astreints à un stage dans une unité régulière.

Au lendemain du premier conflit mondial, le principe d'une instruction militaire à l'École est maintenu et, au terme de cette instruction, les normaliens font leur service comme sous-lieutenants. Et, de fait, une lettre du ministre de l'Instruction publique datée du 7 juin 1920 annonce au recteur de l'Académie de Paris que c'est le chef de bataillon Dunoyer, du 97e régiment d'infanterie, qui est nommé directeur de l'instruction militaire à l'École normale supérieure. Quand ce dernier est nommé à l'École supérieure de guerre, onze mois plus tard, c'est le commandant Guizard, du 24e régiment d'infanterie, qui lui succède[2].

Cette préparation militaire allait donner lieu à des incidents qui s'amplifieront après la loi de 1923 sur la préparation militaire supérieure mais qui commencent dès le début de la décennie. Les deux premières affaires dont aura à traiter le conseil de discipline réorganisé en 1920 porteront, du reste, sur cette préparation militaire.

Les articles 36, 37 et 38 du « Règlement général et intérieur » de l'École normale supérieure avaient précisé en novembre 1920 la composition et les prérogatives du conseil de discipline de l'établissement, ainsi que les sanctions qu'il pouvait éventuellement prendre. Ce conseil était chargé de juger « tous les actes qui seraient de nature à troubler le travail et le repos des élèves, à endommager l'immeuble ou le matériel, ou qui, en général, seraient contraires au bon ordre et à la bonne tenue de la maison » ainsi que « les actes commis hors de l'École qui seraient de nature à lui causer un préjudice moral[3] ». Le directeur, le sous-directeur et le secrétaire de l'École, deux professeurs de la faculté des lettres de Paris et deux de la faculté des sciences, auxquels s'ajoutaient les deux élèves chefs des sections de troisième année des sciences et des lettres, constituaient le conseil et disposaient d'une gamme de quatre sanctions possibles : la réprimande verbale, la réprimande avec inscription au dossier, l'exclusion temporaire de huit jours à un mois et l'exclusion définitive, prévue « pour des fautes très graves ou la récidive opiniâtre ».

Moins de trois mois après l'arrêté du 24 novembre 1920, le conseil de discipline devait se réunir une première fois. Et, déjà à cette date, ce sont les démêlés de la rue d'Ulm avec l'autorité militaire qui nécessitent cette réunion.

L'affaire du « canon de l'Armée rouge » est célèbre dans la mémoire collective de la rue d'Ulm, mais rares sont les témoignages précis sur cet épisode en grande partie « canularesque »[4]. Plus d'un quart de siècle après,

2. Archives de l'Université de Paris, Arch. Nat. AJ 16 2895.

3. Arch. Nat. 61 AJ 60 : Article 36 du Titre VI (Discipline) de l'arrêté du 24 novembre 1920 (Règlement général et intérieur de l'École normale supérieure). Jusqu'à cette date, le statut et les prérogatives du conseil demeuraient imprécis : il devait « donner son avis toutes les fois qu'un élève de ladite École se sera mis dans le cas d'être exclu. » (Arch. Nat. 61 AJ 194).

4. La frontière, en effet, est parfois étroite entre certains canulars et les menées politiques proprement dites. Sur deux de ces canulars, cf. notre thèse dactylographiée, pp. 616-621.

l'ancien secrétaire de l'École, Paul Dupuy, dans un article sur Jean Prévost, évoque le climat rue d'Ulm au début des années 1920 et fait une brève allusion au canon qui « vint tout seul un beau matin se braquer derrière la grille de la rue d'Ulm avec au col une pancarte où on lisait : premier canon de l'Armée rouge ». Marcel Déat, à l'époque secrétaire du Centre de Documentation sociale de l'École normale supérieure, a lui aussi évoqué, dans ses Mémoires, ces « quelques élèves facétieux » qui s'avisèrent « une belle nuit, de passer au minium un canon de 75 déclassé qui, dans un coin de la cour, servait à quelques exercices de pointage... Et les peintres en question écrivirent sur le bouclier pour bien scandaliser qui de droit : Première pièce de l'Armée rouge[5] ».

Mais il n'était guère possible, apparemment, de trouver dans les rares témoignages écrits de plus amples précisions. La date elle-même n'apparaît dans aucun de ces témoignages. Là encore, ce sont les archives de l'École normale supérieure qui fournissent des éléments complémentaires précieux[6]. Le conseil de discipline fut, en effet, réuni le 5 février 1921 à cause de l'irrévérencieuse peinture du canon de 75 et le procès-verbal de la séance permet de retracer le détail de l'incident.

Dans la nuit du 20 au 21 janvier 1921, un canon, destiné à l'instruction militaire des normaliens scientifiques, futurs artilleurs, est « peint en rouge et garni d'inscriptions ». L'administration, sans doute soucieuse d'éviter d'ébruiter l'affaire, n'engage aucune poursuite et se contente de remettre l'engin dans son état initial. Mais moins d'une semaine plus tard, dans la nuit du 26 au 27, et alors que la visite du général Girard, inspecteur de l'instruction militaire dans les Grandes Écoles, était annoncée pour le lendemain à 7 h 30, le canon, repeint en rouge et à nouveau garni d'inscriptions, fut placé en évidence devant la grille d'entrée. Le général Girard dut supporter un second affront puisque la salle des Actes, dans laquelle il devait prendre la parole devant les élèves, avait subi une « sorte de mascarade (bustes retournés, inscriptions ». Le procès-verbal de la séance du conseil de discipline n'est pas plus précis sur cette « mascarade ». Le général Girard, racontera plus tard Paul Dupuy, se retrouva avec « en face de lui le buste de Fustel retourné, le nez contre le mur, et, au-dessous, écrit à la craie : Je ne veux plus voir Girard ». On avait en outre, note le procès-verbal, répandu sur le parquet de l'iodure d'azote, « substance qui devient légèrement explosive quand on marche dessus ».

Prié par le ministre de tutelle d'éclaircir l'affaire et de sévir, le directeur Gustave Lanson ne put que constater qu'aucun coupable ne se dénonçait. Dès lors, le conseil de discipline décida que six normaliens seraient exclus pendant une semaine et qu'il s'en remettait aux élèves eux-mêmes pour désigner les six noms. Une annexe du procès-verbal signale que, quatre jours plus tard, de fait, les élèves désignèrent six noms pour la punition collective, dont cinq étaient ceux de démobilisés. Façon, sans doute, pour les élèves, d'exprimer avec

5. Paul Dupuy, *BSAENS*, n° 54, mai 1947, p. 39; Marcel Déat, *Le Massacre des possibles*, vol. I, dact., s.d., p. 172.

6. Arch. Nat. 61 AJ 60. Il s'agit d'un cahier où sont réunis les procès-verbaux du conseil de discipline de 1921 à 1931. Le souci de ne pas faire un usage indélicat de ces archives de discipline — qui ne contiennent, du reste, rien d'infamant — nous a conduit à fixer pour règle de citer des patronymes quand ceux-ci apparaissent dans d'autres sources d'archives (notamment celles du ministère de l'Instruction publique — F 17 — et de l'Université de Paris — AJ 16) ou lorsque l'épisode signalé et ses protagonistes étaient mentionnés, par ailleurs, dans une source imprimée.

élégance leur solidarité et surtout de montrer leur désaveu de l'attitude de la direction de l'École.

Cette direction était placée dans une situation difficile. Le procès-verbal du conseil de discipline précise bien, en effet, qu'en quittant l'École, après les incidents, le général Girard avait indiqué qu'il s'en remettait au directeur Lanson pour les sanctions à prendre. Les dispositions d'esprit de ce dernier sont éclairées par la correspondance avec le recteur de Paris relative à cet incident figurant dans les archives de l'Université de Paris[7]. La lettre datée du 7 février 1921 où le directeur de l'École normale supérieure rend compte de l'épisode est significative. Pour lui, il n'y a là que « déplorables facéties » et, en aucune manière, « manifestation d'esprit antimilitariste et antipatriotique ». Le risque, en fait, est « de diminuer la bonne volonté certaine et la vive sympathie que la conduite des normaliens et leurs sacrifices pendant la guerre avaient values à l'École de la part du ministère de la Guerre ». Et dans sa réponse, le recteur estime lui aussi que ces faits sont « sans importance comme intention » mais qu'ils « pourraient être graves dans leurs conséquences ». Il s'agit donc avant tout de conserver de bonnes relations avec l'autorité militaire. Ce sera, on le verra, un souci constant tout au long des années 1920.

Qui étaient ces peintres en canon et quelles étaient leurs motivations ? Sur ce dernier point, il faut, à coup sûr, éviter les conclusions hâtives et les extrapolations hasardeuses, en faisant de l'École du début des années 1920 un foyer d'antimilitarisme. Paul Dupuy parle à juste titre du « vieil esprit canularesque de la maison » et Marcel Déat d'un « incident burlesque qui tourna assez mal ». L'administration de l'École, tout à son souci de minimiser l'incident, portait, on l'a vu, le même diagnostic. Et le fait que des démobilisés, anciens combattants et officiers de réserve, aient accepté d'endosser la responsabilité des faits reprochés indique sans doute que les élèves de l'École considéraient avant tout l'épisode comme un « canular ». L'affaire du canon nous fournit tout au plus une indication sur l'atmosphère de l'École à cette date et sur le fait que les relations entre le sabre et la plume ne s'y engagent pas, à l'aube des années 1920, dans les meilleures conditions. Il y a donc là un terrain favorable pour des incidents à répétition.

Quant au problème de l'identité des auteurs, les autorités ne parvinrent pas, on l'a vu, à la connaître. La rumeur normalienne a toujours attribué la paternité de l'incident à Jean Prévost, Max Bonnafous et peut-être aussi Marcel Déat[8], c'est-à-dire aux socialistes de la rue d'Ulm. Cela nous paraît la thèse la plus plausible. Du reste, une phrase des Mémoires de Marcel Déat, par son aspect péremptoire, sonne un peu comme un aveu : « J'atteste que les auteurs de cette inscription n'avaient rien de bolchevik. »

Un contentieux qui s'alourdit.

Moins de dix mois après l'affaire du canon, le conseil de discipline est réuni à nouveau. Et, encore une fois, ce sont les rapports entre l'École et l'autorité militaire qui sont au centre du débat. Le 24 novembre 1921, en effet, le conseil fait comparaître le normalien Emmanuel Signoret. Ce dernier est âgé, à cette

---

7. Arch. Nat. 61 AJ 2886.
8. Témoignages recoupés. Ajoutons, d'ailleurs, que Max Bonnafous fut le seul non-démobilisé à être désigné parmi les six responsables choisis. Savant dosage pour inclure au moins un véritable coupable ?

date, de vingt-trois ans. Khâgneux à Condorcet, il avait été mobilisé en 1917 et, après avoir fait ses classes, était parti pour le front, en première ligne, en janvier 1918. Gravement gazé, démobilisé en 1919, il avait repris ses études en khâgne à Henri-IV et était entrée l'année suivante à l'École. Ce jeune poète, qui publie en 1920 un premier recueil, *Ève*, chez Aubier, a la mauvaise idée d'envoyer au commandant du bureau de recrutement de Châlons-sur-Marne, qui lui avait demandé, par erreur semble-t-il, de formuler une demande de renouvellement de sursis, une lettre ironique où il était notamment affirmé qu'un « sous-lieutenant est incommensurablement mieux payé qu'un normalien, quoique, pour être normalien, il faille subir le concours le plus difficile qui soit en France, et pour être sous-lieutenant le plus faible[9] ». Au chef de bataillon Dunoyer, directeur de l'instruction militaire de l'École normale supérieure, il avait, par ailleurs, déclaré que l'armée n'était pas nécessaire, qu'elle entretenait l'idée de guerre et que, du reste, tous les officiers désiraient cette dernière. L'incident, on le voit, est limité. Mais il montre qu'après l'affaire du canon, l'autorité militaire porte une attention particulière aux faits et gestes de l'École.

C'est en effet le ministre de la Guerre qui est à l'origine de la comparution de Signoret devant le conseil de discipline. Là encore, les archives de l'Université de Paris sont éclairantes. En juin 1921, la direction de l'enseignement supérieur signale au recteur de Paris que le ministre de la Guerre s'est plaint de l'attitude du normalien Signoret. Cette plainte est rédigée en des termes très vifs : « il s'est montré particulièrement insolent vis-à-vis du chef de bataillon Dunoyer, instructeur à l'École, et s'est permis, en outre, de faire montre devant lui d'opinions franchement antimilitaristes[10] ». Le ministre a donc pris des sanctions contre ce sous-officier ancien combattant, en le cassant de son grade, et souhaite en outre « une mesure disciplinaire du ministère de l'Instruction publique ». D'où la demande de renseignements de la direction de l'enseignement supérieur au recteur de Paris. Ce dernier a transmis la demande à Gustave Lanson qui, le 14 juin 1921, lui répond qu'il ne peut en aucun cas engager de procédure disciplinaire tant qu'il n'est pas en possession du dossier constitué par le ministère de la Guerre. Derrière la neutralité du ton perce, en réalité, le peu d'enthousiasme de Gustave Lanson à engager à nouveau le fer sur ce terrain. Quelques mois plus tard, l'autorité militaire ayant accepté, en novembre, de transmettre le dossier Signoret, le directeur de l'École, le 16 novembre, signale au recteur Appell qu'il va réunir le conseil de discipline. Et, dans une nouvelle lettre datée du 25 novembre, il fait son rapport sur cette réunion.

Si on se reporte aux minutes de cette dernière, on retrouve le même manque d'enthousiasme au niveau du conseil tout entier. Certes, cinq voix répondent affirmativement à la question : y a-t-il lieu à sanction ? contre trois non, mais le jury ne peut trancher sur la sanction : quatre voix pour et quatre voix contre la réprimande avec inscription au dossier ; quatre voix pour et quatre voix contre la réprimande verbale. Et le procès-verbal signale que le conseil ne propose aucune sanction et que cette décision a été communiquée à Signoret.

Les faits reprochés étaient, on peut en juger, bien moins graves que les incidents auxquels avait donné lieu la visite du général Girard. Deux

9. Arch. Nat. 61 AJ 60.
10. Arch. Nat. AJ 16 2886.

ministères intervinrent pourtant pour obtenir des sanctions et l'affaire montre bien qu'apparemment l'École normale supérieure n'a plus la confiance des militaires, qui entendent désormais exercer leur droit de contrôle sur les normaliens par le biais de la préparation militaire. Déjà, en mai 1921, quand Dunoyer est nommé à l'École supérieure de guerre, c'est apparemment un « dur » qui lui succède : le commandant Guizard, du 24e régiment d'infanterie, quatre citations et deux blessures, a rempli pendant deux ans, au cours de la Première Guerre mondiale, les fonctions de chef de corps comme commandant d'un bataillon de chasseurs.

L'incident Signoret est donc révélateur de la dégradation — au moins temporaire — des rapports entre la rue d'Ulm et la rue Saint-Dominique. Et le directeur de l'École aura désormais à cœur de rappeler en toute occasion le tribut payé par l'École lors de la Grande Guerre. Ainsi, le 9 décembre 1923, lors de l'inauguration du monument aux morts de la rue d'Ulm élevé par Paul Landowski, lecture est donnée de la liste des 239 disparus, en présence du lieutenant-colonel Coville et du Président de la République. Les paroles alors prononcées par Paul Dupuy et Gustave Lanson sont, bien sûr, à replacer avant tout dans l'atmosphère générale des années 1920 avec ses grandes célébrations patriotiques. Mais elles étaient sans doute également à usage interne : formulées devant un officier supérieur représentant le ministre de la Guerre, et en présence du Président de la République, elles entendent rappeler avant tout que les élèves de l'École ont fait plus que leur devoir. En quelque sorte, compter les morts pour ne pas s'en laisser conter.

Ajoutons que l'affaire Signoret marque aussi la première apparition des élèves du philosophe Alain dans des incidents antimilitaristes à l'École. Emmanuel Signoret, en effet, après sa démobilisation en 1919, n'était pas retourné dans sa khâgne de Condorcet, mais avait préparé le concours au lycée Henri-IV, où l'attirait l'enseignement d'Alain[11]. Et la revue d'Alain, les *Libres Propos*, publia un propos du maître évoquant de façon à peine voilée les démêlés de Signoret avec les militaires. Du reste, en envoyant ce texte, daté du 22 novembre, à la rédaction de la revue, la secrétaire d'Alain signalait : « C'est une aventure qui arrive à un élève de l'École de 2e année, un ancien d'Henri-IV, camarade de Prévost. Et c'est la deuxième fois que L. joue à son " militaire " aussi et prend des mesures de rigueur contre des élèves qui ont... affaire avec le pouvoir militaire[12]. »

En avril 1923, l'organisation du service militaire des normaliens est à nouveau modifiée. La principale nouveauté réside dans l'instauration d'un brevet de préparation militaire supérieure (PMS). Les élèves de la rue d'Ulm cessent d'être sous-lieutenants d'office en sortant de l'École; ils doivent désormais être reçus au brevet, qui sanctionne deux ans de préparation militaire. En cas d'échec, ils accomplissent, en fin de scolarité, dix-huit mois de service comme simples soldats.

Dès l'année universitaire suivante, l'agitation reprit. Régulièrement, en effet, dans le cadre de la PMS, un officier vint, durant cette année 1923-1924, faire des conférences à l'École, dans la salle des Actes, devant les promotions

11. *Annuaire* 1964, p. 43.

12. Lettre publiée en 1967 par Jeanne Alexandre qui assurait, dans les années 1920, avec son mari Michel Alexandre, la rédaction des *Libres Propos* (cf. *Bulletin* n° 25 de l'Association des Amis d'Alain, décembre 1967, p. 39). « L. » est Gustave Lanson, sans aucun doute.

réunies pour la circonstance. Le 9 mai 1924, l'une de ces conférences donna lieu à des incidents. Comme ceux-ci n'entraînèrent pas de sanctions, l'épisode n'affleure pas dans les archives administratives. Nous disposons, en revanche, des témoignages de Georges Cogniot, qui assista à la conférence, et de Gilberte Brossolette, qui s'est appuyée sur les souvenirs précis de camarades d'école de son mari [13]. Sur le déroulement même des événements, il y a, dans l'ensemble, concordance entre les deux témoignages.

Ce 9 mai 1924, le thème de la conférence était « l'armement allemand » mais l'orateur habituel, indisponible, fut remplacé par un autre officier qui, très au fait de ce problème, fit un exposé sur les violations de certaines clauses du traité de Versailles par l'Allemagne et sur ses tentatives pour remilitariser clandestinement. La conférence était solide, documentée. Mais elle était prononcée, deux jours avant les élections législatives de 1924, devant un auditoire normalien en grande partie acquis à la politique d'apaisement prônée par le Cartel des gauches. Selon Georges Cogniot, « vingt normaliens sortirent, en pleine conférence, et entonnèrent *L'Internationale* à la porte de la salle. La revue *Clarté* rendit compte de la manifestation sous le titre : " Comment l'État bourgeois fabrique ses intellectuels. " » Dans la page de *Parti Pris* consacrée à l'incident, G. Cogniot reprend, de fait, presque textuellement l'article de *Clarté*. Cet article, publié dans le numéro 59 du 15 mai 1924 et signé « G.-P. F. » (le normalien Georges Friedmann), décrit ainsi l'épisode :

> « Le 9 mai, à l'École normale, devant quatre promotions réunies pour la circonstance, un officier commence, dans la solennelle salle des Actes, une conférence portant sur " l'armement allemand ". On s'aperçoit vite que cette question technique, que seule il avait le droit de traiter, est un prétexte. L'exposé sur les armes allemandes dure cinq minutes. Par contre, pendant une heure, sous le couvert de sa mission d'instructeur, ce monsieur contraint son auditoire à entendre ses impressions d'Allemagne ! Pendant une heure, collection de petits faits, d'anecdotes habilement, venimeusement choisies... Tous les Allemands sont d'âpres revanchards... Vingt normaliens sont sortis, en pleine conférence, et chantent *L'Internationale* devant la porte de la salle. »

Le récit de Gilberte Brossolette n'évoque pas *L'Internationale* et signale seulement que « les normaliens ne l'entendirent pas du tout de la bonne oreille. On était en période électorale et ils crièrent à la " propagande tendancieuse des militaires "... Chacun y alla de son article indigné à adresser à tous les quotidiens et périodiques que l'on put recenser... L'affaire fit grand bruit ». Ce témoignage montre bien que l' « affaire », en réalité, dépassa une simple manœuvre du groupe communiste de l'École, au demeurant alors très faible ; il suggère plutôt une réaction instinctive d'un auditoire favorable, on l'a dit, au Cartel des gauches, et, plus largement, profondément pacifiste et acquis à l'apaisement franco-allemand.

Apparemment, l'incident n'eut aucune suite judiciaire mais — coïncidence ? — le conseil de discipline de l'École fut saisi quelques semaines plus tard d'une plainte des autorités militaires concernant le manque d'assiduité de quatre élèves aux cours de préparation militaire, dont le « cacique général »

---

13. G. Cogniot, *Parti Pris, op. cit. t. 1*, p. 90 ; G. Brossolette, *Il s'appelait Pierre Brossolette, op. cit.* pp. 41-42.

Pierre Brossolette, reçu premier au concours de 1922. Presque vingt ans jour pour jour avant de se jeter, le 22 mars 1944, du cinquième étage de l'immeuble de la Gestapo, ce jeune normalien est donc traduit devant un conseil de discipline pour le peu d'enthousiasme qu'il montre à l'égard de la préparation militaire. Même s'il ne fut l'objet, en fin de compte, que d'une « réprimande verbale[14] », comme ses trois camarades, sa sanction prend figure de symbole : cette génération qui, aux approches de la quarantaine, sera en partie broyée par le second conflit mondial et les choix divergents qu'il entraîna, avait ardemment cru, deux décennies plus tôt, aux vertus du pacifisme et du rapprochement franco-allemand.

L'exemple de Pierre Brossolette est, du reste, très caractéristique de l'imprégnation pacifiste de cette génération normalienne. Son pacifisme ne puise pas, en effet, aux deux sources chartiériste et socialiste, mais procède plus largement de cet attachement à la SDN que nous avons déjà rencontré chez les khâgneux. Chartiériste, Pierre Brossolette, ancien khâgneux de Louis-le-Grand, ne l'a pas été, n'ayant jamais eu l'occasion de suivre l'enseignement d'Alain. Quant à son engagement socialiste, il semble postérieur à ses années normaliennes. Son oncle, René Ozouf, place son adhésion à la SFIO en 1928[15], et ses condisciples de la rue d'Ulm l'estimaient auparavant « radical » ou, au plus, « socialisant[16] ». En tout cas, Georges Lefranc, qui anima à partir de l'automne 1924 le Groupe d'études socialistes des Écoles normales supérieures, ne se rappelle pas y avoir vu Pierre Brossolette.

En réalité, ce fils d'un inspecteur de l'enseignement primaire de la Seine[17] va, dès la khâgne, parallèlement à une scolarité brillante, militer pour la SDN. Il collabore ainsi à *Jeune Europe*, un bulletin pacifiste auquel apportèrent leur contribution des élèves de Louis-le-Grand et qui n'eut — nous l'avons dit — que trois numéros car on y avait publié un article sur « l'homosexualité dans les internats[18] ». Surtout, une fois normalien, il sera l'un des fondateurs, avec Robert Lange et quelques autres, du Groupement universitaire pour la SDN dont il devint le secrétaire général[19]. En 1926, par exemple, le jeune normalien vint faire une conférence sur la SDN devant les khâgneux de Condorcet. Dans ce contexte, les démêlés de Pierre Brossolette avec l'autorité militaire s'éclairent.

Il ne fut, du reste, pas le seul normalien martyr de la Résistance à avoir alors

14. Arch. Nat. 61 AJ 60. Gilberte Brossolette évoque les démêlés de son futur époux avec la PMS dans *Il s'appelait Pierre Brossolette*. La sanction qu'il encourut selon elle (*op. cit.*, p. 41 : « Il faillit, au cours de la troisième année, et malgré sa réputation de sujet brillant, se faire mettre à la porte purement et simplement de sa chère École normale ») est assurément exagérée.

15. R. Ozouf, *Pierre Brossolette héros de la Résistance*, Librairie Gedalge, 1946, p. 15. Cf. également le *Dictionnaire biographique du mouvement ouvrier français* (dir. J. Maitron et Cl. Pennetier), 1914-1939, t. XX, Les Éditions ouvrières, 1983, p. 320.

16. Témoignages recoupés (1980).

17. Sur le milieu familial de Pierre Brossolette, cf. *supra*, chapitre VII.

18. G. Brossolette, *op. cit.*, p. 37.

19. *Ibid.* Les Allemands ayant occupé, durant le second conflit mondial, les locaux du Groupement universitaire pour la Société des nations, ses archives ont disparu et Robert Lange ne peut, soixante ans plus tard, en préciser la date exacte de naissance, « qui se situe néanmoins dans les derniers mois de 1923 » (correspondance avec l'auteur, mars 1983). Cette indication demande vérification car, à d'autres chercheurs, Robert Lange a parlé plutôt de la fin de l'année 1922, peu avant l'occupation de la Ruhr (témoignage de Robert Frank, février 1983). Parmi les fondateurs ou les premiers membres importants du Groupement, se trouvaient, notamment, outre Pierre Brossolette — qui partagea avec Robert Lange les fonctions de secrétaire du mouvement —, les étudiants Pierre Mendès France et René Pleven et l'avocat et agrégé des facultés de droit Pierre Cot. Quelques années plus tard, cette organisation compta dans ses rangs les normaliens Georges Pompidou et René Billères.

maille à partir avec l'armée. Ainsi, en avril 1921, le général Girard, inspecteur de l'instruction militaire des étudiants et élèves des Grandes Écoles de la classe 1920, avait signalé à Gustave Lanson que Jean Prévost avait manqué dix séances de l'instruction militaire sans s'excuser. Cet élève de la promotion littéraire de 1919, disciple d'Alain, ancien khâgneux d'Henri-IV où il militait aux Étudiants socialistes révolutionnaires, tombera au Vercors en 1944.

Et le destin de Jean Cavaillès offre plusieurs traits similaires. Ce fils d'officier, passé par la khâgne de Louis-le-Grand, reçu premier au concours de 1923, est lui aussi peu attiré à cette époque, semble-t-il, par les militaires de l'École. Sa sœur, Gabrielle Ferrières, témoigne :

> « ... le " bonvoust "... avait lieu à la caserne de Lourcine. Les élèves y assistaient en treillis bleu et Jean s'amusait, avec ses camarades, de l'éloquence un peu trop militaire de leurs instructeurs. Il s'en amusait et se laissait aller à des propos plus sérieusement réprobateurs. Je l'ai vu ainsi, tout au long de ces années normaliennes, jeter un défi à l'armée, critiquer vivement ses méthodes ou ses tendances — chanter *L'Internationale*, sans en excepter le couplet sur les généraux[20]. »

Ce qui n'empêchera pas le cacique de 1923 de tomber vingt et un ans plus tard sous les balles d'un peloton d'exécution allemand. Il sera identifié lors d'une exhumation, « inconnu n° 5 » parmi 12 résistants fusillés par les Allemands en janvier 1944 à la citadelle d'Arras. Fait compagnon de l'ordre de la Libération à titre posthume, il repose désormais dans la crypte de la chapelle de la Sorbonne. Comme pour Pierre Brossolette et Jean Prévost, il faudra évoquer plus loin les évolutions dramatiques qui conduisirent bien d'autres normaliens moins illustres de cette génération pacifiste des espérances des années 1920 aux engagements dans la tourmente de la Seconde Guerre mondiale.

Pour l'instant, en ce milieu de décennie, l'autorité militaire est de plus en plus troublée par l'attitude des élèves de l'École. Et ce trouble est sensible à tous les niveaux. Ainsi, l'incident de la conférence chahutée le 9 mai 1924 avait visiblement ému le ministère de la Guerre, qui se sert moins d'un mois plus tard de l'obligation de l'assiduité à la PMS pour placer l'administration de l'École en face de ses responsabilités et pour la contraindre, on l'a vu, à traduire devant le conseil de discipline Pierre Brossolette et trois de ses camarades. De leur côté, les officiers d'active recevaient non sans quelque crainte des normaliens dans leur unité. Là encore l'ouvrage de Gilberte Brossolette, étayé par les souvenirs des camarades de son mari, est éclairant. S'y trouve notamment évoqué ce commandant à cheval qui, à Strasbourg, accueillait les élèves de la rue d'Ulm en ces termes : « Vous êtes les normaliens, nom de Dieu ! C'est vous qui peignez les canons en rouge. Pas de ça ici, nom de Dieu ! »

De fait, les craintes et préventions de l'armée étaient en partie fondées. Par moments, et pour certains élèves de l'École, le pacifisme ambiant s'est incontestablement teinté d'antimilitarisme. C'est en ce sens, en tout cas, que la direction de l'établissement interpréta la Revue de 1927.

La Revue de 1927.

La Revue annuelle, qui se tenait traditionnellement au début du printemps, dans l'amphithéâtre Fischer, était un spectacle monté par les élèves de la rue

20. Cf. Gabrielle Ferrières, *Jean Cavaillès, philosophe et combattant, 1903-1944*, PUF, 1950 (réédité en 1982 par les Éditions du Seuil sous le titre *Jean Cavaillès, un philosophe dans la guerre*, p. 32).

d'Ulm et l'occasion, en général, pour ces derniers de brocarder gentiment, devant un parterre d'archicubes, les enseignants et l'administration de l'École. A mi-chemin du « canular » et de la satire, elle prit par exemple pour thème, en 1925, la conquête par le directeur en exercice Gustave Lanson, d'un Brésil opprimé par un tyran, Timeo Danaos, et son épouse, Dona Ferentes. Daniel Lagache, futur professeur de psychologie pathologique à la Sorbonne, et l'un des pionniers de la psychanalyse en France, incarnait Dona Ferentes, tandis qu'Aimé Perpillou, lui aussi futur professeur en Sorbonne, jouait Timeo Danaos. Quant à Gustave Lanson, il fut représenté par Jean-Paul Sartre[21]. Le spectacle avait pour titre général « Le désastre de Langson ».

Les ministres normaliens du Cartel des gauches étaient venus applaudir leurs jeunes camarades et Édouard Herriot, Paul Painlevé et François-Albert s'esclaffèrent aux exploits latino-américains de Gustave Lanson, note le *Bulletin* de la Société des amis de l'École : « Les ministres, oubliant leurs soucis, riaient de bon cœur. » Le spectacle — qui eut lieu le 28 mars 1925 — fit, certes, allusion à l'affaire Scelle qui était alors en plein déroulement mais le compte rendu du *Bulletin* demeure serein : « L'entrée des turnes interdite aux visites féminines, l'ouverture du parloir, les sports, les voyages des professeurs de Sorbonne, la préparation militaire, les récents incidents politiques furent les thèmes variés de l'action. » Des allusions et calembours sur l'affaire Scelle ne risquaient pas de faire scandale dans une École où la majorité des élèves étaient favorables au professeur de droit et les archicubes ministres du Cartel n'y trouvèrent sans doute rien à redire et rirent, on l'a vu, « de bon cœur ». Certes, la préparation militaire était également brocardée, mais au même titre que « l'ouverture du parloir » ou « les sports ».

L'année suivante, le *Bulletin*, au lieu d'une page et demie, ne consacre que six lignes à la Revue de 1926, jouée le 20 mars. Certes, « un pot toujours bruyant mêla sur les bancs du réfectoire de nombreuses générations », mais le *Bulletin* est déjà plus réservé sur le divertissement présenté par les jeunes normaliens, et la réticence perce sous l'éloge : « la Revue était excellente, un peu sévère peut-être : cet âge est sans pitié[22]. » Le spectacle, pourtant, était resté bon enfant : l'un des clous en avait été Édouard Herriot — campé par Jean-Albert Bédé, normalien de la promotion littéraire de 1924 —, qui réprimandait sur l'air de *La Paimpolaise* les députés et constatait :

> « ... Quand je brandis, dans la tourmente,
> Ma sonnette et mon coupe-papier
> Quand on me tend l'eau à la menthe
> Pour calmer le feu de mon gosier
> Je n' puis pas ne pas murmurer tout bas :
> J'aime mieux ma pipe d'écume
> Je la préfère à toutes vos potions
> J'aime mieux le gros cul qu'on fume
> Que c' gros cul de Palais-Bourbon.
> ...
> Allons, Messieurs, mettons-nous à table

21. Archives personnelles de Georges Canguilhem, qui joua un rôle déterminant dans la rédaction de ce divertissement. Cf. également le témoignage de René Dechêne, de la promotion scientifique de 1922, inspecteur général honoraire de l'Instruction publique, dans la notice nécrologique d'Aimé Perpillou (*Annuaire* 1977, p. 99), ainsi que le *Bulletin* de la Société des amis de l'École normale supérieure *(BSAENS)* n° 12 de juin 1925, p. 15.
22. *BSAENS*, n° 14, juin 1926, p. 27.

Bien que si j'en crois la tradition
Le Pot n'ait rien de délectable.
Ah, voyez-vous Monsieur Lanson
Je n' puis pas ne pas murmurer tout bas
J'aimerais mieux voir à ma place
Le pot et tous ses marmitons
Eux, seuls seraient assez dégueulasses
Pour faire l' fricot au Palais-Bourbon[23]. »

Les autres couplets étaient de la même veine et l'ensemble, qui ne brille assurément guère par la finesse, avait sans doute choqué quelques archicubes. Tout comme, peut-être, le titre, aux consonances pourtant proustiennes : « A l'ombre des vieilles billes en fleurs »

La presse, apparemment, n'avait pas éprouvé les mêmes réticences. *L'Œuvre*, en tout cas, publie le lendemain un petit entrefilet sur la Revue et précise notamment : « A citer notamment l'élève Sartre, qui a brillamment tenu le rôle de M. Lanson, et l'élève Canguilhem, dans le rôle du commandant Peirotes, commandant militaire de l'École[24]. » « L'élève Sartre », en effet, avait incarné à nouveau le directeur de l'École.

En 1927, le commentaire du *Bulletin* est, cette fois, franchement défavorable : « Fin mars, les élèves donnèrent leur Revue annuelle, les archicubes s'accordèrent à la trouver un peu grosse et grasse; l'esprit normalien serait-il en défaillance[25] ? »

Le document le plus aisément accessible sur l'incident est un... conte voltairien. La livraison du 20 octobre 1927 des *Libres Propos* contient en effet un essai intitulé « à la manière de... » et signé Voltaire. Les auteurs de cet essai se désignent dans un *nota bene* : il s'agit des normaliens Sylvain Broussaudier et Georges Canguilhem, l'un et l'autre de la promotion littéraire de 1924. Nous verrons plus loin que ces deux jeunes gens jouèrent un rôle de premier plan dans la Revue de 1927. Leur texte des *Libres Propos* mérite, malgré ses dimensions, d'être largement reproduit. Il fournit, d'une part, des éléments précis sur l'affaire. Il permet, d'autre part, de mieux cerner la vision qu'en ont eue certains des principaux acteurs, disciples par ailleurs du philosophe Alain. C'est donc, peu ou prou, la version des aliniens de la rue d'Ulm qui affleure dans ce texte. A condition de renverser les noms propres, le décor et les personnages redeviennent immédiatement familiers :

> « Quand Essival mourut, Evatsug Nosnal fut nommé directeur et chef de la Haute École Normale où les jeunes Francomans étaient préparés à l'art d'enseigner. Evatsug venait en droite ligne, par la rue de Mlu, de l'antique Ennobros où ses pareils déjà faisaient la joie de Rabelais... Un temps vint où la haute École fut pacifiquement envahie par des guerriers de profession. On enseigna aux jeunes lévites francomans non seulement à instruire les gens, mais encore à pouvoir, le cas échéant, faire tuer proprement des gens... Tous les ans les lévites donnaient un divertissement-ballet... A l'un de ces divertissements, les instructeurs à cimeterre furent peints sans ménagement. L'un d'eux chantait en quelques couplets sa joie des escarmouches, raison de son métier, tout comme un vitrier dirait sa joie des garnements qui lancent des pavés aux fenêtres... Le souci de garder le bon ton, pour plaire au Sultan, fit que le feu prit. Le divertissement

23. Archives Georges Lefranc.
24. *L'Œuvre*, dimanche 21 mars 1926, p. 2. Le lendemain, *L'Œuvre* publiera une photographie d'une scène de la « Revue » : « Monsieur Lanson accorde une interview » (*loc. cit.*, p. 2).
25. *BSAENS*, n° 16, juin 1927, p. 26.

avait été sifflé par quelques fils de satrapes et quelques-uns de ceux dont les vœux appellent le fouet pour la canaille. Un folliculaire, célèbre pour avoir un jour souillé des étendards, s'alarma pour la cause des étendards — qui sait ? peut-être pour les mêmes — et il mit en cause Evatsug, qui n'en demandait pas tant pour faire sentir sa présence. Interrogatoires, sermons, tout fut mis en œuvre. Et malgré cinquante lévites qui se présentèrent selon l'usage comme responsables des refrains, quelques noms seulement furent retenus, et pour une fois avec raison, car il faut bien qu'enfin les réputations aient un sens et que les caractères se soutiennent. Il y eut séance dans la Grand'Chambre où Evatsug vint en justicier lire devant la foule des lévites ce qu'il avait arrêté. Ne te fie pas à ta justice, dit saint Antoine dans Jacques de Voragine ; mais le derviche Nosnal ne lisait pas les livres saints. Evatsug se croyait fort subtil et sage parce qu'il lisait son éloge partout. Il avait écrit sur les écrivains de ces livres où l'on mesure le génie et la valeur des autres d'après ceux qu'on croit posséder. Or comme dit l'Ingénu, " il y a de certains moucherons qui vont déposer leurs œufs dans le derrière des plus beaux chevaux ; cela ne les empêche pas de courir ".
Donc, Evatsug Nosnal lut dans le silence : " J'ai jugé que la complainte où le corps des officiers francomans était pris à partie de la façon la plus outrageante et la plus calomnieuse sortait complètement de l'ordre des plaisanteries qui font le caractère habituel de ces divertissements, et constituait une manifestation de parti et de haine sociale. Les auteurs et le chanteur de ces couplets indignes d'une intelligence cultivée et probe (la première rédaction de l'arrêt portait : qui dénotent une très basse mentalité) ont compromis l'École en faisant servir la Revue de l'École à la manifestation d'opinions et de passions particulières. " Après quoi Evatsug blâmait sévèrement les lévites Reiduassuorb, Mehliugnac et Liab-El, ce dernier " parce qu'il avait pris au cours de l'enquête une attitude impertinente dont on pouvait se demander si elle n'était pas calculée pour masquer son véritable rôle dans l'affaire " (*sic*).
A la fin d'un livre sur l'art de la prose (pages 302-303), Evatsug Nosnal avait jadis écrit : " Et peut-être qu'un jour, après que nous nous serons appliqués pour notre compte à bien penser et à parler juste, peut-être un jour que grâce à eux, après notre mort, quelqu'un feuilletant nos paperasses, écrits professionnels, correspondance d'affaire ou d'amitié, y remarquera un accent, un effet, où à notre insu, malgré nous, nous aurons en quelque endroit trouvé le style, où notre prose pratique pendant un moment aura pris le grain d'une prose d'art. " Comme on voit, Evatsug avait parlé pour lui, et son rapport de police avait vraiment pris le grain ; on y trouvait l'accent. Littérairement donc, Evatsug restait sans reproche, mais judiciairement il était en défaut. Car non content d'avoir usurpé le pouvoir de justice qui appartenait à un conseil d'instructeurs, il avait de lui-même transmis le nom des coupables aux instructeurs guerriers et au Grand Chef des Satrapes Francomans, Evelniap, en qualité de camarade. Les lévites non blâmés protestèrent auprès d'Evatsug qui nomma lâcheté cet acte collectif d'indépendance. Les lévites mis en cause se plaignirent au Recteur Magnifique qui fit le mort.

Les jeunes lévites avaient en tête de plus réels et plus pressants soucis, et une fois de plus ce sont ceux qui ont le moins peur des coups qui laissèrent le dernier mot au faible, préférant la paix aux hostilités. Nosnal put se croire vainqueur et béni de la Francomanie tout entière, ignorant que l'adjectif nosnalesque était pris désormais comme équivalent à grotesque, oubliant que le mépris n'est pas si méprisable que disent les méprisés et veut plus de hauteur d'âme qu'ils ne jugent, que rien enfin n'est si ridicule et odieux qu'un vieillard belliqueux dont l'impunité ne vient que de l'imbécillité même.
Ceci n'est pas un conte moral. Il n'y a pas de tableau final de réhabilitation et d'apothéose. Les sages à parchemins sont désarmés ici. Pour ce qui arriva, Nosnal le sait et quelques autres.

Voltaire »

La transcription du conte est aisée. Selon ses auteurs, lors de la Revue (le « divertissement-ballet »), les officiers de la préparation militaire (les « instructeurs à cimeterre ») furent brocardés. A la suite d'une campagne de presse (Le « folliculaire célèbre pour avoir un jour souillé des étendards » ne pouvant être que Gustave Hervé qui, en d'autres temps, avait souhaité voir planter le drapeau dans un tas de fumier) et après une enquête rapide, Lanson blâma les présumés coupables, notamment Broussaudier, Canguilhem et Le Bail, sans passer par le conseil de discipline (en ayant « usurpé le pouvoir de justice qui appartenait à un conseil d'instructeurs »). Bien plus, Lanson aurait transmis les noms des coupables au ministre de la Guerre, le normalien Painlevé (le « Grand Chef des Satrapes Francomans, Evelniap,... [son] camarade »).

Les archives de l'École normale supérieure n'ont, pour les années 1920, conservé que les textes des Revues de 1920 et 1929. Certains normaliens avaient sans doute sauvegardé ce texte de 1927 qui, ayant fait scandale, devenait un document historique. Deux d'entre eux, en tout cas, s'étaient faits ainsi archivistes et nous ont permis de prendre connaissance des chansons litigieuses[26]. Car ce n'est pas l'ensemble de la Revue qui fit scandale mais seulement deux chansons aux refrains dirigés contre l'armée.

La première de ces chansons attaque explicitement la loi militaire dite Paul-Boncour, du nom de son rapporteur. Cette loi avait été votée quelques semaines plus tôt, le 7 mars, par 500 voix contre 31. « Loi sur l'organisation générale de la Nation pour le temps de guerre », elle prévoyait notamment, dans son article IV, « dans l'ordre intellectuel, une orientation des ressources du pays dans le sens des intérêts de la défense nationale » ainsi que « toutes les mesures nécessaires pour garantir le moral du pays ». Devant un parterre d'archicubes est donc entonné *Sur l'utilisation des Intellectuels en temps de guerre :*

I

« Quand l'heure sonnera de défendre la France,
Quand vieillards et marmots partiront tour à tour,
Faudra que vous marchiez pour nous sans rouspétance
Ou vous aurez le cul botté par Paul-Boncour !

Refrain

Vous coupiez les ailes au génie,
Faudra les fair' servir demain
Aux canards lâchés en série
Sur Moscou, sur Berlin !

26. D'une part, Georges Lefranc avait recopié le texte manuscrit de ces chansons que Jean Le Bail, l'un des compositeurs, avait conservé, et il nous a donné communication de cette copie. D'autre part, nous avions pu consulter à l'automne 1980 les Mémoires dactylographiés d'un normalien de la promotion littéraire de 1924. Ce dernier avait joint, en annexe, les couplets incriminés. Depuis, ces couplets sont tombés dans le domaine public. Jean Bruhat les a, en effet, reproduits en 1983 dans ses Mémoires (*Il n'est jamais trop tard*, *op. cit.*, pp. 261-264). Leur texte est très proche de celui de notre source de l'automne 1980. Quant au texte Le Bail-Lefranc, ses variantes sont minimes avec cette version. La veuve du normalien de 1924 nous a autorisé à lire les Mémoires de son mari, mais à titre de document privé (il s'agit en effet, de Mémoires réservés à la famille) et sans autorisation de citer l'auteur ou de reproduire certains passages. Ces Mémoires nous ont été cependant très précieux car leur auteur fut l'un des protagonistes principaux de l'affaire de la Revue de 1927 et il lui consacre, de ce fait, sept pages de ses souvenirs (sans compter les couplets incriminés qu'il reproduit en annexe).

II

Lévy-Bruhl prouvera, en mesurant des crânes,
Que les Poméraniens sont des rétrogradés,
Que les fils de la Louve ont des mâchoires d'ânes,
Et qu'ils ont à Moscou les neurones atrophiés !

Refrain

III

Bédier, pour démontrer que notre France seule
A cultivé l'esprit, publiera les portraits
De Taine et de Lanson, dont les radieuses gueules
Font éclater aux yeux le pur génie français !

Refrain »

Mais c'est surtout la seconde chanson, intitulée *Complainte du capitaine Cambusat* (les instructeurs militaires de la rue d'Ulm étaient, à cette date, le capitaine Cambusat et le lieutenant-colonel Bizard), qui fit scandale. L'air choisi pour l'introduction, d'abord, c'est-à-dire *La Marseillaise,* suffisait sans doute à choquer une partie de l'auditoire. Mais ce fut surtout la teneur des refrains qui créa l'incident :

« Air : Marseillaise

Je suis entré dans la carrière
Quand le métier avait du bon !
On pouvait espérer la guerre
et gagner pas mal de galons ! (bis)
Lorsque la gloire vous enivre
Qui ose compter les cercueils ?
Un bon officier s'en bat l'œil,
L'essentiel, pour lui, c'est de survivre !

Air : Si vous saviez comme j'ai fait ça...

Si vous saviez comm'j'ai fait ça
Avec quel art et quell' bravoure et quelle prudence,
Si vous saviez vous jugeriez
Qu'on aurait bien dû me nommer
Pour le moins Maréchal de France !

Air : Mais elle est revenue...

Mais la paix fut signée
Bien trop tôt mon cher Dion
Adieu gloire espérée,
suis resté capiston.

Air : Moi, j'en ai marre..

Toujours trois galons
sans augmentation
Moi j'en ai marre,
Prend' toujours quelq' part
Des coups d' pied d' Bizard
Moi j'en ai ma-a-rre !

Air : Sémiramis, la reine au pays Mède

Pourquoi Bizard est-il monté en grade
Et devenu de commandant colon ?
C'est qu'il n'y en avait pas une escouade

Pour se pouvoir mesurer à ce...
Qu'on me dise
Qu'on me dise
Alors, si même dans ce cas
En bêtise,
En bêtise,
Cambusat ne le valait pas !

Air : Mais quand reviendra le temps des cerises

Mais quand reviendra la guerre bénie
Lieut'nants, députés, colons, sénateurs
Seront tous en fête !
Les Lebel auront la folie en tête
Et les mortiers Stockes le soleil au cœur !
Mais quand reviendra la guerre bénie
Tant plus y aura d' croix, plus y aura d'honneur !

Air : Ell' ressemble à sa mère...

En ce moment la Yougoslavie
Et l'Italie
sont en conflit
On pourra tirer de cette affaire
Un' petit' guerre
d' quatre ans et d'mi.
Les gens se disent tout bas : où va-t-on en venir ?
De quelque chos' comm' ça j'ai gardé le souv'nir !
Mais là-dessus vous tourmentez pas plus longtemps !
Ell' ressemble à sa mère,
Elle a tout c'est charmant
de sa mère, la grand' guerre.
On se sent rajeuni de treize ans !
Si nous savons y faire,
Comm' la loi de trois ans
La nouvell' loi militaire
Sera donc arrivée au bon moment !
Mais ce n'était qu'un rêve...

Air : Dans une tour de Londres

Il est fini ce rêve
Et désormais
Il faut attendre une grève,
Vienne le Premier Mai !
Pour fair' marcher l'armée. »

Parmi les jeunes normaliens encore élèves à l'École, certains furent profondément choqués. Ainsi Dominique Leca, fils d'un petit fonctionnaire corse, futur inspecteur des finances et directeur de cabinet de Paul Reynaud en 1940, normalien de la promotion 1925, s'en souvenait-il plus d'un demi-siècle plus tard : lui dont un oncle officier était mort au combat peu de temps auparavant au moment de la Guerre du Rif, s' « entendi[t] siffler » contre « ces camarades gonflés de bière, qui eussent chahuté ce brave type comme un traîneur de sabre », dans une salle où « les uns applaudissaient à tout rompre » et « d'autres, moins nombreux, sifflaient[27] ». Et pourtant, jusque-là,

27. Dominique Leca, *La Rupture*, *op. cit.*, p. 143.

Dominique Leca se sentait tout à fait solidaire de l'atmosphère pacifiste de l'École[28].

Il y eut donc incident lors de la représentation. Cette dernière, en réalité, avait été précédée d'une première séance réservée aux seuls élèves. Et, déjà, quelques protestations s'étaient élevées quand avaient été chantés les couplets litigieux. Lors de la représentation proprement dite, à laquelle assistaient non seulement les élèves mais également les archicubes souvent venus en famille, des sifflets arrêtèrent à plusieurs reprises le chanteur, il y eut une bousculade et, semble-t-il, échange de coups.

Quels étaient les élèves à l'origine de l'incident ? Là encore, on ne peut que reconstituer par bribes car les seuls éléments ayant trait à la Revue de 1927 dans les archives de l'École sont lacunaires, et il faut donc, pour restituer l'épisode, utiliser des sources disparates.

Le chanteur, tout d'abord. C'est à Sylvain Broussaudier que revint ce rôle difficile. Fils d'instituteurs limousins et petit-fils de paysans, cet ancien khâgneux de Louis-le-Grand — prix d'excellence de la khâgne de 1923-1924 — appartient à la promotion littéraire de 1924. Il fait partie, au moment des incidents, des Étudiants socialistes et du Groupe d'études socialistes des Écoles normales supérieures animé par Georges Lefranc. Est-ce à dire que c'est le groupe socialiste qui fut à l'origine de l'affaire de la Revue ? La réponse est négative, pour plusieurs raisons.

Tout d'abord, chez Sylvain Broussaudier, c'est moins, à cette occasion, la fibre spécifiquement socialiste qui joua qu'un engagement profondément pacifiste, qui n'est certes pas contradictoire avec l'engagement socialiste mais qui le dépasse largement. Le titre qu'il a donné à ses Mémoires est, du reste, éloquent : *Journal d'un combattant de la paix*[29]. Et certains passages du témoignage qu'il nous donna en 1976 reviennent, un demi-siècle plus tard, sur cet état d'esprit :

> « J'avais été très frappé par la guerre, mon père ayant été mobilisé, et plusieurs parents ou amis ayant été tués. J'en avais gardé des souvenirs très vifs (l'annonce de la mobilisation, le départ de mon père, sa première permission, le spectacle des rues de Limoges le jour de l'Armistice, etc.). Pour moi, la guerre était un fléau que la raison ne pouvait justifier. »

A Oran, dans la première partie des années 1930, il militera à la Ligue internationale des combattants de la paix, animée, entre autres, par le normalien René Gérin. Et, avant la Deuxième Guerre mondiale, il sera privé à cause de ses activités pacifistes de ses galons d'officier de réserve acquis après son passage à Saint-Maixent en 1927-1928. C'est, de ce fait, comme simple soldat qu'il participera à la bataille de France, au cours de laquelle il sera blessé. C'est donc moins le socialiste Sylvain Broussaudier qui chante en 1927 les couplets jugés subversifs que, déjà, le futur combattant de la paix. D'autant que Sylvain Broussaudier, à l'École, a noué à cette date des liens d'amitié avec l'un de ses camarades de promotion, Georges Canguilhem, qui exerça sur lui, semble-t-il, une influence déterminante : au pacifisme socialiste hérité, par

---

28. *Ibid.*, p. 140. Cette dernière assertion est peut-être à nuancer ; Dominique Leca, on l'a vu, avait appartenu au petit noyau de *Fruits verts*, dont la sensibilité politique était apparemment tout autre.

29. Cf. *Annuaire* 1981, p. 80, et *Dictionnaire biographique du mouvement ouvrier français, op. cit.*, t. XX, p. 328.

exemple, de Jaurès, le jeune philosophe ajouta chez son ami l'antimilitarisme d'Alain et en fit indirectement un membre de la mouvance chartiériste. Si l'on ajoute que Sylvain Broussaudier n'était pas le compositeur des refrains qu'il entonna, on constate que l'hypothèse d'une initiative socialiste à l'origine des incidents s'effrite encore davantage et que se profile, au contraire, l'ombre des élèves d'Alain.

Le plus souvent, la Revue était composée et jouée par les « conscrits », c'est-à-dire les élèves de première année : ainsi, en 1925, on l'a vu, ce sont des reçus de 1924, Daniel Lagache et Jean-Paul Sartre, qui tinrent deux des trois rôles importants, Aimé Perpillou appartenant, quant à lui, à la promotion 1923. Mais, en 1927, contrairement à l'usage, ce sont des « cubes » — élèves de troisième année — qui prennent en charge la Revue. Et il semble bien que la paternité de la chanson *Sur l'utilisation des Intellectuels en temps de guerre* revienne à Georges Canguilhem, sans qu'il soit possible, toutefois, d'en avoir la certitude. Quant à *La Complainte du capitaine Cambusat*, elle fut une composition collective : Jean-Paul Sartre tenait la plume et notait ce que lui suggéraient son inspiration et celles de Jean Le Bail, Sylvain Broussaudier, Alfred Péron et Georges Canguilhem. Le rôle déterminant joué par ce dernier nous a été confirmé par Pierre Chambon et Georges Lefranc. Mais ces témoignages ne constituent pas, dans ce cas précis, un véritable recoupement. Lefranc et Chambon, amis de l'auteur des Mémoires signalés à la note 26, ont pu les lire ou, au contraire, les influencer. Le témoignage de leur auteur — fondamental, puisque ce dernier figurait parmi les inspirateurs de la chanson incriminée — n'est donc pas recoupé par des sources qui pourraient s'en être inspirées. Nous disposons heureusement de deux autres éléments convergents. Le premier est le témoignage de Jeanne Alexandre qui, avec son époux, anima les *Libres Propos*. Évoquant quarante ans après sa publication le conte voltairien signé Sylvain Broussaudier et Georges Canguilhem, Jeanne Alexandre écrit de ses auteurs qu'ils furent « les deux principaux responsables du scandale[30] ». D'autre part, Georges Canguilhem lui-même, interrogé, se souvient avoir été l'un des rédacteurs principaux de *La Complainte*[31].

Avec Georges Canguilhem, nous retrouvons les aliniens. Reçu à l'École en 1924, après être passé par la khâgne d'Henri-IV, il a, en effet, subi dans cette classe l'influence d'Alain et il fait figure, rue d'Ulm, à cette date, de disciple du maître. D'autant que les deux strates de chartiéristes particulièrement remuantes de 1927 et 1928 — avec notamment René Château et Simone Weil — ne sont pas encore entrées à l'École et que Georges Canguilhem y apparaît, de ce fait, avec Jacques Ganuchaud et Guy Harnois, de la promotion 1925, comme le dépositaire de la pensée d'Émile Chartier. En cette même année 1927, il se fera volontairement recaler à l'examen de la PMS. Et en ce mois de mars, il est sans doute en train de faire circuler parmi les normaliens la pétition sur la « loi Paul-Boncour » dont il sera question plus loin.

Autre auteur des couplets à scandale, Jean-Paul Sartre. A travers ce dernier, intervient un autre cas de figure : ni socialiste indirectement influencé par les

30. *Bulletin de la Société des Amis d'Alain*, n° 25, décembre 1967, p. 74.
31. Entretien avec l'auteur, 7 mai 1981. Georges Canguilhem a malheureusement oublié le nom des autres compositeurs ! Jean Bruhat considérait lui aussi que les auteurs de *La Complainte* étaient Jean-Paul Sartre et Georges Canguilhem (entretien avec l'auteur, décembre 1980, et *Il n'est jamais trop tard*, p. 45). D'autres témoignages recueillis (G. Lefranc, P. Chambon) sont également formels sur la participation de Jean-Paul Sartre à la rédaction des couplets contestés.

idées d'Alain (Broussaudier), ni alinien chimiquement pur (Canguilhem), il baigne pourtant lui aussi dans un climat pacifiste. A cet égard, son attitude durant son séjour normalien mérite d'être analysée.

Et d'abord parce qu'elle demeure mal connue. Cette opacité — que nous avions déjà notée pour le Sartre khâgneux — apparaît, par exemple, dans la chronologie très complète établie par Michel Contat et Michel Rybalka pour la publication des *Œuvres romanesques* de Jean-Paul Sartre dans la Bibliothèque de la Pléiade[32] et qui résume bien les patientes recherches des deux auteurs. Dans cette longue chronologie, les années 1924 à 1928 n'occupent que quatre pages, qui ne fournissent aucun élément sur les positions — ou l'absence de positions — politiques de Jean-Paul Sartre à l'École normale supérieure, si ce n'est une allusion (page XLIV) à d'éventuelles sympathies communistes, apparemment démarquée d'un passage notoire de la préface d'*Aden Arabie*. Et il faut bien reconnaître que les sources classiques ne fournissent guère d'indices. *Les Mots* ne vont que jusqu'au seuil de l'adolescence de Sartre et les *Mémoires d'une jeune fille rangée* de Simone de Beauvoir ne le saisissent qu'à partir de 1928-1929 quand, après un échec à l'agrégation, il loge à la Cité universitaire.

Est-il possible de percer cette obscurité, sur le plan politique, de presque une décennie de l'existence de Jean-Paul Sartre ? Nous avons tenté de le faire, plus haut, pour les deux années d'hypokhâgne et de khâgne. A cette époque, le futur chantre de l'engagement montrait le plus total désintérêt pour les débats civiques. En est-il de même pour les années normaliennes ?

En juillet 1924, Jean-Paul Sartre est reçu septième, dès sa première tentative, au concours d'entrée de l'École normale supérieure[33]. Il va y passer quatre années, obtenant de 1924 à 1926 ses certificats de licence et passant en 1927 son diplôme d'études supérieures[34]. En 1928, il est refusé à l'écrit de l'agrégation de philosophie — dont les deux premiers seront, à l'issue de l'oral, Raymond Aron et Emmanuel Mounier —, à la surprise générale. Le directeur adjoint de l'École, Célestin Bouglé, rendant compte au recteur de l'Académie de Paris des résultats des normaliens aux agrégations qui viennent de se terminer, écrit : « ... En philosophie nous avons eu un accident : nous comptions beaucoup sur Sartre. » Ce dernier sera contraint par le règlement de la rue d'Ulm de trouver un autre gîte — à la Cité universitaire — pour l'année 1928-1929, au terme de laquelle il sera reçu premier à l'agrégation de philosophie, devant Simone de Beauvoir[35].

Pendant ces années 1924-1929, nous retrouvons chez Jean-Paul Sartre les mêmes traits que ceux déjà relevés en khâgne : un apolitisme à peu près total,

32. Jean-Paul Sartre, *Œuvres romanesques*, Gallimard, 1981.

33. Appréciation du proviseur de Louis-le-Grand, en 1924, dans le dossier de candidature de Jean-Paul Sartre à l'École normale supérieure : « Des qualités d'esprit assez distinguées. Aptitudes marquées. Peut réussir. Très bonne moralité » (Arch. Nat. 61 AJ 251).

34. Certificats de psychologie en mars 1925 (mention Bien), d'histoire de la philosophie en juillet de la même année (AB), de philosophie générale et logique en mars 1926 (B) et de morale et sociologie (AB) en juin. En 1927, il soutient un mémoire de DES dirigé par M. Delacroix sur *les images dans la vie psychologique. Rôle et nature*, noté 17 sur 20. En octobre, il est reçu au certificat de physique du PCN (*Ibid.*).

35. *RU*, 1929, 2, p. 362. Le rapport du jury présidé par André Lalande, précise que Simone de Beauvoir était quatrième à l'écrit et qu'elle termine seconde « avec une avance considérable sur les deux candidats qui la suivaient ex aequo (85 1/2 à 78) » (*RU*, 1930, 1, p. 2). Pour la première épreuve écrite, qui portait sur « les idées de contingence et de liberté », les correcteurs Parodi et Wahl signalent qu' « une jeune fille et un jeune homme étaient premiers ex aequo » avec 16 sur 20 (*ibid.*). Eu égard au classement final, il s'agissait probablement de Jean-Paul Sartre et Simone de Beauvoir.

et, parallèlement, la tentation précoce de l'écriture, avec deux versants, philosophique et littéraire. Dans le domaine philosophique, par-delà ses brillants résultats aux certificats de licence et au diplôme d'études supérieures et son « accident » à l'agrégation, il y a incontestablement, dès cette époque, une pensée personnelle qui mûrit. Il est, par exemple, un texte peu connu de Jean-Paul Sartre où l'on trouve déjà la genèse des idées qu'il développera au cours des décennies suivantes. Il s'agit d'une lettre qu'il envoya aux auteurs, dans les *Nouvelles littéraires*, de « l'enquête auprès des étudiants d'aujourd'hui » et dont ceux-ci publièrent des extraits dans le numéro du 2 février 1929. Certains de thèmes qui seront développés quatorze ans plus tard dans *L'Être et le Néant* y sont déjà en gestation.

Cette démarche philosophique se double de velléités littéraires, annonciatrices de l'autre versant de l'œuvre sartrienne. « Quand je vous ai connu, rappellera plus tard Simone de Beauvoir à son compagnon, vous m'avez dit que vous vouliez à la fois être Spinoza et Stendhal[36]. » De fait, le jeune normalien, qui a placé dans sa turne deux portraits, ceux de Jean Giraudoux et de James Joyce, va rédiger pendant son séjour rue d'Ulm un premier roman. Michel Contat et Michel Rybalka ont mis au jour un manuscrit de cent vingt pages dactylographiées intitulé *Empédocle* et rédigé vers 1928. Ce texte, qui constitue une ébauche du roman *Une défaite* évoqué par Simone de Beauvoir dans *Mémoires d'une jeune fille rangée,* narre l'amitié du héros, Frédéric, élève de l'école « la plus grande parmi celles qui enseignent les lettres aux jeunes gens », avec un écrivain et compositeur célèbre, Richard Organte, et sa femme Cosima. L'intrigue s'inspire des rapports entre Friedrich Nietzsche, Richard Wagner et sa femme Cosima. Le manuscrit décrit en outre la vie quotidienne, dans son école, de Frédéric-Jean-Paul Sartre, qui apparaît comme un « organisateur de féroces canulars[37] ».

C'est d'ailleurs par le biais d'un canular beaucoup plus que par celui d'un quelconque engagement politique qu'il participera à l'affaire de la Revue. Car, en ce qui concerne les débats civiques, tous les témoignages convergent : le jeune Sartre se trouve alors dans une phase de totale indifférence. Dès 1958, dans *Mémoires d'une jeune fille rangée,* et surtout en 1960, dans *La Force de l'âge,* Simone de Beauvoir présentait un Sartre bien peu politisé jusqu'au second conflit mondial. Mais, n'ayant connu le jeune normalien qu'au cours de l'année universitaire 1928-1929, son propos ne permettait guère de trancher pour les années ulmiennes. C'est, en fait, Jean-Paul Sartre lui-même qui, en 1960, dans le célèbre Avant-Propos à *Aden Arabie* de Paul Nizan, reconnaissait son manque de curiosité politique à l'École. Évoquant l'engagement de son ami, il ajoutait, en effet : « Je détestais qu'il fît de la politique parce que je n'avais pas le besoin d'en faire[38]. » Le point sera repris et développé dans ses

---

36. Entretien entre Jean-Paul Sartre et Simone de Beauvoir, août-septembre 1974, publié en 1981 (Simone de Beauvoir, *La Cérémonie des adieux* suivi d'*Entretiens avec Jean-Paul Sartre,* Gallimard, 1981, p. 166).

37. Michel Rybalka, « Les écrits de jeunesse de Sartre », *Le Magazine littéraire,* n° 55-56, septembre 1971, pp. 14-15. La version définitive du récit, *Une défaite,* fut refusée à l'époque par Gallimard. *Empédocle* et *Une défaite,* inédits, doivent être publiés dans un volume rassemblant les écrits de jeunesse (cf. *Œuvres romanesques, op. cit.*, p. CX, note 1).

38. Plus révélateurs encore sont ses carnets rédigés pendant la « drôle de guerre » : en garnison à Bouxwiller, durant l'hiver 1939-1940, Jean-Paul Sartre, se penchant sur les deux décennies de sa vie qui viennent de s'écouler, évoque, au détour d'une ligne, son « indifférence politique » (Jean-Paul Sartre, *Les Carnets de la drôle de guerre. Novembre 1939-mars 1940,* Gallimard, 1983, Carnet XI, février 1940, p. 216).

entretiens de 1974 avec Simone de Beauvoir, publiés en 1981 dans *La Cérémonie des adieux*, où il précisera notamment : « Le socialisme, qui avait séduit beaucoup de mes camarades de l'École normale, ça ne me touchait pas[39]. »

Jean-Paul Sartre est donc, à l'époque, incontestablement apolitique[40]. Et c'est en tant qu'auteur de canulars qu'il va participer à l'incident de la Revue de 1927. La description d'*Empédocle* est assurément, sur ce point au moins, autobiographique. Rue d'Ulm, il appartient à une « sorte de bande libertaire » (Étienne Borne), un « clan » (Simone de Beauvoir) formé par Sartre, Nizan et Maheu. Au trio, il convient d'ajouter Pierre Guille, souvent évoqué par Sartre dans ses entretiens de 1974 avec Simone de Beauvoir. Fils de professeur, cet ancien khâgneux de Louis-le-Grand entré à l'École en 1925 a alors beaucoup compté, semble-t-il, dans la vie du philosophe. La célébrité acquise par la suite par les autres membres du « clan » l'a rejeté dans une obscurité à peu près totale[41].

Sartre et ses amis paraissent avoir vécu alors en marge, se livrant à des plaisanteries parfois féroces. La description qu'en a brossée Simone de Beauvoir est demeurée célèbre :

> « ... Ils ne frayaient avec personne, ils n'assistaient qu'à quelques cours choisis et s'asseyaient à l'écart des autres. Ils avaient mauvaise réputation. On disait qu'ils " manquaient de sympathie à l'égard des choses ". Vivement anti-talas, ils appartenaient à une bande, composée en majorité d'anciens élèves d'Alain, et connue pour sa brutalité : ses affiliés jetaient des bombes à eau sur les normaliens distingués qui rentraient la nuit en smoking[42]. »

On voit, dans la fraternité des canulars, réapparaître les élèves d'Alain. Rien d'étonnant, dès lors, à ce que, par leur intermédiaire, Jean-Paul Sartre ait baigné lui aussi dans l'atmosphère pacifiste et parfois antimilitariste de

39. S. de Beauvoir, *op. cit.*, p. 476.

40. Apolitisme confirmé indirectement par les « Lettres à Simone Jollivet ». Sur la trentaine de pages de cette correspondance avec une jeune toulousaine avec qui Jean-Paul Sartre eut une liaison durant ses années normaliennes (cf. *Lettres au Castor et à quelques autres*, tome 1, 1926-1939, Gallimard, 1983, pp. 9-39, ainsi que la livraison des *Temps Modernes* de novembre 1982), il n'apparaît à aucun moment d'allusion politique chez un Sartre pourtant prolixe et précis sur sa vie à l'École. Cet apolitisme ne l'empêchera pas de suivre, par solidarité, certaines actions déclenchées par les normaliens de gauche. Ainsi, raconte-t-il, « je suis allé à la Sorbonne une seule fois en un an, quand les étudiants de droite ont décidé de boycotter le cours d'un professeur dont ils n'aimaient pas les idées. Ce jour-là, tous les normaliens qui n'y mettaient jamais les pieds, se sont répandus dans la Sorbonne » (Jean-Paul Sartre, « Les Bastilles de Raymond Aron », *Le Nouvel Observateur*, 10 juin 1968, repris dans *Situations VIII*, Gallimard, 1972, pp. 175-192, citation p. 185). Cette contre-manifestation correspond vraisemblablement à celle organisée pour tenir en échec la tentative de grève générale contre Georges Scelle suscitée par les étudiants nationalistes.

41. Né le 5 février 1905 à Grenoble, il sera reçu en 1929 à l'agrégation des lettres. Quand il meurt en 1971, il est chef du service des comptes rendus à l'Assemblée nationale.

42. S. de Beauvoir, *Mémoires d'une jeune fille rangée*, p. 310. Jean-Paul Sartre, apparemment, a passé quatre années heureuses à l'École normale supérieure. Dans l'avant-propos à *Aden Arabie*, il écrira : « L'École normale, pour la plupart d'entre nous, pour moi, fut, du premier jour, le commencement de l'indépendance. Beaucoup peuvent dire, comme je fais, qu'ils y ont eu quatre ans de bonheur » (*op. cit.*, p. 26 ; cf. aussi sa remarque dans *Sartre*, film réalisé en 1972 par Alexandre Astruc et Michel Contat : « C'est à l'École normale que j'ai été vraiment on peut dire heureux », *Sartre*, texte intégral, Gallimard, 1977, p. 33). Il reste que ses relations n'ont pas toujours été bonnes avec certains de ses camarades de la rue d'Ulm. L'un d'entre eux, de la promotion de 1927, nous a fait part, un demi-siècle plus tard, de « son indicible répugnance » (correspondance avec l'auteur, février 1976) et Jean-Paul Sartre déclarera en 1972 : « Oui, à l'École normale, on était devenus ceux qui exerçaient la violence » (texte du film *Sartre*, p. 33) et en 1974 : « Envoyer des bombes à eau sur des gars qui rentraient le soir en smoking, c'était, me semblait-il, normal » (S. de Beauvoir, *La Cérémonie des adieux*, p. 194). Conséquence prévisible : le jeune philosophe s'est « fait casser la figure de temps en temps à l'École normale » (*Ibid.*).

l'École. Plusieurs indices, du reste, le suggèrent. Et tout d'abord, une pétition fantaisiste dont il fut l'auteur :

> « Maurice Merleau-Ponty racontait autrefois à ses élèves que Jean-Paul Sartre avait été un des promoteurs d'une pétition fantaisiste exprimant le désir des normaliens de manifester leur patriotisme, leur respect du travail et des institutions, de se désolidariser d'une jeunesse étudiante trop anarchique, en portant un uniforme et en se soumettant à une discipline plus stricte. Des journaux bien-pensants avaient pris ce texte au sérieux[43]. »

Ce n'est pas seulement par antiphrase que Jean-Paul Sartre manifestait son hostilité à l'encadrement et aux uniformes. Son goût des plaisanteries, joint à une certaine gaucherie naturelle, entraînait, en effet, dans la cour de la caserne de Lourcine, boulevard de Port-Royal, de savoureuses scènes de préparation militaire :

> « Très vite, les officiers qui nous encadraient et nous faisaient manœuvrer durent se rendre à l'évidence : Sartre et Nizan étaient, dans le peloton, incapables de marcher au pas, et sans le vouloir, en s'appliquant, ils y mettaient le désordre... Un jour, on invente de les isoler et de les faire défiler ensemble sous les regards narquois de leurs camarades (cet âge est sans pitié !) et sous le regard perplexe des officiers qui, au fond d'eux-mêmes, avaient sans doute envie de rire devant cette incapacité congénitale. Le remède était pire que le mal[44]. »

L'inaptitude au pas cadencé n'était sans doute pas aussi « congénitale » que cela. L'une des rares allusions au Sartre politique de cette période que l'on trouve dans *Mémoires d'une jeune fille rangée* est le fait qu'il avait « refusé de passer l'examen d'EOR (École des officiers de réserve) ». Il y a confusion possible avec le brevet de la PMS, mais l'indication reste précieuse. Certes, nous n'avons pu en trouver confirmation dans les archives dépouillées, qui n'en restituent aucune trace. Il reste que le principal avantage du brevet de préparation militaire supérieure était d'effectuer douze mois de service militaire au lieu de dix-huit, et que Jean-Paul Sartre en fit dix-huit. Il a donc échoué à la PMS ou au peloton d'EOR, ce qui, nous le verrons, ne pouvait être, en raison du peu de difficulté que représentaient ces épreuves, que volontaire. A moins que l' « incapacité congénitale » évoquée plus haut par Georges Lefranc ait été réelle et l'ait fait échouer. C'est, par exemple, à cause de sa vue qu'il sera, durant son service militaire, versé dans le service auxiliaire, en météorologie. Peut-être ces troubles de vision l'ont-ils fait ajourner à l'examen de la PMS.

En tous les cas, Jean-Paul Sartre, certes apolitique, était profondément imprégné de l'antimilitarisme ambiant et, qui plus est, fréquentait le groupe des élèves d'Alain[45] avec lequel il avait déjà participé à des manifestations volontairement spectaculaires. Ajoutons que Jean-Paul Sartre avait pris

---

43. Témoignage de Georges Canguilhem, *Arts*, n° 804, 11-17 janvier 1961, « Rien ne laissait prévoir que Sartre deviendrait " Sartre " », p. 14. Nous tenterons d'identifier cette pétition à la note 10 du chapitre XIV.
44. Témoignage de Georges Lefranc, « Qui était le jeune Sartre ? », *Banlieue Sud*, n° 18, 18e année, vendredi 9 mai 1980, p. 2.
45. Une lettre à Simone Jollivet (*op. cit.*, p. 28 et *Les Temps Modernes*, réf. cit., p. 885) montre bien qu'il fréquente alors la turne de Broussaudier et entretient avec ce dernier et avec Canguilhem des rapports amicaux.

chaque année une part importante à la préparation de la Revue, comme le souligne Daniel Lagache :

> « Sartre collaborait activement à la mise sur pied de la Revue. Je me souviens de longues pérégrinations dans le Marais, où nous recherchions des costumes originaux chez les fripiers. Sartre et Nizan écrivaient le texte de la Revue, un texte plein de contrepèteries, de jeux de mots, de couplets amusants. Sartre avait une prodigieuse facilité pour ce genre d'exercice. Il collaborait aussi à la partie musicale. Très doué pour la musique légère, il savait remarquablement utiliser ou adapter des airs connus[46]. »

Pour les raisons qui viennent d'être soulignées, il était presque inévitable que les « contrepèteries, jeux de mots et couplets amusants » de l'apolitique Jean-Paul Sartre débouchassent un jour sur *La Complainte du capitaine Cambusat*.

Cette complainte plaça la direction de l'École dans une situation délicate. Il n'y avait a priori pas là matière à un véritable scandale. Ce fut, en réalité, un article de presse qui fit rebondir l'affaire et relança l'agitation à Normale. En effet, dans la rubrique « Nos Échos » de son numéro du samedi 9 avril 1927, *La Victoire* de Gustave Hervé publia un petit article intitulé « Un scandale à l'École normale », qui concluait : « M. Lanson, qui est responsable de la tenue de l'École, ne présidera plus pendant longtemps à ses destinées. »

C'est de façon à peine voilée que *La Victoire* réclame donc la démission de Gustave Lanson. Il semble, d'après le conte des *Libres Propos* évoqué plus haut, que ce soit à la suite de cette attaque que le directeur de l'École normale supérieure décida de faire une enquête sur les origines de l'incident. Gustave Lanson avait été du reste lui-même profondément blessé par certaines phrases de la Revue : outre qu'il avait soutenu publiquement l'effort de guerre français au long du premier conflit mondial[47], cet universitaire y avait perdu son fils unique, tombé en Champagne en 1915. Le récit par Jean Guitton d'un oral passé devant lui, à la Sorbonne, le lendemain de l'armistice, permet d'imaginer le fossé qui devait encore séparer, huit ans et demi plus tard, le directeur de l'École normale supérieure et les auteurs des couplets litigieux :

> « Je tirai au sort un très beau texte... C'était le texte de Hugo, *Ce qui se passait aux Feuillantines*, où je lus ces vers :
> *J'eus dans ma blonde enfance, hélas ! trop éphémère,*
> *Trois maîtres : un jardin, un vieux prêtre et ma mère.*
> ... Ce que je ne savais pas, ce que je ne devais apprendre que beaucoup plus tard, c'est que M. Lanson avait perdu dans cette guerre son fils unique. La joie de l'armistice s'accompagnait d'une douleur insupportable, celle que m'ont décrite les parents des soldats tués à la guerre, le jour de la victoire, alors que tout éclate autour d'eux de triomphe et d'exultation, et qu'eux sentent une perte irréparable au moment même où les autres reviennent dans leur foyer avec tous les honneurs. Et tandis que j'expliquais, plus avec mon cœur qu'avec mon esprit, les souvenirs

46. Témoignage de Daniel Lagache, *Arts*, *art. cit.*, p. 14.

47. Gustave Lanson, ancien dreyfusard (sur ce point, cf. notamment Antoine Compagnon, *La Troisième République des lettres*, Le Seuil, 1983, pp. 61-66) et ancien collaborateur de *L'Humanité* de 1904 à 1913 (outre A. Compagnon, cf. Robert J. Smith, « L'atmosphère politique à l'École normale supérieure à la fin du XIXe siècle », *RHMC*, t. 20, 1973, p. 250), avait rompu avec le pacifisme jaurésien dès avant la guerre (cf., par exemple, H. Bourgin : *De Jaurès à Léon Blum. L'École normale et la politique*, Fayard, 1938, pp. 45-46). Il jouera un rôle important à la Ligue civique créée en 1917.

de Victor Hugo sur sa formation dans le jardin des Feuillantines, je voyais derrière des lunettes les petits yeux de M. Lanson qui lançaient des éclairs de tendresse. De sa voix impassible et blême, il m'encourageait : Continuez, monsieur, continuez, comme s'il voulait dire : Toi, tu expliques ce que tu sens. Et moi je suis avec toi[48]. »

Si la douleur de Gustave Lanson pouvait le pousser, par instants, à ces accès de tendresse vite refoulés, il reste qu'elle le coupa rapidement des préoccupations des jeunes normaliens de l'après-guerre. Ainsi, quand Jean Prévost par amour déçu s'ouvre les veines du poignet dans la baignoire de l'infirmerie de l'École, Gustave Lanson, « qui avait, rappelle le surveillant général Paul Dupuy, perdu son fils unique à la guerre, commenta la tentative en ces termes : C'est un débile[49] ». Ou encore, en 1928, participant à une réunion d'universitaires consacrée aux « tendances de la jeunesse actuelle », il ne montre guère de chaleur à parler des élèves de l'établissement qu'il vient de quitter. Alors que M. Guillet, directeur de l'École centrale, évoque les siens avec ardeur, le directeur honoraire de la rue d'Ulm constate : « Les traits caractéristiques de la jeunesse de tous les temps s'accusent et se durcissent chez celle d'aujourd'hui ». Il déplore que

« l'idée de vérité aussi n'a plus le prestige qu'elle avait, et qui faisait qu'on se soumettait de bon cœur pour l'atteindre aux règles sévères de la discipline scientifique. On a trop entendu dire que chacun se faisait la vérité qu'il voulait et qui était à son usage. On met volontiers aujourd'hui les facultés intellectuelles au service d'un mysticisme religieux ou sentimental ou d'un *a priori* doctrinal, ou tout simplement de la fantaisie individuelle[50] ».

Autant dire qu'après l'affaire de la Revue de 1927, bien des raisons, sans doute, poussèrent Gustave Lanson à mener son enquête. Le directeur convoqua tour à tour les différents participants de cette Revue. Il estima que les couplets étaient une « infamie », que Sylvain Broussaudier était « communiste », tandis que Jean Le Bail lui fit une révélation de taille en admettant qu'on lui devait le mot « neurone[51] ». Paul Nizan introduisit une note insolite dans ces auditions. Il tint, en effet, à accompagner Jean-Paul Sartre, convoqué dans le bureau de Gustave Lanson; comme ce dernier s'étonnait de sa présence, Nizan étant encore à Aden au moment de la Revue, il s'attira, selon Jean Bruhat, cette réponse :

« Monsieur le directeur, veuillez excuser la grossièreté de mon propos. Il est exact que je n'étais pas à Paris. Mais j'ai adressé à Sartre une lettre, dans laquelle se trouvait le mot " merde ". Je l'ai retrouvé dans la Revue. C'est peut-être le mien[52]. »

---

48. Jean Guitton, *Écrire comme on se souvient*, Fayard, 1974, pp. 128-129.
49. Paul Dupuy, *BSAENS*, nº 54, mai 1947, p. 38.
50. Cf. *Les Tendances de la jeunesse actuelle : jeunesse française d'aujourd'hui (enseignement secondaire, grandes écoles)*, fascicule 373 du Comité national d'Études sociales et politiques, Paris, 1928, pp. 20 et 27.
51. Sources : Mémoires dactylographiés du normalien de 1924 (cf. note 26).
52. Anecdote rapportée par Jean Bruhat (entretien avec l'auteur, décembre 1980, et *Il n'est jamais trop tard*, p. 45); ce dernier l'a signalée également à A. Cohen-Solal, qui la mentionne dans son étude sur Paul Nizan, en faisant de l'affaire de la Revue celle du « journal de l'École » (cf. *Paul Nizan, communiste impossible*, Grasset, 1980, p. 63. Cette erreur est reprise par Michel Contat et Michel Rybalka dans leur chronologie de la Pléiade, réf. cit., p. XLV). L'anecdote est vraisemblablement à ramener à de plus justes proportions, tout au moins pour ce qui concerne la forme.

Au terme de son enquête, Gustave Lanson réunit tous les élèves de l'École dans la salle des Actes, pour leur signifier qu'il donnait un « blâme sévère » à Sylvain Broussaudier, le chanteur, à Georges Canguilhem, auteur présumé des couplets, et à Jean Le Bail, ce dernier « parce qu'il avait pris au cours de l'enquête une attitude impertinente dont on pouvait se demander si elle n'était pas calculée pour masquer son véritable rôle dans l'affaire[53] ». Signalons qu'aucun de ces blâmes ne figure au dossier de ces trois normaliens. A cela, deux raisons possibles. D'une part, rapporte Georges Lefranc, le bruit avait couru à l'époque, rue d'Ulm, que le secrétaire général Roger Dion avait « oublié » d'inscrire ces blâmes sur les dossiers individuels. D'autre part, et c'est l'hypothèse la plus probable, Gustave Lanson n'ayant pas réuni le conseil de discipline[54], les décisions prises furent moins des sanctions officielles et administratives qu'une condamnation personnelle et publique portée par le directeur.

Si nous ne pouvons ainsi reconstituer le début de l'adresse de ce dernier aux normaliens et les « blâmes sévères » portés à l'encontre de trois d'entre eux que par recoupements[55], nous en avons retrouvé la suite dans les archives de l'École normale supérieure, insérée dans les dossiers de la promotion littéraire de 1925 :

> « Je dois encore infliger un blâme à MM. Boivin, Vilar, Chambon, Delbiausse, Martin et Bruhat, qui ont déclaré en termes identiques avoir participé à la rédaction de toute la Revue et dont les uns sans doute ont contribué à la fabrication de la complainte, les autres se sont coalisés pour couvrir les coupables. »

Pourquoi ces six autres blâmes ? Gustave Lanson, on l'a vu, avait reçu un à un tous ceux qui avaient participé à la préparation et à la représentation de la Revue. Il avait ensuite considéré comme coupables ceux qui, pour des raisons de principe, avaient refusé de répondre mais qui, en réalité, n'avaient le plus souvent joué aucun rôle dans la rédaction des couplets. Au reste, on l'a dit, les attendus du blâme sous-entendent ce principe d'amalgame puisqu'il s'agit de punir ceux qui « sans doute (*sic*) ont contribué à la fabrication de la complainte » mais aussi ceux « qui se sont coalisés pour couvrir les coupables ». L'affaire ne s'arrêta pas là. Il semble, en effet, que Gustave Lanson ait transmis le dossier à l'Instruction publique, ministère de tutelle, mais aussi à l'archicube Paul Painlevé, ministre de la Guerre du cabinet Poincaré. Une pétition écrite de la main de Jean-Paul Sartre et signée par lui-même, Paul Nizan, Georges Lefranc, Maurice Larroutis et Jean Baillou, affirme en effet :

> « Monsieur le Directeur,
>
> Après avoir entendu lecture de votre rapport sur les incidents de la Revue, nous constatons que vous avez cru devoir ajouter au blâme administratif des

53. Cf. *Libres Propos*, *art. cit.*, p. 344.

54. L'article des *Libres Propos* l'en accuse, et ce fait est confirmé par l'absence de mention d'une réunion consacrée à ces incidents dans les procès-verbaux du conseil de discipline (Arch. Nat. 61 AJ 60 ; sur cette source, cf. note 6 de ce même chapitre).

55. Recoupements entre le « conte voltairien » des *Libres Propos*, qui parle du blâme sévère et donne l'identité des trois normaliens, et un brouillon de pétition de protestation rédigée après l'intervention de Gustave Lanson par quelques normaliens, Georges Lefranc tenant la plume, et qui commence par « Monsieur le Directeur, le rapport dont vous nous avez donné lecture vendredi inflige un " blâme sévère " à MM. Br., Cang., Le Bail... » (archives Georges Lefranc).

accusations personnelles de déloyauté et de lâcheté contre certains de nos camarades. Nous sommes unanimes à penser que ni leur attitude en cette affaire ni leur conduite antérieure ne peuvent les justifier. Vous avez le droit de punir des élèves, mais non pas d'en prendre prétexte pour les blesser. Nous protestons donc d'abord contre les considérants psychologiques de votre blâme.
Nous protestons en outre contre la transmission de ce blâme aux autorités militaires de l'École. Du délit civil que l'on reproche à nos camarades, élèves d'une école civile, l'autorité militaire n'a pas à connaître.
Nous protestons enfin contre la communication officieuse de ce rapport à Monsieur Painlevé, ministre de la Guerre. Cette transmission de camarade à camarade jure avec le caractère officiel du rapport. Inexplicable si elle ne doit pas comporter de suites, il s'imposerait, si elle doit en comporter, que les accusés puissent présenter publiquement leur défense et rétablir l'incident dans son entière réalité.
Veuillez croire, Monsieur le directeur, à nos sentiments respectueux[56]. »

Finalement, les cinq signataires décidèrent de ne pas envoyer leur pétition, afin de ne pas aggraver le cas des sanctionnés. Le troisième paragraphe est cependant précieux : il évoque cette transmission du dossier « de camarade à camarade » à Paul Painlevé, qui semble choquer profondément les jeunes normaliens ; le « conte voltairien », on l'a vu, la soulignait également : « Il [Lanson] avait de lui-même transmis le nom des coupables aux instructeurs guerriers et au Grand Chef des Satrapes francomans, en qualité de camarade. »

Du reste, des inscriptions vengeresses surgirent peu après rue d'Ulm :

« Sur les vitres du premier étage dans le couloir près de la salle D (elles n'étaient jamais lavées) on pouvait lire, tracée par un index vengeur, l'inscription « Lanson mouchard ». Un jour, devant moi, Lanson passa, considéra l'inscription, continua sa route. Un de mes camarades de promotion, pacifique s'il en fut, me rejoignit et me dit sarcastique : « Tiens, Lanson a regardé sa carte de visite. » Les carreaux n'en furent pas davantage nettoyés et l'inscription subsista longtemps[57]. »

Ces rapports désormais tendus entre Gustave Lanson et une partie des élèves furent, par exemple, à nouveau évidents quelques semaines plus tard, le jeudi 26 mai 1927, lors de l'inauguration du buste de Lucien Herr — mort l'année précédente — à la bibliothèque de l'École. Porte-parole des élèves, Georges Lefranc prononça un discours dont un passage visait indirectement le directeur de l'établissement : « Le problème de l'autorité à l'École, [Lucien Herr] l'avait résolu. Il nous dominait tous de toute la force de son intelligence et de toute la générosité de son cœur[58]. » Ces paroles furent prononcées en présence d'Édouard Herriot, ministre de l'Instruction publique, et naturellement de Gustave Lanson. Mais ce dernier n'était pas au bout de ses peines : quelques mois plus tard, pendant l'été 1927, lors du mariage du secrétaire

56. Archives Georges Lefranc. Le brouillon de cette pétition, pour lequel Georges Lefranc tenait la plume, protestait aussi contre le fait que la sanction avait été prise « sans intervention du conseil de discipline », confirmant l'hypothèse avancée plus haut.
57. Georges Lefranc, *Cahier de l'Ours* n° 116, janvier 1981, p. 42. Notre source signalée à la note 26 évoque aussi l'anecdote de « Lanson mouchard ».
58. Georges Lefranc, *Visages du mouvement ouvrier français*, PUF, 1982, p. 16 (l'allocution est reproduite pp. 15-16). Georges Lefranc nous a confirmé que ce passage de son allocution visait évidemment Gustave Lanson (entretien avec l'auteur, 7 novembre 1980).

général de l'École, Roger Dion, plusieurs élèves présents refusèrent de serrer la main de Gustave Lanson, présent à la cérémonie[59].

La transmission du dossier de l'affaire de la Revue au ministre de la Guerre ou, en tout cas, aux officiers assurant la PMS à l'École entraîna, pour les élèves sanctionnés, la mention « PR » (Propagande révolutionnaire) sur leur dossier militaire. Le chanteur de la complainte antimilitariste, Sylvain Broussaudier, bien que reçu finalement au brevet de la PMS, s'aperçut, au cours de l'année suivante, au service militaire, qu'il était fiché comme PR. Pour sa part, Jean Bruhat estime, plus d'un demi-siècle après la Revue, que ces lettres, dont il eut lui aussi l'occasion de constater l'existence sur son dossier militaire, étaient moins dues à son engagement communiste qu'à l'incident de 1927, à la suite duquel il figura parmi les normaliens sanctionnés par Gustave Lanson.

Il est probable que le fait d'avoir ainsi certains de ses élèves fichés comme PR ne contribua pas à redresser la mauvaise image acquise par l'École normale supérieure auprès de l'autorité militaire. Les officiers qui accueillaient avec tant de méfiance, quelques années plus tôt, le jeune normalien Pierre Brossolette à la caserne n'avaient certainement pas dû changer d'avis sur l'École après l'affaire de la Revue. D'autant que pour la première fois, les dissensions entre l'autorité militaire et la rue d'Ulm étaient ainsi portées sur le devant de la scène, à la connaissance de l'opinion publique. Et, pour la même raison, cette situation allait encore s'aggraver à partir du moment où les normaliens se mirent, en nombre, à signer des pétitions mettant en cause l'armée française et la défense nationale.

La première de ces pétitions date d'ailleurs de la même époque. La Revue de 1927 est en effet à replacer dans un contexte précis, qui est celui de l'effervescence entraînée à l'École par la loi présentée à la Chambre le 3 mars 1927 et soutenue par le rapporteur socialiste Paul-Boncour.

Le pacifiste Michel Alexandre proteste dès le 20 mars dans les *Libres Propos*, suivi par le philosophe Alain, dans le numéro d'*Europe* du 15 avril 1927. Ce même numéro publie la pétition suivante, reprise dans la livraison suivante (20 avril) des *Libres Propos :*

> « Nous avons pris connaissance des deux derniers paragraphes de l'article IV de la " Loi sur l'organisation générale de la Nation pour le temps de guerre " votée le 7 mars dernier par la Chambre des députés par 500 voix contre 31, ainsi formulés :
> — article IV : La mobilisation des armées de terre et de mer, acte principal de la mobilisation nationale, est préparée respectivement par le ministre de la Guerre et par le ministre de la Marine et exécutée par leurs soins. La mobilisation nationale comporte en outre :
> ... 4° Dans l'ordre intellectuel, une orientation des ressources du pays dans le sens des intérêts de la défense nationale.
> 5° Enfin, toutes les mesures nécessaires pour garantir le moral du pays.
> Ce texte nous semble abroger pour la première fois en temps de guerre toute indépendance intellectuelle et toute liberté d'opinion, supprimer le simple droit de penser. Nous estimons qu'il constitue l'atteinte la plus grave qui ait jamais été portée à la liberté de conscience, qu'il serait d'ailleurs en désaccord avec l'idée

---

59. Nous nous fondons là encore sur notre source signalée à la note 26. Selon celle-ci, Broussaudier, Canguilhem, Le Bail, Bédé, Péron et d'autres se rendirent à Notre-Dame-des-Champs et refusèrent ostensiblement de serrer la main de Gustave Lanson qui se tenait, au moment des félicitations, à la porte de la sacristie.

d'une nation armée qui suppose le libre assentiment des citoyens. Nous devons en conséquence nous élever de toutes nos forces contre cette inadmissible et irréalisable ingérence de la loi dans un domaine qui lui échappe. »

Suivait une liste de 160 noms, notamment ceux d'Alain, Charles Andler, Henri Barbusse, Jean-Richard Bloch, Félicien Challaye, André Chamson, Jean Cocteau, Georges Duhamel, Paul Langevin, Pierre Mac Orlan, Victor Margueritte, Marcel Martinet, Jean Prévost, Romain Rolland et Charles Vildrac. S'y ajoutait une liste autonome de 54 normaliens :

Arsène Alexandre
Maurice Alliot
Raymond Aron
Jean Baillou
Albert Bédé
Armand Bérard
Jean Bernamont(s)
Pierre Bertaux
Pierre Boivin
Paul Bontoux
Jean Brille(s)
Sylvain Broussaudier
Jean Bruhat
Georges Canguilhem
Lucien Cattan
Jean Cavaillès
Pierre Chambon
Bernard Champion(s)
Marcel Chatelet(s)
André Chaux(s)
Roger Delbiausse
René Deluchat(s)
Charles Ehresmann(s)
Paul Évrard(s)
Michel Fourniol
Jacques Ganuchaud
Henri Guillemin
Guy Harnois
Étienne Hochard(s)
Jean Hyppolite
René Joly
Roger Joxe
Joseph Kéromen(s)
Daniel Lagache
Maurice Larroutis
Albert Lautman
Jean Le Bail
Henri Lecarme
Georges Lefranc
Georges Luciani
Henri Marrou
Joseph Martin
Fernand Metz
Robert Meynieux(s)
Frantz Molino
Jean Nivat
Aimé Perpillou
Guy Raynaud de Lage
Pierre Ruffel
Jean-Paul Sartre
Pierre Schrimer(s)
Paul Thonon(s)
Pierre Vilar
Jean Wyart(s)

Cette liste de 54 noms est éclairante à plus d'un titre. On notera d'abord que les scientifiques — dont les noms, ci-dessus, sont suivis d'un (s) — sont sous-représentés : alors qu'ils occupent à cette époque 42,4 % de l'effectif total de l'École[60], ils ne figurent que pour 25,9 % dans la liste des signataires. On ne peut naturellement rien induire d'une seule pétition, qui ne représente, au reste, qu'un seul secteur des opinions et sensibilités politiques. Il demeure que — nous le constaterons au fil des chapitres suivants — les littéraires dirigent et alimentent à cette date les principaux courants présents rue d'Ulm[61].

Un tiers des littéraires (13 sur 40 précisément) appartiennent à la promotion de 1924, directement impliquée, on l'a vu, dans l'affaire de la Revue. Promotion particulièrement remuante puisque 44,8 % de ses membres ont signé la pétition alors que les sept autres promotions concernées ne sont représentées parmi les signataires qu'avec des taux qui varient entre 36,6 % (pour la promotion littéraire de 1925) et 9,5 % (promotion scientifique de 1925). La prédominance de cette promotion de 1924 n'est pas fortuite. C'est en

60. Nous considérons là les huit promotions littéraires et scientifiques de 1923 à 1926. A de rares exceptions près, la scolarité rue d'Ulm est alors de quatre ans.

61. La plupart de ces courants, nous le verrons, étaient ancrés à gauche. Il est difficile, dès lors, de souscrire à l'assertion de Robert J. Smith qui, en se fondant sur un seul témoignage, écrit que les normaliens scientifiques du milieu des années 1920 étaient plus à gauche que leurs camarades littéraires (Robert J. Smith, *The Ecole Normale Supérieure and the Third Republic*, State University of New York Press, 1982, p. 99).

son sein, on le notera plus loin, que l'on trouve la plupart des figures de proue du groupe socialiste de l'École ainsi que Georges Canguilhem.

D'une façon plus générale, on peut recenser parmi les pétitionnaires tous les chartiéristes des promotions 1923 à 1926. Ajoutons, du reste, que le numéro d'*Europe* du 15 mai 1927, dans une deuxième liste, publiera 28 noms de khâgneux du lycée Henri-IV, soit plus de la moitié de l'effectif de la classe. On y trouve notamment les noms de futurs normaliens des promotions 1927 et 1928, qui viendront grossir les rangs des chartiéristes de l'École : René Château, Guillaume Guindey, Simone Pétrement, Simone Weil, ainsi que ceux des khâgneux qui, sans avoir réussi au concours de la rue d'Ulm, graviteront autour du même groupe : Jean Château, Yves Grosrichard et Pierre Letellier. Et, dans le numéro d'*Europe* du 15 juin qui publie une troisième liste de signatures, apparaissent deux autres proches disciples d'Alain : Jean Laubier, normalien et agrégé de philosophie, à l'époque professeur en province, et Maurice Savin, ancien khâgneux d'Henri-IV et étudiant en Sorbonne.

Cette troisième liste comprenait aussi Claude Lévi-Strauss, étudiant en philosophie. Avec lui nous touchons à une autre composante essentielle de la liste des 54 élèves de la rue d'Ulm, celle des socialistes. Quoique non-normalien, ce khâgneux de Condorcet appartient, en effet, au Groupe d'études socialistes des Écoles normales supérieures, qui accueille aussi les élèves des classes préparatoires. Et dans la liste du 15 avril, on comptait tous les animateurs de ce Groupe, que nous étudierons au chapitre suivant. Leur pacifisme les conduit à rejeter sans hésitation une loi dont le rapporteur était pourtant socialiste.

Ces jeunes normaliens socialistes ont-ils été, pour autant, à l'origine de la pétition ? Ou bien faut-il rechercher les auteurs parmi les chartiéristes ? Comme pour les couplets à scandale de la Revue de 1927, le problème se pose, et, ces deux composantes du pacifisme ulmien étant représentées parmi les signataires, l'identification des responsables est malaisée. Le texte original de la pétition figure avec ses 54 signatures manuscrites, dans les « papiers » de Jean-Richard Bloch à la Bibliothèque de documentation internationale contemporaine (BDIC). Jean-Richard Bloch était, à l'époque, l'un des principaux collaborateurs d'*Europe :* localisation logique, donc.

Les trois premières signatures manuscrites qui figurent au bas de la pétition, et à peu près sur le même plan, sont celles de Georges Lefranc, leader du groupe socialiste, Jean Bruhat, animateur du petit noyau communiste et CGTU, et Georges Canguilhem. Ce qui confirme l'hypothèse évoquée plus haut d'auteurs appartenant à l'une des deux composantes pacifistes de l'École mais l'enrichit d'une troisième possibilité : celle d'une initiative communiste. D'autant que Jean Bruhat pense avoir rédigé une pétition, sans toutefois en avoir conservé un souvenir précis[62]. Mais Georges Lefranc, consulté lui aussi, tout en affirmant que les socialistes n'en étaient pas les auteurs, pense qu'il faut y voir plutôt la patte des chartiéristes ; le confirmerait le fait que Georges Canguilhem, qui donnait des leçons particulières aux enfants de Jean-Richard Bloch, était à l'époque en contact avec ce dernier. Georges Canguilhem, interrogé, confirme ces relations avec Jean-Richard Bloch mais ne se rappelle pas avoir été à l'origine de la pétition. Pourtant, apprenant que l'enquête ne

62. Entretien avec l'auteur, décembre 1980. Dans ses souvenirs publiés en 1983, Jean Bruhat se montrait beaucoup plus catégorique, affirmant avoir pris « l'initiative » de la pétition (*op. cit.*, p. 45).

pouvait prendre que trois directions, socialiste, communiste et chartiériste, il estime la troisième solution de loin la plus probable. Aveu détourné ? Déduction logique ? Nous inclinons, en tout cas, nous aussi pour cette troisième solution.

Du reste, l'identité de l'inspirateur de la pétition importe peu. Le point fondamental, on l'a déjà dit, est la prédominance, dans la liste, des socialistes et socialisants d'une part, et des élèves d'Alain d'autre part. Statistiquement, les communistes ne comptent pas. En fait, cette pétition d'avril 1927 est pour nous un reflet, une étape et un symbole.

Reflet d'abord car, soulignons-le à nouveau, on y distingue directement ou indirectement, comme dans toutes les autres affaires de la décennie que nous avons relevées, deux groupes dont la motivation commune est le pacifisme. Ce qui confirme ainsi la continuité de sensibilité politique de part et d'autre du concours de la rue d'Ulm. Nous retrouvons, en effet, en aval de ce concours, le même pacifisme dominant que dans les khâgnes[63].

Ce texte marque aussi une étape. Avec lui et, au cours des mêmes semaines, avec l'incident de la Revue, la première partie de l'année 1927 a été marquée par une réelle tension. On est loin du canular du canon de 75 ou de la faible assiduité à la PMS. Ce n'est plus seulement avec leurs farces ou avec leurs pieds que les normaliens marquent leur réticence vis-à-vis de l'autorité militaire et leur attachement aux valeurs pacifistes. Ils n'hésitent plus désormais à créer des incidents ou à soutenir des textes qui franchissent les murs de la rue d'Ulm. Le philosophe Alain lui-même sentit d'ailleurs la nécessité, à la rentrée universitaire de 1927, de calmer les esprits. Il publia, en effet, un propos dont la fin a, apparemment, valeur de conseil :

> « ... la méthode de crier est très mauvaise ; elle a toujours fortifié les pouvoirs ; elle donne occasion à cette action prompte et irrésistible qui recouvre le fait et obscurcit à jamais la question. Comment savoir si l'ordre était menacé ? L'écrit vaut mieux. Et quant au plaisir si vif de déplaire aux puissants, il est bon encore de s'en priver un peu. Sur quoi vous me jugerez un peu trop prudent. C'est que je vois les causes ; c'est que je mesure les pouvoirs, les éternels pouvoirs, ainsi que les éternelles occasions. Souvenez-vous. Il n'y a pas dix ans nous étions esclaves. Et ce n'est pas un rêve[64]. »

Pour les lecteurs fidèles, il s'agissait, nous semble-t-il, d'un appel au calme, après les incidents de la Revue. Du reste, l'une des exégètes les plus qualifiées, Jeanne Michel-Alexandre, dans l'histoire des *Libres Propos* qu'elle a rédigée en 1967, parvient aux mêmes conclusions et se demande elle aussi si ce n'était pas là « un conseil de modération à ces jeunes amis[65] ». Mais l'appel ne fut apparemment pas entendu. L'année 1928 — nous y reviendrons — verra les normaliens signer deux pétitions, l'une en faveur de Georges Demartial,

---

63. Et le même taux d'apolitisme : dans les khâgnes, nous l'avions estimé à une petite moitié (cf. *supra*, chapitre IX) ; Gustave Lanson, à la même époque, note pour l'École normale supérieure : « Les groupements, très solides et très actifs, sont loin de comprendre la totalité des élèves. Une moitié peut-être de l'école reste à l'état de masse inorganique et flottante... » (*Les Tendances de la jeunesse actuelle, op. cit.*, p. 21).

64. Il s'agit là des dernières lignes du Propos LXVII d'Alain dans *Les Libres Propos* du 20 novembre 1927 (nouvelle série, n° 9), p. 374.

65. Jeanne Michel-Alexandre, « Esquisse d'une histoire des *Libres Propos* (Journal d'Alain) », numéro spécial du *Bulletin de l'Association des Amis d'Alain*, n° 25, décembre 1967, p. 76. Nous le verrons au chapitre XIII, Jeanne Alexandre, épouse de Michel Alexandre, a dirigé avec lui dans les années 1920 les *Libres Propos*.

l'autre contre la PMS. Et cette deuxième pétition dépassera largement l'enceinte de l'École normale supérieure[66].

Le texte contre la « loi Paul-Boncour », enfin, a valeur de symbole si on le place en perspective, à l'échelle des décennies. Il illustre parfaitement le contraste entre le pacifisme de ces jeunes gens et l'engagement physique, parfois jusqu'au sacrifice de la vie, de beaucoup d'entre eux vingt ans plus tard. Sans prétendre être ici exhaustif, notons, en effet, que parmi ces 54 condamnant « dans l'ordre intellectuel, une orientation des ressources du pays dans le sens des intérêts de la défense nationale », on compte, au cours de la Seconde Guerre mondiale, au moins deux intellectuels fusillés (Cavaillès et Lautman), un déporté (Baillou), un « londonien » (Aron), un « maquisard » (Canguilhem), des résistants universitaires (Metz, Marrou) et un commissaire de la République à la Libération (Bertaux).

66. Pour la pétition en faveur de Georges Demartial, cf. chapitre XIII. La pétition contre la PMS sera analysée au chapitre XIV.

CHAPITRE XI

Les socialistes à l'École normale supérieure dans les années 1920

Un jour de novembre 1924, au Panthéon.

Dans *Histoire de mes pensées*, le philosophe Alain décrit le climat politique rue d'Ulm entre 1889 et 1892 :

> « ... La politique n'entrait pas encore à l'École. On le croira difficilement, car la génération de Péguy, qui nous suivit de peu, fut socialiste, ou bien monarchiste, ou bien mystique. Mais ces problèmes ne nous touchaient pas. Le célèbre Herr, qui était dès ce temps-là bibliothécaire, et déjà socialiste hautement honorable, n'avait encore que peu d'influence, quoiqu'il fût très redouté. Je n'ai pas connu un seul socialiste parmi nous. Le mouvement boulangiste n'avait rien remué. L'affaire Dreyfus devait agiter l'École ; mais je parle des années 1889 à 1892[1]. »

Apparemment, trente ans plus tard, la place du socialisme à l'École normale supérieure s'est modifiée.

Sautons, en effet, trois décennies. Dans l'après-midi du samedi 22 novembre 1924, les cendres de Jean Jaurès arrivent d'Albi, à la suite de la décision du gouvernement Herriot de transférer les restes du leader socialiste du cimetière d'Albi au Panthéon[2]. En fin de soirée, une veillée funèbre a lieu dans la salle Mirabeau du Palais-Bourbon et, le lendemain, un immense pavois de vingt-cinq mètres de long soutenant le cercueil va remonter les boulevards Saint-Germain et Saint-Michel puis la rue Soufflot. On a surtout retenu de ces deux journées trois temps forts : la veillée funèbre au Palais-Bourbon le samedi, les mineurs de Carmaux soutenant, le lendemain, le pavois, et l'agitation entretenue par un cortège communiste qui défilait séparément. Or des normaliens furent présents, nombreux, en ces trois occasions.

Le vendredi précédant les cérémonies, on avait d'ailleurs battu le rappel rue

---

1. Alain, *Histoire de mes pensées*, Gallimard, 1936, p. 38.
2. Pour l'étude de ce transfert, nous nous sommes essentiellement fondé sur des sondages pratiqués dans la presse quotidienne de l'époque. Cf. également la mise au point de Richard Dubreuil, « Jaurès au Panthéon », *L'Histoire*, n° 41, janvier 1982, pp. 19-27.

d'Ulm. Ainsi, se souvient Georges Lefranc[3], un scientifique d'une autre promotion entra dans la turne des jeunes « conscrits » Broussaudier, Herland, Le Bail, Lefranc, Nizan et Sartre, qui venaient d'entrer à l'École quelques semaines auparavant. Il demanda des volontaires pour porter le pavois car il était prévu que les normaliens prêteraient main forte aux mineurs en tenue de travail. Il distribua en outre à certains des jeunes gens des cartes pour la veillée funèbre du lendemain. La presse favorable au Cartel avait, en effet, prévenu que « pendant la nuit du 22 au 23 novembre, l'accès du Palais-Bourbon sera rigoureusement réservé : 1) aux parlementaires ; 2) aux journalistes parlementaires munis de leurs cartes ; 3) aux porteurs d'un laissez-passer spécial délivré par le comité d'organisation[4] ». Nous disposons à partir de ce moment de deux versions qui, par-delà les différences de sensibilité politique, rendent compte l'une et l'autre d'une présence des normaliens au premier plan des cérémonies.

Le samedi 22 novembre, Jean Le Bail et Georges Lefranc — et c'est le témoignage de celui-ci qui constitue la première version — se rendirent à la gare d'Orsay, où devait arriver le train d'Albi, puis, en fin de soirée, au Palais-Bourbon. Deux hommes se tenaient près du cercueil : Adrien Marquet, grand ordonnateur du transfert des cendres, et Lucien Herr, qui avait « converti » Jaurès au socialisme :

> « Marquet expliquait. Lucien Herr écoutait-il ? Comme absent, perdu dans une méditation profonde, se souvenant sans doute des années de combat menées en commun avant, pendant et après l'affaire Dreyfus, de sa collaboration à *L'Humanité* dont il avait suggéré le titre à Jaurès... »

Le lendemain, les deux normaliens s'intègrent dans le cortège :

> « Le lendemain, nous étions devant le Palais-Bourbon où le catafalque attendait. Je ne sais qui l'avait conçu. A vrai dire, il nous paraissait hideux : un gigantesque char qu'on eût mieux vu dans un cortège de Carnaval, reposant sur plusieurs trains de roues, avec, de chaque côté, une vingtaine de barres derrière lesquelles mineurs et normaliens allaient se répartir, pour pousser l'étrange véhicule... Je poussais le char derrière un mineur en tenue de travail, avec son casque. Lentement, nous avons remonté le boulevard Saint-Germain, puis tourné vers la droite pour prendre le boulevard Saint-Michel et la place du Panthéon. »

Paul Nizan, de son côté, a donné un témoignage indirect de la cérémonie à travers son roman *La Conspiration*[5]. La précision des détails, la place accordée à cette cérémonie — une douzaine de pages —, le rôle qu'elle joue dans l'éveil politique des personnages, autant d'indices qui invitent à voir dans ce récit la trace de souvenirs précis et d'émotions ressenties par l'auteur. Si ce témoignage est proche de celui de Georges Lefranc dans la description des cérémonies, il fait apparaître de grandes dissemblances pour ce qui concerne leur perception. Deux traits seulement, en fait, rapprochent les deux narrations.

D'abord, le portrait de Lucien Herr, lors de la veillée funèbre :

---

3. Georges Lefranc, « Ce dimanche de novembre 1924 où nous avons conduit Jaurès au Panthéon », *Banlieue Sud-L'Écho d'Antony*, 20 novembre 1981, pp. 6-7.
4. Cf., par exemple, *L'Œuvre* du vendredi 21 novembre 1924, p. 2.
5. Paul Nizan, *La Conspiration*, Gallimard, 1938.

« Ils reconnurent alors Lucien Herr qui causait avec Lévy-Bruhl, et qu'ils respectaient depuis qu'on leur avait raconté que Herr parlait toujours aux jeunes gens de la volonté de ne pas parvenir. Lucien Herr qui portait déjà, avec le poids invisible des grands livres qu'il n'avait pas écrits, le fardeau de sa prochaine mort, s'approcha d'eux, ils le saluèrent...
— ... avec lui on est à peu près tranquille : il n'y a aucune combine de derrière la tête. Il devait être le seul qui pensait réellement, comme si le coup dur de juillet 14 datait d'hier, à Jaurès, un type qui était de la promotion de Baudrillart et de Bergson et qui avait de la force, de la barbe, du courage, de la voix, et qui avait composé dans sa jeunesse une thèse latine sur la réalité du monde sensible. »

Deuxième trait commun : la présence de normaliens tout au long des deux journées. Certes, les héros de *La Conspiration*, Laforgue, Rosenthal et Bloyé, ne sont pas encore à l'École normale supérieure, dont ils préparent alors le concours à Louis-le-Grand. Mais c'est un normalien qui les fait inviter à la veillée funèbre.

Les normaliens furent, de fait, présents à tous les moments importants du samedi et du dimanche. A la veillée funèbre, outre les archicubes venus rendre un dernier hommage à leur camarade d'École, on trouve apparemment de jeunes élèves : les témoignages de Georges Lefranc et de Paul Nizan sont, en effet, confirmés par *L'Œuvre* du 23 novembre qui signale la présence, dans la salle Mirabeau, de « plusieurs élèves de l'École normale ». Et le lendemain, les normaliens tiendront une place importante dans le cérémonial du transfert des cendres du Palais-Bourbon au Panthéon. Les souvenirs de Georges Lefranc, déjà cités, ne sont pas les seuls à évoquer cette place et, au reste, sa promotion ne fut pas la seule à être associée au convoyage du cercueil. Les « carrés » de la promotion de 1923 y participèrent également :

« Après quelques hésitations des organisateurs au sujet de la place qui devait être la nôtre dans le cortège, nous fûmes disposés de part et d'autre du catafalque, en alternance avec les mineurs de Carmaux, qui ne paraissaient pas indifférents à notre présence. Un film d'actualité (est-il conservé dans quelque cinémathèque ?) fut tourné sur le passage du défilé ; nous le vîmes projeté le soir même, au cours d'un meeting au Trocadéro ; nous nous y reconnûmes sans peine les uns et les autres[6]. »

Précisons toutefois que, contrairement à ce que semblent sous-entendre ce témoignage et surtout celui de Georges Lefranc, les normaliens n'ont pas directement poussé le pavois, placés en alternance avec les mineurs de Carmaux. Les photos de presse montrent, en effet, parallèlement à ces 72 mineurs, en cotte bleue et portant le pic et la lampe, une deuxième file composée de jeunes gens qui ne sont pas en contact direct avec le pavois. Et aucun des articles publiés par les quotidiens du lendemain ne signale un rôle actif des normaliens dans le convoyage. Un passage du *Temps* du 24 novembre permet de trancher :

« L'immense pavois, qui ne mesure pas moins de 25 mètres, est porté par 72 mineurs vêtus de bleu. Comme le catafalque, il est drapé d'un tissu gris argent et supporte à son sommet un cénotaphe noir autour duquel retombe un long voile tricolore soutenu par des jeunes gens des écoles et des lycées. »

6. Témoignage de Michel Fourniol, rédacteur de la notice nécrologique de son camarade de promotion Paul Bontoux (*Annuaire* 1981, pp. 72-76, citation, p. 74).

C'est sans doute à ce poste que se tinrent les normaliens, le long du pavois et non à son contact direct. Il reste qu'il s'agissait incontestablement d'une place de choix, et nombre de quotidiens soulignèrent d'ailleurs la présence des élèves de l'École normale supérieure dans le cortège.

Des normaliens participèrent également à l'autre événement marquant de la journée, le cortège communiste, et prirent part aux manifestations qui l'accompagnèrent. Laforgue, Rosenthal et Bloyé — et, à travers eux, Nizan ? — s'y joignirent :

> « Entre l'hôtel des Grands-Hommes et le coin de la rue des Fossés-Saint-Jacques, Laforgue dit en soupirant :
> — Il n'y a pas de question... On sait avec qui il faut être.
> — Il fallait ce second cortège, répondit Rosenthal, qui se sentait un peu ivre, pour nous nettoyer de notre nuit des ruses. »

Georges Cogniot, par exemple, se trouvait dans le cortège communiste :

> « Je tins à participer en uniforme, tout le long du boulevard Saint-Germain, au transfert des cendres de Jaurès au Panthéon le 23 novembre 1924. Le cortège du Parti communiste et de la CGTU était fort de 200 000 manifestants[7]. »

On est donc loin, apparemment, en ce mois de novembre 1924, d'une École où Alain, un peu plus de trente ans plus tôt, ne croisait « pas un seul socialiste » parmi les élèves. Certes, le fait d'une part que Jaurès ait été normalien, d'autre part que les leaders du Cartel des gauches soient eux aussi des archicubes peut expliquer en partie la participation importante de l'École aux cérémonies du transfert. Mais, en même temps, cette participation est révélatrice : la sensibilité socialiste ou socialisante d'une partie des élèves est, au milieu de la décennie, une donnée indéniable. Au reste, cet automne 1924 voit la fondation du Groupe d'études socialistes des Écoles normales supérieures.

De la turne Utopie à la mort de Jean Jaurès.

Le contraste observé entre l'époque de la scolarité d'Alain et le milieu des années 1920 impose de replacer le problème du socialisme rue d'Ulm en perspective et de dépasser, de ce fait, le cadre chronologique de notre étude.

Le constat par Alain du vide politique à l'École normale supérieure au début des années 1890 ne semble guère forcé. Ainsi, quelques années plus tôt, s'il y eut « très peu de boulangistes à l'École[8] », les normaliens ne se sont guère pressés non plus pour signer une pétition contre Boulanger : selon Romain Rolland, ils traînèrent même des pieds[9]. Il est toutefois hasardeux d'écrire, comme le fait Alain, que le « mouvement boulangiste n'avait rien remué ». Certes, les témoignages de Louis Bertrand, Georges Gendarme de Bévotte et

7. Georges Cogniot, *Parti Pris*, *op. cit.*, p. 92. Georges Cogniot, de la promotion 1921, venait à l'époque de passer l'agrégation des lettres et commençait son service militaire.

8. Louis Bertrand (promotion 1885), *Hippolyte porte-couronnes*, Fayard, 1932, p. 180; cf. aussi p. 245. Georges Gendarme de Bévotte, qui appartenait à la promotion suivante (1886), formule la même estimation : certes, le général Boulanger eut alors à l'École « quelques partisans » mais « en petit nombre » (*Souvenirs d'un universitaire*, Librairie académique Perrin, 1938, p. 133).

9. Seuls 19 « conscrits » acceptent de signer un texte contre Boulanger; encore fallut-il, selon Romain Rolland, les solliciter fermement en ce sens (cf. *Le Cloître de la rue d'Ulm. Journal de Romain Rolland à l'École normale (1886-1889)*, Cahier Romain Rolland n° 4, A. Michel, 1952, p. 214).

Romain Rolland se recoupent et confirment une faible agitation rue d'Ulm au moment de l'affaire Boulanger — à la différence du reste du Quartier latin qui prit largement position contre Boulanger —, il s'ensuivit cependant, rappelle Georges Gendarme de Bévotte, « des discussions, qui amenèrent des différends d'une extrême gravité, des brouilles et même un duel, querelle dont les suites fâcheuses furent longues à s'effacer ».

Alain, en revanche, n'est pas trahi par ses souvenirs en écrivant : « Je n'ai pas connu un seul socialiste parmi nous. » Dans une lettre adressée en 1929 à Charles Andler, Élie Halévy, qui appartenait à la même promotion littéraire de 1889 qu'Alain, écrit à propos de Lucien Herr :

> « ... s'il avait voulu nous prêcher le socialisme, il n'aurait rencontré qu'incompréhension. Il n'y avait pas un seul socialiste parmi nous au cours de ces années assez éteintes qui vont de la fin du boulangisme (juste avant mon entrée à l'École) au début des scandales de Panama (juste après ma sortie). Un seul socialisant *peut-être* à mon souvenir, c'est Léon Blum qui traversa l'École comme un météore. Mais son socialisme est singulièrement marqué de boulangisme, de barrésisme, de disraélisme[10] ».

Ce n'est, en fait, que quelques années plus tard que le socialisme normalien apparaîtra réellement.

Encore faut-il, en en reconstituant la genèse, ne pas exagérer l'importance de l'épisode de la « turne Utopie ». Celle-ci est devenue dans la mémoire collective normalienne une manière de symbole de l'orientation vers le socialisme de l'École normale supérieure, avant même l'affaire Dreyfus. Erreur d'évaluation, assurément : la turne Utopie n'a jamais compté que quatre membres qui, de plus, étaient très isolés rue d'Ulm. En 1891, en effet, trois jeunes gens entrent comme internes en classe préparatoire au lycée Lakanal. Le premier, Charles Péguy, vient du lycée d'Orléans. Le deuxième, Albert Mathiez, élève du collège de Lure puis pensionnaire, en classe de philosophie, au lycée de Vesoul, est un fils d'aubergiste de Haute-Saône. Le troisième, Albert Lévy, né en 1874 dans l'Alsace annexée, fils de rabbin, a fait ses études au collège de Montbéliard puis au lycée de Troyes. Tous trois sont d'excellents élèves : en 1892, Albert Lévy, qui avait obtenu l'année précédente la mention Très Bien au baccalauréat de philosophie, reçoit, comme « vétéran », le deuxième prix de version latine et de mathématiques au Concours général de rhétorique et Albert Mathiez glane un deuxième accessit d'histoire. Mais cette année scolaire 1891-1892 est surtout l'occasion pour les trois khâgneux d'interminables discussions. Jules Isaac, à l'époque élève des classes secondaires au lycée Lakanal, a gardé le souvenir de ces trois aînés discourant pendant les récréations. Plus jeune qu'eux, il ne les approchait pas encore et ne nous livre donc pas d'éléments précis sur la teneur de ces discussions. Sans doute la politique y tenait-elle une place importante : Félicien Challaye nous apprend, en effet, que Mathiez et Péguy firent à cette époque une quête pour les mineurs de Carmaux en grève[11].

En 1894, les trois amis se retrouvent à l'École normale supérieure. Albert

---

10. Lettre d'Élie Halévy à Charles Andler datée du 24 août 1929 et reproduite dans *Portrait d'Élie Halévy* de Michèle Bo Bramsen, B.R. Grüner éditeur, Amsterdam, 1978, p. 15, note 1 (le « peut-être » est souligné dans l'ouvrage).

11. Jules Isaac, *Expériences de ma vie. I. Péguy*, Calmann-Lévy, 1959, p. 61 ; Félicien Challaye, *Péguy socialiste*, Amiot-Dumont, 1954.

Mathiez et Albert Lévy avaient passé une seconde année à Lakanal et avaient été reçus au concours de la rue d'Ulm en 1893. Selon le règlement de l'époque, ils avaient alors effectué leur service militaire, avant de s'agréger à la promotion littéraire de 1894. C'est dans cette promotion qu'ils rejoignent Charles Péguy, qui a suivi un périple sensiblement différent. Après un premier échec en 1892, il avait choisi d'effectuer immédiatement son service militaire. En 1893, il était redevenu khâgneux, à Louis-le-Grand cette fois, et il avait été reçu au concours de 1894. Rue d'Ulm, il s'inscrit en section de philosophie, Albert Lévy en section d'allemand et Albert Mathiez en section d'histoire et géographie. Les trois jeunes gens vont alors se lier d'amitié avec un jeune historien de la même promotion, Georges Weulersse. Né en 1874, fils d'un receveur des contributions indirectes, cet ancien khâgneux du lycée Charlemagne s'est lui aussi illustré au Concours général de 1892, en enlevant le deuxième accessit de composition française et le troisième accessit de composition latine. Il est, par ailleurs, le neveu du théoricien socialiste Georges Renard, directeur de *La Revue socialiste.*

Les quatre normaliens se regroupèrent, comme il est d'usage en première année, dans une salle de travail. Cette « turne » fut bientôt baptisée Utopie. C'est en effet le mot qu'ils découpèrent au canif sur le papier qui masquait la vitre du haut de leur porte[12], sans qu'il ait été jamais clairement établi si un tel nom fut forgé par les quatre amis eux-mêmes, par défi ou ironie, ou par leurs adversaires à l'École. Toujours est-il que la turne et ses occupants ne gagnèrent pas de nouveaux fidèles, malgré — ou à cause ? — un activisme vite remarqué. Hubert Bourgin évoque, trente ans plus tard, les « quatre » qui formaient une « petite société fermée, dont l'ardeur, se communiquant rarement au-dehors, n'en était que plus concentrée et plus brûlante[13] ». Certes, le témoignage de l'ancien socialiste Bourgin devenu à l'époque membre du Faisceau de Georges Valois n'est peut-être pas dénué d'arrière-pensées. Il reste que ses souvenirs sont confirmés par ceux d'autres contemporains de la turne Utopie. Félicien Challaye nous décrit une turne Utopie animant les manifestations rituelles du réfectoire — celles, par exemple, du 2 décembre ou du 16 mai qui conspuent « la réaction » — ou entonnant avant le cours du catholique Ollé-Laprune un cantique : « Ô Sacré-Cœur de Jésus ». Pour le reste, les témoignages sont concordants, sur le fait notamment que le prosélytisme des Utopistes ne toucha guère les normaliens. Charles Péguy essaya, par exemple, de convertir au socialisme ses camarades de la section de philosophie, en utilisant et détournant à cet effet la morale kantienne, en vogue parmi les normaliens. Il fit une conférence sur « Kant et le devoir social », où impératif catégorique et engagement socialiste se révélaient complémentaires. Le résultat en fut qu'à la Revue de fin d'année, cette conférence fut brocardée :

> « Quel est en cette circonstance
> Le devoir du kantien ?
> Je n'en sais absolument rien. »

Cette tentative de conquête des esprits entraîna, du reste, selon Félicien Challaye, « divers incidents », signes évidents d'un rejet par les normaliens de

---

12. Jérôme et Jean Tharaud, *Notre cher Péguy*, Plon, 1926, p. 66.
13. Hubert Bourgin, *Cinquante ans d'expérience démocratique (1874-1924)*, Nouvelle Librairie Nationale, 1925, p. 49.

la propagande des Utopistes : « Contre cette tentative de dictature morale l'unanimité des conscrits se rebiffait. En la première année de notre vie commune, la propagande de la turne Utopie n'eut aucun succès. »

Une fois encore, l'épisode de la turne Utopie confirme la double nécessité, pour étudier la sociabilité politique normalienne, de remonter à l'amont des groupes politiques de la rue d'Ulm, dans les khâgnes, et de redescendre vers l'aval des diffluences des itinéraires individuels.

Comme l'analye détaillée de la vie des protagonistes de la turne Utopie dépasse le cadre de cette étude, contentons-nous ici d'en éclairer les axes divergents, à partir du moule commun. Ils sont, en fait, peu connus. Si le cheminement de Charles Péguy est désormais bien balisé[14], deux des trois autres Utopistes n'ont eu, en effet, qu'un destin individuel historiquement modeste.

Albert Lévy quitte l'École normale supérieure en 1898, après avoir été reçu premier à l'agrégation d'allemand. A cette date, il est incontestablement socialiste. Jusqu'à la soutenance de ses thèses en 1904, il enseigne à Henri-IV et Lakanal comme délégué (1898-1899) puis au lycée de Toulouse (1899-1904). Après un bref passage au lycée Montaigne, à Paris, il est nommé maître de conférences puis, en 1907, professeur à la faculté des lettres de Nancy. Élève de Charles Andler, il appartient comme ce dernier à la frange des socialistes français devenus progressivement méfiants à l'égard des socialistes allemands et sceptiques sur l'internationalisme prolétarien considéré comme garant de la paix. En 1914, il quitte la faculté de Montpellier, où il avait été nommé après Nancy, et, à quarante-deux ans, se porte engagé volontaire pour une guerre dont il reviendra avec la Légion d'honneur et la croix de guerre. En 1919, il appartiendra à la première strate de professeurs chargée de réinvestir l'Université de Strasbourg. Nommé l'année suivante à Aix, il y mourra prématurément en 1929. Comme Charles Péguy, Albert Lévy avait, en fait, à partir d'un creuset socialiste et internationaliste, évolué vers le nationalisme[15], sentiment sans doute avivé par ses origines alsaciennes; et ce nationalisme avait trouvé sa conclusion logique dans l'engagement volontaire de l'été 1914. A la différence du directeur des *Cahiers de la Quinzaine,* il était cependant resté, avant la guerre, dans la mouvance du socialisme, comme son maître Charles Andler ou Hubert Bourgin.

L'itinéraire de Georges Weulersse constitue un autre cas de figure : « gardant les lignes générales de la doctrine, [il] l'a accommodée avec une certaine sagesse et bonhomie d'Université[16] ». Ce lecteur précoce de Marx ne deviendra pas, en effet, à la différence d'un Péguy ou d'un Mathiez, un militant. Reçu premier à l'agrégation d'histoire et géographie en 1897, boursier Albert Kahn autour du monde l'année suivante, il enseigna à son retour au lycée d'Orléans, puis, à partir de 1907, au lycée Carnot. Marié à la fille d'un inspecteur général de philosophie, Alphonse Darlu, il soutint en 1910 une thèse de doctorat sur les physiocrates et semble s'être consacré dès lors

14. On se reportera notamment aux recherches de Géraldi Leroy (*Les Idées politiques et sociales de Charles Péguy,* thèse, Paris III (1977), dact., et *Péguy entre l'ordre et la révolution,* Presses de la Fondation nationale des sciences politiques, 1981. Sauf notification contraire, nous citons la version intégrale).

15. Hubert Bourgin écrit de lui, en 1925, dans *Cinquante ans d'expérience démocratique :* « A. Lévy est retourné au patriotisme, au chauvinisme alsacien et français » (*op. cit.,* p. 50 ; cf. aussi *De Jaurès à Léon Blum,* Fayard, 1938, p. 269).

16. Hubert Bourgin *Cinquante ans d'esprit démocratique,* p. 50.

tout entier à son métier de professeur de lycée, tout en donnant des cours de géographie à l'École normale supérieure de Saint-Cloud. Son fils Jacques entra à son tour à l'École normale supérieure en 1924 et fut reçu premier à l'agrégation d'histoire et géographie de 1928. Si Albert Lévy et Charles Péguy illustrent, chacun à sa manière, une dérive vers la droite par rapport à la matrice socialiste de la turne Utopie, Georges Weulersse semble être resté fidèle à son engagement de jeunesse, mais sans que celui-ci se teinte jamais de militantisme.

Chez Albert Mathiez, au contraire d'Albert Lévy et Charles Péguy, l'évolution par rapport à la matrice initiale se situe à gauche — dans des rapports du reste complexes avec la SFIC — et, à la différence de Georges Weulersse, on peut parler d'un universitaire militant. Celui que ses camarades d'École appelaient, rue d'Ulm, « le Citoyen[17] » connut d'ailleurs une carrière ralentie par cet engagement militant projeté à travers ses recherches historiques et ses démêlés avec Alphonse Aulard. Après l'agrégation passée en 1897, il enseigna à Montauban et Rochefort puis, après un passage à la Fondation Thiers, à Châteauroux, Caen et au lycée Voltaire à Paris. Il assure ensuite une suppléance aux Université de Nancy et de Lille, puis enseigne à celle de Besançon de 1911 à 1919 et de Dijon de 1919 à 1926. En 1923, il avait été écarté de la succession d'Alphonse Aulard à la Sorbonne et ne vint dans cet établissement que comme chargé de cours, suppléant de Philippe Sagnac.

Cette étude de la turne Utopie nous permet de préciser le point de départ de la diffusion du socialisme à l'École normale supérieure. Les piètres résultats des Utopistes en ce domaine le démontrent : pas plus qu'en 1889-1892, quand Alain et Élie Halévy étaient élèves de l'École, le socialisme n'est guère développé rue d'Ulm en 1895. Ses rares représentants y demeurent alors en marge. Certes, le caractère emporté de deux au moins des quatre « coturnes », Mathiez et Lévy — et, sans doute, également Péguy —, a vraisemblablement joué un rôle répulsif. Mais, par-delà ces aspects psychologiques, il apparaît que si la greffe socialiste n'a pas pris alors, c'est que le terreau normalien ne s'y prêtait pas encore. Et pourtant, Péguy et ses camarades ne se sont pas privés d'essayer de convertir leurs camarades. Félicien Challaye se souvient par exemple, sans pouvoir en préciser la date, que, sous l'influence de Jaurès et de Herr, Péguy avait fondé à l'École un cercle d'études et de propagande socialistes, dont il affichait les communiqués à la porte du réfectoire. Henri Guillemin, dans son étude sur Péguy, donne la date de mai 1897 pour la création de ce cercle et signale que le manifeste fondateur, rédigé par Péguy, proclamait la volonté de propager un « socialisme scientifique », « intégral », à la fois « national » et « international[18] ». Et, au dernier trimestre de 1897, c'est encore Péguy qui, selon Jérôme et Jean Tharaud, avait fondé rue d'Ulm un groupe socialiste : La recherche de la Vérité. A cette date, le nombre des élèves socialistes rue d'Ulm s'est tout de même accru par rapport à l'année universitaire 1894-1895 et Pierre-André Meyer écrit à juste titre : « A la veille du grand engagement dans la bataille dreyfusarde, Lucien Herr est donc le directeur de conscience, le maître à penser, d'un petit groupe de normaliens socialistes[19]. »

---

17. Cf. le témoignage de son camarade de promotion, Paul Mantoux, dans l'*Annuaire* de 1933, p. 88.
18. Henri Guillemin, *Charles Péguy*, Le Seuil, 1981, p. 176.
19. Daniel Lindenberg et Pierre-André Meyer, *Lucien Herr, le socialisme et son destin*, Calmann-Lévy, 1977, p. 139.

L'affaire Dreyfus constitua en réalité pour beaucoup d'élèves de l'École normale supérieure l'occasion d'une véritable prise de conscience politique. A cet égard, elle marque incontestablement un tournant. Certes, étudiant celui-ci, Robert J. Smith (dans *The École Normale Supérieure and the Third Republic : A study of the classes of 1890-1904*[20] et dans d'autres publications) conclut à juste titre que l'évaluation de l'impact du socialisme rue d'Ulm après l'affaire Dreyfus demande à être quelque peu nuancée : de cette génération normalienne, composée d'élèves et de jeunes professeurs qui n'avaient pas quitté l'École depuis très longtemps, sortirent en réalité deux rameaux, et il n'est pas sûr que le rameau socialiste ait été plus florissant que le rameau radical, dont Édouard Herriot ou Célestin Bouglé furent deux surgeons caractéristiques. Bien plus, certaines conversions socialistes ont été éphémères ou n'ont pas, en tout cas, survécu à la guerre. Il reste que les travaux de cet historien montrent bien que quelques graines socialistes commencent à apparaître alors dans l'humus normalien. La situation du socialisme à l'École quelques années plus tard, au tournant du siècle, prouve que la floraison a été rapide. Ainsi, Maurice Legendre, élève de la promotion littéraire de 1900 et futur directeur de la Casa de Velásquez, évoquant un demi-siècle plus tard son camarade Albert Thomas, de la promotion précédente, et l'École de leur jeunesse, souligne : « La majorité des élèves de l'École étaient à cette époque socialistes[21]. » Témoignage que confirme Émile Durkheim rédigeant en 1916 la notice nécrologique d'un de ses élèves tombé au combat, Robert Hertz, « hypocacique » de la promotion de 1900 et major de l'agrégation de philosophie en 1904 : « Dès son entrée à l'École normale, il était socialiste comme, d'ailleurs, la bonne moitié de ses camarades[22]. » Au reste, à l'époque même, l'historien Alphonse Aulard dans un article de la *Revue bleue* intitulé « La transformation de l'École normale supérieure », remarquait : « Sous le second Empire, l'École est républicaine radicale. Sous la IIIe République, il y a une période (vers 1880) où, par habitude d'opposition, l'esprit en semble devenu rétrograde; puis la jeunesse s'y oriente de plus en plus à gauche, et on assure qu'aujourd'hui la plupart de ces jeunes gens sont enclins à un socialisme à la façon de M. Jaurès[23]. »

La « majorité », « la bonne moitié », « la plupart », ces termes sont sans doute dans les trois cas excessifs. Mais leur convergence prouve qu'entre 1890-1895 et 1900-1905, le microclimat de la rue d'Ulm s'est modifié de façon relativement brusque. Au reste, dans l'histoire de l'École, les ébranlements de la conjoncture générale — affaire Dreyfus, Libération, Mai 1968, par exemple — ont le plus souvent entraîné des changements brutaux du baromètre

20. Ph. D. diss., University of Pennsylvania, 1967, 251 p. (Cf., notamment, le chapitre V : « Lucien Herr, the Affair, and Socialism », pp. 108-151). Robert J. Smith a évoqué le même sujet dans « L'atmosphère politique à l'École normale supérieure à la fin du XIXe siècle », *RHMC*, t. 20, 1973, pp. 248-268 et surtout dans *The École Normale Supérieure and the Third Republic*, State University of New York Press, *1982, pp. 89-97.*

21. Maurice Legendre, « La formation d'Albert Thomas. Témoignage sur l'histoire d'une enfance, d'une jeunesse et d'une amitié », in *Un grand citoyen du monde, Albert Thomas vivant, Études, Témoignages, Souvenirs,* Société des amis d'Albert Thomas, 1957, pp. 3-15, cit. p. 9.

22. *Annuaire* 1916, p. 118. Sur le rôle de Robert Hertz et d'autres archicubes au sein de deux groupes socialistes entre 1905 et 1914, le Groupe d'études socialistes et l'École socialiste, cf. le mémoire de maîtrise de Christophe Prochasson, *Le Socialisme normalien. Recherches et réflexions autour du Groupe d'Études Socialistes et de l'École Socialiste 1907-1914,* Paris I, sous la direction de Maurice Agulhon, 1981.

23. Alphonse Aulard, « La transformation de l'École normale supérieure », *Revue bleue. Revue politique et littéraire,* 4e série, t. XIX, n° 2, 10 janvier 1903, pp. 51-54 et n° 3, 17 janvier 1903, pp. 84-87, citation p. 53.

politique, en une ou deux années. C'est le cas du développement du communisme rue d'Ulm vers 1945 ou de celui du gauchisme vingt ans plus tard, dans la période du pré-Mai 1968. Ensuite, le phénomène, survenu brutalement, peut se prolonger plusieurs années durant. Les soubresauts du gauchisme normalien se prolongeront jusque vers 1972 ou 1973. Le communisme occupera encore une position dominante à l'École une dizaine d'années après la Libération. Et, dans le cas du socialisme normalien, l'imprégnation sera plus durable encore, de part et d'autre de la Première Guerre mondiale, à tel point que l'on peut parler d'une greffe réussie. Et les effets de cette greffe se font sentir dès le début de la deuxième décennie du siècle.

Entre 1911 et 1914, Marcel Prenant estime à une cinquantaine le nombre des socialistes et des sympathisants parmi les élèves, auxquels s'ajoutaient la plupart des agrégés-préparateurs. Parmi ces élèves figuraient, entre autres, Jean Guéhenno[24] et René Maublanc, dont les destins seront divergents quand se scindera quelques années plus tard le mouvement ouvrier français. Une trentaine de ces normaliens étaient inscrits à la SFIO et adhéraient à la section parisienne. Certes, ils n'ont jamais représenté, tant s'en faut, la majorité des promotions normaliennes, qui formaient, d'après la même source, un « marais[25] » peu politisé. Mais ils composaient déjà le groupe politique le plus homogène et le plus nombreux à l'École.

A la veille du conflit, les traits principaux du socialisme normalien sont donc les suivants : il constitue le noyau le plus actif de l'établissement — les talas ne pouvant être assimilés à un courant politique — et joue un rôle important à la cinquième section socialiste de Paris, celle du Quartier latin. C'est du reste un normalien, Marcel Déat, qui va reconstruire cette section après l'ébranlement de 1920.

Leur après-guerre.

Ce dernier, on l'a vu, était déjà socialiste avant la Première Guerre mondiale, en khâgne à Henri-IV. Rappelons qu'à la fin du mois de juillet 1914 il est reçu au concours de l'École normale supérieure, mais il lui faudra attendre cinquante-cinq mois avant d'y entrer. En effet, il est appelé sous les drapeaux le 5 septembre 1914 et, nommé sous-lieutenant le 6 décembre 1914, il part pour le front le 15 janvier 1915. Lieutenant le 18 janvier 1917, capitaine le 9 avril 1918, il ne viendra rue d'Ulm que le 1er mars 1919, avec la Légion d'honneur et la croix de guerre, et sa démobilisation n'interviendra officiellement qu'à l'orée de l'année universitaire suivante, le 11 septembre 1919[26].

C'est au cours de cette année 1919-1920 que le noyau socialiste se reconstitue rue d'Ulm. Une vingtaine d'élèves le composent, avec notamment, outre Marcel Déat, Louis L'Hévéder, André Guérin, Jean Prévost et Max

24. Jean Guéhenno, apparemment, ne fut alors qu'un sympathisant (« Il y avait à l'École une section socialiste. Je ne m'y inscrivis pas et répondis mal aux gentillesses de notre bibliothécaire, Lucien Herr, à qui le tour de ma vie avait fait espérer en moi une facile recrue », *Changer la vie. Mon enfance et ma jeunesse*, Grasset, 1961, p. 210).

25. Marcel Prenant, *Toute une vie à gauche*, Éd. Encre, 1980, pp. 38-39. Marcel Prenant est à l'époque normalien et secrétaire des Étudiants collectivistes qui devaient devenir les Étudiants socialistes révolutionnaires. Maurice Genevoix, normalien lui aussi à cette époque, emploie le même terme de « marais » et formule la même analyse (*Trente mille jours*, Le Seuil 1980, p. 100).

26. Éléments chronologiques extraits de la fiche de candidat à l'agrégation de Marcel Déat, que nous avons retrouvée dans les archives de l'École normale supérieure (Arch. Nat. 61 AJ 192). Marcel Déat a évoqué ses années de guerre dans les chapitres III et IV du volume premier du *Massacre des possibles*.

Bonnafous. Ils reprennent contact avec la cinquième section et quelques mois plus tard, lors des débats qui précèdent le congrès de Tours, ils demeurent en très grande majorité fidèles à la SFIO. Ce qui n'empêche pas la section, au lendemain de Tours, de ne plus guère compter qu'une quarantaine de membres. Privée de local, elle se réunira dès lors le plus souvent à la Brasserie Modèle, boulevard Saint-Marcel, et Marcel Déat, qui, en son sein, avait pris la tête, avant la scission, des partisans du refus d'entrer dans la nouvelle Internationale[27], en devient le secrétaire jusqu'en 1922. La volonté de reconstruire fera disparaître momentanément les dissensions et prévaloir un climat d'unanimité : « Pour tout dire, écrira plus tard Marcel Déat, j'étais d'accord avec Zyromski... ».

Parallèlement à son rôle à la section, Marcel Déat va animer le courant socialiste de l'École normale supérieure. Après y avoir été étudiant, il y demeure après l'agrégation et ses fonctions le mettent en contact avec les promotions successives de normaliens. A l'automne 1920, en effet, devenu agrégé de philosophie, il est nommé secrétaire du Centre de Documentation sociale, plus connu, dans le langage normalien, sous le nom de « Docu ».

Ce Centre est créé en novembre 1920 par le sociologue Célestin Bouglé, professeur à la Sorbonne, grâce aux largesses du mécène Albert Kahn. La « Docu » doit mettre à la disposition des élèves, en complément de la bibliothèque de la rue d'Ulm riche surtout en livres appartenant aux disciplines classiques, les ouvrages importants et les grands périodiques touchant aux problèmes sociaux ou à la politique étrangère. Il s'agissait notamment de préparer les normaliens à d'éventuelles fonctions au Bureau international du travail ou à la Société des nations. Ce sont d'ailleurs les publications de ces deux organisations qui vont composer une grande partie du fonds documentaire ainsi constitué, et les liens seront étroits avec le bureau parisien du BIT dirigé par le normalien Mario Roques, assisté de l'ancien camarade de khâgne de Marcel Déat, Paul Rives.

Grâce à l'activité de Célestin Bouglé et des secrétaires successifs, la « Docu », bien que topographiquement restreinte — deux pièces, au premier étage —, devient rapidement un centre actif, dont l'École s'enorgueillit. En 1926, présentant l'École normale supérieure aux lecteurs de la *Revue des deux mondes*, Gustave Lanson évoque cet « organe original », constitué « grâce à la libéralité d'un généreux donateur » et devenu une « sorte de séminaire ou de laboratoire, où des philosophes et des historiens viennent apprendre à recueillir, à classer, à interpréter les faits contemporains de l'ordre social et économique, et à soumettre cette matière, toujours si difficile à connaître, aux règles de la méthode critique[28]. » Mais, par-delà ce rôle intellectuel, le Centre a joué pour des promotions de normaliens de cette époque le rôle d'initiateur

27. D'après Marcel Prenant (*op. cit.*, p. 74) qui, lui, au sein de la même section, avait, avant le congrès de Tours, pris position en faveur de la IIIe Internationale.

28. Gustave Lanson, « L'École normale supérieure », *Revue des deux mondes*, 1926, p. 527. Le normalien Jean Stoetzel estimera que la « Docu » a été dans l'entre-deux-guerres « la première bibliothèque sociologique française » (« Hommage à Célestin Bouglé », allocutions prononcées le 26 mai 1966 à l'École normale supérieure par MM. Flacelière, Delage, Stoetzel, Aron et Davy, *BSAENS*, n° 107, décembre 1966, pp. 10-14, citation p. 11). Dans les « Papiers Bouglé » conservés aux Archives Nationales, quatre cartons (61 AJ 97, 98, 99 et 100) concernent la direction du Centre de Documentation sociale. Le fonds de la « Docu » fut transféré en 1941 par Jérôme Carcopino à la Bibliothèque de documentation internationale contemporaine qui s'enrichit ainsi de plusieurs milliers d'ouvrages traitant surtout des questions sociales et des problèmes d'organisation du travail.

aux grandes doctrines sociales et les élèves socialistes, notamment, y ont puisé une partie de leurs convictions. Avec la « Docu » nous touchons à un premier lieu important du socialisme normalien des années 1920.

Non, d'ailleurs, que son directeur ou que ses secrétaires successifs aient été forcément toujours socialistes. Certes, son directeur, Célestin Bouglé (1870-1940), avait appartenu à la même promotion que Léon Blum, mais il fut toujours politiquement plus proche d'Édouard Herriot, de la promotion suivante. Ce Breton, fils d'un officier d'infanterie, était en effet entré à l'École en 1890. Sa carrière universitaire sera brillante. Premier à l'agrégation de philosophie en 1893, il entreprend en 1894-1895 le classique voyage en Allemagne des philosophes de sa génération puis, après être retourné enseigner plusieurs années au lycée de sa ville natale, Saint-Brieuc, il soutient en 1899 une thèse sur « les Idées égalitaires ». Il est nommé aux facultés des lettres de Montpellier, de Toulouse puis, en 1909, à trente-neuf ans, de Paris. A partir de 1919, il y occupera la chaire d'économie sociale. A cette époque, sa vie va devenir de plus en plus liée à celle de l'établissement de la rue d'Ulm. En 1919, il participe à la fondation de la Société des amis de l'École normale supérieure, dont il devient le premier président puis, de 1927 à 1940, le président d'honneur. En 1920, on l'a vu, il fonde le Centre de Documentation sociale. Directeur adjoint de l'École en 1927, il en devient directeur en 1935 et le demeurera jusqu'à sa mort en 1940.

L'éveil politique de Célestin Bouglé s'est fait à travers l'affaire Dreyfus. Les témoignages sur ce point sont concordants. Son ancien camarade de la rue d'Ulm Édouard Herriot le mentionne dans son allocution aux obsèques[29] et, surtout, Victor Basch évoque le fait dans un article de *L'Œuvre* du 14 février 1940, en signalant que le jeune professeur de Saint-Brieuc adhéra dès sa fondation à la Ligue des droits de l'homme. Il en deviendra d'ailleurs membre du Comité central (1909), puis vice-président (1911-1924). Après l'Affaire, à l'instar d'autres jeunes normaliens, il participera à l'aventure des Universités populaires, à Montpellier notamment. Il sera par la suite, à quatre reprises, candidat radical aux élections législatives, en province en 1901 et 1906 puis à Paris en 1914 et 1924.

Et même s'il ne brigua plus par la suite de mandat électif, Célestin Bouglé resta toute sa vie dans la mouvance radicale. Il fut un collaborateur régulier de la *Dépêche*, à laquelle il donna environ deux articles par mois de 1910 à 1940[30], et en 1924, par exemple, il collaborera à *La Politique républicaine*, ouvrage où les signatures des notables du Parti radical, entre autres Aimé Berthod, Édouard Daladier et Édouard Herriot, côtoient celles d'universitaires radicaux ou sympathisants, tels Charles Seignobos, Albert Demangeon, Gaston Jèze ou Georges Scelle. Avec le dernier notamment, Célestin Bouglé avait en commun un attachement fervent et militant pour la Société des nations[31].

Célestin Bouglé appartenait-il toujours pour autant au Parti radical dans

29. *Marianne*, 28 février 1940.

30. Cf. Henri Lerner, *La Dépêche. Journal de la Démocratie. Contribution à l'Histoire du Radicalisme en France sous la Troisième République*, tome I, Publications de l'Université de Toulouse-Le Mirail, 1978, p. 185. Henri Lerner a recensé dans la *Dépêche* environ 500 articles de Célestin Bouglé.

31. Sur cet attachement de Célestin Bouglé à la Société des nations, cf., par exemple, le témoignage, déjà signalé, de Victor Basch dans *L'Œuvre* du 14 février 1940 et celui de Georges Davy dans la *Revue française de sociologie*, VIII, 1967, p. 6. Célestin Bouglé a du reste publié un *Guide de l'étudiant en matière de Société des Nations* (signalé dans le BSAENS n° 56 de juin 1948, p. 42).

l'entre-deux-guerres ? Il est probable que ses activités de direction à l'École normale supérieure et le devoir de réserve inhérent à ce type de fonction le poussèrent à prendre ses distances vis-à-vis d'un engagement partisan. De fait, en 1938 par exemple, Édouard Daladier, dans la présentation d'une conférence de Célestin Bouglé, écrit que ce dernier est « au-delà et au-dessus des partis politiques[32] ». Cette conférence, il est vrai, inaugurait les cours de l'École supérieure du radicalisme.

C'est moins par son directeur, Célestin Bouglé, que la « Docu » fut, à certains moments de la décennie, un centre de prosélytisme socialiste, que par Marcel Déat, qui en tint le secrétariat à deux reprises, en 1920-1922 et en 1925-1926. Au début de la décennie, parallèlement à son rôle à la tête de la 5e section[33], ce dernier anime en effet, on l'a vu, le groupe des socialistes normaliens.

Cette première strate socialiste de l'après-guerre apparaît, avec le recul, très composite en ce qui concerne la destinée politique de ses membres. Aux côtés de Marcel Déat, et agrégé de philosophie comme lui, il y a tout d'abord Max Bonnafous, entré rue d'Ulm en 1920. Sa nomination à une maîtrise de conférences de sociologie à Bordeaux en 1930 en fera un proche d'Adrien Marquet. Et ce double parrainage — Déat et Marquet — le conduira vers le néo-socialisme, dont il deviendra l'exégète : à l'automne 1933, il publiera, avec de longs commentaires, les discours de Barthélemy Montagnon, Adrien Marquet et Marcel Déat au congrès socialiste de juillet 1933 et il deviendra par la suite l'un des dirigeants du parti fondé par Marcel Déat. Les consultations électorales ne lui seront jamais favorables : candidat socialiste malheureux aux élections municipales en 1925, dans le Ve arrondissement, il se présentera sans plus de succès, sous l'étiquette de son nouveau parti, aux élections législatives dans la 4e circonscription de Bordeaux contre Philippe Henriot en 1936. Adrien Marquet l'appellera à deux reprises à la tête de son cabinet, au ministère du Travail en 1934, dans le gouvernement Doumergue, puis à l'Intérieur, pendant l'été 1940. Préfet de Constantine, en septembre 1940, puis préfet régional de Marseille (décembre 1941), il remplace, en septembre 1942, Jacques Le Roy Ladurie en devenant ministre de l'Agriculture et du Ravitaillement dans le gouvernement de Pierre Laval. Démissionnaire en janvier 1944, il est frappé d'indignité nationale à la Libération et inculpé d'« atteintes à la sûreté de l'État ». Bénéficiaire d'un non-lieu le 2 décembre 1948 pour « faits de résistance », il sera relevé de l'indignité nationale et réintégré dans le corps préfectoral.

D'autres membres de ce groupe socialiste normalien ont également été inquiétés à la Libération. Outre naturellement Marcel Déat, on peut, en effet, citer le scientifique Louis L'Hévéder. Né en Bretagne le 24 janvier 1899, de parents petits paysans, aîné d'une famille de onze enfants, boursier au collège

---

32. Conférence prononcée le 20 janvier 1938 par Célestin Bouglé sur *La philosophie de la Solidarité et la Sociologie*, qui inaugure les cours de l'École supérieure du radicalisme et qui est présentée par Édouard Daladier (fascicule sans date, archives Louis Genevois).

33. Aux sources et témoignages sur ce point déjà évoqués plus haut, ajoutons les souvenirs de Pierre Pucheu, rédigés en prison près de vingt-cinq ans plus tard. Marcel Déat y est décrit comme étant « alors chef des étudiants marxistes de l'École et du Quartier latin » (Pierre Pucheu, *Ma vie (Notes écrites à Ksar-es-Souk, à la prison civile de Meknès et à la prison militaire d'Alger)*, Amiot-Dumont, 1948, p. 177). Fils d'un paysan béarnais établi comme artisan dans l'Oise, Pierre Pucheu était entré en hypokhâgne à Louis-le-Grand en octobre 1916 et, mobilisé, avait interrompu sa khâgne au printemps 1918. Il entrera à l'École normale supérieure en 1919 dans la promotion spéciale des mobilisés.

de Lannion puis « taupin » au lycée de Rennes, il est reçu en octobre 1919, dans des promotions spéciales de mobilisés, à la fois à l'École normale supérieure et à Polytechnique. Ayant choisi la rue d'Ulm, il y préparera l'agrégation de mathématiques, passée en 1922. D'abord professeur au lycée de Douai, il est vite nommé à Lorient, où il devient dès 1925 conseiller municipal. Conseiller général du canton de Pont-Scorff, il est élu, en mai 1930, lors d'une élection législative partielle, député de la première circonscription de Lorient. Inscrit au groupe socialiste, il est réélu en 1932 et 1936 et vote en 1940 la délégation de pouvoirs au maréchal Pétain. La notice de l'*Annuaire* de l'École normale supérieure (1949) est ensuite plus brève : Louis L'Hévéder aurait vécu entre 1940 et 1943 à Lorient, en donnant des leçons. Il n'aurait pas, en effet, retrouvé son poste au lycée, à cause de son refus de signer le texte affirmant qu'il n'était pas franc-maçon. En 1943, il revient à Paris, au Centre national d'enseignement par correspondance, et demeure à ce poste jusqu'à sa mort, le 9 octobre 1946. Il semble, en fait, qu'entre-temps il ait été arrêté à la Libération, peut-être par un groupe incontrôlé, et emprisonné à l'Institut dentaire. Selon le normalien René Château, qui l'y rencontra, il ne lui était reproché que d'avoir été pacifiste — depuis ses années d'École et jusqu'à la guerre, Louis L'Hévéder n'avait cessé d'afficher des opinions pacifistes — et d'avoir voté la délégation des pouvoirs en 1940[34]. En réalité, il est probable que c'est avant tout sa nomination au Conseil national en 1941 qui lui attira ces ennuis trois ans plus tard. Le nom de Louis L'Hévéder figure, de fait, dans la liste des membres de l'assemblée instituée par le maréchal Pétain en janvier 1941, tout comme celui de Paul Faure dont il était très proche[35].

D'autres normaliens du groupe socialiste du début des années 1920 se sont au contraire retrouvés dans le camp de la Résistance. Ainsi, Jean Prévost, mort au maquis du Vercors en 1944. Pour ce dernier, l'engagement socialiste, qui débuta dès la khâgne, revêtit alors un aspect plus personnel et sentimental . il fut un temps fiancé avec la fille du leader socialiste Renaudel.

En ce début de décennie, les relations des jeunes socialistes de l'École avec les normaliens proches du Parti radical semblent avoir été cordiales et les uns et les autres tenaient, dans les cafés du Quartier latin, des réunions du « Club normalien des Jacobins », organisation à la croisée de la politique — les normaliens de sensibilité radicale ou socialiste — et du canular — les Jacobins étant ceux qui fument la pipe Jacob. Les rapports, en revanche, étaient alors particulièrement mauvais avec les communistes. Les normaliens socialistes, restés unis dans l'orage de 1920, voient en effet apparaître progressivement des communistes dans les promotions qui se succèdent à partir de 1921. C'est un élève de la promotion littéraire de cette année-là, Georges Cogniot, qui va prendre, en cette première partie de décennie, la tête des communistes de l'École. Si ce groupe reste alors étique et, de ce fait, sans commune mesure avec celui des socialistes, les relations n'en sont pas moins tendues entre les uns et les autres. En 1976, Georges Cogniot écrira :

> « Et puis, la SFIO à l'École, c'était Marcel Déat, élève de la promotion de 1914 devenu répétiteur de philosophie, et déjà marqué de tous les stigmates du

34. Jean-Pierre Abel, *L'Âge de Caïn. Premier témoignage sur les dessous de la Libération de Paris*, Les Éditions Nouvelles, 1947, pp. 67-69 et 85 sqq. Jean-Pierre Abel est, nous y reviendrons, le pseudonyme du normalien René Château.

35. Cf. Marc Sadoun, *Les Socialistes sous l'Occupation. Résistance et collaboration*, Presses de la Fondation nationale des sciences politiques, 1982, pp. 62 et 234. Sur son pacifisme, cf. *ibid.*, pp. 13 et 78, et sur son attitude le 10 juillet 1940, cf. p. 41.

carriérisme, comme les L'Hévéder et les Bonnafous qui l'entouraient... L'action de Marcel Déat était hautement répulsive[36]. »

De son côté, Marcel Déat, après la Seconde Guerre mondiale, décrivait l'atmosphère à l'École au tout début des années 1920 en ces termes :

« Une parfaite camaraderie y régnait à cette époque, et elle ne commença d'être troublée que par l'injection de haine communiste, lorsque les disciples de Lénine réussirent à recruter quelques éléments, au premier rang desquels le dénommé Cogniot se distingua tout de suite par sa violence et sa mauvaise foi, ce qui ne manqua pas par la suite de lui valoir une parfaite réussite[37]. »

Dans cette École des lendemains du conflit, où sept ou huit promotions venaient se mélanger, Marcel Déat appartenait à la promotion de 1914, André Guérin et Louis L'Hévéder à celle des mobilisés de 1919, Jean Prévost à la promotion normale de 1919 et Max Bonnafous à celle de 1920. Seul Georges Cogniot, de 1919 à 1921, vient de connaître, à Lyon, une khâgne de temps de paix. Avec lui, nous abordons la génération de l'après-guerre.

En dernière analyse, malgré la coupure de la guerre et la rupture de 1920, nous avons retrouvé chez les socialistes de la rue d'Ulm de la période 1919-1922 les mêmes traits qu'avant le premier conflit mondial : prédominance du groupe socialiste sur les autres groupes normaliens, existence en son sein de quelques fortes personnalités appelées à mener une carrière au sein du parti et qui maintiennent le groupe dans la dépendance assez étroite de la SFIO. La génération socialiste de l'après-guerre — celle qui arrive à l'École normale supérieure à partir de 1921-1922 et surtout, on va le voir, à partir de 1924 — conservera-t-elle les mêmes traits ? Son étude est, de toute façon, fondamentale. Elle prolonge, en effet, celle du Bloc des gauches de Louis-le-Grand et, à travers ces khâgneux et normaliens, nous trouverons la matrice d'un mouvement dont l'éclosion aura lieu une décennie plus tard au sein de la SFIO : Révolution constructive. Les racines de cette tendance de la SFIO s'enfoncent dans les khâgnes et l'École normale supérieure du milieu des années 1920 et sa protohistoire est à rechercher notamment dans le Groupe d'études socialistes des ENS.

Georges Lefranc et le Groupe d'études socialistes des Écoles normales supérieures.

A l'origine de ce Groupe d'études socialistes, il y a, plus encore que le Bloc des gauches de Louis-le-Grand, l'initiative d'un jeune normalien de la promotion littéraire de 1924, Georges Lefranc, qui anima tour à tour les deux mouvements.

Devenu lui-même agrégé d'histoire, ce dernier, à plusieurs reprises, a évoqué cette période de sa vie. Une source s'impose comme déterminante : ses Mémoires[38]. Il faut y adjoindre les souvenirs autobiographiques qui affleurent

36. Georges Cogniot, *Parti Pris*, t. 1, *op. cit.*, p. 68. Signalons aussi la présence « pendant un mois », parmi les socialistes normaliens regroupés autour de Marcel Déat, de Georges Dumézil (entretiens donnés au *Monde*, 12 avril 1985, p. 14, et au *Nouvel Observateur*, 29 mars 1985, p. 63). Mais, ajoute ce dernier, « Gaxotte, mon cadet d'une promotion, m'a poussé à retirer mon adhésion (...) Par son intermédiaire, j'ai été, jusqu'en 1925, en rapport avec Charles Maurras » (*Le Monde*, loc. cit.).

37. Marcel Déat, *Le Massacre des possibles*, I, p. 157.

38. Georges Lefranc, « Rétrospectives. A travers un demi-siècle de mouvement ouvrier (1920-1970), I, Comment, dans les années 1920, on devient socialiste », *Cahier de l'Ours*, n° 116, janvier 1981, 80 p. Par ailleurs, à l'été 1982, Georges Lefranc a enrichi ces souvenirs d'une étude consacrée

dans ses études menées sur le mouvement socialiste : notamment *Le Mouvement socialiste sous la Troisième République* (1963), *Histoire d'un groupe du Parti socialiste SFIO. Révolution constructive* (1963), *Émilie Lefranc* (1971) et *Le Socialisme en France* dans *l'Histoire générale du socialisme* (1977). Georges Lefranc a glissé également quelques souvenirs personnels dans ses comptes rendus pour *L'Information historique*. Enfin, nous avons pu consulter nombre de documents inédits qu'il a conservés de l'époque de son militantisme normalien.

Georges Lefranc est né le 25 octobre 1904 au Mesnil-Rouxelin, petit village de la Manche, premier enfant d'un couple d'instituteurs. Son grand-père paternel, douanier à la retraite devenu cultivateur, avait quatre fils, qui deviendront tous les quatre instituteurs puis, pour trois d'entre eux, directeurs d'école. Le père de Georges Lefranc, pour sa part, obliqua vers l'inspection primaire, après avoir été instituteur puis professeur d'école primaire supérieure et d'École normale. En 1908, en effet, il est reçu premier au concours de l'inspection primaire et devient le plus jeune inspecteur de France. Il exercera successivement à Saint-Yrieix, dans le Limousin (1908-1910), puis à Mamers (1910-1914) et Alençon (1914-1924, avec une interruption due à la guerre), jusqu'à sa mort prématurée en octobre 1924. L'homme était radical et franc-maçon.

Le grand-père maternel avait été, pour sa part, agent technique à l'Arsenal de Cherbourg, et tandis que l'une de ses filles, couturière à journée, épouse un ouvrier menuisier de l'Arsenal, l'autre, la mère de Georges Lefranc, devient institutrice et épouse un collègue. En 1904, elle exerce au Mesnil-Rouxelin, tandis que son mari enseigne les lettres à l'École normale de Saint-Lô. On retrouve donc chez le futur leader du Groupe d'études socialistes des Écoles normales supérieures ces deux traits largement répandus chez les khâgneux : d'une part un milieu familial composé de « hussards noirs » de l'enseignement primaire, d'autre part une mobilité sociale ascendante sur deux ou trois générations. Et le profil devient encore plus caractéristique lorsque l'on constate que ce sont ses brillants succès scolaires — il obtient les sept prix d'excellence au lycée d'Alençon de la sixième à la philosophie, entre 1915 et 1922 — et les conseils de son père, de certains de ses professeurs et du proviseur du lycée qui aiguillent presque naturellement ce fils d'instituteurs vers l'École normale supérieure. En octobre 1922, après avoir obtenu la mention Bien au baccalauréat de philosophie, il entre en effet comme interne en hypokhâgne au lycée Louis-le-Grand. Prix d'excellence en juillet 1923, il est reçu second au concours de 1924, à sa première tentative, à un demi-point du cacique. A la même date, sa sœur est reçue première au concours d'entrée à l'École normale d'institutrices de l'Orne.

Déjà socialiste à son entrée à Louis-le-Grand, il va préciser ses convictions

---

précisément au Groupe d'études socialistes des Écoles normales supérieures (dans *Visages du mouvement ouvrier français. Jadis, naguère, aujourd'hui*, Presses Universitaires de France, 1982, pp. 53-70). Les documents sous-tendant ce dernier ouvrage nous avaient été transmis à l'automne 1980 par Georges Lefranc lors des deux entretiens qu'il nous accorda. L'étude de Georges Lefranc nous a permis de compléter quelques points et, surtout, nous a confirmé la réalité de la filiation Bloc des gauches de Louis-le-Grand-Groupe d'études socialistes des Écoles normales supérieures. Outre les deux matinées d'entretiens accordées en novembre 1980, Georges Lefranc a répondu longuement à nos questionnaires de 1976 à 1980. En outre, d'autres entretiens avec lui ont eu lieu en février 1981, mai et juin 1983, auxquels se sont ajoutés de nombreux échanges épistolaires ou téléphoniques.

au cours de ces deux années de préparation, à l'occasion de conversations avec des camarades de classe, notamment Jean Le Bail et Pierre Chambon.

Entre 1922 et 1924 le Bloc des gauches avait eu une activité limitée, essentiellement tournée vers l'introduction et la lecture dans l'enceinte de Louis-le-Grand de divers quotidiens politiques. Mais, á la fin de l'année scolaire 1924, avant même que soient connus les résultats du concours de la rue d'Ulm, quelques membres du Bloc conçurent le projet de fonder un groupe socialiste interkhâgnal. Entre-temps, certains de ces khâgneux ayant été reçus au concours, l'appel que rédigea le groupe fut adressé aux khâgnes de Louis-le-Grand, Henri-IV, Condorcet et Lakanal par « un groupe de normaliens d'accord avec un groupe de khâgneux ». Cet appel, intitulé « Manifeste aux populations khâgnales », était ainsi formulé :

> « Depuis plusieurs années, le Groupe d'études sociales et religieuses[39] réunit parfois le jeudi un certain nombre de normaliens et de khâgneux qui se communiquent le produit de leurs réflexions et de leurs travaux. Bien que ces réunions soient ouvertes à tous les khâgneux quelles que soient leurs croyances, elles ne réunissent le plus souvent que des croyants, protestants ou catholiques, soit qu'à tort ou à raison les autres craignent de se voir traités en parents pauvres, soit que plutôt leur attention ne soit pas tournée vers les questions traitées, beaucoup plus religieuses que sociales. Il en résulte qu'il est donné à une partie des khâgneux de s'élever au-dessus des soucis quotidiens et absorbants de la préparation du concours, tant par l'étude de questions capitales que par la fréquentation d'un milieu différent, tandis que l'autre en est privée. C'est pour faire cesser cette inégalité de fait qu'un groupe de normaliens d'accord avec un groupe de khâgneux a décidé de fonder le Groupe socialiste interkhâgnal.
> Ce terme de socialiste ne doit pas faire illusion. Nous avons pensé qu'une organisation semblable ne pouvait vivre que si elle se réclamait d'un idéal capable d'élever tous ses membres au-dessus de la diversité des origines, des milieux et des tempéraments... Mais nous n'avons entendu prononcer d'exclusive ni contre ceux qui désapprouvent des théories chères au Parti socialiste ni contre ceux qui cherchent encore leur voie : ne la cherchons-nous pas tous, plus ou moins ? Si nous comptons parmi nous des SFIO, les radicaux n'y manquent pas et nous espérons bien y voir aussi des Jeunes Républicains. Nous voulons avant tout chercher ensemble la vérité[40]. »

L'appel était signé : Allard, Casevitz, Chambon, Fabry, Le Bail et Lefranc. Tous les six étaient, en 1923-1924, élèves de la khâgne de Louis-le-Grand. Trois d'entre eux viennent d'être reçus au concours de la rue d'Ulm : Le Bail, Lefranc et Casevitz. De Jean Le Bail, il a déjà été question. Né en septembre 1903, fils d'un soldat tué en 1916 devant Verdun, Jean Casevitz, après être passé par la khâgne de Condorcet, a rallié en 1923 celle de Louis-le-Grand. Neveu de Gaston Veil, directeur du *Populaire de Nantes*, il est pour sa part radical et incarnera, avec quelques camarades, cette composante au sein du Groupe d'études socialistes.

Quant aux trois autres signataires de l'appel, ils vont redoubler leur khâgne à Louis-le-Grand. Pierre Chambon sera reçu au concours de l'École en 1926.

---

39. Sur ce groupe, cf. *supra*, p. 302.
40. Ce « Manifeste aux populations khâgnales » est reproduit dans une circulaire du Groupe d'études socialistes des Écoles normales supérieures, datée de septembre 1926. Le Groupe a en effet publié, sous ce titre, deux bulletins de liaison en avril et septembre 1926, avec respectivement 16 et 48 pages (Archives Georges Lefranc ; un exemplaire de ces deux bulletins a été déposé à la Bibliothèque nationale, 8° R. 83425).

Avec Georges Lefranc, il avait été l'un des animateurs du Bloc des gauches, et se situait dans la majorité socialiste de ce Bloc. Tout comme Maurice Fabry, qui n'entrera pas à l'École normale supérieure et deviendra quelques années plus tard l'animateur de *La Vie socialiste.* Avec Jean Allard, nous retrouvons au contraire la frange radicale du groupe. Né le 23 août 1905, ce fils d'un instituteur de Niort ne sera pas non plus reçu au concours de la rue d'Ulm mais passera deux agrégations, celle de grammaire en 1930 puis celle des lettres en 1936.

Une circulaire de septembre 1926 précise qu'après l'envoi du « Manifeste aux populations khâgnales », le Groupe socialiste interkhâgnal tint sa première réunion le jeudi 12 novembre 1924 au café *La Triboulette,* rue Saint-Jacques. Des normaliennes de l'École de Fontenay, contactées, ayant émis le souhait de pouvoir participer à l'entreprise, il fut décidé lors de cette réunion d'élargir le Groupe à l'ensemble des Écoles normales supérieures. Les élèves de Saint-Cloud rejoignirent les ulmiens et les fontenaisiennes en décembre, et en janvier 1925, avec le ralliement des sévriennes, le Groupe d'études socialistes des Écoles normales supérieures était formé. Tel était désormais, en effet, le nom du groupe. Si les khâgneux continuaient à y être admis, cette nouvelle appellation montre bien que le centre de gravité du mouvement s'était déplacé des khâgnes vers la rue d'Ulm et, indirectement, vers les autres Écoles.

Si Georges Lefranc et Jean Le Bail deviennent à la même époque membres de la SFIO, le Groupe d'études socialistes n'en reste pas moins totalement autonome par rapport à ce parti, contrairement à ce que Daniel Ligou a pu écrire dans son *Histoire du socialisme en France*[41]. Cette distinction est importante : même après être entrés à la SFIO, les membres du Groupe y conserveront, en effet, une réelle indépendance intellectuelle, aussi bien au sein des Étudiants socialistes qu'au sein du mouvement Révolution constructive. Le Groupe d'études socialistes demeurera du reste ouvert, à l'image du Bloc des gauches, aux communistes, aux radicaux et aux membres de la Jeune République et conservera jusqu'à la fin cette fonction de carrefour des normaliens et khâgneux de gauche.

Carrefour, ce Groupe l'est également à un autre égard, à la confluence des différentes Écoles normales supérieures : la rue d'Ulm, Saint-Cloud, Sèvres, Fontenay et, un an plus tard, l'ENSET. Une telle organisation favorisera d'ailleurs la formation de couples normaliens : parmi les représentantes des Écoles de jeunes filles, figuraient notamment Suzanne Boully, élève de l'ENSET, qui épousera Deixonne, Émilie Lamare, secrétaire du groupe de Fontenay, qui deviendra madame Georges Lefranc en 1927, ou Marguerite Boileau, la future Mme Broussaudier, sévrienne et elle aussi membre du Groupe d'études socialistes.

Ce Groupe est également un carrefour de cultures et de formations différentes. Les normaliens de la rue d'Ulm y côtoieront, par exemple, ceux de Saint-Cloud, issus à cette époque de l'enseignement primaire[42]. L'un des représentants de Saint-Cloud était ainsi William Diville, passé par l'école primaire supérieure de Louviers, entré à l'École normale d'instituteurs

41. Daniel Ligou, *Histoire du socialisme en France (1871-1961),* PUF, 1962, p. 372.
42. Cf. l'ouvrage de Jean-Noël Luc et Alain Barbé, *Des Normaliens. Histoire de l'École normale supérieure de Saint-Cloud,* Presses de la Fondation nationale des sciences politiques, 1982, chapitre 7, « Le chef-d'œuvre de l'enseignement démocratique », pp. 103-113.

d'Évreux, admis à Saint-Cloud en 1925 et nommé en 1928 à son école primaire supérieure de Louviers. Pour continuer ses études en histoire — qui le conduiront à l'agrégation en 1935 —, il devra apprendre seul le latin, pour le certificat d'histoire ancienne. Entre sa création et 1941, l'École normale supérieure de Saint-Cloud n'engendrera d'ailleurs que douze agrégés d'histoire et géographie — et un agrégé de philosophie. Nous sommes loin des ulmiens, pétris de culture classique.

Le Groupe restait ouvert, on l'a vu, aux élèves des classes préparatoires. Lors des réunions du jeudi après-midi, des khâgneux viennent participer aux débats. La plupart viennent de Louis-le-Grand : ainsi Pierre Chambon qui, retardé par une année de maladie, n'entrera rue d'Ulm qu'en 1926, ou Pierre Boivin, Émile Delavenay et René Maheu, qui deviendront normaliens en 1925. Avec eux nous retrouvons, du reste, trois membres du Bloc des gauches. Les deux premiers appartenaient à la mouvance socialiste, tandis que René Maheu appartenait au courant radical. De ce jeune normalien, futur directeur général de l'Unesco, il a déjà été brièvement question à trois reprises : à Louis-le-Grand, il participa à l'expérience de la *Revue sans titre*, aux côtés de Jean-Paul Sartre et de Paul Nizan, et fut membre du Bloc des gauches ; rue d'Ulm, à partir de 1925, il retrouve ses amis Sartre et Nizan, entrés l'année précédente, et forme avec eux un « clan » en marge de la communauté normalienne. Dans les *Mémoires d'une jeune fille rangée* de Simone de Beauvoir apparaît en effet longuement, en maints endroits, un jeune normalien agrégatif de philosophie nommé Herbaud. Ce personnage est essentiel car, outre que Simone de Beauvoir, elle aussi agrégative, semble avoir conçu à son égard, au fil des rencontres à la Bibliothèque nationale, une admiration puis une amitié proches du sentiment amoureux, c'est lui qui fit connaître à la jeune fille Jean-Paul Sartre, avec les conséquences que l'on connaît. Longtemps, les sartrologues ont pris l'indication au premier degré et s'en sont tenus au nom d'Herbaud, sans recherches complémentaires[43]. Or ce dernier n'apparaît sur aucun des documents administratifs concernant l'École de cette époque. Et pour cause : Herbaud et René Maheu ne faisaient qu'une seule et même personne ! Et le petit cercle des amis de Sartre et Nizan comptait un membre de moins[44].

René Maheu est né le 28 mars 1905 à Saint-Gaudens, de parents instituteurs. Après des études au lycée de Toulouse, il entre en hypokhâgne à Louis-le-Grand en 1922 et sera reçu au concours de la rue d'Ulm en 1925. Refusé à l'écrit de l'agrégation de philosophie en 1929, il est nommé à cette date au lycée de Coutances[45]. Durant ces sept années parisiennes, par-delà un vague radicalisme déjà évoqué, René Maheu se fait surtout le chantre de « l'individualisme ». C'est même là un thème récurrent qui apparaît à trois reprises au

43. C'est le cas, par exemple, de Francis Jeanson qui, dans sa biographie de Jean-Paul Sartre, consacre un long passage au normalien Herbaud, dont il esquisse même un portrait psychologique (cf. F. Jeanson, *Sartre dans sa vie*, Le Seuil, 1974, pp. 49-55).

44. Une étude récente sur Paul Nizan signale, dans le petit cercle d'amis de Sartre et Nizan, Herbaud et Maheu.

45. Il est à nouveau refusé à l'écrit en 1930 et à l'oral de l'agrégation de philosophie en 1931. A cette date, il obtient un poste à l'Université de Cologne (1931-1933) puis enseigne la philosophie au lycée français de Londres (1933-1936) avant de travailler au service culturel de l'ambassade de France de cette même ville jusqu'en 1940. Au Maroc durant le second conflit mondial, il entre ensuite, par l'entremise du normalien Jean Thomas (cf. la notice nécrologique de l'*Annuaire* de 1978, rédigée par Émile Delavenay et Jean Thomas), au secrétariat de l'Unesco, dont il deviendra directeur général en novembre 1961.

moins dans des textes écrits par lui ou le concernant. Durant l'année scolaire 1924-1925, tout d'abord, alors qu'il est encore en khâgne, il participe aux réunions du jeudi après-midi du Groupe d'études socialistes des Écoles normales supérieures : « René Maheu s'offrit à donner une de ces causeries, fin 1924 ou début 1925. S'adressant à un auditoire socialiste, son sujet n'était pas exempt de bravade ni d'une nuance de mystification. C'était : Pourquoi je suis individualiste. Il fut convaincant et captiva son auditoire », notera Émile Delavenay plus d'un demi-siècle plus tard dans l'*Annuaire* normalien de 1978. Ce témoignage est confirmé par la première circulaire du Groupe d'études socialistes qui, rappelant le programme des séances de l'année 1924-1925, indique pour le jeudi 12 février : « Boivin, Maheu, Le Bail : Socialisme et Individualisme ». Pierre Boivin et Jean Le Bail étant socialistes, on imagine facilement quel fut le rôle tenu lors des discussions par René Maheu. Rôle qu'il continue, du reste, à tenir quatre ans plus tard puisqu'au printemps 1929, à la Bibliothèque nationale, il « annonça abruptement qu'il était individualiste » à la jeune agrégative Simone de Beauvoir. Le sujet, apparemment, est à cette époque au cœur des préoccupations du normalien puisqu'il envoie une lettre aux auteurs de l' « enquête auprès des étudiants d'aujourd'hui », dont ces derniers publient un extrait dans *Les Nouvelles littéraires* du 2 février 1929 en précisant que cette lettre entendait « préciser un individualisme » insuffisamment évoqué dans les réponses publiées et protester « contre les rêves de la mystique communiste ou les illusions des chartiéristes » :

> « Je remarque d'abord que le spirituel social qui doit faire de l'individu un homme est pour cet individu donné et non acquis. Toute la dignité que je puis espérer, je me trouve donc dès la naissance la posséder tout entière. Ma vie ne saurait rien y ajouter : ma conduite devient dès lors indifférente. Aussi la société dans sa création de la race humaine ne dépasse pas les cadres de la nature. L'homme sociologique est bien une espèce assez fortement caractérisée entre toutes les espèces animales, mais aucune préoccupation éthique ne lui est permise. L'organisation de sa vie devient, en dehors de l'adaptation matérielle, un mot dénué de sens. Le spirituel social, d'autre part, est créé et organisé dans une tout autre intention que la dignité humaine de l'individu. Toutes ces valeurs dont on abuse nos esprits dès l'enfance, la Société les a créées pour elle. »

L'agrégatif de philosophie, du fait de son passage au Groupe d'études socialistes, fut profondément imprégné, malgré son individualisme proclamé, par le pacifisme qui domine alors à l'École normale supérieure. Rappelons ce que quarante-cinq ans plus tard, en 1973, René Maheu dira de son passage à l'Université de Cologne entre octobre 1931 et juin 1933 :

> « J'avais 26-28 ans. J'étais venu dans le sillage du " briandisme " finissant, avec ce que l'on appelait alors l'esprit de Locarno et dont je découvrais soudain qu'il ne correspondait plus à aucune réalité. J'étais venu parce qu'à l'École normale de la rue d'Ulm, où mon esprit s'est formé, j'étais, comme la plupart de mes camarades, un internationaliste fervent, parce que je croyais qu'il fallait soutenir la Société des nations et que j'étais persuadé que la paix exigeait avant tout la réconciliation franco-allemande. Je voulais travailler à cette réconciliation et c'est ainsi que je m'appliquai à expliquer à mes étudiants *Mars ou la guerre jugée* d'Alain, mais, bien sûr, ce n'était pas le moment. Je partis le jour où brûla le Reichstag.
>
> Je ne regrette pas, bien au contraire, ces années faussement perdues où, par les chemins mêlés des illusions du cœur et des lucidités de l'intelligence, je perçus les

dures réalités de notre temps et découvris à la fois les épreuves promises à ma génération et mes convictions essentielles[46]. »

Cette allocution rend bien compte des drames de conscience d'une génération pacifiste bientôt tiraillée entre les « illusions du cœur et [les] lucidités de l'intelligence ». Notons également l'importance du voyage en Allemagne, où plus d'un normalien, de Raymond Aron à René Maheu, trouva, on y reviendra, son chemin de Damas. Là encore, vraisemblablement, l'indifférence aux événements politiques d'un Jean-Paul Sartre à Berlin en 1933-1934 n'est pas à l'unisson de cette génération déchirée.

Les khâgneux ludoviciens, tel René Maheu, n'étaient pas les seuls à venir rejoindre les normaliens le jeudi après-midi et à participer aux discussions du Groupe d'études socialistes. Si les lycées Lakanal et Henri-IV ne semblent guère représentés, l'un à cause d'un éloignement qui l'a toujours tenu quelque peu à l'écart des initiatives nées au cœur du Quartier latin et l'autre à cause de l'influence chartiériste qui débouchait sur d'autres réseaux de sociabilité, Condorcet en revanche a été plus étroitement associé. L'un des khâgneux de ce lycée, Claude Lévi-Strauss, se hissera même, nous le verrons, après être passé par le Groupe d'études socialistes et sans être entré à l'École normale supérieure, à la tête de la Fédération nationale des étudiants socialistes, un moment étroitement contrôlée par les normaliens de la rue d'Ulm.

Autre khâgneux de Condorcet à avoir appartenu au Groupe, Albert Lautman sera, lui, reçu au concours de Normale en 1926. Mais son adhésion au Groupe est antérieure à ce succès. On le voit, par exemple, prendre la parole à la séance du jeudi 3 décembre 1925 sur le problème de la participation des socialistes au pouvoir, tout comme un autre élève de Condorcet, Nathan, ou les normaliens Lefranc, Le Bail et Deixonne[47]. A cette date, il n'a pas encore dix-huit ans : il est né le 8 février 1908, fils d'un médecin, Sami Lautman[48]. Élève de première A au lycée de Nice, il obtient en 1923 le deuxième prix de thème latin au Concours général, ainsi que le septième accessit de version grecque et le deuxième accessit d'histoire, dans le classement des départements[49]. En octobre 1924, il entre en khâgne à Condorcet, où il restera deux années. Dès cette époque, donc, il participe aux activités du Groupe d'études socialistes, et cette participation continuera tout naturellement quand Albert Lautman est reçu au concours de 1926. Et comme la plupart des membres du Groupe, il s'inscrira aux Étudiants socialistes[50]. Ce qui ne l'empêche pas, parallèlement, d'amorcer une recherche philosophique féconde, entre 1926 et son succès à l'agrégation de philosophie en 1930[51].

Dans l'une de ses lettres à sa sœur Gabrielle Ferrières, à la fin du mois de

46. Extrait de l'allocution de René Maheu cité par Émile Delavenay dans la notice biographique consacrée au directeur général de l'Unesco (*Annuaire* 1978, pp. 89-90).
47. Circulaire du Groupe d'études socialistes des Écoles normales supérieures, avril 1926, p. 7.
48. Dossier ENS, Arch. Nat. 61 AJ 253 et Archives Condorcet.
49. *RU*, 1923, 2, p. 274. Le Concours général, interrompu pendant le premier conflit mondial, a été rétabli en 1922. Cette année-là et en 1923, il comporte encore deux classements distincts : Paris et les départements. La *Revue Universitaire* indique en outre un « classement général » : en histoire, par exemple, Albert Lautman est classé 9e, devant Edgar Faure, en première C au lycée Voltaire, qui obtient le 5e accessit du classement parisien et se retrouve 10e au classement général (*Ibid.*, p. 276).
50. Témoignage du normalien Pierre Chambon, qui a été trésorier du groupe parisien des Étudiants socialistes (entretien avec l'auteur, octobre 1980).
51. Dans la même promotion d'agrégation de philosophie que les normaliens Maurice Merleau-Ponty, Étienne Borne, Maurice Deixonne, René Château et Jean Anglès d'Auriac. La rue d'Ulm enlevait, cette année-là, 6 postes d'agrégés de philosophie sur 12 (*RU*, 1930, 2, p. 457).

juillet 1930, le « caïman » de philosophie Jean Cavaillès se félicite du succès de ses agrégatifs, dont « Lautman, plein d'ardeur pour la philosophie mathématique[52] ». Albert Lautman, en effet, s'est intéressé à ce sujet dès l'École normale supérieure. En 1928, il a soutenu un mémoire avec Léon Brunschvicg sur « la mathématique d'Hilbert. » Mais c'est l'influence de Jean Cavaillès, comme lui fusillé par les Allemands en 1944, qui sera essentielle. Jean Cavaillès, cacique de la promotion littéraire de 1923, avait lui-même été marqué par un groupe de jeunes mathématiciens de l'École : Jean Delsarte (promotion 1922), qui enseignera par la suite à la faculté des sciences de Nancy de 1927 à sa mort en 1968, Henri Cartan (1923) et Charles Ehresmann (1924), qui enseigneront l'un et l'autre à la faculté des sciences de Paris, Jean Dieudonné (1924), plus tard doyen de la faculté des sciences de Nice, et Claude Chevalley (1926), lui aussi universitaire parisien. Les travaux de ces normaliens scientifiques, dont trois — Cartan, Ehresmann et Dieudonné — seront élus à l'Académie des sciences, seront bien plus tard immortalisés sous le nom de « Bourbaki[53] ». Comme Jean Cavaillès, Albert Lautman se lia d'amitié avec le groupe, notamment avec Charles Ehresmann et Claude Chevalley[54]. Et aussi avec Jacques Herbrand[55]. Ce sont d'ailleurs Claude Chevalley et Albert Lautman qui rédigèrent dans l'*Annuaire* de l'École de 1932 la notice nécrologique de ce jeune mathématicien disparu à vingt-trois ans dans un accident de montagne et qui s'annonçait comme l'un des scientifiques les plus doués de sa génération.

Ce brillant patronage scientifique et l'amicale influence de Jean Cavaillès conduisirent Albert Lautman à soutenir ses thèses dès 1937, à vingt-neuf ans, l'une sur les notions de structure et d'existence en mathématiques, l'autre, complémentaire, sur le développement contemporain des sciences mathématiques. Mais le socialiste pacifiste des années 1920[56], le logicien plein d'avenir des années 1930, deviendra, on le verra, « à son heure et à sa manière un combattant; génie perdu, il devait tomber sous les balles nazies[57] ».

Les réunions du Groupe d'études socialistes se tenaient le jeudi après-midi, d'abord au premier étage de la brasserie Steinbach, boulevard Saint-Michel,

---

52. Gabrielle Ferrières, *Jean Cavaillès, un philosophe dans la guerre 1903-1944*, Le Seuil, 1982, p. 54.

53. Le groupe des « collaborateurs de Nicolas Bourbaki », qui, sous ce pseudonyme, publia plusieurs décennies plus tard des travaux mathématiques novateurs, est en effet composé en notable partie de normaliens scientifiques des années 1920. Et le nom même de Bourbaki fut utilisé pour la première fois à cette époque : un élève de la promotion de 1921, Raoul Husson, simula en effet, lors d'un canular aux jeunes conscrits de la promotion rentrante, en novembre 1923, une leçon du professeur suédois Holmgoren. Muni d'une fausse barbe, il y développa notamment un théorème attribué à Nicolas Bourbaki (cf. le témoignage d'Alfred Kastler, de la même promotion que R. Husson, dans l'*Annuaire* 1970, p. 50 et celui de Jean Barbotte, de la promotion suivante, dans *BSAENS*, n° 69, mars 1954, pp. 9-10; cf. aussi *BSAENS*, n° 61, février 1951, pp. 7-8).

54. Cf. *Annuaire* 1980, pp. 68-71 (notice nécrologique de Charles Ehresmann rédigée par Jean Dieudonné et Gustave Choquet, et où ces derniers signalent l'amitié qui lia Ehresmann et Lautman); cf. aussi, pour la mention de Claude Chevalley, le témoignage de Jean Dieudonné, dans son avant-propos à Albert Lautman, *Essai sur l'unité des mathématiques et divers écrits*, Union Générale d'Éditions, 1977, p. 15.

55. *Ibid.*; Jacques Herbrand se lia également avec Jean Cavaillès (G. Ferrières, *op. cit.*, p. 64). Il est probable que l'influence de Jacques Herbrand fut elle aussi décisive dans cette orientation des recherches du jeune philosophe. Après sa réussite au concours d'entrée, Albert Lautman va partager, en effet, la même turne que le mathématicien, lui aussi ancien élève de Condorcet (cf. le témoignage de Jean Maugüé, lui aussi khâgneux de Condorcet reçu en 1926, et qui partagea la même turne, dans *Les dents agacées*, Buchet-Chastel, 1982, p. 51).

56. Sur ce probable pacifisme dans les années 1920, cf. *infra*, le passage du chapitre XV consacré aux rencontres de Davos.

57. C'est ainsi que Dominique Leca évoque son camarade de promotion Albert Lautman dans *Il y a quarante ans, l'an 40. La Rupture*, *op. cit.*, p. 144.

puis, à partir d'octobre 1925, à la Société de Géographie, au 184 du boulevard Saint-Germain. Cette dernière localisation ne dura qu'une année, car il était nécessaire de louer la salle pour chaque séance. Ainsi, à partir d'octobre 1926, le Groupe, qui ne pouvait s'offrir un tel luxe, utilisa les locaux d'une loge maçonnique rue Froidevaux, obtenus grâce à un « cloutier ». Par la suite, serviront tour à tour la Chambre typographique de la région parisienne, boulevard Auguste-Blanqui, et à nouveau, entre autres, un café du boulevard Saint-Michel.

Le plus souvent, un membre du Groupe ou un invité faisait une conférence, suivie d'une discussion. Les deux circulaires d'avril et septembre 1926 sont, à cet égard, précieuses : bulletins de liaison destinés aux provinciaux, elles permettent, en effet, de reconstituer le calendrier des rencontres pour 1924-1925 et 1925-1926. Pour la première année, ce calendrier se présentait comme suit :

Jeudi 27 novembre	Broussaudier : L'œuvre de Jaurès. Lefranc : Jaurès et la guerre.
Jeudi 4 décembre	Le Bail : L'affaire Dreyfus.
Jeudi 11	Lefranc : Les projets d'École unique.
Jeudi 18	Larroutis : La politique sociale et la Jeune République.
Jeudi 8 janvier	Casevitz : L'œuvre de la dernière assemblée de la Société des nations.
Jeudi 15	Jean Longuet : Le Travaillisme.
Jeudi 22	Guillemin : La Question religieuse.
Jeudi 29	Mlle Aymard : La Société des nations et la paix. Le Cœur : Socialisme et Religion.
Jeudi 5 février	Henri Boivin : L'École unique et le socialisme.
Dimanche 8	Charles Gide : La Question financière.
Jeudi 12	P. Boivin, Maheu, Le Bail : Socialisme et Individualisme.
Jeudi 19	Gaston Jèze : Les Questions financières.
Jeudi 26	Yvon Delbos : La reprise des relations franco-russes.
Jeudi 5 mars	J. Carrère : Le Syndicalisme universitaire.
Dimanche 8	C. Bouglé : Saint-Simon.
Jeudi 12	Le Bail et Malleret : Socialisme et communisme.
Jeudi 26	Poisson : Socialisme et Coopération.
Jeudi 4 avril	Antonelli : Les nouveaux aspects du socialisme.
Jeudi 23	J. Florence : Le Fascisme.
Jeudi 30	Mlle Lamare : Le Féminisme. Mlle Couret : La Jeune République.
Jeudi 7 mai	A. Francillon : Le Sénat.
Jeudi 14	A. Aymard : Sécurité française et pactes internationaux.
Jeudi 28	Dubreuil : L'Éducation ouvrière.
Jeudi 4 juin	Weill-Raynal : Les conditions économiques actuelles et le Socialisme.
Jeudi 11	Fr. Delaisi : Les problèmes du pétrole.
Jeudi 18	Bonnafous : Socialisme et Démocratie. Lefranc : Socialisme et Bolchevisme[58].

Un peu plus de la moitié des intervenants sont des membres du Groupe et, parmi eux, près des deux tiers sont des normaliens de la rue d'Ulm. Ces

58. La conférence d'Aimé Francillon n'est pas mentionnée dans la circulaire d'avril 1926, mais G. Lefranc, se fondant sans doute sur d'autres sources, la signale à la date du 7 mai, dans son étude sur le Groupe. Pour le 18 juin, au contraire, c'est la circulaire d'avril 1926 qui signale la conférence de Georges Lefranc, que ce dernier omet de mentionner.

derniers appartiennent tous, à l'exception d'Henri Guillemin (1923), à la promotion littéraire de 1924 : Broussaudier, Lefranc, Le Bail, Casevitz, Le Cœur et Larroutis. Et seul ce dernier, originaire de la khâgne de Lyon, n'est pas passé par Louis-le-Grand. On retrouve donc le poids et l'influence, déjà décelés, du Bloc des gauches de Louis-le-Grand dans la naissance du Groupe d'études socialistes. D'autant que ces khâgneux ludoviciens animent, on le voit, la plupart des premières séances. Et les khâgneux non encore normaliens qui participent aux conférences — Boivin, Maheu — viennent eux aussi de Louis-le-Grand.

A l'exception du radical Casevitz, de Maheu et des Jeunes Républicains, ces jeunes gens sont socialistes ou sympathisants. C'est d'ailleurs précisément à ce moment — janvier 1925 — que Lefranc, Le Bail et Le Cœur, par exemple, s'inscrivent, on le verra, à la 5e section parisienne de la SFIO. Il reste, et là encore on y reviendra, que le courant Jeune République semble lui aussi solidement représenté : sur les huit premières conférences, deux sont consacrées à « la politique sociale et la Jeune République », traitée par Maurice Larroutis, et à « la question religieuse », qu'évoque Henri Guillemin. Et là encore apparaît une généalogie déjà mise en lumière : ces deux jeunes normaliens viennent l'un et l'autre de la khâgne de Lyon.

En cette première année d'existence du Groupe d'études socialistes, le poids des jeunes gens de la rue d'Ulm est d'autant plus grand que les élèves des autres Écoles ne semblent guère venir en nombre. En tout cas, leur participation aux conférences reste cette année-là peu importante : cinq exposés, en tout, pour Fontenay (Aymard, Lamare), Sèvres (Couret) et Saint-Cloud (Malleret, Francillon). C'est surtout au cours des années suivantes que se situe, par exemple, pour les élèves de Saint-Cloud la « grande époque » du Groupe d'études socialistes. Et il semble bien que le rôle indirect de la rue d'Ulm dans l'apparition d'un courant socialiste au sein des cloutiers n'ait pas été le premier dans l'histoire de l'École de Saint-Cloud : déjà vingt ans plus tôt, l'influence ulmienne s'était fait sentir dans l'apparition, chez les « primaires d'élite », d'un « groupe socialisant embryonnaire » en 1908, après la naissance, l'année précédente, d'un groupe socialiste rue d'Ulm [59].

Le choix des conférenciers « invités » fournit également des indications significatives sur les orientations dominantes du Groupe. On trouve, d'une part, quelques jeunes agrégés : Jean Carrère, André Aymard et Max Bonnafous. Le premier, normalien de la promotion 1916, agrégé d'histoire, est en 1924-1925 socialiste et secrétaire du Centre de Documentation sociale. A travers lui apparaissent à nouveau les liens entre la « Docu » et le socialisme normalien. Le second, André Aymard, n'est pas normalien. Né le 14 mai 1900, il a effectué ses études en Sorbonne, dont il deviendra quatre décennies plus tard le doyen, et a été reçu premier à l'agrégation d'histoire en 1923 [60]. En 1924-1925 il est pensionnaire de la Fondation Thiers. Il est probable qu'il vint au Groupe d'études socialistes par l'intermédiaire de sa sœur Rose Aymard, à

59. Alain Barbé parle d'une « grande époque » dans son mémoire de maîtrise sur *Les élèves-professeurs de l'École normale supérieure de Saint-Cloud durant l'entre-deux-guerres (1919-1939)*, dir. Maurice Agulhon, Paris I, dact., 1976, p. 129. Pour la mention d'un « groupe socialisant embryonnaire », cf. Jean-Noël Luc et Alain Barbé, *Des normaliens. Histoire de l'École normale supérieure de Saint-Cloud*, *op. cit.*, p. 53.

60. *RU*, 1924, 1, p. 166. Seuls deux normaliens (Léon Bourdon et Antoine Bon) figurent parmi les reçus. André Aymard, Robert Schnerb, Marcel Reinhard et André Latreille sont classés respectivement aux quatre premières places. Fernand Braudel est quatorzième.

l'époque fontenaisienne et membre du Groupe d'études socialistes. Quant à Max Bonnafous, de la promotion de 1920, agrégé de philosophie en 1924, il appartint, on l'a vu, au noyau socialiste de la rue d'Ulm regroupé, au début des années 1920, autour de Marcel Déat. En 1925 il est candidat socialiste aux élections municipales dans le Ve arrondissement de Paris.

Les conférenciers invités proviennent, d'autre part, du milieu universitaire et surtout des milieux politiques et syndicaux. Parmi les enseignants, est présent le socialiste Henri Boivin, professeur de lettres au lycée Lakanal et père de l'un des membres du Groupe, Pierre Boivin. Deux autres professeurs, Célestin Bouglé et Gaston Jèze, ont participé quelques mois plus tôt à la rédaction de l'ouvrage *La Politique républicaine*, déjà évoqué et qui réunissait plusieurs grandes signatures de l'Université française favorables au Cartel des gauches, dont Albert Demangeon, Georges Scelle, Lucien Lévy-Bruhl, Charles Rist et Charles Seignobos. Quant à Charles Gide, il est professeur au Collège de France et viendra à plusieurs reprises évoquer les problèmes économiques et financiers devant le Groupe.

Avec Étienne Antonelli, professeur à la faculté de droit de Lyon et spécialiste d'économie politique, nous passons au milieu politique. A cette date, ce dernier est, en effet, député socialiste de Haute-Savoie. A la SFIO appartiennent également Jean Longuet, à l'époque directeur du *Populaire*, et Étienne Weill-Raynal, normalien de la promotion littéraire de 1906 et agrégé d'histoire. Yvon Delbos, alors député radical de la Dordogne, appartient à la promotion suivante. Comme Étienne Antonelli, il vient d'être élu pour la première fois l'année précédente, au moment de la victoire du Cartel. Il deviendra deux mois plus tard, le 17 avril 1925, sous-secrétaire d'État à l'Enseignement technique et aux Beaux-Arts.

Ernest Poisson, qui vint parler le jeudi 26 mars de « Socialisme et coopération », était le secrétaire général des coopératives de consommation. Plusieurs normaliens, dont Georges Lefranc, portèrent par la suite pendant plusieurs années un intérêt soutenu au mouvement coopératif français. Une Amicale des boursiers de la coopération fut mise sur pied, dont Georges Lefranc fut le premier président, et un bulletin, *L'Arc-en-ciel*, fut édité. Très rapidement, les « boursiers » reprirent leur liberté et s'éloignèrent du mouvement coopératif[61]. Quant à Hyacinthe Dubreuil, il représente la CGT et vient évoquer devant le Groupe ce qui demeurera l'une des préoccupations de sa vie militante et de son œuvre écrite, l'éducation ouvrière. Comme Charles Gide, il reviendra parler plusieurs fois devant ce Groupe d'études socialistes. Et Francis Delaisi y parlera aussi à plusieurs reprises : tout autant que l'économiste, c'est le briandiste fervent et l'européen convaincu qui s'expriment devant le jeune auditoire.

Briandiste également, à l'époque, Jean Luchaire, futur directeur des *Nouveaux Temps* sous l'Occupation, qui, sous le pseudonyme de J. Florence,

---

61. Sur ces rapports entre jeunes étudiants et mouvement coopératif et sur l'Amicale des boursiers de la coopération, Georges Lefranc a apporté son témoignage dans le *Cahier de l'Ours*, n° 116 de janvier 1981, pp. 53-56. Outre Ernest Poisson, Charles Gide représentait lui aussi, parmi les orateurs invités, ce mouvement coopératif. Sur l'intérêt des jeunes normaliens pour la « Coopération », cf. également l'article contemporain de Georges Lefranc, « La Coopération française et le mouvement ouvrier — French cooperation and the workers'movement », dans *The Green Leaf-La Revue Verte*, revue mensuelle rédigée en français et en anglais, n° 13, décembre 1927, pp. 86-105. (Georges Lefranc a publié, par ailleurs, dans les numéros 38, janvier-mars 1931, et 40, juillet-septembre 1931, de *La Revue des Études Coopératives*, deux articles sur le mouvement coopératif dans la région cherbourgeoise et à La Chaux-de-Fonds.)

vient faire une conférence sur le fascisme. Il aurait été précieux de connaître les causes de l'usage d'un pseudonyme ainsi que la teneur des propos tenus par un homme alors membre du Parti radical et dont l'influence fut importante sur certains jeunes du parti valoisien. Notons que s'il est le seul des orateurs, avec Francis Delaisi, à avoir été par la suite « collaborationniste », plusieurs autres se rallieront à Vichy : Max Bonnafous et Hyacinthe Dubreuil, notamment.

Les thèmes traités en 1925-1926 par les membres du Groupe ou les invités sont surtout consacrés soit à la sensibilité dominante (le socialisme, la SDN), avec ses événéments fondateurs (l'affaire Dreyfus) ou ses grands dirigeants historiques (Jaurès), soit aux problèmes en prise directe sur l'actualité politique (L'École unique, la question financière, la reprise des relations franco-russes). On relève notamment une certaine curiosité pour les problèmes économiques et financiers. Tout se passait comme si ce public de khâgneux et de normaliens essentiellement pétris jusque-là de culture classique tentait de s'initier par ce moyen à l'économie et à la pensée politique. Il y a là une volonté d'ouverture incontestable qui confère à ce socialisme normalien une certaine spécificité et que l'on retrouvera, par exemple, à Révolution constructive. Ce mouvement montrera toutefois un intérêt pour d'autres expériences nationales que n'a pas encore, semble-t-il, le Groupe d'études socialistes, dont les préoccupations restent au milieu des années 1920 très gallocentriques.

Et ce sont les mêmes orientations que l'on va retrouver au cours des séances de l'année suivante. En 1925-1926, les sujets traités sont en effet les suivants :

Jeudi 5 novembre	Séance de rentrée (durant laquelle est décidée l'admission des élèves de l'ENSET).
Jeudi 12	Guillemin et Lefranc : la Jeune République et les partis d'extrême gauche.
Jeudi 19	Mas et Lefranc : Le mouvement coopératif.
Jeudi 26	Charles Gide : Le sionisme.
Jeudi 3 décembre	Discussion sur la participation des socialistes au pouvoir (Lefranc, Lautman, Deixonne, Le Bail, Nathan).
Dimanche 6	Léon Blum : Les raisons du refus de participation de la SFIO.
Jeudi 10	Gaston Lévy : une organisation socialiste des banques.
Jeudi 17	Henri Boivin : le syndicalisme universitaire.
Jeudi 7 janvier	Bruhat et Lefranc : la question coloniale.
Jeudi 14	Le Bail et Lefranc : Les décisions du Congrès socialiste.
Jeudi 21	A. Rey : Les assurances sociales.
Jeudi 28	Malleret : Les conditions du travail dans les usines.
Jeudi 4 février	Francis Delaisi : Les contradictions du monde moderne.
Jeudi 11	Gustave Rodrigues : L'enseignement unique.
Jeudi 18	Le Morvan : Catholicisme et Socialisme.
Jeudi 25	Marc Sangnier : La Jeune République.
Jeudi 4 mars	Pierre Isler : Le malaise alsacien.
Jeudi 11	E. Antonelli : La question coloniale.
Jeudi 18	Marcel Déat : L'élection de la Marne.
Jeudi 15 avril	Dubreuil : La neutralité politique du mouvement syndical.
Jeudi 22	Lévi-Strauss : L'organisation du Parti Ouvrier Belge.
Jeudi 29	Deixonne : Le Socialisme doit-il choisir entre la démocratie et la lutte des classes ?

Jeudi 6 mai	Poisson : La neutralité politique du mouvement coopératif.
Dimanche 9	Charles Gide : Pourquoi et comment il faut stabiliser.
Jeudi 20	Monchoux : Le problème de l'École.
Jeudi 27	W. Oualid : Les conditions du travail d'après-guerre, d'après l'enquête du BIT.
Jeudi 3 juin	Lefranc : Le socialisme et la crise du régime parlementaire.
Jeudi 24	Lamare : Socialisme et sympathisants.

Les normaliens de la rue d'Ulm continuent donc à animer nombre de séances. Aux côtés des anciens (Lefranc, Le Bail, Guillemin), on voit apparaître quatre nouveaux orateurs : Monchoux, Le Morvan, Deixonne et Bruhat. Les deux premiers appartiennent à la même promotion de 1924 que les fondateurs du Groupe. Quant à Maurice Deixonne et Jean Bruhat, ils viennent d'entrer à l'École normale supérieure, dans la promotion littéraire de 1925.

Les élèves des autres Écoles, en revanche, semblent jouer, au moins en ce qui concerne l'animation des séances, un rôle encore plus faible que l'année précédente. Certes, le Bureau du groupe respecte apparemment un équilibre entre les établissements, mais seuls deux cloutiers, Louis Malleret et Amédée Mas, et une ancienne élève de Fontenay, Émilie Lamare, prennent la parole. Ces orateurs sont donc moins nombreux, pour quatre Écoles, que les seuls ulmiens, mais aussi que les khâgneux : Lautman, Nathan et Lévi-Strauss viennent de Condorcet, tandis que Pierre Isler représente la khâgne de Louis-le-Grand.

La circulaire d'avril 1926 précise que ce dernier appartient aux Étudiants socialistes. Et, de fait, l'impression qui ressort de la liste des orateurs membres du Groupe est que les socialistes et sympathisants y sont de plus en plus dominants. Certes, des représentants de la Jeune République (Monchoux, Guillemin) ou du Parti communiste (Malleret, Bruhat) s'expriment volontiers et exposent, dans leurs conférences, les idées de leurs courants respectifs. Mais la plupart des autres sont membres de la SFIO ou sur ses franges. La sensibilité radicale, notamment, semble avoir été laminée : si René Maheu et Jean Casevitz font des exposés durant l'année 1924-1925, ils disparaissent du calendrier et du compte rendu des séances de l'année suivante.

Parmi les invités, la tendance est, du reste, identique. En ce qui concerne les conférenciers qui ont déjà parlé devant le Groupe l'année précédente et qui ont été conviés pour un deuxième exposé (Antonelli, Boivin, Delaisi, Dubreuil, Gide, Poisson), les socialistes et sympathisants dominent, en effet, avec également, il est vrai, une composante syndicale. Et parmi les nouveaux orateurs, le phénomène est encore accru : si on laisse de côté Marc Sangnier, de la Jeune République, et William Oualid, professeur à la faculté de droit de Paris, qui vient faire un exposé technique sur une enquête du BIT, les cinq autres invités viennent soit de la CGT (Aimé Rey, délégué permanent à la propagande), soit, pour quatre d'entre eux, de la SFIO. Marcel Déat vient évoquer son récent succès à une élection législative partielle dans la Marne, qui lui a valu des démêlés avec son parti, dont il s'explique devant les jeunes normaliens. L'un d'entre eux, Le Bail, condamne l'attitude d'opposition de Déat aux instances de la SFIO, auxquelles, déclare-t-il, « nous sommes tenus d'obéir ». Gustave Rodrigues, qui vient parler de l'Enseignement unique — qui, à la différence de l'École unique, « appellerait tous les enfants à une éducation intégrale[62] » —, appartient à la seizième section parisienne de la SFIO. Ce professeur agrégé de philosophie au lycée Janson-de-Sailly, qui militait aussi à la Ligue des droits de l'homme, se suicidera en juin 1940, au moment de l'entrée des Allemands à Paris[63]. Quant à Gaston Lévy, administrateur délégué de la Banque des coopératives, il est lui aussi membre de la SFIO.

Le quatrième orateur socialiste, enfin, n'est autre que Léon Blum. La circulaire d'avril 1926 rend compte de sa visite en ces termes :

> « Séance du dimanche 6 décembre. Léon Blum, député de Paris, explique pourquoi les socialistes unanimes ont refusé de participer à un ministère Herriot. La participation qu'on leur offrait n'était qu'une politique de soutien à l'intérieur. Si le Parti délègue ses hommes au pouvoir, ce sera pour appliquer ses décisions. »

C'est sur le conseil de Lucien Herr que Georges Lefranc avait proposé à Léon Blum de venir au Groupe donner une conférence sur le socialisme. Léon Blum accepta mais, le jour prévu, il se borna à improviser quelques remarques sur les détails de la dernière crise ministérielle. La déception des normaliens et khâgneux fut grande et les souvenirs de Georges Lefranc sont, sur ce point, bien plus explicites que le bref compte rendu de la circulaire :

> « Quelques jours plus tard, le 6 décembre 1925, il vint faire un dimanche matin sa conférence, 184, boulevard Saint-Germain. Arrivé en taxi. Je l'attendais devant la porte. Nous montons. Je le présente. Il commence sa conférence. " Vous avez vu, mon cher Legrand (*sic*) dans quel état de déliquescence j'étais lorsque vous êtes venu me voir. Je n'ai pas pu préparer autant que je l'aurais voulu. Je vais donc me borner à vous présenter, du point de vue socialiste, une chronique des récents événements parlementaires. " Catastrophe ! *C'était exactement le contraire de ce que les organisateurs du groupe avaient souhaité.* Le talent de Léon Blum était tel qu'il fut écouté avec la plus grande attention. Je ne crois pas — malgré sa finesse — qu'il ait deviné notre déception[64]. »

Parmi les autres conférences de cette année 1925-1926, nous en retiendrons deux ici, éclairantes à des titres divers. Le 7 janvier 1926, devant les membres du Groupe, Jean Bruhat et Georges Lefranc confrontent leurs points de vue sur « la question coloniale ». Le compte rendu qu'en donne la circulaire d'avril 1926 permet de reconstituer deux visions bien différentes de l'Empire. Pour Jean Bruhat, qui « expose le point de vue communiste », le problème est clair :

---

62. *Circulaire* d'avril 1926, pp. 12 et 16.

63. G. Lefranc, *Visages du mouvement ouvrier français, op. cit.*, p. 62. Ce suicide est également évoqué par Simone de Beauvoir, qui effectua son stage d'agrégation chez Gustave Rodrigues (*Mémoires d'une jeune fille rangée, op. cit.*, p. 294). Claude Lévi-Strauss fut l'élève de Gustave Rodrigues au lycée Janson-de-Sailly en 1924-1925. Un commun engagement politique n'empêche pas l'ethnologue de brosser de son ancien professeur de philosophie — qui fut par la suite son directeur de stage d'agrégation — un portrait dénué d'indulgence (*Tristes Tropiques*, Plon, 1955, p. 42). Gustave Rodrigues était né le 12 février 1871 à Paris. Reçu second à l'agrégation de philosophie en 1894, il enseignera d'abord au lycée de Bastia (1894), puis à Limoges (1895), Laon (1897), Amiens (1901). En mars 1911, il est nommé à Paris, au lycée Condorcet d'abord, puis à Janson-de-Sailly (Arch. Condorcet).

64. Georges Lefranc, « Rétrospectives, II. Militant socialiste et syndicaliste », *Cahier de l'Ours* n° 118, mars 1981, p. 59 (la phrase en italiques est soulignée dans l'original). Tous les normaliens présents, cependant, n'éprouvèrent apparemment pas la même déception. Dans ses *Mémoires*, Raymond Aron évoque, en tout cas, une conférence à l'École au cours de laquelle « Léon Blum parla avec un charme que nous appréciâmes tous » (*Mémoires, 50 ans de réflexion politique*, Julliard, 1983, p. 47).

« ... la colonisation est un mal, aussi bien pour le peuple colonisé que pour le peuple colonisateur. Les conséquences de la colonisation pour la métropole ? Au bout d'un certain nombre d'années, le peuple colonisé acquiert une industrie qui concurrence l'industrie de la métropole et détermine le chômage. Exemple : l'industrie textile anglaise menacée par l'industrie indienne. De tout temps, les impôts destinés à financer ces aventures ; le plus souvent la guerre : Maroc, Syrie. En résulte-t-il au moins un bien pour le peuple colonisé ? Aucun ; et la meilleure preuve est que le peuple colonisé se soulève contre le capitalisme exploiteur. Au problème colonial comme à tant d'autres il n'est qu'une solution : l'union du prolétariat universel contre le capitalisme ; aux colonies aussi s'applique l'appel de Karl Max (*sic*) : Prolétaires de tous les pays, unissez-vous ! »

Et il est vrai que *L'Humanité,* à peu près à la même époque, évoque en des termes similaires les velléités nationalistes que montrent certains étudiants venus d'Indochine. Cette vision, totalement isolée à cette époque au Quartier latin, apparaît par exemple dans la relation par le numéro du 10 janvier 1929 de l'organe du Parti communiste de la bagarre générale qui avait eu lieu la veille au café Turquetti, lors d'une réunion organisée par les Phalanges universitaires des Jeunesses patriotes. Des étudiants indochinois étaient venus porter la contradiction à l'un des leurs qui devait faire une conférence sur « l'Indochine dans le cadre national » et un membre des Phalanges avait été grièvement blessé par un coup de stylet dans la région du cœur[65].

Bien plus nuancée apparaît la position de Georges Lefranc. Et son étude est utile pour deux raisons au moins. On y discerne d'abord la vision de l'Empire français que pouvaient avoir de jeunes socialistes nés vers 1905 et appartenant à l'élite étudiante. A travers un tel texte, nous pouvons, en effet, reconstituer une sensibilité vierge de toutes les évolutions et mises en perspective ultérieures. Or, et c'est le second intérêt de ce document, une partie du personnel politique socialiste du futur Front républicain appartient à cette génération de 1905 ou à ses franges. Robert Lacoste, par exemple, est né en 1898. Pour s'en tenir ici aux seuls normaliens, il n'est pas indifférent de citer les phrases de Georges Lefranc, avec qui se trouvait selon toute vraisemblance en accord Maurice Deixonne, membre du Groupe d'études socialistes des Écoles normales supérieures et futur président du groupe parlementaire SFIO à la fin de la IVe République. A Jean Bruhat, Georges Lefranc répond, en effet :

« [Lefranc] admet toutes les critiques communistes. Mais où aboutissent-elles ? A l'évacuation : le remède est pire que le mal ; la Chine " indépendante " n'est pas plus heureuse que l'Indochine colonisée ; elle est moins calme. A côté de la colonisation-exploitation, il y a eu, il peut y avoir encore la colonisation civilisatrice. Nationalistes et communistes ne voient et ne veulent voir qu'un aspect de la vérité. Les socialistes tiennent compte des deux. Il faut aménager la colonisation pour le peuple colonisé, le mettre dans une tutelle qui ne soit pas une servitude, créer des routes, développer l'instruction, améliorer l'hygiène, l'appeler peu à peu à une vie plus haute, desserrer lentement les liens de la tutelle et finalement s'en aller. La théorie des mandats coloniaux, substituant à la colonisation nationale la colonisation internationale, peut y aider. »

Quant au socialiste Le Bail, futur député de la Haute-Vienne, il « montre le caractère anarchiste de la solution communiste » et conclut qu'« au fond, le nationalisme moscovite cherche à envenimer tous les conflits ».

65. Sur ces incidents, cf. note 92 du chapitre VIII.

Les débats d'une autre journée, celle du 5 novembre 1925, sont également révélateurs, à un autre titre. En cette séance de rentrée de l'année 1925-1926, les membres du Groupe, après avoir décidé à l'unanimité d'admettre désormais en leur sein les élèves de l'ENSET, engagent une discussion sur la dénomination de leur organisation. Deux sévriennes, Jeanne Arnoux et Marguerite Boileau, s'interrogent, en effet, sur l'adjectif « socialiste » et, rapporte la circulaire d'avril 1926, proposent de le remplacer car « il risque d'effrayer bien des gens et de produire confusion ». Henri Guillemin avance l'appellation de « Groupe d'études politiques et sociales ». Aux yeux des socialistes, la proposition du Jeune Républicain est perçue immédiatement comme dangereuse. Si les membres et sympathisants de la SFIO sont nombreux dans la frange ulmienne du Groupe, ils ne peuvent être sûrs en cette séance de rentrée, alors que l'organisation vient de s'enrichir d'éléments nouveaux, que leur tendance soit majoritaire au sein de l'ensemble des représentants des cinq Écoles. D'autant que la proposition des deux sévriennes n'apparaît pas comme un indice rassurant. Bien plus, l'intervention d'Henri Guillemin peut faire basculer bien des indécis. Dès lors, les socialistes du Groupe montent en ligne. Georges Lefranc déclare que le terme « socialiste » indique une tendance commune, rien de plus ; mais « cette tendance existe, il faut la manifester. Le titre qu'on nous propose ouvrirait l'entrée du Groupe à des gens qui n'ont rien de commun avec nous ». La circulaire précise que Boivin, Mas et Le Bail demandent qu'on maintienne le nom actuel et que c'est cette solution qui finalement l'emporte. Dans *Visages du mouvement ouvrier français*, en 1982, Georges Lefranc précise le climat de cette fin de séance : « Henri Guillemin revient à la charge vainement. L'atmosphère est courtoise, mais tendue. On vote. La proposition des sévriennes est écartée. Les gros bataillons de Saint-Cloud et de Fontenay, appuyant la majorité de la rue d'Ulm, ont assuré " notre " victoire. Il n'en sera plus jamais question. »

Il en sera d'autant moins question que, on l'a vu, en cette année 1925-1926, la tendance socialiste semble devenir dominante. Au reste, à la fin de cette même année, Georges Lefranc reconnaîtra, dans un éditorial intitulé « Où nous en sommes » :

> « Dans nos réunions du dernier trimestre, trop souvent, il n'y a eu pour prendre part aux discussions que Le Bail, Deixonne et moi-même. La plupart du temps, il ne s'est trouvé personne pour défendre le communisme et la Jeune République, comme Guillemin et Malleret l'an dernier. La plupart du temps nous n'avons pu savoir ce que vous pensiez, vous qui nous écoutiez sans rien dire, et nous nous sommes demandé en vain si vous étiez de notre avis ou si des objections persistaient en vous. Comment le Groupe pourrait-il ne pas perdre de son intérêt pour vous et pour nous ? Pour vous, parce que, au lieu de la confrontation des idées que vous venez chercher, vous n'avez plus et ne pouvez plus avoir que des discussions sur des points de détail, entre gens au fond du même avis. Pour nous, parce que nous voulons recevoir autant que donner ; parce que de vous nous voulons apprendre quelles exigences le socialisme doit remplir pour vous entraîner derrière lui, à la bataille[66]. »

Même si le Groupe d'études socialistes des Écoles normales supérieures demeure tout au long de ces années autonome par rapport à la SFIO, son noyau dirigeant est donc incontestablement socialiste.

---

66. Circulaire de septembre 1926, p. 3.

Outre Georges Lefranc, l'actif secrétaire du Groupe de 1924 à 1927, le texte cité évoque Maurice Deixonne et Jean Le Bail. Nous étudierons plus loin le rôle joué par le premier. Quant au second, il en a déjà été question au chapitre IX. Proche de la SFIO avant son entrée à l'École dans la promotion littéraire de 1924, cet ami de Georges Lefranc s'inscrit comme lui à la cinquième section parisienne en janvier 1925 et deviendra tout logiquement l'un des piliers du Groupe d'études socialistes. Pierre Boivin[67] en est un autre membre influent. Né le 28 avril 1906, fils d'un professeur agrégé des lettres socialiste — ancien ami de Péguy, professeur à Orléans puis au lycée Lakanal, Henri Boivin est l'un des fondateurs du Syndicat national des professeurs de lycée —, il effectue ses études secondaires au lycée d'Orléans, où il est le condisciple et l'ami, de la sixième à la classe de philosophie, de Jean Zay, dont il deviendra en 1936 le chef adjoint de cabinet, chargé plus particulièrement de l'enseignement secondaire. En 1922, en classe de première, il obtient le quatrième accessit de version latine au Concours général puis, l'année suivante, le cinquième accessit de philosophie. Ces succès scolaires l'aiguillent vers l'hypokhâgne de Louis-le-Grand, où il entre en octobre 1923. Durant les deux années qu'il passe rue Saint-Jacques, il appartient au Bloc des gauches et c'est tout logiquement qu'il rejoint le Groupe d'études socialistes quand celui-ci est fondé à l'automne 1924. Durant l'année scolaire 1924-1925, le khâgneux ludovicien assistera aux réunions du jeudi après-midi et animera le 12 février un débat sur « Socialisme et Individualisme », avec, on l'a vu, Jean Le Bail et René Maheu.

Pierre Boivin est reçu troisième au concours de 1925 et passera quatre années à l'École normale supérieure jusqu'à l'agrégation de philosophie de 1929, à laquelle il sera reçu également en troisième position, derrière Jean-Paul Sartre et Simone de Beauvoir. L'année précédente, il avait soutenu un mémoire avec Célestin Bouglé sur *L'économie sociale d'Auguste Comte,* noté 18 sur 20. Mais ces quatre années ont été aussi une époque d'actif engagement socialiste, d'abord au sein du Groupe d'études socialistes, dont il devient dès l'année 1925-1926 le représentant pour la rue d'Ulm[68], puis aux Étudiants socialistes et à la cinquième section parisienne, en attendant Révolution constructive, dont il sera l'un des onze fondateurs.

D'autres normaliens ont également joué un rôle notable au sein du Groupe. Il y a tout d'abord Sylvain Broussaudier, évoqué au chapitre précédent. Le chanteur des couplets à scandale de la Revue de 1927 appartient à la promotion littéraire de 1924 et vient lui aussi de la khâgne de Louis-le-Grand. Et c'est lui qui, le jeudi 27 novembre 1924, fit le premier exposé de l'histoire du Groupe d'études socialistes, sur l'œuvre de Jaurès. Autre ancien khâgneux ludovicien, Pierre Chambon avait été l'un des fondateurs du Bloc des gauches. La maladie ayant, on l'a vu, retardé ses études, il n'entrera à l'École normale supérieure qu'en 1926. Ce fils d'un représentant de commerce orléanais reprendra alors sa place parmi les socialistes de la rue d'Ulm. A ces socialistes il faut également rattacher Émilie Lamare, future Mme Lefranc, qui va jouer au sein de ce groupe de jeunes étudiants socialistes un rôle de premier plan. Née

---

67. Pour l'étude des années khâgneuses et normaliennes de Pierre Boivin, outre les archives de Louis-le-Grand et celles de l'École normale supérieure (Arch. Nat. 61 AJ 252), cf. le recueil posthume *Pierre Boivin. Choix d'écrits*, Centre confédéral d'éducation ouvrière, 1938. La notice nécrologique rédigée par Georges Lefranc pour l'*Annuaire* de 1982 contient aussi quelques précisions (*op. cit.*, pp. 51-54). Pierre Boivin est mort prématurément le 12 août 1937, emporté par un cancer.
68. Circulaire d'avril 1926, p. 6.

le 3 mars 1903, reçue en 1919 à l'École normale d'Amiens puis en 1923 à Fontenay, elle devient en novembre 1924 représentante de cette École normale supérieure au sein du Groupe. Reçue au professorat en juillet 1925, elle est nommée à l'École normale de Douai en octobre mais garde des liens étroits avec le Groupe.

Ainsi s'est constituée, en cercles concentriques à partir du noyau initial de la khâgne ludovicienne, une organisation qui restera toujours, par la volonté même de ses fondateurs, totalement autonome par rapport à la SFIO. Certes, la plupart de ses membres les plus importants vont entrer à la même époque au Parti socialiste, mais ils veilleront à conserver l'indépendance de leur Groupe. Ce qui ne les empêchera pas, parallèlement, de tenter d'exercer une influence sur leur parti, au niveau local, à travers la cinquième section parisienne, et au niveau national, à travers la Fédération nationale des étudiants socialistes.

La cinquième section parisienne de la SFIO.

En janvier 1925, trois mois après la fondation du Groupe d'études socialistes des Écoles normales supérieures, son secrétaire, Georges Lefranc, adhère à la cinquième section parisienne de la SFIO. Ainsi que le règlement l'exigeait, le jeune normalien avait deux parrains : Marcel Déat, dont nous avons vu le rôle dans le relèvement de cette section après le congrès de Tours, et Étienne Dennery. Ce double parrainage, mis en perspective, présente un contraste frappant entre les destinées des deux intéressés. On connaît l'itinéraire de Marcel Déat. Celui d'Étienne Dennery le conduira, au contraire, à Londres puis à Alger durant le second conflit mondial.

Né le 20 mars 1903 à Paris, fils d'industriel, ancien élève de l'École alsacienne, ce dernier a préparé le concours de la rue d'Ulm à Louis-le-Grand et, une fois reçu au concours, il s'est orienté vers l'agrégation d'histoire et de géographie passée en 1926. En janvier 1925, il est donc en deuxième année. C'est Marcel Déat, avec qui il avait suivi des leçons de philosophie, qui l'a converti au socialisme[69] et il s'était alors inscrit à la cinquième section. Mais les deux hommes vont très vite connaître des itinéraires divergents. Tandis que Marcel Déat devient l'une des figures de proue de la SFIO puis s'en éloigne à partir de 1933, Étienne Dennery commence une carrière enseignante, qui va le conduire aux marges de la diplomatie. Après avoir voyagé pendant un an après son succès à l'agrégation grâce à une bourse de voyage autour du monde de l'Université de Paris et avoir été désigné ensuite comme expert à la commission d'études de la Société des nations pour la Mandchourie, il enseignera jusqu'à la guerre à l'École libre des sciences politiques (1933-1939) — André Siegfried, nommé au Collège de France, lui avait proposé sa succession rue Saint-Guillaume[70] —, à l'École des hautes études commerciales (1935-1939) et à l'Institut des hautes études internationales (1935-1939).

Dès avant le second conflit mondial, sa route s'infléchit : en 1935, il est avec Louis Joxe l'un des fondateurs du Centre d'études de politique étrangère, et il multiplie à cette époque les communications et les articles sur les relations

69. Témoignage de Georges Lefranc dans « Marcel Déat à travers quelques-uns de ses inédits » (*L'Information historique*, vol. 42, 1980, n° 4, p. 158).

70. D'après Gaston Palewski, *Revue des deux mondes*, avril 1980, « Propos », pp. 118-133 (Étienne Dennery est plus particulièrement évoqué pp. 130-131).

internationales. Mais c'est la guerre qui, en fait, entraînera indirectement son entrée dans la Carrière. Après la défaite, il lui est en effet proposé une chaire à Harvard, qu'il accepte. Arrivé à New York, il prend rapidement contact, en février 1941, avec la délégation de la France libre. En juin de la même année, il passe en Angleterre et le général de Gaulle lui confie les services de l'Information de la France combattante, qu'il dirigera du 14 juillet 1941 au 15 juin 1942[71]. Il rejoint à cette date une unité active, jusqu'à ce que, quatorze mois plus tard, la maladie l'oblige à quitter cette unité. Il reprend alors, en septembre 1943, ses fonctions de directeur de l'Information, à Alger. A la Libération, Gaston Palewski, au cabinet du général de Gaulle, propose son nom pour la direction du journal *Le Monde*. Étienne Dennery déclina l'offre, choisit la carrière diplomatique et, nommé ministre plénipotentiaire, fut d'abord directeur d'Amérique à l'administration centrale. A partir de 1950, il devint successivement ambassadeur à Varsovie (1950-1954), Berne (1954-1961) et Tokyo (1961-1964). En 1964, il succéda à Julien Cain dans la double tâche d'administrateur général de la Bibliothèque nationale et de directeur des bibliothèques et de la lecture publique. C'est grâce à lui que Georges Lefranc parvint à faire rapatrier de Turin, par la valise diplomatique, les papiers de Marcel Déat afin de les transférer au Département des manuscrits de la Bibliothèque nationale. Près d'un demi-siècle après ce samedi soir de janvier 1925 où Marcet Déat et Étienne Dennery parrainaient l'entrée de Georges Lefranc à la cinquième section parisienne de la SFIO, la boucle était bouclée.

Ce même soir, en même temps que Georges Lefranc, trois de ses camarades de la promotion littéraire de 1924 adhéraient à la section : Jean Le Bail, Charles Le Cœur et Alfred Péron. A l'image des deux parrains de leur principal meneur, ce groupe de jeunes normaliens connaîtra des destins très contrastés. Si Jean Le Bail reconstitue en 1945 la fédération SFIO de la Haute-Vienne, Alfred Péron, à la même époque, meurt d'épuisement dans un hôpital suisse quelques jours après sa libération du camp de Mauthausen où il avait été déporté du fait de son action de résistance. Charles Le Cœur était mort quelques mois plus tôt, au cours de l'été 1944, dans les combats de la campagne d'Italie. Quant à Georges Lefranc, il était à la même date dans les prisons de la Libération.

Et pourtant que de ressemblances initiales entre les quatre jeunes gens! Tout comme Jean Le Bail, fils d'un ingénieur des Travaux publics de l'État, et Georges Lefranc, fils d'un inspecteur primaire, Alfred Péron est issu d'un milieu de fonctionnaires aux franges des classes moyennes. Au moment où il entre rue d'Ulm, en effet, son père est directeur d'école et sa mère institutrice ; son père était, par ailleurs, délégué des instituteurs au Conseil supérieur de l'Instruction publique. Issu de la khâgne de Lyon, il s'était orienté, après son succès au concours de l'École, vers l'agrégation d'anglais, seul élève de sa promotion à choisir cette voie.

A cette même promotion appartenait Charles Le Cœur, né à Paris le 14 mai

71. Cf. E. Dennery, « De Gaulle et l'Information (juin 1941-juin 1942) », *Revue des deux mondes*, mars 1977, pp. 580-593. Cet article consiste surtout en un portrait du général de Gaulle, mais on y voit également, en filigrane, le rôle d'Étienne Dennery. Dans le tome I de ses *Mémoires de guerre*, le général de Gaulle place Étienne Dennery au rang des « hommes de qualité » grâce auxquels « l'administration centrale » de la France « s'était affermie » (Charles de Gaulle, *Mémoires de guerre*, I, *L'Appel*, Paris, Plon, 1954, p. 142). Les « hommes de qualité » cités sont « Cassin, Pleven, Palewski, Antoine, Tissier, Dejean, Alphand, Dennery, Boris, Antier, etc. ».

1903. Si le milieu social d'origine est cette fois apparemment différent, avec un père architecte, on retrouve en fait à nouveau un socle familial composé d'universitaires : son grand-père maternel Jules Steeg avait été inspecteur général de l'instruction primaire puis inspecteur général des études à l'École normale de Fontenay-aux-Roses, poste dans lequel il avait succédé à Félix Pécaut. Charles Le Cœur était par ailleurs le neveu du secrétaire général de la rue d'Ulm, Paul Dupuy [72], et son père était l'ami de Lucien Herr. Une fois entré à l'École, parallèlement à son engagement socialiste, il va s'agréger au petit noyau de normaliens protestants et, aux côtés de ses amis Jean Cavaillès et Jacques Monod, il participera aux activités du « Groupe chrétien ».

Si le milieu tala de l'École semble avoir été à cette époque largement imperméable aux influences socialistes, ce Groupe chrétien leur a été apparemment moins fermé. Il est difficile, faute d'éléments en ce sens, de faire de Jean Cavaillès, pendant sa scolarité rue d'Ulm, un socialiste; Charles Le Cœur, en revanche, s'inscrit, on l'a vu, à la SFIO en janvier 1925, et une troisième figure marquante du Groupe, Jacques Monod, est également socialiste.

C'est le philosophe Abel Miroglio (1895-1978), normalien de la promotion spéciale de 1919, qui fonda le Groupe chrétien. Animé par des protestants, ce Groupe, qui se réunissait au début 11, rue Jean-de-Beauvais, dans le local de la Fédération des associations chrétiennes d'étudiants, se voulait œcuménique. De l'aveu même de son fondateur, le mouvement « ne peut dissiper la méfiance du " groupe tala " »; mais il « se montre assez ouvert pour que des catholiques acceptent d'y participer [73] ». Ainsi, des talas assistèrent vite aux réunions « à titre individuel [74] » : par exemple Fernand Chapouthier, de la promotion 1918, Gabriel Germain, de celle de 1923, et, dans la suivante, Jacques Perret. C'est du reste ce latiniste qui a fourni le témoignage le plus précis sur le groupe. A la demande de la sœur de Jean Cavaillès, Gabrielle Ferrières, il en a, en effet, rédigé un bref historique [75]. Entré à l'École en 1924, il fréquente peu les deux premières années cette organisation qui n'est pas à cette époque spécifiquement normalienne et continue à tenir ses réunions au local de la « Fédé ». Le secrétaire du Groupe est alors Guy Lazerges, fils de pasteur et agrégatif de physique, auquel succède en 1926 Jacques Monod. Les réunions ont désormais lieu à l'École, entre normaliens. Et parmi les conférenciers invités, on note la présence de talas, tels Jean Guitton ou Marc Sangnier, venu faire un exposé sur l'histoire du Sillon.

En 1928, le caractère religieux des activités du Groupe s'accentue et chaque conférence — qui se tenait en général dans les locaux de la « Docu » — est désormais précédée d'un culte. Des talas continuent à y assister, tels le philosophe Étienne Borne ou Henri Journaud, entré par la suite chez les Dominicains et qui deviendra en 1934 aumônier des étudiants de l'Institut catholique. Du côté protestant, on trouvait notamment Marcel Richardot, lui

---

72. C'est du reste Paul Dupuy qui rédige pour l'*Annuaire* de 1948 la notice nécrologique de son neveu (*op. cit.*, pp. 51-54).

73. Cf. Étienne Fouilloux, *Les Catholiques et l'unité chrétienne du* XIX*e au* XX*e siècle. Itinéraires européens d'expression française*, Le Centurion, 1982, p. 172 (E. Fouilloux s'appuie, pour ce point, sur un entretien avec Abel Miroglio le 26 février 1966).

74. *Ibid.*, p. 139.

75. Ce témoignage de Jacques Perret est reproduit dans l'ouvrage de Gabrielle Ferrières sur Jean Cavaillès, *op. cit.*, pp. 33-37.

aussi fils de pasteur. Ancien élève du collège de Montbéliard — où il décroche le troisième prix de dissertation philosophique au Concours général de 1924 — puis de la khâgne de Lyon, il avait été reçu au concours de l'École en 1927 et avait alors « contribué à la fondation du Groupe des étudiants huguenots, qui tenait ses séances dans le local de l'Association des étudiants protestants, à la rue de Vaugirard[76] ». Agrégé des lettres en 1930, nommé professeur au lycée de Mulhouse, il mourut quelques mois plus tard des suites d'une appendicite, à l'âge de vingt-quatre ans.

Jacques Monod, de son côté, était petit-fils de pasteur. Né le 18 août 1903 à Pau, aîné d'une famille protestante de cinq enfants, son grand-père paternel était, en effet, pasteur à Carcassonne et son père entra à l'École normale supérieure en 1896. Ce dernier, agrégé des lettres, mobilisé en 1914, avait soutenu trois ans plus tard, sous l'uniforme, une thèse principale sur les apologistes chrétiens de Pascal à Chateaubriand et une thèse complémentaire consacrée aux « sermons de Paul Rabaut, pasteur du désert (1738-1785) ». Démobilisé en janvier 1919, il enseigne à la faculté des lettres de Montpellier mais meurt trois ans plus tard, à l'âge de quarante-cinq ans. Sa mère étant également décédée, Jacques Monod se retrouve orphelin à dix-neuf ans[77]. A cette époque, il est depuis la rentrée scolaire précédente — octobre 1921 — en khâgne à Lakanal. En 1923, il passe à Louis-le-Grand puis, l'année suivante, prépare l'entrée de la rue d'Ulm à la faculté des lettres de Montpellier. C'est en 1925, à vingt-deux ans, qu'il est reçu — huitième — au concours de l'École. Il y restera trois ans, jusqu'à son succès à l'agrégation des lettres en 1928.

Il est membre de la Fédération des étudiants chrétiens — la « Fédé » — et participe aux activités du Groupe chrétien, dont il sera le secrétaire, on l'a dit, en 1926-1927. Et en marge de ce Groupe, il anime des « études missionnaires », succédant dans ce rôle à Jean Cavaillès puis Charles Le Cœur. A la différence de ce dernier, son nom n'apparaît ni dans les circulaires du Groupe d'études socialistes ni dans le « texte des normaliens » à la cinquième section parisienne de la SFIO, mais il est vraisemblable qu'il se situe alors dans la mouvance de ce parti. En khâgne, il se présentait, en effet, comme « socialiste, disciple de Jaurès[78] ». Et en 1934, nous le retrouvons membre du Comité de vigilance des intellectuels antifascistes dans le Vaucluse où il enseigne. Mais dès l'École et tout au long des années 1930, ses activités de chrétien militant — il écrit dans *Le Semeur* et *Notre Revue* et deviendra par la suite président de la « Post-Fédé[79] » — sont vraisemblablement passées au premier plan.

Il connaîtra un sort tragique durant la Seconde Guerre mondiale comme Jean Cavaillès, Albert Lautman et Charles Le Cœur, fauché en juillet 1944. Vingt ans plus tôt, dès l'École, ce dernier s'était orienté vers l'ethnologie. Élève de Marcel Mauss et de Maurice Delafosse, il avait soutenu en effet en 1926 un mémoire de DES avec M. Granet sur le caractère moral des religions

76. *Annuaire* 1932, p. 69.
77. Cf. la notice nécrologique de Jacques Monod, rédigée par le normalien André Ducasse, de la promotion littéraire de 1914 et qui sera comme lui professeur à Marseille (*Annuaire* 1946, pp. 53-56) ; cf. également la notice du père de Jacques Monod, le normalien Albert Monod, rédigée par le germaniste Ernest Tonnelat pour l'*Annuaire* de 1924 (pp. 143-147).
78. D'après un sondage, déjà évoqué, organisé par les khâgneux de Lakanal sur les opinions politiques dans leur classe en 1921-1922 (extrait du « Livre d'or » de la khâgne du lycée Lakanal communiqué par Roger Joxe).
79. Cf. P. Bolle, « Les protestants français et leurs églises pendant la Seconde Guerre mondiale », *RHMC*, t. XXVII, avril-juin 1979, p. 297.

indigènes dans le Golfe de Guinée. Et quand il est refusé l'année suivante à l'oral de l'agrégation d'histoire et géographie, il ne persiste pas dans cette dernière direction et quitte l'École. Nommé professeur de lettres au collège musulman de Rabat, il y enseignera toute sa carrière, tout en donnant par ailleurs des cours d'ethnographie à l'Institut des hautes études marocaines [80].

De fait, il s'était rapidement orienté vers des recherches sur le Maroc. Entre 1932 et 1935, bénéficiant d'une bourse de la fondation Rockefeller, il avait passé un an à Londres puis deux ans dans le Tibesti et en 1939 il avait soutenu une thèse sur « Le Rite et l'Outil ». Après avoir effectué, en 1942, une nouvelle mission au Tibesti, il s'engage dans un régiment de tirailleurs marocains. Arrivé en Italie au printemps de 1944, il meurt au combat à la tête de son unité le 20 juillet. Son oncle Paul Dupuy, ancien secrétaire général de l'École normale supérieure, évoquera dans l'*Annuaire* de 1948 les « lettres admirables qu'il écrivit à sa femme » pendant cette campagne d'Italie :

> « Je n'y veux cueillir ici que des rêves d'études et de carrière : explorer les richesses de l'inconscient, occuper la chaire de Mauss à l'École des hautes études, diriger une École de pédagogie coloniale à Paris... »

Un mois jour pour jour avant la mort au combat de Charles Le Cœur, le maquisard Jacques Monod était tombé, les armes à la main, à Chaudesaigues, dans le Cantal. Professeur de khâgne à Marseille, recherché par la Gestapo, il avait abandonné sa chaire en octobre 1943 et le 8 juin suivant il avait rejoint un maquis. Douze jours plus tard, le « lieutenant Meunier » était tué alors qu'il défendait, en servant une mitrailleuse, l'accès d'un pont contre une attaque allemande. A la veille de son départ pour le maquis, il avait écrit, à l'intention de ses amis de la Fédération française des associations chrétiennes d'étudiants, la lettre suivante :

> « Chers Amis,
>
> Au moment de partir, je viens vous demander pardon d'avoir si mal répondu à la confiance que vous aviez mise en moi. Ma femme vous dira à la suite de quelles circonstances je dus renoncer à notre projet de rencontre pour septembre 43 et vous imposer ces longs mois de silence et de séparation... Je supplie Dieu d'accorder à chacun de vous la paix de son pardon et la force de la foi, à l'heure où nos cœurs sont lourds de notre propre péché et du péché du monde, à l'heure où nous sommes lassés de souffrir et voir souffrir, et parfois tremblants de la peur de mourir et de voir mourir ceux que nous aimons. Je lui demande aussi maintenant qu'il me pardonne mes fautes et cette décision que je prends librement aujourd'hui (car, je le sais, le recours délibéré à la violence a besoin d'être pardonné). Mais je pars sans haine et convaincu que nous, chrétiens, n'avons pas le droit de laisser les seuls païens offrir leur vie, au nom d'un simple idéal politique, dans une lutte où sont engagés, avec le sort de la cité, le sort de l'Église et le destin spirituel de nos enfants. Je crois que, sur ce point, nous sommes presque tous d'accord [81]. »

---

80. Cf. *Annuaire* 1948, p. 52, et « Charles Le Cœur », par Gabriel Germain, *Bulletin de l'enseignement public du Protectorat de la République française au Maroc*, n° 183, 31ᵉ année, octobre-décembre 1945, pp. 233-238.

81. Jacques Monod, « Lettre » (reproduite dans *Le Semeur*, novembre 1944, 43ᵉ année, n° 1, pp. 2-3) ; cf. aussi « Hommage à Jacques Monod » par Roger Mehl, *Le Semeur*, décembre 1944, 43ᵉ année, n°2, pp. 9-13.

Ces lignes se passent de tout commentaire. Ajoutons simplement que celui qui les écrit a alors atteint la quarantaine et qu'il est père de six enfants. S'il ne figure pas dans la galerie des portraits des grands intellectuels français de ce siècle de fer au même titre que d'autre archicubes du même âge, notamment ceux de sa génération normalienne qui seront les chantres du devoir d'engagement après la guerre, c'est peut-être justement parce qu'à l'instar d'un Albert Lautman ou d'un Charles Le Cœur — et comme d'autres normaliens qui, restés obscurs jusque dans leur sacrifice, apparaîtront en divers endroits de ce livre —, il a été fauché au seuil de sa maturité pour avoir mis ses actes en conformité avec ses déclarations. Quelques mois avant de passer à la clandestinité, participant aux activités d'un cercle œcuménique à Marseille, il avait pris la parole sur « le chrétien dans la cité[82] ». C'était en mars 1943.

Telles furent quelques figures de normaliens membres de la cinquième section, ou sympathisants. Dans ses Mémoires, Georges Lefranc consacre trois pages à la description de cette section, où il passa trente mois, de janvier 1925 à juin 1927. Cette section comptait alors une centaine d'adhérents, des intellectuels — enseignants et étudiants — et des employés pour la plupart. Parmi ces derniers se trouvaient par exemple Renaud, employé au Bazar de l'Hôtel de Ville et secrétaire de la section, ou Germaine Fauchère, une jeune secrétaire qui devait épouser par la suite Georges Monnet. Jean Zyromski, rédacteur à la préfecture de la Seine, était devenu l'un des leaders de cette section et s'opposait aux membres de la section proches de *La Vie socialiste* de Renaudel qui étaient favorables à la participation gouvernementale. A cette dernière tendance appartenait par exemple l'historien Georges Boursin, des Archives Nationales. La section comprenait, en effet, plusieurs universitaires : Lucien Herr, par exemple, qui jusqu'à sa mort cotisa régulièrement, mais qui ne venait jamais aux réunions de section. Le sociologue Marcel Mauss était, au contraire, le plus souvent présent.

Les normaliens inscrits à la SFIO étaient tous rattachés à cette section et nous avons vu plus haut leur rôle, autour de Marcel Déat, dans sa reconstruction, après la scission de la fin de l'année 1920. Nommé à partir de 1922 au lycée de Reims, Marcel Déat poursuivait désormais son engagement militant au sein de la fédération de la Marne. Et le groupe d'élèves de l'École qui l'entourait au début de la décennie s'était lui aussi dispersé, au hasard des premières nominations après l'agrégation. Seul Max Bonnafous demeurait de cette strate, jusqu'à son départ en 1926 pour le lycée français d'Istanbul. Mais une deuxième strate normalienne s'était peu à peu déposée, et son poids au sein de la section était loin d'être négligeable.

A cette date, en effet, Jean Zyromski s'est imposé comme l'un des leaders de la section, avec, en face de lui, une forte faction de *La Vie socialiste.* Entre ces deux tendances, qui s'opposent notamment sur le problème de la participation, le groupe normalien n'entend servir d'appoint ni à l'une ni à l'autre, mais constitue au contraire un groupe homogène aux positions et aux propositions originales. Ainsi, en 1926, ces normaliens déposent une motion « pour un programme de réalisations immédiates ». Ce texte est en définitive voté à l'unanimité, soutenu à la fois par Jean Zyromski et par la tendance de droite qui retirent les leurs pour appuyer ce qui devient désormais, dans le langage

82. Intervention signalée par Étienne Fouilloux dans sa thèse, réf. cit., p. 517.

de la section, le « texte des normaliens », rédigé par Pierre Boivin, Maurice Deixonne, Jean Le Bail et Georges Lefranc[83].

Que proposait ce texte[84] ?

> « Pour un programme de réalisations immédiates.
> Le Parti socialiste peut être appelé à prendre le pouvoir dans un avenir prochain. Son devoir et son intérêt lui commandent de se préparer sans tarder à cette éventualité. Il faut :
> 1° Sans toucher en quoi que ce soit à leur autonomie, établir un contact plus étroit avec les organisations économiques de la classe ouvrière dont le concours actif est indispensable à toute tentative socialiste.
> 2° Traduire dès maintenant, sous forme de projets précis, les aspirations de la classe ouvrière, de manière à avoir toujours prêt un programme de réalisations immédiates.
> Tel est le sens de la motion que nous soumettons au Parti. Elle ne s'oppose pas aux diverses motions de politique générale sur lesquelles se compteront les tendances ; elle leur apporte seulement un complément en attirant l'attention du Parti sur le problème qui apparaît aux jeunes comme le problème essentiel de l'heure présente.
>
> Le congrès considère que le problème des rapports du Parti socialiste avec les partis voisins est d'ordre secondaire. Le Parti socialiste doit être avant tout lui-même... Une politique vigoureuse d'affirmation socialiste est, au reste, le plus sûr moyen de rallier un nombre croissant d'éléments démocratiques prolétarisés et de hâter la reconstitution de l'unité ouvrière... Le congrès considère que l'essentiel du travail socialiste se fait dans les organisations syndicales et coopératives qui préparent les travailleurs au rôle qu'ils doivent jouer dans la société nouvelle en même temps qu'elles améliorent leur condition actuelle. En conséquence, il estime que le Parti socialiste doit d'abord travailler à faciliter et à renforcer l'action de ces organisations ; il demande donc à la CAP * de constituer des commissions spécialisées qui étudieront les revendications de la CGT et celles de la Fédération des Coopératives...
> ... De leur côté, les municipalités socialistes faciliteront le triomphe des revendications des organisations ouvrières et, toutes les fois où ce sera possible, constitueront les services publics en régies autonomes... »

Cette motion est fondamentale : on peut, de fait, la considérer comme la matrice de Révolution constructive, par ses thèmes comme par ses signataires.

Certains des thèmes qui y affleurent seront, en effet, développés et amplifiés par cette organisation dans les années 1930. Au-delà du problème de la participation au pouvoir qui divise les socialistes en ces temps de Cartel, on doit noter l'intérêt porté au milieu syndical — c'est, en fait, toute une partie de l'itinéraire ultérieur de Georges Lefranc au sein de l'Institut supérieur ouvrier qui s'inscrit dès cette époque en filigrane —, et aussi aux coopératives et à l'action municipale. Apparaît en outre l'influence, sur laquelle il faudra revenir, du Parti ouvrier belge. Cette motion, enfin, se présente, à l'instar de Révolution constructive, comme celle de « jeunes » soucieux d'un renouvellement idéologique de la SFIO.

---

83. G. Lefranc, *Révolution constructive*, p. 415. Dans l'allusion qu'il fait, dans cette étude, au « texte des normaliens », Georges Lefranc donne la date de 1927. Les autres sources indiquent au contraire 1926. Vérification faite (entretien avec l'auteur, novembre 1980), c'est cette dernière date qui est la bonne.

84. G. Lefranc, *Le mouvement socialiste..., op. cit.*, pp. 405-406, 2e éd., pp. 409-410.

* Commission administrative permanente.

Et ce n'est pas une coïncidence si parmi ses signataires figurent la plupart des fondateurs de Révolution constructive. Mais, avant d'en dresser la liste, il convient de noter aussi la prédominance, au sein de ces signataires, des normaliens, qui justifie le surnom donné à la motion. Cette dernière a été, en effet, présentée par dix-huit adhérents de la cinquième section : P. Boivin, J. Brille, A. Buffard, M. Chatelet, P. Chambon, M. Deixonne, R. Delbiausse, M. Eurin, Grenier, A. Guérin, A. Kaan, J. Kéromen, J. Le Bail, Ch. Le Cœur, G. Lefranc, F. Rebois, A. Renaud et M. Roubault. Quatorze d'entre eux sont des normaliens, dont cinq scientifiques : Marcel Chatelet, de la promotion 1923, Marcel Roubault et Jean Brille, de celle de 1925, et Marcel Eurin et Joseph Kéromen, entrés en 1924. Et sur les neuf littéraires, seuls Maurice Deixonne et André Guérin ne sont pas passés par le Bloc des gauches de Louis-le-Grand. André Guérin, d'une promotion nettement antérieure, appartint, on l'a vu, au groupe socialiste de la rue d'Ulm au début de la décennie mais ses liens sont restés étroits, à travers la cinquième section, avec ses camarades plus jeunes. Quant à Maurice Deixonne, il est passé par la khâgne de Lakanal et ne s'est agrégé au groupe socialiste qu'après son entrée à l'École en 1925.

C'est parmi ces neuf normaliens littéraires que se recruteront une partie des onze rédacteurs de l'ouvrage *Révolution constructive*, publié en 1932. Ces onze jeunes intellectuels avaient en effet pour noms : Pierre Boivin, Émilie et Georges Lefranc, Suzanne et Maurice Deixonne, Max Grignon, Jacques Godard, Ignace Kohen, Claude Lévi-Strauss, Jean Itard et Robert Marjolin. Et les trois noms qui apparaissent sur la couverture sont justement les trois noms communs à nos deux listes : Pierre Boivin, Maurice Deixonne et Georges Lefranc. Bien plus, parmi les signataires de la « motion des normaliens » figuraient aussi des membres d'autres sections, dont Jean Itard, de la section d'Alençon, et Max Grignon, de celle de Riom. Ces signataires représentent donc, en définitive, cinq des onze de Révolution constructive. Et si nous élargissons notre parallèle aux membres du Groupe d'études socialistes, il faut à ces cinq ajouter Émilie Lefranc, Suzanne Deixonne et Claude Lévi-Strauss. Nous retrouvons ainsi la généalogie déjà évoquée Bloc des gauches-Groupe d'études socialistes-cinquième section-Révolution constructive.

Quant à Ignace Kohen, Jacques Godard et Robert Marjolin, ils avaient fait la connaissance des précédents aux Étudiants socialistes. Dans la chaîne que l'on vient d'évoquer, il convient, en effet, d'ajouter un maillon supplémentaire : la Fédération nationale des étudiants socialistes, reconstruite par les mêmes membres du Groupe d'études socialistes des Écoles normales supérieures.

La renaissance des Étudiants socialistes.

Pendant l'hiver 1925-1926, c'est effectivement à partir du même noyau normalien que va se reconstituer le groupe parisien des Étudiants socialistes, qui n'avait pas survécu à la scission de Tours. De cette reconstitution, Georges Lefranc fournit, dans ses différents témoignages écrits, des dates légèrement différentes. Dans *Le Mouvement socialiste sous la Troisième République*, il indique la date de 1925. Dans *Les Gauches en France*, au contraire, il parle de 1926. Dans ses Mémoires, il est question d' « un jour de la fin de 1925 ». Comme cette initiative fut suggérée par Marcel Déat durant son second séjour à l'École et que ce séjour a eu lieu entre octobre 1925 et février 1926, on peut, en fait, réduire l'intervalle à cette période de cinq mois. En tout état de cause, début mars 1926, le groupe parisien existe puisque sa trace apparaît alors dans des sources imprimées. En effet, un khâgneux parisien, le 4 mars, vient faire un exposé devant le Groupe d'études socialistes des Écoles normales supérieures en tant que membre « des Étudiants socialistes[85] ».

L'inspirateur de cette renaissance fut apparemment, on l'a dit, Marcel Déat :

> « Un jour de la fin de 1925, Déat fit irruption dans notre turne du 2e étage et dit à Le Bail et à moi : " J'ai retrouvé les archives du groupe des Étudiants socialistes. Elles ne présentent aucun intérêt. Mais il faut reconstituer le groupe. " Effectivement, les archives ne présentaient qu'un intérêt mineur : vieille liste d'adhérents de 1919, plus une lettre du secrétaire du groupe se plaignant à la police qu'on lui ait dérobé son drapeau rouge. Nous en fîmes des gorges chaudes[86]. »

Ainsi confiée à deux étudiants parisiens, la reconstruction commença logiquement par le groupe de la capitale, dont Jean Le Bail, épaulé par Georges Lefranc, fut le premier secrétaire. Le local choisi était le même que celui de la cinquième section : l'arrière-salle de la Brasserie Modèle, boulevard Saint-Marcel, après qu'une réunion de propagande se fut d'abord tenue à la salle des Hautes Études, rue de la Sorbonne, en présence de Jean Zyromski, Paul Faure et Paul Ramadier. Le choix des invités est éclairant. La gauche, le centre et la droite de la SFIO étaient ainsi représentés : les Étudiants socialistes entendaient se placer d'emblée, dans l'esprit de leurs fondateurs, au-dessus des tendances du Parti socialiste.

La première année, le trésorier du groupe parisien fut le gendre de Renaudel, le polytechnicien Claude Bonnier, auquel succédèrent Maurice Deixonne puis, en 1927-1928, le normalien Pierre Chambon, tandis qu'à la même date le secrétaire devenait Pierre Boivin, lui aussi issu de la rue d'Ulm. Au reste, les élèves de l'École normale supérieure s'inscrivent nombreux à cette époque aux Étudiants socialistes : Raymond Aron, par exemple, ou André Kaan[87] et Albert Lautman. Avec ce dernier nous retrouvons le Groupe d'études socialistes des Écoles normales supérieures, déjà représenté par Georges Lefranc, Jean Le Bail et Pierre Boivin. Appartinrent aussi aux deux groupes Claude Lévi-Strauss et Maurice Deixonne, qui jouèrent un rôle à l'échelon parisien mais surtout, à partir de l'année suivante, à l'échelle nationale. La rue d'Ulm était également représentée, en coulisse, par Marcel Déat.

Près de cinq années s'étaient alors écoulées depuis que le jeune normalien démobilisé avait reconstruit la cinquième section de la Seine après la scission de Tours. En octobre 1922, il avait quitté le Centre de Documentation sociale pour enseigner la philosophie au lycée de Reims, où il restera jusqu'en 1925[88]. Les liens qu'il tisse alors avec la Marne deviennent étroits. Il épouse en avril 1924 une fille d'instituteur et, au plan politique, devient rapidement une

---

85. Compte rendu de la réunion du 4 mars 1926 du Groupe d'études socialistes des ENS, dans la circulaire de ce groupe d'avril 1926, p. 14.

86. *Cahier de l'Ours*, loc. cit. Ces archives des Étudiants socialistes avaient été dispersées après la scission de Tours. Selon Georges Lefranc, Marcel Déat les « avait retrouvées au Centre de Documentation sociale de Bouglé » (correspondance avec l'auteur, janvier 1983).

87. En 1929, André Kaan sera secrétaire adjoint du groupe parisien des E.S. (cf. *L'Étudiant socialiste*, 5e année, nº 4, mai 1929, pp. 127-130 ; dans le numéro de juin 1928, il avait publié un article intitulé : « Après les élections françaises »).

88. Marcel Déat, *Le Massacre des possibles*, *passim*. A Reims, il sera notamment, en 1924-1925, le professeur de Roger Vailland (cf. Roger Vailland, *Écrits intimes*, Gallimard, 1968, p. 29).

figure marquante de la fédération locale de la SFIO : en 1924, il est, sans succès, candidat aux élections législatives. En octobre 1925, il revient rue d'Ulm, à la fois comme secrétaire du Centre de Documentation sociale et comme bibliothécaire adjoint de la bibliothèque de l'École. C'est Lucien Herr qui l'a fait nommer à ce poste, avec, vraisemblablement, l'intention de préparer ainsi sa succession. C'est ainsi, en tout cas, que Marcel Déat interpréta cette nomination. Et il apparaît bien, en effet, à travers la correspondance échangée à cette date entre le directeur de l'École normale supérieure et Lucien Herr, que tel était le souhait de ce dernier[89].

Avec la bibliothèque, nous touchons, parallèlement à la « Docu », à un autre milieu fondamental du socialisme normalien. Lucien Herr y jette ses derniers feux et tente d'introniser un successeur. Et ce dernier évoque dans *Le Massacre des possibles* son hésitation de l'époque : pourquoi ne pas s'engager dans une carrière universitaire, le poste de bibliothécaire permettant de terminer une thèse de doctorat ? D'autant qu'il jouit alors non seulement de l'estime et du soutien de Lucien Herr, mais aussi de l'amitié de Célestin Bouglé qui le considère comme l'un des futurs maîtres de la sociologie. Dix ans plus tard, ce dernier déclarera encore à Georges Lefranc : « Je garde au Centre de Documentation sociale des crédits pour aider Déat à imprimer sa thèse ; car je pense qu'il la fera un jour[90]. » Nous sommes alors en 1937 !

Marcel Déat, en fait, n'hésitera pas longtemps et ses liens restés étroits avec la fédération de la Marne l'enlèveront à l'École dès 1926, à la suite d'une élection législative partielle. Mais, pendant son séjour ulmien de quelques mois, il aura l'occasion de faire la connaissance de plusieurs membres des promotions littéraires de 1924 et 1925. D'autant qu'il habite à l'époque à l'École. Et son poste à la bibliothèque constitue un observatoire et un lieu de rencontre de premier ordre.

Dans cette bibliothèque, en effet, à partir de 1888 et durant trente-huit ans, Lucien Herr a joué un rôle essentiel, mis en lumière par Charles Andler, Georges Lefranc, Daniel Lindenberg et Pierre-André Meyer[91]. Même si bien des normaliens, en nombre plus important que ne le suggèrent ces auteurs, sont restés apparemment imperméables à l'influence du bibliothécaire de la rue d'Ulm — ainsi Édouard Herriot et Jean Guéhenno —, ce dernier demeurera l'homme qui a converti au socialisme les normaliens Jean Jaurès et Léon Blum[92]. Exerça-t-il la même influence à l'École dans les années qui

89. Arch. Nat. 61 AJ 157. Georges Lefranc va plus loin et suggère que c'est Lucien Herr qui, le premier, perçoit en Déat un « dauphin » possible de Léon Blum (cf. par exemple, son compte rendu de l'ouvrage de Jean Lacouture, *Léon Blum*, dans L'*Information historique*, 40e année, n° 3, mai-juin 1978, p. 135). Le point est fondamental, eu égard aux liens étroits, et maintenant bien établis, entre Léon Blum et Lucien Herr.

90. Georges Lefranc, *Le Mouvement socialiste sous la Troisième République*, p. 288, note 3.

91. Charles Andler, *Vie de Lucien Herr (1864-1926)*, Rieder, 1932 ; Georges Lefranc, *Jean Jaurès et le socialisme des intellectuels*, Aubier, 1968, pp. 87-106; Daniel Lindenberg et Pierre-André Meyer, *Lucien Herr. Le socialisme et son destin*, Calmann-Lévy, 1977.

92. Le mot conversion est sans doute excessif. Lucien Herr a plutôt favorisé chez Jean Jaurès une évolution intellectuelle qui s'étend sur plusieurs années (cf., par exemple, l'avis sur ce point de Léon Blum dans *Souvenirs sur l'Affaire*, Gallimard, 1935, p. 28). Il resterait à déterminer l'intensité de cette influence de Lucien Herr et son importance par rapport à d'autres facteurs de l'évolution politique de Jean Jaurès. Cf. sur ce point la controverse entre Georges Lefranc et Madeleine Rebérioux, après la publication de *Jaurès et le socialisme des intellectuels*, ouvrage où le premier insistait sur le rôle primordial de Lucien Herr; pour M. Rebérioux, « l'engagement final c'est bien à la grève de Carmaux qu'il est dû... » (cf. *Bulletin de la société d'études jaurésiennes*, n° 39, octobre-décembre 1970, pp. 3-5, et n° 41, avril-juin 1971, pp. 16-21, citation p. 21). Quant à l'influence exercée sur Léon Blum, cf., par exemple, Jean Lacouture, *Léon Blum*, op. cit., pp. 54-58.

précédèrent immédiatement sa mort? La réponse est malaisée. Force est pourtant de constater que, mort en mai 1926, il n'a pu en tout cas qu'effleurer ces promotions de 1924 et 1925 qui furent un vivier pour le socialisme normalien. Bien plus, il semble qu'il soit alors en retrait et il est rarement évoqué dans les témoignages d'élèves que nous avons rassemblés. Seuls quelques-uns de ces jeunes gens ont eu le temps de tisser des liens avec lui. Ainsi, Henri Guillemin, qui écrit avoir eu pour Herr « un véritable attachement ».

Dans la promotion suivante, le chartiériste Georges Canguilhem a lui aussi subi, semble-t-il, l'influence du prestigieux archicube. Il commence une note rédigée en janvier 1977 et consacrée au bibliothécaire par ces mots :

> « Alain a écrit de Jules Lagneau qu'il était le seul grand homme qu'il eût rencontré. Ce n'est pas manquer à la mémoire d'Alain de dire qu'hormis lui-même, quelques-uns de ses élèves, d'ailleurs éclairés par lui, ont su reconnaître un autre grand homme, bien différent, Lucien Herr. »

Et d'évoquer, plus loin, « l'image que nous conservons de Herr. C'est celle d'un prince dans un grenier ».

Dans la même promotion, Paul Nizan semble également avoir été profondément impressionné par le bibliothécaire. Nous avons déjà signalé le portrait qu'il en brossera en 1938 dans *La Conspiration,* dans les pages consacrées au transfert des cendres de Jaurès. Mais déjà en 1931, au début d'*Aden Arabie,* un seul homme surnage dans l'acerbe description qu'il donne de l'École :

> « En 1924, il y avait encore un homme : c'était Lucien Herr. Quand on voyait ce géant penché sur une colline de livres, ces yeux sans brouillard au pied d'un front bossué, d'une sévère falaise de pensées, lorsqu'on entendait sa voix qui ne mentait jamais énoncer des jugements qui ne voulaient que cette fin juste : rendre à chacun ce qui lui revient, on savait qu'il n'était pas périlleux de vivre dans cette demeure crasseuse[93]. »

Quant à Georges Lefranc, il écrira dans ses Mémoires : « C'est, avec mon père et Arthur Calmette, un des trois hommes qui m'ont marqué de manière indélébile. » Et, à travers le récit de la dernière entrevue qu'il eut avec Lucien Herr, on peut discerner combien il fut affectivement « marqué », en moins de dix-huit mois, par son contact quotidien avec le bibliothécaire :

> « Par peur de le fatiguer à la veille d'une seconde opération, dont nous ne savions pas alors qu'elle lui serait fatale, je me suis levé pour prendre congé. Il m'a alors serré la main, longuement, et m'a dit : " Vous savez toute l'amitié que j'avais pour vous. " J'ai alors compris qu'il se jugeait perdu. Je suis parti les larmes aux yeux. Je ne l'ai plus revu[94]. »

En novembre 1924, en effet, Georges Lefranc était devenu « élève bibliothécaire ». La tâche, confiée en général au cacique ou à l'hypocacique de la

93. Patrick Berthier, *Le Cas Guillemin. Dialogues, op. cit.*, p. 151 ; « Souvenir de Lucien Herr », note rédigée en janvier 1977 par Georges Canguilhem, *BSAENS*, n° 138, mars 1977, p. 12 ; Paul Nizan, *Aden Arabie, op. cit.*, p. 68.

94. *Cahier de l'Ours*, n° 116, janvier 1981, pp. 38 et 48. L'historien Arthur Calmette fut au lycée d'Alençon le professeur de Georges Lefranc. Il enseigna par la suite en khâgne à Bordeaux, ville dans laquelle il fut, en 1944, secrétaire du Comité de Libération de la Gironde. Il est l'auteur de *L'OCM, Organisation Civile et Militaire. Histoire d'un mouvement de résistance de 1940 à 1946*, PUF, 1961.

promotion littéraire, consistait en un travail hebdomadaire de quelques heures à la bibliothèque, consacré notamment à l'enregistrement des revues françaises et étrangères arrivées au courrier. Le normalien choisi devait également ouvrir la porte de la bibliothèque en dehors des heures réglementaires aux élèves ayant le besoin urgent d'un ouvrage pour un exposé. En contrepartie, il disposait d'une clé et pouvait lui-même y travailler à n'importe quelle heure[95].

C'est donc grâce à cette fonction que Georges Lefranc coudoya Lucien Herr. Par ailleurs, c'est à la bibliothèque qu'il va côtoyer quotidiennement, à partir d'octobre 1925, Marcel Déat, qui l'avait déjà parrainé huit mois plus tôt au moment de son entrée à la cinquième section. Et le futur député de la Marne, constatant, à l'École, la valeur et l'ardeur des normaliens du Groupe d'études socialistes, a peut-être songé que ce noyau pouvait être la matrice d'une reconstitution des Étudiants socialistes, organisation qui deviendrait elle-même pour lui un instrument éventuel de pression et d'ascension au sein de la SFIO. Toujours est-il que même après l'élection qui l'envoie, après février 1926, au Palais-Bourbon, des liens étroits subsistèrent apparemment entre lui et certains membres du Groupe d'études socialistes. Ainsi, c'est par exemple Georges Lefranc qui lui prêtera *Au-delà du marxisme* d'Henri de Man pendant les vacances de 1927[96]. Par ailleurs, durant la même année, quand Marcel Déat s'adresse à un certain nombre d'intellectuels socialistes pour constituer un « Bureau d'études » sur les expériences de partis socialistes au pouvoir en Europe occidentale, il associe à l'entreprise, aux côtés de membres notables de la SFIO comme Étienne Antonelli, professeur de droit et député, ou l'avocat André Blumel, secrétaire administratif du groupe parlementaire, les jeunes normaliens Jean Le Bail, Maurice Deixonne et Georges Lefranc. Le point est d'autant plus important que si le projet, sur le moment, n'eut guère de suites, « un certain nombre des études préparées à cet effet ont été reprises dans l'ouvrage *Révolution constructive,* publié en 1932[97] ».

Et quand, battu aux élections législatives d'avril 1928, Marcel Déat, après avoir enseigné en mai et juin au lycée de Digne, revient à Paris à l'automne pour assurer le secrétariat du groupe parlementaire SFIO, la Fédération des étudiants socialistes, quelques mois plus tard, le porte à sa présidence. Or cette Fédération n'est autre, nous le verrons, que l'excroissance nationale du groupe parisien des Étudiants socialistes que Marcel Déat avait reconstitué trois ans plus tôt avec l'aide des jeunes normaliens.

Entre lui et ces élèves de l'École s'étaient donc tissés des liens durables. Et cela explique qu'il disposera, à la présidence de la Fédération, de plusieurs

---

95. Cf. Pierre Petitmengin, « Élève-bibliothécaire », *BSAENS*, n° 145, juin 1979, pp. 19-21 ; et le *Cahier de l'Ours* n° 116, pp. 38-41.

96. G. Lefranc, *Le Mouvement socialiste sous la Troisième République*, p. 274. Sans doute à cause des liens étroits noués, on le verra, avec les étudiants belges, les Étudiants socialistes français semblent avoir accordé un accueil attentif et précoce aux thèses d'Henri de Man. *L'Étudiant socialiste* de mars 1928 reproduit, par exemple, sur toute sa page 3, « Marxisme et socialisme » (continué dans les numéros d'avril et de juin), une conférence donnée par le socialiste belge à Bruxelles et Liège. Comme la revue est à l'époque contrôlée par les étudiants belges, l'initiative n'est guère surprenante ; mais elle permet assurément la pénétration des idées de l'auteur d'*Au-delà du marxisme* chez les jeunes socialistes français. Bien plus, la page 12 de L'*Étudiant socialiste* du même mois, conçue par les Français (sur L'*Étudiant socialiste*, cf. *infra*, note 109), signale : « ...le camarade Henri de Man a bien voulu dernièrement venir à Paris nous exposer les idées qu'il a déjà développées dans son livre *Au-delà du marxisme* ». Et un bref encadré de la page française du numéro de mai 1928 qualifia *Au-delà du marxisme* d'« œuvre remarquable ».

97. G. Lefranc, *Le Mouvement socialiste sous la Troisième République*, p. 282.

atouts de poids pour contrôler une organisation soucieuse d'indépendance et volontiers turbulente. Il est normalien comme beaucoup de dirigeants de cette Fédération. Il est auréolé du prestige d'avoir reconstruit la cinquième section de la Seine après 1920, section dans laquelle sont inscrits les jeunes socialistes de la rue d'Ulm. Il a côtoyé les promotions 1924 et 1925 lors de son second séjour à l'École et a noué des rapports étroits avec certains des membres de ces promotions, fondateurs ou adhérents du Groupe d'études socialistes. Bien plus, il apparaît à ces derniers comme soucieux de renouvellement à la fois tactique et doctrinal dans une SFIO à leurs yeux par trop sclérosée. Le compte rendu du congrès socialiste de la Bellevilloise fait par Georges Lefranc et Jean Le Bail devant le Groupe d'études socialistes en sa séance du 14 janvier 1926 — et que reproduit la circulaire d'avril 1926 — est, à cet égard, éclairant :

> « Le Bail et Lefranc... retracent les débats qui ont abouti au rejet de la motion de participation. A leur avis, la question était mal posée. Participation ou refus de participation ne veut rien dire. Il s'agit de savoir si, sur les points essentiels, nous pouvons nous entendre avec les radicaux pour un programme d'action immédiate... et si les radicaux sont résolus à briser, le cas échéant, sur un tel programme, la résistance du Sénat. Dans le cas où ils se déclareraient prêts, nous pouvons entrer dans un ministère avec eux, mais seulement ces précautions prises. Malheureusement la motion de Reims, présentée par notre camarade Déat, n'a pu être retenue, les délégués ayant mandat de voter pour ou contre la participation. »

Grâce à ces atouts, l'influence de Marcel Déat sera grande sur la Fédération ; et si le groupe Révolution constructive qui en est partiellement issu prend d'emblée ses distances avec le futur « néo », le cheminement commun à la fin des années 1920 et au début de la décennie suivante a sans doute entraîné alors, sur certains points, des similitudes d'analyse.

Dirigeants normaliens et khâgneux à la Fédération nationale des étudiants socialistes.

Après le groupe parisien des Étudiants socialistes en 1926, c'est la Fédération nationale des étudiants socialistes qui est constituée l'année suivante, toujours à l'initiative du petit groupe des normaliens. Au sein de ce groupe, Maurice Deixonne joua apparemment un rôle décisif dans la décision de créer une Fédération. Jean Le Bail et Georges Lefranc souhaitaient, en effet, susciter, après la section parisienne des « Étudiants », des sections de province. La Fédération ne viendrait qu'ensuite. Maurice Deixonne proposa alors d'inverser le processus et de créer d'abord une Fédération[98]. Ainsi fut fait, et quelques mois plus tard, *L'Étudiant socialiste* de février 1928 pouvait écrire : « La Fédération des étudiants socialistes de France, créée récemment, compte des sections très vivantes à Paris, Lille et Alger ; d'autres sont en voie de formation ou de réorganisation. » Un article du numéro suivant permet de préciser le processus de reconstitution des sections locales de la FNES : au début existaient seulement les sections d'Alger et de Paris ; puis, avant la fin de l'année 1927, ont été créées celles de Grenoble, Clermont-Ferrand et Bordeaux ; enfin, au début de l'année 1928, Lille et Rennes s'ajoutent à la liste

---

98. *Cahier de l'Ours*, n° 116, p. 47.

tandis que sont en gestation Lyon, Strasbourg et Marseille. A Lyon, indique *L'Étudiant socialiste* d'avril 1928, la première réunion des « ES » a eu lieu le 18 mars, et ses deux animateurs principaux sont des khâgneux du lycée du Parc.

Maurice Deixonne devint tout logiquement le premier secrétaire général de la FNES. Le futur président du groupe parlementaire socialiste à la fin de la IVe République ne venait pas, quant à lui, de la khâgne de Louis-le-Grand. Par ailleurs, si l'itinéraire de Georges Lefranc ou de Pierre Boivin, par exemple, illustre parfaitement le cursus de fils d'instituteurs ou de professeurs doués pour les études et dont le milieu d'origine penche déjà initialement à gauche, celui de Maurice Deixonne est moins classique et, pour lui, le chemin de la rue d'Ulm fut jalonné d'obstacles apparemment insurmontables. Ce parcours peu banal mérite qu'on s'y attarde[99].

La naissance, tout d'abord, le 8 juin 1904 à l'île Maurice, est placée sous le signe du malheur. Le père, Raphaël Deixonne, vétérinaire sorti de l'École de Maisons-Alfort et fils d'un vétérinaire installé à Longué, dans le Maine-et-Loire, s'était établi à l'île Maurice et vient de mourir, trois mois plus tôt, le 16 mars 1904, d'une maladie coloniale. Il n'avait pas encore trente ans. Peu de temps après la naissance de Maurice, sa mère s'embarque pour la France avec ses trois enfants. Entre cette Lorraine catholique et son beau-père vétérinaire radical et franc-maçon, les relations n'avaient jamais été bonnes. Le frère et la sœur de Maurice Deixonne furent donc recueillis par leur grand-père vétérinaire tandis que la jeune veuve, Élisabeth Deixonne, s'installait avec son fils cadet chez son père, ouvrier boulanger à Charleville. Devant la faiblesse des ressources de ce dernier, Élisabeth s'engagea comme surveillante à l'École normale d'institutrices. Mais le malheur frappa à nouveau : la jeune femme tomba gravement et définitivement malade puis mourut quelques années plus tard.

Resté à Charleville jusqu'à cinq ans, Maurice Deixonne fut recueilli à cet âge par son grand-père paternel et retrouva en Anjou ses deux aînés. Sa vie, apparemment, se stabilisait : élève à l'école primaire de Longué, il passe, poussé par son instituteur, M. Beaumont, et par un professeur d'allemand, M. Laval, le concours des bourses et entre au lycée David d'Angers[100]. Mais l'adolescent allait se retrouver à nouveau seul. Pendant la Première Guerre mondiale la maladie emporte en effet tour à tour sa grand-mère et son grand-père paternels. Une tante célibataire devient alors infirmière à domicile pour pouvoir élever les trois enfants de son frère, le vétérinaire mort à l'île Maurice. Il fallut aussi abandonner la grande maison du grand-père et habiter une demeure plus petite. La bourse, cependant, permit au jeune Maurice de terminer ses études secondaires. Reçu premier de l'Académie de Rennes au baccalauréat de philosophie en 1922, avec la mention Très Bien, couronné la même année d'un accessit au Concours général de philosophie, encouragé par ses professeurs à préparer le concours de la rue d'Ulm, il obtient un transfert de sa bourse au lycée Lakanal. Deux ans plus tard, classé 36e pour 28 reçus, il

99. Les lignes qui suivent sont fondées en partie sur une correspondance — recoupée par d'autres sources — avec l'auteur en février 1976 et octobre 1980.

100. De cette école communale de Longué sortira également, quelques années plus tard, Lucien Paye. Ce fils d'un agent voyer fera lui aussi ses études au lycée David d'Angers et obtiendra un 2e prix d'histoire au Concours général de 1925. Puis le futur ministre de l'Éducation nationale du général de Gaulle entrera en hypokhâgne à Louis-le-Grand en octobre 1925 et à l'École normale supérieure deux ans plus tard.

reçoit une bourse de licence, qu'il refuse pour pouvoir à nouveau tenter sa chance au concours. Mais le souci de ne plus être du tout à la charge de sa tutrice le conduit à solliciter un poste de maître d'internat et c'est donc au collège d'Étampes qu'il prépare seul, en 1924-1925, le concours de l'École normale supérieure, tout en passant deux de ses quatre certificats de licence. Malgré ces mauvaises conditions de préparation, il est reçu — 13ᵉ — au concours de 1925.

A la différence de la plupart des khâgneux ludoviciens du Bloc des gauches, ce n'est pas en khâgne qu'il est marqué par l'empreinte socialiste. A Lakanal, il se situe en effet lui-même dans la « gauche républicaine », c'est-à-dire aux côtés des radicaux [101]. Et son action s'exerce plus alors sur le front de la lutte entre talas et laïcs que sur un registre plus directement politique. Nous avons vu notamment, au chapitre IX, le rôle qu'il joua en 1923-1924, en tant que Z de la khâgne, dans l'affaire de *La Garçonne*. C'est seulement en 1925, semble-t-il, que Maurice Deixonne va glisser vers le socialisme au contact des normaliens du Groupe d'études socialistes. Glissement rapporté en ces termes en 1980 :

> « En 1925 j'entre donc à la rue d'Ulm, et c'est là, dans ce milieu fortement imprégné de socialisme par Jean Jaurès, Léon Blum, Lucien Herr, que je vais entrer en contact avec le Parti. C'est surtout Georges Lefranc qui entreprend de me convaincre. Il sera, avec Jean Le Bail, mon parrain à la cinquième section de Paris. Le premier timbre de ma carte porte la date d'avril 1926. »

Cet engagement socialiste ne s'exprimera pas seulement par l'adhésion à une section de la SFIO. Entre la rentrée universitaire de 1925 et le printemps 1926, la participation au Groupe d'études socialistes semble avoir joué le rôle de sas entre le khâgneux laïc et républicain de Lakanal et le militant socialiste. Et c'est au sein de ce Groupe que l'influence décisive de Georges Lefranc s'exerça alors. Le jeudi 29 avril 1926, Maurice Deixonne y prononce une conférence sur le sujet suivant : « Le Socialisme doit-il choisir entre la démocratie et la lutte de classes ? ». Le compte rendu détaillé qu'il en donne dans la deuxième circulaire du Groupe d'études socialistes des Écoles normales supérieures révèle que la mue est terminée : Maurice Deixonne est devenu un membre à part entière du groupe socialiste de la rue d'Ulm.

Très rapidement, il va y jouer un rôle de premier plan, ainsi que dans les citadelles que les jeunes ulmiens investissent, en particulier les Étudiants socialistes. Dans cette même circulaire de septembre 1926, il publie du reste un article sur « Le fascisme au Quartier latin » qu'il signe Maurice Deixonne « Trésorier du groupe des Étudiants socialistes ». Et l'année suivante, il devient, on l'a vu, secrétaire général de la Fédération nationale des étudiants socialistes reconstituée.

Mais son mandat sera de courte durée. Le 17 mars 1927, en effet, il doit partir au sanatorium de Durtol, dans le Puy-de-Dôme. Il est alors remplacé par Claude Lewy. Avec ce dernier, le secrétariat général échappe apparemment aux normaliens et aux khâgneux. Né le 19 avril 1906 à Orléans, dont il deviendra le maire en 1935, le nouveau secrétaire général est venu faire ses études de droit à Paris. Mais c'est, en fait, un ami d'enfance du normalien

---

101. Sondage réalisé par les élèves de la khâgne de Lakanal au cours de l'année scolaire 1922-1923 et porté sur le « Livre d'Or » (Archives Roger Joxe).

Pierre Boivin et c'est ce dernier, lui-même à l'époque secrétaire du groupe parisien des ES, qui lui fit confier la Fédération nationale [102]. Et en 1928, du reste, c'est un ancien khâgneux, Claude Lévi-Strauss, membre de surcroît du Groupe d'études socialistes des Écoles normales supérieures, qui lui succède.

Né le 28 novembre 1908 à Bruxelles, fils d'un artiste peintre, ce dernier n'a passé qu'un an en khâgne, en 1925-1926, au lycée Condorcet. Il n'a pas persévéré, en effet, dans la direction de l'École normale supérieure, sur les conseils de son professeur de philosophie André Cresson qui lui conseilla d'entreprendre des études juridiques [103]. Inscrit en faculté de droit et continuant parallèlement une licence de philosophie, il poursuit un engagement socialiste commencé « dès le lycée [104] ». L'expression « dès la khâgne » conviendrait sans doute mieux car c'est, semble-t-il, au Groupe d'études socialistes que le khâgneux Claude Lévi-Strauss devint socialiste sous l'influence de Georges Lefranc. C'est tout au moins ce qui ressort du témoignage de ce dernier, en 1981 :

> « Il nous arrivait aussi, à Le Bail et à moi, de faire des adeptes, sans parfois l'avoir cherché. Je fus très étonné, quelques années plus tard, dans une réunion de Révolution constructive, d'entendre Claude Lévi-Strauss me dire : c'est toi qui par tes interventions au Groupe m'as rendu socialiste. »

Dans *Visages du mouvement ouvrier français*, un an plus tard, Georges Lefranc introduit, il est vrai, une variante de cette phrase : « C'est toi qui, par tes interventions au Groupe, m'as définitivement converti au socialisme [105]. » Le « définitivement » réintroduit l'antériorité éventuelle de l'engagement socialiste par rapport à la khâgne.

Toujours est-il que Claude Lévi-Strauss semble avoir participé de très près aux activités du Groupe d'études socialistes des Écoles normales supérieures. Le 4 février 1926, par exemple, il intervient après une conférence de Francis Delaisi sur « les contradictions du monde moderne ». La circulaire du Groupe d'études socialistes d'avril 1926 rend compte de l'intervention en ces termes :

> « Lévy-Strauss (Condorcet) se demande si la rupture totale que Francis Delaisi souhaite voir entre le domaine économique et le domaine politique ne serait pas un mal et s'il est d'une méthode scientifique de vouloir aller à l'encontre d'un fait aussi puissant. Il lui semblerait bien préférable d'aménager peu à peu les organismes politiques en organismes économiques — ou tout au moins de les adapter à leurs nouvelles fonctions. »

Bien plus ferme de pensée apparaît une conférence — dont rend compte la circulaire de septembre 1926 — que Claude Lévi-Strauss fit deux mois plus tard sur le Parti ouvrier belge et qui impressionna notamment Georges Lefranc. Bien que non normalien, c'est d'ailleurs lui qui prendra en charge le Groupe à la rentrée universitaire de 1927, quand Georges Lefranc devra se consacrer à la préparation de l'agrégation. Et l'année suivante, en avril, il succède à Claude Lewy à la tête de la FNES.

---

102. Cf. le témoignage de Claude Lewy dans *Pierre Boivin. Choix d'Écrits*, *op. cit.*, p. XX.
103. Cf. Claude Lévi-Strauss, *Tristes Tropiques*, Plon, 1955, p. 45.
104. Entretien de Claude Lévi-Strauss avec Jean-Marie Benoist, *Le Monde*, 21-22 janvier 1979.
105. *Op. cit.*, 1982, p. 69; pour le témoignage de Georges Lefranc en 1981, cf. *Cahiers de l'Ours*, n° 116, janvier 1981, p. 45.

Un demi-siècle après ce passage dans les rangs socialistes [106], Claude Lévi-Strauss évoque encore l'influence qu'eut alors sur lui le Parti ouvrier belge :

> « Aucune influence universitaire sur mon socialisme, mais celle d'Arthur Wanters, belge, plus tard ambassadeur en URSS, rencontré en vacances vers ma dix-septième année, et qui m'a fait venir en Belgique comme hôte du POB pendant une ou deux semaines [107]. »

De fait, on l'a vu, le jeudi 22 avril 1926, Claude Lévi-Strauss avait fait une conférence sur le Parti ouvrier belge au Groupe d'études socialistes et insisté sur sa nature de « parti économique » : à côté de sa structure politique proprement dite, il possède, en effet, des coopératives, des syndicats et des mutualités. L'auteur du compte rendu de la conférence dans la circulaire de septembre 1926, Georges Lefranc, se félicite que soit ainsi réalisée en Belgique une fusion « qu'en France [nous] aurons sans doute à imposer, aidés par les faits ».

Au reste, les Étudiants socialistes français vont à cette date, semble-t-il, s'ouvrir aux influences extérieures, par l'intermédiaire de l'Internationale des étudiants socialistes. La circulaire d'avril 1926 du Groupe d'études socialistes annonce, en effet, qu'un congrès international des Étudiants socialistes doit se tenir à Amsterdam quelques semaines plus tard et que plusieurs membres du Groupe ont l'intention de s'y rendre. Ce furent Georges Lefranc et deux fontenaisiennes, dont Émilie Lamare, qui partirent en définitive pour Amsterdam où, les 23 et 24 mai, en marge du congrès international des Jeunesses socialistes, allait se fonder l'Internationale des étudiants socialistes [108]. Si les contacts avec la délégation allemande furent peu chaleureux, des liens étroits se nouèrent au contraire avec des étudiants de Wallonie. Ce qui eut, d'ailleurs, une conséquence indirecte : décision fut prise de publier des articles dans l'organe des Étudiants de Wallonie, *L'Étudiant socialiste*. Ces articles se faisant, au fil des ans, de plus en plus nombreux, *L'Étudiant socialiste* devint un organe commun aux deux Fédérations wallonnes et françaises [109].

---

106. De ce passage datent des articles dans *L'Étudiant socialiste* qui sont vraisemblablement les tout premiers textes imprimés de Claude Lévi-Strauss. Outre « Après le Congrès » (3ᵉ année, n° 8, mai 1928, en dernière page), signalons sa polémique avec *Monde* d'Henri Barbusse, après l'enquête de cette revue sur « la littérature prolétarienne » (3ᵉ année, nᵒˢ 10-11, juillet-août 1928, en dernière page, et 4ᵉ année, n° 1, octobre 1928, pp. 9-10; Claude Lévi-Strauss y conteste la notion de « littérature prolétarienne »), et surtout, eu égard à son champ d'études ultérieur, sa réflexion sur « le socialisme et la colonisation » (5ᵉ année, n° 1, octobre 1929, pp. 7-8).

107. Claude Lévi-Strauss, correspondance avec l'auteur, 25 juin 1980. Est ainsi identifié le jeune belge évoqué dans *Tristes Tropiques :* « Vers ma dix-septième année, j'avais été initié au marxisme par un jeune socialiste belge, connu en vacances et qui est aujourd'hui ambassadeur de son pays à l'étranger » (*op. cit.*, p. 49).

108. Cf. Georges Lefranc, *Cahiers de l'Ours*, n° 116, janvier 1981, p. 48; cf. également l'article écrit par Georges Lefranc peu après la fondation de cette Internationale (« l'Internationale des étudiants socialistes [Amsterdam, 23-24 mai 1926] », *La Nouvelle Revue socialiste*, 15 juillet au 15 août 1926, 1ʳᵉ année, n° 8, pp. 566-569).

109. Apparemment, d'après le catalogue des périodiques de la Bibliothèque nationale, *L'Étudiant socialiste* existe à partir de 1926. Mais la collection ne commence, dans cette bibliothèque, qu'en février 1928 (3ᵉ année, n° 5). En page 4 de ce numéro de février, on trouve l'information suivante : « Nos lecteurs ont apprécié l'an dernier les articles de nos collaborateurs français de l'École normale supérieure de Paris, nos amis Le Bail, Lefranc et Deixonne. Nous avons le plaisir d'annoncer aujourd'hui que la Fédération nationale des étudiants socialistes de France vient de décider de faire de notre journal son organe officiel. Nous publierons, à partir du mois prochain, une page spéciale, " l'Étudiant socialiste de France ", consacrée aux communications et articles de nos amis français... » Et le mois suivant, la page 12 de *L'Étudiant socialiste* devient « l'Étudiant socialiste de France, organe mensuel de la Fédération des étudiants socialistes » et l'adresse de la rédaction mentionnée est 45, rue d'Ulm.

A Pâques 1929, Claude Lévi-Strauss, quittant le secrétariat de la FNES pour préparer l'agrégation, un nouveau bureau fédéral est désigné, composé de Marcel Déat, président, Émile Kahn et Jean Zyromski, vice-présidents, et Émilie Lefranc — qui enseigne au cours complémentaire Paul Bert d'Aubervilliers —, secrétaire générale. C'est Claude Lévi-Strauss lui-même qui avait insisté pour placer Émilie Lefranc à ce poste, estimant qu'elle était apte à conjurer une crise qui couvait au sein des Étudiants socialistes. A l'automne de la même année, quand Georges Lefranc, qu'elle a épousé deux ans plus tôt, est nommé professeur à l'École internationale de Genève, elle abandonne le secrétariat des Étudiants socialistes. Et, à nouveau, comme en 1927, ce secrétariat va passer en d'autres mains que celles des membres du Groupe d'études socialistes des Écoles normales supérieures. Ce sont successivement Jacques Godard, étudiant en médecine, et Jean Itard, professeur de mathématiques, qui vont alors, en effet, diriger les Étudiants socialistes. La date, en réalité, n'est pas le fruit du hasard. Pour les jeunes socialistes du Groupe d'études, anciens khâgneux de l'époque du Cartel, entrés pour la plupart à l'École à l'automne 1924 ou 1925, 1929 correspond à un moment où le séjour à l'École s'achève et où une première nomination ou bien un séjour sous les drapeaux vont mettre fin, momentanément, à la cohésion du groupe.

Georges Lefranc, pour sa part, est reçu à l'agrégation d'histoire et géographie en 1928. Il effectue alors son service militaire, à la sortie duquel Célestin Bouglé, devenu entre-temps directeur adjoint de l'École normale supérieure, lui propose un poste de professeur à l'École internationale de Genève. Grâce au normalien Fernand Maurette, gendre de Paul Dupuy [110] et longtemps surveillant à l'École avant de devenir sous-directeur du Bureau international du travail, Émilie Lefranc est également nommée à l'École internationale. En octobre 1929 commence donc, pour les époux Lefranc, un séjour de deux ans à Genève. A la même époque, Jean Le Bail, qui avait été reçu à l'agrégation des lettres dès 1927 et qui, après son service militaire, avait été nommé en 1928 au lycée de Cherbourg, s'installe en Haute-Vienne. Professeur au lycée de Limoges, il investira bientôt la fédération socialiste du département. L'année précédente, il avait épousé la sœur de son camarade Sylvain Broussaudier, originaire du Limousin.

Maurice Deixonne avait lui aussi quitté Paris dès 1927, mais sans avoir pour autant atteint le terme de sa scolarité rue d'Ulm. Atteint de lésions pulmonaires, il gagne, on l'a vu, le sanatorium de Durtol dans le Puy-de-Dôme en mars 1927. A cette date, en effet, la tuberculose continue à frapper durement les élèves de la rue d'Ulm [111]. Ces derniers voient par exemple, sur les vingt-

110. La plaquette *Paul Dupuy (1856-1948)* (Brodard et Taupin, 1951) permet de reconstituer aisément la vie d'un homme qui, à l'instar de Lucien Herr, a joué, une existence durant, un rôle décisif dans les coulisses de la rue d'Ulm. Né le 18 janvier 1856, Paul Dupuy entre vingt ans plus tard à l'École normale supérieure, dont il ne ressortira plus guère qu'en 1925. Seul un échec à l'agrégation d'histoire et géographie en 1880 le relègue pendant un an au lycée de Bayonne. Agrégé en 1881, il se voit offrir par le directeur Numa Denis Fustel de Coulanges le poste de « maître-surveillant ». Ce poste se transformera ensuite en celui de surveillant général puis, après 1904, de secrétaire général de l'École. Jusqu'à sa retraite en 1925, s'écoulent donc quarante-quatre années passées rue d'Ulm, parallèlement à un enseignement de géographie dispensé à l'École de Fontenay-aux-Roses et au collège Sévigné. En 1925, il s'installe à Genève et travaillera à l'École internationale, fondée l'année précédente et que sa fille, Mme Maurette, dirigera par la suite.

111. Pour la période antérieure, Pierre Jeannin signale de 1883 à 1909, sur 1 122 élèves de la rue d'Ulm, 66 cas de tuberculose, dont 31 mortels « en cours de scolarité ou peu après » (P. Jeannin, *École normale supérieure*, Office français de diffusion artistique et littéraire, 1963, p. 104). Pour une période plus brève (1879-1896), nous avons trouvé mentionnés dans les archives de l'École normale

neuf membres de la promotion littéraire de 1924, disparaître deux d'entre eux : Richard Brossat, frappé en août 1928, et André Le Morvan, mort deux ans après son entrée à l'École, en octobre 1926. La promotion scientifique de 1925 comptera elle aussi deux décès, sur vingt et un élèves : Paul Aunis et René Talva, l'un et l'autre durant leur séjour rue d'Ulm. Et si les autres promotions de la décennie ne connaissent pas des bilans aussi sinistres, plusieurs de leurs membres seront touchés par la tuberculose. Dans la promotion littéraire de 1925, Maurice Deixonne est le seul à devoir partir en sanatorium, mais deux de ses camarades souffriront d' « adénite tuberculeuse » et un troisième d' « adénopathie suspecte de tuberculose[112] ».

Après Durtol, c'est aux Houches puis au sanatorium de Passy-Praz-Coutant, en Savoie, que Maurice Deixonne soignera sa tuberculose, et il terminera sa convalescence à Corenc, dans l'Isère. En l'absence d'une réelle protection sociale, cette convalescence ne fut permise que grâce à l'action conjuguée de Célestin Bouglé, qui s'arrangea pour maintenir la bourse d'interne du malade, de la Société des amis de l'École normale supérieure et de la tante de Maurice Deixonne. En août 1929 il épouse Suzanne Boully, fille du sénateur Georges Boully, ancienne élève de l'ENSET et ancienne membre du Groupe d'études socialistes, et quand cette dernière, à la rentrée suivante, est nommée à Clermond-Ferrand, il y prépare seul l'agrégation de philosophie — il avait déjà, alors qu'il était en sanatorium, préparé un mémoire de DES sur la preuve ontologique de l'existence de Dieu —, à laquelle il est reçu en 1930. Et à la rentrée d'octobre de la même année, les époux Deixonne obtiennent un poste double à Valenciennes, ville dans laquelle ils resteront jusqu'en 1933.

De son côté, Pierre Boivin, après l'agrégation de philosophie passée en 1929, gagnera la caserne puis, en 1930-1931, le lycée de Vendôme, tandis que Claude Lévi-Strauss se destine lui aussi à cette agrégation. Son professeur de philosophie de la khâgne de Condorcet, on l'a vu, lui avait conseillé de bifurquer vers les études de droit. C'est dans cette direction qu'il s'était alors tourné, mais sans abandonner pour autant la philosophie. Et finalement il deviendra agrégé de philosophie en 1931, reçu « à son premier concours, cadet de sa promotion[113] » et aura pour premier poste le lycée de Mont-de-Marsan. Parallèlement à ses études universitaires, il avait occupé pendant deux ans, en 1929 et 1930, le poste de secrétaire parlementaire de Georges Monnet.

Ainsi, à l'exception de Claude Lévi-Strauss, dès 1929 la première génération du Groupe d'études socialistes des Écoles normales supérieures était dispersée dans les lycées ou les casernes de province. Apparemment, il y a donc fission du noyau initial qui s'était progressivement constitué dans les brasseries du Quartier latin et les turnes de la rue d'Ulm. Mais la plupart des particules se ressouderont autour de Révolution constructive, lointaine mais indéniable résurgence du Bloc des gauches de Louis-le-Grand de 1922-1924, du Groupe d'études socialistes des années qui suivirent le Cartel, du « texte des normaliens » de la cinquième section parisienne, et de la frange ulmienne des Étudiants socialistes.

---

supérieure (Arch. Nat. 61 AJ 198) 21 cas d'élèves « morts ou attaqués de la poitrine », plus 7 « suspects ».

112. Arch. Nat. 61 AJ 198.

113. Claude Lévi-Strauss, *Tristes Tropiques*, *op. cit.*, p. 44. Le premier de la promotion était Ferdinand Alquié, ancien hypokhâgneux et khâgneux de Louis-le-Grand entre 1924 et 1927.

Des « non-conformistes » des années 1920 ?

Au commencement de Révolution constructive étaient donc quelques khâgneux et normaliens des années 1920. Cette mise en lumière de racines plongeant dans la décennie précédente nous paraît essentielle. Révolution constructive participe, en effet, de cette tentative de renouvellement politique qu'a été l' « esprit des années 1930 » repéré il y a un quart de siècle par Jean Touchard et autopsié quelques années plus tard par Jean-Louis Loubet del Bayle [114]. L'un et l'autre avaient noté le rôle des clivages de génération dans l'émergence de ce courant : c'était, en réalité, essentiellement de la classe d'âge que nous avons baptisée « génération de 1905 » qu'étaient issus les « non-conformistes des années 1930 ».

Jean Touchard et Jean-Louis Loubet del Bayle avaient cantonné leur analyse au seul versant de droite du paysage politique français. Il nous semble pourtant qu'à gauche également, Révolution constructive et le courant « Jeune-Turc » au sein du Parti radical appartiennent, avec, naturellement, plus que des nuances, au même mouvement de rénovation. Serge Berstein écrit d'ailleurs que le phénomène Jeune-Turc « n'est pas autre chose que l'aspect radical d'un vaste mouvement de remise en cause de valeurs sur lesquelles s'était reconstruite la société française au lendemain de la guerre » et « une réponse à la prise de conscience de l'inadéquation des idéologies à appréhender les réalités nouvelles [115] ». Le diagnostic, assurément, peut également s'appliquer à Révolution constructive [116].

Rien de plus normal à ce qu'un phénomène animé par des jeunes hommes d'une trentaine d'années ait des racines qui plongent dans la décennie précédente, à un âge où se nouent les amitiés et où se tissent les solidarités d'études. Il en va de même pour d'autres branches de l' « esprit des années 1930 ». Ainsi, nous avons déjà évoqué la rencontre au début de la Première Guerre mondiale, dans la khâgne de Condorcet, des futurs animateurs d'*Ordre nouveau,* Robert Aron et Arnaud Dandieu. De même, on l'a vu, André Déléage et Georges Izard, deux des futurs fondateurs d'*Esprit,* ont fait connaissance en hypokhâgne à Louis-le-Grand au début des années 1920. Si l'on ajoute les jeunes socialistes qui feront naître plus tard Révolution constructive, il apparaît donc que la khâgne de Louis-le-Grand est, pour l'historien, un site riche en futurs « non-conformistes », au profil d'ailleurs souvent identique : excellents élèves des lycées et collèges des départements, fréquemment fils d'enseignants du primaire, internes rue Saint-Jacques et têtes de classe de l'hypokhâgne et de la khâgne.

---

114. Jean Touchard, « L'Esprit des années 1930... », *Tendances politiques dans la vie française depuis 1789,* Hachette, 1960, pp. 90-120; Jean-Louis Loubet del Bayle, *Les Non-Conformistes des années 30,* Le Seuil, 1969.

115. Serge Berstein, *Le Parti républicain radical et radical-socialiste en France de 1919 à 1939,* thèse de doctorat d'État, 4 volumes, dact., pp. 668 et 703 (cf. aussi l'édition des Presses de la Fondation nationale des sciences politiques, *Histoire du Parti radical, 2, Crise du radicalisme (1926-1939),* 1982); cf. également les interrogations, sur le même registre, d'Alain Bergounioux à propos du néo-socialisme (« Le néo-socialisme. Marcel Déat : réformisme traditionnel ou esprit des années trente », *Revue historique,* t. CCLX, 1978, pp. 389-412, plus précisément p. 401).

116. A Révolution constructive sera consacrée la thèse de Stéphane Clouet (Nancy II); on se reportera aussi à l'étude, déjà signalée, de Georges Lefranc (*Histoire d'un groupe du Parti socialiste SFIO. Révolution constructive (1930-1938)* dans *Mélanges d'histoire économique et sociale, en hommage au professeur Antony Babel,* Genève, 1963, pp. 401-425, repris dans *Essais sur les problèmes socialistes et syndicaux,* Payot, 1970, pp. 169-196).

Mais, dans le cas de Révolution constructive, l'étude de la préhistoire de ce mouvement débouche sur de plus larges conclusions. La strate exhumée ne recèle pas seulement des amitiés nouées et des solidarités tissées, on y distingue également l'amorce d'une réflexion qui annonce déjà certains des thèmes de Révolution constructive. Ce n'est donc plus seulement la préhistoire de ce mouvement qui est ainsi reconstituée mais déjà sa protohistoire. Et la date charnière de 1929 perd en fait ici une partie de sa signification. Certes, les retombées sur les bords de Seine de la grande crise apparue sur les rives de l'Hudson viendront naturellement amplifier le mouvement des « non-conformistes » et, dans une certaine mesure, en confirmer les prémonitions. Mais ce mouvement est antérieur à l'importation en France de la crise américaine et même à son déclenchement à Wall Street. Il est né de la rencontre d'une génération et d'une crise qui dépasse la seule crise de 1929 et procède plus largement de l'ébranlement consécutif à la Première Guerre mondiale.

Car l'observation n'est pas valable seulement pour la genèse de Révolution constructive. Serge Berstein parvient aux mêmes conclusions pour le mouvement Jeune-Turc qui « se manifeste à partir des années 1927-1929 » et qui, de ce fait, est un « phénomène des années 1920 ». Et à sa question : « Il serait intéressant de se demander si la précocité du phénomène de remise en question est propre au Parti radical ou si les autres courants politiques n'ont pas connu dès les années 1920 en raison des suites de la guerre des mouvements du même ordre qui affleureraient dans les années 1930 au niveau de l'opinion publique[117] », il faut donc répondre par le constat de la non-spécificité, sur ce plan, du Parti radical. Et cette « précocité » n'a pas touché, semble-t-il, les seuls socialistes et radicaux[118].

La guerre n'a pas eu seulement des effets indirects, en bouleversant le champ des réalités françaises et en enclenchant ainsi une tentative de renouvellement des valeurs et des idéologies dès avant 1929. Elle imprègne, en fait, la sensibilité politique de ces jeunes socialistes des années 1920 et détermine l'ensemble de leur vision politique. De même qu'en d'autres décennies le nationalisme a pu devenir l'élément essentiel d'une perception non seulement des problèmes de politique extérieure mais de l'ensemble des phénomènes politiques, économiques et sociaux, de même le pacifisme né de l'horreur de la Première Guerre mondiale est au cœur de l'engagement de ces jeunes socialistes et socialisants. Évoquant les fondateurs de Révolution constructive, Georges Lefranc notera, trente ans plus tard : « D'une manière ou d'une autre, la guerre de 1914-1918 les a tous marqués[119]. » Et de citer ces phrases extraites du manifeste *Révolution constructive* publié en 1932 :

> « Nous gardons tous le souvenir d'une enfance grave, confinée longtemps, parfois oppressée. Il nous a manqué le libre débordement d'une insouciance joyeuse. Qui des nôtres aurait eu le temps de s'y associer ? Autour de nous le bouleversement,

---

117. *Op. cit.*, pp. 668 et 669 et note 74, p. 711.

118. Cf. l'analyse et les conclusions en ce sens de René Rémond qui, au colloque consacré en 1982 à l'histoire du personnalisme, appelait à corriger cet « effet d'anticipation » (« Le climat des années trente » dans *Le Personnalisme d'Emmanuel Mounier. Hier et demain*, Le Seuil, 1985, pp. 19-30). La réévaluation en cours touche, du reste, des secteurs très divers : celui, par exemple, de l'œcuménisme catholique qui, s'il est bien « le fils des années 30 », s'enracine, en fait « plus que nous ne l'imaginions au départ dans la fermentation trop oubliée par laquelle les années 20 ont tenté d'exorciser le traumatisme subi entre 1914 et 1918 » (Étienne Fouilloux, *Les Catholiques et l'unité chrétienne du XIXe siècle au XXe siècle, op. cit.*, p. 204).

119. G. Lefranc, *Histoire d'un groupe..., op. cit.*, p. 403, et rééd. en 1970, p. 172.

> aggravé de deuils familiaux ou de souffrances directes dans les régions mêmes du front. L'angoisse des vieux nous faisait, sous un ciel lourd, une existence presque sans joie. Nous y avons trouvé, plus ou moins, l'occasion d'une réflexion précoce. »

Dès lors, leur socialisme sera une synthèse d'éléments à la fois structurels — l'apport jaurésien, et notamment une certaine imperméabilité au marxisme — et conjoncturels — l'hostilité au poincarisme, symbole à leurs yeux des errements de la décennie précédente et, de ce fait, repoussoir.

L'étude du socialisme normalien a fait aussi apparaître le rôle de premier plan joué par Georges Lefranc, qui l'a structuré, animé et, semble-t-il, influencé. Les problèmes rencontrés à la Libération ont rejeté dans l'ombre un homme que sa forte personnalité et sa foi militante désignaient sinon à un rôle politique de premier plan — sa bifurcation dès les années 1930 vers l'Institut supérieur ouvrier de la CGT, à un âge où ses anciens camarades du Groupe d'études socialistes des Écoles normales supérieures commençaient à investir les fédérations socialistes, dénote, semble-t-il, une volonté « de ne pas parvenir » —, du moins à une position d'influence idéologique et qui en faisaient incontestablement un des espoirs de sa génération normalienne. Sur son itinéraire le poids du premier conflit mondial a été déterminant. Un texte manuscrit où Georges Lefranc évoque ces problèmes de la Libération[120] commence d'ailleurs par ces mots : « J'ai été ardemment pacifiste dès la fin de 1914... telle est la cause majeure de mes épreuves. »

120. G. Lefranc, *L'Affaire Lefranc*, deux tomes manuscrits, s.d., 134 p. (document communiqué par Georges Lefranc). Sur cette source, cf. *infra*, chapitre XVI.

CHAPITRE XII

Les communistes à l'École normale supérieure

Les communistes, on l'a vu, sont peu représentés en khâgne tout au long de la décennie. C'est une situation identique que l'on retrouve en aval, rue d'Ulm, et évoquer la SFIC à cette date à l'École normale supérieure, c'est faire beaucoup plus le portrait de quelques individualités qu'étudier un groupe constitué.

« *Farouches et repliés sur nous-mêmes.* »

Au moment du congrès de Tours, les normaliens de la cinquième section parisienne étaient demeurés, dans leur grande majorité, fidèles à la SFIO. A la différence d'aînés comme Pierre Pascal, ancien élève de la promotion littéraire de 1910, qui se trouve alors en Russie où le retient sa sympathie pour le nouveau régime, ou de Marcel Prenant, entré rue d'Ulm en 1911 et qui se prononce pour l'adhésion à la IIIe Internationale[1], la plupart des élèves, conduits par Marcel Déat, étaient restés socialistes. Au reste, ces deux normaliens, plus âgés, n'étaient plus à cette date élèves de l'École.

C'est donc dans un milieu apparemment peu perméable au communisme que Georges Cogniot arrive en 1921. En novembre de cette année-là, en même temps qu'il entre rue d'Ulm, l'ancien khâgneux lyonnais adhère à la cinquième section parisienne du Parti communiste, située rue Gracieuse, près de la place Monge[2]. Cette section ne devait pas exister longtemps. Rapidement, le

1. Pierre Pascal (1890-1983) était parti en Russie en 1916, en tant que membre de la mission militaire ; rallié à la cause de la Révolution, il demeura durant dix-sept années en URSS. Cet ancien membre du groupe tala de la rue d'Ulm (cf. Régis Ladous, *Monsieur Portal et les siens. Mission chrétienne et Union des Églises du Pontificat de Léon XIII à celui de Pie XI*, thèse de doctorat d'État, Lyon, 1982, dact., tome 3, pp. 194-195 et 230-236) a publié, jusqu'à l'année 1927, son *Journal de Russie* (Pierre Pascal, tome I, *Mon journal de Russie : 1916-1918*, 1975, tome II, *Mon journal de Russie : 1918-1921*, 1977, tome III, *Mon état d'âme : 1922-1926*, 1982, et tome IV, *Russie : 1927*, 1982, Lausanne-Paris, l'Âge d'Homme). Pour Marcel Prenant, cf. ses Mémoires (*Toute une vie à gauche*, *op. cit.*, p. 74).

2. G. Cogniot, *Parti Pris*, tome I, *op. cit.*, p. 65. Par commodité, nous baptisons dans les pages qui suivent Parti communiste une organisation qui a, en fait, pour nom officiel, à compter du 1er janvier 1922, Parti communiste français-SFIC.

Parti communiste remplaça les sections géographiques, héritées de la SFIO, par des cellules d'entreprise. Les intellectuels de la cinquième section furent dispersés et envoyés dans des cellules souvent éloignées. Ainsi Marcel Prenant, à l'époque agrégé-préparateur rue d'Ulm, fut-il inscrit à la cellule ouvrière de l'usine d'automobiles Amilcar à Saint-Denis.

Parallèlement à son inscription à la cinquième section, Georges Cogniot s'agrège à l'embryon de groupe communiste qui est en train de se constituer rue d'Ulm et qu'il va bientôt diriger. L'autre personnalité marquante de ce groupe, en cette année 1921-1922, est Augustin Ballicioni, membre de la promotion scientifique de 1921. Ce Corse, fils d'une institutrice de Bastia veuve de guerre, a préparé le concours de Normale à Marseille, de 1919 à 1921, après avoir effectué toute sa scolarité secondaire au lycée de Bastia. Et c'est dans cet établissement qu'il reviendra enseigner en 1925, après avoir passé l'agrégation de mathématiques l'année précédente. Outre Augustin Ballicioni, Georges Cogniot cite dans ses Mémoires quatre noms d'élèves qui auraient, à cette date, appartenu au groupe communiste de l'École : les mathématiciens Marcel Finas et Marcel Thorez et les littéraires Maurice Berthélemy et Marius Charles. Avec Cogniot et Ballicioni, est donc atteint un total de six communistes rue d'Ulm. Certes, Georges Cogniot ajoute qu'il y en avait alors « d'autres » dans l'établissement. Mais plusieurs témoignages recoupés donnent à penser que la demi-douzaine représentait sans doute un maximum. Au reste, quelques pages plus loin, le futur rédacteur en chef de *L'Humanité* précise que « les révolutionnaires n'étaient guère plus nombreux à la rue d'Ulm en 1921 que les antiboulangistes vers 1890 » et, se fondant sur Romain Rolland, il écrit que seuls cinq normaliens signèrent une pétition contre Boulanger.

L'intégration de ces jeunes communistes en milieu normalien ne s'est pas faite, semble-t-il, sous d'heureux auspices. C'est en tout cas ce que semble reconnaître, plus d'un demi-siècle plus tard, le principal animateur du groupe :

> « Nous souffrions encore d'un autre péché de jeunesse que la présomption : c'était l'intolérance. Nous vivions, nous autres communistes, plutôt farouches et repliés sur nous-mêmes, sans manquer jamais l'occasion de nous démarquer de nos condisciples. La mauvaise humeur nous semblait révolutionnaire. »

De fait, on l'a vu, les relations sont tendues avec les socialistes, qui portent déjà « les stigmates du carriérisme[3] », et ce jugement sévère s'applique aussi, sous la plume de Georges Cogniot, à l'atmosphère de l'École marquée « par le snobisme et l'esprit conservateur » et « le carriérisme d'un certain nombre d'élèves ». Pour dénoncer ce qu'il appelle « l'arrivisme des épouseurs », il manifeste d'ailleurs bruyamment le jour du Bal de l'École, dans la turne de Ballicioni, avec banderoles, inscriptions et chants révolutionnaires[4].

---

3. *Ibid.*, p. 68. L'attaque vise L'Hévéder, Bonnafous et surtout Déat. Et nous avons vu, au chapitre précédent, que Marcel Déat dénonce, de son côté, « l'injection de haine communiste », la « violence » et la « mauvaise foi » du « dénommé Cogniot ».

4. *Ibid.*, p. 73. Le Bal de l'École est décidément, semble-t-il, un des lieux privilégiés de la contestation des étudiants communistes ! Plus d'un tiers de siècle après l'épisode rapporté par Georges Cogniot, en effet, en février 1959, plusieurs élèves refuseront ostensiblement de serrer la main du général de Gaulle venu présider le bal annuel (cf. le récit d'Alain Peyrefitte dans *Le Mal français*, Plon, 1976, pp. 340-341) et il semble bien que l'initiative de l'incident vint des étudiants communistes (cf., sur ce point, le témoignage de Philippe Robrieux, présent ce jour-là rue d'Ulm, dans *Notre génération communiste 1953-1968*, Laffont, 1977, pp. 156-159).

Et, du fait même de cette absence d'intégration en milieu normalien, l'action de Georges Cogniot et d'Antoine Ballicioni s'exercera surtout en dehors des murs de l'établissement. Ainsi, en octobre 1922, quand sont fondés le groupe et le journal *Clarté universitaire*, à l'initiative de ces normaliens, de deux ou trois normaliennes et de quelques étudiants en médecine, c'est Georges Cogniot qui en devint l'animateur. L'affichage, également, semble avoir été une activité habituelle du groupe. Georges Cogniot a raconté comment, en 1923, Ballicioni et lui furent interpellés de nuit, aux abords du Jardin des Plantes, un pot de colle et des affichettes contre l'occupation de la Ruhr à la main. Ils passèrent une nuit au commissariat de la rue Dante. L'affaire, selon le narrateur, aurait pu entraîner l'exclusion :

> « ... le directeur Gustave Lanson voulut nous exclure de l'École et engagea la procédure devant le conseil de discipline... Ce qui nous sauva de l'exclusion, ce fut la solidarité de la majorité des élèves. Le jour de la dernière délibération du conseil, ils se massèrent en foule dans l'escalier qui monte au cabinet du directeur en protestant hautement contre la sanction dont nous étions menacés. Le conseil s'en tint à un blâme au dossier. Le recteur Appell était intervenu dans le sens de la modération[5]. »

Le blâme fut, plus vraisemblablement, purement verbal. Il ne figure pas, en tout cas, dans ce qui reste du dossier Cogniot — les dossiers de la promotion de 1921 sont embryonnaires — dans les archives de l'École. Bien plus, les séances du conseil de discipline évoquées par Georges Cogniot n'apparaissent pas dans les procès-verbaux de ce conseil.

En revanche, on trouve dans les archives de l'Académie de Paris un rapport en date du 9 mars 1923 adressé par l'administration de l'École au rectorat et évoquant l'affaire[6]. Le mercredi 7 mars 1923, à 21 h 30, au coin des rues Lacépède et Navarre, un groupe des Jeunesses communistes est appréhendé par une ronde de police alors qu'il colle des affiches appelant à participer à un meeting le lendemain. En son sein, deux normaliens, Cogniot et Ballicioni, qui, comme les autres, sont emmenés au commissariat, fouillés puis relâchés. Le lendemain, en fin de matinée, un commissaire viendra perquisitionner dans « leurs malles et placards » mais ne trouvera rien de compromettant.

Après le départ de l'École de Georges Cogniot, reçu à l'agrégation des lettres en 1924, c'est René Joly qui dirigea le petit noyau de communistes. A l'enthousiasme remuant et tonitruant du premier succède la discrétion du second, silencieux et timide, au moins en apparence[7]. Né le 23 décembre 1903 dans le Cher, René Joly a effectué sa scolarité secondaire au collège de Sancerre puis au lycée de Bourges. Fils aîné d'un instituteur mort en 1912 et d'une directrice d'école, il est entré, après le baccalauréat, au lycée Lakanal pour y préparer le concours de la rue d'Ulm. Communiste dès cette époque, il prend la direction, à l'École, d'un petit groupe en pleine modification. Une relève est en effet en train de s'y opérer : la première strate des normaliens de 1921 disparaît à partir de 1924 ou 1925, et elle n'est qu'en partie renouvelée. A René Joly, entré en 1923, ne viendront s'adjoindre que Paul Nizan, de la promotion 1924, et Jean Bruhat, en 1925. Si l'on s'en tient *stricto sensu* aux

5. Cogniot, *op. cit.*, pp. 88-89.
6. Arch. Nat. AJ 16 2895.
7. Témoignage de Paul Labérenne (promotion scientifique de 1922), cité par Pierre Cuénat dans la notice qu'il a rédigée sur René Joly dans l'*Annuaire* de 1976 (*op. cit.*, p. 119).

adhérents communistes, le groupe normalien ne comprend donc, passé 1925, que trois membres, et même deux puisque René Joly quitte l'École à l'été 1927, date à laquelle Paul Nizan n'est pas encore communiste. Au reste, Jean Bruhat, dans ses Mémoires, ne parle que de « trois », voire de « deux ou trois » communistes à l'École à cette époque. Et Jean Thomas, qui était à cette époque agrégé-répétiteur à l'École, note quelques années plus tard :

> « Depuis la fin de la guerre jusqu'en 1925 environ, de l'Union sacrée au Cartel, la vie politique de l'École fut vigoureusement encadrée dans les groupes affiliés aux divers partis politiques : groupe socialiste, groupe communiste [...] En face, et naturellement sur un plan différent, mais hostile quand même, le groupe tala, rassemblement des catholiques de toute obédience [...] Vers 1925, et sans qu'on pût expliquer pourquoi, on s'aperçut que les groupes (à l'exception de celui des talas demeuré ferme dans sa diversité) étaient en pleine déliquescence. Le groupe communiste avait disparu, faute d'adhérents, bien que le communisme eût plus de " sympathisants " que jamais. Le groupe socialiste, fondu dans l'association des Étudiants socialistes, se réunissait dans une brasserie du quartier[8]. »

Le nombre des sympathisants, on le verra, est largement surestimé. Sur la disparition du groupe communiste, en revanche, il n'y a aucun doute : de 1925 à 1927, seuls René Joly et Jean Bruhat peuvent être considérés, à l'École, comme des militants communistes.

Autant le ralliement de Paul Nizan fut tardif, autant celui de Jean Bruhat fut précoce. Nous avons déjà évoqué son engagement à l'extrême gauche, en khâgne à Lyon. Reçu — dernier — à l'École en 1925, il adhère « immédiatement » au Parti communiste[9]. Plus d'un demi-siècle plus tard, cette adhésion est présentée dans ses Mémoires comme s'inscrivant dans le droit fil de son engagement précédent :

> « Octobre 1925. J'entre à la rue d'Ulm. J'adhère immédiatement au Parti communiste. Point de départ, certes, mais aussi point d'arrivée. J'étais " prêt ". La " prise de carte " n'a été qu'une formalité ; le geste n'avait pour moi rien de solennel. La carte m'a été remise à la première réunion de cellule à laquelle j'ai assisté. Je ne me souviens même plus dans quelles conditions. J'ai simplement passé du statut du communiste " sans carte " à celui du communiste " en carte ". »

Une fois à l'École, dans un établissement où l'implantation communiste est alors étique, l'action locale de celui que ses camarades surnomment vite « le bloc ouvrier et paysan » sera forcément limitée. Il n'y a pas du reste, à proprement parler, de cellule communiste à l'École à cette date et Jean Bruhat

---

8. Jean Thomas, *in BSAENS*, n° 32, juin 1934, p. 34 ; cf. également le même texte dans *L'Homme nouveau*, n° 1, janvier 1934, non paginé, « A l'École normale supérieure ». Même évaluation du directeur Gustave Lanson qui signale en 1928 : « Peut-être y a-t-il certaines années un embryon de cellule communiste » (cf. *Les Tendances de la jeunesse actuelle*, Publications du Comité national d'Études sociales et politiques, 1928, p. 21).

9. Notre propos n'est pas ici de faire une étude détaillée des rapports de Jean Bruhat avec l'orthodoxie communiste. Il reste que les recherches de Philippe Robrieux ont révélé un Jean Bruhat d'abord hétérodoxe (cf. *Histoire intérieure du Parti communiste*, tome 1, Fayard, 1980, p. 239, et tome 4, 1984, p. 115 : Jean Bruhat — ainsi, d'ailleurs, que Georges Cogniot — signa à cette époque la « pétition dite des 250 » ; Jean Bruhat a évoqué lui aussi cette phase dans *Il n'est jamais trop tard*, *op. cit.*, pp. 50 sqq.) puis que ce dernier, ainsi qu'il l'a lui-même souligné, a adopté une ligne « d'adhésion totale et quasi religieuse » au Parti communiste soviétique (*Ibid.*, p. 84). Une telle évolution au début de son engagement militant puis la phase de « réflexion critique » (J. Bruhat, *L'Histoire*, *op. cit.*, n° 8, p 63) au soir de sa vie susciteront sans doute l'investigation d'un jeune chercheur.

appartint successivement à trois cellules ouvrières, comme « rattaché » : la cellule des ouvriers de la Ville de Paris, puis celles de la Halle-aux-Vins et des ouvriers boulangers du XIIIe arrondissement. A l'École, outre sa participation aux réunions du Groupe d'études socialistes des ENS, où il est le « communiste de service [10] » et au sein duquel il ne paraît pas avoir noué des liens très amicaux avec Georges Lefranc et Jean Le Bail, il s'occupe surtout de la section normalienne de la Fédération des syndicats de l'enseignement unitaire. C'est à ce titre qu'il signe, par exemple, en juillet 1926, un article intitulé « La grande misère des normaliens et de l'École normale supérieure » dans le numéro 2 du *Bulletin des Membres de l'Enseignement du 2e et 3e degrés.* « Depuis six années déjà, rappelle-t-il, un petit groupe de normaliens adhère au Syndicat de l'enseignement laïc » ; puis il expose les « revendications propres » des élèves de l'École qui peuvent se résumer en ces termes : « Une maison et une nourriture saines, un pécule qui nous permette de vivre, un régime militaire moins encombrant, une bibliothèque au courant » ; et, pour y parvenir, une « seule route » : « L'action syndicale de classe. » Le passage sur le « régime militaire » mérite une mention et une étude particulières :

> « ... Nous consacrer tout entiers à notre travail ? Nous le voudrions bien ; mais, en plus de la nécessité où nous sommes de gagner notre vie, nous devons aussi tenir compte des empiétements de l'autorité militaire. Nous étions soumis autrefois à un régime militaire moins rigide ; mais le Bloc des gauches a changé tout cela (simple coïncidence, direz-vous, ô Daladier, Delbos, Herriot, François-Albert, Painlevé, Borel, nos anciens camarades de la rue d'Ulm !). Aujourd'hui : examen sérieux (en cas d'échec, les deux ans de préparation militaire obligatoire sont perdus) ; six mois de stage dans une école militaire, où à vingt-cinq ans on nous traite comme des lycéens de sixième, situation pécuniaire lamentable, car le traitement de l'officier de réserve n'est pas égal à celui de l'officier d'active du même grade : et pourtant il fait exactement le même service. »

Ce passage est révélateur de l'attitude des normaliens communistes vis-à-vis de la préparation militaire supérieure à l'École. Au-delà des revendications d'ordre strictement matériel concernant celle-ci, le texte révèle qu'il n'y a aucune réelle remise en cause de son existence ni du principe d'obligation. Et les normaliens communistes sont à cet égard en retrait par rapport à certains socialistes de l'École et surtout par rapport aux élèves d'Alain. Pour tenter d'échapper à une telle ambiguïté — il faut entrer « dans l'armée bourgeoise pour la désagréger » et, dans cette perspective, « le refus de servir dans l'armée est une trahison envers sa propre classe [11] » —, Jean Bruhat résolut de suivre la PMS mais renonça à passer, en définitive, le brevet final :

> « A vrai dire, le Parti communiste nous plaçait dans une situation délicate. Comme normaliens, il nous fallait à la fois nous préparer au métier d'officier, avec la perspective, pour des militants, de nous entraîner en vue d'une révolution violente, et, en même temps, prendre part aux campagnes antimilitaristes. C'était la quadrature du cercle. Ce qui fait que j'ai suivi régulièrement les cours de préparation militaire (ce que, dans le jargon normalien, on appelait le " bonvoust ") qui avaient lieu à la caserne de Lourcine. Mais le jour de l'examen, nous fîmes, Nizan, Bénichou et moi, une démonstration (qui, aujourd'hui,

---

10. Entretien avec l'auteur, décembre 1980.
11. Extraits de la brochure *Toi aussi, tu es un Soldat Rouge* (p. 19) éditée à la fin des années 1920 par la Fédération nationale des jeunesses communistes de France (Arch. Nat. F7 13350, « Notes sur l'antimilitarisme 1928-1930 »).

m'apparaît bien puérile) en restant le cul par terre et en refusant de monter à la corde[12]. »

La position idéologiquement inconfortable des normaliens face à leurs obligations militaires explique que les jeunes communistes ne se soient guère manifestés dans plusieurs affaires qui défraient alors la chronique de l'École. C'est le cas, on l'a vu, de la Revue de 1927. Et si Jean Bruhat figura parmi les élèves que Gustave Lanson sanctionna alors, c'est uniquement du fait de la solidarité qu'il témoigna. Bien plus, s'il revendique dans *Il n'est jamais trop tard* la paternité de la « pétition Paul-Boncour » publiée à la même époque, nous avons observé que cette assertion était pour le moins sujette à caution. Enfin, l'année suivante, ni lui ni Paul Nizan ne signeront la pétition contre la PMS. Tout au contraire, Jean Bruhat publiera sur cet épisode un article dans *L'École émancipée* du 30 décembre 1928 dont les premiers mots, « beaucoup de bruit pour rien », se passent de commentaire. Tout comme les épithètes accolées à la pétition contre la PMS, « timide supplique », « puéril dessein », « programme très vague », ou la description de ses auteurs et de l'« esprit » qui a déterminé leur démarche : « Quelques démocrates avancés ont pris l'initiative de cette action. Individualistes à qui répugne la camisole de force d'un parti ou d'un syndicat, représentants sincères d'un pacifisme vieilli, disciples fidèles de ce maître Alain dont les " Propos " à facettes ne cachent souvent qu'une philosophie piètrement radicale. C'est leur esprit qui préside à la rédaction de la lettre. » On peut en outre s'interroger sur l'identité du « normalien communiste » qui signe, sans plus de précisions, une lettre sur l'affaire de la PMS publiée par *L'Humanité* du 29 novembre 1928, dans laquelle il juge cette « respectueuse supplique » « bien timide » et ne salue donc pas « avec enthousiasme » cette pétition qui n'est qu' « un des derniers soubresauts de cet antimilitarisme petit-bourgeois qui naquit avec l'affaire Dreyfus ». Le problème est vite délimité : Jean Bruhat ou Paul Nizan ? Rien ne permet réellement de trancher. Quelques similitudes avec l'article de *L'École émancipée* publié le mois suivant incitent pourtant à attribuer la lettre à Jean Bruhat.

Nous verrons au chapitre XIV que c'est seulement l'année suivante que la CGTU se placera à la tête du combat antimilitariste à l'École. Ce seront les élèves communistes, et notamment Jean Bruhat, qui seront alors à l'origine du rebondissement rue d'Ulm de l'« affaire » des normaliens de Quimper. A cet épisode, Jean Bruhat consacre, du reste, une vingtaine de lignes — auxquelles s'ajoutent cinq pages d'annexes — dans *Il n'est jamais trop tard*, contre deux lignes seulement à la pétition contre la PMS !

Le cas Nizan.

Si l'engagement communiste de Jean Bruhat ne pose donc pas de problème particulier en ce qui concerne l'établissement d'une chronologie précise, il en va tout autrement de celui de Paul Nizan.

Certes, ce dernier, entré rue d'Ulm en 1924, est devenu, avec le recul, le normalien communiste des années 1920 le plus connu. Mais sa bifurcation dans cette direction fut tardive et, jusqu'en 1927, son itinéraire politique

12. *Il n'est jamais trop tard*, p. 44. Conséquence : le dossier ENS de Jean Bruhat indique qu'en 1928 ce dernier ne s'est pas présenté au brevet de la PMS (Arch. Nat. 61 AJ 252).

apparaît complexe et ne facilite pas la pose de jalons précis et la mise au point d'une datation fine. Cette relative opacité existe, d'ailleurs, dès la khâgne.

Sur le séjour ludovicien, entre 1922 et 1924, les biographies récentes de Paul Nizan n'ont guère apporté d'éléments nouveaux[13]. Elles insistent sur ses premiers pas littéraires, notamment dans *Faisceaux*, *Fruits verts* et *La Revue sans titre*. Assurément, ces « pré-textes » (Pascal Ory) sont, à maints égards, éclairants et ont vraisemblablement mobilisé une part importante de l'activité para-universitaire du jeune khâgneux. Mais peut-on pour autant écrire de Sartre et de Nizan que « c'est à la littérature qu'ils consacreront leurs années d'hypokhâgne » (Annie Cohen-Solal) ? Si une telle affirmation peut effectivement s'appliquer à Jean-Paul Sartre, elle doit être pour le moins nuancée en ce qui concerne Paul Nizan. Et il faut, à cette fin, faire une distinction entre l'année d'hypokhâgne et celle de khâgne.

C'est en octobre 1922 que le futur auteur de *La Conspiration* entre à Louis-le-Grand pour préparer le concours de l'École normale supérieure. Une brillante scolarité secondaire l'a aiguillé dans cette direction et le seul élément de relative surprise de ce parcours est le passage, après un baccalauréat de philosophie obtenu avec la mention Bien, d'Henri-IV à Louis-le-Grand, dans le sillage de son ami Jean-Paul Sartre. Dans son nouveau lycée, le jeune interne[14] va continuer de glaner lauriers et distinctions : dans l'hypokhâgne du prestigieux André Bellessort, il obtient, par exemple, le premier prix de composition française. Ce qui lui vaut sans doute d'inspirer à ses camarades des sentiments mitigés :

> « Nous l'admirions. Il était étonnamment doué. Beaucoup plus que Sartre. Sartre bossait sur ses dissertations, Nizan les faisait avec une désinvolture qui nous émerveillait. Il aimait d'ailleurs à éblouir, toujours habillé à la dernière mode ! Tandis que Sartre traînait dans les couloirs en blouse sale. Un pareil dandy dans ce lycée sombre et austère tenait du prodige ! Mais il n'était pas bon copain, Sartre vous laissait volontiers copier ses versions grecques et latines. Nizan, jamais ! Il était distant, renfermé, légèrement prétentieux. Seul Sartre semblait avoir trouvé grâce à ses yeux. Ils collaboraient déjà tous deux à certaines petites revues littéraires financées par un jeune mécène. Nizan s'y cherchait, balançant entre Proust et Giraudoux. Sartre avait déjà trouvé sa voie[15]. »

---

13. Les années d'hypokhâgne et de khâgne de Paul Nizan sont évoquées aux pages 31 à 38 de *Nizan. Destin d'un révolté*, Ramsay, 1980, de Pascal Ory, *et* 34 à 36 *de Paul Nizan, communiste impossible*, Grasset, 1980, d'Annie Cohen-Solal.

14. Son père est à cette époque « ingénieur aux chemins de fer d'Alsace-Lorraine » (Dossier ENS, Arch. Nat. 61 AJ 251). Les revenus annuels de la famille sont en 1924 de 37 000 francs, avec un traitement paternel de 32 000 francs, auquel s'ajoutent 5 000 francs de rentes. Certes, le père de Paul Nizan a connu, après une promotion professionnelle et une ascension sociale qui conduisirent ce fils d'un métayer devenu garde-barrière à une situation enviable (cf. sa carrière reconstituée par Pascal Ory à partir des archives privées d'Henriette Nizan, *op. cit.*, p. 16), des problèmes dans son métier (*Ibid.*, p. 22). Il est difficile, pour autant, de parler de « dégringolade forcée » (Annie Cohen-Solal, p. 30), au moins au plan des revenus, ou de faire de Paul Nizan un « fils de petit-bourgeois » (Raymond Aron, cité par Annie Cohen-Solal, *op. cit.*, p. 44). Si on laisse de côté quatre élèves qui ne demandent pas de bourse et dont, de ce fait, les dossiers d'inscription au concours de l'École (Arch. Nat. 61 AJ 251) ne portent pas mention des revenus familiaux (Raymond Aron, fils d'un professeur de droit à l'ENSET, Armand Bérard, fils d'un sénateur du Jura, Charles Le Cœur, fils d'un architecte, et Jean-Paul Sartre, beau-fils d'un polytechnicien), les 37 000 francs de la famille de Paul Nizan dominent très largement les revenus des 24 autres membres de la promotion littéraire de 1924. Certes, nous l'avons déjà signalé, il est, en fait, difficile pour l'historien de restituer fidèlement un milieu familial et de le situer sur une échelle stratigraphique, d'autant que les indications fournies sur ce plan par les archives administratives, dans leur sécheresse, demeurent bien incomplètes. Il reste que nous sommes loin, dans le cas du père de Paul Nizan, des 9 000 francs annuels environ d'un instituteur du même âge, des 18 000 francs d'un avocat à la Cour d'Appel de Paris et même des 25 000 francs d'un professeur de faculté de Lyon.

15. Témoignage anonyme d'un ancien khâgneux ludovicien recueilli par Jacqueline Leiner dans « Un portrait pirandellien : Nizan vu par ses contemporains », *Atoll*, n° 1, novembre-décembre 1967

Apparemment, Paul Nizan cherche également sa voie en politique. Ses engagements dans ce domaine semblent en effet avoir profondément évolué entre l'hypokhâgne et la khâgne. Sur sa première année à Louis-le-Grand, nous disposons d'éléments précis, qui affleurent dans la « Très captivante et très véridique histoire du Bloc des gauches d'hypokhâgne », document qui date de 1923 et que nous avons déjà utilisé au chapitre IX. Le « Bural » de ce rassemblement de khâgneux radicaux-socialistes, communistes et surtout socialistes était constitué de cinq membres, dont un polémarque qui « dirigeait les opérations extérieures ou violentes ». Or c'est Paul Nizan qui, en 1922-1923, est chargé de cette fonction. Dans un groupe dont la constitution prévoit que la « ligne de conduite » est « avant tout anti-Action française », le délégué aux opérations extérieures ne pouvait être, à coup sûr, qu'un élève ayant affiché son hostilité aux idées de Charles Maurras. Au reste, Paul Nizan, le jeudi 15 mars 1923, fait partie du groupe des neuf khâgneux venus porter la contradiction dans une réunion maurrassienne. Bien plus, nous l'avons vu, c'est lui qui, avec Georges Lefranc et surtout Jean Le Bail, mène l'assaut oratoire. Plusieurs indices confirment cette orientation à gauche de l'hypokhâgneux Paul Nizan. Georges Lefranc, par exemple, rendant compte dans *L'Information historique* en 1981 de l'ouvrage d'Annie Cohen-Solal, dépeint son camarade de classe comme « sympathisant au Cartel des gauches » en formation.

Ce premier témoignage est d'autant plus recevable que Georges Lefranc et Paul Nizan étaient non seulement internes l'un et l'autre mais aussi commensaux. Pendant toute l'année scolaire 1922-1923, en effet, ils se retrouvèrent deux fois par jour à la même table de huit élèves, au réfectoire. Paul Nizan, précise Georges Lefranc dans ses Mémoires publiés par les *Cahiers de l'Ours*, était « en hypokhâgne communisant, sans avoir, je crois, alors adhéré à aucune organisation ». Dans son Avant-propos à la nouvelle édition d'*Aden Arabie* en 1960, Jean-Paul Sartre, d'une certaine façon, confirme cette interprétation : de Nizan il écrit qu'il fut « communiste, puis valoisien, puis de nouveau communiste ». L'épisode « valoisien » se passe en deuxième année d'École, alors que l'année de khâgne est pour Nizan le moment d'un engagement aux antipodes du Parti communiste français. Cette première phase « communiste » se situe donc soit en première année d'École, soit, plus vraisemblablement, en hypokhâgne. Du reste, dans le même passage de l'Avant-propos, Jean-Paul Sartre, cinq lignes plus haut, écrit : « Il se disait matérialiste — à peine avions-nous dix-sept ans — ... » Cela nous ramène en 1922-1923, année où Paul Nizan commence sa préparation au concours de la rue d'Ulm.

Une troisième pièce peut être ajoutée au dossier de l'engagement politique de Paul Nizan à cette époque. Gérard de Catalogne, l'animateur de *Faisceaux* et de *Fruits verts*, écrira cinq ans plus tard qu'il a d'abord connu Paul Nizan « socialiste à Louis-le-Grand[16] ». Même si elle introduit une variante par rapport à la version d'un Nizan d'abord communiste ou communisant, cette

---

-janvier 1968, pp. 31-41, citation pp. 33-34. Il est difficile, faute de témoignage précis, de confirmer le portrait d'un Nizan « distant, renfermé, légèrement prétentieux ». Son professeur de français d'hypokhâgne, par exemple, le trouvait « gentil » (appréciation du 2e trimestre de l'année 1922-1923, Arch. Louis le Grand). Son élégance, sa désinvolture et ses dons scolaires sont, en revanche, signalés par plusieurs de ses camarades de khâgne et, par la suite, d'École.

16. « Enquête auprès des étudiants d'aujourd'hui », *Les Nouvelles littéraires*, n° 321, samedi 8 décembre 1928, p. 5.

affirmation reste précieuse à plus d'un titre. D'une part, elle constitue une preuve supplémentaire de l'orientation à gauche du jeune étudiant ; et, là encore, ce témoignage est celui d'un proche de Nizan : ce dernier participera en 1924 à *Faisceaux* et *Fruits verts.* D'autre part, elle permet d'affiner la chronologie de cette orientation à gauche. Gérard de Catalogne n'arrive en effet à Louis-le-Grand, en classe de philosophie, qu'à la rentrée de 1923. Dans les premiers mois de l'année scolaire 1923-1924, en khâgne, Paul Nizan apparaît donc encore proche de ses camarades du Bloc des gauches.

Et pourtant, en cette même année de khâgne, il semble que son comportement politique ait connu une évolution notable. Les liens avec le maurrassien Gérard de Catalogne constituent un premier symptôme de ce glissement. Mais il existe des indices plus révélateurs. En février, mars et octobre 1923, Paul Nizan avait publié des textes dans *La Revue sans titre.* En avril 1924, au contraire, il donne un texte sur Giraudoux à *Faisceaux* et, en juin-juillet de la même année, une critique de *La Prisonnière* de Marcel Proust et un poème à *Fruits verts.* Or *La Revue sans titre* et les deux revues suivantes sont bien différentes. *La Revue sans titre* se félicitait en mars 1923 de l'apparition d'une nouvelle génération « sur les cendres non éteintes de celles que personnifie M. Barrès ». Quatorze mois plus tard, *Fruits verts* évoquait, au contraire, dans son premier numéro, « la valeur, la beauté propre de la doctrine barrésienne », tandis qu'à la même époque *Faisceaux* louait Barrès et Maurras pour avoir fourni « une nourriture à des intelligences d'élite », les rendant ainsi « propriétaires d'une richesse si enviable ». Bien plus, *La Revue sans titre* avait plutôt une attirance vers la gauche tandis qu'à *Fruits verts* écrivaient, entre autres, des khâgneux de sensibilité maurrassienne. Et le directeur de *Faisceaux* et de *Fruits verts,* Gérard de Catalogne, se liera avec l'Action française. On ne peut dès lors que souscrire à la conclusion de Pascal Ory selon laquelle ces revues ont « sans doute permis à Nizan de fréquenter des cercles maurrassiens [17] ».

Autre piste précieuse : celle de Lucelles dans *La Semence et le Scaphandre.* Nous avons déjà évoqué ce texte inachevé — que ses exégètes datent de 1923 [18] — et signalé les « clés » des deux personnages principaux, Tailleur (Sartre) et Lucelles (Nizan). Un passage est particulièrement éclairant :

> « [Lucelles] fréquenta quelques semaines le grenier de Gringoire puis tout d'un coup s'en dégoûta et se saigna aux quatre veines pour faire un don généreux à la section d'Action française de notre classe. Il changea aussi de religion : " Je ne crois pas en Dieu, disait-il, mais j'ai besoin d'une morale. " Il alla la demander au protestantisme et avait été déjeuner par deux fois chez le pasteur quand sa mère, catholique fervente, le menaça des pires sanctions s'il persévérait dans cette voie. »

Même si les phrases suivantes de ce texte de Sartre précisent que ces engagements successifs ont été aussi éphémères les uns que les autres, le passage semble recevable. L'épisode de la tentation protestante est en effet avéré. Outre le témoignage de Jean-Paul Sartre, il existe une lettre du grand-père maternel de Paul Nizan, dans laquelle M. Métour écrit à sa fille :

---

17. Pascal Ory, *op. cit.*, p. 51.

18. Cf. « Les écrits de jeunesse de Sartre » (M. Rybalka), *Magazine littéraire,* n° 55-56, septembre 1971, pp. 14-15, et « Sartre », numéro spécial n° 18-19 de la revue *Obliques,* 1979, pp. 345-347 : « Manuscrits Inédits ».

« Ma chère Clémentine, j'ai été profondément surpris d'apprendre que le jeune homme avait eu l'idée de se faire protestant... Enfin, puisque tu vas bientôt voir ton fils, raisonne-le encore et fais-lui bien comprendre que pour le moment, il a assez à faire avec ses études classiques et qu'il doit bien se garder de faire autre chose. Il ne doit penser qu'au concours du mois de juin qui doit lui donner le succès. Qu'il se contente de devenir un homme de valeur, ce qui est fort beau, et qu'il se garde bien des questions politiques et religieuses... Tu embrasseras bien mon petit-fils pour moi et tu lui diras que son grand-père lui recommande de ne pas se laisser griser par des idées subversives [19]. »

Cette lettre permet en outre de confirmer la chronologie de l'amorce de cette phase de confusion spirituelle et politique qui se prolongera durant les deux premières années d'École. Elle est datée en effet du 2 octobre 1923, c'est-à-dire du début de l'année de khâgne de Paul Nizan.

Le passage par l'Action française reste cependant nié par un témoin essentiel, Henriette Nizan. Celle-ci écrit par exemple en 1967 : « On a dit et écrit que Nizan avait, jeune homme, adhéré à l'Action française. C'est inexact. » Le démenti visait probablement Ariel Ginsbourg : dans le même numéro d'*Atoll*, il affirmait que l'auteur d'*Aden Arabie* avait milité aux Étudiants d'Action française [20] et l'année précédente, dans l'ouvrage qu'il avait publié sur Nizan, il avait signalé, en trois lignes, à l'appui de cette thèse, que le jeune khâgneux avait alors entraîné ses camarades socialistes rue Saint-André-des-Arts, pour assister à une conférence au local des Étudiants d'Action française [21].

Autant les souvenirs d'Henriette Nizan sont précieux pour les années d'École de son futur mari, autant sur ce point précis son témoignage ne nous semble pas décisif. En 1923-1924, en effet, elle ne connaît pas encore Paul Nizan et son apport sur ce point précis n'est donc pas, en tout état de cause, de première main. Si l'on ajoute qu'une partie de l'argumentation véhiculée après la Seconde Guerre mondiale par certains communistes sur la prétendue « traîtrise » de leur ancien compagnon de combat politique était précisément fondée sur son passage à l'Action française — puis au Faisceau —, les réticences d'Henriette Nizan à approfondir ce problème deviennent intelligibles, sinon légitimes, mais interdisent de s'en tenir à son seul témoignage.

D'autant qu'Ariel Ginsbourg, de son côté, a sans doute puisé ses informations sur les engagements successifs de Nizan chez Georges Lefranc — cité dans la liste des témoins consultés — et que ce dernier a conservé apparemment un souvenir précis des avatars politiques de son camarade de Louis-le-Grand puis de la rue d'Ulm : en hypokhâgne, l'un et l'autre, internes, furent, nous l'avons vu, commensaux au réfectoire une année durant, puis, en 1924-1925, ils se retrouvèrent « cothurnes à l'École ». Or, à deux reprises au moins dans des textes imprimés, Georges Lefranc a récemment évoqué un Paul Nizan maurrassien. Dans ses Mémoires, il mentionne la séance rue Saint-André-des-Arts :

« En khâgne, Paul Nizan était d'Action française et fréquentait les locaux que ses organisations possédaient, rue Saint-André-des-Arts. Soucieux d'animer un jour une réunion qui s'y tenait, il nous demande, à Le Bail et à moi, d'aller y porter la

19. Cité par Annie Cohen-Solal, *op. cit.*, p. 36.
20. *Atoll* n° 1, réf. cit., pp. 80 et 51.
21. Ariel Ginsbourg, *Paul Nizan*, Éditions Universitaires, 1966, p. 7.

contradiction, en nous promettant que notre liberté de parole serait rigoureusement respectée. Nous y allâmes, posant des questions provocatrices à Maxime Réal del Sarte, sculpteur connu qui avait donné la conférence introductive... ».

Dans *L'Information historique,* il évoquera plus brièvement le même épisode[22]. Son témoignage — nous avons déjà vu combien ses souvenirs se révèlent le plus souvent précis — est recoupé par ceux d'autres anciens normaliens. Ainsi, Pierre Chambon, qui appartint comme Lefranc et Nizan au Bloc des gauches de l'hypokhâgne de Louis-le-Grand et fut élève de la même khâgne qu'eux en 1923-1924, assure — dans un entretien, en 1980 — que le second fut, durant cette année-là, étudiant d'Action française. De son côté, Raymond Aron — qui n'était pas khâgneux à Louis-le-Grand, mais entra à l'École en même temps que Paul Nizan à l'automne 1924, appartint dès cette date à la même petite section des philosophes et noua alors avec lui des liens apparemment confiants puisque trois ans plus tard il fut avec Jean-Paul Sartre son témoin de mariage — écrit : « Il avait été tenté par l'Action française[23]. »

Ajoutons pourtant qu'autant l'orientation — éphémère — de Paul Nizan vers l'Action française nous semble attestée par sa participation à des revues de sensibilité maurrassienne, par le témoignage indirect que fournit *La Semence et le Scaphandre,* et surtout par le faisceau convergent des souvenirs de Georges Lefranc, Pierre Chambon et Raymond Aron, autant l'épisode de la réunion de la rue Saint-André-des-Arts tel qu'il est rapporté par Georges Lefranc nous paraît peu probable, et la mémoire de ce dernier est peut-être prise ici — pour une fois — en défaut. Il existe, en effet, trop de traits communs entre la conférence évoquée par Lefranc et celle datée du 15 mars 1923 dont nous avions retrouvé la trace dans les « archives » du Bloc des gauches (socialistes de Louis-le-Grand venant dans les deux cas porter la contradiction à une réunion rue Saint-André-des-Arts, l'orateur étant chaque fois Maxime Réal del Sarte et l'argumentation employée par les contradicteurs étant identique : « C'est la Restauration qui a bénéficié de l'appui des baïonnettes allemandes », rapportent les « archives » du Bloc des gauches, « une dynastie qui en 1814 et 1815 est revenue dans les fourgons de l'étranger », se souvient Georges Lefranc dans le *Cahier de l'Ours* de janvier 1981) pour qu'il ne s'agisse pas de la même. Or, nous l'avons vu au chapitre IX, Paul Nizan avait incontestablement été, avec Jean Le Bail et Georges Lefranc, un contradicteur de Maxime Réal del Sarte. Sans doute, dans son souvenir, Georges Lefranc projette-t-il inconsciemment sur l'hypokhâgneux de gauche Paul Nizan l'orientation qui sera la sienne en 1923-1924 seulement, en khâgne.

Les engouements successifs de ce dernier avaient, il est vrai, de quoi déconcerter ses camarades. L'auteur d'*Aden Arabie* avait été reçu vingt-sixième au concours de 1924, à sa première tentative. Il est d'abord interne pendant deux ans et mène au cours de cette période une scolarité sans histoires : après avoir obtenu en 1924-1925 ses certificats de psychologie et de morale et sociologie avec la mention Bien, il passe l'année suivante ceux d'histoire de la philosophie (Assez Bien) et de philosophie générale et logique (Bien). Mais, à la rentrée de 1926, il obtient, indique son dossier de la rue d'Ulm, un congé sans bourse pour « raison de santé ». En fait, le 21 juillet, il

22. *L'Information historique,* 1981, nº 4, p. 177.
23. Raymond Aron, *Mémoires, op. cit.,* p. 34.

avait écrit à « Rirette », la future Henriette Nizan : « Mon congé va m'être accordé, grâce à un certificat médical admirable qui me ferait envoyer, s'il était pris au pied de la lettre, dans le service de prophylaxie mentale du docteur Toulouse[24]. » Et le 25 octobre, son paquebot appareille pour Aden. Revenu en avril 1927, il soutient au mois de juin suivant un mémoire pour le diplôme d'études supérieures consacré aux « Fonctions du Meaning : mots, images et schèmes », noté 17 sur 20. Marié le 24 décembre 1927 — ses témoins, on l'a vu, furent Jean-Paul Sartre et Raymond Aron —, il devient « externe de droit ». Malade pendant l'hiver 1927-1928 (crise d'appendicite suivie d'une « broncho-pneumonie »), il ne peut se présenter cette année-là à l'agrégation de philosophie, à laquelle il sera reçu cinquième en 1929.

Ce ne sera, en fait, qu'au cours de ces deux années de préparation à l'agrégation que Paul Nizan adhérera au Parti communiste, à un moment donc où, agrégatif et externe, ses liens avec l'École se seront distendus. Certes, il y eut peut-être un premier passage fugace par la SFIC au début de l'année 1926[25]. Mais la véritable adhésion est postérieure au voyage à Aden. Suivit-elle immédiatement le retour d' « Arabie » au printemps 1927 ? C'est la thèse de Jean Bruhat dans *Il n'est jamais trop tard*. Pascal Ory penche pour la fin de l'année 1927. Quant à Annie Cohen-Solal, elle place cette adhésion en 1928, « quelques mois plus tard seulement après [son] mariage ». Quelle que soit l'hypothèse retenue, soulignons à nouveau qu'entre 1925 et 1927 René Joly et Jean Bruhat sont donc les seuls communistes à l'École. Bien plus, on l'a dit, Paul Nizan, devenu externe en décembre 1927, agrégatif, bientôt père d'une petite fille à l'été 1928, n'a vraisemblablement pas laissé le souvenir chez ses camarades d'un militantisme communiste actif.

Et le seul prosélytisme dont ces mêmes camarades aient gardé le souvenir est antérieur au voyage à Aden et se situe aux antipodes du Parti communiste, au sein du Faisceau. Ce passage au sein de l'organisation de Georges Valois est avéré et a été, du reste, évoqué à plusieurs reprises par d'anciens élèves de la rue d'Ulm. Le témoignage le plus connu est naturellement celui, déjà signalé plus haut, de Jean-Paul Sartre qui, en 1960, évoquait son ami « communiste, puis valoisien, puis de nouveau communiste ». A la même époque, Maurice Merleau-Ponty écrivait de son côté dans *Signes :*

> « Un jour que nous préparions l'École normale, nous vîmes entrer dans notre classe, avec l'*aura* des élus, un ancien qui y revenait faire je ne sais quelle visite. Il était admirablement vêtu de bleu sombre, portait cocarde tricolore de Valois. On me dit que c'était Nizan[26]. »

L'incertitude sur la date de ce passage au Faisceau subsistait alors, à tel point qu'en 1967 encore, Jean-Jacques Brochier, présentant la correspondance de Paul Nizan, situait ce passage après le voyage à Aden[27]. Hypothèse difficile-

24. Citation extraite de l'ouvrage d'Annie Cohen-Solal, *op. cit.*, p. 52.
25. Cette thèse est fondée essentiellement sur le témoignage d'Henriette Nizan, pour qui Paul Nizan aurait été déjà sympathisant communiste avant le départ pour Aden (cf. par exemple l'émission sur Paul Nizan diffusée par Antenne 2 le 18 novembre 1979) ; elle est reprise notamment par Jacqueline Leiner (*op. cit.*, p. 48 ; Jacqueline Leiner précise qu'elle n'a pu réellement réunir de témoignages précis sur ce point) et Pascal Ory (*Nizan. Destin d'un révolté*, *op. cit.*, p. 90 ; l'auteur évoque, sans plus de précisions, le « précédent fleurt avec le Parti communiste, pendant le premier semestre 1926 »).
26. Maurice Merleau-Ponty, *Signes*, Gallimard, 1960, pp. 35-36.
27. *Paul Nizan intellectuel communiste. Écrits et correspondance 1926-1940*, présentation de Jean-Jacques Brochier, Maspero, 1967, p. 10.

ment soutenable car à cette époque le Faisceau était déjà en pleine déliquescence.

En 1966, Pierre-Henri Simon avait lui aussi apporté son témoignage sur un Nizan « valoisien », ce qui aurait déjà dû permettre une datation plus précise. Pierre-Henri Simon appartient, en effet, à la promotion de 1923, et, on l'a vu, il devient en 1925 l'un des dirigeants du Groupe universitaire, matrice des Phalanges universitaires des Jeunesses patriotes créées l'année suivante. « Grondé paternellement » par Lucien Herr, « chahuté » par les autres normaliens, il détonne dans le contexte politique de la rue d'Ulm. Son souvenir de l'engagement de Paul Nizan n'en est que plus vif :

> « L'exception n'était pas, en effet, que je fisse, étant élève à l'École, figure de militant politique, mais que je fusse à droite. Je n'eus, je crois bien, qu'un complice, mais pour peu de semaines, quand Nizan arbora un beau matin la chemise bleue des fascistes de Georges Valois ; mais il ne devait pas tarder à changer de couleur[28]. »

Pierre-Henri Simon n'ayant été élève de l'École normale supérieure que jusqu'à l'été 1926, date à laquelle il est reçu à l'agrégation des lettres, le voisinage avec un Nizan vêtu de bleu est donc forcément antérieur au voyage à Aden de ce dernier.

L'appartenance de Paul Nizan au Faisceau survient à la fin d'une période durant laquelle ce dernier, désorienté, avait envisagé tour à tour d'entrer dans les ordres puis de se convertir au protestantisme. Nizan rejoint, en fait, Georges Valois au premier trimestre de l'année universitaire 1925-1926. La première année normalienne de Paul Nizan, d'octobre 1924 à l'été 1925, fut donc apparemment placée sous le signe d'une certaine confusion spirituelle et politique qui s'inscrit, au fond, danbs le droit fil de l'année de khâgne qui, en 1923-1924, l'avait vu passer du Bloc des gauches à des positions maurrassiennes.

Pour Pascal Ory, « si tentative avouée il y a eu, elle n'a pas dû excéder deux ou trois mois, situés sans doute au lendemain même de la création du Faisceau, à la date symbolique du 11 novembre 1925 ». La « cure fasciste » aurait été terminée « dès les premières semaines de 1926 ». Annie Cohen-Solal, de son côté, fournit une indication précieuse, et concordante : le 18 novembre 1925, soit une semaine après la réunion de la salle Wagram durant laquelle Georges Valois avait annoncé la fondation du Faisceau, Paul Nizan emprunte à la bibliothèque de l'École la *Révolution prolétarienne* de Lénine et la *Révolution nationale* de Valois. Annie Cohen-Solal conclut elle aussi à une adhésion qui « ne dura que quelques mois ». Les souvenirs que nous avons recueillis sont convergents. Jean Bruhat, par exemple, avait gardé en mémoire un Paul Nizan en chemise bleue, sans pouvoir en préciser l'époque. Georges Canguilhem lui aussi se rappelle que l'auteur d'*Aden Arabie* milita quelque temps au Faisceau. Mais là encore, le moment reste flou. Georges Lefranc a fourni indirectement, dans une note en bas d'un compte rendu de l'ouvrage de Jean Lacouture sur Léon Blum pour *L'Information historique*, des indications chronologiques apparemment plus précises :

> « Dirai-je que le témoignage de Paul Nizan *(N.B. : sur Herr, dans le livre de Lacouture)*, tué à Dunkerque, m'a paru un peu léger ? Nizan, qui était l'un de mes

---

28. Pierre-Henri Simon, *Ce que je crois*, Grasset, 1966, p. 34.

" cothurnes " à l'École normale supérieure en 1924-1925, était, cette année-là, membre militant du Faisceau de Georges Valois et Hubert Bourgin, qu'il amena un jour conférencer à l'École. L'année suivante, où mourut Herr, Nizan était à Aden, comme précepteur. Il n'était pas là au moment de la mort de Lucien Herr[29]. »

Ces indications sont toutefois à nuancer. En 1924-1925, le Faisceau n'existe pas encore. Et, l'année suivante, quand Herr meurt en mai 1926, Paul Nizan est encore élève de l'École et ne partira pour Aden qu'à l'automne suivant. La perspective reste en revanche exacte : l'adhésion au Faisceau a lieu au cours de l'année universitaire qui précède le départ pour Aden. Bien plus, Georges Lefranc nous fournit dans un autre compte rendu de *L'Information historique* de précieux renseignements sur un épisode peu connu, la venue d'Hubert Bourgin à l'École à l'invitation de Paul Nizan.

Dans la biographie qu'il a consacrée à ce dernier, Ariel Ginsbourg signalait déjà brièvement l'épisode, sans guère de précision de source. Annie Cohen-Solal, au détour d'une ligne, et sur la foi du témoignage de Maurice de Gandillac, signale un « meeting de propagande organisé par Nizan lui-même ». Pascal Ory parle, quant à lui, de l'organisation par Nizan d'un « débat contradictoire » entre Hubert Bourgin et un groupe d'étudiants socialistes. Nous avons cherché la trace de cette réunion dans les archives du ministère de l'Intérieur concernant le Faisceau. Elle n'y apparaît pas, ce qui était prévisible : dans les dossiers dépouillés, n'affleurent, en fait, que les réunions importantes. Il est possible toutefois de reconstituer, en recoupant les souvenirs de Georges Lefranc avec ceux de Georges Canguilhem, le déroulement de cette séance agitée.

Hubert Bourgin est, à cette date, l'une des figures de proue du Faisceau : il est l'un des huit actionnaires de la Société française d'informations politiques, économiques et sociales qui va éditer *Le Nouveau Siècle* et financer le mouvement de Georges Valois[30]. Il suivra du reste ce dernier, en mai 1928, quand il fondera le Parti républicain syndicaliste. Mais avant cette évolution, il avait appartenu de plain-pied à la génération socialiste apparue à l'École à la charnière des deux siècles.

Frère de l'historien et archiviste Georges Bourgin, fils d'un négociant de Nevers, passé en 1891 au lycée Janson-de-Sailly avec une « bourse de mérite », il y avait préparé le concours de l'École, auquel il fut reçu dans la promotion littéraire de 1895. Rue d'Ulm, il avait subi l'influence du « grand inspirateur » de plusieurs générations de normaliens socialistes, Lucien Herr, qui devint alors son « directeur d'idées, de conscience et de conduite », bref son « directeur général de conscience ». Et commence une « amitié » qu'encore en 1938, dans son pamphlet contre l'École, Hubert Bourgin « ne renie point[31]. » Au reste, il envoie à cette date un exemplaire de l'ouvrage à la bibliothèque de l'établissement qu'il attaque, avec la dédicace suivante : « A la bibliothèque de l'École normale, en hommage, ce livre de souvenirs que domine la grande

29. *L'Information historique*, 1978, n° 3, p. 134, note 36.

30. Cf. Zeev Sternhell, « Anatomie d'un mouvement fasciste en France. Le Faisceau de Georges Valois », *Revue française de science politique*, 1976, n° 1, p. 15, et *Ni droite ni gauche. L'idéologie fasciste en France*, Le Seuil, 1983, p. 331.

31. Hubert Bourgin, *De Jaurès à Léon Blum. L'École normale et la politique*, Fayard, 1938 (rééd. présentée par Daniel Lindenberg, coll. « Réimpressions », Gordon and Breach, Paris, Londres, New York, 1970), respectivement pp. 15, 132, 113, 349 et à nouveau 113.

figure du bibliothécaire Lucien Herr[32] ». Et en 1925 déjà, au moment où pourtant, nous le verrons, ses rapports avec la rue d'Ulm sont tendus, il envoie un exemplaire de *Cinquante ans d'expérience démocratique* à Lucien Herr, avec cette dédicace chaleureuse : « A Lucien Herr, Souvenir du vivant, Pensée de celle qui est partie[33]. »

Reçu premier à l'agrégation des lettres en 1898, professeur au lycée de Beauvais de 1899 à 1907, Hubert Bourgin devient docteur ès lettres en 1905 avec une thèse principale et une thèse complémentaire sur Fourier, publiées à la Société Nouvelle de Librairie et d'Édition, et docteur en droit l'année suivante avec une thèse sur « L'Industrie de la boucherie dans le département de l'Oise au XIXe siècle », devant un jury présidé par Charles Gide. Collaborateur de *L'Année sociologique*, il enseignera de 1907 à 1911 au lycée Voltaire puis, de 1911 jusqu'à sa retraite en 1937, il occupera une chaire de troisième au lycée Louis-le-Grand.

La maison d'édition de ses thèses de lettres — dont il était du reste actionnaire[34] — comme la personnalité du président de son jury de thèse de droit, autant d'indices qui situent d'emblée, à cette époque, Hubert Bourgin dans la mouvance socialiste. Comme beaucoup de ses camarades, il participe à l'aventure des Universités populaires : à Beauvais, il donne des conférences au Cercle laïque d'éducation morale. Et, surtout, il milite à la SFIO :

> « Lorsque la guerre éclata, j'étais, depuis l'unification du Parti socialiste, membre de ce Parti. J'appartenais à son aile droite, modérée, réformiste... Je fréquentais surtout le petit groupe de professeurs et de publicistes qui, aux *Cahiers du socialiste*, s'appliquaient à faire du socialisme quelque chose de scientifique, de rationnel et de sain. »

C'est en ces termes qu'il décrit en 1924, dans *Mémoires pour servir à l'histoire d'une sécession politique (1915-1917). Le Parti contre la Patrie*, son engagement socialiste[35]. Le titre de cet ouvrage est déjà en lui-même révélateur : la guerre, en effet, a entraîné chez Hubert Bourgin une totale remise en cause de son engagement militant. Ce choc de la guerre affleure d'ailleurs jusque dans ce type de texte théoriquement neutre qu'est une notice nécrologique. En 1926, par exemple, il rédige pour la *Revue Universitaire* un bref article intitulé « Lucien Herr. 1864-1926 ». Et il y reconstitue les sentiments éprouvés, selon lui, par le socialiste Lucien Herr face au premier conflit mondial :

> « Au surplus, les expériences de la guerre, en dissipant bien des illusions que le cœur de Herr imposait à sa raison, l'avaient ramené, comme tant d'autres, à une

---

32. Dédicace de l'exemplaire de *De Jaurès à Léon Blum*... actuellement sur les rayons de la bibliothèque de l'École normale supérieure de la rue d'Ulm.

33. *Ibid.* Hubert Bourgin a perdu sa femme, morte à l'âge de quarante-huit ans, en septembre 1924. Cette dernière, ancienne sévrienne, était professeur de physique au lycée Fénelon et auteur de contes pour enfants. *Cinquante ans d'expérience démocratique (1874-1924)* (Nouvelle Librairie Nationale, 1925) est dédié à sa mémoire. Outre celui envoyé à Lucien Herr, la bibliothèque de la rue d'Ulm possède un autre exemplaire de l'ouvrage, avec la dédicace suivante : « A Charles Andler, du fond de la souffrance. »

34. Cf. *Cinquante ans d'expérience démocratique*, réf. cit., p. 53. Sur la « Société Nouvelle de Librairie et d'Édition », cf. les travaux de R. J. Smith déjà signalés au chapitre précédent. Déjà en 1901, Hubert Bourgin avait publié un *Proudhon* dans la « Bibliothèque socialiste », chez Georges Bellais, la librairie de Péguy à laquelle succéda la Société Nouvelle de Librairie et d'Édition.

35. *Op. cit.*, Plon, 1924, XXIII — 249 p., pp. XV-XVI. Sur sa participation aux *Cahiers du socialiste*, cf. *Cinquante d'expérience démocratique*, pp. 85-86 et, plus largement, sur son engagement socialiste, pp. 49-60 et 79-87. Hubert Bourgin appartint notamment au « Groupe d'études socialistes » qu'animèrent et fréquentèrent avant la Première Guerre mondiale de jeunes « archicubes ». Sur ce groupe, cf. le mémoire de maîtrise de Christophe Prochasson, *op. cit.*

sorte de juste milieu, où la passion de l'équité sociale et économique entrait en balance avec celle de l'indépendance nationale. Il était patriote comme on l'est lorsqu'on a dans les veines du sang d'Alsacien et dans la tête les trésors de la culture classique. Il a senti et compris la guerre à fond, après n'avoir jamais voulu y croire, même la veille de la déclaration. »

La nécessité apparemment impérieuse qu'a éprouvée Hubert Bourgin d'insérer, dans une notice nécrologique, publiée de surcroît dans une revue aux antipodes des milieux politiques, un paragraphe consacré aux réactions supposées de Lucien Herr face au conflit renseigne bien plus sur l'auteur de la notice que sur le bibliothécaire de la rue d'Ulm. En effet, avec la guerre c'est pour Hubert Bourgin « la grande expérience, la grande épreuve [qui] commençait[36] ». S'il avait signé la pétition publiée par *L'Humanité* du 13 mars 1913 contre la loi des trois ans, il appartiendra d'abord, durant le conflit, au groupe de la « France libre » animé par Charles Andler et en mai 1915 il sera nommé chef du service des Informations au cabinet d'Albert Thomas, sous-secrétaire d'État de l'Artillerie et des Munitions. Il sera ensuite, en 1917, aux côtés d'Anatole de Monzie, chef du Bureau des programmes au sous-secrétariat d'État de la Marine marchande, et, l'année suivante, chef du ravitaillement civil au sous-secrétariat d'État du Ravitaillement. Hubert Bourgin a donc persisté dans sa présence dans les ministères après la rupture de l'Union sacrée. Et c'est, du reste, sur ce dernier point qu'il rompra avec le socialisme. Tout le sens des *Mémoires pour servir à l'histoire d'une sécession politique (1915-1917)* est, en effet, que la SFIO a trahi la France en sortant de l'Union sacrée. Le sous-titre de l'ouvrage, *Le Parti contre la Patrie* est, à cet égard, éloquent.

Avant cette rupture, il avait fondé au printemps 1916, avec Léon Rosenthal, le Comité de propagande socialiste pour la défense nationale et publié alors, notamment, *Responsabilité. C'est vous qui avez voulu la guerre*[37]. Mais, après sa rupture avec les socialistes, il fonde à l'automne 1917, avec Gustave Lanson, la Ligue civique que présidera l'ancien dreyfusard Ernest Denis et où l'on retrouvera, entre autres, Paul Desjardins, Emmanuel de Martonne, le mathématicien Jacques Hadamard, le futur directeur de l'École normale supérieure Ernest Vessiot et les historiens Gustave Bloch et Gustave Glotz. Et cette Ligue civique, après la guerre, adhérera au Bloc national. Quant à son fondateur, il rejoindra quelques années plus tard, on l'a vu, le Faisceau[38].

Même si un rameau non négligeable du socialisme normalien de la fin du XIXe siècle avait pris ses distances ou rompu avec la SFIO juste avant le premier conflit mondial ou durant les années de guerre, l'itinéraire de l'ancien

36. *Mémoires pour servir...*, p. XXIII. Sur la guerre, outre ces *Mémoires*, cf. *Cinquante ans d'expérience démocratique*, pp. 97-205.

37. Librairie de l'Humanité, Comité de propagande socialiste pour la défense nationale, 1916, 36 p. Déjà, en 1914, il avait publié la brochure *Pourquoi la France fait la guerre* (Imprimerie Beaumont, Mantes) — dont un exemplaire de la Bibliothèque nationale est dédicacé à « Charles Seignobos, affectueux hommage » —, encore très imprégnée de son engagement socialiste : la France « vit pour son idéal de justice et de fraternité » et cette « grande nation révolutionnaire veut pour le progrès rationnel et méthodique une paix durable » ; certes, l'ennemi est « le militarisme prussien » mais « la France veut ruiner tous les impérialismes » (*op. cit.*, pp. 10, 11 et 12). L'année suivante, Hubert Bourgin avait rédigé *Le Militarisme Allemand. Ce qu'il est. Pourquoi il faut le détruire* (Félix Alcan, 1915), et la réponse aux questions posées dans le titre était claire : le conflit en cours est le combat « démocratie contre militarisme » (*op. cit.*, p. 125).

38. Sur sa rencontre, entre-temps, avec Georges Valois, cf. *Cinquante ans d'expérience démocratique*, pp. 254-256. Sur la Ligue civique, *ibid*, pp. 167-183, et *De Jaurès à Léon Blum*, pp. 31, 45, 61, 182-183 244 412 414 et 416.

disciple de Lucien Herr devait à coup sûr choquer en 1925 bien des archicubes et des élèves de la rue d'Ulm, et l'initiative de Paul Nizan de l'inviter à l'École revêtait dès lors un aspect provocateur, générateur d'inévitables incidents.

Durant sa phase valoisienne, donc vraisemblablement à la fin de 1925 ou au début de l'année suivante, Paul Nizan, qui entretient depuis déjà plus de trois ans des relations amicales avec ses anciens camarades de l'internat de Louis-le-Grand et qui, l'année précédente encore, appartenait à la même turne que les socialistes Le Bail, Lefranc et Broussaudier, demanda aux deux premiers de venir porter la contradiction à Hubert Bourgin. Le jour fixé, tandis que Paul Nizan et Hubert Bourgin montent l'escalier vers la turne du premier étage où doit se tenir la réunion, quelques normaliens, embusqués au niveau de la salle des Actes, lancent une bombe à eau qui atteint les deux hommes. Hubert Bourgin, furieux, entra dans la turne en déclarant : « Ce que ferait d'abord un régime fasciste, ce serait de mettre de l'ordre dans une École comme celle-ci[39]. » Puis il passa à son exposé, devant un auditoire composé d'une dizaine de normaliens. Georges Lefranc et Jean Le Bail — l'un des arroseurs, rentré entre-temps dans la turne — portèrent à plusieurs reprises la contradiction. A l'issue de la conférence, Hubert Bourgin déclara à Georges Lefranc : « Je ne vous ai pas convaincu. Vous êtes un adversaire coriace. Mais je vous remercie d'être venu et d'avoir parlé. »

La tenue de cette réunion à l'intérieur de l'École fut-elle bien admise par les élèves, et notamment par les jeunes socialistes ? Dans son témoignage, Georges Lefranc réfute l'interprétation qu'en donne Pascal Ory. Pour le biographe de Paul Nizan, en effet, il apparaît « clairement » qu'il « s'agissait plutôt de définir, sur les bases œcuméniques propres à Valois, une sorte de convergence des deux critiques sociales ». La rapidité et la vivacité de la réplique de Georges Lefranc[40] sont éclairantes : à ses yeux, une telle interprétation est irrecevable. Assurément, il s'agit d'un point fondamental, eu égard aux accusations plus tard formulées contre lui et, plus largement, contre le courant planiste[41]. D'éventuelles arrière-pensées et le souci d'éviter des mises en perspective jugées par lui erronées rendent-ils pour autant la version de Georges Lefranc suspecte ? Certes, l'historien doit tenir compte du soubassement psychologique ou supposé tel des témoignages recueillis ; et il doit, en tout état de cause, s'attacher à les recouper. Mais il se trouve, justement, que dans ce cas précis le recoupement est possible, et qu'il confirme apparemment la version de Georges Lefranc. Les étudiants socia-

39. Georges Lefranc relate l'incident de la bombe à eau dans *L'Information historique*, 1981, n° 4, pp. 177-178. Sur l'identité du lanceur de la bombe à eau, entretien de Georges Lefranc avec l'auteur, novembre 1980 (et correspondance, janvier 1983) : il s'agissait, selon lui, de Jean Le Bail. Georges Canguilhem (entretien avec l'auteur, mai 1981) évoque lui aussi la bombe à eau mais en revendique la paternité avec son camarade Broussaudier, ce qui n'est pas contradictoire. Cette année-là, Hubert Bourgin avait publié *Cinquante ans d'expérience démocratique* et il s'y était livré à une attaque contre le système d'enseignement de la IIIe République (notamment pp. 15-34 et 284-294) ; évoquant sa scolarité rue d'Ulm, il écrivait que le « régime » de l'établissement « semblait conçu pour faire des anarchistes » (p. 38). L'incident de la bombe à eau ne l'amena vraisemblablement pas à réviser son jugement ; bien plus, on peut sans doute considérer cet incident comme l'une des racines du pamphlet qu'il publiera en 1938 contre l'École normale supérieure qui, « des fondations jusqu'au faîte, [est] livrée aux forces qui désagrègent, disjoignent, morcellent et ruinent » (*De Jaurès à Léon Blum*, p. 47).

40. Georges Lefranc, dans *L'Information historique, art. cit.*, précise à deux reprises que la conférence « n'a pas eu pour but d'établir une convergence de deux critiques sociales » et qu'à « aucun moment, il n'avait été question de rapprochement entre nos critiques ».

41. Sans compter une veine historiographique qui reprend, au plan de la recherche universitaire, les mêmes thèmes (ainsi *Ni Droite ni gauche* de Zeev Sternhell évoquant à plusieurs reprises Georges Lefranc et « Révolution constructive », notamment pp. 173-174 et 212).

listes se montrèrent, en effet, hostiles à la réunion et s'efforcèrent de perturber son déroulement. D'une part, Jean Le Bail et Sylvain Broussaudier étaient membres du Groupe d'études socialistes des ENS et, bien plus, proches du meneur Georges Lefranc. D'autre part, dans la turne mitoyenne, pendant toute la conférence d'Hubert Bourgin, des normaliens socialistes et leur camarade chartiériste Georges Canguilhem se firent les plus bruyants possible, avec le dessein avoué de rendre l'exposé de l'orateur du Faisceau inaudible[42]. En outre, pendant cet exposé, Georges Canguilhem se glissa derrière la porte de la turne où se tenait la conférence et afficha contre la vitre qui se trouvait en haut de la porte, tourné vers l'intérieur, « Merde à Bourgin ». Bien plus, après la réunion, Paul Nizan s'en prit assez violemment à Jean Le Bail, deuxième pilier du socialisme normalien, aux côtés de Georges Lefranc. On imagine mal ce dernier, dans un tel contexte, se rendant à l'invitation de Paul Nizan dans un but « œcuménique ». On conçoit bien, au contraire, l'incongruité de l'initiative de Paul Nizan dans une École à cette époque largement acquise au Cartel des gauches.

Le second cercle.

Dans son étude sur le Groupe d'études socialistes des ENS, Georges Lefranc cite parmi les communistes de l'École Joseph Martin, de la promotion littéraire de 1926. De son côté, Jean Bruhat faisait de ce dernier un simple sympathisant[43]. De fait, il existe une autre catégorie de normaliens, considérés comme communistes par leurs camarades d'autres obédiences mais qui se situaient seulement dans la mouvance du cercle communiste. Et si ce cercle central restait alors étroit et son rayonnement limité, le second cercle des sympathisants permet à l'historien d'évoquer plusieurs personnalités intellectuelles dont l'éveil politique se fit en ces années 1920 à l'ombre du communisme.

Ainsi, au début de la décennie, on notait déjà la présence autour du premier noyau animé par Georges Cogniot de quelques-uns de ces normaliens, tel Paul Labérenne, mathématicien de la promotion de 1922, membre de la CGTU, mais qui n'adhéra au Parti communiste que durant le second conflit mondial, dans un oflag. Fils d'un couple d'enseignants orléanais, agrégé de mathématiques en 1925, il terminera sa carrière en 1968 comme professeur de mathématiques spéciales au lycée Chaptal.

L'adhésion à la CGTU constitue, en effet, à cette époque un critère de localisation politique précieux et, un peu plus avant dans la décennie, aux côtés des communistes Jean Bruhat, René Joly et bientôt Paul Nizan, on peut ainsi identifier d'autres sympathisants. Jean Bruhat suggère d'ailleurs cette piste dans *Il n'est jamais trop tard :* « Quelques normaliens avaient adhéré, comme moi, à la CGTU; leur chiffre maximum n'a jamais dû dépasser la dizaine. » Et de citer, entre autres, Pierre Vilar et Jean Dresch.

Ce dernier est né à Paris le 30 novembre 1905. Son père, normalien de la promotion littéraire de 1893, agrégé d'allemand, est, en ce milieu de décennie, recteur de l'Académie de Toulouse, après avoir été doyen de la faculté des lettres de Bordeaux. Jean Dresch préparera tour à tour le concours de l'École

42. Témoignage de Georges Canguilhem, entretien avec l'auteur, mai 1981.
43. G. Lefranc, « Le Groupe d'études socialistes des ENS », *in Visages du mouvement ouvrier français, op. cit.* p. 65. J. Bruhat, entretien avec l'auteur, décembre 1980.

normale supérieure au lycée de Toulouse (1922-1924), à Louis-le-Grand (1924-1925) et à la faculté des lettres de Toulouse (1925-1926). Il est finalement reçu vingt-quatrième en 1926, à sa troisième tentative. Peu politisé en khâgne, il « évoluera » dès ses années d'École vers le Parti communiste : ce sont tout au moins la chronologie qu'il proposait et le terme qu'il employait en 1980[44]. Apparemment, les témoignages, sur ce point, sont partagés. Si certains de ses camarades ont effectivement gardé le souvenir d'un Jean Dresch communiste à l'École, d'autres se le rappellent comme étant alors proche des socialistes. Mais ces derniers témoignages proviennent sans doute du fait qu'il assistait aux réunions du Groupe d'études socialistes des ENS, et le futur géographe, sans être inscrit à cette date au Parti communiste, était, de fait, dès cette époque, plus proche de cette organisation que des socialistes, par son appartenance à la CGTU[45].

Et sa première adhésion officielle à un parti politique ne contredit pas une telle mise en perspective. S'il rejoint les rangs de la SFIO en 1932 au Maroc, c'est seulement parce que le Parti communiste y était interdit[46]. Et quand cette interdiction est levée en 1936, il s'inscrit immédiatement à ce parti, au sein duquel il demeurera désormais.

Son camarade Pierre Vilar offre, à cet égard, un cas de figure différent. Certes, lui aussi, par son adhésion à la CGTU, est proche du Parti communiste dès l'École, et il cheminera également à ses côtés une vie durant. Mais, à la différence de son camarade géographe, le futur auteur de *La Catalogne dans l'Espagne moderne* n'a jamais été inscrit au Parti et sa fidélité a été celle d'un compagnon de route. Cette précision est d'autant plus nécessaire que Pierre Vilar demeure aux yeux de beaucoup de ses camarades de la rue d'Ulm non seulement un communiste après sa sortie de l'École, mais déjà durant ses années d'études. Or, a-t-il rappelé, « je n'ai jamais adhéré au Parti communiste[47] ». Ni à l'École, ni après.

A l'École, du reste, tout, apparemment, aurait dû le conduire à s'agréger plutôt au groupe socialiste : même origine sociale, même appartenance à la khâgne de Louis-le-Grand. Né le 3 mai 1906 à Frontignan dans l'Hérault, il est le fils d'instituteurs du département. Mais c'est un autre instituteur, Eugène Reverdy, père d'un normalien de la promotion littéraire de 1910 tombé au combat en 1914, qui va, par une sorte de « transfert » affectif — le mot est de Pierre Vilar[48] —, aiguiller le jeune homme vers l'École de la rue d'Ulm. Et quand ce dernier est reçu au baccalauréat en 1923, c'est tout naturellement qu'il s'inscrit dans la petite khâgne alors en gestation au lycée de Montpellier, établissement dont il est l'élève depuis 1916. L'admissibilité dès la fin de la première année de préparation le classe comme boursier de licence et lui vaut surtout d'être sollicité, au moyen d'une bourse, par le lycée Louis-le-Grand. Il

44. Correspondance avec l'auteur, juillet 1980.

45. Témoignage de Jean Bruhat, décembre 1980 (Ce témoignage est d'autant plus recevable que Jean Bruhat était alors, on l'a vu, le représentant de la CGTU à l'École.)

46. « Le Parti communiste était interdit. C'est pourquoi de nombreux " communisants " adhèrent au Parti socialiste ou aux Jeunesses » (J. Dresch, *Un géographe au déclin des empires*, Maspero, 1979, p. 19).

47. Intervention de Pierre Vilar aux journées d'étude sur « le stalinisme en France » qui se sont tenues à Paris du 13 au 16 mai 1981 (cf. les actes de ces journées dans *Staline à Paris*, présenté par Natacha Dioujeva et François George, Ramsay, 1982, citation p. 50).

48. Intervention de Pierre Vilar après notre exposé devant la Société d'histoire moderne, amphithéâtre Turgot, 5 juin 1983. Cf. aussi son « témoignage : un khâgneux des années vingt », *in Le Personnel de l'enseignement supérieur en France aux XIXe et XXe siècles*, publié sous la direction de Christophe Charle et Régine Ferré, Éditions du CNRS, 1985, pp. 131-133.

renonce donc à sa bourse de licence et passe l'année scolaire 1924-1925 comme pensionnaire dans la khâgne de ce lycée, et il est classé dix-septième en juillet 1925, dans une section C riche en reçus (les historiens Marrou et Dupront, par exemple, et le philosophe Hyppolite). Ces points communs avec nombre de membres du Groupe d'études socialistes des ENS l'ont-ils pour autant dirigé vers le groupe socialiste ? Apparemment pas. Certes, il assiste à certaines réunions du Groupe. Bien plus, il prête attention au « Socialisme à l'École normale supérieure » : tel est, en effet, le titre d'un article qu'il publie en 1928 dans *La Vie socialiste*[49].

Mais l'article n'était pas pour autant amène envers le socialisme normalien. Après avoir noté qu' « avec un certain catholicisme, le socialisme est la tendance la plus organisée, la plus groupée à l'École normale », il lui reproche notamment « d'organiser sans savoir où l'on va », faute de réflexion théorique. C'est seulement en consentant à cet effort de réflexion que, « à l'École normale comme ailleurs, le socialisme cesserait ainsi de tendre vers où il nous semble tendre, vers un point mort ». Un article sans réelle hostilité, assurément, mais sans chaleur particulière pour ce socialisme normalien qualifié d' « officiel ».

Au bout du compte, il semble bien que Pierre Vilar soit dès cette époque plus proche des communistes, mais peut-être depuis peu de temps en 1928[50]. Et l'influence de Jean Bruhat, qui appartient à la même promotion de 1925 et au même petit groupe des historiens, a sans doute été décisive en ce domaine. Dans le même article de 1928 il est, en effet, signalé : « ... Il n'y a qu'un communiste à l'École normale; on l'entoure, il est vrai, d'une sympathie souriante. » René Joly étant parti l'année précédente et Paul Nizan étant externe, le communiste évoqué ne peut être que Jean Bruhat. Et plus de cinquante ans après, dans *Staline à Paris*, Pierre Vilar évoquera sa « prise de conscience, dans une adolescence totalement isolée de toute influence révolutionnaire », de « cette grande lueur à l'Est », avant d'évoquer l'École normale, où il « se contentait de faire [son] apprentissage d'historien, côte à côte avec Jean Bruhat, mais pas tellement attiré par Georges Cogniot ».

Parmi les normaliens syndiqués à la CGTU, l'auteur d'*Il n'est jamais trop tard* cite également le mathématicien Marcel Durix, entré à l'École en 1927, Frantz Molino, que nous évoquerons au chapitre suivant, et Jean Nivat. Élève de la promotion littéraire de 1925, ancien khâgneux ludovicien, fils d'un architecte de Clermont-Ferrand et d'une enseignante, ce dernier se rappelle, de fait, avoir été à cette époque « lié avec quelques communistes (J. Bruhat, R. Joly) » mais « n'avoir jamais eu envie de s'engager dans un groupement[51] »; et son témoignage est confirmé par Georges Lefranc :

> « Inclassable aussi Jean Nivat qui sera agrégé des lettres et qu'on considère, à juste titre, comme un des plus brillants éléments de la promotion 1925. Plus proche peut-être alors du communisme que du socialisme, mais avant tout soucieux de dissiper les obscurités et d'empêcher les malentendus[52]. »

---

49. Article reproduit dans *L'Université Républicaine*, n^lle^ série, 2e année, n° 9, 15 mai 1928, p. 2.
50. L'article de Pierre Vilar dans *La Vie socialiste* sera relevé dans *L'Étudiant socialiste* n° 10-11 de juillet-août 1928. Pierre Boivin y évoque la « fougue révolutionnaire, encore qu'un peu récente » du « sympathique et répandu » Pierre Vilar.
51. Correspondance avec l'auteur, juin 1980.
52. G. Lefranc, « Le Groupe d'études socialistes des ENS », *op. cit.*, p. 66.

Leurs « raisons ».

A l'image du parti tout entier, le groupe communiste normalien ne s'éploiera qu'au milieu de la décennie suivante. Une étude portant sur l'École des années 1930 évalue en effet à trois le nombre moyen des militants communistes rue d'Ulm entre 1930 et 1934, scientifiques inclus, puis à huit après 1934-1935, avant de parvenir à la dizaine[53]. C'est en outre un normalien, Jean Daudin, qui, au milieu de cette décennie, sera secrétaire adjoint de la communiste Union fédérale des étudiants[54]. Ce physicien de la promotion de 1931, fils d'un normalien professeur d'histoire de la philosophie et des sciences à la faculté des lettres de Bordeaux, rallia à sa cause plusieurs normaliens et anima en outre à l'École un comité antifasciste. Résistant pendant la guerre, auteur en 1942 d'une thèse sur le rayonnement cosmique, chercheur au Pic du Midi, il mourra à quarante-deux ans, en 1954, d'une leucémie.

Le grand bond en avant, en ce qui concerne le communisme à l'École normale supérieure, n'interviendra en fait qu'au cours des années qui suivent la Libération. Ainsi, vers 1950, la cellule de la rue d'Ulm comptait une trentaine de membres et les communistes constituaient alors le groupe politique normalien le plus nombreux et le plus cohérent, sur lequel s'articulait une mouvance de sympathisants qui ajoutait encore au poids du Parti dans l'établissement. D'autant que l'influence du groupe communiste s'exerçait également par le relais syndical. Et le syndicat, né en 1946, s'intégrait lui-même dans le Cartel des Écoles normales supérieures, solidement noyauté par les militants du Parti[55].

Avant que le groupe communiste de la rue d'Ulm s'étoffe ainsi dans les années 1930 et surtout dans l'après-guerre, il était donc apparemment frappé d'étisie. Et, nous l'avons souligné plus haut, l'étudier à son étiage revenait moins à démonter une structure déjà bien constituée qu'à évoquer quelques personnalités marquantes. Ces jeunes communistes présentaient-ils au moins un certain nombre de traits communs et constants tout au long de la décennie ?

Leur faiblesse numérique constitue assurément un premier facteur d'unité. Elle cimente, on l'a vu, les amitiés et soude les solidarités politiques et intellectuelles. D'autant — et c'est un deuxième point commun au fil des années 1920 — que ces élèves forment, semble-t-il, le groupe le moins bien intégré au sein de la communauté normalienne qu'ils couvrent du reste, à l'occasion, de sarcasmes. L'« arrivisme » présumé de leurs camarades est, à cet égard, l'un de leurs thèmes de prédilection. De là, les attaques déjà signalées de Georges Cogniot, stigmatisant dans ses Mémoires « le carriérisme d'un certain nombre d'élèves » et « l'arrivisme des épouseurs ». Le Bal annuel n'est plus, dans cette perspective, qu'une occasion saisie par certains norma-

---

53. Cf. Alain Baudant, *L'École normale supérieure. Données sur la participation de l'Université de Paris à la vie politique française*, mémoire de maîtrise, Paris I, 1972, p. 89 (Alain Baudant a étudié les promotions normaliennes littéraires et scientifiques de la fin des années 1920 à 1938).

54. D'après un rapport du 11 février 1936 du préfet de police de Paris sur les organisations étudiantes (retrouvé dans le dossier administratif du professeur Gaston Jèze, Arch. Nat. F17 24604). Apparemment, l'influence de l'UFE s'était elle aussi étoffée dans les années 1930.

55. Sur ces normaliens communistes des années qui suivirent la Libération, cf. notre étude « Les normaliens de la rue d'Ulm après 1945 : une génération communiste ? », *Revue d'histoire moderne et contemporaine*, tome XXXII, octobre-décembre 1986, pp. 569-588.

liens pour se placer « sur le carnet d'une danseuse, fille ou nièce d'un pontife de la Sorbonne, comme ils l'eussent fait sur des numéros de roulette qui auraient été tous gagnants. A vingt ans, certains ne pensaient déjà qu'à l'Institut, ou à des chamarrures d'ambassadeur, voire à des prébendes de PDG ».

A ces lignes répondent, en écho, celles de Paul Nizan qui, dans *Aden Arabie*, décrit ainsi l'École de la fin des années 1920 :

> « On y dresse une partie de cette troupe orgueilleuse de magiciens que ceux qui payent pour la former nomment l'Élite et qui a pour mission de maintenir le peuple dans le chemin de la complaisance et du respect, vertus qui sont le Bien... La plupart des normaliens portent sur eux-mêmes les seuls jugements qui affirment leur participation à l'Élite : élite chrétienne, beaucoup d'entre eux aiment la messe. Élite universitaire : on en voit qui préparent comme un grand voyage les étapes d'une belle carrière et projettent à vingt ans des mariages avec les filles de célèbres professeurs : le *Bulletin de l'École normale* publie d'orgueilleuses et risibles généalogies. Élite politique : plusieurs nagent dans les eaux sales des sections socialistes, des ligues radicales avec une habileté de vieux poissons. Mais toujours élites de l'Esprit. »

L'administration de la rue d'Ulm n'est guère mieux traitée par les jeunes iconoclastes. Gustave Lanson, directeur de 1919 à 1927, a, semble-t-il, cristallisé sur sa personne une partie de ce malaise entre l'École et ses élèves communistes. Ainsi, au début des années 1920, Georges Cogniot ne voyait en lui qu'un représentant du « conservatisme tâtillon », « viscéralement anti-communiste », et il conclut dans *Parti Pris :* « Je ne l'aimais pas. » Et Paul Nizan est encore moins tendre pour ce « petit vieillard patriote, hypocrite et puissant qui respectait les militaires ».

Apparemment, donc, les élèves communistes entretenaient des rapports difficiles avec le reste de la communauté normalienne. D'où l'aveu, déjà évoqué, de Georges Cogniot — qui estime de surcroît avoir été, à cette époque, un « jeune ours mal léché » dans un groupe dont le défaut majeur était « l'intolérance ». Le cas de figure représenté quelques années plus tard par Paul Nizan fut apparemment différent : aussi « dandy[56] » que Georges Cogniot était « rustaud[57] », aussi renfermé que le futur parlementaire communiste était bavard, aussi sombre que l'autre était exubérant, sa réserve semble avoir été davantage motivée au début par un malaise existentiel, dont le départ pour Aden fut l'éphémère exutoire, que par une « mauvaise humeur révolutionnaire ». Mais le résultat fut identique : des années d'École en marge de la communauté normalienne et des rapports difficiles avec ses camarades.

Autre trait commun entre les normaliens communistes de la décennie : l'importance — en termes relatifs, tout au moins — des scientifiques dans leurs rangs. Alors que peu nombreux sont, en proportion, les élèves des promotions scientifiques dans les autres groupements politiques de l'École, ils représentent une part notable des effectifs communistes, tout au moins au début de la décennie quand ces effectifs avaient quelque consistance. Sur les six communistes de la rue d'Ulm vers 1921-1922 cités par Georges Cogniot, trois sont des mathématiciens : Augustin Ballicioni, Marcel Finas et Marcel Thorez. En raison de la maigreur statistique de l'échantillon observé, toute

56. Jean-Paul Sartre, Avant-propos à *Aden Arabie, op. cit.*, p. 20.
57. C'est ainsi, en tout cas, que Georges Cogniot se décrit dans ses Mémoires (*op. cit.*, p. 65).

extrapolation serait hasardeuse. Notons simplement qu'on retrouve ce trait dans le groupe — beaucoup plus nombreux — des communistes de l'autre après-guerre : la proportion des scientifiques, particulièrement les mathématiciens, y sera, en effet, élevée.

Quant aux littéraires communistes — ou sympathisants —, ils semblent avoir été surtout philosophes ou historiens et géographes. De fait, pour un Georges Cogniot préparant l'agrégation des lettres, on compte un René Joly ou un Paul Nizan philosophes, et un Jean Dresch, un Pierre Vilar ou un Jean Bruhat passant l'agrégation d'histoire et géographie. Les deux derniers y sont reçus en 1929 et le premier en 1930. Là encore, l'analyse s'effectue sur des nombres trop faibles pour qu'il soit possible de parvenir à des conclusions réellement significatives. Remarquons pourtant que chez deux de ces trois jeunes agrégés d'histoire et géographie, cette seconde discipline semble avoir exercé plus d'attrait que la première. Jean Dresch s'était engagé dès cette époque dans des recherches sur le Maroc [58] ; durant l'année universitaire 1928-1929, il y passe plusieurs mois et soutient au mois de juin 1929 une maîtrise intitulée *Études de géographie physique sur la région prérifaine,* notée 18 sur 20 par Emmanuel de Martonne. Il retournera au Maroc à partir de 1931 et de ce séjour sortiront en 1941 ses thèses sur l'Atlas. Quant à Pierre Vilar, il a lui-même décrit l'attrait de cette discipline sur les jeunes historiens de sa génération. Dans l'introduction de *La Catalogne dans l'Espagne moderne,* il a relaté, en effet, pour quelles raisons sa thèse fut dans un premier temps une thèse de géographie :

> « Il n'a sûrement pas été fortuit qu'entre 1925 et 1930, le groupe le plus compact, parmi les jeunes de ma génération qui avaient choisi d'étudier l'histoire, ait finalement opté, au moment de s'engager dans des travaux personnels, pour la recherche géographique... Mais il faut bien dire que jusqu'alors les grandes questions dont nous devinions, plus ou moins confusément, qu'elles domineraient notre siècle, ne nous étaient guère posées qu'à travers les leçons de nos maîtres géographes : démographie, migrations, colonisations, pôle de développement industriels et urbains, transformations des modes de production agricole, progrès de l'énergétique et, plus proches encore de l'histoire vivante que nous sentions palpiter, crises du monde britannique, avenir des grands espaces américains, éveil des masses d'Asie, naissance des plans soviétiques. Comment ne pas rappeler ici l'impression que je reçus, à vingt ans, du petit livre d'Albert Demangeon : *Le Déclin de l'Europe,* modèle de simplicité dans la démonstration statistique, et de diagnostic précoce [59] ? »

Et dès 1928, Pierre Vilar avait rédigé sous la direction d'Albert Demangeon un mémoire de maîtrise sur « la vie industrielle dans la région de Barcelone. »

Reste une question essentielle : ces jeunes normaliens communistes, qui présentent donc tout au long de la décennie un certain nombre de traits communs et constants, sont-ils alors tous venus au communisme pour les mêmes raisons et en suivant le même itinéraire ? En d'autres termes, les fondements de leur engagement constituent-ils eux aussi un facteur d'unité entre 1920 et 1930 ? La réponse est d'autant plus malaisée que nous travaillons, pour l'École normale supérieure de cette époque, sur quelques cas

58. Sa promotion d'agrégation comprendra du reste deux autres futurs professeurs de géographie de la Sorbonne : le « major » Pierre George et Pierre Birot.

59. P. Vilar, *La Catalogne dans l'Espagne moderne,* t. I, SEVPEN, 1962, p. 12.

peu nombreux et que toute tentative de passage de ces cas particuliers à l'étude générale risquerait précisément de déboucher sur des généralités sans grande consistance scientifique et, en tout état de cause, insuffisamment étayées. Danger d'autant plus redoutable que cette approche menacerait dès lors de fournir des pièces faussées ou incomplètes à ces deux dossiers essentiels que sont la mesure de l'ombre portée de la Révolution bolchevique et du régime soviétique naissant sur le milieu intellectuel français et l'évaluation de la pénétration du marxisme en son sein à cette date ! Y a-t-il eu éblouissement par la « grande lueur née à l'Est » ou simple scintillement faiblement perçu ? Et, embrasement ou étincelle, l'éclat a-t-il été croissant tout au long de la décennie ? En outre, le marxisme a-t-il été un facteur déterminant du rayonnement ? Autant de questions qui ne peuvent être tranchées à partir de l'analyse de quelques cas de jeunes intellectuels. Contentons-nous ici de répondre à l'interrogation qui sous-tend ce chapitre : y a-t-il unité ou diversité des normaliens communistes des années 1920 ? La réponse est tout de même essentielle, car seule une réponse positive permettrait de conclure à un « vécu partagé[60] », et donc à l'existence d'une génération communiste — même faiblement représentée — à l'École à cette époque, et d'apporter ainsi une contribution à la connaissance de cette « véritable première génération[61] » communiste — entendue cette fois au sens large — qui apparaît entre 1924 et 1934.

Pour le début de la décennie, le plus logique est encore de revenir à Georges Cogniot. Ce dernier, en effet, dans un paragraphe de ses Mémoires intitulé « nos raisons », tenté de sérier rétrospectivement les causes de son engagement et de celui de ses camarades de la rue d'Ulm aux côtés du Parti communiste. Toute reconstitution de dispositions psychologiques et de motivations présumées à cinquante-cinq années de distance place naturellement d'emblée l'historien en position de défiance méthodologique. Rester sur ce quant-à-soi serait pourtant fâcheux car ce témoignage, analysé avec les réserves d'usage, est précieux. Georges Cogniot y privilégie, semble-t-il, une cause d'ordre affectif, l'enthousiasme suscité par « l'exemple de la Russie bolchevique », qui « enflammait [les] cœurs », et par un « mariage d'amour » avec la révolution d'Octobre. Certes, ce mariage était aussi un « mariage de raison », et l'auteur énumère ensuite une série de causes rationnelles : l'intérêt porté par le léninisme à la question paysanne, qui ne pouvait que séduire ce fils de paysan, la réflexion théorique, qui lui semblait beaucoup plus profonde à la SFIC qu'à la SFIO, la caution apportée au jeune parti français et à la révolution d'Octobre par quelques grands intellectuels et, inversement, l'estime en laquelle le Parti tenait les intellectuels. Mais les raisons essentielles demeuraient l'ébranlement d'Octobre et les espoirs mis dans la Révolution bolchevique, le tout nimbé d'une sorte de romantisme diffus, cristallisé autour des marins de la mer Noire.

Ce thème de la révolution d'Octobre comme catalyseur de l'engagement communiste apparaît d'ailleurs à plusieurs reprises dans les Mémoires de Georges Cogniot ; et notamment dans le passage où ce dernier évoque les résultats du concours de la rue d'Ulm à l'été 1921. Le groupe des quatre

60. Cf. Marie-Claire Lavabre et Marc Lazar, « Se rassembler à sa ressemblance. Lecture de quelques récits autobiographiques, 1981-1983 », *Communisme*, 1983, n° 4, p. 114.

61. Annie Kriegel, *Les Communistes français, essai d'ethnographie politique*, édition de 1970, Le Seuil, 319 p., p. 59.

khâgneux lyonnais auquel il appartient est heureux : deux d'entre eux — dont l'auteur — sont admis, et les deux autres ont décroché une bourse de licence. La joie conduit alors les quatre amis vers la librairie du jeune parti pour se « fournir de livres et de brochures » :

> « Nous étions tous les quatre fils de petites gens, et chacun de nous éprouvait plus ou moins clairement que la révolution d'Octobre métamorphosait le destin des hommes du peuple. Plus ou moins clairement, nous ressentions tous la grande brisure historique[62]. »

Par la suite, au cours de la décennie, « livres et brochures » passeront souvent avant le romantisme d'Octobre, et les motivations pourront, dans certains cas, se révéler à prédominance intellectuelle. Mais dans les promotions qui suivent celle de Georges Cogniot, l'enthousiasme reste parfois le moteur de l'engagement militant. C'est le terme qu'emploie du reste Jean Bruhat pour analyser son itinéraire. Nous avons vu qu'il s'inscrit à la SFIC en octobre 1925 en même temps qu'il entre rue d'Ulm. C'est alors pour lui la « période disons lyrique », évoquée dans ce texte déjà signalé :

> « D'abord l'enthousiasme... ce qui comptait pour moi, c'est ce qui se passait à l'Est. Depuis le 1789-1794 que nous apprenions dans le Malet-Isaac, rien de comparable. Par-dessus les carmagnoles des sans-culottes apparaissaient en surimpression les blousons de cuir des combattants du Palais d'Hiver. J'écrivais de fort mauvais vers en faveur de Marty et de Badina, les héros de la révolte de la mer Noire[63]. »

Comme pour Georges Cogniot, l'attrait du Parti communiste français — tel qu'il apparaît, tout au moins, dans des souvenirs publiés plus d'un demi-siècle après ses premières manifestations — est donc largement teinté d'un certain romantisme révolutionnaire[64]. Mais, dans les deux cas, sont aussi alléguées des considérations d'ordre théorique. Celles-ci, on l'a vu, affleuraient dans *Parti Pris. Il n'est jamais trop tard* les invoque également. Parmi les « types de motivations à [son] adhésion au PC », Jean Bruhat avance en effet « la conviction à laquelle [il] était parvenu très tôt qu'un parti communiste était l'instrument grâce auquel on pourrait transformer la société ». S'y ajoutait sa « passion de l'histoire », facteur « important » d'après lui, car « selon la formule usitée plus tard par [son] ami et compagnon Pierre Vilar, la théorie de Marx est " la seule théorie existante de l'histoire " ».

Ces considérations qui parlaient davantage à la raison qu'au cœur semblent avoir joué un rôle plus déterminant chez d'autres jeunes normaliens communistes de cette époque. Chez Jean Bruhat, la conversion au communisme précédait, en fait, l'adhésion au marxisme : ce n'est qu'à l'École, et donc une fois inscrit au Parti communiste, qu'il lut Marx. En khâgne, en effet, il avait « dévoré l'œuvre de Georges Sorel », puis, « l'attraction de la Révolution

62. Georges Cogniot, *Parti Pris, op. cit.*, pp. 67-73 et 64.
63. Avant même la publication de ses Mémoires en 1983, Jean Bruhat avait déjà évoqué les facteurs et la chronologie de son adhésion au Parti communiste dans *L'Histoire* n° 8, *art. cit.* pp. 62-64. Il distingue « trois phases » dans son passé : « l'utopie des premières années », « la période d'aveuglement », « enfin la réflexion critique ». Les années d'École appartiennent à la première phase : c'est le temps de « l'enthousiasme » et une « période disons lyrique » (art. cit., p. 63). Cf. également *Il n'est jamais trop tard, op. cit.*, p. 19.
64. Parmi les raisons davantage affectives que rationnelles, il faudrait également citer, dans les deux cas, l'ébranlement déterminant de la Première Guerre mondiale.

soviétique aidant », s'était « jeté sur les œuvres de Lénine ». Chez d'autres, au contraire, l'essence marxiste a précédé l'existence communiste. Il semble bien, par exemple, que l'engagement de Paul Nizan ait plongé ses racines dans un terreau constitué à la fois d'un malaise existentiel et d'une révolte contre l'ordre bourgeois mais que ce qui a entraîné en définitive son ancrage au Parti communiste, après l'errance politique décrite plus haut, ait été une démarche philosophique nourrie peu à peu par la découverte du marxisme : d'où, d'ailleurs, une activité au début davantage idéologique — ce sera l'épisode de *La Revue marxiste*[65] — que réellement militante. Démarche philosophique qui sera également celle de Georges Friedmann, autre normalien qui appartint au groupe de *La Revue marxiste.* Il apparaît bien, en définitive, que pour les membres de ce groupe l'étude et la diffusion du marxisme aient été plus importantes que l'adhésion au Parti communiste, qui ne concerna que certains d'entre eux. Retracer leur itinéraire intellectuel, c'est beaucoup plus analyser le passage du groupe de la revue *Philosophies*, non marxiste, à celui de *La Revue marxiste* qu'évoquer, comme plusieurs années plus tôt, le cas de jeunes khâgneux éblouis par Octobre et portés par « l'enthousiasme » révolutionnaire. Du « lyrisme » de Jean Bruhat, on passe alors, semble-t-il, à la « mystique ».

Le terme, en tout cas, est employé par Georges Friedmann qui, évoquant dans *La Puissance et la Sagesse* son engagement communiste, parle « de période quasi mystique[66] ». Et les considérants de cet engagement sont formulés en de tout autres termes que ceux de Georges Cogniot ou de Jean Bruhat :

> « Ma conviction centrale autour de laquelle tout le reste, de gré ou de force, absorbé, digéré, s'organisait, se cristallisait, était que l'humanisme marxiste est l'héritier, le continuateur, l'épanouissement de toutes les sagesses, de tous les humanismes passés : lui seul a découvert les " moyens efficaces " de construire une société où ces humanismes puissent être réalisés, vécus par tous les hommes. »

Certes, le parallèle entre des textes écrits par des hommes qui, au soir de leur vie, n'entretenaient plus des rapports identiques avec le Parti, ne peut être davantage poussé. Tout au plus laisse-t-il apparaître deux manières différentes d'entrer en communisme. Ces deux manières ne sont ni spécifiques ni propres aux seules années 1920. Il n'est même pas sûr que, pour les normaliens de cette époque, elles se soient succédé dans le temps. Peut-être ne s'agit-il, à tout prendre, que de différence de tempérament entre les normaliens entrés au Parti communiste dans la première partie de la décennie — de Georges Cogniot en 1921 à Jean Bruhat en 1925 — et ceux qui adhéreront en 1927 ou 1928 (Paul Nizan) ou un peu plus tard (Georges Friedmann). Toujours est-il qu'il est difficile de reconnaître les deux premiers dans cette lettre envoyée aux *Nouvelles littéraires* en 1929, au moment de l'« enquête auprès des étudiants d'aujourd'hui », par un agrégé d'histoire, M. Pariset :

> « Je crois que les maîtres de notre génération seront, non pas les membres de la chapelle néothomiste, mais ces étudiants fermés et bizarres dont nous savons vaguement qu'ils méditent Marx ou Lénine[67]. »

---

65. Cet épisode est brièvement rappelé *infra*, à l'annexe IV. On s'y rapportera aussi pour l'évocation des normaliens Georges Friedmann et Brice Parain.
66. Georges Friedmann, *La Puissance et la Sagesse*, Gallimard, 1970, p. 272.
67. *Les Nouvelles littéraires*, n° 329, 2 février 1929, p. 10.

Il est peut-être possible, en revanche, d'y reconnaître, entre autres, les rédacteurs de *La Revue marxiste*, dont le premier numéro vient de paraître à cette date.

Nous mesurons aussi, à travers cette simple remarque d'un jeune professeur, la faible perméabilité du milieu universitaire de cette époque au marxisme. L'auteur de la lettre est, en effet, agrégé d'histoire depuis un an et demi et son ton, pourtant plutôt amène, indique bien que la planète Marx appartient à cette date à un autre système intellectuel que celui des agrégés d'histoire, pour s'en tenir à cette discipline. Au reste, un autre agrégé légèrement plus âgé, Fernand Braudel, n'a « abordé les œuvres de Marx » qu'à partir de 1932 :

> « C'est donc seul et à mes risques et périls, comme beaucoup d'autres, et tardivement (à partir de 1932, je cite la date parce que j'avais en ces années lointaines l'habitude de signaler sur la page de garde de mes livres la date de leur achat, pratique que j'ai abandonnée par la suite) que j'ai abordé les œuvres de Marx[68]. »

Là encore, deux exemples n'autorisent pas la généralisation sur un sujet qui appellera quelque jour une recherche approfondie. Retenons seulement qu'hormis quelques communistes — et encore pas tous, on vient de le voir —, les khâgneux et normaliens des années 1920 appartiennent à une génération qui a entretenu des rapports spécifiques avec le marxisme : bien peu en ont été imprégnés au temps de leur jeunesse étudiante et pour ceux qui découvriront Marx dès cette époque, cette découverte se fera à contre-courant et non pas, comme pour la génération normalienne du second après-guerre, par l'attrait d'une idéologie devenue dominante.

Cela ne signifie pas pour autant que la génération de 1905 n'ait pas été touchée par le marxisme. C'est elle au contraire qui en sera après la Deuxième Guerre mondiale la propagatrice la plus active. Simplement, aux côtés de philosophes qui, tel Henri Lefebvre — qui appartint justement au groupe de *La Revue marxiste* —, furent des exégètes précoces de Marx, elle compte des penseurs qui en seront des lecteurs tardifs, mais dont le zèle et le prosélytisme n'en seront que plus fervents : ainsi en sera-t-il de Maurice Merleau-Ponty, pour un temps, et surtout de Jean-Paul Sartre qui proclama le marxisme, qu'il ne découvrit réellement que quadragénaire, « indépassable philosophie de notre temps[69]. »

Dans un passage de sa thèse sur les intellectuels communistes de 1944 à 1956, Jeannine Verdès-Leroux ébauche un parallèle entre les chemins de l'engagement communiste au seuil des années 1920 et après la Libération :

> « Leçons tirées des horreurs de la guerre, fascination de l'URSS, Révolution pensée comme inéluctable (et pas simplement comme nécessaire), découverte du marxisme : tous ces éléments qu'on vient de décrire comme constitutifs d'une

68. F. Braudel, « Dérives à partir d'une œuvre incontournable », *Le Monde*, 16 mars 1983, p. 13. Né en 1902, Fernand Braudel est reçu à l'agrégation d'histoire et géographie en 1923 (cf. *BAMIP*, n° 2556, 15 décembre 1923, p. 613, et *RU*, 1924, 1, p. 166).

69. Jean-Paul Sartre, *Critique de la raison dialectique*, Gallimard, 1960, p. 9. La réflexion qui sous-tend cet ouvrage « a commencé au début des années cinquante, c'est-à-dire en même temps qu'il se rapprochait des communistes sur le plan politique », et *Critique de la raison dialectique* a été « composé entre la fin de 1957 et le début de 1960 » (Michel Contat et Michel Rybalka, *Les Écrits de Sartre*, *op. cit.* pp. 337 et 338).

conjoncture reproduisent en fait, beaucoup plus que ne le croient ces générations, l'après-Première Guerre mondiale[70]. »

Il est vrai que les deux après-guerres présentent ainsi bien des traits communs et que la liste des principaux facteurs reste globalement la même à vingt-cinq ans de distance. Mais ces facteurs ont, durant cette période, changé d'intensité : si on laisse de côté le poids des « horreurs de la guerre », qui joue effectivement dans les deux cas — quoique sur des registres différents : saignée de la génération des tranchées dans un cas, génocide, univers concentrationnaire, guerre totale broyant les civils dans l'autre —, la « fascination de l'URSS », le caractère inéluctable de la révolution et le rôle du marxisme revêtent à la Libération une ampleur inconnue en 1920-1925. L'auteur, du reste, en convient, qui écrit deux pages plus loin qu'on passe « des choix individuels au basculement d'une génération ».

S'agit-il seulement, comme elle l'écrit, d'une « différence majeure »? Le terme nous paraît trop en retrait par rapport à ce qui constitue une véritable mutation idéologique. Toujours est-il que l'une des conséquences de cette mutation est effectivement le passage d'engagements individuels à un phénomène de forte amplitude et touchant notamment une frange importante du monde étudiant. Et, sur ce plan, l'École normale supérieure apparaît comme un bon indicateur du changement d'échelle. Ce chapitre est effectivement avant tout le recensement de quelques « choix individuels », la génération de 1905, tout au moins pour sa branche khâgneuse et normalienne, n'ayant guère été touchée, en ses années d'apprentissage politique, par le communisme. Celle née en 1925, en revanche, en sera largement imprégnée[71], le prestige du « Parti des 75000 fusillés », le regain de l'attrait exercé par l'URSS et la sacralisation de la classe ouvrière aidant; ainsi, du reste, que la place croissante du marxisme.

Cette place est elle-même le reflet d'une mutation alors en cours. Comme dans les années 1920, l'univers intellectuel des khâgneux et des normaliens avait continué, jusque-là, à être placé essentiellement sous le signe de la littérature. Dans leur khâgne ludovicienne, par exemple, pendant l'Occupation, Jean-François Lyotard et Alain Touraine discutaient interminablement des mérites comparés de Montherlant et de Gide. De même, peu avant la Seconde Guerre mondiale, Jean Touchard préparait Normale dans la khâgne d'Henri-IV — qui accueillait également Maurice Clavel —, où André Gide était un maître à penser[72]. Mais les années qui suivent la Libération vont voir la philosophie détrôner progressivement la littérature. Dans l'entre-deux-guerres, et en laissant de côté le cas Alain, les professeurs qui, souvent, exercèrent le plus d'influence sur leurs khâgneux furent les professeurs de lettres : ainsi, on l'a vu, André Bellessort ou, dans les années 1930 et pendant la guerre, Jean Guéhenno. Dans les années 1940, les philosophes leur raviront ce rôle de premier plan : les anciens khâgneux Jean Hyppolite, Ferdinand Alquié et Étienne Borne, devenus professeurs de khâgne, exerceront sur certains de

70. Jeannine Verdès-Leroux, *Au service du Parti. Le Parti communiste, les intellectuels et la culture (1944-1956)*, Fayard-Éditions de Minuit, 1983, p. 81.

71. Cf. notre étude, « Les normaliens de la rue d'Ulm après 1945 : une génération communiste? », *réf. cit.*

72. Alain Touraine, *Un désir d'histoire*, Stock, 1977, p. 21 ; Jean Touchard, *Littérature et politique*, t. II, Institut d'Études politiques de Paris, dact., 105 p., p. 43.

leurs élèves un magistère moral[73]. Ce phénomène de l'impact de la philosophie — auquel succédera, plus tard, celui des sciences humaines — s'amorce à peine dans la période qui suit la Libération. Il n'en est pas moins déjà sensible et distingue nettement les générations de 1905 et 1925.

Dans d'autres domaines, la comparaison entre ces deux générations est, en revanche, plus difficile. Sur un nombre aussi faible que celui des normaliens communistes des années 1920, il serait illusoire, par exemple, de rechercher et *a fortiori* d'établir des « déterminations socio-familiales[74] ». Rappelons seulement que si Jean Bruhat et Georges Cogniot emploient volontiers dans leurs souvenirs l'adjectif « plébéien » pour caractériser leurs milieux familiaux respectifs, leur origine sociale et celle des autres communistes de l'École ne diffèrent guère de celle de la plupart de leurs camarades, fils de petits fonctionnaires, et ne présentent, semble-il, aucune spécificité.

Il serait tout aussi illusoire d'établir une typologie des itinéraires ultérieurs des normaliens communistes des années 1920, qui serait dénuée de toute valeur statistique. Observons toutefois que la tendance y fut plutôt à la fidélité au Parti. Dans une proportion, en tout cas, bien plus forte qu'au sein de la génération de 1925. Pour cette dernière, en effet, il était possible, en raison du plus grand nombre de communistes alors à l'École, d'ébaucher une approche quantitative. Sur dix de ces normaliens, « sondés » à la fin de l'année 1980, trois seulement étaient restés communistes à cette date. Et cinq au moins des sept autres avaient quitté le Parti avant le début des années 1960. Moins du tiers avait donc conservé leur engagement politique de la rue d'Ulm, et la moitié en avait changé moins de dix ans après leur sortie de l'École. Les renseignements complémentaires que nous avons pu recouper sur les autres communistes de la rue d'Ulm des débuts de la IVe République montrent que ces chiffres, malgré leur faiblesse numérique, conservent une certaine valeur statistique : apparemment, moins d'un tiers des communistes de l'époque le sont restés et beaucoup de ceux qui ont rompu l'ont fait avant la fin de cette République. Les années décisives vont, à cet égard, semble-t-il, de 1953 (la réhabilitation des « blouses blanches », peu de temps après la mort de Staline, paraît avoir eu des retombées importantes, suscitant des ruptures ou introduisant des germes de doute) à 1956 (avec la Hongrie, mais aussi, auparavant, avec le rapport Khrouchtchev connu grâce à la « presse bourgeoise »).

Pour les normaliens des années 1920, la déperdition semble plus faible. Une dizaine ou une quinzaine d'années après leur entrée au Parti communiste, vers 1936, Jean Bruhat, René Joly, Georges Cogniot et Paul Nizan en sont toujours membres. Et si le dernier rompt à l'automne 1939, les trois autres resteront communistes toute leur vie, à des degrés divers : jusqu'à sa mort en 1978, Georges Cogniot resta un communiste orthodoxe; Jean Bruhat est mort lui

73. Qui ne va pas, il est vrai, le plus souvent, dans le sens d'une découverte du marxisme : à Louis-le-Grand, par exemple, seul l'historien Tersen est marxiste à cette date. Beaucoup de professeurs déjà en poste en khâgne avant la Seconde Guerre mondiale enseignent une philosophie qui doit peu — Kant exclu — à l'Allemagne : en 1938-1939, aucun des professeurs de philosophie de khâgne, d'hypokhâgne ou de terminale du lycée Henri-IV n'est marxiste, à l'exception de René Maublanc, et c'est sa classe de Philo III que choisit, pour cette raison, le jeune Pierre Daix (*J'ai cru au matin*, R. Laffont, 1976, p. 17). La relève d'âge aidant, on observe progressivement, dans les années 1940, l'accession de nouveaux enseignants en khâgne qui prêteront davantage attention à Husserl et Heidegger, Hegel et Marx.

74. Jeannine Verdès-Leroux s'interroge, dans sa thèse, sur les « déterminations socio-familiales »du groupe qu'elle étudie (pp. 386 sqq.) et relève une « prédominance des intellectuels d'origine petite-bourgeoise ».

aussi communiste, en 1983, mais depuis 1956 il était entré dans une phase de « réflexion critique » ; quant à René Joly, décédé en 1974, il était, au cours des dernières années de sa vie, devenu « maoïste ». Hélas, pas plus qu'il n'autorisait une étude statistique de leurs itinéraires, le faible nombre de ces normaliens ne permet pas d'avancer d'hypothèse pour expliquer cette fidélité apparemment plus grande — ou ce sentiment plus largement répandu qu'il « n'est jamais trop tard » pour changer le Parti de l'intérieur — des normaliens communistes nés à peu près avec le siècle !

Cette date de naissance leur a, en tout cas, conféré une sensibilité commune, la « haine de la guerre », qui fut pour Jean Bruhat « un facteur déterminant ». Les souvenirs de Georges Cogniot insistent également sur ce choc de la Première Guerre mondiale et sur la condamnation de l'attitude socialiste au cours du conflit. La mise en lumière de cette sensibilité demande cependant à être nuancée. D'abord, ces communistes sont trop jeunes — étant nés plutôt vers 1905 que vers 1900, à l'exception de Georges Cogniot — pour que cette hostilité à la guerre ait pu être un élément de différenciation par rapport à leurs camarades de la rue d'Ulm. Annie Kriegel a montré que pour leurs aînés — parfois de quelques années à peine — de l'époque du congrès de Tours, la guerre avait été un élément décisif de choix politique[75]. Vers 1925, ce facteur a certes été un « facteur déterminant » pour Jean Bruhat, il n'en est pas spécifique pour autant. La sensibilité politique des normaliens socialistes se nourrit aussi, en ce milieu de décennie, de haine de la guerre, et se structure également autour du pacifisme. Du reste, l'absence de spécificité de l'effet premier conflit mondial chez les jeunes communistes est indirectement confirmée par le fait que certains d'entre eux, dès ces années 1925-1930, viennent moins au communisme, on l'a vu, à cause de 1914-1918 que par une démarche plus philosophique[76] et la découverte du marxisme : c'est le cas notamment de Paul Nizan. Enfin, ce pacifisme n'est pas commun seulement aux communistes et aux socialistes. On le retrouve aussi chez nombre de talas et surtout, avec une intensité bien plus grande, chez les élèves d'Alain.

---

75. « La source de l'élan révolutionnaire, c'est la prise de position contre la guerre » (Annie Kriegel, *Aux origines du communisme français 1914-1920*, t. 1, Mouton, 1964, p. 352 ; plus largement, cf. la première partie de cette thèse, pp. 25-353).

76. Dans sa thèse, Nicole Racine parvient à la même conclusion (cf. *Les écrivains communistes en France 1920-1936*, Institut d'Études politiques, dact., 1963, p. IV). Si la philosophie a donc constitué, dans certains cas, un facteur conduisant à l'engagement communiste, le surréalisme, en revanche, ne semble avoir joué aucun rôle dans cet engagement ; Jean Bruhat note dans ses Mémoires : « J'ai pratiquement ignoré les surréalistes » (*op. cit.*, p. 20). Ce qui ne veut pas dire que quelques khâgneux et normaliens — à vrai dire, très peu nombreux — n'aient pas été attirés par le surréalisme. Mais, la plupart du temps, cette attirance ne les a pas conduits vers le communisme.

CHAPITRE XIII

Les élèves d'Alain

La dernière classe.

Le samedi 1er juillet 1933, alors qu'Émile Chartier, dit Alain, commence à Henri-IV l'avant-dernier cours de sa carrière, le ministre de l'Éducation nationale Anatole de Monzie et le recteur de l'Académie de Paris entrent dans la salle de classe où officie le philosophe et ils y demeureront jusqu'à la fin de la leçon. Alain, ces deux singuliers auditeurs assis, avait seulement signalé : « Nous continuons », avant de reprendre son exposé sur justice et charité. A la fin du cours, il s'éclipsa aussi vite qu'il put, pour échapper au vin d'honneur et aux discours. Et, à la véritable « dernière classe » qui eut lieu le lundi suivant, il se contenta de noter : « Nous étions dans des conditions déplorables pour traiter de justice et charité », et recommença le cours du 1er juillet[1]. L'hommage rendu par le ministre — probablement suggéré par son directeur de cabinet, Gustave Monod — entendait sans doute saluer un membre éminent de la République des Lettres, dont la notoriété, depuis quelques années, dépassait le tirage confidentiel de ses ouvrages et des *Libres Propos*. Mais c'est avant tout le professeur qui avait marqué de son empreinte des générations de khâgneux qui était ainsi honoré.

Quarante-quatre ans plus tôt, en mars 1889, alors qu'Alain préparait le concours de la rue d'Ulm au lycée Michelet, le proviseur de ce lycée écrivait déjà : « Ce sera certainement un bon maître qui saura grâce à une originalité de bon goût se faire apprécier de ses élèves[2]. » Et treize ans plus tard, le proviseur du lycée de Rouen formule sur Émile Chartier, jeune agrégé de philosophie qui enseigne depuis deux ans dans son établissement, un jugement somme toute flatteur : « Excellent professeur, digne d'être appelé à Paris. Il a sa classe bien en main et exerce sur ses élèves une action considérable... Exagère peut-être le souci de sauvegarder son indépendance,

---

1. Cf. le témoignage de J.-H. Sainmont : « La dernière classe (1er et 3 juillet 1933) », *La Nouvelle Revue française*, « Hommage à Alain », septembre 1952, pp. 60-64. Nous ne revenons pas ici sur la biographie d'Alain, déjà étudiée au chapitre III.

2. Renseignements scolaires issus du dossier ENS d'Émile Chartier, Arch. Nat. 61 AJ 218.

en témoignant de temps en temps à l'Administration une défiance injustifiée[3]. » Laissons de côté la dernière phrase : elle n'est que la mise en pratique sur le terrain, et par le principal intéressé, de ce qui deviendra plus tard *Le Citoyen contre les pouvoirs*. C'est la première partie de l'appréciation qui est ici éclairante : dès cette époque, et ainsi que l'avait prévu le proviseur de Michelet, celui qui ne s'appelle pas encore Alain exerce déjà sur ses élèves une « action considérable ».

Cette action allait, en fait, encore s'amplifier à partir de 1909, quand Alain fut nommé en khâgne à Henri-IV. Le philosophe, pourtant peu prolixe, d'ordinaire, sur son rôle exercé auprès d'éventuels disciples, a évoqué cet aspect dans un texte curieux, intitulé : « Notes autobiographiques de 1946 », et qui constitue une sorte de notice biographique rédigée en novembre 1946 à la troisième personne[4]. Alain y écrit qu'entre 1909 et la Première Guerre, en khâgne à Henri-IV, il acquit des « disciples ». Mais cette première strate fut fauchée par la guerre :

> « Mais la guerre de 14 approchait ; et ces disciples furent massacrés. Il n'en est resté qu'Henri Bouché qu'Alain nomme l'aviateur. Ce Bouché ne fut que blessé ; les autres y restèrent. Il y a de ces hasards, car enfin les disciples sont des hommes, et les armes de guerre n'y font point de différence. »

Du fait de la guerre, la principale strate des disciples ne commence donc qu'en 1917, date du retour de l'engagé volontaire dans sa khâgne de la place du Panthéon, et continue jusqu'au 3 juillet 1933. Tuf, en conséquence, parfaitement datable, et qui de l'avis même du maître — dans le même texte — recèle « un très grand nombre de disciples » :

> « A son retour de l'armée, Alain reprit son poste à Henri-IV. Il s'y fit une réputation qui n'a pas eu d'égale. Il fit un très grand nombre de disciples, qui ne furent pas aussi promptement massacrés que ceux de l'an 14. »

Ces derniers mots suggèrent sans doute, en filigrane, que cette génération de khâgneux des années 1920, sans connaître immédiatement le destin tragique qu'avaient connu ses aînés de 1909-1914 fauchés dès leur sortie — ou presque — de la khâgne, affronta plus tard des vents contraires.

Des influences et des lieux de rencontre.

Jauger une influence politique suppose, tout d'abord, qu'il y ait une « politique » à diffuser. Ce truisme était à rappeler d'entrée, dans le cas d'Alain : cela fait, en effet, plusieurs décennies que des exégètes tentent de discerner si les milliers de Propos s'articulent autour d'une pensée politique cohérente.

Dissipons d'emblée une équivoque. Alain n'a jamais été un théoricien politique, encore moins le théoricien du radicalisme. Et il est difficile de suivre Jean-Jacques Chevallier lorsqu'il écrit que « l'étroite symétrie saute aux yeux entre le grand jeu intellectuel d'Alain et le jeu politique, souvent mesquin, mais très sûr, du Parti radical sous la IIIe République française : Alain fut, effectivement, le philosophe du Parti radical. » Les *Éléments d'une*

3. Dossier d'Émile Chartier, Arch. Nat. F17 24293.
4. Texte publié dans un ouvrage posthume d'Alain, *Portraits de famille*, Mercure de France, 1961, pp. 179-195 (après une première publication, également posthume, en mai 1955 dans *La Table Ronde*, pp. 77-82).

doctrine radicale furent, en fait, un ouvrage de circonstance. Une lettre du philosophe Michel Alexandre à l'un de ses amis, René Terron, en date du 3 janvier 1925, signale, en effet : « On va sans doute composer en hâte, avec d'étonnants " Propos " d'avant-guerre, un *Manuel du radicalisme* qui paraîtrait aux " Documents Bleus "[5] ». Les « Documents Bleus » étaient une nouvelle collection, lancée l'année précédente par la NRF et qui portait sur des questions d'actualité. Et c'est dans cet esprit que sont publiés *Éléments d'une doctrine radicale*, ouvrage conçu dans un contexte précis, le Cartel des gauches, et constitué de 165 Propos réunis par Michel Alexandre.

Assurément, les éditions de la Nouvelle Revue française essayèrent bien de présenter l'ouvrage comme le petit livre bleu du Cartel. Robert Aron, à l'époque secrétaire de Gaston Gallimard, raconte en effet que Louis-Daniel Hirsch, directeur commercial de la maison d'édition, « lorsque lui parvinrent les premiers exemplaires du livre, ... s'en fit donner une vingtaine, quitta son bureau ainsi chargé, et se rendit à la présidence du Conseil. Quel directeur de cabinet ou quel chargé de mission sut-il, en tout bien tout honneur, certes, rallier à son projet ? Toujours est-il que le lendemain, lorsque se tint le Conseil des ministres, chacune des Excellences trouva à sa place, devant elle, un exemplaire de ce livre où elle aurait pu s'initier à l'art de gouverner. On imagine combien ce fait suscita de commentaires parlés, ainsi que d'échos dans la presse[6] ».

Mais le stratagème fit long feu. On rapporte que l'un des ministres résuma la réaction du Conseil des ministres en ces termes : « S'il y avait vraiment une doctrine radicale, est-ce que nous ne serions pas les premiers à le savoir[7] ? » Cette sentence, en fait, résume bien le problème, car il semble bien que l'influence politique d'Alain ait été « de son vivant, à peu près nulle[8] ». L'impression est confirmée par Jacques Kayser, qui n'a jamais entendu parler d'Alain dans les réunions radicales de cette époque[9]. Et Édouard Herriot n'a-t-il pas écrit, après la mort d'Alain, dans *Preuves* d'août 1951 : « Somme toute, Alain m'apparaît surtout comme un poète, à la manière de Lucrèce, pour l'antiquité, et de Paul Valéry, pour le temps présent », niant ainsi indirectement toute influence politique du philosophe sur le parti qu'il dirigea ? Plus que l'idéologue du Parti radical, Alain nous apparaît plutôt en définitive comme l'auteur d'une pensée rétrospective, reflet en partie anachronique de la République radicale d'avant 1914 relayé par l'expérience de la Première Guerre mondiale.

Ce problème du radicalisme d'Alain est révélateur, répétons-le, de l'incertitude qui pèse sur le contenu précis de la pensée politique d'Alain. Il reste pourtant secondaire car ce n'est pas sur ce registre que s'exerça l'influence politique du professeur sur ses khâgneux. Cette influence a, en fait, sédimenté autour de deux points essentiels : la résistance aux pouvoirs et, surtout, le pacifisme.

Si, dans cet attrait, un livre publié en 1926, *Le Citoyen contre les pouvoirs*, a joué un rôle non négligeable, là encore il ne s'agit en aucun cas d'un ouvrage

---

5. *En souvenir de Michel Alexandre. Leçons, textes, lettres*, Mercure de France, 1956, p. 515.
6. Robert Aron, *Fragments d'une vie*, Plon, 1981, p. 49.
7. Selon Albert Thibaudet, *La République des Professeurs*, Grasset, 1927, p. 78.
8. Claude Nicolet, *Le Radicalisme*, PUF, 1957, p. 38.
9. Jacques Kayser, « Le radicalisme des radicaux », dans *Tendances politiques dans la vie française depuis 1789*, Hachette, 1960, p. 70. « Jacques Kayser, vice-président du Parti radical à l'époque, m'a confirmé qu'Alain était à peu près inconnu à l'intérieur du parti et que son influence y était nulle », signale Jean Touchard dans *La Gauche en France depuis 1900*, *op. cit.*, p. 123.

théorique, mais d'un recueil de Propos rassemblés par un normalien de la promotion de 1919, ancien élève d'Alain, Jean Prévost, qui songeait à ce projet depuis plusieurs années. La réflexion d'Alain sur les pouvoirs est beaucoup plus diffuse et il faut moins la rechercher à travers ces recueils de Propos — qui présentent parfois, consciemment ou non, la reconstruction d'un disciple plus que la pensée originelle du maître — que dans toute l'œuvre écrite d'Alain. Une telle tâche dépasse naturellement les limites de cette recherche. Plusieurs études ont, du reste, été consacrées à cet aspect[10].

Les quatre-vingt-quatre premières pages du *Citoyen contre les pouvoirs* sont, en fait, consacrées à la guerre. Et il semble bien que ce pacifisme qui imprègne la pensée chartiériste soit le thème qui, plus encore que la résistance aux pouvoirs, ait le plus profondément touché les jeunes « disciples » d'Alain. Là encore, l'exégèse de *Mars ou la guerre jugée,* livre publié quelques années plus tôt, en 1921, dépasse les limites fixées à cette étude et a, d'ailleurs, déjà été faite par Marie-Thérèse Sur. L'influence de l'ouvrage est en revanche au cœur de notre sujet et nous verrons qu'une large part de l'activité militante des jeunes étudiants regroupés autour des *Libres Propos* était placée avant tout sous le signe du pacifisme, voire, dans certains cas, de l'antimilitarisme, et qu'elle faisait parfois explicitement référence à la vision d'Alain sur la guerre, vision indissociable de son expérience du premier conflit mondial.

Ce serait toutefois un grave contresens que d'imaginer ce dernier professant depuis sa chaire la résistance aux « pouvoirs » ou la haine de la guerre. Alain était avant tout un professeur de philosophie et si sa classe a été un lieu de rencontres, c'est moins entre des jeunes gens et un tribun qu'entre de jeunes khâgneux en plein apprentissage spirituel et un « éveilleur ». De ce fait, les canaux de l'influence ont été à la fois simples et complexes. Jamais l'enseignement du maître n'a délivré de message politique, mais il a suscité une admiration intellectuelle et, dans certains cas, une ferveur — certains de ses élèves, nous l'avons dit, l'avaient surnommé « l'Homme » — qui, la curiosité aidant, ainsi que tout ce que la mémoire collective du lycée leur rapportait sur leur professeur, les ont aiguillés vers l'œuvre écrite d'Alain. Les ouvrages d'Alain ont alors pu avoir une influence, et surtout *Mars ou la guerre jugée,* dont ses élèves furent assurément — les témoignages concordent — des lecteurs, mince filet parmi la poignée d'acheteurs de l'ouvrage[11]. Ce qui peut expliquer, sans que cela soit contradictoire avec les lignes qui précèdent, que Simone Pétrement ait pu écrire : « Il y avait quelque chose que les disciples d'Alain nommaient " la doctrine "[12]. »

Mais le mécanisme essentiel de l'influence chartiériste était ailleurs. C'était moins, en fait, avec des livres que l'admiration du maître les mettait en contact, qu'avec un microcosme tout entier imprégné de la pensée d'Alain, microcosme qui avait sa revue, les *Libres Propos,* ses terrains d'action, le Groupe d'éducation sociale ou la Ligue des droits de l'homme par exemple, et ses compagnons de combat pacifiste, un René Gérin, un Georges Demartial ou

10. Cf. la thèse de Marie-Thérèse Sur, qui constitue sur le sujet l'étude à ce jour la plus récente et la plus complète (*Alain et la théorie démocratique,* Université de Caen, 1976, dact.).

11. Singulière influence d'un ouvrage qui toucha par ondes concentriques une partie du milieu intellectuel français de l'entre-deux-guerres, alors que, publié en 1921 avec un tirage initial de 3 300 exemplaires, il s'était seulement vendu à 1 769 exemplaires à la fin de l'année 1926, et qu'il faudra attendre 1936 pour qu'il connaisse une première réimpression, avec un nouveau tirage de 2 200 exemplaires (source : Éditions Gallimard)! Nous verrons que pour les *Libres Propos* également, l'influence intellectuelle ne se mesure pas seulement à l'aune d'un tirage.

12. Simone Pétrement, *La Vie de Simone Weil,* tome I, *1909-1934,* Fayard, 1973, p. 71.

un Félicien Challaye. Étudier tour à tour les éléments constitutifs de ce microcosme permettra de mieux cerner l'univers des élèves d'Alain.

Au fond, le contact avec Alain fut assurément décisif mais beaucoup de ceux qui devinrent ses disciples n'ont jamais eu, hors de la classe, de conversation privée avec le maître. Simplement, leur admiration pour ce dernier en fit des lecteurs des *Libres Propos* et les introduisit dans le monde des disciples, qu'orchestrait Michel Alexandre.

Les « Libres Propos ».

Les *Libres Propos,* qui vont devenir à la fin des années 1920 le foyer principal du petit groupe des chartiéristes et l'épicentre de leur action, à la fois lieu de rassemblement et caisse de résonance de leurs campagnes et pétitions, ont connu un début de décennie difficile. Le projet était né au début de 1921, à l'initiative de Michel Alexandre. Le 15 février 1921, en effet, Alain peut écrire à Élie Halévy : « Michel Alexandre, étant devenu plus riche, s'est mis dans la tête de faire paraître des Propos quotidiens d'Alain. Je crois qu'il y réussira. Et il faudra donc dire des choses sur ce temps-ci qui ne soient ni sottes ni folles ; on ne peut refuser de le tenter[13]. » L'amitié entre Alain et Michel Alexandre remonte, on le verra, à 1908. En 1921, la mort de son père met à la disposition du second une somme d'argent, qu'il décide de consacrer à la publication de *Propos* d'Alain. « Je me trouvais soudain, au début de 1921, écrira-t-il un tiers de siècle plus tard, dans *La Nouvelle Revue française* de septembre 1952, par le hasard d'un deuil familial, en mesure d'amorcer en toute indépendance la publication de quelques feuillets périodiques. »

Alain, qui avait livré quotidiennement avant la guerre, pendant près de neuf ans, à *La Dépêche de Rouen* ses « Propos d'un Normand », accepta. Dès lors, les *Libres Propos* vont commencer une carrière de douze années, en deux périodes qui s'échelonnent de 1921 à 1935. Mille huit cents Propos seront ainsi publiés, avec plus d'une moitié d'inédits. Jeanne et Michel Alexandre enseignant alors à Nîmes, c'est à une imprimerie coopérative de la ville, La Laborieuse, que seront confiés les travaux d'impression. Et le premier numéro paraît le 9 avril 1921. Il comprend vingt pages dont quatorze de Propos. Ce que les Alexandre appelaient la « couverture », en d'autres termes les quelques pages qui entouraient les textes d'Alain, est donc réduit à cette date à la portion congrue. Il en ira différemment après mars 1927, quand sera lancée la nouvelle série des *Libres Propos :* la « couverture » prendra, en surface, largement le pas sur les pages d'Alain et deviendra un vecteur des idées du groupe des chartiéristes militants.

Ces fascicules sont tout d'abord, en 1921, hebdomadaires, puis bimensuels à

---

13. Extrait de lettre publié dans *En souvenir de Michel Alexandre,* p. 502, note 1. Les pages 500 à 505 de cet ouvrage contiennent des renseignements précieux sur l'histoire de la naissance des *Libres Propos ;* elles reproduisent en effet la note rédigée par Michel Alexandre sur les *Libres Propos* dans l'« Hommage à Alain » de *La Nouvelle Revue française,* septembre 1952, pp. 168-174 (« Note concernant les *Libres Propos* »). Jeanne Alexandre est revenue quinze ans plus tard sur ce sujet dans un numéro spécial du *Bulletin* de l'Association des Amis d'Alain consacré à « Une esquisse d'une histoire des Libres Propos (Journal d'Alain) » (*Bulletin,* n° 25, décembre 1967, 144 p.). Cette « esquisse », composée essentiellement d'extraits des *Libres Propos,* évoque assez longuement la genèse de la revue et la correspondance sur ce sujet entre Alain et le couple Alexandre. Sur la genèse des *Propos* eux-mêmes, depuis le premier des *Propos du Dimanche* publié dans la *Dépêche de Rouen* le 9 juillet 1903 et surtout le début des *Propos d'un Normand* dans le même journal le 16 février 1906, cf. notamment « Éléments pour une biographie et une bibliographie d'Alain » établis par Maurice Savin en introduction de l'édition des *Propos* (Gallimard, 1956, pp. XXI-XLI).

partir de 1922. Mais dès l'automne 1921, une autre transformation importante était intervenue : en octobre, ce sont les Éditions de la NRF qui prennent en charge la publication des *Libres Propos*. Dès cette époque, la « couverture » s'accroît et les différentes rubriques s'étoffent. Mais les difficultés, liées à un trop faible tirage, contraindront la revue, au mois de mai 1924, à passer à une périodicité mensuelle. Dans son « Esquisse d'une histoire des Libres Propos » publiée en 1967, Jeanne Alexandre ne fournit aucun renseignement sur le nombre des abonnés et écrit seulement : « Il ne subsiste, à ma connaissance, aucun document sur le côté financier de l'entreprise : les archives... ont disparu pendant la guerre, ainsi que la liste des abonnés. » Quinze ans plus tôt dans *La Nouvelle Revue française*, Michel Alexandre notait de son côté, dans le paragraphe consacré à la période 1921-1924 : « ... les abonnements vinrent en nombre croissant, passant de quelque cinquante, au début, à près de mille deux cents au moment le plus favorable, et oscillant jusqu'au bout autour de mille. »

Une autre source indique que le tirage moyen initial fixé par les Éditions de la NRF en 1921 était de cinq cents exemplaires[14]. Est-ce ce faible tirage, vraisemblablement déficitaire, et surtout l'insuffisance de sa progression au cours des années suivantes qui entraînèrent de la part de la NRF une volonté de suspendre la publication ? Trente ans plus tard, dans *La Nouvelle Revue française*, Michel Alexandre propose une autre raison : « En octobre 1924, pour des raisons diverses, de santé d'abord, mais aussi de travail (préparation des *Écrits de Jules Lagneau*, etc.) et, pour une part de pseudo-victoire politique, la publication des *Cahiers* fut provisoirement suspendue. » Quelle qu'en soit la raison véritable, toujours est-il qu'en octobre 1924 intervient l'interruption des *Libres Propos*.

Cette interruption se poursuivit pendant près de trois ans. Ce n'est que le 20 mars 1927, en effet, que le premier numéro de la nouvelle série est publié. Entre-temps, des Propos d'Alain avaient été publiés, entre autres, dans la revue de Charles Gide, *L'Émancipation*. Dans la série mensuelle inaugurée en 1927, la « couverture » va prendre de plus en plus d'importance. Michel et Jeanne Alexandre, qui enseignent désormais à Paris, vont ouvrir les pages de la revue aux élèves d'Alain, à l'époque khâgneux, normaliens ou jeunes professeurs, et les *Libres Propos* deviendront alors un organe de combat qui épousera toutes les grandes querelles des fidèles du professeur d'Henri-IV. Entendons ici par fidèles le noyau des rédacteurs. La mouvance des lecteurs était apparemment bien plus large et, de ce fait, plus hétérogène. Elle n'épousa pas forcément toutes ces querelles.

Un couple de disciples.

Alain demeura volontairement en marge de ce foyer alinien que devinrent rapidement les *Libres Propos*. Et c'est un couple ami qui joua en quelque sorte ce rôle fédérateur auquel il se refusa toujours : Jeanne et Michel Alexandre. La

---

14. Source : Éditions Gallimard. Ce chiffre nous semble davantage proche de la réalité que les souvenirs de Michel Alexandre en 1952, qui portent plutôt, apparemment, sur la seconde phase des *Libres Propos*. Les lettres envoyées par ce dernier à Jean Laubier dans l'entre-deux-guerres fournissent, en effet, des indications précieuses (« Lettres de Michel Alexandre à Jean Laubier », *Bulletin* n° 35 de l'Association des Amis d'Alain, novembre 1972, pp. 48-91) : en août 1921, il y a « cent cinquante à deux cents abonnés » (lettre du 14 août 1921, *op. cit.*, p. 51) et le « niveau ultime de 1924 » est de « 450 payants » (lettre du 30 juin 1927, *op. cit.*, p. 62). Ce n'est qu'après la reprise de mars 1927 qu'on « approche 750 » en décembre de la même année et qu'on dépasse « 1 100 abonnés » en janvier 1929 (*Ibid.*, p. 64 et 66).

première, née Halbwachs, était professeur de philosophie. Avant même d'épouser Michel Alexandre, elle connaissait Alain, dont elle avait été l'élève au collège Sévigné en 1909-1910 et dont elle devint pendant le premier conflit mondial, alors qu'il était au front, l'une des fidèles correspondantes. Militante au sein du mouvement féministe français, elle avait à la même époque préconisé la participation de ce mouvement au congrès international des Femmes à La Haye, prenant ainsi, très isolée, position contre l'Union sacrée.

Ce congrès, organisé en avril 1915 par l'américaine Jane Adams et des féministes hollandaises, n'avait guère suscité d'enthousiasme chez leurs homologues françaises. Seule une minorité envoya un manifeste d'encouragement au congrès et fonda ensuite une section française du Comité international pour la paix permanente, à laquelle s'inscrivirent notamment Madeleine Romain Rolland et Séverine. Alain encouragea cette création et leur envoya une abondante correspondance. Ce sont, du reste, des lettres d'Alain qui avaient « ouvert les yeux » à cette minorité surnommée « les Femmes de la rue Fondary[15] ». C'est tout au moins ce qu'écrit Michel Alexandre à Marcel Martinet dans une lettre du 3 juin 1921.

Ces pacifistes publièrent en novembre de la même année *Un devoir urgent pour les femmes,* profession de foi qui provoqua des remous et attira l'attention de la Justice[16]. Parmi elles, Jeanne Alexandre semble avoir joué un rôle actif. Elle est présentée par un rapport de police comme l'une des deux fondatrices, avec Gabrielle Duchêne, de la section française du Comité pour la paix permanente, dont elle devint secrétaire générale. Le même rapport décrit ainsi son activité :

> « Mlle Halbwachs, qui vient d'épouser M. Alexandre, fait une propagande effrénée en faveur d'une paix immédiate. Elle est inscrite à toutes les organisations pacifistes, ainsi qu'à la 12e section du Parti socialiste ; elle écrit assez souvent dans le *Populaire du Centre,* sous la signature " Une camarade ", et fait partie du Comité de rédaction de la revue *Le Populaire,* à côté de Liebknecht, Kautsky, etc., et de l'anarchiste Marcelle Capy. Mlle Halbwachs (ou plutôt Mme Alexandre) est secrétaire générale du Comité international des femmes pour la paix permanente ; elle est également, avec son mari, secrétaire de la Société d'études documentaires et critiques de la guerre[17]. »

C'est, en effet, aux mêmes sources pacifistes que puise son mari Michel Alexandre. Celui qui allait devenir, dans les années 1930, le représentant d'Alain au Comité de vigilance des intellectuels antifascistes fut un adversaire déterminé du premier conflit mondial. Le même rapport de police le présente comme un « pacifiste des plus actifs », le « conseil du Comité international des femmes pour la paix » ainsi que « la cheville ouvrière de la Société d'études documentaires et critiques de la guerre ». Déjà, avant la guerre, il

---

15. Cf. *En souvenir de Michel Alexandre,* p. 497. Aux « Femmes de la rue Fondary » appartint également Madeleine Thévenet, la compagne puis l'épouse (à partir de 1932) d'Alfred Rosmer (cf. Ch. Gras, *Alfred Rosmer et le mouvement révolutionnaire international,* Maspero, 1971, p. 154).

16. Cf. Jeanne Alexandre, « Esquisse d'une histoire des Libres Propos », réf. cit., p. 12, et Marie-Thérèse Sur, *op. cit.* En cette même fin d'année 1915, Jeanne Alexandre prend, par exemple, la parole devant la 13e section parisienne de la SFIO et tient des propos en faveur de la paix (rapport de la préfecture de police daté du 19 décembre 1915 sur une réunion tenue la veille et repris dans Arch. Nat. F7 13371).

17. Rapport de police non daté (apparemment la fin de l'année 1916 ou le début de 1917) sur « la propagande pacifiste » (Arch. Nat. F7 13372). Ce rapport comprend un chapitre V de 38 pages, numérotées de 1 à 38, intitulé « le pacifisme chez les intellectuels » (pour la citation sur Jeanne Alexandre, cf. pp. 3-4).

avait mené campagne contre la loi des trois ans, mais s'était rallié, au début du conflit, au thème de la « guerre du Droit ».

Il ne demeura en de telles dispositions d'esprit que quelques mois et « dès l'été de 1915 [18] » milita en faveur de la paix. Ce qui le conduisit à assurer, avec son épouse, le secrétariat de la Société d'études documentaires et critiques sur la guerre, fondée lors d'une réunion aux Sociétés savantes le 23 janvier 1916. Le rapport de police déjà cité évoque longuement cette Société et cite, entre autres, parmi ses membres, outre le couple Alexandre, les noms de Mathias Morhardt, Charles Gide, Victor Basch, Charles Seignobos, Georges Demartial, Séverine, Merrheim, Marcelle Capy, Rosmer [19], Longuet, Pressemane. Cette « petite troupe des révoltés de l'arrière [20] » était par maints aspects, note un rapport de police, un « bizarre assemblage », et les divergences d'analyse y étaient courantes. Ainsi, à Georges Demartial qui insistait, on le verra, sur les responsabilités franco-russes, Victor « Bach » (*sic*) répond : « Je connais la pensée allemande pour l'avoir étudiée et professée pendant trente ans ; et je sais, moi, qu'un parti pangermaniste puissant, sous l'impulsion du kronprinz, voulait et préparait la guerre, et que ce parti a exploité sans vergogne la haine profonde de l'Autriche contre la Serbie... En résumé, l'Allemagne a subi la démence de son fol orgueil d'hégémonie comme le subirent Louis XIV et Napoléon Ier. »

Cette Société d'études documentaires et critiques sur la guerre ne fut pas le seul endroit où Michel Alexandre milita en faveur de la paix. Il mena également ce combat au sein de la Ligue des droits de l'homme, dont il présidait la section de Chaumont. Le 1er novembre 1916, par exemple, au Congrès de la Ligue, il présente au nom de cette section une motion proclamant que « la Ligue des droits de l'homme, fidèle aux principes pour la défense desquels elle s'est constituée le 4 juin 1898 [...] émet le vœu que les gouvernements alliés prennent dès maintenant l'initiative de soumettre à l'arbitrage le conflit qui a déterminé la guerre mondiale [21] ». Et la motion, contresignée par des membres de la Société d'études documentaires, tels Oscar Bloch, Merrheim, Séverine, Mathias Morhardt, et devenue la motion de la minorité, suscite pendant les deux jours du congrès des discussions passionnées, sur lesquelles le rapport de police tranche sans hésiter :

> « A côté de paroles sages, prononcées par des personnages considérables et pondérés, on y entend les déclarations de personnages tels que Merrheim, Mauranges, Alexandre, Oscar Bloch... Inutile de dire le peu de succès obtenu par de telles théories. »

C'est notamment Michel Alexandre qui défend les thèses de la minorité, en insistant notamment, dans ses interventions, sur les notions de droit et d'arbitrage : « Vous dites : l'arbitrage après le traité de paix ; d'abord il faut

18. *En souvenir de Michel Alexandre*, p. 497.

19. Alfred Rosmer évoquera, du reste, cette Société dans *Le mouvement ouvrier pendant la guerre* (tome 1, *de l'Union Sacrée à Zimmerwald*, Librairie du Travail, 1936, p. 419) : « Les fondateurs et les travailleurs les plus actifs de cette société, écrira-t-il, sont : Mathias Morhardt, Demartial, Dupin, Charles Gide, Jeanne Halbwachs, Michel Alexandre » *(loc. cit.)*. Le Dupin évoqué est le peintre Gustave Dupin (cf. *En souvenir de Michel Alexandre*, p. 452).

20. Pour reprendre l'expression qu'utilise Michel Alexandre dans un hommage à Charles Gide publié dans le numéro d'*Europe* de juin 1932 (« Charles Gide [1847-1932] », *Europe*, 1932, tome XXX, n° 118, pp. 281-288, expression employée p. 284).

21. Cf. *En souvenir de Michel Alexandre*, p. 441.

les avoir écrasés. Mais je vous en supplie, si nous pouvons arrêter ici la saignée stupide, essayons-le ![22] »

A l'aube des années 1920, Michel Alexandre se situe donc, dans son combat pacifiste, à la croisée d'une influence et d'une expérience. L'influence est celle d'Alain. La rencontre entre les deux hommes est connue. Le plus jeune l'a relatée dans l'« Hommage à Alain » publié par *La Nouvelle Revue française* en septembre 1952. Elle se produisit en juillet 1908 et fut une « stupeur de jeunesse ». Dès lors, écrit-il, « depuis quarante-quatre ans cette rencontre se poursuit. Devant moi ou me parlant, mais toujours m'ouvrant chemin... Toute assurance ici-bas, toute audace et toute modestie, mais d'abord tout refus, je les ai pris de lui ». Et l'influence du maître s'exerça notamment durant le premier conflit mondial. Les lettres envoyées par Alain depuis le front furent, à cet égard, décisives.

Ce premier conflit mondial, Michel Alexandre n'y avait cependant pas été directement impliqué. Né à Dieppe le 27 mars 1888, il avait été en effet atteint de coxalgie à l'âge de quatre ans et avait été, par phases, immobilisé jusqu'à seize ans. Agrégé de philosophie en 1912, dans une promotion dont le major, le normalien Jean Vigier, tombera au combat en 1916, il ne sera pas, pour sa part, mobilisé en 1914, étant réformé, et il enseignera durant le conflit à Chaumont (1913-1916), au Puy (1916-1917) puis à Lons-le-Saunier[23].

La guerre a pourtant été, pour lui, une expérience décisive. Elle fut, on l'a vu, l'occasion d'un combat pacifiste mené pendant plusieurs années au plus profond de la tourmente. Et cette expérience fut partagée par la plupart des disciples d'Alain d'avant 1914. Militants pacifistes de l'arrière ou mobilisés combattants en première ligne, le conflit survint pour eux à l'âge des premiers engagements politiques. Pour leurs aînés de dix ans, l'éveil à la vie de la cité avait eu lieu, souvent, lors de l'affaire Dreyfus et leur apprentissage s'était fait quand, à la charnière des deux siècles, ils avaient participé, jeunes professeurs dans leur premier poste de province, à l'entreprise des Universités populaires. Socialistes ou radicaux, ils avaient gardé de cette jeunesse militante un réflexe de défense républicaine qui les immunisa la plupart du temps contre les déviations politiques et notamment, sur le tard, contre les tentations vichystes. Pour la génération de Michel Alexandre, au contraire, parvenue à l'âge d'homme fait à la veille de 1914, le réflexe essentiel, moteur de leur action politique, demeurera, leur vie durant, la lutte pour la paix. L'une des clés de la dérive collaboratrice, voire collaborationniste, de certains chartiéristes durant le second conflit mondial réside sans doute dans cette inversion des priorités, qui plaçait le combat pacifiste au cœur de leur engagement. D'autant que ce combat de l'arrière mené pendant la Première Guerre mondiale par des chartiéristes comme Michel Alexandre devait fournir à bien des élèves d'Alain, et au maître lui-même, un quart de siècle plus tard, une référence historique pour exiger, en 1939, la « paix immédiate ». Certains, du

22. Les principaux passages des interventions de Michel Alexandre, extraits du *Compte rendu sténographique du congrès de la Ligue des droits de l'homme*, 1er et 2 novembre 1916 (Coll. « Bibliothèque de guerre de la Ligue des droits de l'homme », pp. 166 sqq.), sont reproduits dans *En souvenir de Michel Alexandre*, pp. 441-450. Le rapport de police précise que le projet de résolution présenté par Michel Alexandre avait été « rédigé en commun avec Merrheim et Morhardt ».

23. Sur Michel Alexandre, outre les éléments développés dans ce chapitre, on pourra consulter l'excellente notice rédigée par Nicole Racine pour le tome XVII du *Dictionnaire biographique du mouvement ouvrier français*, *op. cit.*, pp. 73-76, fondée, pour une large part, sur les mêmes sources que nous. Michel Alexandre est mort à Paris le 14 décembre 1952 et Jeanne Alexandre, vingt-huit ans plus tard, le 14 novembre 1980.

reste, après 1940, pousseront encore plus loin le raisonnement : la guerre est finie mais le combat pacifiste demeure; il faut, en effet, veiller à ce que la France, dans un camp ou dans l'autre, reste désormais à l'écart du conflit.

Michel Alexandre, persécuté par les lois antisémites de la Révolution nationale et contraint à la clandestinité, ne connut naturellement pas une telle évolution. Mais le poids du premier conflit mondial fut déterminant dans son action tout au long de l'entre-deux-guerres. A Nîmes, il publia les *Libres Propos,* puis, devenu parisien, il fut l'animateur du petit groupe de khâgneux et de normaliens qui gravitaient autour de la revue. Ainsi, des liens se tissèrent par exemple, dès l'année scolaire 1927-1928, entre le couple Alexandre et Simone Weil, khâgneuse à Henri-IV et normalienne dans la promotion de 1928[24]. Et dans les années 1930, Michel Alexandre appartint tout logiquement à cette branche du Comité de vigilance des intellectuels antifascistes composée de ceux que Nicole Racine a appelés les « pacifistes extrêmes[25] », et que leurs adversaires, notamment communistes, nommaient à l'époque les « pacifistes intégraux ».

Des terrains d'action.

Si l'admiration portée à Alain, la lecture fervente des *Libres Propos* et l'amitié bienveillante du couple Alexandre sont autant d'éléments qui soudent la mouvance chartiériste, elles ne suffisent pas à définir une sociabilité particulière, qui existe pourtant. Cette sociabilité apparaît, en réalité, à travers des activités exercées sur des terrains d'action communs et en partie spécifiques, et aussi dans des combats menés de conserve.

Les jeunes disciples d'Alain des années 1920 ont créé à cette époque une sorte d'Université populaire, le Groupe d'éducation sociale. Ils font par ailleurs de l' « entrisme » à la Ligue des droits de l'homme et militent aussi à la Volonté de paix de Madeleine Vernet.

Le Groupe d'éducation sociale naît de la rencontre des élèves d'Alain et d'un cheminot, Lucien Cancouët. Rien, apparemment, ne prédisposait ce dernier à faire un jour la connaissance de normaliens. Né le 8 janvier 1894 à Malakoff, placé à cinq ans comme domestique de ferme en Normandie, à huit ans livreur de lait à Paris, il était pourtant parvenu à obtenir son certificat d'études. Devenu garçon boucher, il connaîtra ensuite le chômage, fréquentera les asiles de nuit et exercera toutes sortes de métiers : docker, valet de chambre, manœuvre et figurant au Châtelet[26].

C'est la Première Guerre mondiale et la mobilisation qui le mettent en contact avec Alain, en septembre 1914, et entre les deux hommes une amitié jamais démentie va se nouer. Le philosophe a évoqué dans ses *Souvenirs de guerre,* sous la majuscule C., ce camarade de combat, qualifié de « précieux ami ». De son côté, Lucien Cancouët a rendu hommage à deux reprises à Alain, après la disparition de ce dernier[27]. C'est qu'entre les deux hommes, ce qui

---

24. Simone Pétrement, *op. cit.*, p. 118. Durant cet entre-deux-guerres, Michel Alexandre enseigna à Nîmes (1919-1927) et à Paris, au lycée Victor-Duruy (1927-1931), puis en hypokhâgne à Henri-IV et en khâgne au lycée de jeunes filles de Versailles (1931-1939).

25. Nicole Racine-Furlaud, « Le Comité de vigilance des intellectuels antifascistes (1934-1939). Antifascisme et pacifisme », *Le Mouvement Social,* octobre-décembre 1977, n° 101, pp. 87-113.

26. Cf. *Bulletin* de l'Association des Amis d'Alain, n° 26, mai 1968, pp. 24-39.

27. Lucien Cancouët, « Alain, simple soldat », *Mercure de France,* n° 1060, 1er décembre 1951, pp. 597-600, et « Alain Guerrier », *La Nouvelle Revue française,* « Hommage à Alain », septembre 1952, pp. 175-181.

aurait pu n'être qu'une camaraderie de front vite dissipée par le retour à la vie civile dans deux milieux apparemment très dissemblables s'est trouvé raffermi après l'armistice par une estime mutuelle. Et auréolé de cette amitié avec le Maître, Lucien Cancouët va nouer des liens étroits avec ses disciples et la revue *Libres Propos*.

A partir de 1920, en effet, il travaille aux Chemins de fer de l'État, où il demeurera jusqu'à sa retraite en 1952. En outre, il déploie rapidement une importante activité syndicale à la fédération CGT des cheminots. Et quand reparaissent les *Libres Propos* en 1927, il commence avec la revue une fructueuse collaboration : ce seront les fameuses « Lettres du Syndiqué », à partir de septembre 1927, qui confirment les rapports étroits entretenus alors avec les chartiéristes. Et c'est précisément d'une telle proximité que va naître le Groupe d'éducation sociale.

Sur ce Groupe, né durant l'été 1927, les numéros des *Libres Propos* fournissent quelques renseignements. Dans celui du 20 janvier 1928, René Château, ancien khâgneux d'Henri-IV devenu quelques mois plus tôt normalien, inaugure une nouvelle rubrique intitulée « Bulletin des conférences populaires. » Les premières lignes sont significatives à plusieurs titres :

> « En cette époque où le prolétariat, qui doit, comme Comte l'a annoncé, faire le passage du culte patriotique au culte de l'humanité, conquiert son libre jugement, au-dessus des doctrines des partis et des patries, rien n'importe davantage que de faire renaître les Universités populaires, afin d'assurer et d'unir les efforts dispersés. Une première tentative a été faite cet automne à Paris, et se poursuit non sans succès, parmi les cheminots, par la création de conférences populaires, dans lesquelles on a fait la part de cours littéraires et scientifiques, destinés à la préparation d'examens techniques, et d'entretiens sur des questions économiques et sociales. »

La tonalité de ces lignes est révélatrice, tout d'abord, de la formation essentiellement philosophique du groupe fondateur : la référence à Auguste Comte et le « libre jugement » érigé en valeur suprême indiquent assez nettement l'origine intellectuelle de ces jeunes gens. De fait, presque tous sont des étudiants en philosophie. Mais ces « conférences populaires » se veulent aussi une tentative pour faire renaître les Universités populaires. Or, un tiers de siècle plus tôt — une génération, donc —, Alain entra en politique en participant à ces Universités. Au moment de l'affaire Dreyfus, une Université populaire fut créée à Lorient, dont Alain fut l'un des fondateurs. Nul doute que l'exemple de la jeunesse militante de « l'Homme » ait joué un rôle dans l'initiative des disciples !

Les lignes de René Château fournissent en outre des indications précises sur les circonstances de la naissance des « conférences populaires ». Ces conférences ont débuté à l'automne 1927 à Paris et s'adressent à des cheminots. Leur objet est théoriquement « la préparation d'examens techniques », fondée sur des cours, mais elles sont aussi l'occasion « d'entretiens sur des questions économiques et sociales ». La suite de l'article de René Château précise que les premières réunions s'étaient tenues en novembre et qu'elles portaient sur la guerre. Là encore, l'indication est précieuse et nous éclaire sur la sensibilité politique des élèves d'Alain. Dans le numéro suivant (20 février 1928), un autre de ces élèves, le normalien Jacques Ganuchaud, signale que c'est du machinisme qu'il fut ensuite question, en décembre. Les *Libres Propos* indiqueront dès lors, en effet, en de brefs articles, le programme et le contenu des conférences. Au début de l'année 1928, par exemple, sur le thème « de la propriété », sont tour à tour étudiés « le droit paysan » et « le droit ouvrier ».

Les souvenirs de Simone Pétrement et les témoignages de deux des protagonistes[28] permettent de préciser davantage les circonstances de cette éphémère renaissance d'une Université populaire. Apparemment, ce sont René Château et Jacques Ganuchaud qui, dans le noyau alinien, sont plus particulièrement à l'origine de l'entreprise, aux côtés de Lucien Cancouët. C'est une école municipale de la rue Falguière qui accueillit enseignés et enseignants. Parmi ces derniers, à Jacques Ganuchaud et René Château s'ajoutèrent le frère de ce dernier, Jean Château, Guillaume Guindey et le frère de Simone Weil, le normalien et agrégé de mathématiques André Weil. Étaient professés, en fin de journée ou le dimanche matin, le français, les mathématiques et l'électricité, avec, en outre, un « cours d'éducation sociale » le dimanche matin tous les quinze jours. A ce cours, auquel assistaient une trentaine d'auditeurs, étaient traitées des questions de sociologie et d'économie politique.

Ces conférences populaires durèrent quatre ans, jusqu'en 1930-1931. Au noyau fondateur s'étaient peu à peu substitués Simone Weil et Camille Marcoux, entrés l'un et l'autre à l'École normale supérieure en 1928 et qui enseignèrent rapidement, à eux deux, « presque tout » (Simone Pétrement). Si Jacques Ganuchaud, René Château et Guillaume Guindey semblent avoir exercé une forte influence sur leur auditoire — dont certains membres réussirent leurs examens et concours et montèrent ainsi dans la hiérarchie de Paris-État —, Simone Weil, d'après le souvenir de Lucien Cancouët recueilli par Simone Pétrement, éprouva, semble-t-il, davantage de difficultés en face des cheminots : « Simone avait moins de crédit. On l'aimait bien, comme une bonne camarade, mais elle étonnait les gens, et ses idées, qu'on jugeait trop hardies et paradoxales, n'étaient pas toujours reçues. »

La cohabitation rue Falguière entre les jeunes khâgneux et normaliens et Lucien Cancouët tissa des liens d'estime et d'amitié : dans la petite salle à manger des Cancouët, au 16 *bis* rue Mayet, dînèrent souvent Simone Weil, Jacques Ganuchaud, René Château et Camille Marcoux. Et du corps enseignant de cette Université populaire sortirent quatre agrégés de philosophie (René et Jean Château, Simone Weil, Jacques Ganuchaud), dont un futur professeur d'université (Jean Château), un agrégé des lettres, futur professeur de khâgne (Camille Marcoux), un agrégé de mathématiques, futur professeur à Princeton (André Weil), et un inspecteur des finances (Guillaume Guindey).

L'activité de ces jeunes gens ne s'est pas cantonnée au seul Groupe d'éducation sociale. La Ligue des droits de l'homme fut aussi un terrain d'action, et ils n'y passèrent pas inaperçus. Ainsi, René Château, dans les *Libres Propos* du 20 mars 1929, après avoir évoqué l'affaire Dreyfus, poursuivait :

> « J'allai donc à la Ligue des droits de l'homme. On y parlait de la paix. J'attendais naïvement qu'on invitât les citoyens à exiger du gouvernement des mesures radicales pour que le premier des droits de l'homme fût enfin respecté... Je vis une assemblée paisible, en train d'écouter avec déférence un homme d'âge

28. Simone Pétrement, *op. cit.*, pp. 117-118 et 137, Guillaume Guindey (entretien avec l'auteur, 12 juillet 1982) et Jean Château, frère de René Château et à l'époque khâgneux à Henri-IV (correspondance avec l'auteur, 13 octobre 1980).

qui parlait avec autorité. L'orateur exposa que la Russie, l'Allemagne et l'Italie possédaient encore des armées bien redoutables, et qu'on pouvait tout craindre de leur mauvaise volonté; puis il affirma qu'il était prudent de continuer à prendre bien des précautions en prévision d'une guerre toujours possible; enfin il conclut en déplorant qu'il existât encore tant de forces mauvaises, et en exhortant l'assistance à attendre la vraie paix de l'avenir. J'espérais m'être trompé de porte, et je demandai à mon voisin quelle assemblée officielle c'était là. " Vous êtes, me dit-il, à la Ligue des droits de l'homme, et vous venez d'entendre un de ses plus hardis dirigeants, un de ces hommes qui eurent tant de courage, pendant l'Affaire, il y a trente ans. " »

Derrière la parabole se dissimule une tentative d'entrisme des chartiéristes au sein de la Ligue et d'infléchissement de la politique de cette organisation dans un sens davantage pacifiste. Déjà, une douzaine d'années plus tôt, Michel Alexandre, on l'a vu, s'était opposé à la majorité de la Ligue sur l'attitude à adopter face à la guerre qui s'éternisait. Ce sont les jeunes disciples d'Alain qui vont prendre le relais et la faille de 1916 va rejouer. Là encore, Simone Pétrement et le dépouillement des *Libres Propos* fournissent des éléments complémentaires.

Au début de l'année 1929, le groupe chartiériste décida de s'inscrire à la Ligue et d'investir plus précisément une des sections parisiennes, afin d'y faire adopter une motion pacifiste, susceptible d'être discutée ensuite au congrès national qui devait se tenir à Rennes à partir du 31 mars. Leur choix se porta sur la XIVe section parisienne, alors présidée par le mathématicien Jacques Hadamard. Ce normalien de la promotion 1884, professeur au Collège de France, était considéré par les jeunes chartiéristes comme l'un des symboles des errements — à leurs yeux — de la Ligue quinze ans plus tôt, d'autant que ce dernier avait également appartenu, pendant la Première Guerre mondiale, à la Ligue civique.

Au sein de la XIVe section, ils défendirent donc une motion dont l'inspiration alinienne était manifeste[29]. C'est ainsi qu'y était proclamé que « la Ligue, seul organe de défense du droit de l'Individu contre tous les pouvoirs, ne doit jamais transiger sur ce droit » et qu'elle « se gardera de discréditer les moyens radicaux de pacification, tels que : objection de conscience, désarmement immédiat (projet Litvinov), grève générale contre la guerre, etc. — moyens beaucoup moins " illusoires " que les fragiles compromis (" Arrêt des armements " et autres formules opportunistes) qualifiés de positifs par la majorité du comité central ». En conséquence, la Ligue devra désormais revendiquer le « droit à la paix ».

Avant le congrès, et lors des débats préparatoires au sein des sections, Jacques Hadamard avait reçu l'appui du président de la Ligue, Victor Basch, venu en personne à la XIVe section combattre les trublions : « Quand les pouvoirs agissent justement et raisonnablement, déclara-t-il, on ne doit pas être contre eux. » Attaque directe, donc, contre la doctrine d'Alain. Mais ce renfort présidentiel n'avait pas suffi. Khâgneux, normaliens et cheminots s'étaient en effet inscrits en nombre à la section. Simone Weil y avait même fait inscrire ses parents[30]. La motion des ligueurs de fraîche date fut donc votée le 4 février.

29. Nous reproduisons le texte intégral de cette motion dans notre thèse, pp. 886-888.
30. Simone Pétrement, *op. cit.*, p. 133.

Et aux congrès de Rennes, deux mois plus tard, cette motion recueillit 513 voix, soit le tiers environ des mandats. La fédération de la Seine et une vingtaine d'autres fédérations l'avaient, en effet, adoptée entre-temps. Félicien Challaye, notamment, prononça un discours jugé « admirable » par les tenants de la motion de la XIVe section. Soutien somme toute logique : en cette fin de décennie, on le verra, le professeur du lycée Condorcet est devenu un compagnon de combat pacifiste des chartiéristes.

Pour limiter les transferts de voix, le comité central sortant avait posé la « question de confiance » en menaçant de démissionner. Bien plus, à la fin du congrès, Victor Basch avait dû s'engager à « mener désormais la lutte pour la paix avec un renouveau d'énergie et d'audace ». C'est du moins en ces termes victorieux que Michel Alexandre rendit compte du congrès aux lecteurs des *Libres Propos*[31].

Les jeunes disciples d'Alain militèrent aussi, et cette fois sans arrière-pensées, au petit mouvement pacifiste fondé « vers la fin de 1927[32] » par Madeleine Vernet, la Volonté de paix, Comité international d'action et de propagande pour la paix. Le siège de ce mouvement se trouvait à la « Maison des Quakers », 12, rue Guy-de-la-Brosse. Jacques Ganuchaud, notamment, rédigeait la plus grande partie du journal mensuel du groupement, *La Volonté de paix*[33], dont Simone Weil et ses camarades collaient les bandes et rédigeaient les adresses. Et plusieurs de ces normaliens ont fait également des conférences devant les membres du mouvement.

Certains d'entre eux participèrent aussi, à la même époque, au Service civil créé par le Suisse Pierre Cérésole pour remplacer — souhaitait ce dernier — le service militaire. Ainsi Jacques Ganuchaud et René Château se rendirent-ils au Liechtenstein au cours de l'été 1928, sur les chantiers de l'organisation[34]. A la même date, Simone Weil avait tenté de participer à l'entreprise mais elle y renonça, les « sœurs » n'étant admises qu'aux fourneaux. C'est aux travaux de terrassement qu'elle entendait, en effet, se consacrer. Ces travaux étaient au cœur de la théorie de Pierre Cérésole. Animé par le projet de substituer progressivement un service civil au service militaire, il avait ainsi convié, depuis 1923, les jeunes Européens à venir réparer les ruines laissées par des inondations ou des avalanches. L'idée ne pouvait donc que séduire et attirer les jeunes chartiéristes.

Des relais en province.

Si les Parisiens sont naturellement majoritaires parmi les khâgneux influencés par la pensée du professeur du lycée Henri-IV, certains provinciaux, avant même leur éventuel succès au concours de l'École normale supérieure, semblent avoir été en contact avec cette pensée, par l'intermédiaire d'enseignants disciples ou simplement admirateurs d'Alain.

---

31. Sur l'histoire de cette motion, cf. les *Libres Propos*, nouvelle série, 3e année, n° 4, 20 avril 1929, pp. 177 sqq.

32. Simone Pétrement, *op. cit.*, p. 116.

33. En décembre 1928, il y livre notamment ses « Réflexions sur la pétition des normaliens », qui seront reprises dans les *Libres Propos* du 20 février 1929 (nouvelle série, 3e année, n° 2, pp. 89-91). Le premier numéro de *La Volonté de paix* avait été publié neuf mois plus tôt, en mars 1928.

34. Cf. Jacques Ganuchaud, « Pratique du Service civil. Lettres du Liechtenstein », *Libres Propos*, nouvelle série, 2e année, n° 10, 20 octobre 1928, pp. 468-470 ; René Château, « Pierre Cérésole, apôtre du " Service Civil ", lettres du Liechtenstein » (*Libres Propos*, nouvelle série, 2e année, n° 9, 20 septembre 1928, p. 429) et « Théorie du Service civil » (*Libres Propos*, nouvelle série, 2e année, n° 10, 20 octobre 1928, pp. 471-474).

Parmi les disciples, il faut citer Georges Bénézé. « Le Ben », comme le surnommeront ses hypokhâgneux d'Henri-IV[35], est né à Paris le 26 octobre 1888, et il fit ses études au lycée Michelet où il fut l'élève d'Alain, en classe de philosophie puis en khâgne de 1906 à 1909. Admis à l'École normale supérieure dans la promotion de 1910, il fut atteint par la tuberculose pendant son service militaire et dut lutter contre la maladie pendant dix ans, les médecins l'ayant du reste, dans un premier temps, déclaré perdu. Réformé, il n'est pas mobilisé durant le premier conflit mondial, et enseigne, comme délégué, au collège Rollin en 1915-1916. En 1920, après une grave rechute qui lui valut deux séjours à Berck, il peut se présenter à l'agrégation de philosophie, à laquelle il est reçu troisième. Nommé au lycée de Cahors, il y professe jusqu'en 1924, puis rejoint le lycée de Poitiers. Et c'est là que, durant trois années, son influence s'exerce sur les khâgneux poitevins : ainsi, Camille Marcoux, — qui entre rue d'Ulm en 1928 et s'y agrège aussitôt, on le verra, au groupe des chartiéristes —, élève de Bénézé, lui-même disciple d'Alain, « était en somme un petit-fils d'Alain[36] ».

Et Camille Marcoux n'est pas le seul exemple de cette influence par ricochet. Le philosophe Jean Hyppolite, directeur de l'École normale supérieure quelques décennies plus tard, a connu lui aussi la pensée d'Alain en khâgne à Poitiers, par l'intermédiaire de Georges Bénézé. Une fois normalien, il ira écouter les cours d'Alain à Henri-IV et, se souvient-il en 1968, « j'ai recopié à cette époque un cours sur Hegel, et c'est sûrement sous l'influence d'Alain que j'ai entrepris des études hégéliennes[37] ». Itinéraire confirmé par Georges Bénézé, qui écrit dans le même *Bulletin* de l'Association des Amis d'Alain : « Dès son arrivée à Paris, je l'avais aiguillé sur Alain, qui à Henri-IV tolérait dans son auditoire d'hypokhâgne la présence d'étrangers, en particulier de normaliens. »

L'influence alinienne continua à s'exercer à Poitiers après le départ de Georges Bénézé. C'est en effet un autre disciple d'Alain, Jean Laubier, qui y enseigne la philosophie en khâgne à la fin des années 1920. Né à Amiens le 25 mars 1901, fils d'un économe de lycée, khâgneux à Henri-IV de 1918 à 1921, il avait été reçu cinquième au concours de l'École en 1921 et premier à l'agrégation de philosophie en 1925. Après une année au lycée de Saint-Omer (1926-1927), il reste trois ans à Poitiers, avant d'être nommé à Amiens en 1930. Tout au long de l'entre-deux-guerres, il sera proche des *Libres Propos*, d'Alain et du couple Alexandre. Et de 1927 à 1930, on note donc encore une « forte influence d'Alain » à Poitiers[38].

Entre-temps, en 1927, Georges Bénézé a été nommé à Paris, au lycée Victor-Duruy — qui devient donc pour quelques années un haut lieu du chartiérisme puisqu'à la même date Michel Alexandre est également nommé dans cet

35. L'un des anciens élèves de Georges Bénézé, André Sernin (pseudonyme de Jean Nersessian), lui a consacré une thèse de doctorat d'État publiée en 1982 sous le titre *Un philosophe méconnu, Georges Bénézé (1888-1978)* (Éd. France-Empire). La première partie (pp. 25-207) évoque plus particulièrement « L'homme et les œuvres », la deuxième partie étudiant « la philosophie de Bénézé » (pp. 209-379). Cf. également la notice nécrologique de l'*Annuaire* de 1979, pp. 51-53.

36. Simone Pétrement, *op. cit.*, p. 137.

37. Témoignage de Jean Hyppolite dans le *Bulletin* n° 27 de l'Association des Amis d'Alain, décembre 1968, p. 57. La remarque sur Hegel est fondamentale quand on connaît le rôle joué par Jean Hyppolite, qui soutient en janvier 1947 une thèse sur *Genèse et structure de la phénoménologie de l'esprit de Hegel*, dans le développement en France des études hégéliennes.

38. Témoignage de Thomas Narcejac, alors khâgneux poitevin et qui deviendra par la suite agrégé de philosophie puis auteur célèbre de romans policiers avec Pierre Boileau (correspondance avec l'auteur, juin 1980).

établissement — puis, en 1930, au lycée Racine. En 1936, il prend en charge une des hypokhâgnes d'Henri-IV[39], à laquelle s'ajouteront la même classe au lycée de jeunes filles de Versailles et, en 1942-1943, l'hypokhâgne de Louis-le-Grand. En 1943, il est nommé en khâgne dans ce même lycée. Mais, dès l'année suivante, c'est la retraite, « qu'il dut prendre à cinquante-huit ans », note l'*Annuaire* de l'École normale supérieure. Le point est à éclaircir, car Georges Bénézé appartient à cette première strate des élèves d'Alain — que le maître eut avant 1914 et dont peu, on l'a dit, survécurent à l'épreuve de la guerre de 1914-1918 — dont les survivants connurent, comme la deuxième strate des années 1920 que nous étudierons plus en détail, des itinéraires très contrastés pendant le second conflit mondial.

Dans les archives de Louis-le-Grand figurent les attendus d'une sanction administrative proposée par le conseil supérieur d'enquête de l'Éducation nationale à l'encontre du professeur :

> « — Reconnaît avoir adhéré au groupe Collaboration, pris la parole une fois à Radio-Paris, en faveur de la Relève, et écrit dans *L'Œuvre* trois articles en 1944.
> — Attendu qu'il n'est coupable d'aucun acte de délation, que, par ses traditions intellectuelles (disciple d'Alain, membre du groupe les Libres Propos), il était tenu depuis longtemps pour un pacifiste intégral et sincère, que, dans le mémoire remis à la Commission, il semble s'être cantonné dans une idéologie économique qui a fait de lui un partisan convaincu de la collaboration franco-allemande.
> — Mais attendu que son absence de réaction réelle contre les fusillades de Châteaubriant et les massacres d'Oradour, les expulsions d'Alsace-Lorraine et la colonisation allemande dans le Nord, démontre que M. Bénézé, pendant ces quatre ans, a perdu tout contact avec la France qui résistait et voulait se libérer, que même en 1944, il n'a pas craint de fournir son nom et sa plume à un homme comme Déat, collaborant ainsi à une œuvre de propagande antifrançaise,
> — Propose à l'unanimité :
> La révocation avec pension et interdiction d'enseigner dans un établissement de l'État[40]. »

Et, de fait, Georges Bénézé fut « admis sur sa demande et pour cause d'invalidité à faire valoir ses droits à une pension de retraite ».

Gustave Monod, qui enseigne à la fin des années 1920 dans la khâgne marseillaise, représente-t-il un exemple similaire de relais provincial de la pensée d'Alain ? La réponse est plus complexe, le professeur du lycée Thiers n'ayant jamais appartenu au cercle des disciples inconditionnels mais plutôt à celui des lecteurs des *Libres Propos* liés à Alain par une admiration intellectuelle. C'est lui, semble-t-il, qui fit connaître au ministre de l'Éducation nationale Anatole de Monzie les *Propos sur l'Éducation*, qui furent diffusés par ce dernier dans les écoles normales d'instituteurs[41], et il fut sans doute, on l'a

---

39. En 1939-1940, cette hypokhâgne est repliée à Royan (l'autre hypokhâgne d'Henri-IV étant, elle, repliée à Rennes). C'est dans cette ville que le khâgneux Jean Nersessian fait la connaissance de Georges Bénézé, qui le marquera profondément et dont il fera le portrait, à travers le personnage du professeur Desfossés, dans *L'Apprenti philosophe. Roman d'un khâgneux* (Nouvelles éditions latines, 1954, rééd. France-Empire, 1981, pp. 144-161, sous le pseudonyme d'André Sernin).

40. Arch. Louis-le-Grand. André Sernin, sans en citer la source (une ampliation retrouvée dans les archives de Georges Bénézé ?), reproduit dans sa thèse (*op. cit.*, p. 126) le jugement — identique — prononcé le 7 février 1945 par la Commission de coordination et de jurisprudence.

41. Cf., par exemple, le témoignage de Jeanne Alexandre, *Bulletin* n° 28 de l'Association des Amis d'Alain, juin 1969, p. 76. La carrière de Gustave Monod, après l'agrégation de philosophie passée en 1912, avait commencé par « L'École des Roches », pendant deux ans (cf. *Un pionnier en éducation : Gustave Monod. Les classes nouvelles de la Libération*, C.E.M.E.A., 1981, p. 9). Nommé à Lorient en juillet 1914, et « non installé », il avait repris sa carrière universitaire à Toulon en janvier 1919, puis

vu, en tant que directeur de cabinet, à l'origine de la venue du ministre à la « dernière classe » d'Alain en 1933.

Il avait fait la connaissance de ce dernier une vingtaine d'années plus tôt. Agrégé de philosophie en 1912, dans la même promotion que Michel Alexandre, dont il était l'ami, c'est par lui, en effet, qu'il rencontra Alain dès avant 1914. A cette date, il est engagé volontaire comme soldat de deuxième classe dans un régiment de zouaves. Infirmier, il suit les attaques en première ligne et s'expose avec le plus grand courage : grièvement blessé, amputé d'une jambe, il termine la guerre avec cinq citations, la médaille militaire, la croix de guerre et la Légion d'honneur à titre militaire. Après la guerre, il militera, on l'a vu, en faveur de la SDN, à « l'École de la Paix » et au sein du « Groupement universitaire pour la SDN », et, dans les années 1930, sa qualité de directeur de cabinet d'Anatole de Monzie lui permettra d'agir dans le sens du rapprochement franco-allemand. Toutefois, malgré son admiration pour Alain et ses rapports avec des chartiéristes comme Michel Alexandre — il avait été d'ailleurs un des premiers abonnés des *Libres Propos,* — son action pacifiste s'exerce sur un autre registre et par d'autres canaux que ceux des disciples d'Alain. Et le compter parmi ces derniers serait incontestablement une erreur de perspective.

Constatation qui ne dispense pourtant pas de s'interroger sur un éventuel rôle d'aiguilleur de Gustave Monod. Ainsi le normalien Maurice Gaït (1909-1983), entré rue d'Ulm en 1929, était-il un ancien élève de la khâgne de Marseille. Or ce jeune étudiant, bientôt agrégé de philosophie, fut, avant la guerre, un collaborateur d'Anatole de Monzie[42]. Il y a donc possibilité, en ce qui concerne cette rencontre, d'un rôle d'intercesseur de son ancien professeur de khâgne de Marseille, proche de l'homme politique. Mais le parallèle entre Gustave Monod et Maurice Gaït s'arrête là. Et à nouveau nous retrouvons, à partir d'une matrice apparemment commune, des itinéraires divergents.

En 1941, en effet, refusant de servir plus longtemps Vichy, Gustave Monod avait cessé ses fonctions d'inspecteur de l'Académie de Paris. Déjà, le 5 novembre 1940, dans un rapport au recteur sur une réunion des proviseurs et directrices des lycées parisiens qu'il avait animée la veille à la Sorbonne pour définir « les mesures à prendre pour éviter tout incident d'ordre politique » à l'approche du 11 novembre, il avait signalé « l'émotion » que nombre de ces proviseurs éprouvaient face au statut des Juifs et à son application en milieu universitaire. Il concluait ce rapport en ces termes :

> « Ce qui est aujourd'hui mis en question, c'est le libéralisme universitaire, c'est toute une conception de l'honneur intellectuel qui a été puisée par nous tous au plus profond des traditions françaises humaniste et chrétienne, et qu'il paraît impossible à un universitaire de renier.
> Je dois à la vérité de dire, monsieur le Recteur, que je n'ai pas été un bon avocat de la cause administrative, et que bien loin de pouvoir la défendre, j'ai été obligé

à Avignon (février 1919-juin 1919), Reims (1919-1921) et Tours (1921-1923). Professeur à Marseille, au lycée Saint-Charles puis en khâgne au lycée Thiers (1923-1932), il est nommé au lycée Michelet en 1932 puis devient durant l'été 1933 directeur de cabinet du ministre de l'Éducation nationale Anatole de Monzie. En octobre 1934, il enseignera en classe préparatoire à Condorcet et Louis-le-Grand et l'année suivante à Louis-le-Grand et Versailles, avant de devenir, le 1er octobre 1936, inspecteur de l'académie de Paris (carrière reconstituée grâce aux archives du lycée Condorcet et *Un pionnier...,* pp. 9-10).

42. D'après Henry Coston, *Dictionnaire de la politique française, op. cit.*, p. 479. Maurice Gaït, il est vrai, eut pour premier poste le lycée de Cahors, dans un département dont Anatole de Monzie était l'élu.

de m'associer sinon en paroles, du moins dans le secret de ma pensée, à toutes les réserves formulées. Mon loyalisme de fonctionnaire m'oblige à vous apporter ce témoignage que je vous serais reconnaissant de transmettre à M. le ministre[43]. »

Gustave Monod cessa ses fonctions le 30 mars suivant. Et ce n'est qu'après la Libération qu'il occupa à nouveau un poste administratif, en devenant directeur de l'enseignement du second degré[44].

De son côté, en avril 1942, Maurice Gaït, proche avant la guerre de Gaston Bergery et des Amis de la Flèche, quitte le lycée d'Aix-en-Provence pour devenir chef puis directeur adjoint du cabinet d'Abel Bonnard. En 1944, il deviendra commissaire général à la Jeunesse. Inculpé « d'aide à l'Allemagne », il bénéficiera d'un non-lieu le 18 novembre 1947 pour « faits de Résistance ». Il sera après la guerre rédacteur en chef puis directeur de *Rivarol.*

Admirations et combats communs : Demartial, Challaye, Gérin.

Au congrès de Rennes de la Ligue des droits de l'homme, au printemps 1929, Félicien Challaye, on l'a vu, prononça un discours jugé « admirable » par les chartiéristes. En effet, ces derniers, à cette date, sont également unis par de communes admirations pour des hommes qui n'appartiennent pas directement à la mouvance alinienne mais sont autant de compagnons de combat pacifiste. Bien plus, les élèves d'Alain eurent à plusieurs reprises à se mobiliser en leur faveur, et ces combats communs cimentèrent encore davantage leur petit groupe, comme le démontrent, par exemple, les péripéties de l'« affaire Demartial ».

La seule source imprimée de quelque ampleur dont on puisse disposer pour reconstituer la carrière de Georges Demartial est une brochure de Félicien Challaye, écrite en 1950[45]. Mais c'est surtout son dossier, conservé aux Archives des colonies et étudié par Guy Thuillier[46], qui permet une telle reconstitution.

Né à Boulogne-sur-Seine en 1861, fils d'un négociant en bois et charbons, Georges Demartial, après des études secondaires au lycée de Versailles puis au collège Stanislas, passe sa licence en droit en 1882 et, la même année, est reçu au concours du sous-secrétariat d'État aux Colonies. Chef de bureau vingt ans plus tard, en 1902, il occupera ensuite, de 1904 à sa retraite en 1918, le poste de commissaire du gouvernement près la Banque de l'Indochine. A la retraite, il conservera, du reste, quelques activités : de 1918 à 1926 il exerce, en effet, les

43. Rapport adressé le 5 novembre 1940 par Gustave Monod, inspecteur de l'Académie de Paris, au recteur de Paris sur la réunion des proviseurs et directrices des lycées parisiens tenue à la Sorbonne le 4 novembre 1940 (Archives du Comité d'histoire de la deuxième guerre mondiale, Institut d'Histoire du temps présent, carton « Éducation Nationale », 72 AJ 251).

44. Démis de son grade d'inspecteur général par Vichy et de sa fonction d'inspecteur de l'Académie de Paris, retiré dans l'Aude, il devint membre du réseau « Défense de la France » (cf. *Un pionnier...*, p. 10). Après la guerre, son nom reste attaché à l'expérience des « classes nouvelles » (*Ibid., passim*).

45. Félicien Challaye, *Georges Demartial. Sa vie. Son œuvre*. A. Lahure, 1950. Cette brochure comprend une bibliographie de G. Demartial par P. Berland (*op. cit.*, pp. 25-54), bibliographie précieuse mais un peu disparate puisqu'elle inclut également les ouvrages et articles qui ont cité G. Demartial.

46. Archives des colonies, EE II 1595; cf. Guy Thuillier, « Les deux carrières de Georges Demartial », dans *Bureaucratie et Bureaucrates en France au XIXe siècle*, Genève, Droz, 1980, pp. 134-153. A l'« affaire Demartial » elle-même, qui reste en marge de son étude, Guy Thuillier ne consacre que vingt-cinq lignes (pp. 151-152).

fonctions, peu astreignantes, de commissaire du gouvernement près la Compagnie française des chemins de fer de l'Indochine et du Yunnan. Dès avant cette retraite, à partir de sa nomination près la Banque de l'Indochine, il avait amorcé une activité conjointe de publiciste.

Dans cette carrière parallèle, la Première Guerre mondiale trace une césure. De 1905 à 1914, en effet, il publie de nombreux articles sur les fonctionnaires dans la *Revue générale d'administration*, la *Revue du droit public et de la science politique en France et à l'étranger*, la *Revue politique et parlementaire*, la *Grande Revue* et la *Revue bleue*. Après 1914, le savant exégète du statut des fonctionnaires laisse la place à un personnage beaucoup plus polémique et qui va défrayer la chronique dans les années 1920 : l'écrivain pacifiste. En janvier 1916, avec Michel Alexandre et, entre autres, l'économiste Charles Gide et le secrétaire général de la Ligue des droits de l'homme, Mathias Morhardt, il participe à la création de la Société d'études documentaires et critiques sur la guerre. Dès cette époque, il met en doute la version officielle française sur les causes du déclenchement du conflit. Par exemple, à la réunion du 17 avril 1916 de cette société, il entreprend de démontrer, note un rapport de police, que « la France est entrée en guerre, non parce qu'elle a été odieusement et traîtreusement attaquée par l'Allemagne, selon le message présidentiel du 4 août 1914, mais parce qu'elle était liée à la politique et aux intérêts de la Russie ». Ce passage, cité entre guillemets dans le rapport de police et dont on peut donc supposer qu'il restitue assez fidèlement les paroles de Georges Demartial, est précieux car on y trouve la matrice de la thèse qu'il développera tout au long des années 1920[47].

C'est en fait à partir de 1918 que, désormais à la retraite à Mézy près de Meulan, il se consacre à l'étude approfondie des causes de la guerre, dépouillant les documents diplomatiques publiés et allant jusqu'à apprendre l'anglais — il a près de soixante ans — pour mener à bien ce travail. Une brochure[48] et plusieurs articles font connaître ses thèses sur la responsabilité russe et son hostilité à l'article 231 du traité de Versailles. Puis, en 1922, c'est *La Guerre de 1914. Comment on mobilisa les consciences*, et surtout, en 1926, *L'Évangile du Quai d'Orsay*. Dans l'Avertissement de cet ouvrage, l'auteur écrivait :

> « Le gouvernement de 1914, par l'action combinée des mobilisations russes et françaises, a provoqué sciemment, délibérément l'attaque de l'Allemagne contre la France, entrepris ainsi la guerre sans l'assentiment du Parlement, et déposé sur le bureau des chambres un *Livre jaune* dont les fourberies n'ont d'autre but que de dissimuler cet attentat à nos institutions et à l'humanité.
> Quand le 31 août 1898 le colonel Henry, arrêté la veille pour avoir fabriqué une fausse pièce à la charge du capitaine Dreyfus, se coupa la gorge, l'opinion, jusque-là rebutée par les obscurités de l'affaire, fut retournée. Si Dreyfus est coupable, se dit-on, pourquoi son accusateur a-t-il fabriqué des faux ? La découverte des faux du *Livre jaune* conduit au même raisonnement. Si le gouvernement français est innocent de la guerre, pourquoi a-t-il falsifié le recueil de documents diplomatiques qui expose ses origines ? »

47. Rapport de police, déjà évoqué, sur « la propagande pacifiste » (Arch. Nat. F7 13372).
48. Cette brochure, qui n'apparaît pas dans les fichiers et répertoires de la Bibliothèque nationale, paraît en 1920 aux Éditions Clarté sous le titre *Les responsabilités de la guerre, le Patriotisme et la Vérité*. Elle reprend, en fait, une série d'articles de G. Demartial commencée, sous le même titre, par une note dans le n° 2 de *Clarté* (25 octobre 1919, pp. 3-4). Elle sera traduite en anglais, allemand et italien.

Les premières lignes résument, d'une part, parfaitement la thèse centrale de Georges Demartial, qui prend le contre-pied de la thèse officielle cautionnée à cette date par des travaux universitaires, ceux, notamment, de Pierre Renouvin. Et c'est contre cette thèse et ces travaux que le publiciste ferraillera tout au long de la décennie, et au-delà. Le ton employé reflète, d'autre part, fort bien la fougue et la véhémence de nombre des écrits de Georges Demartial. La référence à l'affaire Dreyfus, enfin, sera présente, on le verra, tout au long de l'affaire Demartial.

Cette affaire, pourtant, n'est pas née de la publication de *L'Évangile du Quai d'Orsay*. Lié aux pacifistes anglais et américains, Georges Demartial publie en effet, la même année, dans le numéro de mars 1926 d'une revue de New York, *Current History*, un article sur les causes du conflit mondial, et c'est cet article qui va mettre le feu aux poudres.

Le numéro d'*Europe* du 15 juin 1928, dans une rubrique intitulée « Documents et dossiers pour la liberté », a publié les pièces de cette « affaire[49] ». Au départ, donc, un article dans la livraison du 1er mars 1926 de *Current History*, repris, le même mois, dans le périodique allemand *Die Kriegsschuldfrage*. La revue française *Évolution* publia à son tour l'article, dans son numéro du 15 mars suivant. Ce dernier développait la thèse selon laquelle « c'est la Russie qui, mobilisant [contre l'Allemagne] sans l'ombre d'une raison avouable, mais en sachant que ce serait la guerre, est la principale coupable... La preuve que la mobilisation russe n'était ni inoffensive ni justifiée, c'est que les gouvernements de l'Entente, *quorum Poincaré pars magna fuit*, multiplièrent les mensonges et les faux dans le seul but d'en dissimuler à leurs peuples le véritable caractère, la date et les circonstances ». En conséquence, « la Justice ne sera vengée que lorsqu'une révision solennelle du traité de Versailles aura renversé l'échafaudage de mensonges et de faux par lesquels les puissances de l'Entente ont accusé l'Allemagne d'avoir déchaîné la guerre alors qu'elles en sont les vrais auteurs » et « la guerre dite du Droit a été la plus grande entreprise d'hypocrisie qu'on ait jamais vue ».

Le 26 octobre 1927, soit un an et demi après la parution de l'article, le grand chancelier de la Légion d'honneur, le général Dubail, écrit à Georges Demartial, lui rappelle la présentation de la couverture de la revue américaine et la formulation du titre de l'article[50] et interroge : « Veuillez me faire connaître d'urgence si c'est bien vous qui avez écrit cet article et, dans le cas où ce ne serait là qu'une traduction ou le compte rendu d'une conversation, si le texte publié a rendu fidèlement votre pensée. » Quelques jours plus tard, Georges Demartial répond qu'effectivement il est l'auteur de l'article, signale que le titre qu'il avait mis sur son manuscrit était « L'état de la question des responsabilités de la guerre en France, s'étonne que « l'ordre semble faire sienne la maxime : Right or wrong, my country » et se justifie en ces termes : « C'est donc au nom de la morale et de la paix... que je revendique le droit

49. *Europe* n° 66, 15 juin 1928, pp. 249-289. C'est Georges Demartial lui-même qui a réuni pour *Europe* le dossier de son procès. Ces pages seront également publiées en brochure : *Documents et dossiers pour la liberté. L'affaire Demartial*, Rieder, 1928.

50. Cet article de Georges Demartial, avait pour titre, en anglais, dans *Current History* (mars 1926, volume XXIII, numéro 6, pp. 787-792) : « La responsabilité de la France dans la guerre mondiale. Un Français jette le blâme sur la France, la Russie et l'Angleterre, par Georges Demartial ». Et cet article était annoncé en ces termes sur la couverture : « " Mensonges " du traité de Versailles. Par une célèbre autorité française. » (" Lies " in Versailles Treaty. By a Famous French Authority) ». Le titre d'*Évolution* était plus neutre : « L'état de la question des responsabilités de la guerre en France » (n° 3, 15 mars 1926, pp. 36-46).

d'éclairer mes compatriotes sur les véritables causes et circonstances de l'explosion de l'épouvantable guerre. »

Le 24 décembre 1927, le grand chancelier, considérant « que cet article a produit parmi les membres de l'Ordre une profonde émotion... [qu'il] revêt le caractère d'un véritable pamphlet... que la responsabilité [de M. Georges Demartial] est d'autant plus lourdement engagée qu'appartenant à un ordre dont la devise est Honneur et Patrie, il devait s'attacher d'une façon particulière à ne jamais mettre en péril les intérêts de la Patrie, qu'il ne pouvait blesser sans que son propre honneur ne se trouvât atteint », décide la constitution d'une commission d'enquête « à l'effet de faire connaître si en écrivant et publiant l'article ci-dessus visé Georges Demartial a commis une faute contre l'honneur ». Cette commission sera présidée par Maxime Petit, président de chambre à la Cour des Comptes, et comprendra, en outre, Abel Lefranc, professeur au Collège de France, et l'avocat Antony Aubin.

A deux reprises, Georges Demartial adressa une défense écrite aux membres de la commission d'enquête. Le 8 janvier 1928, il leur envoie une longue lettre dans laquelle il réfute un à un les considérants sur lesquels le grand chancelier s'appuyait, le 24 décembre précédent, pour justifier sa décision de constituer une commission. Il s'estime tout d'abord attaqué sur la seule forme de son article, alors qu'il souhaite un débat au fond. Car, ajoute-t-il, sa recherche étant solidement étayée par des documents connus, sa thèse est largement partagées par des chercheurs d'autres pays et la rédaction de l'article n'a, de ce fait, porté atteinte ni à son propre honneur ni aux intérêts de sa patrie. Par ailleurs, Georges Demartial s'irrite de ce que dans sa lettre du 24 décembre, le grand chancelier, après les considérants, ait ajouté : « Vu la lettre de l'Association des membres de la Légion d'honneur décorés au péril de leur vie[51], en date du 28 juillet 1927. » Il y voit l'aveu d'un complot ourdi contre lui. Ayant demandé à la Chancellerie de pouvoir prendre connaissance de cette lettre, il signale qu'effectivement elle est signée par le président-fondateur de l'Association, Maurice d'Hartoy, qui s'indigne contre la teneur de son article.

De fait, dans le rapport qu'elle rendra public le 28 mars 1928, la commission d'enquête confirmera que la Chancellerie avait été saisie d'une plainte, le 28 juillet 1927, de l'Association des membres de la Légion d'honneur décorés au péril de leur vie, au sujet de l'article de Demartial qu'ils jugeaient « antipatriotique ». Qui est Maurice d'Hartoy ? Un article — hostile — du *Progrès civique* du 4 février 1928 intitulé « Un bout de réclame pour les Croix de Feu » en fait l'un des organisateurs du mouvement des Croix de Feu, alors en gestation. Et quinze jours plus tard, le même hebdomadaire de gauche ayant reçu une lettre de lui, écrit que ce dernier signe ainsi ses missives : « Maurice d'Hartoy, agriculteur et homme de lettres, volontaire d'infanterie, trois grades, deux citations, une blessure, 50 p. 100 d'invalidité, père de quatre enfants[52] ». Par-delà le style polémique, l'information essentielle est exacte : Maurice d'Hartoy (1892-1981) fut l'un des fondateurs des Croix de Feu. En 1938, il deviendra ministre plénipotentiaire délégué à la Société des nations

51. Ce qui n'était pas le cas de Georges Demartial, qui était devenu officier de la Légion d'honneur en 1912 (cf. Guy Thuillier, *op. cit.*, p. 136). Bien plus, il n'avait pas fait de service militaire, étant réformé (« à cause de sa dentition », précise son dossier : *ibid.*, p. 146).

52. H. Bellamy, « Un bout de réclame pour les " Croix de Feu " », *Le Progrès civique* n° 442, 4 février 1928, p. 21, et « Un bout de causette avec Maurice d'Hartoy ! Deux scandales : l'affaire Demartial, l'affaire Salomon », n° 444, 18 février 1928, pp. 10-11.

puis, après la guerre, sera délégué permanent à l'ONU jusqu'en 1955. Et, parallèlement, il poursuivit une carrière d'écrivain avec notamment, pour l'époque ici étudiée, *Au front* en 1916 et *La Génération du feu*, répertoire des « écrivains combattants français de 1914 à 1919 », en 1923.

A la fin de l'année 1927, un sénateur, le colonel Prosper Josse, avait pris le relais dans la dénonciation des écrits de Georges Demartial. Le 17 décembre, en effet, au Sénat, il avait demandé la radiation de ce dernier « comme traître à la patrie » et il était intervenu à nouveau dans le même sens deux jours plus tard[53]. Là encore, l'attaquant a un profil bien typé. Né en 1874, il est élu député de l'Eure à une élection partielle en 1913 et réélu en 1914 et 1919. Entre-temps, il a fait, à plus de quarante ans, une guerre courageuse, a été blessé deux fois et cinq fois cité. Décoré de la Légion d'honneur et de la croix de guerre, il entre au Sénat en 1924 et y fait un discours remarqué, le 2 avril 1925, contre l'évacuation de la Ruhr[54]. Et en 1928 il publie chez Fayard un ouvrage au titre révélateur, *La Décadence économique et sociale de la France sous le régime radical-socialiste et les progrès de l'étranger. Un bilan tragique.*

Le 1er février 1928, Georges Demartial adresse une nouvelle lettre, beaucoup plus brève, aux membres de la commission, où il écrit que cette affaire lui « inspire le souvenir de l'affaire Zola[55] » et qu'il entend leur en signaler les « analogies ». Comme à la fin du XIXe siècle, « la question est de savoir de quel côté sont la justice et la vérité ». Zola demandait la révision du procès Dreyfus, Demartial demande la révision de l'article 231 du traité de Versailles; et Zola fut traduit en justice, pour atteinte à l'honneur de l'armée, et rayé de l'ordre de la Légion d'honneur. Par ailleurs, Demartial, autorisé en cela par le règlement de l'ordre, fait citer des témoins : entre autres, Gouttenoire de Toury, ancien élève de Saint-Cyr, officier de cavalerie et grand mutilé de guerre, Jean-Richard Bloch, blessé de guerre et décoré, Charles Gide, professeur au Collège de France, et la Ligue des droits de l'homme. Et c'est dans ce contexte que les chartiéristes vont se manifester.

Ce n'est certes pas que ces derniers aient été réellement tourmentés par le problème de la Légion d'honneur. Trois ans plus tôt, par exemple, en mars 1925, Michel Alexandre envoyait ces lignes à un ami :

> «... A l'occasion, X. pourrait-il faire savoir à Parodi (puisqu'il lui en a parlé et que je ne peux guère lui écrire cela moi-même!) que Chartier, consulté par moi et aussi par des élèves (le bruit d'une décoration prochaine courant à Henri-IV), a déclaré formellement qu'il accueillerait toute décoration par une phrase lapidaire, préparée depuis dix ans, et que je vous épargne (elle est imitée de Cambronne). L'ayant dit, il le fera comme il l'a dit (« je dois ça à mes compagnons de tranchée »). Donc, pour éviter un scandale inutile, il serait bon de prévenir Parodi. Moi, ce petit scandale m'amuserait, mais Parodi mérite qu'on lui épargne cela. D'autant que Chartier l'aime bien[56]. »

53. Cf. *Libres Propos* du 20 janvier 1928, nouvelle série, 2e année, n° 1, pp. 31-32. Selon Michel Alexandre, qui rédige dans ce numéro un court article intitulé « Honneur et vérité », le sénateur Josse aurait dit : « Qu'une enquête soit faite immédiatement et que soit effectuée aussitôt que possible la radiation de la Légion d'honneur de cet homme que je considère comme un traître à la patrie. »

54. *Dictionnaire des parlementaires français*, t. VI, PUF, 1970, p. 2032.

55. Déja, dans sa longue lettre du 8 janvier, Georges Demartial avait mentionné trois fois l'affaire Dreyfus.

56. *Bulletin* n° 3 de l'Association des Amis d'Alain, juin 1956, p. 28 (sans précision du destinataire). Cet extrait a été également publié à la même époque dans *En souvenir de Michel Alexandre*, pp. 515-

Alain a d'ailleurs eu l'occasion de formuler lui-même un jugement sur la Légion d'honneur, dans un Propos que les *Libres Propos* publient en février 1928, au cœur de l'affaire Demartial :

> « Celui qui s'engage pour la durée de la guerre sait à peu près ce qu'il fait. Donnant son propre corps comme on vend un cheval, il trouve quelquefois que ce genre d'esclavage est plus pénible qu'il ne l'avait imaginé ; en revanche il garde cette liberté des opinions qui est le bien de l'esclave ; c'est que le maître ne s'occupe guère de ce que peut bien penser l'esclave, et puis le soldat se dit que ce misérable état ne durera pas toujours.
> Celui qui s'engage dans la Légion d'honneur ne sait pas ce qu'il fait ; quand il croit recevoir une récompense, en réalité, il engage son esprit dans l'état militaire et pour toute sa vie. Je sais bien que le légionnaire, à l'âge qu'il a, n'engage plus grand-chose ; sa pensée n'est plus communément qu'un reflet. Alliances, amitiés, biens de fortune, fonctions lui sont l'occasion de lieux communs, qu'il relève plus ou moins par l'expression, sans jamais marquer sur l'idée reçue la moindre petite raie. Toutefois il se rencontre des exceptions. Alors se montre la pensée militaire, qui est un produit étonnant... »

Maître et disciples n'éprouvaient donc guère de sympathie pour cette distinction honorifique et la radiation de l'ordre de la Légion d'honneur avait peu de chance d'être à leurs yeux un thème de mobilisation. Mais les *Libres Propos* avaient déjà, avant l'affaire, publié à deux reprises au moins des comptes rendus signés Georges Demartial. En octobre 1927, par exemple, ce dernier avait commenté deux articles publiés au mois d'août précédent dans *La Revue des deux mondes* par M. Sazonov, ministre russe des Affaires étrangères en 1914. Et, deux mois plus tard, il évoquait *L'Union sacrée* de Raymond Poincaré en ces termes : « La méthode est restée la même, celle de Machiavel. » L'accueil d'articles de l'auteur de *L'Évangile du Quai d'Orsay* dans les colonnes d'une revue aussi repliée sur elle-même — pour ce qui concerne le nombre de ses collaborateurs — que les *Libres Propos* montre bien qu'elle avait fait sien le combat de Georges Demartial et que ce dernier était considéré par les chartiéristes comme appartenant à une commune mouvance. Sans compter que l'animateur des *Libres Propos*, Michel Alexandre, et Georges Demartial avaient milité, on l'a vu, durant le conflit à la même Société d'études documentaires et critiques sur la guerre.

Rien de surprenant, donc, à ce que la revue publie, le 20 février 1928, une pétition en faveur de celui qu'elle surnommera bientôt amicalement « l'Hérétique[57] ». Et les liens entre les *Libres Propos* et un noyau de chartiéristes de la rue d'Ulm expliquent que cette pétition ait été une pétition normalienne. Soixante-quinze élèves de l'École l'ont en effet signée. Une courte présentation de Michel Alexandre évoque l'affaire Dreyfus et conclut que cette « jeunesse nouvelle » entend signaler que « sur les origines de la guerre non plus elle n'admettra pas les " faux patriotiques " et que là aussi la vérité passera avant tout ». Et le texte de la pétition est sans ambiguïté :

---

516 (X devenant Paul). Dominique Parodi (1870-1955) était à cette époque l'un des deux inspecteurs généraux de philosophie en exercice. Ses rapports d'inspection sur l'enseignement d'Alain ont toujours été au moins bienveillants et souvent flatteurs (cf. Arch. Nat. F 17 24293).

57. Cf. dans les *Libres Propos* n° 8 du 20 août 1928, pp. 377-378, une note de Georges Demartial sous le titre de rubrique : « Notes de l'Hérétique. »

« Les soussignés,

Jugeant que la pensée se trahit lorsqu'elle accepte une autre loi que celle de l'objet même qu'elle s'est donné ;

Approuvent ceux qui recherchent selon la bonne foi les causes de la Grande Guerre ;

Blâment ceux qui voudraient étouffer et même " déshonorer " le libre examen en ce sujet, à seule fin de conserver des idées qui n'ont été admises que pour leur utilité, d'ailleurs locale et provisoire.

Nota : il s'agit plus spécialement de protester contre la radiation de l'ordre de la Légion d'honneur dont est menacé M. Demartial pour ses écrits (*La Mobilisation des consciences, L'Évangile du Quai d'Orsay*, etc.), concernant les responsabilités de la guerre.

Ont signé (par ordre alphabétique) : Aron, Audibert, Bellier, Benichou, Bernamont, Berthier, Bouisset, Bourion, Boyer, Brille, Carreaux [*Parreaux ?*], Château, Chauvin, Chevalley, Cossart, Debruyne, Delbiausse, Deshusses, Dresch, Dupront, Durix, Ehrhard, Eurin, Évrard, Freychet, Ganuchaud, Genaille, Guille, Guindey, Harnois, Herland, Hochard, Hocquenghem, Hourcade, Hyppolite, Jacob, Joxe, Joyal, Laborde, Lagache, Lamicq, Lapalus, Launey, Lautman, Lecarme, Leroy, Lhéritier, Loubaud [*Roubaud ?*], Maheu, Marguin, Marrou, Martin, Métivet, Meynieux, Missonnier, Molino (Frantz), Molino (Suzanne), Monod, Nicollet, Nivat, Paye, Pétrement (Simone), Piéri, Privault, Queney, Raynaud de Lage, Renaud, Saint-Jean, Sartre, Schwob, Thonon, Urion, Vaudet, Vignaux, Vilar, élèves de l'École normale supérieure. »

Parmi ces signataires, on relève les noms des principaux « chartiéristes » présents à l'École pendant l'année scolaire 1927-1928 : René Château, Jacques Ganuchaud, Guillaume Guindey, Guy Harnois et Simone Pétrement. Ce sont eux qui, vraisemblablement, firent circuler la pétition rue d'Ulm et qui servirent de courroie de transmission entre l'École et la revue dirigée par Michel Alexandre.

C'est du reste ce dernier qui, cité par l'accusé comme témoin, lira le texte des normaliens devant la commission d'enquête. Et Georges Demartial, dans le dossier qu'il a établi pour *Europe*, insiste sur l'importance de ce témoignage. Après avoir signalé que nombreux furent ceux qui intervinrent en sa faveur, et notamment Jean-Richard Bloch, Charles Gide et la Ligue des droits de l'homme, il ajoute en effet : « Mais un témoignage qui dépasse tous les autres est celui-ci. Tout récemment, des élèves de l'École normale supérieure, aux mains desquels était venu un des livres de M. Demartial, *La Mobilisation des consciences*, lui exprimèrent leur sympathie et leur désir de le répandre. Ils furent ainsi amenés, quand la nouvelle leur arriva de l'action intentée à M. Demartial, à rédiger la protestation suivante qui fut signée par soixante-seize élèves, soit environ la moitié du total. » Et de citer la pétition des normaliens en concluant « qu'elle fait espérer que l'élite intellectuelle de demain se fera de sa fonction sociale, et notamment de son rôle à l'égard d'une guerre, une tout autre idée que celle d'aujourd'hui et d'hier[58] ».

58. L'allusion à la « génération d'hier » est explicite. Dans *La Guerre de 1914. Comment on mobilisa les consciences*, Georges Demartial avait attaqué les intellectuels, souvent universitaires, qui avaient propagé la théorie de la guerre du droit, tels Ernest Lavisse, Henri Hauser ou d'autres. Quant à la « génération d'aujourd'hui », Georges Demartial l'avait attaquée en 1926 dans *L'Évangile du Quai d'Orsay*, où il dénonçait ceux qu'il considérait comme les historiens officiels du régime (l'année précédente, notamment, Pierre Renouvin avait fait paraître *Les Origines immédiates de la guerre*). Dans le numéro d'avril 1920 des *Libres Propos*, Georges Demartial évoque à nouveau ce problème, dans une note intitulée « Les historiens officiels des responsabilités de la guerre » qui conteste les conclusions de Pierre Renouvin.

Malgré toutes ces interventions, Georges Demartial, fut suspendu de l'ordre de la Légion d'honneur. Après cette suspension, les *Libres Propos* du 20 juillet 1928 publièrent une nouvelle pétition de normaliens, adressée au ministre de l'Instruction publique Édouard Herriot. Georges Demartial avait, en effet, écrit à ce dernier une lettre ouverte dans laquelle il demandait à pouvoir transmettre à « un jury d'historiens un exposé historique de ce sujet : la part de la mobilisation russe dans l'explosion de la guerre de 1914 ». Après avoir fait part à Édouard Herriot de leur « trouble de conscience », les jeunes normaliens lui demandaient d'accueillir favorablement « la requête de M. Demartial... [de]... soumettre son honneur d'historien à l'examen des historiens » et « de prendre l'initiative d'une mise au point vraiment scientifique, par l'Université française, des questions soulevées par la Grande Guerre ». Les signataires étaient moins nombreux qu'en février — quarante-deux — mais on retrouvait parmi eux le même noyau de chartiéristes.

A cause de cette initiative, les normaliens s'attirèrent les foudres de *L'Écho de Paris*. Dans la rubrique « Les Idées et les Faits » signée « Custos » de l'édition du jeudi 2 août 1928, un paragraphe intitulé « La lettre des 50 normaliens » évoqua, en effet, l' « article odieux » publié par Georges Demartial « dans une revue dirigée par M. Victor Margueritte, lui-même rayé des cadres de notre ordre national », et, après avoir reproduit une partie de la pétition et la liste des signataires, conclut en ces termes : « De toute cette phraséologie prétentieuse, retenons ces mots : " Nous en venons à craindre que cette science ne se soit trop souciée d'être française. " Voilà qui peint les personnages. Leur lettre nous fait craindre justement qu'ils ne se soucient pas suffisamment d'être français. Mais nous savions déjà que l'idéologie internationaliste et pacifiste avait pénétré rue d'Ulm ; on nous assure même que M. Cachin y compterait quelques amis. Nous refusons, pour le moment, de le croire. » Ce n'était là, en fait, qu'une première escarmouche : quelques mois plus tard, on le verra, les relations seront dépourvues de toute aménité entre *L'Écho de Paris* et les jeunes pacifistes, au moment des incidents de la préparation militaire supérieure, dont les retombées normaliennes de l'affaire Demartial furent, par certains aspects, la répétition générale.

L'épilogue de cette affaire fut, on l'a dit, la suspension de Georges Demartial. En effet, le rapport de la commission d'enquête avait conclu que la « théorie innocentiste » a « pris sous [la] plume [de Georges Demartial] une forme âprement passionnée », « de nature à être exploitée contre nous à l'étranger et à blesser chez nous les sentiments respectables de ceux qui se sont sacrifiés dans la conviction qu'ils défendaient la cause de l'indépendance des peuples, en même temps que la cause de la paix future ». Ce rapport était daté du 28 mars 1928. Deux semaines plus tard, un « Mémoire de M. Demartial sur l'avis de la commission d'enquête » daté du 13 avril est adressé au grand chancelier par l'historien. S'il y reconnaît la « forme âprement passionnée » et y signale qu'il préfère le terme « révisionniste » au terme « innocentiste », il ne revient en aucun cas sur ses théories. Tout au plus reconnaît-il implicitement que ces théories sont sous-tendues par des présupposés d'ordre moral. Ce qui permet, du reste, de mieux saisir l'itinéraire spirituel de Demartial tel que lui-même le reconstitue à cette date. Outre la « passion de la justice », le conflit qui s'est achevé une décennie plus tôt a été déterminant pour lui :

> « Les événements de 1914 m'ont en effet amené au pacifisme, qui m'était jusqu'alors totalement étranger... Si on veut préserver la paix, ce ne sera pas en

proscrivant seulement les guerres autres que les guerres défensives, mais en proscrivant la guerre en soi. Je suis donc devenu un des adeptes de la mise de la guerre hors la loi... »

La cause, en fait, était entendue. Un décret du 11 mai 1928 signé par le Président de la République Gaston Doumergue suspend Georges Demartial « de l'exercice des droits et prérogatives attachés à la qualité d'officier de la Légion d'honneur ». A *Europe* qui lui demandait de commenter le jugement, l'auteur de *L'Évangile du Quai d'Orsay* envoie quelques lignes qui se terminent par une citation de M. de Pressensé en 1912 : « Il est intolérable qu'on mente au nom de la France », et concluent en ces termes : « Cette phrase m'absout. »

Surtout, le combat de Georges Demartial lui valut une audience certaine dans les milieux pacifistes. Des liens se tissèrent notamment, on l'a vu, avec le groupe des *Libres Propos*. Quelques mois plus tard, au moment des incidents de la préparation militaire supérieure, les rôles furent d'ailleurs inversés par rapport à l' « affaire Demartial » et ce fut au tour de ce dernier de soutenir les jeunes normaliens pacifistes. Dans *Le Progrès civique* du 12 janvier 1929, il écrivit que ceux-ci n'avaient « demandé que la chose la plus juste et la plus naturelle ».

Malgré la sanction qui le frappa, Georges Demartial ne désarma pas et continua son action pacifiste tout au long des années 1930. Mais autant il restait relativement aisé de se proclamer « un des adeptes de la mise de la guerre hors la loi » en une année qui voyait la signature du pacte Briand-Kellogg, autant cette attitude allait se révéler de plus en plus inconfortable lorsque surviendrait la montée des périls — Georges Demartial, convaincu de la volonté de paix d'Hitler, allant de déconvenue en déconvenue — puis l'épreuve de l'Occupation.

En 1941, il publia notamment *1939, La Guerre de l'Imposture*[59], où il reprenait ses thèses sur l'injustice du traité de Versailles. En 1939, en effet, les Alliés ont dissimulé « leur véritable but de guerre, qui était de maintenir le traité de Versailles. L'histoire n'appellera pas cette guerre la Guerre du Bien contre le Mal, mais la Guerre de l'Imposture contre la Vérité ». Et trente pages plus haut, la crise polonaise de l'été 1939 était ainsi évoquée :

> « Supposons que les Franco-Anglais soient restés à l'écart du conflit. La Pologne ne commettait pas la démence de risquer, en refusant Dantzig à l'Allemagne, une guerre perdue d'avance, alors que l'Allemagne lui offrait, en échange, une paix durable. Nantie de la promesse d'appui des deux puissants États occidentaux, la Pologne pouvait au contraire envisager favorablement une guerre contre l'Allemagne, la victoire de son camp devant lui permettre non seulement de conserver Dantzig, mais de s'arrondir. Dès lors, le sort de l'Europe passait entre ses mains. Si elle se refusait à rendre Dantzig, et si l'Allemagne, comme c'était prévu, recourait à la force, c'était la guerre pour ses protectrices et pour elle. »

Quand Félicien Challaye consacre à Georges Demartial un article dans *L'Atelier* du 12 juin 1943 sous le titre « Un bon ouvrier de la réconciliation franco-allemande : G. Demartial », il y cite notamment cette phrase d'une lettre envoyée par l'écrivain :

59. Georges Demartial, *1939, La Guerre de l'Imposture*, Éditions Jean Flory, 1941.

« Ma position n'a pas varié d'une ligne depuis bientôt trente ans. Pour empêcher la guerre, il faudrait empêcher cette usurpation du patriotisme par le mensonge qui a conduit la France aux portes du tombeau. »

Et c'est sans doute au nom de la même position de principe que l'octogénaire de Mézy songe, après la Libération, à une Ligue qui aurait rassemblé « tous les adversaires du mensonge patriotique ». Devant Félicien Challaye qui lui rend visite dans sa maison près de Meulan, il formule en effet un souhait en ce sens : « [il] exprima le souhait qu'à l'avenir se groupent en une Ligue tous les adversaires du mensonge patriotique. Il eût été satisfait que cette Ligue pût entreprendre la réédition complète de ses œuvres. Si cette tâche n'était point irréalisable, je lui promis, sur sa demande, de m'y consacrer[60]... ». Nous sommes le 17 septembre 1945 ! Georges Demartial, apparemment, était passé entre les rets de l'épuration. Et la mort seule l'empêcha, en fait, de mener à bien ce dernier projet. Il s'éteint à Mézy moins d'un mois après son entretien avec Félicien Challaye, le 14 octobre 1945.

Avec ce dernier nous restons, d'ailleurs, dans la même mouvance. Et cela à un double titre. D'une part, ce « combattant de la paix » connaîtra une dérive identique pendant les années noires de l'Occupation, à partir du même creuset pacifiste. D'autre part, comme Georges Demartial, il va devenir à la fin des années 1920 un personnage familier de l'univers des chartiéristes. A partir de 1927-1928, en effet, les élèves d'Alain regroupés autour des *Libres Propos* se rapprochent, on l'a vu, du mouvement la Volonté de paix, animé par Madeleine Vernet mais aussi par Félicien Challaye. Ce dernier devient dès lors, rapporte Jeanne Alexandre, « notre compagnon au courage imperturbable, et notre ami[61] ». Le personnage s'intègre donc à cette date au milieu que nous étudions. Bien plus, il y aura en 1930 une affaire Challaye qui, comme l'affaire Demartial deux ans plus tôt, verra l'intervention des khâgneux et normaliens chartiéristes.

Né le 1er novembre 1875 à Lyon, fils d'un comptable et d'une sous-directrice d'école, ancien élève du lycée Ampère de la sixième à la rhétorique supérieure, Félicien Challaye appartient à la promotion littéraire de 1894, dont il fut l'hypocacique. En 1897, il est reçu premier à l'agrégation de philosophie. Il effectue ensuite son service militaire, au cours duquel surgissent — déjà ! — les premiers incidents avec l'autorité militaire. Lire à la caserne de Romans, en 1897-1898, *L'Aurore* dreyfusarde ne pouvait qu'attirer l'attention. Il fut alors rappelé à l'ordre par son colonel et son dossier militaire portera désormais la note suivante : « Ne peut pas faire un officier : mauvais esprit militaire[62]. »

En octobre 1898, il est nommé boursier d'étude en Allemagne, à l'Université de Berlin, puis, pendant les deux années suivantes, il est « boursier de voyages », bénéficiant d'une allocation de la fondation Albert Kahn. Il séjournera notamment au Japon, sur lequel il écrira plusieurs ouvrages. A partir de 1901, il enseigne à Laval (1901-1902), Évreux (1902-1903) puis à Louis-le-Grand, Michelet, au lycée Hoche à Versailles, à Janson-de-Sailly et Charlemagne (1903-1921). Mais ses séjours à l'étranger puis en province n'empêchent pas cet ancien dreyfusard devenu socialiste de participer à

60. F. Challaye, *op. cit.*, p. 22.
61. Jeanne Michel-Alexandre, « Une esquisse d'une histoire des Libres Propos (Journal d'Alain) », *op. cit.*, p. 77.
62. F. Challaye, *Péguy socialiste*, Amiot-Dumont, 1954, p. 95.

l'aventure parisienne de la Librairie aux côtés de Péguy et, « après la grande brouille », de parvenir à demeurer l'ami à la fois de Lucien Herr et de Péguy. Il collaborera du reste aux *Cahiers de la Quinzaine.*

A l'image de nombre de jeunes normaliens anciens dreyfusards et professeurs dans les lycées et collèges de province, il avait, au tournant des deux siècles, participé à l'aventure des Universités populaires. Le 29 novembre 1901, il était devenu le président de l'Université populaire lavalloise. Un collègue du lycée avait bien tenté de l'en dissuader : « Vous ne connaissez pas notre ville : un professeur qui irait à la Bourse du Travail faire des conférences aux ouvriers syndiqués serait à tout jamais compromis. L'opinion publique le condamnerait... N'allez pas à la Bourse du Travail : vous ne resteriez pas ici plus d'un an[63]. » Mais Félicien Challaye persista dans son engagement, et, de fait, à la fin de l'année scolaire, il fut déplacé de Laval à Évreux.

En 1905, il fait partie de la commission d'enquête conduite par Savorgnan de Brazza qui doit étudier la situation des indigènes au Congo français. Ce voyage sera décisif. Il lui fournit, d'abord, la matière du *Congo français* que Péguy publiera dans *les Cahiers de la Quinzaine.* Surtout, dès lors et jusqu'à la fin de sa vie, il deviendra un défenseur inlassable des populations locales confrontées à la colonisation française. Avec toutefois, on le verra, une évolution profonde dans l'appréhension de ce problème. Fixons pour l'instant, en cette année 1906 où il publie son étude dans le « 12ᵉ cahier de la 7ᵉ série », les grandes lignes de sa vision du rôle de l'empire. Elles apparaissent notamment dans l'hommage qu'il rend à Savorgnan de Brazza : « Son nom symbolisera, dans l'histoire du monde, une politique indigène nouvelle faite d'intelligence psychologique, de sympathie et d'équité : la seule méthode coloniale qui puisse convenir à une démocratie comme la nôtre, civilisatrice et libératrice. » Cette action « libératrice » doit s'accomplir à l'échelle des décennies : « La seule action efficace est l'action lente : la patience seule est féconde. Il faudra que notre influence s'exerce, avec douceur et continuité, pendant plusieurs générations... Notre enseignement provoquera l'évolution de ces races longtemps immobiles, déterminera leur progrès. » A condition toutefois, précise-t-il dans les dernières lignes de l'ouvrage, que cette action s'accompagne d'un « changement du haut personnel administratif » qui « symbolisera la rupture avec un passé mauvais, l'avènement d'un régime meilleur, toute une bienfaisante révolution ».

Si Félicien Challaye marque donc de l'intérêt pour les problèmes coloniaux dès la première décennie du siècle, sa radicalisation sur ce point sera postérieure au premier conflit mondial. Et il en va de même pour ce qui constituera sa ligne de vie : le pacifisme. Celui-ci constitue déjà une préoccupation essentielle pour le philosophe avant 1914, mais le « combattant de la paix » ne percera qu'après la guerre, sous l'ancien combattant. Sur cette préoccupation pacifiste, un texte de 1913 est particulièrement éclairant. Le 10 mai 1913, il livre à la *Revue du Mois,* que dirige le mathématicien Émile Borel, un article intitulé « Les Rapports franco-allemands ». Sa conclusion invite à réfléchir à « un patriotisme éclairé », qui évite « quelque nouveau Sedan ». Car « une guerre, même victorieuse, serait un désastre, le massacre de la meilleure jeunesse, la perte de richesses immenses, la ruine de la nation ».

63. Félicien Challaye, « La France vue de Laval », *Cahiers de la Quinzaine,* 1904, Vᵉ série, 12ᵉ cahier, pp. 13-85, citation p. 63.

D'autant que « le peuple vaincu, à moins d'être anéanti, pourrait toujours préparer sa revanche ».

Comme la plupart des normaliens socialistes de sa génération, Félicien Challaye ne s'en rallia pas moins à l'Union sacrée. Un autre texte est à cet égard précieux : il s'agit de la brochure reproduisant une conférence qu'il prononça dans le cadre de son action au sein du Comité de propagande socialiste pour la défense nationale[64]. Ce Comité avait été fondé au printemps 1916 par Hubert Bourgin et Léon Rosenthal et, comme son nom l'indique, il s'intégrait dans la perspective du maintien des socialistes dans l'Union sacrée et se proposait « de développer et d'employer à la défense nationale toutes les forces morales et intellectuelles que renferme le socialisme[65] ». Dans ce but, la conférence de Félicien Challaye entendait « porter au plus haut point l'ardeur et l'enthousiasme des combattants » et sa conclusion était dépourvue d'ambiguïté :

> « • Nous luttons (ce sera la conclusion de cette étude comme c'en a été l'exorde) contre la tyrannie pour la liberté, contre l'injustice pour la justice, contre la malhonnêteté internationale pour la bonne foi internationale, contre la guerre pour la paix.
> • Nous luttons pour toutes les idées supérieures que le mot civilisation résume.
> • Voilà la signification morale de la guerre actuelle.
> • C'est un devoir sacré de consacrer à cette grande tâche toutes ses forces, et, s'il le faut, pour une noble cause, de donner sa vie. »

Félicien Challaye ne puise donc pas aux mêmes sources que Michel Alexandre. Au pacifisme intégral de ce dernier, il aurait opposé, lors d'une éventuelle rencontre pendant le conflit, les thèmes de la guerre pour le droit, auxquels, du reste, l'ami d'Alain avait souscrit, on l'a vu, dans un premier temps. Cette analyse divergente n'empêchera pas les deux hommes de communier, au cours des années 1920, dans la même ferveur et le même combat pacifiste. Après la guerre, en effet, que Félicien Challaye, mobilisé en 1914, termine, après deux années passées au front, par des missions au Japon et en Chine en 1917 et en 1919, son nom devient rapidement « le symbole du pacifisme[66] ». Son action à la Ligue internationale des combattants de la paix en fait bientôt l'une des figures de proue des mouvements pacifistes français et à la fin des années 1920, on l'a dit, il devient, par exemple, un « compagnon » et un « ami » des chartiéristes.

Cette solidarité apparaîtra notamment en 1930, au moment de l'affaire Challaye. Mais c'est moins sur l'action pacifiste, comme l'affaire Demartial, que celle-ci s'enclencha que sur les prises de position du professeur de philosophie sur la colonisation française, qui allaient en faire l'une des cibles de choix des milieux nationalistes. A cette date il enseigne au lycée Condorcet, où il a été nommé en 1921 et où il demeurera jusqu'à sa retraite, en 1937.

Le 18 mai 1930, à Foix, puis le 27 mai, à Paris, dans des meetings de la Ligue

---

64. *La Signification morale de la guerre actuelle (conférence faite au cours d'instruction complémentaire pour les sous-officiers du 109e régiment territorial d'infanterie par le sergent Félicien Challaye)*, Librairie de l'Humanité, 1916, 15 p. (Comité de propagande socialiste pour la défense nationale). « Malgré une légère blessure et une citation à l'Ordre de l'Armée » (*Péguy socialiste*, p. 95), Félicien Challaye, en deux années de guerre, ne dépassa pas le grade de sergent, en raison de son dossier militaire, déjà évoqué. Sa citation lui valut toutefois la croix de guerre 1914-1918 (d'après l'entrefilet publié par *Le Monde* le 29 avril 1967 après la mort de F. Challaye).
65. « Notre but », page de garde de *La Signification morale de la guerre actuelle.*
66. Expression empruntée à André Alba (*Annuaire* 1968, p. 30).

des droits de l'homme, il avait critiqué « la dictature politique, économique et policière, infligée aux Indochinois[67] ». Il « déclare d'abord qu'il a partagé longtemps les croyances communes sur les croisades humanitaires accomplies par les Européens aux colonies, et sur le loyalisme de la masse des indigènes vis-à-vis de leurs métropoles. C'est au contact des choses mêmes qu'il a dû y renoncer ; ce sont les constatations faites par lui au cours de quatre voyages autour du monde et d'un séjour au Centre africain avec la mission Brazza, qui lui ont révélé combien l'opinion courante sur la colonisation est égarée par des mensonges — dont quelques-uns odieux ». Suit un réquisitoire contre une situation où « le mépris et l'offense sont de règle ». Se fondant essentiellement sur ses observations au Congo et en Indochine, il dénonce le « travail forcé » dans le premier pays et le « régime mussolinien » dans le second, plus longuement évoqué. A côté d' « une œuvre civilisatrice indéniable », il ne peut que constater des « pratiques d'exploitation et de dictature » et se demande si « la colonisation n'est pas finalement incompatible à la fois avec les droits des individus..., avec le droit des peuples de disposer d'eux-mêmes, et aussi, avec toute réalisation d'une paix sans armement ». Et d'énumérer, en conclusion, parmi les « solutions possibles » :

> « 1) Émancipation complète des populations assez civilisées et évoluées pour pouvoir se gouverner elles-mêmes ;
> 2) Pour les populations moins avancées, et qui ne constituent pas encore proprement des peuples (notamment en Afrique) : généraliser le système des mandats de la SDN (c'est-à-dire soumettre la colonisation à une autorité internationale effective, supprimer le régime concessionnaire avec ses horreurs, conférer progressivement aux indigènes les libertés qu'ils pourront exercer). »

Aussitôt Félicien Challaye — qui avait publié peu de temps auparavant *Un aspirant dictateur : André Tardieu* — est l'objet d'une campagne de presse virulente, dont les *Libres Propos* du mois de juin 1930 ont recensé les attaques les plus saillantes publiées entre le 25 et le 31 mai : sous des titres comme « Le scandale » ou « Scandaleuse propagande », la presse de droite et d'extrême droite s'en prend violemment au conférencier. *La Liberté* demande sa révocation, *Candide* stigmatise cet ambitieux « avide de réclame », *L'Intransigeant* évoque « ce malheureux professeur », dont *L'Ami du peuple* condamne « la parole malsaine et ignominieuse ». Ernest Outrey, député de Cochinchine, interpelle le gouvernement, tandis que les Jeunesses patriotes, en juin, prennent le professeur de Condorcet pour cible[68].

Du côté de la « défense de l'hérésie », les *Libres Propos* notent, entre autres, la présence d'Albert Bayet *(La République)*, Victor Basch et Georges Pioch *(La Volonté)*, Paul Faure *(Le Populaire)*, Jules Moch *(Le Petit Méridional)* et aussi de la Ligue des droits de l'homme qui, dès l'ouverture de son congrès réuni à Biarritz, le 7 juin, vote à l'unanimité une motion de soutien à Félicien Challaye, défenseur des « victimes de la barbarie coloniale ». La Fédération générale de l'enseignement (CGT) et le Syndicat national des instituteurs assurent également « le camarade Challaye de [leur] entier appui ». En

67. « L'affaire Challaye », par Michel Alexandre, *Libres Propos*, n° 6, 4e année, nouvelle série, juin 1930, pp. 272-277. Quoique partial, cet article est précieux. Il reproduit notamment, à partir des notes d'abonnés aux *Libres Propos* présents à l'une ou l'autre de ces deux réunions, la « substance » des deux conférences incriminées (pp. 274-276).
68. Cf. *supra*, chapitre VIII.

quelques jours, 1200 professeurs signent une motion de protestation du Syndicat national des professeurs de lycées de garçons et de l'enseignement secondaire féminin. Enfin, signale Michel Alexandre à la fin de son article des *Libres Propos* consacré à l' « affaire », « le bruit a couru que, par voie strictement hiérarchique, un grand nombre d'élèves de l'École normale supérieure avaient fait parvenir au ministre une adresse où ils affirmeraient leur résolution de n'exercer la fonction de professeur que dans les conditions de dignité et d'indépendance dont M. Challaye leur donnait l'exemple. Nous n'avons pu encore obtenir confirmation de ce bruit ».

Y eut-il effectivement une « adresse » des normaliens au ministre de l'Instruction publique ? Après les remous créés rue d'Ulm au cours des deux années précédentes par l'affaire de la préparation militaire supérieure, en 1928, et surtout celle des normaliens de Quimper en 1929, il n'y eut pas, en réalité, de pétition envoyée à la presse — les lignes de Michel Alexandre citées plus haut constituent, du reste, un moyen détourné de donner une publicité à ce texte sans compromettre les signataires — et les retombées à l'École normale supérieure des incidents Challaye restèrent un problème strictement intérieur. Il faut donc recourir aux archives de l'établissement pour tenter d'en savoir davantage.

Et, de fait, il apparaît que 39 normaliens adressèrent le 10 juin 1930 « par la voie hiérarchique » la lettre suivante au ministre de l'Instruction publique[69] :

> « Monsieur le Ministre de l'Instruction publique,
>
> Nous avons appris que monsieur Félicien Challaye, professeur au lycée Condorcet, et ancien élève de l'École normale supérieure, est l'objet d'une enquête, pour avoir prononcé un discours dont nous ne considérons ici ni les thèses ni la portée. Il n'est point douteux que, lorsqu'en dehors de sa classe notre aîné exprimait sa pensée, sans se préoccuper d'aucune doctrine officielle, il ne faisait que s'autoriser de l'un des droits les plus élémentaires du citoyen. Par conséquent, si des poursuites étaient intentées contre M. Challaye, sous le prétexte que la liberté d'opinion est incompatible avec la fonction d'éducateur, nous devrions comprendre que tous ceux qui, comme nous, se destinent à cette fonction, ne doivent point nourrir l'espoir de jamais posséder cette liberté, et, par suite, que les services publics ne peuvent employer que des citoyens diminués... Mais surtout il nous apparaît que le contrat qui lie l'éducateur à l'État ne justiferait en aucune manière cette diminution des droits du citoyen. L'éducateur n'ayant que le devoir de fournir un certain travail et d'observer dans ce travail les prescriptions d'un programme et d'un règlement, il reprend, ce travail accompli, toute sa liberté, et l'État qui l'emploie n'a pas plus le droit de prétendre à quelque autorité sur la vie privée de l'éducateur que n'importe quel employeur n'a le droit de prétendre se faire le directeur de conscience et le confesseur de l'employé. Ce serait donc, Monsieur le Ministre, sans l'appui d'aucune loi, et contre toutes les lois existantes, que l'on poursuivrait M. Challaye pour des actions dont il n'a à rendre compte qu'à lui-même ; et, pour nous, résolus à toujours défendre la liberté et la dignité de la fonction que nous avons choisi d'exercer, nous affirmons que quelles que soient nos croyances politiques ou religieuses, nous observerons dans la conduite de notre vie privée les principes d'indépendance et de fidélité à soi-même que nous honorons dans la conduite de monsieur Challaye.
>
> Les élèves de l'École normale supérieure. »

Suivaient les noms suivants : Weill, Hugueny, Dresch, Nicollet, Marguin, Luc, Mlle Weil, Château, Piéri, Mlle Pétrement, Bernard (Jean), Molino (F. et S.),

69. Arch. Nat. 61 AJ 194.

Chauvet, Kaan, Jamet, Cahen (Claude), Évrard, Marcoux, Hourcade, Taladoire, Gaudin, Paye, Missonnier, Lafon, Lefebvre, Fuzellier, Bernard (Roger), Launey, Tellenne, Lautman, Bernard (François), Bertaux, Houillon, Étiemble, Eude, Cahen (Jacques), Beaufret et Iseler.

Eu égard au destinataire de la lettre, le ton, on le voit, restait mesuré. Bien plus, il semble que si ce texte avait à nouveau pour auteurs le groupe des chartiéristes, il reflétait cette fois-ci une émotion qui dépassait un cercle restreint et touchait une large part du milieu universitaire ; et pas seulement la Fédération générale de l'enseignement et le Syndicat national des instituteurs évoqués plus haut. Dans son rapport au recteur de l'Académie de Paris, le directeur de l'École Ernest Vessiot dissimule à peine, du reste, que cette émotion lui paraît légitime : « Quant à son origine [*i.e.* la pétition], en effet, elle répond à une émotion générale qui ne pouvait guère rester sans écho à l'École[70] ».

Ce même rapport nous suggère indirectement une piste, pour identifier les élèves qui prirent l'initiative de cette lettre adressée au ministre. Si cette émotion ne « pouvait guère rester sans écho à l'École », c'est qu' « indépendamment de questions de principe qui préoccupent vivement un certain nombre de nos élèves, écrit Ernest Vessiot, devaient intervenir des considérations de sympathie vis-à-vis de la personne de M. Challaye, d'autant plus naturelles que plusieurs de nos normaliens ont été élèves du lycée Condorcet ou ont fait leur stage dans la classe de M. Challaye ».

Avec un reçu en 1927, aucun en 1928 et à nouveau un en 1929, le lycée Condorcet n'a guère irrigué les dernières promotions de l'École. C'est donc moins dans la direction des anciens khâgneux de Condorcet qu'il faut chercher que dans celle des stagiaires auprès de Félicien Challaye. Nous retrouvons donc les philosophes de la rue d'Ulm. Or ce groupe, nous l'avons constaté, est composé en partie d'anciens élèves de la khâgne d'Alain.

Et, effectivement, l'examen des noms des signataires révèle le même profil, chez ces derniers, que dans la liste qui accompagnait la pétition contre la préparation militaire supérieure, c'est-à-dire d'abord, nous le verrons au chapitre suivant, des élèves d'Alain auxquels se sont joints des socialistes et socialisants. Un troisième cercle, recoupant pour partie les précédents, comprend aussi, en 1930, les normaliens syndiqués à la Fédération générale de l'enseignement.

Même similitude, également, avec les protagonistes ulmiens de l'affaire de Quimper en 1929. Avec toutefois une différence importante : les communistes, absents lors de la pétition contre la PMS et présents, nous le constaterons, en 1929, manquent à nouveau à l'appel pour soutenir en 1930 le socialiste Félicien Challaye.

Mais, chez ce dernier, le pacifiste comptait plus encore. Qu'advint-il de lui dans la tourmente des quinze années suivantes ? Sur la période du second conflit mondial, le rédacteur de la notice nécrologique de l'*Annuaire* de l'École, André Alba, se contente, en effet, de signaler, dans une courte note : « Son attitude de pacifiste intégral lui causa des difficultés après la Libération, mais il fut acquitté. » Quant au *Monde,* dans le bref entrefilet publié le 29 avril 1967 au moment de la mort de Félicien Challaye, il indique que les ouvrages du philosophe avaient été, après la Libération, frappés d'interdit par le CNE.

70. Rapport daté du 21 juin 1930 (Arch. Nat. 61 AJ 194).

Faute de sources précises accessibles, il est difficile de pousser très loin l'investigation. Les archives du lycée Condorcet permettent toutefois de conclure qu'effectivement, à l'automne 1944, une procédure administrative a été enclenchée, par décision rectorale du 30 septembre, à l'encontre du professeur, à la retraite depuis sept ans. Celui-ci sera déféré devant un comité d'épuration et les conclusions du Conseil supérieur d'enquête débouchent sur deux arrêtés ministériels datés du 19 novembre 1945 supprimant l'honorariat et suspendant la pension de Félicien Challaye pendant cinq ans. Mais ces arrêtés seront rapportés trois mois plus tard, par un autre arrêté du 25 février 1946. Sur le plan administratif, le retraité pacifiste a donc été rapidement mis hors de cause.

Mais le terme « acquitté » employé par André Alba concerne vraisemblablement le versant judiciaire de la situation de Félicien Challaye à la Libération. Et sur ce versant, les archives de Condorcet restent pratiquement muettes. Elles se contentent de signaler qu'il y a eu « transmission du dossier » au ministère de la Justice le 6 août 1945[71]. Ce qui semble confirmer qu'il y eut réellement ouverture d'une instruction, et donc, vraisemblablement, procès. Mais une condamnation à l'indignité, par exemple, aurait eu des conséquences sur le statut de l'ancien enseignant et sur sa pension de retraite. Or, nous l'avons vu, dans les mois qui suivent, les sanctions concernant cette retraite sont, au contraire, rapportées. L'acquittement est, dans ces conditions, chose probable.

Faute d'en connaître plus, en l'état actuel des sources, sur les démêlés, à la Libération, de Félicien Challaye avec la justice et avec son ministère de tutelle, il est possible d'évoquer certains aspects de son action dans les années 1930 et durant les années d'Occupation. Et, à nouveau, on retrouve, comme dans d'autres cas déjà évoqués, une dérive collaborationniste nourrie par une analyse des événements faite à travers le prisme du « pacifisme intégral ». Pacifisme dont rendaient bien compte et dérive qu'annonçaient peut-être déjà, en 1932 et 1934, deux des opuscules rédigés alors par le philosophe de Condorcet, et dont les titres étaient en eux-mêmes symptomatiques.

Le premier, *Pour la paix sans aucune réserve*, reprenait, en fait, un article publié en novembre 1931 dans *La Paix par le Droit*. Félicien Challaye s'y prononçait pour le « pacifisme intégral[72] », et justifiait l'affirmation par une comparaison entre « les maux qu'engendre la guerre » et « les maux auxquels pourrait aboutir la renonciation à toute guerre ». Et la conclusion était nette : « A mal absolu, remède absolu ; pacifisme intégral ; paix sans aucune espèce de réserve. » La sauvegarde de l'indépendance nationale serait en effet trop chèrement payée si elle l'était au prix d'une guerre, et, dès lors, mieux valait l'occupation étrangère que la guerre. L'animateur de *La Paix par le Droit*, Théodore Ruyssen, répondit aux thèses que Félicien Challaye avait développées dans les colonnes de sa revue. En janvier 1932, en effet, il publia « Paix sous réserves », une paix qu'il souhaitait « dans la justice et la dignité », en d'autres termes « la Paix par le Droit ». Et ce sont les *Libres Propos* qui, dans leurs « Documents », réédíteront les pièces de la polémique[73]. Les remarques,

---

71. Source : fiche de l'enseignant Challaye, dans les archives du lycée Condorcet.
72. Ce qui ne l'empêchait pas de distinguer « la guerre entre peuples », qui est condamnable, et la « lutte révolutionnaire », qui ne l'est pas.
73. F. Challaye, *Pour la paix sans aucune réserve*, Le Vésinet, chez l'auteur, 1932. Texte repris également dans *La Paix sans aucune réserve, thèse de Félicien Challaye, suivie d'une discussion entre*

dans cette réédition, de Georges Canguilhem — alors chartiériste de stricte obédience —, très favorables aux thèses de Félicien Challaye, confirmeraient, s'il en était besoin, les liens tissés quelques années plus tôt entre ce dernier et les jeunes normaliens chartiéristes.

Le titre du second opuscule, publié deux ans plus tard, à compte d'auteur, était encore plus significatif. En 1934, en effet, il se prononça *Pour la paix désarmée même en face de Hitler.* Et, en 1939, il sera l'un des signataires du tract « Paix immédiate ». Comme le rédacteur de ce texte, Louis Lecoin, il sera, du reste, alors incarcéré pour cette raison[74]. Durant le conflit, c'est ce même pacifisme intégral qui le conduit par exemple, on l'a vu, à consacrer dans *L'Atelier* du 12 juin 1943 un article à « un bon ouvrier de la réconciliation franco-allemande : G. Demartial » et à y écrire : « Puis Demartial dénonce un autre préjugé meurtrier : la croyance que les gouvernements de nos pseudo-démocraties ne peuvent vouloir que la paix, tandis que les dictateurs rêveraient nécessairement de guerre : c'est *La Légende des démocraties pacifiques* (Rieder, 1939)... Admirable continuité d'une pensée fidèle au seul culte de la vérité et de la paix. »

L'année suivante, il collabore régulièrement à *Germinal* d'avril à août 1944 et ses préoccupations pacifistes sourdent de nombre de ses articles. Ainsi, dans le numéro 2 du vendredi 5 mai ses réflexions sur « L'actualité de Jaurès » commencent par ces mots : « Dans une guerre que, sans consulter le peuple ni même le Parlement, nos dirigeants ont déclarée, à une Allemagne qui ne nous la déclarait point... » Et dans le numéro 9 du 23 juin 1944, dans un article sur Péguy, il s'interroge surtout sur la confrontation de son ancien camarade de la rue d'Ulm avec le problème de la paix et de la guerre et doit bien convenir que l'écrivain mort en 1914 n'a pas été un adepte du « pacifisme intégral ». Cinq semaines plus tard, le 28 juillet, méditant « autour de l'assassinat de Jaurès », il écrit : « La haine de l'Allemagne par laquelle le peuple de France s'est toujours attiré tant de maux est à l'origine de l'assassinat de Jaurès, comme du récent assassinat d'un autre grand orateur servant vaillamment la même cause : Philippe Henriot. »

Et, deux décennies après la tourmente du second conflit mondial, Félicien Challaye, dans les dernières années de sa vie, continuait à mener le même combat qui fut décidément celui de son existence entière : dans les années 1960, en effet, il était président du Comité national de résistance à la guerre et à l'oppression et il écrivait régulièrement dans *La Voie de la Paix* et *L'Union pacifiste.*

Parmi ces compagnons de combat pacifiste proches des *Libres Propos* et qui exercèrent pour cette raison une certaine influence sur les jeunes chartiéristes, il faut également cité René Gérin, un normalien d'une quinzaine d'années leur aîné. Plus encore que Félicien Challaye, cet archicube essuya des déboires à la Libération. Et ces épreuves furent d'autant plus lourdes à supporter qu'elles ne frappaient pas, comme dans le cas de l'ancien professeur de Condorcet, un septuagénaire depuis huit ans à la retraite, mais un homme à peine quinquagénaire.

Théodore Ruyssen, Félicien Challaye, Georges Canguilhem et Jean Le-Mataf, et des textes de Bertrand Russell et d'Alain sur la vraie et la folle Résistance, « Documents des *Libres Propos* », cahier n° 1, 1932, 70 p., pp. 3-15, Imprimerie La Laborieuse, Nîmes.

74. Cf. Guy Rossi-Landi, *La Drôle de guerre,* A. Colin, 1971, pp. 117-118 (sur les trente et un signataires, seuls neuf, dont Félicien Challaye, étaient en définitive restés inculpés).

Celui qui animera dans les années 1930 la Ligue internationale des combattants de la paix est né, en effet, le 3 juillet 1892[75]. Fils d'un professeur de lettres, il prépare le concours de la rue d'Ulm à Louis-le-Grand. Reçu en 1912, il s'agrège, après une année de service militaire, à la promotion normalienne de 1913. Mobilisé en 1914, blessé à trois reprises pendant le conflit, il est plusieurs fois cité et termine la guerre avec le grade de capitaine et la Légion d'honneur à titre militaire. Agrégé des lettres en 1919, il est nommé professeur au lycée de Limoges. Profondément ému, en 1928, par la suspension de Georges Demartial, il écrit au grand chancelier de la Légion d'honneur pour lui demander de subir la même sanction. N'ayant pas reçu de réponse, il décide de consacrer sa pension de légionnaire à la publication d'études de Georges Demartial. En janvier 1929, il publie un recueil de trois articles de l'historien accompagné d'une adresse « Aux Directeurs de Journaux et Revues ». Il y écrit :

> « ... Je ne connaissais pas M. Demartial, mais j'avais lu ses ouvrages — *Comment on mobilisa les consciences* et *L'Évangile du Quai d'Orsay* — et ils m'avaient convaincu. Indigné de voir leur auteur frappé pour exprimer une opinion dont la vérité me paraît éclatante, et que j'avais, moi aussi, émise publiquement, j'ai demandé au grand chancelier de m'infliger un traitement identique. Il ne m'a été fait aucune réponse. Comme, dès lors, il me déplaît de tirer de ma pension de chevalier un profit personnel, j'ai décidé de l'employer, chaque année, à répandre quelque écrit de M. Demartial. Je commence, aujourd'hui, par vous adresser l'un des exemplaires que j'ai fait tirer de ses articles sur la partie des Mémoires de Sazonov et de M. Poincaré relative à l'explosion de la guerre. M. Demartial a bien voulu y joindre quelques pages inédites sur les Mémoires d'Asquith... Ayant jadis fait la guerre, comme tant d'autres, plein de confiance dans ce qu'on nous disait de ses nobles motifs et de ses non moins nobles buts, je considère aujourd'hui — et combien d'autres combattants le considéreraient aussi, s'ils étaient mieux informés ! — que le premier de mes droits et le premier de nos devoirs sont d'empêcher le renouvellement de ces impostures, qui sont la honte et qui font le malheur de l'humanité[76]. »

C'est sans doute au nom de ce « droit » et de ce « devoir » que lui-même va, en 1930, engager une polémique publique avec Raymond Poincaré puis publier en 1931 chez Marcel Rivière *Comment fut provoquée la guerre de 1914*.

Et, tout comme Demartial quelques années plus tôt, il défraiera la chronique en 1933, en renvoyant ses papiers militaires[77]. Cette action équivalant à une démission de son grade d'officier de réserve, il redevint soldat de deuxième classe et reçut de ce fait son fascicule de mobilisation, qu'il s'empressa de refuser. Il fut donc condamné, en janvier 1935, à trois mois de prison avec sursis, puis, le procureur ayant fait appel, à six mois d'emprison-

75. Cf. une source particulièrement utile : la notice nécrologique de René Gérin rédigée par Félicien Challaye pour l'*Annuaire* 1958, pp. 57-60.

76. « Aux Directeurs de Journaux et Revues », texte daté de janvier 1929 et inséré au début (pp. 1-2) d'une brochure de seize pages intitulée « Trois historiens qualifiés » (s.d., B.N. 16° G. Pièce 161).

77. L'année précédente, il était devenu secrétaire général de la Ligue internationale des combattants de la paix, organisation que présida longtemps Félicien Challaye; il animera notamment le journal de la Ligue, *Le Barrage*. Ses démêlés avec l'autorité militaire et ses actions volontairement spectaculaires attirèrent sur lui les foudres des groupements nationalistes. Ainsi, au printemps 1933, alors qu'il entreprenait une tournée en Algérie, il fut enlevé, la veille d'une réunion qu'il devait tenir à Alger, par un groupe de Croix de Feu qui l'emmenèrent en voiture et l'abandonnèrent dans la campagne loin de toute habitation (cf. l'article de G. de la Fouchardière dans *L'Œuvre* du 7 juin 1933).

nement sans sursis. Et l'ancien combattant se retrouva effectivement en prison pour plusieurs mois. Parallèlement, dès 1934 il avait été exclu de l'ordre de la Légion d'honneur[78]. Et tout au long de son combat, il avait trouvé les *Libres Propos* à ses côtés.

Ayant depuis longtemps quitté l'Université, René Gérin était devenu rédacteur à *L'Œuvre*. Il continua d'y exercer durant l'Occupation, à la rubrique littéraire. Arrêté pour cette raison à la Libération, il resta en prison à Fresnes de septembre à novembre 1944. Remis à cette date en liberté provisoire, il passa en Haute Cour en juin 1945 pour « intelligence avec l'ennemi » et fut condamné à huit ans de travaux forcés, dix années d'interdiction de séjour et à l'indignité nationale à vie. Emprisonné à la prison de Clairvaux, il bénéficia quinze mois plus tard d'une remise de peine et fut, de ce fait, libéré le 3 octobre 1946 puis relevé de l'indignité nationale. Il luttera dès lors pour la révision de la condamnation pour « intelligence avec l'ennemi »[79]. Mais la mort survint en novembre 1957 avant qu'il ait, éventuellement, pu obtenir gain de cause.

L'univers chartiériste.

Le microcosme chartiériste s'ordonne donc à cette époque en plusieurs cercles de fidélité et d'admiration. Au centre trônent les puissances tutélaires : Alain, bien sûr, mais aussi Romain Rolland, Valéry et Charles Gide. C'est du moins ce qui ressort de l'hommage rendu à ce dernier, après sa mort, par Michel Alexandre dans la revue *Europe :* « En France, pendant et depuis la guerre, quatre hommes, en tout, de cette taille — quatre Grands : Charles Gide, Romain Rolland, Alain, Valéry. Pas un de plus[80]. »

Dans l'établissement de cet Olympe, les liens personnels ont pu jouer : ainsi, Valéry figure peut-être sur la liste proposée par Michel Alexandre à cause de l'admiration notoire que lui voue le maître Alain ; et Charles Gide est proche de Michel Alexandre par un combat pacifiste commun durant le conflit précédent et par des rapports communs avec le mouvement coopératif nîmois. Mais l'essentiel est sans doute ailleurs. Ces quatre hommes, en fait, sont des « Grands » aux yeux de Michel Alexandre et de ses amis parce qu'ils ont pris, sur des registres différents mais convergents, des positions pacifistes. Celles de Romain Rolland sont connues, et celles d'Alain et de Charles Gide ont déjà été évoquées plus haut. Quant à Paul Valéry, il a, par exemple, prononcé, au début des années 1930, plus précisément le 22 janvier 1931, en recevant le maréchal Pétain à l'Académie française, un discours aux accents pacifistes qui connut un grand écho.

Pourtant, plus que par ces « Grands » qui luisent sur la voûte qui surplombe le microcosme chartiériste, l'univers intellectuel des normaliens est éclairé par des astres moins scintillants mais plus proches : d'une part, des disciples d'Alain — les Alexandre, par exemple —, d'autre part, aux côtés de ces

78. René Gérin, *Honneur et Patrie, ou comment j'ai été exclu de la Légion d'honneur*, Éditions de la Ligue internationale des combattants de la paix, 1934. Cette brochure indique sur la page de garde, sous le nom de l'auteur : « Ancien élève de l'École normale supérieure, Agrégé des lettres, Ex-vainqueur de la guerre " du droit et de la civilisation ". »

79. Cf. René Gérin, *Un procès de la Libération*, deuxième édition augmentée de *La Justice Enferrée*, les Cahiers de Contre-Courant, 1954, paginé 33-64.

80. Michel Alexandre, « Charles Gide (1847-1932) », *Europe*, 1932, t. XXX, n° 118, pp. 281-288, citation p. 281.

chartiéristes de pure souche, des compagnons de combat pacifiste comme ceux que nous venons d'évoquer. Et, sans anticiper sur la décennie suivante, remarquons que les uns et les autres seront, le plus souvent, des membres actifs du Comité de vigilance des intellectuels antifascistes — Jeanne et Michel Alexandre, René Gérin, Félicien Challaye et Georges Bénézé appartiendront à la première vague d'adhérents[81] — et se situeront, quand surgiront en son sein les premières dissensions, dans la tendance des pacifistes intégraux. Bien plus, en septembre 1939, parmi les trente et un signataires du tract « Paix immédiate » figureront, outre Alain, le couple Alexandre, René Gérin et, on l'a vu, Félicien Challaye.

Dès lors, il est tentant d'établir une généalogie des influences entre ces pacifistes et leurs cadets, khâgneux et normaliens des années 1920. Au Comité de vigilance des intellectuels antifascistes, nous retrouverons, en effet, une strate plus jeune composée de ces étudiants parvenus entre-temps au seuil de la trentaine. Et ces derniers, professeurs en province dans leur premier ou leur deuxième poste, appartiendront le plus souvent à la même tendance de ce Comité. En outre, le seul d'entre eux qui deviendra en 1936 parlementaire — René Château — fera partie, durant la drôle de guerre, du noyau de députés pacifistes.

Les élèves d'Alain des années 1920.

D'emblée, une remarque s'impose : les élèves d'Alain n'ont jamais été très nombreux, à cette date, rue d'Ulm. Jusqu'en 1926, en effet, les promotions littéraires de l'École ne comptent guère chaque année que deux, trois ou quatre anciens khâgneux d'Henri-IV. Encore faut-il faire la distinction, parmi eux, entre ceux qui sont réellement devenus en khâgne des disciples du philosophe et ceux qui traversent leurs années de classe préparatoire sans qu'à aucun moment Émile Chartier cesse d'être seulement à leurs yeux un professeur chargé de les former en vue d'un concours d'entrée dans une Grande École.

On appellera ici élèves d'Alain, parmi ces anciens d'Henri-IV, les normaliens, la plupart du temps philosophes, qui s'agrègent au petit groupe dont nous venons d'étudier les traits constitutifs et la sensibilité commune. Leur nombre est rapide à établir. En 1922[82], aucun des deux reçus (Bouxin et Flacelière) n'est chartiériste. Et l'absence de succès du lycée de la place du Panthéon en 1923 n'entraîne aucun changement statistique. Parmi les reçus de 1924 (Perret, Pons, Canguilhem, Monchoux), c'est l'élément tala qui prédomine, avec cependant un alinien de poids, Georges Canguilhem. Avec deux des trois reçus de l'année suivante (Harnois et Ganuchaud, le troisième, non chartiériste, étant le futur historien Alphonse Dupront), on peut alors observer l'embryon d'un groupe chartiériste. Mais il faudra attendre 1927 pour qu'une deuxième strate sédimente. Dans la promotion 1926 (Piéri, Borne, Le Gentil), ce sont en effet à nouveau les talas qui l'emportent. En revanche, 1927 voit sept élèves entrer d'un seul coup rue d'Ulm (Guindey, Parreaux, Pétrement, Lemiels, Hourcade, Robert, Château), dont trois sont indiscutablement

81. Cf. *Libres Propos*, nouvelle série, 8e année, n° 3, 25 mars 1934, p. 142.
82. Pour s'en tenir ici aux seuls khâgneux des années 1920. Si l'on remontait très légèrement en amont, il faudrait mentionner Jean Prévost, de la promotion de 1919, et Jean Laubier, entré à l'École en 1921. L'un et l'autre, on l'a vu, ont été d'incontestables chartiéristes.

chartiéristes (Guindey, Pétrement, Château). Et si Canguilhem, agrégé de philosophie, quitte l'École normale supérieure en cette même rentrée 1927, les trois « bizuths » forment avec Harnois et Ganuchaud un groupe qui cesse d'être négligeable. D'autant que l'année suivante la vague d'Henri-IV, forte à nouveau de sept élèves (J. Weill, Guillon, S. Weil, Richard, Cahen, Bernard, Jamet), apporte deux nouveaux disciples : Simone Weil et Claude Jamet.

Bien plus, le groupe des « élèves d'Alain », rue d'Ulm, ne se limite pas aux seuls khâgneux d'Henri-IV. Certaines classes préparatoires de province distillent, on l'a vu, par disciples d'Alain interposés, quelques chartiéristes chaque année : c'est le cas, par exemple, dans la promotion de 1928, du poitevin Camille Marcoux. En outre, quelques autres normaliens, sans être forcément philosophes et sans adhérer à la doctrine du maître, vont se rapprocher en maintes circonstances du clan alinien : ainsi Frantz Molino ou Lucien Roubaud, reçus l'un et l'autre en 1926.

L'effectif du groupe chartiériste ainsi entendu est donc loin d'être négligeable à la rentrée de 1928 : plus d'une dizaine de normaliens, sur les cent vingt élèves environ qui constituent les quatre promotions littéraires de 1925 à 1928. Proportion d'autant moins dérisoire que la plupart de ces disciples se montreront, rue d'Ulm, particulièrement remuants. D'où la nécessité de les évoquer tour à tour; à cet effet, la démarche la plus logique est de les saisir dans l'ordre dans lequel ils apparaissent dans la sédimentation du groupe. Mais en accordant plus d'attention à ceux dont nous évoquerons, en d'autres chapitres, l'itinéraire ultérieur : Georges Canguilhem, Guillaume Guindey, Claude Jamet et surtout René Château.

Georges Canguilhem, futur inspecteur général de philosophie et professeur à la Sorbonne, restera toute sa vie un des proches d'Alain : en 1932, par exemple, Michel Alexandre se trouvant de plus en plus accaparé par son enseignement en hypokhâgne, c'est lui qui jouera un rôle décisif dans la poursuite de la publication de la revue *Libres Propos*. Et près de vingt ans plus tard, en juin 1951, il « recueillit le dernier soupir[83] » du maître. Entre-temps, nous le verrons, le pacifiste des années 1920 était devenu un grand résistant : membre de *Libération-Sud*, il sera Lafont dans la Résistance et recevra la croix de guerre le 12 septembre 1944. Nous sommes loin, en ce mois de septembre 1944, de la Revue de l'École de 1927, où le normalien Georges Canguilhem rédigeait, sur le thème de « l'utilisation des Intellectuels en temps de guerre », des couplets incisifs. La tonalité de ces couplets constitue un premier indice de l'influence chartiériste sur le jeune agrégatif. Reste à reconstituer de quelle façon s'exerça cette influence.

Rien ne prédisposait apparemment ce fils de tailleur, né le 4 juin 1904 à Castelnaudary, à franchir un jour le seuil de l'École normale supérieure. Ses parents possédaient bien à cette date une propriété de plusieurs dizaines d'hectares dans le Sud-Ouest, mais les difficultés qu'entraînait pour cette famille modeste l'entretien d'un tel patrimoine contraignaient le père à

---

83. L'expression est de Michel Alexandre, dans une lettre du 12 juin 1951 à Henri Bouché relatant les derniers jours d'Alain. Ainsi, le samedi 2 juin, « le souffle difficile seul témoignait de ce dernier combat qui n'eut jamais l'allure d'une agonie (aucun râle). Nous étions là, avec Mme Chartier, Cancouët, Savin, Buffard, Bost, Barbier et moi. Canguilhem s'est joint à nous vers le soir, et ce fut lui qui, à 23 h 35, recueillit son dernier soupir (qui fut vraiment le soupir par où l'âme se rend) » (lettre publiée dans *En souvenir de Michel Alexandre*, p. 537).

coudre douze heures par jour[84]. De ce fait, Georges Canguilhem, dont tous les amis de jeunesse deviendront cultivateurs, souhaitait à cette époque être exploitant agricole. Ses succès scolaires en décidèrent autrement : alors que son frère aîné devient électricien, il effectue de brillantes études secondaires au collège de Castelnaudary et c'est le principal de l'établissement — qui était en même temps son professeur de philosophie — qui l'aiguille vers la préparation du concours littéraire de la rue d'Ulm. N'ayant obtenu de bourse que pour la khâgne de Montpellier, il y renonce pour s'inscrire à Henri-IV, où ses bons résultats en philosophie — il est classé premier au deuxième trimestre — le font remarquer par le proviseur, M. Daux, qui lui alloue une bourse d'honneur. Et l'année suivante, une bourse nationale, enfin transférée à Henri-IV, prendra le relais.

Déjà, indirectement, l'itinéraire de Georges Canguilhem croise celui d'Alain : c'est la bonne note mise par ce dernier qui détermine la décision du proviseur et favorise ainsi le maintien du jeune homme à Henri-IV. Le séjour dans ce lycée allait durer trois ans, de 1921 à 1924. Vaguement sillonniste en entrant, il en ressort profondément imprégné par la pensée d'Alain. Ce dernier portera sur son élève, en 1924, l'appréciation suivante : « Élève brillant, de culture déjà avancée; parties de jugement et d'invention. Vif, résolu et content. »

Le jeune khâgneux est reçu seizième, ex aequo avec Armand Bérard, au concours de 1924 et ses études rue d'Ulm seront, de fait, « brillantes » : en 1926, il soutient un diplôme d'études supérieures sur « la théorie de l'ordre et du progrès chez Auguste Comte » avec Célestin Bouglé et, l'année suivante, il est reçu deuxième à l'agrégation de philosophie, encadré par les normaliens Paul Vignaux, premier, et Jean Cavaillès, quatrième. Seul l'étudiant Jean Lacroix, classé troisième, réussit à se glisser au sein de ce peloton ulmien.

Mais l'essentiel de ce séjour rue d'Ulm est ailleurs : le disciple d'Alain y est d'autant plus actif que les chartiéristes sont à l'époque bien rares. Certes, il n'est plus à l'École en 1928 au moment de l'affaire de la préparation militaire supérieure, mais lui-même avait déjà fait circuler en 1925 une pétition contre cette préparation[85]. Cette pétition, en fait, n'eut pas de suites mais l'épisode, avec le recul, prend figure de répétition générale. Bien plus, on l'a vu, l'agrégatif de philosophie participe de très près à la rédaction des couplets antimilitaristes qui firent scandale lors de la Revue de 1927 et il fut peut-être à l'origine de la pétition contre la loi Paul-Boncour. Et si les élèves d'Henri-IV restent bien peu nombreux à l'École en ces années 1924-1927, Georges Canguilhem gagne au pacifisme alinien des normaliens venus d'autres khâgnes, tel Sylvain Broussaudier. Tout naturellement, il participe en 1927 à la renaissance des *Libres Propos :* dans le numéro 1 de la nouvelle série, le 20 mars, on trouve en effet un compte rendu intitulé : « La philosophie d'Hermann Keyserling » signé C. G. Bernard, dont l'auteur n'est autre que Georges Canguilhem[86].

Ce dernier ne pouvait qu'échouer, volontairement, au brevet de la préparation militaire supérieure. L'épisode est resté célèbre : le jeune normalien fit

84. D'après G. Canguilhem, entretien avec l'auteur, 7 mai 1981. Les revenus de sa famille s'élèvent en 1924 à 9000 francs par an (dossier ENS, Arch. Nat. 61 AJ 251). Un couple d'instituteurs d'une quarantaine d'années gagne à la même date 18000 francs environ.

85. Témoignage de Sylvain Broussaudier, correspondance avec l'auteur, janvier 1976.

86. D'après Jeanne Michel-Alexandre (*op. cit.*, p. 73), qui localise à tort Georges Canguilhem dans les casernes à cette date.

malencontreusement tomber sur le pied de l'officier chargé de surveiller l'examen un trépied de mitrailleuse qu'il était censé démonter. Dès lors, son sort était scellé, et c'est un service militaire de dix-huit mois qu'il effectuera, de novembre 1927 à avril 1929. Simple soldat au début, il sera ensuite contraint de suivre le peloton de brigadier.

Un tiers seulement de la promotion littéraire de 1925 signera, trois ans plus tard, on le verra, la pétition contre la PMS. Parmi les neuf signataires de cette promotion, deux des trois khâgneux d'Henri-IV reçus cette année-là : Guy Harnois et Jacques Ganuchaud. Si le premier, malgré de bons résultats de philosophie en khâgne, oblique, rue d'Ulm, vers l'agrégation des lettres — à laquelle il sera reçu en 1930 —, il n'en demeure pas moins durant son séjour à l'École un membre du premier cercle chartiériste. En 1927, il sera refusé au brevet de la PMS, après avoir apparemment suivi sans grande assiduité cette préparation. Dans son dossier figure, par exemple, une lettre adressée au surveillant général Roger Dion et lui demandant de l'excuser auprès du commandant chargé de la PMS car, parti passer le dimanche à Rouen, il n'a pu rentrer le lundi à cause d'une « stupide chute de bicyclette » ; or il se trouve que « la période intensive de la préparation militaire a précisément lieu cette semaine ». Et deux ans plus tard, il figurera parmi les vingt-quatre normaliens traduits devant le conseil de discipline après l'affaire de Quimper.

Tout comme, du reste, son camarade Jacques Ganuchaud. Ce dernier est né à Paris le 13 décembre 1905, fils d'un sculpteur et d'une modiste. Élève du lycée Buffon, il avait obtenu en 1923, en première A, le deuxième accessit de version latine et le cinquième accessit de version grecque au Concours général. Dès lors, l'aiguillage vers la khâgne était allé de soi. Et, après le baccalauréat de philosophie passé en 1924 avec la mention Bien, il était entré au lycée Henri-IV, en même temps que d'autres jeunes gens, tels René Château, Pierre Letellier ou Simone Pétrement. Lui-même n'y passa qu'une année, reçu dixième à l'École normale supérieure dès 1925. Mais cette année avait suffi pour que le marque à jamais l'empreinte d'Alain, qui notait d'ailleurs à son sujet, en mars 1925 : « Excellent élève, et qui ne peut manquer d'attirer l'attention par un savoir rigoureux et des analyses originales et pénétrantes. La forme répond à l'idée. » Bien plus, il était resté en contact étroit avec ses camarades demeurés en khâgne. Des liens d'amitié l'uniront dès lors, notamment, à René Château ou à Simone Weil, entrée en 1925 à Henri-IV. Et quand ces élèves seront reçus au concours de la rue d'Ulm en 1927 et 1928, Ganuchaud sera un ciment entre eux et la strate alinienne déjà présente à l'École.

En 1927-1928, il prépare un diplôme d'études supérieures avec Léon Brunschvicg sur « le mouvement d'après Descartes ». La note obtenue, 10 sur 20, en dit long sur les rapports qu'entretiennent alors les élèves d'Alain avec le professeur de philosophie de la Sorbonne. Raymond Aron, l'un des rares normaliens à conserver de bonnes relations avec les deux hommes à la fois, a précisé, près d'un demi-siècle plus tard, dans une réunion de la Société française de philosophie, en quels termes ils se trouvaient alors :

> « Après la guerre, Alain et Brunschvicg ne se voyaient pour ainsi dire pas. Les élèves d'Alain évitaient Léon Brunschvicg qui en était affecté ; il me raconta un jour : Les élèves d'Alain viennent expliquer Descartes, ils commencent en disant : " Surtout, écartons tous les textes, ne nous laissons pas empêtrer dans l'érudition,

relisons Descartes, comme si nous le lisions pour la première fois ", puis ils me récitaient par cœur l'interprétation d'Alain[87]. »

L'appréciation formulée par Léon Brunschvicg sur le travail de Jacques Ganuchaud reste cependant mesurée : « Concepts toujours un peu singuliers ; mais un effort sérieux de concentration et de " communicabilité ". » On est loin, par exemple, de ce que ce professeur écrira en 1929 sur Simone Weil, qu'il notera 11 sur 20 à son mémoire de DES l'année suivante : « Intelligence repliée sur elle-même et peu disposée à sortir de la monade qu'elle s'est, peut-être artificiellement, construite », ou sur Camille Marcoux : « Sérieux, mais victime de partis pris qui entraînent vis-à-vis des auteurs qu'il étudie des espèces d'hallucinations négatives » ; ou des paroles proférées à l'encontre de René Château, qui se montrait volontiers frondeur à son cours : « J'aime bien Chartier, mais j'aime moins les succursales[88]. »

Pendant les vacances de 1928, Jacques Ganuchaud participe au Service civil de Pierre Cérésole et il rend compte de l'expérience, à l'automne, dans ses « Lettres du Liechtenstein » publiées par les *Libres Propos*. Les élèves d'Alain, avaient soutenu cette initiative du suisse Cérésole qui devait, à leurs yeux, remplacer le service militaire. Et déjà, l'année précédente, quand Lucien Cancouët, aidé par quelques jeunes chartiéristes, avait fondé le Groupe d'éducation sociale, c'est Jacques Ganuchaud qui avait signé la déclaration d'association le 11 août 1927[89].

Liens étroits avec les disciples les plus fidèles d'Alain, contacts gardés avec la khâgne de ce dernier, rapports dépourvus d'aménité avec Brunschvicg, contribution au Service civil et collaboration aux *Libres Propos*, autant de traits qui font de Jacques Ganuchaud l'une des figures de premier plan du groupe alinien rue d'Ulm. D'autant qu'il milite également au mouvement La Volonté de paix de Madeleine Vernet.

En novembre 1928, alors qu'il est agrégatif de philosophie, il est un des neuf membres de la promotion littéraire de 1925 à signer la fameuse pétition contre la PMS. Bien plus, il publiera à chaud ses « Réflexions sur la pétition des normaliens » dans *La Volonté de paix* de décembre 1928 puis dans les *Libres Propos* de février 1929. Il y expose notamment l'« idéal » des signataires de la pétition :

> « Cet idéal, le voici. Nous considérons la Paix, non seulement comme une chose désirable, mais comme quelque chose qui existe depuis que l'humanité existe, qui est impliquée dans toute civilisation, et qui s'affermit au fur et à mesure que la civilisation se développe. Nous considérons la guerre comme une anomalie, comme une erreur de la vertu, qui s'ignore elle-même et vient se mettre au service de cette fureur animale qu'elle avait pour essence de discipliner. Apercevant dans le travail d'une part, et d'autre part dans les multiples moyens qu'ont aujourd'hui les hommes de se connaître, la négation absolue de la guerre, c'est pour nous un grand étonnement et un grand scandale qu'elle ait existé si près de nous

87. Témoignage de Raymond Aron à une réunion de la Société française de philosophie, le 22 novembre 1970 (*Bulletin* n° 33-34 de l'Association des Amis d'Alain, janvier 1972, pp. 66-67). Sur les mauvais rapports entre Léon Brunschvicg et les élèves d'Alain, cf. également Simone Pétrement, *op. cit.*, pp. 128 et 150-157.

88. D'après Claude Jamet, lui ausi élève d'Alain (entretien avec l'auteur, juin 1982). Claude Jamet attribue également à Léon Brunschvicg cette phrase concernant Alain : « Tout de même, vous ne me ferez pas croire que Platon enseigne la philo au lycée Henri-IV » (*Ibid.*, et *Images de la littérature*, Sorlot, 1943, p. 113).

89. Simone Pétrement, *op. cit.*, p. 117.

> et qu'elle soit encore à craindre. Nous ne pouvons expliquer sa possibilité que par une institution, qui vient prolonger et organiser en actes ces fréquents mais courts mouvements de colère animale, qui autrement seraient perdus et absorbés dans l'immense courant de Paix qui fait que l'humanité existe. Cette institution, dès lors jugée néfaste, c'est l'Armée.
> Nous refusons d'être officiers, car ce serait adhérer à l'Armée. Nous voulons y aller contraints, comme soldats. »

Cette analyse de la paix et de la guerre entre les nations — dans laquelle, on le verra, Raymond Aron baigna lui aussi quelque temps — méritait d'être retranscrite. Elle nous éclaire en effet sur l'univers intellectuel du jeune normalien dix ans après la fin du premier conflit mondial. Bien plus, à travers lui, à défaut de l'ensemble de cette génération pacifiste que nous étudions, c'est au moins la strate chartiériste qui peut être ainsi sondée, en ce qui concerne les raisons proclamées de son hostilité à la PMS. Au reste, Michel Alexandre ne s'y est pas trompé, qui présente, en note, l'article de Jacques Ganuchaud en ces termes : « ces Réflexions... rassemblent avec tant de force et, en dépit de certains traits, avec tant de mesure, les idées qui ont inspiré la fameuse pétition, qu'elles doivent être conservées ici comme son plus juste commentaire. » Michel Alexandre est toutefois contraint de nuancer en concédant la présence dans le texte de « certains traits » moins mesurés. Qu'on en juge, entre autres, par la conclusion de l'article :

> « ... on nous a rappelé l'exemple de nos 239 camarades morts à la guerre, comme officiers. Nous pensons qu'ils ont été des héros, ce que nous ne serons peut-être jamais. Mais nous préférons oublier qu'ils sont partis pour la guerre après en avoir accepté l'éventualité. Nous ne voudrions pas qu'on nous force à dire qu'avant d'être des héros ils ont été des lâches. »

L'outrance du discours caractérise, par endroits, les déclarations du petit noyau regroupé autour des *Libres Propos*. Et le verbe se fait notamment plus âpre dès qu'il est question du premier conflit mondial.

Dans son article, Jacques Ganuchaud notait également : « Il faudrait savoir que les résistants à la préparation militaire ne font pas figure de malins auprès de leurs camarades et de leurs chefs, mais de fous... Si l'on avait pensé à tous ces petits sacrifices qu'entraîne le refus de la préparation militaire, je crois qu'on serait allé moins vite à nous accuser de légèreté et d'égoïsme. » Et, de fait, à la même époque, il fut l'un des rares normaliens à ne pas se présenter au brevet de la PMS, après avoir déjà été, en première année d'instruction militaire, jugé « très irrégulier ». Fort logiquement, il est, en outre, en juillet 1929, l'un des vingt-quatre élèves de la rue d'Ulm traduits devant le conseil de discipline au moment de l'affaire des normaliens de Quimper. Et, durant le même été, après un échec à l'agrégation de philosophie, il se consacre à une consultation populaire sur le désarmement parmi les paysans de Charente-Inférieure. Après une dizaine de conférences sur ce thème dans plusieurs communes du département, trois mille électeurs furent consultés par écrit et, en novembre, 20 % environ d'entre eux se prononçaient en faveur du désarmement général[90].

A l'instar de Georges Lefranc pour les socialistes, René Château est sans doute, rue d'Ulm, le chartiériste le plus représentatif et le plus actif, et il peut

90. Cf. *Libres Propos*, n° 11, 3e année, nouvelle série, 20 novembre 1929, p. 536, note 1.

apparaître lui aussi à cette date comme l'un des « espoirs » de cette génération normalienne. Or, tout comme Georges Lefranc, son itinéraire politique se brisera à la Libération. Ce jeune député du Front populaire de vingt-neuf ans connaîtra alors, en effet, la prison.

A nouveau, nous retrouvons un fils d'instituteurs. Le futur député est né le 27 juin 1906 à Mouthiers, dans les Charentes, aîné d'une famille de deux enfants. Les grands-parents, des deux côtés, étaient métayers et domestiques-gardiens de château. Dans les années 1920, le père et la mère, instituteurs à Segonzac[91], envoient tour à tour leurs deux fils en khâgne à Henri-IV. René Château y passera de 1924 à 1927 et Jean Château de 1926 à 1929. L'un et l'autre ont été auparavant au lycée d'Angoulême, où leur professeur de philosophie joua un rôle fondamental dans leur aiguillage vers la khâgne[92]. En classe terminale, René Château avait, du reste, obtenu le premier accessit de philosophie au Concours général. Et ce brillant provincial se révélera, chez Alain, « le meilleur dans une classe de valeur[93] ».

Cette classe est surtout le lieu où s'exercera sur lui l'influence décisive de son professeur et où se tisseront des liens étroits avec quelques khâgneux qui deviendront eux aussi disciples du maître. En 1944, dans la préface qu'il donne à un recueil d'articles publiés au cours des années précédentes, il revendiquera, d'ailleurs, bien haut cette filiation chartiériste :

> « J'ai quelque grain d'anarchie, sans doute, dans un repli. Ce peut être par tempérament. Ou plutôt c'est par l'éducation d'Alain, mon vieux maître, qui m'a mis pour toute ma vie de l'inquiétude et même de la contradiction dans l'esprit. C'est sa manière. La main qu'il vous a posée sur la nuque, au temps de jeunesse, jamais elle ne vous lâche plus. Et cela a fait toute une école de mal-disants et de mal-pensants. Du radicalisme trop radical, des athées presque chrétiens et des pacifistes presque guerriers, tant ils haïssent la guerre. J'ai perdu de vue la plupart de mes condisciples[94]. »

Ces « condisciples », rencontrés dès les années de khâgne, sont devenus pour les uns normaliens — ainsi Jacques Ganuchaud, Guillaume Guindey ou Simone Weil —, pour les autres étudiants à la Sorbonne, tel Pierre Letellier.

René Château passera, au sortir de la khâgne, trois années rue d'Ulm, entre l'automne 1927 et sa réussite à l'agrégation de philosophie en juillet 1930. Et tout au long de ce séjour, il va déployer une intense activité pacifiste. On le retrouve, en première ligne, sur tous les fronts du militantisme chartiériste. C'est lui, par exemple, qui sert d'intermédiaire entre le cheminot Lucien Cancouët et les élèves d'Alain : ce dernier, en effet, avait mis en rapport les deux hommes et ce sont eux, ainsi que quelques camarades de René Château, qui animèrent, on l'a vu, les activités du Groupe d'éducation sociale, dont le jeune normalien rend compte dans plusieurs articles des *Libres Propos*. Il participe, du reste, à la vie de cette revue, relancée au printemps 1927, dès son entrée à l'École : dans le numéro d'octobre, il publie un article philosophique, « Du mouvement rectiligne ». Dès lors, sa collaboration sera féconde avec la revue dirigée par Michel Alexandre. Il y publiera notamment, on l'a signalé,

---

91. Dossier ENS de René Château, Arch. Nat. 61 AJ 254. Son père deviendra par la suite directeur d'école à Segonzac et militera parallèlement dans le syndicalisme enseignant (entretien avec Mme R. Château, 17 juin 1982 ; *A la recherche du temps futur*, en 1944, est dédié « à mon père, militant »).
92. Témoignage de Jean Château, correspondance avec l'auteur, 13 octobre 1980.
93. « Préface » d'Alain à *Introduction à la politique*, Publications Chateaubriand, 1947, p. V.
94. René Château, *A la recherche du temps futur*, Denoël, 1944, p. 11.

deux articles sur le Service civil de Pierre Cérésole, qu'il avait rejoint durant l'été 1928. Et à la même époque, il milite aussi au mouvement La Volonté de paix.

On retrouve donc René Château sur tous les théâtres d'opération chartiéristes, et il y tient souvent une place de premier plan. Cette place est, en tout cas, manifeste pour ce qui concerne l'opposition, rue d'Ulm, à la préparation militaire supérieure. Son dossier de normalien indique qu'en raison de « nombreuses absences non justifiées » en première année de PMS en 1927-1928, il doit redoubler cette année, et un tableau de présence à la PMS retrouvé dans les archives de l'École[95] montre que durant sa deuxième « première année » de préparation militaire, il ne fut guère plus assidu : ainsi, du 20 novembre 1928 au 21 février 1929, il est onze fois présent et onze fois absent. C'est la raison pour laquelle, l'année suivante, les responsables militaires tentent de lui faire suivre à la fois les cours de première et deuxième années de PMS. En pure perte, semble-t-il. Le 13 novembre 1929, il écrit en effet une lettre au directeur de l'École où il retrace à sa manière l'historique de sa préparation militaire. Ou plutôt de son impréparation militaire : la première année, il souffrait d' « une hernie très évoluée » ; la deuxième année, une opération à la fin des vacances de 1928 l'a contraint à « s'abstenir pendant quelques mois de tout exercice physique » ; et, en cette troisième année d'École, il souffre encore des suites de cette opération, et notamment d'une « douleur sourde suivant un effort trop violent ». En conséquence, il demande au directeur Ernest Vessiot, à un moment où l'autorité militaire souhaite lui faire suivre deux années de préparation en une seule — alors qu'il est, à cette date, agrégatif de philosophie —, à être exempté de la PMS « de la même manière qu'un soldat est, par inaptitude, réformé au régiment ».

Il avait aussi écrit une lettre au colonel commandant la PMS , dans laquelle il expliquait les raisons pour lesquelles il n'avait pu suivre, depuis le 1er juillet 1929, une période intensive d'instruction militaire. Il souffrait toujours « des suites d'une opération qui [le] rendent impropre aux exercices physiques », et, comble de malchance, il avait également eu une « grippe tournant à la bronchite » et une « fatigue générale ». Pour toutes ces raisons, concluait-il, « j'ai cru que le mieux était de me dispenser et de dispenser les moniteurs d'une aussi inefficace assiduité ».

Ce manque d'assiduité — dont l'épilogue logique sera que René Château, l'année suivante, ne se présentera pas au brevet de la PMS — et cette correspondance frisant par endroits l'insolence sont à replacer dans le contexte de la campagne antimilitariste croissante à l'École à partir de 1927. Or René Château a été l'un des deux ou trois protagonistes les plus actifs de cette campagne. C'est lui, notamment, qui fut à l'origine de la pétition contre la PMS à l'automne 1928. Et, l'année suivante, il sera traduit devant le conseil de discipline de l'École, au moment de l'affaire du soutien aux normaliens de Quimper, ce qui lui vaudra une « réprimande avec inscription au dossier ».

A la même promotion littéraire de 1927 et au même groupe des normaliens chartiéristes appartenait aussi Guillaume Guindey. Comme quelques-uns de ses camarades d'Henri-IV de cette décennie, il fut reçu au concours de la rue d'Ulm au bout d'une seule année de préparation. Et là encore, l'orientation vers la khâgne commença par un succès au Concours général.

95. Arch. Nat. 61 AJ 198.

Ce futur inspecteur des finances est né le 19 juin 1909 à Évreux. Son grand-père paternel, Anatole Guindey, médecin dans cette ville, avait été élu, comme candidat « républicain », à une élection sénatoriale partielle en mars 1891 et demeura sénateur de l'Eure jusqu'à sa mort en 1898. Son père, ancien sous-préfet de Boulogne, engagé volontaire en 1914, tomba à la bataille de la Marne. Pupille de la nation et bientôt orphelin de père et de mère (morte en 1919), Guillaume Guindey effectue ses études secondaires au lycée d'Évreux puis, à partir de la troisième, au lycée Janson-de-Sailly, et il est reçu au baccalauréat de philosophie en 1926 avec la mention Très Bien. La même année, il avait obtenu un troisième prix de philosophie au Concours général. Et, à la rentrée d'octobre, il entre, sur les conseils de Xavier Léon, dans la khâgne d'Alain. Le séjour y sera bref : dès l'été suivant, il est reçu — quatrième — au concours de la rue d'Ulm, dans la section C.

A Henri-IV, l'enseignement d'Alain avait été une « révélation totale[96] » pour le jeune lycéen, enthousiasmé, entre autres, par un cours sur la perception et une explication de la *Critique de la raison pure*. Dès lors, une commune admiration pour le Maître le rapproche du petit groupe des chartiéristes. Il faut toutefois noter d'emblée que, dans son cas, l'influence alinienne est, dès le début, essentiellement intellectuelle, sans connotation politique.

Le passage par la rue d'Ulm sera également bref : deux ans, jusqu'au 1er novembre 1929, date à laquelle il donne sa démission, « pour s'orienter vers l'inspection des Finances[97] ». De fait, après avoir soutenu en juin 1930 un mémoire intitulé « Commentaires de la lettre XII de Spinoza à Louis Meyer sur l'Infini » et effectué la même année son service militaire à la compagnie météorologique du fort de Saint-Cyr, il prépare, à l'École libre des sciences politiques, le concours de l'inspection des Finances auquel il sera reçu premier en 1932. Cette bifurcation, on le verra, est sans doute essentielle pour éclairer l'itinéraire ultérieur de l'ancien chartiériste Guillaume Guindey.

Avant qu'elle se produise, le jeune normalien avait commencé par mener, de 1927 à 1929, de classiques études de philosophie, obtenant, en mars 1928, le certificat de philosophie et logique, avec la mention Très Bien, en juin 1928 celui d'histoire de la philosophie avec la mention Bien et passant en mars 1929 la morale et sociologie avec une mention Assez Bien. Mais cette période ulmienne est surtout le moment d'une participation aux activités des chartiéristes de l'École. Reçu, en effet, en même temps que René Château et Simone Pétrement, il s'agrège au petit groupe que ces derniers vont former avec les rares élèves d'Alain déjà sur place et auquel viendra se joindre l'année suivante Simone Weil. Les liens restent, en outre, étroits avec les chartiéristes restés en khâgne ou passés en Sorbonne, tels Pierre Letellier ou Jean Château, le frère de René Château.

Avec ce dernier, Guillaume Guindey constitue une turne, rue d'Ulm. Très lié également avec Simone Weil, il l'emmena à plusieurs reprises avec lui lors de ses visites aux indigents du quartier autour de la rue Mouffetard[98]. Il participa surtout, nous l'avons vu, au Groupe d'éducation sociale destiné aux employés de chemin de fer. Enfin, influencé par le pacifisme d'Alain, il signa la pétition contre la PMS en novembre 1928. Et, au cours des mois qui suivirent, il ne

96. Entretien avec l'auteur, juillet 1982.
97. Dossier ENS, Arch. Nat. 61 AJ 254.
98. S. Pétrement, *op. cit.*, p. 112.

montra guère d'assiduité aux séances de cette préparation militaire : du 20 novembre 1928 au 21 février 1929, il est absent quatorze fois sur vingt-deux.

Dans cette galerie des portraits d'élèves d'Alain, Guillaume Guindey occupe toutefois une place à part. Il semble bien qu'il ait gardé, dès le début, ses distances par rapport au « clan » des disciples les plus inconditionnels : bien que « coturne » de René Château, par exemple, il n'écrira pas dans les *Libres Propos*. Par ailleurs, on l'a déjà dit, l'attrait exercé sur lui par Alain a toujours été plus philosophique que réellement politique. Autant de garde-fous qui lui feront progressivement prendre ses distances par rapport au pacifisme chartiériste, face à la montée des périls ? Assurément. Avec, de surcroît, la bifurcation professionnelle vers l'inspection des Finances, déjà évoquée.

Claude Jamet, de la promotion suivante, n'a passé lui aussi qu'une année dans la khâgne d'Alain, ce qui ne l'a pas empêché d'être marqué pour la vie par son professeur de philosophie. Et, à la différence de son camarade Guillaume Guindey, cette empreinte eut de fortes incidences politiques. Bien plus, ce pacifisme alinien a toujours été revendiqué et assumé, y compris pendant le second conflit mondial.

En 1949, en effet, à l'heure où l'ancien normalien publie une « Confession sans repentir » sur son attitude durant ce conflit, l'ouvrage où est inséré ce texte est dédié au « maître » Alain[99]. Cette « Confession », rédigée le 1er janvier 1945 en prison, commence par un paragraphe intitulé « A l'École d'Alain » :

> « Je suis un disciple d'Alain. Il en est de moins indignes, sans doute ; je ne crois pas qu'on en puisse citer de plus fidèle. Politiquement parlant — pour ne rien dire du reste — c'est lui qui m'a créé. *Ex nihilo.* J'avais dix-sept ans. Il m'a pris dans le néant enfantin, la bêtise originelle où je pataugeais encore ; il m'a pris comme on prend un objet dans ses mains, et il m'a mis *à gauche.* Une fois pour toutes. « Contre les pouvoirs », selon sa propre expression ; en position d'âne rouge, à titre indélébile ; mal-pensant incurable. Dans la guerre, notamment, c'est lui qui m'a appris à reconnaître le pire de tous les maux humains, et le plus fou. Sur quoi, je n'ai jamais varié depuis, et je compte bien que je ne varierai jamais. »

De fait, en octobre 1927, Claude Jamet arrive en khâgne à Henri-IV, dans la classe d'Alain. Il est né dix-sept ans plus tôt, en juillet 1910, à Paris, dans un milieu modeste. C'est tout au moins ce qu'il suggère dans un autre texte, publié en 1936 : « A la base, l'amour du peuple. Parce que j'en suis. La toile cirée, les galoches. La ceinture de flanelle rouge de mon oncle. Les gros mots et le bon cœur. Le pain coupé sur le ventre. J'ai grandi dans un atelier, parmi les chansons des ouvrières. J'ai treize cousins, tous charpentiers ou serruriers. Je pourrais être prolétaire[100]. » Le dossier de scolarité de Claude Jamet à l'École conduit à nuancer légèrement ce tableau. La profession paternelle indiquée est celle « d'aquafortiste » et la même source indique des revenus annuels de 21 616 francs, à une époque où un instituteur du même âge gagne à peu près 16 000 francs. A nouveau, en fait, nous nous retrouvons vraisemblablement dans une catégorie aux confins des milieux populaires et de la petite

99. « A mon maître Alain » *in Engagements* suivis de la *Confession sans repentir de l'auteur de Fifi Roi*, Sélections du Nouveau Parthénon, 1949, p. 7.

100. Claude Jamet, « Journal d'une Évolution », *Feuilles libres de la quinzaine*, 2e année, n° 22, 25 septembre 1936, p. 244.

bourgeoisie. En un mot, à nouveau, dans la frange inférieure des classes moyennes. Où la vie était sans aucun doute difficile[101], mais peut-on pour autant l'assimiler, notamment sur le plan culturel, à celle du prolétariat ? Nous avons déjà évoqué au chapitre VII la difficulté qu'il y avait à placer certains statuts sociaux sur une échelle stratigraphique en fonction des seuls revenus.

Avant d'arriver à Henri-IV, le jeune homme a effectué toutes ses études secondaires au lycée Charlemagne comme boursier. Primé au Concours général en version latine (premier prix) et en histoire (quatrième accessit) en 1926 et en philosophie (troisième accessit) en 1927, et bachelier la même année avec une mention Bien, il entre en octobre de la même année dans la classe d'Alain. Il n'y restera qu'un an, étant reçu dès 1928 au concours de la rue d'Ulm, avec dispense d'âge. Malgré cette brièveté, le passage par Henri-IV a été, on l'a vu, décisif. D'autant que le jeune homme était jusque-là inscrit aux Lycéens d'Action française et arborait à la boutonnière une fleur de lys en argent. Mais avant même la fin du premier trimestre c'est la « conversion[102] » au chartiérisme et à la rentrée universitaire suivante, à l'École normale supérieure, Claude Jamet va rejoindre le petit groupe remuant des disciples d'Alain :

> « Je suis entré à l'École normale supérieure en 1928, juste à point pour signer la fameuse pétition contre la PMS obligatoire, qui fit tant de bruit à l'époque... Je me rappelle la peur de mes parents qui, déjà, me voyaient renvoyé de l'École. Et, en effet, soixante — sur les quatre-vingt-trois pétitionnaires — s'étant bravement rétractés, nous eûmes bien de la chance de nous en tirer par une semonce du directeur. Pourquoi ne pas avouer qu'il me plaît aujourd'hui de retrouver dans cet incident comme une image, toutes proportions gardées, une première figure annonciatrice de mon " affaire " présente[103] ? »

Ceux qui ne se « rétractèrent » pas furent notamment les élèves d'Alain, que le « nous » du texte qui précède désigne à l'évidence. La participation de Claude Jamet à ce groupe ne fut toutefois pas aussi active que celle des autres jeunes gens évoqués en ces pages. Claude Jamet, en effet, était externe, et de ce fait il ne vécut pas aussi intensément que ses camarades internes les très riches heures du noyau chartiériste. Ce qui ne l'empêcha pas d'en épouser les mots d'ordre. Ainsi, après avoir fait partie dès sa rentrée à l'École des vingt-trois signataires irréductibles de la pétition contre la PMS, mettant ses actes en accord avec les principes ainsi proclamés il sera absent quatorze fois sur les vingt-deux séances de la PMS du premier semestre de l'année universitaire.

Bien plus, Claude Jamet va connaître en 1930 un second choc alinien. En effet, sortant, le 18 février de cette année-là, d'un cours professé par Alain au collège Sévigné sur « le signe de la Croix », il note immédiatement dans son Journal : « Disciple jusqu'à ce jour, me voilà apôtre » et poursuit :

> « Je jure, je jure de ne jamais adorer la force. Je jure d'être toujours pour le dieu nu, humilié, esclave et condamné, misérable et dernier des hommes. Toujours

101. Claude Jamet a conservé le souvenir d'une enfance très modeste, dans un logement étroit, où l'on déployait le soir un lit-cage dans l'entrée (entretien avec l'auteur, 18 juin 1982).
102. Entretien avec l'auteur, 18 juin 1982.
103. *Engagements*, p. 185.

pour le scandaleux supplicié, comme Claudel l'appelle, envers et contre tous les préfets de police. Je jure de ne jamais trahir [104]. »

Douze ans plus tard, dans un article de *La France socialiste* intitulé « Mon maître Alain », Claude Jamet reproduira ce passage de son journal. Et, une fois l'influence intellectuelle d'Alain revendiquée, il ajoute :

« ... nous sommes des centaines comme cela qui lui devons mieux qu'une pensée : notre âme. Alain, dans sa carrière, a formé vingt promotions de professeurs qui portent sa marque. Répandus aujourd'hui dans tous les lycées ou collèges de France. Vingt promotions de " philosophes " fidèles à son esprit — oui, en dépit d'eux-mêmes — et militants comme lui, d'après lui. On les a vus au moment de Munich. Imperturbables : on les retrouve maintenant. Combattants de la paix : toute la petite troupe (ou presque) au premier rang [105]. »

Cette seconde « conversion » de février 1930 fera, nous le verrons, du « disciple » un « apôtre » et déterminera un itinéraire désormais tout entier placé, pour les bons comme pour les mauvais jours, sous le signe de la paix.

Dans la promotion littéraire de 1928 figurait également Simone Weil. Ses rapports avec Alain doivent être évoqués ici, pour deux raisons au moins. D'une part, cette normalienne est restée pour la postérité la plus célèbre, peut-être, de tous les élèves d'Alain. D'autre part, le culte qu'elle voua, durant ses années d'École, à son ancien professeur de khâgne appartient au légendaire normalien. Jean Bruhat, entre autres, a souligné cette manière de vénération dans *Il n'est jamais trop tard* : « Simone m'ayant succédé dans ma turne, j'ai dû aller la voir pour reprendre un livre que j'avais oublié. J'aperçus un portrait. " Quel est ce bonhomme ? " lui dis-je. Je n'oublierai jamais le regard de Simone. Indignée, elle me répond : " Tu ne le reconnais pas ? C'est Chartier. " »

Les périodes khâgneuse et normalienne de la jeune chartiériste sont désormais bien connues grâce au premier tome de *La Vie de Simone Weil* de Simone Pétrement. Cette dernière côtoya Simone Weil en khâgne de 1925 à 1927 puis à l'École normale, où elle l'avait précédée en 1927, de 1928 à 1931 [106]. Elle a longuement décrit « la rencontre avec Alain » et les années de khâgne, puis « l'École ». Nous nous bornerons donc ici à compléter cette étude avec quelques éléments inédits.

Si Alain « éprouva peut-être au début quelque méfiance paysanne en présence d'un être si peu chargé de terre et si étrange », qu'il baptisa du reste « la Martienne », il prit rapidement conscience de la personnalité de son élève, et trois ans plus tard, dans son dossier d'inscription à l'École normale supérieure, il notait : « Excellente élève ; force d'esprit peu commune, ample culture. Réussira brillamment si elle ne s'engage pas dans des chemins obscurs. Dans tous les cas sera remarquée. »

Dès ces années de khâgne, Simone Weil se joint au groupe des chartiéristes,

---

104. *Journal* de Claude Jamet, à la date du 18 février 1930 (montré à l'auteur le 18 juin 1982).

105. Claude Jamet, *Images de la littérature*, Paris, Sorlot, 1943, p. 113, *in* « Mon maître Alain » (pp. 111-117). Cet ouvrage est, en fait, un recueil d'articles parus dans *La France socialiste* entre le 29 novembre 1941 et le 5 décembre 1942.

106. L'une et l'autre furent reçues à l'agrégation de philosophie en 1931, dans une promotion qui comprenait Ferdinand Alquié (reçu 1er) et Claude Lévi-Strauss (3e). Simone Pétrement était classée 4e et Simone Weil 7e (*RU*, 1931, 2, p. 464).

dont elle partage les sympathies, les engagements et les activités. Elle aide à « coller les bandes et à écrire les adresses » du mouvement de Madeleine Vernet, La Volonté de paix, et participe au Groupe d'éducation sociale de Lucien Cancouët. Durant l'été 1928, elle essaie de se faire embaucher au Service civil de Pierre Cérésole, pour effectuer comme les hommes des travaux de terrassement ; mais les « sœurs » n'étant admises que pour la cuisine, le projet, on l'a vu, échoua. Début 1929, elle s'inscrit, comme ses camarades chartiéristes, à la 14e section parisienne de la Ligue des droits de l'homme. Entre-temps, elle avait été reçue — sixième — au concours de l'École normale supérieure, seule jeune fille de sa promotion.

Rue d'Ulm, elle va naturellement guerroyer contre Léon Brunschvicg et quand elle soutient sous sa direction, en juin 1930, un mémoire de DES sur « Science et perfection chez Descartes », elle est reçue sans mention [107]. Sans doute préférait-elle réserver sa réflexion philosophique aux *Libres Propos*, dans lesquels elle publie en mai et août 1929 « De la perception, ou l'aventure de Protée » et « Du temps », ou consacrer une partie de son temps à une intense activité de pétitionnaire. Elle fait, par exemple, campagne contre la PMS ou, quelques mois plus tard, proteste contre les arrestations préventives du 1er mai 1929 [108]. Cette ardeur militante mit, du reste, plus d'une fois des universitaires en fâcheuse situation, tel Célestin Bouglé, professeur à la Sorbonne et directeur adjoint de l'École normale supérieure : Simone Weil étant venue quêter auprès de lui pour l'aide aux chômeurs, il versa vingt francs, en la prévenant que ce don devait rester anonyme ; d'où sa surprise de découvrir cette affiche rue d'Ulm : « Suivez l'exemple de votre directeur. Donnez anonymement à la Caisse du chômage [109]. » Rien d'étonnant à ce qu'il ait, selon Simone Pétrement, prédit, avant l'agrégation de philosophie de 1931 : « Un tel, un tel, un tel seront reçus. Quant à la vierge rouge, on la laissera en paix préparer des bombes pour le grand soir », puis déclaré, après le succès de Simone Weil : « On mettra la vierge rouge le plus loin possible de façon à ne plus entendre parler d'elle. »

Car de tels incidents entraînèrent à coup sûr la méfiance et l'irritation de beaucoup d'universitaires qui eurent alors à côtoyer Simone Weil. Et ces sentiments étaient apparemment partagés par nombre de normaliens et d'étudiants de la Sorbonne. Le portrait de Simone Weil brossé par Simone de Beauvoir trente ans plus tard, dans les *Mémoires d'une jeune fille rangée*, en est un premier indice :

> « Tout en préparant Normale, elle passait à la Sorbonne les mêmes certificats que moi... elle déambulait dans la cour de la Sorbonne, escortée par une bande d'anciens élèves d'Alain... Je réussis un jour à l'approcher. Je ne sais plus

107. 11 sur 20 (Arch. Nat. 61 AJ 255) et non 10 sur 20 comme l'écrit Simone Pétrement (*op. cit.*, p. 157). Le résultat, il est vrai, reste le même : ne pas refuser un(e) normalien(ne) au DES, mais suggérer que son mémoire est bien peu satisfaisant.

108. S. Pétrement, *op. cit.*, p. 136. Un rapport du directeur de l'École, Ernest Vessiot, au directeur de l'enseignement supérieur, M. Cavalier, en date du 25 janvier 1930 (après une question écrite du député socialiste Georges Monnet sur la liberté d'expression rue d'Ulm), évoque une « protestation relative aux arrestations préventives du 1er mai 1929 » qui commença « à circuler à l'École » et dont Simone Weil — son nom est cité dans le rapport — prit effectivement l'initiative (Arch. Nat., 61 AJ 194).

109. Anecdote donnée « comme vraisemblable » mais « sous toutes réserves » par Jacques Cabaud dans *L'Expérience vécue de Simone Weil*, Plon, 1957, p. 35. Jacques Cabaud a interrogé des amis de Simone Weil, notamment des normaliens. Simone Pétrement signale que l'anecdote lui a été rapportée à peu près dans les mêmes termes (*op. cit.*, p. 139).

comment la conversation s'engagea ; elle déclara d'un ton tranchant qu'une seule chose comptait aujourd'hui sur terre : la Révolution qui donnerait à manger à tout le monde. Je rétorquai, de façon non moins péremptoire, que le problème n'était pas de faire le bonheur des hommes, mais de trouver un sens à leur existence. Elle me toisa : " On voit bien que vous n'avez jamais eu faim ", dit-elle. Nos relations s'arrêtèrent là. »

Et à l'École même, reconnaît son ancienne coturne Simone Pétrement, « Simone n'avait pas que des amis ». Le témoignage d'un des élèves de la promotion suivante, Victor-Henry Debidour, est significatif : « On l'évitait plutôt dans les couloirs, pour la façon qu'elle avait, tout à trac, de vous mettre devant vos responsabilités en réclamant des signatures pour une pétition en faveur de Sacco et Vanzetti, des contributions pour le fonds de grève d'un syndicat de métallos[110]. » A cette méfiance instinctive envers une élève considérée comme trop remuante — déjà en khâgne, certains la jugeaient « imbuvable[111] » —, s'ajoutait, dans cette École composée presque uniquement de jeunes hommes, une désapprobation de l'allure bien peu féminine de leur camarade. Un demi-siècle après, Henri Queffélec l'avoue d'ailleurs sans ambages : « J'ai croisé la toute petite Simone Weil cent fois dans les couloirs de l'École. J'en parle avec une humilité profonde, presque honteuse : je n'ai jamais deviné alors le bonheur qui était ainsi le mien. On la disait remarquablement " astucieuse ", de cela je me moquais : je trouvais ridicule son allure antiféminine, un tel dédain de la grâce[112]. » Et Victor-Henry Debidour de noter : « Elle n'offre aucun des traits que l'on admet conventionnellement pour " féminins ", besoin de plaire, d'attendrir, de s'attendrir, instabilité, illogisme. Ceux qui l'ont connue lorsqu'elle avait vingt ans, à l'École normale, se souviennent de cette maigre fille à lunettes, laide et sans nul souci de le faire oublier, habillée et chaussée à la diable. » Quant à l'un de ses anciens camarades de khâgne puis d'École, Pierre Hourcade, dans ses témoignages donnés en 1976 et 1980, il se souvient d'une personne qu'il « respectait » mais qui était « un peu ridicule, maladroitement garçonnière » et, pour cette raison, traitée par certains « avec la plus inélégante désinvolture ».

De fait, la méfiance et l'irritation des uns, la désapprobation des autres entraînèrent parfois une attitude « désinvolte » de certains élèves, qu'attestent par exemple les brocards dont elle faillit être l'objet lors de la Revue du 26 mai 1929. Nous avons, en effet, retrouvé le texte de cette Revue dans les archives de l'École[113]. Comme à l'habitude, on s'y moque de l'administration de l'École mais aussi, cette année-là, de Simone Weil. Au premier acte, notamment, elle est l'héroïne et la victime de trois tableaux successifs. Dans le premier, « la petite Weil » chante « Moi, si j'étais demoiselle », air créé par Maurice Chevalier mais corrigé par les auteurs de la Revue. Et les deux couplets sont révélateurs des sentiments suscités par la normalienne chez certains de ses camarades :

110. Victor-Henry Debidour, *Simone Weil ou la transparence*, Plon, 1963, p. 24. Soulignons tout de même que Nicolas Sacco et Bartolomeo Vanzetti ont été exécutés en août 1927 et que Victor-Henry Debidour n'arrive rue d'Ulm qu'à l'automne 1929 de la khâgne de Marseille !

111. Marie-Magdeleine Davy cite ce témoignage d'anciens khâgneux non nommés — d'Henri-IV dans *Simone Weil*, Éditions universitaires, 1956, p. 13.

112. Henri Queffélec, *Un Breton bien tranquille*, Stock, 1978, p. 134.

113. Arch. Nat. 61 AJ 165.

I

Les jeunes filles, habituellement,
Font tourner la tête aux jeunes gens,
Comm' je regrette
D' n'en pouvoir faire autant!
Aux charmes de leurs jeun's appas,
L' sexe fort ne résiste pas.
C'est vraiment bête
Que moi je n'en aie pas!
Aussi l' plus cher de mes vœux
C'est d'être jeun' fille, nom de D...!
Moi, si j'étais demoiselle,
J' séduirais les normaliens
J' leur ferais signer des libelles
Des pétitions jusqu'à demain.
Belle comm' Cécil' Sorel (le)
Héroïque comme Marty,
Moi, si j'étais demoiselle
J' f'rais la r'tape pour mon parti!

II

Pour recruter des adhérents
A un parti, c'est affarant
C' qu'il faut avoir
Comme tempérament!
J' n'ai encore séduit que Marcoux
C'est très bien mais c'est pas beaucoup;
Pour le grand soir
Faudra qu' j'en foute un coup!
Qu'ell' barbe de m' donner tant d' mal
Pour ne récolter qu' peau d' balle!
Ah! si j'étais demoiselle,
Ça irait tout d' suit' bien mieux,
Les types seraient moins rebelles
A mes coups d'œil langoureux
Ya quéqu' tapettes officielles,
Mais leur nombre est limité...
Y a pas, faut que j' sois d'moiselle,
Pour m' faire une majorité!

Affleurent donc, on le voit, à la fois la militante bardée de « libelles » et de « pétitions »[114] et, avec, par endroits, une muflerie qui confine à la méchanceté, la jeune femme dénuée de féminité et qui aurait tendance, de surcroît, à amplifier ce travers.

Les deux tableaux suivant — « Simona », sur l'air de « Ramona », et un

114. Le « parti » pour lequel Simone Weil « fait la r'tape » était, dans l'esprit des auteurs de ces couplets, le Parti communiste, auquel elle n'appartint jamais mais par lequel elle fut attirée durant ses années de khâgne et d'École (cf. Simone Pétrement, *op. cit.*, p. 113) : « Elle dessinait souvent sur ses lettres, ses brouillons et autres papiers la faucille et le marteau. Elle lisait très souvent *L'Humanité* » *(Ibid.)*. Quand Simone de Beauvoir la croisait dans la cour de la Sorbonne, « elle avait toujours dans une poche de sa vareuse un numéro des *Libres Propos* et dans l'autre un numéro de *L'Humanité* » (*Mémoires d'une jeune fille rangée*, p. 236). Simone Weil semble s'être orientée surtout durant ces années, parallèlement à son engagement « chartiériste », vers le syndicalisme révolutionnaire et le groupe animé par Pierre Monatte (cf., sur ce point, Ph. Dujardin, *Simone Weil. Idéologie et politique*, Presses Universitaires de Grenoble-Maspero, 1975, p. 76).

duo, « Ça c'est gentil », calqué sur l'opérette *Pas sur la bouche* — mettent en scène Simone Weil et un maurrassien nommé Debris. Ce dernier rêve à « Simona », « le seul être que j' préfère à Léon Daudet », et fait naturellement « un rêve merveilleux » : « Nous étions d'AF tous les deux ». Leur duo doit être reproduit car ce tableau aussi est éclairant à plusieurs égards :

Debris — Puisqu'on est d'accord,
Il faut maint'nant, mon petit trésor,
Chercher le moyen
D' fourrer l'Écol' dans l' pétrin

La petite Weil — Oui, c'est ça, cherchons
Ce qui s' fait d' mieux comme pied d' cochon

Debris — En y mettant l' temps
On trouv'ra sûr'ment
Quéqu' chose d'épatant

Weil — Si j' zigouillais Charléty
Debris — Ça s'rait gentil
Weil — Si j' faisais sauter Normal'
Debris — Ça s' rait pas mal
Weil — Non, faut trouver à nous deux
Un moyen plus astucieux
Quéqu'chose de plus vicieux

Debris — Ça s'ra bien mieux
J'écris à l'Écho d' Paris
Weil — Ça c'est gentil
Debris — Je fais r'bondir le scandal'
Weil — Ça c'est pas mal
Debris — J'y suis, j'envoie un papier
Sur le thème : « A bas l'armée »
Signé : Vessiot et Bouglé.
Ensemble — Cette fois, ça y est !

Se dégage l'image d'une Simone Weil activiste et toujours à la recherche d'un « moyen d' fourrer l'École dans l' pétrin », si possible « vicieux » : reflet, sans aucun doute, d'initiatives qui, on l'a vu, placèrent à plusieurs reprises des universitaires dans des positions délicates ; inquiétude également, en arrière-plan, que ces initiatives nuisent à l'École, déjà échaudée par l'affaire de la PMS quelques mois plus tôt, à laquelle les dernières répliques font du reste explicitement allusion.

Simone Weil réapparaît à l'ouverture du deuxième acte et chante « J'ai trouvé un emploi ». Le « canular » devient à ce moment nettement scabreux puisque l'emploi en question est celui de « directrice de tôle ». Certes, le premier couplet pourrait d'abord faire croire que cette tôle est une prison[115] ; « Mlle Weil » y chante en effet :

« C'est un chic métier d'être directrice de tôle
Je goûte aux douceurs du pouvoir absolu
Surtout que j' suis convaincu'
D'être bien dans mon rôle

115. Encore que le premier acte se terminait par cette constatation égrillarde : « l'École devient, c'est rigolard, un bobinard » et que l'on enchaîne ensuite sur le couplet de la « directrice de tôle ».

Je vais m'ner tambour battant
Mon établissement. »

Mais arrive la fin du couplet :

« J'ai l' type formel
De la mèr' maquerell'. »

Et quand Debris chante à son tour, l'équivoque est totalement levée :

« Debris, de l'*Écho de Pavert* :
Quell' bell' profession que d' n'en avoir aucune
Adieu les articles à l'Écho de Paris
Sans écrire de conneries
Je gagne des fortunes
C'est ma femme et les putains
Qui font tout le turbin.
Un métier ousqu'il n'y a rien à faire
......
Ça convient à un camelot comm' moi.
Dans cet établissement, Bouglé lave les assiettes
Et Vessiot balaie les couloirs. »

Le calembour sur « Debris, de l'*Écho de Pavert* » permet de percer le pseudonyme : la personne visée est sans aucun doute le capitaine Delvert, normalien de la promotion littéraire de 1901 et combattant de la Première Guerre mondiale, qui prit une position en flèche pendant l'affaire de la PMS quelques mois plus tôt dans des articles de *L'Écho de Paris* et incarna dès lors, aux yeux des signataires de la pétition contre la PMS, le conservatisme et l'esprit ancien combattant.

Simone Pétrement fait brièvement allusion à cette Revue dans sa *Vie de Simone Weil :* « Il y eut un projet de revue dans lequel... on avait pris Simone pour principale et presque unique tête de Turc ». Mais elle ajoute : « Ses amis intervinrent et la Revue ne fut pas jouée. » Et, de fait, il semble bien que la Revue n'eut pas lieu cette année-là. Certes, le texte retrouvé dans les archives de l'École est daté (« Revue du 26 mai 1929 »), ce qui pourrait indiquer qu'il y eut une représentation. Mais un passage du *Bulletin de la Société des amis de l'École normale supérieure* de juin 1929 montre qu'il n'en fut rien. C'est une « garden-party » qui se tint en définitive le dimanche 26 mai 1929 et, au détour d'une phrase du *Bulletin*, on peut relever : « ... à l'École, plusieurs élèves, pour le bal, la Revue, la Garden-Party, se donnent beaucoup de peine, dépensent du temps, compromettent peut-être leur succès aux examens ; or parfois ils échouent à bout d'efforts, devant les difficultés trop hautes, comme pour la Revue. » Ces « difficultés trop hautes » furent-elles entraînées par l'indignation des amis de Simone Weil et par leur intervention, ou par des obstacles matériels sans rapport avec la normalienne ? Il n'est pas possible de trancher, faute d'éléments plus précis. Notons seulement que cette Revue ne fut pas jouée bien que son texte ait été entièrement rédigé, ce qui suggère une annulation brusque et tardive.

Un des couplets de ce texte, on l'a vu, évoquait Camille Marcoux. Sa place, dans cette galerie des portraits des jeunes chartiéristes, est particulière. Khâgneux en province, il n'a pas été directement, en effet, un élève d'Alain. Mais, dans sa khâgne poitevine, il a eu pour professeur Georges Bénézé. Eu égard aux liens intellectuels entre ce dernier et « l'Homme », le normalien venu du Poitou est devenu en quelque sorte un « petit-fils » d'Alain.

Là encore, l'itinéraire scolaire et le profil familial sont sans surprise. Fils unique d'un couple d'instituteurs de la Vienne, Camille Marcoux était entré en sixième au lycée de Poitiers en octobre 1918. Le père, prisonnier de guerre en Allemagne, ayant demandé à un universitaire du même camp la marche que devait suivre son fils pour devenir professeur, son compagnon d'infortune nota sur une feuille la filière la meilleure selon lui : lycée, khâgne, École normale supérieure, et l'instituteur envoya cette feuille à son épouse, en demandant que soit commencée la première étape [116]. Ce fut donc pour le jeune Marcoux l'entrée comme pensionnaire au lycée puis, sept ans plus tard, dans le même établissement, la venue en khâgne. Entre-temps, sa scolarité secondaire avait été brillante : prix d'excellence chaque année de la sixième à la première, septième accessit de philosophie au Concours général de 1925, mention Bien au baccalauréat de philosophie. Le souhait initial du père de voir son fils préparer le concours de l'École normale supérieure était donc conforté par les succès scolaires de ce dernier et par l'insistance de ses deux professeurs de lettres de la classe de première. Et après trois années de préparation, le jeune khâgneux est reçu quatorzième dans la promotion littéraire de 1928.

A l'École, il poursuit des études de philosophie commencées en khâgne, s'initie aux mathématiques générales et à la physique théorique et soutient un mémoire sur « les principes de la mécanique chez Newton et Kant » avec Léon Brunschvicg. Mais, surtout, il rejoint, dès la rentrée de 1928, le petit groupe des élèves d'Alain. Inscrit à la LAURS en khâgne, il avait, en effet, découvert dès cette époque les ouvrages du philosophe d'Henri-IV. Sous l'influence de Georges Bénézé ? Probablement, mais il était également abonné aux *Libres Propos*, qui ont joué eux aussi un rôle de relais. Et l'on retrouve donc dans son cas deux des canaux, déjà signalés, de l'influence d'Alain : un professeur disciple du maître et la revue de Michel Alexandre.

Mais cette influence venait s'exercer sur un terrain particulièrement réceptif. La Grande Guerre avait, en effet, laissé une empreinte profonde sur le lycéen Camille Marcoux :

> « Personnellement, le souvenir des premiers blessés débarqués des wagons de marchandise, sur la paille, en 1914, celui des prisonniers allemands qui travaillaient chez mon grand-père, petit paysan, les deuils presque quotidiens dans le bourg où j'ai vécu de sept à onze ans avant mon entrée au lycée, la longue absence de mon père, prisonnier, la célébration au cimetière de la ville, chaque année, du 11 Novembre (on y menait en rangs, deux par deux, tous les pensionnaires du lycée), m'avaient profondément bouleversé, inscrivant en moi une horreur et une indignation comme viscérales. Je crois que c'était le cas, à des degrés divers, de la plupart de mes camarades. Les réflexions politiques qui pouvaient nous effleurer, les débats qui s'esquissaient en nous ou devant nous, ne se déroulaient qu'à l'ombre de ce drame [117]. »

L'analyse s'applique particulièrement aux « camarades » chartiéristes auxquels Camille Marcoux s'était agrégé rue d'Ulm. Nous l'avons, du reste, déjà rencontré à plusieurs reprises sur leurs terrains d'action : devenu rapidement un des meilleurs amis de Simone Weil, il participe notamment au Groupe

116. Entretien de Camille Marcoux avec l'auteur (et correspondance), mars 1976.
117. Correspondance avec l'auteur, mars 1976.

d'éducation sociale et guerroie avec Léon Brunschvicg. Citons à nouveau l'appréciation formulée par ce dernier en juin 1929 — « sérieux, mais victime de partis pris qui entraînent vis-à-vis des auteurs qu'il étudie des espèces d'hallucinations négatives » —, qui ne reflète pas des rapports très chaleureux entre le professeur de la Sorbonne et le jeune normalien.

Et, fort logiquement, ce dernier ne fera guère preuve de zèle en ce qui concerne la préparation militaire. Au premier semestre de son séjour à l'École, il est absent treize fois sur vingt-deux séances, quelques mois plus tard, en juillet 1929, il manque à la « période intensive d'instruction militaire » et, dans une lettre au lieutenant-colonel responsable, allègue « une perte de poids anormale ». Inquiétude de santé qui ne l'empêche pas d'être mêlé à la même époque à l'affaire du soutien aux normaliens de Quimper, pour laquelle il comparaît le 11 juillet devant le conseil de discipline de l'École.

Il redoubla sans doute cette première année de PMS puisque deux ans plus tard, il n'est qu'en deuxième année et un rapport du 25 mars 1931 de l'instructeur de l'École signale, sur les trente normaliens suivant cette deuxième année, deux « inexistants », Camille Marcoux et Louis Chaudron. Ce dernier, on l'a vu, avait été le premier secrétaire général de la JEC, et la présence des deux normaliens au même banc des accusés montre une fois encore, s'il en était besoin, la prégnance de la sensibilité pacifiste rue d'Ulm à cette date, qui dépasse largement le petit cercle chartiériste.

Celui-ci, en fait, touchait davantage d'étudiants que la liste des normaliens énumérés plus haut ne le suggère. Et cela pour deux raisons. D'une part, d'autres élèves de Normale se retrouveront parfois dans la mouvance de ce premier cercle. A la différence des convertis provinciaux qui arrivaient à l'École déjà acquis aux idées d'Alain, il s'agissait moins dans leur cas de disciples que d'alliés occasionnels au moment des grandes houles suscitées dans l'établissement par les élèves d'Alain. Citons, par exemple, Frantz Molino (1904-1938), fils d'un inspecteur primaire, ancien khâgneux du lycée du Parc, normalien en 1926, agrégé des lettres en 1930, ou son futur beau-frère, Lucien Roubaud, de la promotion suivante, qui sera, comme Camille Marcoux, déféré devant le conseil de discipline en juillet 1929.

Si Frantz Molino, exempté du service militaire, n'a pas été concerné directement par le problème de la préparation militaire, Lucien Roubaud, à l'instar des élèves d'Alain, se montra fort peu assidu aux séances de la PMS : en 1928-1929, par exemple, en deuxième année d'instruction, il est cinq fois présent et douze fois absent, et, sommé de s'expliquer par le directeur de l'École normale supérieure, il se justifiera en ces termes :

> « Monsieur,
>
> J'ai estimé qu'il était vraiment trop inutile pour moi, et pour les autres, de m'adonner à la préparation intensive d'un examen dont le résultat est, en ce qui me concerne, déjà décidé. J'ajoute que je n'ai été empêché de prendre part aux séances de Romainville, où j'avais cependant l'intention d'aller, que par la pensée des *perturbations que mon inexpérience ne pourrait manquer de jeter dans les manœuvres*. Veuillez croire, Monsieur, à ma considération.
>
> Lucien Roubaud [118]. »

---

118. Arch. Nat. 61 AJ 198. Le passage en italique était souligné par le destinataire, avec, en marge, cette appréciation : « raison inadmissible ».

Et, de fait, en 1929, Lucien Roubaud ne se présenta pas au brevet de la PMS.

Il existe, d'autre part, une seconde raison à la constitution d'une mouvance chartiériste plus étoffée autour du noyau ulmien. Il s'agit des liens conservés par les normaliens anciens d'Henri-IV avec leurs camarades restés en khâgne ou passés à la Sorbonne. Pierre Letellier, par exemple, était un ami intime de René Château, et par son intermédiaire il restera toujours proche du groupe chartiériste de l'École. Dans son cas, le lien avec Alain ne se réduit d'ailleurs pas à une influence en khâgne et plonge ses racines dans la génération précédente. Son père, Léon Letellier, né en 1859, s'était engagé comme mousse à seize ans sur un bateau de pêche puis, après deux campagnes, dans la navigation de commerce, avant de devenir tardivement, la trentaine venue, étudiant en philosophie et disciple de Jules Lagneau[119]. Avec ce dernier et Paul Desjardins, il avait participé à la fondation de l'Union pour l'action morale. Bien plus, c'est lui qui recueillit le cours de son maître intitulé « de l'existence de Dieu ». Et Alain, pour cette raison, le surnomma « l'Homme de Dieu ». Car ce statut commun de disciples de Lagneau avait vite rapproché les deux hommes[120]. Et c'est tout naturellement dans la classe d'Alain que l'un des fils de Léon Letellier, Pierre, s'inscrivit en 1924 quand il entreprit de préparer le concours de l'École normale supérieure. Il y demeura jusqu'en 1928 : tombé malade à cette date, il fut en effet envoyé dans les Vosges. Et ces années de khâgne, durant lesquelles il devint un fidèle ami de Simone Weil[121], en firent un des non-normaliens les plus proches du petit groupe chartiériste de la rue d'Ulm.

Honneur que partagea, semble-t-il, Maurice Savin (1905-1978). Pensionnaire à Henri-IV entre 1923 et 1926, ce dernier était passé ensuite à la Cité universitaire pour préparer l'agrégation en Sorbonne, mais l'empreinte laissée par Alain était restée profonde et vivace. Ainsi, répondant à l'automne 1928 à l' « enquête auprès des étudiants d'aujourd'hui » lancée par *Les Nouvelles littéraires*, il évoquait dans le numéro du 24 novembre « Alain le juste » et prédisait : « Alain est debout comme un jardinier dans un jardin qui surabonde ; levant les mains vers les fruits quotidiens de la joie, il professe le bonheur, il nous enseigne à percevoir et à juger. N'attendez pas que meurent les leçons de cet homme intégral, car son nom grandira de jour en jour. » Maurice Savin, en tout cas, travailla sa vie durant à prolonger « les leçons » du maître, dont il était devenu l'ami[122] et, d'une certaine manière, l'un des continuateurs.

En 1929, il avait été reçu à l'agrégation de philosophie et, après une carrière classique — Rochefort, Nevers, Rennes et Reims de 1930 à 1938, lycée Saint-Louis à Paris en 1938, Condorcet en 1941, khâgne de Fénelon en 1945 —, avait

119. Il publiera en 1905 chez Alcan un récit de cette expérience sous le titre *Pêcheurs de Terre-Neuve ; la vie sur le Grand Banc ; récit d'un ancien pêcheur* (cf. des extraits de cet ouvrage dans *Léon Letellier (1859-1926). Écrits fragmentaires, souvenir de son action*, Union pour la Vérité, 1927, pp. 33-58). Après avoir voyagé au long cours, enseigné la philosophie puis dirigé une école, Léon Letellier était revenu s'établir comme exploitant agricole en Normandie.

120. Quand Léon Letellier mourut en 1926, Alain écrivit à son fils Pierre une lettre où il lui conseillait notamment : « Vous devrez imiter ce rude modèle, qui m'a fait penser souvent aux sages de la Grèce » (lettre datée du 8 mars 1926, publiée dans le *Bulletin* n° 1 de l'Association des Amis d'Alain, décembre 1954, pp. 9-11, citation p. 10 ; cf. également *Léon Letellier...*, pp. 25-26).

121. S. Pétrement, *op. cit.*, p. 108 (« Letellier, qui était aussi des meilleurs amis de Simone, peut-être celui pour lequel elle avait le plus d'affection... »).

122. Cf., par exemple, *En Bretagne avec Alain* (Mercure de France, 1961) : Maurice Savin y relate notamment son séjour durant l'été 1933 chez Alain qui venait de prendre sa retraite.

accédé à une chaire de khâgne à Louis-le-Grand. A travers cette nomination, c'est en fait la postérité de Lagneau-Alain qui était ainsi assurée et c'était une influence intellectuelle presque séculaire qui pouvait ainsi perdurer. Régis Debray, khâgneux de la fin des années 1950, peut légitimement relever en 1979, dans *Le Pouvoir intellectuel en France*, un « engendrement des classes, des khâgnes et des turnes, qui permettait encore à un grimaud des années 1960, grâce à un professeur de Louis-le-Grand (Maurice Savin), ancien élève d'un professeur à Henri-IV (Émile Chartier, dit Alain), lui-même ancien élève d'un professeur à Michelet (Jules Lagneau), d'avoir sous les yeux l'ombre portée d'un saint laïc né au lendemain de 1848... »

Cette « ombre portée » s'étendit aussi au lycée Henri-IV grâce à Michel Alexandre en hypokhâgne et, surtout, à André Bridoux en khâgne. Ce dernier a, du reste, évoqué la « chaîne de fidélité » dont il fut l'un des maillons :

> « Quand on y songe, rien n'est plus émouvant que cette tradition des professeurs. Alain a gardé le souvenir de Jules Lagneau toute sa vie et s'est toujours référé à lui. J'ai gardé le souvenir d'Alain toute ma vie et je me suis toujours référé à lui. Lagneau était né en 1851. La chaîne de fidélité est déjà longue de plus d'un siècle [123]. »

Cette « fidélité » chartiériste n'est pas restée cantonnée aux professeurs de khâgne. Elle a — fort logiquement, les uns devenant souvent les autres — également imprégné certains inspecteurs généraux de philosophie, à commencer par André Bridoux lui-même, qui fut inspecteur général de 1941 à 1963. Ou un autre élève d'Alain, plus jeune, qui accéda aussi à cette fonction : Robert Tric (1908-1971), en effet, était « monté » en classe préparatoire à Henri-IV, comme pensionnaire, en octobre 1928, venant de la khâgne de Marseille. L'année suivante, il avait pris un poste au collège de Sarlat puis, de 1933 à 1937, à Saint-Maixent et La Réole [124]. Reçu troisième à l'agrégation de philosophie en 1937, professeur au lycée de Pau au cours des sept années suivantes, résistant, inspecteur d'académie dans la même ville à la Libération, il est nommé en 1945 à Paris, au lycée Jacques-Decour, puis dans différentes hypokhâgnes et khâgnes (Condorcet, lycée de jeunes filles de Versailles, Janson-de-Sailly). Inspecteur général de philosophie en 1958, il succède à André Bridoux comme doyen de l'inspection générale de cette discipline quand ce dernier prend sa retraite en 1963.

Il resterait à s'interroger sur l'existence éventuelle d'une quatrième génération de professeurs de khâgne et d'inspecteurs généraux dans la lignée Lagneau-Alain, eux-mêmes anciens élèves d'André Bridoux ou, plus près de nous, de Maurice Savin. Mais nous quitterions ainsi la strate des khâgneux et des normaliens des années 1920. A cette strate, et pour revenir aux élèves d'Alain qui, sans être normaliens, restèrent en contact avec leurs camarades reçus rue d'Ulm, appartinrent par exemple, outre Pierre Letellier et Maurice Savin, Yves Grosrichard et Jean Château, qui furent tour à tour « Z » de leur classe. Le second fut d'autant plus proche des normaliens chartiéristes que son frère aîné, René Château, avait été reçu au concours de la rue d'Ulm en 1927 et

---

123. Extrait de la « préface » d'André Bridoux à l'un des volumes de la Pléiade consacrés à Alain (*Les Passions et la Sagesse*, Gallimard, 1960, p. XIII).

124. Arch. Condorcet, où Robert Tric enseigna à partir de 1946, et *Revue de l'enseignement philosophique*, décembre 1971-janvier 1972, p. 96.

que lui-même joua dans l'équipe de rugby de l'École. Entré en khâgne en 1926, il fut deux fois admissible en 1928 et 1929 mais échoua, de peu, à l'oral. La tuberculose, il est vrai, le contraignit à un repos forcé de plusieurs mois en troisième année de khâgne, notamment au moment de la préparation de l'oral. Boursier de licence à l'Université de Poitiers, il enseigna à partir de 1932 à Tulle, La Roche-sur-Yon, Angoulême, Pau et Bordeaux, avant de devenir, à partir de 1953, professeur à la faculté des lettres de cette ville, spécialiste de pédagogie et de psychologie scientifique.

Bien différente fut la carrière d'Yves Grosrichard. Contrairement à la plupart des khâgneux cités dans ce chapitre, c'est, en effet, vers le journalisme que ce petit-neveu de Gustave Téry se dirigea dès l'âge de vingt-quatre ans. Né à Paris le 27 novembre 1907, il vint en khâgne à Henri-IV en octobre 1925, après des études secondaires au lycée de Saint-Brieuc, et y demeura quatre années scolaires. Licencié ès lettres — en philosophie, évidemment —, il entra à *L'Œuvre* en mars 1931 et y fut journaliste parlementaire jusqu'à la mobilisation de l'été 1939. L'influence d'Alain fut sur lui aussi « considérable[125] », et de sa khâgne il conserva des liens d'amitié avec René Château. Mais, à la différence de ce dernier, avec lequel il eut sur la montée des périls des discussions amicales mais serrées dans les couloirs du Palais-Bourbon entre 1936 et 1939, son pacifisme alinien a « peu à peu fondu » au fil des années 1930[126].

Raymond Aron : un membre de la « secte des aliniens[127] » ?

Il peut paraître de prime abord surprenant d'évoquer Raymond Aron dans un chapitre consacré aux élèves d'Alain. D'une part, le futur « spectateur engagé » n'a pas préparé le concours de l'École normale supérieure au lycée Henri-IV mais à Condorcet. D'autre part, en 1952, quelques mois après la mort du retraité du Vésinet, Raymond Aron, analysant sa « pensée politique », concluait : « Pourquoi ce contraste entre la profondeur et l'importance des idées directrices et le caractère simpliste des suggestions pratiques ? La faute en est surtout à la méthode d'Alain, au passage du cas concret à l'idée éternelle ou prétendument telle, sans l'intermédiaire de l'étude historique. Il est loisible de penser, comme Alain, que les sociétés ne changent pas plus, en leur fond, que la nature des hommes. Encore ne faut-il pas ignorer les diversités, si l'on veut démontrer la permanence. Pour surmonter l'histoire, il convient d'abord de la reconnaître[128]. » Et dans un autre texte, il formulait à la même époque un second grief : « Résister aux pouvoirs, lorsque ceux-ci sont modérés, excellente méthode, en vérité, pour en accélérer la ruine et frayer la voie à d'autres pouvoirs qui, en cas de besoin, se passeront de l'assentiment des gouvernés et forceront l'enthousiasme des masses. Le refus inconditionnel des honneurs aboutit à laisser aux représentants des vieilles classes dirigeantes la possession exclusive du pouvoir, en particulier militaire : bon moyen, en

125. Témoignage d'Yves Grosrichard, correspondance avec l'auteur, juin 1980.

126. *Ibid.* Durant le second conflit mondial, Yves Grosrichard abandonna toute activité journalistique et enseigna dans plusieurs établissements parisiens (Turgot, Lavoisier, Sainte-Barbe). Il reprendra son métier de journaliste à la Libération et sera, notamment, directeur du *Journal du Dimanche* de 1961 à 1963.

127. La majeure partie de l'analyse qui suit a déjà été ébauchée dans notre article, « Raymond Aron avant Raymond Aron (1923-1933) », *Vingtième siècle. Revue d'histoire*, n° 2, avril 1984, pp. 15-30.

128. Raymond Aron, « Remarques sur la Pensée Politique d'Alain », *Revue de Métaphysique et de Morale*, t. 57, 1952, pp. 187-199, citation p. 199.

vérité, de précipiter la ruine de la République. Il fallait un grand penseur, me disais-je avec rage, pour donner un semblant de justification à une telle sottise[129]. »

Bien plus, dix ans plus tôt, au cœur du second conflit mondial, Raymond Aron devenu londonien avait publié dans *La France libre* un article intitulé « Prestige et illusions du Citoyen contre les Pouvoirs ». Et pour expliciter davantage la cible de cet article, il avait placé en épigraphe cette phrase signée D. W. Brogan : « *The renown, the authority of a sophist as Alain, is, in itself, enough to predict the ruin of any state.* » L'exposé qui suivait constituait un réquisitoire sans appel : Alain « a formé des générations de jeunes Français dans une hostilité stérile à l'État, dans une ignorance presque volontaire des dangers qui menaçaient la nation ». Sa responsabilité, de ce fait, est considérable : en allant « dans le sens de la facilité et en pensant « systématiquement contre le mouvement historique », il a travaillé à « affaiblir encore l'État français » et a fécondé « une sorte d'aveuglement volontaire » qui a dégénéré « en une sorte de grandiose absurdité à demi intentionnelle ». En effet, « la morale du simple soldat, en dépit de l'aspiration sincère à la grandeur qui animait tant de jeunes disciples, se révèle intenable, vide... Prisonnier de la doctrine d'Alain, [l'individu] s'en tiendra à une opposition sans fin et sans efficacité, désespérant de modifier le train des choses et, sous prétexte de dire non au fatalisme, résigné à l'avance au despotisme et à la guerre[130]. »

A s'en tenir à ces articles de Raymond Aron sur Alain, on occulterait une première phase de leurs rapports placée beaucoup plus sous le signe de l'influence du maître et de l'admiration du jeune normalien que sous celui d'une opposition. Ces articles se situent, en effet, au terme d'une évolution et d'une rupture sur le problème du pacifisme; rupture qui, amplifiée par le contexte de 1941, explique le ton de l'article de *La France libre*. Et, au point de départ de cette évolution, il nous semble possible d'affirmer que Raymond Aron fut, en ses années normaliennes, un proche — au moins sur le plan intellectuel — d'Alain et, bien plus, qu'il fut attiré par la « grandiose absurdité » chartiériste. Le théoricien de *Paix et guerre entre les nations* a d'abord été, apparemment, un pacifiste convaincu et son éveil à la politique s'est fait à l'ombre des *Libres Propos*.

Certes, en 1952, il écrit dans *La Nouvelle Revue française* n'avoir jamais appartenu, à l'École normale supérieure, « au groupe des élèves d'Alain » et, tout en ayant subi « son influence, particulièrement en matière de politique », avoir alors hésité « à souscrire aux principes de la politique d'Alain ». *Stricto sensu*, la première assertion est incontestable. La seconde appelle au contraire une étude approfondie; d'autant qu'elle comporte deux affirmations, sinon contradictoires — l'influence n'entraînant pas toujours l'adhésion —, au moins ambiguës. A cet égard, les propos tenus par Raymond Aron dans ses entretiens télévisés avec Jean-Louis Missika et Dominique Wolton enregistrés en décembre 1980 et publiés en 1981 dans *Le Spectateur engagé* sont davantage éclairants. Évoquant brièvement ses années étudiantes, il cite deux professeurs ayant exercé « une certaine influence » sur lui, Léon Brunschvicg et

---

129. Raymond Aron, « Alain et la Politique », dans l'« Hommage à Alain » rendu par la *Nouvelle Revue française* de septembre 1952, pp. 155-167, citation p. 157.
130. *La France libre*, 11 septembre 1941, sous le pseudonyme de René Avord, repris dans *L'Homme contre les tyrans*, Gallimard, 1946, pp. 98-112, citations pp. 99, 107 et 111.

Alain, et il précise qu'il les considère l'un et l'autre comme ses « maîtres ». Bien plus, les rapports avec le second ont été, semble-t-il, étroits : « ... de temps en temps j'allais le chercher à Henri-IV et je l'accompagnais jusque chez lui, rue de Rennes ». Cette proximité n'a-t-elle été, comme dans le cas de Brunschvicg, que philosophique ? Ou bien l'influence d'Alain a-t-elle dépassé ce cadre, comme chez un certain nombre d'autres normaliens évoqués dans ce chapitre ? Là encore, *Le Spectateur engagé* fournit quelques éléments de réponse. Certes, Raymond Aron évoque « la secte des aliniens » sans s'y agréger mais, plus loin, il précise que c'est « en 1932 ou 1933 » qu'il cessa d'être « pacifiste au sens d'Alain ». Et, de fait, de 1924 à 1928, à l'École normale supérieure, le pacifisme était au centre de ses préoccupations : « Le sentiment le plus fort chez nous était probablement la révolte contre la guerre, et de ce fait le pacifisme. J'étais pacifiste passionnément[131]. »

Il y a donc présomption d'une influence alinienne, et dans un sens pacifiste. Malheureusement Aron ne précise pas la nature et la portée de cette influence. Et dans ses *Mémoires*, en 1983, il ne consacre que quatre pages à Alain, dont deux à « la politique » du professeur de khâgne[132].

Si ces *Mémoires* confirment ainsi qu'Alain compta dans l'apprentissage intellectuel du jeune Aron, ils ne précisent pas suffisamment l'étendue et la profondeur de l'influence subie. Au contraire, on retrouve, au moins en partie, l'incertitude relevée dans l'article de 1952. Au détour d'une phrase, dans le chapitre III consacré à la « Découverte de l'Allemagne », Raymond Aron signale son « obsession pacifiste, moraliste, issue d'Alain ». Plus loin, évoquant les années 1930 et « le chemin de la catastrophe », il remarque qu'il se libérait alors « péniblement des leçons d'Alain ». Mais le passage consacré dans le chapitre II à Alain est bien davantage balancé et peut être résumé dans l'affirmation suivante : « Je ne crois pas avoir jamais été entièrement convaincu par sa pensée ou, plutôt, par son attitude politique... » Et, sur le même registre, il écrit avoir été à la même époque — 1928 — « influencé sans être vraiment convaincu par Alain », phrase que l'on retrouve formulée à peu près de la même manière lorsque Raymond Aron évoque le refus des galons d'Alain qui lui « en imposait » sans le « convaincre » ; nouvelle confirmation du fait que ni ses articles écrits pendant la guerre ou à la mort d'Alain ni les souvenirs livrés à la fin de sa vie ne sont suffisants pour éclaircir les rapports qu'il entretint avec le chartiérisme dans la deuxième partie des années 1920. L'obstacle est-il pour autant infranchissable ? Il est au moins possible, pour tenter d'aller plus avant, de sonder les sources, c'est-à-dire les premiers textes aroniens, et, auparavant, de remonter à la source, c'est-à-dire aux années étudiantes de Raymond Aron et à son éveil à la vie de la cité.

Comme bien des futurs intellectuels évoqués dans ce chapitre, Raymond Aron appartient à cette génération apparue aux alentours de 1905, trop jeune pour aller au feu en 1914-1918, et qui commence à s'ébrouer au temps du Cartel des gauches. Il est né plus précisément le 14 mars 1905, à Paris. Son père était professeur de droit. Le milieu familial était alors vraisemblablement plus qu'aisé. Dans son dossier d'inscription à l'École normale supérieure, le jeune khâgneux ne demanda pas de bourse[133] et ils ne furent que

131. Raymond Aron, *Le Spectateur engagé ; entretiens avec Jean-Louis Missika et Dominique Wolton*, Julliard, 1981, pp. 25, 29, 36, 67 et 26.
132. Raymond Aron, *Mémoires*, *op. cit.*, pp. 41-45.
133. Dossier ENS, Arch. Nat. 61 AJ 251. Raymond Aron évoque le statut social et les ressources de sa famille — qui s'effritèrent après 1929 — dans ses *Mémoires*, pp. 13-15.

quatre dans ce cas dans la promotion littéraire de 1924 : Raymond Aron, Armand Bérard, Charles Le Cœur, fils d'architecte, et Jean-Paul Sartre. Dans ce même dossier, le formulaire fourni par le lycée Condorcet comprend une rubrique intitulée « culte ». La réponse portée par le postulant fut « israélite ».

La famille habite d'abord Versailles, où le jeune Raymond Aron fréquente le lycée Hoche, de la huitième à la philosophie. Les études effectuées sont brillantes : il obtient, par exemple, en 1922, la mention Très Bien au baccalauréat de philosophie. Et la même année, alors que le Concours général vient d'être rétabli, il y décroche le deuxième accessit de philosophie pour les lycées de Paris. L'aiguillage vers la khâgne vient fort logiquement compléter ce parcours. Mais, au lieu de gagner Louis-le-Grand, concentration habituelle des lauréats du Concours général désireux de préparer le concours de la rue d'Ulm, il s'inscrivit au lycée Condorcet et y fit sa rentrée le 2 octobre 1922. Il est probable que la présence à proximité de ce lycée de la gare Saint-Lazare desservant la banlieue Ouest et Versailles a été un facteur déterminant. L'établissement, en tout cas, ne peut que se féliciter d'un tel choix qui fournit à sa khâgne une recrue de premier plan. Son ancien camarade de khâgne Jean Maugüé a rapporté dans ses Mémoires que Raymond Aron dominait la classe avec Jacques Heurgon et Daniel Lagache[134]. Et, de fait, au terme de ses deux années de préparation, les appréciations formulées dans son dossier d'inscription par ses professeurs de khâgne seront excellentes. Le philosophe, André Cresson, note : « Élève de premier ordre : intelligence vigoureuse. Connaissances étendues », tandis que l'historien Léon Cahen constate : « Excellent élève ; des connaissances, de la maturité, une personnalité en plein développement », et que le proviseur conclut : « Une valeur intellectuelle. Esprit net et ferme. A l'acquis et la maturité des meilleurs. Excellent à tous égards. »

Ces appréciations ne sont pas destinées seulement à impressionner le jury de l'École. Elles correspondent effectivement à des résultats scolaires éclatants. Pour s'en tenir à la seule année 1923-1924, Raymond Aron obtient, en effet, comme « notes pour le Tableau d'Honneur », 18, 20 et 18 en philosophie au terme de chacun des trois trimestres. Et André Cresson — qui n'hésite pas, semble-t-il, à mettre des notes très élevées puisqu'à chaque reprise Raymond Aron est *ex aequo* avec Olivier Lacombe et Philippe Schwob — note tour à tour : « Élève de premier ordre que tout désigne pour le succès », « Élève de premier rang » et « Excellent élève qui, logiquement, doit réussir ». En français, il passe de la seconde à la première place et de 17 au premier trimestre à 19 au troisième ; seul regret de son professeur, Hippolyte Parigot : « Pas assez littéraire. » En grec, toujours classé premier, il obtient successivement 16, 17 et 18 et passe d' « élève sérieux... [qui] manque parfois de simplicité et de clarté » à « esprit pénétrant, juste et net ». Le latin connaît la même courbe, de 16 à 18, tout comme l'histoire, où il est premier au troisième trimestre avec 18, et l'allemand, où il se contente de passer de 16 à 17.

Tous ces brillants résultats ne l'empêchent pas pour autant de prêter attention aux débats civiques. Certes, l'apprenti normalien n'a pas à cette date d'engagement politique précis. Mais il se sentait alors, apparemment, « de

---

134. Jean Maugüé, *Les Dents agacées*, Buchet-Chastel, 1982, pp. 40-41. En 1923, Jacques Heurgon est reçu au concours de la rue d'Ulm, tandis que Daniel Lagache passe à Louis-le-Grand. L'examen des registres de relevé des notes et appréciations trimestrielles du lycée Condorcet montre que l'année suivante, la tête de la khâgne est composée, outre Raymond Aron, des futurs normaliens Philippe Schwob, Olivier Lacombe et Jean Boorsch (Arch. Condorcet).

gauche ». C'est en tout cas en ces termes qu'il définit, plus d'un demi-siècle plus tard, ses sentiments de jeune khâgneux[135]. Et dans ses *Mémoires*, il date cette « conversion à la gauche » de l'année 1921-1922, lorsqu'il était en classe de philosophie. Dès lors, il aura au cours des années suivantes des « opinions arrêtées » et des « emportements politiques », par exemple « la joie de la victoire du Cartel des gauches en 1924 ». Pendant la campagne électorale de 1924, l'élève Raymond Aron lisait, en effet, *Le Progrès civique* et quand le Cartel l'emporte, il est « transporté de joie[136] ».

En 1924, il est reçu 14ᵉ au concours de l'École normale supérieure. Débute alors une période de quatre années, apparemment très mal connue. La première partie du *Spectateur engagé* commence en effet par un chapitre intitulé « Un jeune intellectuel des années 30 » et seules les trois premières pages de l'ouvrage sont consacrées au séjour rue d'Ulm, « milieu remarquable » dont il a gardé « la nostalgie ». Raymond Aron était alors « vaguement socialiste » et, on l'a vu, « pacifiste passionnément[137] ». Maigres renseignements sur une demi-décennie d'éducation politique d'un des intellectuels qui marqua le plus par la suite le paysage idéologique hexagonal; et qui demandent, de ce fait, à être dans la mesure du possible précisés et éventuellement complétés. D'autant que, là encore, les *Mémoires* sont décevants. Dans le chapitre II, Raymond Aron consacre bien dix-huit pages à ses années d'École, qui commencèrent par « l'émerveillement » de découvrir « autant d'hommes intelligents réunis en aussi peu de mètres carrés »; mais si ces pages lui permettent surtout de brosser des portraits — Jean-Paul Sartre, Paul Nizan, Léon Brunschvicg et Alain —, seules les quatre dernières évoquent réellement les années aroniennes à l'École normale supérieure; et seul un bref paragraphe précise que le penchant « vaguement socialiste[138] » de Raymond Aron le conduisit tout de même à adhérer à la SFIO.

Rue d'Ulm, à l'image des études antérieures, la scolarité de Raymond Aron fut brillante et sans fausse note. En 1924-1925 et 1925-1926, il passe ses certificats de licence : il obtient la mention Bien en psychologie (mars 1925), philosophie et histoire de la philosophie (juillet 1925); seul le quatrième certificat n'est sanctionné que par une mention Assez Bien en mars 1926, celui de morale et... sociologie. Et, l'année suivante, il consacre son mémoire de DES à « La notion d'intemporel dans la philosophie de Kant »; ce mémoire, dirigé par Léon Brunschvicg, sera noté 17 sur 20. A cette date « le néo-kantisme plus que le bergsonisme dominait l'enseignement », remarque Raymond Aron dans sa préface à l'ouvrage de Michèle Bo Bramsen, *Portrait d'Élie Halévy*[139]. Remarque corroborée par celle de Jacques Soustelle qui, quelques années plus tard, sera le seul de sa promotion « à déserter les sommets de l'épistémologie et l'air raréfié de la stratosphère néo-kantienne », sous l'influence d'hommes comme Marcel Mauss ou Paul Rivet[140]. C'est seulement à partir de la décennie suivante, en effet, que de jeunes agrégés de

135. Entretien avec l'auteur, 23 janvier 1981.

136. Déclaration de Raymond Aron à Anne Sinclair lors de l'émission « On n'a pas tous les jours vingt ans » diffusée sur *Antenne 2* le 5 août 1981.

137. Raymond Aron, *Le Spectateur engagé*, pp. 25-26.

138. Cette expression, déjà signalée, du *Spectateur engagé* apparaît sous une forme proche dans un autre passage des *Mémoires* où Raymond Aron évoque sa « reconversion » des années 1930 qui lui fit abandonner son pacifisme et son « socialisme mal défini » (*op. cit.*, p. 81).

139. B. R. Grüner éditeur, Amsterdam, 1978, VIII + 318 p., p. I.

140. Jacques Soustelle, *Les Quatre Soleils. Souvenirs et réflexions d'un ethnologue au Mexique*, Plon, 1967, 339 p., pp. 18-19 et 23, citation p. 19.

philosophie — Raymond Aron, Georges Friedmann et Jacques Soustelle notamment, mais surtout leurs cadets des promotions normaliennes ou des étudiants parisiens des années 1930 — obliqueront vers la sociologie ou l'ethnologie. Pour la première discipline, Célestin Bouglé jouera souvent un rôle d'aiguilleur; quant à la seconde, Marcel Mauss y tiendra une place importante et y exercera une influence profonde [141].

Pendant cette année de diplôme d'études supérieures, Raymond Aron effectue également son stage pédagogique, en janvier 1927, sous la direction de Jean Nabert à Louis-le-Grand; ce dernier insiste dans son rapport sur « la valeur de [l']esprit », « la qualité de [la] pensée méditée » d'un agrégatif qui « s'est imposé comme un jeune maître plein de talent ». Et, dix-huit mois plus tard, raconte Simone de Beauvoir dans ses *Mémoires d'une jeune fille rangée*, à l'oral de l'agrégation de philosophie de juillet 1928, « on se bousculait pour entendre la leçon de Raymond Aron, à qui tout le monde prédisait un grand avenir philosophique ». Au terme des épreuves orales, il est reçu premier, devant un étudiant de la Sorbonne, Emmanuel Mounier, avec, selon ses *Mémoires*, « une avance importante... une dizaine de points sur un total de 110 ». A l'écrit, l'une des compositions avait pour sujet « Raison et société ». Raymond Aron y brilla sans doute; mais Jean-Paul Sartre, lui aussi candidat, y fut moins convaincant ou sa copie, en tout cas, n'eut pas l'heur de plaire aux correcteurs : il ne fut pas même admissible (on l'a vu, il sera reçu premier l'année suivante, avec, à l'écrit, un sujet qui l'inspira davantage : « Les idées de contingence et de liberté »).

Au cours de cette scolarité, Raymond Aron se rappelait cinquante-cinq ans après avoir été inscrit en 1926 à la cinquième section parisienne de la SFIO, dont faisait partie son oncle Marcel Mauss, pour « faire quelque chose pour le peuple [142] »; mais, vite irrité par la « phraséologie » qui régnait selon lui dans cette section, il s'en était éloigné au bout de six mois. Les *Mémoires*, deux ans plus tard, reprenaient ce thème d'une adhésion à la cinquième section, « en 1925 ou en 1926 », pour contribuer à « la cause de l'amélioration des classes malheureuses », mais précisaient en note : « Georges Lefranc m'assure que je n'ai jamais été inscrit à la SFIO, seulement aux Étudiants socialistes. Mais comme je revois dans une réunion des hommes d'âge, je conclus que je fréquentai cette section sans jamais avoir pris la carte du parti. »

De fait, si l'engagement socialiste de Raymond Aron au milieu des années 1920 est confirmé par ses camarades d'École et paraît donc incontestable, il y a, semble-t-il, discussion sur le problème de l'appartenance de Raymond Aron à la cinquième section parisienne de la SFIO. Georges Lefranc assure que Raymond Aron n'en a jamais fait partie. Bien plus, il se souvient de lui avoir vendu en 1926 une cartes des Étudiants socialistes [143]. L'erreur, selon lui, proviendrait du fait que ces Étudiants tenaient leurs réunions dans la même brasserie des Gobelins que la cinquième section.

---

141. Sur ces points, cf. la troisième partie de l'ouvrage de Terry Nichols Clark, *Prophets and patrons : the french university and the emergence of the social sciences*, Cambridge (Mass.), Harvard University Press, 1973.

142. Entretien avec l'auteur, 23 janvier 1981. Déjà, en 1952, dans l'« Hommage à Alain » de la *Nouvelle Revue française*, Raymond Aron écrivait : « A l'époque, comme la plupart des normaliens non catholiques, j'inclinais vers la gauche, je me déclarais socialiste... " intellectuel de bonne volonté ", j'étais pour le peuple contre les privilégiés, pour le progrès contre la tradition... » (*art. cit.*, p. 157).

143. Entretien avec l'auteur, novembre 1980, et correspondance, août 1981.

« ... Lorsqu'en 1971 tu m'as fait venir aux Hautes Études, je t'avais rappelé que je t'avais vendu ta première carte d'*Étudiant* socialiste (en 1926) qui fut peut-être unique. Tu as parlé de ton adhésion au *Parti* SFIO. Ce n'est pas la même chose, et tu en as fait hommage à Marcel Mauss. Or je suis absolument certain que tu n'as *jamais* adhéré à la cinquième section qui était celle de ton domicile (rue d'Ulm-rue Curie) et que nous avions rejointe en janvier 1925 Le Bail, Le Cœur, Péron et moi. D'ailleurs, le secrétaire nous consultait Le Bail et moi sur les demandes d'adhésion provenant de la rue d'Ulm et nous en avons fait écarter une. Mauss venait fidèlement Peut-être as-tu rejoint une autre section[144] ? »

Cette version de Georges Lefranc est indirectement confirmée par le normalien Pierre Chambon qui, trésorier du groupe parisien des Étudiants socialistes en 1927-1928, se souvient avoir aperçu le nom de son camarade d'École sur les listes de cette organisation. Par-delà ce problème d'exacte localisation, toutes les versions, de l'intéressé lui-même aux autres socialistes de la rue d'Ulm, convergent sur ce point essentiel : Raymond Aron, à la cinquième section parisienne ou aux Étudiants socialistes, a appartenu à cette époque à la SFIO ou à son organisation étudiante et son apprentissage politique s'est fait dans la mouvance socialiste. Bien plus, nous le verrons, Aron en est resté marqué au-delà de son séjour à l'École normale supérieure.

Mais le terreau de cette formation initiale était surtout composé d'une part pacifiste qui puisait ailleurs qu'à la SFIO. Ce qui nous ramène à la question posée plus haut, celle des rapports avec Alain. Certes, Raymond Aron, on l'a dit, n'a jamais été un « élève d'Alain ». Ancien khâgneux de Condorcet, il n'a pas été formé par le professeur de la place du Panthéon ; externe à l'École, il ne s'est guère incorporé aux différents groupes de normaliens, composés essentiellement d'internes. Bien plus, au moment où il entre rue d'Ulm en 1924, le noyau chartiériste y est embryonnaire et ne prendra quelque consistance qu'en 1927 ou 1928, c'est-à-dire au moment où Raymond Aron sera absorbé par la préparation de l'agrégation puis lorsqu'il aura quitté l'École pour effectuer son service militaire. Il reste qu'à défaut d'une participation active *intra muros* à un groupe de fidèles chartiéristes, il a fait alors, à l'extérieur, connaissance avec Alain. Dans *Le Spectateur engagé*, on l'a vu, il rapporte qu'il venait « de temps en temps » le chercher à la sortie de ses cours à Henri-IV et le raccompagnait chez lui rue de Rennes[145]. Bien plus, il se lie apparemment à cette époque avec le petit groupe des *Libres Propos*. Son nom figure alors en bas d'un certain nombre de pétitions publiées par cette revue et il y écrit, semble-t-il, son premier texte politique.

L'une de ces pétitions, déjà évoquée, intervient après le vote, le 7 mars 1927, de la loi militaire sur l'organisation générale de la nation en temps de guerre. La revue *Europe* publie, dans son numéro du 15 avril, une protestation concernant les deux derniers paragraphes de l'article IV de la loi, qui prévoyait « dans l'ordre intellectuel, une orientation des ressources du pays dans le sens des intérêts de la défense nationale » et « toutes les mesures nécessaires pour garantir le moral du pays ». Les signataires du texte

---

144. Extrait d'une lettre du 9 août 1981 adressée par Georges Lefranc à Raymond Aron (son auteur nous en a envoyé une photocopie le 10 août 1981). Les passages en italiques sont soulignés dans la lettre de Georges Lefranc.

145. Ces rencontres étaient déjà évoquées dans l'article, pourtant hostile, de *La France libre* en septembre 1941 (cf. *L'Homme contre les tyrans*, p. 104). Cf. aussi les *Mémoires*, p. 41, où le « de temps en temps » n'est plus qu'un « plusieurs fois ».

protestaient contre « cette inadmissible et irréalisable ingérence de la loi dans un domaine qui lui échappe ». Cinquante-quatre normaliens s'étaient joints à cette déclaration, dont Raymond Aron : son nom apparaît sur la liste publiée dans le même numéro d'*Europe* et dans celui des *Libres Propos* du 20 avril. Puis il réapparaît l'année suivante au bas de la pétition signée par soixante-treize normaliens en faveur de Georges Demartial et publiée par les *Libres Propos* du 20 février 1928. Cette pétition, on l'a vu, est importante et préfigure, à maints égards, celle qui attaquera quelques mois plus tard la préparation militaire à l'École.

Du reste, Raymond Aron, publiant à la même époque un court article sur Julien Benda, y fera allusion à cette affaire Demartial. Et son article est éclairant à plusieurs titres. *La Trahison des clercs* de Julien Benda avait été publiée l'année précédente, en quatre livraisons de la *Nouvelle Revue française*, d'août à novembre 1927, puis reprise en volume chez Grasset. Fréquemment présenté comme une défense et illustration de l'intellectuel réfugié dans sa tour d'ivoire, l'ouvrage s'articulait, en fait, autour de deux thèmes : il constituait, d'une part, on l'oublie trop souvent, une attaque contre les intellectuels de droite ; d'autre part, plus largement, Julien Benda y soutenait que le clerc a le devoir de défendre des valeurs immanentes, telles la Justice ou la Vérité — par exemple au moment de l'affaire Dreyfus —, mais trahit sa fonction lorsqu'il épouse les polémiques du débat partisan. C'est surtout ce dernier point qui fut discuté à gauche. Et Raymond Aron compta alors parmi ceux qui réfutèrent un tel point de vue :

> « La pensée du clerc, selon M. Benda, doit être essentiellement contemplative... D'où (enfin) un certain mépris pour le clerc qui prétend penser notre monde, et y insérer des relations intelligibles, autrement dit, faire descendre le ciel sur la terre. " Les clercs politiques ou sociaux ", aux yeux de M. Benda, sont au plus bas degré dans l'échelle de la cléricature. Et puis, pessimiste radical, il juge leurs espoirs utopiques... Ne saurait-on concevoir, sans trahir, un esprit attaché au vrai et porté à la générosité, tout engagé dans l'action [146] ? »

Mais Raymond Aron semble avoir été surtout irrité par les attaques de Julien Benda contre les pacifistes français. Ce dernier, en effet, s'en prenait dans *La Trahison des clercs* au « pacifisme à prétention scientiste » et surtout aux « autres pacifismes malfaisants », notamment le « pacifisme mystique » de Romain Rolland ; l'attitude des tenants de telles doctrines « depuis dix ans a été inspirée par le seul sentiment et rien ne montre mieux à quel degré de faiblesse est descendue de nos jours, chez des " princes de l'esprit ", la tenue intellectuelle ». A cela, le jeune agrégatif de philosophie rétorque : « J'espère pour M. Benda qu'on oubliera aussi certaines pages où il retrouve chez les pacifistes une passion antinationale et l'oubli de la justice. Car la question se pose : reste de passion nationale chez M. Benda ou passion contraire chez un Demartial ? Appliquons le critère que nous indique le livre : " On peut dire à l'avance que le clerc loué par les séculiers est traître à sa fonction. " La Légion d'honneur a tranché. » L'irritation qui affleure dans ces lignes — qui sont les

146. Raymond Aron, « A propos de la trahison de clercs », *Libres Propos*, nouvelle série, 2ᵉ année, nº 4, 20 avril 1928, pp. 176-178. On remarquera que, dès cette date, le problème des rapports entre vérité et générosité est posé par Raymond Aron et se fixe au centre de sa réflexion. Mais y répond-il alors dans les mêmes termes que, vingt-sept ans plus tard, dans *L'Opium des Intellectuels* ou, en 1981 et 1983, dans *Le Spectateur engagé* et les *Mémoires* ?

dernières de l'article — constitue indirectement une indication sur la sensibilité pacifiste de l'auteur, blessés par les pages de Julien Benda contre les pacifistes et auxquelles, de ce fait, il réserve l'estocade.

Mais ce texte permet-il, en outre, de parler de liens entre Raymond Aron et les « élèves d'Alain » ? Il fournit, en tout cas, deux indices qui vont dans ce sens. Le premier réside dans le fait que la fin de l'article de Raymond Aron a une tonalité qui rappelle certains passages de la note des *Libres Propos* dans laquelle, deux mois plus tôt, en février 1928, Jeanne Alexandre avait rendu compte de *La Trahison des clercs* en des termes réservés. Plus précisément, après un long résumé favorable, elle avait évoqué la Légion d'honneur de Julien Benda — qui n'est pas, à ses yeux, un « pur hasard » —, lui avait reproché d'adhérer aux « dogmes officiels » sur les causes de la Première Guerre mondiale, de céder lui aussi au « romantisme du pessimisme » — que Benda, justement, dénonce chez d'autres — et d'avoir « sacrifié à la fiction historique comme les clercs débiles qu'il dénonce ».

L'article de Raymond Aron est encore plus critique et son ton est parfois très dur. Ce texte, qui est vraisemblablement le premier texte imprimé aronien[147], contient en effet quelques passages dont la teneur et le style détonnent par rapport aux écrits ultérieurs du « spectateur engagé ». Ainsi note-t-il à propos de Julien Benda : « Nous espérions un homme. Nous n'avions plus qu'un homme de lettres. » De même les dernières lignes de l'article ne sont pas précisément amènes. « La Légion d'honneur a jugé » est une allusion explicite au fait que Julien Benda vient à cette date d'en être décoré, au moment où Demartial est, lui, suspendu de l'ordre[148]. Cette allusion constitue du reste un second indice de la commune sensibilité, sur nombre de problèmes, de Raymond Aron et des chartiéristes. Aux yeux de ces derniers, la Légion d'honneur reste une distinction passablement déshonorante et, pour cette raison, un critère de jugement décisif. Jeanne Alexandre, par exemple, l'utilisait dans son article deux mois plus tôt. Et Alain ne venait-il pas d'écrire dans les *Libres Propos* du 20 février : « Celui qui s'engage dans la Légion d'honneur ne sait pas ce qu'il fait ; quand il croit recevoir une récompense, en réalité il engage son esprit dans l'état militaire et pour toute sa vie. »

Les retombées de l'affaire de la préparation militaire supérieure fournissent un troisième indice des liens entre les chartiéristes et Raymond Aron. Ce dernier n'est plus à l'École normale supérieure en novembre 1928, au moment de la pétition contre la PMS signée par quatre-vingt-trois élèves de la rue d'Ulm. Il participera en revanche, en tant qu'ancien élève, à une campagne contre Émile Picard, président du conseil d'administration de l'Association des anciens élèves de l'École normale supérieure. Cette campagne découlait

---

147. Nous avions signalé cette note de Raymond Aron sur Benda dans un article du *Monde Dimanche* (« Quand Aron était à gauche de Sartre... », 17 janvier 1982, pp. XII-XIII) et formulé l'hypothèse qu'il s'agissait vraisemblablement du premier texte imprimé aronien ; hypothèse que le principal intéressé n'a pas contestée : dans une lettre qu'il nous a envoyée le 3 février 1982, il évoque cette note sur Benda et écrit : « Du coup, je vais rechercher ce texte que je n'avais pas oublié mais que je n'ai pas relu depuis plus d'un demi-siècle. » L'année suivante, fait docteur *honoris causa* de l'Institut Weizmann de Jérusalem, il y prononce un discours sur « les intellectuels et la politique » et revient longuement sur ce texte, « le premier article que je publiai... que m'a rappelé un jeune historien dont la thèse porte sur les normaliens de ma génération » (*Commentaire*, n° 22, été 1983, pp. 259-263, citation p. 260). Dans ses *Mémoires*, l'expression utilisée est moins affirmative : « Le premier texte que j'aurais publié, à en croire... » (*op. cit.*, p. 47).

148. En 1983, dans ses *Mémoires*, Raymond Aron écrit : « Je ne relis pas sans honte la flèche que je lui lançai à la fin de l'article, une allusion à sa promotion récente dans la Légion d'honneur. Honte est trop dire : plutôt je rirais de moi » (*op. cit.*, p. 47, note 1).

des incidents de la PMS. Émile Picard, en effet, rapporte l'*Annuaire* de l'École, avait déclaré quelques semaines après ces incidents le 13 janvier 1929, à la 82ᵉ réunion générale annuelle de l'Association, « avoir lu avec tristesse une lettre récente, incorrecte dans la forme comme dans le fond » et qui « témoignait d'une méconnaissance singulière du rôle de l'officier, alors que tant des nôtres ont donné leur vie sous cet uniforme, en défendant la patrie ». Les *Libres Propos* du 20 juillet 1929 avaient réagi en publiant une circulaire envoyée par douze anciens élèves de l'École normale supérieure et protestant contre de telles déclarations. Ces signataires étaient Paul Dupuy, l'ancien secrétaire général de l'École, Romain Rolland, Alain, Challaye, Couchoud, Bénézé, Maublanc, Maurice Lacroix, Jean Laubier, Marcel Lob, Raymond Aron et Georges Canguilhem. Cette liste est révélatrice : outre Romain Rolland, on trouvait plusieurs adhérents ou sympathisants de la SFIO et de la Jeune République et surtout un noyau central de chartiéristes : Alain lui-même, Georges Bénézé et de jeunes agrégés qui, au début puis au milieu de la décennie qui s'achève, avaient été des antennes aliniennes à l'École et qui continuaient à cette date à jouer un rôle aux *Libres Propos*, Jean Laubier et Georges Canguilhem. La participation à cette pétition de Raymond Aron — qui ne peut naturellement y être au titre de la Jeune République ni même de la SFIO, avec laquelle ses liens sont antérieurs à 1929 et, en tout état de cause, beaucoup moins étroits que ceux de beaucoup de ses camarades d'École — dénote donc une proximité d'Alain et de ses disciples bien plus grande que ne sembleront l'indiquer plus tard les passages relevés plus haut.

Impression encore confirmée par un quatrième indice : pendant son séjour à l'École normale supérieure, Raymond Aron a été refusé au brevet de la PMS. Ce ne fut certes pas pour déficience physique : à l'époque, en effet, le normalien est un excellent joueur de tennis. Il semble plutôt que cet échec en 1927 soit à replacer dans le contexte du mouvement de contestation de cette préparation militaire qui s'amorce à cette époque rue d'Ulm et qui culminera avec la pétition contre la PMS, en novembre 1928. Alors qu'en 1926 quatre normaliens seulement avaient été refusés au brevet de la PMS, l'année suivante sept élèves sont refusés, dont Raymond Aron, et quatre ne se présentent pas aux épreuves. Il est difficile, faute d'éléments plus précis, d'étayer la thèse d'un échec prémédité par Raymond Aron, mais la présomption reste forte à nos yeux. Dans ses *Mémoires*, Raymond Aron reconnaît d'ailleurs une influence d'Alain en la matière : « Je ne crois pas avoir jamais été entièrement convaincu par sa pensée ou, plutôt, par son attitude politique, en particulier par son refus des galons d'officier. Peut-être aurais-je été reçu à l'examen de la fin de préparation militaire si je n'avais pas été, sur ce sujet, partagé [149]. » Dès lors, à l'automne 1928, il commence un service militaire long de dix-huit mois, au fort de Saint-Cyr dans la météorologie. A cette date, il est encore pacifiste [150] et sa sympathie pour Alain et les chartiéristes reste entière.

Une autre source est, à cet égard, éclairante. Dans *La Psychologie et la vie. Revue de psychologie appliquée*, il publie en janvier 1929 un article intitulé « L'influence d'Alain » qui est peut-être son deuxième texte imprimé. Son ton ne trompe pas :

149. *Op. cit.*, p. 42. Dans le même ouvrage, Raymond Aron précise, p. 50 : « Influencé sans être convaincu par Alain, je ne m'étais résolu ni à réussir ni à échouer à cet examen. Mes erreurs dans la lecture des cartes d'état-major, ma maladresse au commandement d'un peloton firent le reste. »
150. Entretien avec l'auteur, 23 janvier 1981.

« A l'École normale, s'agite furieusement — corps et âme — un groupe de jeunes hommes, robustes et sains, heureux d'appliquer, sur les champs de sports et dans les Universités populaires, dans le travail du labour et par des pétitions politiques, les conseils du Maître. On les appelle " les disciples d'Alain ", l'administration et certains élèves avec terreur, d'autres avec amitié, parfois même avec respect. Très différents de goût ou de tempérament, ils sont unis par une commune admiration pour le Maître, et aussi par un même mépris pour tout ce qui est bas et veule, pour ceux qui dès l'École préparent leur carrière dans l'apprentissage de la soumission et de la brigue et aussi, en général, pour une bonne partie des choses et des êtres humains : esclaves, profiteurs, importants, trublions, guerriers ou nationalistes... Il faut dire que ce penseur vrai est grand. Et puis, au risque de froisser sa réserve, il faut ajouter l'exemple de sa vie... Et je n'ai jamais si bien compris qu'en le voyant, la vérité de la formule spinoziste : " La joie est le passage d'une perfection moindre à une perfection plus grande. " »

Ces lignes parlent d'elles-mêmes. Un autre extrait du même texte confirmerait d'ailleurs, si besoin était, que Raymond Aron se sent alors très proche de ces « disciples d'Alain » :

« Pour mon compte, je dois beaucoup à l'amitié de quelques-uns de ses élèves, en même temps qu'à ses livres. Ou plutôt c'étaient la vie et l'homme devinés à travers l'admiration de disciples qui ajoutaient à la puissance des écrits. Ainsi on le respecte, admire, aime, avant même de le connaître. On comprend alors le fanatisme des élèves, dont quelques-uns sourient. Mais eux répondraient comme Alain parlant de Lagneau : « C'est le seul Grand Homme que j'ai rencontré. » Et devant ce Grand Homme, qui a su rester homme, ami en même temps que Maître, s'inclinent avec joie des disciples en « esprit et en vérité [151]. »

Alain : un « admirable éveilleur » ?

L'écrivain Julien Gracq, qui fut entre 1928 et 1930, l'élève d'Alain à Henri-IV, emploie en 1980, évoquant le souvenir de son ancien professeur de philosophie, les mots « admirable éveilleur [152] ». Et, de fait, si la plupart des professeurs de khâgne se sont avant tout consacrés à la préparation de leurs élèves et si, comme l'a noté Pierre Bourdieu au sujet de leurs cadets des dernières décennies, « toute la logique d'un système dominé par le concours » en a fait des « sorte[s] d'entraîneur[s] [153] », certains d'entre eux ont appartenu à cette catégorie d'hommes et de femmes que nous avons baptisés « éveilleurs » et qui, sans être eux-mêmes forcément très connus ou sans avoir toujours acquis de leur vivant une réputation en rapport avec leur rôle réel,

151. *Art. cit.*, p. 11. En l'occurrence, « l'élève » d'Alain qui a fait connaître le professeur du lycée Henri-IV à Raymond Aron est sans doute le chartiériste de la promotion littéraire de 1924, Georges Canguilhem. Là encore, les *Mémoires* ne sont qu'en partie éclairants : « Sans doute des élèves d'Alain me servirent-ils d'intermédiaire », note l'auteur page 41, et il ajoute quatre pages plus loin : « Peut-être Georges Canguilhem fut-il l'intercesseur entre Alain et moi. »

152. Julien Gracq, *En lisant, en écrivant*, José Corti, 1980, p. 187. Alain, nous l'avons souligné à plusieurs reprises, est souvent évoqué dans les Mémoires de ses anciens élèves, par exemple dans ceux de Roger Gouze, beau-frère de François Mitterrand. Petit-fils de cheminot et de commerçant, fils d'un couple d'instituteurs (le père deviendra professeur de l'enseignement secondaire puis principal de collège), Roger Gouze entra en hypokhâgne à Henri-IV en octobre 1930. Le chapitre qu'il consacre à Alain dans *Les Miroirs parallèles* (Calmann-Lévy, 1982) est intitulé « Alain ou la sagesse » (*op. cit.*, pp. 119-141) et commence par ces mots : « J'avais dix-huit ans lorsqu'Alain est entré dans ma vie pour n'en plus sortir. »

153. Pierre Bourdieu, « Épreuve scolaire et consécration sociale. Les classes préparatoires aux Grandes Écoles », *Actes de la recherche en sciences sociales*, n° 39, septembre 1981, pp. 3-70, citation p. 14. Le terme « entraîneur » a été également utilisé par Jules Isaac dans *Expériences de ma vie. I. Péguy*, Calmann-Lévy, 1959, p. 51.

ont été, dans différents secteurs de la vie intellectuelle française, un levain pour les générations suivantes. Pour les années 1920, il s'est trouvé au moins deux de ces professeurs[154] pour appartenir de plain-pied à cette catégorie : André Bellesort et Alain.

Le premier, on l'a vu, a été surtout un « éveilleur » sur le plan intellectuel, et ce n'est pas un mince paradoxe que l'attrait exercé par ce maître d'inspiration nettement maurrassienne sur un auditoire largement composé de jeunes provinciaux républicains et orientés plutôt à gauche. Pour cette raison même, on ne peut toutefois pas parler de communion intellectuelle entre le professeur et ses élèves, sauf pour quelques khâgneux d'Action française pour lesquels André Bellessort fut même un « éveilleur » politique, dont l'influence les conduisit vers le mouvement de Charles Maurras ou les confirma dans le choix antérieur d'un tel engagement : ce fut le cas, par exemple, en 1925-1926, de Robert Brasillach et de Thierry Maulnier.

Parmi les enseignants — et pas seulement de khâgne —, peuvent seuls être considérés, en définitive, comme « éveilleurs » ceux dont l'influence a dépassé la simple transmission d'une discipline, pour déboucher plus largement sur une influence intellectuelle, avec parfois des incidences politiques, s'exerçant sur des jeunes gens appelés à devenir à leur tour des intellectuels. Alain, on le voit, entre indiscutablement dans cette catégorie, son influence ayant largement dépassé le registre philosophique et même le champ culturel et ayant revêtu, pour certains de ses élèves, un incontestable aspect politique.

Ces élèves, rue d'Ulm, n'étaient pas très nombreux mais, profondément marqués par la pensée du maître, ils s'y sont montrés souvent particulièrement remuants. Nous avons pu parler à leur sujet d'une sociabilité spécifique, qui s'ordonne autour d'une revue, qui est cimentée par l'admiration portée à Alain, qui est imprégnée par une commune sensibilité, le pacifisme, et qui apparaît notamment dans des combats menés de concert. Décrire la mouvance chartiériste consistait donc, d'une certaine manière, à étudier l'influence d'un homme et à montrer comment elle structure un groupe en lui conférant une cohésion et une pensée. Ce groupe, on l'a vu, s'ordonne en effet en plusieurs cercles de fidélité et d'admiration soudés par une commune vision du monde[155].

Si certains des « éveilleurs » du XXe siècle intellectuel se sont tenus

---

154. Dans une communication faite à la table ronde des 25 et 26 juin 1984 sur le personnel de l'enseignement supérieur en France aux XIXe et XXe siècles organisée à l'École des hautes études en sciences sociales par l'Institut d'histoire moderne et contemporaine, nous avons proposé une typologie de ces professeurs de khâgneux, regroupés en trois catégories : les « entraîneurs », c'est-à-dire la plupart des professeurs de khâgne, qui se consacrèrent avec dévouement, parfois avec talent, à une tâche explicitement revendiquée : permettre au plus grand nombre de leurs élèves d'entrer rue d'Ulm ou d'obtenir une bourse de licence; certains de ces « entraîneurs » furent de surcroît des « maîtres », qui ont profondément marqué, en tant que professeurs, leurs élèves, et ces derniers leur ont, du reste, volontiers attribué non seulement leurs succès universitaires mais aussi le choix d'une discipline et la formation acquise en son sein; quelques professeurs, enfin, ont été des « éveilleurs », dans le sens que nous avons donné à ce terme (« Aux lisières de l'enseignement supérieur : les professeurs de khâgne vers 1925 », *in : Le personnel de l'enseignement supérieur en France aux XIXe et XXe siècles*, actes publiés par Christophe Charle et Régine Ferré, Éditions du CNRS, 1985, 283 p., pp. 111-129).

155. Du fait des fonctions d'Alain, ce groupe, on l'a vu, est constitué notamment de khâgneux. A tel point, du reste, que durant l'été 1929, les proches d'Alain qui s'occupent des *Libres Propos* songent au « projet d'un journal pour les khâgnes, annexé aux L.P. » (extrait d'une lettre de Jeanne Alexandre à Jean Laubier datée du 7 août 1929, *Bulletin* n° 35 de l'Association des Amis d'Alain, novembre 1972, p. 67); la proposition, qui « a d'abord surpris puis enthousiasmé » et qui « ne pouvait qu'enchanter Chartier » (*ibid.*), ne débouchera en réalité que sur une « liste des sujets d'écrit (celui de l'ENS, de Sèvres, ceux de l'Agrégation) » (*ibid.*) de philosophie et leur commentaire.

résolument en coulisses, tels, rue d'Ulm, Lucien Herr, ou, rue Sébastien-Bottin, Bernard Groethuysen, Alain, malgré le faible tirage, à l'époque, de ses ouvrages et des *Libres Propos* et malgré la base statistiquement étroite de son auditoire, appartient à une catégorie d' « éveilleurs » ayant disposé de leur vivant même d'une audience non négligeable car composée de disciples profondément et durablement marqués. Ni homme de coulisse ni homme du devant de la scène intellectuelle — dans une intelligentsia qui, il est vrai, n'est pas encore entrée dans l'âge des médias mais qui se trouve alors chronologiquement, pour reprendre les analyses de Régis Debray, à la charnière du « cycle universitaire » et du « cycle éditorial » —, Alain pourrait être défini comme un homme de l'agora, participant au débat intellectuel de la cité et y laissant directement ou indirectement sa trace, ni homme de l'ombre ni personnalité de l'avant-scène, mais inspirateur d'un groupe attentif et ardemment prosélyte. Toutes proportions gardées, son rôle n'est pas sans rappeler celui d'un Louis Althusser et d'un Jacques Lacan avant leur renommée médiatique : initialement, dans leur cas également, l'influence s'exerça sur un cercle, restreint mais relativement homogène et renouvelé par le flux des promotions normaliennes — dans le cas de Louis Althusser —, de jeunes intellectuels qui servirent ensuite de relais à la pensée des maîtres.

Cette pensée, dans le cas d'Alain, a nourri chez les disciples, on l'a vu, une véritable vision du monde. Or, comme le souligne Julien Gracq dans le texte déjà évoqué :

> « Au moment même où nous quittions sa classe, en 1930, un brutal changement d'échelle désarçonnait sa pensée, un monde commençait à se mettre en place, un monde effréné, violent, qui rejetait tout de son humanisme tempéré... Peut-être lui en ai-je voulu un peu de m'avoir fait prendre pour un éveil intemporel à la vie de l'esprit une pensée étroitement située et datée, et qui reflétait, à travers le déclin encore masqué d'une démocratie rurale et close, la fin d'une période du monde plutôt qu'elle n'en annonçait une nouvelle. »

De fait, les normaliens de la deuxième partie des années 1920 quittent l'École en une époque où le monde, autour d'eux, change : les enjeux vont se modifier en quelques années et les défis lancés à la génération de 1905 seront, pour cette raison, d'une singulière acuité. Face à ces enjeux et à ces défis, la pensée incontestablement « située et datée » qu'est la vision alinienne de la politique [156] sera-t-elle pour les jeunes chartiéristes un viatique suffisant ? Ne risquait-elle pas, au contraire, de les exposer à de dangereux aveuglements — par exemple celui de s'ingénier, entre 1933 et 1939, à « éviter la guerre de 1914 [157] » ? Ou de les contraindre à de douloureux et tardifs retours sur eux-mêmes ? Il faudra, pour répondre à de telles questions, reconstituer plus loin le cheminement de ces jeunes normaliens chartiéristes tout au long des années 1930 et de la Seconde Guerre mondiale.

---

156. Le résultat de ce décalage est qu'à la différence des normaliens socialistes du même âge, que nous avions, après inventaire, proposé au chapitre XI de classer parmi les « non-conformistes des années 1930 » — et même des années 1920 —, le rameau alinien de « la génération de 1905 » ne nous semble pas devoir être rattaché au même courant. Significatif est, du reste, à cet égard le jugement critique qu'une revue comme *L'homme nouveau*, sous la plume du normalien Jean Thomas, formule en 1934 sur les *Propos de Politique* d'Alain publiés chez Rieder : cette « doctrine foncièrement pessimiste » est à repousser; en effet, « si les *Propos* d'Alain sont dignes d'être longuement médités, c'est pour être, ensuite, rejetés » (*L'Homme nouveau*, n° 4, avril 1934, non paginé).

157. Raymond Aron, « Alain et la politique », *Nouvelle Revue française*, *cit.*, p. 164.

CHAPITRE XIV

L'affaire de la PMS

Dans *L'Enfance d'un chef,* Lucien Fleurier, le héros de Jean-Paul Sartre, prépare, dans les années 1920, le concours de l'École centrale au lycée Saint-Louis. Il est abordé un jour de décembre par l'un de ses camarades : « Il tenait un papier. Veux-tu signer? demanda-t-il. — Qu'est-ce que c'est? — C'est à cause des youtres de Normale sup; ils ont envoyé à *L'Œuvre* un torchon contre la préparation militaire obligatoire avec deux cents signatures. Alors nous protestons; il nous faut au moins mille noms : on va faire donner les cyrards, les flottards, les agro, les X, tout le gratin[1]... » Au détour d'une ligne, la pétition contre la préparation militaire supérieure — la PMS — obligatoire entrait donc dans l'Histoire, par la voie littéraire, onze ans après avoir défrayé la chronique d'une fin d'automne 1928. A cette date, elle avait marqué l'acmé d'une agitation antimilitariste devenue peu à peu endémique rue d'Ulm et elle mérite, à ce titre, l'attention. Avec le recul, elle devient, en effet, une manière de symbole de l'imprégnation pacifiste de cette génération normalienne.

Préparation ou impréparation militaire?

Les dispositions des lois de 1889, 1905 et 1913 avaient successivement astreint les normaliens au service militaire, porté ce service à deux ans et instauré une instruction militaire obligatoire à l'École. Au lendemain du premier conflit mondial, cette instruction se faisait au cours de stages estivaux et, à son terme, les normaliens, sans passer d'examen, servaient comme sous-lieutenants. Et avant même la loi militaire de 1923, on l'a vu, des incidents avaient eu lieu entre des normaliens et l'autorité militaire[2]. L'article 30 de cette loi du 1er avril 1923 sur le recrutement de l'armée instaura un brevet de préparation militaire supérieure, pour les élèves des « Écoles civiles ». Les normaliens n'étaient plus, d'office, sous-lieutenants. Ils devaient suivre pendant deux ans cette préparation puis se présenter au brevet. Les élèves

1. Jean-Paul Sartre, *Le Mur,* Gallimard, 1939, p. 201.
2. Cf. *supra,* chapitre X.

refusés effectuaient, à leur sortie de l'École, dix-huit mois de service comme simples soldats. Les reçus devenaient élèves officiers de réserve (EOR) pendant six mois puis passaient un nouveau concours. En cas d'échec, ils terminaient leur service durant un an comme simples soldats. Admis, ils étaient durant six mois officiers ou sous-officiers selon leur rang.

C'est le premier aspect de ces nouvelles dispositions qui inquiéta la direction de l'École, qui estimait que les normaliens étaient désavantagés par rapport aux polytechniciens, automatiquement sous-lieutenants[3]. Nombre d'élèves s'émurent plutôt de l'obligation qui leur était faite de suivre la PMS et de se présenter au brevet, qui leur apparaissait comme une atteinte à leurs droits et libertés. Ils n'entendaient pas, on le constatera par exemple en 1928, être « sans leur propre consentement traités en favorisés ». Mais avant même que le conflit cristallise sur ce problème de l'obligation, certains jeunes normaliens manifestèrent leur hostilité à la PMS, et cela de deux manières.

La première consista à montrer le moins de zèle possible dans l'accomplissement des exercices de cette préparation militaire, dans la cour de la caserne de Lourcine, boulevard de Port-Royal. Certains, du reste, cultivèrent leur inaptitude au pas cadencé. Nous avons déjà cité ce témoignage de Georges Lefranc sur ses camarades de promotion Sartre et Nizan dans leurs œuvres : « Très vite, les officiers qui nous encadraient et nous faisaient manœuvrer durent se rendre à l'évidence : Sartre et Nizan étaient, dans le peloton, incapables de marcher au pas, et sans le vouloir, en s'appliquant, ils y mettaient le désordre. » Ont déjà été évoquées également diverses façons d'échouer en toute connaissance de cause au brevet de la PMS : comme Nizan, Bénichou et Bruhat, rester « le cul par terre » à l'épreuve de la montée à la corde, ou, comme Canguilhem, laisser malencontreusement tomber sur le pied de l'officier chargé de surveiller l'examen un trépied de mitrailleuse.

L'autre façon était encore plus radicale. Elle consistait à ne pas assister aux séances de préparation militaire, ce qui entraînait d'abord le redoublement de la première année, puis, plus tard, l'échec au brevet. Nous avons vu que les élèves d'Alain, notamment, s'adonnèrent à ce boycottage larvé et entretinrent sur ce sujet une correspondance piquante avec l'autorité militaire. Ainsi Camille Marcoux, entré à l'École à l'automne 1928, se montra-t-il peu assidu aux séances de la première année de PMS, en étant absent treize fois sur vingt-deux entre le 20 novembre 1928 et le 21 février 1929 ; quelques mois plus tard, ayant manqué la « période intensive d'instruction militaire », il écrivit en juillet 1929 la lettre suivante au responsable de cette instruction à l'École : « Mon lieutenant-colonel, affaibli depuis un mois par une perte de poids anormale (si je passais actuellement le Conseil de Révision, je serais certainement ajourné), j'ai pensé que ma présence aux seances de la période intensive d'instruction militaire compromettrait ma santé... » Si cette lettre reste crédible — quoique vraisemblablement dictée par les circonstances[4] ! — d'autres missives frisent allègrement l'impertinence, telle celle déjà citée de Lucien Roubaud, qui, douze fois absent en deuxième année de PMS en 1928-1929, arguait pour se justifier qu'il ne s'était pas rendu aux séances du seul fait

3. Cette inquiétude affleure dans la correspondance avec le ministère de l'Instruction publique ou avec le rectorat (cf. les archives de l'Académie de Paris, Arch. Nat. AJ 16 2895, et celles de l'École normale supérieure, Arch. Nat. 61 AJ 198).

4. Il était temps, en effet, pour Camille Marcoux, de régulariser sa situation avec l'autorité militaire : le lendemain, nous le verrons plus loin, il est déféré devant le conseil de discipline de l'École à cause de l'affaire des normaliens de Quimper !

de « la pensée des perturbations que son inexpérience ne pourrait manquer de jeter dans les manœuvres ». Rien d'étonnant, dans ces conditions, à ce que le directeur de l'École ait jugé la raison « inadmissible ».

Et, de fait, à la fin de la même année, Lucien Roubaud ne se présenta pas au brevet de la PMS. Car, si certains normaliens sont refusés au brevet à cause de leurs absences répétées ou de leur inaptitude, réelle ou simulée, au moment des épreuves, d'autres s'abstiennent complètement de passer ces épreuves. Et s'il ne faut pas exagérer l'ampleur statistique du phénomène d'opposition à la PMS, notons qu'entre les refusés et les non-présentés, un peu moins d'une dizaine de normaliens, soit tout de même un tiers environ des candidats, ne sont pas reçus à leur brevet en 1927, 1928 et 1929. Le tableau qui suit montre, en effet, que ces trois années enregistrent les déficits les plus frappants. Ce tableau indique, pour la deuxième partie de la décennie, les résultats à la fin de la deuxième année de PMS en ce qui concerne l'infanterie, l'arme des normaliens littéraires, les scientifiques se formant plutôt dans le domaine de l'artillerie[5] :

Années	Reçus	Refusés	Non-présentés
1926	15	4	—
1927	14	7	4
1928	21	3	5
1929	14	4	4
1930	45	0	3

Ainsi, si 1926 et 1930 ne comptent respectivement que quatre et trois élèves refusés ou ne s'étant pas présentés, les trois années intermédiaires connaissent des taux beaucoup plus élevés. Or 1927 est l'année de la Revue qui fit scandale, 1928, on le verra, celle de l'affaire de la PMS, et 1929 celle des remous soulevés par le soutien apporté aux normaliens de Quimper. Il faudra, en fait, attendre 1930 pour que la situation se normalise, le nombre exceptionnel des reçus, plus élevé que celui des élèves d'une promotion littéraire, provenant précisément du succès à cette date des refusés ou non-présentés des années précédentes.

Une pétition qui fit du bruit.

Incontestablement, à partir de l'année 1927, la tension était montée d'un cran à l'École. Le scandale de la Revue comme la pétition contre la « loi Paul-Boncour[6] » deviennent, avec le recul, autant de signes avant-coureurs des événements ultérieurs. Et au début de l'année suivante, le soutien apporté à Georges Demartial montrait que la pression antimilitariste était restée forte dans l'établissement. Bien plus, quand survient la rentrée de novembre, cela fait plusieurs mois que les chartiéristes des *Libres Propos* défendent le pacte Briand-Kellogg signé en août et condamnent la guerre sous toutes ses formes. L'initiative que vont prendre alors une partie des normaliens marque donc, en fait, moins un changement de comportement de leur part qu'un changement

5. Tableau établi à partir des données statistiques fournies par Arch. Nat. 61 AJ 198.
6. Cf. *supra*, chapitre X.

de l'échelle de leur action, par la modification de l'écho de leurs interventions politiques. Jusque-là, en effet, ces interventions, quand elles franchissaient l'enceinte de la rue d'Ulm, étaient soit noyées dans des listes de signataires plus larges, par exemple la pétition contre la « loi Paul-Boncour » dans *Europe*, soit, quand elles demeuraient spécifiquement normaliennes, reléguées dans une revue confidentielle comme les *Libres Propos*. L'affaire de la PMS va marquer l'entrée des normaliens en tant que tels dans les colonnes de la grande presse, qui va jouer le rôle d'une caisse de résonance de l'agitation antimilitariste à l'École. Des chuchotements de cette agitation *intra muros* on passe alors aux clameurs des campagnes de presse.

L'affaire de la PMS trouve en effet son origine dans une pétition publiée par *Le Populaire*. Dans son édition du 26 novembre 1928, le journal socialiste reproduisit en première page une pétition de « 83 Normaliens [qui] s'élèvent contre la préparation militaire obligatoire » :

> « Monsieur le Ministre de l'Instruction publique,
>
> Les soussignés n'ont pas l'intention de protester contre l'obligation militaire, car ils considèrent que, quelle que soit la nature des lois, les citoyens ne peuvent accuser ou féliciter d'autres qu'eux-mêmes. Mais ils ne peuvent admettre la légalité d'une mesure qui contraint les élèves de certaines écoles, et notamment l'École normale supérieure, à suivre pendant deux ans une préparation militaire les formant à la fonction d'officier.
>
> En effet, si les gouvernants ne font qu'appliquer la loi quand ils veillent à ce que les citoyens s'acquittent de l'obligation militaire et paient leurs impôts, ils ne peuvent du moins exiger d'eux qu'une juste part dans la contribution générale et qu'une égale obéissance à l'obligation militaire. Ils dépasseraient certainement leurs attributions s'ils s'avisaient de contraindre tel ou tel contribuable à exercer ou même à apprendre le métier de percepteur d'impôts ; pour les mêmes raisons, il est impossible de défendre la légalité d'une mesure qui soumet à l'apprentissage du commandement militaire certains citoyens dont la volonté n'a pas été consultée et qui ne doivent que l'obéissance du soldat. D'ailleurs, la violence faite par cette mesure est d'autant plus grande qu'elle porte encore bien plus sur les esprits que sur les corps. Il n'est point besoin d'approuver pour bien obéir, et le simple soldat peut penser ce qu'il veut ; mais le commandement est une fonction qui fait de celui qui l'exerce le gardien et l'exécuteur d'un régime. C'est donc forcer un homme à se trahir lui-même ou bien à trahir la confiance qu'on met en lui que de le contraindre à être officier, s'il réprouve, comme c'est son droit d'esprit, le système militaire.
>
> Aussi, comment ne pas voir un outrage à la liberté de conscience dans cette obligation d'apprendre un métier qu'on peut juger, comme son nom l'indique, inséparable d'une absolue fidélité aux doctrines officielles ?
>
> Monsieur le Ministre, on a prétendu, pour justifier cette contrainte, que les élèves des grandes écoles sont l'élite de la France et qu'en cette qualité il leur convient d'être des chefs et des entraîneurs d'hommes. Mais si ceux qui composent l'élite sont ceux à qui il convient de commander dans l'armée, certains des soussignés déclarent qu'ils se sentent indignes de faire partie de ce corps privilégié. En effet, appelés par leurs études à devenir des éducateurs, ils se jugent impropres à l'exercice du commandement militaire, car ce qu'ils ont appris, c'est qu'ils ne devraient, dans leur enseignement, fonder leur autorité que sur le conseil et ne demander à leurs élèves qu'un assentiment réfléchi.
>
> Or ils aperçoivent qu'un officier a le devoir de dresser les soldats à l'aveugle obéissance, qui fait pendant la guerre la force des armées, et que l'état de paix lui-même ne peut l'autoriser à adoucir cette discipline essentielle, puisque l'institution militaire n'a de raison d'être que si l'on considère la paix comme un état

précaire qui doit, tôt ou tard, faire place à l'état de guerre en prévision duquel cette institution a été créée.
Sans doute a-t-on voulu faire une grande faveur aux futurs éducateurs en leur offrant le bénéfice d'une mesure qui ne fut peut-être aussi catégorique que parce qu'on ne prévoyait point d'opposition. Les gouvernants ont-ils donc cru que parmi ceux qui se chargent d'enseigner au peuple comment on règle ses pensées et ses actes sur la raison, aucun ne pourrait résister à l'attrait d'un pouvoir dont la règle est de ne jamais donner de raisons ?
Les soussignés, Monsieur le Ministre, vous demandent donc comme une faveur de n'être point, sans leur propre consentement, traités en favorisés. Ils vous demandent qu'il leur soit permis, s'ils le veulent, de faire leur service militaire au milieu de tous les jeunes gens de leur âge que la caserne réunit pour un temps et d'ajouter aux moyens qu'ils peuvent avoir d'exercer leur action de guides, le moyen si puissant de la vie en commun et de la jeune camaraderie. Sans doute certains d'entre eux, pour des raisons de conviction ou d'utilité, acceptent la fonction d'officier ; mais tous reconnaissant que chaque citoyen a le droit d'être libre dans ses pensées et de disposer de sa personne dans la limite des lois communes, sont unanimes pour solliciter, Monsieur le Ministre : la transformation, à l'École normale supérieure, de la préparation militaire obligatoire en préparation militaire facultative. »

Et *Le Populaire* précisait : « Suivent les signatures de 83 normaliens. »

Nous avons retrouvé le brouillon dactylographié de cette pétition accompagné de la liste des signataires. Ces derniers sont effectivement au nombre de quatre-vingt-trois : Amiel, Beaufret, Bellier, Bénichou, Bernard, Berthier, Berveiller, Boivin, Borne, Bouisset, Boyon, Brasillach, Brun, Chambon, Château, Chaudron, Chauvin, Chevalley, Cossart, Debruyne, Durix, Duron, Étienne, Évrard, Faivre, Freychet, Fuzellier, Ganuchaud, Genaille, Gounon, Guillon, Guindey, Harnois, Henry, Herland, Hugueny, Jacob, Jamet, Journaud, Journet, Joyal, Laborde, Lacroute, Launey, Lautman, Lecarme, Legris, Le Lannou, Leray, Le Tourneau, Magnier, Maheu, Marcoux, Marguin, Marrou, Marty, Maysounave, Mercadié, Meynieux, Missonnier, Monbureau, Nicollet, Nivat, Paye, Pelorson, Péron, Piéri, Pochard, Pougnand, Privault, Raynaud de Lage, Renaud, Richard, Rolland, Rouault, Ruffel, Smetana, Texier, Théron, Vilar, Weill, Wiemann, Zink[7].

Dès le lendemain de la parution de cette pétition, *L'Écho de Paris* publie à son tour « l'odieux document », constate que « la gangrène va du primaire au supérieur » et annonce son intention de revenir sur « ce sujet douloureux ». Et le surlendemain, mercredi 28 novembre, Gustave Hervé monte lui aussi en ligne et écrit dans *La Victoire* un article sur « l'université malade » :

« ... Ah ! ils en sont encore là ces pauvres garçons ! La dégoûtante et grotesque expérience bolcheviste russe ne les a pas encore mis en garde contre les niaiseries de l'internationalisme de Karl Marx ? L'invasion de la Belgique et du nord de la France par l'armée impériale, au milieu de laquelle les social-démocrates internationalistes de l'autre côté du Rhin chantaient à gueule-que-veux-tu le *Deutschland über alles*, ne les a pas dégoûtés à jamais du pacifisme bêlant ?
Personne ne leur a dit, ni dans leur famille, ni sur les bancs du lycée, que malgré la bravoure et la discipline de tous nos soldats lors du formidable choc du début

7. Nous avons rétabli certains noms dans leur orthographe exacte, la liste accompagnant le brouillon dactylographié de la pétition présentant, en effet, de nombreuses « coquilles ». Dès le 1er décembre 1928, on pouvait trouver la liste des signataires dans le n° 485 du *Progrès civique* (p. 1609). Cf. également, par exemple, les *Libres Propos* du 20 décembre 1928 (p. 559).

de la guerre, les Allemands entraient à Paris dès la fin d'août, sans la haute valeur intellectuelle des " soudards galonnés " qui commandaient les armées françaises et qui dirigeaient et encadraient les moindres unités !
Non ! mais est-ce qu'ils veulent que la nation tout entière fasse des comparaisons entre eux, les pauvres " cagneux " de la rue d'Ulm, et les jeunes coqs de bataille frais émoulus de Saint-Cyr, qui en août 1914 abordaient l'envahisseur en gants blancs et le casoar sur la tête !
Je suis bien obligé d'avoir de l'indulgence pour ces pauvres sophistes, et ces coupeurs de cheveux en quatre, après avoir déraillé et déraisonné personnellement comme eux à leur âge et même plus tard... »

Seul remède selon Gustave Hervé : « Une bonne petite République autoritaire. » *L'Action française* du 30 novembre propose une approche apparemment plus sereine de l'affaire, mais davantage susceptible, en fait, de toucher au vif les jeunes signataires :

« Ce manifeste puéril, où un style déliquescent traduit un tolstoïsme attardé, a alarmé quelques-uns de nos confrères. Qu'on se rassure ; il n'exprime à aucun degré l'état d'esprit de la jeunesse universitaire. Nous savions qu'au milieu du grand mouvement qui entraîne les élèves de toutes les Facultés vers les doctrines claires et fortes du salut national, c'est à l'École normale que l'on trouve les derniers tenants du communisme, du socialisme et du sillonisme alliés. La grande somme des matières qu'ils ont à emmagasiner est peut-être ce qui retarde, chez beaucoup d'entre eux, la réflexion et le jugement. Ceux dont l'esprit arrive à dominer le fatras des livres et des exercices scolaires n'en sont d'ailleurs que meilleurs. Ce sont ces derniers qui, tel un Pierre Gaxotte, continuent à illustrer les promotions de la rue d'Ulm. Et notre ami René Frédet, aujourd'hui brillant agrégé, qui était l'an dernier secrétaire adjoint des Étudiants d'Action française, a su faire régner dans notre groupe parisien si nombreux, la plus saine et la plus vive activité intellectuelle. »

On pourrait multiplier ainsi les citations[8]. Même l'honorable *Temps* perdra, au fil de quelques lignes, son sang-froid et commettra le péché d'approximation en écrivant le 30 novembre sous le titre « Soviétisme normalien » : « ... Et pour leur tout dire, cette " resucée " d'Anatole France, malgré quelque arrière-goût d'internationalisme selon la formule de Moscou, qu'elle paraît fade, auprès du cri suprême de " l'archicube " Péguy : " En avant, n... de D... ! " En tout cas, parce qu'elle fut républicaine sous l'Empire, ce n'est pas une raison, au contraire, de donner dans le soviétisme sous la République. »

Bornons-nous ici à étudier plus particulièrement l'attitude de *L'Écho de Paris*. Celle-ci est d'autant plus intéressante à analyser que, on l'a vu, un contentieux existera désormais entre ce journal et les élèves de l'École, qui apparaîtra notamment lors de la Revue de 1929[9]. Dès le lendemain de la publication de la pétition, on l'a dit, ce journal l'avait publiée à son tour, dans

8. Par exemple, Julien Martel, dans *L'Ami du peuple* du 29 novembre (« plus encore qu'une sottise prétentieuse, vous avez commis, messieurs, une mauvaise action »), Curtius, dans *Le Gaulois* du 2 décembre (« Au séminaire de la rue d'Ulm, on vit volontiers dans l'absolu. Mais s'y établir à ce point a quelque chose de criminel et même de stupide !...), Clément Vautel, dans *Le Journal* du 28 novembre (« Ces jeunes gens refusent d'être officiers, parce qu'ils sont animés d'un esprit révolutionnaire... Voilà où en est l'École normale supérieure ou, du moins, une notable partie de ses élèves. C'est un signe grave, très grave »), ou André Lichtenberger, dans *La Victoire* du 30 novembre (« Les 83 et leurs émules risqueraient de gangrener dangereusement notre commandement. Ils seront beaucoup moins nuisibles sac au dos et dûment recommandés à la vigilance de l'adjudant Flick »).

9. Cf. *supra*, chapitre XIII.

la rubrique « les Idées et les Faits » et sous le titre « L'antimilitarisme à l'École normale supérieure ». La courte introduction, signée Custos, qui accompagnait le texte le qualifiait d'« odieux document » et concluait : « Que l'établissement de la rue d'Ulm, où se forment les futurs professeurs de notre haut enseignement, ne soit pas à l'abri de la mystique socialiste, voire même communiste, nous le savions, mais nous imaginions qu'elle y faisait peu de ravages. La pétition que nous venons de publier nous interdit d'être optimiste ; la gangrène va du primaire au supérieur. Nous reviendrons sur ce sujet douloureux. »

Le sujet sera, en fait, d'autant plus douloureux pour ce journal que *L'Écho de Paris* va être à la même date victime d'un « canular » venu de la rue d'Ulm. Dans ce numéro du 27 novembre, il publie également, en effet, sous le titre « La politique à l'École normale. Réponse à une pétition », une autre pétition comblant d'aise, apparemment ses rédacteurs qui la présentent ainsi : « En réponse à cette pétition, aussi ridicule qu'odieuse, vingt normaliens nous adressent la pétition suivante », et en publient le texte intégral :

> « Monsieur le rédacteur en chef,
>
> Vous avez dû recevoir aujourd'hui une pétition adressée au ministre de l'Instruction publique par 83 élèves de l'École normale supérieure. Il est bon que vous sachiez, et puissiez faire savoir, qu'il reste à l'École bon nombre de jeunes gens qui se désolidarisent entièrement de cette manifestation au moins déplacée. Nous savons que pas mal de nos " camarades " affectent de se rallier aux idées humanitaires et pacifistes de l'heure. Tant que cela se borne à des manifestations sans importance comme le chant de *L'Internationale* à l'intérieur de l'École, nous ne voyons rien à redire ; mais lorsque, publiquement et soi-disant au nom de l'École normale, ils prétendent s'attaquer aux institutions et même aux lois de notre pays, nous jugeons qu'il est indispensable de prévenir le public qu'ils ne sont pas les seuls à l'École. Trop longtemps ils ont pu faire croire qu'ils avaient autorité pour représenter au-dehors l'opinion normalienne.
>
> Les soussignés, sans prétendre, eux, être une majorité, tiennent à faire savoir qu'il y a encore des normaliens prêts à obéir aux lois de leur pays et qui, comprenant les nécessités d'un ordre minimum, s'étonnent au contraire que dans un de nos plus grands établissements nationaux on ait laissé se perdre la plus élémentaire discipline, et regrettent que des traditions aussi naturelles que le port de l'uniforme, ou la préparation militaire, soient ou abandonnées ou en danger de l'être (Boorsch, Boivin, Nizan, Hutter, Gallois, Bourgeois, Laurent, Martin, Roubault, P. de Gandillac, Merleaux-Ponty (*sic*), Robert, Roubaud, Hourcade, Lapalus, Bady, Ribaillier, Lafon, Hipolitte (*sic*), Bruhat, Dupront). »

Las ! les rédacteurs de *L'Écho de Paris* doivent vite déchanter. Reconnaissant avoir été « mystifiés », ils publient, en effet, le lendemain un autre article en première page, intitulé « Un faux. Une rectification » et contenant, entre autres, cette mise au point : « Monsieur, le texte intitulé " Contre-pétition " qui a paru dans votre numéro est controuvé. Regrettant que vous vous soyez laissé prendre à une plaisanterie classique, les soussignés, qui par ailleurs déclarent réserver leurs opinions personnelles sur le fond de la question, vous prient d'insérer le présent rectificatif au lieu et place de l'article en question et dans les mêmes caractères. Croyez à nos sentiments distingués » (Hourcade, Bourgeois, Robert, Lapalus, Ribaillier, Roubault). Ce canular — dont nous pensons que l'un des instigateurs fut peut-être Jean-Paul Sartre [10] — n'eut sans

---

10. Cf. le témoignage de Georges Canguilhem cité *supra*, p. 334 : la similitude entre l'anecdote rapportée et la teneur de la pétition, le fait aussi que Maurice Merleau-Ponty fut l'une des victimes

doute pas l'heur de plaire aux rédacteurs du journal. Cependant, ce n'est aucun d'entre eux mais plutôt une plume extérieure au journal qui va mener l'attaque frontale contre les « 83 ». Dans ce même numéro du mercredi 28 novembre est publiée en première page une lettre intitulée « Aux quatre-vingt-trois normaliens signataires de la pétition parue dans le " Populaire " » et signée Charles Delvert « promotion 1901, ex-capitaine de R., command. la 8ᵉ compagnie du 101ᵉ RI, qui défendit le retranchement 1 du fort de Vaux ».

Ce normalien appartient, en effet, à ces universitaires de la génération du feu qui firent par la suite des tranchées un sujet essentiel d'inspiration, depuis Abel Moreau, professeur au lycée d'Auxerre, auteur en 1922 du *Calvaire du Soldat*, jusqu'à Roger Vercel, professeur au collège de Dinan, qui obtint le prix Goncourt en 1935 avec *Capitaine Conan* [11]. Professeur d'histoire à Gap, Agde, puis Dreux avant la guerre, Charles Delvert enseignera ensuite, entre autres, à Alger, Amiens puis Paris, à Janson-de-Sailly et Henri-IV. Quatre fois blessé au combat, il avait publié dès 1918 *Quelques héros* et surtout *Histoire d'une compagnie*. Dans cet ouvrage — constitué en fait de ses carnets —, il racontait l'histoire de la 8ᵉ compagnie du 101ᵉ régiment d'infanterie entre le 11 novembre 1915, date à laquelle il en prend le commandement, et le 26 juin 1916, jour où les rares survivants de cette unité, qui participa à la défense du fort de Vaux, sont répartis dans d'autres compagnies [12].

Dans sa lettre du 28 novembre, Charles Delvert — que Custos, en page intérieure, dans sa rubrique « les Idées et les Faits », approuve chaleureusement d'avoir répondu à « ses camarades blumivores et cachinois de la rue d'Ulm » — admoneste durement ses « jeunes camarades ». Qu'on en juge par la seule conclusion, qui développe une argumentation maintes fois reprise dans les articles hostiles aux « 83 » :

> « Beaumarchais a dit : " Mon Dieu ! Que les gens d'esprit sont bêtes ! " C'est qu'ils semblent parfois manquer de cette intelligence du cœur grâce à quoi l'on évite les sottises qui font rougir.
>
> En lisant votre odieux factum, l'on ne peut s'empêcher de songer aux deux cent trente-neuf de nos camarades morts pendant la guerre, et dont la plupart tombèrent revêtus de cet uniforme d'officier de réserve que vous trouvez indésirable.
>
> Votre dévoué »

L'initiative des « 83 » est donc une atteinte à la mémoire des « 239 ». Et l'indignation de Charles Delvert était si grande qu'il envoya apparemment sa

---

du canular, autant d'éléments qui incitent à conclure qu'il s'agit du même texte. Jean-Paul Sartre, contrairement à ce qu'affirment Michel Contat et Michel Rybalka (*Œuvres romanesques* de Jean-Paul Sartre, *op. cit.*, p. XLVI), n'a pas figuré parmi les 83. Il le put d'autant moins qu'en ce mois de novembre 1928, il n'était plus officiellement élève de l'École, après son échec à l'agrégation de philosophie au printemps précédent, et logeait à la Cité universitaire. Ses liens étaient cependant restés étroits avec la rue d'Ulm, où il suivait les cours et avait la possibilité d'aller au réfectoire, et sa participation à la mystification est, de ce fait, plausible. D'autant qu'elle serait bien dans le style du jeune normalien qui, on l'a vu, a souvent participé, malgré son apolitisme, aux soubresauts de l'École par goût du canular (le choix des noms de la contre-pétition dut mettre la rue d'Ulm en joie : se côtoyaient parmi les signataires aussi bien les élèves communistes que ceux proches de l'Action française !).

11. Cf. Paul Gerbod, « L'Université et la littérature en France de 1919 à 1939 », *RHMC*, tome XXV, janvier-mars 1978, pp. 129-144.

12. Capitaine Delvert, *Quelques héros*, Lettre préface de Marcel Prévost, Berger-Levrault, 1918, et *Histoire d'une compagnie*, Introduction de M. Ernest Lavisse, Berger-Levrault, 1918. En 1935, Charles Delvert publiera *Les Carnets d'un fantassin*, chronique qui reprend le texte précédent dans sa deuxième partie et qui s'étire du 7 août 1914 au 16 août 1916, avec une interruption de treize mois de l'automne 1914 à l'automne 1915, due à une très grave blessure qui frappa l'auteur durant les combats de la « course à la mer » (Albin Michel, 1935). Charles Delvert est mort en 1940.

lettre ouverte à d'autres quotidiens. *La Victoire*, en tout cas, la publia le même jour, tandis que Gustave Hervé attaquait, on l'a vu, dans le même numéro, « les pauvres " cagneux " de la rue d'Ulm » qui se mouchent « en public plus haut que leur nez ».

L'Écho de Paris, de son côté, maintint la pression. Le lendemain, Custos revint sur « les 83 cuistres » et approuva l'article de Gustave Hervé, jugeant que ce dernier s'était exprimé « avec une infinie raison ». Surtout, dans le numéro du 1er décembre, un bref article de Charles Delvert exultait : « Les 83 ne sont plus que 21. » Et le capitaine normalien de signaler que soixante-deux signataires avaient écrit au directeur de l'École que « l'on avait surpris leur bonne foi » et de conclure : « ... il y a eu manœuvre déloyale, tromperie machinée avec une incroyable absence de scrupule, par les cinq ou six élèves bolchevistes que contient l'École de la rue d'Ulm... Ces procédés de perfidie et de fausseté raffinée seront jugés par les âmes droites comme ils le méritent », avant de condamner « tels maîtres, dont l'influence se reconnaît dans l'élucubration scandaleuse ».

A la même date Alain est attaqué nommément par la presse de droite, et nul doute que Charles Delvert songe lui aussi, entre autres, au professeur du lycée Henri-IV. Mais un article publié dans *L'Écho de Paris* du 8 décembre montre que, dans son esprit, les responsables sont bien plus nombreux. Sous le titre « Après les incidents de Normale supérieure. L'Université malade », il diagnostique : « Nous avons là le résultat de la politique du Cartel en ce qui touche l'Université. » La politisation, en effet, s'est infiltrée « de haut en bas de la maison universitaire ». A preuve, l'enseignement primaire où, « sur 120000 instituteurs et institutrices environ, il y en a 15000 de bolchevisants, et 77000 inscrits aux syndicats illégaux... Une forte proportion d'inspecteurs primaires — créatures du Cartel — sont marxistes ou marxisants ». Et, face à cette épidémie « les différents ministres qui se sont succédé rue de Grenelle depuis 1914 ont été aveugles ou complices ». Dès lors, « la tâche est rude pour les bons citoyens qui veulent faire à leur pays l'économie d'une révolution » et il faut remercier « les jeunes bolchevisants de la rue d'Ulm d'avoir, par leur éclat, dessillé les yeux de ceux qui ne veulent pas voir le danger ».

Mais, par-delà ces arguments classiques et que l'on retrouve à cette date dans d'autres journaux de droite, Charles Delvert, dans le même article, dénonce les rouages mêmes du concours, et son raisonnement doit être soumis à l'analyse :

> « D'autres que nous ont révélé le maître dont l'enseignement a formé les instigateurs et les principaux acteurs de la manifestation. Mais que l'on sache bien qu'il s'agit d'autre chose que de l'enseignement imprudent d'un professeur de khâgne. Depuis nombre d'années, le concours d'entrée à l'École normale supérieure, en ce qui concerne les " littéraires " (car ce sont eux surtout qui sont atteints), est faussé. Comment? Un concours? Mais oui. Et de la façon la plus simple. Pour l'entrée à l'École normale, le concours écrit a une importance capitale. Pratiquement, l'oral change peu le classement établi par les compositions écrites [...]. La règle, dans ce concours si difficile et par la quantité et par la qualité des candidats, est que pour être admissible, il faut être bon en tout, et avoir une note excellente en une matière. Dans quelle matière? Pour les copies des candidats dignes d'entrer, cette matière n'est ni le latin, ni l'histoire, le grec ou la composition de sciences ou langues. Ici, les copies des bons candidats se tiennent à de faibles écarts. Quant au français, le correcteur ne donne jamais que des notes dépassant peu la moyenne. Reste la philosophie. Et alors l'on comprend le système employé par nos fanatiques démolisseurs. Que les deux philosophes du

jury soient deux des leurs, et le tour est joué. L'on a vu, avec telle " équipe " de ces dernières années, des copies " bien pensantes " atteindre 48, 50, dépasser même ce chiffre. Et c'est ainsi que l'on peuple l'un de nos plus grands instituts de haute culture de bolchevisants capables de composer l'infâmie qu'est la pétition dont nous parlons, ou d'écrire consciemment leur signature au bas. »

L'argumentation développée par Charles Delvert doit être d'autant plus attentivement examinée qu'elle pare de remarques apparemment objectives des attaques et des sous-entendus que la presse de droite et d'extrême droite véhicule à la même date. *L'Ami du peuple* du 2 décembre 1928, par exemple, avait décrit la situation à l'École comme provenant « surtout de la composition du jury d'entrée à l'École pour les " littéraires " — car ce sont particulièrement les " littéraires " qui sont atteints ». « Depuis des années, ajoutait Julien Martel, l'auteur de l'article, les " philosophes " dudit jury ont été bolchevisants. Ils ont naturellement favorisé les candidats partageant leur foi politique » et leur tâche a été facilitée par le fait que « sur les six épreuves écrites, cinq ne prêtent guère — parmi les copies dignes de l'admissibilité — aux grandes différences de cote » et qu'il « n'en est pas de même de la philosophie ». Bien plus, « un au moins des membres du nouveau jury nous inspire une médiocre confiance ».

Charles Delvert, en fait, reprenait pour l'essentiel la note, elle sans arrière-pensées politiques, publiée par la *Revue des Lycées* de juin-juillet 1927 et qui émettait plusieurs critiques sur le fonctionnement du concours de la rue d'Ulm, remarquant notamment que « les correcteurs " spécialistes " font assez souvent entrer des candidats à peine passables et ferment la porte à des gens de valeur [13] ». Mais l'argument selon lequel la philosophie aurait, dans ce mécanisme, un rôle différent car amplificateur n'est pas recevable. Nous ne disposons pas, il est vrai, des statistiques portant sur les années qui précèdent immédiatement la crise de 1928, mais pour celles que nous pouvons étudier, c'est-à-dire celles de 1924, il apparaît qu'effectivement il arrive aux philosophes de noter à l'écrit et à l'oral au-dessus de 14 ou 15, mais qu'ils partagent ce penchant avec les historiens et les correcteurs de français.

La part de l'argumentation théoriquement fondée sur l'observation objective des mécanismes du concours est donc déjà biaisée. Quant à celle qui met directement en cause la personnalité des correcteurs de philosophie, elle ne résiste pas non plus à l'analyse. Au cours des quatre années qui précèdent le concours, les deux philosophes du jury ont été, en effet, les suivants :

1925	Pradines ; Tisserand	1927	Pradines ; Baruzi
1926	Pradines ; Tisserand	1928	Bréhier ; Halbwachs

Aucun d'entre eux ne peut sérieusement être présenté comme un dangereux « bolchevisant ». Maurice Pradines, normalien de la promotion de 1893, enseigne à l'époque à la faculté des lettres de Strasbourg et il soutiendra en 1928 une thèse sur « la Philosophie de la Sensation ». Il succédera en 1938 à la Sorbonne à Henri Delacroix et sera aussi membre de l'Académie des sciences morales et politiques à partir de 1949. A Strasbourg, il occupa longtemps la chaire de psychologie. A la mort en 1958 de ce professeur qui, outre

13. *Revue des Lycées*, 7e année, n° 4, juin-juillet 1927, p. 7 ; nous avons cité plus longuement cet article au chapitre II.

Philosophie de la Sensation, écrivit aussi un *Traité de Psychologie générale* et *Esprit de la religion*, la *Revue philosophique* souligna qu'avec lui disparaissait « un des plus éminents représentants de cette psychologie philosophique qui a connu tant d'éclat en France ». Au concours de 1927, il avait donné à l'écrit un sujet sur « le caractère » et interrogea, par exemple, à l'oral l'un des admissibles sur la « perception de l'étendue ». M. Tisserand est pour sa part maître de conférences à la Sorbonne et n'officie que jusqu'en 1926. Lui succède Jean Baruzi, pour lequel les accusations de Charles Delvert prennent un tour extravagant. Auteur en 1924 d'une thèse sur « Saint Jean de la Croix et le problème de l'expérience mystique », il suppléait alors Alfred Loisy au Collège de France, avant d'y être nommé lui-même professeur d'histoire des religions en 1933. Il est donc difficile de discerner dans « telle équipe » de « ces dernières années » l'instrument des basses œuvres bolchevisantes. A moins que ne soient dans la ligne de mire les examinateurs du concours de 1928, d'autant que c'est « un au moins des membres du nouveau jury » qu'attaque, on l'a vu, *L'Ami du peuple*. Mais ni Maurice Halbwachs, normalien de la promotion de 1898, à l'époque professeur à Strasbourg et qui occupera par la suite la chaire d'histoire de l'économie sociale au Collège de France, tout en étant correspondant de l'Institut, avant de mourir en déportation, ni Émile Bréhier, à l'époque professeur sans chaire à la Sorbonne — il y occupera à partir de 1930 la chaire de philosophie et histoire de la philosophie —, spécialiste de Philon d'Alexandrie et de Plotin et auteur d'une *Histoire de la philosophie* alors en cours de publication, ne pouvaient apparaître comme les porteurs d'idées subversives, encore qu'en ce qui concerne le cas de Maurice Halbwachs affleure peut-être chez l'historien Delvert un amalgame provenant de son éventuelle méfiance vis-à-vis de la sociologie et de sa réticence envers l'école durkheimienne.

Charles Delvert, en tout cas, devint dès lors, on l'a vu, une figure — en creux — de l'univers des jeunes normaliens chartiéristes.

Si la presse de droite attaqua ainsi vivement les pétitionnaires et présenta l'établissement de la rue d'Ulm comme un foyer d'infection révolutionnaire et de dissolution nationale, il se trouva, dans l'autre camp, des journaux pour défendre les normaliens pris à partie. Ainsi, Albert Bayet, à l'époque professeur d'hypokhâgne à Louis-le-Grand, dans deux articles circonspects publiés par *L'Œuvre*[14], se porta au secours de ses jeunes camarades ou, plus précisément, tenta de placer la lutte contre l'obligation sur le terrain de « l'esprit démocratique », tout en déplorant leur maladresse et en regrettant, semble-t-il, que l'initiative de ces normaliens, par son caractère abrupt, ait provoqué une crise. Et Henry Bellamy, dans *Le Progrès civique* du 1er décembre, écrivit un article que résument bien deux de ses phrases : « Ayant lu, on a envie de crier : “ Enfin, enfin ! ”... N'est-il pas évident que ces jeunes gens ont mille fois raison ! » Dans *La Volonté* du même jour, Georges Pioch proclamait de son côté : « J'aime ces quatre-vingt-trois normaliens qui ont compris qu'il faut, pour travailler vraiment à la paix, pratiquer un certain refus de parvenir, et que c'est être déjà complice de la guerre que de faire figure de “ supérieur ” dans l'école où elle est préparée », tandis que Séverine encourageait de la plume : « Scandale ! Elle est cependant bien digne et d'une haute portée cette pétition signée par quatre-vingt-trois pensionnaires sur cent cinquante que

14. *L'Œuvre*, mardi 27 novembre 1928 (« La pétition des normaliens ») et mardi 4 décembre 1928 (« L'Offensive contre l'École normale »).

compte l'École... Tenez bon, les normaliens ! Vous êtes un de nos grands espoirs : ceux qui inculqueront l'amour de la paix dans les cerveaux et dans les cœurs. »

Mais ces contre-feux n'empêchèrent pas la campagne de presse de porter ses fruits, et le directeur de l'École normale supérieure reçut même des lettres de protestation. Un instituteur retraité de Grenoble, par exemple, évoque ces « jeunes gens trop déracinés » et déplore que « depuis une trentaine d'années, l'idée de patriotisme aille en s'atténuant » ; il remarque que « beaucoup sont responsables de cet état d'esprit nouveau malheureux, surtout ceux qui sont en haut, je veux dire au-dessus et jusqu'au sommet ». Un notaire honoraire de Phalempin (Nord), « ancien officier de réserve et père d'un officier de réserve mort pour la France, prie le directeur de l'École normale supérieure de bien vouloir communiquer aux signataires de l'infâme pétition que l'on sait le compte rendu de la cérémonie de remise de la croix de la Légion d'honneur à un simple instituteur qui a compris son devoir, lui, mieux que les élèves d'une grande école qui font honte à leur pays [15] ».

La pétition qui suscitait d'aussi violentes réactions était, rappelons-le, adressée au ministre de l'Instruction publique, Pierre Marraud. Ce dernier avertit le recteur de l'Académie de Paris, par une lettre datée du 1er décembre, que « le gouvernement ne saurait envisager la modification des dispositions qui imposent l'obligation de la préparation militaire aux élèves de l'École... La pétition qui m'a été adressée, dans des conditions d'ailleurs irrégulières, n'est donc susceptible d'aucune suite, et je ne puis que regretter cette initiative irréfléchie [16] ». Et la presse du lendemain reproduisit cette lettre, tandis que celle du surlendemain s'essayait au commentaire.

Dans *Le Populaire* du 3 décembre, Georges André soulignait que « personne n'a donné [aux normaliens] un argument véritable contre la légitimité de leur cause ; le ministre lui-même ne trouve à leur opposer que le texte d'une loi, et le nombre des normaliens dont la guerre a fait des morts ». Et il est vrai que l'analyse ministérielle qui accompagnait la fin de non-recevoir donnait, d'une certaine manière, l'impression que l'autorité de tutelle avait été prise à contre-pied et semblait surtout soucieuse d'apaisement. Dans cette intention sans doute, aucune sanction n'y était prévue. D'où l'irritation exprimée le même jour par *Le Temps*, qui perdait pour la deuxième fois en quelques jours son sang-froid : « ... on chercherait vainement, dans le document officiel, une condamnation formelle de la doctrine imprégnée de soviétisme qu'affiche l'autre document... Chaque jour, nous apprenons et approuvons les poursuites légitimement intentées à des misérables ou des exaltés, dans les bas-fonds de l'ignorance ou de l'immoralité, distributeurs de tracts, provocateurs de la dissolution de l'armée, instruments aux mains des ennemis de la défense nationale. Gardons-nous, certes, de forcer le rapprochement. Mais la manifestation à laquelle viennent de se livrer 21 normaliens, usurpateurs de 62 signatures, ne vaut pas beaucoup mieux par l'esprit qu'elle dénote et les effets qu'elle peut produire... »

Dans sa lettre au recteur de Paris, le ministre de l'Instruction publique précisait : « Je compte, pour clore définitivement cet incident, sur votre autorité clairvoyante et sur celle du directeur de l'École normale supérieure, s'inspirant des considérations développées dans le rapport que vous m'avez

15. Arch. Nat. 61 AJ 194.
16. Archives de l'Académie de Paris, Arch. Nat. AJ 16 2895.

transmis. » Immédiatement après la publication de la pétition, en effet, le directeur de l'École avait transmis par la voie hiérarchique un rapport apaisant concluant que le nombre des élèves souhaitant vraiment être dispensés de la PMS représentait « une infime minorité, 8 au plus sur 96,4 par promotion [17] ».

Désireux, dans cette perspective, de ne pas envenimer les choses, et pariant sur un rapide retour au calme, il évita toute procédure disciplinaire. Et, selon Claude Jamet, qui fut des « 83 » initiaux puis appartint au cercle plus étroit des irréductibles, les pétitionnaires en furent quittes pour une simple « semonce du directeur [18] ». Le directeur les réunit, ainsi que le reste des élèves [19], dans la salle des Actes le 3 décembre 1928 et leur lut une déclaration qui faisait appel à leur patriotisme ulmien présumé : « L'opinion qui n'est pas formée seulement par des amis de l'École commence à récapituler les incidents qui se succèdent depuis plusieurs années ; toute une partie a cessé de les considérer comme de simples jeux d'étudiants. Si les incidents continuaient à s'ajouter aux incidents ce ne serait peut-être pas seulement le régime actuel de l'École qui serait en cause : l'existence même de l'École pourrait être compromise... En ce moment, la situation est critique [20]. »

La presse, de fait, désignait du doigt les responsables ou, plus précisément, prétendait avoir identifié l'inspirateur des désordres. *L'Intransigeant* du 2 décembre, par exemple, sous le titre « Un ami de l'École nous dit », révélait : « La scandaleuse pétition a été rédigée par cinq ou six meneurs bolchevisants qui appartiennent à la deuxième année littéraire et sont les disciples passionnés de M. Chartier, auteur des *Propos d'Alain*, professeur de philosophie dans un lycée de Paris et dont la classe est connue comme une pépinière d'antipatriotisme exceptionnellement féconde... » Chef d'accusation, donc : l'antipatriotisme ; principal accusé : Alain, que nommait aussi *L'Action française* des 30 novembre et 1er décembre ; complices et exécutants : des normaliens issus de la khâgne du philosophe ; et la peine demandée est particulièrement lourde : « Le fer rouge... et vite ! » Même s'il s'agit peut-être seulement, dans l'esprit du rédacteur, de cautériser la plaie, la formule manque, on en conviendra, d'aménité ; elle a surtout pour objet, il est vrai, de fournir une chute après un paragraphe où *L'Intransigeant* vient de rappeler l'épisode des (?) « canons rouges ».

Si l'épithète « bolchevisants » reflète une parfaite méconnaissance du climat politique de l'École et notamment, des dispositions d'esprit des élèves d'Alain — encore qu'elle soit, en même temps, révélatrice du vocabulaire d'une partie de la presse de droite de l'époque, pour laquelle l'antimilitarisme ne peut être le fait que de la propagande communiste et un certain activisme pacifiste celui de fourriers du bolchevisme —, force est de constater que le dossier d'instruction est ici largement fondé. Ce sont, en effet, les chartiéristes qui sont à l'origine de la pétition. Deux indices sont convergents : d'une part l'identité du rédacteur de cette pétition, René Château, c'est-à-dire la figure de proue du clan alinien de la rue d'Ulm à cette date, d'autre part la tonalité générale du texte, d'inspiration incontestablement chartiériste.

Simone Pétrement avait déjà révélé en 1973, dans *La Vie de Simone Weil*, le

17. Arch. Nat. 61 AJ 194.

18. Claude Jamet, *Engagements* suivis de la *Confession sans repentir de l'auteur de Fifi Roi*, Sélections du Nouveau Parthénon, 1949, p. 185.

19. D'après le rapport, l'année suivante au moment de l'affaire de Quimper, du directeur devant le conseil de discipline, Arch. Nat. 61 AJ 60, 61 AJ 194 et AJ 16 2895.

20. Le directeur, dans la même harangue, rappela aussi qu'une déclaration collective ne pouvait sortir de l'École que par son intermédiaire.

rôle joué par René Château dans l'affaire de la pétition : « Ce fut Château, affirmait-elle, qui la rédigea. » Et les archives de l'École normale supérieure confirment : « M. Château est l'élève qui a communiqué au " Populaire " le texte de la pétition de décembre[21]. » Son frère, Jean Château, à la même époque khâgneux à Henri-IV, nous a, du reste, confirmé ce rôle essentiel joué dans l'affaire par son aîné. Bien plus, dans les papiers que ce dernier lui a confiés à la fin de la guerre se trouve le brouillon dactylographié de la pétition, annoté par son auteur. Ce brouillon est déjà la mouture presque définitive du texte. René Château a simplement remplacé le « mais ils considèrent » de la deuxième ligne par « car ils considèrent », qui figure dans la pétition publiée. Sont joints soixante-quatorze noms dactylographiés, et neuf noms que René Château a rajoutés à la main (Wiemann, Amiel, Maynier — en fait, Meynieux — Marty, Mercadié, Renaud, Rolland, Vilar, Lautman) et qui constituent sans doute une deuxième strate de signataires qui permit aux « soussignés » de se retrouver quatre-vingt-trois.

Un autre membre du clan chartiériste joua également, semble-t-il, un rôle important dans l'affaire de la PMS : Simone Weil. Certes, cette dernière ne signa pas la pétition, n'étant pas directement concernée, tout comme les autres élèves féminines de la rue d'Ulm, par la préparation militaire. Mais, raconte son amie Simone Pétrement, « elle allait dans les turnes réclamer des signatures et faisait de vifs reproches à ceux qui ne signaient pas. Bouglé, le directeur adjoint de l'École, l'apprit et lui dit de se mêler de ce qui la regardait ». Et l'attitude des *Libres Propos* confirme indirectement que les auteurs de la pétition appartenaient bien au groupe des chartiéristes. La revue animée par Michel Alexandre accorda en effet une large place à l'affaire, dans ses livraisons de décembre et janvier. « L'Homme » lui-même, contrairement à son habitude, intervint directement dans le débat. Un de ses Propos fut publié en décembre par les *Libres Propos* et *La Lumière* et les premières lignes faisaient explicitement allusion à la pétition : « La conversation en était venue à cette pétition désormais fameuse, par laquelle les normaliens revendiquent le droit de n'être pas officiers. Le ton s'élevait et les voix faisaient comme un tumulte; car cette fois les pensées sont piquées en leur centre, et c'est peut-être la première fois depuis l'armistice que l'on se trouve devant un parti bien clair[22]. » Deux mois avant les incidents, un passage d'un autre texte d'Alain avait peut-être déjà été interprété par les jeunes normaliens comme un soutien à leur opposition, jusque-là larvée, à la préparation militaire supérieure : « Il y a quelque chose de plus beau à voir que celui qui n'aime pas obéir, c'est celui qui n'aime pas commander. Cette noble espèce se multiplie[23]. » Toujours est-il que ce passage sera repris et placé en épigraphe de l'article sur « la pétition des normaliens » dans le numéro des *Libres Propos* de janvier 1929.

La tonalité générale de cette pétition est un deuxième indice de son origine chartiériste. En effet, la logique générale du texte comme son argumentation plus précise sont sous-tendues par des thèmes de l'univers chartiériste, signalés au chapitre précédent et qui affleurent ici au fil des paragraphes :

21. Arch. Nat. 61 AJ 60 (procès-verbal de la séance du conseil de discipline du 11 juillet 1929 réuni après l'affaire du soutien apporté aux normaliens de Quimper).
22. Propos n° CLXXIX, *Libres Propos*, n° 12, nouvelle série, 2e année, 20 décembre 1928, pp. 549-550, citation p. 549; le Propos a été également publié dans *La Lumière* du 15 décembre 1928.
23. Alain, « Pensées d'Avenir », *Revue des vivants* (« publiée avec le concours de l'Association Générale des Mutilés de la Guerre »), 2e année, n° 9, septembre 1928, pp. 470-482, citation p. 481.

remise en cause de la « liberté de conscience » par l'obligation de se plier aux « doctrines officielles » ; problème de l'autorité imposée, alors que seul le mécanisme inverse de l'obéissance consentie devrait prévaloir ; on doit, en effet, « fonder son autorité sur le conseil » et ne demander à des élèves qu'un « assentiment réfléchi ». Comment ne pas reconnaître également l'influence d'Alain et de l'attitude de ce dernier durant le premier conflit mondial dans un refus ainsi formulé : « Certains des soussignés déclarent qu'ils se sentent indignes de faire partie de ce corps privilégié (*i.e.* " de ceux à qui il convient de commander dans l'armée ") » ? Si une incertitude existait encore sur l'inspiration chartiériste de la pétition, un article de Jacques Ganuchaud publié dans les *Libres Propos* de février 1929 fournirait, d'ailleurs, indirectement confirmation de sa réalité. Ce texte, en partie reproduit au chapitre précédent, était en effet, certains excès dus à l'ardeur juvénile de son auteur mis à part, de stricte obédience chartiériste. Or, en le présentant dans une note jointe, Michel Alexandre écrivait : « Ces *Réflexions*, publiées par *La Volonté de paix* de décembre dernier, rassemblent avec tant de force et, en dépit de certains traits, avec tant de mesure, les idées qui ont inspiré la fameuse pétition, qu'elles doivent être conservées ici comme son plus juste commentaire. »

Rien d'étonnant, dès lors, à ce que l'on retrouve parmi les signataires le groupe chartiériste au grand complet — à l'exception, on l'a dit, des jeunes filles. Si Georges Canguilhem, de la promotion de 1924, a déjà quitté l'École à cette date, Harnois et Ganuchaud, de la promotion suivante, ont naturellement signé, tout comme Guindey et Château, de celle de 1927, ainsi que Weill (Jean) et Jamet, jeunes « conscrits » de 1928. Au reste, et ce n'est pas non plus une surprise, ce sont les anciens élèves du lycée Henri-IV qui, en proportion, sont les normaliens les plus représentés parmi les « 83 », ou plus précisément parmi les « 50 » appartenant aux promotions littéraires. Entre 1925 et 1928, vingt élèves d'Henri-IV ont été reçus à l'École. Comme deux d'entre eux étaient des jeunes filles, dix-huit étaient donc théoriquement concernés par la préparation militaire obligatoire. Or onze, soit 61 %, ont signé la pétition. Et le tableau de la page suivante montre qu'il s'agit du pourcentage le plus élevé et permet d'autres observations allant dans le même sens.

Si on laisse de côté le cas strasbourgeois, dépourvu de signification statistique, il apparaît que deux établissements seulement dépassent le pourcentage de 50 % : Henri-IV et le lycée de Poitiers. Or, au sein de la khâgne de ce dernier, l'influence d'Alain s'est exercée par ricochet, sous l'influence, on l'a vu, d'un disciple du maître, Georges Benézé.

Une deuxième observation doit être expliquée : mis à part Henri-IV, les lycées parisiens figurent en queue de tableau. Si l'on ajoute qu'une analyse plus fine montre que les dix-neuf signataires de Louis-le-Grand sont surtout des internes, et donc des provinciaux, le poids de ces derniers apparaît nettement. Et ce poids est peut-être à mettre en corrélation avec une troisième caractéristique de la liste des signataires littéraires, qui concerne leur origine sociale. Celle-ci présente, en effet, des traits spécifiques. L'autre tableau qui suit est, à cet égard, explicite.

C'est la première ligne du tableau qui est, on le voit, statistiquement significative. Le poids des signataires issus du milieu des maîtres d'école y apparaît nettement : 16 sur 48, soit exactement le tiers. La différence entre 1927-1928 et les deux années qui précèdent provient surtout du fait que les deux promotions les plus récentes comptent des fils d'instituteurs en plus grand nombre.

Lycée d'origine des normaliens littéraires signataires de la pétition contre la PMS[24]

Lycée d'origine	Nombre de reçus à l'ENS entre 1925 et 1928	Nombre de signataires	%
Strasbourg......	1	1	100
Poitiers.........	4	3	75
Henri-IV.. ...	18 (sans les deux jeunes filles)	11	61
Marseille	4	2	50
Montpellier	2	1	50
Lyon	15	7	46
Louis-le-Grand...	50	19	38
Bordeaux	3	1	33
Lakanal	4	1	25
Condorcet.......	11	2	18

Origine sociale des normaliens littéraires signataires de la pétition contre la PMS

Profession du père	1928	1927	1926	1925
Instituteur et administrateur du primaire.................	IIIIIII	IIIII		II
Professeur..................	I		II	II
Militaire	II			
Employé	II	II		II
Sous-Préfet		I		
Ingénieur..................			I	
Architecte				I
Médecin..................			I	
Commerçant, représentant	II		II	
Industriel		I		I
Pasteur	I			
Artiste	I			I
Paysan..................	I			
Sans précision...............	II		I	I

Il y a, de fait, surreprésentation des fils d'instituteurs parmi les signataires : ils forment le tiers de la liste, alors que les promotions 1925 à 1928 en comptent 22 sur un effectif total de 117 élèves de nationalité française, soit un peu moins du cinquième, 18,8 % exactement. Cette surreprésentation s'explique aisément, tout au moins au premier degré : la plupart des fils d'instituteurs ont signé la pétition. En effet, alors que 41 % des élèves des

24. Ce tableau et celui qui suit portent non pas sur les 50 signataires littéraires, mais sur 48. Deux de ces signataires — l'un venu de Lyon, l'autre du lycée Louis-le-Grand — appartenaient, en effet, à la promotion de 1924. Intégrer dans le tableau une promotion qui, en fait, à quelques exceptions près, n'est plus à l'École à cette date aurait faussé l'étude statistique, en minimisant le poids des signataires par rapport à l'ensemble des élèves des promotions littéraires de 1925 à 1928 (soit 48 sur 117 — les quelques élèves de nationalité étrangère exclus —, c'est-à-dire 41 %).

promotions littéraires de 1925 à 1928 figurent parmi les signataires, 16 sur 22 des fils d'instituteurs y sont également, soit 72,7 %[25]. Et, pour la promotion de 1928, la proportion est encore plus frappante : 8 sur 8.

Il serait hasardeux d'induire de ces données des corrélations trop étroites entre l'origine sociale et les prises de positions politiques. Nombre d'observations au fil des pages nous en ont démontré le caractère souvent incertain. Il reste — et ce n'est pas contradictoire — que le milieu des « primaires » demeurait, dans les années 1920, un terreau pacifiste où les jeunes khâgneux qui en étaient issus ont grandi et qu'il y a là adéquation entre le milieu familial et l'imprégnation subie en cours d'études, en khâgne puis à la rue d'Ulm. L'observation d'un consensus intergénérationnel de ce type est suffisamment rare pour être ici souligné. Il dépasse, du reste, le cadre des seuls khâgneux et témoigne par son existence même de la profondeur du sentiment pacifiste dans la société française des années 1920.

Mais cette dernière remarque efface ce que cette adéquation pouvait avoir de propre aux khâgneux et normaliens et lui enlève de ce fait une partie de sa valeur explicative. On peut toutefois avancer une seconde explication. Si ce milieu des khâgneux fils d'instituteurs semble particulièrement réceptif au pacifisme, il l'est plus encore, nous l'avons constaté à maintes reprises, au socialisme. Le point est particulièrement visible en ce qui concerne les membres du Bloc des gauches à Louis-le-Grand puis au sein du Groupe d'études socialistes des Écoles normales supérieures, composés l'un et l'autre de nombre de fils d'instituteurs. Et, dans leur cas, il est possible de parler d'un socialisme de continuité. La famille était souvent radicale et, le phénomène de génération allié au « sinistrisme » apparent de la vie politique française aidant, les enfants sont socialistes. Ce phénomène de continuité jouant à nouveau, la génération communiste de l'après-guerre à l'École sera souvent issue d'un milieu de petits fonctionnaires — des instituteurs, par exemple — socialistes ou socialisants[26].

Et même s'ils n'en étaient pas les instigateurs, ces socialistes fils d'instituteurs ne pouvaient que signer la pétition contre la PMS. Certes, manque à l'appel le noyau dur de la promotion de 1924, si importante, on l'a vu, dans l'histoire du socialisme normalien. Mais Lefranc, Le Bail et Broussaudier, entre autres, ont été reçus en 1927 ou 1928 à l'agrégation et ont donc déjà quitté l'École à cette date. Et parmi les rares élèves de cette promotion encore présents à l'automne 1928, les deux qui signent la pétition sont précisément, l'un, Herland, un ancien de la khâgne de Louis-le-Grand de 1923-1924, site riche en socialistes, l'autre, Péron, un ancien khâgneux lyonnais qui s'inscrivit à la cinquième section de la SFIO en janvier 1925 en même temps que Georges Lefranc. Bien plus, dans les promotions suivantes, bien des membres du Groupe d'études socialistes des Écoles normales supérieures — membres qui tous, il est vrai, n'étaient pas socialistes — ont signé : Boivin et Maheu, de la promotion de 1925, Chambon et Lautman de celle de 1926, Ulysse Nicollet entré en 1927[27].

25. Et même 80 % (16 sur 20), car parmi les 22 figurent une jeune fille et un exempté du service militaire, qui ne pouvaient donc signer la pétition.

26. Cf. Jean-François Sirinelli, « Les normaliens de la rue d'Ulm après 1945 : une génération communiste ? », *Revue d'histoire moderne et contemporaine*, t. XXXII, octobre-décembre 1986, pp. 569-588.

27. Lefranc, Broussaudier et Péron sont fils d'enseignants ou d'administrateurs du primaire, Jean Le Bail est fils d'un ingénieur des Travaux publics de l'État et Herland celui d'un « gardien de coffres

La plupart des élèves socialistes ont donc participé, au moins dans un premier temps, au mouvement contre la PMS, tout comme, semble-t-il, leurs camarades de la Jeune République (Hugueny) ou de la JEC, qui est en train de naître à la même époque (Chaudron). Somme toute, l'on retrouve, constituant un deuxième cercle de signataires autour du noyau chartiériste, la mouvance des normaliens engagés à gauche, dont l'élément d'unité était leur commune imprégnation pacifiste.

Reste toutefois un grand absent : le Parti communiste. En fait, eu égard à l'analyse qui est alors celle des normaliens communistes et sympathisants[28], cette absence n'est pas une surprise. A cette date, prédomine, en effet, l'analyse selon laquelle « le refus de servir dans l'armée est une trahison envers sa propre classe », car il faut entrer « dans l'armée bourgeoise pour la désagréger ». Pour cette raison, non seulement les communistes de l'École ne signèrent pas la pétition mais ils en attaquèrent le principe et le contenu. Un « normalien communiste » écrivit une lettre, publiée dans *L'Humanité* du 29 novembre, dans laquelle il jugeait cette « respectueuse supplique » « bien timide » et n'étant, en fait, « qu'un des derniers soubresauts de cet antimilitarisme petit-bourgeois qui naquit avec l'affaire Dreyfus ». Et Jean Bruhat publia un mois plus tard dans *L'École émancipée* du 30 décembre un article commençant par ces mots : « Beaucoup de bruit pour rien », ne voyant dans la pétition que l'esprit de « disciples fidèles de ce maître Alain dont les " propos " à facettes ne cachent souvent qu'une philosophie piètrement radicale ». Ce qui explique sans doute que, cinquante-cinq ans plus tard, il n'ait consacré que deux lignes à l'affaire de la PMS dans ses Mémoires !

Au fur et à mesure que l'on s'éloigne de ces deux cercles centraux, les motivations des autres signataires semblent avoir été de plus en plus floues. Tout au moins apparaissent-elles ainsi dans les réponses à notre enquête, plus d'un demi-siècle après les incidents. Sans doute est-il difficile d'accorder à ces réponses un total crédit. Certains élèves eurent le sentiment d'être trahis par la publication de la pétition dans *Le Populaire,* d'où une première cause rétrospective de réticence. Par ailleurs, remise dans la perspective de la décennie et demie de houle puis de tempête qui suivit la fin des années 1920, cette pétition gêne sans aucun doute certains de ses signataires. Si l'on ajoute qu'un penchant connu pousse parfois, l'âge venu, à regarder sans aménité excessive certaines actions de jeunesse, on comprend que nos correspondants, la plupart du temps, n'évoquent pas la question de la PMS avec un lyrisme particulier.

Le type de réponse le plus favorable à l'initiative est représenté par celle d'Étienne Borne : « J'ai pris une certaine part à l'affaire de la PMS. Je contestais le principe de l'obligation, mais n'étais pas contre la PMS à laquelle j'aurais souhaité pouvoir m'inscrire librement. » Cette réponse illustre bien le bon choix qui fut celui des auteurs de la pétition quant au thème de mobilisation finalement retenu par eux. Même Étienne Borne, qui pourtant, on l'a vu, n'a pas baigné durant ces années 1920 dans les courants normaliens dominants, était choqué par la notion d'obligation. Peut-être le fait de venir de la khâgne d'Alain a-t-il tout de même joué dans cette méfiance instinctive. En

à la Société générale ». Maheu est fils d'instituteur (et aussi d'institutrice), tout comme Nicollet, tandis que le père de Boivin est professeur de lycée (en revanche, Lautman est fils de médecin et Chambon de représentant de commerce).

28. Cf. *supra,* chapitre XII. Parmi les sympathisants, Pierre Vilar figure toutefois dans la liste des signataires.

tout cas, on imagine le succès d'un tel thème chez d'autres jeunes normaliens qui, sans être forcément engagés pour autant dans une organisation de gauche, étaient imprégnés de l'atmosphère pacifiste, voire, parfois, antimilitariste de l'École. Ainsi ce jeune normalien de la promotion de 1928, venu lui aussi de la khâgne d'Henri-IV et « vaguement socialisant », a-t-il « signé la fameuse pétition, non pour nuire à la défense mais pour ne pas imposer des devoirs à ceux qui ne se sentent pas concernés » ; et il précise : « A noter qu'en 1928-1929, l'opposition frondeuse au " bonvoust " (PMS) était plus courtelinesque que politique. » La remarque est révélatrice : pour nombre d'élèves, signer la pétition ne revêtait aucune signification politique, alors qu'il en allait naturellement autrement pour les initiateurs.

L'imprégnation de gauche de nombre d'élèves fit, du reste, que pour certains d'entre eux la signature de la pétition ne s'accompagna pas d'une longue méditation préalable. Ainsi ce khâgneux lyonnais entré à l'École à l'automne 1928 et qui se souvient : « Dans mes premiers mois d'École à la fin de 1928, de nombreuses pétitions " de gauche " circulaient dans les turnes et on les signait quasi automatiquement. Je fus donc un des 83 à signer la pétition sur la PMS, dont le principe me paraissait (et me paraît encore) légitime : comment peut-on obliger quelqu'un à être officier ? J'avais sans doute parcouru trop vite les violents attendus qui précédaient la demande. »

D'où la surprise — et la colère — de quelques-uns des signataires, auxquels l'initiative avait été présentée soit comme une protestation contre le caractère obligatoire de la PMS soit comme une manifestation de pacifisme, lorsque la pétition fut transmise à la presse. La mise au point dans *L'Œuvre* du 3 décembre en est, on le verra, la meilleure preuve. Certains, du reste, semblent s'être méfiés. Ainsi Pierre Hourcade, pourtant lui aussi venu de la khâgne d'Alain, écrit-il en 1980 : « L'affaire de la PMS a fortement ébranlé ma génération à l'École. Je n'ai finalement pas signé la pétition qui protestait contre son caractère obligatoire à l'École, moins parce que je n'étais pas d'accord avec son principe que parce que je me méfiais de sa probable exploitation à des fins politiques. »

Le fait que certains signataires aient été plus ou moins abusés par les auteurs de la pétition est également confirmé par la présence parmi ces signataires de quelques normaliens qui, eux, ne baignaient ni de près ni de loin dans l'idéologie pacifiste et socialisante de l'École, soit parce qu'ils étaient apolitiques, soit parce qu'ils se situaient aux antipodes sur l'échiquier politique. Parmi les premiers, citons par exemple le géographe Maurice Le Lannou, de la promotion de 1928, qui, cinquante-deux ans plus tard, s'expliquait en ces termes sur sa présence parmi les « 83 » : « ... je n'ai donné ma signature que pour avoir la paix. » Quant à la deuxième catégorie, dont il ne faut assurément pas exagérer l'importance, elle est symbolisée par la présence — idéologiquement incongrue — de Robert Brasillach sur la liste. Cette présence est difficile à expliquer. Notons d'abord que les deux tiers de la promotion de 1928 — celle du jeune maurrassien — sont présents sur la liste. Or ces jeunes " conscrits " viennent à cette date d'entrer à l'École et il leur était sans doute difficile de répondre individuellement par la négative à une demande de signature avancée par des « cubes » ou des « carrés ». La réponse de Maurice Le Lannou est probablement à replacer dans ce contexte. Mais l'attitude de Robert Brasillach est difficilement réductible au même type d'interprétation. Du reste, ses deux camarades Bardèche et Talagrand — le futur Thierry Maulnier —, qui viennent eux aussi d'entrer rue d'Ulm, n'ont pas signé la pétition. Bien plus, Robert Brasillach s'est apparemment vite repris puisque, d'après certaines sources, il serait à l'origine de la mise au point publiée quelques jours plus tard par un grand nombre des signataires.

Très rapidement, en effet, une soixantaine de signataires se désolidarisèrent de l'usage qui avait été fait de la pétition. Dès le 1er décembre, on l'a vu, Charles Delvert avait pu écrire dans *L'Écho de Paris :* « Les 83 ne sont plus que 21 », et, deux jours plus tard, *L'Œuvre* publia une lettre — non signée — qui précisait que cinquante-huit normaliens n'avaient certes pas désavoué la pétition mais qu'ils n'avaient demandé que « la liberté du choix », « qu'ils n'attaquaient pas l'armée et qu'ils n'avaient entendu se livrer à aucune manœuvre politique... n'ayant même pas cru que le texte de leur lettre paraîtrait immédiatement dans la presse ».

Dans leur numéro du 20 décembre, les *Libres Propos* tentèrent de minimiser ce reflux en dénonçant une manœuvre de la direction de l'École :

> « A la vérité, pas une des 83 signatures n'avait été et n'a été jusqu'ici retirée. Il est arrivé seulement que 58 (et non 62) des signataires ont consenti à leur directeur une lettre où ils l'ont assuré n'avoir voulu se livrer à aucune manifestation politique, mais simplement revendiquer pour certains de leurs camarades la liberté de ne pas être officiers. Encore cette lettre, qui ne portait que sur les circonstances de la réclamation, nullement sur le fond, n'a-t-elle été remise que sur promesse qu'elle ne serait pas publiée ni tenue pour une rétractation. »

Peut-on rétrospectivement trancher sur l'accusation lancée à la fin de ce passage ? Notons d'emblée — outre le fait qu'il est difficile d'imaginer l'administration de l'École se livrant à de telles manœuvres — que l'on voit mal cette direction, en une période de vive tension, risquer de faire ainsi rebondir la polémique, en manipulant sciemment les élèves. Bien plus, l'initiative semble être plutôt venue des élèves, et peut-être de Robert Brasillach lui-même[29]. Il existe, en tout cas, dans les archives de l'École une lettre d'élève envoyée au directeur et protestant contre l'utilisation qui avait été faite de sa signature, dont le ton et la teneur semblent bien éloignés de ceux d'un texte qui aurait été suggéré par l'administration de l'École : « ... je viens de relire attentivement le texte incriminé. Certes, beaucoup d'entre nous n'approuvaient pas toutes les idées qui y sont exprimées ; mais nous avions voulu nous associer à l'idée fondamentale de justice et de fraternité qui anime, sans contestation possible, cette dissertation un peu longue[30]. » Du reste, aucun des témoignages parvenus jusqu'à nous n'a jamais déploré avoir été victime d'une telle manœuvre de la part de la direction. Plus intéressant est, de toute manière, le début du paragraphe de la mise au point de *L'Œuvre*, qui confirme que le geste de la plupart des signataires se voulait apolitique et n'était motivé que par le seul souci de solidarité avec la lutte de certains élèves contre la notion d'obligation. Ce que confirment, on l'a vu, les réponses à notre enquête rapportées plus haut.

Et ce reflux, indirectement, nous fournit confirmation de l'existence d'un noyau dur, autour duquel cristallisèrent, par solidarité et hostilité diffuse à l'armée, plusieurs dizaines de normaliens plus modérés. Il permet même de confirmer l'identité des membres de ce noyau central. Certes, le texte de

29. Témoignage d'un khâgneux lyonnais entré à l'École en 1928 (correspondance avec l'auteur, 8 août 1980). Ce khâgneux fut l'un des signataires de la mise au point.
30. Arch. Nat. 61 AJ 194.

L'Œuvre du 3 décembre ne donne pas les signatures de la mise au point mais, par recoupement, on arrive à discerner le profil de ceux qui ne le signèrent pas, à coup sûr les mêmes que les instigateurs initiaux. D'abord, les jusqu'au-boutistes furent essentiellement des littéraires. Un rapport retrouvé dans les archives de l'Académie de Paris ne donne pas non plus les noms des cinquante-huit signataires de *L'Œuvre* du 3 décembre, mais analyse la composition de ce groupe. Sur les trente-trois scientifiques initiaux, trente en font partie, contre seulement vingt-huit littéraires sur cinquante. Et, parmi ces derniers, seize « conscrits » de 1928 sur vingt[31].

Les vingt-deux littéraires qui persistent et signeraient à nouveau si besoin était sont donc des « carrés », des « cubes », des « bicas » ou des « pentas ». Parmi eux, apparemment, et ce n'est pas, à vrai dire, une surprise, figurèrent les chartiéristes. Claude Jamet, par exemple, dans sa « Confession » écrite en prison le 1er janvier 1945 et publiée quatre ans plus tard, écrit, après avoir évoqué la pétition contre la PMS : « Je me rappelle la peur de mes parents qui, déjà, me voyaient renvoyé de l'École. Et, en effet, soixante — sur les quatre-vingt-trois pétitionnaires — s'étant bravement rétractés, nous eûmes bien de la chance de nous en tirer par une semonce du directeur[32]. » Ce groupe des vingt-deux fut également constitué, semble-t-il, des élèves socialistes, ceux-là mêmes, on l'a vu, qui avaient composé un deuxième cercle de signataires autour du noyau chartiériste. Deux indices permettent, en effet, de conclure en ce sens. D'une part, le document de l'Académie de Paris indique que les deux « pentas » de la promotion de 1924 ont persisté dans leur attitude. Or ces deux élèves, on l'a dit, appartenaient, de près ou de loin, à la mouvance socialiste. D'autre part, Pierre Boivin, qui après le départ des pères fondateurs du Groupe d'études socialistes des Écoles normales supérieures, en était devenu l'un des dirigeants rue d'Ulm, appartint lui aussi au groupe des vingt-deux irréductibles.

Cette affaire entraîna des conséquences jusqu'au sein de l'Association amicale de secours des anciens élèves de l'École normale supérieure. Lors de la réunion générale annuelle tenue quelques semaines plus tard, le 13 janvier 1929, le mathématicien Émile Picard, membre de l'Académie française et secrétaire perpétuel de l'Académie des sciences, était en effet revenu à la fin de son allocution sur la pétition. Déjà, au milieu de cette allocution, évoquant l'historien Alphonse Aulard mort l'année précédente, il avait déclaré : « Pendant ces dernières années, les conséquences de la guerre préoccupaient vivement notre collègue. Il avait une tendance, comme plusieurs de ses coreligionnaires politiques, à ne pas voir l'Allemagne telle qu'elle est, c'est-à-dire n'acceptant pas sa défaite ; il la croyait animée en grande majorité d'intentions pacifiques, ce que contredisent malheureusement trop de témoignages. » Et la conclusion de son discours s'en prenait directement aux jeunes trublions des semaines précédentes :

> « Ceux qui n'ont pas oublié le glorieux passé de l'École ont lu avec tristesse une lettre récente, incorrecte dans la forme comme dans le fond ; elle témoignait d'une méconnaissance singulière du rôle de l'officier, alors que tant des nôtres ont donné leur vie sous cet uniforme, en défendant la patrie. C'est ce qu'a heureusement compris la grande majorité des signataires qui ont fini par voir où

31. Arch. Nat. AJ 16 2895.
32. *Engagements* suivis de la *Confession sans repentir de l'auteur de Fifi Roi*, réf. cit., p. 185.

on voulait les mener. Les heures où nous vivons sont trop graves pour qu'on se laisse aller à des manifestations compromettant l'École et provoquant des commentaires peu favorables à notre pays[33]. »

Bien plus, *Le Temps* daté du lendemain avait repris ces déclarations, s'attachant notamment aux passages sur Aulard et sur les signataires de la pétition, et avait applaudi : les remarques d'Émile Picard sur Alphonse Aulard étaient justifiées, « dût-il encourir la réprobation des rêveurs, des fanatiques ou des habiles qui font de la paix à outrance un étendard »; de même, la manifestation des opposants à la PMS était « indigne » et il est « excellent qu'un normalien de la qualité de M. Émile Picard le leur ait représenté ».

Deux mois plus tard, les *Libres Propos* du 20 mars 1929 reviennent sur ce discours et publient la lettre de protestation d'un professeur du lycée de Valence, Pierre Doyen. Ce germaniste, normalien de la promotion 1912 et ancien combattant grièvement blessé au début de la Première Guerre mondiale, reproche à Émile Picard d'avoir, par ses propos du 13 janvier, outrepassé ses fonctions de président de l'Association. Et la revue chartiériste, nous l'avons vu au chapitre précédent, revient à la charge en juillet. Elle publie une circulaire de protestation contre l'attitude d'Émile Picard adressée à tous les membres de l'Association par Alain, Félicien Challaye, Couchoud, Paul Dupuy, Romain Rolland, Georges Bénézé, René Maublanc, Maurice Lacroix, Jean Laubier, Marcel Lob, Raymond Aron et Georges Canguilhem. Plusieurs strates de normaliens, donc, souvent proches d'Alain, et dont les plus jeunes viennent tout juste de quitter l'École. Cette circulaire recueillera 270 signatures, dont celles de membres du groupe socialiste — Lefranc, Le Cœur, Le Bail, Kaan, Broussaudier, Brille, Lautman, Chambon —, des chartiéristes — Prévost, Ganuchaud, Harnois —, des communistes — Nizan, Bruhat — et sympathisants — Vilar, Friedmann —, et aussi celles de Marrou, Vignaux, Guillemin, Patronnier de Gandillac, et Cavaillès. La génération de 1905 était donc largement au rendez-vous, pour marquer sinon toujours sa solidarité avec les signataires de la pétition, du moins indirectement sa réticence vis-à-vis des valeurs défendues par Émile Picard. Parmi leurs aînés, notons, outre les auteurs de la circulaire, les signatures de René Gérin, naturellement, et des anciens combattants Maurice Genevoix et Jean Guéhenno.

Quant à Albert Bayet, gendre d'Alphonse Aulard, sa démission est annoncée dans le même numéro, qui reproduit également une lettre de protestation adressée à Émile Picard par Maurice Lacroix, professeur au lycée Michelet et agrégé-répétiteur de grec à l'École, et qui avait été publiée par *La Jeune République* du 10 mai :

« ... Le catholique qui vous écrit n'est pas un des " coreligionnaires politiques " d'Aulard et n'a aucune qualité pour parler en leur nom. Mais il sait qu'Aulard a travaillé pour la paix et pour le désarmement des haines internationales. Notre Association ne peut, sans risquer de choquer certains de ses membres, prendre part à la grande et belle lutte que livrent contre le bellicisme des hommes venus de tous les points de l'horizon politique et religieux, je le comprends fort bien. Mais d'autres seront tout aussi profondément choqués si, par la voix de son président, l'Association semble enrôlée dans l'armée nationaliste; la défiance à

33. *Annuaire* 1929, pp. 7-12.

l'égard de l'Allemagne ferait-elle partie de je ne sais quelle orthodoxie normalienne ? »

Six nouveaux noms étant venus s'ajouter à la liste, ainsi que ceux de deux normaliens ne souhaitant pas voir leurs noms publiés, les *Libres Propos* du 20 octobre peuvent donc annoncer 278 signataires, se répartissant presque exactement en trois strates : 94 normaliens ayant quitté l'École avant la guerre (promotions 1867 à 1910 sciences), 93 qui étaient encore à l'École avant la guerre ou qui y sont entrés entre 1914 et 1919 (promotions 1910 lettres à 1919), 91 appartenant aux promotions 1920 à 1926. C'est la deuxième catégorie, celle des promotions de la guerre, qui, avec 93 signataires sur 355 membres de l'Association, soit 27,1 %, a rassemblé la proportion la plus forte de signatures. Mais la génération de 1905, avec 25,3 %, est presque autant représentée.

Et les littéraires, au nombre de 202, l'emportent très largement sur les scientifiques, qui n'ont compté que 76 signataires. Parmi ces derniers, les 47 mathématiciens forment la catégorie la plus fournie. Chez les littéraires, on dénombre 83 anciens des sections des lettres ou de grammaire, 47 philosophes, 33 historiens et 33 linguistes. Ce sont ces derniers, et les philosophes, qui sont les plus nombreux en termes relatifs. L'indication n'est pas sans signification : chez les philosophes, le poids des chartiéristes explique sans doute le phénomène ; quant aux linguistes, leurs voyages à l'étranger en cours de scolarité et leurs rapports avec les milieux normaliens des grands organismes internationaux genevois jouent sans aucun doute un rôle déterminant.

Cette campagne orchestrée, ou en tout cas amplifiée, par les *Libres Propos* portera ses fruits. Le numéro de décembre de cette revue reproduit, en effet, sans commentaire, une circulaire du Conseil d'administration de l'Association amicale de secours des anciens élèves de l'École normale supérieure datée du 10 décembre 1929 qui annonce la démission d'Émile Picard de la présidence de l'Association et rappelle « les sentiments de solidarité et de fraternité qui, par-dessus toutes les divergences, unissent entre elles les générations normaliennes ».

Les surréalistes, à leur tour ?

A la même époque que la pétition contre la PMS, la direction de l'École échappa apparemment à un autre brûlot. A la différence de la campagne contre la préparation militaire, l'affaire est difficile à reconstituer avec précision car elle s'inscrit dans le contexte passablement confus des querelles entre surréalistes ; en outre, la lettre par laquelle le scandale faillit arriver ne fut pas publiée par la presse. Il est pourtant nécessaire d'évoquer l'épisode qui s'insère dans la zone de turbulence créée par la pétition contre la préparation militaire supérieure.

Il faut, pour tenter de retrouver la trace d'une initiative avortée, procéder à rebours. En juillet 1929, vingt-deux élèves de la rue d'Ulm comparaissent devant le conseil de discipline pour avoir signé un texte concernant l'instruction militaire à l'École normale d'instituteurs de Quimper. Parmi les accusés se trouve notamment Paul Bénichou, qui appartient à la promotion littéraire de 1926. Outre le chef d'accusation collectif, il est reproché au jeune homme, lors de sa comparution, d'avoir proféré des « termes injurieux et extrêmement grossiers à l'égard de la patrie et de l'École normale[34]. » C'est plus précisément une lettre qu'il a adressée à André Breton qui est ainsi mise en cause. Cette lettre, en effet, a été publiée dans la *Nouvelle Revue française* du 1er juillet 1929 qui reprenait, plus largement, un extrait d'un numéro spécial de *Variétés*, « Le surréalisme en 1929 ». Cet extrait retranscrivait le procès-verbal d'une réunion surréaliste, durant laquelle les animateurs du *Grand Jeu*, notamment Roger Gilbert-Lecomte, étaient sur la sellette :

> « *Le Grand Jeu* nous a communiqué une sorte de pétition, en réponse à une enquête sur l'état d'esprit des étudiants. On connaît les faits : quatre-vingt-trois normaliens ont signé une déclaration contre la préparation militaire. Il s'en trouve parmi eux dix pour signer un texte plus violent que leur propose l'un d'eux, nommé Bénichou. A ces dix signatures viennent s'ajouter celles d'un certain nombre d'étudiants des Facultés. Mais *Les Nouvelles littéraires* refusent de donner le texte en question. Où le publier ? Nous leur en offrons les moyens. Sur ces entrefaites, nous apprenons que les dix normaliens signataires, à la suite d'une mesure prise par le directeur de l'ENS, s'alarment et s'opposent à la publication d'un texte qui comporte la condamnation de la famille et de la patrie. Ce texte était alors entre les mains de Gilbert-Lecomte. Ni les déclarations précises faites par plusieurs d'entre nous, ni une démarche tentée à l'École normale auprès de Bénichou ne purent modifier cet état de fait. Que des normaliens signent un texte et renient leur signature, qu'ils n'osent s'exposer au risque que comporte la publication de ce qu'ils ont pensé, il n'y a rien là pour nous surprendre — ne s'agit-il pas d'élèves d'une des grandes écoles bourgeoises ? — mais, ce qui est grave, ce qui est de nature à faire douter du sérieux des sentiments mêmes qu'ils expriment, c'est que des intellectuels, qui tendent à se définir sur le plan révolutionnaire, comme certains collaborateurs du *Grand Jeu*, aient eu entre les mains le document dont nous parlons sans en prendre même copie et qu'ils l'aient purement et simplement rendu à leurs *camarades* de Normale. La discussion s'engage sur ce sujet. Gilbert-Lecomte fait valoir qu'il n'a pas cru devoir passer outre aux volontés des normaliens parce que certains d'entre eux, sinon tous, lui paraissent des révolutionnaires qu'il n'a pas voulu compromettre et faire mettre à la porte de l'École normale.
> Aragon fait observer que le seul service à rendre à un révolutionnaire est de le faire congédier de l'École normale. Allusion ayant été faite à une lettre de Bénichou à André Breton, lecture en est donnée :
>
> " Monsieur,
>
> J'ai en ma possession la lettre et les signatures. J'ai suffisamment expliqué pourquoi je ne juge pas devoir vous les transmettre. Quel que soit le jugement que par ailleurs je porte sur la personne de la plupart des signataires, certains d'entre eux ont voulu se taire devant la répression. La situation ne permet en rien de les accuser. Vous et vos amis ne faites pas autrement quand, dans une manifestation, les flics vous mettent la main au collet.
> D'ailleurs, rien ne vous permet, vu que jusqu'ici vous n'avez couru aucun danger sérieux, d'exercer, sur le point précis dont il est question, un contrôle sur qui que ce soit. Je m'étonne que vous sembiez exiger un scandale qui ne vous nuirait en rien.
> Pour ma part, ce que disait la lettre en question, je compte bien pouvoir le dire encore quand il me plaira et comme il me plaira : la France n'existe pas pour moi

34. Procès-verbal de la séance du conseil de discipline du 11 juillet 1929 (Arch. Nat. 61 AJ 60 et 61 AJ 194). Ce procès-verbal a été reproduit par Jean Bruhat dans *Il n'est jamais trop tard (op. cit.*, pp. 271-276). Nous suivons ici le principe déjà posé selon lequel nous ne nous autorisons à faire un usage personnalisé des archives du conseil de discipline qu'à partir du moment où le passage utilisé ou le fait auquel il renvoie ont déjà été mentionnés dans une source imprimée.

et je b... quand j'en ai envie. Plus précisément j'emm... l'École normale supérieure, ce qui probablement n'est pas votre cas, puisque vous avez adressé deux de vos livres en " hommage à la bibliothèque de l'ENS " (c'est votre dédicace) et que vous avez maintenant l'honneur d'être placé au rayon des Beaux-Arts (BA d 428-29 8°)[35] parmi les livres d'Émile Mâle et autres immondes critiques d'art, si bien que tout normalien curieux de littérature moderne se croit autorisé par vous à vous juger et assuré de votre sympathie.
J'estime donc nécessaire de vous faire remarquer que, d'une façon générale, les révolutionnaires ne vous doivent aucun compte, que pour ma part je considère votre juridiction comme inexistante et m'y soustrais entièrement. Je serais très étonné que cela ne vous parût pas naturel[36]. " »

Dans cette affaire, c'est moins le projet de pétition avorté qui troubla le directeur de l'École, que, tout naturellement, l'attaque — publiée dans deux journaux ou revues ! — contre son établissement. Une lettre en date du 31 juillet 1929 envoyée au recteur de l'Académie de Paris le montre bien : ce qu'aurait souhaité, en effet, Ernest Vessiot et qu'il n'a pas obtenu, c'est arracher un « regret de la divulgation de cette lettre » et, surtout, un « désaveu des idées » que Bénichou « y manifeste à l'égard de la France et de l'École normale[37]. » Mais, pour notre recherche, c'est au contraire le texte de cette « sorte de pétition » évoquée par la *Nouvelle Revue française* qui importe, beaucoup plus que les déclarations de Paul Bénichou ou les retombées de l'épisode dans les rangs surréalistes.

Apparemment, *Le Grand Jeu* ne publia effectivement pas le texte du jeune normalien. Ce texte n'apparaît en tout cas, ni dans les trois numéros publiés par cette revue ni dans le quatrième qui ne sortit jamais mais dont le contenu a été reconstitué[38]. On peut cependant trouver quelques éléments complémentaires sur l'affaire dans l'*Histoire du surréalisme* publiée en 1945 par Maurice Nadeau. Elle s'intègre, en effet, dans le procès du *Grand Jeu* instruit au Bar du Château, dans la matinée du lundi 11 mars 1929. Les griefs formulés à l'encontre des animateurs de la revue sont multiples : ils ont, par exemple, donné la préférence, dans leurs admirations proclamées, à Landru sur Sacco et Vanzetti ; Roger Vailland, par ailleurs, a présenté dans *Paris-Midi* le préfet Chiappe sous un jour favorable ; enfin, l'équipe du *Grand Jeu*, selon Breton, Aragon et leurs amis, a manqué de courage au sujet du texte des normaliens. Mais Maurice Nadeau ne précise pas le contenu de ce texte.

Autre piste possible : les souvenirs d'André Thirion, publiés en 1972, *Révolutionnaires sans Révolution*. C'est ce dernier, en effet, qu'Aragon envoya comme émissaire auprès de Bénichou pour tenter d'obtenir l'autorisation de

35. De fait, en 1987, l'*Introduction au discours sur le peu de réalité* d'André Breton (Gallimard, 1927) se trouve encore à la bibliothèque de la rue d'Ulm, sous la cote BA d 428 8°, avec la dédicace suivante : « Hommage à la bibliothèque de l'ENS. André Breton ». La cote BA d 429 8°, en revanche, ne correspond pas à un ouvrage d'André Breton.

36. La *Nouvelle Revue française*, 1er juillet 1929, pp. 145-146, et *Variétés*, « Le surréalisme en 1929 », numéro hors série et hors abonnement, juin 1929, « A suivre. Petite contribution au dossier de certains intellectuels à tendances révolutionnaires (Paris 1929) », pp. I sqq, citation pp. XXIII-XXV (un encart publicitaire dans le numéro de *Variétés* du 15 juin 1929 signale que ce numéro spécial consacré au surréalisme a été « composé par les soins de MM. Aragon et André Breton »).

37. Archives de l'Académie de Paris, Arch. Nat. AJ 16 2895.

38. *Les Cahiers de l'Herne* avaient reproduit intégralement les textes parus dans les trois numéros du *Grand Jeu* (n° 10, 1968, 255 p.). Plus récemment, la collection complète de cette revue, c'est-à-dire, de 1928 à 1932, les trois premiers numéros et le numéro quatre reconstitué, a été publiée en fac-similé (Paris, 1977, 64, 88, 96 et 50 p., avec une introduction de Claudio Rugafiori).

publier la pétition. Mais, s'il fait le récit de cet épisode et du rôle qu'il y joua [39], il ne fournit pas de renseignements plus précis sur cette pétition. Tout au plus précise-t-il qu'il s'agissait d'un « texte plus violent et plus précis » que celui des « 83 », qu'il « attaquait l'armée, la famille et la patrie » et que Bénichou était « considéré comme le plus déterminé des normaliens ».

En cet hiver 1928-1929, Paul Bénichou a tout juste vingt ans. Né le 19 septembre 1908 à Tlemcen, ce fils de commerçant s'est lui aussi retrouvé khâgneux et interne à Louis-le-Grand après avoir été lauréat au Concours général. Élève au lycée d'Oran, il avait, en effet, obtenu à ce concours le premier prix de thème latin et le cinquième accessit de version latine en 1923 puis, l'année suivante, le dixième accessit de philosophie. Et, à la rentrée suivante, en octobre 1924, il était entré en hypokhâgne à Louis-le-Grand. Deux ans plus tard, à moins de dix-huit ans, il avait été reçu sixième au concours de l'École normale supérieure. Dans cet établissement, il puise à deux sources : il est attiré par le surréalisme, sans s'être jamais intégré au groupe ; il se dit marxiste, sans entrer pour autant au Parti communiste [40]. Comme quatre-vingt-deux de ses camarades, il signe à l'automne 1928 la pétition contre la PMS et concocte, on l'a vu, son propre texte.

Sur ce texte et son contenu, il est possible d'explorer une autre piste. L'article de *Variétés* et de la *Nouvelle Revue française* indique que la pétition fut rédigée « en réponse à une enquête sur l'état d'esprit des étudiants ». Or, à la même époque, nous l'avons vu, *Les Nouvelles littéraires* ont justement entrepris leur « enquête auprès des étudiants d'aujourd'hui ». Et il se trouve qu'un an plus tard, l'auteur principal de cette enquête en a longuement évoqué les péripéties et les résultats dans son livre, *La Nouvelle Jeunesse* et, surtout, en a publié certains aspects restés inédits. Et, de fait, aux pages 91 à 94, on relève une « lettre de vingt-huit jeunes gens : normaliens, étudiants en droit, ès lettres, d'art décoratif », dont l'identification est facilitée par une note de Roland Alix et dont le ton et la teneur sont effectivement plus que vifs :

> « Nous avons lu les premiers résultats de votre enquête auprès des étudiants. Il est entendu que nous ne pouvons admettre le principe des enquêtes de ce genre et les concessions qu'elles comportent au public parisien. Nous ne savons pas

---

39. André Thirion, *Révolutionnaires sans Révolution*, Robert Laffont, 1972, pp. 185-186. André Thirion attribue à Bénichou le prénom Georges. Il y a là, en fait, confusion entre le normalien Paul Bénichou et Georges Bénichou, comme lui collaborateur de *Masses* en 1933-1934 (cf. Jean-Pierre Rioux, *Révolutionnaires du Front populaire, choix de documents 1935-1938*, Union générale d'édition, 1973, p. 410) et qui fit partie de l'AEAR (cf. Nicole Racine, « l'Association des Écrivains et Artistes Révolutionnaires (AEAR). La revue " Commune " et la lutte idéologique contre le fascisme (1932-1936) », *Le Mouvement Social*, n° 54, janvier-mars 1966, pp. 30-47, p. 32).

40. Entretien avec l'auteur, 16 octobre 1980. Dans les années 1930, sa trajectoire politique passera par l'extrême gauche non communiste : il collaborera, en effet, avec les revues *Masses* (cf. Jean-Pierre Rioux, *loc. cit.*) et *Spartacus*. Dans le n° 7 de cette revue, il publie en février 1935 une étude de *L'État et la Révolution*, médite sur le « contraste entre l'ouvrage que Lénine écrivait à la veille d'octobre et le spectacle du lendemain et du surlendemain d'octobre » et constate : « On a de la peine aujourd'hui à reconnaître la flamme émancipatrice de la révolution d'octobre dans le système de l'étouffement intellectuel, du fanatisme étatique, du massacre sans jugement, déchaînés contre les frères de classe et de pensée coupables d'indépendance ou de dignité » (Paul Bénichou, « Lénine et la question de l'État », *Spartacus*, n° 7, 28 février 1935, p. 3). Un autre normalien un peu plus jeune écrira aussi dans *Spartacus :* Jacques Soustelle (n° 1, 7 décembre 1934, p. 7, « Répétition générale du fascisme. A ceux qui disent " le fascisme n'est pas possible en France " »). Durant les années 1930, Paul Bénichou militera aussi au Cercle communiste démocratique avec Bataille et Queneau. Au cours de cette décennie, après avoir été reçu à l'agrégation des lettres en 1930, il enseigne successivement à l'École alsacienne, à Beauvais et, à partir de 1937, au lycée Janson-de-Sailly. Révoqué par le gouvernement de Vichy, il passe en 1942 en Argentine. Après la guerre, il est professeur à Condorcet puis, de 1958 à la retraite, il enseignera pendant vingt ans à Harvard.

comment il peut être question de choisir " nos représentants les plus autorisés ". Nous n'avons autorisé personne, et, en tous cas, ceux qui jusqu'ici vous ont parlé l'ont fait au nom de ce que nous méprisons le plus.
D'ailleurs nous ne défendons pas ici contre eux la jeunesse française, dont le sort nous est indifférent, ni les étudiants, que nous connaissons trop.
Seule la colère que provoque en chacun de nous des déclarations du genre de celles que vous avez publiées a pu, pour un instant, réunir ici nos noms :
1° Nous répugnons à remettre en cause la guerre et son influence sur la jeunesse : ce sujet fait depuis trop longtemps les délices de ceux qui veulent à tout prix que notre vie soit changée parce qu'un pays, qu'on voudrait que nous appelions " nôtre ", n'a pas tiré assez de profits de sa victoire.
2° Nous répudions évidemment l'idée de subir aucun ordre, quel qu'il soit, sur le plan de l'esprit ; et sur le plan social, nous savons trop bien à quels intérêts précis obéissent les défenseurs actuels de l'ordre, et comment ils n'oublient jamais de se donner en passant à Mussolini.
Quant à la Patrie et à la Famille, et en particulier quant à la France et à notre famille, elles n'ont aucune prise sur notre esprit. Jamais nous n'admettrons ces institutions ; et d'ailleurs, sur ce sujet, nous ne savons pas parler comme nous voudrions ; les mots nous manquent.
3° Nous sommes étonnés qu'on demande encore à des hommes vivants ce qu'ils pensent du mariage. En tout cas, nous ne pensons en faisant l'amour, ni au bon Dieu, ni aux sacrements, ni à des enfants que le hasard pourrait nous imposer. Par ailleurs, nous ne pouvons pas comprendre au nom de quels monstrueux principes un homme et une femme, mariés ou non, peuvent s'interdire de se livrer ensemble à l'amour de la manière qui leur plaît.
4° Quant au surnaturel, dans la mesure où probablement vous l'identifiez avec la foi religieuse, et peut-être plus précisément avec la foi catholique, nous n'en avons que faire.
L'idée de dogme est pour nous la plus triviale qui soit ; sachez que dans l'anticléricalisme de bas étage nous allons beaucoup plus loin encore que vous ne pouvez l'imaginer.
5° Hors de la révolte, nous ne distinguons pas la sincérité du mensonge ; et de toute façon, la littérature nous dégoûte. En tout cas, les noms que vous nous citez : Maurras (sic), Barrès, l'abbé Bremond, que nous croyions mort, sont pour nous le symbole des plus basses renonciations.
Quant à la prétendue « renaissance » thomiste, nous avons vu une fois de plus comment l'Église catholique a su mettre à profit l'atmosphère de clinique de l'après-guerre.
Vous nous permettrez d'arrêter ici la revue des cadavres.
Nous espérons que vous voudrez bien insérer cette lettre dans votre prochain numéro comme nous vous prions de le faire.
Veuillez agréer, Monsieur, l'expression de nos sentiments distingués[41]. »

A la réflexion, cette déclaration immoraliste nous semble avoir été suscitée par la lettre qu'envoya aux *Nouvelles littéraires* un autre normalien, Maurice Patronnier de Gandillac. Rien ne permet d'étayer réellement cette hypothèse, mais autant qu'au questionnaire des *Nouvelles littéraires*, le texte qui précède apparaît comme une réponse aux affirmations du jeune maurrassien. Nous avions cité au chapitre IX de larges extraits de l'article des *Nouvelles littéraires* du 24 novembre 1928. Un autre passage concernait le mariage, et sa mise en

41. Roland Alix, *La Nouvelle Jeunesse. Enquête auprès des jeunes gens d'aujourd'hui*, avec une préface de Gaston Riou, Paris, Librairie Valois, 1930, 189 p., pp. 91-94. Une note de Roland Alix précise : « Cette lettre n'a pas été publiée dans *Les Nouvelles littéraires*... Je publie ici cette lettre *in extenso*. »

parallèle avec la déclaration des normaliens est éclairante. Maurice Patronnier de Gandillac écrivait, en effet : « ... l'union des époux, d'où doivent naître charnellement des corps sains et moralement des âmes justes, n'a de valeur qu'ordonnée au service de Dieu. C'est dire que les époux qui se conduisent en amants sont, au sens propre du terme, des monstruosités[42]. » La phrase, dans l'autre texte, « nous ne pouvons pas comprendre au nom de quels monstrueux principes un homme et une femme, mariés ou non, peuvent s'interdire de se livrer ensemble à l'amour de la manière qui leur plaît » est, à cet égard, révélatrice, tout comme, sur un autre registre, le « Maurras (sic). » Se trouverait, du reste, ainsi expliquée l'une des remarques liminaires de la lettre : « Seule la colère que provoque en chacun de nous des déclarations du genre de celles que vous avez publiées a pu, pour un instant, réunir ici nos noms. »

Quelles qu'aient été, en définitive, les motivations des signataires, on imagine facilement, en cet hiver 1928-1929 où la rue d'Ulm se remet à peine des soubresauts de l'affaire de la PMS à l'occasion de laquelle le directeur a rappelé les élèves au devoir de réserve, le scandale qu'aurait entraîné la publication de leur texte dans *Les Nouvelles littéraires*, à l'initiative d'un normalien et avec les noms d'une dizaine de ses camarades parmi les « 28 »[43] ! Malgré l'insistance de Breton et d'Aragon, le scandale avait été désamorcé à temps par ses auteurs[44]. Preuve indirecte, il convient de le souligner, que le surréalisme n'a jamais réellement attiré les normaliens. Dans ses Mémoires, Jean Bruhat note : « J'ai pratiquement ignoré les surréalistes. » Et son cadet de huit promotions, Roger Caillois, qui fut le seul élève de la rue d'Ulm à avoir fait partie du groupe surréaliste, déclarait en 1972 : « J'étais considéré comme fou[45]. »

En amont non plus, en khâgne — ceci, du reste, expliquant cela —, le surréalisme n'exerça pas un attrait marquant, même si cette classe accueillit tout de même plusieurs leaders du *Grand Jeu*. Aux côtés de Roger Gilbert-Lecomte, s'était constitué en 1924 au lycée de Reims le « groupe simpliste », avec René Daumal et Roger Vailland. Ce dernier entra l'année suivante en hypokhâgne à Louis-le-Grand, tandis que René Daumal allait préparer le concours de l'École à Henri-IV. C'est donc à Paris que « le simplisme se transforma en Grand Jeu[46] ». Mais peut-on dans le cas de ce groupe parler de surréalisme ? Il semble, en fait, n'en avoir subi que l'attrait et les relations avec les gardiens du temple, on l'a vu, se dégradèrent rapidement. En fait, le

---

42. *Les Nouvelles littéraires*, n° 319, samedi 24 novembre 1928, p. 8. L'un des auteurs de l'enquête avait introduit à cet endroit le commentaire suivant : « Ici, je crois bien que nous ne sommes pas d'accord. La vérité est que nous ne refusons pas d'être distraits par de jeunes personnes agréables, mais soucieux de notre indépendance et de notre dignité, nous nous défendons par conséquent d'être des jouets sans volonté aux mains d'un destin inassouvi ou d'une créature alléchante. »

43. Il est, hélas, impossible d'identifier ces signataires et donc les normaliens impliqués. Roland Alix se contente en effet de préciser : « Suivent vingt-huit signatures, dont celles de quatre étudiants mariés » (*op. cit.*, p. 94).

44. Une fois décantée, l'affaire de la lettre aux *Nouvelles littéraires* nous semble claire : la plupart des signataires s'étant, en définitive, rétractés avant la publication, Paul Bénichou n'a pas voulu passer outre à leur volonté. Les animateurs du *Grand Jeu* — Vailland, selon Bénichou, fut peut-être parmi les signataires — ayant montré le texte à André Breton, les surréalistes firent pression sur son auteur afin de récupérer la pétition dans le but de stigmatiser le recul des signataires. Bénichou ayant — vivement — refusé, l'échec de toute l'opération servit alors à une manœuvre contre le *Grand Jeu*.

45. Alain Baudant, *L'École normale supérieure. Données sur la participation de l'Université de Paris à la vie politique française*, *op. cit.*, p. 103.

46. Marc Thivolet, « Présence du Grand Jeu », *Cahier de l'Herne*, n° 10, pp. 19-36, citation p. 23.

seul khâgneux des années 1920 à avoir été proche de Breton et d'Éluard fut le philosophe Ferdinand Alquié. Mais ni lui ni les khâgneux du *Grand Jeu* ne furent à l'époque attirés par le communisme. Si la philosophie a donc pu constituer un facteur conduisant quelques normaliens à l'engagement communiste, il n'en a pas été de même du surréalisme, qui attira peu les jeunes khâgneux et ne prit pas, pour les rares qu'il séduisit, de coloration politique. Mais l'observation n'est-elle valable que pour les seuls khâgneux ou normaliens, ou doit-on justement expliquer cette situation par le fait que le surréalisme resta sur le moment un mouvement intellectuel très marginal, dont la fortune littéraire fut largement rétroactive ?

La crise de 1929 : le soutien aux normaliens de Quimper.

La direction de l'École parvint en outre à enrayer à temps au printemps 1929 une autre pétition de normaliens, protestant contre les arrestations préventives du 1er mai 1929 et que Simone Weil avait commencé à faire circuler à l'École[47], mais elle fut ébranlée deux mois plus tard par l'affaire du soutien aux normaliens de Quimper, dont Paul Bénichou fut d'ailleurs, semble-t-il, l'un des instigateurs.

Le 4 juillet 1929, en effet, *L'Humanité* et *Le Populaire* publient une pétition de normaliens de la rue d'Ulm protestant contre les sanctions qui ont frappé des élèves instituteurs de l'École normale de Quimper. Ces derniers étaient entrés en conflit avec la direction de l'établissement à la suite de divers incidents et parce que, disaient-ils, elle tentait de rendre obligatoire la préparation militaire, théoriquement facultative :

> « Les soussignés, élèves de l'École normale supérieure, protestent contre les sanctions qui ont frappé leurs camarades de l'École normale d'instituteurs de Quimper. Ils se déclarent entièrement solidaires de leur action contre la préparation militaire supérieure, obligatoire en fait, et de leur lutte pour la réforme du régime des Écoles normales.
> Les manœuvres de la direction et la pression exercée sur chaque élève individuellement pour obtenir des dénonciations lui [*sic*] apparaissent comme des procédés policiers intolérables : ils félicitent leurs camarades d'avoir fait échouer ces manœuvres et les engagent à continuer la lutte.
> Devant un semblable état de choses, on ne saurait mieux faire que d'en appeler à la solidarité du personnel enseignant et du prolétariat tout entier[48]. »

Suivaient vingt-quatre noms : Château, Bénichou, Roubaud, Harnois, Lecarme, Nivat, Vilar, Dresch, Bruhat, Nizan, Chambon, Meynieux, Weil, Marcoux, Ganuchaud, Boivin, Faivre, Hugueny, Lautman, Conard, Debruyne, Pétrement, Weill, Kaan.

Là encore, la presse va s'emparer de l'affaire mais moins rapidement que quelques mois plus tôt, au moment de la campagne contre la PMS. Ainsi *Le Temps* ne consacre d'abord qu'un entrefilet, dans son numéro du 6 juillet, à la

---

47. Arch. Nat., AJ 16 2895.
48. *Le Populaire* publie « avec plaisir » cette pétition en page 2, dans son édition du jeudi 4 juillet 1929, sous le titre « Les incidents de Quimper. Une belle manifestation de solidarité. » Et *L'Humanité* du même jour reproduit, également en page 2, la « courageuse adresse de solidarité » sous le titre « Vingt-quatre élèves de Normale supérieure solidaires des normaliens de Quimper ». Le texte que nous reproduisons est celui du *Populaire* (la différence essentielle avec celui de *L'Humanité* est que ce dernier est rédigé à la première personne du pluriel).

pétition. Et il faut attendre le 12 pour qu'un article d'une demi-colonne en première page revienne plus longuement sur le sujet, sous un titre explicite : « manifestation inadmissible ». Le verdict est sans appel : « ... Comment admettre, comment même concevoir que la culture générale, que la pratique quotidienne des méthodes scientifiques, que les hautes disciplines de l'intelligence ne défendent pas des cerveaux de vingt ans contre les basses séductions et la contagion grégaire d'un pacifisme d'estaminet, d'un antimilitarisme de café-concert ?... Ce qu'on pardonnerait, à l'extrême rigueur, aux normaliens de Quimper, comment l'excuser chez de futurs maîtres assis sur ces mêmes bancs où les Taine et les Fustel de Coulanges préludèrent par la réflexion, la méthode et la critique, aux plus grandes carrières de l'esprit ? » Et la responsabilité de « la propagande marxiste » est clairement dénoncée. L'incident est, en effet, interprété dans les termes suivants : « Le moins qu'on puisse dire est qu'il jette un jour déplorable sur l'état d'esprit des futurs maîtres de notre enseignement secondaire. Déjà, le personnel de l'enseignement primaire, travaillé par la propagande marxiste, compte de nombreux éléments révolutionnaires dont l'internationalisme militant risque d'empoisonner les jeunes générations que la France confie à l'Ecole publique. » L'épidémie doit donc être enrayée d'urgence, avant que les « intellectuels d'État » soient infectés à leur tour : « Il est temps, il est grand temps de défendre contre eux-mêmes, contre les mortelles suggestions d'idéologies sommaires et subalternes, contre l'endoctrinement du marxisme dévastateur, le cœur et le cerveau de ces jeunes intellectuels d'État que sont les normaliens... »

Mais, cette fois, avant même que la presse s'empare réellement de l'affaire, l'administration de l'École normale supérieure avait réagi. Elle s'était du reste dotée, « après l'incident de la pétition relative à la préparation militaire[49] », des instruments appropriés. Un décret du 26 février 1929 avait « définitivement constitué le conseil de discipline » et son article 2 précisait que ce conseil avait à juger « tous les actes contraires au bon ordre et au bon renom de l'École qui lui sont déférés par le directeur ». Le 11 juillet, les signataires de la pétition — à l'exception de Simone Pétrement, en Allemagne à cette date — sont déférés devant le conseil de discipline de l'École. Le procès-verbal de la séance permet d'en reconstituer le déroulement[50]. Le « caïman » Jean Thomas tient le secrétariat et, conformément au règlement, deux représentants des élèves, Hutter et Legris, respectivement « chefs de la section » des lettres et de celle des sciences, sont présents. Outre la direction de l'École — le directeur Vessiot, le directeur adjoint Bouglé et le surveillant général Dion —, deux professeurs de la faculté des lettres, Pagès et Vendryès, et de la faculté des sciences, Bertrand et Abraham, complètent ce conseil. Le dernier nommé demande l'exclusion définitive de tous les accusés. Mais son collègue Vendryès, « tout en reconnaissant la gravité des faits, pense qu'il ne faut pas prendre trop au sérieux des manifestations de jeunes gens ». Comme Célestin Bouglé pousse lui aussi dans le sens de l'apaisement, le « jugement rendu par le conseil de discipline » sera mesuré :

---

49. La liaison de cause à effet est explicitement établie par le directeur de l'École dans son rapport au directeur de l'enseignement supérieur le 25 janvier 1930 (Arch. Nat. AJ 16 2895).

50. On trouve ce procès-verbal dans le « cahier » du conseil de discipline déjà signalé (Arch. Nat. 61 AJ 60) et dans un autre carton des archives de l'École normale supérieure (61 AJ 194). En aval, on le retrouve dans les archives de l'Académie de Paris (Arch. Nat. AJ 16 2895). Ajoutons que ce procès-verbal n'est plus inédit depuis le début de l'année 1983 : Jean Bruhat l'a, en effet, reproduit en annexe de ses Souvenirs (*Il n'est jamais trop tard*, *op. cit.*, pp. 271-276).

« Considérant qu'en envoyant leur protestation collective à la presse, les signataires se sont livrés à une manifestation incompatible avec leurs devoirs d'élèves de l'École normale supérieure, qu'en outre leur attention avait été attirée par le directeur sur les dangers de pareilles manifestations, le conseil prononce la peine de la réprimande avec inscription au dossier contre MM. Bénichou, Boivin, Bruhat, Chambon, Château, Conard, Debruyne, Dresch, Faivre, Ganuchaud, Harnois, Hugueny, Kaan, Lautman, Lecarme, Marcoux, Meynieux, Nivat, Nizan, Mlle Pétrement, Roubaud, Vilar, Weill, Mlle Weil[51]. »

Le système de défense adopté par ces derniers aurait pu toutefois aggraver leur cas, en irritant les membres du conseil de discipline. La lecture des minutes de ce dernier est, à cet égard, instructive. Les élèves accusés se voient surtout reprocher, beaucoup plus que la protestation elle-même, son envoi à la presse. Celui-ci a eu lieu alors que sept mois plus tôt, après les incidents de la PMS, le directeur de l'École, à défaut de sanctions, avait, on l'a vu, réuni toutes les promotions dans la salle des Actes et rappelé qu'une déclaration collective ne pouvait sortir de l'École que par son intermédiaire. Or les vingt-trois accusés, introduits tour à tour devant le conseil, semblent s'être donné le mot : ils pensaient, expliquent-ils les uns après les autres le plus sérieusement du monde, que la procédure recommandée par leur directeur ne concernait que la seule pétition contre la PMS.

Le conseil de discipline, tout en infligeant une sanction collective aux vingt-quatre signataires, désignait aussi nommément dans son rapport ceux qu'il considérait comme les instigateurs du texte : Bénichou, Bruhat et Vilar. Ils auraient reçu sur le sujet un « dossier constitué par l'Union fédérale des étudiants » et auraient convoqué leurs camarades, le 2 juillet, à une réunion au cours de laquelle fut rédigée la pétition. Dans ses Souvenirs, Jean Bruhat reconnaît cette initiative. Et la presse, on l'a vu, n'incrimine pas cette fois les élèves d'Alain. La tonalité générale du texte, au reste, est bien différente de celle de la pétition attaquant la PMS l'année précédente. En fait, il semble bien que ce soient effectivement les normaliens communistes ou sympathisants, syndiqués à la CGTU, qui, cette fois, aient été à l'origine de l'affaire, dans laquelle ils ont réussi à entraîner le noyau dur des aliniens. On peut, en effet, parvenir, par recoupements, à rétablir la part de responsabilité des uns et des autres.

Si l'on examine la liste des vingt-quatre signataires — dont trois scientifiques seulement —, la première constatation est que l'on retrouve seize normaliens qui avaient déjà signé la « pétition des 83 » : Château, Bénichou, Harnois, Lecarme, Nivat, Vilar, Chambon, Meynieux, Marcoux, Ganuchaud, Boivin, Faivre, Hugueny, Lautman, Debruyne et Weill. En leur ajoutant Simone Weil, qui n'avait pu signer un texte contre une préparation militaire à laquelle elle n'était pas astreinte mais qui, on l'a vu, avait soutenu son principe, ce sont finalement dix-sept normaliens sur vingt-quatre que l'on retrouve dans les deux listes. Bien plus, les aliniens les plus en vue constituent justement une part notable de ces signataires — ou soutiens — communs : Château, Harnois, Marcoux, Ganuchaud, Weill et Weil. Est-ce à dire qu'il faille

51. « Jugement rendu par le conseil de discipline de l'École normale supérieure à la date du 11 juillet 1929 » joint, sous forme d'une feuille volante dactylographiée, au dossier des vingt-quatre normaliens, avec, en outre, sur ce dossier, la mention suivante : « Traduit devant le conseil de discipline du 11 juillet 1929 pour signature d'une lettre collective publiée par " l'Humanité " du 4 juillet » (cf. par exemple, le dossier de Pierre Boivin, Arch. Nat. 61 AJ 252). On notera qu'il n'est pas fait allusion à l'envoi de la pétition au *Populaire*, qui la publia pourtant le même jour.

y voir les initiateurs du second texte ? La réponse est, selon toute vraisemblance, négative. L'attitude des *Libres Propos* est, d'ailleurs, éclairante : derrière le soutien au mouvement des normaliens de Quimper affiché par l'organe chartiériste perce une certaine réticence sur la forme que ce mouvement a revêtue. Certes, le numéro des *Libres Propos* d'août 1929 reproduit la pétition et la liste des signataires et salue cette « courageuse protestation ». Mais la brièveté du commentaire qui accompagne ce soutien — surtout au regard de la campagne menée par la revue l'année précédente au moment de la pétition contre la PMS — est déjà bien révélatrice. Bien plus, ce commentaire évoque la campagne qui a eu lieu trois mois avant les incidents de Quimper à l'École normale d'Aix et la qualifie de « moins violente de forme » et « peut-être plus efficace ». Est-ce une manière de désaveu de l'action menée à Quimper ? Toujours est-il que le cœur n'y est pas et que les *Libres Propos*, prompts à s'enflammer sur des actions contestant l'autorité militaire, restent, à cette occasion, apparemment de glace. Et l'attitude des aliniens de l'École fut sans doute à cette image : il leur était impossible de ne pas soutenir des menées antimilitaristes, mais ce fut cette fois du bout des lèvres.

Il faut donc chercher ailleurs. Dans cette perspective, la piste socialiste est-elle plus concluante ? En première analyse, plusieurs indices pourraient le donner à penser. D'une part, on note, parmi les vingt-quatre signataires, des élèves socialistes ou socialisants : Chambon, Boivin, Lautman et Kaan, notamment. Les deux premiers appartiennent même aux animateurs du Groupe d'études socialistes des Écoles normales supérieures et de la Fédération nationale des étudiants socialistes, et, on l'a déjà signalé, ils ont pris au sein de ces groupements le relais des pères fondateurs, Lefranc, Le Bail, Deixonne et d'autres, déjà sortis de l'École à cette date. D'autre part, c'est André Kaan qui a porté — avoue-t-il « spontanément », note le procès-verbal du conseil de discipline — le texte de la protestation au *Populaire*.

Cela étant, ces indices ne confirment pas forcément une initiative socialiste mais témoignent seulement, là encore, d'un soutien à un texte. Que de jeunes socialistes, dans l'état d'esprit pacifiste qui est le leur, acceptent de signer un texte de cette teneur n'est guère, en effet, surprenant. Chambon, Boivin et Lautman avaient, du reste, déjà signé la protestation contre la PMS, dont l'origine n'était pourtant en aucun cas socialiste. Par ailleurs, que ce soit un jeune socialiste, André Kaan, qui soit chargé par ses vingt-trois camarades de porter la pétition au *Populaire* n'a rien que de très normal. Enfin, à Quimper même, le mouvement des élèves instituteurs a donné lieu à des rivalités entre syndicalistes socialistes et communistes. Que, rue d'Ulm, les socialistes tentent là encore de « coller » au mouvement semble, en définitive, naturel.

La concurrence s'est, en effet, surtout exercée dans le domaine syndical. Quelques mois plus tôt, un numéro de *L'Université*, « journal officiel de la Fédération générale de l'enseignement », elle-même affiliée à la CGT, signalait qu'au congrès de la Fédération de décembre 1928, un normalien de la rue d'Ulm avait annoncé « que les élèves des cinq écoles supérieures, réunis en syndicat, demandent leur admission au sein de la FGE. Ils sont, en effet, considérés comme fonctionnaires en vertu de leur engagement décennal et de leur droit à la retraite [52] ». Cette demande fut apparemment acceptée, puisque

52. *L'Université*, n° 1, janvier 1929, p. 1.

dans le même numéro de *L'Université* apparaît, dans la liste des syndicats adhérents de la Fédération générale de l'enseignement, un « syndicat des élèves des Écoles normales supérieures ». Et l'adresse indiquée pour le siège de ce syndicat est celle d'un normalien, au 45, rue d'Ulm.

Or il se trouve que l'orateur ulmien du congrès de décembre 1928 était le socialiste Pierre Boivin, signataire quelques mois plus tard de la pétition en faveur des élèves de Quimper, et que l'autre normalien mentionné par *L'Université,* qui préside, après le congrès, aux destinées du syndicat des élèves des Écoles normales supérieures est Max Hugueny, lui aussi signataire de la protestation de juillet 1929. Cet ancien khâgneux de Lakanal vient d'être reçu à l'École et il est alors, semble-t-il, militant de la Jeune République. Faut-il, dès lors, en déduire que la CGT est à l'origine de l'« affaire » de Quimper rue d'Ulm ? Ce syndicat, en tout cas, tente de s'implanter à l'École dans les premiers mois de l'année 1929. Un rapport du directeur Ernest Vessiot[53] au ministre de l'Instruction publique signale une réunion des élèves adhérant à ce syndicat dans la « turne » de Pierre Boivin le 23 février 1929. Dix élèves de la rue d'Ulm sont présents, ainsi qu'un représentant des élèves de l'ENSET. Le directeur tire argument de cette faiblesse numérique pour rassurer le ministre. En outre, ajoute-t-il, ce type de réunion est autorisé. Et Pierre Boivin est titulaire du brevet de la PMS.

Cette dernière précision répond à une autre inquiétude de l'administration, qui concerne moins la naissance de ce syndicat que l'ordre du jour de sa réunion du 23 février à l'École. Cette réunion avait, en effet, pour objet l'élaboration d'un rapport sur la PMS et son caractère obligatoire à l'École. La branche normalienne de la Fédération générale de l'enseignement semble donc placer, en cet hiver 1928-1929, le problème de la préparation militaire au centre de ses préoccupations. Bien plus, le secrétaire de cette branche, Max Hugueny, semble accorder également une attention particulière à la question des rapports avec les écoles normales d'instituteurs. Simone Pétrement note dans son livre sur Simone Weil : « Au cours de cette seconde année d'École, il arriva souvent à Simone de discuter et de se disputer avec Hugueny, l'un de ses camarades de promotion. Il voulait fonder un syndicat réunissant les élèves de l'École normale supérieure et ceux des écoles normales d'instituteurs[54]. » Certes, dans le souvenir de Simone Pétrement, ces discussions et disputes ont lieu au cours de l'année 1929-1930, donc après la protestation de juillet 1929. Mais, même à supposer que l'indication chronologique soit strictement exacte, l'intérêt pour les élèves instituteurs n'a pas surgi brutalement et le projet de Max Hugueny remonte sans doute à l'année précédente. Dans ces conditions, on comprend qu'à défaut d'en être forcément les initiateurs, les normaliens cégétistes, sensibilisés à la fois aux problèmes de préparation militaire et de rapports avec les écoles normales, aient soutenu, comme les socialistes — c'étaient souvent les mêmes —, la pétition de l'été 1929. D'autant qu'à Quimper même, la rivalité avait été grande, tout au long du printemps, après le déclenchement des incidents, avec les « unitaires ».

De fait, aussi bien à Quimper que rue d'Ulm, les instigateurs sont, en définitive, à rechercher du côté de la CGTU, et, plus précisément, de la

53. Rapport du 17 mars 1929 du directeur Vessiot au ministre de l'Instruction publique (archives de l'Académie de Paris, Arch. Nat. AJ 16 2895). Apparemment, l'annonce de la création de ce syndicat dans le numéro de *L'Université* de janvier 1929 avait entraîné une demande de renseignements du ministère.

54. Simone Pétrement, *La Vie de Simone Weil,* tome I, *op. cit.*, p. 162.

Fédération unitaire de l'enseignement, qui lui est affiliée. Au sein de cette Fédération s'est, en effet, créée trois ans plus tôt une section des enseignants du secondaire et du supérieur. Et si, l'année précédente, à travers ses membres normaliens, communistes ou sympathisants, cette section — qui dispose à partir de janvier 1928 d'un bulletin propre, *L'Université syndicaliste*, parallèlement à *L'École émancipée* — s'était tenue, on l'a vu, à l'écart de l'agitation rue d'Ulm contre la PMS, la Fédération unitaire tout entière, en 1929, va reprendre à son compte cette opposition et, par-delà les écoles normales supérieures, la porter au sein des écoles normales d'instituteurs. Les Mémoires de Georges Cogniot sont très explicites. Quand, après une première grève à Aix, à la suite de laquelle soixante normaliens adhérèrent au syndicat unitaire, éclatent des incidents à Quimper et que le recteur de l'Académie de Rennes, après une première fermeture de trois semaines, prononce dix exclusions et quatre transferts à l'encontre des cent neuf élèves instituteurs de Quimper, ces derniers reçoivent « l'appui sans réserves » de l'Union générale des étudiants pour l'enseignement, rattachée à l'Union fédérale des étudiants d'obédience communiste, et de l'Internationale des travailleurs de l'enseignement (ITE), à laquelle appartient la Fédération unitaire de l'enseignement. Et Georges Cogniot lui-même, au nom de cette organisation, se rend deux fois à Quimper, pour y animer un meeting de solidarité puis « pour conseiller la poursuite de la lutte ». Ce témoignage ne constitue pas une tentative de récupération rétroactive, dans des Mémoires rédigés cinquante ans après les événements ; il est corroboré au contraire par une revendication formulée à l'époque même. Au congrès de la Fédération unitaire, à Besançon, le 5 août, il est, en effet, proclamé « que l'ITE était intervenue dans la conduite de la grève de Quimper à la demande de l'Union générale des étudiants pour l'enseignement ».

Les unitaires semblent donc avoir joué un rôle décisif dans les incidents de Quimper. Rien d'étonnant, dès lors, à ce que les normaliens affiliés à la CGTU aient pris, rue d'Ulm, le relais. Et le retentissement que donnera ce syndicat à leur action, après avoir procédé de même pour les normaliens de Quimper, montre qu'il y a assurément continuité de la CGTU en ce domaine. Du reste, on l'a vu, le rapport du conseil de discipline est dépourvu d'ambiguïté. D'une part, c'est l'UFE qui a transmis aux ulmiens le dossier de Quimper. D'autre part, l'identité des récipiendaires est un indice éclairant : ce sont, note le rapport, « MM. Bénichou, Bruhat, Vilar, candidats à l'agrégation, [qui] ont cru nécessaire de soumettre leur documentation à leurs camarades et de leur demander de se joindre à eux pour manifester leur solidarité avec les normaliens de Quimper ». Au cours d'une réunion qui se tient le 2 juillet après le déjeuner dans une salle de l'École, ils parviendront à persuader leurs camarades d'envoyer une protestation à la presse et le texte, transmis le lendemain au *Populaire* et à *L'Humanité*, est publié par ces deux journaux le surlendemain. Jean Bruhat est communiste et Pierre Vilar sympathisant. Quant à Paul Bénichou, s'il n'est pas, on l'a vu, membre du Parti communiste, il est du moins, semble-t-il, membre de la Fédération unitaire[55]. Et, parmi les vingt et un autres signataires, on note aussi la présence de l'autre communiste de l'École Paul Nizan, à l'époque en train de passer l'oral de l'agrégation de

55. *L'Université syndicaliste* de juillet 1929, évoquant la réunion du conseil de discipline de l'École le 11 juillet, signale en effet : « Le rapport d'accusation, purement politique, désignait comme coupables trois de nos camarades militants unitaires » (Georges Cogniot, « Échec au Militarisme », *L'Université syndicaliste*, n° 4, juillet 1929, p. 3).

philosophie, ainsi que celle de Jean Dresch, qui appartient à la CGTU *L'Université syndicaliste* de juillet 1929 accompagnait, du reste, la publication de la pétition du commentaire suivant : « Nous sommes heureux que nos camarades unitaires de l'École aient été, à une exception près, au premier rang des signataires, et nous avons le droit de stigmatiser les nombreuses abstentions constatées dans les rangs du soi-disant Syndicat confédéré des Écoles normales supérieures. »

Et le 11 juillet 1929, au moment de la comparution des vingt-quatre normaliens devant le conseil de discipline de leur établissement, le syndicat de l'enseignement laïc de la Seine (CGTU) « proteste énergiquement contre la comparution de 24 camarades » et « dénonce la répression accrue contre les travailleurs manuels et intellectuels en relation avec la préparation de la guerre impérialiste[56] ». Un mois plus tard, au congrès de la Fédération unitaire de l'enseignement, le sort des vingt-quatre normaliens est évoqué et la protestation est réitérée. Enfin, dans le numéro de novembre 1929 de *L'Université syndicaliste*, est publié, en page 4, un article signé « un normalien » et intitulé « 1929, rue d'Ulm » qui revient longuement sur la protestation de juillet. Il la différencie nettement, tout d'abord, de la pétition contre la PMS :

> « L'École normale supérieure a eu, cette année, les honneurs fréquents de la presse bourgeoise... Une première tempête fut déchaînée quand 33 élèves [*sic*] signèrent une pétition contre le caractère obligatoire de la préparation militaire supérieure. Notre Fédération unitaire, tout en saluant ce mouvement, en a souligné les faiblesses, nous répétons qu'il est enfantin de voir dans le militarisme un produit spontané de l'orgueil humain. Le militarisme est un instrument d'oppression aux mains de l'État bourgeois ; et sa croissance, qui frappe nos camarades, ne s'explique que par la préparation intensive de la guerre prochaine...
> En juillet dernier, le ministère crut tenir sa revanche ; 24 normaliens avaient affirmé publiquement leur solidarité avec les normaliens de Quimper en grève. Il ne s'agissait plus de philosophie confuse, mais d'un acte précis qui s'accompagnait d'un appel au prolétariat. »

Puis, après une attaque contre Célestin Bouglé et un rappel du déroulement de l'affaire rue d'Ulm, l'article s'en prend à la Fédération générale de l'enseignement, cégétiste : « Au cours de ces incidents, beaucoup d'entre eux [i.e. les normaliens] ont perdu leurs illusions. Certains pouvaient avoir confiance, lors d'affaires comme celle de Quimper, en la " justice " d'anciens membres du comité central de la Ligue des droits de l'homme. Hélas, vous l'avez vu, Bouglé s'est effondré. Enfin, plusieurs aussi appartenaient à la Fédération de l'enseignement (CGT) : le Syndicat national des instituteurs leur répondit par une motion injurieuse. » Et l'article se termine fort logiquement par un appel à adhérer à la CGTU, pour prendre place dans « la bataille des classes » :

> « Par contre, la Fédération unitaire de l'enseignement était à vos côtés... Mais surtout elle vous persuadait de la nécessité d'élargir votre lutte. L'obligation d'être officier n'est pour vous qu'un aspect plus particulièrement brutal de la dictature bourgeoise... La lutte des classes s'exaspère, les rivalités internationales

56. Archives de l'Académie de Paris, Arch. Nat. AJ 16 2895.

s'aiguisent, la conséquence en sera la militarisation de l'École. Méditer cette anecdote de la Révolution chinoise : un ouvrier arrête un vieux lettré qui s'écrie : " Mais je n'ai jamais fait de politique ! " L'ouvrier répond : " C'est pour cela que je t'arrête ! "... Si les élèves des ENS veulent lutter contre la militarisation des écoles, leur place de normaliens est dans la bataille des classes, elle ne peut pas être *au-dessus de la mêlée.* »

Indirectement, ce sont donc les normaliens communistes que l'on voit se profiler derrière les incidents de la rue d'Ulm et ce sont leurs camarades des écoles normales d'instituteurs qui sont à la pointe du combat dans ces établissements. Et le changement de cap du Parti sur ce problème de la préparation militaire entre la fin de l'automne 1928, au moment de l'affaire de la PMS, et le début de l'été 1929, lors du soutien apporté aux Quimpérois, est incontestable. L'étude de cette évolution dépasse naturellement le cadre de cette recherche. Notons simplement qu'elle est concomitante du revirement des ulmiens communistes et sympathisants en matière de PMS. C'est, en effet, « à la fin de 1928 et au début de l'année 1929 [que] le Parti s'engage résolument en avant dans la voie d'une politique de plus en plus dure » et, après les événements de Berlin, le 1er mai 1929, il y a « durcissement militant » d'un parti qui « plonge à corps perdu dans " l'ultra gauchisme " », dans « l'obsession de la guerre imminente[57] ».

Cela dit, si le nouveau mot d'ordre, rue d'Ulm, est que « la place des normaliens est dans la bataille des classes », son impact y reste faible. Ce qui confirme indirectement le faible nombre des élèves communistes à cette date et leur audience limitée déjà constatés au chapitre XII. Les chartiéristes, on l'a vu, ont soutenu le mouvement en faveur des normaliens de Quimper du bout des lèvres. Et avec la pétition envoyée au *Populaire* et à *L'Humanité*, on reste bien loin des quatre-vingt-trois signatures recueillies sept mois plus tôt au bas du texte contre la PMS. Bien plus, un texte de protestation envoyé au directeur de l'École une dizaine de jours après la réunion du conseil de discipline et posant le problème de la « liberté d'opinion » ne réunira qu'une trentaine de signatures, dont plus de la moitié sont celles d'élèves sortants, ayant terminé leur scolarité rue d'Ulm[58].

Chartiéristes et socialistes brandirent, du reste, à leur tour ce thème de la « liberté d'opinion » pour ne pas s'en laisser déposséder par les communistes. Dans la rubrique « signes des temps », les *Libres Propos* du 20 novembre 1929 publièrent après la rentrée universitaire suivante un bref article intitulé « Un bruit de bottes à l'École normale » qui déplorait notamment que « l'administration [ait] fait savoir aux Nouveaux que toute publication dans les journaux

57. Philippe Robrieux, *Histoire intérieure du Parti communiste,* I, *1920-1945,* Fayard, 1980, pp. 315 et 341 ; cf. plus largement, l'ensemble du chapitre VI, « ultra-gauchisme et premiers staliniens », pp. 311-406. Il faudrait aussi étudier dans le détail les divisions politiques au sein de la Fédération unitaire et les clivages qui jouèrent, de ce fait, en son sein au moment de l'affaire de Quimper (cf. par exemple, l'article de *L'Université syndicaliste,* « Aux côtés des Élèves contre la PMS », n° 4, juillet 1929, p. 1).

58. « Monsieur le Directeur, nous apprenons par l'intermédiaire des chefs de promotion l'interdiction qui nous est faite d'envoyer à la presse aucune adresse où des normaliens feraient état de leur qualité d'élèves de l'École normale supérieure... Un élève de l'École normale supérieure est privé pendant son séjour à l'École de l'exercice public de sa liberté d'opinion... » (lettre remise au surveillant général le 24 juillet 1929, et dont la copie est transmise par le directeur Ernest Vessiot au recteur de l'Université de Paris, Arch. Nat. AJ 16 2895 ; la lettre était signée Bellier, Bruhat, Bénichou, Conard, Château, Chevalley, Debruyne, Dresch, Freychet, Fuzellier, Ganuchaud, Guindey, Harnois, Herland, Lecarme, Maheu, F. et S. Molino, Marguin, Martin, Meynieux, Nicollet, Nizan, Péron, Piéri, Roubaud, Thonon, Vilar, Weill, Weil).

et toute pétition leur est interdite, et [qu']elle leur rappelle que les fonctions qu'ils se préparent à exercer sont incompatibles avec la manifestation publique d'aucune opinion politique ». Et les socialistes, pour ne pas être en reste, portèrent l'affaire sur le terrain parlementaire. Au *Journal Officiel* du 28 décembre 1929 figure, en effet, une question écrite de Georges Monnet, député socialiste de l'Aisne :

> « M. Monnet, député, demande à M. le Ministre de l'Instruction publique :
> 1. si les élèves de l'École normale supérieure possèdent intégralement la liberté d'exprimer publiquement leur opinion et son corollaire, le droit de réponse à la presse.
> 2. Dans la négative, quelles limitations leur sont apportées.
> 3. Dans quel cas précis l'exercice de ces divers droits peut exposer les élèves de l'École normale supérieure à des sanctions disciplinaires. »

1930-1935 : l'apogée du pacifisme normalien ?

Cette date du 28 décembre 1929 est, d'une certaine manière, symbolique : l'interpellation de Georges Monnet, liée à des incidents de nature antimilitariste, vient clore une décennie jalonnée à l'École d'épisodes de même essence et de gravité croissante. Et l'histoire institutionnelle du conseil de discipline de la rue d'Ulm est, à cet égard, elle aussi significative : ce conseil, on l'a vu, avait été réorganisé au seuil des années 1920 et avait eu presque immédiatement à se prononcer sur un problème ayant rapport avec l'autorité militaire. Neuf ans plus tard, il est à nouveau réorganisé après l'affaire de la PMS et doit se réunir après celle du soutien apporté aux normaliens de Quimper. Avec la PMS et Quimper, la décennie se termine donc sur une note antimilitariste qui prolonge et amplifie l'air pacifiste qui se joua rue d'Ulm dix années durant, et qui est à l'unisson de la génération de 1905.

La même musique sera du reste jouée dans l'établissement dans la première partie de la décennie suivante. D'autant qu'à partir de 1929 les quelques normaliens communistes vont composer dans le même ton. Malgré la méfiance réciproque, les campagnes contre la préparation militaire se joueront désormais à trois : socialistes, aliniens et communistes. En 1931, par exemple, est publiée une nouvelle pétition « contre la caporalisation des intellectuels » et « contre la fascisation de l'université » dont la teneur et la liste des signataires sont éclairantes :

> « Le règlement de l'ENS vient d'être modifié (*Journal Officiel* du 1er mars 1931)... : " Aucune démarche collective ne doit être faite par les élèves sans l'autorisation préalable du directeur... L'assiduité aux séances et exercices dont l'ensemble constitue l'instruction militaire prévue par l'article 31 de la loi du 31 mars 1928 est obligatoire... " Le passage de l'ENS, à laquelle les traditions mêmes de l'Université bourgeoise conféraient un caractère libéral, à un régime aussi nettement militarisé nous paraît un indice grave. »

Ce texte est signé par vingt-deux archicubes, la plupart communistes ou sympathisants : Jean Bruhat, Georges Cogniot, Paul Labérenne, René Maublanc, Paul Nizan, Brice Parain[59], Marcel Prenant, Romain Rolland, Henri

59. Ainsi que son frère Charles Parain (1894-1984), normalien de la promotion littéraire de 1913, qui avait adhéré en 1930 au Parti communiste. A signaler que parmi les vingt-deux anciens élèves figure aussi Jean-Paul Sartre. Sous l'influence de Paul Nizan ?

Wallon. Mais le chartiériste Georges Canguilhem et René Gérin figurent également à l'appel, et les quatre seuls signataires qui soient en cours de scolarité appartiennent de près ou de loin à la mouvance alinienne : les deux Simone (Weil et Pétrement), Jean Weill et Lucien Roubaud. Bien plus, la pétition est publiée à la fois par *L'Université syndicaliste* de juin et par les *Libres Propos* de juillet 1931. On mesure, dès lors, le chemin parcouru, surtout si l'on ajoute que la pétition fait explicitement allusion aux « différentes pétitions » de « ces dernières années », pour les premières desquelles, on l'a vu, les communistes restèrent pourtant sur leur quant-à-soi. *A contrario*, les *Libres Propos* donnent une publicité à un texte dont la tonalité montre nettement l'origine communiste[60], alors qu'ils soutinrent avec beaucoup plus de réticence le texte en faveur des normaliens de Quimper.

Indirectement, cette initiative commune peut donc être considérée comme l'une de celles qui constituent la préhistoire du Comité de vigilance des intellectuels antifascistes, dans sa première version tout au moins, celle qui vit cohabiter chartiéristes et communistes, ainsi que les socialistes et socialisants[61]. Au reste, à partir de 1934, nombre de normaliens adhéreront à ce Comité. Dès le mois de mars 1934, quarante d'entre eux avaient déjà signé son manifeste[62].

L'École normale supérieure : une serre pacifiste pour la « génération de 1905 » ?

Le pacifisme normalien, dont nous avons observé l'ancrage progressif au cours des années 1920, reste donc solidement établi rue d'Ulm au milieu de la décennie suivante. Deux épisodes, choisis parmi d'autres, l'attestent. En février 1933, les *Libres Propos* avaient applaudi au geste de l'Oxford Union, « association des étudiants d'Oxford, renommée pour ses débats politiques, et d'où sortent les politiciens de l'avenir », qui avait fait par 287 voix contre 151 le serment : « This House will in no circumstances fight for King and Country », que la revue de Michel Alexandre traduisit par : « En aucune circonstance, nous ne combattrons pour la Patrie. » Or, un an plus tard, il se trouva des normaliens pour formuler la même promesse. Un entrefilet de *L'Écho de Paris* du 2 mai 1934 signale, en effet, le « geste inconsidéré d'une poignée d'élèves de l'École normale supérieure » et précise : « Ces malheureux ont choisi cette date du 1er mai pour rééditer hier matin, et devant le monument aux morts de l'École, le serment d'exécrable reniement des étudiants d'Oxford, qui souleva — on s'en souvient — l'indignation de toutes les âmes bien nées. » De fait, il y eut, ce 1er mai 1934, une initiative des normaliens du « comité de lutte contre la guerre » qui, « tout en déposant une

60. L'interprétation générale qui sous-tend la pétition est fondée sur l'analyse suivante : « On ne déguise plus qu'on veut réduire les intellectuels au rôle de domestiques dociles de l'État bourgeois, et les séparer totalement du prolétariat révolutionnaire, vers lequel la situation actuelle du monde pourrait les attirer. »

61. Entre-temps, il s'était trouvé « 200 élèves des Écoles normales supérieures solidaires de l'Union soviétique » pour « saluer » les « travailleurs intellectuels et manuels qui, à l'appel de Barbusse et Romain Rolland, vont se rassembler à Genève, en un congrès de tous les partis contre la guerre, le 28 juillet 1932 » (*L'Université syndicaliste*, 5e année, n° 10, juillet 1932, p. 3, « 200 élèves des Écoles normales supérieures et l'Union soviétique »; les noms des signataires ne sont pas donnés, mais il est précisé que la pétition a recueilli 156 signatures à Saint-Cloud, rue d'Ulm et à l'ENSET, et 46 à Fontenay et Sèvres). Les normaliens apparaissent donc aussi au moment de la genèse du « mouvement Amsterdam-Pleyel ».

62. Cf. *Libres Propos*, n° 3, 8e année, nlle série, 25 mars 1934, p. 142.

gerbe devant le monument aux morts », voulut « marquer son opposition à la guerre »[63].

Autre manifestation normalienne, celle-là massive : une pétition touchant — à nouveau ! — au service militaire. *L'Œuvre* du 17 mars 1935 signale, en effet, dans un entrefilet de quatrième page intitulé « Contre les deux ans », que « quatre-vingt-dix élèves de l'École normale supérieure de la rue d'Ulm, quarante-cinq de l'École normale supérieure de Saint-Cloud et soixante-sept de l'École normale supérieure de Sèvres ont voté une protestation contre l'augmentation de la durée du service militaire ». A y regarder de plus près, cette pétition, qui succède pourtant à bien d'autres manifestes et libelles, est particulièrement symbolique. Le titre de première page de *L'Œuvre* de ce 17 mars 1935 annonce, en effet : « L'Allemagne rétablit officiellement le service militaire obligatoire. La nouvelle armée du Reich comprendra douze corps d'armée et trente-six divisions. C'est la dénonciation définitive d'une des clauses capitales du traité de Versailles. » L'Europe entrait dans une phase de turbulence historique, mais les signataires de la pétition de *L'Œuvre* et leurs jeunes aînés des promotions des années 1920 n'en prendront conscience que peu à peu, le plus souvent tardivement, et parfois trop tard.

Les promotions normaliennes du début des années 1930 appartiennent encore, d'une certaine manière, à « la génération de 1905 » qui irait donc des premières promotions de l'après-guerre, nées avec le siècle, jusqu'à celles qui sont filles des années 1910-1914. Mais, dans le même temps, ces dernières classes d'âge ne forment-elles pas une génération intermédiaire, car, à la différence de celles qui appartiennent de plain-pied à la « génération de 1905 », elles entrent à l'École quand les premières retombées de la grande crise se font déjà sentir en France ? A tout prendre, pourtant, elles sont plus proches de cette « génération de 1905 » que de celle de 1915. Et le climat de la rue d'Ulm est, à cet égard, éclairant. Il change, en effet, dans la seconde partie des années 1930. Le combat contre la guerre, dont résonna l'établissement une quinzaine d'années durant, connaît, de fait, un reflux incontestable après 1935. La retraite d'Alain en 1933 fera en trois ou quatre ans de l'ancien élève du maître une espèce biologiquement disparue à l'École. Quant aux normaliens communistes, le tournant de leur parti sur les problèmes de défense nationale en 1935 les conduira à une autre évaluation du pacifisme et de l'antimilitarisme, tandis que les socialistes peu à peu se diviseront autour de la question de la « fermeté » face à Hitler.

Les normaliens des promotions postérieures à 1935 puiseront donc à d'autres sources au moment de leur apprentissage politique. D'autant qu'à ces causes conjoncturelles s'ajoute une donnée structurelle essentielle : ces élèves appartiennent à une nouvelle génération — les enfants de la Première Guerre mondiale — qui s'ébroue au moment de la montée des périls. La « génération de 1905 » était fille de Locarno, et son pacifisme, posé — pour certains au moins de ses membres — comme un impératif catégorique, ne détonnait pas en une fin de décennie placée sous le signe de la SDN et sous la tutelle d'Aristide Briand et de Gustav Stresemann. La « génération de 1915 », au contraire, a vingt ans au moment de la guerre d'Espagne ou de l'Anschluss ; outre que les sources du pacifisme qui baignaient les jeunes étudiants de gauche sont en partie taries, elle-même, parvenue à l'âge d'homme en une

63. Témoignage de Pierre Cuénat, promotion littéraire 1931, correspondance avec l'auteur, juin 1980.

période de turbulence historique, était presque par essence moins déterminée à subir l'attrait du pacifisme. Ce qui explique sans doute que les dérives qu'elle connaîtra durant la Seconde Guerre mondiale seront moins nombreuses et souvent moins irréversibles que celles de certains membres de la génération de 1905.

TROISIÈME PARTIE

VINGT ANS APRÈS :
UNE GÉNÉRATION DANS L'ORAGE

« Ainsi une génération, une promotion est une
vague d'hommes.
toute ensemble elle s'avance sur un même front,
et toute ensemble sur un même front elle s'écroule
comme une muraille d'eau
quand elle touche au rivage éternel. »

(Charles Péguy, *Le Mystère des saints Innocents*, 1912, *Œuvres poétiques complètes*, Gallimard, p. 455).

CHAPITRE XV

Du « Locarno de l'intelligence » au combat de l'ombre

Deux décennies ont passé.

Les jeunes gens qui entraient rue d'Ulm aux alentours de 1925 sont devenus quadragénaires et la génération pacifiste née vers 1905 a été confrontée à la montée des périls tout au long des années 1930 puis à la tempête du second conflit mondial. Une vingtaine de normaliens littéraires des années 1920 ont disparu dans la tourmente. Certes, on ne peut parler, comme pour les promotions qui précédèrent immédiatement la guerre de 1914-1918, d'une génération normalienne décimée, à moins de prendre le terme dans son sens étymologique. Mais cette génération démographiquement ébréchée est, à la Libération, une génération dispersée. Georges Lefranc et René Château, les figures de proue des groupes socialiste et chartiériste dans l'École des années 1920, sont dans les prisons de l'automne 1944. D'autres membres de ces deux anciens essaims figurent au contraire, en cette même année, parmi les martyrs de la Résistance, ou parmi les déportés dont on est encore à cette date sans nouvelles.

Dispersion douloureuse, donc, de cette génération, et d'autant plus frappante qu'elle transcende les réseaux de sociabilité tissés vingt ans plus tôt rue d'Ulm et les clivages politiques qui les sous-tendaient en partie. Les familles ont éclaté, et notamment les deux plus influentes, le Groupe d'études socialistes et le microcosme constitué par les disciples d'Alain. L'ébranlement des promotions des années 1920 est immense, à la mesure du fracas de leurs illusions.

Rarement peut-être, en à peine plus d'une décennie, une génération intellectuelle aura été orpheline d'une si grande part de ses certitudes. Le contraste est en effet saisissant entre les espérances nourries à la fin des années 1920 et la zone de turbulence puis l'orage affrontés au cours des quinze années suivantes, contraste qu'illustrent notamment quelques itinéraires qui sont autant de récits d'illusions perdues et, dans certains cas, de destins broyés.

Normaliens sous influence : l'emprise « bienfaisante de l'esprit de Locarno ».

Pendant l'hiver 1927-1928, Pierre Bertaux, élève de la promotion littéraire de 1926, est à Berlin. Se fondant sur des extraits du journal qu'il tenait à l'époque, il note, plus d'un demi-siècle plus tard : « En 1927, neuf ans après l'armistice, j'étais, à ma connaissance, le premier étudiant français à Berlin depuis la guerre[1]. »

Si l'exactitude statistique du propos est difficile à vérifier, celui-ci rend cependant bien compte d'une situation d'étiage à cette date. De fait, le traditionnel voyage en Allemagne que les germanistes de l'École faisaient au cours de leurs études rue d'Ulm et certains philosophes après l'agrégation ne semble pas être redevenu une habitude en cette deuxième partie des années 1920. En octobre 1927, une lettre du directeur de l'École normale supérieure au recteur de l'Académie de Paris sur le taux des bourses de séjour à l'étranger évoque ce problème, d'autant plus aigu que les élèves linguistes doivent théoriquement passer deux années de scolarité à l'étranger, dans le pays dont ils étudient la langue :

> « La situation est grave et la vie difficile surtout pour les étudiants d'allemand qui ne trouvent que très exceptionnellement des sympathies dans le pays, surtout dans les milieux universitaires, et qui jusqu'ici n'ont guère pu compter y obtenir quelque occupation rémunérée[2]. »

Des témoignages convergents confirment, effectivement, l'existence jusqu'en 1927 d'obstacles à une reprise de ces séjours normaliens en Allemagne. Ainsi, en mars 1922, Jean-Philippe Fourquet, élève germaniste, est à Dresde. Il écrit au secrétaire de l'École qu'il tient d'un attaché à l'ambassade de France à Berlin que le ministre allemand de l'Instruction publique vient d'être interpellé à la suite de l'« émotion » suscitée par l'admission d'étrangers ennemis dans les universités de la rive droite du Rhin et que l'expression, en fait, désignait les étudiants français[3].

Les dossiers des normaliens germanistes ou philosophes de cette époque ne mentionnent pas, le plus souvent, de voyage en Allemagne durant leur scolarité, et les rares élèves de la rue d'Ulm qui se rendent alors outre-Rhin font figure de pionniers. Ainsi, Armand Bérard, de la promotion de 1924, passe en 1925 un semestre à l'Université d'Heidelberg et il y reviendra durant l'été 1926, mais il précise dans ses Mémoires que « depuis l'affaire de la Ruhr, [ses] compatriotes avaient des difficultés à s'inscrire dans les universités non occupées » et que son séjour avait été rendu possible par le professeur Ernest Robert Curtius[4]. Dans la même université, Henri Jourdan, qui appartient à la promotion littéraire de 1921, parvient à obtenir un lectorat de 1925 à 1928, mais ce n'est qu'à cette dernière date qu'il pourra exercer la même fonction à l'Université de Berlin[5].

---

1. P. Bertaux, « Un étudiant français à Berlin (hiver 1927-1928) », *Revue d'Allemagne*, tome XIV, n° 2, avril-juin 1982, pp. 337-350, citation p. 338.
2. Lettre en date du 11 octobre 1927, Arch. Nat. 61 AJ 202.
3. *Ibid.*
4. A. Bérard, *Un ambassadeur se souvient*, t. I, Plon, 1976, p. 53. L'attitude des associations allemandes d'étudiants, très nationalistes, complique encore la situation. En 1925, par exemple, elles boycottent une conférence de Gustav Stresemann venu parler de « Goethe et Napoléon » (*Ibid.*, p. 64).
5. Correspondance avec l'auteur, octobre 1980.

La lettre d'octobre 1927 du directeur de l'École remarquait d'ailleurs une révolution en train de s'amorcer : « Il semble depuis un an que les universités allemandes pourront être disposées à utiliser nos élèves comme instructeurs de français. » Et une « liste générale des élèves boursiers en voyage d'études à l'étranger (1927-1931) » rend bien compte de l'évolution : en 1927-1928, trois normaliens effectuent un séjour en Allemagne, dont deux de façon prolongée, Albert Kohn à Francfort et Pierre Bertaux à Berlin ; dès l'année suivante, ils sont six à franchir le Rhin.

C'est donc à une époque où le mouvement des jeunes étudiants français vers l'Allemagne vient à peine d'être réamorcé — il faudra, par exemple, attendre 1930 pour que soit fondé l'Institut français de Berlin — qu'a lieu en Suisse, durant les vacances de Pâques de 1928, la première rencontre franco-allemande de Davos. En recoupant deux sources françaises[6], il est possible d'en reconstituer l'ambiance et d'en identifier les protagonistes. Leur première réunion s'est tenue le 18 mars. Du côté allemand était présent notamment Gottfried Salomon, professeur à Francfort, « cheville ouvrière de l'organisation et qui visiblement reçoit ses consignes de Stresemann lui-même[7] ». Sont également présents Einstein, Heidegger et Oppenheimer. Côté français, outre Lucien Lévy-Bruhl, Marcel Mauss et Victor Basch, ont fait le voyage Georges Davy, avec trois étudiantes dijonnaises, et Célestin Bouglé, accompagné des trois normaliens Kaan, Lautman et Boivin.

Deux de ces normaliens — Pierre Boivin étant mort entre-temps, en 1937 — furent quinze ans plus tard en première ligne du combat antinazi. Albert Lautman sera fusillé par les Allemands au début du mois d'août 1944, tandis que, quelques jours plus tôt, André Kaan était déporté par l'un des derniers trains de la mort. Ce qui donne tout leur poids aux phrases que ce dernier avait glissées dans son compte rendu de 1928 : « Ce Davos où les blessures que la guerre a faites à l'âme des peuples vont se guérir. »

Un des participants français, le père Yves de la Brière, exalta dans une conférence le rôle de la SDN. C'est, du reste, sous les mêmes auspices et dans le même climat que se déroulent, un an plus tard, les deuxièmes « cours universitaires » de Davos. Et là encore, certains témoignages et certains commentaires prennent rétrospectivement une dimension singulière.

Pour ces vacances de Pâques 1929, le compte rendu du *Bulletin de la Société des amis de l'École normale supérieure* signale, en effet, qu'un « petit groupe de normaliens, guidé par le secrétaire du Centre d'études sociales » s'est rendu à Davos[8]. Or le secrétaire de la « Docu » n'est autre, à cette date, que Jean Cavaillès, qui a passé l'agrégation de philosophie en 1927. Au reste, dans la biographie que sa sœur Gabrielle Ferrières a consacrée au martyr de la Résistance, on trouve des extraits de quatre lettres de Jean Cavaillès écrites à Davos[9]. Mais c'est une autre source qui témoigne des professions de foi du jeune philosophe de la rue d'Ulm. Une brochure franco-allemande de cette

6. Georges Davy, alors professeur à la faculté des lettres de Dijon, évoque cette rencontre dans « Célestin Bouglé, 1870-1940 », *Revue française de sociologie*, t. VIII, 1967, pp. 3-13 (plus précisément pp. 6-7) ; cf. également le témoignage d'André Kaan dans le *BSAENS* n° 19, juillet 1928, pp. 23-25.
7. G. Davy, *art. cit.*, p. 7.
8. *BSAENS*, n° 22, juin 1929, pp. 43-44.
9. Lettres des 23 et 27 mars, et 2 et 3 avril 1929 (Gabrielle Ferrières, *Jean Cavaillès. Un philosophe dans la guerre. 1903-1944*, rééd. 1982, Le Seuil, pp. 52-53).

époque [10] contient, en effet, un long article de Jean Cavaillès, « Les deuxièmes Cours Universitaires de Davos », dont le début prend là encore, rétrospectivement, un tour singulier :

> « En ouvrant la seconde série des Cours Universitaires de Davos, organisateurs et représentants des Gouvernements appelaient sur eux l'influence bienfaisante de l'esprit de Locarno. C'est en effet un véritable Locarno de l'intelligence qu'ils s'efforçaient pour la seconde fois de réaliser par cette mise en présence de la culture allemande et de la culture française dans une sorte de Camp du Drap d'Or où la pompe due à l'industrie humaine était remplacée par les magnificences intellectuelles et la splendeur du paysage. »

Cette brochure fournit également le nom des conférenciers et le calendrier des séances. Chez les Français, aux côtés de Léon Brunschvicg venu traiter « Raison et science » et « Raison et religion » officie un autre enseignant de la Sorbonne, Henri Lichtenberger, qui évoquera « La psychologie de la coopération intellectuelle franco-allemande ». Quatre professeurs provinciaux complètent la liste des orateurs français : Jean-Marie Carré et Albert Pauphilet, de la faculté des lettres de Lyon, aborderont l'un « Les problèmes d'influence en littérature comparée » et l'autre une « Introduction à l'étude des influences de la pensée antique sur l'esthétique littéraire française » ; Henri Trouchon, de Strasbourg, examinera « L'idée de philosophie de l'Histoire en France : quelques applications » ainsi que les rapports entre « Littérature et nationalité » et « Philosophie du Progrès et Histoire », tandis qu'il reviendra au Caennais Spaier de disserter sur « La pensée concrète ».

Mais ce sont leurs collègues allemands qui semblent avoir suscité parmi les jeunes étudiants des deux nationalités l'intérêt le plus grand. Ou tout au moins deux d'entre eux. Dans une lettre à sa sœur, Jean Cavaillès évoque la discussion qui opposa le néo-kantien Ernst Cassirer et Martin Heidegger. Entre ce dernier, professeur à Heidelberg, et son collègue de Hambourg s'engagea en effet une joute oratoire qui passionna notamment les jeunes normaliens. L'agrégé de philosophie Jean Cavaillès écrit le lendemain à sa sœur [11] :

> « Je n'ai, certes, pas tout pigé, surtout le soir, ce n'en était pas moins vraiment intéressant, ne fût-ce qu'à cause du fait même assez rare de cette rencontre des deux Allemagnes philosophiques. »

Il formulera, du reste, le même jugement dans la brochure sur Davos, en des termes plus académiques :

> « Dans la grande discussion Cassirer-Heidegger, malgré la difficulté du sujet et le caractère technique souvent jusqu'à l'obscurité du vocabulaire employé, on sentait une véritable communion s'établir au sein de l'auditoire et entre lui et les deux philosophes allemands. »

10. *Die II. Davoser Hochschulkurse. Les IIes Cours Universitaires de Davos, 1929. 17 mars-6 avril 1929*, Heinz, Neu, Zahn, s.d. (en réalité, selon toute vraisemblance, 1929) 95 p. (brochure retrouvée dans un lot de revues ayant appartenu à Jean Cavaillès et déposées par Gabrielle Ferrières à la bibliothèque de l'École normale supérieure, Sφ fr 2429A 8° Réserve).

11. Dans sa lettre du 23 mars 1929, il mentionne également la présence, parmi les étudiants allemands, d'un « Lithuanien défenseur d'Husserl et d'Heidegger », Levinas. Il s'agissait du philosophe Emmanuel Levinas.

Et le *Bulletin de la Société des amis de l'École normale supérieure* note lui aussi que les normaliens « ont assisté presque tous aux mémorables débats, qui ont duré près de cinq heures, entre les tenants de la tradition kantienne et ceux de la jeune phénoménologie, les professeurs Cassirer et Heidegger ». Quatre des six normaliens présents cette année-là étaient, il est vrai, des philosophes : Pierre Boivin à nouveau, Maurice Patronnier de Gandillac, Philippe Schwob et Étienne Borne.

Cet intérêt des normaliens ne fléchira pas au cours des années suivantes. Huit d'entre eux se rendirent à Davos en 1930, et en 1931, sur une vingtaine d'étudiants et d'étudiantes français, il y eut six élèves de la rue d'Ulm.

Le rêve pacifiste passe.

Pierre Bertaux, pionnier de ces rencontres franco-allemandes, fut l'un des premiers, au cours de la décennie suivante, à prendre conscience du changement de ciel. Né le 8 octobre 1907, il est, au départ, proche par bien des traits de la plupart de ses camarades normaliens. Comme beaucoup d'entre eux, il est fils d'enseignant, mais appartient moins au monde des maîtres d'école qu'à celui des professeurs de l'enseignement secondaire, aux marches, par ailleurs, des milieux littéraires. Son père, Félix Bertaux, était professeur d'allemand au lycée Janson-de-Sailly et, depuis 1912, critique à la *Nouvelle Revue française.* Chargé, au sein de cette revue, de la littérature allemande, « il s'était lié d'amitié avec André Gide, Jean Schlumberger, Roger Martin du Gard, Jacques Rivière[12] ». Par ailleurs, le grand-père maternel de Pierre Bertaux avait été directeur d'école normale primaire et inspecteur d'académie.

Comme nombre de ses camarades, le jeune normalien a effectué une brillante scolarité dans l'enseignement secondaire. Il avait, en effet, honoré le lycée Janson-de-Sailly d'un accessit de philosophie au Concours général et, comme ses pairs, avait été presque naturellement aiguillé vers le lycée Louis-le-Grand où il avait préparé le concours de la rue d'Ulm entre 1924 et 1926. Classé onzième à son premier concours, il rédige à l'École, en 1929, un mémoire sur Hölderlin puis passe l'agrégation d'allemand, à laquelle il est reçu second en 1930. Pensionnaire de la Fondation Thiers l'année suivante, après son service militaire effectué à Saint-Maixent, il commence une thèse qu'il soutiendra en 1937. Mais ces années parisiennes à la rue d'Ulm puis à la Fondation Thiers sont entrecoupées de longs séjours en Allemagne. Pendant sa scolarité normalienne, par exemple, il passe sa deuxième et sa troisième année d'études en Allemagne.

La décennie qui sépare son entrée rue d'Ulm de l'achèvement de sa recherche de doctorat a été décisive dans son évolution : c'est au cours de cette période qu'il va, en effet, procéder sur l'Allemagne à une douloureuse révision. Le point de départ est à l'image d'une large part de la communauté normalienne : pacifiste et socialisant. Sans appartenir pour autant au Bloc des gauches à Louis-le-Grand — il est externe — ou aux organisations socialistes rue d'Ulm, Pierre Bertaux avait été, à vingt ans, imprégné d'un socialisme « spontané », nourrissant des opinions « solidement, sociologiquement et familialement ancrées ». A cela s'ajoutait le pacifisme d'un jeune homme d'origine lorraine qui avait pu mesurer, après la guerre, dans les régions dévastées, les plaies à panser, et d'un fils de « cloutier » dont la

12. P. Bertaux, « Un étudiant français à Berlin (hiver 1927-1928) », *op. cit.*, p. 337.

promotion avait été largement décimée par le premier conflit mondial ; bref, d'un jeune normalien loin d'imaginer à cette date « qu'il y aurait au niveau de notre génération une seconde guerre mondiale ». D'autant que s'ajoutent, dans son cas propre, les liens tissés par son père, après 1918, « avec nombre d'écrivains allemands[13] », par exemple Heinrich Mann. Durant l'été 1925, notamment, il avait effectué un voyage en Allemagne et en Autriche et l'une de ses préoccupations à cette époque était, se souvient-il un demi-siècle après, de suivre « les efforts de la République de Weimar pour créer une démocratie ». Et, pour ce jeune khâgneux pacifiste et préoccupé des questions allemandes, la « réconciliation franco-allemande, européenne, s'imposait ». C'est à sa génération qu'incombait une telle mission, dont la SDN pouvait apparaître comme l'instrument, Briand comme l'artisan et Locarno comme le symbole.

Mais ses convictions pacifistes s'effritèrent peu à peu au contact de la réalité allemande et, écrit-il en 1973, « dès 1934, je considérais la guerre comme inévitable[14] ». Comme pour Raymond Aron, c'est une relative intimité avec l'Allemagne du début des années 1930 qui joua le rôle de catalyseur et détermina la remise en question des idéaux des années normaliennes, et cette évolution fut essentielle chez ces jeunes hommes qui n'avaient pas encore trente ans.

Parallèlement à cette prise de conscience croissante du danger allemand, Pierre Bertaux mena pendant plusieurs années une carrière aux confins de l'Université et des milieux politiques. Proche de Pierre Viénot, il devint son chef adjoint de cabinet, quand ce dernier fut nommé sous-secrétaire d'État aux Affaires étrangères. L'année suivante, il devint chef adjoint du cabinet de Jean Zay, au ministère de l'Éducation nationale. Il quitta ce cabinet en 1938, élu à une chaire d'allemand à la faculté des lettres de Toulouse. Et c'est dans cette ville que l'ancien pacifiste deviendra un résistant de la première heure, longuement emprisonné par le gouvernement de Vichy, un commissaire de la République pour la région de Toulouse en 1944 et un compagnon de la Libération[15].

Ces illusions fracassées prirent, pour d'autres, un tour beaucoup plus tragique, et tenter de recenser, plus de cinquante ans après, les normaliens présents aux premières rencontres de Davos, c'est faire, dans une certaine mesure, l'appel de fusillés ou de déportés au cours du second conflit mondial. Jean Cavaillès, qui dirigeait la délégation normalienne en mars-avril 1929, est, comme Pierre Bertaux, compagnon de la Libération. Mais cette distinction lui fut conférée à titre posthume. Le corps de ce professeur de la faculté des lettres de Strasbourg repliée à Clermont-Ferrand — et bientôt chargé d'une suppléance à la Sorbonne — fut, à la Libération, exhumé d'une fosse commune de douze fusillés découverte dans la citadelle d'Arras. Condamné à mort, il avait

13. Correspondance avec l'auteur, janvier 1976. Après la guerre, le groupe de la *Nouvelle Revue française* avait effectivement renoué des liens avec des intellectuels allemands, notamment Ernest Robert Curtius, professeur à Heidelberg (cf. Armand Bérard, *op. cit.*, p. 60).

14. P. Bertaux, *La Libération de Toulouse et de sa région*, Hachette, 1973, p. 9.

15. Ce professeur connaîtra après la guerre, pendant une douzaine d'années, une carrière qui le mènera bien loin des enceintes universitaires, avant d'y revenir, aux abords de la cinquantaine : après avoir exercé ses fonctions de commissaire de la République à Toulouse jusqu'en 1946, il est, à cette date, directeur de cabinet de Jules Moch aux Travaux publics et aux Transports, puis, l'année suivante, préfet du Rhône. Inspecteur général de l'administration en 1948, il devient en 1949 directeur de la DST et en 1953 sénateur du Soudan (1953-1955). Redevenu professeur à la faculté des lettres de Lille en 1958, il est élu en 1965 à la Sorbonne, dans la chaire de littérature et civilisation allemandes.

été exécuté en janvier 1944. Et son ami Albert Lautman connaîtra, on le verra, le même sort.

Quant à André Kaan, issu de la même promotion de 1926 qu'Albert Lautman, il sera lui aussi arrêté au printemps 1944. « Une des figures les plus pures de ma génération », écrit de lui, dans ses *Mémoires*, Raymond Aron, qui ajoute qu'il incarnait « le type idéal du philosophe au combat ». Ce traducteur de Hegel, marié et père de trois enfants, avait été fait prisonnier en 1940. Rapatrié sanitaire à Noël 1942, il se met en contact, par l'intermédiaire de son frère Pierre Kaan, avec Jean Cavaillès, qui avait fondé le réseau Cohors-Asturies. Nommé à Saint-Quentin en mai 1943, il participe à la Résistance et sera contraint l'année suivante d'entrer dans la clandestinité et de se réfugier chez son camarade de promotion, ancien comme lui des Étudiants socialistes, Ulysse Nicollet. Arrêté dans la rue le 8 juin 1944, il est déporté en Allemagne par le dernier train qui gagne Buchenwald. Si son frère Pierre Kaan, lui aussi ancien khâgneux des années 1920, ne survécut pas à la déportation[16], tout comme ses parents Renée et Paul, lui-même revint, mais profondément marqué : pesant trente-cinq kilos à sa libération, il sera frappé peu après par la tuberculose. Et, à la même date, beaucoup de ses camarades manquent à l'appel.

L'appel des morts.

Au lendemain du second conflit mondial, l'École normale supérieure doit se livrer à de sinistres dénombrements. Dès l'été 1945, alors que tous les déportés survivants ne sont pas encore revenus et que les charniers ne sont pas tous exhumés, le *Bulletin de la Société des amis de l'École* ébauche un premier bilan, recensant notamment neuf fusillés et trente-trois déportés. Et, à la fin de la même année, l'*Annuaire* de 1941-1945 égrène « nos morts depuis le 14 janvier 1940 », date de la dernière assemblée générale annuelle de l'Association amicale de secours des anciens élèves de l'École normale supérieure, et énumère 55 noms de normaliens « morts pour la France ». En 1946, le numéro du 29 juin 1946 d'*Une Semaine dans le Monde* reprend — à une unité près — le même nombre, tandis que René Maublanc, qui se fonde sur l'*Annuaire* de 1946, avance le nombre de 67 victimes dans *Front national* du 4 juillet 1946. A la même époque est célébré, en effet, le cent cinquantenaire de l'École de l'an III et la presse pendant quelques semaines s'intéresse de plus près à l'établissement de la rue d'Ulm.

---

16. Né le 20 janvier 1903, Pierre Kaan avait préparé le concours de l'École normale supérieure à Louis-le-Grand entre 1919 et 1921. Professeur à Montluçon au moment de la déclaration de guerre, réformé et père de quatre enfants, il ne parviendra pas à s'engager. Résistant dès 1940 (cf. sur ce point *Voix et Visages* (Association nationale des anciennes déportées et internées de la Résistance), n° 136, janvier-février 1973, pp. 1-3, « Une famille dans la Résistance » par G. Ferrières, ainsi que l'article de Léo Hamon, « De la Philosophie à la Résistance. Pierre et André Kaan », *Le Monde*, 14 janvier 1972, p. 6), il fut arrêté en décembre 1943 et torturé dans les locaux de la Gestapo, avenue Foch. Déporté à Buchenwald, il mourut du typhus dans un hôpital de Tchécoslovaquie quelques jours après la Libération. Vingt-deux ans plus tôt, dans *La Gerbe du Quartier latin*, petit revue animée par Georges Altman et à laquelle collaborèrent des khâgneux ludoviciens, Pierre Kaan, rendant compte des souvenirs du maurrassien Raymond d'Étiveaud publiés chez Rieder, écrivait en conclusion : « S'il en est qui l'ont pu oublier, la guerre elle-même le leur a appris à nouveau. Du destin tragique de nos aînés, il nous reste cette leçon : aucune idole, aucun dieu ne mérite que nous lui sacrifiions les forces profondes de notre être. Elles peuvent être à elles-mêmes leur fin ; et leur libre développement est un devoir plus pressant que la lutte pour n'importe quelle " cause ", si idéale soit-elle » (P. Kaan, « A propos d'*Une Jeunesse* », *La Gerbe du Quartier latin. Revue littéraire mensuelle*, février-mars 1923, 3e année, n° 24-25, pp. 8-11, citation p. 11).

Aux fêtes de ce cent cinquantenaire, Marcel Prenant, dans son discours prononcé dans le grand amphithéâtre de la Sorbonne le 28 juin 1946, évalue pour sa part à 72 le nombre des victimes normaliennes entre 1939 et 1945. Et c'est, du reste, le nombre de noms que porte à la même date la stèle des morts 1939-1945 de l'École. Ce chiffre, amendé, se stabilisera ensuite à soixante-seize. Parmi eux, vingt élèves des promotions 1920 à 1931, dont dix-sept littéraires[17] :

1920 Edmond Lackenbacher, professeur d'hypokhâgne à Louis-le-Grand, tué à l'ennemi en 1940.
Raymond Naves, professeur de littérature française à la faculté des lettres de Toulouse, mort en déportation en 1945.

1921 Henri Martin, professeur de 4e au lycée Claude-Bernard, arrêté comme otage en 1944 et tué par l'explosion d'une mine.

1922 Pierre Brossolette, résistant mort en 1944.

1923 Jean Cavaillès, résistant fusillé en 1944.

1924 Arsène Alexandre, agrégé d'histoire, professeur au lycée de Dijon, tué en captivité dans un bombardement.
Charles Le Cœur, tué à l'ennemi en 1944.
Paul Nizan, tué à l'ennemi en 1940.
Alfred Péron, professeur d'anglais au lycée Buffon, mort en déportation en 1945.

1925 Jacques Monod, lieutenant de FFI tué à l'ennemi en 1944.

1926 Albert Lautman, résistant fusillé en 1944.
André Vattier, professeur de lettres au lycée Buffon, tué à l'ennemi en 1940.

1927 Jacques-Gabriel Cahen, professeur de 5e au lycée Buffon, résistant fusillé en 1944.

1929 Michel Feyel, maître de conférences de langue et littérature grecques à la faculté des lettres de Strasbourg, mort en déportation en 1945.
Pierre Petitbon, secrétaire de l'École normale, tué à l'ennemi en 1940.

1930 Henri Pizard, professeur d'allemand au lycée Thiers de Marseille, tué dans un bombardement en 1944.
Jacques Romieu, secrétaire d'ambassade, tué à l'ennemi en 1940.

Et ces normaliens de l'après-Première Guerre mondiale comptent deux compagnons de la Libération à titre posthume : les caciques des promotions de 1922 et 1923, Pierre Brossolette et Jean Cavaillès.

Plus encore peut-être que ces deux martyrs du combat de la Résistance, auréolés d'une gloire posthume, l'évocation de quelques autres victimes

17. Nous nous fondons essentiellement, dans la liste qui précède, sur les indications fournies par les *Annuaires*. Ces littéraires morts dans le second conflit mondial sont, en réalité, au nombre de 20. Les listes de promotions des *Annuaires* ne mentionnent pas, en effet, les circonstances de la mort de Robert Brasillach, fusillé le 6 février 1945 (tout comme celle de Pierre Pucheu, mais ce dernier n'appartient pas aux promotions que nous étudions), ou de celle du cacique de 1926, probablement tombé sur le front russe. Et Simone Weil, morte de privations volontaires en Angleterre, est, elle aussi, une victime du conflit.

normaliennes du second conflit mondial plus obscures permet de prendre la mesure de l'ébranlement que causa ce dernier dans les rangs des normaliens des années 1920, qu'il rendit certes bien moins clairsemés que ceux de leurs aînés d'une autre guerre — encore que, nous y reviendrons, l'observation soit à nuancer — mais dans lesquels il laissa pourtant de profonds et sanglants sillons. Cette évocation permettra aussi de placer en pleine lumière de jeunes normaliens figurant dans la liste qui précède mais que leur discrétion avait jusque-là relégués à l'arrière-plan de cette recherche.

Il est, en effet, une catégorie que nous n'avons guère étudiée jusqu'ici, celle des normaliens peu engagés politiquement — au moins au sein des groupes de la rue d'Ulm que nous avons évoqués — durant leurs années étudiantes et qui, de ce fait, ne sont guère apparus sur le devant de la scène : ni chartiéristes bruyants, ni membres du Groupe d'études socialistes, ni maurrassiens discrets — dans l'enceinte de l'École —, ils ont peuplé dans les années 1930 les collèges, lycées et universités de France et d'outre-mer, ont fondé des familles et, souvent, dans leurs spécialités respectives, ils ont commencé des recherches prometteuses. Et la guerre est venue faucher certains d'entre eux au seuil de la quarantaine, devenus dès lors des morts sans sépulture historiographique.

Il y eut d'abord les morts de la bataille de France. Le cas de Paul Nizan, en effet, n'est pas unique. Quatre autres normaliens des promotions littéraires 1920 à 1930, au moins, sont morts au combat en 1940 : Edmond Lackenbacher (1920), André Vattier (1926), Pierre Petitbon (1929) et Jacques Romieu (1930). Le premier, né le 9 juillet 1901, venait d'être nommé en hypokhâgne à Louis-le-Grand quand il fut mobilisé en 1939. Capitaine d'infanterie, il mourut au feu l'année suivante, tout comme le lieutenant André Vattier, professeur de lettres au lycée Buffon. Quant à Pierre Petitbon, au moment de son succès au concours de l'École en 1929, il avait soufflé à l'un de ses camarades de la khâgne de Louis-le-Grand, Barthélemy Taladoire : « Le malheur, c'est que nous sommes pour une bonne part des condamnés à mort ! » En cet été 1929, c'était pourtant, apparemment, un jeune homme plein d'avenir qui franchissait le seuil de la rue d'Ulm. Né le 20 avril 1910, fils d'un inspecteur primaire d'Auch, élève du lycée de cette ville, il avait obtenu en 1926 les deuxièmes prix de version latine et de version grecque et le troisième prix de français au Concours général et, l'année suivante, le deuxième prix de philosophie. Il avait été alors aiguillé vers le lycée Louis-le-Grand, où il passa deux ans. Reçu huitième à son premier concours en 1929, il était sorti de l'École normale supérieure quatre ans plus tard, agrégé des lettres. Sortir étant, en l'occurrence, un terme impropre puisque dans les années 1930, après son service militaire, Pierre Petitbon est « caïman » (agrégé-répétiteur) et, en 1939, au moment de la mobilisation, il est le secrétaire de l'École. Lieutenant de tirailleurs marocains, il trouve la mort en 1940, sur le navire qui l'évacuait de Dunkerque vers l'Angleterre.

Jacques Romieu, entré en même temps que Pierre Petitbon en hypokhâgne à Louis-le-Grand en 1927 et reçu à l'École en 1930, s'était orienté ensuite vers la Carrière. Il avait été ainsi secrétaire d'ambassade à Berlin, auprès d'André François-Poncet. Sous-lieutenant de réserve mobilisé en septembre 1939, il est versé dans la deuxième compagnie du 27e bataillon de chasseurs alpins. Cerné par l'ennemi à Soupir le 6 juin 1940, blessé à la tête, il continue à tirer au fusil-mitrailleur avant d'avoir la poitrine criblée de balles et le dos percé d'un éclat d'obus[18]. Quelques heures plus tôt, il avait confié un testament à son capitaine, dans lequel on pouvait lire :

> « Qu'on ne me pleure pas. Le jour où il me sera donné de mourir à la tête de ma compagnie sera le plus beau jour de ma vie[19]. »

L'École eut aussi quatre anciens élèves des années 1920 fusillés au cours du conflit. Si Jean Cavaillès et Albert Lautman ont déjà été évoqués plusieurs fois et si le sort de Robert Brasillach est bien connu, Jacques-Gabriel Cahen n'a guère jusqu'ici retenu notre attention. Ce fils de joaillier, ancien élève du lycée Charlemagne, avait été lui aussi un lauréat du Concours général : il avait remporté en 1923 le quatrième accessit de français et le sixième accessit de version grecque. Ce qui, là encore, l'avait aiguillé vers l'hypokhâgne de Louis-le-Grand, dans laquelle il était entré en 1924. Trois ans plus tard, il avait été reçu au concours de la rue d'Ulm. Refusé à l'écrit de l'agrégation des lettres en 1931, admis troisième à l'agrégation de grammaire en 1933, il avait enseigné, dans les années 1930, en classe de cinquième aux lycées de Poitiers et d'Orléans puis au lycée Buffon. Cet établissement paya un lourd tribut à la lutte contre le nazisme, aussi bien en ce qui concerne ses élèves qu'au sein de son corps enseignant. Parmi les premiers tombèrent, notamment, les « cinq martyrs du lycée Buffon » fusillés en février 1943 : Jean-Marie Arthus, Pierre Benoît, Pierre Grelot, Lucien Legros et Jacques Baudry[20]. Quant aux enseignants, ils comptèrent sept victimes de l'occupation nazie : les normaliens Vattier, déjà évoqué, et Péron, dont nous avions noté l'engagement socialiste quand il était à l'École; les professeurs Burgard, Vieille, Iliovicy et Zivy; et Jacques-Gabriel Cahen. Ce dernier, qui, à trente-huit ans, était sur le point de soutenir une thèse de doctorat de philologie latine dirigée par le professeur de Sorbonne Jules Marouzeau, avait été arrêté en juin 1944 à Lyon par la Gestapo. Et celui qui avait été « Pierre Gonin » dans la Résistance, après quelques semaines passées à la prison de Montluc, avait été fusillé le 19 juillet. L'une des dernières phrases qu'il lança à ses compagnons de cellule alors qu'on l'emmenait fut : « Voyez-vous..., la grammaire mène à tout à condition d'en sortir », et l'un d'entre eux, Émile-Florent Terroine, professeur à la faculté des sciences de Lyon, évoquera quelques mois plus tard « cet homme que personne n'aurait pu se défendre d'aimer et chez qui tous, même les plus frustes, avaient pressenti un des espoirs de l'intelligence française[21] ».

D'autres « espoirs » venant des promotions normaliennes des années 1920 furent aussi emportés dans la tourmente de l'été 1944 : ainsi Michel Feyel, de la promotion de 1929, fils d'un normalien qui fut directeur de l'Institut français de Varsovie, élève à l'École d'Athènes en 1933 et spécialiste de Polybe et de l'histoire de la Béotie. Après une guerre courageuse qui lui avait valu en 1940 deux citations et la croix de guerre, il avait été nommé l'année suivante à la faculté de Strasbourg repliée à Clermont-Ferrand. Établi avec sa famille à Brioude, il est retenu en otage par les Allemands le 21 juin 1944, après une

---

18. Cf. *BSAENS*, n°s 50 et 51, juillet et décembre 1945, pp. 3 et 12.
19. Jean Labusquière, *Nouvelles vérités sur les combattants*, Lyon, éd. Lardanchet, 1941, p. 18.
20. Sur l'action et le destin tragique de ces cinq lycéens, cf. la brochure de Maurice Conquéré, professeur d'anglais, *5 martyrs du lycée Buffon* (sans date et sans pagination).
21. Témoignage du professeur lyonnais Émile-Florent Terroine, lui aussi emprisonné à Montluc (*Dans les geôles de la Gestapo. Souvenirs de la prison de Montluc*, Éditions de la Guillotière, 1944, p. 48 ; Cahen-« Gonin » est évoqué aux pages 20 et 46-48).

opération du maquis sur cette localité. De la prison de Clermont-Ferrand il est transféré à Compiègne le 19 juillet puis dirigé vers le camp de concentration de Neuengamme, où il arrive le 31 juillet. Il mourra le 24 avril 1945, quelques jours à peine avant que soient libérés par les troupes britanniques les survivants du camp[22].

Mais le coup de faux de la Seconde Guerre mondiale n'a pas seulement fait disparaître quelques normaliens. Il a disloqué une génération tiraillée par des fidélités contradictoires et écartelée, de ce fait, entre des engagements antagonistes. L'observation, on l'a dit et on y reviendra, vaut surtout pour les deux groupes chartiériste et socialiste, influents à l'École dans les années 1920. Mais elle s'applique également à la communauté khâgneuse tout entière. Le cas des khâgneux du lycée Condorcet reçus au concours de 1926, entre autres exemples, illustre ce « pathétique de la dispersion[23] ». Le destin divergent de certains d'entre eux rend bien compte, en effet, de cette différence essentielle avec la Première Guerre mondiale, au cours de laquelle les morts furent, au contraire, l'un fusillé par les Allemands, l'autre probablement tué aux côtés des autres jeunes Français de leur âge. Les deux morts de Condorcet furent, au contraire, l'un fusillé par les Allemands, l'autre probablement tUé au combat sur le front russe, sous l'uniforme allemand. Bien plus, le cas d'un troisième d'entre eux, qui survécut à la torture et à l'emprisonnement, montre bien que les schémas réducteurs du type « réactionnaire » d'avant-guerre collaborateur ou collaborationniste durant le conflit ne sont guère opératoires, les cartes ayant été redistribuées selon des règles qu'il faudra tenter d'établir dans les chapitres suivants.

Un « pathétique de la dispersion » : les anciens de Condorcet.

Certes, une telle approche « impressionniste » ne saurait en aucun cas revêtir une quelconque valeur générale et toute extrapolation serait abusive. Il reste que l'exemple n'est pas dénué de signification, d'autant que les deux chapitres suivants confirmeront l'ampleur de la dispersion de cette génération normalienne.

En 1925-1926, la khâgne du lycée Condorcet compte vingt-huit élèves dont Claude Lévi-Strauss et le futur historien Yves Renouard[24]. A la fin de l'année, elle obtient son meilleur résultat de la décennie puisque six de ses élèves sont reçus à l'École normale supérieure, dont trois classés dans le premier quart : Jean-Paul Hutter, cacique, Dominique Leca, au cinquième rang, et Jean Boorsch, septième. Daniel Gallois et Albert Lautman sont respectivement treizième et dix-septième et Jean Maugüé est classé vingt-cinquième.

Au moment de la défaite de 1940, trois d'entre eux sont hors de France. Jean Boorsch, agrégé des lettres en 1929, enseigne aux États-Unis, à l'Université de Yale. Jean Maugüé, agrégé de philosophie en 1932, s'était joint à partir de février 1935 au groupe des « Brésiliens », ces professeurs français — au rang

22. Cf. « Michel Feyel (1911-1945) » par Pierre Demargne, dans le *Mémorial des années 1939-1945*, Publications de la faculté des lettres de l'Université de Strasbourg, fascicule 103, 1947, pp. 243-251 ; cf. également, dans le même ouvrage, « La vie de la faculté des lettres de Strasbourg de 1939 à 1945 » par Gabriel Maugain, doyen honoraire, pp. 3-50, plus spécialement pp. 10 et 42-43.

23. Nous empruntons l'expression à Jules Romains (« Préface » des *Hommes de bonne volonté*, Flammarion, t. I, 1932, p. XIX), qui ne l'emploie pas, il est vrai, exactement dans le même sens (« il y a des destinées qui finissent on ne sait où, comme les oueds dans le sable » : *ibid.*).

24. L'année suivante, elle comprendra dans ses rangs Roland Mousnier, ainsi que Jacques Chapsal.

desquels figuraient Claude Lévi-Strauss et Fernand Braudel — partis enseigner dans les années 1930 à l'Université de São Paulo. Maintenu au Brésil, à la déclaration de guerre, comme « affecté spécial[25] », il rejoindra par la suite Alger et, versé dans la 4e division marocaine de montagne, il participera au débarquement de Provence puis aux combats dans les Vosges[26]. Dominique Leca, de son côté, après avoir obliqué vers l'inspection des Finances, était devenu en 1938 le chef de cabinet et en mars 1940 le directeur de cabinet de Paul Reynaud. Celui-ci, après que le maréchal Pétain lui eut succédé et lui eut proposé l'ambassade de France à Washington, avait confié à son collaborateur et à un autre inspecteur des finances, Gilbert Devaux, des fonds et des documents qu'ils devaient faire passer aux États-Unis. Paul Reynaud n'étant en définitive pas parti, les deux hauts fonctionnaires, qui entre-temps étaient passés en Espagne, furent accusés de détournement de fonds, et la presse vichyste s'empara de l'affaire. Condamné à dix ans de prison et révoqué à l'automne 1940, Dominique Leca avait gagné la Grande-Bretagne et, tenu à l'écart par les gaullistes et d'abord placé en résidence surveillée à York par les Anglais, il travailla au service des émissions en français de la BBC[27].

Rien jusque-là de bien spécifique. Tout au plus ces traversées de guerre montrent-elles la diversité des situations de jeunes hommes de trente-cinq ans confrontés à un embrasement mondial. Ce sont, en fait, les itinéraires des trois autres normaliens anciens khâgneux de Condorcet restés en France, Albert Lautman, Jean-Paul Hutter et Daniel Gallois, qui montrent à quel point cette confrontation a pu conduire à des prises de position antagonistes.

Albert Lautman, ancien membre du Groupe d'études socialistes des ENS, brillant élève du lycée de Nice et de Condorcet, avait, dès son séjour à l'École, entrepris une réflexion philosophique sur les mathématiques qui l'avait conduit à soutenir à vingt-neuf ans, en 1937, ses thèses. A cette date, son avenir universitaire s'annonçait donc brillant. Agrégé de philosophie en 1930, il avait, après une année de service militaire, passé deux années au Japon, un an à Vesoul, puis avait été boursier de la Caisse nationale de recherches. C'est au lycée de Chartres qu'il avait ensuite terminé ses thèses. Mais les dix années s'achevaient aussi par la prise de conscience douloureuse que l'horizon s'était définitivement obscurci. Sa femme écrira, en effet, après la guerre :

> « Il opposa la colère aux événements par lesquels s'affirmait à chaque fois davantage le mal ; prise du pouvoir par Hitler que nous apprîmes des lèvres de notre bonne japonaise de qui nous dépendions pour la lecture du journal, assassinat de Dollfuss peu après la naissance de Jacques, assassinat du roi Alexandre et de Barthou au moment de notre installation à Paris, militarisation de la Rhénanie, Anschluss... Mais, après Munich et l'annexion des Sudètes, il ne

25. Jean Maugüé, *Les Dents agacées*, Buchet-Chastel, 1982, p. 128.

26. Après la guerre, Jean Maugüé entrera au Quai d'Orsay par le « cadre latéral » et sera notamment conseiller d'ambassade à Buenos Aires, consul général à Salonique et Toronto, avant de terminer sa carrière comme professeur de philosophie au lycée Carnot.

27. Dominique Leca a évoqué cette période de sa vie dans *La Rupture de 1940* (Fayard, 1978 ; rééd. Livre de Poche, 1980). Nous n'entrerons pas ici dans la polémique qui l'opposa alors à Gaston Palewski. Une telle étude dépasserait les limites assignées à cette recherche. En Grande-Bretagne, Dominique Leca fut en désaccord avec les gaullistes et longtemps assigné en résidence surveillée à York par les Anglais. Il ne sera réintégré dans son corps d'origine qu'en 1947. Président-directeur général, à partir de 1949, de la compagnie d'assurance l'Union-Vie puis du groupe nationalisé l'Union, il présidera de 1968 à 1974 aux destinées de l'UAP. Il est mort en décembre 1982.

trouva plus suffisant de poursuivre son travail personnel à l'abri d'une colère de protection et de réprobation. Il s'inscrivit aux cours de perfectionnement destinés aux officiers de réserve[28], ne manqua pas une séance, faisant chaque fois le sacrifice pénible d'une journée de travail. Nous apprîmes la dernière mauvaise nouvelle, le pacte germano-russe, à Vézelay que j'avais voulu lui faire connaître ; mais je ne pus sur la terrasse lui faire lever les yeux sur l'horizon des vignes, tellement ce jour-là il eut le désespoir et la certitude de la guerre inévitable[29]. »

Pour l'ancien de Davos, c'était en effet, la ruine définitive des espoirs de la fin de la décennie précédente. Et pour le jeune chercheur plein d'avenir, à la veille d'entrer dans l'enseignement supérieur, et porteur d'une œuvre riche de promesses, c'était l'image d'Évariste Galois au matin de son duel qui, d'obsession, devenait réalité :

« Ce fut d'A. Lautman que j'appris la vie d'Évariste Galois... la première fois que je le vis. C'était en 1928 à Davos... " Je ne sais rien de plus tragique, disait-il, que cette aube d'avant le duel, lorsque Galois prit conscience qu'il n'avait plus le temps de donner ses démonstrations[30]... ". »

Mobilisé comme lieutenant dans l'artillerie antiaérienne en septembre 1939, « promu capitaine et décoré sur le champ de bataille de Dunkerque[31] », Albert Lautman est fait prisonnier le 30 mai et conduit en captivité à l'Oflag IV D. Ce camp installé en Silésie accueillit bien des normaliens pris dans la nasse des combats de mai-juin 1940. Parmi les 10 000 officiers emprisonnés, au sein desquels les enseignants étaient en nombre, on trouvait par exemple Bernard Guyon, l'historien de l'art Pierre Demargne, Jean Defradas, Marcel Prenant, Raymond Brugère, Armand Hoog, Julien Guey, Jean Guitton et Louis Moulinier.

Ce dernier, normalien de la promotion 1923, ancien professeur de khâgne au lycée Thiers de Marseille, devint le « recteur » de l'université du camp et, à ce titre, il prononce en 1944, lorsque parvient la nouvelle de l'exécution dans la région bordelaise d'Albert Lautman, l'allocution suivante :

« Les anciens du camp se le rappellent tous... Et qui a oublié les foules qui couraient à ses cours et à ses conférences ? C'était une chose presque inexplicable que ce concours de camarades autour d'un homme qui était tout le contraire d'un vulgarisateur[32]. »

Et, dans le même discours, il fait allusion à la « magnifique évasion » du philosophe.

Celle-ci avait été précédée d'une première tentative en septembre 1941, qui avait échoué. Parmi ses auteurs, outre Albert Lautman, figurait un autre

28. Dix ans plus tôt, il avait signé la pétition contre la PMS et, en 1929, il avait été l'un des inculpés de l'affaire de Quimper !
29. Extrait de la notice rédigée par Suzanne Lautman pour l'*Annuaire* de 1946 (pp. 55-60, citation pp. 57-58 ; cette notice est reprise dans A. Lautman, *Symétrie et dissymétrie en mathématiques et en physique. Le problème du temps*, Paris, Hermann, 1946).
30. *Ibid.*, p. 56.
31. D'après le normalien Raoul Audibert dans *Les Nouvelles littéraires* du 19 août 1948 (reproduit dans *BSAENS*, n° 58, juin 1949, p. 21).
32. « Allocution prononcée à l'Oflag IV D, par M. L. Moulinier, recteur de l'université du camp, lorsque parvint la nouvelle de l'exécution d'A. Lautman » reproduite dans A. Lautman, *Symétrie et dissymétrie en mathématiques et en physique. Le Problème du temps*, réf. cit., pp. 47-50, citation p. 47.

normalien, Maurice Bayen, de la promotion scientifique de 1921[33]. Pour les deux normaliens, la deuxième évasion sera la bonne. Le 14 octobre 1941, ils s'évadent en compagnie d'une trentaine d'autres officiers, grâce à un tunnel creusé sous les barbelés et à des vêtements civils confectionnés au théâtre du camp. Dix-huit des fugitifs parviendront jusqu'en France.

Pour sa part, Albert Lautman arrive fin octobre à Nancy chez le mathématicien Delsarte puis passe en zone libre, à Aix-en-Provence, auprès de Léon Brunschvicg. On le retrouve ainsi en février 1942, donnant « une très excitante conférence » à la Société de philosophie de Marseille : « Il parle avec gravité, précision, sûreté[34]. » Et le doyen de la faculté des lettres de Bordeaux, le philosophe Darbon, prenant sa retraite en octobre 1941, semble avoir songé à lui pour sa succession et avoir conseillé ses collègues en ce sens[35]. Il n'est pourtant pas question pour Albert Lautman de reprendre un poste de professeur, les lois antisémites de Vichy en ayant décidé autrement. Installé désormais à Toulouse, où enseigne son épouse, il va entrer dans un réseau de Résistance spécialisé dans les filières d'évasion vers Gibraltar. Fondé en 1941 par le Marseillais Louis-Henri Nouveau, dirigé à partir de 1942 par un médecin militaire belge, Albert Guérisse, qui lui donna son nom de clandestinité, Pat O'Leary, ce réseau était animé à Toulouse par Marie-Louise Dissard, propriétaire sexagénaire d'une maison de couture, et par Albert Lautman[36].

L'étau peu à peu se resserra autour du réseau Pat O'Leary. Ce dernier est arrêté en mars 1943, quelques semaines après Louis-Henri Nouveau. En mars, Marie-Louise Dissard — « Françoise » dans la Résistance — doit se réfugier à Cahors, sa ville natale. Mais Albert Lautman continue. Pierre Bertaux, résistant actif de la région toulousaine, a décrit en ces termes une rencontre avec son camarade de promotion dans la cour de la gare de Toulouse, en mai 1944 :

> « Au beau milieu de la place, planté là, un homme tout seul. Je le reconnais : mon camarade de promotion Albert Lautman, qui était venu jadis passer quelques semaines avec moi à Berlin... J'oblique vers lui, je lui dis à mi-voix, sans autre salutation : " Espèce d'idiot, tu vas te faire repérer, à rester là comme ça. " Et lui : " Et toi, tu crois que c'est malin de te balader comme ça ? " Finalement, nous faisons quelques pas jusqu'à l'ombre ; il me dit : " Je sais bien que c'est risqué. Mais que faire ? On m'annonce l'arrivée par le train d'aviateurs anglais tombés en France. Il faut les convoyer jusqu'en Espagne pour les rapatrier. Il n'y a personne, tu m'entends, personne pour aller les attendre. Alors il faut bien que ce soit moi qui m'y colle. Tu sais, on y passera tous avant la fin. " Puis il reprit sa faction au milieu de la place[37]. »

Quelques jours plus tard, le 15 mai 1944, le normalien devenu passeur était arrêté à Toulouse, à la suite de la trahison d'un restaurateur membre du

---

33. Cf. la notice de Maurice Bayen dans l'*Annuaire* de 1975, p. 92, et surtout son récit, *Passage de lignes*, publié en 1946 (Gallimard, 171 p.).
34. Pierre-André Guastalla, *Journal 1940-1944*, Plon, 1951, p. 153.
35. Témoignage de Louis Genevois (« Albert Lautman (1926) », *BSAENS*, n° 118, juin 1970, pp. 16-20).
36. Cf. Louis-Henri Nouveau, dit Saint-Jean, *Des capitaines par milliers. Retour à Gibraltar des aviateurs alliés abattus en 1941-1942-1943*, Calmann-Lévy, 1958, et Vincent Borome, *L'histoire de Pat O'Leary*, Amiot-Dumont, 1957. Sur les activités du réseau Pat O'Leary dans le Nord, cf. Michel Rousseau, « Deux réseaux britanniques dans la région du Nord : le réseau " Garrow-Pat O'Leary " et le réseau " Farmer ", *Revue d'histoire de la deuxième guerre mondiale et des conflits contemporains*, n° 135, juillet 1984, pp. 87-108.
37. Pierre Bertaux, « Comment je suis devenu résistant », *in Histoire de notre temps*, Plon, p. 211 (cité par Louis Genevois, art. cit., p. 18).

réseau. Il est alors enfermé à la prison Saint-Michel jusqu'au 4 juillet. Ce jour-là, il écrit une courte lettre à son épouse :

> « Déporté vers Compiègne, probablement. Désespéré recommencer long martyre. Pardonnez-moi les souffrances que je vous cause. J'espère que tu ne me juges pas trop sévèrement... toute joie sur terre m'est venue de toi et de mes fils ; pour vous revoir, je suis prêt à tout supporter, ou à tout risquer. Je reviendrai[38]. »

Le démantèlement du réseau ferré de la région toulousaine entraîna, en définitive, une autre destination : Bordeaux. Le député socialiste italien Francesco F. Nitti, qui s'était évadé des îles Lipari en compagnie des frères Rosselli et avait combattu comme officier d'artillerie dans les rangs de l'armée républicaine espagnole, côtoya Albert Lautman dans le train puis à la synagogue de Bordeaux[39], où les voyageurs furent incarcérés à partir du 12 juillet, et il a brossé du philosophe, qui l'avait frappé par « la dignité de son attitude et la profondeur sérieuse de ses réflexions », un portrait poignant :

> « Un voile de mélancolie descendait souvent sur son visage. Il me sembla un jour plus triste que d'habitude. Je lui demandai :
> — Seriez-vous souffrant ?
> — Pas plus que les autres, me répondit-il. Je pense seulement que tout ceci ne se terminera pas bien pour beaucoup d'entre nous...
> Mais Lautmann [*sic*] n'était pas de mon avis [*F.F. Nitti a cherché à le rassurer*] ; il secoua la tête d'un air pensif et me regarda dans les yeux. Il voulait peut-être me dire quelque chose mais il se tut et il s'éloigna. En d'autres occasions, aussi, je pus noter qu'il pressentait quelque chose et qu'il s'y préparait[40]. »

Le pressentiment d'Albert Lautman était malheureusement fondé. A la fin du mois de juillet, il fut transféré au fort du Hâ et, de là, emmené à trois reprises au camp de Souges pour être fusillé. Les deux premières fois, il attendit près des poteaux d'exécution, avec une cinquantaine d'autres prisonniers, un peloton qui ne vint pas, à quelques pas de cinq fosses communes déjà creusées. Ces fosses ne furent utilisées que le 1er août : ce jour-là, Albert Lautman fut fusillé en compagnie d'autres résistants. Le jeune philosophe connut donc trois « aubes avant le duel » et trois fois il « prit conscience qu'il n'avait plus le temps de donner ses démonstrations ».

Prise de conscience d'autant plus déchirante que, comme son ami Jean Cavaillès, il avait veillé tout au long de la guerre, au cœur de la lutte et du danger, à se ménager « des heures de concentration intellectuelle » et qu'il essaya de « renouer avec son œuvre d'avant-guerre »[41] pour prolonger sa recherche philosophique. En même temps qu'il mena son combat de l'ombre, qui lui valut d'être décoré à titre posthume de la Légion d'honneur, de la croix de guerre avec palme, citation à l'ordre de l'armée, de la croix de guerre avec

---

38. La première partie de ce billet est reproduite dans l'article de Louis Genevois (*art. cit.*, p. 19) et la deuxième partie dans la notice de l'*Annuaire* de 1946 rédigée par Suzanne Lautman, qui précise que c'est « la complicité d'un cheminot » qui permit à ce billet de parvenir à son destinataire (*loc. cit.*, p. 60).
39. La synagogue de Bordeaux était devenue en 1944 « une prison de transit, annexe du fort du Hâ, qui regorgeait de pensionnaires » (Michel Slitinsky, *La Résistance en Gironde*, Cahiers de la Résistance, Bordeaux, 2e éd., 1970, p. 201).
40. Francesco F. Nitti, *Chevaux (8), Hommes (70)*, éditions Chantal, Toulouse, 1945, pp. 7-72.
41. Témoignage de Suzanne Lautman, *Annuaire* 1946, p. 59.

étoile d'argent, citation à l'ordre de la divison, et de la médaille de la Résistance, il rédigea et mit au net, à fin de publication ultérieure, deux chapitres d'un ouvrage qu'il méditait, l'un sur *Symétrie et dissymétrie en mathématiques et en physique*, l'autre sur *Le Problème du temps*. A nouveau la hantise de la destinée d'Évariste Galois ? Les deux chapitres, en tout cas, furent publiés deux ans après sa mort, chez Hermann, dans une collection, *Essais philosophiques*, dont le directeur ne vit pas non plus la publication de l'ouvrage. Il s'appelait Jean Cavaillès.

Comme ce dernier, Jean-Paul Hutter était entré à l'École cacique de sa promotion. Au moment de son succès, en 1926, il était âgé de dix-huit ans à peine, étant né le 18 mai 1908 à Cherbourg, fils d'un ingénieur en chef du génie maritime. Sa scolarité avait d'ailleurs suivi les étapes de la carrière paternelle. Ainsi, en 1923-1924, il avait été élève du lycée de Rochefort puis du lycée Ampère de Lyon, en classe de première. Dans cette classe, il avait remporté le premier prix de français et le troisième accessit de version grecque au Concours général. En octobre 1924, il était entré en classe de philosophie au lycée Condorcet mais avait quitté cet établissement le 31 décembre suivant pour le lycée de Lorient. Revenu à Condorcet en octobre 1925, en khâgne, il avait été reçu au concours de la rue d'Ulm un an à peine après sa réussite au baccalauréat de philosophie.

Durant cette année de khâgne, ce protestant subit, semble-t-il, l'attrait du communisme. C'est tout au moins ce que rapporte un demi-siècle après son camarade de classe Dominique Leca :

> « Son adolescence subit la fascination du communisme international, voulu comme l'Église maudite des pauvres et des proscrits. Partageant avec moi un prix de l'Académie des sciences morales et politiques, à dix-sept ans, il envoyait au Secours rouge international les quelques milliers de francs (c'était beaucoup) que lui valaient ses talents[42]. »

Rue d'Ulm, il partage sa turne avec ses camarades de Condorcet Albert Lautman, Jean Maugüé et Dominique Leca. Si Albert Lautman et Jean Maugüé sont alors politiquement orientés à gauche, il semble bien que leur coturne Hutter ait évolué, depuis la khâgne, vers l'autre bout de l'échiquier politique. Plusieurs des témoignages de ses anciens camarades convergent, en effet, présentant Jean-Paul Hutter comme un normalien « hautain », « nietzschéen », adepte d'un « racisme spéculatif[43] » et, surtout, ayant accroché les portraits d'Hindenburg et d'Hitler dans sa turne :

> « Il m'avait étonné — rapporte Dominique Leca —, un jour du printemps 1927. Dans son coin de turne, il fixait au mur deux photographies : celle d'Hindenburg et celle d'un agitateur munichois à petites moustaches. " Hindenburg est un con, mais l'autre, c'est un prophète ", déclarait-il. C'est ainsi que j'entendis pour la première fois le nom de Hitler, dans la bouche de Jean-Paul Hutter[44]. »

Par-delà la volonté probable de provocation dans une école placée sous le signe de Locarno et de la SDN, peut-on conclure à l'existence chez le jeune

42. Dominique Leca, *op. cit.*, p. 144.
43. Témoignages de trois de ses camarades de la rue d'Ulm (entretiens avec l'auteur, février 1976 et octobre 1980).
44. Dominique Leca, *op. cit.* p. 145.

étudiant d'un fascisme latent destiné à éclore au cours des années suivantes ? Un autre de ses camarades, en tout cas, évoque, sans plus de précisions, « certaines prises de position entre 1926 et 1930 » qui auraient déjà laissé pressentir un engagement ultérieur néfaste[45].

Entre-temps, Jean-Paul Hutter avait commencé une carrière universitaire classique. A l'École, il prépare durant l'année 1928-1929 un mémoire, avec Henri Hauser, sur « l'industrie cotonnière en Westphalie de 1780 à 1870 », qu'il peut mener à bien grâce à deux voyages effectués en Allemagne en juin 1928 et février 1929 avec l'aide du « fonds Lavisse ». Refusé à l'oral de l'agrégation d'histoire et de géographie en 1930, il est reçu sixième l'année suivante. Alors qu'il effectue son service militaire à Saint-Maixent, il forme le projet d'entreprendre une thèse d'histoire économique, toujours avec Henri Hauser, et envisage pour l'année 1932-1933 un séjour à la Maison de l'Institut français de Londres[46]. Dans cette ville, il épousera par la suite une jeune femme allemande et, s'il faut en croire Jean Maugüé, « national-socialiste ». Cet ancien camarade de la khâgne de Condorcet ajoute : « J'avais assisté en 1938, dans sa petite chambre d'hôtel rue Lauriston, à la scène de rupture entre sa femme et l'amie d'enfance de celle-ci, allemande comme elle, mais juive[47]. »

Mobilisé en 1939 alors qu'il enseigne au lycée Fustel-de-Coulanges de Strasbourg[48], il est fait prisonnier l'année suivante et il passera plusieurs semaines à l'Oflag XVII A. L'un de ses camarades de promotion l'y côtoie et affirme qu'il professait alors, dans les conversations, « le gobinisme le plus étroit, le racisme le plus stupide » et qu'il « tenait des propos nazis ». A partir de là, la piste se brouille et les éléments dont nous disposons se font plus épars et contradictoires. Selon Jean Maugüé, il est libéré et devient recteur de l'Académie de Strasbourg. Puis il serait parti combattre sur le front russe, non comme « malgré nous » mais comme volontaire[49]. Et la mémoire collective normalienne a depuis charrié l'image d'un cacique tombé au combat sous l'uniforme allemand :

> « Il a fini par mourir, m'a-t-on dit, sous un uniforme d'officier de la Wehrmacht sur le front russe. Sa femme, après la guerre, devint député modéré à Bonn[50]. »

Que penser d'une telle rumeur ? On peut d'abord remarquer que des faits de même nature, quoique extrêmement rares, ont eu lieu dans le milieu universitaire. L'historien Jacques Godechot, professeur au lycée Kléber de Strasbourg d'octobre 1933 à juin 1935, rapporte par exemple :

> « Un collègue, agrégé d'histoire et docteur ès lettres, professeur dans un des lycées de Strasbourg, accrochait en bonne place, dans son salon, un portrait de

45. Correspondance avec l'auteur, août 1980.
46. Cf. la lettre en ce sens du directeur de l'École normale supérieure, en date du 8 avril 1932 (dossiers ENS, Arch, Nat. 61 AJ 253). En définitive, après avoir séjourné à Londres puis aux États-Unis, Jean-Paul Hutter a soutenu en 1938 une thèse de doctorat consacrée à *La question de la monnaie d'argent aux États-Unis des origines à 1900* (Les Éditions des Presses Modernes, 1938).
47. J. Maugüé, *op. cit.*, pp. 143-144.
48. C'est la fonction mentionnée dans les *Annuaires* de 1937 et des années suivantes. Entre-temps, après son séjour londonien, il a enseigné au lycée Faidherbe de Lille (*Annuaires* 1934 et 1935) puis passé un an à New York, à la Rockefeller Foundation.
49. Cf. Dominique Leca (*op. cit.*, p. 145) et Jean Maugüé (qui le cite parmi les « anciens camarades [qui] avaient versé du côté des nazis » : *op. cit.*, p. 143).
50. Dominique Leca, *loc. cit.*; cf. également les témoignages signalés à la note 43.

> Hitler. Il devait d'ailleurs, étant lieutenant de réserve, passer à l'ennemi au début de la guerre ; il finit par être tué, en Russie, sous l'uniforme allemand[51]. »

Bien plus, les textes eux-mêmes avaient prévu une telle éventualité. Un arrêté du 22 juillet 1943 fixe la « situation des fonctionnaires de l'enseignement volontaires contre le bolchevisme » :

> « Article 1er : Les fonctionnaires, agents et auxiliaires relevant du ministère de l'Éducation nationale, membres de la Légion des volontaires français contre le bolchevisme, sont considérés comme mobilisés. Ils ne pourront être remplacés dans leur emploi que par du personnel recruté sur contrat. A l'expiration de leur engagement, ils retrouveront le poste qu'ils occupaient au moment où ils ont contracté cet engagement.
> Article 2 : Le temps passé dans les rangs de la Légion des volontaires français contre le bolchevisme sera valable pour l'avancement, tant de grade que de classe, et pour la retraite...
> Article 3 : Il sera fait application aux fonctionnaires titulaires et à leurs ayants droit des dispositions de la loi n° 2037 du 30 novembre 1941 réglant les droits à pension des fonctionnaires victimes de faits de guerre...[52]. »

En outre, dans le cas précis de Jean-Paul Hutter, l'historien est confronté à un autre problème. La lecture attentive des *Annuaires* de l'École normale supérieure depuis la guerre réserve en effet une bien curieuse surprise : quand réapparaissent des listes nominales par promotion dans l'*Annuaire* de 1950, le nom de Jean-Paul Hutter est suivi d'une croix, et il en va de même jusqu'en 1975 ; en 1978[53], la croix a disparu, et elle n'a pas réapparu depuis[54].

Sur la première question, celle de l'engagement de Jean-Paul Hutter, nous devons avouer un certain scepticisme concernant cette mémoire orale normalienne dont nous nous sommes fait l'écho, en raison de la base étroite des témoignages recoupables : une rumeur n'a jamais constitué un faisceau de sources indépendantes et convergentes. Bien plus, certains de ces témoignages semblent extrapoler à partir de la position d'extrême droite du jeune normalien durant son séjour à l'École et projeter 1926 sur 1943[55]. L'historien doit donc, dans ce cas précis, confesser son incapacité à trancher et joindre au dossier une pièce que certains trouveront peut-être plus crédible que les bribes de souvenirs de camarades, parfois livrées de deuxième ou de troisième main[56] : le témoignage du frère cadet de Jean-Paul Hutter, Roger Hutter, polytechnicien et ancien directeur général adjoint de la SNCF.

Ce dernier reconnaît qu'effectivement, rue d'Ulm, son aîné se situait sans

---

51. Jacques Godechot, « Une inspection de Jules Isaac à l'École navale en 1938 », *in Jules Isaac, Actes du colloque de Rennes, 1977*, Hachette, 1979, pp. 81-84, citation p. 81.
52. *RU*, janvier-février 1944, p. 21.
53. Les *Annuaires* de 1976 et 1977 ne comportent pas de listes nominales par promotion.
54. Il nous était apparu que le plus simple était encore d'interroger, sur cette disparition, Rémi Chibon, de la promotion littéraire de 1920, qui fut tout au long des années 1970 le rédacteur de l'*Annuaire* et en était devenu, de ce fait, une sorte de mémoire vivante. Il est malheureusement décédé en octobre 1982, avant que nous ayons pu éclaircir ce point troublant.
55. L'argument, il est vrai, peut s'inverser, et c'est peut-être en fonction de l'attitude présumée de Jean-Paul Hutter en 1943 que les témoignages en font une sorte de protonazi dès 1926 !
56. A cet égard, de même que nous avions cru déceler un « effet Brasillach » dans les témoignages d'hypokhâgneux ludoviciens sur André Bellessort (cf. *supra*, note 13 du chapitre III), de même l'ouvrage de Dominique Leca, dans lequel il évoque, on l'a vu, le destin de Jean-Paul Hutter, a-t-il pu lui aussi créer un effet de groupe : sa première édition fut publiée en 1978, et la plupart des témoignages cités plus haut datent de 1980.

doute à droite et que son goût de la provocation intellectuelle et son esprit paradoxal le conduisirent probablement à cette époque à des prises de position qui tranchaient dans le cadre de la rue d'Ulm. En revanche, ni durant son séjour à l'École ni au cours des années 1930 il n'aurait eu d'engagement politique. Et, quand vint la défaite de mai-juin 1940, sa qualité d'époux d'Allemande lui aurait valu d'être libéré dès l'été de la même année et de rejoindre sa femme à Strasbourg. Il n'aurait jamais été par la suite recteur de cette académie. Tout au contraire, au lieu de retrouver son poste au lycée Fustel-de-Coulanges, il aurait été nommé dans un établissement de jeunes filles, et tenu en suspicion par les autorités allemandes. Et ce que ses lettres à son frère durant la guerre laissaient percer était, malgré la censure, aux antipodes de la germanophilie. La dernière de ces lettres date d'août 1943 : quelques semaines plus tard, alors qu'il est père d'une petite fille de huit ans et d'un garçon de six mois, il aurait été incorporé contre son gré comme officier dans l'armée allemande. Et c'est effectivement sous l'uniforme allemand qu'il serait mort en Courlande en mars 1944 [57]. Son corps n'a pas été retrouvé, et sa famille, apparemment, le tient pour mort. Les allégations d'un agent double après la guerre auraient, un moment, accrédité l'idée qu'il aurait survécu au conflit et peut-être alimenté indirectement la rumeur, fondée sur la disparition de la croix dans les *Annuaires*, de sa survie [58].

Daniel Gallois, né le 5 décembre 1906 à Haiphong d'un père industriel, avait été lui aussi à Condorcet dans les années 1920. Sa famille, à cette époque, habitait Chatou et, en octobre 1923, le futur normalien était entré en classe de philosophie au lycée Condorcet, venant du collège de Saint-Germain-en-Laye. Il y décrocha un accessit de géographie au Concours général puis passa, l'année suivante, en classe préparatoire, où il demeura jusqu'à sa réussite au concours de l'École normale supérieure en luillet 1926. Apparemment, Daniel Gallois, en khâgne, ne s'intéressait que « de loin » à la politique mais il signale tout de même, cinquante ans après, avoir été alors de « tendance générale vaguement réactionnaire [59] ». Du reste, certains de ses camarades de la rue d'Ulm ont conservé de lui le souvenir d'un jeune maurrassien. Faute de recoupement possible, il est difficile d'aller plus loin. Concluons seulement que Daniel Gallois n'appartient pas à l'École à la mouvance des normaliens de gauche, et que lui-même et plusieurs de ses camarades le situent plutôt rétrospectivement vers la « réaction ».

L'itinéraire ultérieur sera toutefois aux antipodes de celui prêté à son cacique Hutter. Les deux hommes avaient pourtant été proches. Ils venaient de la même khâgne et en ont sans doute conservé des liens. Une lettre que Daniel Gallois, alors au service militaire à Saint-Maixent, adresse en mars 1932 à son camarade de promotion Albert Lautman, à cette date en poste au Japon, montre qu'il occupe alors la même chambre qu'Hutter et qu'il entretient avec ce dernier, ainsi du reste qu'avec son correspondant, des liens

57. Roger Hutter a vu après la guerre le procès-verbal de l'armée allemande (qui n'était pas, il est vrai, un certificat de décès, mais comportait seulement le témoignage de deux soldats qui avaient vu tomber son frère lors d'une attaque).

58. Les éléments qui précèdent nous ont été fournis par Roger Hutter en juillet 1984. Qu'il soit ici remercié d'avoir ainsi donné suite, sur un sujet aussi douloureux, à une lettre de demande de renseignements. Sur le second problème — la croix disparue dans l'*Annuaire* — Roger Hutter affirme n'être point au courant et penche pour l'hypothèse d'une « coquille » typographique.

59. Correspondance avec l'auteur, février 1976.

d'amitié[60]. Bien plus, Daniel Gallois a rédigé après la guerre les deux premières nouvelles d'un ensemble de cinq textes qui devait s'appeler « les cinq doigts de la main ». Le projet de l'auteur était d'y retracer le destin de camaraderies de jeunesse confrontées au choc de la Seconde Guerre mondiale Or les deux seules nouvelles rédigées, *Pouce* et *Index*[61], ont pour héros Gilbert, résistant, et Renaud Callian, journaliste présentateur à Radio-Paris. Il y a peut-être là la projection d'une amitié entre Jean-Paul Hutter et Daniel Gallois. A moins que Gilbert, qui meurt dans la nouvelle, ne soit Albert Lautman.

Daniel Gallois, en tout cas, a été lui aussi un grand résistant au cours du second conflit mondial. A cette époque, il était revenu au lycée Condorcet, comme professeur. Il avait été, en effet, reçu en 1930 à l'agrégation des lettres après avoir fait un mémoire de maîtrise sur l'esthétique de Jules Laforgue. En 1930-1931, il avait été professeur au lycée Chateaubriand de Rome puis, après avoir effectué l'année suivante son service militaire, il avait enseigné à Orléans (1932-1935) et à Paris, à Louis-le-Grand d'abord (1935-1938) puis à Condorcet à partir de 1938.

Le 2 septembre 1939, il est mobilisé au 331ᵉ régiment d'infanterie puis passe, en décembre, à l'état-major de la IVᵉ armée. Démobilisé le 31 juillet, il entre en contact dès le mois de septembre 1940 avec le colonel Touny, futur chef de l'Organisation civile et militaire, dont il avait été le subordonné quelques mois plus tôt[62], et il deviendra bientôt son adjoint[63]. Selon son témoignage recueilli par Arthur Calmette, Gallois, « sous prétexte de leçons au second fils du colonel », se rend souvent chez lui, « le seconde dans son travail de commandement et accomplit toutes sortes de missions et de liaisons[64] ». Ce résistant actif et courageux — pseudonyme Pierre Lambert — est arrêté le 8 mars 1944[65]. Il est emprisonné à Fresnes puis transféré à Arras le 30 mars 1944. De retour à Fresnes le 3 juin 1944, il en est libéré au début de la libération de Paris[66].

Détaché au ministère de l'Intérieur en 1944-1945, il y devient chef de service des relations avec les commissariats de la République. Mais cette fonction issue de sa participation au combat de l'ombre ne sera pas pour lui l'occasion d'une bifurcation vers d'autres sphères que l'enseignement secondaire ni l'antichambre de carrières en apparence plus flatteuses. Ce médaillé de la Résistance reprend, en effet, dès la rentrée suivante, en septembre 1945, son poste à Condorcet, en hypokhâgne, où il enseignera seize années durant (1945-1961) avant de passer en khâgne où il demeurera jusqu'à la retraite (1961-1971). Daniel Gallois est mort le 24 décembre 1977.

---

60. Lettre reproduite dans Daniel Gallois, *Inédits*, édités par l'Association des Amis de Daniel Gallois, 1979, pp. 8-10.
61. *Ibid.*, pp. 171-188 et pp. 189-249.
62. Arthur Calmette, *L'OCM. Histoire d'un mouvement de Résistance de 1940 à 1946*, PUF, 1961, p. 76. En janvier 1940, le colonel Touny avait été nommé chef du 2ᵉ bureau de la IVᵉ armée.
63. *Ibid.*, p. 76. L'origine politique droitière de Daniel Gallois est indirectement confirmée par le fait que la majorité des membres de l'O.C.M. « ont appartenu à des formations dites de droite (Croix de Feu, Action Française, Groupement Valois) » (*Ibid.*, pp. 33-34).
64. *Ibid.*, p. 76.
65. Sa fiche d'enseignant du lycée Condorcet porte la mention suivante : « Adjoint au chef de l'OCM du 1/9/40 au 8/3/44 » (Arch. Condorcet).
66. Jacques Isorni affirme dans ses *Mémoires* (I, *1911-1945*, Robert Laffont, 1984, p. 279) que Daniel Gallois fut « échangé, sur intervention de Brasillach, par la Croix-Rouge suédoise, et libéré ». Robert Brasillach aurait également tenté « de sauver Cavaillès » (*ibid.*, p. 309).

Des promotions éclatées.

Le 10 juillet 1946, un « dîner amical » de vingtième anniversaire réunit, au réfectoire de la rue d'Ulm, cinq scientifiques et sept littéraires[67] des promotions de 1926. La soirée se termine par « une minute de silence, à minuit, dans la grande paix de la Cour d'honneur, auprès du bassin aux Ernests ». De fait, si la promotion scientifique a été épargnée par le conflit qui s'est achevé l'année précédente, la promotion littéraire, on l'a vu, a perdu trois des siens, sur vingt-huit, soit 10,7 % de l'effectif total : les deux anciens de Condorcet, Albert Lautman et Jean-Paul Hutter, et André Vattier, tué à l'ennemi en 1940.

De plus, bien d'autres membres de cette promotion littéraire ont souffert de la guerre : ainsi, parmi les sept présents à ce dîner anniversaire, André Kaan a survécu à la déportation, Daniel Gallois à la torture et à l'emprisonnement, Paul Bénichou a dû s'expatrier et Pierre Chambon a passé la guerre dans un oflag. Et d'autres encore, non présents ce soir-là, ont connu des sorts divers. La sécheresse de l'ordre alphabétique, davantage que tout autre artifice, rend bien compte de ces destins, parfois antagonistes : Pierre Bertaux, résistant à Toulouse et compagnon de la Libération ; Étienne Borne, délégué à l'Information pour le Midi toulousain ; Jean Dresch, membre des FTP de la région parisienne ; Charles Écochard, « poursuivi[68] » à la Libération ; Dominique Leca, passé en Grande-Bretagne, mais tenu à l'écart par les gaullistes ; Jean Maugüé, qui, du Brésil, gagna Alger.

Nous venons, en fait, de citer treize des vingt-sept noms des membres de la promotion de 1926 encore vivants en 1939, et c'est donc la moitié au moins — car la liste n'était pas exhaustive — de cette promotion qui a été profondément touchée par la guerre. Pour autant, la plupart de ces normaliens impliqués dans le second conflit mondial n'entrent pas dans les deux catégories où l'on pouvait classer leurs aînés victimes d'une autre conflagration : tués ou blessés à l'ennemi. Et, à la différence des promotions 1910 à 1913, qui virent mourir la moitié des leurs au combat, celle de 1926 n'a été décimée qu'au sens étymologique du terme.

Il reste que la moitié de ses membres au moins ont été touchés par la guerre, et dans des conditions beaucoup moins limpides que leurs aînés vingt-cinq ans plus tôt, puisque certains d'entre eux ont été des victimes d'affrontements franco-français, l'un d'entre eux ayant été, par exemple, contraint à l'exil par les lois antisémites de Vichy, un autre ayant été épuré à la Libération. Et l'exemple de Condorcet illustre bien l'ampleur de cette dispersion douloureuse, qui transcenda les réseaux de sociabilité ou d'amitié. Bien plus, à y regarder de plus près, cette promotion a été, en fait, aussi touchée par le

67. Les normaliens Bénichou, Chambon, Gallois, Kaan, Lejeune, Morel et Raynaud de Lage (*BSAENS*, n° 53, novembre 1946, p. 37).

68. D'après la notice nécrologique de l'*Annuaire* de 1961, Charles Écochard (1906-1960) a été « poursuivi » et « sanctionné » à la Libération (*loc. cit.*, p. 43). Il sera « privé de sa classe » du lycée de Saint-Cloud puis « éloigné » trois ans au lycée d'Orléans. La notice reste floue sur les raisons de ces poursuites ; elle précise que la conduite de Charles Écochard sous l'Occupation fut « sans nulle compromission avec l'adversaire » (*Ibid.*). Une autre source permet de faire la lumière sur cette affaire. Albert Pauphilet, qui fut directeur de l'École normale supérieure à la Libération, a été membre d'un conseil académique d'enquête ayant à statuer sur le sort de certains enseignants en 1945. Pour cette raison, se trouvent, parmi les « Papiers Pauphilet » conservés aux Archives Nationales, plusieurs comptes rendus des réunions de ce conseil, et notamment une liste d'épuration énumérant des universitaires membres des « Fidèles du Maréchal », dont Charles Écochard (Arch. Nat. 61 AJ 109). Maurice Bardèche, de la promotion 1928, figure sur la même liste.

second conflit mondial que son homologue d'avant 1914 par la Grande Guerre. Ce n'est pas, en effet, avec les promotions 1910 à 1913 qu'il convient de la comparer, en ce qui concerne les cicatrices sur ses flancs, mais avec la promotion de 1901, qui entra à l'École treize ans avant l'été 1914, ou plus précisément avec celle de 1902 car, on l'a dit, les élèves à cette date effectuaient le plus souvent une année de service militaire avant de commencer leur scolarité rue d'Ulm; les reçus de 1901 n' « intègrent » donc que dans la promotion de 1902.

Or cette dernière — dont les membres avaient à peine plus de trente ans en 1914 — compta trois morts à la guerre, comme la promotion de 1926 : Émile Clermont, « homme de lettres », tué à l'ennemi en 1916, Paul David, professeur de philosophie au lycée d'Angoulême, tombé au combat en 1915, et César-Henri Peuchot, professeur de quatrième au lycée de Dijon mort lui aussi au front en 1918. Certes, la promotion de 1902 ne comptant que dix-sept élèves, la proportion des tués en son sein est sensiblement supérieure à celle concernant la promotion de 1926 (17 % contre 10,7 %). Bien plus, les statistiques de la Grande Guerre font qu'il y a présomption de blessés graves parmi les autres membres. Il reste que le nombre absolu des victimes est identique et que, on l'a déjà souligné, entre une promotion qui eut trois « tués à l'ennemi » et une autre qui eut un mort sans uniforme (Lautman) et un autre sous uniforme allemand (Hutter), et qui garda de surcroît parmi les survivants les cicatrices des dissensions de la communauté nationale durant l'Occupation[69], l'ébranlement le plus durable fut sans doute celui de la cadette. Cet ébranlement explique peut-être que parmi les élèves de 1926 ait eu lieu une relève intragénérationnelle et que soient passés sur le devant de la scène des élèves restés jusque-là dans la coulisse : ainsi Maurice Merleau-Ponty, qui ne s'annonçait pourtant pas quinze ans plus tôt, en khâgne puis rue d'Ulm, comme une figure de proue de sa promotion dans le domaine politique.

Le destin de cette promotion n'est d'ailleurs pas unique. Il a, au contraire, d'une certaine manière, valeur représentative. On retrouve, par exemple, le même cas de figure dans la promotion littéraire de 1924. En 1939, ses membres ont, en moyenne, trente-quatre ou trente-cinq ans, tout comme, en 1914, ceux de la promotion de 1900. Or cette dernière n'a compté que deux tués à l'ennemi : Gabriel Leroux, chargé de cours à la faculté des lettres de Bordeaux, et Pierre-Maurice Masson, professeur de littérature française à l'Université de Fribourg, tombés au combat en 1915 et 1916. Deux morts sur une promotion de vingt-deux élèves, donc, contre quatre tués, entre 1939 et 1945, parmi les vingt-neuf membres de la promotion de 1924 : Arsène Alexandre, mort en captivité, Paul Nizan et Charles Le Cœur, tués à l'ennemi en 1940 et 1944, mais aussi Alfred Péron, mort quelques jours après sa libération d'un camp de concentration. Et le dirigeant socialiste de cette promotion, Georges Lefranc, est l'objet de poursuites à la Libération. Car, là

69. Plus frappant encore est, à cet égard, l'exemple de la promotion de 1928 : le seul mort de la Seconde Guerre mondiale en son sein — mise à part Simone Weil, décédée en Grande-Bretagne en 1943 — est Robert Brasillach, fusillé par un peloton d'exécution français le 6 février 1945. Et deux de ses membres, au moins, sont épurés à la Libération : Maurice Bardèche (cf. note précédente) et Claude Jamet, on le verra au chapitre XVII. Quant à Georges Pelorson, son rôle au Secrétariat général à la Jeunesse a été bien évoqué par Wilfred Douglas Halls (cf. *The youth of Vichy France*, Clarendon Press, Oxford, 1981, notamment pp. 136-137).

encore, la guerre a non seulement échancré une promotion, mais elle a aussi entraîné parmi ses membres des engagements antagonistes — ou perçus comme tels — au cours de l'Occupation, qui sont venus brouiller non seulement, on l'a dit, les réseaux d'amitié mais aussi les clivages politiques.

CHAPITRE XVI

Les normaliens socialistes : des pacifistes dans la turbulence historique

A la fin des années 1920, la strate fondatrice du Groupe d'études socialistes des Écoles normales supérieures s'était dispersée vers les casernes ou les premiers postes dans les lycées et collèges de province. Dix ans plus tard, à Royan, au congrès de la SFIO de juin 1938, certains des normaliens de cette génération sont présents parmi les délégués : Georges Lefranc y représente la Manche, d'où était originaire une partie de sa famille, Jean Le Bail la Haute-Vienne, Maurice Deixonne le Cantal et Sylvain Broussaudier les Alpes-Maritimes. Diversité géographique, donc, mais aussi appartenance à des tendances différentes de la SFIO : Broussaudier et Deixonne sont à la Gauche révolutionnaire mais, après la scission intervenue à Royan, seul le premier suivra Marceau Pivert au PSOP; Jean Le Bail est paul-fauriste, tandis que Georges Lefranc est délégué de Révolution constructive.

1933 : pavane pour les « moins de trente ans d'aujourd'hui ».

Mais un trait commun unit tous ces jeunes hommes : les uns et les autres défendent, au sein de leurs fédérations respectives et dans les congrès, des positions pacifistes. Certes, une telle inclination est à cette date encore largement partagée par la plupart des membres de la SFIO. Mais ces archicubes ont souvent placé la lutte pour la paix au premier plan de leur action militante. Bien plus, au cours des mois qui suivent, lorsque s'amorceront des reclassements parmi les socialistes français, et que face à un camp de la « fermeté » devenu majoritaire se structurera une mouvance pacifiste, ils s'y retrouveront et demeureront jusqu'au déclenchement des hostilités des militants hostiles au « bellicisme ». Ainsi, leur pacifisme de serre de la rue d'Ulm des années 1920 avait non seulement résisté au passage à l'air libre que constituait la double entrée dans la vie professionnelle et dans l'âge adulte, mais il s'était encore épanoui tout au long des années 1930, en une décennie durant laquelle certains de leurs anciens camarades de la rue d'Ulm connaissaient déjà d'amères désillusions et se voyaient contraints à de déchirantes révisions.

Pierre Brossolette, par exemple, écrivait dès juillet 1933 dans *Notre Temps*, dans un appel poignant aux « moins de trente ans d'aujourd'hui » :

> « ... Nous avons cru à une vie intense, à un travail acharné, à des mariages d'amour plutôt qu'à des mariages de raison. Nous nous sommes rués dans la construction de ce monde nouveau. Nous avons passé par-dessus les échecs, les déceptions, les amertumes. Et quand le mépris nous est venu de l'argent que nous avons gagné, quand des foyers fondés trop tôt se sont disloqués, quand nous sommes retombés dans la solitude morale et le nihilisme sentimental auquel avaient cru échapper nos vingt ans, quand nos cœurs sont devenus pessimistes, un espoir nous a pourtant raccrochés à la lutte : l'espoir que dans l'action au moins nous réussirions, et que sur la ruine de vieilles idéologies hervéo-nationalistes nous arriverions du moins à construire une organisation internationale et sociale assurant à chacun la paix et le pain — c'est-à-dire le droit de souffrir sans être détourné de la souffrance par la guerre ou par la faim... Nous avons maintenu, par-dessus nos angoisses individuelles, l'idéal commun de notre action : la paix par le rapprochement international et le bien-être par l'économie collective... Nous nous sommes battus pour lui. Nous nous sommes battus pour ce qui en était la condition indispensable : le rapprochement franco-allemand. Nous avons lutté pour la SDN, pour Locarno, pour le désarmement, pour la liquidation financière de la guerre, pour l'Union européenne, pour la révision des traités... [Nous avons] livré pendant dix ans la bataille la plus acharnée, la plus difficile et je dis la plus désintéressée, pour l'idéal trop haut dans lequel s'est traduit notre refus du nationalisme, de la guerre, de l'optimisme bourgeois et du conformisme intellectuel et moral... Nous voici maintenant en 1933. Et tout s'est écroulé. Le mot international et le mot socialisme suffisent à provoquer les rires. Les Internationales se dissolvent, la SDN est morte, l'Union européenne est une dérision et le désarmement une blague... C'est ainsi qu'au lieu d'une génération triomphante, nous sommes une génération battue [1]... »

Cet appel fut-il entendu par ses cadets socialistes des promotions 1924 et 1925 de l'École normale supérieure ? Sans doute la plupart d'entre eux se posèrent-ils au cours des années 1930 les mêmes questions angoissantes, mais pour eux cette décennie resta tout entière placée sous le signe du pacifisme, avec parfois, comme pour Georges Lefranc, des conséquences qui dépassèrent largement l'année 1939.

Le pacifisme, plus petit commun dénominateur [2].

On a vu plus haut le rôle joué par Maurice Deixonne dans la renaissance de la Fédération nationale des étudiants socialistes, rôle bientôt interrompu par

---

1. Pierre Brossolette, « Pour les moins de trente ans d'aujourd'hui », *Notre Temps*, numéro consacré à « Querelle des générations et crise des démocraties », 7e année, 3e série, nos 201-202, 2-9 juillet 1933, colonnes 631 sqq. Moins de deux ans plus tôt, en août 1931, Pierre Brossolette avait encore participé, par exemple, avec Pierre Viénot et Bertrand de Jouvenel, au Congrès de Rethel des Jeunesses françaises et allemandes (cf. Gilberte Brossolette, *Il s'appelait Pierre Brossolette, op. cit.*, p. 51). Nous ne traiterons pas ici le cheminement précis de Pierre Brossolette — de sa sortie de l'École en 1925 jusqu'en 1944. D'une part, nous l'avons vu au chapitre X, son engagement socialiste est postérieur à son séjour rue d'Ulm. D'autre part, l'ouvrage publié en 1976 par sa veuve a bien retracé cet itinéraire politique. Parti lui aussi d'une position très pacifiste, le cacique de la promotion de 1922 en vint au cours des années 1930 à adopter et à préconiser une position de fermeté face aux menées hitlériennes. Ce fut, par exemple, son hostilité aux accords de Munich qui lui coûta la chronique de politique étrangère qu'il tenait au poste national Radio-PTT.

2. L'étude qui suit ne prétend pas à l'exhaustivité, à la fois pour les raisons méthodologiques déjà dites, et du fait de l'existence de recherches qui ont déjà été menées sur la SFIO des années 1930 et sur le pacifisme qui l'imprègne à cette date : cf. notamment, Nathanael Greene, *Crisis and decline. The french socialist Party in the popular Front era*, Cornell University Press, Ithaca, New York, 1969,

la maladie. Il lui faudra deux ans de sanatorium pour en venir à bout et, pour cette raison, c'est seulement en 1930, cinq ans après son entrée rue d'Ulm, qu'il est reçu à l'agrégation de philosophie, préparée à Clermont-Ferrand où avait été nommée son épouse. Au mois d'octobre de la même année, le couple obtient un poste double à Valenciennes.

Dans ses Mémoires, Marcel Déat, évoquant son second séjour à l'École, entre l'automne 1925 et le début de l'année suivante, écrit : « Je ferai bientôt connaissance de Georges Lefranc, de Deixonne, lequel aura un peu plus tard la vie dure pour ses opinions pacifistes[3]. » Et, de fait, dans les années 1930, c'est moins l'un des « Onze » de Révolution constructive qui nous intéresse chez Maurice Deixonne que le pacifiste militant. Certes, les deux engagements étaient liés. Mais chez le jeune professeur le combat pacifiste semble avoir pris plus de vigueur encore que chez beaucoup de ses camarades socialistes. Moins d'ailleurs, au niveau local que dans les congrès et la presse de la SFIO.

Au niveau local, il s'attirera rapidement les foudres de l'autorité rectorale en raison de son activité politique à Aurillac, où il avait été nommé en 1933. Il est, en effet, suspendu de ses fonctions, en même temps que son épouse, après des incidents avec les Croix de Feu en avril 1934. Cette activité locale n'était pas spécifiquement pacifiste, ni même pacifique, s'il faut en croire le témoignage du principal intéressé, près d'un demi-siècle plus tard :

> « Le fascisme que je combattais déjà à Valenciennes aboutit à la tentative de coup d'État du 6 février 1934. Le 22 avril, Poitou-Duplessis et Ybarnegaray viennent en faire l'apologie à Aurillac. Désigné par le Comité Antifasciste pour leur porter la contradiction, je me heurte, avec les camarades qui m'accompagnent, à un cordon de gendarmes qui laissent passer (à quel signe ?) les bien-pensants et prétentent écarter les autres. La réunion est pourtant annoncée comme publique et se tient dans une salle prêtée par la Mairie. Il s'ensuit quelques bousculades qui font plusieurs blessés, notamment Suzanne Deixonne qui a l'arcade sourcillière droite fendue d'un coup de crosse, tandis qu'un fasciste notoire, dissimulé derrière un garde mobile, me blesse légèrement au front d'un coup de poing. Ces événements ne passent pas inaperçus. Suzanne Deixonne est soignée dans les maisons ouvrières voisines. L'agitation grandit aux portes du meeting et finalement un cortège se forme pour aller protester auprès du maire radical Dauzier, curieusement absent de la ville qu'il est censé administrer. Ce sont pourtant les victimes de l'agression policière et fasciste qui vont être traduites devant le tribunal correctionnel d'Aurillac le 12 décembre 1934, près de huit mois après les événements. Notre défense est assurée par trois avocats : Me Meyniel, d'Aurillac, Adrien Mabrut (le futur député du Puy-de-Dôme) et Maurice Paz, de Paris. Le Président de la Ligue des droits de l'homme, Victor Basch, tient à venir nous apporter son témoignage. Une foule considérable déborde de l'enceinte même du palais de justice. Le 19 décembre je suis condamné à deux mois de prison avec sursis et cent francs d'amende ; Suzanne Deixonne se voit infliger un mois de prison avec sursis et cent francs d'amende. Aussitôt nous sommes l'un et l'autre suspendus de nos fonctions. Le jugement sera confirmé en appel à Riom le 28 mars 1935[4]. »

Richard Gombin, *Les socialistes et la guerre. La SFIO et la politique étrangère française entre les deux guerres mondiales*, préface de C.-A. Colliard, Paris, La Haye, Mouton, 1970, et « Socialisme et pacifisme » dans *La France et les Français en 1938-1939*, sous la direction de René Rémond et Janine Bourdin, Presses de la Fondation nationale des sciences politiques, 1978, pp. 245-260, Michel Bilis, *Socialistes et pacifistes. L'intenable dilemme des socialistes français (1933-1939)*, éd. Syros, 1979, ainsi que la thèse de Marc Sadoun (*Les socialistes sous l'Occupation. Résistance et collaboration*, Presses de la Fondation nationale des sciences politiques, 1982).

3. Marcel Déat, *Le Massacre des possibles*, I, p. 242.
4. Témoignage de Maurice Deixonne, correspondance avec l'auteur, octobre 1980.

Et, l'année suivante, Maurice Deixonne — qui assurait depuis mai 1934 le secrétariat de la fédération socialiste du Cantal et avait représenté à plusieurs reprises son parti dans les élections locales — est déplacé avec son épouse à Gap. Le couple n'obtiendra sa réintégration à Aurillac qu'à la rentrée de 1936.

Parallèlement, tout au long de cette décennie, le professeur de philosophie va mener un combat pacifiste dans les congrès de la SFIO. Il y est d'abord, à Toulouse en mai 1934, le représentant de Révolution constructive. Mais, sans rompre avec cette organisation, Maurice Deixonne va se rapprocher de la Gauche révolutionnaire de Marceau Pivert et c'est dès lors comme sympathisant de cette tendance qu'il s'exprimera dans les congrès socialistes. Avec le polytechnicien Georges Soulès — plus connu sous le nom de Raymond Abellio —, il deviendra un proche de Marceau Pivert. Quand ce dernier est exclu au congrès de Royan en juin 1938, et que nombre de membres de la Gauche révolutionnaire quittent alors la SFIO, Maurice Deixonne — tout comme Raymond Abellio — reste à la SFIO[5], au sein de laquelle il poursuivra son action pacifiste. Les anciens de la Gauche révolutionnaire qui ne suivirent pas Marceau Pivert au PSOP fusionnèrent, du reste, avec Révolution Constructive.

Et, avant le congrès exceptionnel de Montrouge, Maurice Deixonne est cosignataire avec, notamment, Ludovic Zoretti du texte intitulé « Motion de redressement pour la construction du Socialisme et de la Paix ». La tonalité générale en était très pacifiste : le parti, y était-il notamment proclamé, « luttera contre l'idéologie sommaire qui consiste, sous le prétexte de lutter contre le fascisme ou le capitalisme international, à constituer un bloc de démocraties tendant à opposer dans le monde des forces antagonistes » ; en effet, « l'institution en France d'une économie de guerre ouvrirait le chemin au fascisme français ». Et « si la guerre éclatait néanmoins », il faudrait « conserver au maximum les contacts avec les organisations ouvrières des diverses nations, afin de remplir, malgré les difficultés, son devoir, indiqué par Jaurès, de mettre fin aux hostilités le plus rapidement possible[6] ». Et durant le congrès, il se ralliera, semble-t-il, aux paul-fauristes : « Au congrès de Montrouge, en décembre 1938, je rejoins Paul Faure contre Léon Blum, l'essentiel étant pour moi de barrer la route aux positions bellicistes de Zyromski[7]. »

Ce rapprochement ne l'empêche pas de présenter à nouveau sa propre motion, « Redressement », au congrès de Nantes en mai 1939. Celle-ci est insérée dans *Le Populaire* du 6 mai 1939 et proclame notamment : « Il est vain de s'interroger sur les mobiles exacts d'Hitler et de Mussolini tant que les démocraties n'auront fait aucune proposition tendant à créer un monde habitable et à supprimer ainsi, non pas les prétextes de conflits, mais les causes profondes et réelles dont profitent les partisans de la violence. » Douze jours plus tard, le même journal publie un article dans lequel Maurice Deixonne cherche à fonder son combat pour la paix sur une analyse marxiste de la montée des périls, dont la teneur peut être ainsi résumée :

---

5. Cf. sa brochure, *La vérité sur la scission de Royan* (Aurillac, Impr. du Cantal, 1938), à laquelle répondront Madeleine Hérard, Lucien Hérard et Marceau Pivert dans *Rupture nécessaire, réponse à Maurice Deixonne* (Éditions du Parti socialiste ouvrier et paysan, 1938).

6. *Le Populaire*, mardi 29 novembre 1938, p. 6. Cette page est consacrée aux « projets de motions sur le Problème de la Paix en vue du Congrès National Extraordinaire ».

7. Témoignage de Maurice Deixonne, *loc. cit.*; Paul Faure avait déposé avant le congrès un texte intitulé « La politique de paix du Parti socialiste », qu'il avait signé en compagnie de Gaston Allemane, Justin Arnol, René Brunet, Louis L'Héveder, Maurice Paz, Fernand Roucayrol et Jean-Baptiste Séverac (cf. *Le Populaire*, loc. cit.).

> « Or, dans le conflit de deux impérialismes, quelle raison aurions-nous de prendre parti ? Notre rôle, à nous socialistes, ne consiste ni à servir les visées du pangermanisme, ni à travailler à l'asservissement des nations allemande et italienne en prêtant les mains au vieux capitalisme anglo-saxon dont nous avons le devoir d'affranchir notre pays. »

Et ceux qui ne parviennent pas aux mêmes conclusions « renoncent à raisonner en marxistes et à chercher dans un aménagement économique du monde les moyens de construire la paix ».

Au cours du congrès, alors qu'un accord, au moins de façade, se faisait entre Léon Blum et Paul Faure et débouchait sur une motion de synthèse, Maurice Deixonne maintint sa propre motion, qui ne recueillit que 401 voix contre 6 395 à l'autre texte[8]. Et, tout au long de la décennie, « la lutte contre la guerre » aura bien été pour lui, « de congrès en congrès du Parti socialiste, une préoccupation croissante sur le plan national[9] ».

Rien d'étonnant, dans ces conditions, à ce que les affiches de mobilisation de l'été 1939 entraînent chez lui une brusque et violente émotion. A tel point, d'ailleurs, qu'il aura un accident de voiture une heure après les avoir aperçues[10]. Malgré ce pacifisme, pourtant, Maurice Deixonne ne se ralliera pas à Vichy, qui, d'ailleurs, le révoque le 9 décembre 1940. C'est vraisemblablement son vieux fonds laïque et républicain — qui avait précédé, on l'a vu dans un précédent chapitre, son engagement socialiste — qui joua alors le rôle de garde-fou et le préserva des dérives qui emportèrent certains de ses camarades pacifistes. Le réflexe républicain, au reste, semble avoir fonctionné dès le 10 juillet 1940 :

> « J'ai fait le voyage d'Auch à Vichy pour supplier mon beau-père de ne pas voter les pleins pouvoirs à Pétain, et peut-être a-t-il regretté par la suite de ne pas m'avoir écouté[11]. »

Après sa révocation, Maurice Deixonne, à Auch puis à Albi où son épouse avait été déplacée d'office en janvier 1942, exerça différents métiers : professeur dans l'enseignement privé non confessionnel — en fait, dans une troisième localité, Lourdes, en 1941-1942 —, collaborateur d'un chimiste « qui s'efforçait de substituer au savon, devenu introuvable, de l'argile colloïdale additionnée de moussant », « cueilleur de framboises[12] », donneur de leçons particulières. Désigné par la Résistance du Gers comme devant occuper les fonctions d'inspecteur d'académie à la Libération, il occupera ce poste à l'été 1944 puis sera nommé proviseur du lycée d'Albi. Devenu secrétaire de la fédération socialiste du Tarn, il est élu à la deuxième Constituante en juin 1946, et sera réélu en novembre 1946, juin 1951 et janvier 1956. En 1957, il deviendra le président du groupe parlementaire socialiste. A ce titre, il accompagnera Guy Mollet à Colombey-les-Deux-Églises durant la crise de mai 1958. Son témoignage sur ce point, vingt-deux ans après, ne manque pas d'intérêt :

---

8. Chiffres donnés par Georges Lefranc dans *Le Mouvement socialiste sous la Troisième République (1875-1940)*, Payot, 1963, p. 372. Le discours prononcé par Maurice Deixonne au congrès de Nantes est reproduit dans *Le Populaire* du 31 mai 1939.
9. Témoignage de Maurice Deixonne, *loc. cit.*
10. *Ibid.*
11. *Ibid.* Maurice Deixonne avait épousé la fille du sénateur de l'Yonne, Georges Boully, qui vota les pouvoirs constituants au maréchal Pétain le 10 juillet 1940.
12. *Ibid.*

« Lorsque sonna l'heure de l'inévitable abandon de l'Algérie, le peuple de France se montra assez chauvin pour n'admettre que des mains d'un général ce qu'il aurait refusé de n'importe quel civil, qu'il s'appelât Guy Mollet ou Mendès France. Dans le double but d'éviter une guerre civile perdue d'avance et de mettre fin à l'effusion de sang en Algérie, je me rendis avec Guy Mollet à l'invitation du général de Gaulle qui n'attendait plus que ce ralliement pour accéder au pouvoir [13]. »

Battu aux élections de 1958, il est nommé proviseur à Paris, dans l'annexe du lycée Montaigne qui allait devenir le lycée Rodin, et il y demeurera jusqu'à sa retraite, prise en 1965. Il est mort en juin 1987.

Par bien des aspects, la carrière politique de Jean Le Bail rappelle celle de son ancien camarade de la rue d'Ulm : secrétariat d'une fédération départementale socialiste avant le second conflit mondial, mandat parlementaire, la quarantaine venue, au lendemain de ce même conflit, choc du changement de régime en 1958, et retour après cette date dans les cadres de l'Éducation nationale. Mais est surtout éclairante, dans l'optique qui est ici la nôtre, la similitude du combat pacifiste mené dans les années 1930 au sein de la SFIO, dans des courants pourtant bien différents au sein de ce parti.

Comme les autres jeunes normaliens du Groupe d'études socialistes, Jean Le Bail avait, au terme de sa scolarité, quitté la matrice ulmienne pour rejoindre son premier poste d'enseignant en province : reçu à l'agrégation des lettres en 1927, il est nommé, en 1929, après son service militaire puis un an passé au lycée de Cherbourg, au lycée de Limoges. La Haute-Vienne, région de sa femme, sœur de Sylvain Broussaudier, allait devenir pour lui une seconde patrie, lieu d'un engagement politique rapidement riche de promesses : à partir de 1936, il devient le secrétaire de cette puissante fédération socialiste, dans un département dont il sera tour à tour député puis sénateur sous la IVe République.

Dans les congrès de la SFIO, il va tout au long de la décennie d'avant-guerre défendre des positions pacifistes, à l'instar de ses anciens amis de la rue d'Ulm dispersés aux quatre coins de la carte scolaire. En effet, s'il n'avait pas suivi ces derniers dans l'aventure de Révolution constructive, étant en désaccord sur certaines orientations qui lui semblaient contraires au « rationalisme » dont il se réclamait, il se retrouve en harmonie avec eux dans le combat pacifiste, d'autant qu'existe dans son département une solide tradition en ce sens. Munichois déclaré, il va mener campagne dans *Le Populaire* et dans le paul-fauriste *Populaire du Centre*. Le 28 septembre 1938, il écrit par exemple dans ce quotidien : « Staline est prêt à combattre... jusqu'au dernier soldat français. » Méfiance réitérée un mois et demi plus tard, dans une intervention au Conseil national de la SFIO reproduite dans *Le Populaire* du 7 novembre 1938 : « L'alliance russe et l'alliance anglaise sont inconciliables. La seule qui soit sûre, c'est l'alliance anglaise. »

Déjà, en juin de la même année, Jean Le Bail avait défendu une ligne pacifiste au congrès de Royan. Au congrès exceptionnel de Montrouge, en décembre 1938, il soutient les thèses paul-fauristes et attaque Léon Blum dont

---

13. *Ibid.*

la motion se prononçait en faveur de la politique de défense nationale [14]. Et au Conseil national de la SFIO du 4 mars 1939, durant lequel la tension fut vive entre paul-fauristes et blumistes, Jean Le Bail monta à nouveau au créneau : « Il faut que nous ne soyons ni d'un côté ni de l'autre, mais au-dessus du conflit... La paix devra dépasser les revendications non fondées des fascismes, et aussi l'égoïsme repu des impérialismes capitalistes. Le parti doit être le grand Parti de la Paix [15]. »

Il se manifeste à nouveau au congrès de Nantes, en mai 1939 ; il y déclare, signale *Le Populaire* du 30 mai, qu'il « craint aussi que cette politique de fermeté ne nous amène seulement à nous maintenir à l'alignement aux côtés du bloc ploutocratique dans la lutte contre le bloc autarcique ». Et il ajoute :

> « Nous, notre formule reste la vieille formule de l'internationale prolétarienne. Nous voulons, jusqu'au bout, constituer le barrage de la négociation au-devant de la guerre. Nous ne voulons — car ce serait une erreur — délivrer le prolétariat allemand en lui opposant, dans les tranchées, le prolétariat français. »

Le 22 juillet 1939, encore, Jean Le Bail revient sur ces notions de « bloc autarcique » et de « bloc ploutocratique » dans son article intitulé *Fermeté ou négociations ?*

Mais tout comme Maurice Deixonne, l'adhésion réaffirmée aux thèses pacifistes en 1939 ne déboucha pas sur la tentation vichyste de certains des membres de sa génération pacifiste. Ce qui lui permettra après la guerre [16] de poursuivre son implantation en Haute-Vienne : il en sera tour à tour député puis sénateur, et assurera parallèlement les fonctions de directeur politique du *Populaire du Centre*. En 1958, il prend parti dès le début contre le général de Gaulle, à l'inverse de la majorité de sa fédération. Lors du référendum de septembre 1958, celle-ci, réunie en congrès fédéral, avait décidé d'appeler à voter oui, par 57 mandats contre 42, et la SFIO, dans ce département, avait fait campagne pour les élections législatives suivantes sur le thème : « Le Parti socialiste à l'avant-garde de la Ve République. » Se considérant désavoué par les siens, Jean Le Bail démissionna de son parti et ne brigua pas un

---

14. *Le Populaire*, 27 décembre 1938. La motion défendue par Léon Blum affirmait : « Le Parti déclare qu'il participe totalement et sans réserve à la défense du pays contre toutes les agressions entreprises qui menaceraient l'intégrité de son territoire, la plénitude de sa souveraineté et son indépendance politique. Sur ces points, aucune transaction, aucune concession exigée sous menace de guerre, ne serait supportable » (*ibid.*). Cette motion obtint 4 322 mandats sur 8 233 (cf. par exemple, Nathanael Greene, *op. cit.*, p. 244, et Jacques Bariéty, « Léon Blum et l'Allemagne (1930-1938) », *Les relations franco-allemandes 1933-1939*, Éditions du CNRS, 1976, p. 55).

15. Jean Le Bail, intervention au Conseil national de la SFIO le 4 mars 1939 reproduite dans *Le Populaire* du 5 mars 1939.

16. Les communistes limousins l'accuseront à maintes reprises après la guerre d'avoir adopté durant l'Occupation une attitude attentiste. Il ne faut cependant pas perdre de vue la toile de fond de ces accusations, en d'autres termes l'hostilité réciproque qui opposera tout au long de la IVe République le député socialiste non seulement aux communistes locaux, dans un département où la lutte entre les deux partis du mouvement ouvrier continua d'être forte à cette époque, mais aussi à l'appareil national du Parti (il fut, semble-t-il, le seul membre de l'Assemblée nationale à refuser de se lever en mars 1953 pour rendre hommage à Staline décédé). Contentons-nous ici de verser au dossier le témoignage de Georges Lefranc : venu le voir à Paris en 1942, Jean Le Bail déclara à son camarade de promotion qu'il était membre de l'Armée secrète (conversation avec l'auteur, mai 1983 ; les archives de Georges Lefranc — *Éphémérides*, une sorte d'agenda à l'échelle des décennies — indiquent en tout cas une visite de Jean Le Bail le dimanche 4 janvier 1942). Par ailleurs, l'*Annuaire* de 1966 signale, de façon, il est vrai, quelque peu sibylline, que « malgré l'attention soupçonneuse des autorités à laquelle le désignait son passé politique, il prit de sérieux risques pour aider des résistants, particulièrement lorsqu'on fit appel à lui au nom de la fraternité de l'École » (notice nécrologique rédigée par son beau-frère Sylvain Broussaudier, *loc. cit.*, p. 56).

nouveau mandat de sénateur. A cinquante-cinq ans, il retourna enseigner dans les classes secondaires du lycée Gay-Lussac de Limoges. Quelques années plus tard, en octobre 1965, un an après avoir pris sa retraite, atteint dans sa santé, il se suicida.

Le beau-frère de Jean Le Bail, Sylvain Broussaudier, fut lui aussi un « combattant de la paix »[17]. Au temps de sa jeunesse normalienne, il avait marié avec fougue, on l'a vu, le pacifisme socialiste et celui inspiré par les disciples d'Alain. A ce titre, son itinéraire ultérieur mériterait déjà attention. Et cette attention est d'autant plus requise que, jeune agrégé et professeur de lycée, il avait tenu à faire passer ce pacifisme, au cours des années 1930, dans sa vie et son engagement quotidiens.

Après une agrégation des lettres passée en 1927 et un service militaire effectué l'année suivante, Sylvain Broussaudier avait été nommé en 1928 au lycée de Roanne, puis l'année suivante à Oran, où il demeurera sept ans, à Nice enfin, au lycée du Parc Impérial, en 1936. Dans ces différents postes, il poursuit son engagement socialiste : il est, par exemple, président du Comité local du Front populaire à Oran au moment de la campagne électorale de 1936 et, un peu plus tard, il sera secrétaire fédéral de la SFIO pour les Alpes-Maritimes. Et c'est comme représentant de sa fédération qu'il assistera notamment au congrès de Royan, où il retrouvera, parmi les délégués, Georges Lefranc, Jean Le Bail et Maurice Deixonne, représentants de tendances diverses de la SFIO, mais comme lui ardents pacifistes. En opposition avec la majorité qui s'était dégagée à Royan, il passera au PSOP, à la différence de ses amis de Normale. Mais comme la plupart d'entre eux, il est en cette même année un « munichois » convaincu et militant.

Perce donc, à cette occasion, sous le socialiste, le militant pacifiste qu'il n'a jamais cessé d'être. C'est à Oran, surtout, que son action en ce domaine s'était déployée, au point même de défrayer quelque temps la chronique. Il y avait fondé, en effet, une section de la Ligue internationale des combattants de la paix qu'anime alors René Gérin, dont il devient l'ami quand celui-ci vient faire en 1933 des conférences pacifistes en Algérie. Le 18 mai 1933, par exemple, *L'Écho d'Oran* publie un article du capitaine Richard, chef départemental des Croix de Feu, où ce dernier reproduit la lettre qu'il vient d'envoyer aux ministres de l'Intérieur et de la Guerre. Il y accuse le « professeur Broussaudier » d'avoir allumé sur son balcon un feu de Bengale rouge pendant l'exercice de défense passive effectué dans la nuit du 12 au 13 mai et qui consistait notamment, dans le cadre de la lutte antiaérienne, en une extinction ou dissimulation de toutes les sources de lumière. Fait que reconnaît du reste l'intéressé, « citoyen français », dans sa réponse adressée à « Monsieur Richard » et publiée par *L'Écho d'Oran* du lendemain. Seule erreur selon lui : ce sont cinq feux de Bengale qu'il a placés sur son balcon et il a, de surcroît, allumé ses phares d'automobile.

Un an plus tard, lors de nouveaux exercices de défense passive dans la nuit du 26 au 27 mai 1934, Sylvain Broussaudier se manifesta à nouveau. *L'Écho d'Oran* du lundi 28 mai signale, en effet, que des lampions furent aperçus sur

---

17. Nous avons pu consulter ses Mémoires dactylographiés, intitulés *Journal d'un combattant de la paix* (1978). Mais, eu égard à l'engagement contracté envers sa veuve, qui considérait que ces Mémoires n'étaient destinés qu'à la famille et aux amis proches, nous ne les avons pas utilisés directement dans les pages qui suivent.

son balcon. Ce constatant, « des membres des Jeunesses patriotes montent sur la terrasse de l'immeuble et parviennent à éteindre les lampions à l'aide de cailloux et de bidons d'eau ». L'exploit sera revendiqué le lendemain, dans un rectificatif publié dans le même journal, par « un groupe de Jeunesses du Front national », « intervenu pour mettre fin à la manifestation de M. Broussaudier ». Celui-ci, comme l'année précédente, utilisera pour se justifier un argument à ses yeux décisif : dans une lettre publiée par *L'Écho d'Oran* le 31 mai 1934 et signée « S. Broussaudier, membre du comité directeur de la Ligue des combattants de la paix, 37, boulevard Sébastopol, Oran », il constate qu'aucune loi n'oblige le citoyen à participer à ces exercices. Dès lors, les manifestations auxquelles il a participé — car, en mai 1934, son action ne semble pas avoir été seulement celle d'un isolé comme en 1933 — sont celles de « gens qui ont assez de bon sens pour vouloir assurer la paix autrement qu'en préparant la guerre (et en la préparant bien mal, par surcroît) ». Quant aux militants du Front national, par leurs pratiques, ils se conduisent en « apprentis hitlériens ».

Ces activités avaient fini par le priver de ses galons d'officier de réserve, acquis à Saint-Maixent en 1927-1928. Et c'est comme simple soldat qu'il est mobilisé à la fin de l'été 1939. Mais son combat pacifiste ne l'entraîne pas, durant le conflit qui commence alors, sur des pentes glissantes. Son ami Pierre Chambon, qui fut notamment son collègue à Oran, apporte, dans la notice nécrologique qu'il lui a consacrée, le témoignage suivant :

> « Il n'a jamais adhéré à la doctrine du pacifisme défaitiste et intégral, qu'il estimait favorable à toutes les démissions... (à la fin des années 1930) il continua, dans les limites étroites du possible, à militer pour la paix, du même cœur, mais avec moins d'espérance... Puis ce fut la guerre... Il répondit sans hésitation à l'appel : la lutte pacifiste avait été nécessaire, mais elle était dépassée : il reconnaissait son échec; il fallait maintenant, sans rien renier de ses efforts passés, suivre le sort commun [18]. »

Durant la bataille de France, il est blessé d'un éclat d'obus le 28 mai 1940 et cet ancien pacifiste sera même décoré de la croix de guerre 1939-1945.

La boucle était donc bouclée pour le chanteur des couplets antimilitaristes qui avaient fait scandale lors de la Revue de 1927. Et le remuant professeur — qui, démobilisé, avait repris son poste à Nice en octobre 1940 puis avait été nommé d'office, à cause de son engagement politique d'avant-guerre, au lycée de Cahors en février 1941 — se transforme, au sortir du second conflit mondial, en censeur (au lycée de Pau en mars 1945) puis commence une carrière de proviseur qui le conduira successivement à Blois (1946), Pau (1954) et Boulouris-Saint-Raphaël (1960).

Pierre Boivin avait lui aussi milité dans les années 1930 à la Ligue internationale des combattants de la paix [19]. Mais, à la différence de ses camarades pacifistes, il n'eut pas à affronter les révisions déchirantes ou les conséquences du pacifisme jusqu'au boutiste. Il est mort, en effet, le 12 août 1937, emporté à trente et un ans par un cancer.

---

18. *Annuaire* 1981, p. 82.
19. Cf. Pierre Boivin, *Choix d'Écrits*, Centre confédéral d'éducation ouvrière, 1938, p. XXXIII. Cette source est doublement précieuse : on y trouve, notamment, un recueil des « écrits politiques » du jeune normalien et une cinquantaine de pages de témoignages sur son action.

Huit ans plus tôt pourtant, à l'été 1929, l'avenir s'annonçait serein pour le jeune normalien qui venait d'être reçu à l'agrégation de philosophie, classé troisième derrière le futur couple Sartre-Beauvoir. Deux années de suite, il avait participé durant les vacances de Pâques aux rencontres franco-allemandes de Davos, et ce « Locarno de l'intelligence » semblait en harmonie avec une fin de décennie qui n'avait pas encore été ébranlée par la secousse qui partira quelques semaines plus tard des rives de l'Hudson.

Après son service militaire, Pierre Boivin avait été nommé en 1930 au lycée de Vendôme. La relative proximité de Paris lui avait alors permis de continuer à jouer un rôle de premier plan aux Étudiants socialistes et d'assurer la rédaction en chef de *L'Étudiant socialiste*. A la même époque, il appartient au noyau fondateur de Révolution constructive, et il est, du reste, l'un des trois cosignataires, avec Georges Lefranc et Maurice Deixonne, du manifeste publié en 1932 par le groupe chez Valois : il y avait rédigé les passages consacrés à « l'expérience russe » et au « combat syndical ». Et, en cette même année 1932, il est candidat socialiste aux élections législatives dans la première circonscription du Ve arrondissement (Sorbonne-Jardin des Plantes) et obtient 695 voix, soit 5,6 % des inscrits.

En octobre 1932, il est nommé à Béziers, où il retrouve Georges Lefranc, et il crée avec ce dernier un Collège du Travail dans la ville. Et tout naturellement, deux ans plus tard, son camarade « remonté » à Paris l'associera aux activités du Centre confédéral d'éducation ouvrière de la CGT et il professera, de ce fait, à l'Institut supérieur ouvrier quand, nommé à Laon en 1935, il est à nouveau à portée de Paris. A la même date, son père, Henri Boivin, était attiré vers le néo-socialisme, s'il faut en croire Georges Roditi qui note dans le numéro de septembre 1935 de *L'Homme nouveau :* « [Le néo-socialisme] a parfois conquis le cœur des pères : c'est ce qui s'est produit dans la famille Boivin, où le bouillant rejeton est resté SFIO et où le père est sagement allé aux néos, autrement modérés et raisonnables[20]. »

Le « bouillant » Pierre Boivin avait participé à plusieurs congrès nationaux de la SFIO A Avignon en 1933, Toulouse en 1934 et Boulogne-Billancourt en 1936, il est l'orateur de Révolution constructive. Il y défend surtout les thèmes de bataille de ce courant : à Avignon comme à Toulouse, il entend parler en tant que « moins de trente ans », membre de la « génération qui est venue au Parti après la scission » ; il stigmatise, dans le premier cas, « le malaise du Parti socialiste » dû à « la prédominance presque exclusive de la politique parlementaire et électorale », et médite, dans le second cas, sur « le dilemme : socialisme ou fascisme », en défendant l'idée d'un Plan, « le Parlement [étant] incapable de régler les problèmes économiques actuels »[21].

Mais c'est également son pacifisme qui est sensible dans ses contributions à la vie de son parti et au débat en son sein. Ainsi, au début de la décennie, il avait publié dans *L'Étudiant socialiste* une méditation très critique sur *L'Armée nouvelle* de Jean Jaurès. Affirmant qu'il y a dans cet ouvrage « des

20. Georges Roditi, « Mort ou naissance du néo-socialisme ? », *L'Homme nouveau*, 1er septembre 1935, p. 15. Georges Roditi remarquait à la phrase précédente que le néo-socialisme n'avait exercé aucune attraction sur « les éléments jeunes et vivants du socialisme, qui, déçus par la SFIO, auraient dû logiquement venir à lui. Comment aurait-il séduit de jeunes socialistes comme Lefranc ou Boivin qui aspiraient à un « socialisme héroïque », ou leur camarade belge Moulin, qui réclame un « socialisme nietzschéen » ?... ».

21. Ses deux interventions d'Avignon et Toulouse sont reproduites dans *Choix d'Écrits*, pp. 221-234.

accents presque guerriers qui nous choquent », il « répudie » la notion de « nation armée » et défend le désarmement, en concluant : « Nous les jeunes, nous ne le laisserons pas enfermer dans l'armoire genevoise[22]. » Et le changement progressif du climat international n'avait pas entamé, semble-t-il, cet optimisme. Son intervention au congrès extraordinaire de la SFIO le 1er février 1936 à Boulogne-Billancourt porte sur « la révision des traités ». Certains passages de cette intervention — improvisée — sont particulièrement éclairants :

> « Boivin :... Il faut que nous disions, d'une façon catégorique, que nous n'entendons pas faire de l'antifascisme une doctrine de politique extérieure, que nous ne voulons pas d'une guerre qui, demain, aurait pour but ou pour objet de porter la liberté à la pointe des baïonnettes...
> Grumbach : Mais, qui l'a dit ? Qui, dans le Parti, l'a jamais dit ? Citez un article, citez un discours d'un socialiste français qui ait jamais dit cela ! Contre qui faites-vous cette polémique ?
> Boivin : Je dis qu'il y a, à l'heure actuelle, un flottement et que ce flottement, un Congrès comme celui d'aujourd'hui doit le faire cesser.
> Grumbach : Je pense que le flottement n'existe que dans votre tête et dans la mauvaise direction... (*Applaudissements, bruits, protestations diverses.*)
> Le président : Je demande qu'on laisse continuer Boivin.
> Boivin : Je veux justement, je pense que la position que je soutiens ici ne devrait pas soulever une telle opposition de la part du Congrès ; elle est celle d'une organisation en qui nous pourrions avoir toute confiance : Je veux parler du *Comité de vigilance des intellectuels antifascistes*... Qu'il me soit permis... Camarade Grumbach, je n'ai pas de leçon de pacifisme à recevoir de vous ! (*Applaudissements.*)
> Le président : Je prie Grumbach de ne pas interrompre et de laisser le débat se poursuivre dans le calme... (*Bruits, interpellations diverses*).
> Boivin : Je répète que cette position est la position du *Comité de vigilance.* Je dis que, si le *Comité de vigilance* a été amené à prendre cette position, c'est parce qu'il y avait, au sein du Front populaire, une certaine inquiétude et qu'elle devait être dissipée. Et je réponds tout de suite à ceux qui pourraient dire qu'une telle discussion ferait le jeu d'Hitler, je réponds en disant que le jeu d'Hitler, et Paul Faure le disait dans son discours, ce qui a fait le jeu d'Hitler, c'est nos défaillances successives en politique extérieure ; c'est notre refus de désarmer ; c'est le refus de tous les plans de désarmement depuis 1919, qu'ils soient de droite ou de gauche[23]. »

C'est moins la croyance dans le désarmement qui frappe ici — ce thème figurait tout au long des années précédant le congrès au programme de la SFIO — que la référence au Comité de vigilance des intellectuels antifascistes, à une date où les éléments communistes, ou sympathisants, de cette organisation vont la quitter et où la tendance chartiériste est en train de lui imprimer une vocation de vigilance spécifiquement intérieure, les problèmes de politique extérieure restant marqués du sceau du pacifisme intégral. Certaines phrases de la conclusion de l'intervention de Pierre Boivin confirment, du reste, cette similitude d'analyse avec les disciples d'Alain :

---

22. Pierre Boivin, « Réflexion sur *L'Armée nouvelle.* I, L'Armée et la Nation ; II, Nation armée et désarmement », *Choix d'Écrits*, pp. 177-192 (repris de *L'Étudiant socialiste*, décembre 1930-janvier 1931), citations pp. 183 et 192.
23. Sténographie du congrès reproduite dans *Choix d'Écrits* pp. 247-252, citation pp. 250-251. L'intervenant est vraisemblablement Salomon Grumbach, député du Haut-Rhin de 1928 à 1932, et du Tarn de 1936 à la guerre.

« Il faut que nous disions que rien ne peut sortir de la guerre et que, à propos d'une guerre, quelle qu'elle soit, quel qu'en soit le prétexte, nous pensons que notre rôle, à nous, ce ne sera pas d'y participer, d'y collaborer ou de l'accepter. Ce ne sera pas de dire : " Nous devons pousser jusqu'à la défaite du fascisme allemand ", comme on a pu le dire dans certaines brochures éditées récemment. Nous pensons qu'en présence de la situation actuelle, nous ne pouvons pas nous réfugier dans l'équivoque. Il faut que, demain, dans la campagne électorale, nous disions que nous sommes prêts à réclamer un grand Congrès de la Paix. »

Quelques semaines plus tard avait lieu la remilitarisation de la Rhénanie, le 7 mars 1936. Peu après, en avril, Pierre Boivin rédigeait un article de politique extérieure destiné à une brochure collective de *Révolution constructive* qui ne fut en définitive jamais publiée. Le texte de cet article, inséré dans *Choix d'Écrits,* confirme bien qu'à cette date Pierre Boivin pense à l'unisson du CVIA :

« ... Les élucubrations d'Hitler dans *Mein Kampf* n'ont pas l'importance qu'on leur attribue; a-t-on coutume de voir les hommes politiques arrivés au pouvoir réaliser leurs promesses d'antan ?... Reste l'argument massue : " *Vous oubliez qu'Hitler est le bourreau du peuple allemand ; en traitant avec lui, en lui accordant ce qui avait été refusé à ses prédécesseurs, vous allez renforcer son prestige et, par conséquent, aggraver sa dictature intérieure.* " Ce n'est pas notre faute si les satisfactions nécessaires à l'Allemagne ont été refusées aux gouvernements républicains ; ce n'est pas notre faute si, aujourd'hui, Hitler est au pouvoir. Mais croit-on vraiment diminuer sa position, en refusant de traiter avec lui ? Comme l'écrivait déjà *Vigilance,* en novembre 1934 : " Toute excitation guerrière sert le fascisme. Si elle est dirigée contre un pays soumis au fascisme, il ne faut pas oublier qu'elle a pour premier résultat de grouper autour du gouvernement intéressé, même si ce gouvernement est lui-même fasciste, ceux des opposants dont les sentiments nationaux prennent le pas aussi bien sur leur esprit critique que sur leur conscience de la solidarité internationale. L'antifascisme ne peut donc être la justification d'aucune guerre. La guerre est la catastrophe suprême, et nous nous refusons à la jamais considérer comme inévitable. " Nous n'oublions pas, comme le rappelait opportunément le *Comité de vigilance,* que " la lutte contre le fascisme n'est jamais une lutte contre un prétendu ennemi du dehors. Le fascisme est, pour chaque peuple, l'ennemi du dedans ".
Une fois de plus, quitte à passer pour des radoteurs, nous répétons qu'on ne porte pas la liberté à la pointe des baïonnettes, que la guerre est le climat d'élection du fascisme et des États totalitaires, qu'elle est néfaste aux démocraties. Le fascisme, c'est la guerre ! nous dit-on. Sans doute, mais *la guerre, c'est le fascisme,* plus sûrement encore ! »

En note introductive à cet article, Georges Lefranc s'interrogeait en 1938 : « Notre ami eût-il maintenu toutes ses affirmations ? » Et il ajoutait ces mots, qui nous renseignent sur ses propres dispositions d'esprit aussi bien que sur celles de Pierre Boivin au cours de l'année scolaire 1936-1937 :

« Le déclenchement de la guerre civile en Espagne l'avait profondément troublé ; il ne le cachait pas en août 1936. Mais l'évolution même de la crise espagnole avait contribué à le ramener vers sa position antérieure ; ceux qui l'ont le mieux connu à ce point de vue peuvent en témoigner. »

Et c'est la raison pour laquelle, précise Georges Lefranc, est publié dans *Choix d'Écrits* en 1938 cet article « qui fut l'expression de sa conviction profonde ».
Le serait-elle restée en cette année de Munich ? Nul ne peut le dire. Entre-

temps, après la victoire du Front populaire, il était devenu chef adjoint du cabinet de son ancien condisciple du lycée d'Orléans Jean Zay, plus particulièrement chargé de l'enseignement secondaire. Mais, dès l'automne 1936, il était atteint d'un cancer, qui devait l'emporter au cours de l'été suivant, « dans d'atroces souffrances[24] ».

Incontestablement, comme pour Pierre Boivin, le pacifisme fut tout au long des années 1930 la « conviction profonde » de la branche socialiste de cette génération normalienne née vers 1905. Ses membres les plus engagés militèrent, on l'a vu, jusqu'à l'extrême fin de la décennie en faveur de la paix. Et si Georges Lefranc revient dans l'*Annuaire* de 1982 sur la question déjà posée en 1938 à propos de Pierre Boivin : « Qu'aurait-il pensé, qu'aurait-il dit devant les événements qui suivirent ? », c'est sans doute parce que ce problème de l'imprégnation pacifiste de cette génération est au cœur de sa propre existence.

Georges Lefranc en 1944-1945 : un « hiver glacial ».

Le 18 août 1944, Georges et Émilie Lefranc commencent, au lycée Henri-IV, les « cours de vacances » de l'Académie de Paris, destinés aux candidats à la session de septembre du baccalauréat. Émilie Lefranc est chargée de l'enseignement de la philosophie et son mari de celui de l'histoire. L'un et l'autre sont logés au dortoir du lycée, avec leur fils de quinze ans. Deux jours plus tard, le dimanche 20 août, au petit matin, ils sont tous les trois réveillés par des FFI et conduits au commissariat du Panthéon pour « vérification d'identité[25] ». Ils y passent une soixantaine d'heures — pieds nus car « il y a assez longtemps que les Allemands les chaussent » — avant d'être envoyés le 22 août dans l'après-midi au Dépôt, le 26 à la Santé, le 4 septembre à la caserne des Tourelles, boulevard Mortier, et le 19 septembre à Drancy. Georges Lefranc y restera deux mois[26] avant d'être transféré, le 20 décembre, à Fresnes. Il y passera un « hiver glacial » avant d'être libéré le 15 février, et son récit de prison se termine par ces mots : « Ici commence la liberté retrouvée. »

Mais pas la tranquillité recouvrée ! L'instruction judiciaire, en effet, suivait

---

24. Lettre datée de « septembre » 1937, adressée par Jean-Paul Sartre à son « charmant Castor » (cf. *Lettres au Castor et à quelques autres*, Gallimard, 1983, p. 169). Le philosophe ne montre pas une émotion particulière en annonçant cette nouvelle : évoquant la librairie Boivin dans sa lettre, il ajoute simplement : « Me trouverez-vous gâteux si, par association d'idées, je vous annonce que Boivin est mort dans d'atroces souffrances ? » Bien plus, dans une lettre adressée à la même correspondante le 3 mai 1937, il rapportait, sans en paraître autrement touché, ces propos de René Maheu : « Il s'est longuement réjoui, en descendant la rue de la Gaîté, parce que nous demeurions tous si pareils à nous-mêmes et que nos destins s'annonçaient taillés sur mesure. " Ainsi Boivin, m'a-t-il dit, Boivin va mourir d'un cancer à l'anus. Les médecins l'ont condamné. Il vient une fois par semaine à son bureau, il reste debout, s'il s'assied, il s'assied sur une fesse. Il mourra par l'anus et chef de cabinet de Jean Zay : n'est-ce pas un destin pour lui ? " Il en a passé quelques autres en revue : Nizan, etc. Il a conclu : " Ah la vie, mon petit camarade, la vie dépasse de loin tous les romans " » (*ibid.*, p. 127).

25. Nous nous fondons ici sur deux entretiens sur ce sujet avec Georges Lefranc (20 mai et 14 juin 1983) et surtout sur un texte rédigé par ce dernier à Drancy et Fresnes, qu'il nous a autorisé à consulter (*Dans le Trou, 20 août 1944-15 février 1945*, 121 pages dactylographiées, Archives Lefranc).

26. A la Santé, le jeune Pierre Lefranc sera, pour sa part, libéré et pourra faire sa rentrée scolaire en classe de philosophie au lycée Louis-le-Grand. Il entrera à l'École normale supérieure de la rue d'Ulm en 1948. Sa mère, Émilie Lefranc, avait été, elle, aiguillée vers le fort de Noisy-le-Sec, dont elle sortit à la fin du mois de janvier 1945.

son cours[27]. Convoqué par le juge d'instruction en janvier 1945 — il s'y rend « menottes aux poignets » —, il est placé quelques semaines plus tard en liberté provisoire, mais sans pouvoir reprendre son poste au lycée Rollin : il avait été, entre-temps, suspendu de ses fonctions. Et, en mai 1945, une commission académique rendit son verdict : cinq ans d'interdiction d'enseigner, même dans un établissement privé[28]. Bien plus, les poursuites judiciaires pour « intelligences avec l'ennemi » suivaient leur cours. « L'affaire Lefranc » avait pourtant bien failli être classée. Le 15 mars 1945, en effet, une décision du Commissaire du gouvernement de la Cour de Justice concluait en ce sens, avec, entre autres attendus, les remarques suivantes :

> « ... La lecture la plus attentive des articles ayant Lefranc pour auteur (articles où se trouvent traitées notamment diverses questions ouvrières, syndicales et pédagogiques) ne permet pas de relever même une seule phrase qui puisse être retenue comme constituant un acte de propagande en faveur de l'Allemagne.
> ... En résumé l'information n'a pas établi que Lefranc ait servi judicieusement[29] la propagande allemande. En conséquence, les faits d'intelligences avec l'ennemi relevés au réquisitoire introductif du 20 octobre 1944 ne paraissent pas établis.
> ... Il y a lieu, dans ces conditions, de classer l'affaire dans les termes prévus par l'ordonnance du 28 novembre 1944. »

Innocenté devant la juridiction de la Cour de Justice, Georges Lefranc fut toutefois traduit en Chambre civique aux fins de constatation d'indignité nationale. Y eut-il, à cette occasion, une manœuvre de certains de ses adversaires politiques d'avant-guerre ? C'est la thèse de Georges Lefranc. Toujours est-il que si manœuvre il y eut, elle aboutit. Il comparut une première fois, le 6 mai 1946, en Chambre civique. Celle-ci, après délibération, ordonna un supplément d'information. Lors d'une seconde séance le 9 décembre 1946, elle rendit sa sentence : cinq ans d'indignité nationale, qui rejaillirent automatiquement sur le statut professionnel de Georges Lefranc ; il fut révoqué de l'enseignement le 5 février 1947 et l'indignité nationale lui interdisait désormais de professer dans le privé comme il avait commencé à le faire.

Gracié en avril 1948 par le président Vincent Auriol, il peut reprendre son activité dans l'enseignement privé qui, s'ajoutant à diverses collaborations journalistiques, permit au couple Lefranc de subsister. Parmi ces collaborations, il y eut notamment un travail dans un organisme d'études du Mouvement de libération nationale, dirigé par Jean Gemälhing, compagnon de la Libération. Il fut surtout, à cette époque, tour à tour rédacteur, directeur des services de documentation, puis rédacteur en chef de la Société générale de presse sise 13, avenue de l'Opéra et dirigée par Georges Bérard-Quélin.

Amnistié, Georges Lefranc fut réintégré en 1951 dans le cadre des profes-

---

27. Nous nous fondons, pour ce paragraphe, entre autres sources, sur un autre document précieux, *L'Affaire Lefranc*, constitué de deux cahiers manuscrits, non datés et non paginés (en fait, deux grands blocs-notes « Rhodia »); Georges Lefranc, après avoir évoqué l'incarcération de son fils (*L'Affaire Pierre Lefranc*, 3 pages) et celle de son épouse, ainsi que les problèmes judiciaires et surtout administratifs rencontrés par cette dernière (*L'Affaire Émilie Lefranc*, 26 pages), y consacre 105 pages à *L'Affaire Georges Lefranc*.

28. Cette dernière clause fut rapportée par un arrêt du 19 octobre 1945 de la Commission nationale, qui maintint en revanche l'interdiction d'enseigner pendant cinq ans.

29. Georges Lefranc, qui reproduit ces lignes dans *L'Affaire Lefranc* (nous les reproduisons donc ici de seconde main, n'ayant pas consulté le document original), remarque en note à cet endroit : « Je n'ai jamais compris cet adverbe. Peut-être y a-t-il faute de frappe » (*loc. cit.*).

seurs agrégés des lycées de Paris et nommé au mois de mai au lycée Voltaire, où il demeurera dix-neuf ans, jusqu'à sa retraite. « L'affaire Lefranc » se soldait donc pour lui par six mois de détention, six années d'exclusion de l'enseignement public et une carrière ultérieure qui, pour un normalien bientôt quinquagénaire puis sexagénaire, agrégé d'histoire et géographie en 1928, resta cantonnée aux classes secondaires, sans accession à une hypokhâgne ou à une khâgne, à une époque où celles-ci se multipliaient dans les années 1950 et 1960.

Nous n'avons naturellement pas vocation à revenir sur la chose jugée. Reste qu'il y eut à l'origine une accusation d' « intelligences avec l'ennemi » et que Georges Lefranc fut frappé d'indignité nationale, avec, notamment, les conséquences que l'on vient de voir. D'où cette question, qu'il paraît difficile d'éluder : qu'en a-t-il été dans la réalité ? Pour y répondre, un document est précieux, on l'a dit : *L'Affaire Lefranc.* A condition, bien sûr, de ne pas perdre de vue qu'il s'agit, consciemment ou inconsciemment, du dossier à décharge d'un homme qui estime avoir été victime d'une injustice à la fois judiciaire et historique et qui a donc été blessé à la fois comme personne privée, comme citoyen, comme militant socialiste, et sans doute aussi comme historien[30].

Georges Lefranc écrira, plus tard, n'avoir jamais eu de contact avec les Allemands et n'avoir jamais adhéré à aucun organisme de collaboration ni à aucun parti de l'Occupation[31]. Force est de constater, en tout cas, et la teneur des extraits du rapport du Commissaire du gouvernement en date du 15 mars 1945 cités plus haut en fait foi, que ce sont ses articles écrits pendant l'Occupation et non d'éventuels contacts ou adhésions qui lui valurent les poursuites de la Libération. Ces activités journalistiques eurent surtout comme supports *L'Œuvre* de Marcel Déat et *Le Rouge et le Bleu* de Charles Spinasse. Durant l'été 1940, Marcel Déat écrivit en effet à Georges Lefranc, qui se trouvait à Nantes, en le priant de passer le voir à son retour à Paris. Dans l'entretien qui suivit, le futur leader du Rassemblement national populaire proposa une chronique hebdomadaire dans *L'Œuvre* pour défendre le syndicalisme au professeur du lycée Rollin, et ce dernier accepta l'offre. Il signa d'abord, pendant plus d'un an, ses articles du pseudonyme de Pierre Thomas — qui servit aussi, parfois, à Georges Albertini ou Henri Vieilledent, ce qui rend tout inventaire de ces articles hasardeux —, avant de se voir proposer par André Guérin, revenu à *L'Œuvre* à son retour de captivité, la tribune pédagogique abandonnée par le normalien René Château qui venait de fonder *La France socialiste.* Il écrira désormais sous le pseudonyme de François Lebon et son premier article « pédagogique » parut dans le numéro du 27 novembre 1941 sous le titre : « Comment devenir instituteur et professeur d'enseignement moderne[32]. » Ses articles l'exposèrent, selon lui, à l'ire d'Abel Bonnard

30. Georges Lefranc est devenu chevalier de la Légion d'honneur en 1970 et il a été élevé au grade d'officier, au titre du premier ministre, en juillet 1984. Il est mort le 30 avril 1985.

31. Dans *L'Affaire Lefranc,* il écrit qu'il fut, durant le conflit, convoqué une fois à l'ambassade d'Allemagne par le docteur Grosse, chargé de superviser le secteur syndical et social, et que ce dernier lui déclara : « Nous savons très bien que vous n'êtes pas avec nous. Et maintenant vous êtes informé. » Philippe Burrin, se fondant sur les archives allemandes, a établi que les rencontres restèrent certes épisodiques mais dépassèrent ce seul contact (entretien avec l'auteur, mai 1987 et juin 1988).

32. François Lebon, « Comment devenir instituteur et professeur d'enseignement moderne », *L'Œuvre,* jeudi 27 novembre 1941, p. 2, dans la rubrique « L'École à l'Œuvre ». L'article est avant tout un exposé d'information sur certaines filières conduisant aux carrières d'enseignement. D'autres articles, sans être pour autant « engagés », étaient moins « techniques » : ainsi « En quête d'une morale » publié dans *L'Œuvre* du mercredi 9 juin 1943 (p. 2).

et seul l'appui de l'inspecteur général Henri Boucau, qui avait été quinze ans plus tôt son directeur de stage d'agrégation au lycée Condorcet, l'aurait sauvé d'une révocation ou d'une suspension. Il cessa sa collaboration à *L'Œuvre* au début de l'été 1944, quand André Guérin passa les lignes alliées et rejoignit l'armée anglaise aux environs de Caen.

Georges Lefranc écrivit également dans *Le Rouge et le Bleu* de Charles Spinasse. Cinq ans plus tôt, il avait suppléé ce dernier, devenu ministre du Front populaire, dans sa chaire d'histoire du travail au Conservatoire des Arts et Métiers. Et quand Charles Spinasse conçut le projet de créer cette « revue de la pensée socialiste française » à partir du début du mois de novembre 1941, il lui proposa de participer à l'entreprise. Celle-ci dura dix mois, du n° 1 du 1er novembre 1941 au n° 43 du 22 août 1942 ; Georges Lefranc y écrivit une dizaine d'articles et notamment, en juin 1942, une série consacrée à l'éducation ouvrière[33]. Charles Spinasse avait dû insister pour obtenir sa collaboration à l'hebdomadaire et dissiper ses scrupules. En atteste, par exemple, cet extrait d'une lettre qu'il lui écrivit le 21 novembre 1941 :

> « Ne croyez pas que nous soyons si loin l'un de l'autre. La Charte m'a déçu, c'est vrai, dans son esprit (l'esprit de Vichy) plus que dans sa structure. Mais je pense qu'il faut la prendre telle qu'elle est et s'efforcer d'en tirer plus et autre chose que certains de ses auteurs n'ont voulu y mettre. Je désire d'ailleurs qu'une extrême diversité de pensée apparaisse dans la revue. Notre but n'est-il pas de définir une doctrine sociale respectueuse de notre tradition et de ses libertés de tous ordres auxquelles nous restons attachés, une doctrine qui soit pourtant adaptée à la vie européenne, encore si incertaine, qui est devant nous ? Et comment l'atteindrions-nous sans le concours de tous ceux qui ont le même souci, la même angoisse de l'avenir ? Cela me permet de vous dire, une fois de plus, combien je souhaite votre collaboration, fréquente au moins, en attendant d'être régulière[34]. »

Cette lettre est à porter au dossier de l'étude des motivations d'une gauche plus tard qualifiée de « collaborationniste ». Plutôt que d'en proposer ici une exégèse que le caractère fragmentaire de l'extrait rendrait de toute façon artificielle, relevons, entre autres arguments invoqués, une invitation explicite à la politique de la « présence ». L'argument porta sans doute car une telle analyse, on le verra, était partagée par Georges Lefranc et joua sans doute un rôle important dans l'attitude qu'il adopta après 1940[35].

---

33. « On reparle d'éducation ouvrière », *Le Rouge et le Bleu*, n° 32, 6 juin 1942, pp. 1 et 11, « Doit-on ressusciter les collèges du travail ? », n° 33, 13 juin 1942, p. 7 (il y est notamment écrit : « Quels désastres on aurait épargnés à ce pays, et au peuple de ce pays, si l'on avait partout résisté avec la même énergie aux entraînements bellicistes ! Nous l'avons dit et redit, avant Munich, après Munich. La guerre engagée dans les conditions où elle le fut en 1939 ne correspondait pas aux forces réelles de la France ; la passion qui soulevait les meetings méconnaissait ce qu'étaient réellement les régimes totalitaires. Mais qui donc se souciait de connaître ? L'étude même semblait une abdication »). « A ceux qui craignent une Académie », n° 34, 20 juin 1942, p. 11, « Promotions légitimes, évasions nécessaires », n° 35, 27 juin 1942, p. 5, « Pour former les élites ouvrières », n° 36, 4 juillet 1942, p. 7, avec, en conclusion de cette série d'articles, ces mots : « Souvenez-vous, amis de Pontigny, de la vieille inscription au mur de la vieille abbaye, qui, tant de fois, abrita nos inquiétudes et nos recherches, *Nec pristine periit pietas.* La ferveur d'autrefois n'est pas morte. Elle allumera d'autres foyers » (*loc. cit.*).

34. Extrait d'une lettre de Charles Spinasse à Georges Lefranc datée du 21 novembre 1941, reproduit dans *L'Affaire Lefranc.*

35. Georges Lefranc a écrit également une dizaine d'articles dans *La France socialiste.* Là encore, il s'est souvent agi d'articles sur l'éducation ou bien d'analyses de livres (Ernest Labrousse, Adrien Dansette ou Édouard Dolléans, s'il faut en croire *L'Affaire Lefranc*) ou encore d'un « Jaurès toujours vivant » (*Ibid.*). Il écrivit aussi, entre autres, dans *La Vie industrielle* (10 octobre 1942), *Chantiers* (en 1942-1943), *L'Organisation corporative* (pendant la guerre, il avait, d'après *L'Affaire Lefranc*, donné

Il est difficile, à quarante ans de distance, de reconstituer les raisons qui ont déterminé, durant la Seconde Guerre mondiale, cette attitude. Georges Lefranc en a toutefois proposé, au détour d'une page de ses souvenirs dans laquelle il procède à l'« analyse d'un état d'esprit », une interprétation[36]. Au départ préexiste un profond pacifisme, qui sous-tend son action tout au long de l'entre-deux-guerres. D'où une attitude « munichoise », courageusement assumée quatre décennies plus tard. Et surtout, après mai-juin 1940, la conscience que cette guerre non souhaitée était perdue. Dès lors, explique Georges Lefranc, « nous ne voulions surtout pas que [le pays] fût rejeté dans le conflit et qu'il connût un sort analogue à celui de la Pologne. L'hémorragie de 1914-1918 l'avait laissé exsangue. Nous ne voulions pas de nouvelles hécatombes ».

A cette réaction instinctive, nourrie par le pacifisme de l'entre-deux-guerres, s'ajoute une analyse plus élaborée, que son auteur présente dans les termes suivants :

> « On entre dans l'histoire les yeux fixés par le passé, disait Paul Valéry. Beaucoup de *syndicalistes de la CGT ont vécu le drame de 1940 en pensant au précédent de 1914-1918*[37]. Deux traditions s'étaient alors créées, se partageant le mouvement syndical :
>
> 1° *La tradition de la pratique de la présence,* qui ne devait trouver son nom que plus tard, mais qui, dès 1914, a été sentie comme une nécessité et pratiquée par Jouhaux et ses amis. Elle consiste pour les militants syndicaux à être *présents partout où les intérêts du travail peuvent être efficacement défendus.* Un texte avait même été voté à Toulouse en mars 1936, qui codifiait en quelque sorte cette pratique.
>
> 2° *La tradition d'opposition à la guerre* (non pas tant au principe de la guerre qu'à sa conduite « jusqu'au bout ») et de recherche d'une paix de compromis avait été créée par Merrheim, Bourderon (présents à Zimmerwald en 1915) et défendue par Million, Dumoulin et Lenoir. Elle animait, dès septembre 1939, un certain nombre de syndicalistes, soit à *Syndicats,* soit à *La Révolution Prolétarienne. Quoi d'étonnant à ce que des militants aient eu l'obscur sentiment que la présence à Vichy réconciliait dans l'action quotidienne les deux traditions opposées de 1914 à 1918 ?* Être présent à Vichy, c'était être présent près de la seule autorité alors reconnue comme légitime. Dans l'effondrement universel des institutions politiques, le syndicalisme demeurait la seule force, certes non pas intacte, mais encore utilisable. On pensait que, si quelque chose pouvait encore être sauvé, c'était par lui, à travers lui, même s'il fallait consentir la part du feu. »

Ce plaidoyer *pro domo* mérite attention et crédit. Attention, parce que nous avons déjà constaté à maintes reprises que la tonalité générale des souvenirs de Georges Lefranc et leur teneur résultaient moins d'un souci rétrospectif de justification, et, de ce fait, d'une mise en perspective volontairement déformante, que du souci d'un historien de métier de mettre en lumière le cours d'une vie en tentant d'en décrire les sources mais aussi les crues soudaines.

---

des conférences dans le « Collège syndical et corporatiste », filiale de l'Institut d'Études Corporatistes) et *Au travail,* créé en zone sud par le syndicaliste Louis Bertin (cf. notamment l'article du 12 juin 1943, que Georges Lefranc juge important car « exprimant la philosophie de son action » ; Sur *Au travail,* cf. l'étude de Michel Dreyfus, « Syndicats, nous voilà ! Le syndicalisme vichyssois à travers un journal : " Au travail " » *in Vichy 1940-1944. Archives de guerre d'Angelo Tasca,* sous la direction de Denis Peschanski, Éditions du CNRS, Paris, Feltrinelli Éditore, Milan, 1986, pp. 93-110.

36. Cf. « Rétrospectives, III », *Cahiers de l'Ours* n° 119, avril 1981, p. 16. Georges Lefranc avait développé la même analyse devant nous, en novembre 1980.

37. En caractères gras dans le texte de Georges Lefranc.

Crédit aussi, parce que la même analyse apparaît également dans un autre texte de Georges Lefranc, manuscrit, on l'a dit, et non destiné, apparemment, à la diffusion, *L'Affaire Lefranc*. Il s'agissait, y répète-t-il, « d'une forme de *politique de la présence*[38] » : en effet, précise-t-il, comme au moment de l'Union sacrée, « il appartenait à ce qui restait de syndicalistes et de militants d'user des seuls moyens qui demeuraient à leur disposition pour maintenir ce qui pouvait être maintenu, sauver ce qui pouvait être sauvé, améliorer ce qui parfois pouvait l'être ».

Dans ces conditions, l'étude de l'itinéraire de Georges Lefranc est précieuse pour une meilleure connaissance des causes de l'attitude, au cours du second conflit mondial, d'une frange de socialistes et de syndicalistes. D'autant que le cheminement de ces derniers a parfois suscité chez les historiens français et étrangers des jugements très sévères.

Si « collaborationnistes de raison[39] » reste probablement une expression convenant pour nombre de ces cas, son usage devient excessif si l'on ajoute qu'un tel collaborationnisme « épouse le national-socialisme simplement parce qu'il y voit la révolution du siècle et qu'il ne conçoit pas d'abandonner les rênes du pouvoir à un moment où la réduction de son adversaire belliciste le laisse seul face à l'extrême droite[40] ». Ce sont naturellement les premiers mots de la citation qui appellent débat. Débat que doit susciter également l'analyse de Zeev Sternhell, qui écrit de Georges Lefranc, après avoir évoqué son rôle à Révolution constructive : « Dans les années qui viennent, Lefranc sera, aux côtés de Belin, l'un des piliers du planisme français, et l'un de ceux que la révolte contre l'ordre établi conduira également à la révolution, mais à une révolution qui déjà sera non plus " constructive " mais nationale[41]. » Dans le cas précis de Georges Lefranc, il y a là sans aucun doute un raccourci. Surtout s'il est précisé par ailleurs que « le planisme, en dépit du fait qu'il n'est jamais parvenu à conquérir ni la SFIO ni l'ensemble de la CGT, joue un rôle extrêmement important dans le long processus d'imprégnation fasciste et de destruction progressive du socialisme et de la démocratie dans la France des années 1930[42] ». D'autant que Sternhell ajoute l'année suivante : « Assu-

38. Souligné dans le texte manuscrit.
39. Jean-Pierre Azéma, *La collaboration*, PUF, 1975, p. 42.
40. Citation extraite de l'étude, par ailleurs excellente, de Marc Sadoun, *Les socialistes sous l'Occupation. Résistance et collaboration*, *op. cit.*, p. 95. Analysant un article publié par Georges Lefranc dans le numéro d'*Esprit* de juin 1940 (« Bilan de notre socialisme », par Georges Lefranc, de la CGT, *Esprit et le Voltigeur*, 8e année, n° 92, juin 1940, pp. 231-234 ; Georges Lefranc avait déjà écrit dans *Esprit* en juillet 1936, n° 46, « La reconstruction de la vieille CGT », pp. 489-502), Marc Sadoun constate : « Dans un article écrit avant que la défaite ne soit consommée, Georges Lefranc, en proposant le recours aux notions d'élite, d'autorité et de foi, et en affirmant la réalité du fait national, annonce la thématique qui dominera la pensée politique du gouvernement de Vichy. » L'observation est juste, à condition toutefois de la relativiser. On observera, en effet, que dans un article écrit durant la drôle de guerre (cet article n'est, en fait, que la réédition de celui publié dans *Syndicats* du 25 janvier 1940, n° 169, pp. 1 et 5, « Réflexions sur le récent Comité confédéral »), dans un pays engagé dans un conflit et au cours de mois décisifs, la mise en avant de telles « notions » n'est guère surprenante. Bien plus, certaines pages de *L'Étrange défaite* de Marc Bloch ou d'*A l'échelle humaine* de Léon Blum véhiculeront des valeurs proches, sans pour autant être suspectes de proximité avec la « thématique » vichyste. Georges Lefranc précise d'ailleurs dans son article : « Perrot a eu raison d'écrire un jour que *nul d'entre nous n'avait songé à édifier l'avenir sur la défaite de son pays* (*ibid.*, p. 233, le passage souligné étant en italiques dans le texte ; le Perrot évoqué étant vraisemblablement le postier syndicaliste Albert Perrot). Pour l'exégèse de cet article de Georges Lefranc, on se reportera aussi à la belle étude de Philippe Burrin, qui parvient sur ce point à des conclusions assez proches de celles de Marc Sadoun (*La dérive fasciste. Doriot, Déat, Bergery, 1933-1945*, Le Seuil, 1987, p. 323).
41. Zeev Sternhell, *Ni droite ni gauche. L'idéologie fasciste en France*, Le Seuil, 1983, p. 174.
42. *Ibid.*, p. 228.

rément, tous les planistes, tous les dirigistes ne deviennent pas fascistes, mais les planistes et les dirigistes qui associent autoritarisme au corporatisme, ceux qui au nom de l'" ordre " sacrifient le suffrage universel, les institutions parlementaires, la responsabilité de l'exécutif devant le législatif, les partis politiques et tous les autres rouages de la démocratie, glissent fatalement dans le fascisme. En vertu d'un même choix, on retrouvera un Belin ou un Georges Lefranc et tant d'autres hommes de gauche venus de la CGT travaillant à Vichy avec ardeur à une restructuration de l'économie et de la société françaises. Le hasard et les accidents de parcours font beaucoup moins bien les choses que l'on ne voudrait le dire[43]. »

La thèse du hasard, qui fait des clercs fascistes des Lacombe Lucien de la plume, est certes historiquement irritante ! Peut-on pour autant développer une thèse de la nécessité qui, par une bien curieuse autopsie, localise chez ces clercs, bien avant les premiers symptômes du mal, une sorte de bagage génétique qui ne pouvait qu'en faire — « fatalement » — des collaborationnistes ? Le débat, sur ce point, suit son cours. Il est, en tout cas, assurément excessif de faire de Lefranc un homme œuvrant à Vichy à une restructuration de l'économie et de la société.

De surcroît, rien, en réalité, n'était génétiquement programmé dès les années 1930. Ou, s'il faut remonter à cette décennie, c'est beaucoup plus vers le pacifisme que vers une « imprégnation » idéologique qu'il faut chercher. Entre les deux facteurs invoqués par Georges Lefranc, l'opposition à la guerre et la politique de la présence, c'est le premier qui semble déterminant. Et le second facteur lui-même, plus qu'à un ralliement politique, est d'ailleurs à rattacher au pacifisme. Le point de départ est que la guerre est perdue, qu'il faut en tirer les leçons, et accepter, notamment, le régime qui a fait la même analyse sur la défaite. D'où, par exemple, une incompréhension qui surgira bientôt entre ces ultra-pacifistes et des hommes comme Marcel Déat quand ces derniers parleront, à partir de 1941, de lutte armée contre le communisme. C'est, entre autres, pour cette raison, on le verra, que le pacifiste René Château rompra avec le directeur de *L'Œuvre*. Et si, comme l'a fort bien montré, entre autres, Marc Sadoun, l'anticommunisme est important dans l'évolution vers le vichysme de ces éléments venus de la gauche[44], on voit qu'au sein du collaborationnisme de gauche cohabitent deux attitudes que cet anticommunisme commun ne réunira jamais durablement.

Après 1941, le *Mourir pour Dantzig ?* de Marcel Déat sera oublié sinon renié par son auteur, tandis que la composante pacifiste restera toujours déterminante chez un Georges Lefranc. Cette composante était présente chez le jeune normalien de vingt ans, nous l'avions constaté, dès les années 1920. Et, loin de refluer au cours de la décennie suivante, elle s'était installée au cœur de l'engagement politique du militant de trente ans. Michel Bilis, dans son étude sur l'attitude des différents courants de la SFIO face au problème de la guerre et de la paix entre 1933 et 1939, classe, par exemple, Révolution constructive parmi les tenants du « pacifisme intégral[45] ». De fait, les articles de Georges

---

43. Zeev Sternhell, « Sur le fascisme et sa variante française », *Le Débat*, n° 32, novembre 1984, pp. 28-51, citation p. 37.
44. Marc Sadoun (*op. cit.*, pp. 42 sqq), au terme d'une analyse consacrée à l'immédiat avant-guerre, énumère, en effet, quatre « facteurs idéologiques » du « phénomène du socialisme collaborateur » : le pacifisme, l'anticommunisme, la référence au modèle national-socialiste et l'antisémitisme.
45. Michel Bilis, *Socialistes et pacifistes (1933-1939)*, réf. cit., pp. 117, 140, 146-147, 149, 240 et 286.

Lefranc dans *Syndicats* sont, à cet égard, significatifs, notamment sa série d'articles du printemps 1938 intitulée « Pour y voir plus clair » et dont la conclusion est, de fait, claire sinon aisée : « Il faut enfin construire la paix[46]. » A la question posée par Antoine Prost : « La tendance Syndicats : tradition pacifiste ou anticommunisme[47] ? », à laquelle l'auteur montrait qu'il fallait plutôt répondre par le second terme de l'alternative[48], il apparaît qu'il convient, dans le cas de Georges Lefranc, d'écrire : pacifisme, même si les rapports avec le Parti communiste ne jouent pas un rôle négligeable.

Et l'observation s'applique aussi, on l'a vu, à nombre de ses camarades normaliens. Au reste, ne notait-il pas dans l'un de ses articles de *Syndicats*, celui du 31 mars plus précisément : « Toute une génération, la nôtre, porte encore le poids de cinq années d'angoisses et de mensonges » ? On saisit mieux, dès lors, que quelques-uns de ces jeunes gens, après avoir appartenu dans la deuxième partie des années 1930 à des tendances différentes de la SFIO, se retrouvent sur la motion *Redressement* pour le congrès de Nantes de mai 1939 : Georges Lefranc et Maurice Deixonne, par exemple[49].

Le cas Lefranc présente toutefois un aspect spécifique, qui, là encore, explique que ce dernier ne s'en tint pas, comme certains de ses camarades, à une simple attitude de repli face aux événements, et qui, de ce fait, le plaça en première ligne à la Libération : son action à la CGT au cours des années 1930. C'est dans ce contexte qu'il faut, aux côtés du facteur pacifiste, prendre en compte le choix d'une « politique de la présence ». Aucun des anciens amis de Georges Lefranc à la rue d'Ulm n'avait, en effet, choisi de militer en milieu syndical avant la guerre — tout au moins au même niveau que ce dernier — et n'eut à se poser le problème de l'attitude à adopter face à Vichy. L'attitude qui fut en définitive la sienne fut aussi, en réalité, celle d'une part notable des syndicalistes non communistes de la CGT[50]. De la tendance « Syndicats » avant guerre à René Belin ministre du maréchal Pétain, se profilent un itinéraire que suivirent nombre de cégétistes et une généalogie au sein de laquelle s'intègre l'ancien élève de l'École normale supérieure.

Ce dernier se rattachait du reste implicitement à ce courant dans l'analyse qu'il fit à Drancy, dans deux pages de *Dans le trou*, de la collaboration syndicale :

> « Si, d'ici, il est parfaitement vain d'essayer de déterminer ce que pourra être le syndicalisme de demain, il n'est pas inutile de préciser ce qu'a été hier et ce qu'est aujourd'hui l'état d'esprit des syndicalistes internés.
> Ils sont ici pour deux raisons avouées. Parce qu'ils ont, à un moment donné, accepté la Charte du Travail, ce qui signifiait d'une part une révision (provisoire ou définitive ?) de leurs principes d'action, d'autre part une acceptation (provisoire ou définitive) du gouvernement de Vichy, aujourd'hui identifié avec la " collaboration " franco-allemande.

---

46. *Syndicats* du 30 mars 1938 (n° 77) au 25 mai 1938 (n° 85).
47. Antoine Prost, *La CGT à l'époque du Front populaire. Essai de description numérique*, A. Colin, 1964, p. 147.
48. *Ibid.*, p. 152; cf. également Marie-France Rogliano, « L'anticommunisme dans la CGT, Syndicats », *Le Mouvement Social*, n° 87, avril-juin 1974, pp. 63-84 (on lira aussi les réserves formulées, après la publication de cet article, par René Belin, « Correspondance », *Le Mouvement Social*, janvier-mars 1975, n° 90, pp. 150-152).
49. Cf. la liste des signataires de cette motion dans *Le Populaire* du 6 mai 1939.
50. Sept pages de *Dans le trou*, sont, du reste, nécessaires à Georges Lefranc pour évoquer « la CGT à Drancy » à la fin de 1944 (*op. cit.*, pp. 65-72).

L'histoire sans doute ne ratifiera pas les assimilations simplistes qui font fureur aujourd'hui. Ce qu'on englobe sous le vocable maudit de collaboration incluait au moins — dans l'ordre syndical — trois positions différentes :
— celle des anciens communistes, aujourd'hui doriotistes ;
— celle des adhérents du RNP de Déat, groupés autour de l'Atelier (avec Dumoulin, Lafaye, Ménard, Aimé Rey) ;
— celle des amis de " Syndicats " rassemblés autour de Belin.
Entre les trois équipes, de profonds fossés et de fragiles passerelles.
Ceux qui sont ici appartiennent surtout au troisième groupe. Pourquoi ? Parce qu'ils ne se sont pas cachés. Certains ont pensé qu'ils auraient à s'expliquer ; mais ils ont cru qu'ils se justifieraient aisément. Ils sont étonnés d'être détenus ; mais ils continuent à croire que justice leur sera rendue et même qu'ils reprendront leur activité. Erreur sans doute. Ils n'ont pas compté avec trois facteurs qui jouent contre eux :
— l'acharnement des communistes qui veulent se débarrasser de tous ceux qui demain pourraient se dresser contre eux (mais qui sont prêts à amnistier tous ceux qui leur donneront des gages, ce que ces hommes n'accepteront pas) ;
— l'ignorance syndicale de la plupart des hommes des nouvelles équipes au pouvoir qui, pour la plupart, connaissent mal la vie ouvrière et le mouvement syndical, qui sous-estiment le danger d'une poussée communiste dans le syndicalisme et qui le découvriront peut-être trop tard ;
— la suffisance de leurs anciens camarades de la CGT d'avant 1935 qui se croiront en mesure d'endiguer seuls la poussée communiste et qui ou bien pactiseront avec elle ou seront emportés par elle.

Pourquoi ces hommes ont-ils accepté en 1940 la présence de Belin au secrétariat du Travail et la Charte du Travail ? D'abord parce qu'en juin-juillet 1940 tel était l'avis de l'immense majorité du peuple français. Ensuite parce qu'ils ont eu, par ce choix, le sentiment de demeurer fidèles à deux traditions antagonistes du mouvement syndical pendant la guerre de 1914-1918 :
1) la tradition de la politique de la présence inventée par Jouhaux — il y a une nécessité, c'est que le syndicalisme soit présent partout où les intérêts ouvriers peuvent être défendus. Ligne de conduite confirmée en mars 1936 au congrès de Toulouse, à une seule condition, c'est que les représentants du mouvement soient mandatés par leurs organisations. Mais ne l'étaient-ils pas de leurs Fédérations ?
2) la tradition minoritaire de Merrheim refusant le chauvinisme et allergique au clémencisme[51]. Comment n'auraient-ils pas été choqués par le langage tenu en certaines circonstances à la radio de Londres, parfois par d'anciens pacifistes chaussant les bottes du Gustave Hervé d'août 1914 ?
Ces syndicalistes, ne l'oublions pas, ont connu les déclarations du Comité confédéral national de la CGT réuni à Toulouse en juillet, rayant des statuts tout ce qui concerne la grève et se mettant à la disposition des autorités pour la création d'une Communauté Française du Travail. Si, par impossible, le 15 juillet, Vichy avait demandé à Jouhaux d'être ministre, qui peut affirmer qu'il aurait alors refusé ? Il y a eu dans ces choix de la seconde partie de l'année 1940 une partie de hasard. Mais, les jeux faits, on risque d'assister aussi à un règlement de comptes entre clans opposés. Jouhaux ne pardonnera sans doute pas à ceux qui ont suivi Belin, pas plus qu'un baron féodal ne pardonnait à ceux de ses vassaux qui le laissaient pour suivre un autre suzerain. »

Ce long texte ayant été écrit à chaud, il est, de ce fait, éclairant à plus d'un titre. Si le pacifisme nous semble essentiel pour éclairer l'engagement de

51. « La politique de la présence » n'est donc pas la seule référence à avoir guidé maints syndicalistes. Dans une situation historique troublée, où le raisonnement par analogie historique est plus que jamais sommé de fournir des points de repère, une certaine tradition zimmerwaldienne a pu guider d'autres syndicalistes ou des militants socialistes.

Georges Lefranc, son hostilité au communisme n'est pas à négliger. Certes, il analyse la situation durant l'hiver 1944-1945, en ayant le sentiment que sa présence à Drancy est due à « l'acharnement des communistes », et de telles dispositions d'esprit le conduisent sans doute à fonder la plus grande partie de cette analyse sur le seul problème communiste. Il reste que cette place accordée à l'action des syndicalistes d'obédience communiste est également le reflet d'une lutte presque décennale menée contre eux au sein de la CGT depuis la réunification de 1936.

Lutte qui explique, du reste, « l'acharnement » communiste contre, notamment, les tenants du courant issu de « Syndicats ». Si la fin du texte cité suggère que des règlements de compte ont lieu également entre non-communistes de la CGT, Georges Lefranc et ses amis sont incontestablement dans la ligne de mire du Parti. Dans un texte rédigé en 1943 et présenté à cette date au nom du Parti communiste aux groupements de la Résistance, l'archicube Georges Cogniot avait attaqué son camarade ulmien et une note de l'édition publiée après la Libération précisait : « Ce pédagogue de *L'Œuvre* était le vieil agent hitlérien Lefranc, qui a tout fait, avant guerre, pour endormir l'esprit national de la classe ouvrière à l'Institut supérieur ouvrier[52]. » Et, un an plus tard, dix jours après l'arrestation du couple Lefranc, *L'Humanité* du 30 août se félicitera de ces « bonnes prises ». Un entrefilet intitulé « Trois bonnes prises » annonce, en effet :

> « Par ordre du ministère de l'Éducation nationale, au temps où Abel Bonnard y régnait encore, et sous le couvert du cours de vacances auquel ce couple devait participer, on avait hospitalisé dans les locaux de l'infirmerie du lycée Henri-IV, à Paris, les professeurs Lefranc, mari et femme. Il s'agit dans la personne de Lefranc de l'homme à tout faire de Belin et de Déat, collaborateur de *L'Œuvre* sous le pseudonyme de François Lebon, espion hitlérien longtemps déjà avant la guerre.
> Les FFI ont incarcéré le couple et il faut espérer qu'aucune indulgence ne viendra s'exercer à l'égard de ces ignobles individus... Trois bonnes prises[53] ! »

Un autre élément de contentieux existait, d'ailleurs, entre Georges Lefranc et le Parti communiste. Durant la drôle de guerre, tout en continuant ses cours au lycée Rollin, il avait été recruté au commissariat à l'Information dirigé par Jean Giraudoux. Il y rédigea notamment, en février 1940, une brochure de trente-deux pages intitulée *L'URSS est-elle vraiment la patrie des travailleurs ?*[54]. La réponse était sans appel. Les titres des trois parties étaient, en effet, dépourvus d'ambiguïté : « L'illusion de la libération ouvrière », « Le mirage du paradis soviétique » et « Le mythe de la société sans classes en URSS ». Et dès l' « Avant-Propos », y était durement attaqué un « gouvernement qui se donnait comme le plus grand défenseur de la paix » et que l'on

52. Georges Cogniot, *Esquisse d'une politique française de l'enseignement, présentée au nom du Parti communiste aux groupements de la Résistance*, s.l., 1945, p. 15, n. 1 (une note en première page de la brochure précise : « Le présent texte a été soumis aux groupements de la Résistance à la fin de septembre 1943. Nous reproduisons textuellement l'original. Seules les notes ont été adjointes pour l'actuelle édition légale »). C'est l'article du 9 juin 1943, signalé à la note 32, qui était reproché par Georges Cogniot au « pédagogue de *L'Œuvre* ».

53. *L'Humanité*, mercredi 30 août 1944, p. 2 ; la troisième « bonne prise » est le surveillant général du lycée Henri-IV.

54. Georges Lefranc, « L'URSS est-elle vraiment la patrie des travailleurs ? », *Les documents sociaux*, revue mensuelle, nº 1, 1er février 1940.

avait vu « s'associer d'abord à l'agression contre la Pologne, demander ensuite son pourboire, puis commettre lui-même contre la Finlande l'agression la plus caractérisée et la plus brutale ».

Dans le cas d'Émilie Lefranc, le contentieux avec le Parti communiste était peut-être moins lourd, en raison d'un rôle moindre joué avant la guerre au sein de la CGT. Il lui fallut, cependant, rendre des comptes à la Libération sur une « politique de la présence » qui la conduisit au cabinet de René Belin.

Depuis le Groupe d'études socialistes des Écoles normales supérieures, son itinéraire politique avait, jusque-là, épousé étroitement celui de son mari. Après son rôle aux Étudiants socialistes en 1929, après Genève et Béziers, elle enseigna comme lui, à partir de décembre 1932, à l'Institut supérieur ouvrier, qu'elle codirigea. En octobre 1939, elle avait été nommée à l'école primaire supérieure de Nantes et, en octobre 1941, au Collège moderne de Sens. Deux mois plus tard, elle acceptait d'entrer au cabinet de René Belin, secrétaire d'État au Travail. Ce dernier, selon Georges Lefranc, « avait voulu réagir contre la brimade dont elle était victime de la part des services de l'Éducation nationale qui lui refusaient dans l'agglomération parisienne, à cause de son passé syndicaliste, le poste auquel elle pouvait prétendre[55] ». Le point est confirmé par René Belin lui-même :

> « Émilie Lefranc m'ayant dit un jour le refus que lui opposait, pour des motifs politiques évidents, l'Éducation nationale de la nommer à Paris ou en banlieue, je lui demandai, en octobre 1941, de m'accorder sa collaboration, autant dans le dessein de renforcer l'équipe syndicaliste de mon cabinet et de donner suite à mon projet d'étude, que pour braver l'ostracisme dont elle était l'objet. »

Le « projet d'étude » évoqué était celui « des problèmes de l'éducation à l'usage de la classe ouvrière ». Et Émilie Lefranc ayant accepté ces fonctions de chargée de mission, convaincue qu'elle était de la nécessité d'une « politique de la présence », elle s'occupa de la revue de presse et également des « questions éducatives »[56].

Quand René Belin quitta le secrétariat d'État au travail en avril 1942 et fut remplacé par Hubert Lagardelle, il pria « instamment ceux des membres de [son] cabinet qui avaient une connaissance pratique des problèmes syndicaux de l'époque de lui maintenir leur concours » et « Émilie Lefranc répondit à cet appel[57] ». Elle joua alors, apparemment, un rôle important dans la mise en application de la Charte du Travail : elle collabora au *Bulletin de la Charte du Travail* et c'est, semble-t-il, « à son influence qu'est due la phrase : La Charte sera syndicaliste ou ne sera pas[58] ». Cette influence étant dénoncée par les tenants du corporatisme et des pressions contre elle se faisant de plus en plus vives, elle quitta le cabinet d'Hubert Lagardelle en juin 1943 et reprit son enseignement à la rentrée suivante, dans un établissement de la région parisienne cette fois, le collège Edgar-Quinet. Mais elle fut suspendue à la

---

55. Cf. « René Belin (1898-1977) », par Georges Lefranc, *Les Études Sociales et Syndicales* n°s 251-252, février-mars 1977, pp. 14-19, citation p. 18.
56. Témoignage de René Belin dans la plaquette *Émilie Lefranc 1903-1970* (99 pages, 1971, p. 67 ; cf. aussi p. 18). René Belin avait proposé à Georges Lefranc de venir à son cabinet mais le professeur du lycée Rollin avait décliné l'offre (cf. *L'Affaire Lefranc, op. cit.*).
57. Témoignage de René Belin, *op. cit.*
58. Témoignage de Georges Lefranc, *ibid.*, p. 18.

Libération et, on l'a vu, emprisonnée pendant plusieurs mois. Ce n'est qu'à la fin de janvier 1945 qu'elle sera remise en liberté. Le 31 janvier, par ailleurs, elle est convoquée devant une sous-commission d'enquête qui, en raison de son passage dans deux cabinets ministériels, propose la révocation sans pension[59]. Et deux semaines plus tard, le 14 février, le conseil académique d'enquête statue sur son sort en ces termes :

> « Militante syndicaliste connue avant 1940, Mme Lefranc a été chargée de mission aux cabinets des ministres René Belin et Hubert Lagardelle. Son exemple risquait d'entraîner vers la collaboration avec Vichy de nombreux militants syndicalistes. La demande de révocation sans pension faite par la sous-commission est approuvée à l'unanimité par le Conseil[60]. »

En revanche, au plan judiciaire, Émilie Lefranc sera acquittée en Chambre civique en janvier 1947[61]. En 1952, elle est réintégrée par le ministère de l'Éducation nationale et, quelques mois plus tard, une décision du Conseil d'État la rétablissait dans ses droits. La brochure *Émilie Lefranc 1903-1970* signale en effet :

> « ... le Conseil d'État, saisi par elle d'un recours, a décidé, le 28 novembre 1952 :
> 1° de casser la révocation pour " excès de pouvoir " ;
> 2° de la réintégrer avec tous les droits afférents à partir de la date de révocation ;
> 3° d'ordonner qu'il lui soit versé une indemnité en compensation du préjudice subi. »

Après avoir enseigné plusieurs années dans l'enseignement privé, Émilie Lefranc pouvait donc en 1952 faire sa rentrée au lycée d'Amiens. Elle retrouvera la région parisienne l'année suivante, c'est-à-dire neuf ans après avoir été suspendue puis révoquée, et enseignera encore quinze ans, notamment au lycée Octave-Gréard, jusqu'à sa retraite en 1968. Elle meurt subitement deux ans plus tard, en 1970, et certaines sources évoquent un suicide.

Le pacifisme chevillé au cœur et à l'esprit.

Ainsi, beaucoup des anciens membres ulmiens du Groupe d'études socialistes des Écoles normales supérieures ont gardé tout au long des années 1930 le pacifisme chevillé non seulement au cœur mais aussi à l'esprit. Ils ont tenu en effet, cette décennie durant, un discours sur l'état du monde réduit à une lecture dualiste des attitudes possibles : « bellicisme » ou pacifisme. La prégnance de ce sentiment pacifiste et le fait qu'il ait été érigé en système de pensée plongent leurs racines dans la dizaine d'années qui suivent la Première Guerre mondiale, durant lesquelles s'est ébrouée une nouvelle génération dont le pacifisme, on l'a vu, est consubstantiel : car si cette imprégnation pacifiste transcende naturellement le clivage des générations, les jeunes gens nés vers 1905 et parvenus à l'âge d'homme au moment de Locarno n'auront pas connu avant la turbulence historique des quinze années suivantes, à la différence des classes d'âge antérieures qui furent confrontées notamment à un autre avant-

59. *Ibid.*, p. 20.
60. Nous avons retrouvé ces attendus dans les « Papiers Pauphilet » (Arch. Nat. 61 AJ 109).
61. *L'Affaire Lefranc*, *op. cit.*, et *Émilie Lefranc 1903-1970*, p. 20.

guerre et au premier conflit mondial, d'autre environnement intellectuel et politique.

Cette lecture pacifiste du monde qui les entoure est manifeste en ce qui concerne leurs sentiments envers Léon Blum. Bien qu'appartenant à des tendances diverses de la SFIO, la plupart des jeunes normaliens semblent avoir d'abord éprouvé admiration et respect pour Léon Blum. Longtemps, en tout cas, ils n'ont fait preuve à son égard d'aucune animosité particulière. Après le tournant du congrès de Montrouge en décembre 1938, le ton change brutalement. Dans le numéro 5 de *Redressement* du 1er janvier 1939, par exemple, Maurice Deixonne attaque la tendance Blum[62], tandis que dans le même numéro Georges Lefranc évoque dans un article intitulé « Un verdict de peur » le blâme donné par la commission de discipline du parti à Ludovic Zoretti qui avait attaqué Léon Blum, et dénonce le « totalitarisme blumien ».

Par-delà les querelles de tendances, c'est vraisemblablement le pacifiste relaps à ses yeux, parce que retombé dans le péché de « bellicisme » du socialisme d'Union sacrée, que visait ainsi Georges Lefranc. Ce dernier nous a, du reste, précisé à plusieurs reprises que le discours de Léon Blum à Soissons le 15 novembre 1936 avait eu chez lui un grand retentissement. Ce jour-là, après avoir inauguré à Chaudun une stèle à la mémoire du fils de Jean Jaurès, Louis, mort au combat durant la Première Guerre mondiale, le Président du Conseil socialiste avait assisté à un banquet à Soissons, dans la circonscription de Georges Monnet. Dans son discours, il avait rendu hommage à l'œuvre de son ministre de l'Agriculture, puis médité à haute voix sur la pensée de Jean Jaurès face au problème de la paix et de la guerre, rappelant notamment une conversation durant laquelle le grand aîné lui avait déclaré :

> « ... Chaque fois qu'on peut éviter la guerre, il faut éviter la guerre. La guerre, c'est le mal ! La guerre ne peut rien engendrer de noble et de bon. Ce n'est pas d'elle que le genre humain peut attendre le bien ! Ce n'est pas la guerre qui est révolutionnaire, c'est la paix qui est révolutionnaire[63]. »

Trente-sept ans après, c'est peut-être Georges Lefranc qui ajoute à cette citation le commentaire suivant : « Cachées plus ou moins dans l'inconscient des militants, de quel poids pèseront ces remarques en 1938 ou en 1940 ? De ce point de vue aussi, le discours de Soissons du 15 novembre 1936 a une valeur historique[64]. »

Cette évolution des sentiments portés à Léon Blum en fonction des positions adoptées par ce dernier en matière de politique étrangère et de défense nationale n'est pas isolée. Nous la retrouverons, par exemple, chez un Claude Jamet[65]. Les attaques contre le dirigeant socialiste prendront d'ailleurs parfois des proportions inconnues jusque-là : un article du *Populaire du Centre* daté du 28 juin 1940, dans le fief de Jean Le Bail, prend manifestement pour cible Léon Blum : « Aujourd'hui plus que jamais, écrit Paul Boudeaud, il est nécessaire... que nous nous débarrassions de préjugés sentimentaux et de la

---

62. Maurice Deixonne, « Le double péril », *Redressement*, n° 5, 1er janvier 1939.
63. Cf. la reproduction de la deuxième partie de ce discours dans *L'Œuvre de Léon Blum* (tome 4, 1, 1934-1937, Albin Michel, 1964, pp. 373-379, citation p. 376).
64. *Hommage à Georges Monnet. « La pensée en action »*, plaquette hors commerce, s.d. (1983, semble-t-il), p. 54 ; apparemment, Georges Lefranc a joué un rôle essentiel dans l'élaboration et la mise au point de l'appareil critique de cette plaquette.
65. Cf. *infra*, chapitre XVII.

néfaste adoration de pontifes périmés. Le temps des messies est passé ainsi que celui des maîtres qui laissaient tomber de leurs lèvres des paroles définitives recueillies avec ferveur par les disciples. »

C'est sans doute ce poids du pacifisme qui explique, nous l'avons dit, certaines attitudes adoptées durant l'Occupation. Si l'héritage laïque et républicain des anciens membres du Groupe d'études socialistes des Écoles normales supérieures a joué la plupart du temps un rôle de garde-fou et empêché les dérapages dangereux après 1940, c'est au nom du pacifisme et aussi de la défense même de cet héritage qu'un homme comme Georges Lefranc a eu, semble-t-il, l'attitude qui lui sera reprochée à la Libération.

Et, dans cette perspective, deviennent davantage intelligibles les trajectoires contrastées que nous avons relevées à plusieurs reprises. Les circonstances de l'entrée de Georges Lefranc à la cinquième section parisienne de la SFIO en janvier 1925, notamment, prennent avec le recul un relief particulier. Non seulement en raison des destins divergents des deux parrains qu'avait ce soir-là le jeune normalien, Marcel Déat et Étienne Dennery, mais aussi parce que le même jour adhèrent à cette section trois autres normaliens : Jean Le Bail, Charles Le Cœur et Alfred Péron. Dix-neuf ans plus tard, l'arrestation de Georges Lefranc en août 1944 est chronologiquement encadrée par la disparition au combat un mois plus tôt de Charles Le Cœur dans les combats de la campagne d'Italie et celle d'Alfred Péron, mort d'épuisement en Suisse le 1er mai 1945 quelques jours après sa libération du camp de Mauthausen. Cet angliciste professeur au lycée Buffon, resté socialiste tout au long des années 1930[66], avait été arrêté par les Allemands le 16 août 1942 et déporté après un emprisonnement à Fresnes. Il sera fait chevalier de la Légion d'honneur à titre posthume avec la citation suivante :

> « Homme d'un grand courage et d'une magnifique clarté spirituelle, a assumé une lourde responsabilité dans la résistance avec de magnifiques qualités d'intelligence et de méthode. A contribué à fournir des renseignements d'une importance primordiale et a su rallier à la cause de la liberté un grand nombre de jeunes Français. Par son dynamisme, a animé le réseau Gloria. A fait preuve du plus grand calme lors de son arrestation et de ses interrogatoires au cours desquels, dans la souffrance, il a conservé toute sa dignité. Déporté en Allemagne, est mort en Suisse pendant son rapatriement, des suites de sa captivité[67]. »

Aux Étudiants socialistes également, parmi les proches des élèves de la rue d'Ulm, on peut relever des itinéraires très contrastés de jeunes étudiants non ulmiens. Ainsi en alla-t-il des traversées de guerre de Georges Albertini (1911-1983) et Robert Marjolin (1911-1986). Ce dernier — qui fut membre quelque temps de Révolution constructive — fit la connaissance des jeunes normaliens socialistes de sa génération après son adhésion à la FNES. Il n'avait guère, initialement, le même profil scolaire. Non bachelier, issu d'un milieu très modeste, il avait, sur les conseils de Georges Bourgin, préparé le diplôme de l'École pratique des hautes études, qui ne requérait aucun titre scolaire ou

---

66. Le 14 juillet 1938, par exemple, Jean-Paul Sartre est au Dôme, à Montparnasse : il fait « gris et terriblement républicain », et le philosophe rencontre son camarade de promotion Péron « revenu du défilé Front Populaire, avec une petite étiquette rouge à la boutonnière " Fidélité au serment. Application du Programme. Vive l'Espagne républicaine " » (Jean-Paul Sartre, lettre à Simone de Beauvoir, 14 juillet 1938, *Lettres au Castor et à quelques autres ; op. cit.*, p. 183).

67. *BSAENS*, n° 55, décembre 1947, p. 31. Alfred Péron fut aussi décoré à titre posthume de la croix de guerre avec palme, de la médaille de la Résistance et du « Certificate of Service » (*ibid.*).

universitaire préalable. Et cet ancien apprenti orthopédiste put dès lors commencer des études de philosophie. Remarqué par Célestin Bouglé — et il faut noter à nouveau les rapports entre les Étudiants socialistes, où les normaliens jouent alors un rôle important, et la « Docu » de la rue d'Ulm —, il obtint en 1932 une bourse Rockefeller et passa un an aux États-Unis. En 1934, il bifurqua vers l'économie et dut, pour cela, reprendre ses études de droit à leurs débuts. Grâce à Célestin Bouglé, il devint un collaborateur de Charles Rist. Il tint la rubrique économique du *Populaire,* sous le nom de Marc Joubert, avant de prendre momentanément ses distances avec la SFIO, en désaccord avec elle sur la politique économique du Front populaire. Au moment de la défaite du printemps 1940, il se trouve à Londres aux côtés de Jean Monnet. Rentré en France, il devint le chef de cabinet d'Emmanuel Monick, quand ce dernier fut nommé secrétaire général de la Résidence au Maroc. Passé en Angleterre en avril 1941, il vécut à Londres — où il écrivit dans *La France libre* sous le pseudonyme de Robert Vacher — puis aux États-Unis avec Jean Monnet. Agrégé des facultés de droit (économie politique) en septembre 1945, il sera commissaire général adjoint au Plan (1946-1948), secrétaire général de l'OECE (1948-1955) et vice-président de la Communauté économique européenne de 1958 à 1967[68].

Quant à Georges Albertini, lui aussi ancien membre des Étudiants socialistes[69], après avoir été dans les années 1930 secrétaire général adjoint de la fédération CGT et membre du secrétariat de la fédération socialiste de l'Aube et du Comité de vigilance des intellectuels antifascistes, il tint, sous le pseudonyme de Pierre Thomas — pseudonyme qui servit aussi, on l'a vu, à Georges Lefranc —, la chronique syndicale dans *L'Œuvre* de Marcel Déat[70] et écrivit aussi dans *L'Atelier.* Surtout, il assuma à partir d'octobre 1941 la direction administrative du Rassemblement national populaire, dont il devint par la suite le secrétaire général[71]. Directeur de cabinet en 1944 de Marcel Déat, ministre du Travail et de la Solidarité, il fut condamné à la Libération à cinq ans de travaux forcés. Gracié en 1948 par Vincent Auriol, il entrera à la banque Worms et fondera le bulletin *Est et Ouest.* Il sera, semble-t-il, un proche de Guy Mollet et Robert Lacoste puis, sous la Vᵉ République, de Pierre Juillet, Marie-France Garaud et Georges Pompidou[72].

---

68. Entretien avec l'auteur, 20 novembre 1980. Cf. aussi Robert Marjolin, *Le travail d'une vie,* Robert Laffont, 1986, *passim.*

69. Né le 13 mai 1911, Georges Albertini était à l'époque élève à l'École normale supérieure de Saint-Cloud. Il a adhéré aux Étudiants socialistes en 1930 (c'est la date qu'il donne dans la notice qu'il a lui-même rédigée en juin 1980 pour le *Dictionnaire biographique du mouvement ouvrier français,* les Éditions ouvrières, t. XVII, 1982, p. 63) ou 1931 (cf. son témoignage dans *Arts* n° 573, 20-26 juin 1956, p. 8, et la « notice biographique pour Mᵉ Maurice Paz » qu'il rédigea pour l'un de ses avocats à la Libération et qui est reproduite dans *Est et Ouest,* 35ᵉ année, n° 674, mai-juin 1983, « Hommage à Georges Albertini », pp. 11-15, plus précisément p. 12). Dans son cas également, le pacifisme semble avoir été déterminant : c'est, en tout cas, ce pacifisme qu'il présente rétrospectivement comme le moteur de son attitude sous l'Occupation (cf. Marc Sadoun, qui s'est entretenu à deux reprises avec lui en avril et juin 1978, *op. cit.,* p. 43). Sur la période de l'avant-guerre, cf. également le témoignage de Georges Lefranc, « Albertini avant 1940 », *Est et Ouest, op. cit.,* pp. 41-42.

70. Cf. Claude Varennes, *Le Destin de Marcel Déat,* Janmaray, 1948, p. 44. Claude Varennes est, en fait, le pseudonyme de Georges Albertini : cf. par exemple, son témoignage dans *Arts, réf. cit.,* ou dans la notice du *Dictionnaire biographique du mouvement ouvrier français, réf. cit.*

71. Cf. Marc Sadoun, *op. cit.,* pp. 98 et 101. Cf. également *Est et Ouest, op. cit.,* pp. 13-15.

72. Cf., par exemple, « Georges Albertini dans les coulisses du pouvoir », par Gilbert Comte, *Le Monde,* 10-11 avril 1983, et, surtout, Pierre Assouline, *Une éminence grise. Jean Jardin 1904-1976,* Balland, 1986, pp 267-274, et « Georges Albertini, l'éminence grise de l'anticommunisme » *L'Histoire,* n° 90, juin 1986.

Il reste que, si l'on peut observer parmi les anciens élèves de la rue d'Ulm quelques trajectoires contrastées, peu d'archicubes venus du Groupe d'études socialistes des Écoles normales supérieures ou des Étudiants socialistes ont été réellement compromis durant le second conflit mondial dans la collaboration ou le collaborationnisme[73]. Bien plus, certains d'entre eux ont été, au contraire, d'authentiques résistants — par exemple Alfred Péron, Albert Lautman ou André Kaan —, ou sont morts dans les forces de la France libre, tel Charles Le Cœur. A joué sans doute un rôle en ce sens le garde-fou laïque et républicain déjà évoqué : celui-ci était notamment constitué par une culture politique puisée aux sources d'un engagement précoce au sein de la SFIO, lui-même vivifié dans certains cas par la tradition familiale et, plus largement, par l'environnement intellectuel et politique que constituent les khâgnes et l'École normale supérieure des années 1920. Pour ces anciens élèves, c'est donc l'héritage de la rue d'Ulm « citadelle républicaine » qui a prévalu sur celui de la rue d'Ulm « serre pacifiste » et les a ainsi pour la plupart immunisés contre les effets extrêmes d'un pacifisme qui les baigna au temps de leur jeunesse.

C'est dire combien est grand le contraste avec les jeunes chartiéristes. Chez les disciples d'Alain, en effet, il semble bien que, dans nombre de cas, ce soit la face pacifiste de Normale qui l'ait emporté sur son versant républicain. Ou, plus précisément, leur militantisme de jeunesse, tout entier tourné vers le combat pacifiste, a progressivement phagocyté les autres aspects politiques de leurs vingt ans, entrisme dans les partis de gauche ou à la Ligue des droits de l'homme. Dès lors, l'antidote, au moment même où il aurait été nécessaire, avait disparu, dissous dans l'aspiration à être avant tout des « combattants de la paix ». En d'autres termes, leur pacifisme a été moins politique et accordé à l'air du temps, et par là même susceptible de se modifier, que celui de leurs camarades socialistes. Davantage vécu comme une donnée éthique, il a été posé en impératif catégorique et, dans ces conditions, les possibilités d'amendement de la doctrine et la marge de manœuvre étaient, par essence, faibles. Les seuls évolutions le furent au prix de douloureux retours sur soi et de ruptures avec la foi alinienne. Rien d'étonnant, dès lors, à ce que la mouvance des disciples du maître ait connu des itinéraires beaucoup plus contrastés que ceux des anciens élèves socialistes.

73. Sur l'attitude d'un certain nombre de socialistes durant l'occupation, *cf.*, outre sa thèse déjà signalée, l'analyse très fine de Marc Sadoun, « Les contraintes de la position », dans *Vichy 1940-1944. Archives de guerre d'Angelo Tasca, op. cit.*, pp. 51-67.

CHAPITRE XVII

Les disciples d'Alain en guerre mondiale

« Alain, ou l'École du Jugement. »
(Claude Jamet, *Images de la Littérature,* 1943, p. 117).

« Il [Alain] a formé des générations de jeunes Français dans une hostilité stérile à l'État, dans une ignorance presque volontaire des dangers qui menaçaient la nation... »
(Raymond Aron, *La France libre,* septembre 1941).

« Alain, professeur de lâcheté » ?

Après la mort d'Alain, le philosophe et normalien Jean (Toussaint) Desanti écrivit dans *Les Lettres françaises* du 14 juin 1951 un article intitulé : « Alain, professeur de lâcheté », dont la teneur était à l'unisson du titre : « le professeur de sagesse enseignait la démission et la lâcheté » et il a préparé ses élèves « malgré eux, à accepter la capitulation de Munich et à supporter toujours avec bonne conscience, parfois avec complaisance, le fascisme et l'occupation ». En effet, « pas de complicité avec la tyrannie. C'était le dernier mot de la sagesse. Il laissait le disciple nu dans le monde. Car lorsque vinrent les jours de l'horrible et vraie tyrannie, les jours d'Ascq et d'Oradour... maître et disciples trébuchaient ainsi de confusion en trahison ». Un quart de siècle plus tard, par-delà les changements d'engagement politique des époux Desanti, l'accusation demeurait. Le 15 avril 1977, Dominique Desanti concluait, dans les colonnes du *Monde,* un article sur la collaboration après avoir relevé les noms de Marcel Déat, Félicien Challaye et René Château : « Les disciples du philosophe Alain se distinguent [1]. » Elle s'attirait immédia-

1. Sur une éventuelle filiation intellectuelle et politique entre Marcel Déat et Alain, cf. *supra,* chapitre IX ; Alain et Félicien Challaye appartiennent à deux promotions normaliennes proches et s'ils ont été l'un et l'autre engagés dans le combat pacifiste dans l'entre-deux-guerres, il est difficile de faire du cadet un chartiériste et donc un « disciple » !

tement les foudres d'un lecteur qui lui opposait les noms de Jean Prévost, Simone Weil et Michel Alexandre.

La vigueur de ces attaques et la rapidité des réactions montrent que le sujet reste controversé. Et, pour cette raison, plus encore peut-être qu'en ce qui concerne d'autres groupes normaliens étudiés, notre démarche empirique de mise en place d'une typologie des itinéraires s'impose ici. Que devinrent, avec leur pacifisme, parfois, pour seul viatique, les figures les plus marquantes du groupe chartiériste ulmien des années 1920 quand éclatèrent les orages de la guerre ? Force est de constater que leurs attitudes furent diverses, et qu'avant eux, Raymond Aron, le premier, avait été opéré de ce que lui-même et d'autres aliniens considérèrent sans doute par la suite comme une cataracte qui entraîna l'opacité momentanée de leur vision politique et la cécité définitive de certains de leurs anciens amis.

Raymond Aron : précoce « reconversion ».

Bien qu'ancien élève du lycée Condorcet, Raymond Aron fut proche, au moins sur le plan intellectuel, du professeur de la place du Panthéon. Il baigna, de ce fait, dans un climat pacifiste et son éveil politique se fit à l'ombre des *Libres Propos*. Et à sa sortie de l'École, sa sympathie pour Émile Chartier et les chartiéristes demeurait intacte. L'article, évoqué au chapitre XIII, sur « l'influence d'Alain » publié dans *La Psychologie et la vie* en janvier 1929 était, à cet égard, significatif. Mais cet attrait du chartiérisme ne résistera pas à l'usure du temps et, surtout, à la montée des périls.

Si plusieurs textes permettent de baliser assez facilement cet adieu au pacifisme, l'abandon du socialisme — engagement qui caractérisa aussi ses années étudiantes — est plus difficile à jalonner. Raymond Aron ne précise pas explicitement, en effet, dans ses *Mémoires* jusqu'à quelle date il demeura dans la mouvance de ce socialisme initial, mais, de son propre aveu, ce fut au moins jusqu'au début des années 1930 : une telle imprégnation se prolongea, selon lui, « dix ans » après sa conversion à gauche en 1921-1922 et, « en octobre 1933 », la « reconversion s'était presque accomplie[2] ». En janvier 1931, en tout cas, un compte rendu de l'ouvrage d'Henri de Man *Au-delà du marxisme* qu'il rédige pour les *Libres Propos* reste encore marqué par une indéniable sympathie pour le socialisme qui doit « redevenir une réalité spirituelle », « considérer comme son devoir suprême de sauver les valeurs et l'humanité même du désastre » et « en réalisant une Internationale véritable, ...empêcher une guerre nouvelle ». Mais ce texte est également précieux à deux autres titres. C'est peut-être la première fois que Raymond Aron évoque le marxisme dans un texte imprimé, réplique liminaire d'un dialogue qui durera plus d'un demi-siècle. Les termes en sont plus balancés que par la suite : certes, « la pseudo-rigueur doctrinale d'un marxisme desséché ne vaut pas mieux que la fadeur d'un réformisme petit-bourgeois ou esthétique, dilettante ou jacobin », mais « un système philosophique ou social, comme le marxisme, même une fois dépassé, n'est pas seulement un fait historique. Il peut rester vrai, et comme méthode féconde de penser, et comme découverte définitive d'une " terra ignota " ou d'une valeur originale... ». Rencontre avec le marxisme,

2. Raymond Aron, *Mémoires*, Julliard, 1983, pp. 22 et 81. Dans *La Force de l'âge*, Simone de Beauvoir présente Raymond Aron comme socialiste au début des années 1930 (Gallimard, 1960, p. 34).

donc, mais aussi premières réflexions sur la civilisation industrielle, bien éloignées des futures *Dix-huit leçons sur la société industrielle*. Le socialisme doit en effet s'assigner pour tâche de « lutter contre les " scènes de la vie future ", c'est-à-dire empêcher que la " civilisation industrielle " ne détruise toute civilisation véritable ». Et Raymond Aron de reprendre à son compte, en conclusion, une phrase de Bertrand Russell citée par Henri de Man : « La grande tâche de notre époque est moins la lutte de classes des travailleurs contre le capitalisme que la lutte de l'humanité contre la civilisation industrielle. » Il semble bien, en fait, que plusieurs années se soient encore écoulées au-delà d' « octobre 1933[3] » avant que la reconversion s'accomplisse complètement. En 1938 encore, à sa soutenance de thèse, Raymond Aron aurait commencé son exposé de la thèse principale par ces mots : « Pourquoi suis-je socialiste ? Que signifie avoir une position politique ? Telles sont les questions que je me suis posées en étudiant le marxisme et l'économie politique[4]. »

Dans l'abandon du chartiérisme, en revanche, c'est moins l'économie politique que le séjour en Allemagne qui joua le rôle de catalyseur. Raymond Aron, retraçant dans la première partie de ses *Mémoires* son « éducation politique », insiste sur la bissectrice décisive du séjour en Allemagne de 1930 à 1933[5].

Et l'étude des textes écrits à l'époque par le jeune agrégé de philosophie confirme qu'il ne s'agit pas là d'une reconstruction, sur le tard, d'un itinéraire qui aurait été, en fait, moins cohérent. Le sentiment d'être entré désormais dans une zone de turbulence historique, le spectacle de la montée du nazisme, autant de facteurs qui l'ont effectivement amené rapidement et avant même le constat des exigences et des provocations hitlériennes, à rompre avec le pacifisme. Certes, la lecture attentive des articles envoyés d'Allemagne à *Europe* et surtout aux *Libres Propos* confirme chez lui la prégnance de l' « alinisme » au seuil de cette décennie des tempêtes ; mais elle reflète aussi, par endroits, une réflexion sur le pacifisme qui est le signe d'une progressive remise en cause du « refus affectif[6] ». Comme pour la datation précise de la distance prise vis-à-vis du socialisme, la périodisation fine de cette remise en cause dépasse les limites que nous avons fixées à cette étude. Bornons-nous à poser ici quelques jalons. La première « lettre d'Allemagne » est brève : dix-

---

3. Avant cette date, l'imprégnation socialiste affleure également dans d'autres textes que celui consacré à Henri de Man. Ainsi cette « Lettre d'Allemagne » datée du 29 janvier 1932 et publiée par les *Libres Propos* de février 1932 finit par ces phrases : « Quand appellerons-nous à nouveau force la force, droit le droit, et gros sous les droits sacrés ? L'asservissement des consciences au marxisme est déplaisant. Mais davantage encore la perpétuelle hypocrisie ou naïveté de la politique bourgeoise. Au reste, en trahissant sa vocation, la pensée bourgeoise se condamne : " Si le monde bourgeois s'effondre, c'est parce qu'il raille et nie les idées qui lui ont donné sa structure intellectuelle " (Thomas Mann) » (*Libres Propos*, n° 2, 6e année, février 1932, p. 91).

4. Témoignage du père Gaston Fessard — qui assista à cette soutenance et prit plusieurs pages de notes — dans *La philosophie historique de Raymond Aron*, Julliard, 1980, p. 42. Le compte rendu de cette soutenance publié dans le *Supplément* du numéro de juillet 1938 de la *Revue de Métaphysique et de Morale* (pp. 28-30) semble confirmer, dans son langage académique, ce témoignage : « M. Aron présente comme point de départ de sa thèse principale une réflexion toute personnelle sur les conditions du choix politique » (*art. cit.*, p. 29). Le problème qui se pose ici est, rappelons-le, celui du « socialisme » de Raymond Aron. En revanche, il semble avéré que la « reconversion » de 1933 n'a pas alors touché à son ancrage à gauche : le principal intéressé en convient du reste dans ses *Mémoires* (p. 81) et son vote en faveur du Front populaire au printemps 1936 est connu. Il en critiquera rapidement, il est vrai, la politique économique.

5. *Op. cit.*, p. 81.

6. Raymond Aron convient d'ailleurs de la persistance de cet alinisme plusieurs années durant, à l'époque de son voyage en Allemagne (cf. *Mémoires*, notamment p. 55). Et c'est dans le même passage qu'il emploie pour caractériser cette influence pacifiste l'expression « refus affectif ».

sept lignes dans le numéro de décembre 1930 des *Libres Propos*, adressées par « un jeune professeur en séjour d'études ». Le dernier article dans cette revue — si l'on exclut un compte rendu, postérieur, de *La Condition humaine* d'André Malraux — date de février 1933 et la mue, pour ce qui concerne le pacifisme alinien, semble à cette date terminée. Dans ses « Réflexions sur le " pacifisme intégral " », il écrit, en effet, que la « vérité » d'Alain « flotte entre ciel et terre » : prise de distance évidente d'un jeune intellectuel qui entend désormais, apparemment, « penser avec rigueur même les réalités qui font horreur à l'esprit ». L'évolution que consacre cet article est d'autant plus frappante que Raymond Aron y réfute la « thèse Challaye-Canguilhem », c'est-à-dire les idées développées alors sur le « pacifisme intégral » par son ancien camarade de la rue d'Ulm — celui-là même, on l'a vu, qui l'avait peut-être initié au chartiérisme — et par Félicien Challaye, que les *Libres Propos* avaient soutenu à plusieurs reprises au cours des années précédentes. Les textes donnés à *Europe* reflètent du reste la même évolution. Ainsi, son premier article en février 1931 restait profondément marqué par le pacifisme de ses années d'École. Vingt-deux mois plus tard, au contraire, il remarque dans le numéro de décembre 1932 : « Les formules du pacifisme universel ne sont, hélas ! plus de saison. » Et le texte du 15 septembre 1933 sur « La Révolution Nationale en Allemagne » n'a plus grand-chose à voir avec les premiers écrits de la période allemande[7]. Certes, l'objet de ces écrits, la situation politique allemande, a été entre-temps remodelé, mais l'auteur lui aussi a changé. Sous le pacifiste ont percé certains des traits du Raymond Aron de l'après-guerre.

Et un texte de 1937 permet déjà de préciser les contours de la nouvelle approche aronienne des phénomènes politiques, ou tout au moins ses fondations, car à cette date s'ébauche à peine sa réflexion sur le totalitarisme qui en constituera la clé de voûte. Dans le numéro d'octobre 1937 de la *Revue de Métaphysique et de Morale* sont publiées en effet par le jeune philosophe des « Réflexions sur les problèmes économiques français ». Outre des réserves formulées sur la politique économique du Front populaire, ce texte est essentiel parce que l'auteur y définit sa conception du rôle de l'intellectuel et que s'inscrit déjà en filigrane tout le débat Sartre-Aron, « incarnateurs » l'un et l'autre des deux grands versants idéologiques du paysage intellectuel des décennies d'après-guerre — le versant aronien étant longtemps resté l'ubac de ce paysage — et aussi de deux visions distinctes de l'engagement et de la responsabilité du clerc. Mais ce texte est également précieux pour conclure sur les relations avec Alain, avant même l'ébranlement du second conflit mondial. Dans son analyse, en effet, Raymond Aron attaque à nouveau ceux qui « agissent ou prétendent agir en clercs à seule fin de défendre des valeurs sacrées » ; car, « glissement inévitable », ils « se conduisent en partisans », « il n'y a pas toujours une affaire Dreyfus qui autorise à invoquer la vérité contre l'erreur ». Julien Benda est évidemment visé ! Mais Aron déplore aussi que « les masses qui leur font confiance ignorent que tel illustre physicien, tel écrivain célèbre, tel ethnologue réputé n'en savent pas plus long que l'homme

7. Raymond Aron, « " Autre impasse ", ou " Devoir Présent " », *Europe*, 15 février 1931, pp. 281-286, « Après les élections », 15 décembre 1932, pp. 625-630 (citation p. 629), « La Révolution Nationale en Allemagne », 15 septembre 1933, pp. 125-138. Raymond Aron a également écrit dans les numéros d'*Europe* du 15 février 1932 (pp. 295-304, « Nouvelles perspectives allemandes »), 15 juillet 1932 (pp. 489-498, « Allemagne, juin 1932 »), 15 décembre 1932 (outre « Après les élections », il y publie, pp. 647-648, un compte rendu de *La Fin du capitalisme* de Ferdinand Fried) et 15 février 1933 (p. 302, un bref compte rendu du livre d'un universitaire suisse sur Alain).

de la rue, sur les conditions de la reprise, qu'ils réagissent aux événements comme n'importe quel militant[8] » : allusion à peine voilée au triumvirat du Comité de vigilance des intellectuels antifascistes, Paul Langevin, Paul Rivet et Alain. Ce dernier n'est donc plus « Maître... en vérité », image à laquelle le texte de *La Psychologie et la vie* en 1929 n'était pas loin d'adhérer. Il restera pourtant, semble-t-il, par-delà les malentendus politiques, « maître... en esprit ». Sur la table de Raymond Aron, rapportera *Le Monde* au lendemain de sa mort, trônait, selon l'un de ses proches, « un portrait du philosophe Alain ».

Peut-on donc conclure à l'existence d'un Raymond Aron protoaronien ? La réponse, apparemment, ne peut être que positive. Mais, sous cette forme initiale, le jeune étudiant ne présente guère de spécificité : socialisant et pacifiste, il est en effet à l'unisson d'une fraction importante de sa génération normalienne. Ce pacifisme, qui, pour une part, est un pacifisme de révolte contre la grande saignée dont l'adolescence de cette génération fut sinon la victime au moins le témoin, est en même temps en harmonie avec son époque contemporaine de Locarno et d'une détente des relations internationales. Mais, mise en perspective, cette détente n'a été qu'un répit et ce pacifisme une illusion.

Et c'est là que surgit avec le recul l'originalité de Raymond Aron. Parti du même creuset pacifiste que nombre de ses camarades, il s'en détachera rapidement à la suite de l' « expérience choc » de l'Allemagne, qui déterminera chez lui une « intuition[9] » : l'Histoire se remettait en marche. Dans cette « éducation politique » — titre de la première partie des *Mémoires* —, le séjour en Allemagne de 1930 à 1933, en engendrant le « pressentiment de l'avenir » trace donc bien une bissectrice décisive. Et les facteurs de cette évolution — qui dépassent naturellement la période 1930-1933 mais y plongent leurs racines — sont divers mais convergents : spectacle de l'agonie de la République de Weimar, observation de l'installation du régime national-socialiste, montée progressive du danger de guerre, constat de la crise française et « obsession » de la « décadence », découverte de l'économie politique, et, en toile de fond, réflexion sur les philosophies de l'histoire — à la fois travail universitaire dans le cadre du doctorat et méditation personnelle — et influence de l'œuvre de Max Weber.

Pour beaucoup des jeunes hommes de sa génération pacifiste, et notamment les chartiéristes, le temps des reconversions — quand elles auront lieu ! — ne viendra que plus tard dans la décennie, lorsqu'il sera minuit dans le siècle. D'autres persisteront dans les dispositions de leur jeunesse et seront parfois engloutis, emportés par des dérives devenues incontrôlables. Ainsi, parmi les

---

8. *Revue de Métaphysique et de Morale*, t. XLIV, 1937, pp. 793 sqq., citations p. 793. Raymond Aron ajoute, deux lignes plus loin : « Pourquoi ne serait-il pas permis à quelques intellectuels de choisir le rôle d'observateur impartial ? » Faut-il déjà y distinguer la matrice du « spectateur engagé » ? Son auteur, en tout cas, considérait cet article, quarante-quatre ans après, comme son « premier article politique » et ne le « désavouait pas, tout au contraire, en 1981 » (entretien avec l'auteur, janvier 1981).

9. *Mémoires*, p. 150. « Intuition » que n'eurent pas, semble-t-il, certains de ses camarades, passés pourtant par Berlin en des temps encore plus troublés. Ainsi Jean-Paul Sartre, venu à l'Institut français de cette ville en 1933-1934 pour méditer sur les « rapports du psychique avec le physiologique en général » (cf. les dossiers venant de cet Institut à Arch. Nat. 61 AJ 202), y fut pratiquement indifférent aux événements politiques (cf. par exemple, son témoignage dans le film *Sartre* tourné en 1972 et sorti en 1976 : *Sartre ; un film réalisé par A. Astruc et M. Contat, texte intégral*, Gallimard, 1977, pp. 44-45). Durant la drôle de guerre, six ans plus tard, il notera : « J'eus des vacances d'un an à Berlin, j'y retrouvai l'irresponsabilité de la jeunesse... » (*Les Carnets de la drôle de guerre. Novembre 1939-Mars 1940*, Gallimard, 1983, p. 100).

élèves d'Alain, peut-on distinguer une gamme d'attitudes face à la montée des périls, avec des prises de conscience plus ou moins précoces, ou au contraire des vœux de pacifisme renouvelés jusqu'au cœur des années noires. Au premier cas de figure appartiennent, par exemple, Georges Canguilhem et Guillaume Guindey, tandis que René Château et Claude Jamet illustrent une foi dans le pacifisme maintenue et proclamée envers et contre tous.

Georges Canguilhem et Guillaume Guindey : l'adieu au pacifisme.

Georges Canguilhem avait été l'un des plus actifs chartiéristes parmi les normaliens des années 1920. Et son échec volontaire, à cette époque, au brevet de la PMS, pour avoir fait tomber sur les pieds de l'officier chargé de noter l'opération un trépied de mitrailleuse, était resté célèbre dans la mémoire collective des promotions de cette décennie. L'épisode lui avait, du reste, valu un service militaire long de dix-huit mois, de novembre 1927 à avril 1929, avec le grade de brigadier.

Il avait ensuite été nommé au lycée de Charleville. Le texte qu'il y prononce à la distribution des prix de l'année suivante [10], le 12 juillet 1930, en tant que plus jeune professeur de l'établissement, est un modèle d'impertinence feutrée. En présence des autorités municipales et académiques et des notables de la ville, il y commençait, en effet, son discours par ces mots :

> « Mes chers amis,
> Voici venu le quart d'heure de Socrate. Il me plaît d'appeler ainsi cet instant, que l'on peut dire inévitable dans la vie de tout professeur, où il lui faut affronter le grave et sévère aréopage formé par les vieillards, les puissants et les sages de la cité, afin d'y subir comme un jugement, préliminaire parfois, mais souvent différé, aux termes duquel l'opinion ratifie ou rapporte la confiance qui fut faite au maître dont la jeunesse suit les leçons. Socrate, vous le savez, dut répondre, devant l'association athénienne des parents d'élèves, d'un crime qu'il eut l'étonnant et naïf courage de ne pas reconnaître, et fut condamné à mourir pour avoir détourné les jeunes esprits, qui s'étaient faits ses disciples, des voies droites et saines dont toujours et partout la société s'est estimée gardienne infaillible et nécessaire. »

Puis il égratignait, quelques phrases plus loin, Maurice Barrès et Paul Bourget :

> « La fin du dernier siècle et le commencement du nouveau ont vécu sur l'idée que le prudent Bourget et l'assagi Barrès lui donnèrent du professeur de philosophie dans des œuvres, comme *Le Disciple* ou *Les Déracinés,* dont il n'est pas exagéré de dire qu'elles n'allaient à rien de moins qu'à faire du philosophe officiel des lycées le type accompli du destructeur d'âmes, involontaire sinon inconscient. De là à la ciguë il n'y a qu'un pas, qui n'a point encore été franchi, mais à l'égard duquel l'avenir n'est pas engagé. »

Mais l'intérêt essentiel de ce discours ne réside pas dans ces quelques piques susceptibles d'irriter certains parents d'élèves ou d'inquiéter l'inspecteur

10. Cf. *Discours prononcé par G. Canguilhem, agrégé de l'Université, professeur de philosophie, à la distribution des prix du lycée de Charleville, le 12 juillet 1930,* Charleville, typographie et lithographie P. Anciaux, 1930, p. 3. Ce texte, qui, apparemment, ne se trouve pas à la Bibliothèque nationale, nous a été communiqué par Jean-Michel Muglioni, professeur de philosophie en khâgne au lycée La Bruyère de Versailles.

d'académie. Encore que le dernier passage cité aille bien plus loin qu'une simple éraflure faite par un jeune normalien à des auteurs jugés par lui réactionnaires. Maurice Barrès, on l'a vu, attaquait, à travers le Bouteiller des *Déracinés,* Burdeau et Lagneau, ce dernier père spirituel, dans une certaine mesure, du chartiérisme. C'est donc un petit-fils de Jules Lagneau qui tente ici de le réhabiliter par discours de distribution des prix interposé [11].

Ce discours, en fait, permet surtout de mesurer l'influence d'Alain sur Georges Canguilhem au seuil des années 1930, six ans après sa sortie de la khâgne d'Henri-IV. Cette influence y apparaît, en effet, au détour de certaines phrases. Ainsi, dans un paragraphe consacré à Socrate, le jeune philosophe déclare : « Mais tout pouvoir corrompt tout dirigeant. C'est sans doute pourquoi les politiques présents et à venir ne comprendront pas mieux. On ne pourra cependant pas faire que la parole de Socrate ne retentisse inlassablement... » Ou *Le Citoyen contre les Pouvoirs* comme vision de l'Histoire ! S'il est difficile, faute de sources écrites, de reconstituer le cheminement intellectuel de Georges Canguilhem tout au long de la décennie qui précède la Seconde Guerre mondiale, ce discours nous fournit donc un jalon précieux : en 1930, le jeune philosophe demeure un disciple d'Émile Chartier. C'est d'ailleurs lui qui, en 1932, prend le relais, aux *Libres Propos,* de Michel Alexandre, très accaparé par la chaire d'hypokhâgne que l'on vient de lui confier au lycée Henri-IV [12].

A cette date, Georges Canguilhem est en congé à Paris. Nommé à Albi à la rentrée de 1930, il y a enseigné un an puis il a pris, en 1931-1932, un an de congé à Paris pour des raisons de convenance personnelle. Et sa proximité, à cette date, du pacifisme chartiériste est confirmée par sa participation, la même année, à la polémique autour des thèses soutenues par Félicien Challaye dans *La Paix sans aucune réserve.* Dans cette brochure, le professeur de philosophie du lycée Condorcet se prononçait pour le « pacifisme intégral », justifiait cette prise de position par une comparaison entre « les maux qu'engendre la guerre » et ceux « auxquels pourrait aboutir la renonciation à toute guerre » et concluait : « A mal absolu, remède absolu; pacifisme intégral, paix sans aucune espèce de réserve. » Théodore Ruyssen ayant répondu en prônant une « paix sous réserves », « dans la justice et la dignité », en d'autres termes « la Paix par le Droit », les *Libres Propos* rééditèrent, dans leurs « Documents », les pièces de la polémique et plusieurs textes additifs, notamment deux de Georges Canguilhem [13] très favorables aux thèses de Félicien Challaye. Cet alignement de Georges Canguilhem sur les thèses de Félicien Challaye était, du reste, si manifeste que quelques mois plus

---

11. Au reste, Georges Canguilhem fait, plus avant dans son discours, une allusion précise à Lagneau : « ... L'art suprême des amuseurs de toute sorte est de faire passer le calculateur pour un danseur. Vous savez qu'Aristophane, déguisant le philosophe en sophiste, le fit pour Socrate ; les Encyclopédistes de salon le firent pour Rousseau ; Barrès le fit pour Lagneau » (*Ibid.*, p. 5). Et Georges Canguilhem, d'ailleurs, de faire un peu plus loin dans son discours une citation de Lagneau édictée en ligne de conduite : « ce qui méritera d'être, sera » (*Ibid.*, p. 8).

12. D'après Jeanne Alexandre dans son « Esquisse d'une histoire des Libres Propos (Journal d'Alain) », *Bulletin* n° 25 de l'Association des Amis d'Alain, décembre 1967, p. 98.

13. Cf. *La Paix sans aucune réserve, thèse de Félicien Challaye, suivie d'une discussion entre Théodore Ruyssen, Félicien Challaye, Georges Canguilhem et Jean Le-Mataf, et des textes de Bertrand Russell et d'Alain sur la vraie et la folle Résistance,* « Documents des *Libres Propos* », cahier n° 1, 1932 ; les deux textes de Georges Canguilhem sont « Seconde riposte, ou fondements du refus de toute guerre nationale » (*op. cit.*, pp. 30-42, publié auparavant dans les *Libres Propos*, n° 2, 6ᵉ année, février 1932, pp. 95-103) et « Finale en sept points » (*Ibid.*, p. 55-59).

tard Raymond Aron, évoquant à son tour la polémique Challaye-Ruyssen, parlera, on l'a vu, de la « thèse Challaye-Canguilhem ».

Comment ce dernier est-il devenu, à partir de telles positions initiales, un « héros de la Résistance [14] » ? Entre-temps, sa carrière s'est déroulée à Douai (1932-1933), Valenciennes (1933-1935), Béziers (1935-1936) puis au lycée de Toulouse à partir d'octobre 1936. Il s'y est vu confier rapidement la khâgne, ce qui ne l'a pas empêché, parallèlement, de commencer des études de médecine, qu'il mènera à terme pendant le second conflit mondial. Au moment où débute ce conflit, ce professeur de khâgne de trente-cinq ans semble avoir depuis plusieurs années déjà pris ses distances vis-à-vis du chartiérisme « politique », c'est-à-dire un pacifisme réaffirmé jusques et y compris durant la drôle de guerre [15]. Selon Georges Canguilhem lui-même, il aurait eu « vers 1934-1935 la prise de conscience qu'on ne peut traiter avec Hitler » et aurait dès lors connu une « évolution [16] ». Il est difficile, on l'a dit, faute de traces écrites, de recouper ce témoignage personnel distant de près d'un demi-siècle de la période évoquée. Deux indices incitent cependant à lui accorder foi. D'une part, la signature de Georges Canguilhem n'apparaît plus dans les *Libres Propos* après mars 1934. D'autre part, à la veille de la guerre, Georges Canguilhem publie avec l'un de ses collègues, professeur au lycée de Marseille, un *Traité de Logique et de Morale* [17]. Le dernier chapitre de l'ouvrage est consacré à « La nation et les relations internationales » et « La guerre et la paix ». Certes, la table des matières ne précise pas qui, des deux professeurs, est l'auteur de ce chapitre. Mais il est plus que probable que, sur un problème aussi important et à une telle date, ces pages n'auraient pu être publiées sans l'assentiment des deux auteurs. Il semble, de surcroît, que le professeur toulousain soit l'auteur de ces pages. Y est, en effet, évoquée la « force » des analyses de l'anglais Norman Angell sur la paix et la guerre, dans *La Grande Illusion* en 1911 et *Le Chaos européen* en 1920. Or, dans un entretien avec nous, Georges Canguilhem avait longuement insisté sur l'influence de cet auteur sur sa prise de conscience pacifiste des années 1920.

Que disent les dernières pages du *Traité de Logique et de Morale?* « Les tenants du pacifisme intégral ne manquent pas d'arguments à faire valoir pour refuser la participation à toute guerre. » Et l'auteur d'énumérer ces arguments : « Disant d'une part que les guerres sont des affaires, bonnes en fait pour un petit nombre d'exploiteurs internationaux, mauvaises en fait pour la quasi-totalité des peuples qui y participent; disant d'autre part que la guerre opère toujours au sein des nations un fâcheux renversement des valeurs, car faite par la partie de l'espèce humaine la plus généreuse et la plus riche en promesses, elle aboutit systématiquement et partout non pas au triomphe mais au massacre des meilleurs ». Et pour dissiper toute ambiguïté, Georges Canguilhem ajoute en note, après ce paragraphe : « On lira, d'Alain, *Mars ou la guerre jugée,* le livre le plus profond sur la question. »

Apparemment, la confiance est donc renouvelée au pacifisme chartiériste. Mais les deux dernières pages du livre, intitulées « Réalisme et pacifisme.

---

14. L'expression est de Raymond Aron (*Mémoires,* p. 57).
15. Il ne s'agit donc pas ici des rapports avec Alain, qui restèrent étroits, on l'a vu au chapitre XIII, jusqu'à la fin, ni de l'influence de la philosophie du maître, mais de la proximité plus ou moins grande avec le pacifisme chartiériste de cette fin de décennie.
16. Entretien avec l'auteur, mai 1981.
17. G. Canguilhem et C. Planet, *Traité de Logique et de Morale,* Marseille, F. Robert et Fils Imprimeurs, 1939.

Conclusion », viennent démentir cette première impression. Un passage, notamment, est éclairant et le raisonnement qui y est développé mérite d'être reproduit dans son intégralité :

> « Quant à la thèse de ceux qui placent la paix au-dessus de tout, quelle que soit la générosité de son inspiration et la solidité des arguments qu'elle fait valoir, elle souffre aussi de ce défaut : ce qu'elle nomme la paix reste une négation purement verbale de la guerre ; autrement dit le pacifisme semble méconnaître que ce qui a reçu jusqu'à présent le nom de Paix ce n'est pas l'inexistence ou l'annulation des conflits internationaux, mais une forme de ces conflits dont la guerre n'est qu'une autre forme. De sorte que pour construire des relations internationales autres que celles qui ont existé jusqu'à présent, il faut d'abord déterminer les conditions des conflits. L'idée de Paix ne sert en rien à cette détermination. Plus nettement, la faiblesse du pacifisme est de croire qu'on travaille pour le maintien et la défense de la paix en évitant que les conflits internationaux se posent sous la forme de guerres déclarées. De fait, en raison de la vulgarisation actuelle des idées pacifistes, les guerres ne se *déclarent* plus, mais on n'ira pas jusqu'à dire que l'absence de guerres ouvertes soit, depuis bientôt vingt ans, la Paix. Le refus d'une convention qui tendait à organiser le fait de belligérance n'est pas l'abolition, mais l'extension, du fait. Invoquer dans les circonstances actuelles la possibilité d'un arbitrage international, c'est oublier que l'arbitrage, sous forme de diplomatie, de Cours internationales de justice, de Société des nations, etc., est une couverture, précaire d'ailleurs, de relations entre forces affrontées.
>
> En résumé, étant donné l'aspiration humaine à une société vraiment pacifique, étant donné le fait des souverainetés nationales et des impérialismes concurrents, refusant d'avance toute limitation de droit de leurs prétentions et de leur autonomie, comment subordonner le fait à l'aspiration ? On conviendra que les moyens restent à définir et qu'en la circonstance les faits pèsent plus lourd que l'aspiration. Le réalisme conditionnel est en l'espèce plus urgent que jamais. »

C'est, on le voit, l'adieu à bien des thèmes véhiculés pendant l'entre-deux-guerres dans les *Libres Propos !* Pour l'ancien pacifiste Canguilhem, la mue est terminée. Bien plus, les dernières lignes de l'ouvrage concluent que c'est l'affrontement entre deux « types d'organisation politique et sociale » différents qui est en gestation en ces années de montée des périls. Et, dès lors, « il faut choisir » :

> « Au fond, si on confronte les données du problème international avec les données du problème social en général, on voit que les deux problèmes ne se séparent pas ; la guerre redevient ce qu'elle était naturellement, une lutte de forces entre régimes humains différents. Malgré l'énorme complexité et l'enchevêtrement des problèmes historiques, ce sont des types d'organisation politique et sociale, conformes à un sens général et à une valeur donnée à la vie humaine, qui s'affrontent. Selon que l'on adopte une morale idéaliste ou réaliste, on opte pour les groupements dont on estime qu'ils défendent de près ou de loin telle ou telle conception de la vie. Il n'y a plus de politique intérieure, plus de politique extérieure, la guerre se fait pour l'organisation de la société humaine. Une morale idéaliste enjoint d'opter pour les groupes qui représentent un idéal progressif. Ici, comme l'Hamlet de Shakespeare, il faut choisir. »

Et Georges Canguilhem choisit dès 1940. Peu de temps après la rentrée scolaire, il se met, en effet, en congé pour convenance personnelle. Il déclara au recteur de l'Académie de Toulouse, le normalien Robert Deltheil : « Je n'ai pas passé l'agrégation de philosophie pour enseigner Travail, Famille,

Patrie[18]. » Il est remplacé en khâgne par le jeune agrégé de philosophie Jean-Pierre Vernant[19]. Sa femme conservant son poste d'enseignante, il se consacre durant quelques mois à ses seules études de médecine. Mais le congé sera bref. En février 1941, Jean Cavaillès, maître de conférence de philosophie générale et logique à l'Université de Strasbourg repliée à Clermont-Ferrand, est appelé en Sorbonne pour y exercer une suppléance et il parvient à persuader son camarade d'École de lui succéder à Clermont-Ferrand, en même temps qu'il explique qu'il compte sur lui pour des actions de résistance qui sont en train de s'organiser. Et quand sur un banc de la faculté des lettres clermontoise, Jean Cavaillès et Emmanuel d'Astier de la Vigerie rédigent le premier tract du mouvement Libération — qui allait devenir Libération-Sud —, Georges Canguilhem est présent.

Le normalien Adolphe Terracher, alors secrétaire général à l'Instruction publique, ayant facilité la succession, le philosophe est nommé le 1er avril 1941 chargé d'enseignement à la faculté des lettres de Strasbourg. Membre de Libération-Sud, il va jouer un rôle important dans la résistance de la région de Clermont-Ferrand, où il a pour nom de code « Lafont ». En 1944, notamment, ayant terminé ses études de médecine[20], il monte un hôpital de campagne du maquis d'Auvergne, à Maurines. Et durant l'été de cette même année, Henry Ingrand, nommé commissaire de la République et installé au Mont-Dore, l'envoie comme représentant permanent dans un Vichy non encore libéré, « fonctions délicates et au demeurant encore dangereuses[21] » qu'assume avec courage l'ancien khâgneux d'Henri-IV. Et le pacifiste « intégral » et militant de 1932 reçoit le 12 septembre 1944, des mains du ministre de la Guerre Diethelm, la croix de guerre.

Au lendemain du conflit, Georges Canguilhem reprendra sa chaire de chargé d'enseignement à la faculté des lettres de Strasbourg, jusqu'en 1948[22]. Dès la Libération, proposition lui avait été faite de devenir inspecteur général de philosophie. Il occupera ce poste — qu'il avait refusé dans un premier temps — de 1948 à 1955, avant d'être élu à cette date à la chaire d'histoire et philosophie des sciences à la Sorbonne.

Pour Guillaume Guindey également, « tout a commencé... il y a plus de cinquante ans, dans la classe du lycée Henri-IV à Paris où Émile Chartier

18. Entretien avec l'auteur, mai 1981. Le recteur Deltheil sera déporté en 1944 au camp de Neuengamme (cf. *Annuaire* 1974, p. 69).

19. Jean-Pierre Vernant, né en janvier 1914, a fait une année d'hypokhâgne à Louis-le-Grand en 1931-1932 (Arch. Louis-le-Grand). En 1937, il est reçu premier à l'agrégation de philosophie (*RU*, 1937, 2, p. 357). Il jouera un rôle important dans la résistance du Sud-Ouest — le « colonel Berthier » — et sera compagnon de la Libération.

20. Cf. Georges Canguilhem, *Essai sur quelques problèmes concernant le normal et le pathologique*, thèse de médecine, Clermont-Ferrand, 1943 (Publications de la faculté des lettres de l'Université de Strasbourg, fascicule 100).

21. Cf. Henry Ingrand, *Libération de l'Auvergne*, coll. « Libération de la France », Hachette Littérature, 1974, p. 149. Jacques Laurent qui, en ce même été 1944, a été chargé par le docteur Ménestrel de demander aux maquis d'Auvergne qui entourent Vichy de laisser le maréchal Pétain quitter la ville, afin d'échapper aux Allemands, rapporte : « Au Mont-Dore, je m'entretins avec le docteur Ingrand qui était le commissaire de la République des FFI d'Auvergne ; il était entouré de ses collaborateurs, plusieurs officiers... et un jeune professeur qui me séduisit assez, encore que j'ignorasse qu'il deviendrait le philosophe Canguilhem » (*Histoire égoïste*, La Table Ronde, 1976, p. 240).

22. Et, naturellement, parmi les « dévotions » qu'il « affiche » en novembre 1945 dans son enseignement à l'Institut de philosophie de la faculté des lettres de Strasbourg figure Alain (cf. le témoignage de Jean-Paul Aron, qui fut alors son étudiant, dans *Les Modernes*, Gallimard, 1984, p. 11)

enseignait[23] ». Entré à l'École en 1927, à l'époque où Georges Canguilhem en sortait, il avait été lui aussi profondément marqué par Alain et il avait participé à certaines des activités du groupe chartiériste. Mais comme son aîné, il semble avoir pris assez rapidement ses distances avec le pacifisme alinien au cours des années 1930. En tout cas, nous le retrouvons durant le second conflit mondial aux antipodes, géographiquement et spirituellement, de certains de ses anciens camarades chartiéristes de la khâgne d'Henri-IV ou de la rue d'Ulm : en 1943-1944, il est, à Alger, chargé des questions internationales au sein du commissariat aux Finances.

Pour expliquer une telle trajectoire, on peut avancer, apparemment, deux séries de facteurs complémentaires. Rappelons, d'abord, que ses relations avec le chartiérisme ont été, dès le début, essentiellement intellectuelles, sans incidences politiques, et, peut-être pour cette raison, il semble avoir toujours gardé ses distances par rapport au « clan » des disciples les plus fervents, même s'il entretint avec certains d'entre eux d'étroits rapports d'amitié. De là, une première série de garde-fous — auxquels s'ajoute le fait qu'il n'a passé que deux ans dans la serre pacifiste de la rue d'Ulm — qui lui éviteront de dangereuses dérives quand l'horizon s'obscurcira ? Assurément, mais l'itinéraire de Claude Jamet — qui lui aussi avait d'abord entretenu des rapports surtout intellectuels et individuels avec le chartiérisme — montre, on le verra que l'explication ne saurait suffire.

Il semble bien, en fait, que la bifurcation professionnelle vers l'inspection des Finances et le changement d'univers intellectuel qu'elle entraîna aient été des causes bien davantage déterminantes. Certes, un choix de carrière aussi inhabituel dans le microcosme chartiériste confirme l'importance de la première série de facteurs : Guillaume Guindey occupait assurément une place à part dans la galerie de portraits des disciples d'Alain. Mais ce choix n'est pas seulement le symptôme d'une différence, il a été aussi lui-même, sinon le moteur, en tout cas l'accélérateur de l'évolution. Or, dans les évolutions éventuelles de chartiéristes, au cours des années 1930, ce sont les vitesses d'évolution, et donc la chronologie de ces évolutions par rapport à celles des événements extérieurs, qui en définitive importent le plus.

Les fonctions occupées par Guillaume Guindey après son succès à l'inspection des Finances ont été pour lui un observatoire de première ligne de ces événements et ont fait peu à peu disparaître l'imprégnation pacifiste héritée du chartiérisme, sans pour autant, du reste, que disparaissent l'admiration pour le maître et l'empreinte intellectuelle de ce dernier. Si une telle explication apparaît comme la plus plausible, elle n'en est pas moins difficile à étayer. Car cette bifurcation vers la haute fonction publique a fait qu'à la différence de ses camarades restés dans la sphère de l'enseignement ou du journalisme, le jeune inspecteur des finances n'a pas laissé de traces écrites — excepté, bien sûr, celles de son activité professionnelle — contemporaines de son évolution.

La bifurcation, en tout cas, était doublement singulière pour un normalien ancien élève d'Alain. D'une part, l'École normale supérieure n'a guère constitué en ces années 1920 un terreau où l'inspection des Finances a plongé profondément ses racines : la rue d'Ulm, en effet, n'a guère engendré en dix promotions que trois inspecteurs des finances, René Fredet, Dominique Leca

23. Guillaume Guindey, *Trajectoire*, PUF, 1984, p. 6.

et Guillaume Guindey. D'autre part, dans un milieu déjà apparemment bien peu fécond, à l'époque, en candidats aux « grands corps » de l'État, la fraction chartiériste semble avoir été particulièrement stérile en normaliens transfuges. Un tel choix n'en est donc que plus révélateur du tiraillement entre plusieurs carrières possibles que semble avoir connu alors Guillaume Guindey. S'il avise au bout de deux années de scolarité la direction de l'École de sa démission « pour s'orienter vers l'inspection des Finances[24] », c'est à l'agrégation de philosophie qu'il avait paru tout d'abord se destiner. Il avait, au cours de ces deux années, passé ses certificats de licence, et avait même, après sa sortie de l'École, en 1929-1930, tout en effectuant son service militaire, soutenu un mémoire de maîtrise intitulé *Commentaires de la lettre XII de Spinoza à Louis Meyer sur l'Infini.* Mais, malgré cette studieuse façon d'occuper ses mois de service militaire et ce souci d'enrichir sa réflexion philosophique, le jeune homme, dès l'automne 1929, semble avoir choisi d'obliquer vers un tout autre cursus. Son incorporation sous les drapeaux devance, en effet, l'appel : Guillaume Guindey, à cette date, n'a que vingt ans et aurait pu, en tant que futur agrégatif, disposer encore de plusieurs années avant de gagner la caserne. Et, dès qu'il est libéré de ces obligations militaires anticipées, il prépare à l'École libre des sciences politiques le concours de l'inspection des Finances, auquel il est reçu premier en 1932.

Plus qu'une simple bifurcation professionnelle décidée au terme d'une hésitation entre plusieurs voies possibles, le choix de Guillaume Guindey était peut-être déjà le signe d'une évolution intérieure. Certes, des considérations familiales et la pression d'un milieu social ont pu jouer dans cette inflexion donnée à un itinéraire apparemment tout tracé vers le professorat : le père de Guillaume Guindey, par exemple, avait voulu, quelques décennies plus tôt, préparer l'inspection des Finances mais en avait été empêché par les circonstances de la vie; par ailleurs, la carrière de professeur de lycée ne semble pas avoir exercé sur le jeune homme un très grand attrait; bien plus, deux de ses amis de jeunesse entreprenaient à la même date de devenir inspecteurs des finances. Mais la cause essentielle résida ailleurs. Ce furent le sentiment de vivre une époque instable et le désir de participer à l'action qui l'auraient aiguillé vers un métier davantage en prise sur les réalités du monde que celui de professeur.

C'est ainsi, tout au moins, que Guillaume Guindey explique, à un demi-siècle de distance, le choix d'une nouvelle voie[25]. S'agit-il, en fait, d'une reconstruction inconsciente, anticipant une évolution plus tardive et qui s'échelonna sur l'ensemble de la décennie ? Le problème, à vrai dire, importe relativement peu. Car ce sont moins, en définitive, les raisons de bifurquer vers l'inspection des Finances qui comptent ici que les conséquences de cette bifurcation, qui nous semblent, elles, avérées et décisives. De même que, pour Raymond Aron, la découverte de la montée des périls passe par le voyage en

24. Dossier ENS, Arch. Nat. 61 AJ 254.
25. Entretien avec l'auteur, 12 juillet 1982. Le parallèle est frappant, dans l'argumentation, avec le passage de *La Rupture* où Dominique Leca raconte comment il a résolu, en 1929, le dilemme qui était le sien entre l'agrégation de philosophie et le concours de l'inspection des Finances : « J'optai alors, farouchement, contre la vie contemplative... Je voulus plonger dans l'univers des hommes d'action... Transférant alors dans une sorte d'arrivisme désintéressé mon goût de l'absolu, je me lançai, corps et âme perdus, sur une trajectoire qui vit l'agrégatif de la rue d'Ulm devenir, par une conversion rapide, inspecteur des finances » (*op. cit.*, Le Livre de Poche, 1980, p. 423).

Allemagne, la prise de conscience pour Guillaume Guindey passera par ses voyages à l'étranger.

En octobre 1936, il est en effet appelé comme chargé de mission à la direction du mouvement général des fonds. Des négociations le conduiront alors, notamment, en Pologne, en Italie et aussi dans l'Allemagne hitlérienne. Et les yeux de l'ancien pacifiste s'ouvriront progressivement. Si bien que si la signature des accords de Munich le trouve, le jour même, « flottant[26] », dès le lendemain il juge la guerre inévitable. A une date où ses anciens camarades du lycée Henri-IV se félicitent du recul apparent du danger de guerre, son analyse n'est pas sans rappeler celle de Raymond Aron qui, à la même date, commença une série de cours à l'École normale supérieure de Saint-Cloud par « une demi-heure » consacrée « à des réflexions sur la crise[27] » et qui, dans ces cours, d'après les souvenirs d'un élève de l'École, dénonçait « le danger nazi qui portait avec lui la menace de la guerre[28] » devant un auditoire passablement sceptique[29]. Apparemment, Guillaume Guindey comme son aîné de la promotion de 1924 avaient, par des chemins différents, pris leur distance avec ce que Raymond Aron baptisera bien plus tard, de façon volontairement provocatrice, l'« idéalisme universitaire[30] ».

Cette prise de conscience entraîna une hostilité immédiate à l'armistice, exprimée publiquement, des rapports difficiles avec le gouvernement de Vichy, des contacts noués rapidement avec les Britanniques et, quelques semaines après le débarquement allié en Afrique du Nord, un départ sous un faux nom pour Alger, où Guillaume Guindey arriva en juin 1943 et où il fut chargé, on l'a vu, des questions internationales au sein du commissariat aux Finances.

Il est donc difficile de souscrire aux attaques de Jean-Toussaint Desanti relevées plus haut. Nombre d'anciens chartiéristes participèrent aux combats de la Résistance ou de la France libre. Même Simone Weil, pourtant pacifiste militante rue d'Ulm, écrivit en 1941 de Marseille à Alain une lettre sans ambiguïté :

> « ... A la fin de juin 1940, j'avais présente à l'esprit une formule d'un de vos Propos sur l'attitude qu'auraient des pacifistes si leur pays se trouvait dans l'état où est à présent le nôtre. Et aussitôt j'ai constaté, avec plus de surprise et de douleur que je ne puis dire, que beaucoup de nos amis s'étaient jetés précipitamment dans l'attitude contraire. Notamment un de mes camarades d'Henri-IV, dont j'avais — à tort, évidemment — une grande opinion quand j'avais vingt ans... J'ai résolu, dès ce mois de juin — non sans délibération intérieure — d'adopter l'attitude contraire, puisqu'il faut choisir[31]. »

---

26. *Ibid.*
27. Raymond Aron, *Mémoires, op. cit.*, p. 147.
28. Extrait d'un ouvrage inédit de souvenirs d'un ancien élève de l'École normale supérieure de Saint-Cloud, dont l'auteur a envoyé quelques pages à Raymond Aron (que celui-ci cite dans ses *Mémoires* pp. 744-745, citation p. 745).
29. « Raymond Aron nous démontrait sans plaisir que la guerre était difficilement évitable. Ce à quoi nous ne voulions pas croire » (un élève de la promotion de 1938, *in* Jean-Noël Luc et Alain Barbé, *Des normaliens. Histoire de l'École normale supérieure de Saint-Cloud*, Presses de la Fondation nationale des sciences politiques, 1982, pp. 125-126).
30. Raymond Aron, *Le Spectateur engagé, op. cit.*, p. 29.
31. Extraits d'une lettre écrite à Marseille par Simone Weil et reçue par Alain à la fin du mois de mai 1941 (reproduite dans le *Bulletin* n° 58 de l'Association des Amis d'Alain, juin 1984, pp. 37-39). Le « camarade d'Henri-IV » est René Château (*Ibid.*).

D'autres anciens chartiéristes avaient également choisi. Le cas le plus célèbre est celui de Jean Prévost, tombé les armes à la main en 1944, dans le Vercors. Dix ans plus tôt, il écrivait : « Mon devoir, quand l'actualité entraîne tout le monde, est de résister à l'actualité ; et voilà pourquoi je dis aujourd'hui : j'aime les Allemands », et ajoutait : « Je ne serai pas tué par ceux-là que j'admire, et je ne risque guère de me tromper sur eux. Celui-là même qui veut me tuer, qui fond des armes en ce moment dans quelque cave et s'apprête peut-être à franchir le Rhin par surprise, j'ai encore aujourd'hui le droit et le devoir de lui pardonner, de ne voir en lui qu'un aveuglé et qu'un insensé[32]. »

D'autres chartiéristes, sans connaître un sort aussi cruel que celui de Jean Prévost, suivirent la même évolution. Par exemple, Yves Grosrichard, qui demeura quatre années dans la khâgne d'Alain entre 1925 et 1929 : si l'influence d'Alain fut sur lui « considérable », son pacifisme, on l'a vu, a « peu à peu fondu » dans les années 1930. Et, pendant la guerre, il quitta *L'Œuvre*, quotidien dans lequel il écrivait depuis mars 1931, et abandonna toute collaboration journalistique jusqu'à la Libération. Quant au normalien Pierre Guillon (1907-1974), s'il n'a pas été à proprement parler un disciple d'Alain, son engagement durant le second conflit mondial peut tout de même figurer dans le dossier à décharge du « Maître ». Ce dernier exerça, en effet, sur lui une influence incontestable : fils d'un directeur d'école et d'une institutrice poitevins, le jeune homme prépara tour à tour le concours de l'École à Poitiers puis au lycée Henri-IV, en 1927-1928, année durant laquelle l'empreinte laissée par Alain fut réelle. Or Pierre Guillon qui était revenu dans sa ville en 1937 comme chargé d'enseignement puis professeur de langue et littérature grecques à la faculté des lettres, participa activement à la Résistance et devint maire de Poitiers à la Libération.

Si l'engagement de ces anciens élèves d'Alain ne s'inscrivait manifestement plus, au moment de la Seconde Guerre mondiale, dans la lignée chartiériste, et si, tout au contraire, il avait été apparemment précédé, d'une manière plus ou moins précoce au cours des années 1930, d'un profond et sans doute douloureux retour sur eux-mêmes de ces normaliens[33], il rend au moins relatives les accusations de Jean-Toussaint Desanti contre Alain, « professeur de lâcheté ». Il reste que Desanti formulait aussi dans son article des attaques plus précises : « Ces pauvres jeunes gens se croyaient libérés de tout

32. Jean Prévost, « Ni peur ni haine », *Pamphlet*, 1re année, n° 8, vendredi 24 mars 1933, pp. 15-16, citation p. 15. Cet hebdomadaire publié en 1933 et 1934 — la collection de la Bibliothèque nationale s'arrête au n° 50, en mars 1934 — était entièrement rédigé par Alfred Fabre-Luce, Pierre Dominique et Jean Prévost.

33. L'étude précise de l'itinéraire intellectuel et politique de l'ancien khâgneux Pierre Guiral au cours des années 1930 fournirait sans doute un exemple éclairant de ce type de retour sur soi. Ce dernier avait été marqué à Marseille par le pacifisme de son professeur de khâgne, Gustave Monod. Puis, khâgneux à Henri-IV en 1929-1930, il avait « effectivement subi l'influence d'Alain » (correspondance avec l'auteur, juin 1983). Mais son pacifisme, apparemment, ne dura que « jusqu'en 1936 » (P. Guiral et G. Thuillier, *La Vie quotidienne des professeurs en France de 1870 à 1940*, Hachette, 1982, p. 36). Entre-temps, l'ancien khâgneux (classé 50e, pour 32 reçus, au concours de la rue d'Ulm de 1930 et devenu, de ce fait, boursier de licence : *RU*, 1930, 2, p. 365) était devenu agrégé d'histoire et géographie dès 1932 dans la même promotion qu'Yves Renouard, Jacques Droz et Maurice Le Lannou (*RU*, 1932, 2, pp. 361-362) et, après Pau et Avignon, avait été nommé à Marseille en 1934. C'est au cours des années suivantes que s'est produite, semble-t-il, l'évolution du jeune professeur : « J'ai été le secrétaire de la section marseillaise (une quinzaine de membres) du Parti frontiste de Gaston Bergery. Mais, depuis 1936, j'étais persuadé que, seule, une politique de force sans provocation dangereuse pouvait permettre de sauver la paix. Je me souviens que, faisant une conférence au moment de la réoccupation de la Rhénanie, j'affirmais avec force devant le public interloqué qu'il fallait pénétrer en Allemagne. Plus tard serait trop tard » (correspondance avec l'auteur, *réf. cit.*).

fanatisme. Et pourtant ils étaient fanatiques au point d'en devenir ivres... Que plusieurs en soient venus à la désertion civique, faut-il s'en étonner ? » A qui le philosophe des *Lettres françaises* songeait-il en assénant des accusations aussi graves ? Sans doute — et l'article de Dominique Desanti dans *Le Monde* au printemps 1977 le confirme —, entre autres, à René Château.

René Château : « Tant sont malheureux les pacifiques ».

Dans l'introduction au recueil d'articles qu'il publie au début de l'année 1944, René Château se plaçait, on l'a vu, dans le droit fil de « l'éducation » d'Alain : « Le fait est que je n'ai jamais pu parler ni écrire aux ordres. J'ai quelque grain d'anarchie, sans doute, dans un repli. Ce peut être par tempérament. Ou plutôt c'est par l'éducation d'Alain, mon vieux maître, qui m'a mis pour toute ma vie de l'inquiétude et même de la contradiction dans l'esprit. C'est sa manière. La main qu'il vous a posée sur la nuque, au temps de jeunesse, jamais elle ne vous lâche plus[34]. » Et, de fait, à toutes les étapes de son engagement, au cours des quinze années qui suivent sa sortie de l'École normale supérieure, c'est l'influence d'Alain, et notamment dans le domaine du pacifisme, qui va nourrir sa vision politique et déterminer ses prises de position.

En juillet 1930, il avait été reçu huitième à l'agrégation de philosophie, dans la même promotion que les normaliens Maurice Merleau-Ponty, Étienne Borne, Albert Lautman et Maurice Deixonne. Il enseigna alors, durant deux ans, à La Roche-sur-Yon. Puis, pour ce pacifiste militant, se profila à l'horizon 1932 un obstacle difficilement contournable : le service militaire. Il y arrivera sans grade, ayant peu suivi, on l'a vu, la préparation militaire supérieure rue d'Ulm. A Limoges, son capitaine fera à plusieurs reprises pression sur ce simple soldat pour qu'il accepte de devenir officier. « J'ai toujours répondu non, en refusant de fournir aucune explication », écrira-t-il à Simone Pétrement[35]. Et son obstination fut plus longue que celle de son capitaine : il finira son temps comme infirmier à l'hôpital d'Angoulême, et sera démobilisé le 5 octobre 1933 avec le grade de caporal infirmier militaire.

Il est alors nommé au lycée de La Rochelle. Dans cette ville, il milite à la Ligue des droits de l'homme et deviendra membre de son comité central en 1935. Et, dans cette organisation, il mènera campagne, au sein de la minorité regroupée, entre autres, autour de Bergery, Challaye, Emery et Delaisi, pour la paix à tout prix. Il prononce ainsi, au congrès national de la Ligue des droits de l'homme de 1935, le 9 juin, un long discours sur « la jeunesse devant la guerre » :

> « Toutes les inventions de l'intelligence se changent en menaces ; la mort nous guette à tous les horizons politiques, et jamais de jeunes hommes plus que nous n'ont ressenti la morsure secrète de leur mortalité... Et nous n'aurons pas une mort joyeuse ; nous mourrons comme des chiens, avec la rage et le désespoir au ventre, et cette pensée affreuse de notre belle vie donnée pour rien, simplement parce qu'on nous aura trahis (*Applaudissements*)... Les meilleurs d'entre nous, ceux qui pensent, qui réfléchissent, n'osent même pas entreprendre une famille ou un véritable amour ; car il y faudrait tout leur cœur, et ils n'auront peut-être pas trop de leur cœur pour bien mourir... Aujourd'hui encore, quand il faut parler

34. René Château, *A la recherche du temps futur*, Denoël, 1944, p. 11.
35. Extrait de lettre cité, sans précision de date, par Simone Pétrement dans le *Bulletin* n° 32 de l'Association des Amis d'Alain, mai 1971, p. 53.

de paix, vous commencez à parler, avec je ne sais quelle pudique prudence, des nécessités de la défense nationale! (*Applaudissements*). Et l'on parle encore du bloc des forces du droit contre le bloc des forces de barbarie, comme s'il n'y avait jamais eu autre chose que les forces de mort contre nos forces de vie! (*Vifs applaudissements*). Et l'on justifie encore, on excuse des alliances réelles et peut-être bientôt meurtrières, qui se camouflent en de faux pactes de sécurité... Mieux vaut le droit, car le droit, c'est l'égalité dans le désarmement. Mieux vaut le droit, parce que le désarmement, ce sera la paix [36]. »

Tout, ou presque, est dit dans ce discours. Le problème de la guerre et de la paix est vécu de façon quasi existentielle, à une date où les relations internationales ne sont pourtant pas encore aussi altérées qu'elles le seront au cours des années suivantes.

La Société des nations aurait-elle pu être l'instrument du « droit », du « désarmement » et de la « paix » ? Les jeunes chartiéristes, on l'a vu, l'ont cru longtemps. Mais, en ce milieu de décennie, leur foi en la diplomatie menée dans les palais helvétiques est déclinante. Et au congrès national de la Ligue des droits de l'homme de l'année suivante, c'est même l'oraison funèbre de l'institution genevoise en tant qu'instrument de paix que prononce René Château : « Voici trop longtemps aussi qu'on nous vante un organisme équivoque qui n'est que le paravent derrière lequel se nouent des alliances et se rassemblent des armées. Voici trop longtemps qu'on nous dit, avec des larmes dans la voix, que la Société des nations est trahie et abandonnée, alors que, nous le savons, elle s'est trahie elle-même et a abandonné tout ce qui faisait sa raison d'être, sa force et sa grandeur. » Devant cet état de choses, une seule solution pour le gouvernement Léon Blum constitué un mois et demi plus tôt : proposer « aux peuples d'Europe la justice et le désarmement » Sinon :

« S'il en est parmi nous qui rusent avec le désarmement, il faut qu'ils avouent qu'ils savent de qui demain les armées seront faites, et que tous ces condamnés seront tous leurs enfants! S'il en est ici encore qui osent parler de nécessité de la force, il faut qu'ils osent dire qu'ils savent que la force dont il s'agit est notre jeune force, notre jeune force qui était digne d'une autre destinée! Et s'il en est ici qui osent parler de mobilisation, il faut qu'ils osent dire qu'ils savent qu'à la mobilisation certains d'entre eux seront seulement sur le trottoir à regarder les régiments qui passent et les jeunes hommes qui passeront (*vifs applaudissements prolongés*).

Enfin ce que je demande, c'est qu'avec nous on joue franc jeu. Nous consentons à bien mourir, si on nous y force; mais nous voulons, comme les gladiateurs romains, adresser en un salut tragique nos malédictions à tous ceux qui auront trahi, et à tous ceux qui se seront déshonorés (*vifs applaudissements et acclamations prolongées et répétées*) [37]. »

Parallèlement, René Château avait formé en 1934 une section locale du Comité de vigilance des intellectuels antifascistes puis avait présidé le comité départemental du Rassemblement populaire. Et en 1936, il avait été élu au

36. Extraits du discours prononcé par René Château le 9 juin 1935 au congrès national de la Ligue des droits de l'homme (ce discours est reproduit dans *A la recherche du temps futur*, pp. 223-228).

37. Discours prononcé par René Château le 20 juillet 1936 au congrès national de la Ligue des droits de l'homme (reproduit dans *A la recherche du temps futur*, pp. 228-233, citation p. 232).

deuxième tour des élections législatives député de la Charente-Inférieure, comme candidat de la gauche indépendante, au terme d'une campagne avant tout pacifiste [38]. Après son élection, il avait rendu visite à Alain, qui l'avait accueilli par ces mots : « Député, oui, Château, ministre, non [39] ! » Et il s'était inscrit au parti Camille Pelletan.

Dans ces nouvelles fonctions, son action pacifiste ne s'était pas ralentie, tout au contraire. Le 9 décembre 1938, par exemple, il interpelle à la Chambre des députés le gouvernement Daladier. Après lui avoir reproché sa politique intérieure « antisociale », il s'attaque à « la préparation de la guerre », et la teneur de cette attaque tient tout entière dans l'analyse suivante : « Si l'on veut des subventions, des retraites, des allocations, il ne faut pas répugner aux négociations, aux accords, aux rapprochements, qui tendent à la réduction de notre budget militaire, par le moyen d'une limitation générale des armements. En un mot, il faut choisir, car il faut sacrifier les œuvres de la paix à la préparation de la guerre, ou bien négocier contre la guerre pour préserver les œuvres de la paix. » Et trois semaines plus tard, il dépose une « proposition de résolution » sur la réunion « dans le plus bref délai » d'une « conférence internationale qui mettrait en présence les représentants des principales nations de l'Europe dont les différends peuvent provoquer une guerre générale, et qui leur permettrait de régler les plus graves difficultés économiques et politiques, sous la condition générale d'une limitation simultanée et contrôlée des armements ». L'exposé des motifs est, dès les premières phrases, révélateur d'une sensibilité exprimée sans fard : « Les accords de Munich, en septembre 1938, ont donné l'exemple de ce que peut pour la paix une politique extérieure de négociations directes, et même quand elle n'est entreprise qu'à l'heure culminante du danger. Ils ont permis de concevoir la possibilité d'autres négociations qui seraient plus générales, tant par le nombre des nations participantes que par l'étendue des problèmes qui y seraient traités [40]. »

Et trois mois plus tard, après la deuxième crise tchèque, il participe le

---

38. D'après le témoignage de son frère Jean Château, qui suivit cette campagne électorale (correspondance avec l'auteur, octobre 1980).

39. D'après le *Bulletin* n° 32 de l'Association des Amis d'Alain, mai 1971, p. 63. Ces paroles sont confirmées par le frère *(réf. cit.)* et l'épouse de René Château (entretien avec l'auteur, juin 1982). Dans la préface qu'il a donnée au livre de son élève, *Introduction à la Politique,* Alain a écrit : « Il fut le meilleur dans une classe de valeur. Il a pris dans ses campagnes politiques l'expérience qui lui manquait; j'ai pu voir en lui le député idéal » (René Château, *Introduction à la Politique (Cours d'initiation sociale, civique et humaine),* Publications Chateaubriand, 1947, p. V).

40. Cette proposition de résolution rédigée et déposée par René Château sur le Bureau de la Chambre des députés le 31 décembre 1938 est reproduite dans *A la recherche du temps futur,* p. 240, et l'exposé des motifs occupe les pages 236 à 240. Cette proposition, signée par 78 députés, fut renvoyée à la Commission des Affaires étrangères. Parmi les signataires, on retrouve un autre khâgneux des années 1920, Roger Lefèvre (1907-1981). Fils d'un directeur d'école, ce dernier avait préparé, sans succès, le concours de la rue d'Ulm à Louis-le-Grand de 1925 à 1928. Reçu à l'agrégation de philosophie en 1932, il est nommé la même année au lycée de Rochefort-sur-Mer, ville dont il deviendra le député en 1936, à vingt-huit ans. Il est à cette date l'un des deux seuls députés socialistes de moins de trente ans avec Max Lejeune, devenu député d'Abeville à vingt-sept ans. La géographie — ils sont l'un et l'autre parlementaires de la Charente-Inférieure — rapprocha sans doute les deux anciens khâgneux, Château et Lefèvre, mais leur attitude pacifiste — ainsi que celle d'André Albert, ancien hypokhâgneux de Louis-le-Grand devenu député des Deux-Sèvres en 1936, sous l'étiquette du parti Camille Pelletan —, peut également s'interpréter en termes de génération : ils représentent le versant parlementaire — encore mince — des khâgneux pacifistes des années 1920. Ce qui n'empêcha pas Roger Lefèvre — qui, comme Château et Albert, avait voté les pouvoirs constituants au maréchal Pétain le 10 juillet 1940 — d'être décoré de la croix de guerre 1939-1945, de la médaille de la Résistance et de la croix du Combattant volontaire. Spécialiste de Descartes, docteur ès lettres, il enseigna à partir de 1945 aux universités d'Alger, de Montpellier, de Grenoble puis, à partir de 1959, de Lille.

22 mars à un meeting pacifiste salle de la Mutualité, en présence notamment d'André Delmas, de René Belin et de Raymond Froideval. Les deux derniers sont alors, respectivement, directeur et administrateur du journal *Syndicats*. Cette apparente convergence avec *Syndicats* est, pour notre étude, hautement symbolique. A ce journal collaborait, en effet, parfois sous son nom, le plus souvent sous le pseudonyme transparent de Jehel, l'ancien leader du Groupe d'études socialistes des Écoles normales supérieures, Georges Lefranc. Après quinze années passées dans des univers politiques et intellectuels souvent largement dissemblables, des chartiéristes et des socialistes se retrouvaient donc sur l'essentiel, le problème — devenu crucial — de la guerre et de la paix, et gravitaient dans la même mouvance, autour des mêmes hommes.

Dans son discours du 22 mars 1939, René Château reprenait sa proposition d'une conférence internationale et terminait par ces mots : « Et serait-ce peu recevoir, pour les citoyens des démocraties, que de ne plus craindre pour leur honneur et pour leur sécurité, pour leur honneur, qui est de ne pas tuer, pour leur sécurité, qui est de ne pas mourir[41] ? » A nouveau, à la base du raisonnement apparaît une hantise quasi viscérale de la guerre, nourrie lors d'une jeunesse passée à l'ombre de la pensée d'Alain. A cet égard, les textes que l'on vient de citer sont triplement éclairants. D'une part, la prégnance du pacifisme y est manifeste, et celui-ci envahit l'ensemble de la vision politique de René Château. A l'aube d'une autre guerre, le nationalisme avait structuré de la même façon la vision de la vie de la cité — et non pas seulement la question de la politique extérieure — de certains dirigeants ou penseurs.

D'autre part, et en raison même de cette prégnance du sentiment pacifiste, René Château appartient de plain-pied, en cette année 1938-1939, à cette nébuleuse de « marginaux de gauche », ainsi que les a appelés Jean-Paul Cointet, où l'on retrouve des hommes aussi différents, par exemple, que Belin, Bergery ou Déat et des organes aussi divers que *Syndicats* ou *La Flèche :* le « maintien de la paix » est au cœur de leurs préoccupations et a conditionné leur discours et leur action politiques, les convictions pacifistes nourrissant sans cesse « un courant d'argumentation[42] ». La convergence objective constatée avec certains socialistes anciens membres du Groupe d'études socialistes des Écoles normales supérieures portés eux aussi par le pacifisme de leurs vingt ans devient dès lors moins obscure et, somme toute, logique.

Sans aucun doute, « c'est bien le pacifisme qui est fondamental » et « on est d'abord pour la paix, pour la négociation, par hostilité viscérale contre la guerre[43] ». Là se trouve la clé des engagements ultérieurs de René Château, pour lesquels les grilles classiques d'analyse que sont l'opposition droite-gauche ou le combat fascisme-antifascisme ne sont guère opératoires. Un indice, à cet égard, ne trompe pas : les textes cités dans les pages qui précèdent — et c'est, du reste, le troisième enseignement que l'on peut en tirer — ont été reproduits, on l'a dit, dans *A la recherche du temps futur...* au premier trimestre 1944. Au terme de quatre années d'occupation, ce sont, en effet, ces

41. Le texte de ce discours est lui aussi reproduit dans *A la recherche du temps futur* (*op. cit.*, pp. 241-247, citation p. 247). Trois jours plus tard, René Château publie dans le *Front populaire de la Vienne* un article, « Les bornes de la grande folie », dans lequel il dénonce le « surarmement » (n° 167, 25 mars 1939, p. 1).

42. Cf. Jean-Paul Cointet, « Les marginaux de gauche », dans *La France et les Français en 1938-1939*, sous la direction de René Rémond et Janine Bourdin, Presses de la Fondation nationale des sciences politiques, 1978, pp. 261-273.

43. *Ibid.*, p. 272.

textes que René Château choisit de placer en « appendice ». Et c'est à leur aune qu'il conviendra de mesurer l'action de l'ancien député du Front populaire durant ces quatre années.

Pour l'instant, à l'été 1939, René Château est confronté, comme les autres parlementaires, au problème de la déclaration de guerre. Avant même cette déclaration, il participe à la création par quinze députés, le 15 août 1939, du Comité de liaison contre la guerre, qui regroupe cinq socialistes, quelques députés de droite, tels Flandin, Scapini et Tixier-Vignancour, et des marginaux de gauche dont Bergery et Déat[44]. Le 1er septembre, ce Comité rédige un « Appel à la raison du gouvernement[45] » signé par vingt-huit députés, et, le lendemain, il demande la réunion de la Chambre en comité secret, pour que les débats ne soient pas écourtés, mais seuls vingt-deux députés appuient cette demande, dont Gaston Bergery « aurait été l'instigateur[46] ». Ce sont, du reste, ce dernier et René Château qui, le même jour, « s'inscrivaient pour faire à la tribune un dernier effort contre la guerre[47] ». Et tant que le Comité, la guerre une fois déclarée, continua à regrouper une quinzaine de députés, l'ancien élève d'Alain appartint naturellement à ce groupe d'irréductibles, dans lequel on a pu voir à juste titre une des racines prévichystes. Au reste, dans son récit de l'histoire du Comité publié dans *Les Nouveaux Temps* du 8 octobre 1941, René Château établit et revendique explicitement une telle généalogie :

> « De mars à juin, le Comité de liaison assista donc, impuissant, aux pires catastrophes qu'il avait prévues. Mais en juin 1940, il se retrouvait à Bordeaux, auprès du gouvernement du maréchal Pétain. Les quinze furent de la cinquantaine des parlementaires qui se groupèrent autour de Laval et de Marquet, qui combattirent les bellicistes incorrigibles qui follement voulaient retarder la demande d'armistice et plus follement encore conseillaient, pour continuer la guerre, le départ hors de France, hors d'une France abandonnée au désordre et au vainqueur. Les quinze furent représentés dans toutes les délégations qui se rendirent auprès du Maréchal pour le soutenir et l'encourager, et auprès du président Lebrun pour l'adjurer de renoncer à la trahison d'un départ à Alger. Enfin, en juillet, douze membres du Comité de liaison, Bergery, Brille, Cayrel, Château, Chouffet, Déat, Deschizeaux, Froment, Montigny, Rauzy, Rives, Scapini et six de leurs amis rédigeaient et présentaient à l'Assemblée nationale une déclaration, signée par une centaine de parlementaires, qui était comme un testament politique. Le principe et le style mêmes de cette déclaration devaient inspirer, trois mois après, le message que le Maréchal adressa au pays le 11 octobre. Avant de se séparer, les membres du Comité de liaison avaient donc tracé le programme d'une révolution à la fois autoritaire, socialiste et populaire qui aurait pu réconcilier et relever la nation. Mais le coup d'État du 13 décembre réduisit à rien toutes les espérances en plaçant au pouvoir les représentants les plus obstinés de la pire réaction. »

Le programme d'une « révolution à la fois autoritaire, socialiste et populaire » ne doit pas induire en erreur. Assurément, d'après ce texte de 1941,

---

44. Cf. Marc Sadoun, *Les Socialistes sous l'occupation. Résistance et collaboration*, *op. cit.*, p. 28. Quelques jours plus tard, René Château avait publié un article intitulé « Faire la paix est plus difficile que faire la guerre » dans le *Front populaire de la Vienne* du 26 août 1939.

45. R. Château, *A la recherche du temps futur*, p. 259 (il s'agit, en fait, de l'histoire du Comité de liaison retracée par René Château dans *Les Nouveaux Temps*, 2e année, n° 314, mercredi 8 octobre 1941, p. 1).

46. Guy Rossi-Landi, *La drôle de guerre*, Armand Colin, Travaux et recherches de sciences politiques, 1971, p. 16.

47. René Château, *A la recherche du temps futur*, p. 260, et *Les Nouveaux Temps*, loc. cit.

René Château a participé à sa rédaction et il paraît indirectement — par le regret qu'il émet de son absence de réalisation — y souscrire encore à cette date. Mais c'est à cette époque, par ailleurs, qu'il rompt avec Marcel Déat et se place à un créneau « républicain », qu'il n'avait peut-être jamais quitté mais que sa proximité de Marcel Déat occultait ou rendait peu crédible. Jusqu'à l'automne 1941, en effet, il avait tenu la rubrique de l'enseignement dans *L'Œuvre*. A partir de cette date, au contraire, il va progressivement s'attaquer, dans les colonnes de *La France socialiste*, au chef de ce mouvement. C'est peut-être déjà ce dernier qui, entre autres, est visé dans un article de ce journal du 30 décembre 1941. René Château y attaque les « fossoyeurs de l'esprit » et déplore qu'on veuille « désaccoutumer la France de penser[48] ».

C'est notamment sur le rôle et la nature de la Milice que portera le débat. Mais, là encore, l'essentiel réside sans doute dans le problème de la guerre et de la paix : il semble, en effet, que le soutien apporté par Marcel Déat, après juin 1941, à la lutte contre l'Union soviétique ait joué un rôle déterminant dans la distance prise par René Château. Ce dernier, dont l'analyse reposait avant tout sur la vision d'une France définitivement sortie de la guerre, ne pouvait que s'éloigner d'un homme désormais devenu, à ses yeux, « belliciste[49] ». Depuis l'été 1939, comptait avant tout pour le député René Château le retour à l'état de paix que l'on n'aurait jamais dû quitter. Le problème d'une « révolution à la fois autoritaire, socialiste et populaire » comptait sans doute moins à ses yeux. Toujours est-il, en tout cas, qu'à partir du moment où il a trouvé, en tant que directeur politique de *La France socialiste*, une autonomie d'expression — relative, il est vrai, en raison de la double censure, française et allemande —, il semble avoir voulu mener avant tout un combat laïque et républicain.

La France socialiste, qui avait succédé en novembre 1941 à *La France au travail*, est un quotidien qui a requis à plusieurs reprises l'attention des chercheurs[50], lesquels ont mis en lumière les liens directs du journal avec le trust Hibbelen et la proximité avec Pierre Laval. A cet égard, la polémique qui s'amplifie en 1943 entre *La France socialiste* et Marcel Déat[51] s'inscrit à coup sûr dans le contexte de concurrence qui existe désormais entre ce dernier et Pierre Laval. Mais, en même temps, les démêlés de René Château avec le leader du RNP portent sur des griefs significatifs : outre le problème de la Milice, déjà évoqué, c'est celui du parti unique qui nourrit le contentieux entre les deux hommes[52]. Et, d'une façon générale, René Château défend des thèmes

48. René Château, « Les fossoyeurs de l'esprit », *La France socialiste*, mardi 30 décembre 1941, p. 1 (cet article constitue surtout, en fait, une attaque contre Vichy).

49. Madame René Château, qui vécut toutes ces années d'occupation aux côtés de son mari, estime que ce facteur a été décisif dans la rupture entre les deux hommes (entretien avec l'auteur, juin 1982).

50. Cf. Pascal Ory, *Les Collaborateurs*, éd. de 1976, notamment pp. 65 et 142, Pierre-Marie Dioudonnat, *L'argent nazi à la conquête de la presse française 1940-1944*, Éditions Jean Picollec, 1981, pp. 155-156, et Marc Sadoun, *op. cit.*, pp. 80, 85-86 et 95. Sur *La France socialiste*, cf. également, au titre des sources, *Engagements* de Claude Jamet, qui y tint une brillante rubrique littéraire (*Engagements* suivis de la *Confession sans repentir de l'auteur de Fifi Roi*, Sélection du Nouveau Parthénon, 1949, pp. 208-211 et 215-216). Et sur le contexte général, cf. l'article pionnier de Claude Lévy, « La presse de collaboration en France occupée : conditions d'existence », *Revue d'histoire de la deuxième guerre mondiale*, 20e année, n° 80, octobre 1970, pp. 87-100.

51. René Château sera exclu du RNP en février 1943 (Marc Sadoun, *op. cit.*, p. 101) et, le mois suivant, la polémique culmine avec l'article publié dans *L'Œuvre* du 17 mars 1943 par Marcel Déat (p. 1, « Utilité d'une polémique »).

52. Cf., sur ce point, l'article, passablement ambigu il est vrai, de René Château dans *La France socialiste* du lundi 24 mai 1943 (« Parti et Rassemblement »).

« républicains ». Son drame, dès lors, fut sans doute qu'il ne prit pas la pleine mesure de la contradiction dans laquelle il s'était enfermé : défendre de tels thèmes dans un journal directement contrôlé par l'occupant. Contradiction d'autant plus redoutable que ce combat faussé à la base et donc perdu d'avance n'était qu'un des aspects de l'impasse dans laquelle s'était engagé le directeur de *La France socialiste.* A l'origine d'une telle situation était, on l'a dit, le pacifisme, qui conduisit, par exemple, ce démocrate convaincu et sincère à écrire, après l'occupation de la zone libre par les nazis :

> « ... Enfin, il s'agit de nous aider, non de nous occuper. Et il est trop évident que la Wehrmacht a maintenant des intérêts qui sont très exactement les intérêts de la sécurité française. Les soldats allemands qui demain monteront la garde des Alpes aux Pyrénées ne feront que secourir les soldats français, trop faibles et trop désarmés qui, jusqu'à ce moment, étaient trop seuls pour protéger efficacement notre Midi.
> Cet événement est immense. Il éclaircit enfin une situation trop longtemps confuse et trop ennuagée par un mélange complexe de collaborationnisme affiché et d'attentisme secret. Depuis hier, le choix est fait, depuis hier la France est européenne. Depuis hier, elle combat avec l'Europe. Elle combat pour l'Europe et l'Europe combat pour la France [53]. »

René Château, quatre mois plus tard, le 23 mars 1943, publiait un article qui permet non de relativiser la gravité du propos précédent, mais d'en mieux saisir le soubassement, « l'horreur de la guerre » bien sûr :

> « ... Je suis venu à la vie militante par horreur de la guerre franco-allemande. Par souvenir d'une enfance attristée par quatre années de lourde attente qui ont pesé sur la liberté de mes joies. Par mon étonnement de jeune homme devant tout ce qui restait de haine et d'insolence victorieuse chez nous. Et aussi par les leçons d'un vieux maître qui a formé mon esprit à estimer les hommes, mon cœur à chérir leur vie, toujours, même contre leurs propres passions. Telle est mon histoire d'âme. Je m'y tiens.
> Poursuivant mon idée, j'ai décidé de combattre, toute ma vie, pour la paix. Et, par suite, pour le rapprochement franco-allemand qui est la condition première de la paix, sur ce continent. Ce que je fais, je ne le fais point pour l'Allemagne. Je le fais pour la satisfaction et pour l'orgueil de mon esprit d'abord; pour mon pays, ensuite, pour que vivent nos jeunes hommes, ici et ailleurs, enfin. J'ai souhaité le rapprochement franco-allemand sous la République de Weimar. Je l'ai souhaité, et demandé, sous le national-socialisme. Je le voudrais en toutes circonstances, heureuses ou malheureuses pour l'Allemagne. Il y a dans ma volonté de travailler à la paix entre cette nation et la nôtre une aspiration qui dépasse nos régimes respectifs et les circonstances présentes. Une aspiration vers d'autres rapports humains entre les Allemands et nous...
> Cette position n'est pas politique, je le sais bien. Elle est humaine, tout simplement. Mais elle a ceci de particulier qu'aucun événement politique ne l'a changée, ni ne la changera. »

Les variations de l'ancien élève d'Alain sur les valeurs républicaines [54] — une République « autoritaire », il est vrai —, sur un État laïque et également

53. René Château, « La France continue », *La France socialiste*, jeudi 12 novembre 1942, p. 1.
54. Par exemple dans *La France socialiste* de samedi-dimanche 28-29 novembre 1942, p. 1 (« La République, oui ; mais la vraie... »).

débarrassé d'une autre « secte », celle des militaires[55], finirent sans doute par lasser, aussi bien à Vichy que chez l'occupant, pour qui le solde des avantages escomptés — l'appel aux bonnes relations franco-allemandes, par exemple — apparut négatif en ces temps de mobilisation idéologique. Au milieu de 1943, en effet, la censure allemande retira à René Château sa carte de journaliste[56]. Avant même la mise de ce bâillon, la parole lui avait été retirée par la perte de la direction politique de *La France socialiste*. Un document indique bien comment, le 30 juin 1943, une telle décision lui fut signifiée. Il s'agit d'une « note à l'attention de M. Le Conseiller d'Ambassade Schwendemann » envoyée à ce dernier par René Château le 5 juillet 1943 et qui commence par ces mots :

> « Monsieur le Conseiller,
>
> J'ai l'honneur, pour confirmer l'entrevue que vous avez eue le 2 juillet avec mes amis et moi-même, de vous exposer les faits et les réflexions suivantes :
>
> Le 30 juin, M. Georges Daudet, Directeur Général de *La France socialiste*, m'a informé qu'*il aurait reçu mandat des autorités occupantes de me retirer la Direction Politique de ce journal, parce que la politique que je faisais déplairait à ces autorités.* M. Georges Daudet m'avait d'ailleurs plusieurs fois averti, pendant ces dernières semaines, que ces autorités jugeaient avec défaveur mon obstination a défendre certaines idées de politique intérieure et extérieure. Il m'avait fait prévoir que, si je continuais, je courrais le risque d'être l'objet de mesures dont il serait l'exécutant.
>
> *J'ai l'honneur de vous demander avec la plus grande insistance si les dires de M. Georges Daudet correspondent à la réalité.*
>
> Et voici pourquoi...[57] »

Suivent plusieurs pages, dont l'analyse est précieuse. D'une part, on y retrouve la même double thématique — fidélité au pacifisme, attachement au principe républicain — que dans les articles de *La France socialiste*, sur un ton et avec une teneur qui reflètent une incontestable sincérité. Mais aussi une étonnante illusion ! D'autre part, ce texte recèle des phrases dont la naïveté, même si l'on tente de les replacer dans le contexte d'une démarche passablement humiliante et si on les examine à l'aune de la double contradiction déjà mise en lumière, confond. Écrire à un représentant de l'occupant en juillet 1943 que l'on espère que « l'Europe nouvelle ne se ferait pas aux dépens de l'individualité ni de l'indépendance françaises » et que « la France conserverait la liberté d'être comme elle est et comme elle se voudra » témoigne d'un aveuglement singulier, surtout si l'on précise quelques lignes plus loin que cette France doit être une « république meilleure et plus forte » et « politiquement indépendante » !

Et il ne s'agit pas de candeur feinte, dans une difficile tractation avec les Allemands. Il existe, en effet, des textes plus étonnants encore signés René Château : ceux diffusés par la Ligue de pensée française, qu'il dirigea et anima

55. *Ibid.*, samedi-dimanche-lundi 12-13-14 juin 1943, p. 1 (« Laïque, civil et socialiste »).

56. Cf. *Bulletin* n° 32 de l'Association des Amis d'Alain, mai 1971, p. 64. Le fait est également signalé dans la brève notice nécrologique de René Château publiée dans *Le Monde* du 11 avril 1970 (p. 13), qui s'inspire sans doute du *Dictionnaire des parlementaires français* (tome 3, PUF, 1963, p. 991) qui mentionne lui aussi cette carte de presse retirée.

57. Document communiqué en mai 1982 par Jean Château, frère de René Château. Ce dernier lui confia, en effet, en 1944 des lettres ainsi que des textes de la Ligue de pensée française. Pour le texte complet de cette lettre, on se reportera à l'annexe V. Georges Daudet était « l'homme de confiance d'Abetz dès juin 1940 » (*cf. Vichy 1940-1944. Archives de guerre d'Angelo Tasca, op. cit.*, note 234 p. 444).

en 1943-1944. Avant même son éviction de *La France socialiste*, il avait, en effet, fondé en janvier 1943 cette organisation dont on a pu noter qu'elle représentait une tentative pour recréer « les deux ligues laïques abolies, des droits de l'homme et de l'enseignement[58] », ce qui, du reste, lui fut alors reproché par la presse collaborationniste, par exemple *Le Cri du peuple* du 3 mars 1943 qui y voit un « repaire de francs-maçons ». Trois de ces textes sont aisément accessibles pour avoir été publiés en 1964 dans *Le Rendez-vous manqué de 1944*[59]. Les deux premiers sont des motions. Dans celle datée du 3 juillet 1943, des « militants syndicalistes, socialistes et républicains » protestent contre l'éviction de René Château de la direction de *La France socialiste*. Il s'agit, en fait, d'une motion signalée dans la lettre au conseiller Schwendemann. Les amis de René Château y estimaient que dans ce journal avaient été défendus « jusqu'à ces derniers jours les principes suivants : liberté de conscience, laïcité de l'État, république réelle, socialisme français, respect du syndicalisme, et tout particulièrement indépendance politique de la France dans l'Union de l'Europe ». La seconde motion réitérait la protestation précédente. Désormais, les membres de la Ligue de pensée française — et donc René Château — « attendront, pour défendre ces principes par des écrits, qu'il leur soit permis de le faire sans être soumis à des restrictions politiques ». C'est donc une décision — capitale, eu égard à l'attitude de René Château jusqu'à cette date — de ne plus écrire dans la presse collaborationniste.

Ce qui ne signifie pas que ces membres devinrent désormais silencieux. Mais ils tinrent dès lors un discours à usage essentiellement interne. Les textes de la Ligue de pensée française étaient en effet diffusés par voie postale[60]. Cette association, sise 5, boulevard Montmartre et régie par la loi de 1901, se voulait une « Ligue pour la défense de la liberté de conscience et pour le développement de la culture européenne » et s'était fixé trois domaines d'action : la « défense de la liberté de conscience », la « défense du principe de l'autorité de l'État », et la « propagation de la culture française », et autant de « buts pratiques », avec notamment, celui « d'enquêter en permanence, dans tout le pays, sur toutes les violations qui pourront être faites à la liberté de conscience[61] ».

Cette Ligue était administrée par un comité central de vingt-six membres. Une brochure de huit pages intitulée *Manifeste* et datée de janvier 1943 indique la composition du « bureau » de ce comité central. Le président en était René château, le secrétaire général Claude Jamet et le secrétaire administratif Roger Lefèvre. Ce dernier, on l'a vu, jeune député socialiste de 1936, mena le même combat pacifiste que Château à la Chambre en 1938-1939. Et les trois hommes sont tous âgés de moins de quarante ans et sont passés vingt ans plus tôt par les khâgnes du milieu des années 1920. Dans la « première liste des membres du comité d'honneur et du comité central » reproduite dans le *Manifeste* figure également l'ancien khâgneux Maurice Savin. A côté d'un fort contingent de syndicalistes, on trouve donc un nombre

58. Pascal Ory, *op. cit.*, pp. 142-143.

59. *Le Rendez-vous manqué de 1944*, présenté par Claude Jamet, éditions France-Empire, 1964, pp. 311-314 (cette source est précieuse : il s'agit, en effet, des actes d'une table ronde animée deux décennies après la Libération par Claude Jamet et réunissant des protagonistes des deux camps de la « guerre franco-française », dont René Château).

60. Témoignage de Mme Château, entretien avec l'auteur, 17 juin 1982; cf. également Claude Jamet, *Engagements* suivis de la *Confession sans repentir de l'auteur de Fifi Roi*, *op. cit.*, p. 224.

61. Articles 3, 4 et 5 des statuts (brochure « Statuts », 7 p., s.d., archives René Château).

non négligeable de représentants des élèves d'Alain — Château, Jamet, Savin — ou de jeunes adultes qui furent associés dans les années 1930 aux mêmes luttes pacifistes — ainsi, Roger Lefèvre. Et l'un des pacifistes qui présida à l'éveil politique de cette génération pacifiste est également présent : René Gérin. Il semble même que le « Maître » lui-même ait été pressenti. Le 25 octobre 1942, en effet, René Château avait envoyé Claude Jamet et Maurice Savin au Vésinet pour demander à Alain son patronage pour la Ligue alors en gestation[62]. L'initiative, apparemment, n'aboutit pas, pas plus que l'engagement d'Alain, lors du même entretien, de publier quelques *Propos* dans *La France socialiste.*

Outre ces renseignements sur le noyau fondateur, le *Manifeste* confirme la triple orientation, déjà décelée, de la Ligue, que résume d'ailleurs le sous-titre de la brochure : « Liberté aux consciences, Autorité à l'État, Paix à l'Europe ». Mais il est un texte plus éclairant encore sur les dispositions politiques de René Château en cette quatrième année d'Occupation. Il s'agit d'une « lettre remise au chef de l'État et au chef du gouvernement » le 10 janvier 1944. *Le Rendez-vous manqué de 1944* en a reproduit quelques brefs extraits[63]. Il a été possible d'en retrouver le texte intégral et d'en reconstituer la genèse. A l'origine, existe, en effet, une brochure de quinze pages de la Ligue datée d'octobre 1943 et intitulée « Plans de pacification intérieure et de paix présentés par le comité central de la Ligue de pensée française[64] ». Au mois de décembre suivant, « des personnalités... ont ensemble examiné ce Plan et ont décidé d'en tirer des conclusions pratiques » qui « ont pris la forme d'une lettre adressée au chef de l'État et au chef du gouvernement et dans laquelle sont exposées les mesures d'apaisement qui devraient être immédiatement prises pour préserver la France de la guerre civile », signale une circulaire envoyée aux membres de la Ligue le 17 janvier 1944[65]. De fait, une semaine plus tôt, le 10 janvier, une longue lettre avait été envoyée à Pierre Laval et à Philippe Pétain[66]. Texte étonnant, qui, notamment dans son versant politique, rappelle une motion de la Ligue des droits de l'homme pour temps de paix. Les maîtres mots en sont « clémence », « détente », « exacte justice », « apaisement », et il serait facile d'ironiser sur une motion qui semble n'avoir plus qu'un lointain rapport avec la France du début de l'année 1944. Mais on aurait tort de prendre pour objet de sarcasmes ce déphasage, qui doit être au contraire étudié comme objet d'histoire et qui confirme l'extrême candeur de l'ancien député de La Rochelle : il permet de mieux comprendre comment un pur produit de la IIIe République et de l'école laïque a pu se retrouver dans le même camp que Vichy et même que l'occupant.

Incontestablement, *La France socialiste,* on l'a vu, a soutenu Pierre Laval. Mais le texte qui précède montre que ce soutien ne s'accompagnait pas d'un ralliement à la Révolution nationale. A tout prendre, envoyer un tel texte à Pierre Laval et Philippe Pétain en janvier 1944 aurait pu, dans un autre contexte, apparaître comme une forme de résistance. René Château, en tout cas, avait la conviction à cette date de se battre à un « créneau » républicain.

Assurément le collaborationnisme, tout comme Vichy, n'a pas été un bloc, et

62. Claude Jamet a mentionné cette ambassade dans son *Journal* à la date indiquée (entretien avec l'auteur, 18 juin 1982).
63. *Le Rendez-vous manqué de 1944, op. cit.,* pp. 312-314.
64. Archives René Château.
65. Archives Jean Château.
66. *Ibid.;* le texte de cette lettre est reproduit dans notre thèse pp. 1086 sqq.

l'éventail est large, même à gauche, entre ceux qui se sont ralliés à l'idéologie nationale-socialiste et ceux qui se compromirent avec l'occupant, mais avec le sentiment d'être restés fidèles aux principes républicains. A tel point que quand sort à la fin de l'hiver 1944 le recueil d'articles de René Château intitulé *A la recherche du temps futur*, « achevé d'imprimer » le 15 mars 1944, une bande — retrouvée dans les archives de René Château — qui entourait la couverture annonçait : « Le point de vue républicain ».

Le 28 juillet 1944, est « achevé d'imprimer » un autre de ses ouvrages, un recueil de poèmes intitulé *Les Cantiques de l'Homme.* Mais l'heure, apparemment, n'est plus à la poésie. Un mois plus tard, en effet, le 2 septembre, il est arrêté avec son épouse et le couple est emprisonné à l'Institut dentaire, avenue de Choisy, jusqu'au 16 septembre, puis transféré au camp de Drancy. Madame Château sera libérée le 26 octobre et René Château le 17 novembre.

Ce dernier racontera en 1947, dans *L'Âge de Caïn*, sous le pseudonyme de Jean-Pierre Abel, son périple carcéral. Il a seulement changé, dans son récit, les dates précises d'arrestation et de libération, afin de brouiller les pistes [67]. Il y écrit avoir été sollicité, pendant la guerre, par la Résistance mais n'avoir pas donné suite par pacifisme. A Drancy, il croisera Mary Marquet, André Delmas, Alfred Fabre-Luce et, auparavant, à l'Institut dentaire, il avait rencontré le normalien Louis L'Hévéder et... « Château, le député », auquel il consacre un long passage, et notamment les lignes suivantes :

> « Comme tant de pacifistes, Château avait espéré dans Montoire, en 1940. Il avait même, au début, été le collaborateur de Marcel Déat, dans le journal *L'Œuvre.* Mais il avait, lui aussi, été refroidi par la tournure prise par la « collaboration ». Il avait quitté Déat. Il avait même réussi à publier, dans d'autres journaux, quelques articles contre son ancien patron, contre Vichy, contre les Milices, contre la clique en place. La patience des Allemands s'était vite lassée, et ils l'avaient expulsé de la presse, très proprement... Il avait été surveillé, perquisitionné, arrêté, condamné à des peines d'amende. Il avait dû, enfin, fuir et se terrer, jusqu'à la Libération, pour échapper à la meute lancée contre lui. Or, après la Libération, il était revenu à son domicile, tranquillement. Il a donc été arrêté par des communistes [68]... un pacifiste reçoit toujours des coups de tous les côtés. Et si Château avait eu tort, aux yeux des Allemands, de ne pas haïr les autres, il devait avoir tort, aux yeux des autres, de n'avoir pas haï les Allemands. »

Au cœur de son attitude pendant l'Occupation et, de ce fait, de ses ennuis à la Libération, est donc niché le pacifisme. L'aveu est précieux, car si l'analyse historique confirme, avec le recul, le rôle déterminant que jouèrent effectivement les sentiments pacifistes de René Château, le texte qui précède date des toutes premières années de l'après-guerre — 1947 —, et l'usage d'un pseudonyme libère apparemment la plume du principal intéressé et lui permet d'ébaucher, sinon déjà un plaidoyer, en tout cas une précoce tentative de justification, à une date où les anciens collaborationnistes sont emprisonnés

---

67. Pour la même raison sans doute, l'éditeur signale dans l'avant-propos que l'auteur Jean-Pierre Abel est décédé *(L'Age de Caïn. Premiers témoignages sur les dessous de la Libération de Paris)*, Les Éditions Nouvelles, 1947, p. 7).

68. Dans *Le Rendez-vous manqué de 1944*, la notice de l'ancien député est plus explicite et précise qu'il fut arrêté « par une bande, se disant F.T.P. » (*op. cit.*, p. 44). Le récit du séjour à l'Institut Dentaire dans *L'Age de Caïn*, si on lui accorde crédit, semble, en effet, indiquer qu'avant d'être incarcéré à Drancy, René Château avait été le prisonnier d'éléments incontrôlés.

ou se terrent et, dans les deux cas, se taisent, et où lui-même est frappé d'« indignité ».

Convoqué après sa libération en Chambre civique, René Château avait, en effet, été condamné, au terme d'une très brève audience, à « l'indignité nationale ». Il put cependant reprendre son métier de professeur en 1948, d'abord au lycée de Laon puis au lycée Hoche de Versailles, où il prit, dès 1966, une retraite anticipée due à des problèmes de santé. Et l'ancien élève de la rue d'Ulm égaré dans la politique, le pacifiste broyé par ce siècle de fer, le philosophe et poète qui, sans l'influence d'Alain, serait peut-être resté professeur dans un lycée de province tout en meublant ses loisirs par l'écriture, mourut brutalement en 1970 à l'âge de soixante-trois ans.

Par « horreur de la guerre franco-allemande », ce pacifiste fut projeté dans un conflit encore plus cruel, la guerre « franco-française ». Se rendit-il compte, par la suite, que loin d'y intervenir en neutre, il se retrouva, par la force des choses, dans l'un des camps en présence ? Il ne le semble pas. Trois ans après l'été 1944, dont la fin fut pour lui si rude, il avait encore, en tout cas, le sentiment de s'être trouvé, durant le conflit, dans une sorte de no man's land, à égale distance des deux belligérants, mais aussi, il est vrai, sous leurs feux croisés :

> « Un hasard m'a jeté dans la politique... Mais bientôt je suis tombé dans un trou. Car, par des misères, par la guerre, il s'est produit une prodigieuse agitation parmi les hommes... Car j'ai eu la mauvaise chance de tenir à des idées que d'autres se sont mis à haïr. Et ces autres m'ont attaqué de deux côtés, tant sont malheureux les pacifiques, tant ils ont le malheur, en temps de guerre, d'être haïs de tous, pour la faute de ne haïr personne. J'ai donc reçu bien des coups, de ceux-ci, puis de ceux-là. Il n'importe plus maintenant[69]. »

Force est de constater, en tout cas, la fidélité de toute une vie, même dans les périodes les plus troublées, à la cause pacifiste.

Claude Jamet : un alinien chimiquement pur ?

L'action et les écrits de Claude Jamet offrent un second exemple de la façon dont le pacifisme alinien a été reçu, vécu jusqu'à devenir une ligne de conduite et, de ce fait, assumé jusqu'au cœur de la tourmente. Et la comparaison avec l'itinéraire de René Château est, à cet égard, éclairante. Les deux hommes ont été marqués à la même époque par Alain, mais cette empreinte, déterminante dans les deux cas, n'avait pas entraîné sur le moment le même comportement. De fait, l'activité de l'un et de l'autre avait divergé au cours de leurs années étudiantes : influence vécue individuellement dans un cas, militantisme et rôle actif à l'École dans l'autre, tout séparait l'engagement des deux jeunes normaliens. De même, dans les années 1930, si René Château était devenu l'un des plus jeunes députés issus des élections législatives de 1936, l'engagement de Claude Jamet, pour important qu'il ait été après le choc de février 1934, restera beaucoup plus en retrait. Et leur participation commune à *La France socialiste*, quelques années plus tard, est également significative : le premier assure la direction politique du quotidien, tandis que le second s'y occupe de littérature.

---

69. René Château, « Introduction générale » à *L'Introduction à la Politique (cours d'initiation sociale, civique et humaine), op. cit.*, pp. X-XI.

En rester à cette vision dualiste risquerait cependant de masquer l'essentiel. C'est dans l'un de ses articles littéraires que Claude Jamet écrit, en effet, en 1942, ces lignes déjà citées : « Alain, dans sa carrière, a formé vingt promotions de professeurs qui portent sa marque. Répandus aujourd'hui dans tous les lycées ou collèges de France. Vingt promotions de " philosophes " fidèles à son esprit — oui, en dépit d'eux-mêmes — et militants comme lui, d'après lui. On les a vus au moment de Munich. Imperturbables : on les retrouve maintenant. Combattants de la paix : toute la petite troupe (ou presque) au premier rang[70]. » L'essentiel est donc là : au cœur de la tourmente, les deux hommes demeurent, par fidélité au chartiérisme, des « combattants de la paix » et les circonstances — si l'on peut utiliser un tel terme, qui recouvre des facteurs aussi différents que la sincérité indéniable des deux hommes mais aussi leur aveuglement ainsi que leur manipulation vraisemblable par les clans collaborationnistes et l'occupant — vont les porter effectivement « au premier rang » : René Château à la direction de *La France socialiste* de 1941 à 1943, Claude Jamet à la tête de *Germinal* à la fin d'avril 1944. Et l'un et l'autre se retrouveront, à la Libération, emprisonnés puis suspendus de leurs fonctions d'enseignant.

Au bout du compte, et au terme d'itinéraires apparemment très différents, la fin du chemin avait été identique et placée sous le signe du pacifisme jusqu'au-boutiste. La démarche de René Château avait beau avoir été, quinze années durant, plus politique, celle de Claude Jamet plus intérieure et personnelle, la tâche revendiquée de « combattants de la paix » au cours des dernières années de l'Occupation ne pouvait — pour des intellectuels estimant qu'il fallait défendre publiquement leurs thèses — que conduire à des dérives, auxquelles René Château mit fin à partir de 1943 en se taisant mais dont Claude Jamet, moins politique, ne perçut, semble-t-il, pas les conséquences. Ce qui le conduisit à écrire ses seuls articles réellements engagés de l'Occupation le 5 mai et le 2 juin 1944! A ce titre, son cheminement intellectuel et politique entre sa sortie de la rue d'Ulm et la Libération est fondamental pour notre étude car il constitue un itinéraire chartiériste chimiquement pur. Certes, Claude Jamet va, à plusieurs reprises, s'engager dans des actions militantes ou s'agréger à des formations politiques, mais ce sera toujours au nom du combat pour la paix, à tel point que cet itinéraire, on va le voir, fluctue tout au long des années 1930 au seul gré de sa vision personnelle des problèmes extérieurs. Ce qui entraînera un voyage singulier à travers la gauche française de l'époque du Front populaire[71]

70. « Mon maître Alain », article repris dans *Images de la littérature*, Sorlot, 1943, pp. 111-117, citation p. 113.

71. Nous évoquerons ici l'itinéraire de Claude Jamet au cours des années 1930 tel que nous le restituent son journal de jeunesse et ses articles dans la presse poitevine. Ces éléments ont été regroupés par Claude Jamet en 1977 dans *Notre Front populaire. Journal d'un militant (1934-1939)* (La Table Ronde). Cette utilisation, de seconde main donc, de sources primaires pose naturellement un problème méthodologique. Non pas tant sur le matériau lui-même : le journal est, en effet, « publié tel quel, sans retouche » (*op. cit.*, p. 11), et nous avons naturellement vérifié à l'annexe de la Bibliothèque nationale le texte des articles du *Front populaire de la Vienne*, hebdomadaire fondé par Claude Jamet et qui exista du 11 janvier 1936 au 4 septembre 1939 (dans les pages suivantes, les citations sont extraites du journal lui-même et non de *Notre Front populaire :* curieusement, dans cet ouvrage, les citations ne sont jamais exactes; il ne s'agit apparemment pas pour Claude Jamet de falsifier les textes publiés dans son hebdomadaire, puisque le sens n'en est jamais altéré, malgré les différences, dans l'édition de 1977; plus simplement, il semble que dans cette édition, Claude Jamet ait publié ses « manuscrits » d'articles, sans tenir compte des modifications, de style le plus souvent, apportées sans doute au dernier moment sur le marbre. Le problème méthodologique porterait plutôt sur l'éventuel « montage » de ce matériau. Le journal de Claude Jamet comprend, en effet,

A l'orée de cette décennie, le jeune normalien chartiériste n'est pas engagé politiquement, ou, plus précisément, il ne milite pas[72]. Il prépare l'agrégation des lettres, à laquelle il est reçu en 1932, effectue son service militaire et prend son premier poste au lycée de Bourges :

> « Ce furent, ensuite, mes fiançailles, et l'agrégation ; mon mariage, et le service militaire ; la naissance du premier enfant ; le premier poste, en province... Je lisais *L'Humanité, Le Canard enchaîné* et *Marianne,* pêle-mêle. Abonné, il va de soi, aux *Libres Propos* (le « journal » d'Alain). Syndiqué, cégétiste. Mais je ne " militais " pas, au sens propre du terme. Révolutionnaire, théoriquement ! Je bavardais beaucoup ; je discutais, je prenais feu pour mes idées — en chambre, ou, tout au plus, entre les quatre murs de la salle des professeurs. Il ne me semblait pas qu'on eût à m'en demander davantage. Les choses de la politique réelle, certes, m'intéressaient, jusqu'à la passion ; mais comme un spectacle. L'idée ne me serait pas plus venue de m'y mêler moi-même, qu'au théâtre celle d'escalader la scène, ou, aux courses, d'endosser la casaque du jockey... J'étais tout à mon édition classique d'*Eugénie Grandet,* pour Hachette. Ma femme était enceinte, à nouveau. Je commençais, à Bourges, à me faire une réputation de jeune monsieur sérieux, avec mon chapeau pour saluer dans la rue, et ma belle serviette neuve sous le bras[73]. »

Telle est donc la position de départ, au seuil de l'année 1934 : un jeune professeur de vingt-trois ans du lycée de Bourges, plutôt à gauche, mais tout à son bonheur familial et professionnel. Le mercredi matin 7 février, pourtant, c'est préoccupé qu'il retrouve sa classe et, note-t-il dans son journal, « les *Géorgiques* en furent toutes frémissantes ». Les événements parisiens du 6 février vont, en effet, précipiter Claude Jamet dans la vie politique. Son journal est à cet égard précieux, qui montre bien que ces événements ne constituent pas seulement, dans son itinéraire, un repère chronologique commode mais qu'ils frappent les trois coups d'un engagement militant. Engagement qui passe, au mois de juin suivant, par la formation d'une section locale du Comité de vigilance des intellectuels antifascistes, constituée avec des collègues du lycée, de l'École normale et de l'École primaire supérieure. Et au sein de cette section — dont il devient le secrétaire général en novembre de la même année — comme dans les autres aspects de son activité militante — il

---

quatorze volumes dactylographiés et reliés (que Claude Jamet nous a montrés en juin 1982) et les passages publiés ne sont donc que des extraits. Il y a donc risque de reconstruction — volontaire ou inconsciente — d'un itinéraire et d'un état d'esprit à travers les textes proposés. Mais l'itinéraire qu'ils suggèrent est confirmé par les articles et les engagements publics de Claude Jamet. Dès lors, ces textes, même incomplets et tronqués, nous ont paru mériter attention et se prêter à l'utilisation, même de seconde main.

72. Même sans engagement militant, Claude Jamet est toutefois incontestablement orienté à gauche. Il note, par exemple, dans son journal le 11 mai 1932 : « Il faut aimer le peuple », et précise le 25 mai suivant : « Le parti pris révolutionnaire me paraît être une stricte obligation morale. » Et il écrit ses premiers textes imprimés dans le journal de la LAURS, *L'Université Républicaine.* Ainsi, dans le numéro n° 34 du 15 mars 1932, il se lance « A la recherche de Péguy » et conclut : « Oui, là est l'unité de Péguy, grande âme populaire » (*loc. cit.,* non paginé). A partir du numéro du 22 mai 1931, le « rédacteur en chef littéraire » de la rubrique « les idées, les lettres, les arts » était le normalien Jean Luc. Ce dernier introduisit apparemment certains de ses camarades de la rue d'Ulm dans les colonnes de cette rubrique. Outre Claude Jamet, on relève en effet le nom de Jacques Soustelle. Comme dans *Spartacus* (cf. *supra,* note 40 du chapitre XIV), ce jeune normalien y écrit des articles très orientés à gauche (cf. notamment, « Essai d'interprétation », dans lequel la loi militaire du 16 février 1932 est présentée comme une « loi de classe », n° 44, 15 mai 1932, et « Discours aux Étudiants », dans le n° 40 du 15 janvier 1932).

73. *Notre Front populaire,* p. 18 (il s'agit là d'une introduction de 1977 et non d'un texte de l'époque ; plus précisément, une première mouture avait été publiée dans *Engagements* en 1949, après avoir été rédigée en prison à la Libération : Claude Jamet, *Engagements* suivis de la *Confession sans repentir de l'auteur de Fifi Roi, op. cit.,* pp. 186-187).

sera bientôt secrétaire du Comité d'unité d'action antifasciste du Cher —, l'élève d'Alain devient, durant deux ans, un véritable compagnon de route du Parti communiste.

Ce dernier, progressivement, envahit son journal[74], et Claude Jamet en viendra à y écrire le 1er août 1935 : « J'aime, d'amour, le Parti communiste. » Et l'URSS, dans cette perspective, devient un point cardinal de l'univers politique et, apparemment, d'après les lignes qui suivent, un objet de foi :

> « Je suis sûr, d'autre part, que l'existence d'une telle chose, dans le monde des choses, a une importance capitale, aussi bien pour les autres pays. Je pense au militant, à l'orateur révolutionnaire qui, à tant de discours (cent fois faits), tant d'idées (rebattues), peut ajouter maintenant cette conclusion : l'URSS. Ce qui manquait au socialiste d'avant 14 : le bras tendu vers l'Est. " La Terre promise existe, camarades... " Et j'ajoute : même s'il n'y avait plus rien, là-bas, qu'un feu éteint, et des cendres froides, il faudrait, jusqu'au bout du possible, continuer à faire comme si... Oui, mentir, héroïquement. Grâce aux dieux, nous n'en sommes pas là (que je sache). Il reste à admirer, de bonne foi. Mais alors, que ce soit sans réserve ni réticence. Pas d'ombre sur cette flamme, sur cette étoile rouge[75]. »

Le « ne pas désespérer Billancourt » avant la lettre du dernier paragraphe n'est guère en réalité qu'une clause de style, tant la confiance de l'auteur envers le communisme dans ses versions intérieure et extérieure semble grande à cette date. Et pourtant, moins d'un an plus tard, la rupture de Claude Jamet avec le Parti communiste sera consommée et il fera part, le 15 septembre 1936, aux lecteurs des *Feuilles Libres de la Quinzaine* de son « évolution » et de son passage de la « foi » au « refus ».

Car si, pendant cinq ans, Claude Jamet va se réclamer du Rassemblement populaire et militer en son sein — sa direction du *Front populaire de la Vienne*[76] de 1936 à 1939 étant, d'une certaine manière, le symbole de ce combat apparemment rectiligne —, ce sont des tendances différentes de ce Rassemblement qu'il rejoindra tour à tour, et ses choix, même habillés à l'occasion de justifications intérieures, seront, en réalité, constamment et uniquement dictés par des considérations de politique étrangère : le parti de gauche qui lui semblera le mieux défendre la paix l'attirera sur ses marches ou dans ses rangs. Son itinéraire est donc avant tout, à cette époque, le voyage d'un pacifiste à travers la diversité politique du Front populaire — radicaux exclus —, rythmé par la houle des événements extérieurs.

De 1934 à 1936, donc, l'élève d'Alain navigue de conserve avec un parti qui lui apparaît comme le seul véritablement pacifiste et même antimilitariste. Sa confiance dans la politique de l'Union soviétique ne lui avait guère fait accorder d'importance sur le moment au pacte d'assistance mutuelle signé entre elle et la France le 2 mai 1935. C'est, en fait, le ralliement du Parti communiste français à la politique de défense nationale qui suivit qui va

---

74. Ou, tout au moins, envahit progressivement les extraits qu'il en donne dans *Notre Front populaire* (*op. cit.*, pp. 24, 31-32, 46, 49, 52, 58-59, 60, 61-64, 67, 69-72, 75-76).

75. Extrait de journal daté du 23 août 1935 (*Ibid.*, p. 71). Cet extrait, long de trois pages et demie, est une profession de foi dans « le peuple », l'URSS et le Parti communiste (« Le PC ! Il n'y a pas à discuter. Tout se tient. Le PC existe, et c'est chez lui que sont les révolutionnaires »), entraînée par une lettre que Claude Jamet venait de recevoir de Simone Weil et dans laquelle cette dernière lui faisait part de sa croyance perdue en la révolution et l'URSS (*Ibid.*, pp. 69-72).

76. A la rentrée de 1935, Claude Jamet, en effet, a été nommé professeur de khâgne au lycée de Poitiers. Au bout d'un an, *Front populaire de la Vienne* aura trois mille abonnés (cf. *Notre Front populaire*, p. 179).

éloigner Claude Jamet de cette organisation. L'attitude de la presse communiste lors de la remilitarisation de la Rhénanie semble avoir été pour lui l'occasion d'une douloureuse crise de conscience. Il cite en tout cas, en 1977, l'extrait de son journal daté du 8 mars 1936 : « J'achète un journal, puis deux, puis trois, puis tous... Depuis *L'Action française* jusqu'à *L'Humanité*... qui m'en tombe des mains », et, surtout, il reproduit, dans l'article des *Feuilles Libres de la Quinzaine* déjà évoqué, le même passage avec un sous-titre : « le sursaut », qui précède la dernière étape : « le refus ».

Cette dernière étape va le conduire dans les rangs de la SFIO. Tout d'abord, au moment même du printemps et de l'été victorieux du Front populaire, il va prendre parti dans la crise que traverse le Comité de vigilance des intellectuels antifascistes. Si au début de l'existence de ce dernier, la plus grande partie de ses membres étaient pacifistes, s'était ensuite dégagée une forte minorité de partisans de la fermeté en politique extérieure, communistes pour la plupart. Le congrès du 21 juin 1936 révèle au grand jour la fêlure. Pour le professeur poitevin, délégué de la Vienne à ce congrès, c'est naturellement l'alignement sur la majorité, animée du reste par Michel Alexandre et les aliniens, et c'est, mais pour la première fois depuis deux ans et demi, l'occasion de se retrouver plus proche de certains socialistes que des communistes. La manière dont il évoque, dans son journal, ces derniers est déjà bien éloignée du lyrisme des années précédentes : « Côté minoritaire : ce sont les " organisés ", les militants du Parti (au p trois fois majuscule), les universitaires prolétaires d'honneur — une manière impayable de traiter leurs chers collègues, les autres, d' " intellectuels ", avec mépris ! » Et les portraits individuels sont encore moins chaleureux : « Maublanc, plus insinuant, empoisonne le bout de ses phrases... Wurmser, par chance, a attrapé (ailleurs) une extinction de voix ; il s'étrangle de rage, quasi silencieuse. »

La guerre d'Espagne va élargir le fossé entre Claude Jamet et les « universitaires prolétaires d'honneur ». Durant l'été 1936 il entreprend un voyage en Allemagne qui lui permet de conclure : « " Hitler-c'est-la-guerre " ? Sans doute. Mais le peuple allemand veut la paix : cela n'est pas douteux non plus. A nous donc, à nous Français d'inventer et de suivre une politique assez claire, assez habile, assez juste surtout (c'est la plus grande habileté), pour démasquer définitivement Hitler aux yeux mêmes de son peuple, Hitler-la-Guerre aux yeux du peuple allemand pacifique[77]. » La méthode préconisée, en tout cas, ne passe pas à ses yeux par la fermeté. Tout au contraire ! Comme Maurice Thorez vient de proposer la formation d'un « front français » anti-hitlérien, Claude Jamet note dans son journal à la même époque :

> « Placé, comme tout le monde, devant le phénomène ahurissant de l'évolution — sans cesse accélérée — du Parti communiste... Voilà pourquoi, soudain, notre PC s'est mis à gonfler son antifascisme — assez hésitant jusque-là — en un antihitlérisme à peu près exclusif, et de plus en plus flambant... Hitler, voilà l'ennemi ; voilà le seul ennemi, désormais... Et voilà pourquoi Thorez nous propose ce " Front français " qui est, d'avance, exactement, l'union sacrée — et proclamée — contre Hitler, au service de l'URSS.
> Et voilà pourquoi je ne marche plus. »

77. Fin d'un article de Claude Jamet, « Quinze jours en Rhénanie (II). Documentaires », *Front populaire de la Vienne*, première année, n° 32, samedi 15 août 1936, pp. 1-2.

Et quand les communistes vont réclamer « des canons pour l'Espagne », Claude Jamet se prononcera publiquement pour la « non-intervention » française en Espagne :

> « ...J'étais en Allemagne quand la tragédie a commencé... La lutte est engagée, si l'on en croit Hitler, entre le " marxisme " international et le " nationalisme " (non moins international). Nous disons, nous : entre fascisme et démocratie. Il s'agit de savoir de quel côté penchera la balance... Hitler est prêt à jeter son grand sabre dans le plateau Franco. Que dis-je ? Il l'a déjà jeté... Alors, quoi ? Intervenir, nous aussi ? Il faut convenir que c'est le cri du cœur, du cœur magnifique des masses françaises... " Des avions, pour l'Espagne ! Des canons, pour l'Espagne ! "... Tout cela est juste ; tout cela est vrai. Et pourtant la Sagesse, qui pèse tout, la dure Sagesse tient un autre langage : " ...de la guerre civile, follement rendue indivisible, jaillit la Guerre. "
> Alors, quoi ? Neutralité ? C'est le devoir, le dur devoir où s'est rangé, héroïquement, notre gouvernement, la mort dans l'âme. Je dis : héroïquement, parce que rien n'est plus beau que de servir le peuple à rebrousse-poils, à contre-courant, contre son propre cœur. Disons-le bien haut, ici, puisque personne, dans la presse, ne semble disposé à le dire : depuis un mois que dure le conflit, *notre gouvernement de front populaire a sauvé la paix.* J'en appelle aux mères : elles savent ce que vaut, compté en vies humaines, un mois de paix, un jour de paix[78]. »

Trois jours plus tard, Claude Jamet décide d'adhérer à la SFIO. Il serait fastidieux de multiplier ici les citations. Elles sont pourtant essentielles pour démonter la dynamique d'un parcours politique tout entier mené par et pour le pacifisme. Ainsi, peu de temps après son entrée à la SFIO, le professeur de la khâgne de Poitiers se livre dans son journal à une longue introspection d'autant plus attachante qu'elle consiste, en fait, à rechercher de bonnes raisons d'avoir adhéré à une organisation considérée jusque-là comme « écœurante de modération » et pour laquelle il n'avait rien ressenti « qui ressemble à une passion, ou même une attirance quelconque, aucun penchant, aucun entraînement ». Pourquoi donc ce « mariage de raison » ? Certes, écrit Claude Jamet, « le PC, que j'aimais, m'a trompé indignement », mais les groupes d'extrême gauche, par exemple, auraient pu accueillir le pacifiste trompé et amer. Le choix de la SFIO résulte d'un raisonnement cohérent :

> « Mes idées — ce que j'appelle aujourd'hui la « vérité » — sont dispersées, dans *Vigilance,* dans les *Feuilles libres,* chez Alain surtout. Les " combattants de la paix ", les trotskistes parfois, les anarchistes même en font briller des fragments. A quoi bon ?... J'ai beau chercher, je ne vois que le Parti socialiste... qui puisse devenir ce grand parti de la Paix, dont je rêve... Je me résume : en fait, le Parti socialiste est dès maintenant le plus " pacifique ", dans sa ligne générale... Enfin — et là je ne fais plus la petite bouche — il y a Blum à la tête du parti. Blum, à qui je ne ménage ni mon admiration (je l'admire presque autant qu'Alain) ni mon amour. »

Quand on se rappelle la profondeur du sillon laissé par Alain chez son ancien élève du lycée Henri-IV, l'hommage n'est pas mince ! Et, là encore, Claude Jamet reste cohérent : ce n'est pas le leader socialiste en tant que tel qui

78. *Front populaire de la Vienne,* première année, n° 33, samedi 22 août 1936, pp. 1-2, « Comment aider la République sœur ? » (le passage en italique l'est aussi dans l'article).

suscite « admiration » et « amour » mais « Blum-la-Paix ». Après le discours de Luna-Park, le 6 septembre, où ce dernier expliqua les raisons de la non-intervention, le professeur poitevin écrit dans le numéro suivant du *Front populaire de la Vienne :* « Jaurès au pouvoir... Qui n'a fait ce rêve ? Il est réalisé : c'est Blum... Dimanche, à Luna-Park, Blum a parlé. Devant 80000 prolétaires parisiens, il a été celui qui dit la vérité[79]. »

Devant l'échec de la sécurité collective et la menace allemande qui se précise, on aperçoit bientôt, dans les articles que Claude Jamet rédige pour le *Front populaire de la Vienne,* le déchirement que connaîtront beaucoup de jeunes hommes nourris au briandisme des années 1920 mâtiné de chartiérisme militant. Faut-il s'opposer, au besoin par la force[80], aux menées hitlériennes ? Et pour un élève d'Alain tout particulièrement, comment concilier le devoir de vigilance face aux tyrannies[81], que ne peut que ressentir tout « citoyen » attentif à l'excroissance des « pouvoirs », et l'horreur quasi viscérale de la guerre ? La réponse est claire : « Je nous vois quelquefois victimes de nos propres formules, empêtrés de mots d'ordre, trébuchant à travers nos slogans. Car " LE-FASCISME-C'EST-LA-GUERRE ". Voilà une vérité incontestable ... d'où ... cette autre " vérité ", ruineuse celle-là — et d'ailleurs fausse, heureusement — que " la guerre est fatale ", *puisque* " le fascisme c'est la guerre " ... Tant il est difficile d'avoir *deux* idées à la fois ! Car " le-fascisme-c'est-la-guerre " sans doute ; mais, de son côté, plus sûrement encore, la GUERRE C'EST LE FASCISME ; et pis que tout fascisme : la liberté perdue, et les maisons perdues, sans compter la vie... L'antifascisme véritable est pacifiste, intégralement[82]. » Au-delà d'un langage à usage interne, reflet des analyses des membres du Comité des intellectuels antifascistes et réponse à leurs anciens camarades de vigilance communistes — qui, entre-temps, avaient quitté le Comité —, on voit donc déjà se profiler, pour une partie de la gauche pacifiste, un engrenage intellectuel dans lequel certains se broieront, par exemple Claude Jamet. Pour l'instant, en ce début d'été 1937, c'est en Léon Blum que ce dernier continue à placer tous ses espoirs de paix, malgré la démission du chef du gouvernement. Au congrès national de la SFIO, à Marseille, en juillet, il consacrera une partie des maigres cinq minutes de son temps de parole à rendre un hommage vibrant à la politique de non-intervention de Léon Blum : « Non, camarades, la politique de non-intervention n'a pas échoué, puisqu'elle a réussi ceci, du moins, qu'elle nous a évité la guerre ; et puisque c'est pour cela, rien que pour cela, qu'elle a été faite... Oui, nous pouvons le répéter avec fierté, et je le proclame en toute certitude ici : Blum a sauvé la paix. Vous avez sauvé la paix, cher Léon Blum[83]. »

---

79. *Front populaire de la Vienne,* première année, n° 36, samedi 12 septembre 1936, p. 1, « Blum-la-Paix », « par Claude Jamet (CVIA) ».

80. « ... La SDN est morte ; la " sécurité collective " se meurt ; votre " mur de la paix " dégringole... Faut-il faire la guerre, pour avoir la paix ? » (Claude Jamet, « Notre paix quotidienne », *Front populaire de la Vienne,* première année, n° 44, samedi 7 novembre 1936, p. 1).

81. « ... L'ennemi est là ; le fascisme guette ; la Bête attend, la gueule ouverte... » (Claude Jamet, « Quand la mariée est trop belle », *Front populaire de la Vienne,* première année, n° 42, samedi 24 octobre 1936). « Nous haïssons tous également ce monstre [*i.e.* Hitler] et pour de trop justes motifs » (Claude Jamet, « Après une conférence de René Gérin. Désintoxication », *Front populaire de la Vienne,* deuxième année, n° 75, samedi 12 juin 1937, p. 1).

82. « Après une conférence de René Gérin. Désintoxication », *réf. cit.*

83. *Notre Front populaire,* p. 209 (« d'après le *compte rendu sténographique des débats* du XXXIVe congrès du Parti socialiste SFIO »). *Le Populaire* du mardi 13 juillet 1937 cite cette autre phrase de Claude Jamet : « Léon Blum nous a gagné notre paix quotidienne comme on gagne son pain quotidien !... » (*loc. cit.*, p. 5).

C'est donc à nouveau une révision déchirante qui s'impose à lui quand, un an plus tard, à Royan, dans un congrès socialiste divisé sur l'attitude à tenir face aux menées hitlériennes, il constate le ralliement de Blum au camp des partisans de la fermeté et entend sa dénonciation de « l'illusionnisme pseudo-pacifiste » :

> « ... Je ne puis nier l'immense déception, l'écroulement en moi — de quoi au juste? non pas de mon admiration pour Blum, qui reste entière, ni de mon respect, ni même de ma confiance, non, mais de mon espoir en lui, des espérances que j'avais appuyées sur lui. C'est bien cela : un appui, brusquement, qui vous manque — et qui manque à la paix. C'était, avec (ou après) celui d'Alain, le plus sûr, me semblait-il ; le plus fort, en tout cas, et le plus éclatant. Il nous a lâchés. Blum a lâché[84]. »

Ainsi, plus que jamais, les événements extérieurs et leur répercussion à l'intérieur des partis français façonnent entièrement l'image que l'ancien élève d'Alain se fait du paysage politique français et déterminent ses déplacements en son sein. Et, dans les mois qui suivent, ce n'est pas tant son soulagement, logique, après les accords de Munich[85], que son jugement, par exemple, sur la grève du 30 novembre 1938 qui prouve, une fois encore, cette interférence constante du problème de la guerre et de la paix dans ses choix intérieurs. Le mercredi 30 novembre, il est l'un des deux seuls professeurs de Poitiers à faire grève, au risque du « licenciement et remplacement immédiat[86] » brandi par Édouard Daladier, mais c'est à contrecœur et par « devoir » qu'il la fait : mélange de discipline syndicale et de fidélité au Front populaire, dont les décrets-lois Reynaud ont sonné le glas. Dans son journal il notait, deux jours plus tôt, combien il lui coûterait de faire cette grève qui a pour but de renverser « la politique de paix » du gouvernement : « ... Ce n'est pas que cette grève me plaise tant. Chacun sait que les communistes l'ont voulue, et la feront, contre " l'esprit de Munich ", le rapprochement franco-allemand qui s'esquissait, et le danger de paix. »

Et Claude Jamet, deux mois plus tard, atteindra « à la " désillusion " politique parfaite[87] » au moment du congrès extraordinaire de Montrouge, à la fin du mois de décembre. Une semaine plus tôt, en effet, au congrès fédéral de la Vienne, il ne parvient pas à dégager une majorité sur la motion Paul Faure, bien que, depuis deux ans, il se soit « tout consacré à la paix, à la propagande pour la paix dans ce département — où l'on [le] connaît bien — et particulièrement dans le Parti — où [il] croyait avoir quelque influence[88] ». D'où une amertume et un découragement qui affleurent : « ... Je constate qu'il y a disproportion entre ce que je donne — à la politique, au parti — et ce que l'on me rend, ou ce que ça rend. Autant aller au cinéma — ou terminer ma

84. Extrait des pages du journal écrites le 7 juin à « trois heures et demie du matin », dans « la tristesse de cette fin de congrès », « désolé » et « blessé » par le discours de Blum (*op. cit.*, pp. 257-259, citation p. 258).
85. « ... *L'accord de Munich sera historique en ce que — si nous voulons — il aura mis, une fois pour toutes, LA GUERRE HORS LE FAIT* » (C. Jamet, « Après Munich. En route pour la paix ! », *Front populaire de la Vienne*, IIIe année, n° 144, samedi 8 octobre 1938, p. 1 ; le passage est en italiques dans le texte).
86. Cf. *Notre Front populaire*, p. 288. En fait, Claude Jamet fut « suspendu pour trois jours » — et prié de faire tout de même ses classes « dans l'intérêt du service » — et il lui fut infligé « une retenue de huit jours » sur son traitement de décembre (*ibid.*, p. 292).
87. Journal du 20 décembre 1938, *op. cit.*, p. 295.
88. *Ibid.*

thèse[89]. » Et c'est, cette fois, de la tribune du public que l'ancien délégué de la Vienne aux congrès de Marseille et de Royan assiste au discours d'un Léon Blum qu'il « n'approuve plus ». La motion que celui-ci, entre autres, présentait et qui obtient une — faible — majorité des mandats déclarait en effet que la SFIO « participe totalement et sans réserve à la défense du pays contre toutes les agressions entreprises qui menaceraient l'intégrité de son territoire, la plénitude de sa souveraineté et son indépendance politique » et que « sur ces points, aucune transaction, aucune concession exigée sous menace de guerre, ne serait supportable[90] ».

Dès lors, en proie à l' « écœurement », il abandonne, au cours des semaines suivantes, le secrétariat de sa section socialiste — « pour raisons de santé (ai-je dit) et convenances personnelles (ma thèse qui attend) » —, renonce à parler en public, n'écrit plus dans le *Front populaire de la Vienne* et demande à la politique « un petit congé, le temps d'une cure de désintoxication », note-t-il dans son journal le 6 mars 1939. De fait, deux jours auparavant, dans le n° 164 du *Front populaire de la Vienne,* la rédaction « par intérim » est confiée à Paul Labbé et, en première page, Claude Jamet explique « un changement à la rédaction », écrivant notamment que « depuis deux mois » Labbé « fait tout le travail à ma place ». Outre les « travaux personnels désertés » et le « besoin d'un congé », le professeur poitevin y invoque des raisons politiques pour ce remplacement : « Et puis, pourquoi ne pas le dire? depuis quelque temps, depuis ce septembre tragique surtout, ma pensée politique ne coïncide peut-être plus totalement, sur un point au moins, le plus grave, celui de la Paix et de la Guerre, avec celle de la majorité des organisations de notre Front populaire Je suis un extrémiste de la paix. »

Ce découragement est encore accru par le rebondissement, quelques jours plus tard, de la crise tchèque. L'entrée des troupes allemandes à Prague réduit à néant les espoirs et les justifications de nombre de munichois. Certes, elle semble réactiver, sur le moment, le pacifisme militant du professeur poitevin qui note dans son journal le 16 mars 1939 : « Voici le moment venu de serrer les dents, comme ils disent tous. Mais je l'entends autrement qu'eux. *Si l'on n'est plus que mille*[91] à dire non à la guerre, j'en suis ! J'en suis toujours ! Et s'il n'en reste qu'un... — quand tous seront devenus fous, furieux et enragés — j'espère encore que je serai celui-là ! », et qui écrit dans le *Front populaire de la Vienne* quinze jours plus tard : « L'ennemi numéro un, pour nous, après Prague comme avant Munich, reste le même. Non pas Hitler. La guerre... notre volonté de lui faire échec [doit] se renforcer... IL FAUT NÉGOCIER... IL FAUT CAUSER...[92]. » Mais le cœur et l'espoir n'y sont plus. Début avril, après l'invasion de l'Albanie par les troupes italiennes, il doit reconnaître dans son journal le 5 avril 1939 que « la guerre mûrit » et qu' « encore quelques semaines, quelques mois tout au plus, et elle va nous tomber dans la main — ou sur le crâne ».

Cinq mois plus tard, effectivement, Claude Jamet était mobilisé comme

---

89. Après avoir fait, durant sa scolarité normalienne, un mémoire de DES en Sorbonne sur *L'amour dans l'œuvre de Victor Hugo*, le jeune agrégé Claude Jamet avait commencé une thèse de doctorat sur *la politique de Victor Hugo* (entretien avec l'auteur, 18 juin 1982).

90. Cf. *Le Populaire* du 27 décembre 1938 ; sur Léon Blum, cf. Jacques Bariéty dans « Léon Blum et l'Allemagne (1930-1938) », *in Les relations franco-allemandes 1933-1939*, Éditions du CNRS, 1976, pp. 33-55, citation p. 55.

91. En italiques dans *Notre Front populaire.*

92. Claude Jamet, « Après Prague », *Front populaire de la Vienne,* IVe année, n° 168, 1er avril 1939, p. 1 (et non 25 mars 1939, comme l'indique Claude Jamet dans *Notre Front populaire*, p. 301).

lieutenant de réserve, et, pris dans la nasse de la défaite de mai-juin 1940, il était emprisonné dans un oflag. Mais ce ne devait pas être pour lui la seule expérience de prison au cours des six années de conflit mondial, qui devaient donc lui « tomber sur le crâne » encore plus lourdement qu'il ne le pensait. En février 1945, en effet, cet authentique républicain [93] est remis en liberté, mais cette fois d'une prison française où il avait été incarcéré en novembre 1944. Quelles activités lui avaient été alors reprochées, et dans quel secteur ? Le pacifisme, on ne s'en étonnera pas, avait été tout au long de ces années noires au cœur de sa vie.

Entre sa libération d'oflag, dès mai 1941, comme père de famille nombreuse [94], et l'été de la Libération, Claude Jamet fut à la fois professeur et journaliste. Ce n'est pas, semble-t-il, sa première fonction qui lui attira des ennuis en 1944. Encore faut-il examiner sa nomination en hypokhâgne en 1943 de plus près. En mai 1941, il avait fini l'année scolaire au lycée Marcelin-Berthelot de Saint-Maur puis avait enseigné deux ans au lycée Buffon, avant d'être nommé à la rentrée de 1943 en hypokhâgne au lycée Louis-le-Grand. A la même date, Jean Guéhenno, professeur de khâgne dans le même établissement, est rétrogradé professeur de première au lycée Buffon. Même s'il ne s'agit pas, apparemment, de la classe que vient de quitter Claude Jamet [95], la nomination de ce dernier pouvait apparaître comme s'intégrant dans le mouvement d'épuration qui touche alors le corps enseignant des khâgnes.

Cette épuration est avérée. Sa victime la plus connue fut précisément Jean Guéhenno, qui note dans son journal le 13 novembre 1943 : « Abel et ses mignons ont réussi leur coup. Il est clair que de toute l'année je ne pourrai faire que mon métier. J'ai le service d'un professeur débutant et tout ce dont mes collègues n'ont pas voulu. Dix-sept heures de cours par semaine au lieu de six, et j'ai la plus grande peine à trouver le ton qui convient à ces petits enfants dont je suis maintenant chargé [96]. » Jean Guéhenno occupait sa chaire en khâgne à Louis-le-Grand depuis octobre 1941, et il la récupérera en octobre 1944, avant de devenir l'année suivante inspecteur général « chargé des fonctions de directeur des mouvements de jeunesse et de la culture populaire ». Le professeur occupant la chaire d'histoire dans l'autre khâgne avait été lui aussi déplacé en 1943 : Marcel Reinhard, nommé à ce poste en 1938 en remplacement d'Alphonse Roubaud, avait été rétrogradé dans les classes secondaires du lycée Condorcet, vraisemblablement parce qu'il avait exprimé son opposition au STO. Son dernier rapport d'inspection, en date du 26 mai 1941, rédigé par Arthur Huby, avait pourtant été excellent, tout comme les

93. Comme René Château, Claude Jamet entendait se placer à un « créneau » républicain. Ainsi, apparaît dans son Journal une anecdote significative. Dans l'oflag où il est emprisonné, un officier, le 14 juillet 1940, se félicite, en parlant de la République : « Enfin, elle est morte ! » Et Claude Jamet de répondre : « Elle ressuscitera » (*Carnets de déroute*, Sorlot, 1942, p. 201 ; cf. également *Engagements...*, p. 204).

94. Sa fiche de 1943-1944 du lycée Louis-le-Grand indique « cinq enfants » (Arch. Louis-le-Grand). L'un de ces enfants est le journaliste Dominique Jamet.

95. L'arrêté ministériel du 20 septembre 1943 concernant Jean Guéhenno indique qu'il est nommé au lycée Buffon « en remplacement de M. Étienne, appelé à un autre emploi » (Arch. Louis-le-Grand). Claude Jamet alla du reste voir Jean Guéhenno, qui le reconnut « hors de cause » (cf. « Rencontre avec Guéhenno », *Engagements...*, pp. 227-229).

96. Jean Guéhenno, *Journal des années noires*, Gallimard, 1947, rééd. Le Livre de Poche, p. 421. Rendant compte de ce *Journal* dans *Engagements*, livre publié en 1949, Claude Jamet écrit : « En fait, ça lui faisait cinq minutes de plus dans le métro, tous les matins, pour aller faire ses classes » (*op. cit.*, p. 77, note 1 ; le compte rendu s'intitule « Guéhenno-la-Haine » et montre une antipathie profonde, pour le moins, de l'auteur pour Jean Guéhenno qui apparaît également, dans le même ouvrage, dans la « Rencontre avec Guéhenno » signalée à la note précédente).

observations du proviseur de Louis-le-Grand qui notait en 1942 : « Cours vraiment magistral » et, l'année suivante : « Enseignement vigoureux et vivant. »

Les autres khâgnes parisiennes furent également victimes des charrettes d'Abel Bonnard. A Henri-IV, par exemple, Adrien Cart est « appelé à d'autres fonctions » dans le secondaire, en classe de première, avant d'accéder à l'Inspection générale à la Libération. Tout comme y accéda Maurice Crouzet, après avoir été lui aussi rétrogradé en 1943 de son poste de professeur d'histoire en khâgne à Condorcet, lycée également touché en la personne de son proviseur, André Leroy, relevé de ses fonctions — qu'il occupait depuis 1937 — en avril 1944 et nommé professeur de seconde à Louis-le-Grand. Apparemment, en khâgne, seul le professeur d'histoire fut touché. Le professeur de philosophie, Jean-Paul Sartre, met, de fait, des notes trimestrielles dans les registres prévus à cet effet jusqu'à la fin de l'année scolaire 1943-1944. A Maurice Crouzet, il était sans doute reproché de ne pas dissimuler « son hostilité à l'égard de l'occupant et du régime de Vichy, ainsi que sa sympathie active pour la Résistance[97] ». Rétrogradé professeur de première à Louis-le-Grand, il deviendra inspecteur général en avril 1945, après avoir été directeur de cabinet de Pierre-Henri Teitgen, au ministère de l'Information.

Les sérieux ennuis que Claude Jamet connut à la Libération lui vinrent-ils de sa promotion dans une classe préparatoire d'un grand lycée parisien et du fait que celle-ci intervint au moment de cette vague de mutations, dont, pour certaines, les arrière-pensées politiques et le caractère arbitraire sont évidents[98] ? La révocation du printemps 1945 se fondera, en tout cas, sur des griefs bien différents. Certes, deux mois auparavant, un arrêté daté du 31 janvier 1945 annulait « l'acte de l'Autorité de fait se disant gouvernement de l'État français dit arrêté du 20 septembre 1943 par lequel M. Jamet (Claude), agrégé des lettres, professeur de lettres au lycée Buffon, actuellement suspendu de ses fonctions, a été nommé professeur de Lettres supérieures au lycée Louis-le-Grand[99] ». Mais la formule et la mesure découlent de l'application de l'ordonnance du 14 novembre 1944 « relative à la révision des nominations sur titres ou exceptionnelles et des promotions au choix intervenues entre le

97. E. Bruley (*Historiens et Géographes*, n° 242, avril 1973, p. 675). Pierre Renouvin donne la même interprétation dans la *Revue historique*, t. CCL, 1973, p. 7. Né le 10 décembre 1897 à La Roche-sur-Yon, Maurice Crouzet était entré en khâgne à Condorcet en octobre 1915 mais avait quitté cette classe dès le 1er janvier suivant (Arch. Condorcet), étant mobilisé. Fait prisonnier en juillet 1918, il avait, après sa libération, préparé sans succès le concours spécial de la rue d'Ulm de 1919, au centre de Strasbourg, puis avait passé l'agrégation d'histoire en 1922, tout en enseignant comme délégué au lycée d'Annecy (signe des temps, cette promotion d'agrégation comprend davantage de reçus au « classement spécial » des démobilisés — dix reçus, dont Henry Contamine, Albert Troux et Émile Tersen, classés respectivement deuxième, troisième et sixième, Maurice Crouzet étant à la dixième place — qu'au classement normal — sept reçus seulement, avec aux deux premières places, Jacques Madaule et Henry Petiot, le futur Daniel-Rops : cf. *RU*, 1923, 1, p. 70). Maurice Crouzet avait ensuite exercé à Limoges et Nantes (1922-1928), au lycée Janson-de-Sailly (1928-1937) puis en khâgne à Condorcet à la rentrée de 1937. Marcel Reinhard, né le 17 mai 1899, engagé volontaire à la fin de la Première Guerre mondiale, appartient pour sa part à la promotion suivante d'agrégation. Dans cette promotion de 1923, les quatre premiers furent respectivement André Aymard, Robert Schnerb, Marcel Reinhard et André Latreille, et cette promotion de quinze reçus compta aussi Fernand Braudel, reçu 14e.

98. Au début de la Libération, semble-t-il, Claude Jamet attribua les menaces de poursuites qui pesaient sur lui à cette nomination. Il note dans son carnet le mardi 5 septembre 1944 : « ... peut-être je vais être épuré demain !... On me reprocherait d'avoir pris la place de Guéhenno — ce qui est matériellement faux. En tout cas d'avoir accepté d'Abel Bonnard ce poste de Lettres supérieures... » (*Fifi Roi*, Les Éditions de l'Élan, 1947, p. 54).

99. Article premier de l'arrêté ministériel du 31 janvier 1945 (Arch. Louis-le-Grand).

17 juin 1940 et la date de la libération du territoire ». Les nominations en khâgne étant concernées par cette ordonnance, elles furent sans doute examinées rétroactivement avec soin ; et ceux des promus qui l'avaient été à l'occasion de la purge de 1943, même si nombre d'entre eux n'étaient pas marqués politiquement et gravissaient ainsi normalement un échelon de leur carrière, retinrent plus particulièrement l'attention des autorités. Pour certains d'entre eux, la promotion apparut normale et méritée. D'autres, en revanche, furent traduits en commission d'enquête et parfois rétrogradés, et quelques-uns rencontrèrent, peut-être, par la suite des retards et des entraves dans leur carrière. Mais aucun, semble-t-il, ne connut la prison pour avoir été promu par Abel Bonnard. Il faut donc, dans le cas de Claude Jamet, chercher ailleurs. D'autant que par-delà le problème éthique — important, mais sur lequel nous n'avons pas ici à trancher — que pose une nomination dans ce mouvement contesté[100], la promotion de Claude Jamet en elle-même ne pouvait passer pour un passe-droit. Agrégé depuis 1932, professeur pendant quatre ans dans une khâgne de province (1935-1939), versé dans le cadre parisien depuis 1939, son passage en hypokhâgne en 1943 n'avait rien de réellement exceptionnel. Le cas de figure le moins favorable aurait donc dû le reconduire à la Libération en première au lycée Buffon. Or il est suspendu, bientôt révoqué, et, surtout, arrêté à deux reprises en août et novembre 1944.

Ce sont ses activités d'écrivain et de journaliste et le pacifisme qui a imprégné ses écrits qui vont lui valoir ces démêlés avec l'administration et avec la justice. Le versant administratif de ces problèmes est aisé à reconstituer. Un arrêté du 25 septembre 1944 l'avait suspendu de ses fonctions. Convoqué une première fois devant la commission d'enquête, il n'avait pu s'y rendre, étant alors emprisonné. Tandis qu'est annulé, on l'a vu, son arrêté de nomination du 20 septembre 1943 par un nouvel arrêté du 31 janvier 1945, il passe devant la commission d'enquête au printemps[101]. Celle-ci, dans sa séance du 16 mai 1945, rend le verdict suivant :

> « CONSIDÉRANT qu'il est établi que Monsieur Claude Jamet, professeur de première supérieure au lycée Louis-le-Grand, a été rédacteur à *La France socialiste* (critique littéraire) de novembre 1941 à juillet 1943 et au journal (critique théâtrale)[102] dans l'été 44, et qu'il a publié en novembre 1942 un livre intitulé *Carnets de déroute*, que ce dernier contient un certain nombre de passages essentiels où Monsieur Jamet adopte nettement les thèses de la propagande allemande, notamment dans la question de Dantzig et des origines de la guerre, dans celle des responsabilités, celle des pseudo-atrocités allemandes lors de l'invasion de la Pologne, celle des bombardements aériens allemands sur objectifs purement militaires, que d'autres passages montrent que Monsieur

---

100. Claude Jamet s'est expliqué, dans sa *Confession sans repentir*, sur les circonstances de sa nomination : « J'étais en vacances, en septembre 1943, quand je reçus du ministère un mot me demandant si j'accepterais, éventuellement, une classe de Lettres supérieures. Si j'accepterais ? J'y étais candidat depuis deux ans. Je n'avais aucune raison de refuser un poste — à Louis-le-Grand — qui me plaisait, et pour lequel quatre années de « khâgne » provinciale me qualifiaient assez. Ce n'est qu'un peu plus tard que j'ai su, par hasard, les dessous de l'affaire. Abel Bonnard avait déplacé, pour motifs politiques, un certain nombre de professeurs ; entre autres Guéhenno, qui passait de Louis-le-Grand à Buffon ; et j'étais un de ceux qu'on avait appelés pour les remplacer dans leur chaire. C'était bien ennuyeux. Mais que faire ? Je n'y étais pour rien. Je n'avais jamais rien sollicité du ministère... J'ai tout de même été voir M. Guéhenno chez lui... » (*Engagements...*, pp. 227-228).

101. Cf. le récit de ce passage fait par Claude Jamet dans *Fifi Roi*, *op. cit.*, pp. 241-243 et 247-249.

102. Le nom du journal a été omis dans la dactylographie de ce rapport. Il s'agit sans nul doute, on le verra, de *Germinal*.

Jamet accepte comme définitive la défaite de la France et admet un régime naziste pour la France et l'Europe, au moins pendant de longues années, qu'il condamne l'esprit de la résistance et accepte la victoire allemande avec toutes ses conséquences ; que, si dans ses articles de critique, il s'élève parfois contre les idées vichyssoises, il n'en reste pas moins que sa participation à des journaux antinationaux a favorisé leur diffusion et augmenté leur influence sur le public ;
que, d'autre part, Monsieur Jamet explique pour sa défense que son livre a subi, à cause de la censure, des coupures qui ont plus ou moins mutilé sa pensée, mais que cette explication est sans valeur, car si Monsieur Jamet avait estimé en 1942 que sa pensée était déformée, il n'avait qu'à ne pas publier son livre ;
que Monsieur Jamet insiste longuement sur son pacifisme intégral, déjà bien connu avant la guerre, par lequel il a été amené à accepter la victoire allemande plutôt que de revoir la guerre, et ceci bien qu'il n'ait jamais eu de sentiments prohitlériens ;
mais que ces explications, si elles attestent la sincérité des convictions de Monsieur Jamet, ne diminuent en rien les responsabilités qui pèsent sur lui, puisqu'il ne peut contester que le public en 1942 n'a trouvé dans son livre que des arguments propres à favoriser l'Allemagne et à contrarier la résistance française ;
que ces responsabilités sont d'autant plus lourdes que Monsieur Jamet était universitaire, officier de réserve et ancien prisonnier de guerre ;

le conseil académique d'enquête
propose
la révocation sans pension et l'interdiction
d'enseigner même dans les établissements
non contrôlés par l'état[103]. »

Les poursuites judiciaires que dut également affronter Claude Jamet peuvent être indirectement reconstituées à travers ce qu'il en rapporte dans *Fifi Roi*. Dans cet ouvrage, il évoque, en effet, la période 1944-1945 durant laquelle il fut confronté à plusieurs reprises aux FFI. Arrêté une première fois le 24 août, il fut relâché dès le lendemain. Mais il fut à nouveau arrêté le 2 novembre et resta à la prison de Fresnes jusqu'en février 1945. Remis en liberté provisoire, il fut finalement déféré en Chambre civique le 25 avril 1945. Furent invoqués notamment des témoignages de Michel Alexandre et d'Alain. Une lettre de ce dernier, datée du 23 janvier précédent, fut lue à l'audience. Le philosophe y écrivait notamment : « ... il est soupçonné parce qu'il a toujours été pacifiste... en un mot Jamet s'est toujours montré patriote en même temps que pacifiste... ces distinctions peuvent éclairer un juge ou deux. » Et la lettre de Michel Alexandre affirmait : « Juif, révoqué en 1940 par Vichy..., arrêté en 1941 par la Gestapo..., j'apporte à Claude Jamet mon témoignage de confiance inébranlable... c'est assurément son seul amour de la paix qui le poussa... du côté collaborationniste[104]. » Il n'est pas sûr que la position morale du philosophe du Vésinet, en ce début d'année 1945, ait été décisive, ni que le ton légèrement persifleur qui affleure dans les derniers mots cités ait adouci les juges. Toujours est-il que Claude Jamet fut acquitté. Et la lettre de Michel Alexandre met assurément le doigt sur l'essentiel. Là encore, effectivement, comme chez René Château, c'est le pacifisme — inculqué notamment par

103. « Conseil académique d'enquête, séance du 16 mai 1945, affaire de Monsieur Jamet, Extrait. » Les considérants de ce rapport seront adoptés par la « commission de coordination de jurisprudence » du « conseil supérieur d'enquête du ministère de l'Éducation nationale » qui confirmera la révocation sans pension et l'interdiction d'enseigner, d'où un arrêté du 19 novembre 1945 « portant révocation sans pension ».
104. Indications fournies par Claude Jamet, à partir de son journal.

Alain et Michel Alexandre — qui semble à l'origine de l'attitude adoptée par Claude Jamet.

Cette attitude fut longtemps beaucoup plus réservée que celle de René Château. Était-elle pour autant apolitique ? Claude Jamet le pensait peut-être. Toujours est-il — et le conseil académique d'enquête ne s'est pas privé, on l'a vu, de le souligner — que les *Carnets de déroute*, publiés à l'automne 1942, charrient un pacifisme diffus qui place l'ouvrage aux antipodes de la Résistance et peuvent s'interpréter comme la défense du fait accompli. Bien plus, il est possible d'en faire une lecture politique. Le 14 février 1941, par exemple, Claude Jamet y écrit :

> « Aux enragés, aux passionnés, haineux, humiliés, rageurs ; aux " patriotes " cocoriquants, bêtes et rouges comme des coqs ; aux " héros " puérils, amateurs d'attitudes à la Cyrano ; ou bien à ceux qu'un puissant intérêt personnel détermine, je n'ai rien à dire : qu'ils acclament de Gaulle à leur aise. C'est aux " attentistes " que je m'adresse... si c'est l'Allemagne qui triomphe — comme il m'apparaît beaucoup plus probable —, son attitude finale à notre égard ne sera-t-elle pas fonction, dans une large mesure, de celle que nous aurons prise nous-mêmes, alors qu'il y avait encore quelque choix possible, quelque mérite à se décider ? Selon que nous aurons ou non collaboré, je dis collaboré loyalement, franchement, et à fond (guerre exclue), cette attitude — et notre sort — peut s'en trouver changée du tout au tout. C'est du moins une chance à courir ; et c'est notre dernière chance. »

Au cœur de sa réflexion, un constat et une foi. Le constat est celui d'une victoire d'Hitler. Six mois plus tôt, par exemple, au cours d'une « promenade normalienne », le 30 juillet 1940, au camp de Sarrebourg — où il fut cantonné jusqu'au 15 août avant d'être envoyé à l'Oflag III C à Lübben —, méditant avec deux jeunes normaliens, il prophétise « Hitler vainqueur », ce qui lui paraît « de beaucoup, le plus vraisemblable, le plus probable ». Et, en tout état de cause, la France, elle, est définitivement vaincue : « La guerre de juin 1940 aura été le dernier combat singulier de la France contre son énorme voisine. On a vu ce que ça a donné. A-t-on bien vu ? Plus d'espoir de revanche, propre, par les armes, donc, c'est bien entendu. De ce côté, la voie est barrée, définitivement. »

Cette évaluation de la situation jointe à sa foi pacifiste le conduit dès lors à passer aux aveux, et à laisser affleurer, par endroits, de troubles pensées. Ainsi, le 9 septembre, note-t-il :

> « Trois jours de beau temps, tout de même. Pauvres Anglais ! disions-nous. Comme si ce trou bleu, dans notre ciel brandebourgeois, devait donner le signal de la grande offensive, du grand débarquement sur les côtes d'Angleterre. Mais nous pensions, pour la plupart, je crois, secrètement : enfin ! Ou plutôt nous souhaitions secrètement, nous faisions des vœux ; quelqu'un en nous, au plus profond, au plus obscur, faisait des vœux : si ça pouvait être la fin ! Cette victoire hitlérienne, si avancée maintenant, si elle pouvait enfin être achevée, finie, parfaite, qu'on n'en parle plus ; cette Angleterre qui reste toute seule devant — et depuis trois mois, depuis que nous sommes prisonniers, c'est comme si plus rien ne se passait, pour ainsi dire, les belligérants font la pause, mais nous sommes pressés ! — est-ce qu'elle ne va pas enfin se laisser dévorer ? Que nous puissions rentrer chez nous. »

Au nom de quoi l'historien des années 1980 peut-il juger ces propos ? On conviendrait presque, de surcroît, qu'une aussi désarmante sincérité nous livre un document brut sur des sentiments que partagèrent alors — peut-être — certains de ses compagnons d'infortune mais qui restèrent, naturellement, après la guerre, du domaine du non-dit. Reste qu'à défaut de porter le débat sur le terrain éthique, il est possible, pour le moins, de s'interroger sur l'opportunité de publiei en France occupée de tels extraits. Une fois précisé que la date de publication est l'automne 1942, l'historien ne peut que prendre acte de cette prise de position. La clé, certes, une fois de plus, réside, on l'a vu, dans le pacifisme de l'auteur, dont les écrits et les initiatives ne deviennent compréhensibles qu'éclairés par ce sentiment — et sans doute aussi, semble-t-il, cela étant plus ou moins suggéré dans *Engagements*, par l'envie à laquelle il ne résista pas de publier son Journal. Mais, dès lors, qu'il le veuille ou non, il choisit son camp.

Il faut, à cet égard, citer un autre texte, écrit à Lübben, au cœur de l'hiver 1940-1941. A cette date, l'analyse de la situation française est ramenée au seul clivage munichois-antimunichois : « Il est temps d'être net et de se compromettre un peu. De prendre position, enfin. Ce sera sans hésiter. Je ne suis pas avec M. de Gaulle... Les partisans de M. de Gaulle, d'une part, et ceux de la " collaboration " — avec toutes les nuances possibles — d'autre part, ce sont nos munichois et antimunichois de 38. Pourquoi romprais-je ma ligne ? » Nous sommes le 12 janvier 1941. Certes, il est possible de faire également une lecture « républicaine » de ce Journal de captivité, écrit par un homme qui se dit alors resté fidèle au « socialisme » et à « l'humanisme », qui pense, on l'a vu, que la République « ressuscitera », et que « notre devoir, en tout état de cause, reste le même : nous garderons le feu sous la cendre[105] ». Bien plus, toute la première partie de l'ouvrage montre un pacifiste qui, tout au long de la drôle de guerre, a fait son devoir sans arrière-pensées et en prenant des risques à plusieurs reprises. Doit-on pour autant accepter la thèse d'une position au centre de la mêlée franco-française et par là même au-dessus d'elle ? Avait-il réellement, comme il l'écrit le 27 août 1940, « de quoi déplaire à toutes les censures à la fois ? De quoi — façon de parler — [se] faire fusiller de tous les côtés ? » La réponse, on en conviendra, est moins évidente qu'il ne le sous-entend.

En tout état de cause, les *Carnets de déroute* ne constitueront pas en 1944 la seule pièce à charge. Certes, à *La France socialiste,* Claude Jamet s'en tint à la page littéraire, à laquelle il donna, d'ailleurs, un incontestable rayonnement. Bien plus, il se solidarisa avec René Château quand celui-ci se retrouva, au mois de juillet 1943, en butte aux pressions de l'occupant, et il signale dans *Engagements* que Château et lui-même envoyèrent aux Allemands une lettre de protestation — dont il a gardé copie — quand, le premier ayant été exclu de la direction politique de *La France socialiste,* ils décidèrent de quitter l'hebdomadaire. Dans cette lettre, ils déploraient, selon lui, de ne plus pouvoir

105. Claude Jamet, *Carnets de déroute, réf. cit.*, pp. 188, 201 et 224. En raison de cette imprégnation républicaine, *Carnets de déroute* ne fut guère prisé par certains journaux collaborationnistes. Dans sa *Confession sans repentir*, Claude Jamet a beau jeu de relever, en effet, plusieurs articles critiques, et, qui plus est, pour des raisons politiques (*Engagements*, pp. 221-222). Ainsi Robert Brasillach écrit-il, dans *Je Suis Partout :* « Quand je lis les *Carnets de déroute,* je retrouve un Claude Jamet toujours enclin à saluer les vieux dieux libéraux, la République de 48, Hugo et d'autres encore » (27 novembre 1942), tandis qu'*Au Pilori* constatait : « M. Jamet est d'une espèce heureusement appelée à disparaître en régime fasciste... En juin 1940, Claude Jamet écrit : *La République est morte, elle ressuscitera.* Il refuse de brûler ce qu'il a adoré » (17 décembre 1942).

y soutenir « les idées de République, de socialisme vrai, d'indépendance de la France ». Ces phrases étant citées entre guillemets dans *Engagements*, elles figurèrent apparemment dans la lettre adressée aux Allemands.

Mais, au printemps 1944, sa situation dans la presse collaborationniste change, et il y écrit alors deux articles qui lui seront particulièrement reprochés. En avril 1944 est en effet lancé par le trust Hibbelen[106] un hebdomadaire, *Germinal*, dont l'ancien élève d'Alain assure la bonne marche Et ce dernier ne se contenta pas d'y écrire des articles culturels — par exemple, la critique, très favorable, de *Huis Clos* de Jean-Paul Sartre dans le numéro du 30 juin 1944 —, mais, à deux reprises, il sauta le pas. Sans, du reste, prendre position politiquement. Mais le pacifisme de ses articles — car c'est à nouveau, naturellement, de cela qu'il s'agit — le place incontestablement par deux fois, sans doute à son insu, à l'endroit où l'occupant l'attendait. Le vendredi 5 mai 1944, dans le numéro 2 de *Germinal*, il publie en effet, en première page, « Bombing Parties », méditation sur les victimes civiles entraînées par les bombardements alliés. C'est cet article qui lui vaudra, quelques mois plus tard, d'être inculpé « d'intelligences avec l'ennemi », selon l'article 75 du code pénal[107]. Il y écrit notamment : « Et je sais bien que tout ça n'empêche pas les sentiments. L'Angleterre nous aime, j'en suis bien convaincu : elle nous aime saignants — comme le bon rosbif. Elle nous aime trop, en somme; c'est tout ce que je lui reproche. Quand la RAF nous bombarde, je veux bien croire que c'est pour notre bien; seulement ça fait mal où ça tombe. Vous voyez que je ne fais pas de la très grande politique. Du système, de l'idéologie. Je ne mets pas en doute les pures intentions de nos libérateurs. Ce que je crains, seulement, s'ils continuent, c'est qu'ils libèrent un cimetière. Et encore! un cimetière bouleversé, en ruines. Une France morte, assassinée. »

Dans sa *Confession sans repentir*, écrite en prison huit mois plus tard, l'auteur de ces lignes s'expliquera en ces termes : « " Bombing Parties " a été écrit, si je me souviens bien, le lendemain ou le surlendemain du bombardement de la Chapelle... Avec mon jeune frère, je m'étais rendu tout de suite sur les lieux... Je m'étais constamment refusé, depuis la guerre, à écrire quoi que ce fût qui ressemblât à de la politique... N'importe. J'avais besoin de soulager ma conscience, de me vider le cœur... j'ai été " Bombing Parties " tel quel, sur le papier, en moins d'une demi-heure... Cet article a jailli de moi, presque malgré moi, comme un cri. *Indignatio facit.* Sous le coup de l'émotion toute chaude[108]. »

Un mois plus tard, Claude Jamet récidivait avec « L'Heure H, moins 5 »

> « Je pense à nos gaullistes (de coin de feu). A nos stupéfiés de Bibici. A nos héros de pissotière. A nos joyeux casseurs d'allumettes en V. A nos siffleurs de salles bien obscures. A ceux enfin qui, depuis trois ans bientôt, lassent le ciel — et M. Churchill — de leurs prières. " Mon Dieu! Mon Dieu! Faites qu'ils débarquent! Et que je voie ça avant de mourir! " Maintenant qu'on y est, que le jour de gloire est arrivé, pour ainsi dire? Heure H, moins cinq? Je ne suis pas curieux, mais j'aimerais bien tout de même savoir où ils en sont[109]. »

---

106. Cf. Pascal Ory, *Les Collaborateurs*, p. 142. Pascal Ory signale, en outre, que *Notre Combat*, dans lequel Claude Jamet tint à partir de septembre 1943 la chronique théâtrale, était « l'hebdomadaire le plus évidemment lié à la Propaganda Staffel » (*ibid.*, p. 205).
107. *Engagements...*, p. 183, note 2.
108. *Ibid.*, pp. 236-237.
109. Claude Jamet, « L'Heure H, moins 5 », *Germinal*, n° 6, vendredi 2 juin 1944, p. 1.

Un encadré du numéro 16 de *Germinal* du 11 août 1944 annonçait : « La semaine prochaine, en page 3 : " supplément inédit aux *Carnets de déroute* de Claude Jamet " ». Il n'y eut pas de numéro 17, le 18 août 1944. Le même jour commençait à Paris l'époque du « Fifi Roi ». Époque rude, on l'a vu, pour Claude Jamet. S'il fut rapidement acquitté en Chambre civique, il ne fut en revanche réintégré dans les cadres de l'Éducation nationale, au lycée Claude-Bernard, qu'en février 1949. Nommé en octobre suivant au lycée Marcelin-Berthelot de Saint-Maur, il y enseigna jusqu'à sa retraite, prise en 1970.

Alain, ou le mépris de l'Histoire ?

« Il y a deux sortes d'hommes, les intelligents et les historiens », écrivait Alain durant l'année scolaire 1904-1905 [110]. On laissera à l'auteur la responsabilité de cette formule lapidaire. Certes, tout n'est pas faux dans les attendus de ce jugement expéditif. Si constater que l'historien « a des dossiers et une rancune » constitue pour partie un truisme et pour partie une généralisation pour le moins abusive, la suite du raisonnement pose, en effet, une réelle question : l'historien, continuait Alain, « revient sans cesse sur ce qui est fait ; l'histoire est une récrimination, si on avait su... si on avait osé... il fallait... pourquoi n'a-t-on pas... ; pendant que l'humanité marche, l'historien la suit, en levant les bras au ciel, et ramasse les pots cassés. Au fond le vice de ce qu'il fait, le voici : il prévoit après coup, ce qui ne sert à rien, et est trop facile. " Je vous l'avais bien dit. " Voilà un mot d'historien. » L'argument est de poids, mais à se rendre à lui on se résout dès lors à ne pas rechercher, autant que faire se peut, l'intelligibilité des actions humaines. Certes, il n'était pas question tout au long des pages qui précèdent de délivrer blâmes et satisfecit et la typologie qui a été ébauchée n'est en aucun cas un palmarès. Il n'était pas question non plus, naturellement, de formuler un jugement sur les itinéraires des uns et des autres, et l'auteur de ces lignes a voulu se plier avec équité au devoir de sympathie, au sens étymologique du mot, qu'il a tenté toutefois de ne pas confondre avec la complaisance. Devait-il, dès lors, renoncer à l'autre devoir assigné à cette « sorte d'hommes » que sont les historiens, celui de ne pas assimiler le devenir d'une collectivité au seul mouvement brownien ? Déceler l'origine de cette imprégnation pacifiste qui fut celle des jeunes normaliens des années 1920 et les cas de conscience, les retournements ou les aveuglements qu'elle entraîna au cours des années suivantes n'est en rien sacrifier à une quelconque « récrimination ». Et le mot aveuglement lui-même s'impose dans certains cas ou pour certains textes qui émaillent ce chapitre, sans qu'il implique pour autant un jugement de valeur.

Il faut pourtant, dans cet effort de compréhension historique, aller plus loin, au risque d'encourir — bien à tort, les pages sur Alain aux chapitres III et XIII l'auront, on l'espère, démontré — les foudres des chartiéristes et l'accusation de « rancune ». N'est-ce pas, en effet, parce qu'il a méprisé — ou, au moins, ignoré — l'Histoire qu'Alain s'en est tenu à une analyse des phénomènes politiques, économiques et sociaux fondée sur l'observation de la France d'avant 1914 ? Et une telle analyse fut-elle, pour la génération de 1905, un viatique suffisant dans sa traversée des années 1930, placées sous le signe de la multiplication des régimes totalitaires et la montée des périls ?

Bien plus, face à ces périls grandissants, Alain n'avait placé dans la giberne

110. Alain, *Cahiers de Lorient*, tome II, Gallimard, 1964, p. 176.

de ses jeunes disciples qu'une théorie de la guerre et de la paix entre les nations fondée sur l'observation du précédent conflit. Certes, le raisonnement politique par analogie historique dépasse le seul chartiérisme et constitue un trait qui caractérise toutes les sociétés humaines et, apparemment, à toutes les époques. Il prit toutefois chez les élèves d'Alain une ampleur qui les exposa à toutes les dérives, et dans laquelle « l'Homme » eut sa part de responsabilité. Car non seulement sa réticence vis-à-vis de l'Histoire faisait de sa pensée politique un système aux contours fixés une fois pour toutes dès avant 1914 — ou 1918, dans le cas de la « guerre jugée » —, mais encore la transmission de cette réticence à ses élèves de vingt ans leur interdit de réactualiser ce système, devenu, de ce fait, doublement vieilli dans les années 1930 : pensée déjà de vingt ans d'âge dans la tête du maître, et transmise telle quelle à des jeunes gens qui venaient de naître au moment où elle fut élaborée.

Dès lors s'éclaire cette contradiction : le chartiérisme, qui façonna d'authentiques démocrates, loin de toujours les immuniser contre de funestes dérapages, les rendit parfois davantage vulnérables, au nom du pacifisme, face à Vichy et surtout face à la *pax germanica.* Il serait injuste de proposer une généalogie du renoncement, depuis le combat pacifiste de l'arrière d'un Michel Alexandre ou d'un Georges Demartial pendant la Première Guerre mondiale, en passant par le pacifisme intégral des années 1920 d'anciens combattants comme Félicien Challaye, René Gérin ou Alain, ou par celui de la branche chartiériste du Comité de vigilance des intellectuels antifascistes au cours de la décennie suivante, jusqu'au tract « Paix immédiate » signé par la plupart des susnommés en 1939. Tout comme serait incongrue la poursuite d'Alain devant un quelconque tribunal de l'Histoire, et les accusations de Jean-Toussaint Desanti, notamment, nous paraissent historiquement excessives. Mais l'on peut, nous semble-t-il, souscrire, pour les raisons que l'on vient d'évoquer, au jugement formulé par Raymond Aron à la mort du philosophe du Vésinet :

> « Pourquoi ce contraste entre la profondeur et l'importance des idées directrices et le caractère simpliste des suggestions pratiques ? La faute en est surtout à la méthode d'Alain, au passage du cas concret à l'idée éternelle ou prétendument telle, sans l'intermédiaire de l'étude historique. Il est loisible de penser comme Alain que les sociétés ne changent pas plus, en leur fond, que la nature des hommes. Encore ne faut-il pas ignorer les diversités, si l'on veut démontrer la permanence. Pour surmonter l'histoire, il convient d'abord de la reconnaître [111]. »

---

111. Raymond Aron, « Remarques sur la pensée politique d'Alain », *Revue de Métaphysique et de Morale*, t. 57, 1952, pp. 187-199, citation p. 199. L'ouvrage d'André Sernin, *Alain. Un sage dans la cité* (Robert Laffont, 1985), constitue, malgré une approche plus que bienveillante dont rend bien compte le titre, une biographie approfondie et solidement étayée qui manquait jusque-là sur Alain. Ses sources souvent inédites complètent la documentation ici mise en œuvre.

CONCLUSION

Comment peut-on être un intellectuel ?

Notre projet, exposé au seuil de cette étude, était de planter un observatoire, parmi d'autres, ayant vue rétrospective sur la société intellectuelle française du XXe siècle, et d'y installer un sismographe destiné à déceler les secousses, les ondes et les frémissements qui ont parcouru cette société, en s'aidant notamment, dans cette tâche, des notions de génération, d'itinéraire et de sociabilité.

Microclimats.

Cette dernière notion était entendue sous une double acception et, au terme de cette recherche, les hypothèses de départ se sont-elles révélées doublement fructueuses ? Les solidarités d'âge et d'origine universitaire commune sont, nous semble-t-il, à la base de certains des réseaux rencontrés. Il a été possible, en effet, de mettre à jour les racines khâgnales de plusieurs structures de sociabilité des années 1930 : rôle des élèves d'Alain de la décennie précédente au sein du Comité de vigilance des intellectuels antifascistes, par exemple, ou généalogie Bloc des gauches du lycée Louis-le-Grand du temps du Cartel — Révolution constructive quelques années plus tard.

Par ailleurs, chaque groupement intellectuel naît et se développe sous un microclimat particulier — et c'était la deuxième acception proposée du terme sociabilité — et présente donc une atmosphère qui lui est propre : ainsi, le groupe des élèves d'Alain, celui des normaliens socialistes, ou la nébuleuse tala.

Intellectuels en politique.

Plus délicate s'est révélée, à l'usage, la notion d'itinéraire. Nous l'avons surtout utilisée comme instrument d'investigation, selon les principes définis dans l'introduction. Mais cette démarche n'était naturellement pas une fin en soi. Les trajectoires d'intellectuels appellent, en effet, non seulement mise en lumière et balisage, en d'autres termes observation, mais aussi interprétation. Toutefois, à ce stade de son travail, le chercheur est menacé par des considérations générales sur l'intellectuel dans la vie de la cité, elles-mêmes sous-tendues par une vision épique du clerc paladin des grandes causes contemporaines depuis l'affaire Dreyfus, ou au contraire par une lecture anti-intellectualiste de l'histoire française du XXe siècle, où l'intellectuel aurait été un ferment de dissolution nationale et un agent de perversion sociale. En réalité, l'observation de quelques dizaines de trajectoires nous a démontré l'extrême diversité des situations individuelles et l'impossibilité de dégager des explications globales.

Il reste qu'un tel constat ne dispense pas de localiser les champs magnétiques qui ont, à une période donnée, attiré en nombre les clercs, ni de s'interroger sur le statut de l'intellectuel engagé. Et dans ce dernier domaine, une constatation s'impose : contrairement à l'image qu'il véhicule souvent de lui-même, l'intellectuel n'est pas infaillible. Ni sa notoriété — le capital qu'il apporte à la cause qu'il défend — ni sa capacité d'expertise — qui est censée légitimer et même privilégier son intervention dans le débat civique — ne lui ont épargné — ou n'ont épargné à certains intellectuels, car leur nombre et leur diversité interdisent, on l'a dit, toute généralisation — plusieurs travers. De ceux-ci, il ne saurait être question d'établir ici l'inventaire, ce qui reviendrait à revendiquer l'aptitude à trancher sur le bien et le mal. D'autant qu'il s'agit là précisément d'un virus que nous avons identifié chez certains clercs et d'une cause de leur éventuel aveuglement.

Bornons-nous à constater que ce n'est pas là leur seul défaut, ni un travers spécifique. Une certaine dose de manichéisme est inévitable quand les intellectuels s'engagent dans le combat politique, par essence partisan et dualiste. Et même les considérations de Julien Benda sur le clerc traître à sa fonction quand il se mêle aux joutes politiciennes au lieu de réserver sa force de frappe intellectuelle pour les grands débats et pour la défense de certaines valeurs ne font que transférer cette inévitable dualité des basses couches de l'humble politique au quotidien jusqu'à la stratosphère du combat pour les grandes causes à majuscule.

Dans l'inventaire des facteurs de faillite intellectuelle, il faut donc, en réalité, chercher ailleurs. Et constater, tout d'abord, que si le courage — parfois jusqu'au sacrifice — a souvent caractérisé l'engagement des clercs, une telle vertu, là encore, ne peut être portée au crédit de cette seule corporation et ne constitue pas en elle-même un des traits constitutifs du milieu intellectuel. Les défauts que nous avons relevés dans certains cas, extrême ingénuité, méconnaissance des rapports de forces, ne sont pas non plus spécifiques, du reste, et ne peuvent constituer une colonne « passif » de l'intervention politique des intellectuels.

On ne peut cependant repousser aussi rapidement ces derniers défauts, car ils relèvent du domaine de l'entendement, revendiqué par les clercs de tous bords. L'ingénuité est grave quand l'engagement politique est censé procéder de la lucidité, elle-même nourrie par la Raison. Et force est de constater que, dans la période que nous avons étudiée et au sein des groupes qui ont retenu notre attention, le sentiment et l'affectivité ont pris parfois le pas sur la Raison. A un tel constat, il est vrai, on pourra répondre de deux façons. D'abord, il n'est guère besoin de souligner que de tels moteurs de l'action sont en eux-mêmes hautement respectables. Mais surgit tout de même une contradiction quand, dans le même temps, c'est au nom de la Raison que se fait l'intervention et quand c'est cette référence, on l'a dit, qui légitime l'action des intellectuels.

De plus de poids nous semble, en revanche, la deuxième réserve possible. Durant l'entre-deux-guerres, furent-ils si nombreux, les Français capables de lucidité, d'une juste évaluation des rapports de forces et d'une analyse fondée sur la seule démarche rationnelle ? Ou, pour poser la question autrement, de telles qualités ne sont-elles pas altérées quasi automatiquement chez le plus grand nombre dans les périodes de crise grave de la conscience nationale ? A une telle question, on répondra toutefois que c'est justement dans ces périodes que l'intellectuel est mobilisé sur les lignes de front éthique et politique et sommé de fournir des points de repère idéologiques. Si une seule règle générale pouvait être retirée de l'étude de l'engagement des clercs au XXe siècle, c'est en effet que cet engagement s'est fait plus dense aux moments de forte houle de l'histoire nationale.

Un trend *séculaire ?*

L'étude du milieu intellectuel peut, d'ailleurs, se poser également en termes d'histoire cyclique. L'histoire des intellectuels français en politique aurait-elle sa respiration propre ? Doit-on y distinguer un *trend* grossièrement séculaire depuis l'affaire Dreyfus ? Et, à supposer qu'il y ait eu une telle intervention croissante depuis neuf décennies, cet engagement s'est-il accru de façon régulière, ou, au contraire, avec des paliers et des retours en arrière ? Autant de questions qui justifient la campagne de fouilles préconisée dans l'introduction. C'est seulement au terme de cette analyse minutieuse du terrain que des réponses étayées pourront être apportées. Le champ chronologique balayé par notre recherche interdit, sur ce sujet, toute généralisation à l'échelle d'un siècle. Il est pourtant possible, en partant de l'observation de l'entre-deux-guerres, de formuler quelques hypothèses et de proposer l'ébauche d'une « périodisation » de l'histoire des intellectuels au XXe siècle.

Il semble bien, en effet, que cet entre-deux-guerres ait vu une intervention croissante des intellectuels dans l'histoire de leur temps. Pour nous en tenir ici au seul secteur des khâgnes et de l'École normale supérieure, plusieurs indices permettent de conclure en ce sens. L'engagement croissant est, par exemple, sensible en ce qui concerne les enseignants de ces classes préparatoires[1]. Si André Bellessort a marqué politiquement certains de ses khâgneux et si Alain a indirectement imprimé le pacifisme au cœur de quelques élèves, leurs collègues des khâgnes des années 1920 semblent s'être tenus, pour la plupart, à l'écart des débats de la cité, qui n'affleuraient, de toute façon, en aucune manière dans leurs cours. Le comportement du corps enseignant de la khâgne de Lyon est, à cet égard, révélateur. Le professeur d'histoire, Pierre Heinrich, est de sensibilité royaliste. A la ville, il dirige l'Association des professeurs catholiques de l'enseignement public et appartient au Cercle Fustel de Coulanges[2]. Ce qui n'empêche pas le khâgneux Georges Cogniot, déjà à l'extrême gauche à cette époque, de suivre « son enseignement avec plaisir » et de le juger « compétent et intelligent[3] ». Le compliment n'est pas mince, à lire les pages que le futur dirigeant communiste consacre à d'autres enseignants. Quant au professeur de lettres, Daniel Delafarge, très proche de Péguy

1. Pour une version plus ample de ces observations voir notre étude « Aux lisières de l'enseignement supérieur : les professeurs de khâgne vers 1925 », *réf. cit.*
2. Paul Gerbod, *Les Enseignants et la politique*, PUF, 1976, pp. 41-42.
3. Georges Cogniot, *Parti Pris*, *op. cit.*, p. 59.

au moment de l'affaire Dreyfus et marqué par celle-ci comme beaucoup de normaliens de sa génération, il a beau avoir « les larmes aux yeux[4] » en lisant en classe des textes du Péguy première manière, il n'a pas laissé dans le souvenir de ses khâgneux l'image d'un professeur tentant de recruter des prosélytes ni même étant réellement engagé. Et même l'influence du philosophe Pierre Lachièze-Rey, qui jouissait auprès des talas lyonnais d'un grand prestige, s'exerçait, semble-t-il, de façon indirecte.

Bien différente sera la génération de professeurs qui assure la relève dans les années 1930[5]. En histoire, par exemple, c'est Joseph Hours (1896-1963) qui, de 1936 à 1961, préside aux destinées de la khâgne. En une décennie troublée, il n'hésite pas, on l'a vu, à écrire dans *L'Aube* et à *Sept.* Quant à la philosophie, elle va être prise en charge en 1937, et pendant plus de trente ans, par Jean Lacroix, qui marqua nombre de ses élèves, à commencer par l'un de ses premiers khâgneux, Louis Althusser.

L'exemple lyonnais est, en fait, caractéristique d'une évolution générale. Si l'on observe, en effet, les remplaçants, vers la fin des années 1920, des enseignants des grandes khâgnes, ou ceux, plus jeunes, qui enseignent déjà tout au long de la décennie dans les petites khâgnes de province, force est de constater que le quant-à-soi politique de leurs aînés va, pour certains de ces nouveaux venus, s'estomper quelque peu. Un autre symptôme est, à cet égard, éclairant. Alors que les rares enseignants de classes préparatoires dont les noms apparaissaient jusque-là dans la presse y tenaient qui un feuilleton littéraire, qui une chronique philosophique — Hippolyte Parigot était ainsi chroniqueur au *Temps,* dans lequel Louis Lavelle tint une page philosophique à partir de 1930 —, plusieurs professeurs de khâgne vont désormais y jouer un rôle politique beaucoup plus marquant : par exemple, on l'a vu, Albert Bayet ou Jean Guéhenno.

Certes, toute extrapolation à partir de l'exemple lyonnais ou des deux cas de Jean Guéhenno et Albert Bayet serait excessive. Mais il faut constater — et nous l'avions déjà signalé — que si la génération des professeurs nés entre 1860 et 1875 et encore en activité en 1925 avait non seulement introduit un écran entre les fonctions d'enseignant et la vie civique mais encore ne se mêlait guère directement au débat politique hors de l'enceinte des établissements scolaires, avec Albert Bayet, Jean Guéhenno et quelques autres, nés entre 1880 et l'orée du siècle, c'est une nouvelle génération qui arrive en poste en khâgne. Tout aussi attachée que la précédente à la neutralité de l'enseignement en classe, elle se mêlera beaucoup, en revanche, de la vie politique en dehors du lycée.

L'évolution dépasse, en fait, le seul cadre des professeurs de khâgne et s'inscrit dans l'insertion croissante des intellectuels dans la vie de la cité au cours des années 1930. Certes, la théorisation d'un tel phénomène est postérieure au second conflit mondial. Ce n'est, en effet, qu'en octobre 1945, dans la première livraison des *Temps Modernes,* que Jean-Paul Sartre, dans sa célèbre « Présentation », formulera les attendus du devoir d'engagement. Mais, à y regarder de plus près, le phénomène peut s'interpréter en termes de génération et, ainsi analysé, ses racines plongent largement dans l'avant-guerre. A la Libération, en effet, la génération de 1905 arrive à la quarantaine

---

4. *Ibid.*, p. 58.
5. Cf. *supra*, pp. 105-106.

et s'installe sur le devant de la scène intellectuelle, avec, par exemple, Jean-Paul Sartre, Maurice Merleau-Ponty ou Raymond Aron. Le phénomène, en première lecture, est sans surprise, une génération commençant à « parvenir » une vingtaine d'années après ses « vingt ans ». Mais nous avons vu que s'était opérée en son sein, à la faveur du second conflit mondial, une relève intragénérationnelle. Les premiers de cordée ont, en effet, disparu politiquement et parfois physiquement dans les crevasses de l'Occupation. Mais ils constituaient déjà avant 1939 un rameau de la génération de 1905 profondément inséré dans le débat politique, et ce d'autant plus que la génération précédente, celle qui avait eu vingt ans en 1914, n'avait pu, et pour cause, occuper l'ensemble des places après 1919 et qu'un appel d'air avait rapidement aspiré les cadets vers les salles de rédaction et les comités de lecture. La génération de 1905 parvint, en réalité, bien avant la quarantaine aux créneaux de l'engagement de premier plan.

Et elle a donc été « en situation dans son époque » bien avant 1945. Ce but assigné par Jean-Paul Sartre en octobre 1945 est bien davantage un point d'arrivée qu'une percée novatrice. La réalité historique avait largement précédé la théorie, avant et pendant la guerre, et l'effet différé, au plan des déclarations de principe, ne doit pas dissimuler l'essentiel. Le tournant date bien de l'entre-deux-guerres, et plus précisément des années 1930. Au cours de cette décennie, enseignants, écrivains et artistes participent au combat politique, les uns au nom de l'antifascisme, les autres mus par l'anticommunisme. Quelques années plus tôt, au contraire, le devoir d'engagement était loin d'être partagé par la plus grande part de l'intelligentsia, et un ouvrage comme *La Trahison des clercs* tout comme les débats qu'il suscita à sa parution en 1927 sont significatifs. Certes, c'est à tort que le livre est interprété comme faisant l'apologie de la tour d'ivoire. Il reste qu'il proclamait que le clerc trahit les grandes causes que sont la Justice ou la Vérité en s'engageant trop avant dans le combat partisan.

La génération de 1905 a donc été une gerbe de classes d'âge marquée au temps de son entrée en politique par une mobilisation de cas d'urgence et au temps de sa maturité par un engagement présenté comme consubstantiel à la qualité d'intellectuel. Elle sera, de ce fait, la première de l'engagement théorisé et non plus seulement de l'intervention raisonnée pour temps de crises.

Ces crises — aussi bien l'agitation politique française de la fin du XIXe siècle et la flambée nationaliste de la même époque que l'ébranlement de la Première Guerre mondiale, la montée des périls des années 1930, puis la conflagration après 1939 — ont constitué un demi-siècle de turbulence historique qui a vu s'accroître progressivement l'entrée des intellectuels en politique. Mais le phénomène n'a pris réellement d'ampleur que dans l'entre-deux-guerres, au cours duquel les points de repère du débat politique se sont déplacés. A cet égard, l'affaire Dreyfus, un quart de siècle plus tôt, présente, en tant qu'élément de périodisation, une incontestable ambivalence. Michel Winock a pu à juste titre la présenter comme un « nouveau type d'affrontement », difficilement réductible à la lutte des classes ou au seul affrontement droite-gauche, et marqué notamment par « la participation massive de ceux qui, désormais, vont s'appeler les intellectuels, dans une affaire publique[6] ».

---

6. Michel Winock, « Les Affaires Dreyfus », *Vingtième Siècle. Revue d'histoire*, n° 5, janvier-mars 1985, pp. 19-37, citations pp. 20 et 22.

Mais il est possible également de considérer cette affaire moins comme le point de départ de l'aventure des clercs que comme un combat dans la lignée des Lumières. Dans cette perspective, sa signification historique serait essentiellement symbolique, son rôle serait celui d'un « référent », et la phase de changement profond dans l'histoire des intellectuels serait plutôt la période 1919-1939. Les intellectuels, progressivement, au cours de ces deux décennies, vont intervenir plus massivement, au nom de nouvelles valeurs ou contre de nouveaux adversaires : le choc du premier conflit mondial, l'apparition du fascisme et du communisme, et le développement, de ce fait, chez les intellectuels, de l'antifascisme et de l'anticommunisme, changent les données de l'engagement. Révolution copernicienne donc, avec une modification d'échelle et un bouleversement de la voûte du ciel intellectuel et politique. Les valeurs héritées des Lumières sont ébranlées, et la nécessité d'en forger de nouvelles, situation historiquement favorable aux intellectuels et qui les élève au rang de maîtres à penser, est encore activée par la crise des années 1930. De ce fait, 1945 est déjà dans 1936, et pour les clercs les fortes houles de l'époque du Front populaire annoncent les grandes marées idéologiques de la Libération et de la guerre froide. De plus, si nous avons souligné une différence de faciès entre les deux décennies de l'entre-deux-guerres, à plusieurs reprises nous avons également constaté que les éléments de la nouvelle situation se mettent en place de façon souterraine dès les années 1920. Sur ce plan, 1936 est déjà dans 1924, époque justement où s'ébroue politiquement la génération de 1905.

Dans cette perspective, la phase suivante, qui court de la Libération aux grandes remises en cause de la fin des années 1970, devient davantage intelligible. Elle correspond bien à trois décennies d'engagements denses des intellectuels, mais c'est la période 1898-1945 et surtout 1919-1945 qui a préparé ces Trente Glorieuses des clercs et en constitue le socle. Et il ne s'agit pas d'une coïncidence si ce sont deux intellectuels nés en 1905 — et dont l'un au moins s'est éveillé à la politique entre les deux conflits mondiaux — qui ont été, l'un, Jean-Paul Sartre, « l'incarnateur » de ces Trente Glorieuses, l'autre, Raymond Aron, le procureur, en dénonçant les vapeurs d'opium idéologique, et en bénéficiant, en sa gloire vespérale, du choc en retour qu'ont constitué les interrogations progressivement surgies depuis une décennie.

La notion de génération, on le voit, est donc elle aussi précieuse comme instrument d'investigation. Mais il faut, avant de tenter de dégager de notre recherche quelques conclusions à valeur générale sur une telle notion, revenir une dernière fois au particulier, en l'occurrence les khâgneux et normaliens des années 1920[7]. Et même, dans un premier temps, remonter en arrière d'une quarantaine d'années.

---

7. Nous avons vu qu'il y avait une incontestable continuité, en ce qui concerne la sensibilité politique, entre khâgneux et normaliens et que le concours de la rue d'Ulm ne constituait pas, sur ce plan, un bassin de décantation. Le taux d'apolitisme, lui aussi, est le même en khâgne et à la rue d'Ulm; dans les classes préparatoires, nous l'avions estimé, par recoupements, à un peu moins de 50 % (cf. *supra*, chapitre IX); Gustave Lanson, à la même époque, note pour l'École normale supérieure : « Les groupements, très solides et très actifs, sont loin de comprendre la totalité des élèves. Une moitié peut-être de l'école reste à l'état de masse inorganique et flottante... » (« Les tendances de la jeunesse actuelle à l'École normale supérieure » *in Les tendances de la jeunesse actuelle : jeunesse française d'aujourd'hui (enseignement secondaire, grandes écoles)*, fascicule 373 du Comité national d'études sociales et politiques, 1928, p. 21).

Les enfants de la victoire.

Dans ses *Souvenirs d'un universitaire,* l'inspecteur général Georges Gendarme de Bévotte[8] évoque ses années de khâgne à Henri-IV en 1884-1886 :

> « Dans ce tintamarre d'opinions juvéniles, un seul sentiment réunissait l'unanimité : le patriotisme. Ce n'était pas une opinion ni même une doctrine : c'était une foi. Elle était profonde, absolue ; nul d'entre nous n'aurait songé à la discuter, et en elle, quelle que fût la divergence de nos idées en toutes autres matières, nous communiions avec une pieuse ferveur. Nous étions les enfants de la défaite et nous en demeurions marqués : nous avions une gêne, une honte même de la diminution de notre pays et nous en étions humiliés. Sans être bruyamment et grossièrement " revanchards ", nous étions " cocardiers ", nous aimions les défilés de soldats, nous vibrions aux accents de *La Marseillaise* et de la *Marche de Sambre et Meuse ;* avec le peuple de Paris, nous nous pressions à Longchamp, à la revue du 14 juillet[9]. »

Dans les deux cas, la génération née vers 1865 comme celle née aux alentours de 1905 s'éveillent à la vie de la cité dans un climat politique où l'empreinte des problèmes extérieurs est profonde : nationalisme d'une France qui porte au flanc la cicatrice mal refermée de la défaite de 1870-1871, « briandisme » en harmonie avec l'aspiration pacifiste d'une grande partie du corps social saigné par la Grande Guerre.

Apparemment, donc, l'adéquation de chacune de ces classes d'âge à l'esprit de son temps semble interdire à l'historien d'en faire des générations autonomes. Nous ne trancherons pas ici pour la vague démographique à laquelle appartient Georges Gendarme de Bévotte, dont l'étude attentive dépasse les limites de cette recherche. Pour les jeunes gens nés vers 1905 — ou, plus précisément, le versant normalien de cette classe d'âge —, leurs rapports avec le pacifisme de leur temps appellent plusieurs remarques à première vue contradictoires.

Certes, le pacifisme normalien des années 1920 n'a rien de spécifique. Maurice Vaïsse a pu écrire à bon escient que, dans l'entre-deux-guerres, le pacifisme français était « consubstantiel à l'esprit du temps » et « dominant chez les intellectuels et les écrivains[10] ». Militer pour la paix en 1925 n'était donc pas propre à une classe d'âge et de jeunes intellectuels menant un tel combat ne pouvaient apparemment pas se distinguer de leurs aînés par cette seule attitude. En d'autres termes, que ce soit dans la société française tout entière ou, plus étroitement, dans le milieu intellectuel, le pacifisme n'était pas dans les années 1920 un élément de différenciation intergénérationnelle. Ce pacifisme brassait verticalement les différentes classes d'âge, tout comme il imprégnait horizontalement — les travaux d'Antoine Prost sur les anciens combattants l'ont démontré — la plus grande part du corps social.

Cela dit, le pacifisme des socialistes et des chartiéristes de la rue d'Ulm n'est pas seulement le reflet normalien d'un sentiment alors dominant dans la société française. Il se teinte, en effet, chez ces jeunes gens, de révolte contre

8. Georges Gendarme de Bévotte (1867-1938), normalien de la promotion 1886.
9. G. Gendarme de Bévotte, *Souvenirs d'un universitaire,* Librairie Académique Perrin, 1938, p. 74.
10. Maurice Vaïsse, « Le passé insupportable. Les pacifismes, 1984, 1938, 1914 », *Vingtième Siècle. Revue d'histoire,* n° 3, juillet 1984, pp. 27-39, citations pp. 30 et 32.

l'ordre établi et nourrit, d'autre part, une véritable vision du monde qui subordonne les autres problèmes à celui de la guerre et de la paix.

Chez les jeunes chartiéristes, par exemple, le pacifisme apparaît, d'une certaine manière, comme une révolte contre les adultes et contre le système économique et politique dont ces derniers sont censés être les complices et les profiteurs. La guerre qui a ensanglanté l'Europe au cours de la décennie précédente est, à leurs yeux, le symbole de la faillite des aînés. Là encore, devient davantage intelligible, dans cette perspective, l'hostilité des jeunes normaliens à l'égard de Gustave Hervé, qui incarne précisément à leurs yeux cette faillite. Dix ans plus tôt, en juin 1917, il l'avait emporté, avec Maurice Barrès, au référendum organisé par *Le Canard enchaîné* pour l'élection du « grand chef de la tribu des bourreurs de crâne[11] ».

Réapparaît ainsi un clivage de génération, et le pacifisme, dans ses différentes manières d'être vécu et exprimé, loin d'être seulement un élément de consensus, peut agir, on le voit, comme élément différentiel. Il existe un spectre des pacifismes, et, en son sein, le pacifisme normalien se teinte de révolte contre le « désordre établi ». Il remplace même, semble-t-il, pour quelques normaliens, un engagement d'extrême gauche, socialiste à cette époque, communiste vingt ans plus tard, et sert de forme d'expression au rejet de la société des adultes.

Le caractère ambivalent du pacifisme est sans doute, du reste, l'un des facteurs essentiels de sa prégnance dans la France de l'entre-deux-guerres. Ce pacifisme irrigue, en effet, une grande partie du corps social et constitue de ce fait un élément de consensus mais peut être dans le même temps un support de contestation politique ou sociale. Situé à la fois au centre et aux extrêmes, il revêt donc des formes plus diverses qu'il n'y paraît en première analyse.

Les adultes de la marche à la guerre.

Bien plus, ce pacifisme extrême a nourri chez ses jeunes adeptes une véritable vision du monde tout entière ordonnée autour du problème de la paix. Point n'est besoin d'y revenir. Les chapitres XIII, XIV et XVII, notamment, ont révélé l'existence chez eux de ce qu'il faut bien appeler un système de pensée.

Las ! c'est ce système qui s'effondrera par pans entiers tout au long des années 1930. Et les pacifistes, la trentaine passée, seront contraints à de véritables retours sur soi ou risqueront d'être emportés par de dangereuses dérives. On mesure ce qu'ont pu avoir de douloureux de tels retours et de précoce la « reconversion » d'un Raymond Aron, et deviennent historiquement intelligibles les plongées d'authentiques démocrates dans les eaux du collaborationnisme.

De surcroît, dans cette extrême difficulté éprouvée par le plus grand nombre à remettre en cause leur pacifisme de jeunesse, le phénomène de génération a là encore joué et il a apporté un élément supplémentaire d'identité à celle que nous avons baptisée la génération de 1905. Celle-ci, en effet, nous l'avons déjà noté, est bien différente, dans ses rapports avec le problème de la paix et de la guerre, des générations constituées par ses aînés proches et ses cadets immédiats. Ces derniers — la génération de 1915 — auront vingt ans au

11. Signalé par Geneviève Colin et Jean-Jacques Becker, « Les écrivains, la guerre de 1914 et l'opinion publique », *Relations internationales*, n° 24, hiver 1980, pp. 425-442, p. 440.

moment de la guerre d'Espagne ou de l'Anschluss et, parvenus à l'âge d'homme en pleine turbulence historique, et sans avoir baigné dans les espoirs et les illusions de la décennie précédente, seront presque par essence moins sensibles à l'attrait du pacifisme.

La « coupure de 1919 ».

Le balisage chronologique de la génération de 1905 est également possible en ce qui concerne son plancher. Celui-ci est déterminé, il est vrai, par un critère essentiel, la participation ou non au premier conflit mondial. Nous avons déjà noté[12] à quel point les classes d'âge, entendues ici en termes militaires, avaient été profondément modelées, rue d'Ulm, par l'appel sous les drapeaux ou au contraire, à quelques mois de distance, l'absence de mobilisation. Par-delà ce faible décalage chronologique, c'est, en fait, une véritable différenciation intergénérationnelle qui est ici perceptible.

Et qui n'est pas une reconstruction *a posteriori!* Il n'est que de faire comparaître les contemporains pour sentir à quel point le clivage joua. Jean Prévost, par exemple, khâgneux au lycée Henri-IV à la fin de la guerre, entré à l'École normale supérieure dans la promotion régulière de 1919, écrivait quatorze ans plus tard :

> « Je n'emploie plus, pour ma part, ce mot de *génération*[13] ; quand il signifiait la distance normale entre pères et fils, un tiers de siècle à peu près, il pouvait avoir un sens ; mais les *générations*, les groupes de gens qui voulaient ne pas penser comme leurs aînés, se placent maintenant à des dix ou cinq ans de distance... Il y a eu un moment où l'on a senti la coupure : c'est la fin de la guerre. Les Français à ce moment se sentaient divisés en trois groupes : ceux qui étaient trop âgés ou trop chétifs pour avoir fait la guerre, ceux qui avaient fait la guerre, et enfin nous, tous ceux qui étaient arrivés à la conscience d'eux-mêmes au moment où des affiches commençaient à les prier de se préparer à mourir.
> *Il y a donc un abîme, deux époques séparées par un seul jour, une heure, entre le plus jeune mobilisé de la classe 18, dernière classe combattante, et le plus ancien de la classe 19, qui commence les générations jeunes et la grande espérance brisée de l'après-guerre*[14].
> Cette différence s'est sentie dès 1919. J'ai dit de mon mieux comment moi-même l'avais sentie[15]. »

Quant aux normaliens un peu plus âgés, ils avaient connu non seulement la mobilisation mais avaient vécu aussi un avant-guerre et leur éveil politique s'était fait avant la grande secousse de 1914-1918 — même s'ils constituèrent la gerbe de classes d'âge qui en souffrit le plus directement dans sa chair. C'est donc bien pour la génération de 1905, démographiquement épargnée par le conflit mondial, que l'apprentissage, paradoxalement, s'est fait à l'ombre des retombées de ce conflit, et en référence constante et explicite à lui. Et si elle n'est pas la génération de la guerre, elle est la génération des effets différés de la guerre. En considérant, comme nous le pensons, qu'il est « possible

12. Cf. *supra*, pp. 32-33.
13. En italiques dans le texte.
14. *Id.*
15. Jean Prévost, « La coupure de 1919 », *Notre Temps*, septième année, 3e série, n° 201-202, 2-9 juillet 1933 (ce numéro est construit autour du thème « Querelle de générations et crise des démocraties »), colonnes 629 sqq. C'est dans « Dix-huitième année », publiée dans la *Nouvelle Revue française* à l'automne 1928, que Jean Prévost avait déjà évoqué ce clivage de génération.

d'admettre qu'un événement n'a pu être générateur de génération que pour ceux qui n'ont pas été exposés à un événement antérieur lui-même générateur de génération[16] », il deviendrait presque possible d'affirmer que, sur le plan de la sensibilité politique, la génération de 1905 est davantage encore fille de la guerre que celle de 1890, qui fut pourtant la génération des tranchées mais dont l'éveil au débat civique se fit avant le déclenchement du conflit. Pour cette dernière, les retombées politiques de la Grande Guerre vinrent agir sur un terreau préexistant.

On ne poussera naturellement pas le paradoxe aussi loin. Retenons toutefois, pour le moins, que la guerre servit d' « éducatrice » à la génération de 1905. L'expression est de Jean Luchaire qui, en 1933, a formulé l'une des analyses les plus fines, à nos yeux, de ce phénomène de stratification des générations dans leurs rapports avec le choc de 1914-1918 :

> « Une génération, c'est un assemblage d'humains marqués par un grand événement ou une série de grands événements. Or, à quelques rares exceptions près, un esprit n'est foncièrement marqué par un événement que lorsqu'il n'a pas été marqué par d'autres, c'est-à-dire lorsqu'un événement *déterminateur*[17] est survenu à un instant où l'esprit *déterminé* était vierge d'empreintes antérieures essentielles. Voilà pourquoi certaines générations, nées à la vie spirituelle dans des périodes de calme, englobent un grand nombre d'hommes d'âges très variés tandis que d'autres générations, nées à la vie spirituelle dans des périodes agitées, englobent des hommes d'âges sensiblement rapprochés. Voilà pourquoi certains siècles comptent deux ou trois générations, tandis que d'autres en comptent six ou sept. Voilà pourquoi, pour être plus précis, il n'y a guère eu que deux générations de 1870 à 1914 — la génération de l'exposition de 1889 et la génération de l'affaire Dreyfus — tandis que de 1914 à aujourd'hui, il y en a déjà eu trois : la génération de la jeunesse de la guerre, ayant déjà accédé à la vie intellectuelle lorsque la guerre a éclaté, la génération de la jeunesse de l'immédiat après-guerre, à qui la guerre seule a servi d'éducatrice, et la jeunesse actuelle, que la guerre n'a marqué [*sic*] qu'indirectement et qui a puisé sa formation dans le film des faits qui se sont déroulés approximativement depuis 1924 ou 1925... Ces trois générations se distinguent aisément les unes des autres. La troisième seule est encore indéfinissable ; on sait où elle commence, elle ne sait pas encore où elle finit : sans doute n'en apercevons-nous présentement que l'avant-garde[18]. »

N'insistons pas sur la présence côte à côte, dans cette « revue des nouvelles générations européennes[19] », d'un futur mort du Vercors et d'un futur fusillé après la Libération. Le pacifisme de ce début des années 1930 est au cœur de

16. Pierre Favre, « Génération : un concept pour les sciences sociales? », 1981, dact., p. 13 (communication faite à la table ronde sur le concept de génération animée par Annick Percheron en octobre 1981, lors du congrès de l'Association française de science politique).
17. En italiques dans le texte.
18. Jean Luchaire, « La jeunesse et l'insuffisante démocratie », éditorial du numéro signalé à la note 15, *réf. cit.*, colonnes 604 sqq. Jean Luchaire est né en 1901 et appartient donc à cette « génération de la jeunesse de l'immédiat après-guerre ». Et son analyse est confirmée par celle de Marcel Déat, né en 1894 et donc membre de « la génération de la jeunesse de la guerre » mais qui convient que ses jeunes camarades de la FNES — ceux de la génération de 1905 — forment une génération « plus dessinée » et « plus originale que les autres, parce qu'elle est née avec la guerre, a du moins grandi sous son influence ou sous l'influence de l'immédiat après-guerre » (extrait de la préface de Marcel Déat à la brochure d'Émilie et Georges Lefranc, « Le Problème de la Culture », Fédération nationale des étudiants socialistes, 1931, p. II).
19. L'hebdomadaire *Notre Temps* a, en effet, comme sous-titre à cette date : « La revue des nouvelles générations européennes ».

l'explication, là encore. Au reste, dans la suite de l'article, Jean Luchaire énumère « un certain nombre de caractères communs » aux membres de la génération de l'immédiat après-guerre et commence par « l'horreur instinctive et raisonnée de la guerre » qui entraîne « la passion de l'organisation internationale de la paix, quelles qu'en puissent être les formes et les principes[20] ».

Retenons plutôt cette élasticité de la longueur des générations et le fait, notait de son côté Jean Prévost, que pour la période que nous étudions, ces générations se succèdent à « dix ou cinq ans de distance ». L'observation nous semble juste et permet précisément cet étalonnage des jeunes hommes de l'entre-deux-guerres en une génération de 1890-1895, celle des tranchées — qui se dilate d'ailleurs en amont —, une génération de 1905 et une autre de 1915, encore largement « indéfinissable », selon Jean Luchaire, en 1933.

Aussi souscrivons-nous pleinement à la distinction de Marc Bloch entre des « générations longues » et des « générations courtes »[21], en constatant, sous le coup sans doute de la grande secousse de la guerre, un phénomène de différenciation rapide des vagues démographiques[22]. Dans ce contexte, et en raison de ce processus, la génération de 1905 possède une identité propre, qu'un autre de ses membres, Bertrand de Jouvenel, a bien cernée :

> « La vague à laquelle j'appartenais était délimitée de la façon la plus claire : ceux qui avaient été tout juste trop jeunes pour faire la guerre, mais d'âge à en suivre les péripéties, à en comprendre les horreurs, à en subir les pertes dans leurs familles... »

Et de préciser :

> « ... Né en 1903, je regardais " ma génération " comme se situant d'Alfred Fabre-Luce (né en 1899) à Pierre Mendès France (né en 1909)[23]. »

Génération normalienne ou génération intellectuelle ?

De la même manière et pour répondre à l'une des questions posées dans cette recherche, les classes d'âge normaliennes nées de part et d'autre de 1905 constituent plus qu'une simple gerbe d'une dizaine de promotions et forment une strate de jeunes gens sensiblement du même âge dont un grand nombre ont eu alors, chevillé au cœur, un pacifisme militant, instillé par le groupe socialiste ou par les chartiéristes. Certes, ces jeunes normaliens ne sont pas, tant s'en faut, représentatifs de l'ensemble de leurs camarades. Mais ils forment le sous-ensemble le plus nombreux rue d'Ulm — si on laisse de côté le groupe tala, aux contours flous et non politiques et qui comporte, de surcroît, on l'a vu, de nombreux pacifistes — et, surtout, ils sont parvenus, notamment

---

20. *Ibid.*
21. Cf. Marc Bloch, *Apologie pour l'Histoire*, Armand Colin, 1974, p. 151.
22. Les autres secousses du siècle semblent, du reste, avoir maintenu, depuis, des « générations courtes ». Il est difficile, dans les limites de cette recherche, de proposer ici un étalonnage du siècle en générations intellectuelles. On se reportera, par exemple, aux analyses que nous avons développées, pour la période postérieure à 1939, dans le chapitre XVIII, « A la recherche de la France contemporaine », de la nouvelle édition de l'*Histoire de la civilisation française* de Georges Duby et Robert Mandrou, Paris, Armand Colin, 1984, pp. 333-412, *passim*. Cf. également, « Les intellectuels et Pierre Mendès France : un phénomène de génération ? » in *Mendès France et le mendésisme*, sous la direction de F. Bédarida et J.-P. Rioux, Fayard, 1985. Cf. aussi, plus récemment, « Générations intellectuelles », *Cahiers de l'IHTP*, n° 6, novembre 1987, sous la direction de J. F. Sirinelli.
23. Bertrand de Jouvenel, *Un voyageur dans le siècle*, Robert Laffont, 1979, pp. 76-77.

dans la presse au moment des incidents antimilitaristes, à incarner leur génération normalienne. Comme l'a justement souligné Annie Kriegel, « la légitimité de la représentation paradigmatique n'a pas de fondement quantitatif : elle ne découle que de la capacité à se faire reconnaître comme étant celle qui produit le maximum d'identité différentielle[24] ». Pour l'opinion publique des Années folles — tout au moins l'opinion constituant le lectorat des grands journaux nationaux —, l'amalgame était sans doute fait et la cause entendue : l'École normale supérieure était une serre pacifiste, et tous les élèves y étaient logés à la même enseigne.

Reste pourtant une autre question essentielle : cette génération normalienne pacifiste était-elle à l'image de la jeune classe intellectuelle tout entière[25] ? Il faut ici nuancer la réponse. L'analyse d'Annie Kriegel garde, en effet, sa valeur heuristique au pluriel et ce sont parfois deux tendances qui peuvent concurremment produire « le maximum d'identité différentielle » et prétendre ainsi à la « légitimité de la représentation paradigmatique ». De fait, chez les jeunes intellectuels des années 1920, nous l'avons constaté au chapitre VIII, l'Action française, avant que vienne pour elle le temps des crises, constitue un autre champ magnétique puissant, attirant notamment nombre d'étudiants.

Les khâgnes et l'École normale supérieure étant, pour leur part, nettement orientées à gauche, la génération qui en est issue n'est donc représentative que d'un rameau de la génération de 1905. Mais pour ce rameau, les classes préparatoires et la rue d'Ulm constituaient assurément un observatoire de premier plan. Nous l'avons déjà signalé, ce milieu apparaît, après inventaire, comme vibrant à l'unisson de la fraction de gauche du monde intellectuel français, dreyfusarde à la fin du siècle dernier, puis pacifiste et attachée à la République des professeurs dans les années 1920. Il en épouse les idéologies dominantes successives et sécrète les mêmes engagements et les mêmes parcours politiques. D'autant qu'en même temps, et sans que cela soit contradictoire, le milieu de serre intellectuelle donne peut-être à l'École normale supérieure une densité d'engagements plus forte et ces engagements sont souvent, de surcroît, portés sur le devant de la scène par la notoriété de l'établissement, qui en fait une caisse de résonance. Ce qui nous autorise à conclure que l'École normale supérieure constitue incontestablement un bon sismographe — à condition d'en pondérer les indications d'intensité — pour une analyse de certaines des ondes qui ont parcouru le monde intellectuel français depuis l'affaire Dreyfus.

---

24. Annie Kriegel, « Le concept politique de génération : apogée et déclin », *Commentaire*, automne 1979, vol. 2, n° 7, pp. 390-399, citation p. 395.

25. C'est à dessein que nous employons dans cette conclusion la notion, plus restrictive, de génération intellectuelle plutôt que celle de génération politique. Si nous pensons, en effet, que la notion de génération a d'incontestables vertus heuristiques, nous partageons toutefois l'analyse de Raoul Girardet selon laquelle un emploi trop large de cette notion est scientifiquement aléatoire, alors qu'il est fécond « par rapport à un groupe particulier de la communauté nationale — groupe idéologiquement et sociologiquement clairement circonscrit » (Raoul Girardet, « Du concept de génération à la notion de contemporanéité », *Revue d'histoire moderne et contemporaine*, t. XXX, avril-juin 1983, pp. 257-270, citation p. 261). Dans notre recherche, en l'occurrence, le milieu intellectuel nous est apparu comme pouvant se prêter à une telle investigation. La coagulation d'une génération peut naître de la rencontre d'une classe d'âge et d'un événement ou d'une crise fondateurs, entraînant une empreinte commune sur les sensibilités. Mais elle peut aussi s'entendre dans une acception plus culturelle que politique : il faut alors sonder ce qui, dans l'air du temps, cimente une classe d'âge en la distinguant de la précédente. Sur la notion de génération et son utilisation en histoire, on se reportera aussi à l'article pionnier d'Yves Renouard, « La notion de génération en histoire », *Revue historique*, 1953, 1, pp. 1-23.

ANNEXES

Annexe I : les promotions littéraires de l'École normale supérieure de 1920 à 1931

Ces listes — où les candidats admis sont classés par ordre de mérite — sont extraites, pour les promotions 1922 à 1931, du *Bulletin de la Société des amis de l'École normale supérieure*, qui publie chaque année dans l'un de ses numéros les résultats du concours de la rue d'Ulm. Pour les concours de 1920 et 1921, nous nous sommes reporté au *Bulletin administratif du ministère de l'Instruction publique* (n° 2437, 14 août 1920, pp. 418-419, et n° 2476, 1er septembre 1921, p. 329). *La Revue Universitaire* peut fournir les mêmes renseignements (sauf pour 1920 et 1921), dans la rubrique « Échos et Nouvelles ». Pour chaque normalien, nous avons indiqué la khâgne fréquentée au moment du succès au concours — sauf pour les années 1920 et 1921, pour lesquelles les sources utilisées sont muettes et que divers recoupements ne nous ont pas permis de connaître en totalité — et le dernier poste occupé au moment de la mise à la retraite ou d'un décès prématuré [1].

I. Promotion 1920

A. Candidats dont les études ont été interrompues par la guerre :

1. DURANDEAUD Pierre [2]	
2. SIGNORET Emmanuel, † 1963	
3. BETEMPS René, † 1932	Professeur d'allemand au lycée de Chambéry.
4. MESNARD Pierre, † 1969	Directeur du Centre d'Études de la Renaissance de Tours.

B. Candidats ordinaires :

1. CHAUVELON Henri, † 1921	
2. MOREAU-REIBEL Jean, † 1976	Agrégé de philosophie, professeur à l'Institut d'Études politiques de Strasbourg.
3. GUÉRAUD Octave	Secrétaire de l'Institut français d'archéologie du Caire.

1. Cf. *Annuaire* 1988 de l'École normale supérieure.
2. Pour quelques normaliens, qui ne font pas partie ou ont cessé de faire partie de l'Association amicale des anciens élèves de l'École normale supérieure, l'*Annuaire* 1988 ne fournit pas de renseignements, d'où l'absence de précisions, dans ce cas, sur les listes qui suivent.

4. BOURDON Léon	Professeur d'études portugaises et brési liennes à la Sorbonne.
5. GOUGENHEIM Georges, † 1972	Professeur d'histoire de la langue française à la Sorbonne.
6. GUITTON Jean	de l'Académie française, professeur de philosophie à la Sorbonne.
7. LONGAUD Félix	Professeur au lycée Janson-de-Sailly.
8. DUPIN André, † 1970	
9. BRAILLON Émile	Inspecteur général de l'Instruction publique.
10. NAVES Raymond, † 1945	Professeur de littérature française à la faculté des lettres de Toulouse, mort en déportation.
11. VIDEAU Robert	
12. CHIBON Rémi, † 1982	Professeur de première au lycée Louis-le-Grand.
13. BRUNSCHVIG Robert	Professeur à la Sorbonne, directeur de l'Institut d'études islamiques.
14. BOUDOUT Jean, † 1971	Inspecteur général de l'Instruction publique.
15. BON Antoine, † 1972	Professeur d'histoire et de civilisation byzantines à l'Université de Lyon.
16. BONNAFOUS Max, † 1975	Agrégé de philosophie, ancien ministre.
17. ROLLAND Louis, dit Louis Francis, † 1959	Professeur de première au lycée Jacques Decour.
18. DELANNE Henri, † 1974	Professeur au lycée Victor Hugo de Besançon.
19. THOMAS Jean, † 1983	Inspecteur général de l'Instruction publique, ancien sous-directeur général de l'UNESCO.
20. ESCANDE DE MESSIÈRES René	
21. GAILLARD Georges, † 1967	Professeur à la Sorbonne
22. BALLET Roger, † 1971	Professeur de grammaire au lycée Carnot
23. BOISSERIE André, † 1963	Professeur au lycée Buffon.
24. SESTON William, † 1983	Professeur à la Sorbonne.
25. PEYRE Henri	Directeur des études françaises, Université de la ville de New York.
26. LACKENBACHER Edmond, † 1940	Professeur de lettres supérieures à Louis-le-Grand, capitaine d'infanterie, tué à l'ennemi.

Hors cadre (Alsaciens) :

HEYLER Paul, † 1963	Professeur au lycée de Grenoble.
MONTIGNY René, † 1982	Agrégé d'allemand.

II. Promotion 1921

A. Candidat dont les études ont été interrompues par la guerre :

1. DOUCET Albert, † 1984	Professeur au lycée Hoche.

B. Candidats ordinaires :

1. RUYER Raymond	Professeur de philosophie à la faculté des lettres de Nancy.
2. DEBIDOUR Antonin, † 1956	Professeur de première supérieure au lycée Condorcet.

3. ex aequo BOYANCE Pierre, † 1976	Professeur à la Sorbonne.
3. ex aequo LAPLANE Gabriel, † 1964	Secrétaire général de l'Institut des Hautes Études Hispaniques.
5. LAUBIER Jean, † 1987	Agrégé de philosophie, professeur au lycée Louis-le-Grand.
6. COGNIOT Georges, † 1978	Agrégé des lettres, ancien député et ancien sénateur de Paris.
7. GAGE Jean, † 1986	Professeur au Collège de France.
8. SCHUHL Pierre-Maxime, † 1984	Professeur à la Sorbonne.
9. JACQUES Félix, † 1970	Professeur de lycée.
10. LOB Marcel, † 1972	Professeur au lycée de Toulon.
11. MAURAIN Jean, † 1939	Professeur d'histoire contemporaine à la faculté des lettres de Lille, directeur du cabinet du Président du Sénat.
12. BERTHELÉMY Maurice, † 1974	Professeur au lycée Descartes de Tours.
13. BERGEAUD Camille, † 1973	Conseiller culturel.
14. PUECH Henri-Charles, 1986	Professeur au Collège de France.
15. HUMBERT Jean, † 1980	Professeur à la Sorbonne
16. DURDILLY Gaspard, † 1968	Professeur au lycée du Parc à Lyon.
17. MARTIN Henri, † 1944	Professeur au lycée Claude Bernard, arrêté comme otage et tué par l'explosion d'une mine.
18. ex aequo GÉRIN Maurice	
18. ex aequo JOLY René, † 1965	Professeur au lycée Pasteur de Neuilly.
18. ex aequo JOURDAN Henri	Agrégé de philosophie, ancien directeur des Instituts français de Berlin, Londres et Cologne.
21. CHARLES Marius, † 1973	Professeur de philosophie au collège de Thiers.
22. DUMONTET Jean, † 1978	Professeur au lycée Gautier d'Alger.
23. PASQUIER Jean, † 1986	Ancien directeur de l'Institut français de Naples, Inspecteur de l'Académie de Paris
24. LUGAND René	Professeur au lycée Saint-Louis.
25. BONNARD Émile, † 1984	Professeur au lycée d'Aix-en-Provence.
26. ROYER Jean, † 1984	Agrégé d'anglais, ancien secrétaire général adjoint du GATT.
27. BALLAND René, † 1971	Professeur de première au lycée Lakanal
28. ex aequo ROBERT André	
28. ex aequo WEILER Maurice, † 1985	Professeur au lycée Buffon.
Hors cadre (Alsacien) MINDER Robert, † 1980	Professeur au Collège de France.

III. Promotion 1922

1. BROSSOLETTE Pierre, † 1944	Agrégé d'histoire, journaliste, arrêté dans la Résistance et torturé (Louis-le-Grand).
2. BOUXIN Henri, † 1979	Sous-directeur du laboratoire de biologie marine du Collège de France (Henri-IV).

3. MEUVRET Jean, † 1971	Directeur d'études à l'École pratique des Hautes Études (Louis-le-Grand).
4. GUIGNARD René	Professeur à la faculté des lettres de Rennes (Poitiers).
5. JANKÉLÉVITCH Vladimir, † 1985	Professeur à la Sorbonne (Louis-le-Grand).
6. DEMARGNE Pierre	Professeur à la Sorbonne (Condorcet).
7. PINTARD René	Professeur à la Sorbonne (Condorcet).
8. BRUGÈRE Raymond, † 1987	Inspecteur général de l'Instruction publique (Bordeaux).
9. FLACELIÈRE Robert, † 1982	Professeur à la Sorbonne, ancien directeur de l'École normale supérieure (Henri-IV).
10. WUILLEMIER Pierre, † 1979	Professeur à la Sorbonne (Condorcet).
11. JONVAL Michel, † 1935	Secrétaire de l'École des langues orientales (Louis-le-Grand).
12. PÉGUY Pierre, † 1941	Professeur au lycée d'Aix-en-Provence (Louis-le-Grand).
13. SCHILTZ Raymond, † 1984	Inspecteur général de l'Instruction publique (Louis-le-Grand).
14. REGULATO Charles, † 1957	Agent de publicité (Louis-le-Grand).
15. CLÉMENT Olivier	(Louis-le-Grand.)
16. GUYON Bernard, † 1975	Professeur à la faculté des lettres d'Aix-en-Provence (Marseille).
17. MOLINO Maurice, † 1929	Professeur au lycée de Grenoble (Marseille).
18. ROUCHE Max	Professeur à l'Université de Bordeaux III (Lyon).
19. RENAUD Marcel, † 1937	Professeur au lycée d'Alger (Lakanal).
20. DEVAMBEZ Pierre, † 1980	Conservateur en chef du Musée du Louvre (Louis-le-Grand).
21. FABRE Jean, † 1975	Professeur à la Sorbonne (Toulouse).
22. LECOQ Georges, † 1967	Directeur de sociétés (Sorbonne).
23. DELMAS André, † 1938	Professeur au lycée de Toulouse (Louis-le-Grand).
24. PHILIBERT Henri, † 1983	Professeur au lycée Jacques Decour (Louis-le-Grand).
25. GRUA Gaston, † 1955	Maître de conférences de philosophie à la faculté des lettres de Rennes (Lyon).
26. SUSINI Eugène, † 1982	Professeur à la Sorbonne (Louis-le-Grand).
27. BEAUDUC Louis, † 1980	Professeur au lycée de Limoges (Bordeaux).
28. DUVET Pierre, † 1967	Professeur au lycée Henri-IV (Lakanal).
29. LATTÈS Samy, † 1987	Inspecteur général de l'Instruction publique (Louis-le-Grand).

Candidats dont les études ont été interrompues par la guerre :

1. MOURALIS Louis	(Aix.)

Hors cadre (Alsaciens) :

HAEUSSER Frédéric, † 1985	Professeur au lycée Fustel-de-Coulanges de Strasbourg.
NEUROHR Frédéric, † 1972	Directeur de l'Institut français de Munich.

IV. Promotion 1923

1. CAVAILLÈS Jean, † 1944	Agrégé de philosophie, chargé d'enseignement à la Sorbonne, compagnon de la Libération, arrêté par la Gestapo et fusillé (Sorbonne).

2. Simon Pierre-Henri, † 1972	De l'Académie française (Louis-le-Grand).
3. Vignaux Paul, † 1987	Directeur d'études à l'École pratique des Hautes Études (Bordeaux).
4. Friedmann Georges, † 1977	Directeur d'études à l'École des Hautes Études en sciences sociales, inspecteur général de l'enseignement technique (Louis-le-Grand).
5. Perpillou Aimé, † 1976	Professeur à la Sorbonne (Poitiers).
6. Luciani Georges, † 1982	Professeur à l'Université de Bordeaux III (Louis-le-Grand).
7. Lecoy Félix	Professeur au Collège de France (Louis-le-Grand).
8. Lassus Jean	Professeur à la Sorbonne (Louis-le-Grand).
9. Bahon Jean, † 1979	Professeur au lycée Louis-le-Grand (Louis-le-Grand).
10. Angles d'Auriac Jean, † 1954	Professeur à la faculté des lettres de Rennes (Louis-le-Grand).
11. Tournaud Robert, † 1938	Inspecteur d'académie (Metz).
12. Germain Gabriel, † 1978	Professeur à la faculté des lettres de Rennes (Lyon).
13. Jullian René	Professeur à la Sorbonne (Louis-le-Grand).
14. Heurgon Jacques	Professeur à la Sorbonne (Condorcet).
15. Honnert Robert, † 1939	Écrivain et journaliste (Condorcet).
16. Girard Jean	Agrégé des lettres (Condorcet).
17. Aucouturier Gustave, † 1986	Journaliste (Sorbonne).
18. Lucot Robert	Professeur à l'Université de Toulouse (Louis-le-Grand).
19. Rouget Patrice, † 1943	Professeur au lycée de Toulouse (Louis-le-Grand).
20. Bruhl Adrien, † 1973	Doyen de la faculté des lettres de Lyon (Louis-le-Grand).
21. Alliot Maurice, † 1960	Professeur à la Sorbonne (Louis-le-Grand).
22. Dennery Étienne, † 1979	Ancien ambassadeur, administrateur général de la Bibliothèque nationale (Louis-le-Grand).
23. Fourniol Michel	Professeur au lycée Henri-IV (Louis-le-Grand).
24. Moulinier Louis, † 1971	Professeur à la faculté des lettres d'Aix-en-Provence (Louis-le-Grand).
25. Guillemin Henri	Universitaire et écrivain (Lyon).
26. Bontoux Paul, † 1979	Professeur au lycée Montaigne (Louis-le-Grand).
27. Dufey du Taya Guy	Professeur au lycée du Parc à Lyon (Louis-le-Grand).
28. Joly René, † 1974	Professeur au lycée Turgot (Lakanal).
Hors cadre (Alsacien)	
Metz Fernand, † 1977	Professeur à la faculté des lettres de Montpellier (Strasbourg).

V. Promotion 1924

1. Herland Louis, † 1962	Professeur de première supérieure au lycée de Toulouse (Louis-le-Grand).
2. Lefranc (Georges), † 1985	Docteur ès lettres, professeur de lycée (Louis-le-Grand).

3. LE BAIL Jean, † 1965	Ancien député, professeur au lycée de Limoges (Louis-le-Grand).
4. BAILLOU Jean	Ministre plénipotentiaire (Lakanal).
5. BROUSSAUDIER Sylvain, † 1980	Proviseur (Louis-le-Grand).
6. LE CŒUR Charles, † 1944	Professeur d'histoire au Collège musulman de Rabat, tué à l'ennemi (Louis-le-Grand).
7. SARTRE Jean-Paul, † 1980	Philosophe et écrivain (Louis-le-Grand).
8. ALEXANDRE Arsène, † 1945	Professeur d'histoire au lycée de Dijon, mort en captivité (Lakanal).
9. BROSSAT Richard, † 1928	(Louis-le-Grand.)
10. ex aequo LAGACHE Daniel, † 1973	Professeur à la Sorbonne (Louis-le-Grand).
10. ex aequo PERRET Jacques	Professeur à la Sorbonne (Henri-IV).
12. ex aequo EHRHARD Jean, † 1975	Professeur aux Universités d'Illinois et de Saigon (Louis-le-Grand).
12. ex aequo PONS Roger, † 1961	Inspecteur général de l'Instruction publique (Henri-IV).
14. ARON Raymond, † 1983	Professeur au Collège de France (Condorcet).
15. ROBERT Louis, † 1985	Professeur au Collège de France (Sorbonne).
16. ex aequo BÉRARD Armand	Ambassadeur de France (Louis-le-Grand).
16. ex aequo CANGUILHEM Georges	Professeur à la Sorbonne (Henri-IV).
18. MONCHOUX André	Professeur à l'Université de Toulouse II (Henri-IV).
19. MAÎTRE Georges	(Sorbonne.)
20. CATTAN Lucien, † 1963	Professeur au lycée Henri-IV (Sorbonne).
21. CASEVITZ Jean, † 1953	Professeur au lycée Janson-de-Sailly (Louis-le-Grand).
22. ex aequo BÉDÉ Jean-Albert, † 1977	Professeur à Columbia University (Louis-le-Grand).
22. ex aequo NIZAN Paul, † 1940	Agrégé de philosophie, publiciste, tué à l'ennemi (Louis-le-Grand).
24. LARROUTIS Maurice, † 1982	Professeur de lettres (Lyon).
25. PÉRON Alfred, † 1945	Professeur au lycée Buffon, mort en déportation (Lyon).
26. ex aequo LE MORVAN, † 1926	(Louis-le-Grand.)
26. ex aequo WEULERSSE Jacques, † 1946	Maître de conférences à la faculté des lettres d'Aix-en-Provence (Condorcet).
Hors cadre (Alsacien) : JUNGBLUT Albert	Professeur au lycée Buffon (Strasbourg).

VI. Promotion 1925

1. MARROU Henri, † 1977	Professeur à la Sorbonne (Marseille).
2. SCHWOB Philippe, † 1988	Agrégé de philosophie, détaché aux États-Unis (Condorcet).
3. BOIVIN Pierre, † 1937	Professeur de philosophie au lycée Charlemagne (Louis-le-Grand).

4. HARNOIS Guy	Agrégé des lettres (Henri-IV).
5. PATRONNIER DE GANDILLAC Maurice	Professeur à la Sorbonne (Louis-le-Grand).
6. BOUISSET Marcel, † 1986	Inspecteur général (Bordeaux).
7. LAMICQ Bernard, † 1978	Proviseur (Louis-le-Grand).
8. MONOD Jacques, † 1944	Professeur de lettres supérieures au lycée Thiers de Marseille, lieutenant FFI, tué à l'ennemi (Montpellier).
9. LACOMBE Olivier	Professeur à la Sorbonne (Condorcet).
10. GANUCHAUD Jacques	Professeur de philosophie (Henri-IV).
11. DURON Pierre, † 1930	Professeur au lycée Lyautey de Casablanca (Poitiers).
12. NIVAT Jean, † 1987	Professeur au CNTE (Louis-le-Grand).
13. DEIXONNE Maurice, † 1987	Ancien député, proviseur (Lakanal).
14. FREDET René	Agrégé des lettres, inspecteur général des finances (Louis-le-Grand).
15. KOHN Albert	Professeur au lycée Louis-le-Grand (Condorcet).
16. SEZNEC Jean, † 1983	Professeur à l'Université d'Oxford (Louis-le-Grand).
17. VILAR Pierre	Professeur à la Sorbonne (Louis-le-Grand).
18. DELBIAUSSE Roger, † 1978	Professeur de lettres supérieures au lycée Janson-de-Sailly (Louis-le-Grand).
19. DELAVENAY Émile	Professeur à l'Université de Nice (Louis-le-Grand).
20. CLER Maurice, † 1987	Agrégé des lettres (Lakanal).
21. ex aequo HENRY François	Professeur au lycée Condorcet (Condorcet).
21. ex aequo RUFFEL Pierre, † 1967	Professeur à la faculté des lettres de Toulouse (Louis-le-Grand).
23. GUILLE Pierre, † 1971	Chef du service des comptes rendus à l'Assemblée nationale (Sorbonne).
24. MAHEU René, † 1975	Directeur général de l'UNESCO (Louis-le-Grand).
25. DUPRONT Alphonse	Professeur à la Sorbonne (Henri-IV).
26. HYPPOLITE Jean, † 1968	Directeur de l'École normale supérieure, professeur au Collège de France (Poitiers).
27. JOXE Roger, † 1978	Professeur de lettres supérieures au lycée Lakanal (Sorbonne).
28. BRUHAT Jean, † 1983	Agrégé d'histoire, maître-assistant à l'Université de Paris VIII (Lyon).

VII. Promotion 1926

1. HUTTER Paul, † ?*	Agrégé d'histoire (Condorcet).
2. LEJEUNE Michel	Directeur d'études à l'École pratique des Hautes Études (Louis-le-Grand).
3. LECARME Henri	(Lyon.)
4. CHAMBON Pierre	Professeur de première supérieure au lycée Condorcet (Louis-le-Grand).
5. LECA Dominique, † 1983	Inspecteur des finances, président du groupe des compagnies d'assurances l'Union (Condorcet).

* Cf. *infra*, p. 556.

6. BÉNICHOU Paul — Professeur de littérature française à l'Université d'Harvard (Louis-le-Grand).
7. BOORSCH Jean — Professeur de français à Yale University (Condorcet).
8. PIÉRI Joseph, † 1969 — Inspecteur général de l'Instruction publique (Henri-IV).
9. GAUDIN Augustin, † 1987 — Proviseur du Lycée français de Londres (Louis-le-Grand.)
10. LAURENT Raymond — Professeur de lettres supérieures au lycée Condorcet (Louis-le-Grand).
11. ex aequo
BERTAUX Pierre, † 1986 — Professeur à la Sorbonne (Louis-le-Grand).
11. ex aequo
BORNE Étienne — Inspecteur général de l'Instruction publique (Henri-IV).
13. GALLOIS Daniel, † 1977 — Professeur de première supérieure au lycée Condorcet (Condorcet).
14. MOLINO Frantz, † 1938 — Professeur au lycée de Montpellier (Lyon).
15. CLÉMENT Jean-Stanislas, † 1971 — Professeur au CNTE (Louis-le-Grand).
16. MOREL Charles, † 1952 — Professeur de première supérieure au lycée Camille Sée (Louis-le-Grand).
17. LAUTMAN Albert, † 1944 — Professeur de philosophie, docteur ès lettres, arrêté et fusillé pour ses activités de Résistance (Condorcet).
18. VATTIER André, † 1940 — Professeur au lycée Buffon, tué à l'ennemi (Louis-le-Grand).
19. LE GENTIL Pierre — Professeur à la Sorbonne (Henri-IV).
20. BLANCHE Lenis — Professeur au lycée Carnot de Cannes (Louis-le-Grand).
21. ÉCOCHARD Charles, † 1960 — Professeur de sixième au lycée Janson-de-Sailly (Louis-le-Grand).
22. ex aequo
RAYNAUD DE LAGE Guy — Professeur à l'Université de Clermont-Ferrand (Poitiers).
22. ex aequo
MERLEAU-PONTY Maurice, † 1961 — Professeur au Collège de France (Louis-le-Grand).
24. DRESCH Jean — Professeur à l'Université de Paris VII (Toulouse).
25. MAUGÜÉ Jean — Professeur au lycée Carnot (Condorcet).
26. LAOUST Henri, † 1983 — Professeur au Collège de France (Louis-le-Grand).
27. KAAN André, † 1971 — Professeur au lycée Condorcet (Louis-le-Grand).
28. MARTIN Joseph, † 1963 — Professeur au lycée Voltaire (Lyon).

VIII. Promotion 1927

1. LAUNEY Marcel, † 1951 — Professeur à la faculté des lettres de Nantes (Louis-le-Grand).
2. SIMON Marcel, † 1986 — Professeur à l'Université de Strasbourg II (Louis-le-Grand).
3. GENAILLE Robert — Inspecteur général de l'Instruction publique (Louis-le-Grand).
4. GUINDEY Guillaume — Inspecteur général des finances (Henri-IV).
5. LE TOURNEAU Roger, † 1971 — Professeur à la faculté des lettres d'Aix-en-Provence (Louis-le-Grand).

6. NICOLLET Ulysse	Professeur au lycée Henri-IV (Lyon).
7. RICHARDOT Marcel, † 1931	Professeur au lycée de Mulhouse (Lyon).
8. PARREAUX André, † 1979	Professeur à l'Université de Paris VII (Henri-IV).
9. RAMNOUX Clémence	Professeur à l'Université de Paris X (Condorcet).
10. BADY René, † 1986	Professeur à l'Université de Lyon II (Louis-le-Grand).
11. LAFON Max, † 1983	Professeur à l'Université de Bordeaux (Bordeaux).
12. PÉTREMENT Simone	Agrégée de philosophie, docteur ès lettres, conservateur à la Bibliothèque nationale (Henri-IV).
13. MINARD Armand	Professeur à la Sorbonne (Louis-le-Grand).
14. WEYMULLER François	Inspecteur général de l'Instruction publique (Louis-le-Grand).
15. ROUBAUD Lucien	(Marseille.)
16. BOYER Henri, † 1928	(Louis-le-Grand.)
17. ex aequo LEMIELS Louis, † 1930	(Henri-IV.)
17. ex aequo MOLINO Suzanne (Mme ROUBAUD)	(Lyon.)
19. LAPALUS Étienne	Ancien recteur, professeur à l'Université de Clermont-Ferrand (Lyon).
20. BOURGEOIS Yves	(Louis-le-Grand.)
21. PAYE Lucien, † 1972	Premier président de la Cour des Comptes ancien ministre (Louis-le-Grand).
22. HOURCADE Pierre, † 1983	Conseiller culturel (Henri-IV).
23. RIBAILLIER Jean, † 1974	Prêtre de l'Oratoire (Louis-le-Grand).
24. DESHUSSES Georges	(Lyon.)
25. ROBERT Fernand	Professeur à la Sorbonne (Henri-IV).
26. AUDIBERT Raoul, † 1982	Inspecteur général de l'Instruction publique (Louis-le-Grand).
27. MARGUIN Louis, † 1986	Professeur au CES de Perrache (Lyon).
28. MISSONNIER Fernand, † 1966	Proviseur du lycée français de Bruxelles (Louis-le-Grand).
29. CHÂTEAU René, † 1970	Professeur de philosophie (Henri-IV).
30. FUZELLIER Étienne	Professeur au lycée Saint-Louis (Marseille).
31. CAHEN Jacques, † 1944	Professeur au lycée Buffon, arrêté par la Gestapo et fusillé (Louis-le-Grand).

IX. Promotion 1928

1. CAYREL Pierre	(Bordeaux.)
2. WEILL Jean	Professeur de première supérieure au lycée de Dijon (Henri-IV).
3. GUILLON Pierre, † 1974	Recteur d'académie (Henri-IV).
4. CHAUDRON Louis	(Lyon.)
5. MAYSOUNAVE Marcel, † 1984	Inspecteur général de l'Instruction publique (Louis-le-Grand).
6. WEIL Simone, † 1943	Philosophe et écrivain (Henri-IV).
7. BEAUFRET Jean, † 1982	Professeur de première supérieure au lycée Condorcet (Louis-le-Grand).
8. JOURNET René	Maître-assistant à la Sorbonne (Lyon).
9. TALAGRAND Jacques, dit Thierry MAULNIER, † 1988	Écrivain (Louis-le-Grand).
10. GRELIER Jacques, † 1986	Proviseur (Louis-le-Grand).

11. BERVEILLER Michel, † 1974	Professeur à l'Université de Picardie (Lyon).
12. BOYON Marc, † 1983	Professeur au lycée Buffon (Lyon).
13. BARDÈCHE Maurice	Écrivain (Louis-le-Grand).
14. MARCOUX Camille	Professeur de première supérieure au lycée Henri-IV (Poitiers).
15. RICHARD André	Agrégé d'histoire (Henri-IV).
16. LE LANNOU Maurice	Professeur au Collège de France (Louis-le-Grand).
17. CAHEN Claude	Professeur à la Sorbonne (Henri-IV).
18. ROBERT Guy, † 1984	Professeur honoraire de lettres (Lyon.)
19. HUGUENY Max	Inspecteur général de l'Instruction publique (Lakanal).
20. PELORSON Georges	(Louis-le-Grand.)
21. JAUME Paul, † 1954	Professeur de première supérieure au lycée Janson-de-Sailly (Marseille).
22. ROLLAND Jean	Professeur d'histoire (Louis-le-Grand).
23. BERNARD Jean, † 1933	(Henri-IV.)
24. ex aequo FAIVRE Jean, † 1984	Professeur au lycée Jacques Decour (Montpellier).
24. ex aequo NAVRATIL Michel	Professeur à l'Université de Montpellier III (Louis-le-Grand).
26. BRASILLACH Robert, † 1945	Écrivain (Louis-le-Grand).
27. JAMET Claude	Professeur et publiciste (Henri-IV).
28. TEXIER Roger	Professeur de première supérieure au lycée Janson-de-Sailly (Louis-le-Grand).
29. ZINK Georges	Professeur à la Sorbonne (Strasbourg).

X. Promotion 1929

1. SOUSTELLE Jacques	de l'Académie française, député, ancien ministre, directeur d'études à l'École pratique des Hautes Études (Lyon).
2. BÉRARD Jean, † 1957	Maître de conférences à la Sorbonne (Louis-le-Grand).
3. DEBIDOUR Victor-Henry, † 1988	Professeur de première supérieure au lycée du Parc à Lyon (Marseille).
4. DUMAINE Roger	Inspecteur général de l'Instruction publique (Henri-IV).
5. ex aequo ESCOUBE Pierre	Conseiller-maître à la Cour des Comptes (Henri-IV).
5. ex aequo HOUILLON Pierre, † 1971	Doyen de l'Inspection générale des lettres (Louis-le-Grand).
7. AYMARD Jacques, † 1964	Professeur à l'Université de Montpellier (Louis-le-Grand).
8. PETITBON Pierre, † 1940	Secrétaire de l'École normale, disparu à Dunkerque (Louis-le-Grand).
9. PILLARD Jean	Professeur de première supérieure au lycée du Parc à Lyon (Lyon).
10. ÉTIEMBLE René	Professeur à la Sorbonne (Louis-le-Grand).
11. CHAUVET Lucien, † 1975	Maître-assistant à la Sorbonne (Henri-IV).
12. URI Pierre	Agrégé de philosophie, professeur associé à l'Université de Paris-Dauphine (Henri-IV).

13. QUEFFÉLEC Henri	Écrivain (Louis-le-Grand).
14. THIÉRY Pierre, † 1985	Professeur au lycée Ampère à Lyon (Lyon).
15. LUC Jean, † 1967	Directeur des programmes de RTL (Henri-IV).
16. ÉVRARD Henri, † 1985	Inspecteur général de l'Instruction publique (Louis-le-Grand).
17. SAINTE FARE GARNOT Jean, † 1963	Maître de conférences à la Sorbonne (Louis-le-Grand).
18. EUDE Michel	Maître-assistant à l'Université de Rouen (Louis-le-Grand).
19. AMAR André	Directeur de la Société franco-américaine de Banque (Henri-IV).
20. TALADOIRE Barthélemy, † 1976	Professeur à l'Université de Provence (Louis-le-Grand).
21. COUPRY Jacques	Professeur à l'Université de Bordeaux III (Louis-le-Grand).
22. ARENTS Pierre, † 1984	Inspecteur général de l'Éducation populaire (Louis-le-Grand).
23. FEYEL Michel, † 1945	Maître de conférences à l'Université de Strasbourg, mort en déportation (Louis-le-Grand).
24. BERNARD Roger	Professeur à l'Institut national des langues et civilisations orientales (Louis-le-Grand).
25. GAÏT Maurice, † 1983	Journaliste (Marseille).
26. TELLENNE Guy	Inspecteur général au ministère des Affaires culturelles (Louis-le-Grand).
27. DUFRENNE Mikel	Professeur à l'Université de Paris X (Henri-IV).
28. ex aequo ISELER Paul	Professeur au lycée Ampère à Lyon (Lyon).
28. ex aequo RENOUARD Yves, † 1965	Professeur à la Sorbonne (Condorcet).

XI. Promotion 1930

1. BONIFACIO Antoine	Professeur au lycée Charlemagne (Lyon).
2. PIZARD Henri, † 1944	Professeur au lycée Thiers à Marseille, tué dans un bombardement (Lyon).
3. JANNORAY Jean, † 1958	Maître de conférences à la Sorbonne (Lyon).
4. LERAT Lucien	Professeur à l'Université de Besançon (Sorbonne).
5. ROGER Jacques, † 1984	Chargé d'enseignement à l'Université de Bordeaux III (Henri-IV).
6. POIRIER Louis, dit Julien GRACQ	Homme de lettres (Henri-IV).
7. BROUILLET René	Ambassadeur de France, ancien membre du Conseil Constitutionnel (Louis-le-Grand).
8. GILLET Paulette	(Louis-le-Grand.)
9. DÉFOURNEAUX Marcelin, † 1975	Professeur à l'Université de Toulouse (Lyon).
10. BERTRAND Pierre, † 1975	Agrégé d'allemand, ancien correspondant du *Figaro* à Londres (Henri-IV).
11. GIOAN Pierre, † 1977	Inspecteur général de l'Instruction publique (Henri-IV).
12. LASBISTES Émile, † 1936	Pensionnaire de la Casa Velásquez (Louis-le-Grand).
13. GUEY Julien	Directeur d'études à l'École des Hautes Études en sciences sociales (Lakanal).

14. HAURY Auguste — Professeur à l'Université de Bordeaux III (Louis-le-Grand).
15. CELLIER Gaston, † 1932 — (Louis-le-Grand.)
16. REMORDS Georges, † 1976 — Professeur à l'Université de Strasbourg (Louis-le-Grand).
17. ARNAUD Jean — Conseiller culturel (Lyon).
18. MAILLARD René, † 1955 — Agrégé d'histoire, directeur adjoint des éditions classiques de la Librairie Hachette (Louis-le-Grand).
19. SANTONI Marc — Inspecteur général de l'Instruction publique (Strasbourg).
20. HALPERN Éléazar — (Henri-IV.)
21. BEAU Jean-Paul — Professeur au lycée de Marseille-Veyre (Lyon).
22. COUTTE Anne-Marie (Mme BON) — Professeur honoraire au CNTE (Louis-le-Grand).
23. ex aequo
MOUGIN Henry, † 1946 — Professeur de philosophie au collège Chaptal (Louis-le-Grand).
23. ex aequo
LÉAUD Francis — (Henri-IV.)
25. COURCELLE Pierre, † 1980 — Professeur au Collège de France (Louis-le-Grand).
26. VAN EFFENTERRE Henri — Professeur à la Sorbonne (Condorcet).
27. VACHERET Bernard — Inspecteur général de l'Instruction publique (Lyon).
28. ARNOLLET Paul, † 1980 — Professeur au lycée Janson-de-Sailly (Lyon).
29. JOUANNY Robert, † 1979 — Professeur au lycée Condorcet (Strasbourg).
30. CHARON Gaston, dit Jean NOCHER, † 1967 — Journaliste (Henri-IV).
31. ex aequo
ROMIEU Jacques, † 1940 — Secrétaire d'ambassade, tué à l'ennemi (Louis-le-Grand).
31. ex aequo
GESTRAUD André, † 1974 — Professeur de première supérieure au lycée de Rennes.

XII. Promotion 1931

1. BOUSQUET Jean — Professeur à la Sorbonne, directeur de l'École normale supérieure (Bordeaux).
2. PASSERON Henri, † 1973 — Professeur de première supérieure au lycée de Nice (Louis-le-Grand).
3. POUGET Pierre — Inspecteur général de l'Instruction publique (Louis-le-Grand).
4. ROBERT Daniel — Docteur ès lettres, directeur d'études à l'École pratique des Hautes Études (Bordeaux).
5. LABORDE Paul, † 1962 — Maître de conférences à l'Université de Montpellier (Marseille).
6. POLIN Raymond — Professeur à la Sorbonne (Louis-le-Grand).
7. VERCUEIL Paul — Professeur au lycée Charlemagne (Louis-le-Grand).
8. ex aequo
CUÉNOT Claude — Agrégé de grammaire, docteur ès lettres (Nancy).

8. ex aequo POMPIDOU Georges, † 1974	Président de la République française (Louis-le-Grand).
10. OSMONT Robert	Chargé d'enseignement à l'Université de Poitiers (Toulouse).
11. TRICHET Jean, † 1960	Agrégé des lettres (Louis-le-Grand).
12. DUCHEMIN (Mlle) Jacqueline	Professeur à l'Université de Paris X (Henri-IV).
13. MORISSET Henri, † 1987	Inspecteur général de l'Instruction publique (Lakanal).
14. BOUVET Alphonse	Professeur de première supérieure au lycée de Caen (Henri-IV).
15. GRAVIER Maurice	Professeur à la Sorbonne (Henri-IV).
16. MALRIEU Philippe	Professeur à l'Université de Toulouse (Louis-le-Grand).
17. LABROUSSE Michel	Professeur à l'Université de Toulouse II (Henri-IV).
18. ex aequo BOUVIER Robert	Professeur au lycée Jean-Baptiste-Say (Louis-le-Grand).
18. ex aequo LE ROY Jean, † 1964	Ministre délégué à Berlin (Sorbonne).
20. BAUDRY Jean, † 1986	Professeur de première supérieure au lycée de Strasbourg (Henri-IV).
21. KLAERR Robert	Professeur au lycée de Bois-Colombes (Louis-le-Grand).
22. ex aequo BRABANT Georges	Professeur au CNTE (Lille).
22. ex aequo CUÉNAT Pierre	Professeur au lycée Ampère à Lyon (Lyon).
24. GENDROT Fernand	Professeur au lycée Ampère à Lyon (Condorcet).
25. BILLÈRES René	Agrégé des lettres, ancien sénateur des Hautes-Pyrénées, ancien ministre de l'Éducation nationale (Lakanal).
26. GIRARD Louis	Professeur à la Sorbonne (Louis-le-Grand).
27. VALDEYRON Jean	Expert consultant, Agence de coopération culturelle et technique (Louis-le-Grand).
28. MOISY Pierre, † 1975	Ancien recteur (Poitiers).
29. MAIGNAN Annette	Professeur de première supérieure au lycée Jules-Ferry (Henri-IV).
30. KHIEM (Pham Duy), † 1974	Agrégé de grammaire (Louis-le-Grand).
31. PORCHEROT Roger	(Louis-le-Grand.)

Annexe II : Le concours d'entrée à l'École

Après la réorganisation de l'École normale supérieure en 1903, le concours littéraire fut désormais constitué, à l'écrit, d'un tronc commun et d'épreuves à option, ainsi que l'indique le tableau ci-dessous :

Épreuves communes	*Durée*	*Coefficient*
Une composition française	6 h	3
Un thème latin	4 h	2
Une version latine	4 h	2
Une composition de philosophie sur un sujet tiré du programme de la classe de philosophie	6 h	3

Une composition d'histoire sur un sujet d'histoire moderne tiré des programmes des classes de première et de philosophie	6 h	3

Épreuves spéciales au choix des candidats

a) Une version grecque	4 h	3
b) Une composition de langue	6 h	3
c) Une composition scientifique (mathématiques et physique) d'après le programme de la classe de philosophie	6 h	3

Ces épreuves écrites déterminent l'admissibilité[3]. L'admission est proclamée au terme d'épreuves orales qui ont lieu à Paris.

Les épreuves orales comportent, elles aussi, un tronc commun et des options :

Épreuves communes à tous les candidats	*Coefficient*
Une explication de texte français	2
Une explication d'un texte latin	2
Une interrogation sur la philosophie, d'après le programme de philosophie	2
Une interrogation sur l'histoire moderne, d'après les programmes des classes de première et philosophie	1
Une explication d'un texte de langue vivante étrangère[4]	2
(Les candidats de la section B font cette explication dans une langue différente de celle pour laquelle ils ont opté.)	

Épreuves spéciales

a) Explication d'un texte grec	2
Interrogation sur l'histoire de la Grèce et de Rome	1
b) Explication d'un texte dans une langue étrangère choisie par le candidat pour la composition écrite	2
Interrogation sur l'histoire de la Grèce et de Rome	1
c) Interrogation sur les sciences naturelles d'après le programme de la classe de philosophie	2
Interrogation sur la physique d'après le même programme	1

Annexe III : les dynasties normaliennes

La lecture des *Annuaires* de l'Association amicale de secours des anciens élèves de l'École normale supérieure laisse apparaître, au fil des pages, de véritables dynasties de normaliens.

3. Dans les années 1920, l'écrit du concours se tient au mois de juin, pendant une semaine, dans la deuxième décade jusqu'en 1927, dans la première décade après cette date. La liste d'admissibilité est affichée à la mi-juillet à l'École normale supérieure, et les épreuves orales commencent généralement quatre jours plus tard. Pour les Parisiens, les épreuves écrites eurent lieu, le plus souvent, au cours de cette décennie, dans la salle des fêtes du lycée Louis-le-Grand. Les rites qui accompagnent épreuves écrites et orales ainsi que l'affichage de la liste d'admission, rue d'Ulm, sont devenus un thème de la littérature, de Romain Rolland à Paul Guth, en passant par Roger Martin du Gard.

4. L'éventail des langues en option s'est progressivement élargi : le décret du 1er août 1922, publié au *Journal Officiel* du 5 août, p. 8148, instaure l'explication d'un texte d'allemand, d'anglais, d'italien, d'espagnol, de russe ou d'arabe (cité dans la *Revue Universitaire*, 1922, 2, p. 221). On trouve également le texte de ce décret dans le *BAMIP* n° 2497, 1er oct. 1922, p. 371.

La promotion littéraire de 1929 offre une illustration de ce type de familles dont le destin se confond en partie, apparemment, avec l'École de la rue d'Ulm. Sur les vingt-neuf lauréats, trois sont des fils d'anciens élèves : Jean Bérard, Victor-Henry Debidour et Michel Feyel. Ce dernier est le fils de Pierre Feyel, de la promotion 1892, directeur de l'Institut français de Varsovie. Un normalien fils de normalien, le cas est relativement fréquent. L'exemple de Jean Bérard est déjà plus intéressant, dans la perspective qui est ici la nôtre ; il est, en effet, le second fils de Victor Bérard à entrer rue d'Ulm en cinq ans, après Armand Bérard en 1924. Victor-Henry Debidour est, lui aussi, le deuxième enfant de Louis Debidour (ENS 1895) à être admis à l'École normale supérieure en huit ans. Mais son ascendance normalienne ne s'arrête pas là : l'arbre généalogique de la famille Debidour fait apparaître — en nous en tenant aux limites de cette étude, c'est-à-dire sans dépasser 1930 — cinq normaliens en trois générations, sans compter les archicubes par alliance[5].

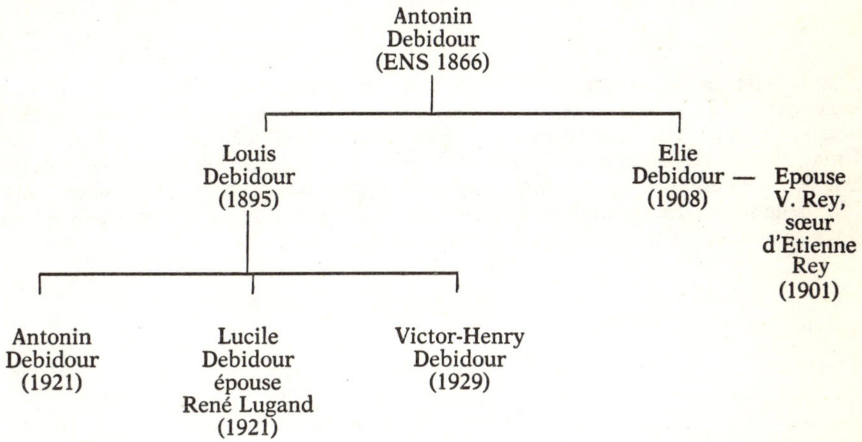

Le grand-père des deux Debidour admis à la rue d'Ulm dans les années 1920, Antonin Debidour (1847-1917), a fini sa carrière professeur à la Sorbonne[6]. Agrégé d'histoire, professeur de lycée de 1871 à 1879 (à Saint-Omer, Mont-de-Marsan et Angers), docteur ès lettres en 1877 avec une thèse sur la Fronde angevine, il est nommé, en 1879, professeur à la faculté des lettres de Nancy, puis, en 1906, professeur d'histoire du christianisme dans les Temps modernes à la Sorbonne. Son fils aîné, Louis Debidour, normalien et agrégé d'histoire lui aussi, professeur au lycée de Rouen, tombe au combat en 1915. Ce sont ses deux fils qui entreront à l'École normale supérieure dans les années 1920, tandis que sa fille épousera un camarade de promotion de son fils aîné, René Lugand. Leur oncle, le normalien Elie Debidour, enseignait à l'École pratique des Hautes Études et avait épousé la sœur du normalien et écrivain Étienne Rey (1878-1965). Antonin Debidour, reçu deuxième au concours de la rue d'Ulm en 1921, et Victor-Henry Debidour, reçu troisième en 1929, finiront l'un et l'autre leur carrière professeurs de khâgne, à Condorcet et à Lyon.

Deux familles, au moins, ont des ramifications normaliennes encore plus impressionnantes. Ainsi, la famille de Philippe Van Tieghem (ENS 1858) : le fils est reçu à l'École

5. Cf. *BSAENS*, n° 23, février 1930, p. 29.
6. Tout comme leur autre grand-père, Victor Henry. Mais ce dernier n'était pas normalien.

normale supérieure en 1891, tandis que ses quatre sœurs épousent toutes des normaliens[7] :

Louis Seignette (ENS 1826)

A. Seignette

Philippe VAN TIEGHEM (ENS 1858)

F. Van T. épouse G. Bonnier (1873)

L. Van T. épouse J. Costantin (1877)

René Costantin (1910)

J. Van T. épouse M. Leclerc du Sablon (1879)

M. Van T. épouse E. Husson (1893)

Paul Van T. (1891) épouse M. L. Seignette

S. Van T. épouse R. Bray (1919)

La famille de Paul Janet (ENS 1841) reste cependant, de ce point de vue, la plus étonnante. Le *Bulletin de la Société des amis de l'École normale supérieure* de janvier 1928 notait, d'ailleurs, que la belle-fille de Paul Janet, née Marie Marcou, était « fille, sœur, femme, belle-fille, mère, belle-sœur, tante, belle-mère de normaliens », et que la belle-fille de cette dernière, Hélène Janet, née Morillot, était, pour sa part, « fille, sœur, belle-fille, belle-sœur, nièce et cousine de normaliens ». Les tableaux qui suivent[8] permettent d'y voir plus clair dans cette jungle généalogique :

Tableau I

Cotelle (ENS 1813)

René Janet Libraire à Paris épouse une Cotelle

Paul Janet (1841) (Institut)

Cécile Janet épouse Georges Lacour-Gayet (1876) (Institut)

Jacques Lacour-Gayet (1902) (Institut)

Paul Janet (1883) épouse Marie Marcou (fille de Léopold Marcou) (1846)

André Janet épouse Hélène Morillot fille de Paul Morillot (1876)

Maurice Janet (1907)

Marthe Janet épouse Margaillan (1907)

Jules Janet

Pierre Janet (1879) (Institut)

7. Cf. *BSAENS*, n° 24, juin 1930, p. 29.

8. *BSAENS*, n° 17, janvier 1928, p. 24-25, et n° 19, juillet 1928, p. 9. A propos de la publication de ces généalogies dans le *Bulletin* en 1928 et 1930, le jeune normalien Paul Nizan (ENS 1924) écrira en 1931 : « Le *Bulletin de l'École normale* publie d'orgueilleuses et risibles généalogies » (P. Nizan, *Aden Arabie*, Rieder, 1931, rééd. 1960, Maspero, p. 67).

TABLEAU II

Marcou,
professeur de 5^e^
à Louis-le-Grand

Léopold Marcou (1846)

Georges Marcou
(1876)

Marie Marcou
épouse
Paul Janet
(1883)

TABLEAU III

Morillot,
proviseur
du lycée de Vesoul

Paul Morillot
(1876)

Georges Morillot
(1909)

Hélène
Morillot
épouse
André Janet

N.B. : Le nom des normaliens est souligné, et le chiffre qui suit est celui de la promotion ENS ; quatre de ces normaliens devinrent membres de l'Académie des sciences morales et politiques.

Même si elles sont loin de prendre ces proportions, les traditions familiales peuvent parfois jouer un rôle dans le choix de certains lycéens de s'inscrire en khâgne et de se présenter au concours de l'École normale supérieure. Parmi les admis de 1929, trois, nous l'avons vu, Feyel, Bérard et Debidour, étaient fils de normaliens. Au cours de la décennie, les autres promotions littéraires sont loin d'atteindre ce pourcentage. On peut cependant y dénombrer quelques fils d'anciens élèves : Jean Maurain et Antonin Debidour en 1921, Pierre Péguy en 1922, Jean Ehrhard, Armand Bérard et Jacques Weulersse en 1924, Jean Dresch en 1926, Jacques Talagrand, le futur Thierry Maulnier, en 1928[9].

9. A la génération précédente également, des fils de normaliens reprennent le flambeau : ainsi, en 1904, le jeune Marc Bloch, fils de l'historien Gustave Bloch (1848-1923), de la promotion 1868. Ou encore, dix ans plus tôt, en 1894, Julien Luchaire, dont le père, Achille Luchaire, et le grand-père maternel, Jules Zeller, étaient l'un et l'autre normaliens et historiens (cf. sa *Confession d'un français moyen*, Marseille, éd. Sagittaire, 1943, pp. 11, 14 et 44).

Annexe IV : La Revue marxiste. *Georges Friedmann et Brice Parain*

Il est nécessaire de tenter de justifier ici l'absence, dans le chapitre XII, de deux normaliens et d'une revue : pourquoi, en effet, ne pas y avoir évoqué Georges Friedmann (1902-1977) et Brice Parain (1897-1971), qui s'engagèrent pourtant à cette époque aux côtés du Parti communiste, et *La Revue marxiste,* une revue qui se situait aux marches de ce parti et à laquelle participèrent deux élèves de la rue d'Ulm ?

Notre étude sur Paul Nizan, qui fut l'un des collaborateurs de cette revue, avec, notamment, Georges Friedmann, s'est en effet cantonnée essentiellement à deux points. D'une part, il était nécessaire de revenir sur le problème de la date de son adhésion au Parti communiste, capitale pour le dénombrement précis des communistes à l'École en cette deuxième partie de décennie. D'autre part, selon un principe plusieurs fois énoncé, quand un normalien des années 1920 — Nizan, en l'occurrence — a déjà été l'objet d'études approfondies, nous ne revenons que sur des points mal élucidés ou nous n'évoquons que des aspects inédits : c'était le cas ici des années d'hypokhâgne et de khâgne de l'auteur d'*Aden Arabie,* apparemment peu étudiées, et du passage au Faisceau. Nous n'avons pas étudié, en revanche, le voyage à Aden ou l'aventure de *La Revue marxiste.* L'histoire de cette revue dépasse, en effet, largement le cadre de la rue d'Ulm et seuls parmi ses rédacteurs Paul Nizan et Georges Friedmann étaient normaliens. Mais le second n'était plus à l'École depuis deux ans au moment où le premier numéro est lancé. Quant à Paul Nizan, il est alors, on l'a vu, marié, père de famille, agrégatif et externe ; et donc de moins en moins élève de la rue d'Ulm.

Du reste, l'histoire de *La Revue marxiste* a déjà été maintes fois ébauchée. Nicole Racine, notamment, l'évoque dans sa thèse, après avoir étudié le groupe *Philosophies.* Jacqueline Leiner, quoique surtout intéressée par le « destin littéraire » de Paul Nizan, apporte également des éléments précieux [10]. Les biographes de Paul Nizan, Pascal Ory et Annie Cohen-Solal, en ont fait aussi un récit détaillé [11]. Nous ne reviendrons donc pas ici sur cette revue. Soulignons seulement que, faute de sources aisément recoupables, les souvenirs d'Henri Lefebvre restent au centre de toutes ces analyses. Or ils sont le plus souvent chronologiquement flous, sans compter qu'ils constituent déjà la deuxième version donnée par leur auteur [12].

De même, nous n'évoquerons pas le « groupe des Philosophes », réuni autour des revues *Philosophies* (1924-1925) et *L'Esprit* (1926-1927), groupe sur lequel les recherches en cours de Michel Trebitsch sur Henri Lefebvre apporteront beaucoup. Là encore, une interprétation trop littérale de *La Somme et le reste* risque de fausser la chronologie de l'itinéraire de Paul Nizan. Henri Lefebvre note, en effet, que « vers 1925, se constitua le groupe des jeunes philosophes » et souligne à la page suivante : « Paul Nizan... devint l'esprit le plus politique du groupe ; il ne s'y engagea jamais complètement. » Il s'y engagea en fait d'autant moins qu'il n'en fit, semble-t-il, jamais réellement partie ! Certes, Nicole Racine, se fondant sur Henri Lefebvre, fait de Paul Nizan un « membre » de *Philosophies* [13] et Jacques Fauvet et Alain Duhamel, dans leur *Histoire du Parti communiste français,* lui emboîtent le pas sur ce point, tout comme Jacqueline Leiner [14]

---

10. Cf. Nicole Racine, *Les Écrivains communistes en France 1920-1936, réf. cit.*, pp. 207-234 (Cf. également Nicole Racine et Louis Bodin, *Le Parti communiste français pendant l'entre-deux-guerres,* A. Colin et Fondation nationale des sciences politiques, 1972, pp. 101-102 et 201-204). Jacqueline Leiner, *Le Destin littéraire de Paul Nizan et ses étapes successives. Contribution à l'étude du mouvement littéraire en France de 1920 à 1940,* Paris, Klincksieck, 1970, pp. 40-50.

11. Pascal Ory, *op. cit.*, pp. 86-95 et Annie Cohen-Solal, *op. cit.*, pp. 75-85.

12. Cf. Henri Lefebvre, *La Somme et le reste,* 2 t., La Nef de Paris Éditions, 1959. Henri Lefebvre évoque, dans le tome 2, le « groupe des jeunes philosophes » pp. 389-414, et *La Revue marxiste* pp. 429-435. Il y « désavoue » (p. 430) son premier récit fait treize ans plus tôt dans *L'Existentialisme* (Le Sagittaire, 1946, pp. 17-58).

13. Nicole Racine, *thèse, réf. cit.*, pp. 207, 209, 277 et 437. Nicole Racine précise, il est vrai, p. 227, qu'il « suivit d'assez loin les expériences de *Philosophies* et de *L'Esprit* ».

14. Jacques Fauvet et Alain Duhamel, *Histoire du Parti communiste français,* tome 1, Fayard, 1964, p. 102 (le point est repris dans la nouvelle édition de 1977, p. 117) ; Jacqueline Leiner, *op. cit.*, p. 46.

Il reste que plusieurs éléments conduisent à conclure, au contraire, que Paul Nizan ne s'agrégea au groupe qu'à partir de 1928, vraisemblablement par l'intermédiaire de Georges Friedmann, à une époque où *Philosophies* et *L'Esprit* n'existent plus [15]. Certes, il semble bien que dès avant Aden, par George Friedmann, Paul Nizan connaissait le groupe, mais il n'en était pas membre.

A cela, entre autres, trois indices. Tout d'abord, Simone de Beauvoir dans les *Mémoires d'une jeune fille rangée* évoque *Philosophies* mais ne cite pas parmi les rédacteurs de la revue Paul Nizan. Elle fréquentera pourtant ce dernier au printemps 1929, pendant la préparation de l'oral de philosophie. Elle n'aurait donc pas manqué de mentionner sa présence aux côtés de Morhange, Friedmann, Lefebvre et Politzer. Certes, elle use, pour l'un des membres, d'un pseudonyme, Pierre Nodier, qui désigne un étudiant dont elle avait fait la connaissance à la Sorbonne. Mais, même si elle a, on l'a vu, utilisé à maintes reprises un tel procédé, on voit mal pourquoi il en aurait été ainsi avec Paul Nizan, évoqué sous son véritable nom dans l'ouvrage. Bien plus, Georges Friedmann, faisant allusion dans *La Puissance et la Sagesse*, à la revue *L'Esprit*, que le même groupe anima après *Philosophies*, ne mentionne pas Paul Nizan [16]. Or, si *L'Esprit* n'eut que deux numéros et si le second fut publié en janvier 1927, à une date où Paul Nizan est depuis plus d'un trimestre à Aden, le premier, en revanche, date de mai 1926, c'est-à-dire bien avant le départ du jeune normalien.

Cette absence de mention par Georges Friedmann est fondamentale. Il est en effet l'un des rares normaliens à avoir participé à *L'Esprit* et une rencontre, au sein de la revue, avec un de ses camarades de la rue d'Ulm lui aurait forcément laissé quelque souvenir. Et cet élément est en fait recoupable avec le témoignage d'un autre normalien lié lui, un an plus tôt, à *Philosophies*, Henri Jourdan [17], qui ne cite pas non plus Paul Nizan parmi les collaborateurs de *Philosophies*.

Signalons enfin que ce serait commettre une grave erreur de perspective que de faire de ces jeunes gens, à la lumière de leur évolution ultérieure, des marxistes, et de leur revue une revue politique. En fait, pour s'en tenir aux trois premiers numéros, leurs sommaires accueillirent des signatures aussi diverses que celles de Marcel Proust, Max Jacob, Jean Cocteau, Pierre Drieu La Rochelle, Jules Supervielle, Philippe Soupault, Pierre Morhange, Albert Cohen, Joseph Delteil ou Henri Lefebvre. Les animateurs de *Philosophies* se présentaient d'ailleurs comme un « mouvement littéraire » et évoquaient, dans leur publicité, leur « tendance épique, mystique, métaphysique » et leurs « préoccupations poétiques d'une part, philosophiques d'autre part » : pour les unes « pas de traditions; de l'émotion : tout est beau », pour les autres, être avant tout « l'organe de la Jeune École Philosophique »; en d'autres termes, réunir « poètes, essayistes, métaphysiciens » [18].

C'est une des raisons qui font, du reste, que Georges Friedmann n'avait pas réellement sa place dans un chapitre sur les normaliens communistes. Son ralliement à la SFIC est

---

15. Annie Cohen-Solal (*op. cit.*, p. 75) et Pascal Ory (*op. cit.*, pp. 87 et 90) parviennent, du reste, aux mêmes conclusions. A *Philosophies* avait succédé en 1926 *L'Esprit*, qui ne connut que deux « cahiers », en mai 1926 et janvier 1927. La continuité avec *Philosophies* était manifeste sur le plan de l'équipe rédactionnelle : ainsi, dans le premier cahier (Rieder, mai 1926), écrivirent Henri Lefebvre (« La Pensée et l'Esprit », pp. 21-69), Georges Politzer (« Introduction », pp. 70-114), Georges Friedmann (« Ils ont perdu la partie éternelle d'eux-mêmes », pp. 115-173) et Pierre Morhange (« La Présence », pp. 219-257).

16. Georges Friedmann, *La Puissance et la sagesse*, Gallimard, 1970, pp. 363 et 379.

17. Né à Nantes le 23 janvier 1901, ancien khâgneux lyonnais (1918-1920) puis parisien (à Louis-le-Grand, en 1920-1921), Henri Jourdan entre à l'École normale supérieure en 1921 et y demeure jusqu'en 1925. Agrégé de philosophie en 1926, il dirigera entre 1932 et 1939 l'Institut français de Berlin puis, après la Seconde Guerre mondiale, celui de Londres (1945-1960) puis celui de Cologne (1960-1965). Henri Jourdan rompra avec le groupe *Philosophies* au moment où, « à son insu », il signera, en tant que membre du groupe, le manifeste contre la guerre du Rif (correspondance avec l'auteur, octobre 1980). Le numéro de *Clarté* du 15 juillet 1925, entre autres, avait en effet publié un texte conjoint de *Clarté*, des surréalistes et des « Philosophes » contre la guerre du Rif. Notons que le nom de Paul Nizan ne figure pas sur la liste des signataires.

18. Citations extraites de deux bulletins de publicité de *Philosophies* communiqués par Henri Jourdan.

en effet postérieur à l'aventure de *L'Esprit* et si dès ses années d'École il appartient au groupe *Clarté*, le pas n'est franchi, semble-t-il, qu'à la fin des années 1920, au moment de *La Revue marxiste*. En 1970, Georges Friedmann, dans *La puissance et la Sagesse*, se définissait lui-même comme ayant été « compagnon de route » du Parti communiste « de 1930 à 1936 ». Et dans sa thèse, Nicole Racine avançait pour sa part la date de 1929.

Rien ne prédisposait apparemment ce jeune normalien « né dans la richesse [et] portant à vingt ans le poids d'une fortune sur [ses] épaules » à bifurquer vers le communisme. Et la première révolte de ce fils de banquier sera « d'arracher le droit de préparer Normale[19] ». Cette préparation aura lieu à Henri-IV puis, en 1922-1923, à Louis-le-Grand. Élève de la rue d'Ulm durant trois ans — il est reçu dès 1926 à l'agrégation de philosophie dans la même promotion que Georges Politzer[20] —, il participera à l'épisode de *L'Esprit*, au sujet duquel il évoque pudiquement ses « premières " évacuations " d'argent[21] ». Mais en ces derniers mois de scolarité normalienne, Georges Friedmann n'est pas membre du Parti communiste. Et même au cours des années suivantes, au moment de *La Revue marxiste*, il ne sera question pour lui, on l'a vu, que de compagnonnage de route.

Dans le cas de Brice Parain également, l'adhésion au communisme semble postérieure aux années d'École. Ce dernier appartient d'ailleurs à une classe d'âge plus âgée que celle que nous étudions et qui a connu « une reprise des études au retour de la guerre[22] ». Ce titulaire de la croix de guerre 1914-1918 est, en effet, reçu dans la promotion spéciale des démobilisés de 1919[23]. A la différence de certains de ses camarades de cette génération du feu, à la rue d'Ulm il se remit réellement aux études et passa l'agrégation de philosophie : après un échec en 1921, il y est reçu premier en 1922. Mais ce n'est pas au cours de ces trois années que Brice Parain adhéra au communisme. Certes, Pierre Pucheu, qui entre à l'École dans la même promotion que lui, écrit qu'il était « alors communiste[24] ». Mais Brice Parain, on l'a vu au chapitre XII, n'apparaît dans aucune des sources portant sur la première strate de communistes à l'École vers 1921, dans la mouvance de Georges Cogniot. Bien plus, *Tout s'arrange*, un essai qu'il rédige à l'automne 1922, après sa réussite à l'agrégation, permet de préciser la chronologie de son engagement communiste. Ce texte, en effet, n'est en aucun cas marxiste. Bien plus, dans la présentation qu'il en fait en 1946, Brice Parain souligne que c'est ensuite qu'il rencontra « le communisme sur [son] chemin[25]. »

Cette rencontre se situe, en fait, au cours de l'année 1923. Un texte intitulé *Modernisme et communisme* et daté de janvier 1924 est lui, en effet, explicitement favorable au communisme[26]. A partir de là, celui qui allait devenir pendant plus d'un tiers de siècle

---

19. *La Puissance et la Sagesse, réf. cit.*, pp. 378-379. L'acte de naissance de Georges Friedmann contenu dans son dossier d'inscription au concours de l'École (Arch. Nat. 61 AJ 250) indique qu'il est le fils d'Adolphe Friedmann, « banquier », et de Lisbeth Nathan. Comme Georges Friedmann ne demande pas de bourse, ce dossier ne comprend pas de déclaration de revenus.

Georges Friedmann avait commencé par être inscrit, en 1919-1920, en classe de mathématiques spéciales au lycée Chaptal et il avait été reçu en 1920 à l'École de Physique et Chimie industrielles de la Ville de Paris et à l'Institut de Chimie de Paris (Arch. Nat. 61 AJ 250).

20. Le normalien Jankélévitch est classé premier, Georges Friedmann sixième et l'étudiant en Sorbonne Georges Politzer cinquième (*RU*, 1927, 1, P. 73).

21. *La Puissance et la Sagesse, op. cit.*, p. 379.

22. B. Parain, *L'Embarras du choix*, Gallimard, 1946, p. 71.

23. Il est, en revanche, un point sur lequel Brice Parain est proche de certains de ses cadets : il est le fils d'un instituteur. Ce dernier, on l'a déjà signalé au chapitre VII, avant même la naissance de ses enfants, avait émis le souhait d'en faire un jour des normaliens (cf. B. Parain, *De fil en aiguille*, Gallimard, 1960, p. 67). Et, de fait, Brice Parain et ses deux frères se dirigèrent tous les trois vers la rue d'Ulm. Charles y fut reçu en 1913 et Brice en 1919. René préparait le concours de l'École à Henri-IV en 1913-1914. Mobilisé, il tomba au combat en septembre 1915.

24. Pierre Pucheu, *Ma vie, notes écrites à Ksar-es-Souk, à la prison civile de Meknès et à la prison militaire d'Alger*, Amiot-Dumont, 1948, p. 18.

25. B. Parain, *Tout s'arrange, in L'Embarras du choix, réf. cit.*, pp. 13-36. Ce premier essai est daté d'« octobre 1922-janvier 1923 » (cf. p. 36). La citation de la présentation est extraite de la page 11.

26. *Ibid.*, pp. 37-44. En 1924, après les élections législatives de mai, Brice Parain remplace pendant deux mois au lycée Voltaire Aimé Berthod, redevenu député du Jura, et il est alors le professeur du jeune Edgar Faure qui, près de soixante plus tard, évoque un Brice Parrain (*sic*) « qui

(1927-1961) le secrétaire de la direction littéraire de la Librairie Gallimard et qui allait jouer, chez cet éditeur, un rôle important dans les domaines de la littérature russe et de la philosophie, parcourt un itinéraire politique particulier. On a pu écrire à sa mort : « ... de même que Parain, il y a près d'un demi-siècle, était déjà revenu de l'URSS quand l'intelligentsia française, André Gide en tête, envisageait seulement d'y partir en pèlerinage, de même qu'il avait déjà quitté le Parti communiste quand ses pairs envisageaient de s'y engager...[27]. » Lui-même, d'ailleurs, onze ans plus tôt, parvenait à la même conclusion : « ... j'ai été communiste trop tôt. J'aurais sans doute mieux fait d'être surréaliste... Le résultat a été que j'avais déjà cessé d'être communiste quand on commençait à le devenir autour de moi. Ma période n'a pas coïncidé avec celle du pays[28]. »

C'est « vers 1933 », en effet, que Brice Parain avait « abandonné la dialectique communiste[29] » et deux ans plus tard il publiera dans *Esprit* « De la France », où l'on trouve notamment une réflexion sur l'écroulement « pierre à pierre » de son « grand espoir dans le communisme ». Ce passage sera repris l'année suivante dans *Retour à la France*, au chapitre VII intitulé « Le communisme et notre jeunesse. Histoire d'une déception et d'une rupture », rédigé entre octobre 1934 et février 1935. Ses premières lignes sont explicites : « J'ai nourri un grand espoir dans le communisme. Je me souviendrais encore facilement de la construction intellectuelle qui était ma maison lorsque j'étais communiste. Et cet espoir, cette maison que je croyais solides, ils se sont écroulés pierre par pierre, chaque fois que j'ai constaté l'impuissance du communisme à établir une vérité humaine[30]. »

Annexe V : « Note à l'attention de M. Le Conseiller d'Ambassade Schwendemann » envoyée à ce dernier par René Château le 5 juillet 1943[31].

« Monsieur le Conseiller,

J'ai l'honneur, pour confirmer l'entrevue que vous avez eue le 2 juillet avec mes amis et moi-même, de vous exposer les faits et les réflexions suivantes :

Le 30 juin, M. Georges Daudet, Directeur Général de *La France socialiste*, m'a informé qu'*il aurait reçu mandat des autorités occupantes de me retirer la Direction Politique de ce journal, parce que la politique que je faisais déplairait à ces autorités.*

M. Georges Daudet m'avait d'ailleurs plusieurs fois averti, pendant ces dernières semaines, que ces autorités jugeaient avec défaveur mon obstination à défendre certaines idées de politique intérieure et extérieure. Il m'avait fait prévoir que, si je continuais, je courrais le risque d'être l'objet de mesures dont il serait l'exécutant.

J'ai l'honneur de vous demander avec la plus grande insistance si les dires de M. Georges Daudet correspondent à la réalité.

Et voici pourquoi.

---

ne rêvait que du russe et de la Russie » (E. Faure, *Mémoires, I, « Avoir toujours raison... c'est un grand tort »*, Plon, 1982, p. 29). C'est d'ailleurs Brice Parain qui lui dit : « Faure, un garçon comme vous devrait apprendre le russe » (*Ibid.*; cf. aussi, sur le même point, E. Faure, *L'Âme du combat*, Fayard, 1970, p. 20).

27. Jean Clair, *La Nouvelle Revue française*, n° 223, juillet 1971, p. 35. Brice Parain a passé deux ans à Moscou de 1925 à 1927.

28. B. Parain, *De fil en aiguille*, p. 21.

29. B. Parain, *L'Embarras du choix*, p. 11.

30. « De la France » a paru dans *Esprit* en plusieurs livraisons (3e année, nos 29, 30 et 31, 1er février, 1er mars et 1er avril 1935, pp. 709-731, 921-934 et 31-42). Ces trois livraisons constitueront l'Introduction et la première partie (« la France et le socialisme ») de *Retour à la France* (Grasset, 1936). Pour les premières lignes du *Communisme et notre jeunesse*, cf. p. 94 (et *Esprit*, 1er avril 1935, p. 31).

31. Document communiqué en mai 1982 par Jean Château, frère de René Château. Pour le contexte de cette « note », on se reportera au chapitre XVII. Le double de la motion de soutien des « amis syndicalistes, socialistes et républicains » évoquée dans la note ne figure pas, semble-t-il, parmi les documents conservés par Jean Château. Il s'agissait, en fait, nous l'avons vu au chapitre XVII, d'une protestation de la Ligue de Pensée française.

Mes amis et moi-même sommes depuis de longues années des militants convaincus du rapprochement franco-allemand et de l'idée européenne. Nous avons, pour ces idées, combattu au moment de l'adversité allemande, sous la République de Weimar. Nous avons continué cette lutte après l'avènement du National-Socialisme, malgré les injures et les calomnies. Nous avons continué depuis l'armistice, malgré les ressentiments que tant de nos concitoyens nourrissent contre l'Allemagne.

Nous sommes disposés à continuer encore, à continuer toujours. Car rien ne nous inspire que la volonté de faire cesser entre vous et nous les guerres cruelles qui, en moins d'un siècle, ont trois fois décimé nos jeunesses, et que de construire enfin une Europe, équitable et libre, où les jeunes générations puissent vivre.

Nous avons, pour faire comprendre autour de nous ces idées, la force morale qui s'attache à des militants que le public sait depuis longtemps convaincus, dont il sait qu'ils n'agissent pas aux ordres, ni moyennant subsides, ni parce que vous êtes là. Et nous sommes, par suite, pacifistes d'avant-guerre, syndicalistes, socialistes, dans une période où convaincre est si difficile, les hommes qui pouvons être et qui sommes les plus écoutés.

Je tiens d'ailleurs à dire que, quoi qu'il advienne, nous ne changerons pas. Nous serions, au cas où le sort des armes vous serait défavorable, les hommes qui, à la paix, élèveraient la voix pour demander qu'on respectât l'Allemagne, pour que de nouveaux ressentiments et de nouvelles haines ne fussent pas cause de guerre à nouveau.

Mais encore faut-il, pour que nous continuions à défendre l'idée de l'Europe, présentement (c'est-à-dire à une époque où l'Europe a de grandes chances d'être faite après votre victoire), que nous ayons la certitude que l'Europe serait, après votre victoire, telle que nous l'avons toujours espérée et fait espérer. Or nous n'avons jamais espéré, ni jamais conçu comme possible une autre Europe que celle où les différentes nations seraient libres de leurs régimes, de leurs gouvernements et de leurs opinions politiques. Certes, nous concevons bien qu'il y faudra une unité économique et, par suite, un certain nombre d'ajustements et de disciplines matérielles. Mais nous prévoyons trop que si, dans cette Europe, devait sévir un impérialisme politique tel que ceux qui ont échoué dans le passé, des ressentiments et des révoltes ne manqueraient pas de renaître. Et la guerre reviendrait.

C'est pourquoi nous avons toujours proposé à nos concitoyens l'idée d'une Europe économiquement une, mais laissant à chaque nation sa liberté politique, à la seule condition de n'en pas user pour troubler l'ordre général. Nous avons d'ailleurs la certitude que c'est là l'Europe que, dans leur immense majorité, les Français sont prêts à accepter.

Nous avons d'ailleurs imaginé qu'il ne serait pas impossible que l'accord se fît à ce sujet entre la France et l'Allemagne. L'entrevue de Montoire, le discours du Dr Goebbels en date du 14 mars 1943 et le récent discours du Président Laval nous avaient fait espérer que l'Europe nouvelle ne se ferait pas aux dépens de l'individualité ni de l'indépendance françaises et qu'y trouvant enfin la paix, la France y conserverait la liberté d'être comme elle est et comme elle se voudra.

Et c'est pourquoi la mesure qui, aux dires de M. Georges Daudet, a été prise contre moi par ordre des autorités occupantes a provoqué beaucoup d'émotion parmi mes amis. Il ne s'agit pas, bien sûr, de ma personne, qui est de mince importance, bien que mes amis me fassent l'honneur d'y être attachés. Il s'agit, très exactement, de savoir si nous n'avions pas tort d'avoir tant de confiance et d'espoir, si nous ne trompions pas nos camarades et nos concitoyens quand nous nous efforcions de leur faire partager ces sentiments.

En effet, s'il est vrai que c'est par votre ordre que je suis chassé de la Direction Politique de *La France socialiste*, s'il est vrai que cette mesure est prise par ordre des autorités occupantes qui ne peuvent plus tolérer qu'en France des citoyens, ne parlant pourtant que de leur pays, continuent à défendre l'idée d'une république meilleure et plus forte, le principe d'un syndicalisme indépendant et constructif, l'espoir d'un socialisme vigoureusement révolutionnaire et authentiquement français et le désir qu'ils ont d'une France politiquement indépendante dans une Europe unie, enfin si

M. Georges Daudet, qui prétend agir sur le mandat des autorités occupantes, dit bien vrai, bien des choses sont remises en question.

Vous trouverez ci-inclus le double d'une motion par laquelle un certain nombre de mes amis syndicalistes, socialistes et républicains expriment leur émotion.

Quant à moi, je ne puis pas ne pas vous exprimer ma stupéfaction. Je dois d'ailleurs ajouter que les conditions dans lesquelles M. Georges Daudet a rempli son prétendu " mandat " ont ajouté à cette stupéfaction. En effet, après m'avoir annoncé la mesure prise contre moi, il m'a informé qu'on souhaitait pourtant que je continuasse à écrire dans *La France socialiste*, pour que le journal ne changeât pas trop visiblement ni trop soudainement de caractère. Et voici dans quelles conditions. J'écrirais dans ce journal, par mois, onze articles signés, à 1 000 F l'un, et 25 éditoriaux, au tarif de 250 F l'un. Financièrement, ce serait une affaire, car je recevrais plus que je ne le faisais! Mais les conditions politiques seraient de tout autre nature. J'écrirais à l'article, ce qui laisserait à M. Georges Daudet, mandaté ou non, la liberté de se débarrasser définitivement de ma collaboration, quand j'aurais assez servi à camoufler le " tournant ". Par ailleurs, M. Georges Daudet a refusé de m'indiquer quels sont les nouveaux collaborateurs politiques auprès desquels j'aurais à signer. Enfin, sur une question nette, il a répondu que je n'aurais plus la liberté de choisir le sujet et la doctrine des articles et des éditoriaux qu'il me proposait de continuer à rédiger.

Je m'excuse de ces détails sordides. Mais on comprendra qu'en ce qui me concerne ils n'aient pas peu contribué à me donner l'impression que de toutes façons on entend m'empêcher d'exprimer désormais, avec liberté, les idées que depuis 1940 j'avais pu exprimer.

S'il est vrai, comme M. Georges Daudet le prétend, que c'est par mandat des autorités occupantes, je n'ai, bien entendu, qu'à m'incliner et qu'à rentrer dans le silence, certes inchangé, mais renonçant à éveiller chez les autres un espoir que je ne pourrais plus moi-même partager.

Voilà pourquoi je me permets de vous demander si les dires de M. Georges Daudet correspondent à la réalité.

Veuillez agréer, Monsieur le Conseiller, l'expression de mes sentiments les meilleurs.

Paris, le 5 juillet 1943
René Chateau

P.S. — Je comptais vous remettre cette note ce soir même. Puisque notre rendez-vous est remis jusqu'à demain, 17 heures, je me décide à vous l'envoyer. »

SOURCES *

* Sauf indication contraire, le lieu d'édition est Paris. Cette bibliographie a été arrêtée aux titres de 1985, les ouvrages postérieurs n'ayant pu être utilisés dans la thèse de doctorat d'État soutenue en 1986 dont est sorti cet ouvrage.

Nous l'avons déjà signalé, le sujet choisi et l'approche utilisée débouchaient nécessairement sur une grande diversité des sources recherchées et traitées. En effet, si notre projet, par sa trame générale, se rattache assurément à l'histoire politique, il entend toutefois dépasser ce seul cadre et se placer, autant que faire se peut, dans une perspective globale. Il ne s'agissait donc, en aucune manière, de partir d'un fonds d'archives homogène, noyau autour duquel se serait ordonnée cette recherche, mais de constituer peu à peu, au contraire, un matériau susceptible de permettre de répondre aux questions posées en introduction. En outre, le recours explicite, dans la reconstitution d'itinéraires, à une démarche prosopographique diversifiait encore davantage, d'emblée, la nature de ces sources et les morcelait à l'extrême.

Bien plus, si dans la première partie, portant sur les khâgnes, les archives publiques nous ont été précieuses, les deux parties suivantes, consacrées à l'engagement de jeunes puis moins jeunes intellectuels, font une part essentielle aux sources imprimées, soit contemporaines (traces de l'engagement de ces intellectuels), soit ultérieures (souvenirs et analyses rétrospectives de cet engagement). D'une façon générale, donc, l'imprimé occupe une large place dans cette recherche.

Les principales sources utilisées sont donc présentées en trois ensembles : *archives* (I), *sources imprimées* (III), et une documentation fondée sur le recours au *témoignage oral ou écrit* (II). Ces " archives provoquées " ont été parfois utilisées comme des archives de substitution, parfois plus simplement comme des matériaux de complément. Leur statut varie donc au fil de cette recherche.

I

Archives

A) *Archives publiques*

L'approche historique de la société intellectuelle recoupe en partie l'étude — devenue classique — des faits d'opinion. Or ceux-ci laissent relativement peu de traces dans les dépôts d'archives et il faut recourir, pour les saisir, à d'autres sources, où l'imprimé joue un rôle fondamental. Pour cette raison, les archives, tout en tenant une place non négligeable dans notre recherche, n'en sont pas, sauf pour la première partie, la clé de voûte.

Quatre sous-séries des *Archives Nationales* ont été surtout utilisées :
1) 61 AJ (archives de l'École normale supérieure)
2) AJ 16 (archives de l'Académie de Paris)
3) F 17 (archives du ministère de l'Instruction publique)
4) F 7 (archives du ministère de l'Intérieur).

En outre, les archives conservées dans certains *lycées* ont été précieuses pour notre étude : Louis-le-Grand, Condorcet, Henri-IV, Lakanal, Bordeaux (lycée Montaigne), Lyon (lycée du Parc). D'une façon générale, pour les sources — hétérogènes — concernant les *lycées de province*, on se reportera aux notes du chapitre IV. Les listes de candidats par académie publiées chaque année par le *Journal Officiel* nous ont, en tout état de cause, permis de retrouver les noms de la grande majorité des khâgneux, ceux du moins qui s'inscrivaient, même en pure perte, au concours de la rue d'Ulm. Les témoignages recoupés montrent, en effet, que les administrations des lycées poussaient leurs élèves — plus précisément ceux qui avaient passé deux années en khâgne (la première faisant office d'hypokhâgne) — à s'inscrire à ce concours.

B) *Archives et papiers de personnes privées*

Le recours au témoignage direct, évoqué au paragraphe suivant, nous a parfois mis au contact de papiers privés, de nature et d'intérêt inégaux. La source la plus précieuse a été incontestablement celle constituée par les documents divers transmis par *Georges Lefranc*. Certains de ces documents ne relèvent pas *stricto sensu* de la rubrique « archives privées ». Mais, n'étant pas accessibles pour l'instant, ils doivent être signalés ici :

— *Dans le trou. 20 août 1944-15 février 1945*, 121 pages dactylographiées, écrites à Drancy et Fresnes.
— *L'Affaire Lefranc*, Deux blocs-notes « Rhodia » manuscrits, non datés et non paginés (en fait, 134 pages).
— *Éphémérides de ma vie d'adulte*, deux cahiers non paginés, depuis 1924 ; contient notamment un carnet collé, constitué de notes de prison.

Les autres « papiers » et « archives » présentant un intérêt pour notre recherche ont été mentionnés en note. Leur diversité enlèverait toute cohérence à une liste exhaustive. Signalons toutefois, parmi eux :

— Liste (très incomplète) des dons pour « l'hommage Roubaud » (transmise par Robert Balland).
— Documents sur les « Revues » normaliennes (Georges Canguilhem).
— Archives du « Bloc des gauches » de Louis-le-Grand (Pierre Chambon).
— Papiers René Château conservés par sa veuve (brochures et documents divers) et par son frère Jean Château (brouillon de la pétition contre la PMS ; documents de la Ligue de pensée française, 1943-1944).
— Brochures pacifistes transmises par Pierre Cuénat.
— Lettres du professeur d'anglais René Travers, reproduites par Émile Delavenay.
— Maurice Deixonne, curriculum vitae d'une vingtaine de pages dactylographiées.
— Claude Jamet (extraits inédits de son Journal, lus lors d'un entretien).
— Manuscrit d'une série d'articles, « En khâgne avec Robert Brasillach », à l'époque en cours de publication dans les *Cahiers des Amis de Robert Brasillach*, transmis par Prosper Jardin.
— « Livres d'or » (Lakanal : Roger Joxe ; Lille (extraits) : F. Deparis).
— Affiches-annonces de la revue *Philosophies* (Henri Jourdan).
— Tampons de khâgne (Montpellier : Jean Faivre ; Louis-le-Grand : G. Rochas).

En outre, ont été consultés les Mémoires dactylographiés d'un normalien de la promotion de 1924, consacrés essentiellement à son action pacifiste des années 1920 et 1930. Comme il a été signalé dans le corps de la thèse, la veuve de l'auteur, considérant ces Mémoires comme « privés », n'a pas souhaité voir ce texte directement utilisé. Dont acte.

II

Témoignages

1) *Deux enquêtes rétrospectives*

a) *Premier questionnaire (1976).*

La période que nous nous proposons d'étudier dans les deux premières parties de cette recherche s'étend des lendemains du premier conflit mondial aux années 1929-1931, qui constituent, au moins en apparence, une ligne de faîte entre deux versants aux faciès contrastés. En 1973, nous avions affaire à une classe d'âge échelonnée entre 60 et 75 ans. Cette simple constatation posait, d'emblée, le problème du recours au témoignage direct, écrit ou oral. Si les acteurs principaux des vingt dernières années de la IIIe République avaient, en effet, le plus souvent disparu à cette date, « nos » khâgneux, à peine sortis de l'adolescence à l'époque étudiée, étaient encore vivants dans leur grande majorité en 1973. Le cas de la « grande » promotion de 1924, celle de la « génération de 1905 », est à cet égard éclairant : en 1973, malgré les pertes de la guerre (quatre morts), seize élèves sur vingt-huit étaient encore vivants.

Vivants, mais bientôt septuagénaires. Les « lois » de la statistique démographique constituaient donc un premier argument en faveur du recueil méthodique de leurs souvenirs. Argument, hélas, confirmé par l'écoulement du temps. Douze ans plus tard, en effet, au 1er mai 1985, au lendemain de la mort de Georges Lefranc, les seize n'étaient plus que huit. On était donc passé à moins du tiers de la promotion initiale, dont les « phares » pour la postérité, Jean-Paul Sartre et Raymond Aron, avaient eux aussi disparu entre-temps, l'un en 1980, l'autre en 1983. Même évolution pour les survivants de la promotion de 1922, par exemple, passés en douze ans de vingt à dix. Chez leurs cadets d'une décennie ou presque, les normaliens de 1931, le passage de 1973 à 1985 n'a naturellement pas opéré des coupes aussi claires : vingt-sept survivants en 1973, vingt-quatre survivants douze ans plus tard, devenus entre-temps septuagénaires : confirmation indirecte, en fait, de la nécessité impérieuse, en 1973, de ne pas nous priver du témoignage des septuagénaires — ou en passe de le devenir — de la génération de 1905 !

Des arguments d'une autre nature poussaient, il est vrai, au recours à ces témoignages. Ceux-ci nous semblent irremplaçables pour répondre à un certain nombre de questions : celle, par exemple, de l'ensemble des facteurs qui pouvaient conduire, vers 1925, un jeune lycéen frais émoulu du baccalauréat vers la khâgne ; ou, en d'autres termes, la question de la représentation de cette classe, et donc de l'École normale supérieure, dans la société française de la même époque. Si l'historien dispose d'un certain nombre d'indicateurs pour ébaucher une réponse, il nous semble pourtant que le recueil des témoignages s'impose, par-delà la simple courtoisie, et qu'il serait bien impudent et imprudent de dédaigner un tel apport. De même, dans la reconstitution du rôle des professeurs et de l'influence éventuelle qu'ils eurent sur leurs élèves, le témoignage direct de ces derniers apparaît là encore fondamental. Rares, en fait, sont les points abordés tour à tour par cette étude qui pourraient se passer sans s'appauvrir d'une source aussi précieuse.

Nous avons toutefois fait usage d'un tel instrument avec une défiance méthodologique justifiée par plusieurs obstacles, dont certains sont demeurés insolubles. Les témoignages utilisés se rapportaient en effet, en 1976, à une période vieille d'un demi-siècle. Il était demandé à des septuagénaires de se pencher sur des années qui, pour la plupart, les avaient profondément marqués sur le plan culturel mais aussi sur le plan professionnel. C'est donc à un regard sur leur jeunesse entendue moins ici en tant qu'époque de la vie qu'en tant que période déterminante de formation intellectuelle et de vocation naissante qu'étaient conviés nos correspondants. Au danger de la déformation provoquée par un souvenir vieux de plus de cinq décennies venait donc s'ajouter le risque de mise en perspective, consciente ou inconsciente, dans l'alignement d'une vie tout entière. D'autant que ce risque était davantage présent encore dans les questions touchant à l'orientation idéologique et au choix politique. Ces problèmes méthodologiques, essentiels, ont été analysés dans le corps de notre étude. Tout comme a été mentionnée la question de la déformation inconsciente des témoignages par la lecture de Mémoires édités, déformation que nous avons baptisée « effet Brasillach ».

Tous ces obstacles, bien connus des chercheurs en histoire contemporaine, sont apparemment difficilement contournables. Il nous est pourtant apparu qu'il était possible de passer outre. D'une part, et nous l'avons constaté à plusieurs reprises, il n'est pas évident que la mémoire déforme fatalement : elle se contente parfois de décanter. Bien plus, il est des témoignages dont la sérénité et l'exactitude frappent le lecteur ou l'auditeur. Quand Raoul Blanchard, par exemple, évoque en 1961 sa khâgne de Louis-le-Grand à la fin du XIXe siècle, l'historien, après confrontation avec d'autres sources, ne peut qu'être frappé par la justesse du ton. De même, nous l'avons vu, les souvenirs de Georges Lefranc constituent une source précise et fiable. D'autre part, la vision, même déformée, d'une époque charnière de la vie est aussi un témoignage indirect pour l'historien, et la déformation, si elle peut être établie avec précision dans sa nature et son ampleur, est en elle-même objet d'étude.

D'autres problèmes, plus techniques que déontologiques, nous ont également fait hésiter sur l'utilisation des témoignages recueillis. Pouvait-on, notamment, tenter d'en faire un usage quantitatif, au risque de nous exposer à deux reproches méthodologiques ? D'abord, le nombre relativement faible des cas étudiés interdit peut-être toute conclusion réellement étayée. D'autre part, en procédant ainsi, l'historien risque de n'être considéré que comme l'artisan plus ou moins compétent d'une sociologie rétrospective. Le fait que cette méthode ne soit qu'une facette parmi d'autres de la démarche globale choisie fait, il est vrai, justice d'une éventuelle accusation sur ce dernier plan. Plus sérieuse nous semble, en revanche, la première réserve possible. En d'autres termes, pour déterminer si les *sondages d'opinion rétrospectifs par questionnaire* sont « utiles et utilisables en histoire » (Jacques Ozouf, « L'enquête d'opinion en histoire. Un exemple : l'instituteur 1900-1914 », *Le Mouvement Social*, n° 44, juillet-septembre 1963, pp. 3-23), faut-il fixer un seuil statistique ? A supposer qu'un tel seuil existe — qui varie, de toute façon, avec le sondage entrepris et la population concernée —, et avant même d'évoquer les données statistiques de notre sondage, précisons d'emblée que notre démarche ne revendique que le statut d'*enquête rétrospective*, sans prétention, donc, à une totale représentativité, mais non dénuée pour autant d'intérêt historique, puisque débouchant sur un corpus de plusieurs centaines de pages.

176 exemplaires du questionnaire ont été, en effet, envoyés au début de l'année 1976 aux normaliens des promotions littéraires de 1920 à 1930 encore vivants et dont l'adresse était mentionnée dans l'*Annuaire* de 1975. Compte non tenu des réponses à ce questionnaire données par la suite, lors d'entretiens, 60 réponses, souvent longues, nous ont été adressées, en général dès le mois qui a suivi.

Pour les khâgneux non normaliens, il a été plus difficile de constituer une liste d'adresses significative. L'analyse des registres des khâgnes nous a naturellement suggéré une première vague d'envois, à des khâgneux — surtout des universitaires « connus » — dont les adresses étaient relativement aisées à retrouver. La confrontation systématique des listes de ces registres avec le *Who's Who in France* nous a fourni une deuxième vague. Ces deux premières séries d'envois, on le voit, présentaient l'inconvénient de surreprésenter les anciens khâgneux ayant fait carrière dans l'enseignement supérieur et/ou ayant accédé à des postes dirigeants. Une troisième vague, fondée sur la méthode des ondes concentriques (demander des adresses à nos correspondants, normaliens ou pas), a rétabli quelque peu, pour autant qu'il soit possible de l'évaluer avec précision, la représentativité de l'ensemble de l'échantillon des non-normaliens. Celui-ci a été, en définitive, constitué de 117 noms, et d'autant d'envois faits en mars et mai 1976. 39 anciens khâgneux ont répondu.

En définitive, ce sont donc 293 questionnaires qui ont été ainsi expédiés, et 99 réponses qui ont été obtenues — 105 en fait, si l'on compte les 6 réponses détaillées au questionnaire obtenues lors d'entretiens —, soit presque exactement le tiers, et une proportion à peu près identique pour normaliens et non-normaliens.

Nous reproduisons ci-dessous la liste des auteurs des réponses. Celles-ci, souvent longues et détaillées, constituent un corpus de 601 pages. 25 réponses sur 99 sont dactylographiées.

Texte du questionnaire n° 1

1° Le mot « khâgne » était-il déjà employé dans son orthographe actuelle ? Ou bien l'orthographe « cagne » lui était-elle préférée ?

2° Dans le lycée où vous avez préparé le concours de l'École normale supérieure de la rue d'Ulm (voir la question n° 3), comment était organisée cette préparation ? Deux niveaux comme aujourd'hui (hypokhâgne et khâgne) ou un seul niveau dans lequel on passait au moins deux ans ?

3° Dans quel lycée avez-vous fait hypokhâgne ? khâgne ? Dans le cas d'un lycée parisien, veniez-vous d'un lycée de province ? Quelle était votre situation matérielle : interne, chez vos parents, chambre en ville, etc. ?

4° Étiez-vous inscrit en même temps dans une faculté ? Quel rôle jouait celle-ci dans votre vie, vos préoccupations, votre travail, vos conversations ?

5° Scolarité (lycées, sections, prix éventuels, Concours général, résultats au baccalauréat) ?

6° Quel âge aviez-vous à votre entrée en hypokhâgne ?

7° Profession des parents, des grands-parents ? Étiez-vous boursier ?

8° Sentiez-vous à cette époque le recrutement de la K. comme démocratique ou non ?

9° Département et commune où résidaient vos parents au moment où vous étiez en K. ?

10° Combien d'années de K. avez-vous effectuées (hypokhâgne non comprise) ?

11° Pour quelles raisons êtes-vous entré en K. et vous êtes-vous présenté au concours d'entrée de la rue d'Ulm ? Avez-vous été conseillé ? Quelle image vous faisiez-vous de l'ENS ? Cette question est très importante pour mon enquête ; vous pouvez y répondre longuement si vous le désirez.

12° Avez-vous hésité entre la K. et d'autres études supérieures ? Lesquelles ?

13° Quel est le souvenir que vous gardez de vos années de K. ?
Souscririez-vous à l'opinion que formulait R. Blanchard : « Je commençais là les deux années qui ont été les plus dures de ma vie, une zone d'ombre entre l'agréable période du lycée d'Orléans et les joyeuses années d'École normale » (Ma jeunesse sous l'aile de Péguy, *p. 133) ?*

14° Vos années de K. vous semblent-elles avoir joué un rôle fondamental dans votre formation intellectuelle et culturelle ?

15° Dans votre carrière professionnelle ?

16° Quels étaient vos professeurs en HK. et en K. ? Noms et disciplines ?

17° Quel est le professeur (ou les professeurs) qui vous a le plus profondément marqué au cours de ces années ?

18° Quelle image vous faisiez-vous du professeur dans la société française des années 1920 ?

Vous aviez sans doute une certaine image du professeur pendant vos années de K. Pouvez-vous la définir en distinguant au besoin l'attrait du modèle que vous aviez sous les yeux, le contenu de la vocation que vous sentiez en vous et éventuellement la représentation déjà critique que vous vous faisiez de la situation du professeur dans la société des années 1920 ?

19° Vos professeurs faisaient-ils des allusions à la vie politique dans leurs cours ? Si oui, à quels courants politiques semblaient-ils adhérer ? Certains avaient-ils des activités politiques en dehors du lycée, en tant que militants ou par leurs écrits ? Ont-ils eu une influence politique sur le jeune homme que vous étiez ?

20° L'expression « République des Professeurs » vous paraissait-elle fondée pour les années 1920 ? En aviez-vous conscience à l'époque ? En discutiez-vous entre vous ?

21° La notoriété professionnelle de vos maîtres dépassait-elle les limites de l'établissement ? Avaient-ils effectué des travaux de recherche ou rédigé des manuels d'enseignement ? Participaient-ils à des sociétés savantes ? Collaboraient-ils à des revues ?

22° Avez-vous conservé l'horaire des cours auxquels vous étiez astreint ?

23° Quelle était (indépendamment de l'attrait personnel du maître) la (ou les) discipline qui vous attirait le plus ?

24° Avez-vous gardé le souvenir des questions traitées par vos professeurs ? Quelles étaient-elles ?

25° Les locaux qui abritaient la K. lui étaient-ils particuliers ? Quels étaient-ils ?

26° Y avait-il des jeunes filles dans votre K. ? Dans quelles proportions ? Occupaient-elles des places réservées ? Existait-il une compétition entre garçons et filles ?

27° S'était-il formé des « sous-groupes » dans votre K. par affinité politique, culturelle ou même géographique ?

28° Les khâgneux jouissaient-ils d'un statut particulier sur le plan de la discipline ?

29° Les khâgneux jouissaient-ils d'un prestige particulier dans le lycée ? En ville ?

30° Y avait-il d'autres classes préparatoires dans votre lycée ? Quels étaient les rapports entre les élèves de ces classes et ceux de la K. ?

31° Comment s'organisait le travail en K. ? Quelle était l'importance respective des heures de cours et du travail personnel ?

32° Les cours, théoriquement obligatoires, l'étaient-ils effectivement ?

33° Tous les cours étaient-ils écoutés avec la même attention ?

34° La préparation comprenait-elle des « concours blancs » ? des « colles » ? Ces mots étaient-ils en usage ?

35° Parlait-on du concours en dehors des classes ?

36° Tous les élèves de la K. s'inscrivaient-ils au concours de l'ENS ?

37° Tous y participaient-ils effectivement ?

38° Quelles étaient les matières qui étaient considérées comme exigeant le plus de préparation ? comme les plus difficiles ?

39° Faisiez-vous du sport ? Si oui, dans le cadre du lycée ou en dehors ? quel sport ?

40° Vous intéressiez-vous aux compétitions sportives de l'époque ? Si oui, lesquelles ?

41° La K. avait-elle un certain nombre de rites ? Lesquels ? de quel œil les considériez-vous ? Jouaient-ils un rôle important dans la vie de la K. ?

42° Indépendamment des lectures effectuées dans le cadre de la classe et pour la préparation du concours, la littérature contemporaine était-elle connue par les khâgneux ? Faisait-elle l'objet de conversations ? Quels auteurs étaient au centre de ces conversations ? Étaient-ils controversés ?

43° Même question pour le théâtre. Quelles sont les pièces que vous avez vu jouer à cette époque ? Le cinéma vous apparaissait-il comme important ? Certains films ont-ils suscité des conversations, voire des polémiques ?

44° Les journaux et les revues jouaient-ils un rôle important dans la vie de la K. ? Lesquels (dans tous les domaines) ?

45° La politique jouait-elle un rôle en K. ? Si oui, quels sont les courants qui vous semblent avoir été les plus importants chez les khâgneux à cette époque ? Les idées ou conceptions politiques étaient-elles reliées à d'autres préoccupations plus spécifiques de votre situation de khâgneux, comme la philosophie, la littérature, l'histoire, etc. ?

46° Vous-même, vous intéressiez-vous à la politique ? Aviez-vous une opinion politique ? « Faisiez-vous de la politique » ? Aviez-vous l'impression que ces opinions politiques étaient liées à votre appartenance à la K. ?

47° Pourriez-vous donner un pourcentage de khâgneux « faisant de la politique » (comme militants) ? s'intéressant à la politique ?

47 bis Les problèmes religieux jouaient-ils un rôle important en khâgne ?

48° Étiez-vous sensible aux problèmes économiques et financiers qui se sont posés pendant cette période ? Quel intérêt portiez-vous à la science économique ? Intervenait-elle dans vos études, vos lectures, vos conversations ?

49° Quels sont les événements, nationaux ou mondiaux (politiques, économiques, sociaux, culturels), qui vous ont marqué — ou vous ont paru importants — alors que vous étiez en K. ? Dans ce domaine, la révolution russe de 1917 et ses suites jouait-elle un grand rôle dans vos discussions ?

50° Comment était perçu, ressenti et enseigné ce qu'on appelait l'« Empire colonial français » ?

51° Comment étaient perçues les « années 1920 » par rapport à la période antérieure à 1914 : retour à l'avant-guerre, période de mutation, « après-guerre », etc. ?

52° Quelle vision aviez-vous de la guerre de 1914-1918 ?

53° Quelle vision aviez-vous de la situation internationale qui résultait de la guerre ?

54° Est-ce que la notion d' « ancien combattant » avait une importance pour vous ? Au niveau de votre génération (camarades plus âgés) ? Au niveau de vos professeurs ?

55° Votre génération vous apparaissait-elle comme différente de celle de l'immédiat avant-guerre ?

Liste des réponses au questionnaire n° 1 (premier semestre 1976)

Jean Allemand (Marseille puis Louis-le-Grand); Ferdinand Alquié (Louis-le-Grand); Jean-Jacques Anstett (Lyon); Pierre Arents (Louis-le-Grand); Raoul Audibert (Louis-le-Grand); Dominique Aury (Condorcet); René Bady (Lyon puis Louis-le-Grand); Jean Baillou (Lakanal); Robert Balland (Louis-le-Grand); Louis Beauduc (Bordeaux); Jean-Albert Bédé (Louis-le-Grand); Roger Bernard (Lyon puis Louis-le-Grand); Pierre Bertaux (Louis-le-Grand); C. E. Boillot (Henri-IV); Antoine Bonifacio (Lyon); Paul Bontoux (Marseille puis Louis-le-Grand); Sylvain Broussaudier (Louis-le-Grand); Pierre Chambon (Louis-le-Grand); André Charpentier (Poitiers); André Cler (Louis-le-Grand); Georges Cogniot (Lyon); François Coulet (Louis-le-Grand); Jean Cousin (Poitiers); Pierre Cuénat (Lyon); Maurice Deixonne (Lakanal); Émile Delavenay (Louis-le-Grand); André Drijard (Lyon); Pierre Dumont (Lyon); Jean Dumontet (Lakanal); Étiemble (Louis-le-Grand); Michel Eude (Toulouse puis Louis-le-Grand); Jean Faivre (Montpellier); Jean Fournier (Louis-le-Grand); Henri Fréville (Louis-le-Grand); Daniel Gallois (Condorcet); Gabriel Germain (Lyon); Jean Girard (Condorcet); R. Gourdon (Louis-le-Grand); Julien Gracq (Henri-IV); Maurice Grimaud (Lyon puis Henri-IV); Octave Guéraud (Louis-le-Grand); René Guignard (Poitiers); Jean Guillaumie (Lakanal); Henri Guillemin (Lyon); François Henry (Condorcet); Pierre d'Herbecourt (Louis-le-Grand); Pierre Hourcade (Henri-IV); R. Hugon (Toulouse puis Louis-le-Grand); Jean Humbert (Louis-le-Grand); Robert Jacquard (Louis-le-Grand); Roger Joxe (Lakanal); Albert Jungblut (Strasbourg); Albert Kohn (Condorcet); Olivier Lacombe (Condorcet); Bernard Lamicq (Louis-le-Grand); Jean Lassus (Louis-le-Grand); Jean Leblond (Lakanal); Georges Lefranc (Louis-le-Grand); Michel Lejeune (Louis-le-Grand); José Lupin (Louis-le-Grand); Claude de Marcilly (Henri-IV); Camille Marcoux (Poitiers); Henri-Irénée Marrou (Marseille); Thierry Maulnier (Louis-le-Grand); Paul Mérimée (Louis-le-Grand); Fernand Metz (Strasbourg); Jean Monnier (Marseille); Thomas Narcejac (Poitiers); René Nelli (Louis-le-Grand); Jean Nivat (Louis-le-Grand); Jean Onimus (Louis-le-Grand); Henri Philibert (Louis-le-Grand); Jean Pons (Lyon); Jean Réal (Lyon); André Richard (Henri-IV); Edmond Rivet (Lyon); G. Rochas (Louis-le-Grand); Jean Rolland (Louis-le-Grand); Max Rouché (Lyon); Maxime Roux (Louis-le-Grand); Henri Rouxeville (Louis-le-Grand); Jean Rupp (Lakanal); Raymond Ruyer (Lakanal); Francis Salet (Louis-le-Grand); Pierre Salomon (Poitiers); Marc Santoni (Strasbourg); Pierre-Maxime Schuhl (Condorcet); Raymond Schiltz (Louis-le-Grand;) Élie Seauve (Lyon); Eugène Susini (Louis-le-Grand); Barthélemy Taladoire (Marseille puis Louis-le-Grand); Étienne Thieulin (Lakanal); Jean Thomas (Lakanal); Pierre Uri (Henri-IV); Paul Vercueil (Louis-le-Grand); J. A. Vier (Lakanal); Maurice Weiler (Condorcet); Jean-Claude

Weill (Louis-le-Grand puis Henri-IV); Pierre Wuilleumier (Condorcet); Georges Zink (Strasbourg).

b) *Second questionnaire (1980)*

L'ambition de ce second questionnaire était encore plus modeste que celle de l'enquête rétrospective de 1976. Il a été envoyé au printemps 1980 à 190 anciens khâgneux : la centaine de correspondants qui avaient répondu en 1976, auxquels se sont ajoutés des normaliens et non-normaliens dont l'engagement politique dans les années 1920 et 1930 ou le témoignage sur leurs camarades engagés présentaient un intérêt particulier. Ce second questionnaire porte, en effet, à la différence du précédent qui était consacré aux khâgnes, sur les engagements politiques des khâgneux, de leurs années d'études à 1945. Il est constitué de huit « questions ouvertes », lestées chacune de sous-questions complémentaires.

Comme nous nous y attendions, le taux de réponse a été beaucoup plus faible : 36 sur 190, soit 18,9 %. Ces réponses — dont un peu plus du quart (10) est dactylographié — constituent tout de même un corpus de 288 pages, d'intérêt, il est vrai, inégal. L'objectif nous semble, de toute façon, atteint. D'une part, nous avons pu ainsi recueillir, notamment, les témoignages écrits de Jean Baillou, Étienne Borne, Jean Château, Maurice Deixonne, Maurice Patronnier de Gandillac, Guillaume Guindey, Georges Lefranc, Jean Maitron et René Nelli. D'autre part, c'est l'envoi de ce questionnaire qui, comme nous le souhaitions, a « amorcé » un certain nombre d'entretiens oraux consacrés aux engagements politiques d'anciens khâgneux des années 1920 : Raymond Aron, Paul Bénichou, René Billères, Jean Bruhat, Georges Canguilhem, Guillaume Guindey, Georges Lefranc et Jean Thomas, notamment.

Texte du second questionnaire :

Ce questionnaire comporte 8 questions « ouvertes », qui vous laissent complète initiative en ce qui concerne l'élaboration de chaque réponse. Cependant, à titre indicatif, nous avons, pour certaines de ces questions, fourni une trame de questions complémentaires qui peuvent vous servir de guide dans la rédaction de vos réponses. Mais vous restez libre d'organiser autrement votre commentaire.

1. *Avez-vous eu un engagement politique, des idées politiques, pendant vos années d'études supérieures (khâgne puis Université, éventuellement ENS) ?*

— faisiez-vous de la politique en khâgne ? puis à l'Université (ou à l'ENS) ?

— un professeur de khâgne ou de faculté a-t-il eu une influence politique (même indirecte) sur vous ? Même question pour un écrivain.

— étudiant, étiez-vous membre d'un mouvement de jeunesse, d'une organisation étudiante ? Quelle était sa nature (politique, confessionnelle, etc.) ? Y avez-vous rencontré d'autres khâgneux des années 1920 ? Faisiez-vous partie des organes dirigeants ?

— avez-vous assisté (participé ?) à des heurts au Quartier latin à cette époque ? Des khâgneux y étaient-ils mêlés ?

— le marxisme représentait-il quelque chose d'important quand vous étiez étudiant ?

— même question pour l'Action française. La condamnation pontificale de 1926 vous semble-t-elle avoir eu un grand retentissement en milieu étudiant ?

— si vous êtes normalien, l'affaire de la PMS évoque-t-elle quelque chose pour vous ? Avez-vous un témoignage à apporter sur ce point ?

— les affaires Scelle (1925) et Jèze (1936) vous évoquent-elles quelque chose ?

2. *Quel a été votre itinéraire politique après vos études supérieures jusqu'en 1945 ?*

— les amitiés de khâgne ont-elles eu une influence sur votre engagement politique ?

— avez-vous écrit des articles politiques dans des revues, des hebdomadaires, des quotidiens (éventuellement, références précises des articles) ?

— avez-vous participé à des comités de rédaction ? joué un rôle dans une maison d'édition ? Y avez-vous côtoyé des khâgneux des années 1920 ?

— avez-vous publié des essais politiques entre 1929 et 1945 ?

— avez-vous signé des pétitions publiées dans la presse ? Lesquelles (éventuellement références précises) ?

— avez-vous fait partie de comités politiques ? Lesquels ?

— quels journaux lisiez-vous avant-guerre ?

— la religion jouait-elle un rôle important dans votre vision de la vie publique ?

— quelle a été votre opinion sur le Cartel des gauches ? la crise de 1929 ? la crise de la IIIe République dans les années 1930 ? le Front populaire ? le régime de Vichy ? le général de Gaulle ?

— qu'avez-vous pensé de ce que les historiens ont appelé « l'esprit des années 1930 » (des revues plus ou moins éphémères, qui ont paru au début des années 1930, animées par des jeunes gens issus d'horizons politiques divers : ces revues s'appelaient *Réaction, Ordre nouveau, Esprit, Plans...*) ? Y avez-vous participé directement ? Y avez-vous côtoyé des khâgneux des années 1920 ?

— que faisiez-vous le 6 février 1934 ? l'événement a-t-il eu une importance pour vous ? dans quel sens ?

— si vous avez évolué politiquement entre 1929 et 1945, quels sont à vos yeux les facteurs de cette évolution ?

3. *Avez-vous occupé un poste de responsabilité dans un parti politique ?*

— avez-vous participé à des congrès politiques ? au nom de quelle tendance de ce parti ?

— avez-vous été candidat à des élections ? lesquelles ? date ? résultats obtenus ?

— avez-vous côtoyé d'autres khâgneux des années 1920 dans ce parti ?

— avez-vous appartenu à un cabinet ministériel ?

— adulte, avez-vous milité, entre 1929 et 1945, dans une organisation à caractère confessionnel ? y avez-vous côtoyé des khâgneux des années 1920 ?

4. *Étiez-vous « pacifiste » dans les années 1920 (briandiste par exemple) ?*

— sous quelle influence (familiale ? un écrivain ? un professeur ?) ?

— comment s'est passée pour vous la confrontation de ce pacifisme avec, dans les années 1930, la montée du danger nazi ? Même question au sujet de Munich, de l'occupation allemande.

— quelle était votre représentation de l'Allemagne, des USA, de l'URSS, dans les années 1920 ? dans les années 1930 ?

5. *Dans quelle carrière vous êtes-vous engagé après la khâgne ?* au terme de quelles études, pour quelles raisons ?

Si vous avez choisi l'enseignement, quels sont les facteurs qui ont pesé sur le choix d'une discipline (histoire, philosophie ou lettres, etc.) ?

6. *Vos anciens camarades de khâgne.*

— certains ont-ils joué un rôle important dans la vie politique (comme « leaders » politiques ou comme intellectuels engagés) ? Militaient-ils déjà en khâgne ?

— les élèves d'Alain dont vous avez fait partie ou que vous avez côtoyés vous paraissent-ils tous avoir eu le même itinéraire politique entre 1929 et 1945 ?

— même question pour les khâgneux des années 1920 proches de l'Action française pour les khâgneux des années 1920 proches de la SFIO.

— certains de vos camarades de khâgne sont-ils morts entre 1939 et 1945 ? dans quelles circonstances ?

7. *Avez-vous des remarques à faire sur la période postérieure à 1945* (par exemple sur les problèmes religieux, la guerre froide puis la « détente », la décolonisation, l'épisode Pierre Mendès France, la guerre d'Algérie, le gaullisme, Mai 1968, etc.) ?

8. *Avez-vous conservé des documents (articles, lettres, tracts, affiches, etc.) susceptibles d'être utiles à mon étude ?* Accepteriez-vous de m'en donner connaissance ? avez-vous rédigé des Mémoires ? s'ils sont inédits et s'ils évoquent vos années de khâgne et votre itinéraire ultérieur, me serait-il possible de les consulter ?

9. *Êtes-vous favorable à une éventuelle utilisation nominale des renseignements que vous me faites parvenir ?*

Liste des khagneux ayant répondu au second questionnaire (1980) :

Jean Allemand (Marseille puis Louis-le-Grand) ; Jean Baillou (Lakanal) ; Robert Balland (Louis-le-Grand) ; Étienne Borne (Montpellier puis Henri-IV) ; Jean Château (Henri-IV) ; Jean Cousin (Poitiers) ; Pierre Cuénat (Lyon) ; Maurice Deixonne (Lakanal) ; Émile Delavenay (Louis-le-Grand) ; Georges Deshusses (Lyon) ; Jean Fournier (Louis-le-Grand) ; Maurice Patronnier de Gandillac (Louis-le-Grand) ; Yves Grosrichard (Henri-IV) ; Guillaume Guindey (Henri-IV) ; Pierre Hourcade (Henri-IV) ; Henri Jourdan (Louis-le-Grand) ; René Journet (Lyon). Albert Jungblut (Strasbourg) ; Georges Lefranc (Louis-le-Grand) ; Maurice Le Lannou (Louis-le-Grand) ; Jean Maitron (Louis-le-Grand) ; Claude de Marcilly (Henri-IV) ; Louis Marguin (Lyon) ; Thomas Narcejac (Poitiers) ; René Nelli (Louis-le-Grand) ; Ulysse Nicollet (Lyon) ; Jean Nivat (Louis-le-Grand) ; Jean Pons (Lyon) ; Jean Réal (Lyon) ; André Richard (Henri-IV) ; Jean Rolland (Louis-le-Grand) ; Max Rouché (Lyon) ; Henri Rouxeville (Louis-le-Grand) ; Pierre Salomon (Poitiers) ; Eugène Susini (Louis-le-Grand) ; Maurice Weiler (Condorcet).

2. *Personnes rencontrées.*

André Alba, juin 1976 ; Raoul Audibert, février 1976 ; Raymond Aron, janvier 1981 ; Paul Bénichou, octobre 1980 ; René Billères, décembre 1980 ; Étienne Borne, février 1976 ; Jean Bruhat, décembre 1980 ; Georges Canguilhem, mai 1981 ; Pierre Chambon, octobre et novembre 1980 ; Madame René Château, juin 1982 et juin 1983 ; Jacques Droz, décembre 1975 ; Michel Fourniol, mars 1976 ; Jean Guéhenno, mars 1976 ; Guillaume Guindey, juillet 1982 ; Max Grignon, novembre 1980 ; Robert Hubac, février 1975 ; Claude Jamet, juin 1982 ; Roger Joxe, mars 1976 ; Georges Lefranc, entre autres, novembre 1980, février 1981, mai 1983 ; Paul Leuilliot, juin 1976 ; Camille Marcoux, mars 1976 ; Robert Marjolin, novembre 1980 ; Henri Michel, mai 1976 ; Ulysse Nicollet, octobre 1980 ; Clémence Ramnoux, février 1976 et janvier 1981 ; Pierre Ramondot, novembre 1976 ; Eugène Susini, novembre 1980 ; Jean Thomas, septembre 1980.

En outre, dans une optique comparative, nous avons, à l'occasion de la préparation d'une communication sur l'École normale supérieure après la Libération pour le colloque sur « La France en voie de modernisation 1944-1952 » organisé par la Fondation nationale des sciences politiques en décembre 1981, recueilli le témoignage oral de treize normaliens de l'autre après-guerre (décembre 1980-janvier 1981) :

Maurice Agulhon ; François Bédarida ; Marcel Bordet ; Jean Charbonnel ; Michel Foucault ; Pierre Jeannin ; Jacques Le Goff ; Emmanuel Le Roy Ladurie ; Guy Palmade ; Marcel Roncayolo ; René Sazerat ; Alain Touraine ; Paul Viallaneix.

3. *Lettres à l'auteur*

Raymond Aron (février 1982) ; Simone de Beauvoir (décembre 1981) ; Madame Sylvain Broussaudier (juillet 1980) ; Jean Château (correspondance en 1980 et 1982) ; Rémi Chibon (septembre 1980) ; François Coulet (mai 1980) ; Roger Dion (juillet 1981) ; Jean Dresch (juillet 1980) ; Jacques Droz (avril 1976) ; Pierre Frémy (mai 1980) ; Jean Gaulmier (décembre 1981) ; Pierre Guiral (juin 1983) ; Vladimir Jankélévitch (juin 1980) ; Jean Lacroix (juin 1976) ; Dominique Leca (juin 1980) ; Georges Lefranc (correspondance entre 1980 et 1984) ; Claude Lévi-Strauss (juin 1980) ; Pierre Marthelot (août 1980) ; Jean Mistler (avril 1976) ; Pierre Ramondot (juillet 1980) ; Maurice Schumann (mai 1980).

En outre, dans l'optique comparative et pour la recherche signalées au paragraphe précédent, nous avons recueilli le témoignage écrit de six normaliens de l'autre après-guerre :

Étienne Bernand; Maurice Caveing; Jean Defrasne; Jean Ehrard; Robert Poujade; Jean-Louis Van Regemorter.

III

Sources imprimées

A) *Périodiques*

1) Nous avons systématiquement dépouillé les *Annuaires* de l'École normale supérieure depuis 1919 (Association amicale de secours des anciens élèves de l'École normale supérieure, fondée en 1846). Ce travail, qui se situa au début de notre recherche, avait déjà été mené à bien quand fut publiée en 1975 par les Presses de l'École normale supérieure la *Table des notices nécrologiques parues de 1846 à 1974* (59 p.). Dressée par Nicole Rollet, cette table est un instrument précieux.

Le même dépouillement systématique a été mené sur le *Bulletin de la Société des amis de l'École normale supérieure* du n° 1 de novembre 1919 au n° 162 d'avril 1985.

Nous avons dépouillé également la *Revue Universitaire*, de 1919 aux années 1950. Cette revue — et notamment sa rubrique « Échos et Nouvelles » — s'est révélée, en effet, une source très utile à maints égards (listes des reçus et des boursiers de licence, résultats des différents concours d'agrégation, rapports des jurys d'agrégation, résultats du Concours général, nominations à des postes de responsabilité, notices nécrologiques, etc.).

Le *Journal Officiel* a été utilisé à plusieurs reprises :

- L' « arrêté fixant la liste des candidats autorisés à prendre part en 19.. au concours pour l'admission à l'École normale supérieure et l'obtention des bourses de licence » est naturellement une source précieuse (1920, p. 7639; lacune en 1921; 1922, p. 5536; 1923, p. 4844; 1924, p. 5052; 1925, p. 5057; 1926, p. 5938; 1927, p. 5634; 1928, p. 5915; 1929, p. 6013; 1930, p. 5780; 1931, p. 5341).
- Des sondages nombreux ont été faits dans les débats parlementaires, soit au moment des discussions budgétaires, soit, le plus souvent, au moment d'incidents au Quartier latin (par exemple, l'affaire Scelle) ou à l'École normale supérieure même (ainsi, lors de l'affaire des normaliens de Quimper).

Le Bulletin administratif de l'Instruction publique publie également les listes de candidats (par exemple, pour 1921, cf. le n° 2471, 15 juin 1921, pp. 524-526). Plus largement, ce *Bulletin* a été fréquemment utilisé, et cette utilisation est mentionnée aux places correspondantes.

2) Pour étudier ceux des professeurs dont les dossiers administratifs n'étaient pas accessibles, il a fallu recourir à des sources de substitution : nous avons ainsi réuni une documentation fragmentaire, qui ne prétendait pas à l'exhaustivité mais permettait de brosser, à gros traits, quelques portraits : fiches individuelles parfois retrouvées dans les archives des lycées parisiens, renseignements donnés par les lycées de province, « fiches Dupont-Ferrier » pour ceux qui ont été nommés avant 1920 à Louis-le-Grand, notices nécrologiques, résultats aux concours d'agrégation, comptes rendus des thèses et ouvrages importants dans les revues spécialisées, annonces de nominations et de promotions.

a) C'est ainsi que nous avons pratiqué des sondages, entre autres, dans :

— les *Annuaires* de la Fondation Thiers et du Collège de France,

— la *Revue Philosophique* (notices nécrologiques dépouillées depuis 1914),

— la *Revue Internationale de l'Enseignement* (dépouillée de 1921 à 1932),

— la *Revue de l'enseignement philosophique* (sondages depuis 1951, date de sa fondation),

— *Les Humanités.*

b) Nous avons, en outre, dépouillé de façon systématique, pour le XXe siècle et dans l'optique qui était la nôtre :

— la *Revue Historique,*

— le *Bulletin de la Société des Professeurs d'histoire et de géographie de l'enseignement public,*

— et, sources déjà signalées, la *Revue Universitaire* et les *Annuaires* de l'École normale supérieure.

3) *Presse quotidienne.*

Outre des utilisations ponctuelles de la presse quotidienne, nationale et régionale, nécessaires à chaque étape, ou presque, de cette recherche, des dépouillements systématiques de certains titres de la presse nationale ont été pratiqués aux moments d'agitation de la vie normalienne (par exemple, les « affaires » Scelle, Demartial, de la « Revue » de 1927, de la PMS et des normaliens de Quimper). Ont été notamment analysés :

— *L'Action française*
— *L'Écho de Paris*
— *Le Figaro*
— *L'Humanité*
— *Le Journal des Débats*
— *L'Œuvre*
— *Le Populaire*
— *Le Temps*
— *La Victoire*

De même, pour l'analyse de l'image de l'École normale supérieure, des sondages étendus ont été faits dans la presse nationale mais aussi régionale (par exemple, au moment de l' « affaire La Coulonche » ou du centenaire de l'École). Dans quelques cas, rares il est vrai, des dossiers de l'Argus de la Presse ont facilité notre tâche.

L'étude des itinéraires politiques des anciens normaliens nous a également conduit à recourir à l'analyse de la *presse de province.* On se reportera notamment aux passages concernant Sylvain Broussaudier, Claude Jamet et Jean Le Bail.

Pour l'étude de l'itinéraire de certains chartiéristes, la presse « collaborationniste » a été sondée et *La France socialiste* dépouillée.

4) Sur le *Quartier latin de l'entre-deux-guerres,* plusieurs publications ont été étudiées. Entre autres :

— La collection (lacunaire pour 1928 et 1931) de *L'Université républicaine,* organe de la LAURS, conservée à l'annexe de la Bibliothèque nationale à Versailles, a été dépouillée de 1928 à 1931.

— De même, *L'Étudiant socialiste* — ou plus précisément ses pages françaises — a été dépouillé à partir de 1928. Sur cette revue et sa collection à la Bibliothèque nationale, cf. *supra,* note 109 du chapitre XI.

— Des sondages ont été faits, pour les années 1920 et certaines années de la décennie suivante, dans *L'Étudiant français,* organe des Étudiants d'Action française.

— *La Gerbe du Quartier latin,* « revue littéraire mensuelle », a été lue (collection conservée à la Bibliothèque municipale de Versailles, du n° 2, avril 1920, au n° 24-25, février-mars 1923 ; on y trouve des articles, notamment, de Georges Altman et Pierre Kaan, ainsi que des poèmes de Daniel Guérin).

5) Les *Libres Propos (Journal d'Alain)* ont été naturellement dépouillés. La revue *Europe,* à la charnière des années 1920 et 1930, a fait également l'objet d'une analyse attentive.

6) Le *Bulletin de l'Association des Amis d'Alain* a été, notamment pour les chapitres XIII et XVII, une source de premier plan (n° 1 de décembre 1954 au n° 58 de juin 1984).

B) *Mémoires et témoignages publiés*

1. *Souvenirs dans lesquels les khâgnes et/ou l'École normale supérieure des années 1920 sont évoquées.*

a) A titre de comparaison, pour la période antérieure à 1919, on pourra se reporter, par exemple, à :

— Sous une forme romancée, Bertrand (Louis), *Hippolyte porte-couronnes*, Fayard, 1932, 289 p. (Henri-IV en 1883-1885).
— Blanchard (Raoul), *Ma jeunesse sous l'aile de Péguy*, Fayard, 1961, 243 p. (Louis-le-Grand à la fin du XIXe siècle).
— Depreux (Édouard), *Souvenirs d'un militant*, Fayard, 1972, 608 p. (Lakanal d'octobre 1915 à avril 1917).
— Dimoff (Paul), *La Rue d'Ulm à la Belle Époque 1899-1903. Mémoires d'un normalien supérieur*, plaquette hors commerce, Imprimerie Georges Thomas, Nancy, 1970, 147 p. (Henri-IV à la fin du XIXe siècle).
— Gaxotte (Pierre), *Les Autres et moi*, Flammarion, 1975, 290 p. (Henri-IV pendant la Première Guerre mondiale).
— Genevoix (Maurice), *Trente mille jours*, Le Seuil, 1980, 279 p. (Lakanal avant la Première Guerre mondiale).
— Isaac (Jules), *Expériences de ma vie, I, Péguy*, Calmann-Lévy, 1959, 378 p. (Lakanal puis Henri-IV à la fin du XIXe siècle).
— Malègue (Joseph), *Augustin ou le Maître est là*, Éditions Spes, 1932-1933, 2 tomes, 861 p.
— Mistler (Jean), *Le Bout du monde*, Grasset, 1964, 284 p. (la khâgne d'Henri-IV au début de la Première Guerre mondiale, le Centre de Nancy en 1919).
— Mistler (Jean), *Gare de l'Est*, Grasset, 1975, 237 p. (Nancy en 1919).
— Prévost (Jean), « Dix-huitième année », *Nouvelle Revue française*, octobre 1928-janvier 1929 (Henri-IV en 1918-1919).

b) Pour la période 1919-1931, on consultera, entre autres, les passages, plus ou moins substantiels, de :

— Aron (Raymond), *Mémoires. 50 ans de réflexion politique*, Julliard, 1983, 778 p.
— Berthier (Patrick), *Le Cas Guillemin. Dialogues*, Gallimard, 1979, 243 p.
— Brasillach (Robert), *Notre avant-guerre*, Plon, 1941, 357 p.
— Bruhat (Jean), *Il n'est jamais trop tard*, Albin Michel, 1983, 294 p.
— Cogniot (Georges), *Parti Pris (55 ans au service de l'humanisme réel)*, tome 1, Éditions Sociales, 1976, 540 p.
— Germain (Gabriel), *Le Regard intérieur*, Le Seuil, 1968, 333 p.
— Guitton (Jean), *Écrire comme on se souvient*, Fayard, 1974, 385 p.
— Guth (Paul), *Mémoires d'un naïf*, P. Horay, 1953, 256 p., (cf. aussi *Le Figaro littéraire* du 11 avril 1953, et *Louis-le-Grand 1563-1963. Études, souvenirs, documents*, signalé ci-dessous).
— Leca (Dominique), *Il y a quarante ans, l'an 40. La rupture*, Fayard, 1978, rééd. Le Livre de Poche, 1980, 472 p.
— Le Lannou (Maurice), *Un bleu de Bretagne. Souvenirs d'un fils d'instituteur de la Troisième République*, Hachette Littérature, 1979, 177 p. (se termine, en fait, par l'arrivée dans la khâgne de Louis-le-Grand).
— *Louis-le-Grand 1563-1963. Études, souvenirs, documents*, 1963, 274 p. Sur les neuf « souvenirs » consignés dans ce livre, sept sont consacrés à la khâgne :
• Joxe (Roger), « Louis-le-Grand et l'École normale supérieure » (pp. 157-196).
• Blanchard (Raoul), « Une grande cagne au XIXe siècle » (pp. 233-240).
• Baumont (Maurice), « La khâgne de Louis-le-Grand (1908-1910) » (pp. 241-244).
• Paye (Lucien), « Les Grands d'Ex-khâgne » (pp. 245-246).

- Senghor (Léopold Sédar), « Louis-le-Grand, haut lieu de la culture française » (pp. 247-250).
- Lupin (José), « La prison des esprits libres » (pp. 251-256).
- Guth (Paul), « La khâgne de Louis-le-Grand au temps des années folles » (pp. 259-270).

— Maugüé (Jean), *Les Dents agacées*, Buchet-Chastel, 1982, 237 p.
— Queffélec (Henri), *Un Breton bien tranquille*, (avec la collaboration de Maurice Chavardès), Stock, 1978, 347 p.

2. *Certains des normaliens et/ou khâgneux des années 1920 livrent indirectement quelques éléments sur leurs engagements de jeunesse, ou publient des documents inédits sur cette période, dans diverses publications :*

Par exemple :

— Bertaux (Pierre), *La Libération de Toulouse et de sa région*, Hachette, 1973, 270 p. (du même, cf. également « Un étudiant français à Berlin (hiver 1927-1928) », *Revue d'Allemagne*, t. XIV, n° 2, avril-juin 1982, pp. 337-350).
— Friedmann (Georges), *La Puissance et la Sagesse*, Gallimard, 1970, 503 p.
— Gallois (Daniel), *Inédits*, édité par l'Association des Amis de Daniel Gallois, 1979, 305 p.
— Gracq (Julien), *En lisant, en écrivant*, Librairie José Corti, 1980, 305 p.

Sur Jean-Paul Sartre, les sources — et, on le verra plus loin, la bibliographie — sont dispersées. Sur les années de jeunesse, plusieurs ouvrages ou articles fournissent des pistes précieuses. Par exemple :

— Contat (Michel), et Rybalka (Michel), *Les Écrits de Sartre. Chronologie. Bibliographie commentée*, Gallimard, 1970, 788 p.
— *Lettres au Castor et à quelques autres*, tome I (1926-1939), Gallimard, 1983, 521 p.
— *Sartre. Un film réalisé par Alexandre Astruc et Michel Contat*, texte intégral, Gallimard, 1977, 138 p.
— Gaulmier (Jean), « Quand Jean-Paul Sartre avait dix-huit ans », *Le Figaro littéraire*, n° 637, samedi 5 juillet 1958, p. 5.

Nous avons tenté de retrouver *les premiers textes imprimés* de Raymond Aron et Claude Lévi-Strauss. Sur ces textes peu — ou pas — connus, cf. les passages correspondants de cet ouvrage.

Les racines familiales et l'arbre généalogique d'Émile Delavenay sont caractéristiques de ceux d'un certain nombre de khâgneux fils d'instituteurs :
Delavenay (Émile), *Une famille du Faucigny à travers les siècles. Les Delavenay d'Amancy*, Imprimerie « Le Messager », Thonon-les-Bains, 1982, 109 p., préface de Jean Nicolas.

3) *Quelques témoignages et souvenirs portant pour tout ou partie sur les engagements de jeunesse dans l'entre-deux-guerres.*

a) Nous avons, entre autres, consulté :

— Abellio (Raymond), *Ma dernière mémoire, II, les militants, 1927-1939*, Gallimard 1975, 316 p.
— Andreu (Pierre), *Le Rouge et le Blanc*, La Table Ronde, 1977, 241 p.
— Aron (Robert), *Fragments d'une vie*, préface de Denis de Rougemont, Plon, 1981, 249 p.
— Beauvoir (Simone de), *Mémoires d'une jeune fille rangée* et *La Force de l'âge*, Gallimard, respectivement 1958 et 1960, 359 et 623 p.
— Charbonneau (Henry), *Les Mémoires de Porthos*, Les éditions du Clan, 1967, 457 p
— Jouvenel (Bertrand de), *Un voyageur dans le siècle*, Robert Laffont, 1980, 493 p.

— Lamour (Philippe), *Le Cadran solaire*, Robert Laffont, 1980, 467 p.
— Laurent (Jacques), *Histoire égoïste*, La Table Ronde, 1976, 373 p.
— Lefebvre (Henri), *La Somme et le reste*, La Nef de Paris Éditions, 1959, 353 p. et 785 p.
— Maxence (Jean-Pierre), *Histoire de dix ans 1927-1937*, Gallimard, 1939, 380 p.
— *Mounier et sa génération. Lettres, carnets et inédits*, Le Seuil, 1956, 429 p.

b) Ces témoignages sont à compléter par des enquêtes ou études, contemporaines ou postérieures, sur cette jeunesse entre deux guerres. Par exemple :

— Alix (Roland), *La Nouvelle Jeunesse. Enquête auprès des jeunes gens d'aujourd'hui*, avec une préface de Gaston Riou, Valois, 1930, 189 p.
— Andreu (Pierre), « Les idées politiques de la jeunesse intellectuelle de 1927 à la guerre », *Revue des travaux de l'Académie des sciences morales et politiques et Comptes rendus de ses séances*, 110e année, 4e série, année 1957, 2e semestre, pp. 17-35.
— Catalogne (Gérard de), *Une génération*, Le Rouge et le Noir, 1930, 273 p. (en fait, la génération précédente vue par un membre de la génération de 1905).
— « Une enquête auprès des étudiants d'aujourd'hui », *Les Nouvelles littéraires*, 17 novembre 1928-2 février 1929.
— Ganne (Gilbert), « Qu'as-tu fait de ta jeunesse ? », une enquête d'*Arts* « sur les mouvements intellectuels d'avant-guerre », du n° 560 (21-27 mars 1956) au n° 576 (11-17 juillet) :
  — n° 560 : Le surréalisme.
  — n° 561 : Esprit.
  — n° 562 : Ordre Nouveau.
  — n° 564 : Les jeunes maurrassiens (T. Maulnier, C. Roy, K. Haedens, J. Laurent, L. Salleron, J. de Fabrègues, R. Vincent, D. Aury).
  — n° 565 : Les « jeunes radicaux » (G. Bergery, E. Berl, P. Dominique, A. Fabre-Luce, B. de Jouvenel).
  — n° 567 : Les populistes (A. Thérive, H. Troyat, H. Poulaille).
  — nos 569 et 570 : Les intellectuels antifascistes (A. Malraux, J. Soustelle, J. Guéhenno, F. Jourdain, A. Chamson, J. Cassou, J. Schlumberger, E. Triolet).
  — n° 573 : Les jeunes socialistes (A. Philip, R. Belin, P. O. Lapie, G. Albertini L. Vallon, L. Laurat, A. Dauphin-Meunier, R. Abellio).
  — n° 576 : conclusion de G. Ganne et courrier des lecteurs.
— « Où va la nouvelle génération ? », *Revue Française*, mars 1922.
— *Les Tendances de la jeunesse actuelle : jeunesse française d'aujourd'hui (enseignement secondaire, grandes écoles)*, fascicule 373 du Comité National d'Études sociales et politiques, 1928, 46 p. (communications, sous la présidence de M. Capitant, de MM. Gendarme de Bévotte, inspecteur général de l'Instruction publique, Guillet, directeur de l'École centrale, Lanson, directeur honoraire de l'École normale supérieure, Brunot, doyen de la faculté des lettres, Thomas, inspecteur des travaux du Génie, Tissier, directeur honoraire de l'École supérieure du génie maritime).
— Naturellement, l'enquête d'Agathon (Henri Massis et Alfred de Tarde), *Les Jeunes Gens d'aujourd'hui* (Plon, 1913, VI — 289 p.), constitue un précédent (modèle ou repoussoir) pour certaines de ces enquêtes.

Les ouvrages de Jean-Louis Loubet del Bayle et Michel Winock, évoqués par ailleurs, sont précieux pour ce qui concerne le rameau « non conformiste » de la génération de 1905.

Un séminaire animé par Raoul Girardet et Janine Bourdin a débouché sur une enquête d'histoire orale auprès de militants étudiants des années 1930, dont les résultats ont été présentés par Jean-François Eck (*Témoignages oraux et militantisme étudiant dans la France des années 30. Essai d'histoire orale*, 1978, 225 p., dact. ; apparemment, certains des témoins — non nommés dans l'étude — sont identifiables : Jacques Laurent, Pierre Hervé, Roger Ikor, Raymond Abellio et Fred Zeller ?).

C) *Socialistes normaliens des années 1920*

La première partie des Mémoires de Georges Lefranc est une source de premier plan pour notre sujet (« Rétrospectives. A travers un demi-siècle de mouvement ouvrier 1920-1970), I, Comment, dans les années 1920, on devient socialiste », *Cahier de l'OURS* (Office universitaire de recherche socialiste), n° 116, janvier 1981, 80 p.).

Les nombreux ouvrages de Georges Lefranc constituent à la fois une source et un cadre bibliographique de référence. Nous en avons donc fait un usage à un double niveau. Entre autres :

— *Le Mouvement socialiste sous la Troisième République*, Payot, 1963, 444 p., 2e éd., Petite Bibliothèque Payot, 2 tomes, 479 p.

— « Histoire d'un groupe du Parti socialiste SFIO. Révolution constructive » dans les *Mélanges d'histoire économique et sociale, en hommage au professeur Antony Babel*, Genève, 1963, pp. 401-425 (repris dans *Essais sur les problèmes sociaux et syndicaux*, Payot, 1970, 264 p., pp. 169-196).

— « Le socialisme en France », dans l'*Histoire générale du socialisme*, publiée sous la direction de Jacques Droz, t. III, PUF, 1977, 714 p., pp. 337-420.

— « Le Groupe d'études socialistes des ENS », dans *Visages du mouvement ouvrier français. Jadis, naguère, aujourd'hui*, PUF, 1982, 232 p., pp. 53-70.

Sur Émilie Lefranc, cf. *Émilie Lefranc*, brochure hors commerce, 1971, 100 p. (un exemplaire se trouve à la Bibliothèque nationale).

Sur Pierre Boivin, la source la plus commode est :

Boivin (Pierre), *Choix d'Écrits*, Centre confédéral d'éducation ouvrière, 1938, L + 298 p.

Certains des normaliens socialistes des années 1920 ont participé, au cours de la décennie suivante, à la fondation et à l'animation de Révolution constructive. Trois d'entre eux ont, du reste, été les éditeurs du manifeste du groupe :

Boivin (Pierre), Lefranc (Georges) et Deixonne (Maurice), *Révolution constructive*, Valois, 1932, 239 p.

Le Centre de Documentation sociale, dirigé par Célestin Bouglé, fut l'un des lieux du socialisme normalien. Sur Célestin Bouglé, cf. notamment la plaquette :

Bouglé, 1870-1940, s.d., 72 p.

Marcel Déat, on l'a vu, joua au cours de la décennie un rôle, direct puis indirect, important au sein du groupe socialiste. La première partie de ses Mémoires déposés au département des manuscrits de la Bibliothèque nationale présente, de ce fait, un indéniable intérêt pour notre sujet :

Déat (Marcel), *Mémoires*, première partie, *Le Massacre des possibles*, 3 volumes dactylographiés, 251 + 216 + 220 p.

Deux *Circulaires du Groupe d'études socialistes des Écoles normales supérieures :*

— avril 1926, 16 p.

— septembre 1926, 48 p.

(Archives Lefranc ; un exemplaire de chacune de ces circulaires a été également déposé à la Bibliothèque nationale).

D) *Les professeurs de khâgne*

Cette génération d'universitaires quinquagénaires a été brillamment évoquée dans le « classique » de Thibaudet (Albert), *La République des Professeurs*, Grasset, 1927, 265 p. Bien que n'y figurent pas des professeurs de khâgne, *La Politique Républicaine*, publiée en 1924 (Félix Alcan, 591 p.) entre autres par Georges Scelle, Gaston Jèze, Charles Seignobos, Célestin Bouglé, Albert Demangeon et d'autres universitaires favorables au Cartel des gauches et flanqués de dirigeants politiques (Édouard Daladier et Édouard Herriot, notamment), est précieuse pour étudier une partie de cette génération d'enseignants.

Dans l'autre camp se trouve André Bellessort :
— Bellessort (André), *Le Collège et le monde*, Gallimard, 1941, 287 p.
— Bellessort (André) et Chaumeix (André), *Académie française. Discours de réception de M. André Bellessort, réponse de M. André Chaumeix*, Librairie Académique Perrin, 1936, 88 p.
Cf. également :
— *Paul Dupuy (1856-1948)*, Brodard et Taupin, 1951, 159 p. (plaquette sur l'inamovible « surveillant général » de l'École).
— Gendarme de Bévotte (Georges), *Souvenirs d'un universitaire*, Librairie Académique Perrin, 1938, 324 p.
Et sur la génération intermédiaire des normaliens engagés dans le premier conflit mondial :
— Prenant (Marcel), *Toute une vie à gauche*, Éd. Encre, 1980, 334 p.

E) *La mouvance chartiériste*

1) — *Alain.*

Seuls sont cités ci-dessous les principaux ouvrages ou recueils de Propos. Pour une bibliographie plus complète, on se reportera aux notes du chapitre XIII et à la thèse de Marie-Thérèse Sur, citée par ailleurs. L'ouvrage d'André Sernin, *Alain. Un sage dans la cité. 1868-1951* (Robert Laffont, 1985, 478 p.), fournit également des indications complémentaires.

— *Mars ou la Guerre jugée*, Éditions de la Nouvelle Revue française, 1921, 201 p.
— *Éléments d'une doctrine radicale*, Éditions de la Nouvelle Revue française, Librairie Gallimard, coll. « Les Documents bleus », 1925, 315 p.
— *Le Citoyen contre les Pouvoirs*, Éditions du Sagittaire, Simon Kra, 1926, 237 p.
— *Histoire de mes pensées*, Gallimard, 1936, 310 p.
— *Souvenirs de guerre*, P. Hartmann, 1937, 247 p.
— *Politique*, PUF, 1952, XI-335 p.
— *Propos*, Gallimard, Bibliothèque de la Pléiade, 1956, 1366 p.
— *Portraits de famille*, Mercure de France, 1961, 203 p.

2) *Michel Alexandre.*

— *En souvenir de Michel Alexandre. Leçons, textes, lettres*, Mercure de France, 1956, 558 p.

3) Outre Michel Alexandre, dans la mouvance chartiériste ou sur ses marges, nous avons localisé un certain nombre de personnalités, René Gérin, Georges Demartial, Félicien Challaye, qu'il était nécessaire d'étudier. Il a donc fallu explorer, pour ébaucher quelques portraits nécessaires à la compréhension d'un réseau de sociabilité, des pistes diverses, signalées dans cet ouvrage, et utiliser des sources variées, dont l'énumération, ici, fausserait la perspective de cette bibliographie. Les articles, manifestes, brochures et autres prises de position de ces intellectuels forment, en effet, un corpus imposant, sur lequel nous avons dû travailler. Sur Georges Demartial, par exemple, on se reportera aux listes de l'ouvrage de :

— Challaye (Félicien), *Georges Demartial. Sa vie. Son œuvre (avec une bibliographie établie par Pierre Berland)*, A. Lahure, 1950, 54 p.

4) Parmi les « amis » des *Libres Propos*, appartenant à deux générations différentes, Léon Letellier et Gustave Monod. Outre les indications accessibles par l'index, signalons :

— *Léon Letellier (1859-1926). Écrits fragmentaires, souvenirs de son action*, Union pour la Vérité, 1927, 317 p.
— *Un pionnier en éducation. Gustave Monod. Les classes nouvelles de la Libération*, Comité universitaire d'information pédagogique, CEMEA, 1981, 180 p.

Et Jules Lagneau, maître d'Alain, a été également évoqué dans cette recherche :
— *Écrits de Jules Lagneau réunis par les soins de ses disciples*, Union pour la Vérité, 1924, 373 p.
— Lagneau (Jules), *De l'existence de Dieu*, Félix Alcan, 1925, VI + 156 p.
— Lagneau (Jules), *Célèbres leçons et fragments*, 1950, 2e éd., revue et augmentée, PUF, 1964, 375 p.

5) *René Château.*

Là encore, pour une bibliographie plus approfondie, on se reportera à l'index et aux passages de ce livre concernant René Château. Pour une première approche, on consultera les brochures et ouvrages suivants :
— *A la recherche du temps futur*, Denoël, 1944, 269 p.
— *Paroles et écrits d'avant-guerre*, Éditions de la Ligue de pensée française, s.d., 47 p. (même texte que « l'appendice » d'*A la recherche du temps futur*).
— Brochures de la Ligue de pensée française (*Statuts*, 7 p.; *Manifeste*, 7 p.; *Plans de Pacification intérieure et de Paix*, 15 p., 1943).
— *Introduction à la Politique (Cours d'initiation sociale, civique et humaine)*, Publications Chateaubriand, 1947, XVIII + 742 p.
— Abel (Jean-Pierre) (pseudonyme de Château René), *L'Âge de Caïn. Premier témoignage sur les dessous de la libération de Paris*, Les Éditions nouvelles, 1947, 239 p.

6) *Claude Jamet.*

Pour Claude Jamet également, on se reportera, pour une approche bibliographique approfondie, aux passages correspondants de ce livre. Citons ici :
— *Images de la littérature*, Sorlot, 1943, 340 p. (recueil d'articles parus dans *La France socialiste* entre le 29 novembre 1941 et le 5 décembre 1942).
— *Engagements. Images et portraits d'écrivains suivis de Confession sans repentir de l'auteur de Fifi Roi*, « Le Lotus d'or », Sélection du Nouveau Parthénon, 1949, 253 p.
— *Le Rendez-Vous manqué de 1944*, présenté par Claude Jamet, Éditions France-Empire, 1964, 317 p.

F) *Sources diverses*

Les fiches de documentation du Bureau universitaire de statistique et de documentation scolaires et universitaires donnent des renseignements utiles (cf. notamment la notice n° 10 consacrée à l'École normale supérieure, 1943, 8 p., 1946, 23 p., 1953, 105 p.; cette dernière brochure concerne également les autres Écoles normales supérieures).

L'utilisation de l'*Annuaire* de la Société des anciens élèves et élèves de l'École libre des sciences politiques (en l'occurrence celui de 1938, 91 p.) permet d'utiles comparaisons.

Atlas de l'enseignement en France, International Examination Inquiry, Commission française pour l'enquête Carnegie sur les examens et les concours en France, 1933, 183 p.

Dion (L.), *Recueil complet de la législation de l'enseignement secondaire*, Papeterie générale des Écoles, 1923, 1106 p.

IV

Indications bibliographiques

A) *École normale supérieure. Histoire de l'éducation*

1) La bibliographie — peu étoffée, et composite — sur l'École normale supérieure est signalée dans le corps de l'ouvrage. Les archives de l'établissement, conservées rue d'Ulm jusqu'au début des années 1970 puis déposées aux Archives Nationales, n'avaient guère fait jusqu'ici l'objet d'une utilisation sur une grande échelle.

L'ouvrage de Jeannin (Pierre), *École normale supérieure* (Office français de diffusion artistique et littéraire, 1963, 174 p.) est toutefois solidement étayé par une consultation attentive de cette source. Dénué d'appareil critique, il ne peut malheureusement servir d'inventaire.

Ces archives ont été utilisées de façon approfondie, mais pour une période relativement brève — et antérieure à l'époque que nous étudions —, par Smith (Robert J.), *The École Normale Supérieure in the Third Republic : A Study of the Classes of 1890-1904*, Ph. D. diss., University of Pennsylvania, 1967, 251 p.

Beaucoup plus général est, en revanche, l'ouvrage que ce chercheur a consacré à l'École de la rue d'Ulm durant la IIIe République tout entière : Smith (Robert J.), *The École Normale Supérieure and the Third Republic*, State University of New York Press, Albany, 1982, 201 p. Plus précis est, au contraire, son article consacré à « L'atmosphère politique à l'École normale supérieure (fin du XIXe siècle) », *Revue d'histoire moderne et contemporaine*, t. 20, avril-juin 1973, pp. 248-268.

Sur le premier siècle d'histoire de l'établissement de la rue d'Ulm, *Le Centenaire de l'École normale 1795-1895* (Hachette, 1895, 699 p.) est une source commode, avec, notamment, l'étude de Dupuy (Paul) sur *L'École normale de l'an III* (*op. cit.*, pp. 1-209) et, du même auteur, un résumé de *L'Histoire de l'École normale de 1810 à 1895* (*ibid.*, pp. 211-252).

Cf. également *L'École normale supérieure, d'où elle vient ? où elle va ?*, documents réunis par Célestin Bouglé, Hachette, 1934, 112 p.

Comme élément de comparaison, cf. Luc (Jean-Noël) et Barbé (Alain), *Des normaliens. Histoire de l'École normale supérieure de Saint-Cloud*, 1982, Presses de la Fondation nationale des sciences politiques, 323 p.

Sur un registre polémique, et donc, en fait, source plus qu'étude, il faut mentionner ici l'ouvrage de Bourgin (Hubert), *De Jaurès à Léon Blum. L'École normale et la politique*, Fayard, 1938, 519 p. (rééd. en 1970, avec une présentation de Lindenberg (Daniel), coll. « Réimpressions », Gordon and Breach, Paris, Londres, New York, 519 p.).

L'ouvrage d'Herriot (Édouard), *Normale*, La Nouvelle Société d'Édition, 1932, 201 p., est aussi, au premier comme au second degré, une source intéressante (cf. également le tome I des Mémoires de l'ancien normalien : *Jadis, I, Avant la Première Guerre mondiale*, Flammarion, 1948, 269 p.).

2) Et naturellement, pour replacer l'histoire de l'École normale supérieure dans un contexte plus large, l'ouvrage de Prost (Antoine), *L'Enseignement en France 1800-1967* (Armand Colin, Coll. U, 1re éd., 1968, 524 p.) est essentiel.

De même, on consultera les volumes rédigés par Mayeur (Françoise) et Prost (Antoine) pour l'*Histoire générale de l'enseignement et de l'éducation en France*, publiée sous la direction de Parias (Louis-Henri), préface de Rémond (René).

— Mayeur (Françoise), tome III, *De la Révolution à l'École républicaine (1789-1930)*, 1981, 683 p.

— Prost (Antoine), tome IV, *L'École et la famille dans une société en mutation (1930-1980)*, 1981, 729 p.

A des titres divers, les études qui suivent nous ont été utiles :

— Compagnon (Antoine), *La Troisième République des lettres*, Le Seuil, 1983, 384 p.

— Dupont-Ferrier (Gustave), *Du collège de Clermont au lycée Louis-le-Grand 1563-1920*, tome 2, *1800-1920*, de Boccard, 1922, 556 p., et tome 3, *Mémoires justificatifs, appendices et index général*, de Boccard, 1925, 498 + 144 p.

— Gerbod (Paul), *La Condition universitaire en France au XIXe siècle. Étude d'un groupe socioprofessionnel. Professeurs et administrateurs de l'enseignement secondaire public de 1842 à 1880*, Université de Paris, 1965, 722 p.

— Gerbod (Paul), *Les Enseignants et la politique*, PUF, 1976, 162 p.

— Guiral (Pierre) et Thuillier (Guy), *La Vie quotidienne des professeurs de 1870 à 1940*, Hachette, 1982, 318 p.

— Les recherches de Karady (Victor) ont été utilisées dans la première partie de notre ouvrage. Notamment les articles suivants :

• « Normaliens et autres enseignants à la Belle Époque. Note sur l'origine sociale et la réussite dans une profession intellectuelle », *Revue française de sociologie*, XIII, 1972, pp. 35-58.

• « L'expansion universitaire et l'évolution des inégalités devant la carrière d'enseignant au début de la IIIe République », *Revue française de sociologie*, XIV, 1973, pp. 443-470.

• « Recherches sur la morphologie du corps universitaire littéraire sous la Troisième République », *Le Mouvement Social*, n° 96, juillet-septembre 1976, pp. 47-49.

• « Les Professeurs de la République. Le marché scolaire, les réformes universitaires et les transformations de la fonction professorale à la fin du XIXe siècle », *Actes de la recherche en sciences sociales*, n° 47-48, juin 1983, pp. 90-112.

Les études de Bourdieu (Pierre) sur le milieu universitaire et, plus largement, intellectuel, ont été lues. Pour la discussion de certaines de ses analyses, on se reportera aux premières pages du chapitre VII. Outre *Homo academicus* (Les Éditions de Minuit, 1984, 302 p.), ouvrage dans lequel le rôle de l'École normale supérieure est évoqué, et *Les Héritiers* et *La Reproduction* (Les Éditions de Minuit, 1964, 181 p., et 1970, 281 p., en collaboration avec Passeron Jean-Claude), deux articles de cet auteur, entre autres, concernaient notre recherche :

• Bourdieu (Pierre) et Saint-Martin (Monique de), « Les catégories de l'entendement professoral », *Actes de la recherche en sciences sociales*, n° 3, mai 1975, pp. 68-93.

• Bourdieu (Pierre), « Épreuves scolaires et consécration sociale. Les classes préparatoires aux Grandes Écoles », *Actes de la recherche en sciences sociales*, n° 39, septembre 1981, pp. 3-70.

L'utilisation en histoire, par exemple par Charle (Christophe), des concepts et outils forgés par cette école sociologique a été lue avec profit. Outre les articles de cet auteur, cf. notamment sa thèse de 3e cycle :

— Charle (Christophe), *La Crise littéraire à l'époque du naturalisme, roman, théâtre et politique. Essai d'histoire sociale des groupes et des genres littéraires*, Presses de l'École normale supérieure, 1979, 208 p.

Il en va de même de la démarche et des conclusions de l'ouvrage de :

— Clark (Terry Nichols), *Prophets and patrons : the french University and the emergence of the social sciences*, Cambridge (Mass.), Harvard University Press, X + 282 p.

Il nous faut citer également les recherches de Vincent (Gérard) sur *Les Professeurs du second degré* (Cahier de la Fondation nationale des sciences politiques, n° 160, Armand Colin, 1967, 329 p.) et sur *Le Peuple lycéen* (Gallimard, 1974, 534 p.), et surtout, du même auteur, pour la période — entendue au sens large — de notre recherche, les deux articles suivants :

• « Les professeurs de l'enseignement secondaire dans la société de la " Belle Époque " », *Revue d'histoire moderne et contemporaine*, tome XIII, janvier-mars 1966, pp. 49-86.

• « Les professeurs du second degré au début du XXe siècle. Essai sur la mobilité sociale et la mobilité géographique », *Le Mouvement Social*, avril-juin 1966, n° 55, pp. 47-73.

B) *Études biographiques dans lesquelles les khâgnes et/ou l'École normale supérieure des années 1920 sont évoquées*

1) Quelques normaliens ont fait l'objet, à des titres divers, d'études biographiques. Certaines de ces études consacrent de substantiels passages aux années de khâgne et d'École normale supérieure. C'est le cas notamment des ouvrages suivants :

— Brossolette (Gilberte), *Il s'appelait Pierre Brossolette*, Albin Michel, 1976, 288 p.

— Cohen-Solal (Annie), avec la collaboration de Nizan (Henriette), *Paul Nizan, communiste impossible*, Grasset, 1980, 288 p.

— Ferrières (Gabrielle), *Jean Cavaillès, philosophe et combattant. 1903-1944, avec une*

étude de son œuvre par Gaston Bachelard, PUF, 1950, 234 p., rééd., Le Seuil, 1982, 223 p.
— Pétrement (Simone), *La Vie de Simone Weil,* tome I, Fayard, 1973, 447 p.
— Roussel (Éric), *Georges Pompidou,* Jean-Claude Lattès, 1984, 569 p. (biographie plus précise, en tout cas pour les années de jeunesse, que les ouvrages de Bromberger (Merry) et Rouanet (Pierre) en 1965 — Fayard, 352 p. — et 1969 — B. Grasset, 319 p.).

2) Par ailleurs, pour la bibliographie concernant les anciens khâgneux les plus célèbres (Jean-Paul Sartre et Raymond Aron, par exemple, ainsi que ceux cités ci-dessus), on se reportera, au moyen de l'index, aux notes des passages correspondants de ce livre. Ce sont, en effet, plusieurs dizaines d'ouvrages et d'articles qui ont été ainsi consultés, et leur énumération ici déséquilibrerait la bibliographie, en en faussant la perspective.

Ainsi, la bibliographie consultée sur Jean-Paul Sartre est disparate et, par là même, fournie. Jusqu'à la publication du livre de Cohen-Solal (Annie) à l'automne 1985, on devait se contenter, en ce qui concerne les ouvrages de synthèse, des éléments, bien flous sur la jeunesse de Sartre, de :
— Jeanson (Francis), *Sartre dans sa vie,* Le Seuil, 1974, 302 p.

En revanche, on trouvera quelques indications précieuses dans les sources sur la jeunesse de Sartre, déjà signalées.

De même, Paul Nizan a fait l'objet de plusieurs études; notamment, outre l'ouvrage déjà signalé de Cohen-Solal (Annie) :
— Ginsbourg (Ariel), *Paul Nizan,* Paris, Éditions Universitaires, 1966, 128 p.
— King (Adèle), *Paul Nizan écrivain,* Didier, 1976, 211 p.
— Leiner (Jacqueline), thèse citée par ailleurs.
— Ory (Pascal), *Nizan. Destin d'un révolté,* 1980, Ramsay, 331 p.
— Numéro de la revue *Atoll* consacré à Paul Nizan, n°1, novembre-décembre 1967 — janvier 1968, 80 p.
— Nous n'avions pas encore lu la thèse de James Steel au moment de la conclusion de notre recherche (*Le Refus de l'angoisse (Biographie politique de Paul Nizan),* dact., 2 vol., 696 p., soutenue à l'Institut d'études politiques de Paris en mai 1985 et publiée en 1987 aux Presses de la Fondation nationale des sciences politiques.)

Simone Weil, également, a suscité des recherches. A l'ouvrage de Simone Pétrement s'ajoutent :
— Cabaud (Jacques), *L'Expérience vécue de Simone Weil,* Plon, 1957, 404 p.
— Dujardin (Philippe), *Simone Weil. Idéologie et politique,* préface de Colette Audry, Presses Universitaires de Grenoble - François Maspero, Grenoble, 1975, 201 p.

Sur Henri-Irénée Marrou, on consultera l'introduction de :
— Marrou (Henri-Irénée), *Crise de notre temps et réflexion chrétienne (de 1930 à 1975),* Introduction de Jean-Marie Mayeur, Préface de Charles Piétri, Éditions Beauchesne, 1978, 471 p.

Léopold Sédar Senghor a suscité lui aussi des travaux divers. Le catalogue de l'exposition organisée par la Bibliothèque nationale en 1978 constitue une introduction suggestive :
Léopold Sédar Senghor, Bibliothèque nationale, 1978, XV + 143 p.

C) « *Jeunesses* » *de l'entre-deux-guerres*

1) On se reportera avant tout, sur ce point, aux indications sur les « quelques témoignages et souvenirs portant pour tout ou partie sur les engagements de jeunesse dans l'entre-deux-guerres », répertoriées dans la rubrique des sources imprimées.

2) Le Quartier latin des années 1920 :

L'ouvrage de Bourrelier (Henri), *La vie du Quartier latin des origines à la Cité universitaire* (Éd. Bourrelier et Cie, 1936, 236 p.) s'arrête en fait au seuil de cette décennie.

Celle-ci est au contraire évoquée par Coutin (André) dans *Huit siècles de violence au Quartier latin*, Stock, 1969, 384 p.

Sur l'Action française, pas de synthèse véritable sur cet aspect — important — de la sociabilité maurrassienne qu'a été le militantisme étudiant dans Weber (Eugen), *L'Action française* (Stock, 1964, 649 p.), mais des notations intéressantes — et dispersées — sur le sujet.

L'agitation étudiante au Quartier latin est, en fait, surtout perceptible à partir des sources (F 7, AJ 16) signalées plus haut.

3) « *L'esprit des années 1930* »

Depuis la communication pionnière de Jean Touchard au colloque de Royaumont en 1959, le sujet a été plusieurs fois analysé, par exemple par Jean-Louis Loubet del Bayle et Michel Winock :

— Touchard (Jean), « L'esprit des années 1930 : une tentative de renouvellement de la pensée politique française » *in Tendances politiques dans la vie française depuis 1789*, Hachette, 1960, pp. 90-120.

— Loubet del Bayle (Jean-Louis), *Les Non-Conformistes des années 30*, Le Seuil, 1969, 496 p.

— Winock (Michel), *Histoire politique de la revue « Esprit » (1930-1950)*, Le Seuil, 1975, 450 p.

Cf. également la récente mise au point de Rémond (René), « Le climat des années trente », dans *Le Personnalisme d'Emmanuel Mounier. Hier et demain*, Le Seuil, 1985, 254 p., pp. 19-30.

D) *Le pacifisme à la SFIO dans les années 1930*

Pour replacer dans leur contexte les itinéraires politiques, au cours de la décennie suivante, des normaliens socialistes des années 1920 :

— Bilis (Michel), *Socialistes et pacifistes. L'intenable dilemme des socialistes français (1933-1939)*, éd. Syros, 1979, 372 p. (la couverture porte, elle, le sous-titre : « ou l'impossible dilemme... »).

— Gombin (Richard), *Les Socialistes et la guerre. La SFIO et la politique étrangère française entre les deux guerres mondiales*, préface de C.-A. Colliard, Paris, La Haye, Mouton, 1970, 271 p.

— Gombin (Richard), « Socialisme et pacifisme », dans *La France et les Français en 1938-1939*, sous la direction de René Rémond et Janine Bourdin, Presses de la Fondation nationale des sciences politiques, 1978, 365 p., pp. 245-260.

— Greene (Nathanael), *Crisis and decline. The french socialist Party in the popular Front era*, Cornell University Press, Ithaca, New York, 1969, 361 p.

— Sadoun (Marc), *Les Socialistes sous l'Occupation. Résistance et collaboration*, préface de Maurice Duverger, Presses de la Fondation nationale des sciences politiques, 1982, 323 p.

E) *Thèses et mémoires de maîtrise*

1) Outre les thèses de Smith (Robert J.) et Sadoun (Marc) citées par ailleurs, plusieurs thèses ont été utilisées à des titres divers. Entre autres :

— Berstein (Serge), *Le Parti républicain radical et radical-socialiste en France de 1919 à 1939*, version intégrale, Université de Paris X, 4 volumes, s.d. (1976), dact., XI + 1436 p. (cf. pp. 668-703 : « le phénomène " Jeune-Turc " (1926-1933) »).

— Canivez (André), *Jules Lagneau, professeur et philosophe. Essai sur la condition du professeur de philosophie jusqu'à la fin du XIXe siècle*, Association des publications de la faculté des lettres de Strasbourg, 1965, 599 p.

— Fouilloux (Étienne), *Les Catholiques et l'unité chrétienne du XIXe au XXe siècle. Itinéraires européens d'expression française*, Le Centurion, 1982, 1007 p.

— Jouffroy (Marc), *La Pensée politique d'Alain*, Université de Montpellier, 1953, dact., 208 p.
— Leiner (Jacqueline), *Le Destin littéraire de Paul Nizan et ses étapes successives. Contribution à l'étude du mouvement littéraire en France de 1920 à 1940*, Klincksieck, 1970, 299 p.
— Mayeur (Françoise), *L'Enseignement secondaire des jeunes filles sous la IIIe République*, Presses de la Fondation nationale des sciences politiques, 1977, 490 p.
— Racine (Nicole), *Les Écrivains communistes en France 1920-1936*, Institut d'études politiques de Paris, 1963, dact., VII + 466 p.
— Sernin (André), *Un philosophe méconnu. Georges Bénézé (1888-1978)*, Éd. France-Empire, 1982, 388 p.
— Sur (Marie-Thérèse), *Alain et la théorie démocratique*, Université de Caen, 1976, dact., 506 p.

Pour les autres thèses lues, mais utilisées seulement de façon indirecte dans notre recherche, on se reportera aux noms d'auteurs dans l'index.

2) Quelques mémoires de maîtrise nous ont été, en outre, utiles. Par exemple :

— Barbé (Alain), *Les Élèves professeurs de l'École normale supérieure de Saint-Cloud durant l'entre-deux-guerres, 1919-1939*, Paris I, 1976, 189 p.
— Bardèche (Jean), *Le Radicalisme d'Alain*, Institut d'études politiques de Paris, 1955, 134 p.
— Baudant (Alain), *L'École normale supérieure. Données sur la participation de l'Université de Paris à la vie politique française*, Paris I, 1972, 155 p. (concerne les promotions littéraires et scientifiques de 1927 à 1938).
— Le Bars (Loïc), *La Fédération unitaire de l'enseignement*, Paris X, 1973, 152 p.
— Roucou (Christophe), *Les Origines de la Jeunesse étudiante chrétienne en France (1929-1936)*, Paris IV, 1973, 164 p.
— Prochasson (Christophe), *Le Socialisme normalien. Recherches et réflexions autour du Groupe d'études socialistes et de l'École socialiste, 1907-1914*, Paris I, 1981, 393 p.

D'autres mémoires de maîtrise ont été utilisés de façon plus ponctuelle et sont cités dans le cours de cet ouvrage.

F) *Dictionnaires*

Le *Dictionnaire biographique du mouvement ouvrier français* a abordé aux rivages de l'entre-deux-guerres. Malheureusement, seuls les volumes correspondant aux trois premières lettres de l'alphabet avaient été publiés en 1985. De surcroît, leur date de publication était récente et nous n'avons pu utiliser, au moment de nos recherches sur la mouvance chartiériste, les remarquables notices de Nicole Racine sur Alain, Michel Alexandre et Félicien Challaye, entre autres. Ces notices auraient facilité certaines de nos recherches :

— Maitron (Jean) et Pennetier (Claude) : *Dictionnaire biographique du mouvement ouvrier français*, quatrième partie : 1914-1939, tomes XVII (A) à XXIII (Cler à Cy), 1982-1984.

Le *Dictionnaire des parlementaires français* a été fréquemment utilisé (PUF, 8 volumes, 1960-1977, 3236 p.).

NB. Le passage précédent, consacré aux sources, n'apparaît pas dans l'index. Les *noms d'auteurs* étant, en effet, recensés dans cet index (en raison même du statut de source, pour notre étude, de nombre d'ouvrages imprimés), les différents éléments de bibliographie et de sources y figurent déjà par leur mention dans les notes.

Cet index est donc à considérer, outre son usage classique, comme un complément à l'inventaire des sources. Pour conserver à cet inventaire des limites raisonnables et ne pas en faire une rubrique de seule ostentation, le plus simple était de le concevoir comme un noyau autour duquel le lecteur, par l'utilisation raisonnée de l'index, pourrait reconstituer l'ensemble de la documentation éclatée à travers plus de 1 400 notes (4 677 dans la version dactylographiée de la thèse).

INDEX

TABLE DES MATIÈRES

Troisième partie

VINGT ANS APRÈS : UNE GÉNÉRATION DANS L'ORAGE

Cet ouvrage a été composé
par l'Imprimerie BUSSIÈRE
et imprimé sur presse CAMERON
dans les ateliers de la S.E.P.C.
à Saint-Amand-Montrond (Cher)
en septembre 1988
pour le compte de la librairie Arthème Fayard
75, rue des Saints-Pères, 75006 Paris.

35-10-7812-01
ISBN 2-213-02040-X

N° d'édition : 9814. — N° d'imprimeur : 4124-691.
Dépôt légal : septembre 1988.

Imprimé en France

35-7812-7